U0895752

出土文獻綜合研究專刊之二

簡帛逐字索引大系

秦簡逐字索引（一）

（附原文及校釋）增訂本

主編 張顯成

國家古籍整理出版專項經費資助項目
全國高等院校古籍整理工作委員會直接資助項目
西南大學中央高校基本科研業務費專項資金項目（WSU1309370）

四川大學出版社

責任編輯：莊　劍
責任校對：王天舒
封面設計：墨創文化
責任印製：王　煒

圖書在版編目(CIP)數據

秦簡逐字索引 / 張顯成主編．—增訂本．—成都：四川大學出版社，2013.11
ISBN 978-7-5614-7260-6

Ⅰ.①秦…　Ⅱ.①張…　Ⅲ.①竹簡文-中國-秦代-索引　Ⅳ.①Z89：K877.5

中國版本圖書館 CIP 數據核字（2014）第 258383 號

書名　**秦簡逐字索引(增訂本)**

主　　編　張顯成
出　　版　四川大學出版社
地　　址　成都市一環路南一段 24 號 (610065)
發　　行　四川大學出版社
書　　號　ISBN 978-7-5614-7260-6
印　　刷　四川和樂印務有限公司
成品尺寸　185 mm×260 mm
印　　張　94.5
字　　數　1394 千字
版　　次　2014 年 12 月第 1 版
印　　次　2014 年 12 月第 1 次印刷
定　　價　980.00 圓(全二册)

◆讀者郵購本書，請與本社發行科聯繫。
電話：(028)85408408/(028)85401670/
(028)85408023　郵政編碼：610065
◆本社圖書如有印裝質量問題，請
寄回出版社調換。
◆網址：http://www.scup.cn

總 目 録

前　言

所謂秦簡，是指秦國和秦朝的簡牘，包括秦統一中國以前和統一中國以後的簡牘。因秦簡自有其特點，自成其體系，故學界多不把秦統一中國以前的秦國簡牘歸入“戰國簡”。近幾十年來出土問世的秦簡已不少，可將簡牘材料分爲已全部正式公佈和未正式公佈兩類。現已全部正式公佈的秦簡主要是“睡虎地秦簡”“龍崗秦簡”“周家臺秦簡”“放馬灘秦簡”“青川木牘”“睡虎地秦牘”和“岳山秦牘”；其中，前四者屬大宗材料，後三者數量都少。還未全部公佈和未正式公佈的秦簡主要有“里耶秦簡”“岳麓書院藏秦簡”“王家臺秦簡”“揚家山秦簡”“北大藏秦簡”等。已正式公佈的秦簡情況如下。

睡虎地秦簡

1975 年 12 月，在湖北省孝感地區雲夢縣睡虎地 11 號秦墓中發掘出了一大批竹簡，這就是著名的“睡虎地秦墓竹簡”（常簡稱爲“睡虎地秦簡”）。這是我國第一次發現秦簡，對瞭解秦漢法律制度具有十分重大的意義。總計有簡 1155 枚（另有殘片 80 枚），其文字爲秦隸，内容有下列十種：

《編年記》。逐年記述了秦昭襄王元年（公元前 306 年）到始皇三十年（公元前 217 年）統一全國的戰爭過程中之大事，同時記述一個名叫喜的人的生平及有關事項。

《語書》。是秦王政（始皇）二十年（公元前 227 年）四月初二南郡的郡守騰頒發給本郡各縣、道的一篇訓戒文告。語，即訓戒。

《秦律十八種》。内容十分廣泛，含以下十八種律文：《田律》《廄苑律》《倉律》《金布律》《關市》《工律》《工人程》《均工》《徭律》《司空》《軍爵律》《置吏律》《效》《傳食律》《行書》《内史雜》《尉雜》《屬邦》。實際上，這十八種的每一種都不是該律的全文，而是抄寫人按照自己的需要對十八種秦律的摘錄。

《效律》。詳細規定了核驗縣和都官物資賬目的一系列制度，對於在軍事上有重要意義的物品，如兵器、鎧甲和皮革等，規定尤爲詳盡，特别是對於度量衡器，律文明確規定了誤差的限度。

《秦律雜抄》。内容龐雜，大約是根據實際需要從秦律中摘錄的律文，有一些條目在摘錄時還可能對律文作了簡括和删節。摘錄的範圍相當廣泛，其中可見的律名有：《除吏律》《遊士律》《除弟子律》《中勞律》《藏律》《公車司馬獵律》《牛羊課》《傅律》《敦表律》《捕盜律》《戍律》等。值得注意的是，除《除吏律》與《秦律十八種》中的《置吏律》名稱相似外，其他與《秦律十八種》並無重複，這表明秦律的種類有很多，睡虎地秦簡所見秦律衹是其中的一小部分。

《法律答問》。採用問答形式，對秦律某些條文、術語以及律文的意圖，作出明確的解釋。從内容範圍來看，所解釋的是秦律的主體部分，即刑法。

《封診式》。全書共分二十五節，每節開始，均於簡首書有小標題，分别是：《治獄》《訊獄》《有鞫》《封守》《覆》《盜自告》《□捕》《□□》《盜馬》《爭牛》《群盜》《奪首》《□□》《告臣》《黥妾》《遷子》《告子》《癘》《賊死》《經死》《穴盜》《出子》《毒言》《奸》《亡自出》等。其中，《治獄》和《訊獄》兩節，内容是對官吏審理案件的要求；其餘各節都是對案件進行調查、檢驗、審訊等的文書程式，其中包括各類案例，以供有關官吏學習，並在處理案件時參照執行。

《爲吏之道》。内容多爲對官吏的要求，可能是供學習爲吏的人使用的課本。

另外，發現了兩個《日書》本子，整理小組分别命之爲《日書甲種》和《日書乙種》。

以上十種，祇有《語書》《效律》《封診式》《日書乙種》四種簡上原有書題①，其他幾種書題皆爲整理小組擬定。

睡虎地秦墓竹簡的寫成時代，其下限自然不會晚於秦。

以上材料可見：睡虎地秦墓竹簡整理小組《睡虎地秦墓竹簡》(8開線裝本)，文物出版社，1977年版。睡虎地秦墓竹簡整理小組《睡虎地秦墓竹簡》(32開平裝本)，文物出版社，1978年版。睡虎地秦墓竹簡整理小組《睡虎地秦墓竹簡》(8開精裝本)，文物出版社，1990年版。線裝本和平裝本均未收《日書》。平裝本用簡體字排印，無圖版。精裝本收了《日書》，爲全本，用繁體字排印，附圖版，在釋文上也優於前二者。

放馬灘秦簡

1986年3—9月，在甘肅省天水市的放馬灘，先後共發掘了13座秦墓和1座漢墓，其中編號爲1號的秦墓出土竹簡461枚，簡文内容包括兩個《日書》本子和《丹記》，這就是“天水放馬灘秦簡”(常簡稱爲“放馬灘秦簡”)。1號秦墓下葬時間在秦始皇八年冬或九年初，即公元前238年冬或前237年初。

整理者分别以甲種和乙種稱兩個《日書》本子，其中《日書甲種》73枚簡，内容有建除、禹須臾行日、禹須臾所以見人日、吏、剛柔日、生男女、天干占盜、地支占盜、禹須臾行不得擇日、田龍田、絕天氣、衣良日、填穴日、犬忌、塞穴窒鼠塈囷日等；《日書乙種》382枚簡，内容有建除、直室門、禹須臾行日、禹須臾所以見人日、吏、往見貴人、築門良日、爲門忌日、天干占盜、地支占盜、禹須臾行喜、衣良日、牝牡月日、剛柔日、值心、晝夜長短、五行、臽日及晝夜長短、日衝、帝、令馬行、五音日占死、建除占死、剛柔日、干支土忌、天干行忌、地支行忌、遠行凶、六甲孤虚、鼠占、行

① 《語書》《封診式》《日書乙種》三書的書名“語書”“封診式”“日書”分别書於書末一簡的正面、背面、正面；《效律》原名爲“效”，書於開篇第一簡的背面。

忌、反支、土忌、絕天氣、門户、伐木忌、刑德、生男女、無毒之方、雜忌、六十甲子圖、候歲、五種忌、禹須臾行不得擇日、雷、犬忌、塞穴窒鼠塈囷日、日數、辰數、線圖、時數、生律法、五音、六甲納音、律數、星分度、日辰時星、陰陽鐘、日爭勝、貞在黄鐘、黄鐘、投黄鐘、鐘律占死、參、十二律吉凶、數占、占問疾病、占盜、占亡貨、占亡人、日辰星、夫妻之和、即有生者、鐘音之數、中數中律、司、天降令等。放馬灘秦簡《日書》是繼睡虎地秦簡《日書》之後又一次有關《日書》資料的成系統的大發現。

《丹記》，共 6 枚簡，内容爲一名叫丹的人因傷人而棄於市，後又煞費苦心而復活，同時追述了丹的簡歷和不死的原因，這是一篇類似於後世志怪小說的志怪故事。①

以上材料可見：甘肅省文物考古研究所《天水放馬灘秦簡》，中華書局，2009 年版。另可參：何雙全《天水放馬灘秦簡綜述》，《文物》1989 年第 2 期；李學勤《放馬灘秦簡中的志怪故事》，《文物》1990 年第 4 期；甘肅省文物考古研究所、秦簡整理小組《天水放馬灘秦簡甲種〈日書〉釋文》，甘肅省文物考古研究所編《秦漢簡牘論文集》，甘肅人民出版社，1989 年版；孫占宇《天水放馬灘秦簡集

---

① 《丹記》，正式整理報告甘肅省文物考古研究所《天水放馬灘秦簡》（中華書局，2009 年版）稱《志怪故事》，《文物》1989 年第 2 期《天水放馬灘秦簡綜述》稱《墓主記》。該文獻所記爲一名叫丹的人的志怪類故事，按照文獻命名原則，當命"丹記"爲善。

有必要指出的是，這次發掘所獲還有幾幅古地圖。一是 1 號秦墓的 7 幅木地圖，木質均爲松木。用墨線繪在 4 塊大小相同的木板上，木板長 26.5～26.8 釐米，寬 15～18.1 釐米，厚 1～1.1 釐米。其中 3 塊木板是雙面繪製，1 塊是單面繪製。這 7 幅木地圖是目前考古所見時代最早的地圖，不僅對研究戰國時期秦國的行政區劃、建置及其歷史具有重大價值，而且也是研究我國地圖學的珍貴資料。

二是墓葬時代的下限爲西漢文、景時期的編號爲 5 號的漢墓出土的一幅紙地圖，用細黑線條繪製山、河流、道路等圖形，繪法接近長沙馬王堆漢墓出土的帛圖。紙質薄而軟，出土時呈黄色，紙面平整光滑。這是目前所知最早的紙張實物，說明我國早在西漢初期就已發明了可以書寫繪畫的紙張，這對於重新認識紙張的發明起源、製造技術、原料及用途等有非常重大的價值。

釋》，甘肅文化出版社，2013 年版。

周家臺秦簡

1993 年 6 月，在湖北省荊州市沙市區關沮鄉周家臺 30 號秦墓中出土簡牘 390 枚，其中竹簡 389 枚，木牘 1 枚。簡文內容可分三組：甲組簡爲二十八宿占、五時段占、五行占和秦始皇三十六年、三十七年月朔日干支及月大小等；乙組簡爲秦始皇三十四年全年日干支；丙組簡爲醫方、祝由術、擇吉避凶占卜、農事等。木牘內容爲秦二世元年曆譜。整理報告對簡牘內容進行了歸並調整，分爲《曆譜》《日書》《病方及其它》三類。

關於這批材料，可詳：湖北省荊州市周梁玉橋遺址博物館《關沮秦漢墓簡牘》，中華書局，2001 年版。

龍崗秦簡

1989 年，從湖北省雲夢縣城東南郊龍崗 6 號秦墓中出土了一批秦代竹簡和木牘，內容屬秦代律文，這是繼 1975 年雲夢睡虎地秦墓竹簡之後有關秦代律文的又一重要考古發現，一般簡稱爲“龍崗秦簡”。龍崗秦簡在時代上晚於睡虎地秦簡。① 所出土的竹簡有 293 枚，另有 138 枚殘片，內容主要爲“禁苑”類律令。所出土的 1 枚木牘，分正反兩面書寫，計 38 字。其中正面兩行，右行 18 字，左行 17 字；反面 3 字。該牘前後文意清楚連貫，內容爲：“鞫之：辟死，論不當爲城旦。吏論失者，已坐以論。九月丙申，沙羨丞甲、史丙：免辟死

---

① 詳湖北省文物考古研究所、孝感地區博物館、雲夢縣博物館《雲夢龍崗秦漢墓地第一次發掘簡報》，《江漢考古》1990 年第 3 期；湖北省文物考古研究所、孝感地區博物館、雲夢縣博物館《雲夢龍崗 6 號秦墓及出土簡牘》，《考古學集刊》第 8 集，科學出版社，1994 年版；劉信芳、梁柱《雲夢龍崗秦簡》，科學出版社，1997 年版；中國文物研究所、湖北省文物考古研究所《龍崗秦簡》，中華書局，2001 年版。

爲庶人，令自尚（常）也。”①

以上材料可見：劉信芳、梁柱《雲夢龍崗秦簡》，科學出版社，1997年版；中國文物研究所、湖北省文物考古研究所《龍崗秦簡》，中華書局，2001年版。以上二書，後者晚出轉精，較前者爲善。②

青川木牘

1979年，在四川省青川縣郝家坪50號戰國墓中發掘出了兩枚秦代的木牘。其中一枚文字已無法辨認。另一枚文字清楚可識，雙面書寫，近150字——正面120多字，内容爲律文；反面20多字，内容屬禁忌内容的《日書》。正面文首爲：“二年十一月己酉朔=（朔朔）日，王命丞相戊（茂）、内史匽、民臂更脩（修）《爲田律》：……”據此，或稱爲《更修田律》，或稱爲《爲田律》；亦知其“二年”爲秦武王二年，即公元前309年。反面文首爲：“四年十二月不除道者：……”《文物》1982年1期發表了其發掘報告：四川省博物館、青川縣文化館《青川縣出土秦更修田律木牘——四川省青川縣戰國墓發掘簡報》，公佈了釋文。其釋文材料還可見：李均明、何雙全《散見簡牘合輯·四川青川縣郝家坪50號秦墓木牘》，文物出版社，1990年版。

睡虎地秦牘

1975年底至1976年初，在湖北省雲夢縣睡虎地4號秦墓中出土寫於秦晚期的木牘2枚，編號分別爲6號和11號。6號木牘正面書87字，背面書81字；11號木牘正面書249字，背面書110字，二牘共有527字。其内容是秦代戍守淮陽的士兵寫的家書，這是首次出土秦代家書。有關材料可詳：《湖北雲夢睡虎地十一座秦墓發掘簡報》，

① 正面最後一字“令”與反面三字“自尚也”是相連的。該牘文意爲：“二審判決：判處一審論定辟死爲城旦的論處無效。一審誤判的官吏已經被法辦。九月丙申日，沙羡縣丞某、史某宣判：赦免辟死，恢復其庶人的地位，使其自由，正常生活。”

② 二書在簡文内容的劃分上不同，本書取《龍崗秦簡》的觀點。

《文物》1976年第9期。另可詳：李均明、何雙全《散見簡牘合輯》，文物出版社，1990年版。

岳山秦牘

1986年9—10月，在湖北省江陵岳山發掘了大批秦墓、漢墓和宋墓，其中36號秦墓發現木牘2枚，一枚長23釐米、寬5.8釐米、厚0.55釐米，另一枚長19釐米、寬5釐米、厚0.55釐米，木牘的内容爲《日書》。有關材料可詳：《江陵岳山秦漢墓》，《考古學報》2000年4期。

以上是有關秦簡的情況。

百年來出土簡帛中，除秦簡外，還有楚簡帛、兩漢簡帛、六朝簡牘。據我們粗略統計，百年來已出土的簡帛總共達22萬枚（件）左右，總字數達700萬左右。這一數字是十分驚人的，是原來完全想象不到的，簡直就是爲我們開啟了一座美不勝收的“地下圖書館”。並且，簡帛還將繼續不斷地出土問世，它將進一步與傳世的先秦兩漢文獻相互媲美，並駕齊驅。

新發現産生新問題，新發現産生新學問，新發現總是推動學術新發展，這是古今不變的定律。凡新材料的研究，必須要首先進行基礎性的科研工作，然後纔談得上展開真正意義上的有關學科的深入研究，這也是古今不變之定律。就簡帛研究而言，在認真整理出儘可能完善的釋文的基礎上，編製逐字索引和文字編，是必不可少的基礎性工作，也是具有重大意義的工作，半個世紀以前哈佛燕京學社編製出版的一大批古籍逐字索引，至今都還是學者們的案頭工具書，此可爲明證。

百年來，簡帛學者們做了不少整理研究工作，但是至今無人編製逐字索引，文字編的編纂工作也不理想（楚簡文字編工作做的人多些，而秦漢吳簡帛文字編工作就相對差得多）。爲推動簡帛學的發展，我們很早就有對已正式公佈的簡帛逐一編製逐字索引和文字編的計劃。就逐字索引而言，2005年我們就啓動了“簡帛逐字索引大系工程”，我們的計劃是陸續推出以下逐字索引：

《簡帛逐字索引大系：楚簡帛逐字索引》。

《簡帛逐字索引大系：秦簡逐字索引》。

《簡帛逐字索引大系：兩漢簡牘逐字索引》。

《簡帛逐字索引大系：六朝簡牘逐字索引》。

這次推出的是《簡帛逐字索引大系：秦簡逐字索引（增訂本)》①，與《簡帛逐字索引大系：楚簡帛逐字索引》同時推出。

隨着簡帛材料的陸續公佈問世，再接着編製“續編”，甚至“三編”“四編”。當然，這是很長遠的事了。

現在簡帛研究很熱，我們也希望簡帛學界的同仁能更多地做一些基礎性的工作，以更好地促進簡帛研究的深入發展。我們也希望學界對我們的工作給予諟正。

① 《簡帛逐字索引大系：秦簡逐字索引》初版於 2010 年 12 月，由四川大學出版社以“簡帛逐字索引大系之一：秦簡逐字索引”爲名出版。初版索引正文衹出示了簡號，無辭例，本次推出的增訂本與初版最大的不同是每一出處都加上了辭例。

凡　例

1.《秦簡逐字索引》屬於“簡帛逐字索引大系”之一，共包含逐字索引五種，分别是：《睡虎地秦簡》逐字索引、《放馬灘秦簡》逐字索引、《周家臺秦簡》逐字索引、《龍崗秦簡》逐字索引、散見秦簡逐字索引。

2. 凡已全部正式公佈的各批秦簡材料均納入索引編製材料。未全部公佈以及未正式公佈的秦簡材料，如里耶秦簡、岳麓書院藏秦簡、王家臺秦簡、北大藏秦簡等，均不納入索引編製材料。

3. 每一種逐字索引根據編者已經校訂過的釋文編製。釋文中據上下文或其他文獻補出的原簡殘損不全之字以及釋讀不確定之字，即凡有“【　】”“（?）”及外加框符號的字，均不納入逐字索引。

4. 每一種逐字索引均包含三部分：

逐字索引檢字表，供檢索逐字索引正文之用，被檢字排列順序是，先按筆畫數排列，筆數相同的字再按筆順（一、丨、丿、丶、乙）排列。

逐字索引正文，是逐字索引的主體，按照一定的體例編排（詳下6～8條）。

釋文，即校釋後的簡牘文字，是編製逐字索引的原始文本。釋文附校釋。

5. 秦簡文字時有合文和一字兩讀的字，故逐字索引正文字頭除單字外，凡有合文和一字兩讀的秦簡，均在單字字頭外另立合文字頭和一字兩讀字頭。所謂“一字兩讀”，是指同一字形帶重文號時同時讀爲兩個不同的字，如《睡虎地秦簡·法律答問》簡 59 的“吏=”，讀爲“事吏”。

6. 索引正文以字頭爲綱，每一字頭前的四位數字爲該字頭的序號；字頭後首先用括號注明該字在全文出現的頻數，然後逐一標注出處，即該字所在簡牘號及辭例。每一出處之間用“/”隔開。如《〈龍崗秦簡〉逐字索引》正文：

0174 弩（6） 17：挾弓、～、矢居禁中者/60：及～道絕馳=道=（馳道，馳道）/60：馳=道=（馳道，馳道）與～道同門/61：徼（徹）～道/62：⍁馬～道□⍁/92：⍁～矢□□⍁

“弩”爲字頭，“0174”爲“弩”字的序號，“(6)”是“弩”字在《龍崗秦簡》中出現的總頻數，“17：挾弓、～、矢居禁中者/60：及～道絕馳=道=（馳道，馳道）/60：馳=道=（馳道，馳道）與～道同門/61：徼（徹）～道/62：⍁馬～道□⍁/92：⍁～矢□□⍁”，分別表示“弩”字的出處，即出現的簡號及辭例。

7. 字頭排列順序與檢字表相同，即先按筆畫數排列，筆數相同的字再按筆順（一、丨、丿、丶、乙）排列。

8. 通過每一種逐字索引的檢字表，可檢索到該種索引正文部分所有字頭，由此可查閱到該字頭下的全部內容。檢字表中每一字爲索引正文的字頭字，該字後的四位數字爲正文的字頭序號，通過此序號可在索引正文部分查找到該字。如《〈龍崗秦簡〉逐字索引》檢字表：

乙 0002

表示“乙”的字頭序號爲“0002”，在索引正文中查序號“0002”即可找到“乙”字，由此可查閱“乙”字在《龍崗秦簡》中的全部出處。

9. 全書末爲《秦簡逐字索引總檢字表》。

10. 原整理報告釋文多爲豎排，今統一爲橫排。

11. 釋文儘量保留原簡符號，主要有:、｜、●、■、●、—等。但《放馬灘秦簡》的釋文在原整理者釋文基礎上作了很大改動，已不便於全部保留原簡符號，故《放馬灘秦簡》釋文的原簡符號有些未保留。

12. 釋文使用了以下符號：

□，表示無法補出的殘缺字，一“□”表示一字。

⊡，表示殘缺字字數無法確定者。

字（外加框），表示補出的原簡殘損不全的字。如，甲，表示“甲”原字殘損不全，據上下文或其他文獻補出。

【】，表示補出的原簡脱文，包括補出原簡殘斷部分的字。

( )，表示前一字爲通假字、異體字、古字等，相應的本字、正字、今字標於（ ）內。

〈 〉，表示改正訛誤字，相應的正字標於〈 〉內。

(?)，表示前一字爲釋讀不確定之字。

☑，表示簡殘斷處。

○，表示原文已削去的廢字。

有必要說明的是，簡帛學界釋文使用的符號多不統一，如：

☑，有的釋文以之表示簡殘斷處，有的釋文以之表示殘缺字字數無法確定者：同一符號表示意義不同。

【】，有的釋文，既以之表示補出的原簡脱文，又以之表示補出的原簡殘損不全字：同一符號同時表示兩種意義。

表示殘缺字字數無法確定者，有的釋文用“……”，有的釋文用“☑”：同一意義用不同符號表示。

有鑒於此，本逐字索引的釋文統一使用以上符號，即對原整理者釋文符號多有改易，以求釋文符號表意更準確和統一。同時我們也呼籲，簡帛學界應儘量統一釋文符號及其意義。

秦簡逐字索引之一

《睡虎地秦簡》逐字索引

目　錄

一、檢字表

本檢字表包括單字檢字、合文檢字、一字兩讀檢字三部分。

（一）單字檢字

四畫

五畫

六畫

七畫

八畫

九畫

十畫

十二畫

十三畫

十四畫

十五畫

十六畫

十七畫

十八畫

十九畫

二十畫

二十一畫

二十二畫

二十三畫

二十四畫及以上

（二）合文檢字[①]

（三）一字兩讀檢字

① 以下"女="是"須女"的省簡寫法，"旅="是"旅衣"的省簡寫法，"營="是"營室"的省簡寫法，"觿="是"此觿"的省簡寫法，均不能算作嚴格意義上的合文，姑置於此。

二、正　文

【說明】

1.《睡虎地秦簡》内容共有簡書十種：《編年記》《語書》《秦律十八種》《效律》《秦律雜抄》《法律答問》《封診式》《爲吏之道》《日書甲種》《日書乙種》。本索引正文對以上簡書多有簡稱，並略去其書名號。稱謂如下：

原稱謂	索引正文稱謂
《編年記》	編年記
《語書》	語書
《秦律十八種》	十八種
《效律》	效律
《秦律雜抄》	雜抄
《法律答問》	答問
《封診式》	封診式
《爲吏之道》	爲吏
《日書甲種》	日甲
《日書乙種》	日乙

2. 本逐字索引正文包括三部分：單字、合文、一字兩讀。

3. 字頭後表示出處的文字，“正”“背”分别表示竹簡的正面與背面，“壹”“貳”“叁”等，表示欄數。例如：

0031 山（18）　編年記 21 壹：攻夏～/編年記 30 壹：攻□～/編年記 27 貳：韓王居□～/十八種 4：毋敢伐材木～林及雍（壅）隄水/十八種 119：縣所葆禁苑之傅～、遠山/十八種 119：縣所葆禁苑之傅山、遠～/十八種 131：其縣～之多荓者/雜抄 21：采～重殿/封診式 26：自晝甲將乙等徼循到某～/封診式 27：～儉（險）不能出身山中/封診式 27：山儉（險）不能出身～中/封診式 29：自晝居某～/爲吏 22 肆：有高～/日甲 47 正叁：此所胃（謂）艮～/日甲 48 正叁－49 正叁：□與枳（支）刺〈夾〉艮～之胃（謂）離₌日₌（離日。離日）/日甲 2 背壹：禹以取（娶）梌（嵞）～之女日/日甲 7 背壹：天以震高～/日甲 147 背：天以壞高～

"編年記 21 壹""編年記 30 壹""編年記 27 貳"，分別表示"山"字及其辭例在《編年記》中的出處爲：《編年記》簡 21 壹欄、簡 30 壹欄、簡 27 貳欄；

"十八種 4""十八種 119""十八種 131"，分別表示"山"字及其辭例在《秦律十八種》中的出處爲：《秦律十八種》簡 4、《秦律十八種》簡 119（出現 2 次）、《秦律十八種》簡 131；

"雜抄 21"，表示"山"字及其辭例在《秦律雜抄》中的出處爲：《秦律雜抄》簡 21；

"封診式 26""封診式 27""封診式 29"，分別表示"山"字及其辭例在《封診式》中的出處爲：《封診式》簡 26、《封診式》簡 27（出現 2 次）、《封診式》簡 29；

"爲吏 22 肆"，表示"山"字及其辭例在《爲吏之道》中的出處爲：《爲吏之道》簡 22 肆欄；

"日甲 47 正叁""日甲 48 正叁－49 正叁""日甲 2 背壹""日甲 7 背壹""日甲 147 背"，分別表示"山"字及其辭例在《日書甲種》中

的出處爲：《日書甲種》簡 47 正面叁欄、《日書甲種》簡 48 正叁－49 正面叁欄、《日書甲種》簡 2 背面壹欄、《日書甲種》簡 7 背面壹欄、《日書甲種》簡 147 背面。

（一）單字

0001 一（349） 編年記 11 壹：十～年/編年記 21 壹：廿～年/編年記 31 壹：卅～年/編年記 41 壹：卌～年/編年記 47 壹：十～月/編年記 51 壹：五十～年/編年記 11 貳：十～月/編年記 18 貳：十～年/編年記 18 貳：十～月/編年記 28 貳：廿～年/語書 9：以～曹事不足獨治/十八種 13：爲旱〈皂〉者除～更/十八種 19：今課縣、都官公服牛各～課/十八種 19：十牛以上而三分～死/十八種 21：萬石～積而比黎之爲户/十八種 21－22：遺倉嗇夫及離邑倉佐主稟者各～户以氣（餼）/十八種 26：櫟陽二萬石～積/十八種 26：咸陽十萬～積/十八種 28：芻稾各萬石～積/十八種 28：咸陽二萬～積/十八種 30：欲～縣之/十八種 38：禾、麥畝～斗/十八種 41：舂之爲糲（糲）米～石/十八種 41：糲（糲）米～石/十八種 41：稻禾～石/十八種 43：叔（菽）、荅、麻十五斗爲～石/十八種 47：～食禾/十八種 47：其顧來有（又）～食禾/十八種 47：毋過日～食/十八種 49：隸妾～石半/十八種 49：月禾～石半石/十八種 49：月禾～石/十八種 50：月禾～石二斗半斗/十八種 50：月禾～石/十八種 51：月～石半石/十八種 61：欲以丁粼者～人贖/十八種 64：千錢～畚/十八種 67：錢十～當一布/十八種 67：錢十一當～布/十八種 69：小物不能各（格）～錢者/十八種 72：養各～人/十八種 72：車牛～兩（輛）/十八種 72：見牛者～人/十八種

72：養~人/十八種 73：車牛~兩（輛）/十八種 73：見牛者~人/十八種 74：三人以上鼠（予）養~人/十八種 74：食其母日粟~斗/十八種 78：毋過三分取~/十八種 90：十~月/十八種 91：爲幏布~/十八種 91：大褐~/十八種 91：中褐~/十八種 91：小褐~/十八種 91－92：用枲十~斤/十八種 94：冬人百~十錢/十八種 97：不從令者貲~甲/十八種 109：冗隸妾二人當工~人/十八種 109：小隸臣妾可使者五人當工~人/十八種 110：女子~人當男子一人/十八種 110：女子一人當男子~人/十八種 111：~歲半紅（功）/十八種 111：故工~歲而成/十八種 115：貲~盾/十八種 115：貲~甲/十八種 130：~脂、攻閒大車一兩（輛）/十八種 130：一脂、攻閒大車~兩（輛）/十八種 130：用膠~兩、脂二錘/十八種 136－137：~室二人以上居貲贖責（債）/十八種 137：出其~人/十八種 140：百姓有貲贖責（債）而有~臣若一妾/十八種 140：百姓有貲贖責（債）而有一臣若~妾/十八種 140：有~馬若一牛/十八種 140：有一馬若~牛/十八種 146：城旦司寇~人將/十八種 148：直（值）~錢/十八種 151：以免~人爲庶人/十八種 155：以免親父母爲隸臣妾者~人/十八種 155－156：謁歸公士而免故妻隸妾~人/十八種 164－165：貲官嗇夫~甲/十八種 167：度禾、芻稾而不備十分~以下/十八種 169：遺倉嗇夫及離邑倉佐主稟者各~户/十八種 178：官嗇夫貲~盾/十八種 179：醬駟（四）分升~/十八種 181：粺米~斗/十八種 182：糲（糲）米~斗/效律 3：貲官嗇夫~甲/效律 3：貲~盾/效律 4：貲~甲/效律 4：不盈二升到~升/效律 4：貲~盾/效律 5：貲~甲/效律 5：貲~盾/效律 6－7：六分升~以上/效律 7：廿分升~以上/效律 7：貲各~盾/效律 8：百~十錢/

效律 8－9：千～百錢/效律 9：貲嗇夫～盾/效律 9：千～百錢/效律 9：貲官嗇夫～甲/效律 12：縣料而不備其見（現）數五分～以上/效律 12－13：十分～以到不盈五分一/效律 12－13：十分一以到不盈五分～/效律 13：千～百錢/效律 13：千～百錢/效律 14：貲官嗇夫～盾/效律 14：貲官嗇夫～甲/效律 14：百分～以到不盈十分一/效律 14：百分一以到不盈十分～/效律 15：千～百錢/效律 15－16：貲官嗇夫～盾/效律 23：貲官嗇夫～甲/效律 25：十分～以下/效律 27：萬石～積而比黎之爲户/效律 28－29：遺倉嗇夫及離邑倉佐主稟者各～户/效律 38：櫟陽二萬石～積/效律 38：咸陽十萬石～積/效律 40：官嗇夫貲～盾/效律 42：貲官嗇夫～甲/效律 43：大者貲官嗇夫～盾/效律 44：貲官嗇夫～盾/效律 47：貲各～甲/效律 47：貲各～盾/效律 51：令、丞貲～甲/效律 51：官嗇夫貲～甲/效律 51：令、丞貲～盾/效律 56：貲～盾/效律 57：貲～甲/效律 57：人户、馬牛～/效律 57：貲～盾/效律 57：貲～甲/效律 59：貲官嗇夫～盾/效律 59：貲官嗇夫～甲/效律 60：人户、馬牛～以上/效律 60：減辠（罪）～等/雜抄 3：貲教者～盾/雜抄 4－5：居縣貲～甲/雜抄 6：貲～甲/雜抄 9：令、丞各～甲/雜抄 12：貲戍～歲/雜抄 12：貲～甲/雜抄 13：戍～歲/雜抄 14：貲～甲/雜抄 14：邦司空～盾/雜抄 15：令、丞貲各～甲/雜抄 16：貲～甲/雜抄 16：貲嗇夫～甲/雜抄 16：令、丞～盾/雜抄 17：貲工師～甲/雜抄 17：丞及曹長～盾/雜抄 17－18：丞、曹長～甲/雜抄 19：貲嗇夫～甲/雜抄 19：縣嗇夫、丞、吏、曹長各～盾/雜抄 20：貲司空嗇夫～盾/雜抄 20：貲嗇夫～甲/雜抄 20：令、丞及佐各～盾/雜抄 21：令、丞各～甲/雜抄 21：貲嗇夫～甲/雜抄 22：佐～盾/雜抄 23：貲其曹長

～盾/雜抄 23：貲嗇夫～盾/雜抄 25：貲～甲/雜抄 26：車貲～甲/雜抄 26：貲～甲/雜抄 26：貲～盾/雜抄 27：夬（決）革～寸/雜抄 27：貲～盾/雜抄 27：貲～甲/雜抄 27－28：卒歲六匹以下到～匹/雜抄 28：貲～盾/雜抄 28：貲～盾/雜抄 29：貲～盾/雜抄 29：貲各～盾/雜抄 29：貲廄嗇夫～甲/雜抄 30：令、丞、佐、史各～盾/雜抄 30：貲皂嗇夫～盾/雜抄 31：貲嗇夫、佐各～盾/雜抄 31：貲嗇夫、佐各～盾/雜抄 33：貲各～甲/雜抄 33：户～盾/雜抄 34：貲各～盾/雜抄 36：貲～甲/雜抄 40：令姑（嫜）堵～歲/雜抄 40：貲各～甲/雜抄 41：貲～盾/答問 1：臧（贓）～錢以上/答問 2：不盈二百廿以下到～錢/答問 4：～日/答問 6：毄（繫）～歲/答問 7：臧（贓）不盈～錢/答問 8：司寇盜百～十錢/答問 9：受分臧（贓）不盈～錢/答問 10：甲盜不盈～錢/答問 10：當貲～盾/答問 13：臧（贓）不盈～錢/答問 15：妻所匿百～十/答問 16：以百～十爲盜/答問 17：臧（贓）直（值）百～十/答問 25：今或益= ～【=】臀=（益〈盜〉一臀，益〈盜〉【一】臀）臧（贓）不盈一錢/答問 25：今或益= 一【=】臀=（益〈盜〉一臀，益〈盜〉【一】臀）臧（贓）不盈～錢/答問 25－26：皆各爲～= 具【=】（一具，一【具】）之臧（贓）不盈一錢/答問 25－26：皆各爲一= 具【=】（一具，一【具】）之臧（贓）不盈～錢/答問 26：不盡～具/答問 29：盜～羊=（羊，羊）/答問 29：索=（索，索）直（值）～錢/答問 30：～日而得/答問 33：臧=（臧（贓），臧（贓））直（值）百～十/答問 35：臧=（臧（贓），臧（贓））直（值）百～十/答問 38：告人盜百～十/答問 38：當貲= ～= 盾=（貲一盾。貲一盾）/答問 49：當貲二甲～盾/答

親）/爲吏30伍：～堵（曙）失言/日甲1正壹：十～月/日甲24正壹：十～月/日甲31正壹：十～月/日甲28正貳：入月～日二日吉/日甲48正壹：十～月/日甲61正：十～月/日甲47正叁－48正叁：從上右方數朔之初日及枳（支）各～日/日甲65正貳：十～月楚屈夕/日甲65正貳：日五夕十～/日甲67正叁：日十～夕五/日甲76正壹：以入【牛】，老～/日甲97正叁：十～月/日甲104正壹：十～月/日甲105正壹：十～月/日甲106正：十～月/日甲108正壹：十～月/日甲109正壹：十～月/日甲113正壹：十～月/日甲114正叁：三歲中日入～布/日甲114正叁：日出～布/日甲120正叁：十～歲更/日甲128正：十～月/日甲133正：三月廿～日/日甲133正：十～月廿日/日甲134正：十～月/日甲138正伍：十～月/日甲156正：月生～日、十一日、廿一日/日甲156正：月生一日、十～日、廿一日/日甲156正：月生一日、十一日、廿～日/日甲30背壹：五步～人一犬/日甲30背壹：五步一人～犬/日甲37背壹：～宅中毋（無）故而室人皆疫/日甲40背壹：～宅之中毋（無）故室人皆疫/日甲43背壹：人毋（無）故～室人皆疫/日甲45背壹：以沙（砂）人（仁）～升挃（铚）其舂臼/日甲36背貳：～室人皆毋（無）氣以息/日甲39背貳：～室人皆夙（縮）筋/日甲41背貳：～室皆夙（縮）筋/日甲24背叁：～室中卧者眯（癳）/日甲31背叁：～室中/日甲34背叁：～室中有鼓音/日甲49背叁：獨入～人室/日甲50背叁：人毋（無）故～室人皆箠（垂）延（涎）/日甲52背叁：～室人皆養（癢）體（體）/日甲53背叁：～室井血而星（腥）臭/日甲64背叁：日十～夕五/日甲61背肆：十～月/日甲61背肆：日五夕十～/日甲圖四（83背貳—90背貳）：十

~月/日甲83背肆：入正月二日~日心/日甲93背貳：入十~月二旬五日心/日甲107背：三月廿~日/日甲107背：十~月廿日/日甲109背：十~月/日甲114背：十~月/日甲119背：十~月/日甲131背：十~月/日甲132背：十~月/日甲146背：十~月/日甲154背：~日反枳（支）/日甲154背：~月當有三反枳（支）/日甲156背：東鄉南鄉各~[馬]☐□□□□□☐中土/日乙1：十~月/日乙22貳：日十~夕五/日乙28貳：十~月/日乙28貳：日五夕十~/日乙36壹：十~月/日乙104壹：以入牛，老~/日乙95貳：入正月二日~日心/日乙105貳：入十~月二旬五日心/日乙98叁：十~月/日乙99肆：十~月参十四【日】/日乙100叁：十二月斗廿~日/日乙101叁：十~月/日乙133：十~月/日乙149：三月旬~日/日乙149：十~月旬/日乙199：十~月/日乙圖五（206貳—218貳）：十~月/日乙253：~宇閒之

0002 乙（186） 答問4：甲謀遣~盜/答問4：~且往盜/答問5：人臣甲謀遣人妾~盜主牛/答問9：~智（知）其盜/答問9：問~可（何）論/答問10：行~室/答問10：~弗覺/答問10：問~論可（何）/答問11：寄~=（乙，乙）/答問11：~論可（何）/答問12：甲~雅不相智（知）/答問12：~亦往盜丙/答問42：甲告~盜直（值）□□/答問42：問~盜卅/答問42：甲誣駕（加）~五十/答問43：甲告~盜牛若賊傷人/答問43：今~不盜牛、不傷人/答問44：甲告~盜牛/答問44：今~賊傷人/答問45：~智（知）/答問45：問~爲誣人/答問46：~智（知）盜羊/答問46：問~可（何）論/答問47：甲告~盜牛/答問47：今~盜羊/答問67：甲謀遣~盜殺人/答問67：問~高未盈六尺/答問96：伍人~賊殺人/答問96：即執~/答問134：甲告

68 正貳：甲～有疾/日甲 73 正貳：～酢（作）/日甲 74 正貳：甲～病/日甲 78 正貳：～丑/日甲 78 正貳：～亥/日甲 80 正貳：～丑/日甲 80 正貳：～酉/日甲 80 正貳：～巳/日甲 82 正貳：～丑/日甲 82 正貳：～酉/日甲 82 正貳：～巳/日甲 82 正貳：～亥/日甲 86 正貳：～丑/日甲 86 正貳：～酉/日甲 86 正貳：～巳/日甲 88 正貳：～亥/日甲 88 正貳：～巳/日甲 88 正貳：～未/日甲 90 正貳：～巳/日甲 92 正貳：～巳/日甲 93 正貳：～巳/日甲 98 正壹：四灋（廢）甲～/日甲 98 正叁：～未/日甲 102 正壹：秋三月甲～/日甲 104 正壹：四月～/日甲 104 正壹：十二月～/日甲 108 正壹：五月六月～戊辛/日甲 109 正壹：正月～/日甲 132 正：毋以～丙西北行/日甲 135 正：甲～壬癸丙丁日中行/日甲 135 正：壬癸庚辛甲～夕行/日甲 137 正肆：五月～臽/日甲 141 正壹：～亥生子/日甲 141 正貳：～酉生子/日甲 141 正叁：～未生子/日甲 141 正肆：～巳生子/日甲 141 正伍：～卯生子/日甲 141 正陸：～丑生子/日甲 155 正：～酉/日甲 1 背：秋三月季甲～/日甲 81 背：～名曰舍徐可不詠亡㥑（憂）/日甲 82 背：辛名曰秦桃～忌慧/日甲 97 背壹：～丑/日甲 97 背壹：～未/日甲 98 背壹：～酉/日甲 98 背壹：～卯/日甲 100 背：～亥/日甲 100 背：～巳/日甲 102 背：春三月甲～/日甲 109 背：正月～丑/日甲 109 背：四月～丑/日甲 109 背：七月～丑/日甲 109 背：十月～丑/日甲 113 背：～丑/日甲 113 背：～酉/日甲 113 背：～巳/日甲 113 背：～丑、巳、酉/日甲 114 背：十月十日～酉/日甲 119 背：～丑、巳、酉/日甲 119 背：七月七日＝（日日）～酉/日甲 129 背：～巳/日甲 136 背：春之～亥/日甲 137 背：正月～卯/日甲 149 背：田亳主以～巳死/日甲 149 背：杜主以～酉死

/日甲 151 背：～巳及丑黍/日乙 64：壬辰～巳/日乙 66：～巳/日乙 67：甲～榆/日乙 68：～丑、亥/日乙 70：～巳/日乙 72：～亥、酉/日乙 76 壹：～巳/日乙 31 貳：～酉/日乙 35 貳－36 貳：～亥、丑、酉/日乙 38 貳：～亥/日乙 39 貳：～亥/日乙 40 貳：～户/日乙 46 貳－47 貳：～巳及丑黍/日乙 78－79 壹：～☑人大室/日乙 92 貳：五月～臽/日乙 101 叁：十一月～卯天臽/日乙 110：秋三月甲～/日乙 111：季秋甲～/日乙 125：～丑/日乙 148：～丑吉/日乙 181：甲～有疾/日乙 184：～酢（作）/日乙 185：□□甲～病/日乙 189 壹：甲～夢被黑裘衣寇〈冠〉/日乙 202：甲～死者/日乙 207 壹：甲～死者/日乙 217 壹：甲～死者/日乙 223 壹：甲～死者/日乙 225 壹：～酉/日乙 226 壹：～卯/日乙 228 壹：～丑/日乙 231 壹：～亥/日乙 234 壹：～巳/日乙 225 貳：～巳/日乙 225 貳：～未/日乙 236 貳：～丑/日乙 236 貳：～巳/日乙 236 貳：甲子到～亥是右〈君〉/日乙 238：～丑生/日乙 239：～亥生/日乙 241：～酉生/日乙 242－243：～未生/日乙 245：～卯生/日乙 249：～失火/日乙 254：～亡

0003 二（277）編年記 2 壹：～年/編年記 12 壹：十～年/編年記 22 壹：廿～年/編年記 32 壹：卅～年/編年記 42 壹：卌～年/編年記 45 壹：十～月甲午雞鳴時/編年記 6 貳：莊王～年/編年記 9 貳：～年/編年記 19 貳：十～年/編年記 29 貳：廿～年/十八種 4：春～月/十八種 8：頃入芻三石、稾～石/十八種 11：過～月弗稾、弗致者/十八種 14：罰冗皂者～月/十八種 26：櫟陽～萬石一積/十八種 28：咸陽～萬一積/十八種 38：稻、麻畝用～斗大半斗/十八種 49：隸臣月禾～石/十八種 50：月禾一石～斗半斗/十八種 51：以～月₌（月月）稾二石半石/十八種 51：以二月₌（月月）稾～石半

甲/雜抄 3：貲～甲/雜抄 4：貲～甲/雜抄 6：決革，～甲/雜抄 7：分甲以爲～甲蒐者/雜抄 7－8：尉貲～甲/雜抄 8：令，～甲/雜抄 8－9：令、尉貲各～甲/雜抄 9：縣司馬貲～甲/雜抄 10：令、丞～甲/雜抄 10：司馬貲～甲/雜抄 11：貲～甲/雜抄 12：戍～歲/雜抄 13：貲戍～歲/雜抄 14：貲～甲/雜抄 15：丞、庫嗇夫、吏貲～甲/雜抄 17：貲工師～甲/雜抄 18：工師及丞貲各～甲/雜抄 21：貲嗇夫～甲而灋（廢）/雜抄 22：貲嗇夫～甲而灋（廢）/雜抄 24：貲～甲/雜抄 25：貲工曰不可者～甲/雜抄 25：射虎車～乘爲曹/雜抄 27：～寸/雜抄 27：貲～盾/雜抄 27：過～寸/雜抄 32－33：貲～甲/雜抄 34：人貲～甲/雜抄 36：伍～甲/雜抄 39：貲～甲/雜抄 39：貲～甲/雜抄 42：使者貲～甲/答問 2：～百廿錢/答問 2：不盈～百廿以下到一錢/答問 8：貲～甲/答問 15：夫盜～百錢/答問 20：此～物其同居、典、伍當坐之/答問 31：未啓當貲～甲/答問 38：當貲～甲/答問 39：貲～甲/答問 42：廷行事貲～甲/答問 49：當貲～甲一盾/答問 53：能捕者購臣妾～人/答問 57：貲～甲/答問 86：當貲～甲/答問 92：所殺直（值）～百五十錢/答問 92：當貲～甲/答問 101：當貲～甲/答問 134：當購～兩/答問 135：當購～兩/答問 136：人購～兩/答問 137：當購人～兩/答問 138：問亡～日/答問 139：當貲各～甲/答問 147：當貲～甲/答問 148：皆貲～甲/答問 152：～以下誶/答問 161：貲～甲/答問 167：居～歲/答問 169：貲～甲/答問 169：貲～甲/答問 175：貲～甲/答問 208：及將長令～人扶出之/封診式 8－9：一宇～內/封診式 19：容（鎔）～合/封診式 25：具弩～、矢廿/封診式 57：北（背）～所/封診式 58：以刃夬（決）～所/封診式 60：髮長～尺/封診式 60：其腹有久故瘢

～所/封診式 61：到某里士五（伍）丙田舍～百步/封診式 65：餘末袤～尺/封診式 65：頭上去權～尺/封診式 65：足不傅地～寸/封診式 66：不周項～寸/封診式 67：西去堪～尺/封診式 76：上高～尺三寸/封診式 76：下廣～尺五寸/封診式 78：袤尺～寸/封診式 81：乙以迺～月爲此衣/封診式 96：以迺～月不識日去亡/封診式 97：以～月丙子將陽亡/爲吏 8 貳：～曰精（清）廉毋謗/爲吏 15 貳：～曰貴以大（泰）/爲吏 20 貳：～曰不安其鼂（朝）/爲吏 26 貳：～曰不₌智₌所₌使₌（不智（知）所使，不智（知）所使）/爲吏 16 伍：廿五年閏再十～月丙午朔辛亥/爲吏 22 伍：廿五年閏再十～月丙午朔辛亥/日甲 1 正壹：十～月/日甲 1 正壹：～月/日甲 15 正壹：～月/日甲 25 正壹：十～月/日甲 26 正壹：～月/日甲 31 正壹：十～月/日甲 28 正貳：入月一日～日吉/日甲 29 正貳：廿～日廿三日吉/日甲 49 正壹：十～月/日甲 51 正壹：～月/日甲 60 正壹：～月/日甲 62 正：十～月/日甲 66 正貳：十～月楚援夕/日甲 64 正叁：～月楚夏尿/日甲 86 正壹：以死，必～人/日甲 86 正壹：取（娶）妻，必～妻/日甲 96 正叁：～月/日甲 97 正叁：十～月/日甲 104 正壹：～月/日甲 104 正壹：十～月/日甲 105 正壹：～月/日甲 105 正壹：十～月/日甲 106 正：十～月/日甲 108 正壹：十～月/日甲 109 正壹：～月/日甲 109 正壹：十～月/日甲 110 正壹：～月利興土西方/日甲 113 正壹：～月/日甲 113 正壹：十～月/日甲 118 正貳：十～歲更/日甲 117 正叁：十～歲更/日甲 123 正叁：十～歲更/日甲 127 正：～月上旬亥/日甲 128 正：十～月上旬酉/日甲 131 正：～百里外必死/日甲 133 正：～月十四日/日甲 133 正：十～月卌日/日甲 134 正：～月/日甲 134 正：十～月/日甲 135 正：

有～喜/日甲 139 正伍：十～月/日甲 137 正陸：～月/日甲 4 背壹：不出～歲/日甲 12 背：十～月/日甲 8 背貳：十～日曰見莫取/日甲 63 背壹－64 背壹：完掇其葉～七/日甲 48 背貳：以北鄉（嚮）□之辨～七/日甲 61 背叁：～月/日甲 62 背肆：十～月/日甲 89 背壹：必有死者～人/日甲 91 背壹：其咎在～室/日甲 101 背：旦以行有～喜/日甲圖四（83 背貳—90 背貳）：～月/日甲圖四（83 背貳—90 背貳）：十～月/日甲 83 背肆：入正月～日一日心/日甲 84 背肆：入～月九日直心/日甲 87 背肆：入五月旬～日心/日甲 93 背貳：入十一月～旬五日心/日甲 94 背貳：入十～月二日三日心/日甲 94 背貳：入十二月～日三日心/日甲 107 背：～月十四日/日甲 107 背：十～月廿日/日甲 109 背：～月/日甲 109 背：十～月/日甲 124 背：～旬二日刺/日甲 124 背：二旬～日刺/日甲 131 背：～月/日甲 131 背：十～月/日甲 132 背：～月/日甲 132 背：十～月/日甲 145 背：～月/日甲 146 背：十～月/日甲 153 背－154 背：～日反枳（支）/日乙 1：十～月/日乙 1：～月/日乙 19 貳：～月/日乙 29 貳：十～月/日乙 27 壹：～月/日乙 37 壹：十～月/日乙 47 壹：～月/日乙 45 貳－46 貳：～旬二日皆知/日乙 45 貳－46 貳：二旬～日皆知/日乙 86 壹：☐取（娶）妻必～/日乙 105 壹：十～月/日乙 95 貳：入正月～日一日心/日乙 96 貳：入～月九日直心/日乙 99 貳：入五月旬～日心/日乙 105 貳：入十一月～旬五日心/日乙 106 貳：入十～月二日三日心/日乙 106 貳：入十二月～日三日心/日乙 89 貳：～月/日乙 99 叁：十～月/日乙 90 叁：～月東辟（壁）廿七日/日乙 100 叁：十～月斗廿一日/日乙 120：～月/日乙 120：十～月/日乙 132：～月上旬亥/日乙 133－134：十～月上旬丑

/日乙 149：～月旬/日乙 149：六月～旬/日乙 149：九月～旬七日/日乙 149：十～月二旬/日乙 149：十二月～旬/日乙 151：～月旬四日/日乙 151：三月～日/日乙 151：六月～旬四日/日乙 151：九月～旬七日/日乙 151－152：☐～旬/日乙 153：十～月/日乙 191 貳：且有～喪/日乙 198：～月/日乙 200：十～月/日乙圖五（206 貳—218 貳）：～月/日乙圖五（206 貳—218 貳）：十～月

0004 丁（144） 編年記 23 貳：七月～巳/語書 1：廿年四月丙戌朔～亥/十八種 61：隸臣欲以人～粼者二人贖/十八種 61：欲以～粼者一人贖/封診式 15：士五（伍）～/封診式 19：男子丙、～/封診式 19：～佐鑄/封診式 25：男子～/封診式 25－26：～與此首人强攻羣盗人/封診式 26：見～與此首人而捕之/封診式 26－27：此弩矢～及首人弩矢/封診式 28：【訊】～/封診式 28：與～以某時與某里士五（伍）己、庚、辛/封診式 29：～與戊去亡/封診式 29－30：甲等而捕～戊＝（戊，戊）/封診式 31：男子～/封診式 32：直以劍伐痍～/封診式 32：已診～/封診式 53：令醫～診之/封診式 53：～言曰：丙毋（無）麋（眉）/封診式 60：男子～壯/封診式 75：與鄉□□隸臣某即乙、典～診乙房＝内＝（房内。房内）/封診式 82：訊～、乙伍人士五（伍）□/封診式 84－85：里人公士～救/封診式 92：外大母同里～坐有寧毒言/封診式 97：四年三月～未籍一亡五月十日/日甲 26 正貳：～丑媚人/日甲 26 正貳：～亥靈/日甲 26 正貳：～巳安於身/日甲 31 正貳：～丑不可以葬＝（葬，葬）/日甲 70 正貳：丙～有疾/日甲 74 正貳：～酢（作）/日甲 76 正貳：丙～病/日甲 78 正貳：～丑亥/日甲 80 正貳：～巳/日甲 80 正貳：～未/日甲 81 正貳：女子龍～/日甲 83 正貳：～巳/日甲

壹：～一月/日甲 105 正壹：～二月/日甲 106 正：～一月/日甲 106 正：～二月/日甲 108 正壹：～月/日甲 108 正壹：～一月十二月戊辛甲/日甲 108 正壹：十一月～二月戊辛甲/日甲 109 正壹：～月/日甲 109 正壹：～一月/日甲 109 正壹：～二月/日甲 111 正壹：～月/日甲 112 正壹：～月/日甲 113 正壹：～月/日甲 113 正壹：～一月/日甲 113 正壹：～二月/日甲 118 正貳：～二歲更/日甲 119 正貳：～六歲弗更/日甲 115 正叁：～六歲弗更/日甲 117 正叁：～二歲更/日甲 120 正叁：～一歲更/日甲 123 正叁：～二歲更/日甲 128 正：～月上旬未/日甲 128 正：～一月上旬辰/日甲 128 正：～二月上旬酉/日甲 133 正：二月～四日/日甲 133 正：五月～六日/日甲 133 正：～月十日/日甲 133 正：十月～日/日甲 133 正：～一月廿日/日甲 133 正：～二月卌日/日甲 134 正：～月戌、丑/日甲 134 正：～一月/日甲 134 正：～二月/日甲 137 正伍：～月/日甲 138 正伍：～一月/日甲 139 正伍：～二月/日甲 156 正：月生一日、～一日、廿一日/日甲 12 背：～二月/日甲 12 背：～月/日甲 8 背貳：～二日曰見莫取/日甲 8 背貳：～四日奊（謑）訽（詬）/日甲 9 背貳：～五日曰臣代₌主₌（代主。代主）/日甲 53 背貳：～日收祭/日甲 63 背叁：日～夕六/日甲 64 背叁：日～一夕五/日甲 65 背叁：日～夕六/日甲 60 背肆：～月/日甲 60 背肆：日六夕～/日甲 61 背肆：～一月/日甲 61 背肆：日五夕～一/日甲 62 背肆：～二月/日甲 62 背肆：日六夕～/日甲圖四（83 背貳—90 背貳）：～二月/日甲 92 背叁：～月/日甲 93 背貳：～一月/92 背叁：入～月朔日心/93 背貳：入～一月二旬五日心/日甲 94 背貳：入～二月二日三日心/日甲 107 背：二月～四日/日甲 107 背：五月～六日/日甲 107 背：八月

～月/日乙 199：～一月/日乙 200：～二月/日乙圖五（206 貳—218 貳）：～月/日乙圖五（206 貳—218 貳）：～一月/日乙圖五（206 貳—218 貳）：～二月

0006 七（118） 編年記 7 壹：～年/編年記 17 壹：十～年/編年記 27 壹：廿～年/編年記 37 壹：卌～年/編年記 47 壹：卌～年/編年記 14 貳：～年/編年記 23 貳：～月/編年記 24 貳：十～年/編年記 27 貳：～月/編年記 34 貳：廿～年/十八種 5：到～月而縱之/十八種 13：～月/十八種 73—74：～人以上鼠（予）【車牛】、僕/十八種 74：不盈～人者/十八種 86：～月/十八種 87：盡～月而觱（畢）/十八種 94：冬～十七錢/十八種 94：冬七十～錢/答問 6：高六尺～寸/答問 40：問盜六百～十/答問 41：問盜六百～十/封診式 60：長～尺一寸/封診式 79：垣＝（垣，垣）高～尺/日甲 1 正壹：～月/日甲 20 正壹：～月/日甲 29 正壹：～月/日甲 28 正貳：～日八日吉/日甲 29 正貳：廿～日恐/日甲 48 正壹：柳、～星少吉/日甲 51 正壹：～星致死/日甲 52 正壹：玄戈毄（繫）～星/日甲 54 正壹：東井、～星大凶/日甲 56 正壹：～月/日甲 57 正壹：柳、～星大吉/日甲 61 正：～月/日甲 67 正壹：～月/日甲 64 正貳：日六夕～〈十〉/日甲 67 正貳：日～夕九/日甲 65 正叁：日九夕～/日甲 66 正叁：四月楚～月/日甲 65 正肆：～月楚十月/日甲 65 正肆：日九夕～/日甲 67 正肆：日～夕九/日甲 92 正壹：～星，百事凶/日甲 95 正貳：～月/日甲 104 正壹：～月/日甲 105 正壹：～月/日甲 107 正壹：入月～日/日甲 108 正壹：～月/日甲 109 正壹：～月/日甲 113 正壹：～月/日甲 127 正：～月上旬子/日甲 133 正：正月～日/日甲 133 正：～月九日/日甲 133 正：九月廿～日/日甲 134 正：～月/日甲 135 正：有～喜/日甲 138 正肆：～月/日甲 158 正陸：

必～徙/日甲 12 背：～月/日甲 63 背壹－64 背壹：完掇其葉二～/日甲 48 背貳：以北鄉（嚮）□之辨二～/日甲 60 背叁：日～夕九/日甲 62 背叁：日九夕～/日甲 66 背叁：～月/日甲 66 背叁：日九夕～/日甲 68 背叁：日～夕九/日甲 99 背壹：市日以行有～喜/日甲圖四（83 背貳—90 背貳）：～月/日甲 85 背肆：入三月～日直心/日甲 89 背肆：入～月八日心/日甲 107 背：正月～日/日甲 107 背：～月九日/日甲 107 背：九月廿～日/日甲 109 背：～月/日甲 119 背：～月七日₌（日日）/日甲 119 背：七月～日₌（日日）/日甲 124 背：～日刺/日甲 131 背：～月/日甲 132 背：～月/日甲 137 背：～月/日甲 139 背：入月十～日/日甲 143 背：入月～日/日甲 145 背：～月/日乙 1：～月/日乙 18 貳：日～夕九/日乙 20 貳：日九夕～/日乙 24 貳：～月/日乙 24 貳：日九夕～/日乙 26 貳：日～夕九/日乙 32 壹：～月/日乙 50 壹：～月/日乙 41 貳：午在～星/日乙 45 貳：～日/日乙 92 壹：～星，百事兇（凶）/日乙 93 壹：～月/日乙 97 貳：入三月～日直心/日乙 101 貳：入～月八日心/日乙 94 貳：～月/日乙 90 叁：二月東辟（壁）廿～日/日乙 94 叁：六月東井廿～日/日乙 95 肆：～月七星廿八日/日乙 95 肆：七月～星廿八日/日乙 117：～月/日乙 120：～月、【十一月】/日乙 133：～月上旬子/日乙 133：八月～旬巳/日乙 149：正月～日/日乙 149：～月九日/日乙 149：九月二旬～日/日乙 151：正月～日/日乙 151：～月九日/日乙 151：九月二旬～日/日乙 153：～月/日乙 195 貳：入月旬～日毀垣/日乙 199：～月/日乙圖五（206 貳—218 貳）：～月/日乙 228 貳：～徙

0007 卜（7） 十八種 182：及～、史、司御、寺（侍）、府/答問

194：可（何）謂“耐～隸”、“耐史隸”/答問 194：～、史當耐者皆耐以爲卜、史隸/答問 194：卜、史當耐者皆耐以爲～、史隸/日甲 101 正貳：毋以子～筮/日乙 126：毋以子～筮/日乙 191 貳：不可～箄、爲屋

0008 人（447） 語書 6：則爲～臣亦不忠/語書 7：令～案行之/語書 10：與～辨（別）治/語書 11：輕惡言而易病～/十八種 18：其～詣其官/十八種 19：令其～備之而告官=（官，官）/十八種 24：其它～是增積=（積，積）/十八種 33：以稟～/十八種 34：桀（秫）勿以稟～/十八種 42：其～弗取之/十八種 44：宦者、都官吏、都官～有事上爲將/十八種 61：隸臣欲以～丁粼者二人贖/十八種 61：隸臣欲以人丁粼者二～贖/十八種 61：欲以丁粼者一～贖/十八種 72：養各一～/十八種 72：十～/十八種 72：見牛者一～/十八種 72：十～/十八種 72：養一～/十八種 73：十五～/十八種 73：見牛者一～/十八種 73：不盈十～者/十八種 73：都官佐、史不盈十五～者/十八種 73－74：七～以上鼠（予）【車牛】、僕/十八種 74：不盈七～者/十八種 74：三～以上鼠（予）養一人/十八種 74：三人以上鼠（予）養一～/十八種 77：其～死亡/十八種 78－79：其～【死】亡/十八種 80：而～與參辨券/十八種 94：冬～百一十錢/十八種 94－95：冬～五十五錢/十八種 101：令其徒、舍～任其叚（假）/十八種 108：工～程/十八種 109：冗隸妾二～當工一人/十八種 109：冗隸妾二人當工一～/十八種 109：更隸妾四～當工【一】人/十八種 109：更隸妾四人當工【一】～/十八種 109：小隸臣妾可使者五～當工一人/十八種 109：小隸臣妾可使者五人當工一～/十八種 109：工～程/十八種 110：女子一～當男子一人/十八種 110：女子一人當男子一～/十八種 110：工～程/十八種 113：勿以爲～

僕、養/十八種 121：以田少多出～/十八種 126：☐叚（假）～所/十八種 126：叚（假）～食牛不善/十八種 134－135：～奴妾居贖貲責（債）于城旦/十八種 136－137：一室二～以上居貲贖責（債）/十八種 137：出其一～/十八種 137：或欲籍（藉）～與並居之/十八種 142：～奴妾毄（繫）城旦舂/十八種 146：廿～/十八種 146：城旦司寇一～將/十八種 151：以免一～爲庶人/十八種 151：以免一人爲庶～/十八種 155：欲歸爵二級以免親父母爲隸臣妾者一～/十八種 155－156：謁歸公士而免故妻隸妾一～者/十八種 156：免以爲庶～/十八種 156：工隸臣斬首及～爲斬首以免者/十八種 167：先索以稟～/十八種 168：稟～某/十八種 169：以氣（餼）～/十八種 173：令＝～復度及與雜出之/十八種 175：以平辠（罪）～律論之/十八種 179：御史卒～使者/十八種 181：不更以下到謀～/十八種 195：令～勿紤（近）舍/十八種 195：非其官～/十八種 201：道官相輸隸臣妾、收～/效律 17：縣令＝（令令）～效其官＝（官，官）/效律 25：先案（索）以稟～/效律 28：稟～某/效律 29：以氣（餼）～/效律 33：令～復度及與雜出之/效律 35：以平辠（罪）～律論之/效律 57：～户、馬牛一/效律 60：～户、馬牛一以上爲大誤＝（誤。誤）/雜抄 5：有爲故秦～出/雜抄 12－13：軍～買（賣）稟＝（稟稟）所及過縣/雜抄 14：軍～稟所＝（所、所）過縣百姓買其稟/雜抄 19：治（笞）～百/雜抄 33：伍～/雜抄 34：～貲二甲/雜抄 37：除伍～/雜抄 38：捕～相移以受爵者/答問 1：五～盜/答問 1：不盈五～/答問 5：～臣甲謀遣人妾乙盜主牛/答問 5：人臣甲謀遣～妾乙盜主牛/答問 7：或盜采～桑葉/答問 13：其曹～當治（笞）不＝當＝（不當？不當）/答問 20－21：～奴妾盜其主之父母/答問 23：盜＝（盜盜）～/答問 38：告～盜百一十/答問 40：告～盜千錢/答問 41：誣～盜千錢/答問 43：甲告乙盜牛若賊傷～/答問 43：今乙不盜牛、不傷～/答問 43：爲＝（爲，爲）誣～/答問 44：今乙賊傷～/答問 45：問乙爲誣～/答問 48：告～曰邦亡/答問 49：誣～盜直（值）廿/答問 49：且行真辠（罪）、有（又）以誣～論/答問 50：誣～曰盜一豬/答問 53：能捕者購臣妾二～/答問 65：今內（納）～＝（人，人）/答問 66：求盜追捕辠＝～＝（辠（罪）人，辠（罪）人）/答問 66：問殺～者爲賊殺人/答問 66：問殺人者爲賊殺～/答問 66：斲＝殺＝（斲（鬭）殺？斲（鬭）殺）～/答問 67：甲謀遣乙盜殺～/答問 68：甲殺～/答問 68：～乃後告甲＝（甲，甲）殺人審/答問 68：人乃後告甲＝（甲，甲）殺～審/答問 73：～奴擅殺子/答問 74：～奴妾治（笞）子＝（子，子）/答問 77：其室～弗言吏/答問 80：鬭夬（決）～耳/答問 81：或與～鬭/答問 82：拔～髮/答問 83：嚙斷～鼻若耳若指若脣/答問 84：斬～髮結（髻）/答問 86：若箴（針）、鉥、錐傷～/答問 87：或與～鬭/答問 87：夬（決）～脣/答問 88：嚙～頯若顏/答問 89：鬭，爲～毆/答問 90：邦客與主～鬭/答問 90：以兵刃、投（殳）梃、拳指傷～/答問 91：以梃賊傷～/答問 92：小畜生（牲）入～室＝（室，室）人以投（殳）梃伐殺之/答問 92：小畜生（牲）入人室＝（室，室）～以投（殳）梃伐殺之/答問 96：伍～相告/答問 96：不能定辠（罪）～/答問 96：而告它～/答問 96：今甲曰伍～乙賊殺人/答問 96：今甲曰伍人乙賊殺～/答問 96－97：問不殺～/答問 99：“四＝鄰＝”（“四鄰”？“四鄰”）即伍～/答問 100：告辠（罪）～/答問 101：有賊殺傷～衝術/答問 101：偕旁～不援/答問 102：免老告～以爲不孝/答問 103：賊殺傷、盜它～爲“公室”/答問 104－105：它～有（又）襲其告之/答問 106：家～之論/答問 106：父殺傷～及奴妾/答問 108：以當刑隸臣辠（罪）誣告～/答問 109：葆子獄未斷而誣告～/答問 109－110：葆子□□未斷而誣告～/答問 111－112：以當刑隸臣及完城旦誣告～/答問 115：以（已）气（乞）鞫及爲～气（乞）鞫者/答問 116：～固買（賣）/答問 117：當耐司寇而以耐隸臣誣～/答問 117：當耐爲侯（候）辠（罪）誣～/答問 118：以司寇誣～/答問 119：以黥城旦誣～/答問 119：甲賊傷～/答問 119：吏論以爲鬭傷～/答問 120：當黥城旦而以完城旦誣～/答問 125：將司～而亡/答問 125：羣盜赦爲庶～/答問 130：亡＝（亡，亡）～操錢/答問 134：甲告乙賊傷～/答問 134：問乙賊殺～/答問 136：夫、妻、子五～共盜/答問 136：～購二兩/答問 137：夫、妻、子十～共盜/答問 137：今甲捕得其八～/答問 137：當購～二兩/答問 140：購如捕它辠（罪）～/答問 141：或捕告～奴妾盜百一十錢/答問 145：任～爲丞＝（丞，丞）/答問 148：廷行事强質～者論/答問 155：當坐伍～不＝當＝（不當？不當）/答問 156：當伍及～不＝當＝（不當？不當）/答問 158：今馬爲～敗/答問 158：食～稼一石/答問 166：女子甲爲～妻/答問 168：甲取（娶）～亡妻以爲妻/答問 176：臣邦～不安其主長/答問 180：徒、吏與偕使而弗爲私舍～/答問 182：智（知）～通錢而爲臧（藏）/答問 182：～後告臧＝者＝（臧（藏）者，臧（藏）者）/答問 187：可（何）謂“宮均（徇）～”/答問 188：可（何）謂“宮更～”/答問 188：是謂“宮更～”/答問 190：可（何）謂“甸＝～＝”（“甸人”？“甸人”）/答問 192：可（何）謂“爨～”/答問 193：可

(何)謂“爨~”/答問 195:可(何)謂=“~=貉=”(謂“人貉”? 謂“人貉”)/答問 196:可(何)謂“署~”、“更人”/答問 196:可(何)謂“署人”、“更~”/答問 196:所道旞(遂)者命曰“署~”/答問 196:其它皆爲“更~”/答問 196:或曰守囚即“更~”/答問 196:原者“署~”/答問 200:可(何)謂“旅~”/答問 200:是謂“旅~”/答問 201:可(何)謂“室~”/答問 201:“室~”者/答問 201:盡當坐辠(罪)~/答問 202:節(即)亡玉若~貿傷(易)之/答問 204:耤(藉)秦~使/答問 205:可(何)謂“臧=~=”(“臧(贓)人”? “臧(贓)人”)/答問 206:貣(貸)~贏律及介(匄)人/答問 206:貣(貸)人贏律及介(匄)~/答問 206:可(何)謂“介(匄)~”/答問 206:是謂“介(匄)~”/答問 207:氣(餼)~贏律及介(匄)人/答問 207:氣(餼)人贏律及介(匄)~/答問 207:可(何)謂“介(匄)~”/答問 207:是謂“介(匄)~”/答問 208:及將長令二~扶出之/答問 209:~户、馬牛及者(諸)貨材(財)/封診式 1:毋治(笞)諒(掠)而得~請(情)爲上/封診式 8:甲室、~/封診式 12:與里~更守之/封診式 17－18:丙坐賊~□命/封診式 25－26:丁與此首~强攻羣盜人/封診式 25－26:丁與此首人强攻羣盜~/封診式 26:見丁與此首~而捕之/封診式 26－27:此弩矢丁及首~弩矢/封診式 27:首~以此弩矢□□□□□□乙/封診式 39:丙中~/封診式 52:某里典甲詣里人士五(伍)丙/封診式 55:不智(知)可(何)男子一~/封診式 61－62:訊甲亭~及丙/封診式 63:里~士五(伍)丙經死其室/封診式 67－68:智(知)~迹/封診式 74:~已穴房内/封診式 74:不智(知)穴盜者可

（何）～₌（人、人）/封診式 80：不智（知）盜～數及之所/封診式 82：不智（知）盜者可（何）～人及蚤（早）莫（暮）/封診式 82：訊丁、乙伍～士五（伍）□/封診式 84－85：里～公士丁救/封診式 86：有（又）訊甲室～/封診式 88：足₌（足、足）指類～/封診式 91：某里公士甲等廿～詣里人士五（伍）丙/封診式 91：某里公士甲等廿人詣里～士五（伍）丙/封診式 93：丙與里～及甲等會飲食/封診式 93－94：甲等及里～弟兄及它人智（知）丙者/封診式 93－94：甲等及里人弟兄及它～智（知）丙者/爲吏 38 貳：以此爲～君則鬼（惠）/爲吏 39 貳：爲～臣則忠/爲吏 40 貳：爲～父則茲（慈）/爲吏 41 貳：爲～子則孝/爲吏 44 貳：爲～上則明（明）/爲吏 45 貳：爲～下則聖/爲吏 6 叁：根（墾）田～（仞）邑/爲吏 38 叁：倨驕毋（無）～/爲吏 2 伍：肖～聶（懾）心/爲吏 3 伍：戾～/爲吏 9 伍：不賃（任）其～/爲吏 17 伍：入～孤寡/爲吏 17 伍－18 伍：徼～婦女/爲吏 24 伍：寡～弗欲/爲吏 35 伍：～各食其所耆（嗜）/爲吏 35 伍－36 伍：不踐以貧（分）～/爲吏 37 伍：踐以貧（分）～/日甲 2 正貳：以寄₌～₌（寄人，寄人）/日甲 7 正貳：利以行帥〈師〉出正（征）、見～/日甲 11 正貳：桃（逃）～，不得/日甲 14 正貳：可以入～、始寇（冠）、乘車/日甲 17 正貳：可以取（娶）妻、入～、起事/日甲 23 正貳：可以入～民、馬牛、禾粟/日甲 32 正：利見～及畜₌（畜畜）生（牲）/日甲 36 正：亡～，自歸/日甲 36 正－37 正：不可見～/日甲 44 正：不可以見～、取（娶）婦、家（嫁）女、出入貨及生（牲）/日甲 26 正貳：丁丑媚～/日甲 63 正：室～妻子父母分離/日甲 63 正：不孰而爲□～矢□/日甲 50 正叁－51 正叁：入～民、畜生

（牲）/日甲 59 正叁－60 正叁：不可入客、寓～及臣妾/日甲 72 正壹：～愛之/日甲 79 正壹：老爲～治/日甲 83 正壹：～意之/日甲 86 正壹：以死，必二～/日甲 87 正壹：可以敫（徼）～攻讎/日甲 89 正壹：必五～死/日甲 76 正貳：母（毋）逢～/日甲 80 正貳：～良日/日甲 81 正貳：不利出入～/日甲 100 正：大～死/日甲 116 正貳：賤～弗敢居/日甲 126 正貳：賤～弗敢居/日甲 116 正叁：必并～家/日甲 119 正叁：賤～弗敢居₌（居，居）/日甲 125 正叁：必以煒（殚）死～/日甲 138 正捌－139 正捌：利以漁邋（獵）、請謁、責～、摯（執）盜賊/日甲 145 正陸：必爲～臣妾/日甲 150 正壹：～字/日甲 150 正貳：～字/日甲 154 正叁：丙寅以求～/日甲 7 背貳：交徙～也可/日甲 13 背：～有惡瞢（夢）/日甲 20 背伍：不利～/日甲 27 背壹：～毋（無）故鬼攻之不已/日甲 29 背壹：～毋（無）故鬼昔（藉）其宮/日甲 30 背壹：以爲偽～犬/日甲 30 背壹：五步一～一犬/日甲 32 背壹：～毋（無）故而鬼惑之/日甲 32 背壹：善戲～/日甲 34 背壹：～毋（無）故而鬼取爲膠（摎）/日甲 35 背壹：與～爲徒/日甲 35 背壹：令～色柏（白）然毋（無）氣/日甲 37 背壹：一宅中毋（無）故而室～皆疫/日甲 40 背壹：一宅之中毋（無）故室～皆疫/日甲 43 背壹：～毋（無）故一室人皆疫/日甲 43 背壹：人毋（無）故一室～皆疫/日甲 44 背壹－45 背壹：是宲₌（宲宲〈是宲〉）～生爲鬼/日甲 45 背壹：以沙（砂）～（仁）一升挃（抷）其舂臼/日甲 45 背壹－46 背壹：以黍肉食宲～/日甲 47 背壹：犬恒夜入～室/日甲 52 背壹：壄（野）獸若六畜逢～而言/日甲 56 背壹：～之六畜毋（無）故而皆死/日甲 58 背壹：寒風入～室/日甲 58 背壹：它～莫爲/日甲 59 背壹－60

背壹：多益其旁～/日甲 63 背壹：～有思哀也弗忘/日甲 65 背壹：～妻妾若朋友死/日甲 67 背壹：～毋（無）故而心悲/日甲 24 背貳：故丘鬼恒畏₌～₌（畏人，畏人）/日甲 24 背貳：則不畏～/日甲 25 背貳：鬼恒召（詔）～曰：壐（爾）必以枼（某）月日死/日甲 26 背貳：入～醯、醬、滫、將（漿）中/日甲 27 背貳：善害～/日甲 28 背貳：不害～/日甲 29 背貳：鬼恒夜鼓～門/日甲 29 背貳：～見之/日甲 31 背貳：～若鳥獸及六畜恒行人宮/日甲 31 背貳：人若鳥獸及六畜恒行～宮/日甲 34 背貳：見它～而去/日甲 34 背貳－35 背貳：是神虫僞₌（僞爲）～/日甲 36 背貳：一室～皆毋（無）氣以息/日甲 39 背貳：一室～皆夙（縮）筋/日甲 42 背貳：鬼恒責～/日甲 44 背貳：鬼恒爲～惡瞢（夢）/日甲 46 背貳：鬼恒從～游/日甲 49 背貳：～毋（無）故而鬼祠（伺）其宮/日甲 50 背貳：鬼恒羸（裸）入～宮/日甲 51 背貳：鬼恒逆～/日甲 51 背貳：入～宮/日甲 52 背貳：～生子未能行而死/日甲 54 背貳：～毋（無）故而憂/日甲 56 背貳：～毋（無）故而弩（怒）/日甲 57 背貳：～毋（無）故室皆傷/日甲 59 背貳：鬼入～宮室/日甲 60 背貳：～毋（無）故而鼓（髮）撟若虫及須（鬚）睂（眉）/日甲 62 背貳：鬼恒執匴以入～室/日甲 64 背貳：有大票（飄）風害～/日甲 65 背貳：～恒亡赤子/日甲 67 背貳－68 背貳：是遽鬼執～以自伐〈代〉/日甲 27 背叁：大祙（魅）恒入～室/日甲 28 背叁：鬼恒召～出宮/日甲 29 背叁：鬼嬰兒恒爲～號曰：鼠（予）我食/日甲 32 背叁：～毋（無）故而鬼有鼠（予）/日甲 33 背叁：狼恒謼（呼）～門/日甲 34 背叁：以～鼓應（應）之/日甲 35 背叁：有眾虫襲入～室/日甲 35 背叁：以～火應（應）之/日甲 36 背叁：

鬼恒宋（聳）傷（愓）～/日甲37背叁：鬼恒襄（攘）～之畜/日甲38背叁：鬼恒從～女/日甲39背叁：鬼恒胃（謂）～：鼠（予）我而女/日甲41背叁：天火燔～宫/日甲41背叁—42背叁：到（菿）雷焚～/日甲42背叁：以～火鄉（嚮）之/日甲43背叁：雷攻～/日甲44背叁：雲氣襲～之宫/日甲44背叁：以～火鄉（嚮）之/日甲45背叁：～過于丘虛/日甲45背叁：女鼠抱子逐～/日甲46背叁：～行而鬼當道以立/日甲47背叁：鳥獸恒鳴～之室/日甲48背叁：～臥而鬼夜屈其頭/日甲49背叁：獨入一～室/日甲50背叁：～毋（無）故一室人皆箠（垂）延（涎）/日甲50背叁：人毋（無）故一室～皆箠（垂）延（涎）/日甲52背叁：一室～皆養（癢）膿（體）/日甲54背叁：三日乃能～/日甲55背叁：而非～/日甲57背叁：票（飄）風入～宫而有取/日甲73背：爲～不轂（穀）/日甲73背：車～，親/日甲76背：爲～我₌（我我）然好歌無（舞）/日甲77背：其爲～也鞞₌（鞞（竨）鞞（竨））然/日甲79背：其爲～也剛履（愎）/日甲84背壹：其後必有病者三～/日甲89背壹：其後必有死者三～/日甲89背壹：必有死者二～/日甲94背壹：死必三～/日甲114背：媚～/日甲119背：媚～/日甲149背：田大～以癸亥死/日乙15：利以見～、祭、作大事、取（娶）妻/日乙17：遇（寓）～₌（人，人）/日乙19壹：利以行帥〈師〉徒、見～、入邦/日乙44壹：不可以使～及畜六畜/日乙45壹：它～必發之/日乙53：入～民、畜生（牲）/日乙56：不可取（娶）妻、嫁女、見～/日乙57：出入～民、畜生（牲）/日乙60：入貨、～民、畜生（牲）/日乙62：不可以見～、取（娶）妻、嫁女/日乙62：出入～民、畜生（牲）/日乙64：☐出種

（種）及鼠（予）～/日乙 77－78：見～良日/日乙 78－79 壹：乙☐～大室/日乙 83 壹：～意之/日乙 84 壹：生子，使～/日乙 87 壹：可以敫～攻讎/日乙 100 壹：～愛之/日乙 107 壹：老爲～治/日乙 108：～日/日乙 112：主～必大傷/日乙 122：與～言/日乙 122：以責～，得/日乙 122：與～言/日乙 131：寄～室/日乙 131：毋以戊辰、己巳入寄₌～₌（寄人，寄人）/日乙 147：☐癸不可祠～伏₌（伏，伏）/日乙 153：見～/日乙 154：見～吉/日乙 156：～定【子】/日乙 181：生～爲姓（眚）/日乙 183：其～赤色死火日/日乙 184：～黄色死土日/日乙 187：☐～/日乙 187：～黑☐/日乙 189 壹：～〈入〉水中及谷/日乙 194：凡～有惡夢/日乙 192 貳：不可寧～₌（人，人）/日乙 236 貳：皆可見～/日乙 244：爲～臣/日乙 246：媚～/日乙 247：男子爲～臣/日乙 247：女子爲～妾/日乙 249：爲～隋/日乙 253：盜三～/日乙 254：内盜有□□～在其室☐/日乙 258：盜三～/日乙 259：其～擅（黵）黑

0009 入（241）　十八種 6：百姓犬～禁苑中/十八種 7：皆完～公/十八種 7：食其肉而～皮/十八種 8：～頃芻稾/十八種 8：頃～芻三石、稾二石/十八種 8：～芻稾/十八種 16：縣₌（縣，縣）亟診而～之/十八種 16：其～之其弗亟而令敗者/十八種 18：即～其筋、革、角/十八種 18：及索（索）～其賈（價）錢₌（錢。錢）/十八種 21：～禾倉/十八種 23：非～者是出之/十八種 24：其贏者，～之/十八種 24：～禾未盈萬石/十八種 24：其前～者是增積/十八種 25：乃～焉/十八種 25：後～者獨負之/十八種 25：書～禾增積者之名事邑里于廥籍/十八種 26：其出～禾、增積如律令/十八種 26－27：長吏相雜以～禾倉及發/十八種 28：～禾稼、芻稾/十八

種 28：其出～、增積及效如禾/十八種 67：其出～錢以當金、布/十八種 70：受者以～計之/十八種 81：其～贏者/十八種 81：～之/十八種 81：隃₌歲₌（隃（逾）歲，隃（逾）歲）而弗～及不如令者/十八種 86：其金及鐵器～以爲銅/十八種 97：受錢必輒～其錢銗中/十八種 97：令市者見其～/十八種 102：～叚（假）/十八種 103：皆没～公/十八種 119：或盜决（決）道出～/十八種 133：其弗能～及賞（償）/十八種 138：其日未備而被～錢者/十八種 152：欲～錢者/十八種 168：～禾/十八種 168：是縣～之/十八種 170：如～禾然/十八種 173：禾贏，～之/十八種 175：～禾/十八種 197：毋敢以火～臧（藏）府、書府中/效律 2：皆共賞（償）不備之貨而～贏/效律 27：～禾/效律 28：是縣～之/效律 29：如～禾然/效律 33：禾贏，～之/效律 37：～禾及發屚（漏）倉/效律 41：～其贏旅₌（旅衣）札/雜抄 14：～粟公/答問 80：所夬（決）非珥所～/答問 80：非必珥所～乃爲夬₌（夬（決），夬（決））/答問 90：可（何）謂"擎"₌（擎（搢）？擎（搢））布～公/答問 90：～齎（資）錢如律/答問 92：小畜生（牲）～人室₌（室，室）/答問 98：賊～甲室/答問 168：或～₌公₌（入公，入公）/答問 195：其子～養主/答問 195：不～養主/答問 195：雖不養主而～量（糧）者/答問 203：者（諸）候（侯）客節（即）來使～秦/封診式 77：被（破）～内₌中₌（内中。内中）/爲吏 17 伍：～人孤寡/日甲 6 正貳：祭祀、家（嫁）子、取（娶）婦、～材，大吉/日甲 10 正貳：作事、～材，皆吉/日甲 14 正貳：可以～人、始寇（冠）、乘車/日甲 17 正貳：可以取（娶）妻、～人、起事/日甲 19 正貳：必摯（執）而～公而止/日甲 23 正貳：可以～人民、馬牛、

正陸：～官良日/日甲158正陸：丁丑～官/日甲159正陸：寅～官/日甲160正陸：戌～官/日甲161正陸：亥～官/日甲162正陸：申～官/日甲163正陸：酉～官/日甲164正陸：卯～官/日甲165正陸：未午辰～官/日甲20背陸：～里門之右/日甲47背壹：犬恒夜～人室/日甲56背壹：欬鬼之氣～/日甲58背壹：寒風～人室/日甲26背貳：～人醯、醬、滫、將（漿）中/日甲32背貳：好下樂～/日甲32背貳－33背貳：男女未～宮者毄（擊）鼓奮鐸喿（譟）之/日甲50背貳：鬼恒羸（裸）～人宮/日甲51背貳：～人宮/日甲54背貳：以癸日＝（日日）～投之道/日甲59背貳：鬼～人宮室/日甲62背貳：鬼恒執匱以～人室/日甲68背貳：～而傅（搏）者之/日甲27背叁：大袜（魅）恒～人室/日甲35背叁：有眾虫襲～人室/日甲49背叁：獨～一人室/日甲57背叁：票（飄）風～人宮而有取/日甲83背肆：～正月二日一日心/日甲84背肆：～二月九日直心/日甲85背肆：～三月七日直心/日甲86背肆：～四月旬五日心/日甲87背肆：～五月旬二日心/日甲88背肆：～六月旬心/日甲89背肆：～七月八日心/日甲90背肆：～八月五日心/日甲91背肆：～九月三日心/日甲92背叁：～十月朔日心/日甲93背貳：～十一月二旬五日心/日甲94背貳：～十二月二日三日心/日甲95背貳：久行毋以庚午～室/日甲96背貳：□□行毋以戌、亥～/日甲114背：～十月十日乙酉、十一月丁酉材（裁）衣/日甲116背：必～之/日甲118背：矢兵不～于身＝（身，身）/日甲119背：～七月七日＝（日日）乙酉，十一月丁酉材（裁）衣/日甲121背：必～之/日甲121背－122背：矢馬兵不～于身＝（身，身）/日甲124背：～月六日刺/日甲127背：不可～寄者及臣妾

/日甲 127 背：毋以庚午～室/日甲 139 背：～月十七日/日甲 143 背：～月七日/日甲 146 背：凡此日不可～官及入₌室₌（入室，入室）/日甲 146 背：凡此日不可入官及～₌室₌（入室，入室）/日甲 146 背：～官必有辠（罪）/日甲 155 背：利～室/日乙 18 壹：利以～（納）室/日乙 18 壹：～資貨/日乙 19 壹：利以行帥〈師〉徒、見人、～邦/日乙 41 壹：可以～馬牛、臣【妾】☐/日乙 42 壹：可以～臣妾/日乙 43 壹：可以攻軍、～城及行/日乙 53：～人民、畜生（牲）/日乙 57：～人民、畜生（牲）/日乙 60：～貨、人民、畜生（牲）/日乙 62：出～人民、畜生（牲）/日乙 70：可以出～牛、服之/日乙 42 貳：凡五巳不可～寄者/日乙 43 貳：久行，毋以庚午～室/日乙 45 貳：～月六日、七日、八日、二旬二日/日乙 50 貳：凡有～/日乙 80 壹：不可爲室及～之/日乙 84 壹：利～禾粟₌及爲囷倉/日乙 95 壹：可～貨/日乙 97 壹：可～貨/日乙 98 壹：出～【貨】/日乙 99 壹：出～貨/日乙 104 壹：以～牛/日乙 95 貳：～正月二日一日心/日乙 96 貳：～二月九日直心/日乙 97 貳：～三月七日直心/日乙 98 貳：～四月旬五日心/日乙 99 貳：～五月旬二日心/日乙 100 貳：～六月旬心/日乙 101 貳：～七月八日心/日乙 102 貳：～八月五日心/日乙 103 貳：～九月三日心/日乙 104 貳：～十月朔日心/日乙 105 貳：～十一月二旬五日心/日乙 106 貳：～十二月二日三日心/日乙 118：～畜生（牲）/日乙 121：毋以戊辰、己巳～（納）寄者/日乙 121：～（納）之所寄之/日乙 124：不可以～臣妾及寄者/日乙 131：毋以戊辰、己巳～寄₌人₌（寄人，寄人）/日乙 131：～寄之/日乙 141：～官/日乙 156：牛羊～戌/日乙 157：以～，見疾/日乙 159：以～，得/日乙 161：以～，吉

/日乙 163：以～，必有大亡/日乙 165：以～，吉/日乙 167：以～，吉/日乙 169：以～，吉/日乙 171：以～，吉/日乙 173：以～，吉/日乙 175：以～，有□/日乙 177：以～，藺（吝）/日乙 179：以～，小亡/日乙 195 貳：～月旬七日毀垣/日乙 196 貳：～月旬八日/日乙 224 貳：～官/日乙 224 叁：利～官/日乙 225 貳：利～官/日乙 226 貳：利～官/日乙 227 貳：利～官/日乙 228 貳：子、丑～官/日乙 229 貳：戌～官/日乙 230 貳：亥～官/日乙 231 貳：申～官/日乙 232 貳：酉～官/日乙 233 貳：卯～官/日乙 234 貳：實〈寅〉、巳～官/日乙 235 貳：未、辰、午～官

0010 八（99）　編年記 8 壹：～年/編年記 18 壹：十～年/編年記 28 壹：廿～年/編年記 38 壹：卅～年/編年記 48 壹：卌～年/編年記 10 貳：～月/編年記 15 貳：～年/編年記 25 貳：十～年/編年記 34 貳：～月己亥廷食時/十八種 3：盡～月□□之/十八種 41：毀（毇）米～斗/十八種 47：皆～馬共/十八種 53：～月/十八種 66：布袤～尺/十八種 70：～月/十八種 91：用枲十～斤/十八種 133：日居～錢/十八種 139：～月/十八種 152：日～錢/效律 3：～兩/效律 5－6：～兩以上/雜抄 9：驀₌（驀馬）五尺～寸以上/答問 137：今甲捕得其～人/日甲 1 正壹：～月/日甲 21 正壹：～月/日甲 29 正壹：～月/日甲 28 正貳：七日～日吉/日甲 29 正貳：廿～日廿九日吉/日甲 57 正壹：～月/日甲 62 正：～月/日甲 64 正壹：～月/日甲 64 正叁：日～夕八/日甲 64 正叁：日八夕～/日甲 67 正叁：五月楚～月/日甲 66 正肆：～月楚爨月/日甲 66 正肆：日～夕八/日甲 66 正肆：日八夕～/日甲 95 正貳：～月/日甲 104 正壹：～月/日甲 105 正壹：～月/日甲 108 正壹：～月/日甲 109 正壹：～月/日甲 110 正壹：～月/日甲 111

正壹：～月/日甲 112 正壹：～月/日甲 113 正壹：～月/日甲 122 正貳：～歲更/日甲 123 正貳：～歲更/日甲 115 正叁：～歲昌/日甲 118 正叁：～歲更/日甲 127 正－128 正：～月上旬巳/日甲 133 正：四月～日/日甲 133 正：～月九日/日甲 134 正：～月/日甲 139 正肆：～月/日甲 12 背：～月/日甲 61 背叁：日～夕八/日甲 61 背叁：日八夕～/日甲 67 背叁：～月/日甲 67 背叁：日～夕八/日甲 67 背叁：日八夕～/日甲圖四（83 背貳—90 背貳）：～月/日甲 89 背肆：入七月～日心/日甲 90 背肆：入～月五日心/日甲 107 背：四月～日/日甲 107 背：～月十八日/日甲 107 背：八月十～日/日甲 109 背：～月/日甲 124 背：～日刺/日甲 131 背：～月/日甲 132 背：～月/日甲 145 背：～月/日乙 1：～月/日乙 19 貳：日～【夕八】/日乙 25 貳：～月/日乙 25 貳：日～夕八/日乙 25 貳：日八夕～/日乙 33 壹：～月/日乙 50 壹：～月/日乙 45 貳：～日/日乙 96 壹：～月/日乙 101 貳：入七月～日心/日乙 102 貳：入～月五日心/日乙 95 叁：～月/日乙 95 肆：七月七星廿～日/日乙 96 肆：～月軫廿八日/日乙 96 肆：八月軫廿～日/日乙 120：～月/日乙 133：～月七旬巳/日乙 149：四月～日/日乙 149：～月旬八日/日乙 149：八月旬～日/日乙 151：四月～日/日乙 151：～月旬八日/日乙 151：八月旬～日/日乙 153：～月/日乙 196 貳：入月旬～日/日乙 200：～月/日乙圖五（206 貳—218 貳）：～月

0011 九（87） 編年記 9 壹：～年/編年記 19 壹：十～年/編年記 29 壹：廿～年/編年記 39 壹：丗～年/編年記 3 貳：後～月/編年記 16 貳：～年/編年記 26 貳：十～年/編年記 36 貳：廿～年/十八種 41：鑿（糳）米～=斗【=】（九斗；九【斗】）/十八種 41：～月/十八種 51：～月/十

八種 57：～月/十八種 70：～月/十八種 90：～月/十八種 139：～月/十八種 140：～月/十八種 187：～月/日甲 1 正壹：～月/日甲 22 正壹：～月/日甲 30 正壹：～月/日甲 26 正貳：毋以楚～月己未台（始）被新衣₌（衣，衣）/日甲 28 正貳：～日恐/日甲 29 正貳：廿八日廿～日吉/日甲 58 正壹：～月/日甲 59 正壹：～月/日甲 62 正：～〈四〉月/日甲 65 正壹：～月/日甲 67 正貳：日七夕～/日甲 65 正叁：日～夕七/日甲 64 正肆：六月楚～月/日甲 65 正肆：日～夕七/日甲 67 正肆：～月楚㕣（獻）馬/日甲 67 正肆：日七夕～/日甲 95 正貳：～月/日甲 104 正壹：～月/日甲 105 正壹：～月/日甲 108 正壹：～月/日甲 109 正壹：～月/日甲 110 正壹：～月/日甲 111 正壹：～月/日甲 112 正壹：～月/日甲 113 正壹：～月/日甲 128 正：～月上旬寅/日甲 133 正：入七月～日/日甲 133 正：入八月～日/日甲 133 正：入～月廿七日/日甲 134 正：～月/日甲 135 正：有～喜/日甲 136 正伍：～月/日甲 12 背：～月/日甲 8 背貳：～日曰舉/日甲 60 背叁：日七夕～/日甲 62 背叁：日～夕七/日甲 66 背叁：日～夕七/日甲 68 背叁：～月/日甲 68 背叁：日七夕～/日甲 97 背壹：莫市以行有～喜/日甲圖四（83 背貳—90 背貳）：～月/日甲 84 背肆：入二月～日直心/日甲 91 背肆：入～月三日心/日甲 107 背：七月～日/日甲 107 背：～月廿七日/日甲 109 背：～月/日甲 131 背：～月/日甲 132 背：～月/日甲 146 背：～月/日乙 1：～月/日乙 18 貳：日七夕～/日乙 20 貳：日～夕七/日乙 24 貳：日～夕七/日乙 26 貳：～月/日乙 26 貳：日七夕～/日乙 34 壹：～月/日乙 51 壹：～月/日乙 98 壹：～月/日乙 96 貳：入二月～日直心/日乙 103 貳：入～月三日心/日乙 96 叁：～月

/日乙 97 肆：～月奎十三日/日乙 120：～月/日乙 133：～月上旬寅/日乙 149：七月～日/日乙 149：～月二旬七日/日乙 151：七月～日/日乙 151：～月二旬七日/日乙 153：～月/日乙圖五（206 貳—218 貳）：～月

0012 乃（62） 十八種 25：～入焉/十八種 65：～發用之/十八種 88：～燔之/十八種 89：～糞之/十八種 104：久必～受之/十八種 128：毋（無）金錢者～月爲言脂、膠/十八種 131：毋（無）方者～用版/十八種 159：～令視事及遣之/十八種 177：毋（無）齎者～直（值）之/十八種 197：～閉門户/效律 39：【毋（無）齎】者～直（值）之/雜抄 10：～粼（遴）從軍者/雜抄 41：～令增塞埤塞/答問 27：置豆俎鬼前未彻（徹）～爲“未闖”/答問 27：必已置～爲“具”/答問 30：“抉＝籥＝（抉籥（鑰）”？抉籥（鑰））者已抉啓之～爲抉/答問 31：已啓～爲抉/答問 33：其獄鞫～直（值）臧＝（臧（贓），臧（贓））/答問 35：獄鞫～直（值）臧＝（臧（贓），臧（贓））/答問 49：～後覺/答問 51：翏＝（翏（戮），翏（戮））之已～斬之＝（之之）謂殹（也）/答問 68：人～後告甲＝（甲，甲）/答問 80：非必珥所入～爲夬＝（夬（決），夬（決））/答問 115：獄已斷～聽/答問 115：獄斷～聽之/答問 162：～爲“錦履”/答問 164：已閲及敦（屯）車食若行到繇（徭）所～亡/答問 167：～告請（情）/封診式 3：～以詰者詰＝之＝（詰之。詰之）/封診式 4：～治＝諒＝（治（笞）諒（掠）。治（笞）諒（掠））/封診式 69：～視舌出不出/封診式 70：～解索/封診式 70—71：～□其衣/爲吏 37 肆：民心～寧/爲吏 4 伍：民心將移～難親/爲吏 7 伍：掇（輟）民之欲政～立/爲吏 14 伍：百姓榣（摇）貳～難請/爲吏 20 伍：～（仍）

署其籍/爲吏20伍—21伍：故某慮（閭）贅壻某叟之～（仍）孫/日甲3正貳：～盈志/日甲36正：其後～昌/日甲78正貳：三～五/日甲119正貳：～狂/日甲115正叁：～去/日甲117正叁：弗而耐～刑/日甲143正陸：～有疵前/日甲13背：～繹（釋）髮西北面坐/日甲13背：非錢～布/日甲13背—14背壹：非繭～絮/日甲56背壹—57背壹：～疾瘙（糯）瓦以還□□□□[則]已矣/日甲64背壹：東北鄉（嚮）如（茹）之～卧/日甲68背壹：已～痛（餔）/日甲60背貳—61背貳：～鬵（煮）傘（蕡）屨以紙（抵）/日甲65背貳：～爲灰室而牢之/日甲68背貳：～解衣弗袵/日甲68背貳：可得也～/日甲54背叁：三日～能人/日甲57背叁：～投以屨/日甲58背叁—59背叁：～棄其屨於中道/日乙238：不武～工考（巧）/日乙255：爲閒者不寡夫～寡婦/日乙255：～折齒

0013 刀（2）　日甲25背叁：以牡棘～刊其宮蘠（牆）/日甲26背叁：以牡～皮而衣

0014 力（6）　語書11—12：因恙（佯）瞋目扼捾（腕）以視（示）～/爲吏19壹：善度民～/日甲140正叁：武有～/日甲146正陸：有～/日乙239：武有～/日乙242：武有～

0015 又（11）　日甲34正：大事～（有）慶/日甲36正：～（有）疾/日甲36正：～（有）毀/日甲38正：是胃（謂）～（有）小逆/日甲41正：～（有）歲/日甲41正：～（有）小兵/日甲42正：先辱而後～（有）慶/日甲44正：不可～（有）爲/日甲46正：不可～（有）爲/日甲46正：～（有）兵/日甲46正：～（有）雨

0016 三（197）　編年記3壹：～年/編年記13壹：十～年/編年記23壹：廿～年/編年記33壹：卅～年/編年記53壹：【五十】～年/編年記7貳：莊王～年/編年記10貳：～年

/編年記 20 貳：十～年/編年記 30 貳：廿～年/十八種 8：頃入芻～石、稾二石/十八種 13：賜牛長日～旬/十八種 19：十牛以上而～分一死/十八種 20：受服牛者卒歲死牛～以上/十八種 43：糲～斗/十八種 74：～人以上鼠（予）養一人/十八種 78：毋過～分取一/十八種 91：用枲～斤/十八種 95：夏世～錢/十八種 108：賦之～日而當夏二日/十八種 115：失期～日到五日/十八種 118：過～堵以上/十八種 118：～堵以下/十八種 146：免城旦勞～歲以上者/十八種 157：～月/效律 6：～朱（銖）以上/雜抄 17：省～歲比殿/雜抄 21：鬃園～歲比殿/雜抄 22：～歲比殿/答問 7：貲繇（徭）～旬/答問 14：妻所匿～百/答問 14：當以～百論爲盜/答問 15：夫盜～百錢/答問 46：告吏曰盜～羊/答問 102：當～環（原）之不＝（不？不）/答問 152：廷行事鼠穴～以上貲一盾/答問 152：鼷穴～當一鼠穴/封診式 52：以～歲時病疕/封診式 67：袤～尺/封診式 76：上高二尺～寸/封診式 78－79：其𪖾（踵）稠者～寸/封診式 97：～月中逋築宫廿日/封診式 97：四年～月丁未籍一亡五月十日/爲吏 9 貳：～曰舉事審當/爲吏 16 貳：～曰擅裚（製）割/爲吏 21 貳：～曰居官善取/爲吏 28 貳：～曰興＝事＝不＝當＝（興事不當，興事不當）/爲吏 20 伍：～枼（世）之後/日甲 1 正壹：～月/日甲 1 正貳：秋～月辰/日甲 1 正貳：冬～月未/日甲 1 正貳：春～月戌/日甲 1 正貳：夏～月亥〈丑〉/日甲 16 正壹：～月/日甲 27 正壹：～月/日甲 34 正：是胃（謂）～昌/日甲 34 正：命胃（謂）～勝/日甲 36 正：必～徙＝官＝（徙官。徙官）/日甲 28 正貳：～日不吉/日甲 29 正貳：廿二日廿～日吉/日甲 52 正壹：～月/日甲 61 正：～月/日甲 65 正叁：～月楚紡月/日甲 75 正壹：～歲死/日甲 77 正壹：

~月死/日甲78正貳：不出~月有大得/日甲78正貳：~乃五/日甲79正貳：不出~歲必有大得/日甲87正貳：春~月庚辰/日甲96正壹：春~月/日甲97正壹：夏~月/日甲98正壹：秋~月/日甲99正壹：冬~月/日甲96正貳：春~月/日甲97正貳：夏~月/日甲98正貳：秋~月/日甲99正貳：冬~月/日甲96正叁：~月/日甲102正壹：春~月庚辛/日甲102正壹：夏~月壬癸/日甲102正壹：秋~月甲乙/日甲102正壹：冬~月丙丁/日甲104正壹：~月/日甲105正壹：~月/日甲106正：春~月寅/日甲106正：秋~月申/日甲106正：冬~月亥/日甲108正壹：~月/日甲109正壹：~月/日甲110正壹：~月/日甲113正壹：~月/日甲122正貳：其主必富~渫（世）/日甲114正叁：~歲中日入一布/日甲114正叁：~歲中弗更/日甲127正：~月上旬申/日甲129正：不出~月/日甲131正：春~月己丑不可東/日甲131正：夏~月戊辰不可南/日甲131正：秋~月己未不可西/日甲131正：冬~月戊戌不可北/日甲133正：~月廿一日/日甲134正：~月/日甲134正：有~喜/日甲138正陸：~月/日甲136正柒：夏~月丑徼（敫）/日甲137正柒：春~月戌〈戌〉敫/日甲138正柒：秋~月辰敫/日甲139正柒：冬~月未敫/日甲155正：~棄/日甲1背：春~月季庚辛/日甲1背：夏~月季壬癸/日甲1背：秋~月季甲乙/日甲1背：冬~月季丙丁/日甲3背壹：不出~歲/日甲6背壹：冬~月奎、婁吉/日甲12背：~月/日甲59背壹：不過~言=（言。言）過三/日甲59背壹：不過三言=（言。言）過~/日甲41背貳：不出~年/日甲51背叁：屈（掘）其室中~尺/日甲54背叁：~日乃能人/日甲55背叁：~月食之若傅之/日甲62背叁：~月/日甲84背壹：其後必有病者～人/日甲 89 背壹：其後必有死者～人/日甲 92 背壹：不出～月有得/日甲 94 背壹：死必～人/日甲 94 背壹：其咎在～室/日甲 100 背：莫食以行有～喜/日甲 102 背：春～月甲乙/日甲 103 背：夏～月丙丁/日甲 104 背：秋～月庚辛/日甲 105 背：冬～月壬癸/日甲圖四（83 背貳－90 背貳）：～月/日甲 85 背肆：入～月七日直心/日甲 91 背肆：入九月～日心/日甲 94 背貳：入十二月二日～日心/日甲 107 背：～月廿一日/日甲 109 背：～月/日甲 111 背：禹步～/日甲 131 背：～月/日甲 132 背：～月/日甲 134 背：春～月戊辰、己巳/日甲 134 背：夏～月戊申、己未/日甲 134 背：秋～月戊戌、己亥/日甲 134 背：冬～月戊寅、己丑/日甲 140 背：春～月毋起東鄉（嚮）室/日甲 140 背：夏～月毋起南鄉（嚮）室/日甲 140 背：秋～月毋起西鄉（嚮）室/日甲 140 背：冬～月毋起北鄉（嚮）室/日甲 142 背：冬～月之日/日甲 145 背：～月/日甲 153 背：～日反【枳（支）】/日甲 154 背：一月當有～反枳（支）/日甲 156 背：中₌（中，中）～臘/日乙 1：～月/日乙 20 貳：～月/日乙 28 壹：～月/日乙 48 壹：～月/日乙 42 貳：不出～歲必代寄/日乙 77：春～月戌/日乙 77：秋～月辰/日乙 84 壹：～月/日乙 103 壹：～年死/日乙 105 壹：～月死/日乙 97 貳：入～月七日直心/日乙 103 貳：入九月～日心/日乙 106 貳：入十二月二日～日心/日乙 90 貳：～月/日乙 91 叁：～月角十三日/日乙 91 叁：三月角十～日/日乙 97 肆：九月奎十～日/日乙 106 叁：禹步～/日乙 110：春～月庚辛/日乙 110：夏～月壬癸/日乙 110：秋～月甲乙/日乙 110：冬～月丙丁/日乙 120：～月/日乙 132：～月上旬【申】/日乙 135：不出～月/日乙 145：合～土皇/日乙 145：亦席～叕

(餟)/日乙 149：~月旬一日/日乙 151：~月二日/日乙 153：~月/日乙 199：~月/日乙 202：春~月/日乙 207 壹：夏~月/日乙 217 壹：冬~月/日乙 223 壹：冬~月/日乙圖五（206 貳—218 貳）：~月/日乙 224 叁：春~月/日乙 225 貳：夏~月/日乙 226 貳：秋~月/日乙 227 貳：冬~月/日乙 247：不出~日必死/日乙 253：盜~人/日乙 258：盜~人

0017 于（15）　十八種 25：書入禾增積者之名事邑里~廥籍/十八種 134：居~城旦舂/十八種 134－135：人奴妾居贖貲責（債）~城旦/十八種 135：居~官府/十八種 199：歲讎辟律~御史/效律 52－53：及都倉、庫、田、亭嗇夫坐其離官屬~鄉者/答問 129：魄（饋）遺亡鬼薪~外/答問 131：盜＝（盜；盜）辠（罪）輕~亡/答問 140：盜出朱（珠）玉邦關及買（賣）~客者/答問 155：吏從事~官府/答問 184：詣符傳~吏是謂“布吏”/日甲 45 背叁：人過~丘虛/日甲 53 背叁：地蟲鬭（鬭）~下/日甲 118 背：矢兵不入~身＝（身，身）/日甲 121 背－122 背：矢馬兵不入~身＝（身，身）

0018 千（8）　十八種 168：其廥禾若~石/十八種 171－172：某廥出禾若~石/十八種 172：其餘禾若~石/效律 27：某廥禾若~石/效律 30－31：某廥出禾若~石/效律 31：其餘禾若~石/封診式 39：賈（價）若~錢/日甲 77 背：名責環貉豺~都寅

0019 土（41）　十八種 56：操~攻（功）/十八種 56：不操~攻（功）/十八種 119：其~惡不能雨/日甲 89 正壹：可以爲~事/日甲 104 正壹：~忌/日甲 104 正壹：~徼正月壬/日甲 104 正壹：不可爲~攻（功）/日甲 106 正：不可興~攻（功）/日甲 106 正：不可興~攻（功）/日甲 106 正：不可興~攻（功）/日甲 106 正：

不可興～攻（功）/日甲 110 正壹：二月利興～西方/日甲 29 背壹：取故丘之～/日甲 57 背貳－58 背貳：取白茅及黄～而西（洒）之/日甲 30 背叁：以黄～漬之/日甲 31 背叁：以黄～窒/日甲 79 背：臧於糞蔡中～中/日甲 86 背叁：～勝水/日甲 87 背叁：木勝～/日甲 92 背貳：中央～/日甲 111 背－112 背：掓其晝中央～而懷之/日甲 129 背－130 背：～忌/日甲 129 背：～良日/日甲 129 背：凡有～事必果/日甲 130 背：～忌日/日甲 130 背：凡有～事弗果居/日甲 131 背：當其地不可起～攻（功）/日甲 132 背－133 背：是胃（謂）～神/日甲 133 背：毋起～攻（功）/日甲 134 背－135 背：不可爲～攻（功）/日甲 136 背：以起～攻（功）/日甲 138 背：毋起～攻（功）/日甲 150 背：不可初田及興～攻（功）/日甲 156 背：☐中～/日乙 40 貳：戊己内中～/日乙 89 壹：可以爲～事/日乙 80 貳：戊己～₌（土，土）/日乙 85 貳：【卯木₌（木，木）】勝～/日乙 125：不可筑（築）興～攻（功）/日乙 145：合三～皇/日乙 184：人黄色死～日

0020 士（64） 十八種 134：公～以下居贖刑辠（罪）、死辠（罪）者/十八種 155：隸臣斬首爲公～/十八種 155－156：謁歸公～而免故妻隸妾一人者/十八種 179：自官～夫₌（大夫）以上/十八種 190：毋除～五（伍）新傅/雜抄 2：除～吏、發弩嗇夫不如律/雜抄 4：游～在/雜抄 5：公～以下刑爲城旦/雜抄 5：游～律/雜抄 12：令、尉、～吏弗得/雜抄 13：縣司₌空₌（司空、司空）佐史、～吏將者弗得/雜抄 39：縣嗇夫、尉及～吏行戍不以律/答問 29：～五（伍）甲盜一羊₌（羊，羊）/答問 33：～五（伍）甲盜/答問 35：～五（伍）甲盜/答問 71：～五（伍）甲毋（無）子/答問 84：～五（伍）甲鬭/答問 163：今～五（伍）甲不會/答問 185：得

比公～贖耐不得₌（得？得）/答問 189：可（何）謂“宫狡～”、“外狡士”/答問 189：可（何）謂“宫狡士”、“外狡～”/封診式 6：～五（伍），居某里/封診式 8：某里～五（伍）甲/封診式 10：甲伍公～某₌（某某）/封診式 13：～五（伍），居某縣某里/封診式 15：某里公～甲/封診式 15：同里～五（伍）丙/封診式 15：某里～五（伍）丁/封診式 17：甲故～五（伍）/封診式 19：某里～五（伍）甲、乙/封診式 23：某里公～甲、士五（伍）乙詣牛一/封診式 23：某里公士甲、～五（伍）乙詣牛一/封診式 28：～五（伍），居某里/封診式 28：某里～五（伍）戊/封診式 28：某里～五（伍）己、庚、辛/封診式 29：某里公～某/封診式 31：某里～五（伍）甲/封診式 34：某里～五（伍）甲、公士鄭才（在）某里曰丙共詣斬首一/封診式 34：某里士五（伍）甲、公～鄭才（在）某里曰丙共詣斬首一/封診式 37：某里～五（伍）甲/封診式 40：某里～五（伍）甲臣/封診式 42：某里公～甲/封診式 46：某里～五（伍）甲/封診式 46：同里～五（伍）丙/封診式 47：～五（伍）咸陽才（在）某里曰丙/封診式 50：某里～五（伍）甲/封診式 50：同里～五（伍）丙/封診式 52：里人～五（伍）丙/封診式 61：某里～五（伍）丙/封診式 63：里人～五（伍）丙/封診式 73：某里～五（伍）乙/封診式 82：訊丁、乙伍人～五（伍）□/封診式 84：某里～五（伍）妻甲/封診式 84－85：里人公～丁/封診式 91：某里公～甲/封診式 91：里人～五（伍）丙/封診式 95：某里～五（伍）甲/封診式 96：～五（伍），居某里/爲吏 18 貳：五曰賤～而貴貨貝/爲吏 30 貳－31 貳：則～毋（無）所比/爲吏 15 伍：困造之～久不陽/爲吏 20 伍：欲～₌（士（仕）士（仕））之/爲吏 26

伍：享（烹）牛食～/日甲 5 背壹：敝毛之～以取（娶）妻

0021 工（39） 十八種 71：～獻輸官者/十八種 98：～律/十八種 99：～律/十八種 100：縣及～室聽官爲正衡石贏（纍）、斗用（桶）、升/十八種 100：有～者勿爲正/十八種 100：～律/十八種 101：～律/十八種 103：～/十八種 108：隸臣、下吏、城旦與～從事者冬作/十八種 108：～人程/十八種 109：冗隸妾二人當～一人/十八種 109：更隸妾四人當～【一】人/十八種 109：小隸臣妾可使者五人當～一人/十八種 109：～人程/十八種 110：～人程/十八種 111：新～初工事/十八種 111：新工初～事/十八種 111：～師善教之/十八種 111：故～一歲而成/十八種 111：新～二歲而成/十八種 112：均～/十八種 113：隸臣有巧可以爲～者/十八種 114：☐均～/十八種 156：～隸臣斬首及人爲斬首以免者/十八種 156：皆令爲～/十八種 156：以爲隱官～/效律 46：～稟鬃它縣/效律 46：貲～及吏將者各二甲/雜抄 17：貲～師一甲/雜抄 17：貲～師二甲/雜抄 18：～師及丞貲各二甲/雜抄 18－19：縣～新獻/雜抄 19：城旦爲～殿者/雜抄 24：～擇榦₌（榦，榦）/雜抄 24：～久〈擇〉榦曰不可用/雜抄 24－25：貲～曰不可者二甲/答問 13：～盜以出/爲吏 21 叁：兵甲～用/日乙 238：不武乃～考（巧）

0022 才（5） 十八種 30：廥～（在）都邑/封诊式 21：市南街亭求盜～（在）某里曰甲/封诊式 25：求盜～（在）某里曰乙、丙/封诊式 34：公士鄭～（在）某里曰丙/封诊式 47：士五（伍）咸陽～（在）某里曰丙

0023 下（66） 語書 2：故後有閒令～者/語書 4：故騰爲是而脩（修）灋（法）律令、田令及爲閒私方而～之/語書 5－6：自從令、丞以～智（知）而弗舉論/十八種 19－

20：不【盈】十牛以～/十八種 45：有事軍及～縣者/十八種 61：高五尺以～/十八種 108：隸臣、～吏、城旦與工從事者冬作/十八種 118：三堵以～/十八種 134：公士以～居贖刑辠（罪）、死辠（罪）者/十八種 134：羣～吏毋耐者/十八種 164：其不可食者不盈百石以～/十八種 167：[度]禾、芻稾而不備十分一以～/十八種 181：不更以～到謀人/十八種 182：上造以～到官佐、史毋（無）爵者/十八種 192：～吏能書者/十八種 193：羣～吏/效律 22：不盈百石以～/效律 25：十分一以～/效律 46－47：不盈二百斗以～到百斗/效律 47：不盈百斗以～到十斗/效律 47：不盈十斗以～/效律 56：自二百廿錢以～/雜抄 5：公士以～刑爲城旦/雜抄 27－28：卒歲六匹以～到一匹/雜抄 34：擅～/答問 2：不盈二百廿以～到一錢/答問 25：當貲以～耐爲隸臣/答問 151：薦＝（薦，薦）～有稼一石以上/答問 152：二以～辥/封診式 1：治（笞）諒（掠）爲～/封診式 53－54：肘厀（膝）□□□到□兩足～奇（踦）/封診式 66：～遺矢（屎）弱（溺）/封診式 76：穴～齊小堂/封診式 76：～廣二尺五寸/封診式 80：小堂～及垣外地堅/封診式 88：其頭、身、臂、手指、股以～到足＝（足、足）指類人/爲吏 15 壹：玆（慈）～勿陵/爲吏 45 貳：爲人～則聖/爲吏 48 貳－49 貳：上明（明）～聖/爲吏 8 伍：～雖善欲獨可（何）急/爲吏 11 伍：欲令之具～勿議/爲吏 12 伍：～恒行巧而威故移/日甲 3 正貳：上～羣神鄉（饗）之/日甲 7 正貳：上～皆吉/日甲 128 正：開臨～民/日甲 151 正叁：在足～者賤/日甲 16 背壹：宇最邦之～/日甲 17 背壹：中央～/日甲 18 背壹：宇四旁～/日甲 19 背壹：南方～/日甲 20 背壹：北方～/日甲 21 背壹：西方～/日甲 63 背壹：取丘～之莠/日甲 32 背貳：好～樂入/日甲 38 背叁：上帝子～游/日甲 39 背叁：是上神～取（娶）妻/日甲 53 背叁：地蟲斲（鬭）于～/日甲 69 背：臧（藏）於垣内中糞蔡～/日甲 70 背：臧（藏）牛廄中草木～/日甲 73 背：臧（藏）東南反（坂）～/日甲 74 背：臧（藏）於瓦器～/日甲 75 背：臧（藏）於草木～/日甲 78 背：臧（藏）於園中草～/日甲 80 背：臧（藏）於圂中垣～/日乙 134：開臨～民/日乙 156：～市申

0024 寸（27） 十八種 14：治（笞）主者～十/十八種 51：高不盈六尺五～/十八種 51－52：高不盈六尺二～/十八種 52：高五尺二～/十八種 66：福（幅）廣二尺五～/雜抄 9：驀=（驀馬）五尺八～以上/雜抄 27：夬（決）革一～/雜抄 27：二～/雜抄 27：過二～/答問 6：高六尺七～/答問 88：其大方一～/答問 88：深半～/封診式 10：高六尺五～/封診式 35：袤五～/封診式 57：袤各四～/封診式 57：廣各一～/封診式 60：長七尺一～/封診式 65：足不傅地二～/封診式 66：不周項二～/封診式 76：上高二尺三～/封診式 76：下廣二尺五～/封診式 76－77：迹廣□～大半寸/封診式 76－77：迹廣□寸大半～/封診式 78：袤尺二～/封診式 78：其前稠綦袤四～/封診式 78：其中央稀者五～/封診式 78－79：其㡖（踵）稠者三～

0025 丈（10） 答問 6：復～/封診式 68：索袤～/封診式 79：垣北去小堂北脣～/爲吏 28 叁：徒隸攻～/日甲 32 背壹－33 背壹：以桑心爲～（杖）/日甲 43 背壹－44 背壹：～夫女子隋（墮）須（鬚）羸髮黄目/日甲 47 背壹：執～夫/日甲 53 背壹：毄（擊）以桃～（杖）/日甲 45 背貳：爲桑～（杖）奇（倚）户内/日乙 259：盜～夫

0026 大（189） 編年記 44 壹：攻～（太）行/編年記 45 壹：攻～壄（野）王/語書 7：此皆～辠（罪）/十八種 11：稟～田

而毋（無）恒籍者/十八種 13：以正月～課之/十八種 17：其～廏、中廏、宮廏馬牛/十八種 20：～（太）倉課都官及受服者/十八種 37：縣上食者籍及它費～（太）倉/十八種 38：稻、麻畝用二斗～半斗/十八種 38：黍、荅畝～半斗/十八種 41：▨【粟一】石六斗～半斗/十八種 43：毀（毇）米六斗～半斗/十八種 53：小隸臣妾以八月傅爲～隸臣妾/十八種 86：都官輸～內₌（內，內）/十八種 87：都官遠～內者/十八種 89：～車輪/十八種 91：～褐一/十八種 92：輸～內/十八種 93：在咸陽者致其衣～內/十八種 93：縣₌（縣，縣、）～內皆聽其官致/十八種 98：其小～、短長、廣亦必等/十八種 125：～車轅不勝任/十八種 126：～車軲絃（盭）/十八種 129：以攻公～車/十八種 130：一脂、攻閒～車一兩（輛）/十八種 136：～嗇夫、丞及官嗇夫有辠（罪）/十八種 148：爲～車折鞏（輮）/十八種 175：～嗇夫、丞智（知）而弗辠（罪）/十八種 196：～嗇夫、丞任之/效律 18：～嗇夫及丞除/效律 35：～嗇夫、丞智（知）而弗辠（罪）/效律 43：～者貲官嗇夫一盾/效律 60：人户、馬牛一以上爲～誤₌（誤。誤）/雜抄 19：～車殿/雜抄 23：～（太）官、右府、左府、右采鐵、左采鐵課殿/雜抄 31：牛～牝十/答問 55：爲有秩僞寫其印爲～嗇夫/答問 72：臣邦君長所置爲後～（太）子/答問 78：毆～父母/答問 78：今毆高～父母/答問 78：比～父母/答問 82：～可（何）如爲"提"/答問 88：其～方一寸/答問 199：有～繇（徭）而曹鬭相趣（聚）/答問 202：視檢智（知）小～以論/答問 208：可（何）如爲"～₌痍₌"（"大痍"？"大痍"）/答問 208：爲"～痍"/答問 209：可（何）如爲"～誤"/答問 209：人户、馬牛及者（諸）貨材（財）直（值）過六百六十錢爲“～誤”/封診式 9：木～具/封診式 9：子～女子某/封診式 42：某里公士甲縛詣～女子丙/封診式 64：以枲索～如大指/封診式 64：以枲索大如～指/封診式 67：權～一圜/封診式 75：房₌内₌（房内。房内）在其～内東/封診式 75：比～内/封診式 76－77：迹廣□寸～半寸/封診式 84：自晝與同里～女子丙鬬/封診式 87：～如手/封診式 92：外～母同里丁坐有寧毒言/爲吏 1 貳：欲富～（太）甚/爲吏 2 貳：欲貴～（太）甚/爲吏 12 貳：必有～賞/爲吏 15 貳：貴以～（泰）/日甲 6 正貳：～吉/日甲 13 正貳：利以起～事/日甲 13 正貳：～祭/日甲 22 正貳：興～事/日甲 25 正叁：爲囷～吉/日甲 34 正：～事又（有）慶/日甲 34 正：它毋（無）小～盡吉/日甲 38 正：毋（無）～央（殃）/日甲 41 正：毋（無）～兵/日甲 47 正壹：心、危、營室～凶/日甲 47 正壹：畢、此（觜）巂～吉/日甲 48 正壹：斗、婁、虛～凶/日甲 48 正壹：胃、□～吉/日甲 49 正壹：須女、斗、牽牛～凶/日甲 49 正壹：奎、婁～吉/日甲 50 正壹：營室、心～凶/日甲 50 正壹：危、營室～吉/日甲 51 正壹：奎、牴（氐）、房～凶/日甲 51 正壹：須女、虛～吉/日甲 52 正壹：胃、角、犺（亢）～凶/日甲 52 正壹：斗、牽牛～吉/日甲 53 正壹：畢、張、翼～凶/日甲 53 正壹：心、尾～吉/日甲 54 正壹：東井、七星～凶/日甲 54 正壹：角、房～吉/日甲 55 正壹：柳、東井、輿鬼～凶/日甲 55 正壹：角、犺（亢）～吉/日甲 56 正壹：張、畢、此（觜）巂～凶/日甲 56 正壹：張、翼～吉/日甲 57 正壹：角、胃、參～凶/日甲 57 正壹：柳、七星～吉/日甲 58 正壹：牴（氐）、奎、婁～凶/日甲 58 正壹：東井、輿鬼～吉/日甲 59 正壹：北徙～吉/日甲 60 正壹：東徙～吉/日甲 61 正：南徙～吉/日甲

62 正：西徙～吉/日甲 64 正壹：以北～羊（祥）/日甲 65 正壹：以東～羊（祥）/日甲 66 正壹：以南～羊（祥）/日甲 67 正壹：以西～羊（祥）/日甲 80 正壹：爲～吏/日甲 78 正貳：不出三月有～得/日甲 79 正貳：不出三歲必有～得/日甲 99 正貳：有以者～凶/日甲 100 正：筑（築）～内/日甲 100 正：～人死/日甲 102 正壹：～主死/日甲 113 正壹：～祠/日甲 113 正壹：以～生（牲）大凶/日甲 113 正壹：以大生（牲）～凶/日甲 109 正貳：毋以木〈未〉斬～木/日甲 109 正貳：必有～英（殃）/日甲圖二（114 正壹—126 正壹）：～厠/日甲圖二（114 正壹—126 正壹）：～伍門/日甲圖二（114 正壹—126 正壹）：～吉門/日甲 117 正貳：～吉/日甲 118 正貳：～伍門/日甲 121 正貳：～凶/日甲 124 正貳：～凶/日甲 122 正叁：～吉門/日甲 127 正：有～行/日甲 129 正：小～必至/日甲 130 正：毋（無）所～害/日甲 130 正：～顴（顧）是胃（謂）大楮（佇）/日甲 130 正：大顴（顧）是胃（謂）～楮（佇）/日甲 131 正：百中～凶/日甲 149 正壹：長～/日甲 1 背：此～敗日/日甲 13 背：賜某～幅（富）/日甲 18 背陸：小宫～門/日甲 19 背陸：～宫小門/日甲 50 背壹：夏～暑/日甲 61 背壹：～事/日甲 27 背貳：～神/日甲 64 背貳：有～票（飄）風害人/日甲 27 背叁：～袜（魅）恒入人室/日甲 50 背叁：～如杵/日甲 70 背：盜者～鼻/日甲 70 背：～辟（臂）臑而僂/日甲 71 背：從以上辟（臂）臑梗～/日甲 72 背：盜者～面/日甲 80 背：盜者～鼻而票（剽）行/日甲 96 背壹：必有～女子死/日甲 106 背：～殺大央（殃）/日甲 106 背：大殺～央（殃）/日甲 108 背：是₌（是是）～兇（凶）/日甲 139 背：～凶/日甲 141 背：～凶/日甲 144 背：～凶/日甲 149 背：田～人以

三人以～鼠（予）養一人/十八種 92：有餘褐十以～/十八種 111－112：能先期成學者謁～₌（上，上）/十八種 112：籍書而～內史/十八種 118：過三堵以～/十八種 122－123：贏員及減員自二日以～/十八種 123：～之所興/十八種 125：折軲～/十八種 135：葆子以～居贖刑以上到贖死/十八種 135：葆子以上居贖刑以～到贖死/十八種 136：一室二人以～居/十八種 146：免城旦勞三歲以～者/十八種 148：直（值）廿錢以～/十八種 150：有～令除之/十八種 164：百石以～到千石/十八種 165：過千石以～/十八種 167：過十分以～/十八種 175：至計而～廥籍內史/十八種 179：自官士夫₌（大夫）以～/十八種 182：～造以下到官佐、史毋（無）爵者/十八種 187：都官歲～出器求補者數/十八種 187：～會九月內史/十八種 190：除佐必當壯以～/效律 3：十六兩以～/效律 3－4：二升以～/效律 5：半升以～/效律 5－6：八兩以～/效律 6：四兩以～/效律 6：三朱（銖）以～/效律 6：少半升以～/效律 6－7：六分升一以～/效律 7：廿分升一以～/效律 7：半朱（銖）【以】～/效律 9－10：過二千二百錢以～/效律 12：五分一以～/效律 14：過二千二百錢以～/效律 15：過二千二百錢以～/效律 23：過千石以～/效律 25：過十分以～/效律 46：水₌（水，水）減二百斗以～/效律 49：～節（即）發委輸/效律 57：過二千二百錢以～/效律 57：自二以～/效律 59：過六百六十錢以～/效律 60：人户、馬牛一以～爲大誤₌（誤。誤）/雜抄 1：～造以上不從令/雜抄 1：上造以～不從令/雜抄 5：～造以上爲鬼薪/雜抄 5：上造以～爲鬼薪/雜抄 9：驀₌（驀馬）五尺八寸以～/雜抄 10－11：吏自佐、史以～/雜抄 34：徒卒不～宿/雜抄 34：宿者已～守除/答問 1：臧（贜）一錢以～/答問

50：～造甲盜一羊/答問 59：貲盾以～/答問 63：將～不仁邑里者而縱之/答問 82：智（知）以～爲“提”/答問 107：葆子以～/答問 113：爵當～造以上/答問 113：爵當上造以～/答問 125－126：將盜戒（械）囚刑辠（罪）以～/答問 129：一以～/答問 130：所捕耐辠（罪）以～得取/答問 140：～朱（珠）玉內₌史₌（內史，內史）/答問 140：耐辠（罪）以～/答問 147：耐以～/答問 151：有稼一石以～/答問 152：廷行事鼠穴三以～貲一盾/答問 177：致（至）耐辠（罪）以～/答問 191：六百石吏以～/封診式 1：毋治（笞）諒（掠）而得人請（情）爲～/封診式 49：成₌都₌（成都，成都）～恒書太守處/封診式 65：索～終權/封診式 65：頭～去權二尺/封診式 67：堪～可道終索/封診式 73：乙獨與妻丙晦卧堂～/封診式 76：～高二尺三寸/封診式 76：～如豬竇狀/封診式 77：其穴壤在小堂～/封診式 77－78：穴中外壤～/封診式 79－80：其～有新小壞₌（壞，壞）/封診式 95：捕校～來詣之/爲吏 16 壹：敬～勿犯/爲吏 7 貳：中（忠）信敬～/爲吏 17 貳：犯～弗智（知）害/爲吏 32 貳：非～/爲吏 44 貳：爲人～則明（明）/爲吏 48 貳－49 貳：～明（明）下聖/爲吏 25 肆：～亦毋驕/爲吏 6 伍：禄立（位）有續孰瞉～/爲吏 7 伍－8 伍：～（無）閒陸（隙）/日甲 3 正貳：～下羣神鄉（饗）之/日甲 6 正貳：以見君～/日甲 7 正貳：～下皆吉/日甲 47 正叁－48 正叁：從～右方數朔之初日及枳（支）各一日/日甲 48 正叁：數之而復從～數/日甲 101 正貳：害於～皇/日甲 127 正：正月～旬午/日甲 127 正：二月～旬亥/日甲 127 正：三月～旬申/日甲 127 正：四月～旬丑/日甲 127 正：五月～旬戌/日甲 127 正：六月～旬卯/日甲 127 正：七月～旬子/日甲 127 正－

128 正：八月～旬巳/日甲 128 正：九月～旬寅/日甲 128 正：十月～旬未/日甲 128 正：十一月～旬辰/日甲 128 正：十二月～旬酉/日甲 30 背壹：置藟（牆）～/日甲 38 背壹－39 背壹：其～旱則淳/日甲 41 背壹：其～毋（無）草/日甲 31 背貳：是～神相/日甲 38 背叁：～帝子下游/日甲 39 背叁：是～神下取（娶）妻/日甲 53 背叁：血～扇（漏）/日甲 71 背：從以～辟（臂）臑梗大/日甲 81 背：丙名曰轓可癸～/日甲 81 背：丁名曰浮妾榮辨僕～/日乙 107 貳：～車毋顧/日乙 107 貳：～⧄/日乙 126：命曰毋（無）～剛/日乙 132：正月～旬午/日乙 132：二月～旬亥/日乙 132：三月～旬【申】/日乙 133：四月～旬丑/日乙 133：五月～旬戌/日乙 133：六月～旬卯/日乙 133：七月～旬子/日乙 133：九月～旬寅/日乙 133：十月～旬未/日乙 133：十一月～旬辰/日乙 133－134 十二月～旬丑/日乙 248：必爲～卿/日乙 253：其疵其～得⧄/日乙 257：其～作折其⧄

0029 小（54） 十八種 16－17：其～隸臣疾死者/十八種 49：～城旦、隸臣作者/十八種 49－50：～妾、舂作者/十八種 52：皆爲～/十八種 53：～隸臣妾以八月傅爲大隸臣妾/十八種 61：～高五尺以下/十八種 69：～物不能各（格）一錢者/十八種 74：～官毋（無）嗇夫者/十八種 91：～褐一/十八種 94：其～者冬七十七錢/十八種 95：其～者冬卌四錢/十八種 95：隸臣妾之老及～不能自衣者/十八種 98：其～大、短長、廣亦必等/十八種 109：～隸臣妾可使者五人當工一人/效律 43：～者除/答問 92：～畜生（牲）入人室₌（室，室）/答問 116：子₌（子。子）～未可別/答問 116：子～不可別/答問 144：以～犯令論/答問 158：甲～未盈六尺/答問 166：～未盈六尺/答問 202：視檢智（知）～大以論/答問 209：其它爲～/封診式 10：子～男子某/封診式 10：妾～女子某/封診式 75：内後有～堂/封診式 76：穴下齊～堂/封診式 77：其穴壞在～堂上/封診式 79：垣北去～堂北脣丈/封診式 79－80：其上有新～壞=（壞，壞）/封診式 80：～堂下及垣外地堅/日甲 3 正貳：～夫四成/日甲 34 正：～事果成/日甲 34 正：它毋（無）～大盡吉/日甲 38 正：是胃（謂）又（有）～逆/日甲 41 正：又（有）～兵/日甲 113 正壹：以～生（牲）小凶/日甲 113 正壹：以小生（牲）～凶/日甲 129 正：～大必至/日甲 23 背肆：取（娶）婦爲～内/日甲 19 背伍：依道爲～内/日甲 18 背陸：～宫大門/日甲 19 背陸：大宫～門/日甲 61 背壹：～事/日甲 75 背：～肵/日甲 92 背壹：其後必有～子死/日甲 106 背：～殺小央（殃）/日甲 106 背：小殺～央（殃）/日乙 22 壹：利以～然〈祭〉/日乙 54：◪毋（無）～大/日乙 120：～生（牲）兇（凶）/日乙 134－135：～大必致（至）/日乙 179：以入，～亡/日乙 243：～（少）孤

0030 口（14） 語書 10－11：易～舌/十八種 188：毋～請/封診式 66：其～鼻氣出渭（喟）然/封診式 70：視～鼻渭（喟）然不/封診式 71：～鼻不渭（喟）然/封診式 72：～鼻或不能渭（喟）然者/爲吏 38 壹：審耳目～/爲吏 29 伍：～，關/爲吏 32 伍：～者，關/日甲 82 正壹：女子愛而～臭/日甲 69 背：盜者兑（鋭）～/日甲 158 背：～其口耆（嗜）□/日乙 253：食五～/日乙 256：其食者五～

0031 山（18） 編年記 21 壹：攻夏～/編年記 30 壹：攻□～/編年記 27 貳：韓王居□～/十八種 4：毋敢伐材木～林及雍（壅）隄水/十八種 119：縣所葆禁苑之傅～、遠山/十八種 119：縣所葆禁苑之傅山、遠～/十八種 131：其

縣～之多芔者/雜抄 21：采～重殿/封診式 26：自晝甲將乙等徼循到某～/封診式 27：～儉（險）不能出身山中/封診式 27：山儉（險）不能出身～中/封診式 29：自晝居某～/爲吏 22 肆：有高～/日甲 47 正叁：此所胃（謂）艮～/日甲 48 正叁－49 正叁：□與枳（支）刺〈夾〉艮～之胃（謂）離=日=（離日。離日）/日甲 2 背壹：禹以取（娶）梌（嵞）～之女日/日甲 7 背壹：天以震高～/日甲 147 背：天以壞高～

0032 巾（1） 封診式 87：已前以布～裹

0033 千（30） 語書 13－14：志～里使有籍書之/十八種 64：～錢一畚/十八種 64：不盈～者/十八種 164：百石以上到～石/十八種 165：過～石以上/效律 8－9：過二百廿錢以到～一百錢/效律 9：過～一百錢以到二千二百錢/效律 9：過千一百錢以到二～二百錢/效律 9：過二～二百錢/效律 13：直（值）過二百廿錢以到～一百錢/效律 13：過～一百錢以到二千二百錢/效律 13：過千一百錢以到二～二百錢/效律 14：過二～二百錢以上/效律 15：直（值）過～一百錢以到二千二百錢/效律 15：直（值）過千一百錢以到二～二百錢/效律 15：過二～二百錢以上/效律 23：百石以到～石/效律 23：過～石以上/效律 56：過二百廿錢以到二～二百錢/效律 57：過二～二百錢以上/答問 9：臧（贓）直（值）～錢/答問 14：夫盜～錢/答問 37：或以赦前盜～錢/答問 40：告人盜～錢/答問 41：誣人盜～錢/答問 48：沒錢五～而失之/答問 64："封"=（"封"？"封"）即田～（阡）佰（陌）/封診式 15：盜某里士五（伍）丁～錢/爲吏 14 叁：～（阡）佰（陌）津橋/日甲 87 正貳：羊必～

0034 及（283） 語書 1：其所利～好惡不同/語書 4：灋（法）律令、田令～爲閒私方/語書 8：論～令、丞/十八種 1：～誘

（秀）粟/十八種 1：輒以書言澍〈澍〉稼、誘（秀）粟～貇（墾）田暘毋（無）稼者頃數/十八種 2：早〈旱〉～暴風雨、水潦、备（螽）蚰、羣它物傷稼者/十八種 4：毋敢伐材木山林～雍（壅）隄水/十八種 5：邑之紤（近）皂～它禁苑者/十八種 6：百姓犬入禁苑中而不追獸～捕獸者/十八種 6：其追獸～捕獸者/十八種 8：芻自黄𪎊～藍束以上皆受之/十八種 17－18：以其筋、革、角～其賈（價）錢效/十八種 18：～索（索）入其賈（價）錢=（錢。錢）/十八種 20：～受服牛者卒歲死牛三以上/十八種 20：吏主者、徒食牛者～令、丞皆有辠（罪）/十八種 20：大（太）倉課都官～受服者/十八種 21：縣嗇夫若丞～倉、鄉相雜以印之/十八種 21－22：遺倉嗇夫～離邑倉佐主稟者各一户以氣（餼）/十八種 25－26：萬石之積～未盈萬石而被（柀）出者/十八種 26－27：長吏相雜以入禾倉～發/十八種 28：其出入、增積～效如禾/十八種 37：縣上食者籍～它費大（太）倉/十八種 45：有事軍～下縣者/十八種 46：～告歸盡月不來者/十八種 55：城旦之垣～它事而勞與垣等者/十八種 55：其守署～爲它事者/十八種 59：免隸=臣=妾=（隸臣妾、隸臣妾）垣～爲它事與垣等者/十八種 61：其老當免老、小高五尺以下～隸妾欲以丁粼者一人贖/十八種 62：女子操敃（文）紅～服者/十八種 68：賈市居列者～官府之吏/十八種 69：有買（賣）～買/十八種 72：都官有秩吏～離官嗇夫/十八種 76：有責（債）於公～貲、贖者居它縣/十八種 77：百姓叚（假）公器～有責（債）未賞（償）/十八種 77：～隸臣妾有亡公器、畜生（牲）者/十八種 79：令其官嗇夫～吏主者代賞（償）之/十八種 80：嗇夫即以其直（值）錢分負其官長～冗吏/十八種 81：隃=歲=（隃（逾）

歲，隃（逾）歲）而弗入~不如令者/十八種 82：而坐其故官以貲賞（償）~有它責（債）/十八種 84：~有辠（罪）以收/十八種 84：~恒作官府以負責（債）/十八種 84－85：未賞（償）~居之未備而死/十八種 86：其金~鐵器入以爲銅/十八種 88：凡糞其不可買（賣）而可以爲薪~蓋蘙〈蘙（翳）〉者/十八種 94：隸臣、府隸之毋（無）妻者~城旦/十八種 95：隸臣妾之老~小不能自衣者/十八種 95－96：亡、不仁其主~官者/十八種 97：爲作務~官府市/十八種 100：縣~工室聽官爲正衡石羸（纍）、斗用（桶）、升/十八種 101：邦中之繇（徭）~公事官（館）舍/十八種 102－103：人叚（假）而而毋（無）久~非其官之久/十八種 105：其事已~免/十八種 110：隸妾~女子用箴（針）爲緡綉它物/十八種 115：~詣/十八種 116：司空將紅（功）~君子主堵者有辠（罪）/十八種 117：興徒以斬（塹）垣離（籬）散~補繕之/十八種 118－119：~雖未盈卒歲而或盜決（決）道出入/十八種 120：其近田恐獸~馬牛出食稼者/十八種 121：縣毋敢擅壞更公舍官府~廷/十八種 122：欲以城旦舂益爲公舍官府~補繕之/十八種 122：縣爲恒事~讞有爲/十八種 122－123：羸員~減員自二日以上/十八種 125：~載縣（懸）鐘虡〈虡〉用輻（膈）/十八種 125：~大車轅不勝任/十八種 126：~叚（假）人食牛不善/十八種 126：~不芥（介）車=（車，車）/十八種 127：其主車牛者~吏、官長皆有辠（罪）/十八種 128：官長~吏以公車牛稟其月食及公牛乘馬之稟/十八種 128：官長及吏以公車牛稟其月食~公牛乘馬之稟/十八種 131：令縣~都官取柳及木楘（柔）可用書者/十八種 131：令縣及都官取柳~木楘（柔）可用書者/十八種 133：有辠（罪）以貲贖~

有責（債）於公/十八種 133：其弗能入～賞（償）/十八種 136：大嗇夫、丞～官嗇夫有辠（罪）/十八種 136：作務～賈而負責（債）者/十八種 139：各以其作日～衣數告其計所官/十八種 141－142：妻₌（妻，妻）更～有外妻者/十八種 145－146：～城旦傅堅、城旦舂當將司者/十八種 147：毋敢之市～留舍闠外/十八種 150：司寇勿以爲僕、養、守官府～除有爲/十八種 151：百姓有母～同牲（生）爲隸妾/十八種 153：從軍當以勞論～賜/十八種 153：～瀍（法）耐署（遷）者/十八種 153：皆不得受其爵～賜/十八種 154：賜未受而死～瀍（法）耐署（遷）者/十八種 155：～隸臣斬首爲公士/十八種 156：工隸臣斬首～人爲斬首以免者/十八種 157：縣、都官、十二郡免除吏～佐、羣官屬/十八種 157：其有死亡～故有夬（缺）者/十八種 159：乃令視事～遣之/十八種 159：～相聽以遣之/十八種 164：～積禾粟而敗之/十八種 168－169：縣嗇夫若丞～倉、鄉相雜以封印之/十八種 169：遺倉嗇夫～離邑倉佐主稟者各一戶/十八種 171：效₌（效，效）者見其封～隄（題）/十八種 172：倉嗇夫～佐、史/十八種 173：縣₌嗇夫₌（縣嗇夫，縣嗇夫）令₌人復度～與雜出之/十八種 174：～者（諸）移贏以賞（償）不備/十八種 177：以齎律論～賞（償）/十八種 182：～卜、史、司御、寺（侍）、府，糲（糲）米一斗/十八種 183：行命書～書署急者/十八種 184：必書其起～到日月夙莫（暮）/十八種 184－185：隸臣妾老弱～不可誠仁者勿令/十八種 193：侯（候）、司寇～羣下吏毋敢爲官府佐、史及禁苑憲盜/十八種 193：侯（候）、司寇及羣下吏毋敢爲官府佐、史～禁苑憲盜/十八種 195：獨高其置芻廥～倉茅蓋者/十八種 197：官嗇夫～吏夜更行官/效律1正：爲都官～縣效律/效律18：大嗇夫～丞除/效律18：故嗇夫～丞皆不得除/效律22：～積禾粟而敗之/效律27：～籍之曰：某廥禾若干石/效律28：縣嗇夫若丞～倉、鄉相雜以封印之/效律28－29：遺倉嗇夫～離邑倉佐主稟者各一户/效律29－30：效=（效，效）者見其封～隄（題）以效之/效律32：倉嗇夫～佐、史/效律33：縣=嗇=夫=（縣嗇夫，縣嗇夫）令人復度～與雜出之/效律34：～者（諸）移贏以賞（償）不備/效律37：入禾～發扇（漏）倉/效律39：以齎律論～賞（償）/效律41：甲旅札贏其籍～不備者/效律44：～物之不能相易者/效律46：貲工～吏將者各二甲/效律47－48：不盈十斗以下～稟鬃縣中而負者/效律49：百姓或之縣就（僦）～移輸者/效律52－53：～都倉、庫、田、亭嗇夫坐其離官屬于鄉者/效律54：尉計～尉官吏節（即）有劾/效律58：計脱實～出實多於律程/效律58：～不當出而出之/雜抄2：～發弩射不中/雜抄6：～治（笞）之/雜抄12－13：軍人買（賣）稟=（稟稟）所～過縣/雜抄14－15：～令、丞貲各一甲/雜抄17：丞～曹長一盾/雜抄18：非歲紅（功）～毋（無）命書/雜抄18：工師～丞貲各二甲/雜抄20：令、丞～佐各一盾/雜抄23：～弗備/雜抄29：～不會膚（臚）期/雜抄32：～占瘩（癃）不審/雜抄39：縣嗇夫、尉～士吏行戍不以律/雜抄40：戍者城～補城/雜抄41－42：縣尉時循視其攻（功）～所爲/答問22：盜～者（諸）它辠（罪）/答問23－24：當以衣～布畀不當=（當？當）以布及其它所買畀甲/答問23－24：當以衣及布畀不當=（當？當）以布～其它所買畀甲/答問25：祠固用心腎～它支（肢）物/答問26：～盜不直（置）者/答問27：未置～不直（置）者不爲“具”/答問33：問甲

式31：～斬首一/封診式36：有失伍～薗（遲）不來者/封診式48：令吏徒將傳～恒書一封詣令史/封診式57：柀（被）污頭北（背）～地/封診式58－59：襦北（背）～中衽□污血/封診式61－62：訊甲亭人～丙/封診式69：頭足去終所～地各幾可（何）/封診式70：～視索迹鬱之狀/封診式71：盡視其身、頭髮中～篡/封診式77－78：内=中=（内中。内中）～穴中外壤上/封診式80：小堂下～垣外地堅/封診式80：不智（知）盜人數～之所/封診式82：繆繒五尺緣～殿（純）/封診式82：不智（知）盜者可（何）人～蚤（早）莫（暮）/封診式83：繆緣～殿（純）/封診式83：不智（知）其裏□可（何）物～亡狀/封診式86：即診嬰兒男女、生髮～保之狀/封診式86：診甲前血出～癰狀/封診式86－87：有（又）訊甲室人甲到室居處～復（腹）痛子出狀/封診式90：其前～血出如甲□/封診式93：丙與里人～甲等會飲食/封診式93－94：甲等～里人弟兄～它人智（知）丙者/爲吏32貳：身～於死/爲吏9伍－10伍：～官之敫豈可悔/日甲23正貳：入（納）室取（娶）妻～它物/日甲21正叁－22正叁：不可穜（種）之～初穫、出入（納）之/日甲32正：利見人～畜=（畜畜）生（牲）/日甲38正：不可取（娶）婦、家（嫁）女、出入貨～生（牲）/日甲42正：利居室、入貨～生（牲）/日甲44正：不可以見人、取（娶）婦、家（嫁）女、出入貨～生（牲）/日甲27正貳：弦望～五辰不可以興樂□/日甲47正叁－48正叁：從上右方數朔之初日～枳（支）各一日/日甲50正叁－51正叁：家（嫁）女、取（娶）婦～入人民、畜生（牲）/日甲59正叁－60正叁：不可入客、寓人～臣妾/日甲68正壹：利祠～行/日甲70正壹：祠～行、出入貨/日甲71正壹：取

（娶）婦、家（嫁）女、出入貨～祠/日甲72正壹：不可祠～行/日甲75正壹：利祠～行賈₌（賈、賈）市/日甲76正壹：可祠～行/日甲80正壹：不可爲室～入之/日甲82正壹：祠～行/日甲83正壹：利祠～行/日甲84正壹：利入禾粟～爲囷倉/日甲86正壹：以邋（獵）置罔（網）～爲門/日甲90正壹：祠～行/日甲107正壹：凡入月七日～夏丑、秋辰、冬未、春戌/日甲127正：凡且有大行、遠行若飲食歌樂、聚畜生（牲）～夫妻同衣/日甲147正貳：吉～觳（穀）/日甲144正伍：耆（嗜）酉（酒）～田邋（獵）/日甲155正：～春之未戌/日甲9背貳：代₌主₌（代主。代主）～㚗（謑）詢（詬）/日甲31背貳：人若鳥獸～六畜恒行人宫/日甲57背貳－58背貳：取白茅～黄土而西（洒）之/日甲60背貳：人毋（無）故而鬾（髮）撟若虫～須（鬚）睂（眉）/日甲47背叁：燔鬊（髺）～六畜毛邋（鬣）其止所/日甲127背：不可入寄者～臣妾/日甲130背：戊、己～癸酉、癸未、庚申、丁未/日甲138背－139背：毋起北南陳垣～鐕（增）之/日甲142背：勿以筑（築）室～波（破）地/日甲143背：入月七日～冬未、春戌、夏丑、秋辰/日甲143背－144背：不可初穿門、爲户牖、伐木、壞垣、起垣、徹（徹）屋～殺/日甲146背：凡此日不可入官～入₌室₌（入室，入室）/日甲150背：不可初田～興土攻（功）/日甲151背：丙～寅禾/日甲151背：甲～子麥/日甲151背：乙巳～丑黍/日甲151背：卯～戌叔（菽）/日甲151背－152背：不可以始穜（種）～穫賞（嘗）/日乙43壹：可以攻軍、入城～行/日乙44壹：不可以使人～畜六畜/日乙46壹：可以蓋臧（藏）～謀/日乙64：☐出穜（種）～鼠（予）人/日乙46貳：丙～寅禾/日乙46

乙43貳：～行，毋以庚午入室/日乙141：～宦者毋以甲寅到室/日乙228貳：子、丑入官，～

0036 凡（56） 語書2：～灋（法）律令者/語書9：～良吏明（明）灋（法）律令/十八種88：～糞其不可買（賣）而可以爲薪及蓋蘙〈蘙（翳）〉者/十八種137－138：～[不]能自衣者/十八種171－172：終歲而爲出～曰：某廥出禾若干石/效律30－31：終歲而爲出～曰：某廥出禾若干石/封診式2：～訊獄/爲吏1壹：～爲吏之道/爲吏1伍：～治事/爲吏3伍：～戾人/日甲1正貳：～不可用者/日甲31正貳：～丁丑不可以葬=（葬，葬）/日甲100正：～爲室日/日甲103正壹：～入月五日/日甲107正壹：～入月七日及夏丑、秋辰、冬未、春戌/日甲127正：～且有大行、遠行若飲食歌樂、聚畜生（牲）及夫妻同衣/日甲128正：～是日赤啻（帝）恒以開臨下民而降其英（殃）/日甲129正：～是有爲/日甲130正：～民將行/日甲131正：～春三月己丑不可東/日甲132正：～四門之日/日甲133正：～此日以歸/日甲134正：～此日不可以行/日甲136正捌：～臽日/日甲138正捌：～敫日/日甲6背壹：～取（娶）妻、出女之日/日甲6背貳：～參、翼、軫以出女/日甲15背壹：～宇最邦之高/日甲62背貳：～鬼恒執匴以入人室/日甲64背貳：～有大票（飄）風害人/日甲67背貳：～邦中之立叢/日甲129背：～有土事必果/日甲130背：～有土事弗果居/日甲146背：～此日不可入官及入=室=（入室，入室）/日乙41貳：～壞垣/日乙42貳：～五巳不可入寄者/日乙50貳：～有入/日乙108：～子、卯、寅、酉男子日/日乙114：垣牆日～申、酉☑/日乙118：～月望/日乙119：～戊子風/日乙129：～五丑/日乙130：～初寇〈冠〉/日乙130：～製車及寇〈冠〉

☐/日乙 134：～是日赤啻（帝）恒以開臨下民而降央（殃）/日乙 135：～且有爲/日乙 142：～行者毋犯其大忌/日乙 143：～行/日乙 150：～以此往亡必得/日乙 152：～是往亡【必得】/日乙 188 壹：～酉、午、巳、寅/日乙 194：～人有惡夢/日乙 190 貳：～癸爲屏圂/日乙 193 貳：～酉、午、巳、寅、辛亥、辛卯問病者/日乙 247：～己巳生/日乙 248：～生子北首西鄉（嚮）

0037 夕（89）　十八種 55：旦半～參/十八種 59：食男子旦半～參/日甲 43 正：～齊（霽）/日甲 43 正：～雨/日甲 65 正壹：中～/日甲 66 正壹：屈～/日甲 67 正壹：援～/日甲 64 正貳：十月楚冬～/日甲 64 正貳：日六～七〈十〉/日甲 65 正貳：十一月楚屈～/日甲 65 正貳：日五～十一/日甲 66 正貳：十二月楚援～/日甲 66 正貳：日六～十/日甲 67 正貳：日七～九/日甲 64 正叁：日八～八/日甲 65 正叁：日九～七/日甲 66 正叁：日十～六/日甲 67 正叁：日十一～五/日甲 64 正肆：日十～六/日甲 65 正肆：日九～七/日甲 66 正肆：日八～八/日甲 67 正肆：日七～九/日甲 111 正壹：爨月、廌（獻）馬、中～毀棄西方/日甲 111 正壹：屈～、援【夕】、刑杘毀棄北【方】/日甲 112 正壹：援～、刑尸作事南方/日甲 112 正壹：紡月、夏～、八月作事西方/日甲 112 正壹：廌（獻）馬、中～、屈夕作事東方/日甲 112 正壹：廌（獻）馬、中夕、屈～作事東方/日甲 135 正：壬癸庚辛甲乙～行/日甲 157 正伍：～見/日甲 158 正伍：～見/日甲 159 正伍：～見/日甲 160 正伍：～見/日甲 161 正伍：～見/日甲 162 正伍：～見/日甲 163 正伍：～見/日甲 164 正伍：～見/日甲 165 正伍：～見/日甲 166 正伍：～見/日甲 60 背叁：日七～九/日甲 61 背叁：日八～八/日甲 62

背叁：日九～七/日甲 63 背叁：日十～六/日甲 64 背叁：日十一～五/日甲 65 背叁：日十～六/日甲 66 背叁：日九～七/日甲 67 背叁：日八～八/日甲 68 背叁：日七～九/日甲 60 背肆：日六～十/日甲 61 背肆：日五～十一/日甲 62 背肆：日六～十/日甲 71 背：旦閉～啓西方/日甲 72 背：旦閉～啓北方/日甲 75 背：旦啓～閉東方/日甲 78 背：旦啓～閉/日乙 18 貳：日七～九/日乙 20 貳：日九～七/日乙 21 貳：日十～六/日乙 22 貳：日十一～五/日乙 23 貳：日十～六/日乙 24 貳：日九～七/日乙 25 貳：日八～八/日乙 26 貳：日七～九/日乙 27 貳：日六～十/日乙 28 貳：日五～十一/日乙 29 貳：日六～十/日乙 157：朝啓～閉/日乙 157：晝～得/日乙 159：【朝】閉～啓/日乙 159：晝～不得/日乙 161：朝閉～啓/日乙 161：晝～不得/日乙 163：朝閉～啓/日乙 163：晝～不得/日乙 165：朝啓～閉/日乙 165：～晝得/日乙 167：朝閉～啓/日乙 167：晝～不得/日乙 169：朝閉～啓/日乙 169：晝～不得/日乙 171：朝啓多～閉/日乙 171：晝～得/日乙 173：朝閉～啓/日乙 173：晝～不得/日乙 175：晝～得/日乙 177：朝啓～閉/日乙 177：晝～得/日乙 179：【朝】啓～閉/日乙 233 壹：清旦、食時、日則（昃）、莫（暮）、～

0038 亡（118）　十八種 18：其乘服公馬牛～馬者而死縣₌（縣，縣）/十八種 77：其人死～/十八種 77：及隸臣妾有～公器、畜生（牲）者/十八種 78：其所～衆/十八種 78－79：其人【死】～/十八種 84：牧將公畜生（牲）而殺、～之/十八種 95－96：～、不仁其主及官者/十八種 101：叚（假）而有死～者/十八種 106：其叚（假）者死～、有辠（罪）毋（無）責/十八種 135：其或～之/十八種 157：有死～及故有夬（缺）者/十八種

184：書有～者/十八種 196：有不從令而～、有敗、失火/雜抄 4：～符/雜抄 22－23：未取省而～之/雜抄 36：告曰戰圍以折～/答問 5：把錢偕邦～/答問 48：告人曰邦～/答問 48：未出徼闌～/答問 60：未行而死若～/答問 116：～之/答問 125：將司人而～/答問 126：～，以故辠（罪）論/答問 126：後自捕所～/答問 127：鬼₌薪₌（鬼薪，鬼薪）～/答問 127：須～者得/答問 127：有（又）去～/答問 127：從₌事₌（從事。從事）有（又）～/答問 129：魄（饋）遺～鬼薪于外/答問 130：捕～₌（亡，亡）/答問 131：把其叚（假）以～/答問 131：以～論/答問 131：盜₌（盜；盜）辠（罪）輕于～/答問 131：以～論/答問 132：去～/答問 133：～而得₌（得，得）/答問 135：捕～完城旦/答問 137：當刑城旦，～/答問 138：告盜書丞印以～/答問 138：問～二日/答問 139：有秩吏捕闌～者/答問 146：～久書、符券、公璽、衡羸（纍）/答問 146：後自得所～/答問 153：有（又）～/答問 164：即～弗會/答問 164：已閱及敦（屯）車食若行到繇（徭）所乃～/答問 166：去～/答問 167：女子甲去夫～/答問 167：男子乙亦闌～/答問 168：甲取（娶）人～妻以爲妻/答問 168：不智（知）～/答問 179：～券而害/答問 179：～校券右爲害/答問 181：邦～來通錢過萬/答問 202：節（即）～玉若人貿傷（易）之/答問 205：即告～/封診式 9：妻曰某，～/封診式 13：去～/封診式 14：幾籍～₌（亡，亡）/封診式 17：去～以命/封診式 23：此甲、乙牛殹（也），而～/封診式 29：去～/封診式 29：丁與戊去～/封診式 74：毋（無）它～/封診式 83：不智（知）其裹□可（何）物及～狀/封診式 96：～自出/封診式 96：以廼二月不識日去～/封診式 97：以二月丙子將陽～/封診式 97：四年三月丁未籍一～五月十日/日甲 8 正貳：以～，不得/日甲 15 正貳：臣妾～/日甲 19 正貳：以～，必摯（執）而入公而止/日甲 24 正貳：～者，不得/日甲 35 正：～者，不得/日甲 36 正：～人，自歸/日甲 38 正：～者，不得/日甲 40 正：～者，得/日甲 44 正：～者，得/日甲 64 正壹：東旦～/日甲 65 正壹：南旦～/日甲 66 正壹：西旦～/日甲 67 正壹：北旦～/日甲 78 正壹：～者，不得/日甲 83 正壹：生子～者/日甲 86 正壹：～者，得/日甲 108 正貳：是胃（謂）并～/日甲 129 正：必有死～志＝（之志）至/日甲 133 正：行，～/日甲 152 正叁：在外者奔～/日甲 3 背壹：棄若～/日甲 59 背貳：勿（忽）見而～＝（亡，亡（無））/日甲 65 背貳：人恒～赤子/日甲 65 背貳：是水～傷（殤）取之/日甲 59 背叁：則～恙/日甲 81 背：乙名曰舍徐可不詠～慐（憂）/日甲 110 背：是謂出～歸死之日/日乙 59：～者，得/日乙 62：～者，得/日乙 83 壹：生子～者/日乙 106 壹：～者，不得/日乙 135：有死～之志致（至）/日乙 149：～日/日乙 150：凡以此往～必得/日乙 151：～者/日乙 152：凡是往～【必得】/日乙 163：必有大～/日乙 179：以入，小～/日乙 182：☑色～/日乙 221 壹：南室有～子/日乙 250：～貨/日乙 251：臣妾～/日乙 253：甲～/日乙 254：乙～/日乙 255：丙～/日乙 256：丁～/日乙 257：戊～/日乙 258：己～/日乙 259：庚～

0039 之（633） 語書 3：使～＝（之之）於爲善/語書 3：鄉俗淫失（泆）～民不止/語書 3－4：灋（廢）主～明（明）灋（法）/語書 4：長邪避（僻）淫失（泆）～民/語書 4：故騰爲是而脩（修）灋（法）律令、田令及爲閒私方而下～/語書 5：令吏民皆明（明）智（知）～/

語書 5：私好、鄉俗～心不變/語書 6：是即明（明）避主～明（明）灋（法）/語書 6：養匿邪避（僻）～民/語書 7：今且令人案行～/語書 11：毋（無）公端～心/語書 11：有冒柢（抵）～治/語書 12：而上猶智～/語書 13：府₌（府，府）令曹畫（過）～/語書 13－14：志千里使有籍書～/十八種 2－3：遠縣令郵行～/十八種 3：盡八月□□～/十八種 5：到七月而縱～/十八種 5：邑～紤（近）皂及它禁苑者/十八種 5－6：麛時毋敢將犬以～田/十八種 6－7：殺～/十八種 8：以其受田～數/十八種 8：芻自黃𪏽及䕩束以上皆受～/十八種 11：以其致到日稟～/十八種 12：田嗇夫、部佐謹禁御～/十八種 13：以正月大課～/十八種 14：有（又）里課～/十八種 16：縣₌（縣，縣）亟診而入～/十八種 16：其入～其弗亟而令敗/十八種 16：令以其未敗直（值）賞（償）～/十八種 17：以其診書告官論～/十八種 19：令其人備～而告官₌（官，官）告馬牛縣出之/十八種 19：令其人備之而告官₌（官，官）告馬牛縣出～/十八種 21：萬石一積而比黎～爲户/十八種 21：縣嗇夫若丞及倉、鄉相雜以印～/十八種 22：餘～索而更爲發户/十八種 22：以隄（題）效～/十八種 22－23：而復雜封～/十八種 23：非入者是出～/十八種 23：令度₌～₌（度之，度之）/十八種 23：令出～/十八種 23：出者負～/十八種 24：其贏者，入～/十八種 25：後入者獨負～/十八種 25：書入禾增積者～名事邑里于廥籍/十八種 25－26：萬石～積及未盈萬石而被（柀）出者/十八種 27：見屡～粟積/十八種 27：義積～/十八種 29：出～未索（索）而已備者/十八種 29：與出～/十八種 30：欲一縣～/十八種 30：☐者與雜出～/十八種 31：令其故吏與新吏雜先索（索）出～/十八種 31：令有秩～吏/十八種 32：與倉□雜出～/十八種 32：更₌（更；更）～而不備/十八種 35：粲、稬（糯）～襄（釀）/十八種 35：歲異積～/十八種 39：稱議穜（種）～/十八種 40：殺禾[以]臧（藏）～/十八種 41：舂～爲糲（糲）米一石/十八種 42：其人弗取～/十八種 44：令縣貣（貸）～/十八種 44：移居縣責～/十八種 47：有（又）益壺〈壹〉禾～/十八種 48：叚（假）～/十八種 48：吏輒被事～/十八種 50：嬰兒～毋（無）母者/十八種 50：亦稟～/十八種 52：皆作～/十八種 55：城旦～垣及它事而勞與垣等者/十八種 55：參食～/十八種 55：稱議食～/十八種 56：參食～/十八種 56：以律食～/十八種 58：月不盈～稟/十八種 61：許～/十八種 61：許～/十八種 63：豬、雞～息子不用者/十八種 63：買（賣）～/十八種 64：亦封印～/十八種 64：雜實～/十八種 65：乃發用～/十八種 65：美惡雜～/十八種 68：官府～吏/十八種 68：吏循～不謹/十八種 70：以書告其出計～年/十八種 70：受者以入計～/十八種 70：不能逮其輸所～計/十八種 71：皆深（審）以其年計～/十八種 72：都官～佐、史冗者/十八種 74：旬五日而止～/十八種 74－75：別紨以叚（假）～/十八種 76：輒移居縣責～/十八種 77：其日踐以收責～/十八種 78：計～/十八種 78：令居～/十八種 78：其弗令居～/十八種 79：令其官嗇夫及吏主者代賞（償）～/十八種 80－81：少₌內₌（少內，少內）以收責～/十八種 81：入～/十八種 81：皆以律論～/十八種 82：稍減其秩、月食以賞（償）～/十八種 83：令以律居～/十八種 84：牧將公畜生（牲）而殺、亡～/十八種 84－85：未賞（償）及居～未備而死/十八種 85：皆出～/十八種 86：有久識者靡（磨）蚩（徹）～/十八種 86－87：內₌（內，內）受買（賣）～/十八種 87：

縣=（縣，縣）受買（賣）～/十八種 88：用～/十八種 88：乃燔～/十八種 89：乃糞～/十八種 90：夏衣以四月盡六月稟～/十八種 90：冬衣以九月盡十一月稟～/十八種 93：在它縣者致衣從事～縣=（縣，縣）/十八種 94：隸臣、府隸～毋（無）妻者/十八種 95：隸臣妾～老及小不能自衣者/十八種 101：邦中～繇（徭）及公事官（館）舍/十八種 102：公甲兵各以其官名刻久～/十八種 102：以丹若髤書～/十八種 102：受～以久/十八種 102－103：入叚（假）而而毋（無）久及非其官～久/十八種 103：以齎律責～/十八種 104：久=（久，久）～/十八種 104：以髤久～/十八種 104：歸～/十八種 104：久必乃受～/十八種 108：賦～三日而當夏二日/十八種 111：工師善教～/十八種 112：上=（上，上）且有以賞～/十八種 116：興徒以爲邑中～紅（功）者/十八種 116：令其徒復垣～/十八種 117：興徒以斬（塹）垣離（籬）散及補繕～/十八種 117：苑=吏=（苑吏，苑吏）循～/十八種 118：令縣復興徒爲～/十八種 118：縣葆者補繕～/十八種 119：令苑輒自補繕～/十八種 119：縣所葆禁苑～傅山、遠山/十八種 120：至秋毋（無）雨時而以繇（徭）爲～/十八種 121：以垣繕～/十八種 121－122：必灋～/十八種 122：欲以城旦舂益爲公舍官府及補繕～/十八種 122：爲～/十八種 123：上～所興/十八種 123：度攻（功）必令司空與匠度～/十八種 125：皆爲用而出～/十八種 128：以公車牛稟其月食及公牛乘馬～稟/十八種 130：以數分膠以～/十八種 130：爲車不勞（佻）稱議脂～/十八種 131：方～以書/十八種 131：其縣山～多荓者/十八種 131－132：毋（無）荓者以蒲、藺以枲萷（㲜）～/十八種 132：各以其櫄〈穫〉時多積～/十八種 133：以其令日問～/十八種

133：以令日居～/十八種 135：將司～/十八種 135：其或亡～/十八種 135－136：所弗問而久毄（繫）～/十八種 136：許～/十八種 137：令相爲兼居～/十八種 137：或欲籍（藉）人與並居～/十八種 137：許～/十八種 138：公衣～/十八種 138：許～/十八種 138－139：亦衣食而令居～/十八種 140：計～其作年/十八種 141：城旦舂～司寇/十八種 141：衣食～如城旦舂/十八種 147：枸櫝欙（纍）杕（鈦）～/十八種 147：將司～/十八種 147：毋敢～市及留舍闠外/十八種 148：輒治（笞）～/十八種 148：孰（熟）治（笞）～/十八種 150：有上令除～/十八種 150：必復請～/十八種 151：許～/十八種 156：許～/十八種 157：盡三月而止～/十八種 157－158：爲補～/十八種 159：已除～/十八種 159：乃令視事及遣～/十八種 159：及相聽以遣～/十八種 159：以律論～/十八種 159－160：嗇夫～送見它官者/十八種 160：不得除其故官佐、吏以～新官/十八種 162：代者【與】居吏坐～/十八種 162－163：新吏居～未盈歲/十八種 163：去者與居吏坐～/十八種 163：新吏與居吏坐～/十八種 164：及積禾粟而敗～/十八種 165：程～/十八種 165－166：以其秏（耗）石數【論】負～/十八種 168：萬【石一積而】比黎～爲户/十八種 168：籍～曰：其廥禾若干石/十八種 168：是縣入～/十八種 168－169：縣嗇夫若丞及倉、鄉相雜以封印～/十八種 171：以效～/十八種 172：必以廥籍度～/十八種 173：縣₌嗇夫₌（縣嗇夫，縣嗇夫）令₌人復度及與雜出～/十八種 173：禾贏，入～/十八種 174：羣它物當負賞（償）而僞出～以彼（貱）賞（償）/十八種 175：以平辠（罪）人律論～/十八種 176：必令長吏相雜以見～/十八種 177：毋（無）齎者乃直（值）～/十八種 179：給～

韭葱/十八種 179：爵食～/十八種 179－180：使者～從者/十八種 183：輒行～/十八種 183：留₌（留。留）者以律論～/十八種 185：追～/十八種 186：寫其官～用律/十八種 192：毋敢從史～事/十八種 194：正～如用者/十八種 196：大嗇夫、丞任～/十八種 200：☑□其官～吏□□□□□□□□□□□□灋（法）律程籍/十八種 201：受者以律續食衣～/效律 1 正：物直（值）～/效律 1 正：以其賈（價）多者辠（罪）～/效律 2：共賞（償）不備～貨而入贏/效律 11：欽（咸）書其縣料殹（也）～數/效律 19－20：代者與居吏坐～/效律 20：新吏居～未盈歲/效律 20：去者與居吏坐～/效律 21：新吏與居吏坐～/效律 22：及積禾粟而敗～/效律 24：程～/效律 24：以其秏（耗）石數論䝰（負）～/效律 27：萬石一積而比黎～爲户/效律 27：籍～曰：某廥禾若干石/效律 28：是縣入～/效律 28：縣嗇夫若丞及倉、鄉相雜以封印～/效律 29－30：效₌（效，效）者見其封及隄（題）以效～/效律 32：新倉嗇夫、新佐、史主廥者、必以廥籍度～/效律 33：縣₌嗇₌夫₌（縣嗇夫，縣嗇夫）令人復度及與雜出～/效律 33：禾贏，入～/效律 34－35：羣它物當負賞（償）而僞出～以彼（貱）賞（償）/效律 35：以平辠（罪）人律論～/效律 37：必令長吏相雜以見～/效律 39：【毋（無）齎】者乃直（值）～/效律 42：數鴙（煬）風～/效律 44：及物～不能相易者/效律 45：以職（識）耳（佴）不當～律論之/效律 45：以職（識）耳（佴）不當之律論～/效律 46：到官試～/效律 48：負～如故/效律 49：百姓或～縣就（僦）及移輸者/效律 49：以律論～/效律 50：以效贏、不備～律貲之/效律 50：以效贏、不備之律貲～/效律 54：其令、丞坐～/效律 55：司馬令史坐～/效律 58：及不當出而出

～/雜抄 3：嗇夫任～/雜抄 5：責～/雜抄 6：及治（笞）～/雜抄 10：到軍課～/雜抄 22－23：未取省而亡～/雜抄 24：久=者=（久者，久者）謁用～/雜抄 25：從～/雜抄 26：徒出射～/雜抄 33：皆䙴（遷）～/答問 1：駕（加）辠（罪）～/答問 2：䙴（遷）～/答問 5：當城旦黥～/答問 10：其見智（知）～而弗捕/答問 14：妻=（妻？妻）智（知）夫盜而匿～/答問 15：妻=（妻，妻）與共飲食～/答問 20：此二物其同居、典、伍當坐～/答問 20－21：人奴妾盜其主～父母/答問 25－26：一=具【=】（一具，一【具】）～臧（贜）不盈一錢/答問 26：盜～當耐/答問 26：而柀盜～/答問 30：抉=籥=（抉籥（鑰）？抉籥（鑰））者已抉啓～乃爲抉/答問 30：抉=（抉？抉）～弗能啓即去/答問 30：抉～且欲有盜/答問 31：抉～非欲盜/答問 32：府中公金錢私貣（貸）用～/答問 36：吏智（知）而端重若輕～/答問 37：赦後盡用～而得/答問 48：没錢五千而失～/答問 51：翏=（翏（戮），翏（戮））～已乃斬之=（之之）謂殹（也）/答問 51：翏=（翏（戮），翏（戮））之已乃斬～=（之之）謂殹（也）/答問 53：見輒燔～/答問 53：毄（繫）投書者鞫審潚～/答問 54：鞫審潚～=（之之）謂殹（也）/答問 59：有（又）瀍（廢）～/答問 63：將上不仁邑里者而縱～/答問 64：而盜徙～/答問 69：殺～/答問 69－70：即弗舉而殺～/答問 71：而擅殺～/答問 72：潚～/答問 73：城旦黥～/答問 77：即葬貍（埋）～/答問 79：夫毆治～/答問 89：各以其律論～/答問 92：室=（室，室）人以投（殳）梃伐殺～/答問 93：辠（罪）當重而端輕～/答問 93：當輕而端重～/答問 93：論出～/答問 96：以所辟辠=（辠（罪）辠（罪））～/答問 100：有（又）以它事告～/答問

102：當三環（原）～不₌（不？不）/答問 104－105：它人有（又）襲其告～/答問 106：家人～論/答問 106：父死而誧（甫）告～/答問 106：父死而告～/答問 107：而誧（甫）告～/答問 108：殺傷父臣妾、畜産及盜～/答問 110：稓（斮）葆子～謂殹（也）/答問 115：獄斷乃聽～/答問 116：亡～/答問 121：生定殺水中～謂殹（也）/答問 121：生₌貍₌（生貍（埋），生貍（埋））～異事/答問 122：當罨（遷）癘所處～/答問 124：端以劍及兵刃刺殺～/答問 124：殺～/答問 124：傷～/答問 136：今中〈甲〉盡捕告～/答問 140：可（何）以購～/答問 141：問主購～且公₌購₌（公購？公購）之之/答問 141：問主購之且公₌購₌（公購？公購）～之/答問 141：問主購之且公₌購₌（公購？公購）之～/答問 142：令曰勿爲，而爲～/答問 142：令₌（令；令）曰爲～/答問 143：遝₌（遝？遝）～/答問 154：盡稟出～/答問 158：有馬一匹自牧～/答問 159：當₌出₌（當出？當出）～/答問 162："履【錦】履"～狀可（何）如/答問 164：吏、典已令～/答問 165：弗令出户賦～謂殹（也）/答問 174：完₌（完，完）～當/答問 175：以乘馬駕私車而乘～/答問 179：炎～可（何）/答問 179：是以炎～/答問 181：可（何）以論～/答問 186：越里中～與它里界者/答問 195：其子入養主～謂也/答問 201：獨户母～謂殹（也）/答問 201：盡當坐辠（罪）人～謂殹（也）/答問 202：節（即）亡玉若人貿傷（易）～/答問 202：視檢智（知）小大以論及以齎（資）負～/答問 203：當以玉問王～謂殹（也）/答問 205：欲令乙爲盜～/答問 205：實弗盜～謂殹（也）/答問 206：貣₌（貣（貸），貣（貸））～/答問 207：不當氣（餼）而誤氣（餼）～/答問 208：及將長令二人扶出～/封診式 2：必先盡聽其言而書～/封診式 3：乃以詰者詰₌～₌（詰之。詰之）/封診式 3：以復詰₌～₌（詰之。詰之）/封診式 4：治（笞）諒（掠）～必書曰：爰書/封診式 12：與里人更守～/封診式 20：來詣～/封診式 23－24：共詣來爭～/封診式 26：見丁與此首人而捕～/封診式 35：來詣～/封診式 41：甲賞（嘗）身免丙復臣～不毆（也）/封診式 41：以律封守～/封診式 47－48：令終身毋得去䙴（遷）所論～/封診式 53：令醫丁診～/封診式 70：及視索迹鬱～狀/封診式 80：類足歫（距）～₌（之之）迹/封診式 80：不智（知）盜人數及～所/封診式 86：診嬰兒男女、生髮及保～狀/封診式 88：即置盎水中榣（搖）～/封診式 91：來告～/封診式 95：捕校上來詣～/封診式 96－97：問～[里]名事定/封診式 98 正：今令乙將～詣論/封診式 98 正：敢言～/爲吏 1 壹：爲吏～道/爲吏 20 壹：勞以衛（率）～/爲吏 21 壹：正以橋（矯）～/爲吏 33 貳：戒₌～₌（戒之戒之）/爲吏 34 貳：謹₌～₌（謹之謹之）/爲吏 35 貳：慎₌～₌（慎之慎之）/爲吏 36 貳：綦₌～【₌】（綦（忌）之綦（忌）【之】）/爲吏 37 貳：術（怵）悐（惕）～心/爲吏 47 貳：政～本/爲吏 49 貳：治～紀/爲吏 51 叁：施而喜～/爲吏 1 肆：敬而起～/爲吏 2 肆：惠以聚～/爲吏 3 肆：寬以治～/爲吏 15 肆：敬自賴～/爲吏 16 肆：施（弛）而息～/爲吏 17 肆：禝（密）而牧～/爲吏 19 肆：從而賊（則）～/爲吏 20 肆：因而徵～/爲吏 21 肆：將而興～/爲吏 22 肆－23 肆：鼓而乘～/爲吏 24 肆：民～既教/爲吏 28 肆：安而行～/爲吏 29 肆：使民望～/爲吏 32 肆：興～必疾/爲吏 34 肆：觀民～詐/爲吏 41 肆：從政～經/爲吏 46 肆：失～毋□☐/爲吏 48 肆：戒₌～₌（戒之戒之）/爲吏 49 肆：思₌～【₌】

(思之思【之】) /爲吏 50 肆：慎【=】～【=】(慎之【慎之】) /爲吏 7 伍：邦～急/爲吏 7 伍：掇(輟)民～欲政乃立/爲吏 9 伍－10 伍：及官～䏁豈可悔/爲吏 11 伍：申～義/爲吏 11 伍：欲令～具下勿議/爲吏 11 伍：彼邦～𡋯(傾) /爲吏 15 伍：困造～士久不陽/爲吏 18 伍：非邦～故/爲吏 20 伍：三枼(世)～後/爲吏 20 伍：欲士=(士(仕)士(仕)) ～/爲吏 20 伍－21 伍：故某慮(閭)贅壻某叟～乃(仍)孫/爲吏 24 伍：且殺～/爲吏 26 伍－27 伍：賜～参飯而勿鼠(予)殽(肴) /日甲 3 正貳：上下羣神鄉(饗)～/日甲 9 正貳：～四方壄(野)外/日甲 10 正貳：不可以～壄(野)外/日甲 21 正叁－22 正叁：不可穜(種)～及初穫、出入(納)之/日甲 21 正叁－22 正叁：不可穜(種)之及初穫、出入(納)～/日甲 28 正貳：見～/日甲 31 正貳：必復～/日甲 47 正叁：禹～離日/日甲 47 正叁－48 正叁：從上右方數朔～初日及枳(支)各一日/日甲 48 正叁：數～而復從上數/日甲 48 正叁－49 正叁：□與枳(支)刺〈夾〉艮山～胃(謂)離=日=(離日。離日) /日甲 72 正壹：人愛～/日甲 80 正壹：不可爲室及入～/日甲 83 正壹：人意～/日甲 68 正貳：得～於肉/日甲 70 正貳：得～赤肉、雄雞、酉(酒) /日甲 72 正貳：得～於黄色索(腊)魚、堇酉(酒) /日甲 74 正貳：得～犬肉、鮮卵白色/日甲 76 正貳：得--於酉(酒)、脯、脩、節(鼈)、肉/日甲 87 正貳：即入～/日甲 95 正貳：其日丙午、丁酉、丙申垣～/日甲 96 正叁：其日癸酉、壬辰、壬午垣～/日甲 97 正叁：其日辛酉、庚午、庚辰垣～/日甲 98 正叁：其日乙未、甲午、甲辰垣～/日甲 102 正壹：以～，大主死/日甲 107 正壹：不可壞垣、起～/日甲 113 正壹：正月、五月、九月～丑/日甲113正壹：二月、六月、十月～戌/日甲113正壹：三月、七月、十一月～未/日甲113正壹：四月、八月、十二月～辰/日甲117正貳：成～即之蓋/日甲117正貳：成之即～蓋/日甲114正叁：成～/日甲119正叁：居₌（居，居）～凶/日甲130正：有不吉～名/日甲132正：日～門/日甲132正：月～門/日甲132正：星～門/日甲132正：辰～門/日甲132正：四門～日/日甲132正：行～敫/日甲153正叁：必得～/日甲154正叁：得～/日甲155正：及春～未戌/日甲157正肆：令復見～/日甲166正叁：令復見～/日甲166正伍：令復見～/日甲2背壹：禹以取（娶）梌（涂）山～女日/日甲5背壹：敝毛～士以取（娶）妻/日甲6背壹：取（娶）妻、出女～日/日甲9背壹：甲寅～旬/日甲11背：必復～/日甲6背貳：皆棄～/日甲13背：䰠（禱）～曰：皋/日甲13背：走歸豿〈貔〉踦～所/日甲15背壹：宇最邦～高/日甲16背壹：宇最邦～下/日甲16背貳：宇多於西南～西/日甲17背貳：宇多於西北～北/日甲18背貳：宇多於東北～北/日甲23背貳：垣東方高西方～垣/日甲20背陸：入里門～右/日甲24背壹：告如詰～/日甲25背壹：鬼～所惡/日甲27背壹：人毋（無）故鬼攻～不已/日甲28背壹：羽～雞羽/日甲28背壹：見而射～/日甲29背壹：取故丘～土/日甲31背壹：鬼來陽（揚）灰毄（擊）箕以喿（譟）～/日甲32背壹：人毋（無）故而鬼惑～/日甲33背壹：鬼來而毄（擊）～/日甲39背壹：屈（掘）而去～/日甲40背壹：一宅～中毋（無）故室人皆疫/日甲42背壹：屈（掘）而去～/日甲48背壹－49背壹：以桑皮爲□□～/日甲49背壹：烰（炮）而食～/日甲50背壹：幼蠪（龍）處～/日甲52背壹－53背壹：是票（飄）風～

氣/日甲 53 背壹：繹（釋）屨（屨）而投～/日甲 56 背壹：人～六畜毋（無）故而皆死/日甲 56 背壹：欲鬼～氣入/日甲 61 背壹：毋（無）氣～徒而fang（動）/日甲 63 背壹：取丘下～莠/日甲 64 背壹：東北鄉（嚮）如（茹）～乃卧/日甲 65 背壹：其鬼歸～者/日甲 66 背壹：熱（爇）以寺（待）～/日甲 68 背壹：以望～日=（日日）始出而食之/日甲 68 背壹：以望之日=（日日）始出而食～/日甲 24 背貳：爲芻矢以鳶（弋）～/日甲 26 背貳：求而去～/日甲 28 背貳：操以咼（過）～/日甲 28 背貳：見其神以投～/日甲 29 背貳：人見～/日甲 32 背貳—33 背貳：男女未入宮者毄（擊）鼓奮鐸喿（譟）～/日甲 37 背貳—38 背貳：享（烹）而食～/日甲 40 背貳：以鐵椎椯（段）～/日甲 41 背貳：屈（掘）而去～/日甲 42 背貳—43 背貳：以牡棘～劍之/日甲 42 背貳—43 背貳：以牡棘之劍～/日甲 46 背貳：取女筆以拓～/日甲 47 背貳：是陽鬼樂從～/日甲 48 背貳：以北鄉（嚮）□～辨二七/日甲 48 背貳：以灰□食=（食食）～/日甲 49 背貳：以犬矢（屎）投～/日甲 50 背貳：以灰濆～/日甲 51 背貳：以廣灌爲戠（鳶）以燔～/日甲 52 背貳：是不辜鬼處～/日甲 54 背貳：爲桃更（梗）而敃（揢）～/日甲 54 背貳：以癸日=（日日）入投～道/日甲 57 背貳：是粲迓～鬼處之/日甲 57 背貳：是粲迓之鬼處～/日甲 57 背貳—58 背貳：取白茅及黄土而西（洒）～/日甲 59 背貳：沃～/日甲 60 背貳：是=（是是）恙氣處～/日甲 62 背貳—63 背貳：以屨投～/日甲 64 背貳：擇（釋）以投～/日甲 65 背貳：是水亡傷（殤）取～/日甲 65 背貳：乃爲灰室而牢～/日甲 66 背貳：刊～以莤/日甲 66 背貳：享（烹）而食～/日甲 67 背貳：邦中～立叢/日甲 68 背貳：人

而傅（搏）者～/日甲 24 背叁：是□鬼居～/日甲 25 背叁：謼（呼）～曰：復疾/日甲 27 背叁：以桃更（梗）毄（擊）～/日甲 28 背叁：以白石投～/日甲 29 背叁：是哀乳～鬼/日甲 30 背叁：以黃土濆～/日甲 31 背叁：是地辥（蠥）居～/日甲 32 背叁：以水沃～/日甲 33 背叁：殺而享（烹）食～/日甲 34 背叁：以人鼓爊（應）～/日甲 35 背叁：以人火爊（應）～/日甲 36 背叁：以牡棘～劍刺之/日甲 36 背叁：以牡棘之劍刺～/日甲 37 背叁：鬼恒襄（攘）人～畜/日甲 37 背叁：以芻矢鳶（弋）～/日甲 41 背叁：以白沙救～/日甲 42 背叁：以人火鄉（嚮）～/日甲 43 背叁：以其木毄（擊）～/日甲 44 背叁：雲氣襲人～宮/日甲 44 背叁：以人火鄉（嚮）～/日甲 45 背叁：張傘以鄉（嚮）～/日甲 46 背叁：解髮奮以過～/日甲 47 背叁：鳥獸恒鳴人～室/日甲 48 背叁：以若（箬）便（鞭）毄（擊）～/日甲 49 背叁：以若（箬）便（鞭）毄（擊）～/日甲 52 背叁：癘鬼居～/日甲 53 背叁：以沙塾～/日甲 54 背叁：食～以噴/日甲 55 背叁：三月食～若傅之/日甲 55 背叁：三月食之若傅～/日甲 55 背叁－56 背叁：旦而最（撮）～/日甲 56 背叁：果（裹）以賁（蕡）而遠去～/日甲 58 背叁：取盎～中道/日甲 110 背：是謂出亡歸死～日/日甲 111 背－112 背：掓其畫中央土而懷～/日甲 116 背：必入～/日甲 121 背：必入～/日甲 136 背：春～乙亥/日甲 136 背：秋～辛亥/日甲 136 背：冬～癸亥/日甲 138 背－139 背：毋起北南陳垣及矰（增）～/日甲 142 背：冬三月～日/日乙 14：窓結～日/日乙 15：羸陽～日/日乙 16：建交～日/日乙 17：窖羅～日/日乙 18 壹：作陰～日/日乙 19 壹：平達～日/日乙 20 壹：成外陽～日/日乙 20 壹：利以祭、～四旁（方）墜

(野)外/日乙21壹：空外遣～日/日乙21壹：～四鄰/日乙22壹：毀外陰～日/日乙23壹：蓋絕紀～日/日乙24壹：成決光～日/日乙25壹：復秀～日/日乙45壹：它人必發～/日乙68：☐乘～/日乙70：可以出入牛、服～/日乙80壹：不可爲室及入～/日乙83壹：男子愛～/日乙83壹：人意～/日乙100壹：人愛～/日乙108：必復～/日乙108：必復～/日乙120：正月、五月、九月～丑/日乙120：二月、六月、十月～戌/日乙120：三月、七月【十一月】～未/日乙120：四月、八月、十二月～辰/日乙121：入(納)～所寄之/日乙121：入(納)之所寄～/日乙129：丁巳衣～/日乙131：寄₌人₌(寄人，寄人)反寄～/日乙131：入寄～/日乙135：命～央(殃)蚤(早)至/日乙135：有死亡～志致(至)/日乙137：有不吉～名/日乙177：冬～吉/日乙180：母枼(世)見～爲姓(眚)/日乙194：覺而擇(釋)～/日乙194－195壹：老來☐～/日乙188貳：長死～/日乙188貳－189貳：少者死～/日乙192貳：人₌(人，人)反寧～/日乙193貳：代～/日乙203：正西惡～/日乙206壹：明(明)鬼祟～/日乙216壹：明(明)鬼祟～/日乙217壹：亓(其)南晋～/日乙221壹：且晋～/日乙222壹：東南晋～/日乙223壹：其南晋～/日乙253：一宇閒～/日乙257：☐齒～亓(其)☐

0040 尸(2)　日甲111正壹：夏～、紡月毀棄東方/日甲112正壹：援夕、刑～作事南方

0041 己(121)　編年記34貳：八月～亥廷食時/封診式28：某里士五(伍)～、庚、辛/封診式29：～等已前得/封診式50：即令₌(令令)史～往執/封診式50－51：令史～爰書：與牢隸臣某執丙/日甲17正叁：～亥/日甲26正貳：楚九月～未/日甲57正叁：～巳入寄者/日甲59

正叁：～巳/日甲 59 正叁：～未/日甲 68 正貳：戊～病/日甲 72 正貳：戊～有疾/日甲 76 正貳－77 正貳：～酢（作）/日甲 80 正貳：～丑/日甲 80 正貳：～酉/日甲 80 正貳：～巳/日甲 82 正貳：～丑/日甲 82 正貳：～酉/日甲 82 正貳：～亥/日甲 82 正貳：～巳/日甲 84 正貳：～丑/日甲 85 正貳：～未/日甲 85 正貳：～巳/日甲 85 正貳：～卯/日甲 85 正貳：～巳/日甲 86 正貳：～酉/日甲 86 正貳：～丑/日甲 86 正貳：～巳/日甲 88 正貳：～丑/日甲 88 正貳：～酉/日甲 88 正貳：～巳/日甲 90 正貳：～丑/日甲 90 正貳：～巳/日甲 90 正貳：～未/日甲 90 正貳：～卯/日甲 91 正貳：母（毋）以～巳、壬寅殺犬/日甲 104 正壹：六月～/日甲 108 正壹：三月四月丙～壬/日甲 108 正壹：九月十月癸～丙/日甲 109 正壹：六月～/日甲 109 正壹：十二月～/日甲 131 正：春三月～丑/日甲 131 正：秋三月～未/日甲 134 正：～酉從遠行入/日甲 135 正：戊～丙丁庚辛旦行/日甲 135 正：庚辛戊～壬癸餔時行/日甲 136 正伍：九月～臽/日甲 139 正伍：十二月～臽/日甲 145 正壹：～卯生子/日甲 145 正貳：～丑生子/日甲 145 正叁：～亥生子/日甲 145 正肆：～酉生子/日甲 145 正伍：～未生子/日甲 145 正陸：～巳生子/日甲 155 正：丁丑、～丑取（娶）妻/日甲 155 正：～酉/日甲 166 正陸：～丑/日甲 2 背壹：～未/日甲 3 背壹：～酉/日甲 7 背貳：～丑、酉、巳/日甲 82 背：～名曰宜食成怪目/日甲 99 背壹：～亥/日甲 99 背壹：～巳/日甲 100 背：～丑/日甲 100 背：～未/日甲 101 背：～酉/日甲 101 背：～卯/日甲 115 背：～未/日甲 115 背：～卯/日甲 115 背：丁、戊、～、申/日甲 115 背：六月～未/日甲 116 背：～、戊/日甲 120 背：～、戊、壬、癸、丙申、丁亥/日甲 130 背：

戊、～/日甲134背：春三月戊辰、～巳/日甲134背：夏三月戊申、～未/日甲134背：秋三月戊戌、～亥/日甲134背：冬三月戊寅、～丑/日乙64：～☐/日乙67：～卯/日乙67：戊～桑/日乙68：～丑、酉、亥、未/日乙72：～巳/日乙73：～亥/日乙74壹：～巳/日乙74壹：～亥/日乙32貳：～酉/日乙38貳：戊、～/日乙39貳：～亥/日乙40貳：戊～内中土/日乙80貳：戊～土₌（土，土）/日乙96叁：九月～臽/日乙99叁：十二月～臽/日乙121：毋以戊辰、～巳入（納）寄者/日乙124：～亥/日乙131：毋以戊辰、～巳入寄₌人₌（寄人，寄人）/日乙142：行龍戊、～/日乙148：～卯/日乙153：三月～酉/日乙184：戊～有疾/日乙187：～酢（作）/日乙191壹：戊～夢黑/日乙188貳：～丑爲圂廁/日乙204：戊～死/日乙209壹：戊～死者/日乙214壹：戊～死者/日乙219壹：戊～死者/日乙225壹：～酉/日乙226壹：～☐/日乙228壹：～丑/日乙234壹：～巳/日乙235壹：～未/日乙238：～巳生/日乙240：～卯生/日乙242：～丑牛/日乙243：～亥牛/日乙244：～【酉】生/日乙246：～未生/日乙247：～巳生/日乙250：～失火/日乙258：～亡

0042 已（71）　語書3：今灋（法）律令～具/語書5：今灋（法）律令～布/十八種1：稼～生後而雨/十八種29：出之未素（索）而～備者/十八種35：～穫上數/十八種44：～稟者/十八種46：月食者～致稟而公使有傳食/十八種80：～論/十八種84：其～分而死/十八種92：～稟衣/十八種105：其事～及免/十八種153：其～拜/十八種159：～除之/十八種197：吏～收臧（藏）/十八種201：必署其～稟年日月/雜抄28：～馳馬不去車/雜抄34：宿者～上守除/雜抄35：辭曰日～備/雜抄

41：～補/答問12：～去而偕得/答問27：必～置乃爲“具”/答問30：“抉=籥=（抉籥（鑰）”？抉籥（鑰））者～抉啓之乃爲抉/答問31：～啓乃爲抉/答問51：翏=（翏（戮），翏（戮））之～乃斬之=（之之）謂殹（也）/答問60：～斷已令/答問60：已斷～令/答問68：今甲病死～葬/答問104：告=者【=】辠=（告者辠（罪）。告【者】辠（罪））～行/答問107：未獄而死若～葬/答問108：父～死/答問115：獄～斷乃聽/答問125：～刑者處隱官/答問132：～奔/答問138：～論耐乙/答問145：丞=（丞，丞）～免/答問146：～坐以論/答問153：赦期～盡六月而得/答問157：～租者（諸）民/答問164：吏、典～令之/答問164：～閱及敦（屯）車食若行到繇（徭）所乃亡/答問166：～官/答問181：～復/答問182：其主～取錢/封診式2–3：其辭～盡書而毋（無）解/封診式29：已等～前得/封診式32：～診丁/封診式49：瀍（廢）丘～傳/封診式74：人～穴房内/封診式87：～前以布巾裹/日甲44正：久不～/日甲46正：久不～/日甲27背壹：人毋（無）故鬼攻之不～/日甲28背壹：則～矣/日甲53背壹：則～矣/日甲56背壹–57背壹：乃疾癃（糲）瓦以還□□□□則～矣/日甲58背壹：則～矣/日甲68背壹：～乃痡（餔）/日甲26背貳：則～矣/日甲59背貳：亡=（亡，亡（無））～/日甲30背叁：則～矣/日甲32背叁：則～矣/日甲34背叁：則～矣/日甲35背叁：則～矣/日甲42背叁：則～矣/日甲43背叁：則～矣/日甲45背叁：則～矣/日甲46背叁：則～矣/日甲48背叁：則～矣/日甲52背叁：則～矣/日甲73背：勿言～/日乙258：其子～死

0043 巳（189） 編年記23貳：七月丁～/日甲2正壹：～/日甲3正壹：～/日甲4正壹：～/日甲5正壹：～/日甲6正

乙 46 貳－47 貳：乙～及丑黍/日乙 83 貳：丑～金=（金，金）/日乙 109：寅、卯、子、～、戌、酉/日乙 121：毋以戌辰、己～入（納）寄者/日乙 123：☒～、未、卯、亥/日乙 129：丁～衣之/日乙 131：毋以戌辰、己～入寄=人=（寄人，寄人）/日乙 133：八月七旬～/日乙 142：【東毋以丑、】～/日乙 156：莫食～/日乙 159：～大翏（瘳）、死生/日乙 167：～以東吉/日乙 179：～少翏（瘳）/日乙 188 壹：酉、午、～、寅/日乙 193 貳：酉、午、～、寅、辛亥、辛卯問病者/日乙 234 壹：己～/日乙 234 壹：辛～/日乙 234 壹：癸～/日乙 234 壹：乙～/日乙 234 壹：丁～/日乙圖五（206 貳—218 貳）：四月～/日乙 225 貳：乙～/日乙 234 貳：實〈寅〉、～入官/日乙 236 貳：乙～/日乙 238：己～生/日乙 240：辛～生/日乙 242：癸～生/日乙 246：丁～生/日乙 247：己～生/日乙 250：～失火

0044 弓（1） 日甲 27 背壹：以桃爲～

0045 子（488） 十八種 59：食男～旦半夕參/十八種 59：女～參/十八種 61－62：贖者皆以男～/十八種 62：女～操敃（文）紅及服者/十八種 63：豬、雞之息～不用者/十八種 110：隸妾及女～用箴（針）爲緡綉它物/十八種 110：女～一人當男子一人/十八種 110：女子一人當男～一人/十八種 116：司空將紅（功）及君～主堵者有辠（罪）/十八種 133：男～參/十八種 134：女～駟（四）/十八種 135：葆～以上居贖刑以上到贖死/十八種 161：令君～毋（無）害者若令史守官/十八種 191：非史～/雜抄 6：當（倘）除弟～籍不得/雜抄 6：使其弟～贏律/雜抄 7：除弟～律/雜抄 7：縣毋敢包卒爲弟～/雜抄 31：其六毋（無）～/雜抄 31：其四毋（無）～/雜抄 34：署君～、敦（屯）長、僕射不告/

雜抄 40：縣司空署君～將者/答問 17：其妻、～智（知）/答問 18：甲=（甲，甲）與其妻、～智（知）/答問 18：甲妻、～與甲同辠（罪）/答問 19：父盜～/答問 19：今叚（假）父盜叚（假）～/答問 69：擅殺～/答問 69：其～新生而有怪物/答問 69：今生～=（子，子）/答問 69：直以多～故/答問 70：爲殺～/答問 71：士五（伍）甲毋（無）～/答問 71：其弟～以爲後/答問 72：擅殺、刑、髡其後～/答問 72：可（何）謂“後～”/答問 72：臣邦君長所置爲後大（太）～/答問 72：皆爲“後～”/答問 73：人奴擅殺～/答問 74：人奴妾治（笞）～=（子，子）/答問 77：問死者有妻、～當收/答問 103：～盜父=母=（父母，父母）擅殺、刑、髡子及奴妾/答問 103：子盜父=母=（父母，父母）擅殺、刑、髡～及奴妾/答問 104：～告父母/答問 104：主擅殺、刑、髡其～、臣妾/答問 107：葆～以上/答問 108：父～同居/答問 109：葆～獄未斷而誣告人/答問 109－110：葆～□□未斷而誣告人/答問 110：耤（酄）葆～/答問 111：葆～獄未斷而誣【告人，其辠（罪）】/答問 116：收其外妻、～=（子。子）/答問 116：～小不可別/答問 116：弗買（賣）～母/答問 136：夫、妻、～五人共盜/答問 137：夫、妻、～十人共盜/答問 166：女～甲爲人妻/答問 167：女～甲去夫亡/答問 167：男～乙亦闌亡/答問 167：生～/答問 168：有～焉/答問 168：問安置其～/答問 173：甲、乙交與女～丙奸/答問 174：女～爲隸臣妻/答問 174：有～焉/答問 174：女～北其子/答問 174：女子北其～/答問 174：以爲非隸臣～/答問 174：問女～論可（何）/答問 175：以其乘車載女～/答問 177：臣邦父母產～/答問 177：可（何）謂“夏～”/答問 195：其～入養主/封診式 6：

甲4正壹：～/日甲5正壹：～/日甲6正壹：～/日甲7正壹：～/日甲8正壹：～/日甲9正壹：～/日甲10正壹：～/日甲11正壹：～/日甲12正壹：～/日甲13正壹：～/日甲2正貳：生～毋（無）弟/日甲6正貳：家（嫁）～/日甲7正貳：生～/日甲11正貳：生～/日甲12正貳：生～/日甲13正貳：生～吉/日甲14正壹：開～/日甲15正壹：收～/日甲16正壹：成～/日甲17正壹：危～/日甲18正壹：柀（破）～/日甲19正壹：摯（執）～/日甲20正壹：定～/日甲21正壹：平～/日甲22正壹：盈～/日甲23正壹：除～/日甲24正壹：建～/日甲25正壹：閉～/日甲19正叁：麥～/日甲26正壹：～秀/日甲27正壹：卯～正陽/日甲28正壹：申～萬（害）/日甲29正壹：～徹（徹）/日甲30正壹：～辰萬（害）/日甲31正壹：～未危陽/日甲32正：生～/日甲34正：生～/日甲37正：生～₌（子，子）/日甲38正：生～₌（子，子）/日甲40正：生～/日甲42正：生～/日甲44正：生～₌（子，子）/日甲30正貳：～卯巳酉戌/日甲31正貳：男～亦然/日甲54正壹：柖（招）榣（搖）毄（繫）～/日甲63正：室人妻～父母分離/日甲68正壹：生～/日甲69正壹：生～/日甲70正壹：生～/日甲71正壹：生～/日甲72正壹：生～/日甲73正壹：生～/日甲74正壹：生～/日甲75正壹：生～/日甲76正壹：生～/日甲77正壹：生～/日甲78正壹：生～/日甲79正壹：生～/日甲80正壹：生～/日甲81正壹：生～/日甲82正壹：女～愛而口臭/日甲82正壹：生～/日甲83正壹：男～愛/日甲83正壹：生～亡者/日甲84正壹：生～/日甲85正壹：生～/日甲86正壹：生～/日甲87正壹：生～/日甲88正壹：唯生～不吉/日甲89正壹：多～/日甲89正壹：生～/日

肆：戊申生～/日甲 145 正肆：己酉生～/日甲 146 正肆：庚戌生～/日甲 147 正肆：辛亥生～/日甲 148 正肆：壬～生子/日甲 148 正肆：壬子生～/日甲 149 正肆：癸丑生～/日甲 140 正伍：甲寅生～/日甲 141 正伍：乙卯生～/日甲 142 正伍：丙辰生～/日甲 143 正伍：丁巳生～/日甲 144 正伍：戊午生～/日甲 145 正伍：己未生～/日甲 146 正伍：庚申生～/日甲 147 正伍：辛酉生～/日甲 148 正伍：壬戌生～/日甲 149 正伍：癸亥生～/日甲 140 正陸：甲～生子/日甲 140 正陸：甲子生～/日甲 141 正陸：乙丑生～/日甲 142 正陸：丙寅生～/日甲 143 正陸：丁卯生～/日甲 144 正陸：戊辰生～/日甲 145 正陸：己巳生～/日甲 146 正陸：庚午生～/日甲 147 正陸：辛未生～/日甲 148 正陸：壬申生～/日甲 149 正陸：癸酉生～/日甲圖三（150 正壹—154 正壹）：～ /日甲圖三（150 正壹—154 正壹）：～/日甲 150 正叁：女～以巳字/日甲 153 正叁：戌～以有求/日甲 156 正：作女～/日甲 156 正：以作女～事/日甲 156 正：毋以戌亥家（嫁）～、取（娶）婦/日甲 157 正壹：～，朝見/日甲 2 背壹：必以～死/日甲 8 背壹：甲～午/日甲 8 背壹：不可取（娶）妻、家（嫁）～/日甲 9 背壹：毋（無）～/日甲 11 背：～、寅、卯、巳、酉、戌爲牡日/日甲 21 背壹：女～爲正/日甲 15 背貳：女～爲正/日甲 20 背貳：女～爲正/日甲 23 背貳：君～不得志/日甲 16 背叁：有女～言/日甲 23 背叁：宜～與/日甲 15 背伍：毋（無）～/日甲 19 背伍：不宜～/日甲 19 背陸：女～喜宮斲（鬬）/日甲 43 背壹－44 背壹：丈夫女～隋（墮）須（鬚）羸髪黄目/日甲 47 背壹：戲女～/日甲 47 背貳：女～不狂癡/日甲 52 背貳：人生～未能行而死/日甲 65 背貳：人恒亡赤～/日甲 38 背叁：上帝～

下游/日甲 40 背叁：女～死/日甲 45 背叁：女鼠抱～逐人/日甲 69 背：～，鼠/日甲 69 背：面有黑～/日甲 73 背：盜者男～/日甲 83 背壹：～，女/日甲 83 背壹：其後必以～死/日甲 86 背壹：其後必有～將弟也死/日甲 91 背壹：生～不牷（全）/日甲 92 背壹：其後必有小～死/日甲 96 背壹：甲～死/日甲 96 背壹：男～死/日甲 96 背壹：必有大女～死/日甲 97 背壹：甲～/日甲 98 背壹：丙～/日甲 101 背：庚～/日甲圖四（83 背貳—90 背貳）：十一月～/日甲 109 背：三月甲～/日甲 109 背：六月甲～/日甲 109 背：九月甲～/日甲 109 背：十二月甲～/日甲 126 背：以甲～、寅、辰東徙/日甲 126 背：丙～、寅、辰南徙/日甲 126 背：庚～、寅、辰西徙/日甲 126 背：壬～、寅、辰北徙/日甲 127 背：～、卯、午、酉不可入寄者及臣妾/日甲 131 背：八月～/日甲 132 背：五月～/日甲 137 背：十月壬～/日甲 145 背：天李正月居～/日甲 145 背：二月居～〈卯〉/日甲 145 背：五月居～/日甲 146 背：九月居～/日甲 151 背：甲及～麥/日甲 153 背：～丑/日甲 154 背：～有（又）復反枳（支）/日甲 154 背：毋以～、丑傅户/日乙 2：～/日乙 3：～/日乙 4：～/日乙 5：～/日乙 6：～/日乙 7：～/日乙 8：～/日乙 9：～/日乙 10：～/日乙 11：～/日乙 12：～/日乙 13：～/日乙 15：君～益事/日乙 18 壹：家（嫁）～/日乙 22 壹：生～年不可遠₌行₌（遠行，遠行）/日乙 24 壹：利以起大事、祭、家（嫁）～/日乙 24 壹：生～/日乙 25 壹：家（嫁）～/日乙 26 壹：實～/日乙 27 壹：吉～/日乙 28 壹：虛～/日乙 29 壹：【亥，剽】～/日乙 30 壹：衝～/日乙 31 壹：敫～/日乙 32 壹：窞～/日乙 33 壹：實～/日乙 34 壹：吉～/日乙 35 壹：徐（除）～/日乙 36 壹：建～/日乙

乙179：死生在～/日乙197：家（嫁）～□/日乙212壹：男～/日乙213壹：亓（其）女～/日乙221壹：南室有亡～/日乙229壹：壬～/日乙229壹：甲～/日乙229壹：丙～/日乙229壹：戊～/日乙229壹：庚～/日乙圖五（206貳—218貳）：十一月～/日乙224叁：丙～/日乙226貳：壬～/日乙226貳：庚～/日乙227貳：庚～/日乙228貳：～、丑入官/日乙236貳：甲～到乙亥是右〈君〉/日乙238：甲～生/日乙240：丙～生/日乙240：女～於南/日乙240：好【女】～/日乙241：戊～生/日乙242：女～爲巫/日乙244：女～爲醫/日乙245：壬～生/日乙247：男～爲人臣/日乙247：女～爲人妾/日乙247：庚～生/日乙248：生～北首西鄉（嚮）/日乙248：女～爲邦君妻/日乙249：～失火/日乙249：有～死/日乙250：有瘁（癃）～/日乙250：有死～/日乙250：君～兵死/日乙251：有～死/日乙256：盜女～/日乙258：其～已死

0046 也（102） 十八種102－103：入叚（假）而而毋（無）久及非其官之久～/十八種106：其叚（假）者死亡、有辠（罪）毋（無）責～/答問64：可（何）重～/答問195：其子入養主之謂～/爲吏45肆：貧毋（無）告～/爲吏18伍：非邦之故～/爲吏29伍：口，關～/爲吏29伍：舌，幾（機）～/爲吏30伍－31伍：四馬弗能追～/爲吏32伍－33伍：舌者，符璽～/日甲14正貳：建日，良日～/日甲14正貳：有爲～/日甲20正貳：毋可以有爲～/日甲32正：臨官立（蒞）正（政）相宜～/日甲34正：有爲～/日甲44正：不可又（有）爲～/日甲46正：不可又（有）爲～/日甲46正：雨，日～/日甲47正叁：禹之離日～/日甲79正壹：老爲人治～/日甲128正：節（即）有爲～/日甲129正：凡是有爲～/日甲132正：日之門～/日甲132

正：月之門～/日甲 132 正：星之門～/日甲 132 正：辰之門～/日甲 132 正：行之敫～/日甲 148 正叁：女子爲～/日甲 153 正叁：戊子以有求～/日甲 166 正陸：必有搽（拜）～/日甲 2 背壹：禹以取（娶）梌（嵞）山之女日～/日甲 7 背貳：交徙人～可也/日甲 7 背貳：交徙人也可～/日甲 47 背壹－48 背壹：不可得～/日甲 58 背壹：獨～/日甲 59 背壹：是夭（妖）～/日甲 61 背壹：終日，大事～/日甲 61 背壹：不終日，小事～/日甲 63 背壹：人有思哀～弗忘/日甲 67 背壹：人毋（無）故而心悲～/日甲 27 背貳：其所不可咼（過）～/日甲 54 背貳：人毋（無）故而憂～/日甲 56 背貳：人毋（無）故而弩（怒）～/日甲 59 背貳：寺（待）其來～/日甲 67 背貳－68 背貳：是遽鬼執人以自伐〈代〉～/日甲 68 背貳：可得～乃/日甲 24 背叁：一室中臥者眯（㜆）～/日甲 33 背叁：吾非鬼～/日甲 55 背叁：而非人～/日甲 55 背叁：必枯骨～/日甲 69 背：子，鼠～/日甲 70 背：丑，牛～/日甲 71 背：寅，虎～/日甲 72 背：卯，兔～/日甲 73 背：車人，親～/日甲 74 背：巳，蟲～/日甲 75 背：午，鹿～/日甲 76 背：未，馬～/日甲 77 背：申，環（猨）～/日甲 77 背：其爲人～鞞₌（鞞（竨）鞞（竨））然/日甲 78 背：酉，水（雉）～/日甲 79 背：戌，老羊～/日甲 79 背：其爲人～剛履（愎）/日甲 80 背：亥，豕～/日甲 83 背壹：子，女～/日甲 84 背壹：丑，鼠～/日甲 85 背壹：寅，罔～/日甲 86 背壹：其後必有子將弟～死/日甲 87 背壹：辰，樹～/日甲 88 背壹：巳，翼～/日甲 89 背壹：午，室四隣～/日甲 90 背壹：未，瘵～/日甲 91 背壹：申，石～/日甲 92 背壹：酉，巫～/日甲 93 背壹：戌，就～/日甲 93 背壹：其咎在室馬牛豕～/日甲 110 背：是謂出亡歸死之日～/日乙 40

壹：皆利日～/日乙 40 壹：無不可有爲～/日乙 44 壹：它毋有爲～/日乙 45 壹：毋可有爲～/日乙 46 壹：毋可有爲～/日乙 58：雨，白〈日〉～/日乙 77：可有求～/日乙 107 壹：老爲人治～/日乙 134：節（即）以有爲～/日乙 135：有爲～而遇雨/日乙 135：凡且有爲～/日乙 189 壹：人〈入〉水中及谷，得～/日乙 190 壹：丙丁夢□，喜～/日乙 190 壹：木金得～/日乙 191 壹：得喜～/日乙 192 壹：庚辛夢青黑，喜～/日乙 192 壹：木水得～/日乙 193 壹：壬癸夢日〈白〉，喜～/日乙 193 壹：金，得～/日乙 203：死者主～/日乙 213 壹：亓（其）女子～/日乙 236 貳：甲子到乙亥是右〈君〉～/日乙 249：爲人隋～/日乙 250：去不恙（祥）～/日乙 256：盜女子～

0047 女（107）十八種 59：～子參/十八種 62：～子操敃（文）紅及服者/十八種 110：隸妾及～子用箴（針）爲緡綉它物/十八種 110：～子一人當男子一人/十八種 134：～子駟（四）/答問 80：夬₌（夬（決），夬（決））裂男若～耳/答問 166：～子甲爲人妻/答問 167：～子甲去夫亡/答問 173：甲、乙交與～子丙奸/答問 174：～子爲隸臣妻/答問 174：～子北其子/答問 174：問～子論可（何）/答問 175：以其乘車載～子/封診式 9：子大～子某/封診式 10：妾小～子某/封診式 42：某里公士甲縛詣大～子丙/封診式 64：丙妻、～診丙₌（丙。丙）/封診式 68：令甲、～載丙死（屍）詣廷/封診式 84：自晝與同里大～子丙鬭/封診式 86：診嬰兒男～、生髮及保之狀/封診式 88—89：不可智（知）目、耳、鼻、男～/封診式 95：詣男子乙、～子丙/封診式爲吏 17 伍—18 伍：黴人婦～/日甲 7 正貳：～必出於邦/日甲 12 正貳：男～必美/日甲 32 正：可取（娶）婦、家（嫁）～、製（製）衣常（裳）/日甲 36 正：不可取（娶）婦、家（嫁）～/日甲 38 正：不可取（娶）婦、家（嫁）～、出入貨及生（牲）/日甲 39 正：取（娶）婦、家（嫁）～，兩寡相當/日甲 42 正：可取（娶）婦、家（嫁）～、葬貍（埋）/日甲 42 正：男～爲盜/日甲 44 正：不可以見人、取（娶）婦、家（嫁）～、出入貨及生（牲）/日甲 46 正：可以取（娶）婦、家（嫁）～/日甲 30 正貳：是胃（謂）～₌日₌（女日。女日）/日甲 30 正貳：～日葬/日甲 49 正壹：須～、斗、牽牛大凶/日甲 51 正壹：須～、虛大吉/日甲 54 正壹：須～、虛少吉/日甲 57 正壹：須～、虛致死/日甲 49 正叁－50 正叁：不可以家（嫁）～、取（娶）婦/日甲 71 正壹：取（娶）婦、家（嫁）～、出入貨及祠，吉/日甲 77 正壹：須～/日甲 82 正壹：～子愛而口臭/日甲 92 正壹：不可出～/日甲 81 正貳：～子龍丁/日甲 100 正－101 正壹：不可以取（娶）婦、家（嫁）～、禱祠、出貨/日甲 120 正貳：～子爲巫/日甲 136 正捌：可以取（娶）婦、家（嫁）～/日甲 146 正壹：好～子/日甲 146 正貳：～爲賈/日甲 148 正叁：不～爲醫/日甲 148 正叁：～子爲/日甲 150 正叁：～子以巳字/日甲 155 正：牽₌（牽牛）以取（娶）織～/日甲 156 正：作～子/日甲 156 正：～果以死/日甲 156 正：以作～子事/日甲 2 背壹：禹以取（娶）梌（嵞）山之～日/日甲 3 背壹：牽₌（牽牛）以取（娶）織～而不果/日甲 6 背壹：凡取（娶）妻、出～之日/日甲 2 背貳：直參以出～/日甲 3 背貳：直營₌（營室）以出～/日甲 4 背貳：直牽₌（牽牛）、女₌（須女）出～/日甲 6 背貳：凡參、翼、軫以出～/日甲 6 背貳：丁巳以出～/日甲 7 背貳：不可家（嫁）～、取（娶）妻/日甲 21 背壹：～子爲正/日甲 15 背貳：～子爲正/日甲 20 背貳：～子爲正/

日甲 16 背叁：有～子言/日甲 19 背陸：～子喜宮鬭（鬬）/日甲 43 背壹－44 背壹：丈夫～子隋（墮）須（鬚）羸髮黄目/日甲 47 背壹：戲～子/日甲 32 背貳－33 背貳：男～未入宮者毄（擊）鼓奮鐸喿（譟）之/日甲 34 背貳：鬼恒從男～/日甲 46 背貳：取～筆以拓之/日甲 47 背貳：～子不狂癡/日甲 38 背叁：鬼恒從人～/日甲 39 背叁：鼠（予）我而～/日甲 40 背叁：～子死/日甲 45 背叁：～鼠抱子逐人/日甲 83 背壹：子，～/日甲 96 背壹：必有大～子死/日甲 136 背：有～喪/日乙 16：生男～□/日乙 53：取（娶）妻、嫁～/日乙 56：不可取（娶）妻、嫁～、見人/日乙 57：不可取（娶）妻、嫁～/日乙 62：不可以見人、取（娶）妻、嫁～/日乙 82 壹：～子愛之/日乙 92 壹：不可出～/日乙 94 壹：～爲巫/日乙 99 壹：取（娶）婦、家（嫁）～、出入貨，吉/日乙 108：午、未、申、丑、亥～子日/日乙 108：以～子日病＝（病，病）/日乙 108：以～子日死＝（死，死）/日乙 109：～子日/日乙 118：不可取（娶）婦、家（嫁）～、入畜生（牲）/日乙 125：可以家（嫁）～、取（娶）婦、寇〈冠〉帶、祠/日乙 213 壹：亓（其）～子/日乙 240：～子於南/日乙 242：～子爲巫/日乙 244：～子爲醫/日乙 247：～子爲人妾/日乙 248：～子爲邦君妻/日乙 253：□其～若母爲巫/日乙 256：𨒝～子

0048 刃（5）　答問 90：以兵～、投（殳）梃、拳指傷人/答問 124：端以劍及兵～刺殺之/封診式 56：某頭左角～痏一所/封診式 58：以～夬（決）二所/封診式 67：它度毋（無）兵～木索迹

0049 王（29）　編年記 1 壹：昭～元年/編年記 45 壹：攻大壄（野）～/編年記 52 壹：～稽、張禄死/編年記 4 貳：孝文～

日甲 41 背叁：～火燔人宫/日甲 102 背：～所以張生時/日甲 103 背：～所以張生時/日甲 104 背：～所以張生時/日甲 105 背：～所以張生時/日甲 145 背：～李正月居子/日甲 147 背：～以壞高山/日乙 88 叁：～閻/日乙 101 叁：十一月乙卯～臽

0053 夫（139）語書 1：南郡守騰謂縣、道嗇～/十八種 12：田嗇～、部佐謹禁御之/十八種 13：賜田嗇～壺酉（酒）束脯/十八種 14：誶田嗇～/十八種 21：縣嗇～若丞及倉、鄉相雜以印之/十八種 21－22：遺倉嗇～及離邑倉佐主稟者各一户/十八種 22：嗇～免/十八種 72：都官有秩吏及離官嗇～/十八種 74：小官毋（無）嗇～者/十八種 79：令其官嗇～及吏主者代賞（償）之/十八種 80：嗇～即以其直（值）錢分負其官長及冗吏/十八種 82：官嗇～免/十八種 82：復爲嗇～/十八種 83：官嗇～免/十八種 120－121：縣嗇～材（裁）興有田其旁者/十八種 136：大嗇～、丞及官嗇夫有辠（罪）/十八種 136：大嗇夫、丞及官嗇～有辠（罪）/十八種 159－160：嗇～之送見它官者/十八種 161：官嗇～節（即）不存/十八種 162：官嗇～必與去者效代者/十八種 162：節（即）官嗇～免而效/十八種 164：誶官嗇～/十八種 164－165：貲官嗇～一甲/十八種 165：貲官嗇～二甲/十八種 165：令官嗇～、冗吏共賞（償）敗禾=粟=（禾粟。禾粟）/十八種 168：倉嗇～某、佐某、史某、稟人某/十八種 169：縣嗇～若丞及倉、鄉相雜以封印之/十八種 169：遺倉嗇～及離邑倉佐主稟者各一户/十八種 171：嗇～免而效=（效，效）/十八種 172：倉嗇～及佐、史/十八種 172：新倉嗇～/十八種 173：謁縣=嗇～=（縣嗇夫，縣嗇夫）/十八種 175：大嗇～、丞智（知）而弗辠（罪）/十八種 178：官嗇～貲一盾/十八種 189：官嗇

15：丞、庫嗇～、吏貲二甲/雜抄 16：貲嗇～一甲/雜抄 19：貲嗇～一甲/雜抄 19：縣嗇～、丞、吏、曹長各一盾/雜抄 20：貲司空嗇～一盾/雜抄 20：貲嗇～一甲/雜抄 21：貲嗇～二甲而灋（廢）/雜抄 21：貲嗇～一甲/雜抄 22：貲嗇～二甲而灋（廢）/雜抄 23：貲嗇～一盾/雜抄 29：貲廄嗇～一甲/雜抄 30：貲皂嗇～一盾/雜抄 31：貲嗇～、佐各一盾/雜抄 31：貲嗇～、佐各一盾/雜抄 39：縣嗇～、尉及士吏行戍不以律/答問 14：～盜千錢/答問 14：妻₌（妻？妻）智（知）～盜而匿之/答問 15：～盜三百錢/答問 15：～盜二百錢/答問 15－16：妻₌（妻？妻）智（知）～盜/答問 55：爲有秩僞寫其印爲大嗇～/答問 56：盜封嗇～可（何）論/答問 61：嗇～不以官爲事/答問 79：～毆治之/答問 79：問～可（何）論/答問 94：史不與嗇～和/答問 95：辭者不先辭官長、嗇～/答問 95：可（何）謂“嗇～”/答問 95：縣曰“嗇～”/答問 136：～、妻、子五人共盜/答問 137：～、妻、子十人共盜/答問 167：女子甲去～亡/答問 167：相～妻/答問 170：～有皋（罪）/答問 171：畀₌～₌（畀夫？畀夫）/封診式 9：未有～/日甲 3 正貳：小～四成/日甲 14 正貳：可以爲嗇～/日甲 16 正貳：可以筑（築）宫室、爲嗇～/日甲 34 正：利爲嗇～/日甲 36 正：以爲嗇～/日甲 42 正：爲嗇～/日甲 127 正：～妻同衣/日甲 4 背壹：～先死/日甲 6 背壹：～愛妻/日甲 6 背壹：妻愛～/日甲 43 背壹－44 背壹：丈～女子隋（墮）須（鬚）羸髮黄目/日甲 47 背壹：執丈～/日甲 44 背貳：是圖～/日甲 144 背：利爲嗇～/日乙 117：～妻必有死者/日乙 132：～妻同衣/日乙 255：爲閒者不寡～乃寡婦/日乙 259：盜丈～

0054 元（4）　編年記 1 壹：昭王～年/編年記 4 貳：孝文王～年/編

三月中逋築宫～日/爲吏 16 伍：～五年閏再十二月丙午朔辛亥/爲吏 22 伍：～五年閏再十二月丙午朔辛亥/日甲 29 正貳：～二日廿三日吉/日甲 29 正貳：廿二日～三日吉/日甲 29 正貳：～四日恐/日甲 29 正貳：～五日廿六日吉/日甲 29 正貳：廿五日～六日吉/日甲 29 正貳：～七日恐/日甲 29 正貳：～八日廿九日吉/日甲 29 正貳：廿八日～九日吉/日甲 117 正貳：～歲必富/日甲 117 正貳：～歲更/日甲 133 正：入三月～一日/日甲 133 正：入六月～四日/日甲 133 正：入九月～七日/日甲 133 正：入十一月～日/日甲 156 正：月生一日、十一日、～一日/日甲 107 背：三月～一日/日甲 107 背：六月～四日/日甲 107 背：九月～七日/日甲 107 背：十一月～日/日乙 90 叁：二月東辟(壁)～七日/日乙 94 叁：六月東井～七日/日乙 95 肆：七月七星～八日/日乙 96 肆：八月軫～八日/日乙 100 叁：十二月斗～一日

0058 木（30） 十八種 4：毋敢伐材～山林及雍（壅）隄水/十八種 10：禾、芻稾籿（徹）～、薦/十八種 131：令縣及都官取柳及～楘（柔）可用書者/十八種 148：城旦舂毁折瓦器、鐵器、～器/答問 91：～可以伐者爲“梃”/封診式 9：～大具/封診式 9：門桑十～/封診式 67：它度毋（無）兵刃～索迹/日甲 105 正壹：尌（樹）～，死/日甲 109 正貳：毋以～〈未〉斬大木/日甲 109 正貳：毋以木〈未〉斬大～/日甲 124 正叁：未不可以澍（樹）～=（木，木）/日甲 22 背貳：祠～臨宇/日甲 43 背叁：以其～毄（擊）之/日甲 70 背：臧（藏）牛廄中草～下/日甲 75 背：臧（藏）於草～下/日甲 83 背叁：金勝～/日甲 87 背叁：～勝土/日甲 88 背叁：東方～/日甲 143 背－144 背：不可初穿門、爲户牖、伐～、壞垣、起垣、籿（徹）屋及殺/日乙 66：

～日/日乙 66：～良日/日乙 66：利爲～事/日乙 67：可以伐～₌（木。木）/日乙 81 貳：金₌（金，金）勝～/日乙 83 貳：金₌（金，金）勝～/日乙 127：不可伐室中尌（樹）～/日乙 128：伐尌（樹）～/日乙 190 壹：～金得/日乙 192 壹：～水得

0059 五（198）編年記 5 壹：～年/編年記 15 壹：十～年/編年記 25 壹：廿～年/編年記 35 壹：卅～年/編年記 45 壹：卌～年/編年記 51 壹：～十一年/編年記 1 貳：～十四年/編年記 2 貳：～十五年/編年記 2 貳：五十～年/編年記 3 貳：～十六年/編年記 12 貳：～年/編年記 22 貳：十～年/編年記 32 貳：廿～年/十八種 43：叔（菽）、荅、麻十～斗爲一石/十八種 51：高不盈六尺～寸/十八種 52：高～尺二寸/十八種 61：高～尺以下/十八種 66：福（幅）廣二尺～寸/十八種 73：十～人/十八種 73：不盈十～人/十八種 74：旬～日而止之/十八種 94：夏～十五錢/十八種 94：夏五十～錢/十八種 94－95：春冬人～十五錢/十八種 94－95：春冬人五十～錢/十八種 109：小隸臣妾可使者～人當工一人/十八種 115：失期三日到～日/十八種 151：欲爲冗邊～歲/十八種 190：毋除士～（伍）新傅/效律 12：縣料而不備其見（現）數～分一以上/效律 12－13：十分一以到不盈～分一/雜抄 9：驀₌（驀馬）～尺八寸以上/雜抄 18：徒絡組～十給/雜抄 20：徒治（笞）～十/答問 1：～人盜/答問 1：不盈～人/答問 18：臧（贓）直（值）百～十/答問 29：士～（伍）甲盜一羊₌（羊，羊）/答問 33：士～（伍）甲盜/答問 35：士～（伍）甲盜/答問 42：甲誣駕（加）乙～十/答問 48：没錢～千而失之/答問 71：士～（伍）甲毋（無）子/答問 84：士～（伍）甲鬭/答問 92：所殺直（值）二百～十錢/答問 132：當治（笞）～十/答問 136：夫、

爲吏 11 貳：～曰龏（恭）敬多讓/爲吏 12 貳：～者畢至/爲吏 13 貳：吏有～失/爲吏 18 貳：～曰賤士而貴貨貝/爲吏 23 貳：～曰安家室忘官府/爲吏 32 貳：～曰非上/爲吏 16 伍：廿～年閏再十二月丙午朔辛亥/爲吏 22 伍：廿～年閏再十二月丙午朔辛亥/日甲 1 正壹：～月/日甲 18 正壹：～月/日甲 17 正叁：～酉/日甲 17 正叁：～丑/日甲 28 正壹：～月/日甲 27 正貳：弦望及～辰不可以興樂□/日甲 27 正貳：～丑不可以巫/日甲 28 正貳：四日～日吉/日甲 29 正貳：廿～日廿六日吉/日甲 54 正壹：～月/日甲 59 正壹：～月/日甲 65 正貳：日～夕十一/日甲 67 正叁：～月楚八月/日甲 67 正叁：日十一夕～/日甲 89 正壹：必～人死/日甲 89 正壹：必～生（牲）死/日甲 78 正貳：三乃～/日甲 94 正貳：～辰/日甲 94 正貳：～丑/日甲 94 正貳：～酉/日甲 98 正叁：～月/日甲 103 正壹：入月～日/日甲 103 正壹：月不盡～日/日甲 104 正壹：～月/日甲 105 正壹：～月/日甲 106 正：～月/日甲 108 正壹：～月/日甲 109 正壹：～月/日甲 113 正壹：～月/日甲 124 正貳：～歲弗更/日甲 125 正貳：～歲更/日甲 116 正叁：～歲更/日甲 121 正叁：～歲弗更/日甲 127 正：～月上旬戌/日甲 133 正：～月十六日/日甲 134 正：～月/日甲 135 正：有～喜/日甲 137 正肆：～月/日甲 8 背貳：月生～日曰杵/日甲 9 背貳：十～日曰臣代=主=（代主。代主）/日甲 30 背壹：～步一人一犬/日甲 40 背貳：去地～尺/日甲 40 背叁：～來/日甲 64 背叁：～月/日甲 64 背叁：日十一夕～/日甲 61 背肆：日～夕十一/日甲 87 背壹：其咎在～室馬牛/日甲 98 背壹：日中以行有～喜/日甲圖四（83 背貳—90 背貳）：～月/日甲 86 背肆：～日心/日甲 87 背肆：入～月旬二日心/日甲 90 背肆：入八月～日心/

日甲 93 背貳：入十一月二旬～日心/日甲 107 背：～月十六日/日甲 109 背：～月/日甲 111 背：即～晝地/日甲 117 背：～月/日甲 117 背：月不盡～日/日甲 121 背：～月/日甲 121 背：月不盡～日/日甲 131 背：～月/日甲 132 背：～月/日甲 145 背：～月/日甲 151 背：～穜（種）忌/日甲 153 背：～日反枳（支）/日乙 1：～月/日乙 18 貳：～〈正〉月/日乙 22 貳：～月/日乙 22 貳：日十一夕～/日乙 28 貳：日～夕十一/日乙 30 壹：～月/日乙 49 壹：～月/日乙 64：～穀良日/日乙 65：～穀龍日/日乙 40 貳：祠～祀日/日乙 42 貳：凡～巳不可入寄者/日乙 46 貳：～穜（種）忌日/日乙 89 壹：～月/日乙 89 壹：必～生（牲）死/日乙 98 貳：入四月旬～日心/日乙 99 貳：入～月旬二日心/日乙 102 貳：入八月～日心/日乙 105 貳：入十一月二旬～日心/日乙 92 貳：～月/日乙 93 叁：～月旗（箕）十四日/日乙 113：～酉/日乙 120：～月/日乙 129：～丑/日乙 130：～月/日乙 133：～月上旬戌/日乙 149：～月旬六日/日乙 151：～月旬六日/日乙 153：～月/日乙 181：有病者必～病/日乙 197：～月/日乙圖五（206 貳—218 貳）：～月/日乙 240：好言～（語）/日乙 253：食～口/日乙 256：其食者～口

0060 帀（1）　日甲 149 背：雨～（師）以辛未死

0061 攴（4）　答問 25：祠固用心腎及它～（肢）物/答問 75：比折～（肢）/答問 79：若折～（肢）指、胅體（體）/答問 208：～（肢）或未斷

0062 不（789）　語書 1：其所利及好惡～同/語書 1：～便於民/語書 3：鄉俗淫失（泆）之民～止/語書 4：～便於民/語書 5：聞吏[民]犯灋（法）爲閒私者～止/語書 5：私好、鄉俗之心～變/語書 6：爲人臣亦～忠/語書 6-7：是即～勝任、不智/語書 6-7：是即不勝任、～智/語書

7：是即～廉/語書 7：甚～便/語書 7：舉劾～從令者/語書 9：事無～能/語書 9：以一曹事～足獨治/語書 10：是以～争書/語書 10：惡吏～明（明）灋（法）律令/語書 10：～智（知）事/語書 10：～廉絜（潔）/語書 11：～羞辱/語書 12－13：故如此者～可不爲罰/語書 12－13：故如此者不可～爲罰/語書 13：令=、丞=（令、丞，令、丞）以爲～直/十八種 4：～夏月/十八種 5：唯～幸死而伐綰（棺）享（槨）者/十八種 5：是～用時/十八種 6：～追獸及捕獸/十八種 8：無豤（墾）～豤（墾）/十八種 12：有～從令者有辠（罪）/十八種 15：銷敝～勝而毀者/十八種 19－20：～【盈】十牛以下/十八種 23：其～備，出者負之/十八種 25：後節（即）～備/十八種 29：上贏～備縣廷/十八種 31：☑□□□□□～備/十八種 32：索（索）而論～備/十八種 32：更=（更；更）之而～備/十八種 32：令=（令、令）丞與賞（償）～備/十八種 38：其有～盡此數者/十八種 46：告歸盡月～來者/十八種 46：有秩吏～止/十八種 49：其～從事/十八種 51：高～盈六尺五寸/十八種 51－52：高～盈六尺二寸/十八種 54：～急勿總/十八種 56：～操土攻（功）/十八種 57－58：減舂城旦月～盈之稟/十八種 62：～得贖/十八種 63：豬、雞之息子～用者/十八種 64：～盈千者/十八種 64：錢善～善/十八種 66：其廣袤～如式者/十八種 66：～行/十八種 68：吏循之～謹/十八種 69：小物～能各（格）一錢者/十八種 70：～能逮其輸所之計/十八種 73：～盈十人/十八種 73：～盈十五人/十八種 74：～盈七人/十八種 78：終歲衣食～踐以稍賞（償）/十八種 81：～如令/十八種 83：效其官而有～備者/十八種 86：公器～可繕者/十八種 87：糞其有物～可以須時/十八種 88：～可買（賣）/

～得/雜抄 28：已馳馬～去車/雜抄 29：～會膚（臚）期/雜抄 32：占瘁（癃）～審/雜抄 32：百姓～當老/雜抄 32：至老時～用請/雜抄 34：徒卒～上宿/雜抄 34：署君子、敦（屯）長、僕射～告/雜抄 35：～如辭/雜抄 37：戰死事～出（屈）/雜抄 37：有（又）後察～死/雜抄 37：～死者歸/雜抄 39：行戍～以律/答問 1：～盈五人/答問 2：～盈六百六十到二百廿錢/答問 2：～盈二百廿以下到一錢/答問 3：問辠（罪）當駕（加）如害盜～當₌（當？當）/答問 7：臧（贓）～盈一錢/答問 9：受分臧（贓）～盈一錢/答問 10：甲盜～盈一錢/答問 12：甲乙雅～相智（知）/答問 12：～謀/答問 13：臧（贓）～盈一錢/答問 13：其曹人當治（笞）～₌當₌（不當？不當）/答問 14：～智（知）/答問 19：～爲盜/答問 21：且～爲/答問 21：～同居不爲盜主/答問 21：不同居～爲盜主/答問 22：隸₌（隸，隸）～坐户/答問 23：當以衣及布畀～當₌（當？當）/答問 24：衣～當/答問 25：～盈一錢/答問 25－26：～盈一錢/答問 26：～盡一具/答問 26：盜～直（置）者/答問 27：未置及～直（置）者不爲“具”/答問 27：未置及不直（置）者～爲“具”/答問 29：議～爲過羊/答問 32：其它～爲/答問 34：爲₌（爲，爲）～直/答問 36：爲～直/答問 38－39：廷行事以～審論/答問 42：其世～審/答問 42：問甲當論～當/答問 43：今乙～盜牛、不傷人/答問 43：今乙不盜牛、～傷人/答問 43：～端/答問 43：爲告～審/答問 44：問甲當論～₌當₌（不當？不當）/答問 44：～當購/答問 44：或曰爲告～審/答問 45：爲告～審/答問 46：～智（知）其羊數/答問 47：～盜牛/答問 47：爲告～審/答問 47：貲盾～直/答問 48：告～審/答問 48：爲告黥城旦～審/答問 53：見書而投者～

得/答問 54：書～燔/答問 61：嗇夫～以官爲事/答問 61：遷=（遷（遷）。遷（遷））者妻當包～=當=（不當？不當）/答問 63：將上～仁邑里者而縱之/答問 64：～重/答問 68：～覺/答問 68：問甲當論及收～當/答問 68：告～聽/答問 69：其子新生而有怪物其身及～全/答問 69：～欲其生/答問 74：皆論～/答問 80：今夬（決）耳故～穿/答問 93：論獄可（何）謂"～直"/答問 93：是謂"～直"/答問 93：端令～致（至）/答問 94：贖辠（罪）～直/答問 94：史～與嗇夫和/答問 95：今郡守爲廷～爲=（爲？爲）/答問 95：辭者～先辭官長、嗇夫/答問 96：～審/答問 96：～能定辠（罪）人/答問 96：爲告～審/答問 96－97：問～殺人/答問 97：甲言～審/答問 97：當以告～審論/答問 98：其四鄰、典、老皆出～存/答問 98：～聞號寇/答問 98：問當論～當/答問 98：審～存/答問 98：～當論/答問 98：典、老雖～存/答問 100：其所告且～審/答問 100：論其～審/答問 101：偕旁人～援/答問 102：免老告人以爲～孝/答問 102：當三環（原）之～=（不？不）/答問 103：～爲"公室告"/答問 105：～當聽/答問 107：～當聽治/答問 116：子小～可別/答問 119：吏當論～當=（當？當）/答問 131：當爲盜～當/答問 133：得=（得，得）比公痒（癃）～得=（得？得）/答問 138：問甲當購～=當=（不當？不當）/答問 140：～購/答問 143：遝免、徙～遝=（遝？遝）/答問 144：事它郡縣而～視其事者/答問 145：令當免～=當=（不當？不當）/答問 146：論當除～=當=（不當？不當）/答問 148：鼠（予）者～論/答問 149：實官户關～致/答問 150：實官户扇～致/答問 155：當坐伍人～=當=（不當？不當）/答問 156：當伍及人～=當=（不當？不當）/答問 157：

（財）/爲吏 4 肆：有嚴～治/爲吏 11 肆：～有可茝（改）/爲吏 42 肆：～時怒/爲吏 44 肆：長～行/爲吏 45 肆：富～施/爲吏 46 肆：貴～敬/爲吏 48 肆：言～可追/爲吏 49 肆：某（謀）～可遺/爲吏 50 肆：貨～可歸/爲吏 2 伍：～敢徒語恐見惡/爲吏 3 伍：表若～正/爲吏 9 伍：～賃（任）其人/爲吏 15 伍：困造之士久～陽/爲吏 23 伍－24 伍：衛（率）民～作/爲吏 24 伍：～治室屋/爲吏 24 伍－25 伍：～忍其宗族昆弟/爲吏 27 伍：攻城用其～足/爲吏 33 伍－34 伍：壐而～發/爲吏 35 伍－36 伍：～踐以貧（分）人/日甲 1 正貳：～可用者/日甲 2 正貳：～成/日甲 5 正貳：兑（説）～羊（祥）/日甲 8 正貳：～得/日甲 9 正貳：～可以行作/日甲 10 正貳：～可以之壄（野）外/日甲 11 正貳：～得/日甲 11 正貳：百～羊（祥）/日甲 14 正貳：利棗（早）～利莫（暮）/日甲 15 正貳：～得/日甲 15 正貳：～死/日甲 15 正貳：～可以執/日甲 19 正貳：～可以行/日甲 24 正貳：～得/日甲 21 正叁：～可穜（種）之/日甲 22 正叁－23 正叁：～可以初穫禾/日甲 33 正：～可復（覆）室蓋屋/日甲 35 正：～得/日甲 36 正：是胃（謂）～成行/日甲 36 正：～死＝（死。死）/日甲 36 正：～可殺/日甲 36 正：～可取（娶）婦、家（嫁）女/日甲 36 正－37 正：～可見人/日甲 38 正：～得/日甲 38 正：～可取（娶）婦、家（嫁）女、出入貨及生（牲）/日甲 38 正：～可臨官、飲食、樂、祠祀/日甲 39 正－39 正：子＝（子，子）～産/日甲 39 正：歲善而柀（疲）～産/日甲 40 正：是胃（謂）其羣～摓（拜）/日甲 40 正：以辭～合（荅）/日甲 40 正：有爲～成/日甲 40 正：～可鼠（予）/日甲 40 正：～可飲食哥（歌）樂/日甲 42 正：～免/日甲 43 正：～可入（納）寄者/日甲 43 正：～

齊（齋）/日甲 44 正：～可以見人、取（娶）婦、家（嫁）女、出入貨及生（牲）/日甲 44 正：～可祠祀、哥（歌）樂/日甲 44 正：～得必死/日甲 44 正：久～已/日甲 44 正：～可又（有）爲/日甲 46 正：～可以入/日甲 46 正：久～已/日甲 46 正：～可又（有）爲/日甲 27 正貳：～可以興樂□/日甲 27 正貳：～可以巫/日甲 28 正貳：三日～吉/日甲 28 正貳：六日～吉/日甲 31 正貳：～可以葬=（葬，葬）/日甲 63 正：～孰而爲□人矢□/日甲 49 正叁－50 正叁：～可以家（嫁）女、取（娶）婦/日甲 53 正叁：～可以行=（行，行）不反（返）/日甲 53 正叁：不可以行=（行，行）～反（返）/日甲 58 正叁：～出歲亦寄/日甲 59 正叁－60 正叁：～可入客、寓人及臣妾/日甲 68 正壹：～可蓋屋/日甲 72 正壹：～可祠及行/日甲 73 正壹：～可取（娶）妻/日甲 74 正壹：～可祠/日甲 75 正壹：～盈三歲死/日甲 76 正壹：～可殺牛/日甲 76 正壹：～擇（釋）/日甲 77 正壹：～死毋（無）晨（脣）/日甲 78 正壹：～得/日甲 78 正壹：妻=（妻，妻）～到/日甲 80 正壹：～可爲室及入之/日甲 80 正壹：妻=（妻，妻）～寧/日甲 81 正壹：～可行/日甲 81 正壹：以生子，～完/日甲 81 正壹：～可爲它事/日甲 85 正壹：～可食六畜/日甲 86 正壹：～可食六畜/日甲 88 正壹：唯生子～吉/日甲 92 正壹：～可出女/日甲 94 正壹：～可臧（藏）/日甲 68 正貳：～【酢（作）】/日甲 70 正貳：～酢（作）/日甲 73 正貳：～酢（作）/日甲 75 正貳：～酢（作）/日甲 77 正貳：～酢（作）/日甲 78 正貳：～出三月有大得/日甲 79 正貳：～出三歲必有大得/日甲 81 正貳：～利出入人/日甲 85 正貳：～可殺牛/日甲 93 正貳：～可出貨/日甲 93 正貳：～可入貨=（貨，貨）/日甲 100 正：～

可以筑（築）室/日甲 100 正－101 正壹：～可以取（娶）婦、家（嫁）女、禱祠、出貨/日甲 101 正壹：～可以爲室、覆屋/日甲 102 正壹：～死/日甲 103 正壹：月～盡五日/日甲 103 正壹：～居/日甲 104 正壹：～可爲土攻（功）/日甲 106 正：～可興土攻（功）/日甲 106 正：～可興土攻（功）/日甲 106 正：～可興土攻（功）/日甲 106 正：～可興土攻（功）/日甲 107 正壹：～可壞垣、起之/日甲 108 正壹：～可以垣/日甲 109 正壹：～可垣/日甲 104 正貳：～可□井池/日甲圖二 114（正壹—126 正壹）：～周門/日甲 123 正貳：～周門/日甲 124 正叁：～可以澍（樹）木＝（木，木）/日甲 125 正叁：～可以爲牀/日甲 126 正叁：～可燔糞/日甲 128 正：～可具（暈）爲，百事/日甲 129 正：其央（殃）～出歲中/日甲 129 正：～出三月/日甲 130 正：有～吉之名/日甲 131 正：～可東/日甲 131 正：～可南/日甲 131 正：～可西/日甲 131 正：～可北/日甲 132 正：以行～吉/日甲 134 正：～可以行/日甲 134 正：～吉/日甲 139 正壹：東見疾～死/日甲 138 正貳：西～反（返）/日甲 136 正捌－137 正捌：～可以行/日甲 139 正捌：～可祠祀、殺生（牲）/日甲 142 正壹：～吉/日甲 148 正叁：～女爲醫/日甲 149 正叁：～吉/日甲 143 正肆：～吉/日甲 147 正肆：～吉/日甲 141 正伍：要（腰）～膏/日甲 147 正伍：～吉/日甲 143 正陸：～正/日甲 150 正叁：～復字/日甲 155 正：～吉/日甲 155 正：～果/日甲 157 正貳：～聽/日甲 159 正叁：～得/日甲 159 正肆：～言/日甲 161 正肆：～聽/日甲 162 正壹：～説（悦）/日甲 162 正叁：～聽/日甲 163 正壹：～詒（怡）/日甲 163 正貳：百事～成/日甲 164 正叁：～説（悦）/日甲 166 正貳：～詒（怡）/日甲 162 正陸：～計去/

日甲 1 背：～終/日甲 2 背壹：～棄/日甲 3 背壹：取（娶）織女而～果/日甲 3 背壹：～出三歲/日甲 4 背壹：～出二歲/日甲 5 背壹：～死/日甲 7 背壹：～居/日甲 7 背壹：～吉/日甲 8 背壹：～可取（娶）妻、家（嫁）子/日甲 9 背壹：～可取（娶）妻/日甲 10 背壹：～可取₌妻₌（取（娶）妻。取（娶）妻）/日甲 10 背壹：～終/日甲 7 背貳：～可家（嫁）女、取（娶）妻/日甲 9 背貳：～可取（娶）妻/日甲 22 背壹：～窮必刑/日甲 23 背壹：～吉/日甲 21 背貳：～吉/日甲 22 背貳：～吉/日甲 23 背貳：君子～得志/日甲 15 背叁：～利其母/日甲 22 背叁：～終迣（世）/日甲 14 背肆：～利/日甲 15 背肆：～盈/日甲 15 背肆：～利室/日甲 19 背肆：其君～瘩（癃）必窮/日甲 14 背伍：婦～媚於君/日甲 18 背伍：～畜/日甲 19 背伍：～宜子/日甲 20 背伍：～利人/日甲 15 背陸：～吉/日甲 17 背陸：～吉/日甲 20 背陸：～吉/日甲 24 背壹：爲民～羊（祥）/日甲 27 背壹：人毋（無）故鬼攻之～已/日甲 36 背壹：～飲食/日甲 36 背壹：～來/日甲 47 背壹－48 背壹：～可得/日甲 54 背壹：～可以孰（熟）食/日甲 59 背壹：～過三言₌（言。言）/日甲 61 背壹：～終日/日甲 62 背壹：則～屬/日甲 66 背壹：則～來/日甲 24 背貳：～畏人/日甲 27 背貳：其所～可咼（過）/日甲 28 背貳：～害人/日甲 30 背貳：則～來/日甲 33 背貳：則～來/日甲 35 背貳：則～來/日甲 36 背貳：～能童（動）作/日甲 41 背貳：～出三年/日甲 42 背貳：～可辭/日甲 43 背貳：則～來/日甲 45 背貳：～來/日甲 46 背貳：～可以辭/日甲 46 背貳：則～來/日甲 47 背貳：女子～狂癡/日甲 49 背貳：～可去/日甲 49 背貳：～來/日甲 50 背貳：是幼殤死～葬/日甲 50 背貳：則～來/日甲 51 背

可以船行/日甲 128 背：～可以行/日甲 131 背：～可起土攻（功）/日甲 134 背－135 背：～可爲土攻（功）/日甲 136 背：百事～吉/日甲 137 背：～可垣/日甲 139 背：～可垣/日甲 143 背：～可初穿門/日甲 144 背：～可爲户/日甲 146 背：～可入官及入=室=（入室，入室）/日甲 147 背：～可取（娶）婦/日甲 148 背：～可垣/日甲 150 背：～可初田及興土攻（功）/日甲 151 背－152 背：～可以始穜（種）及穫賞（嘗）/日甲 157 背－158 背：去其～羊（祥）/日甲 159 背－160 背：吾歲～敢忘/日乙 14：～可以作大事/日乙 21 壹：～可以行/日乙 22 壹：～可遠=行=（遠行，遠行）不仮（返）/日乙 22 壹：不可遠=行=（遠行，遠行）～仮（返）/日乙 40 壹：無～可有爲/日乙 43 壹：～可祠/日乙 44 壹：～可以使人及畜六畜/日乙 45 壹：～可以臧=蓋=（臧（藏）蓋，臧（藏）蓋）/日乙 53：～可復（覆）室/日乙 56：～成其行/日乙 56：～可取（娶）妻、嫁女、見人/日乙 57：～可取（娶）妻、嫁女，祠/日乙 58：歲善而柀～全/日乙 59：羣～捧（拜）/日乙 59：【以辭】～合（答）/日乙 59：～可攻/日乙 59：可取～可鼠（予）/日乙 62：～可以見人、取（娶）妻、嫁女/日乙 64：～可以鼠（予）/日乙 42 貳：～可入寄者/日乙 42 貳：～出三歲必代寄/日乙 44 貳：～可以船行/日乙 44 貳：～可以船行/日乙 44 貳：～可以行/日乙 47 貳－48 貳：～可以始穜（種）穫、始賞（嘗）/日乙 77：～可以大祠/日乙 80 壹：～可爲室及入之/日乙 80 壹：～寧/日乙 81 壹：～可行/日乙 81 壹：以生子，～完/日乙 81 壹：～可爲它事/日乙 85 壹：～可食六畜/日乙 86 壹：～可【食】畜生=（生（牲）。生）/日乙 92 壹：～可出女/日乙 94 壹：～可臧（藏）/日乙 96

吉/日乙 243：～吉/日乙 244：～吉/日乙 244：～吉/日乙 245：～吉/日乙 246：～吉/日乙 247：～利父母/日乙 247：～出三日必死/日乙 249：去～恙（祥）/日乙 249：去～恙（祥）/日乙 249－250：～復失火/日乙 250：去～恙（祥）/日乙 251：去～善/日乙 255：爲閒者～寡夫乃寡婦

0063 太（1） 封診式 49：成=都=（成都，成都）上恒書～守處

0064 犬（20） 十八種 6：毋敢將～以之田/十八種 6：百姓～入禁苑中/十八種 7：河（呵）禁所殺～/十八種 63：用～者/十八種 63：畜～期足/答問 189：皆主王～者/封診式 10：牡～一/日甲 74 正貳：得之～肉、鮮卵白色/日甲 90 正貳：～良日/日甲 91 正貳：毋（毋）以己巳、壬寅殺～/日甲 23 背伍：宜～/日甲 30 背壹：以爲偽人～/日甲 30 背壹：五步一人一～/日甲 47 背壹：～恒夜入人室/日甲 27 背貳：以～矢（屎）爲完（丸）/日甲 37 背貳：馬尾～首/日甲 49 背貳：以～矢（屎）投之/日甲 38 背叁：自浴以～矢（屎）/日乙 74 壹：～日/日乙 74 壹：～良日

0065 友（1） 日甲 65 背壹：人妻妾若朋～死

0066 匹（4） 雜抄 27－28：卒歲六～以下到一匹/雜抄 27－28：卒歲六匹以下到一～/答問 158：有馬一～自牧之/封診式 21：馬一～

0067 厄（2） 答問 179：以火炎其衡～（軛）/答問 179：騷=馬=（騷馬，騷馬）蟲皆麗衡～（軛）鞅韅轅靷（靭）

0068 巨（1） 語書 5：毋～（歫）於辠（罪）

0069 戈（13） 日甲 47 正壹：玄～/日甲 47 正壹：玄～毄（繫）尾/日甲 48 正壹：玄～毄（繫）心/日甲 49 正壹：玄～毄（繫）房/日甲 50 正壹：玄～毄（繫）翼/日甲 51 正壹：玄～毄（繫）張/日甲 52 正壹：玄～毄（繫）七星/日甲 53 正壹：玄～毄（繫）此（觜）巂/日甲 54

答問 154：弗～/爲吏 23 壹：～欲去顯（願）/日甲 19 正貳：必摯（執）而入公而～/日甲 130 正：毋～/日甲 14 背壹：則～矣/日甲 31 背壹：則～/日甲 39 背壹：則～矣/日甲 42 背壹：則～矣/日甲 46 背壹：則～矣/日甲 49 背壹：則～矣/日甲 55 背壹：則～矣/日甲 60 背壹：則～矣/日甲 64 背壹：則～矣/日甲 68 背壹：則～矣/日甲 56 背貳：遽則～矣/日甲 59 背貳：則～矣/日甲 61 背貳：則～矣/日甲 63 背貳：則～矣/日甲 64 背貳：則～矣/日甲 27 背叁：不可～/日甲 27 背叁：則～矣/日甲 28 背叁：則～矣/日甲 36 背叁：則～矣/日甲 37 背叁：則～矣/日甲 41 背叁：則～矣/日甲 42 背叁：不可～/日甲 44 背叁：則～矣/日甲 47 背叁：燔鬒（鬈）及六畜毛邋（鬣）其～所/日甲 47 背叁：則～矣/日甲 49 背叁：則～矣/日甲 51 背叁：則～矣/日甲 56 背叁：則～矣

0073 少（52） 編年記 42 壹：攻～曲/十八種 1：亦輒言雨～多/十八種 18－19：錢₌（錢。錢）～律者/十八種 30：其～，欲一縣之/十八種 60：日～半斗/十八種 80：以效～₌內₌（少內，少內）/十八種 121：以田～多出人/十八種 180：～半斗/效律 5：不盈半升到～半升/效律 6：～半升以上/答問 32：唯縣～內爲“府中”/封診式 39：令～內某、佐某以市正賈（價）賈丙丞某前/封診式 89：今尚血出而～/爲吏 27 叁：息子多～/日甲 47 正壹：張、翼～吉/日甲 48 正壹：柳、七星～吉/日甲 49 正壹：東井、輿鬼～吉/日甲 50 正壹：畢、此（觜）巂～吉/日甲 51 正壹：胃、參～吉/日甲 52 正壹：奎、婁～吉/日甲 53 正壹：危、營室～吉/日甲 54 正壹：須女、虛～吉/日甲 55 正壹：斗、牽牛～吉/日甲 56 正壹：心、尾～吉/日甲 57 正壹：角、房～吉/日甲 58 正壹：張、翼～吉/日甲 59 正壹：東北

～吉/日甲 60 正壹：東南～吉/日甲 61 正：西南～吉/日甲 62 正：西北～吉/日甲 130 正：～（小）顮（顧）是胃（謂）少（小）楮（佇）/日甲 130 正：少（小）顮（顧）是胃（謂）～（小）楮（佇）/日甲 140 正叁：～孤/日甲 141 正叁：～孤/日甲 146 正叁：～孤/日甲 149 正肆：～疾/日甲 140 正陸：～孤/日乙 157：派〈辰〉～翏（瘳）/日乙 159：卯～翏（瘳）/日乙 161：午～翏（瘳）/日乙 163：未～翏（瘳）/日乙 165：酉～翏（瘳）/日乙 167：申～翏（瘳）/日乙 169：丑～翏（瘳）/日乙 171：子～翏（瘳）/日乙 173：子～翏（瘳）/日乙 175：戌～翏（瘳）/日乙 177：卯～翏（瘳）/日乙 179：巳～翏（瘳）/日乙 188 貳－189 貳：～者死之/日乙 238：～孤/日乙 243：～疾

0074 日（415）十八種 11：以其致到～稟之/十八種 13：賜牛長～三旬/十八種 14：賜田典～旬/十八種 29：禾、芻稾積索（索）出～/十八種 46：以其來～致其食/十八種 47：毋過～一食/十八種 57：～食城旦/十八種 60：～少半斗/十八種 74：食其母～粟一斗/十八種 74：旬五～而止之/十八種 77：其～踐以收責之/十八種 77－78：以其～月減其衣食/十八種 108：賦之三～而當夏二日/十八種 108：賦之三日而當夏二～/十八種 115：失期三～到五日/十八種 115：失期三日到五～/十八種 115：六～到旬/十八種 122－123：贏員及減員自二～以上/十八種 133：以其令～問之/十八種 133：以令～居之/十八種 133：～居八錢/十八種 133：～居六錢/十八種 138：其～未備而被入錢者/十八種 138：以～當刑而不能自衣食者/十八種 139：各以其作～及衣數告其計所官/十八種 142：～未備而死者/十八種 151：毋賞（償）興～/十八種 152：～八錢/十八種 157：以十二月朔～免除/十八種 183：～𪇴（畢）/十八種 184：必書其起及到～月夙莫（暮）/十八種 201：必署其已稟年～月/雜抄 35：辭曰～已備/雜抄 35：貲～四月居邊/答問 4：一～/答問 30：一～而得/答問 132：備毄（繫）～/答問 138：問亡二～/封診式 14：亡₌（亡，亡）及逋事各幾可（何）～/封診式 22：今～見亭旁/封診式 32：今～見丙戲旞/封診式 62：智（知）男子可（何）～死/封診式 96：以迺二月不識～去亡/封診式 97：三月中逋築宮廿～/封診式 97：四年三月丁未籍一亡五月十～/爲吏 33 肆：夜以椄（接）～/日甲 2 正貳：結～/日甲 3 正貳：陽～/日甲 4 正貳：交～/日甲 5 正貳：害～/日甲 6 正貳：陰～/日甲 7 正貳：達～/日甲 8 正貳：【外】陽～/日甲 9 正貳：外害～/日甲 10 正貳：外陰～/日甲 11 正貳：【絕日，無爲而】可名曰毄（擊）～/日甲 12 正貳：夬光～/日甲 13 正貳：秀～/日甲 14 正貳：建～，良日/日甲 14 正貳：建日，良～/日甲 15 正貳：除～/日甲 16 正貳：盈～/日甲 17 正貳：平～/日甲 18 正貳：定～/日甲 19 正貳：摯（執）～/日甲 20 正貳：柀（破）～/日甲 21 正貳：危～/日甲 22 正貳：成～/日甲 23 正貳：收～/日甲 24 正貳：開～/日甲 25 正貳：閉～/日甲 17 正叁：禾良～/日甲 18 正叁：禾忌～/日甲 24 正叁：困良～/日甲 37 正：以雨，半～/日甲 41 正：雖雨，見～/日甲 45 正：～□/日甲 46 正：雨，～/日甲 28 正貳：入月一～二日吉/日甲 28 正貳：入月一日二～吉/日甲 28 正貳：三～不吉/日甲 28 正貳：四～五日吉/日甲 28 正貳：四日五～吉/日甲 28 正貳：六～不吉/日甲 28 正貳：七～八日吉/日甲 28 正貳：七日八～吉/日甲 28 正貳：九～恐/日甲 29 正貳：廿二～廿三日吉/日甲 29 正貳：廿二日廿三～吉/日甲

29 正貳：廿四～恐/日甲 29 正貳：廿五～廿六日吉/日甲 29 正貳：廿五日廿六～吉/日甲 29 正貳：廿七～恐/日甲 29 正貳：廿八～廿九日吉/日甲 29 正貳：廿八日廿九～吉/日甲 30 正貳：葬～/日甲 30 正貳：是胃（謂）男～/日甲 30 正貳：是胃（謂）女₌～₌（女日。女日）/日甲 30 正貳：女～葬/日甲 47 正叁：禹之離～/日甲 47 正叁—48 正叁：從上右方數朔之初～及枳（支）各一日/日甲 47 正叁—48 正叁：從上右方數朔之初日及枳（支）各一～/日甲 49 正叁：胃（謂）離₌～₌（離日。離日）/日甲 52 正叁—53 正叁：離～不可以行₌（行，行）/日甲 64 正貳：～六夕七〈十〉/日甲 65 正貳：～五夕十一/日甲 66 正貳：～六夕十/日甲 67 正貳：～七夕九/日甲 64 正叁：～八夕八/日甲 65 正叁：～九夕七/日甲 66 正叁：～十夕六/日甲 67 正叁：～十一夕五/日甲 64 正肆：～十夕六/日甲 65 正肆：～九夕七/日甲 66 正肆：～八夕八/日甲 67 正肆：～七夕九/日甲 78 正貳：祠父母良～/日甲 79 正貳：祠行良～/日甲 80 正貳：人良～/日甲 82 正貳：馬良～/日甲 84 正貳：牛良～/日甲 86 正貳：羊良～/日甲 88 正貳：豬良～/日甲 89 正貳：市良～/日甲 90 正貳：犬良～/日甲 92 正貳：雞良～/日甲 92 正貳：雞₌（雞。雞）忌～/日甲 93 正貳：金錢良～/日甲 95 正貳：其～丙午、丁酉、丙申垣之/日甲 96 正叁：其～癸酉、壬辰、壬午垣之/日甲 97 正叁：其～辛酉、庚午、庚辰垣之/日甲 98 正叁：其～乙未、甲午、甲辰垣之/日甲 100 正：爲室～/日甲 100 正：殺～/日甲 101 正壹：四灋（廢）～/日甲 103 正壹：入月五～/日甲 103 正壹：月不盡五～/日甲 107 正壹：入月七～/日甲 114 正叁：三歲中～入一布/日甲 114 正叁：～出一布/日甲 128 正：凡是～赤啻

（帝）恒以開臨下民而降其英（殃）/日甲 129 正：必先計月中閒～/日甲 129 正：句（苟）毋（無）直赤啻（帝）臨～/日甲 129 正－130 正：它～雖有不吉之名/日甲 132 正：～之門/日甲 132 正：四門之～/日甲 133 正：入正月七～/日甲 133 正：入二月十四～/日甲 133 正：入三月廿一～/日甲 133 正：入四月八～/日甲 133 正：入五月十六～/日甲 133 正：入六月廿四～/日甲 133 正：入七月九～/日甲 133 正：入八月九～/日甲 133 正：入九月廿七～/日甲 133 正：入十月十～/日甲 133 正：入十一月廿～/日甲 133 正：入十二月卅～/日甲 133 正：凡此～以歸/日甲 134 正：凡此～不可以行/日甲 135 正：甲乙壬癸丙丁～中行/日甲 136 正壹：～中南得/日甲 136 正捌：臽～/日甲 138 正捌：敫～/日甲 150 正貳：其～在首/日甲 155 正：取（娶）妻龍～/日甲 156 正：月生一～/日甲 156 正：十一～/日甲 156 正：廿一～/日甲 157 正肆：～虒見/日甲 158 正肆：～虒見/日甲 159 正肆：～虒見/日甲 160 正肆：～虒見/日甲 161 正肆：～虒見/日甲 162 正肆：～虒見/日甲 163 正肆：～虒見/日甲 164 正肆：～虒見/日甲 165 正肆：～虒見/日甲 166 正肆：～虒見/日甲 157 正陸：入官良～/日甲 1 背：此大敗～/日甲 1 背：～衝/日甲 2 背壹：禹以取（娶）梌（塗）山之女～/日甲 6 背壹：凡取（娶）妻、出女之～/日甲 10 背壹：是胃（謂）分離～/日甲 11 背：子、寅、卯、巳、酉、戌爲牡～/日甲 11 背：牝=（牝。牝）～以葬/日甲 12 背：牝=月=（牝月。牝月）牡～取（娶）妻/日甲 8 背貳：月生五～曰杵/日甲 8 背貳：九～曰舉/日甲 8 背貳：十二～曰見莫取/日甲 8 背貳：十四～奊（謑）詢（詬）/日甲 9 背貳：十五～曰臣代=主=（代主。代主）/日甲 21 背肆－22 背肆：～出炙其韓（韓）/日甲 61 背壹：終～/日甲 61 背壹：不終～/日甲 68 背壹：以堊之～=（日日）始出而食之/日甲 25 背貳：璽（爾）必以葉（某）月～死/日甲 52 背貳：庚～=（日日）始出時/日甲 53 背貳：十～收祭/日甲 54 背貳：以癸～=（日日）入投之道/日甲 56 背貳：以戊～=（日日）中而食黍於道/日甲 26 背叁：今～不出/日甲 54 背叁：三～乃能人/日甲 60 背叁：～七夕九/日甲 61 背叁：～八夕八/日甲 62 背叁：～九夕七/日甲 63 背叁：～十夕六/日甲 64 背叁：～十一夕五/日甲 65 背叁：～十夕六/日甲 66 背叁：～九夕七/日甲 67 背叁：～八夕八/日甲 68 背叁：～七夕九/日甲 60 背肆：～六夕十/日甲 61 背肆：～五夕十一/日甲 62 背肆：～六夕十/日甲 93 背壹：～中死兇（凶）/日甲 98 背壹：～中以行有五喜/日甲 99 背壹：市～以行有七喜/日甲 91 背貳：直此～月者不出/日甲 83 背肆：入正月二～一日心/日甲 83 背肆：入正月二日一～心/日甲 84 背肆：入二月九～直心/日甲 85 背肆：入三月七～直心/日甲 86 背肆：入四月旬五～心/日甲 87 背肆：入五月旬二～心/日甲 89 背肆：入七月八～心/日甲 90 背肆：入八月五～心/日甲 91 背肆：入九月三～心/日甲 92 背叁：入十月朔～心/日甲 93 背貳：入十一月二旬五～心/日甲 94 背貳：入十二月二～三日心/日甲 94 背貳：入十二月二日三～心/日甲 107 背：正月七～/日甲 107 背：二月十四～/日甲 107 背：三月廿一～/日甲 107 背：四月八～/日甲 107 背：五月十六～/日甲 107 背：六月廿四～/日甲 107 背：七月九～/日甲 107 背：八月十八～/日甲 107 背：九月廿七～/日甲 107 背：十月十～/日甲 107 背：十一月廿～/日甲 107 背：十二月卅～/日甲 108 背：是～在行不可以歸/日甲 110 背：

是謂出亡歸死之～/日甲 113 背：衣良～/日甲 114 背：入十月十～乙酉/日甲 117 背：月不盡五～/日甲 119 背：衣良～/日甲 119 背：入七月七～₌（日日）乙酉/日甲 120 背：衣忌～/日甲 121 背：月不盡五～/日甲 124 背：入月六～刺/日甲 124 背：七～刺/日甲 124 背：八～刺/日甲 124 背：二旬二～刺/日甲 124 背：旬六～毀/日甲 129 背：土良～/日甲 130 背：土忌～/日甲 136 背：是胃（謂）牝～/日甲 137 背：是胃（謂）召（招）䍃（摇）合～/日甲 139 背：是胃（謂）召（招）䍃（摇）合～/日甲 139 背：入月十七～/日甲 139 背：其家～減/日甲 142 背：冬三月之～/日甲 143 背：入月七～/日甲 146 背：凡此～不可入官及入₌室₌（入室，入室）/日甲 153 背：六～反枳（支）/日甲 153 背：五～反枳（支）/日甲 153 背：四～反枳（支）/日甲 153 背：三～反【枳（支）】/日甲 153 背－154 背：二～反枳（支）/日甲 154 背：一～反枳（支）/日甲 154 背：復卒其～/日甲 155 背：墨（晦）～/日甲 155 背：朔～/日甲 156 背：先牧～丙/日甲 157 背：今～良日/日甲 157 背：今日良～/日乙 14：窓結之～/日乙 15：赢陽之～/日乙 16：建交之～/日乙 17：窞羅之～/日乙 18 壹：作陰之～/日乙 19 壹：平達之～/日乙 20 壹：成外陽之～/日乙 21 壹：空外遣之～/日乙 22 壹：䟝外陰之～/日乙 23 壹：蓋絕紀之～/日乙 24 壹：成決光之～/日乙 25 壹：復秀之～/日乙 18 貳：～七夕九/日乙 19 貳：～八【夕八】/日乙 20 貳：～九夕七/日乙 21 貳：～十夕六/日乙 22 貳：～十一夕五/日乙 23 貳：～十夕六/日乙 24 貳：～九夕七/日乙 25 貳：～八夕八/日乙 26 貳：～七夕九/日乙 27 貳：～六夕十/日乙 28 貳：～五夕十一/日乙 29 貳：～六夕十/日乙 38 壹：建～/日乙 39

病）/日乙 108：以女子～死=（死，死）/日乙 108：男子～如是/日乙 109：男子～/日乙 109：男子～/日乙 109：女子～/日乙 111：此～㮚（構）屋=（屋，屋）以此日爲蓋/日乙 111：此日㮚（構）屋=（屋，屋）以此～爲蓋/日乙 114：垣牆～凡申、酉☐/日乙 117：正月、七月朔～/日乙 134：凡是～赤啻（帝）恒以開臨下民而降央（殃）/日乙 135—137：必先計月中閒日☐☐☐直赤啻（帝）臨見～/日乙 137：它～唯（雖）有不吉之名/日乙 138：行～/日乙 149：亡～/日乙 149：正月七～/日乙 149：三月旬一～/日乙 149：四月八～/日乙 149：五月旬六～/日乙 149：七月九～/日乙 149：八月旬八～/日乙 149：九月二旬七～/日乙 151：正月七～/日乙 151：二月旬四～/日乙 151：三月二～/日乙 151：四月八～/日乙 151：五月旬六～/日乙 151：六月二旬四～/日乙 151：七月九～/日乙 151：八月旬八～/日乙 151：九月二旬七～/日乙 156：～出卯/日乙 156：～中午/日乙 156：春～酉/日乙 183：其人赤色死火～/日乙 184：人黄色死土～/日乙 193 壹：壬癸夢～〈白〉/日乙 188 貳：圂忌～/日乙 189 貳：吉～/日乙 195 貳：入月旬七～毀垣/日乙 195 貳：其室～減/日乙 196 貳：入月旬八～/日乙 233 壹：～則（昃）/日乙 247：不出三～必死/日乙 260：～書

0075 曰（134） 十八種 104—105：官輒告叚（假）器者～：器敝久恐靡（磨）者/十八種 168：籍之～：其廥禾若干石/十八種 171—172：終歲而爲出凡～：某廥出禾若干石/十八種 185：書廷辟有～報/效律 27：籍之～：某廥禾若干石/效律 30—31：終歲而爲出凡～：某廥出禾若干石/雜抄 24：工久〈擇〉榦～不可用/雜抄 25：貲工～不可者二甲/雜抄 35：辭～日已備/雜抄 36：告～

所=使=（不智（知）所使，不智（知）所使）/爲吏28貳：三～興=事=不=當=（興事不當，興事不當）/爲吏30貳：四～善言隋（惰）行/爲吏32貳：五～非上/爲吏20伍－21伍：乃（仍）署其籍～：故某慮（閭）贅壻某叟之乃（仍）孫/日甲11正貳：【絕日，無爲而】可名～毄（擊）日/日甲118正貳：命～吉恙（祥）門/日甲129正：命～央（殃）蚤（早）至/日甲8背貳：月生五日～杵/日甲8背貳：九日～舉/日甲8背貳：十二日～見莫取/日甲9背貳：十五日～臣代=主=（代主。代主）/日甲13背：鑘（禱）之～：皋/日甲25背貳：鬼恒召（詔）人～：璽（爾）必以葉（某）月日死/日甲55背貳：遽～：某/日甲62背貳：～"氣（餼）我食"云/日甲25背叁：謼（呼）之～：復疾/日甲29背叁：鬼嬰兒恒爲人號～：鼠（予）我食/日甲33背叁：狼恒謼（呼）人門～：啓/日甲38背叁：～：上帝子下游/日甲81背：甲盜名～稓鄭壬饍强當良/日甲81背：乙名～舍徐可不詠亡息（憂）/日甲81背：丙名～轁可癸上/日甲81背：丁名～浮妾榮辨僕上/日甲81背：戊名～匽爲勝死/日甲82背：己名～宜食成怪目/日甲82背：庚名～甲郢相衛魚/日甲82背：辛名～秦桃乙忌慧/日甲82背：壬名～黑疾齊誙/日甲82背：癸名～陽生先智丙/日甲111背：敢告～：某行毋（無）咎/日甲156背：祝～：先牧日丙/日乙104叁：～□□⊠/日乙105叁：～：行[邦]⊠/日乙106叁：～：皋/日乙125：命～毋（無）後/日乙126：命～毋（無）上剛/日乙145：其謞（號）～大常行/日乙145－146：其祝～：毋（無）王事/日乙194：祝～：綿（皋）

0076 中（114） 編年記33壹：攻蔡、～陽/十八種6：百姓犬入禁苑～/十八種17：其大廄、～廄、宮廄馬牛/十八種70：

八月、九月～其有輸/十八種 91：～褐一/十八種 97：受錢必輒入其錢缿～/十八種 101：邦～之繇（徭）及公事官（館）舍/十八種 115：御～發徵（徵）/十八種 116：興徒以爲邑～之紅（功）者/十八種 147－148：當行市～者/十八種 197：毋敢以火入臧（藏）府、書府～/效律 47－48：不盈十斗以下及稟鬃縣～而負者/雜抄 2：發弩射不～/雜抄 2：發弩嗇夫射不～/雜抄 8：輕車、趚張、引強、～卒所載傅〈傳〉到軍/雜抄 8：奪＝（奪。奪）～卒傳/雜抄 11：不當稟軍～而稟者/雜抄 16：～勞律/答問 32：府～公金錢私貣（貸）用之/答問 32：可（何）謂“府～”/答問 32：唯縣少內爲“府～”/答問 101：百步～比壄（野）/答問 121：生定殺水～/答問 136：今～〈甲〉盡捕告之/答問 151：空倉～有薦＝（薦，薦）/答問 186：越里～之與它里界者/答問 187：宮～主循者/封診式 17：迺四月～盜牛/封診式 18：自晝甲見丙陰市庸～/封診式 27：山儉（險）不能出身山～/封診式 39：丙～人/封診式 55：署～某所有賊死/封診式 57：皆臽～類斧/封診式 58－59：襦北（背）及～衽□污血/封診式 64：丙＝（丙。丙）死（屍）縣其室東內～北廦（壁）權/封診式 71：盡視其身、頭髮～及篡/封診式 73：乙房內～/封診式 74：斲（徹）內～/封診式 75－76：內～央有新穴＝（穴，穴）斲（徹）內中/封診式 75－76：內中央有新穴＝（穴，穴）斲（徹）內～/封診式 77－78：柀（破）入內＝～＝（內中。內中）及穴中外壤上有厀（膝）、手迹/封診式 77－78：柀（破）入內＝中＝（內中。內中）及穴～外壤上有厀（膝）、手迹/封診式 78：其～央稀者五寸/封診式 80：壤＝（壤，壤）直～外/封診式 81：內～有竹柖＝（柖，柖）/封診式 81：□結衣柖～央/封診式 88：即置盎水～榣（搖）之/封診式 89：出水～有（又）音（衃）血狀/封診式 97：三月～逋築宫廿日/爲吏 24 壹：～不方/爲吏 7 貳：～（忠）信敬上/日甲 43 正：歲～/日甲 46 正：歲～/日甲 65 正壹：～夕/日甲 73 正貳：煩居邦～/日甲 100 正：～子婦死/日甲 111 正壹：爨月、鬳（獻）馬、～夕毀棄西方/日甲 112 正壹：鬳（獻）馬、～夕、屈夕作事東方/日甲 114 正叁：三歲～日入一布/日甲 114 正叁：三歲～弗更/日甲 129 正：其央（殃）不出歲～/日甲 129 正：必先計月～閒日/日甲 131 正：百～大凶/日甲 135 正：甲乙壬癸丙丁日～行/日甲 136 正壹：日～南得/日甲 5 背貳：～春軫、角/日甲 5 背貳：～夏參、東井/日甲 5 背貳：～秋奎、東辟（壁）/日甲 5 背貳：～冬竹（箕）、斗/日甲 17 背壹：～央下/日甲 18 背壹：～央高/日甲 23 背壹：宇～有谷/日甲 37 背壹：一宅～毋（無）故而室人皆疫/日甲 40 背壹：一宅之～毋（無）故室人皆疫/日甲 50 背壹－51 背壹：取牡棘烰（炮）室～/日甲 54 背壹－55 背壹：燔豕矢（屎）室～/日甲 67 背壹：以桂長尺有尊（寸）而～折/日甲 26 背貳：入人醯、醬、滫、將（漿）～/日甲 40 背貳－41 背貳：必～虫首/日甲 56 背貳：以戊日＝（日日）～而食黍於道/日甲 67 背貳：凡邦～之立叢/日甲 24 背叁：一室～卧者眯（寐）/日甲 24 背叁－25 背叁：取桃枱〈棓〉椯（段）四隅、～央/日甲 31 背叁：一室～/日甲 34 背叁：一室～有鼓音/日甲 51 背叁：屈（掘）其室～三尺/日甲 52 背叁：燔生桐其室～/日甲 58 背叁：取盎之～道/日甲 58 背叁－59 背叁：棄其屨於～道/日甲 69 背：臧（藏）於垣内～糞蔡下/日甲 70 背：臧（藏）牛廄～草木下/日甲 72 背：臧（藏）於草～/日甲 76 背：臧（藏）於芻稾～/日甲 78

背：臧（藏）於園～草下/日甲 79 背：臧於糞蔡～土中/日甲 79 背：臧於糞蔡中土～/日甲 80 背：臧（藏）於圂～垣下/日甲 93 背壹：日～死兇（凶）/日甲 98 背壹：日～以行有五喜/日甲 92 背貳：～央土/日甲 111 背－112 背：掓其畫～央土而懷之/日甲 138 背：月～旬/日甲 156 背：⧄～土/日甲 156 背：穿壁直～=（中，中）/日乙 61：歲～/日乙 31 貳：祠室～日/日乙 40 貳：戊己内～土/日乙 127：不可伐室～尌（樹）木/日乙 135－137：必先計月～閒[日]□□□直赤啻（帝）臨見日/日乙 156：日～午/日乙 164：～鬼見社爲姓（眚）/日乙 184：⧄邦～/日乙 184：～歲在西/日乙 189 壹：人〈入〉水～及谷

0077 内（57）　十八種 20：～史課縣/十八種 28：上～史/十八種 80：以效少=～=（少内，少内）/十八種 86：都官輸大～=（内，内）/十八種 87：都官遠大～者輸縣=（縣，縣）/十八種 87－88：以書時謁其狀～史/十八種 92：輸大～/十八種 93：在咸陽者致其衣大～/十八種 93：縣=（縣，縣、）大～皆聽其官致/十八種 112：籍書而上～史/十八種 175：至計而上廥籍～史/十八種 186：～史雜/十八種 187：上會九月～史/十八種 188：～史雜/十八種 189：～史雜/十八種 190：～史雜/十八種 191：～史雜/十八種 192：～史雜/十八種 193：～史雜/十八種 194：～史雜/十八種 198：～史雜/答問 32：唯縣少～爲“府中”/答問 65：～（納）奸/答問 65：今～（納）人=（人，人）/答問 140：上朱（珠）玉～=史=（内史，内史）/答問 185：～公孫毋（無）爵者當贖刑/封診式 8－9：一宇二～/封診式 9：～室皆瓦蓋/封診式 39：令少～某、佐某以市正賈（價）賈丙丞某前/封診式 64：丙=（丙。丙）死（屍）縣其室東～中北廦（壁）權/封診式 73：乙

房～中/封診式 74：人已穴房～/封診式 74：𡨥（徹）～中/封診式 75：診乙房＝～＝（房内。房内）在其大内東/封診式 75：診乙房＝内＝（房内。房内）在其大～東/封診式 75：比大～/封診式 75：～後有小堂/封診式 75－76：～中央有新穴＝（穴，穴）𡨥（徹）内中/封診式 75－76：内中央有新穴＝（穴，穴）𡨥（徹）～中/封診式 77：柀（破）入～＝中＝（内中。内中）/封診式 79：～北有垣＝（垣，垣）/封診式 79：垣東去～五步/封診式 81：～中有竹柖＝（柖，柖）在内東＝北＝（東北，東、北）/封診式 81：内中有竹柖＝（柖，柖）在～東＝北＝（東北，東、北）/日甲 100 正：筑（築）大～/日甲 23 背肆：取（娶）婦爲小～/日甲 14 背伍：～居西南/日甲 15 背伍：～居西北/日甲 16 背伍：～居東北/日甲 17 背伍：～居正東/日甲 18 背伍：～居南/日甲 19 背伍：依道爲小～/日甲 45 背貳：爲桑丈（杖）奇（倚）户～/日甲 69 背：臧（藏）於垣～中糞蔡下/日乙 40 貳：戊己～中土/日乙 111：勿以作事、復（覆）～、槫（構）屋/日乙 254：～盜有□□人在其室☑

0078 水（30） 十八種 2：早〈旱〉及暴風雨、～潦、夆（螽）蚰、羣它物傷稼者/十八種 4：毋敢伐材木山林及雍（壅）隄～/十八種 115：～雨/效律 46：飲～＝（水，水）/答問 121：生定殺～中/封診式 88：置盎～中榣（搖）之/封診式 89：出～中有（又）音（衃）血狀/爲吏 16 叁：溝渠～道/爲吏 25 叁：～火盜賊/日甲 4 正貳：以祭門、行＝（行、行）～/日甲 38 正：可以穿井、行～、蓋屋、飲樂、外除/日甲 72 正壹：可以行～/日甲 149 正肆：好～/日甲 16 背叁：～瀆（竇）西出/日甲 17 背叁：～瀆（竇）北出/日甲 18 背叁：～瀆（竇）南出/日甲 39 背壹：～則乾/日甲 65 背貳：是～

19：官₌（官，官）告馬～縣出之/十八種 19：今課縣、都官公服～各一課/十八種 19：十～以上而三分一死/十八種 19－20：不【盈】十～以下/十八種 20：受服～者卒歲死牛三以上/十八種 20：受服牛者卒歲死～三以上/十八種 20：吏主者、徒食～者及令、丞皆有辠（罪）/十八種 72：車～一兩（輛）/十八種 72：見～者一人/十八種 73：車～一兩（輛）/十八種 73：見～者一人/十八種 73：各與其官長共養、車～/十八種 74：以此鼠（予）僕、車～/十八種 117：縣葆禁苑、公馬～苑/十八種 120：其近田恐獸及馬～出食稼者/十八種 126：官府叚（假）公車～者☑/十八種 126：或私用公車～/十八種 126：叚（假）人食～不善/十八種 126：～訾（胔）/十八種 127：其主車～者及吏、官長皆有辠（罪）/十八種 128：官長及吏以公車～稟其月食及公牛乘馬之稟/十八種 128：官長及吏以公車牛稟其月食及公～乘馬之稟/十八種 140：有一馬若一～/效律 44：馬～誤職（識）耳（佴）/效律 57：人户、馬～一/效律 60：人户、馬～一以上爲大誤₌（誤。誤）/雜抄 31：～大牝十/雜抄 31：～羊課/答問 5：人臣甲謀遣人妾乙盜主～/答問 6：甲盜₌～₌（盜牛，盜牛）/答問 43：甲告乙盜～若賊傷人/答問 43：不盜～/答問 44：甲告乙盜～/答問 44：非盜～/答問 45：甲盜～/答問 47：甲告乙盜～/答問 47：不盜～/答問 209：人户、馬～及者（諸）貨材（財）/封診式 17：迺四月中盜～/封診式 23：争～/封診式 23：某里公士甲、士五（伍）乙詣～一/封診式 23：此甲、乙～/封診式 24：即令₌（令令）史某齒～₌（牛，牛）/爲吏 26 伍：享（烹）～食士/日甲 23 正貳：可以入人民、馬～、禾粟/日甲 25 正貳：入臣徒、馬～、它生（牲）/日甲 49 正壹：須女、斗、牽

月季～癸/日甲 4 背壹：～辰/日甲 7 背壹：～申/日甲 81 背：甲盜名曰耤鄭～饍强當良/日甲 82 背：～名曰黑疾齊諈/日甲 97 背壹：～申/日甲 97 背壹：～寅/日甲 98 背壹：～戌/日甲 98 背壹：～辰/日甲 99 背壹：～午/日甲 105 背：冬三月～癸/日甲 98 背貳：六～不可以船行/日甲 115 背：～申/日甲 116 背：～、癸/日甲 120 背：己、戊、～、癸、丙申、丁亥/日甲 126 背：～子、寅、辰北徙/日甲 128 背：六～不可以船行/日甲 137 背：十月～子/日甲 147 背：～申會癸酉/日乙 64：～辰乙巳/日乙 65：～辰瓜/日乙 66：～辰/日乙 67：～辰〈癸〉䣛（漆）/日乙 68：～辰/日乙 70：～寅/日乙 71：～午/日乙 73：～□、□/日乙 73：～辰/日乙 73：～午/日乙 74 壹：～戌/日乙 32 貳：～辰、申/日乙 33 貳：～申/日乙 38 貳：～申/日乙 40 貳：～癸行/日乙 44 貳：六～不可以船行/日乙 82 貳：～癸水₌（水，水）/日乙 88 貳：正月～臽/日乙 110：夏三月～癸/日乙 111：夏～癸/日乙 122：～子、癸丑南/日乙 123－124：～戌/日乙 124：～寅/日乙 140：遠行者毋以～戌、癸亥到室/日乙 144：～辰/日乙 144：～申/日乙 144：毋以丙、丁、戊、～☐/日乙 153：十月～午/日乙 183：～閒/日乙 187：～癸☐/日乙 193 壹：～癸夢日〈白〉/日乙 192 貳：辛卯～午不可寧人₌（人，人）/日乙 206 壹：～癸死者/日乙 216 壹：～癸死者/日乙 221 壹：～癸死者/日乙 224 壹：～申/日乙 227 壹：～寅/日乙 229 壹：～子/日乙 230 壹：～午/日乙 236 壹：～戌/日乙 237 壹：～辰/日乙 226 貳：～子/日乙 226 貳：～辰/日乙 226 貳：～申/日乙 226 貳：～寅/日乙 239：～申生/日乙 241：～午生/日乙 242：～辰生/日乙 243：～寅生/日乙 245：～子生/日乙 246：～戌生/日乙 251：～失火

一月當有三～枳（支）/日乙 131：寄=人=（寄人，寄人）～寄之/日乙 192 貳：人=（人，人）～寧之/日乙 198：東南～鄉/日乙 199：西南～鄉/日乙 200：西北～鄉

0091 介（6）　答問 206：貣（貸）人贏律及～（匄）人/答問 206：可（何）謂“～（匄）人”/答問 206：是謂“～（匄）人”/答問 207：氣（餼）人贏律及～（匄）人/答問 207：可（何）謂“～（匄）人”/答問 207：是謂“～（匄）人”

0092 父（42）　十八種 155：以免親～母爲隸臣妾/答問 19：～盜子/答問 19：今叚（假）～盜叚（假）子/答問 20－21：其主之～母/答問 78：毆大～母/答問 78：今毆高大～母/答問 78：比大～母/答問 103：子盜～=母=（父母，父母）/答問 104：子告～母/答問 106：～時家辠（罪）/答問 106：～死而誧（甫）告之/答問 106：～殺傷人及奴妾/答問 106：～死而告之/答問 108：～子同居/答問 108：殺傷～臣妾、畜產及盜之/答問 108：～已死/答問 172：同母異～相與奸/答問 177：臣邦～母產子/答問 177－178：臣邦～、秦母/封診式 47：坐～甲謁鋈其足/爲吏 40 貳：爲人～則茲（慈）/爲吏 46 貳－47 貳：～茲（慈）子孝/爲吏 19 伍：贅壻後～/爲吏 23 伍：贅壻後～/日甲 63 正：室人妻子～母分離/日甲 54 正叁：戊午去～母同生/日甲 68 正貳：～母爲祟/日甲 70 正貳：王～爲祟/日甲 78 正貳：祠～母良日/日甲 144 正壹：去～母南/日甲 3 背貳：～母必從居/日甲 4 背貳：～母有咎/日乙 158：外鬼～葉（世）爲姓（眚）/日乙 158：高王～譴適（謫）/日乙 168：高王～譴姓（眚）/日乙 174：王～譴/日乙 176：外鬼～葉（世）見而欲/日乙 178：高王～爲姓（眚）/日乙 181：王～欲殺/日乙 183：王～爲姓

（眚）/日乙 184：王～爲姓（眚）/日乙 247：不利～母

0093 今（44） 編年記 8 貳：～元年/編年記 35 貳：～過安陸/語書 3：～灋（法）律令已具/語書 5：～灋（法）律令已布/語書 7：～且令人案行之/十八種 19：～課縣、都官公服牛各一課/答問 19：～叚（假）父盜叚（假）子/答問 23：～盜＝（盜盜）甲衣/答問 25：～或益＝一【＝】脟＝（益〈盜〉一脟，益〈盜〉【一】脟）/答問 43：～乙不盜牛、不傷人/答問 44：～乙賊傷人/答問 47：～乙盜羊/答問 57：～咸陽發僞傳/答問 57：～當獨咸陽坐以貲/答問 65：～内（納）人＝（人，人）/答問 68：～甲病死已葬/答問 69：～生子＝（子，子）/答問 78：～毆高大父母/答問 80：～夬（決）耳故不穿/答問 95：～郡守爲廷不爲＝（爲？爲）/答問 96：～甲曰伍人乙賊殺人/答問 122：～甲癘/答問 127：～甲從事/答問 136：～中〈甲〉盡捕告之/答問 137：～甲捕得其八人/答問 145：～初任者有皋（罪）/答問 147：～甲有耐、貲皋（罪）/答問 158：～馬爲人敗/答問 159：～舍公官（館）/答問 163：～士五（伍）甲不會/答問 168：～得/答問 174：～隸臣死/封診式 22：～日見亭旁/封診式 32：～日見丙戲旞/封診式 48：～鋈丙足/封診式 73－74：～旦起啓户取衣/封診式 85：～甲褱把子來詣自告＝（告，告）/封診式 89：～尚血出而少/封診式 96：～來自出/封診式 98 正：～令乙將之詣論/爲吏 18 伍：自～以來/爲吏 25 伍：～遣從軍/日甲 26 背叁：～日不出/日甲 157 背：～日良日

0094 凶（52） 日甲 5 正貳：利以除～廙（厲）/日甲 13 正貳：弟～/日甲 47 正壹：心、危、營室大～/日甲 48 正壹：斗、婁、虚大～/日甲 49 正壹：須女、斗、牽牛大～/日

十八種 167：不備十～一以下/十八種 167：過十～以上/十八種 179：醬駟（四）～升一/十八種 182：鹽廿二～升二/效律 6－7：六～升一以上/效律 7：廿～升一以上/效律 12：縣料而不備其見（現）數五～一以上/效律 12－13：十～一以到不盈五分一/效律 12－13：十分一以到不盈五～一/效律 14：百～一以到不盈十分一/效律 14：百分一以到不盈十～一/效律 25：十～一以下/效律 25：過十～以上/雜抄 7：～甲以爲二甲蒐者/答問 9：受～臧（贓）不盈一錢/答問 67：受～十錢/答問 139：約～購/日甲 63 正：室人妻子父母～離/日甲 51 正叁－52 正叁：唯利以～異/日甲 10 背壹：戌興〈與〉亥是胃（謂）～離日

0096 公（85） 編年記 23 貳：～終/語書 9：故有～心/語書 11：毋（無）～端之心/十八種 7：皆完入～/十八種 16：將牧～馬₌牛【₌】（馬牛，馬【牛】）/十八種 18：其乘服～馬牛亡馬者/十八種 19：今課縣、都官～服牛各一課/十八種 41：稟禾稼～/十八種 46：月食者已致稟而～使有傳食/十八種 48：妾未使而衣食～/十八種 49：隸臣妾其從事～/十八種 50：雖有母而與其母冗居～者/十八種 76：有責（債）於～及貲、贖者居它縣/十八種 76：～有責（債）百姓未賞（償）/十八種 77：百姓叚（假）～器/十八種 77：隸臣妾有亡～器、畜生（牲）者/十八種 84：牧將～畜生（牲）而殺、亡之/十八種 86：糞～器不可繕者/十八種 101：邦中之繇（徭）及～事官（館）舍/十八種 101：其叚（假）～/十八種 102：～甲兵各以其官名刻久之/十八種 103：皆沒入～/十八種 104：～器官□久₌（久，久）/十八種 104：其或叚（假）～器/十八種 106：毋擅₌[叚]₌～₌器₌者₌（擅[叚]（假）公器，者（諸）

擅[叚]（假）公器者）/十八種 106－107：毀傷～器[及]□/十八種 117：～馬牛苑/十八種 121：縣毋敢擅壞更～舍官府及廷/十八種 122：爲～舍官府及補繕之/十八種 126：官府叚（假）～車牛者□/十八種 126：或私用～車牛/十八種 128：以～車牛稟其月食及公牛乘馬之稟/十八種 128：以公車牛稟其月食及～牛乘馬之稟/十八種 129：以攻～大車/十八種 133：有責（債）於～/十八種 133：～食者/十八種 133：居官府～食者/十八種 134：～士以下居贖刑辠（罪）、死辠（罪）者/十八種 138：～衣之/十八種 142：貣（貸）衣食～/十八種 143：～食當責者/十八種 155：隸臣斬首爲～士/十八種 155－156：謁歸～士而免故妻隸妾一人者/十八種 177：效～器贏、不備/十八種 178：～器不久刻者/效律 39：效～器贏、不備/效律 40：～器不久刻者/雜抄 5：～士以下刑爲城旦/雜抄 14：入粟～/雜抄 26：～車司馬/答問 25：～祠未闋 /答問 32：府中～金錢私貣（貸）用之/答問 90：“擎”=（擎（搢）？擎（搢））布入～/答問 103：“～室告”【可（何）】/答問 103：“非～室告”【可（何）】/答問 103：賊殺傷、盜它人爲“～室”/答問 103：不爲“～室告”/答問 104：非～室告/答問 104：可（何）謂“非～室告”/答問 104：是謂“非～室告”/答問 133：得=（得，得）比～痒（癃）不得=（得？得）/答問 141：問主購之且～=購=（公購？公購）/答問 146：～璽/答問 159：舍～官（館）/答問 159：雖有～器/答問 159：今舍～官（館）/答問 168：或入=～=（入公，入公）/答問 177：真臣邦君～有辠（罪）/答問 185：內～孫毋（無）爵者當贖刑/答問 185：得比～士贖耐不得=（得？得）/答問 190：

以其餘益爲後九月稟所/十八種 57：盡月而以其餘益爲後九～稟所/十八種 57－58：減舂城旦～不盈之稟/十八種 70：八～、九月中其有輸/十八種 70：八月、九～中其有輸/十八種 77－78：以其日～減其衣食/十八種 82：稍減其秩、～食以賞（償）之/十八種 86：以七～糞公器不可繕者/十八種 87：盡七～而觱（畢）/十八種 90：夏衣以四～盡六月稟之/十八種 90：夏衣以四月盡六～稟之/十八種 90：冬衣以九～盡十一月稟之/十八種 90：冬衣以九月盡十一～稟之/十八種 128：稟其～食/十八種 128：毋（無）金錢者乃～爲言脂、膠/十八種 139：盡八～/十八種 139：毋過九～/十八種 140：盡九～而告其計所官/十八種 157：以十二～朔日免除/十八種 157：盡三～而止之/十八種 184：日～夙莫（暮）/十八種 187：上會九～內史/十八種 189：過二～弗置嗇夫/十八種 201：必署其已稟年日～/雜抄 35：貲日四～居邊/答問 127：一～得/答問 153：赦期已盡六～而得/封診式 15：五～晦/封診式 17：迺四～中盜牛/封診式 81：乙以迺二～爲此衣/封診式 84：甲懷子六～/封診式 96：以迺二～不識日去亡/封診式 97：以二～丙子將陽亡/封診式 97：三～中逋築宮廿日/封診式 97：四年三～丁未籍一亡五月十日/封診式 97：四年三月丁未籍一亡五～十日/爲吏 16 伍：廿五年閏再十二～丙午朔辛亥/爲吏 22 伍：廿五年閏再十二～丙午朔辛亥/日甲 1 正壹：十一～/日甲 1 正壹：十二～/日甲 1 正壹：正～/日甲 1 正壹：二～/日甲 1 正壹：三～/日甲 1 正壹：四～/日甲 1 正壹：五～/日甲 1 正壹：六～/日甲 1 正壹：七～/日甲 1 正壹：八～/日甲 1 正壹：九～/日甲 1 正壹：十～/日甲 1 正貳：秋三～辰/日甲 1 正貳：冬三～未/日甲 1 正貳：春三～戌/日甲 1 正貳：夏三

壹：九～/日甲 66 正壹：紡～/日甲 66 正壹：十～/日甲 67 正壹：七～/日甲 67 正壹：爨～/日甲 64 正貳：十～楚冬夕/日甲 65 正貳：十一～楚屈夕/日甲 66 正貳：十二～楚援夕/日甲 67 正貳：正～楚刑夷/日甲 64 正叁：二～楚夏尿/日甲 65 正叁：三～楚紡月/日甲 65 正叁：三月楚紡～/日甲 66 正叁：四～楚七月/日甲 66 正叁：四月楚七～/日甲 67 正叁：五～楚八月/日甲 67 正叁：五月楚八～/日甲 64 正肆：六～楚九月/日甲 64 正肆：六月楚九～/日甲 65 正肆：七～楚十月/日甲 65 正肆：七月楚十～/日甲 66 正肆：八～楚爨月/日甲 66 正肆：八月楚爨～/日甲 67 正肆：九～楚鬳（獻）馬/日甲 77 正壹：三～死/日甲 78 正貳：不出三～有大得/日甲 87 正貳：春三～庚辰/日甲 96 正壹：春三～/日甲 97 正壹：夏三～/日甲 98 正壹：秋三～/日甲 99 正壹：冬三～/日甲 96 正貳：春三～/日甲 97 正貳：夏三～/日甲 98 正貳：秋三～/日甲 99 正貳：冬三～/日甲 95 正貳：七～/日甲 95 正貳：八～/日甲 95 正貳：九～/日甲 96 正叁：正～/日甲 96 正叁：二～/日甲 96 正叁：三～/日甲 97 正叁：十～/日甲 97 正叁：十一～/日甲 97 正叁：十二～/日甲 98 正叁：四～/日甲 98 正叁：五～/日甲 98 正叁：十〈六〉～/日甲 102 正壹：春三～庚辛/日甲 102 正壹：夏三～壬癸/日甲 102 正壹：秋三～甲乙/日甲 102 正壹：冬三～丙丁/日甲 103 正壹：入～五日/日甲 103 正壹：～不盡五日/日甲 104 正壹：正～/日甲 104 正壹：二～/日甲 104 正壹：三～/日甲 104 正壹：四～/日甲 104 正壹：五～/日甲 104 正壹：六～/日甲 104 正壹：七～/日甲 104 正壹：八～/日甲 104 正壹：九～/日甲 104 正壹：十～/日甲 104 正壹：十一～/日甲 104 正壹：十二～/日甲 105 正壹：正～/日甲 105 正

十～之戌/日甲113正壹：三～/日甲113正壹：七～/日甲113正壹：十一～之未/日甲113正壹：四～/日甲113正壹：八～/日甲113正壹：十二～之辰/日甲127正：正～上旬午/日甲127正：二～上旬亥/日甲127正：三～上旬申/日甲127正：四～上旬丑/日甲127正：五～上旬戌/日甲127正：六～上旬卯/日甲127正：七～上旬子/日甲127正－128正：八～上旬巳/日甲128正：九～上旬寅/日甲128正：十～上旬未/日甲128正：十一～上旬辰/日甲128正：十二～上旬酉/日甲129正：不出三～/日甲129正：必先計～中閒日/日甲131正：春三～己丑/日甲131正：夏三～戊辰/日甲131正：秋三～己未/日甲131正：冬三～戊戌/日甲132正：～之門/日甲133正：正～七日/日甲133正：二～十四日/日甲133正：三～廿一日/日甲133正：四～八日/日甲133正：五～十六日/日甲133正：六～廿四日/日甲133正：七～九日/日甲133正：八～九日/日甲133正：九～廿七日/日甲133正：十～十日/日甲133正：十一～廿日/日甲133正：十二～卅日/日甲134正：正～/日甲134正：二～/日甲134正：三～/日甲134正：四～/日甲134正：五～/日甲134正：六～/日甲134正：七～/日甲134正：八～/日甲134正：九～/日甲134正：十～/日甲134正：十一～/日甲134正：十二～/日甲136正肆：四～/日甲137正肆：五～/日甲138正肆：七～/日甲139正肆：八～/日甲136正伍：九～/日甲137正伍：十～/日甲138正伍：十一～/日甲139正伍：十二～/日甲136正陸：正～/日甲137正陸：二～/日甲138正陸：三～/日甲139正陸：六～/日甲136正柒：夏三～丑徼（敫）/日甲137正柒：春三～戊敫/日甲138正柒：秋三～辰敫/日甲139正柒：冬

三～未敫/日甲156正：～生一日、十一日、廿一日/日甲1背：春三～季庚辛/日甲1背：夏三～季壬癸/日甲1背：秋三～季甲乙/日甲1背：冬三～季丙丁/日甲6背壹：冬三～奎、婁吉/日甲12背：十二～/日甲12背：正～/日甲12背：七～/日甲12背：八～爲牡月/日甲12背：八月爲牡～/日甲12背：三～/日甲12背：四～/日甲12背：九～/日甲12背：十～爲牝=月=（牝月。牝月）/日甲12背：十月爲牝=～=（牝月。牝月）/日甲8背貳：～生五日曰杵/日甲25背貳：壐（爾）必以葉（某）～日死/日甲55背叁：三～食之若傅之/日甲60背叁：正～/日甲61背叁：二～/日甲62背叁：三～/日甲63背叁：四～/日甲64背叁：五～/日甲65背叁：六～/日甲66背叁：七～/日甲67背叁：八～/日甲68背叁：九～/日甲60背肆：十～/日甲61背肆：十一～/日甲62背肆：十二～/日甲92背壹：不出三～有得/日甲102背：春三～甲乙/日甲103背：夏三～丙丁/日甲104背：秋三～庚辛/日甲105背：冬三～壬癸/日甲圖四（83背貳—90背貳）：十～/日甲圖四（83背貳—90背貳）：十一～/日甲圖四（83背貳—90背貳）：九～ /日甲圖四（83背貳—90背貳）：二～/日甲圖四（83背貳—90背貳）：正～/日甲圖四（83背貳—90背貳）：十二～/日甲圖四（83背貳—90背貳）：三～/日甲圖四（83背貳—90背貳）：四～/日甲圖四（83背貳—90背貳）：五～/日甲圖四（83背貳—90背貳）：八～/日甲圖四（83背貳—90背貳）：七～/日甲圖四（83背貳—90背貳）：六～/日甲91背貳：直此日～者不出/日甲83背肆：入正～二日一日心/日甲84背肆：入二～九日直心/日甲85背肆：入三～七日直心/日甲86背肆：入四～旬五日心/日甲87背肆：入五～旬

日乙 56：正～/日乙 57：正～/日乙 59：正～/日乙 61：正～/日乙 62：正～/日乙 45 貳：入～六日、七日、八日、二旬二日/日乙 77：春三～/日乙 77：秋三～/日乙 80 壹：正～/日乙 84 壹：三～/日乙 86 壹：四～/日乙 89 壹：五～/日乙 91 壹：六～/日乙 93 壹：七～/日乙 96 壹：八～/日乙 98 壹：九～/日乙 100 壹：十～/日乙 105 壹：十二～/日乙 105 壹：三～死/日乙 95 貳：入正～二日一日心/日乙 96 貳：入二～九日直心/日乙 97 貳：入三～七日直心/日乙 98 貳：入四～旬五日心/日乙 99 貳：入五～旬二日心/日乙 100 貳：入六～旬心/日乙 101 貳：入七～八日心/日乙 102 貳：入八～五日心/日乙 103 貳：入九～三日心/日乙 104 貳：入十～朔日心/日乙 105 貳：入十一～二旬五日心/日乙 106 貳：入十二～二日三日心/日乙 88 貳：正～/日乙 89 貳：二～/日乙 90 貳：三～/日乙 91 貳：四～/日乙 92 貳：五～/日乙 93 貳：六～/日乙 94 貳：七～/日乙 95 叁：八～/日乙 96 叁：九～/日乙 97 叁：十～/日乙 98 叁：十一～/日乙 99 叁：十二～/日乙 89 叁：正～虛□□□☒/日乙 90 叁：二～東辟（壁）廿七日/日乙 91 叁：三～角十三日/日乙 92 叁：四～房十四日/日乙 93 叁：五～旗（箕）十四日/日乙 94 叁：六～東井廿七日/日乙 95 肆：七～七星廿八日/日乙 96 肆：八～軫廿八日/日乙 97 肆：九～奎十三日/日乙 98 肆：十～□十四日/日乙 99 肆：十一～參十四【日】/日乙 100 叁：十二～斗廿一日/日乙 101 叁：十一～乙卯天臽/日乙 110：春三～/日乙 110：夏三～/日乙 110：秋三～/日乙 110：冬三～/日乙 117：正～、七月朔日/日乙 117：正月、七～朔日/日乙 118：凡～朢/日乙 120：正～/日乙 120：五～/日乙 120：九～之丑/日乙 120：二～/日乙 120：

六～/日乙120：十～之戌/日乙120：三～/日乙120：七～、【十一月】之未/日乙120：四～/日乙120：八～/日乙120：十二～之辰/日乙130：五～/日乙132：正～上旬午/日乙132：二～上旬亥/日乙132：三～上旬【申】/日乙133：四～上旬丑/日乙133：五～上旬戌/日乙133：六～上旬卯/日乙133：七～上旬子/日乙133：八～七旬巳/日乙133：九～上旬寅/日乙133：十～上旬未/日乙133：十一～上旬辰/日乙133－134：十二～上旬丑/日乙135：不出三～/日乙135：必先計～中閒日/日乙149：正～七日/日乙149：二～旬/日乙149：三～旬一日/日乙149：四～八日/日乙149：五～旬六日/日乙149：六～二旬/日乙149：七～九日/日乙149：八～旬八日/日乙149：九～二旬七日/日乙149：十～旬/日乙149：十一～旬/日乙149：十二～二旬/日乙151：正～七日/日乙151：二～旬四日/日乙151：三～二日/日乙151：四～八日/日乙151：五～旬六日/日乙151：六～二旬四日/日乙151：七～九日/日乙151：八～旬八日/日乙151：九～二旬七日/日乙153：正～/日乙153：三～/日乙153：四～/日乙153：五～/日乙153：六～/日乙153：七～/日乙153：八～/日乙153：九～/日乙153：十～/日乙153：十二～/日乙195貳：入～旬七日毀垣/日乙196貳：入～旬八日/日乙197：正～/日乙197：五～/日乙198：二～/日乙198：六～/日乙198：十～/日乙199：三～/日乙199：七～/日乙199：十一～/日乙200：四～/日乙200：八～/日乙200：十二～/日乙202：春三～/日乙207壹：夏三～/日乙217壹：冬三～/日乙223壹：冬三～/日乙圖五（206貳—218貳）：八～/日乙圖五（206貳—218貳）：九～/日乙圖五（206貳—218貳）：十～/日乙

（令送逆爲它，令送逆爲它）/雜抄 41：署~令爲它事/答問 53：~發/答問 53：~發/答問 69：~辠（罪）/答問 100：~聽/答問 102：亟執~失/答問 104：~聽/答問 104：~聽/答問 106：~聽/答問 106：~治/答問 107：~收/答問 108：~聽/答問 109：~刑/答問 111：~刑/答問 139：~購/答問 142：令曰~爲/答問 148：~敢擅=强=質=（擅强質，擅强質）/答問 159：~責/答問 176：~許/封診式 2：~庸輒詰/爲吏 14 壹：悔過~重/爲吏 15 壹：兹（慈）下~陵/爲吏 16 壹：敬上~犯/爲吏 17 壹：聽閒（諫）~塞/爲吏 31 肆：精而~致（至）/爲吏 11 伍：欲令之具下~議/爲吏 19 伍：~令爲户/爲吏 19 伍：~鼠（予）田宇/爲吏 25 伍—26 伍：將軍~恤視/爲吏 27 伍：~鼠（予）殽（肴）/日甲 92 正貳：~以出入雞/日甲 100 正：~以殺六畜/日甲 102 正壹：~以筑（築）室/日甲 113 正壹：~以作事/日甲 59 背貳：~（忽）見而亡=（亡，亡（無））/日甲 73 背：~言已/日甲 142 背：~以筑（築）室及波（破）地/日乙 64：亦~以穜（種）/日乙 110：~筑（築）室/日乙 111：~以作事、復（覆）内、㮘（構）屋/日乙 120：~以作事、大祠/日乙 247：~舉

0101 丹（2） 十八種 102：以~若髼書之/爲吏 36 叁：朱珠~青

0102 殳（2） 效律 45：~、戟、弩，髼洀相易/爲吏 23 叁：槍閵（藺）環（戍）~

0103 六（141） 編年記 6 壹：~年/編年記 16 壹：十~年/編年記 26 壹：廿~年/編年記 36 壹：卅~年/編年記 46 壹：卌~年/編年記 3 貳：五十~年/編年記 13 貳：~年/編年記 23 貳：十~年/編年記 33 貳：廿~年/十八種 41：【粟一】石~斗大半斗/十八種 43：毁（毇）米~斗大半斗/十八種 51：不盈~尺五寸/十八種 51—52：

～月楚九月/日甲 64 正肆：日十夕～/日甲 85 正壹：不可食～畜/日甲 86 正壹：不可食～畜/日甲 100 正：勿以殺～畜/日甲 104 正壹：～月/日甲 105 正壹：～月/日甲 106 正：～月/日甲 108 正壹：～月/日甲 109 正壹：～月/日甲 113 正壹：二月、～月、十月之戌/日甲 119 正貳：十～歲弗更/日甲 115 正叁：十～歲弗更/日甲 127 正：～月上旬卯/日甲 133 正：五月十～日/日甲 133 正：～月廿四日/日甲 134 正：～月/日甲 139 正陸：～月/日甲 52 背壹：壄（野）獸若～畜逢人而言/日甲 56 背壹：人之～畜毋（無）故而皆死/日甲 31 背貳：人若鳥獸及～畜恒行人宫/日甲 47 背叁：燔鬊（鬈）及～畜毛邋（鬣）其止所/日甲 63 背叁：日十夕～/日甲 65 背叁：～月/日甲 65 背叁：日十夕～/日甲 60 背肆：日～夕十/日甲 62 背肆：日～夕十/日甲 89 背壹：其咎在～室/日甲圖四（83 背貳—90 背貳）：～月/日甲 88 背肆：入～月旬心/日甲 98 背貳：～壬不可以船行/日甲 99 背貳：～庚不可以行/日甲 107 背：五月十～日/日甲 107 背：～月廿四日/日甲 109 背：～月/日甲 115 背：～月/日甲 117 背：～月/日甲 121 背：～月/日甲 124 背：入月～日刺/日甲 124 背：旬～日毁/日甲 128 背：～壬不可以船行/日甲 128 背：～庚不可以行/日甲 131 背：～月/日甲 132 背：～月/日甲 138 背：～月/日甲 145 背：～月/日甲 153 背：～日反枳（支）/日乙 1：～月/日乙 21 貳：日十夕～/日乙 23 貳：～月/日乙 23 貳：日十夕～/日乙 27 貳：日～夕十/日乙 29 貳：日～夕十/日乙 31 壹：～月/日乙 44 壹：不可以使人及畜～畜/日乙 49 壹：～月/日乙 44 貳：～壬不可以船行/日乙 44 貳：～庚不可以行/日乙 45 貳：入月～日/日乙 46 貳：旬～日毁/日乙 85 壹：不可食～畜/日乙 91 壹：～月/

日甲 112 正壹：鬳（獻）馬、中夕、屈夕作事東～/日甲 19 背壹：宇北～高/日甲 19 背壹：南～下/日甲 20 背壹：宇南～高/日甲 20 背壹：北～下/日甲 21 背壹：宇東～高/日甲 21 背壹：西～下/日甲 23 背貳：垣東～高西方之垣/日甲 23 背貳：垣東方高西～之垣/日甲 21 背叁：圈居宇正東～/日甲 21 背肆：廡居東～/日甲 71 背：旦閉夕啓西～/日甲 72 背：旦閉夕啓北～/日甲 75 背：旦啓夕閉東～/日甲 88 背叁：東～木/日甲 89 背叁：南～火/日甲 90 背叁：西～金/日甲 91 背叁：北～水/日乙 99 壹：～（房），取（娶）婦、家（嫁）女、出入貨/日乙 157－158：黑肉從北～來/日乙 160：腤肉從東～來/日乙 164：狗肉從東～來/日乙 166：乾肉從東～來/日乙 167－168：赤肉從東～來/日乙 170：赤肉從南～來/日乙 171－172：赤肉從南～來/日乙 174：鮮魚從西～來/日乙 176：赤肉從北～來/日乙 178：鮮魚從西～來/日乙 180：黑肉從東～來/日乙 183：煩及歲皆在南～/日乙圖五（206 貳—218 貳）：西～/日乙圖五（206 貳—218 貳）：北～/日乙圖五（206 貳—218 貳）：南～/日乙圖五（206 貳—218 貳）：東～/日乙 253：盜在西～/日乙 255：其室在西～/日乙 256：室在東～/日乙 257：盜在南～/日乙 259：其室在西～

0107 火（47） 十八種 196：閉門輒靡其旁～/十八種 196：有不從令而亡、有敗、失～/十八種 197：毋敢以～入臧（藏）府、書府中/十八種 197：毋（無）～/答問 159：旞（遺）～燔其舍/答問 159：旞（遺）～燔其叚（假）乘車馬/答問 160：旞（遺）～延燔里門/答問 179：以～炎其衡厄（軛）/爲吏 25 叁：水～盜賊/日甲 94 正壹：必有～起/日甲 35 背叁：是壄（野）～僞₌（僞爲）虫/日甲 35 背叁：以人～㢣（應）之/日甲 41

背叁：天～燔人宮/日甲42背叁：以人～鄉（嚮）之/日甲44背叁：以人～鄉（嚮）之/日甲85背壹：外有～敬（警）/日甲84背叁：～勝金/日甲85背叁：水勝～/日甲89背叁：南方～/日乙94壹：必有～起/日乙79貳：丙丁～=（火，火）/日乙82貳：水=（水，水）勝～/日乙87貳：水=（水，水）勝～/日乙113：必有～起/日乙183：其人赤色死～日/日乙220壹：正北有～起/日乙250：失～/日乙249：甲失～/日乙249：子失～/日乙249：乙失～/日乙249：丙失～/日乙249：寅失～/日乙249：丁失～/日乙249：卯失～/日乙249－250：不復失～/日乙250：戊失～/日乙250：辰失～/日乙250：己失～/日乙250：巳失～/日乙250：庚失～/日乙251：午失～/日乙251：辛失～/日乙251：未失～/日乙251：壬失～/日乙251：申失～/日乙251：癸失～/日乙251：酉失～/日乙252：亥失～

0108 斗（46）　十八種38：稻、麻畝用二～大半斗/十八種38：稻、麻畝用二斗大半～/十八種38：禾、麥畝一～/十八種38：黍、荅畝大半～/十八種38：叔（菽）畝半～/十八種41：【粟一】石六～大半斗/十八種41：【粟一】石六斗大半～/十八種41：糳（糳）米九=～【=】（九斗；九【斗】）/十八種41：毀（毇）米八～/十八種43：粟廿～/十八種43：米十=～=（十斗；十斗）/十八種43：毀（毇）米六～大半斗/十八種43：毀（毇）米六斗大半～/十八種43：麥十～/十八種43：𪍿三～/十八種43：叔（菽）、荅、麻十五～爲一石/十八種43：以十～爲石/十八種50：月禾一石二～半斗/十八種50：月禾一石二斗半～/十八種60：日少半～/十八種74：食其母日粟一～/十八種100：～用（桶）/十八種179：食粺米半～/十八種180：食糲

（糲）米半～/十八種 180：少半～/十八種 181：粺米一～/十八種 182：糯（糲）米一～/十八種 194：～甬（桶）/效律 5：～不正/效律 6：半～不正/效律 46：水₌（水，水）減二百～以上/效律 46－47：不盈二百～以下到百斗/效律 46－47：不盈二百斗以下到百～/效律 47：不盈百～以下到十斗/效律 47：不盈百斗以下到十～/效律 47：不盈十～以下/日甲 1 正壹：十一月～/日甲 48 正壹：～、婁、虚大凶/日甲 49 正壹：須女、～、牽牛大凶/日甲 52 正壹：～、牽牛大吉/日甲 55 正壹：～、牽牛少吉/日甲 58 正壹：～、牽牛致死/日甲 75 正壹：～，利祠及行賈₌（賈、賈）市/日甲 5 背貳：中冬竹（箕）、～/日乙 103 壹：～，利祠及行賈₌（賈、賈）市/日乙 100 叁：十二月～廿一日

0109 户（40） 十八種 21：萬石一積而比黎之爲～/十八種 22：各一～/十八種 22：餘之索而更爲發～/十八種 168：萬【石一積而】比黎之爲～/十八種 169：各一～/十八種 197：乃閉門～/效律 27：萬石一積而比黎之爲～/效律 29：各一～/效律 57：人～、馬牛一/效律 60：人～、馬牛一以上/雜抄 33：～一盾/答問 22：～爲“同居”/答問 22：隸₌（隸，隸）不坐～/答問 149：實官～關不致/答問 150：實官～扇不致/答問 165：可（何）謂“匿～”及“敖童弗傅”/答問 165：匿～弗繇（徭）、使/答問 165：弗令出～賦/答問 201：獨～母/答問 209：人～、馬牛及者（諸）貨材（財）/封診式 9：各有～/封診式 73：閉其～/封診式 73－74：今旦起啓～取衣/封診式 75：南鄉（嚮）有～/爲吏 9 叁：門～關龠（鑰）/爲吏 19 伍：勿令爲～/爲吏 21 伍：魏～律/日甲 28 正貳：鼠襄～/日甲 102 正貳：毋以丑徐（除）門～/日甲 18 背肆：井當～牖閒/日甲

～/日甲85背肆：入三月七日直～/日甲86背肆：入四月旬五日～/日甲87背肆：入五月旬二日～/日甲88背肆：入六月旬～/日甲89背肆：入七月八日～/日甲90背肆：入八月五日～/日甲91背肆：入九月三日～/日甲92背叁：入十月朔日～/日甲93背貳：入十一月二旬五日～/日甲94背貳：入十二月二日三日～/日乙100壹：～，不可祠及行/日乙95貳：入正月二日一日～/日乙96貳：入二月九日直～/日乙97貳：入三月七日直～/日乙98貳：入四月旬五日～/日乙99貳：入五月旬二日～/日乙100貳：入六月旬～/日乙101貳：入七月八日～/日乙102貳：入八月五日～/日乙103貳：入九月三日～/日乙104貳：入十月朔日～/日乙105貳：入十一月二旬五日～/日乙106貳：入十二月二日三日～

0112 夬（17） 十八種157：其有死亡及故有～（缺）者/雜抄27：～（決）革一寸/答問79：～（決）其耳/答問80：鬭～（決）人耳/答問80：今～（決）耳故不穿/答問80：所～（決）非珥所入/答問80：非必珥所入乃爲～₌（夬（決），夬（決））/答問87：～（決）人脣/封診式58：以刃～（決）二所/爲吏11壹：毋以忿怒～（決）/爲吏44叁：～（決）獄不正/爲吏9伍：非以官祿～〈史（使）〉助治/日甲12正貳：～光日/日乙197：東南～麗/日乙198：正西～麗/日乙199：正北～麗/日乙200：正東～麗

0113 尺（30） 十八種51：高不盈六～五寸/十八種51－52：高不盈六～二寸/十八種52：高五～二寸/十八種61：高五～以下/十八種66：布袤八～/十八種66：福（幅）廣二～五寸/雜抄9：五～八寸以上/答問6：高六～/答問6：高六～七寸/答問67：高未盈六～/答問158：甲小未盈六～/答問166：小未盈六～/封診式10：高

日甲82正貳：己～/日甲82正貳：辛～酉/日甲82正貳：癸～/日甲84正貳：己～/日甲86正貳：乙～/日甲86正貳：己～/日甲86正貳：辛～/日甲88正貳：己～/日甲90正貳：己～/日甲94正貳：五～/日甲99正壹：殺～/日甲105正壹：正月～/日甲105正壹：五月～/日甲105正壹：九月～/日甲107正壹：夏～/日甲113正壹：正月、五月、九月之～/日甲102正貳：毋以～徐（除）門户/日甲127正：四月上旬～/日甲131正：春三月己～不可東/日甲134正：正月～/日甲134正：五月～/日甲134正：十月戌、～/日甲137正壹：～，旦北吉/日甲136正柒：夏三月～徼（敫）/日甲143正壹：丁～生子/日甲145正貳：己～生子/日甲147正叁：辛～生子/日甲149正肆：癸～生子/日甲141正陸：乙～生子/日甲圖三（150正壹—154正壹）：～/日甲圖三（150正壹—154正壹）：～/日甲155正：癸～/日甲155正：秋～辰/日甲155正：丁～、己丑取（娶）妻/日甲155正：丁丑、己～取（娶）妻/日甲158正壹：～，朝見/日甲158正陸：丁～入官/日甲166正陸：己～/日甲2背壹：癸～/日甲11背：～、辰、申、午、未、亥爲牝=（牝。牝）/日甲7背貳：己～、酉、巳/日甲70背：～，牛/日甲76背：名建章～吉/日甲84背壹：～，鼠/日甲97背壹：乙～/日甲98背壹：丁～/日甲99背壹：癸～/日甲100背：己～/日甲101背：辛～/日甲圖四（83背貳—90背貳）：十二月～/日甲109背：正月乙～/日甲109背：四月乙～/日甲109背：七月乙～/日甲109背：十月乙～/日甲113背：丁～/日甲113背：辛～/日甲113背：乙～/日甲113背：辛～/日甲113背：乙～、巳、酉/日甲113背：辛巳、～、酉/日甲113背：丁巳、～/日甲113背-

114背：丁～材（裁）衣/日甲115背：癸～、寅、申、亥/日甲116背：癸～、寅、申、亥/日甲119背：乙～、巳、酉/日甲119背：辛巳、～、酉/日甲119背：丁～材（裁）衣/日甲120背：癸～、寅、申、亥/日甲131背：十二月～/日甲132背：九月～/日甲134背：冬三月戊寅、己～/日甲143背：夏～/日甲151背：乙巳及～黍/日甲153背：子～/日甲154背：毋以子、～傅户/日乙2：～/日乙3：～/日乙5：～/日乙6：～/日乙7：～/日乙8：～/日乙9：～/日乙10：～/日乙11：～/日乙12：～/日乙13：～/日乙26壹：閈〈閉〉～/日乙27壹：實～/日乙28壹：吉～/日乙29壹：虛～/日乙30壹：剽～/日乙31壹：衝～/日乙32壹：敫～/日乙33壹：窞～/日乙34壹：實～/日乙35壹：吉～/日乙36壹：徐（除）～/日乙37壹：建～/日乙47壹：～戌【正】陽/日乙47壹：～結/日乙48壹：～結/日乙49壹：午～危陽/日乙50壹：亥～陰/日乙51壹：～卯陰/日乙65：～黍/日乙66：癸～/日乙68：乙～、亥/日乙68：己～、酉、亥、未/日乙71：辛～/日乙73：辛～/日乙74壹：丁～/日乙75壹：丁～/日乙31貳：辛～/日乙33貳：癸～/日乙35貳－36貳：乙亥、～、酉/日乙39貳：辛～/日乙39貳：丁～/日乙46貳－47貳：乙巳及～黍/日乙77：夏～/日乙83貳：～巳金＝（金，金）/日乙108：午、未、申、～、亥女子日/日乙109：辰、午、未、申、亥、～/日乙120：正月、五月、九月之～/日乙122：壬子、癸～南/日乙125：乙～/日乙129：五～/日乙129：丁～在亢/日乙133：四月上旬～/日乙133－134：十二月上旬～/日乙148：乙～吉/日乙148：～、午☐/日乙153：六月丁～/日乙159：～以東吉/日乙169：～少翏

（瘳）/日乙 188 貳：己～爲圂廁/日乙 188 貳：癸～/日乙 196 壹：穿户忌毋以～穿門户/日乙 228 壹：己～/日乙 228 壹：辛～/日乙 228 壹：癸～/日乙 228 壹：乙～/日乙 228 壹：丁～/日乙圖五（206 貳—218 貳）：十二月～/日乙 226 貳：癸～/日乙 227 貳：辛～/日乙 228 貳：子、～入官/日乙 236 貳：乙～/日乙 238：乙～生/日乙 240：丁～生/日乙 242：己～生/日乙 243：辛～生/日乙 245：癸～生

0116 孔（1） 日甲 69 背：多〈名〉鼠鼷～午郢

0117 以（875） 語書 1－2：是～聖王作爲灋（法）度/語書 2：～矯端民心/語書 2－3：～教道（導）民/語書 5－6：自從令、丞～下智（知）而弗舉論/語書 7：致（抵）～律/語書 8：～令、丞聞/語書 8：～次傳/語書 8：～郵行/語書 9：～一曹事不足獨治/語書 10：是～不争書/語書 10：毋（無）～佐上/語書 11：是～善庰（訴）事/語書 11－12：因恙（佯）瞋目扼捾（腕）～視（示）力/語書 12：訏詢（諼）疾言～視（示）治/語書 12：誈訊醜言麃（僄）斫～視（示）險/語書 12：阬閬强肮（伉）～視（示）强/語書 13：～告府=（府，府）/語書 13：令=、丞=（令、丞，令、丞）～爲不直/語書 14：～爲惡吏/十八種 1：輒～書言澍〈澍〉稼、誘（秀）粟及豤（墾）田暘毋（無）稼者頃數/十八種 5－6：麛時毋敢將犬～之田/十八種 8：～其受田之數/十八種 8：芻自黄𪏽及蘑束～上皆受之/十八種 10：復～薦蓋/十八種 11：～其致到日稟之/十八種 13：～四月、七月、十月、正月膚（臚）田牛/十八種 13：～正月大課之/十八種 14：其～牛田/十八種 16：令～其未敗直（值）賞（償）之/十八種 17：～其診書告官論之/十八種 17－18：～其筋、革、角及其賈（價）錢效/十八種 19：十牛～上而三分一

死/十八種19－20：不【盈】十牛～下/十八種20：受服牛者卒歲死牛三～上/十八種21：縣嗇夫若丞及倉、鄉相雜～印之/十八種21－22：遺倉嗇夫及離邑倉佐主稟者各一户～氣（餼）/十八種22：～隄（題）效之/十八種26－27：長吏相雜～入禾倉及發/十八種33：☐～書言年/十八種33：～稟人/十八種34：秶（秫）勿～稟人/十八種35：～給客/十八種37：都官～計時讎食者籍/十八種43：～十斗爲石/十八種44：稟₌縣₌（稟縣，稟縣）～減其稟/十八種45：毋～傳貣（貸）縣/十八種46：～其來日致其食/十八種51：～二月₌（月月）稟二石半石/十八種53：小隸臣妾～八月傅爲大隸臣妾/十八種53：～十月益食/十八種54：～律稟食/十八種56：～律食之/十八種57：～其餘益爲後九月稟所/十八種57：～犯令律論吏主者/十八種61：隸臣欲～人丁粼者二人贖/十八種61：其老當免老、小高五尺～下及隸妾欲以丁粼者一人贖/十八種61：其老當免老、小高五尺以下及隸妾欲～丁粼者一人贖/十八種61－62：贖者皆～男子/十八種62：～其贖爲隸臣/十八種64：～丞、令印₌（印印）/十八種67：其出入錢～當金、布/十八種67：～律/十八種70：～書告其出計之年/十八種70：受者～入計之/十八種71：皆深（審）～其年計之/十八種73：七人～上/十八種74：三人～上/十八種74：～此鼠（予）僕、車牛/十八種74－75：別紨⋯叚（假）之/十八種77：其日踐～收責之/十八種77－78：～其日月減其衣食/十八種78：終歲衣食不踐～稍賞（償）/十八種80：縣、都官坐效、計～負賞（償）者/十八種80：～其直（值）錢分負其官長及冗吏/十八種80－81：～效少₌内₌（少内，少内）以收責之/十八種80－81：以效少₌内₌（少内，少内）～收責之/十八種

81：皆～律論之/十八種 82：坐其故官～貲賞（償）及有它責（債）/十八種 82：貧窶毋（無）～賞（償）者/十八種 82：稍減其秩、月食～賞（償）之/十八種 83：令～律居之/十八種 83：叓：（事。吏）坐官～負賞（償）/十八種 84：及有辠（罪）～收/十八種 84：及恒作官府～負責（債）/十八種 86：～七月糞公器不可繕者/十八種 86：其金及鐵器入～爲銅/十八種 87：糞其有物不可～須時/十八種 87－88：～書時謁其狀内史/十八種 88：可～爲薪及蓋蘙〈蘙（翳）〉/十八種 90：夏衣～四月盡六月稟之/十八種 90：冬衣～九月盡十一月稟之/十八種 91：爲褐～稟衣/十八種 92：有餘褐十～上/十八種 93：～律稟衣/十八種 102：公甲兵各～其官名刻久之/十八種 102：～丹若鬃書之/十八種 102：受之～久/十八種 103：～齎律責之/十八種 104：～鬃久之/十八種 112：上=（上，上）且有～賞之/十八種 113：隸臣有巧可～爲工者/十八種 113：勿～爲人僕、養/十八種 116：興徒～爲邑中之紅（功）者/十八種 117：興徒～斬（塹）垣離（籬）散及補繕之/十八種 117：輒～效苑=吏=（苑吏，苑吏）/十八種 118：過三堵～上/十八種 118：三堵～下/十八種 120：～繇（徭）爲之/十八種 121：～田少多出人/十八種 121：～垣繕之/十八種 122：欲～城旦舂益爲公舍官府及補繕之/十八種 123：自二日～上/十八種 124：～律論度者/十八種 124：而～其實爲繇（徭）徒計/十八種 128：～公車牛稟其月食及公牛乘馬之稟/十八種 129：～攻公大車/十八種 130：～數分膠以之/十八種 130：以數分膠～之/十八種 131：方之～書/十八種 131：～芹纏書/十八種 131－132：毋（無）芹者～蒲、藺以枲萷（㲇）之/十八種 131－132：毋（無）芹者以蒲、藺～枲萷（㲇）之/十八種

132：各～其穇〈穫〉時多積之/十八種 133：有辠（罪）～貲贖及有責（債）於公/十八種 133：～其令日問之/十八種 133：～令日居之/十八種 134：公士～下居贖刑辠（罪）、死辠（罪）者/十八種 135：葆子～上居贖刑以上到贖死/十八種 135：葆子以上居贖刑～上到贖死/十八種 136：一室二人～上/十八種 138：～日當刑而不能自衣食者/十八種 139：各～其作日及衣數告其計所官/十八種 145：城旦司寇不足～將/十八種 146：免城旦勞三歲～上者/十八種 146：～爲城旦司寇/十八種 148：直（值）廿錢～上/十八種 150：司寇勿～爲僕、養、守官府及除有爲/十八種 151：～免一人爲庶人/十八種 153：從軍當～勞論及賜/十八種 155：～免親父母爲隸臣妾/十八種 156：免～爲庶人/十八種 156：工隸臣斬首及人爲斬首～免者/十八種 156：～爲隱官工/十八種 157：～十二月朔日免除/十八種 159：及相聽～遣之/十八種 159：～律論之/十八種 160：不得除其故官佐、吏～之新官/十八種 164：不盈百石～下/十八種 164：百石～上到千石/十八種 165：過千石～上/十八種 165－166：～其秏（耗）石數【論】負之/十八種 167：不備十分一～下/十八種 167：過十分～上/十八種 167：先索～稟人/十八種 167：～律論其不備/十八種 168－169：縣嗇夫若丞及倉、鄉相雜～封印之/十八種 169：～氣（餼）人/十八種 171：～效之/十八種 172：必～廥籍度之/十八種 173：～律論不備者/十八種 174：及者（諸）移贏～賞（償）不備/十八種 174：羣它物當負賞（償）而僞出之～彼（貱）賞（償）/十八種 175：～平辠（罪）人律論之/十八種 176：必令長吏相雜～見之/十八種 177：～齎律論及賞（償）/十八種 179：自官士夫＝（大夫）～上/十八種 181：不更～下到謀人/十八種182：上造～下到官佐、史毋（無）爵者/十八種183：留₌（留。留）者～律論之/十八種184：～輒相報/十八種188：必～書/十八種190：除佐必當壯～上/十八種197：毋敢～火入臧（藏）府、書府中/十八種201：受者～律續食衣之/效律1正：～其賈（價）多者辠（罪）之/效律3：十六兩～上/效律3－4：二升～上/效律5：半升～上/效律5－6：八兩～上/效律6：四兩～上/效律6：三朱（銖）～上/效律6：少半升～上/效律6－7：六分升一～上/效律7：廿分升一～上/效律8：直（值）百一十錢～到二百廿錢/效律8－9：過二百廿錢～到千一百錢/效律9：過千一百錢～到二千二百錢/效律9－10：過二千二百錢～上/效律12：不備其見（現）數五分一～上/效律12－13：十分一～到不盈五分一/效律13：直（值）過二百廿錢～到千一百錢/效律13：過千一百錢～到二千二百錢/效律14：過二千二百錢～上/效律14：百分一～到不盈十分一/效律15：直（值）過千一百錢～到二千二百錢/效律15：過二千二百錢～上/效律17－18：官₌（官，官）嗇夫坐效～貲/效律22：不盈百石～下/效律23：百石～到千石/效律23：過千石～上/效律24：～其秏（耗）石數論贏（負）之/效律25：十分一～下/效律25：過十分～上/效律25：先索（索）～稟人/效律26：～律論其不備/效律28：縣嗇夫若丞及倉、鄉相雜～封印之/效律29：～氣（餼）人/效律29－30：效₌（效，效）者見其封及隄（題）～效之/效律32：新倉嗇夫、新佐、史主廥者、必～廥籍度之/效律33：～律論不備者/效律34：及者（諸）移贏～賞（償）不備/效律34－35：羣它物當負賞（償）而僞出之～彼（貱）賞（償）/效律35：～平辠（罪）人律論之/效律37：必令長吏相雜～見之/效律39：～

齎律論及賞（償）/效律 45：勿～爲贏、不備/效律 45：～職（識）耳（佴）不當之律論之/效律 46：減二百斗～上/效律 46－47：不盈二百斗～下到百斗/效律 47：不盈百斗～下到十斗/效律 47：不盈十斗～下/效律 49：～律論之/效律 50：～效贏、不備之律貲之/效律 51－52：其吏主者坐～貲、誶如官嗇夫/效律 56：自二百廿錢～下/效律 56：過二百廿錢～到二千二百錢/效律 57：過二千二百錢～上/效律 57：自二～上/效律 58－59：廿二錢～到六百六十錢/效律 59：過六百六十錢～上/效律 60：人户、馬牛一～上/雜抄 1：上造～上不從令/雜抄 5：上造～上爲鬼薪/雜抄 5：公士～下刑爲城旦/雜抄 7：分甲～爲二甲蒐者/雜抄 9：五尺八寸～上/雜抄 10－11：吏自佐、史～上/雜抄 24：久～爲不可用/雜抄 28：六匹～下到一匹/雜抄 36：告曰戰圍～折亡/雜抄 37：～爲隸臣/雜抄 38：～爲隸臣/雜抄 38：捕人相移～受爵者/雜抄 39：縣嗇夫、尉及士吏行戍不～律/答問 1：一錢～上/答問 1：有（又）黥～爲城旦/答問 2：黥劓（劓）～爲城旦/答問 2：不盈二百廿～下到一錢/答問 11：甲盜錢～買絲/答問 12：當并臧（贓）～論/答問 13：工盜～出/答問 14：可（何）～論妻₌（妻？妻）/答問 14：當～三百論爲盜/答問 15：可（何）～論妻/答問 15：可（何）～論妻₌（妻？妻）/答問 16：～百一十爲盜/答問 23：～買它物/答問 23：～買布衣而得/答問 23－24：當～衣及布畀不當₌（當？當）以布及其它所買畀甲/答問 23－24：當以衣及布畀不當₌（當？當）～布及其它所買畀甲/答問 25：當貲～下耐爲隸臣/答問 26：～律論/答問 33：～得時直（值）臧₌（臧（贓），臧（贓））/答問 33：～論耐/答問 35：～得時直（值）臧₌（臧（贓），臧（贓））/答問 37：或～赦前盜千錢/答問 38－39：廷行事～不審論/答問 49：當并臧（贓）～論/答問 49：有（又）～誣人論/答問 51：譽適（敵）～恐眾心者/答問 52：將軍材（裁）～錢若金賞/答問 56：廷行事～僞寫印/答問 57：今當獨咸陽坐～貲/答問 59：貲盾～上/答問 61：嗇夫不～官爲事/答問 61：～奸爲事/答問 63：～須其得/答問 69：直～多子故/答問 71：其弟子～爲後/答問 74：子₌（子，子）～胋（枯）死/答問 82：智（知）～上爲“提”/答問 85：拔～鬭/答問 86：鬭～箴（針）、鉥、錐/答問 89：各～其律論之/答問 90：～兵刃、投（殳）梃、拳指傷人/答問 90：擊（揞）～布/答問 91：～梃賊傷人/答問 91：木可～伐者爲“梃”/答問 92：室₌（室，室）人～投（殳）梃伐殺之/答問 96：且～辟辠（罪）/答問 96：～所辟辠₌（辠（罪）辠（罪））之/答問 97：當～告不審論/答問 97：且～₌所₌辟₌（以所辟？以所辟）/答問 100：有（又）～它事告之/答問 102：免老告人～爲不孝/答問 107：葆子～上/答問 108：～當刑隸臣辠（罪）誣告人/答問 110：耐～爲鬼薪而鋈足/答問 111－112：～當刑隸臣及完城旦誣告人/答問 113：爵當上造～上/答問 115：～（已）气（乞）鞫及爲人气（乞）鞫者/答問 117：當耐司寇而～耐隸臣誣人/答問 118：～司寇誣人/答問 119：～黥城旦誣人/答問 119：吏論～爲鬭傷人/答問 120：當黥城旦而～完城旦誣人/答問 122：問甲可（何）～論/答問 124：即端～劍及兵刃刺殺之/答問 125－126：將盜戒（械）囚刑辠（罪）～上/答問 126：～故辠（罪）論/答問 129：一～上/答問 130：所捕耐辠（罪）～上得取/答問 131：把其叚（假）～亡/答問 131：～亡論/答問 131：～亡論/答問 138：告盜書丞印～亡/答問 139：～畀乙/答問 140：

可（何）～購之/答問 140：其耐辠（罪）～上/答問 142：廷行事皆～"犯令"論/答問 144：～小犯令論/答問 146：已坐～論/答問 147：耐～上/答問 151：有稼一石～上/答問 152：廷行事鼠穴三～上/答問 152：二～下/答問 153：即出禾～當叔=、麥=（叔（菽）、麥，叔（菽）、麥）/答問 162：～絲雜織履=（履，履）/答問 162：～錦縵（鞔）履不爲/答問 163：～將陽有（又）行治（笞）/答問 168：甲取（娶）人亡妻～爲妻/答問 171：妻有辠（罪）～收/答問 173：甲、乙～其故相刺傷/答問 174：～爲非隸臣子/答問 175：～其乘車載女子/答問 175：～乘馬駕私車而乘之/答問 177：致（至）耐辠（罪）～上/答問 179：～火炎其衡厄（軛）/答問 179：是～炎之/答問 181：可（何）～論之/答問 181：～通錢/答問 191：六百石吏～上/答問 194：卜、史當耐者皆耐～爲卜、史隸/答問 202：視檢智（知）小大～論及以齎（資）負之/答問 202：視檢智（知）小大以論及～齎（資）負之/答問 203：當～玉問王/封診式 1：能～書從（蹤）迹其言/封診式 3：乃～詰者詰=之=（詰之。詰之）/封診式 3：有（又）視其它毋（無）解者～復詰=之=（詰之。詰之）/封診式 4：～某數更言/封診式 7：遣識者～律封守/封診式 8：～某縣丞某書/封診式 11－12：即～甲封付某等/封診式 15：～五月晦與同里士五（伍）丙盜某里士五（伍）丁千錢/封診式 17：去亡～命/封診式 18：捕～來自出/封診式 27：首人～此弩矢□□□□□□乙/封診式 27：～劍伐收其首/封診式 28：與丁～某時與某里士五（伍）己、庚、辛/封診式 32：直～劍伐痍丁/封診式 36：～書讂首曰：有失伍及（遲）不來者/封診式 37－38：斬～爲城旦/封診式 39：令少内某、佐某～市正賈（價）賈丙丞某前

/封診式 41：～律封守之/封診式 41：到～書言/封診式 45：～書言/封診式 48：～律包/封診式 49：～縣次傳詣成₌都₌（成都，成都）/封診式 49：～律食/封診式 52：～三歲時病疕/封診式 58：～刃夬（決）二所/封診式 59：～履₌（履履）男子/封診式 61：令甲～布帬（裙）[illegible]（掩）貍（埋）男子某所/封診式 61：～襦、履詣廷/封診式 64：～枲索大如大指/封診式 72：～合（答）其故/封診式 76：其所～埱者類旁鑿/封診式 81：乙～迺二月爲此衣/封診式 83：～此直（值）衣賈（價）/封診式 87：已前～布巾裹/封診式 88：其頭、身、臂、手指、股～下/封診式 92：～世餘歲時䙴（遷）/封診式 96：～迺二月不識日去亡/封診式 97：～二月丙子將陽亡/封診式 98 正：～甲獻典乙相診/爲吏 11 壹：毋～忿怒夬（決）/爲吏 20 壹：勞～衛（率）之/爲吏 21 壹：正～橋（矯）之/爲吏 42 壹：～忠爲榦/爲吏 45 壹：～其病₌（病病）/爲吏 14 貳：夸～泄/爲吏 15 貳：貴～大（泰）/爲吏 27 貳：～權衡求利/爲吏 38 貳：～此爲人君則鬼（惠）/爲吏 46 叁：瀍（廢）置～私/爲吏 2 肆：惠～聚之/爲吏 3 肆：寬～治之/爲吏 33 肆：夜～椄（接）日/爲吏 1 伍－2 伍：畫局陳𢍏（棋）～爲耤（藉）/爲吏 3 伍：表～身/爲吏 3 伍：民將望表～戾真/爲吏 9 伍：～賃（任）吏/爲吏 9 伍：非～官禄夬〈史（使）〉助治/爲吏 11 伍：～毄（擊）畸/爲吏 18 伍：自今～來/爲吏 27 伍：將軍～堙豪（壕）/爲吏 35 伍－36 伍：不踐～貧（分）人/爲吏 37 伍：而踐～貧（分）人/日甲 2 正貳：～祭，闔（吝）/日甲 2 正貳：～寄₌人₌（寄人，寄人）必奪主室/日甲 3 正貳：～蔡（祭），上下羣神鄉（饗）之/日甲 4 正貳：利～實事/日甲 4 正貳：～祭門、行₌（行、行）水，吉/日

日甲 40 正－41 正：～生子，吉/日甲 41 正：正月～朔/日甲 42 正：～祠祀、飲食哥（歌）樂，吉/日甲 42 正：～毄（繫），不免/日甲 43 正：正月～朔/日甲 44 正：利～戰伐/日甲 44 正：不可～見人、取（娶）婦、家（嫁）女、出入貨及生（牲）/日甲 44 正：～生子=（子，子）死/日甲 45 正：正月～朔/日甲 46 正：是胃（謂）利～出貨/日甲 46 正：不可～入/日甲 46 正：可～取（娶）婦、家（嫁）女/日甲 46 正：～免，弗復/日甲 46 正：可～葬貍（埋）/日甲 46 正：正月～朔/日甲 26 正貳：毋～楚九月己未台（始）被新衣=（衣，衣）/日甲 27 正貳：不可～興樂□/日甲 27 正貳：不可～巫/日甲 27 正貳：啻（帝）～殺巫減（咸）/日甲 31 正貳：不可～葬=（葬，葬）/日甲 59 正壹：若～是月殹（也）東徙/日甲 60 正壹：若～【是】月殹（也）南徙/日甲 61 正：若～是月殹（也）西徙/日甲 62 正：若～是月殹（也）北徙/日甲 49 正叁－51 正叁：不可～家（嫁）女、取（娶）婦及入人民、畜生（牲）/日甲 51 正叁－52 正叁：唯利～分異/日甲 53 正叁：不可～行=（行，行）/日甲 56 正叁：丙申～就（僦）/日甲 57 正叁：毋～辛酉入=寄=者=（入寄者，入寄者）/日甲 64 正壹：～北大羊（祥）/日甲 65 正壹：～東大羊（祥）/日甲 66 正壹：～南大羊（祥）/日甲 67 正壹：～西大羊（祥）/日甲 72 正壹：可～行水/日甲 73 正壹：～祠，必有敫（憿）/日甲 75 正壹：可～攻伐/日甲 76 正壹：～結者，不擇（釋）/日甲 76 正壹：～入【牛】，老一/日甲 78 正壹：～結者，易擇（釋）/日甲 78 正壹：～生子，毋（無）它同生/日甲 80 正壹：～取（娶）妻=（妻，妻）不寧/日甲 81 正壹：～生子，不完/日甲 82 正壹：～取（娶）妻，女子愛而口臭/日甲 83 正壹：～

取（娶）妻，男子愛/日甲 84 正壹：～取（娶）妻＝（妻，妻）愛/日甲 85 正壹：～生子，喜斲（鬬）/日甲 86 正壹：～邋（獵）置罔（網）及爲門/日甲 86 正壹：～死，必二人/日甲 87 正壹：可～敫（徼）人攻讎/日甲 89 正壹：～死，必五人死/日甲 89 正壹：～殺生（牲），必五生（牲）死/日甲 89 正壹：可～爲土事/日甲 90 正壹：～生子，痒（癃）/日甲 90 正壹：可～送鬼/日甲 91 正壹：～生子，肥/日甲 91 正壹：可～寇〈冠〉/日甲 92 正壹：利～垣/日甲 93 正壹：～生子，爲邑桀（傑）/日甲 94 正壹：～祠，必有火起/日甲 95 正壹：～生子，必駕/日甲 68 正貳：裹～黍（漆）器/日甲 87 正貳：可～筑（築）羊卷（圈）/日甲 91 正貳：母（毋）～己巳、壬寅殺犬/日甲 92 正貳：可～出入雞＝（雞。雞）/日甲 92 正貳：勿～出入雞/日甲 94 正貳：可～入/日甲 94 正貳：可～出/日甲 99 正貳：有～者大凶/日甲 100 正：不可～筑（築）室/日甲 100 正：勿～殺六畜/日甲 100 正－101 正壹：不可～取（娶）婦、家（嫁）女、禱祠、出貨/日甲 101 正壹：不可～爲室、覆屋/日甲 102 正壹：勿～筑（築）室/日甲 102 正壹：～之，大主死/日甲 103 正壹：～筑（築）室，不居/日甲 103 正壹：～用垣宇，閉貨＝（貨貝）/日甲 107 正壹：～殺豖，其肉未索必死/日甲 108 正壹：不可～垣/日甲 113 正壹：勿～作事/日甲 113 正壹：～大生（牲）大凶/日甲 113 正壹：～小生（牲）小凶/日甲 113 正壹：～腊古（腒）吉/日甲 101 正貳：毋～子卜筮/日甲 102 正貳：毋～丑徐（除）門户/日甲 103 正貳：毋～寅祭祀鑿井/日甲 103 正貳：郞～細□/日甲 104 正貳：毋～卯沐浴/日甲 107 正貳：毋～巳壽（禱）/日甲 108 正貳：毋～午出入臣妾、馬【牛】/日甲 109 正貳：

毋~木〈未〉斬大木/日甲 110 正貳：毋~申出入臣妾、馬牛、貨材（財）/日甲 112 正貳：毋~酉台（始）寇〈冠〉帶劍/日甲 113 正貳：可~漬米爲酒₌（酒，酒）/日甲 124 正叁：未不可~澍（樹）木₌（木，木）/日甲 125 正叁：戌不可~爲牀/日甲 125 正叁：必~焳（殔）死人/日甲 127 正：毋~正月上旬午/日甲 128 正：凡是日赤啻（帝）恒~開臨下民而降其英（殃）/日甲 132 正：毋~辛壬東南行/日甲 132 正：毋~癸甲西南行/日甲 132 正：毋~乙丙西北行/日甲 132 正：毋~丁庚東北行/日甲 132 正：~行不吉/日甲 133 正：凡此日~歸，死/日甲 134 正：凡此日不可~行/日甲 139 正叁：毋~亥行/日甲 136 正捌：可~取（娶）婦、家（嫁）女/日甲 136 正捌－137 正捌：不可~行/日甲 138 正捌－139 正捌：利~漁邋（獵）、請謁、責人、摯（執）盜賊/日甲 141 正陸：武~攻（工）巧/日甲 142 正陸：武~聖/日甲 150 正叁：女子~巳字/日甲 153 正叁：戊子~有求/日甲 154 正叁：丙寅~求人/日甲 155 正：牽₌（牽牛）~取（娶）織女/日甲 156 正：女果~死/日甲 156 正：~作女子事/日甲 156 正：毋~戌亥家（嫁）子、取（娶）婦/日甲 166 正陸：~見王公/日甲 2 背壹：禹~取（娶）梌（畬）山之女日/日甲 2 背壹：必~子死/日甲 3 背壹：牽₌（牽牛）~取（娶）織女而不果/日甲 4 背壹：槖婦~出/日甲 5 背壹：敝毛之士~取（娶）妻/日甲 6 背壹：~奎，夫愛妻/日甲 6 背壹：~婁，妻愛夫/日甲 7 背壹：天~震高山/日甲 7 背壹：~取（娶）妻，不居/日甲 11 背：牝₌（牝。牝）日~葬/日甲 2 背貳：直參~出女/日甲 3 背貳：直營₌（營室）~出女/日甲 5 背貳：~取（娶）妻，棄/日甲 6 背貳：凡參、翼、軫~出女/日甲 6 背貳：

丁巳～出女/日甲 7 背貳：～己丑、酉、巳，不可家（嫁）女、取（娶）妻/日甲 27 背壹：～桃爲弓/日甲 30 背壹：～爲偶人犬/日甲 31 背壹：鬼來陽（揚）灰毄（擊）箕～梟（譟）之/日甲 32 背壹－33 背壹：～桑心爲丈（杖）/日甲 36 背壹：～棘椎桃秉（柄）～慝（敲）其心/日甲 45 背壹：～沙（砂）人（仁）一升㧊（挃）其舂臼/日甲 45 背壹－46 背壹：～黍肉食宲人/日甲 48 背壹－49 背壹：～桑皮爲□□之/日甲 53 背壹：毄（擊）～桃丈（杖）/日甲 54 背壹：竈毋（無）故不可～孰（熟）食/日甲 56 背壹－57 背壹：乃疾瘗（糲）瓦～還□□□□[則]已/日甲 58 背壹：洒～沙/日甲 62 背壹：瀆～灰/日甲 65 背壹－66 背壹：～莎芾、牡棘枋（柄）/日甲 65 背壹－66 背壹：熱（爇）～寺（待）之/日甲 67 背壹：～桂長尺有尊（寸）而中折/日甲 68 背壹：～望之日＝（日日）始出而食之/日甲 24 背貳：爲芻矢～鳶（弋）之/日甲 25 背貳：璽（爾）必～葉（某）月日死/日甲 27 背貳：～犬矢（屎）爲完（丸）/日甲 28 背貳：操～咼（過）之/日甲 28 背貳：見其神～投之/日甲 29 背貳：～歌若哭/日甲 30 背貳：鳶（弋）～芻矢/日甲 35 背貳：～良劍刺其頸/日甲 36 背貳：一室人皆毋（無）氣～息/日甲 40 背貳：～鐵椎椯（段）之/日甲 42 背貳－43 背貳：～牡棘之劍之/日甲 46 背貳：不可～辭/日甲 46 背貳：取女筆～拓之/日甲 47 背貳：歌～生商/日甲 48 背貳：～北鄉（嚮）□之辨二七/日甲 48 背貳：～灰□食＝（食食）之/日甲 49 背貳：～犬矢（屎）投之/日甲 50 背貳：～灰瀆之/日甲 51 背貳：～廣灌爲戴（鳶）以燔之/日甲 51 背貳：以廣灌爲戴（鳶）～燔之/日甲 52 背貳－53 背貳：～庚日＝（日日）始出時瀆門以灰/日甲 52 背貳－53 背貳：以庚日₌（日日）始出時濆門～灰/日甲 53 背貳：裹～白茅/日甲 54 背貳：～癸日₌（日日）入投之道/日甲 56 背貳：～戊日₌（日日）中而食黍於道/日甲 59 背貳：～脩（滫）康（糠）/日甲 60 背貳－61 背貳：乃鬺（煮）葷（蕡）屨～紙（抵）/日甲 62 背貳：凡鬼恒執匱～入人室/日甲 62 背貳－63 背貳：～屨投之/日甲 64 背貳：擇（釋）～投之/日甲 66 背貳：縣（懸）～蒕/日甲 66 背貳：刊之～蒕/日甲 67 背貳－68 背貳：是遽鬼執人～自伐〈代〉/日甲 24 背叁：不可～居/日甲 25 背叁：～牡棘刀刊其宮牆（牆）/日甲 26 背叁：～牡刀皮而衣/日甲 27 背叁：～桃更（梗）毄（擊）之/日甲 28 背叁：～白石投之/日甲 30 背叁：～黃土濆之/日甲 31 背叁：臥者容席～臽（陷）/日甲 31 背叁：～黃土窒/日甲 32 背叁：～水沃之/日甲 34 背叁：～人鼓癄（應）之/日甲 35 背叁：～人火癄（應）之/日甲 36 背叁：～牡棘之劍刺之/日甲 37 背叁：～芻矢鳶（弋）之/日甲 38 背叁：自浴～犬矢（屎）/日甲 38 背叁：毄（繫）～葦/日甲 39 背叁：毄（繫）～葦/日甲 41 背叁：～白沙救之/日甲 42 背叁：～人火鄉（嚮）之/日甲 43 背叁：～其木毄（擊）之/日甲 44 背叁：～人火鄉（嚮）之/日甲 45 背叁：張傘～鄉（嚮）之/日甲 46 背叁：人行而鬼當道～立/日甲 46 背叁：解髮奮～過之/日甲 48 背叁：～若（箬）便（鞭）毄（擊）之/日甲 49 背叁：～若（箬）便（鞭）毄（擊）之/日甲 53 背叁：～沙埶之/日甲 54 背叁：食之～嘖/日甲 54 背叁：飲～爽（霜）路（露）/日甲 56 背叁：苞～白茅/日甲 56 背叁：果（裹）～賁（蕡）而遠去之/日甲 57 背叁：投～屨/日甲 70 背：多〈名〉徐善趆～未/日甲 71 背：從～上辟（臂）臑梗大/日甲 83 背壹：其後必

～子死/日甲 97 背壹：莫市～行有九喜/日甲 98 背壹：日中～行有五喜/日甲 99 背壹：市日～行有七喜/日甲 100 背：莫食～行有三喜/日甲 101 背：旦～行有二喜/日甲 102 背：不可～殺/日甲 102 背：天所～張生時/日甲 103 背：不可～殺/日甲 103 背：天所～張生時/日甲 104 背：不可～殺/日甲 104 背：天所～張生時/日甲 105 背：不可～殺/日甲 105 背：天所～張生時/日甲 95 背貳：久行毋～庚午入室/日甲 96 背貳：□□行毋～戌亥入/日甲 97 背貳：不可～船行/日甲 98 背貳：不可～船行/日甲 99 背貳：不可～行/日甲 108 背：□是日在行不可～歸/日甲 108 背：在室不可～行/日甲 109 背－110 背：十二月甲子～以行/日甲 109 背－110 背：十二月甲子以～行/日甲 115 背：不可～裚（製）新衣/日甲 118 背：～西有（又）以東行/日甲 118 背：以西有（又）～東行/日甲 118 背：～坐而飲酉（酒）/日甲 121 背：～西有（又）以東行/日甲 121 背：以西有（又）～東行/日甲 121 背：～坐而飲酉（酒）/日甲 126 背：～甲子、寅、辰東徙，死/日甲 127 背：毋～庚午入室/日甲 127 背：毋～戌、亥遠去室/日甲 128 背：不可～船行/日甲 128 背：不可～船行/日甲 128 背：不可～行/日甲 136 背：～起土攻（功）/日甲 138 背：神～毀宫/日甲 139 背：～壞垣，凶/日甲 139 背：～毀垣，其家日減/日甲 140 背－141 背：～此起室，大凶/日甲 142 背：勿～筑（築）室及波（破）地/日甲 147 背：天～壞高山/日甲 148 背：神～治室/日甲 149 背：田亳主～乙巳死/日甲 149 背：杜主～乙酉死/日甲 149 背：雨市（師）～辛未死/日甲 149 背：田大人～癸亥死/日甲 151 背－152 背：不可～始穜（種）及穫賞（嘗）/日甲 154 背：毋～子、丑傅户/日甲 156 背：～爲馬禖/

日乙 14：利～結言/日乙 14：不可～作大事/日乙 14：利～學書/日乙 15：利～見人、祭、作大事、取（娶）妻/日乙 16：～風鑿井/日乙 17：利～説盂（盟）詐（詛）、棄疾、鑿宇、葬/日乙 18 壹：利～入（納）室/日乙 19 壹：利～行帥〈師〉徒、見人、入邦/日乙 20 壹：利～祭、之四旁（方）壄（野）外/日乙 21 壹：不可～行/日乙 22 壹：利～小然〈祭〉/日乙 23 壹：利～裚（製）衣常（裳）、説盂（盟）詐（詛）/日乙 24 壹：利～起大事、祭、家（嫁）子/日乙 25 壹：利～乘車、寇〈冠〉、帶劍、裚（製）衣常（裳）、祭、作大事、家（嫁）子/日乙 39 壹：可～請謁/日乙 41 壹：可～入馬牛、臣【妾】☐/日乙 42 壹：可～入臣妾/日乙 43 壹：可～攻軍、入城及行/日乙 44 壹：不可～使人及畜六畜/日乙 45 壹：不可～臧=蓋=（臧（藏）蓋，臧（藏）蓋）/日乙 46 壹：可～蓋臧（藏）及謀/日乙 53：正月～朔旱/日乙 54：☐可～祠/日乙 54：可～葬/日乙 55：正月～朔/日乙 56：正月～朔多雨/日乙 57：利～穿井、蓋屋/日乙 57－58：正月～朔多雨/日乙 59：正月～朔旱/日乙 61：正月～朔多雨/日乙 62：不可～見人、取（娶）妻、嫁女/日乙 62：～生子，死/日乙 62：～毄（繫），久/日乙 62－63：正月～朔多雨歲善/日乙 64：不可～鼠（予）/日乙 64：亦勿～穜（種）/日乙 67：可～伐木=（木。木）/日乙 70：可～出入牛、服之/日乙 30 貳：初田毋～丁亥、戊戌/日乙 43 貳：久行毋～庚午入室/日乙 43 貳：毋～戌亥遠去室/日乙 44 貳：不可～船行/日乙 44 貳：不可～船行/日乙 44 貳：不可～行/日乙 47 貳－48 貳：不可～始穜（種）穫、始賞（嘗）/日乙 50 貳：必～歲後/日乙 51 貳：必～歲前/日乙 77：皆不可～大祠/日乙 80 壹：～取（娶）妻，不寧/日乙 81 壹：～生子，不完/日乙 82 壹：～取（娶）妻，女子愛[之]/日乙 83 壹：～取（娶）妻，男子愛之/日乙 84 壹：～取（娶）妻₌（妻，妻）愛/日乙 85 壹：～生，喜斲（鬭）/日乙 86 壹：～邋（獵）置罔（網）及爲門/日乙 87 壹：可～敫人攻讎/日乙 89 壹：～【死，必】[五][人]/日乙 89 壹：可～爲土事/日乙 90 壹：～生子，瘁（癃）/日乙 90 壹：可～從〈送〉鬼/日乙 91 壹：～【生】子，肥/日乙 92 壹：利～垣/日乙 93 壹：～生子，爲邑桀（傑）/日乙 94 壹：～祠，必有火起/日乙 99 壹：可～爲室/日乙 100 壹：可～水/日乙 101 壹：～祠，必有敫（憿）/日乙 104 壹：～桔（結）者，不徲（釋）/日乙 104 壹：～入牛，老一/日乙 106 壹：～結者，易擇（釋）/日乙 106 壹：～生子，毋（無）它同生/日乙 108：～女子日病₌（病，病）瘳/日乙 108：～女子日死₌（死，死）以葬/日乙 108：以女子日死₌（死，死）～葬/日乙 111：勿～作事、復（覆）内、㮣（構）屋/日乙 111：～此日㮣（構）屋₌（屋，屋）以此日爲蓋/日乙 111：以此日㮣（構）屋₌（屋，屋）～此日爲蓋/日乙 113：不可～蓋/日乙 115：～除室/日乙 116：～除室/日乙 117：～出母〈女〉、取（娶）婦/日乙 117：～筑（築）室₌（室，室）/日乙 120：勿～作事、大祠/日乙 120：～大生（牲）兇（凶）/日乙 120－121：～昔肉吉/日乙 121：毋～戊辰、己巳入（納）寄者/日乙 122：～與人言/日乙 122：～責人，得/日乙 122：～責，得/日乙 124：不可～入臣妾及寄者/日乙 125：可～家（嫁）女、取（娶）婦、寇〈冠〉帶、祠/日乙 126：毋～子卜筮/日乙 129：利～裚（製）衣/日乙 129：不可～裚（製）☑/日乙 130：

凡初寇〈冠〉，必～五月庚午/日乙 131：毋～戊辰、己巳入寄=人=（寄人，寄人）/日乙 132：毋～正月上旬午/日乙 134：凡是日赤啻（帝）恒～開臨下民/日乙 134：節（即）～有爲/日乙 139：～此行吉/日乙 140：遠行者毋～壬戌、癸亥到室/日乙 140：～出，兇（凶）/日乙 141：久宦者毋～甲寅到室/日乙 142：北毋～戊〈戌〉、寅/日乙 142：南毋～辰、申/日乙 144：毋～丙、丁、戊、壬☑/日乙 147：伏=（伏，伏）者～死/日乙 147：道=蹄=（道蹄（旁），道蹄（旁））～死/日乙 150：凡～此往亡必得/日乙 157：子～東吉/日乙 157：～入，見疾/日乙 157：～有疾，辰〈辰〉少翏（瘳）/日乙 159：丑～東吉/日乙 159：～入，得/日乙 161：寅～東北吉/日乙 161：～入，吉/日乙 161：～有疾，午少翏（瘳）/日乙 163：卯～東吉/日乙 163：～入，必有大亡/日乙 163：～有疾，未少翏（瘳）/日乙 165：辰～東吉/日乙 165：～入，吉/日乙 165：～有疾，酉少翏（瘳）/日乙 167：巳～東吉/日乙 167：～入，吉/日乙 167：～有疾，申少翏（瘳）/日乙 169：午～東先行/日乙 169：～入，吉/日乙 171：未～東得/日乙 171：～入，吉/日乙 171：～有疾，子少翏（瘳）/日乙 173：申～東北得/日乙 173：～入，吉/日乙 173：～有疾，子少翏（瘳）/日乙 175：酉～東藺（吝）/日乙 175：～入，有□/日乙 177：戌～東得/日乙 177：～入，藺（吝）/日乙 177：～有疾，卯少翏（瘳）/日乙 179：亥～東南得/日乙 179：～入，小亡/日乙 179：～有疾，巳少翏（瘳）/日乙 188 壹：～問病者，必代病/日乙 188 貳－189 貳：～癸丑，少者死之/日乙 191 貳：辰不可～哭、穿肂（殔）/日乙 196 壹：穿户忌毋～丑穿門户/日乙 236 貳－237 貳：利～臨官立政

0118 毋（272）語書 5：~巨（歫）於辠（罪）/語書 10：~（無）以佐上/語書 11：~（無）公端之心/十八種 1：豤（墾）田暘~（無）稼者/十八種 4：~敢伐材木山林及雍（壅）隄水/十八種 4：~敢夜（爇）草爲灰/十八種 4：~□/十八種 6：~敢將犬以之田/十八種 11：稟大田而~（無）恒籍者/十八種 12：~敢醢（酤）酉（酒）/十八種 26：~敢增積/十八種 31：其~（無）故吏者/十八種 45：~以傳貣（貸）縣/十八種 47：~過日一食/十八種 50：嬰兒之~（無）母者/十八種 68：~敢擇=行=錢=、布=（擇行錢、布；擇行錢、布）/十八種 71：計~相繆/十八種 74：小官~（無）嗇夫者/十八種 78：~過三分取一/十八種 81：其責（債）~敢隃=歲=（隃（逾）歲，隃（逾）歲）/十八種 82：貧窶~（無）以賞（償）者/十八種 85：~責妻、同居/十八種 88：~（無）用/十八種 92－93：隸臣妾、舂城旦~用/十八種 94：隸臣、府隸之~（無）妻者/十八種 99：不同程者~同其出/十八種 100：~過歲壺〈壹〉/十八種 103：~（無）久及非其官之久/十八種 106：有辠（罪）~（無）責/十八種 106：~擅=叚=公=器=者=（擅叚（假）公器，者（諸）擅叚（假）公器者）/十八種 120：至秋~（無）雨時/十八種 121：縣~敢擅壞更公舍官府及廷/十八種 123－124：~獨令匠/十八種 128：~（無）金錢者/十八種 131：~（無）方者乃用版/十八種 131－132：~（無）芇者以蒲、藺以枲萷（髮）之/十八種 134：~赤其衣/十八種 134：羣下吏~耐者/十八種 137：~除繇（徭）戍/十八種 139：~過九月/十八種 145：~令居貲贖責（債）將城旦舂/十八種 147：~敢之市及留舍闠外/十八種 151：~賞（償）

興日/十八種 158：～須時/十八種 161：令君子～（無）害者若令史守官/十八種 161：～令官佐、史守/十八種 177：～（無）齎者乃直（值）之/十八種 182：上造以下到官佐、史～（無）爵者/十八種 188：～口請/十八種 188：～羈（寄）請/十八種 190：～除士五（伍）新傅/十八種 191：令敎史～從事官府/十八種 191：～敢學＝（學學）室/十八種 192：～敢從史之事/十八種 193：～敢爲官府佐、史及禁苑憲盜/十八種 194：～叚（假）百姓/十八種 195：～敢舍/十八種 197：～敢以火入臧（藏）府、書府中/十八種 197：～（無）火/十八種 198：～依臧（藏）府、書府/十八種 201：有妻～（無）有/雜抄 7：縣～敢包卒爲弟子/雜抄 18：非歲紅（功）及～（無）命書/雜抄 28：～敢炊飭/雜抄 31：其六～（無）子/雜抄 31：其四～（無）子/雜抄 39：同居～並行/答問 10：～論/答問 11：～論/答問 37：～論/答問 40：～論/答問 41：～論/答問 52：～（無）恒數/答問 69：～（無）怪物/答問 71：士五（伍）甲～（無）子/答問 89：～（無）痍痏/答問 125：除～（無）辠（罪）/答問 129：～論/答問 162：～敢履＝錦【＝】履＝（履錦履。履【錦】履）/答問 173：～論/答問 175：～論/答問 185：内公孫～（無）爵者/封診式 1：～治（笞）諒（掠）/封診式 2－3：其辭已盡書而～（無）解/封診式 3：有（又）視其它～（無）解者/封診式 4：～（無）解辭/封診式 7：或覆問～（無）有/封診式 11：～（無）它當封者/封診式 14：【或】覆問～（無）有/封診式 15－16：～（無）它坐/封診式 18：甲～（無）它坐/封診式 29：流行～（無）所主舍/封診式 30：皆～（無）它坐辠（罪）/封診式 30：診首～診身可/封診式 38：丙＝（丙。丙）～（無）病/封診式

日甲 37 正：～（無）兵/日甲 38 正：～（無）大央（殃）/日甲 41 正：～（無）大兵/日甲 43 正：～（無）兵/日甲 45 正：～（無）兵/日甲 26 正貳：～以楚九月己未台（始）被新衣₌（衣，衣）/日甲 57 正叁：～以辛酉入₌寄₌者₌（入寄者，入寄者）/日甲 77 正壹：不死～（無）晨（脣）/日甲 78 正壹：～（無）它同生/日甲 96 正貳：～起東鄉（嚮）室/日甲 97 正貳：～起南鄉（嚮）室/日甲 98 正貳：～起西鄉（嚮）室/日甲 99 正貳：～起北鄉（嚮）室/日甲 105 正壹：～可有爲/日甲 101 正貳：～以子卜筮/日甲 102 正貳：～以丑徐（除）門户/日甲 103 正貳：～以寅祭祀鑿井/日甲 104 正貳：～以卯沐浴/日甲 105 正貳：～【以】辰葬/日甲 107 正貳：～以巳壽（禱）/日甲 108 正貳：～以午出入臣妾、馬【牛】/日甲 109 正貳：～以木〈未〉斬大木/日甲 110 正貳：～以申出入臣妾、馬牛、貨材（財）/日甲 112 正貳：～以酉台（始）寇〈冠〉帶劍/日甲 114 正貳：興₌（興，興）～（無）定處/日甲 115 正貳：癐₌（癐，癐）～絕縣（懸）肉/日甲 122 正貳：利～（無）爵者/日甲 127 正：～以正月上旬午/日甲 128 正：皆～（無）所利/日甲 129 正：句（苟）～（無）直赤啻（帝）臨日/日甲 130 正：～（無）所大害/日甲 130 正：～（無）敢顧（顧）/日甲 130 正：～止/日甲 132 正：～以辛壬東南行/日甲 132 正：～以癸甲西南行/日甲 132 正：～以乙丙西北行/日甲 132 正：～以丁庚東北行/日甲 138 正壹：北～行/日甲 136 正貳：～行/日甲 139 正貳：南～行/日甲 139 正叁：～以亥行/日甲 143 正肆：～（無）母/日甲 149 正伍：～（無）冬（終）/日甲 156 正：～以戌亥家（嫁）子、取（娶）婦/日甲 1 背：～可有爲/日甲 9 背壹：～（無）子/日甲9背壹：～（無）男/日甲19背壹：～（無）寵/日甲17背叁：～（無）臧（藏）貨/日甲15背伍：～（無）子/日甲25背壹：（導）令民～麗（罹）兇（凶）央（殃）/日甲27背壹：人～（無）故鬼攻之不已/日甲29背壹：人～（無）故鬼昔（藉）其宫/日甲32背壹：人～（無）故而鬼惑之/日甲34背壹：人～（無）故而鬼取爲膠（摎）/日甲34背壹：～（無）家/日甲35背壹：令人色柏（白）然～（無）氣/日甲37背壹：一宅中～（無）故而室人皆疫/日甲40背壹：一宅之中～（無）故室人皆疫/日甲41背壹：其上～（無）草/日甲43背壹：人～（無）故一室人皆疫/日甲50背壹：室～（無）故而寒/日甲54背壹：竈～（無）故不可以孰（熟）食/日甲56背壹：人之六畜～（無）故而皆死/日甲61背壹：～（無）氣之徒而蹱（動）/日甲67背壹：人～（無）故而心悲/日甲36背貳：一室人皆～（無）氣以息/日甲49背貳：人～（無）故而鬼祠（伺）其宫/日甲53背貳：～（無）央（殃）/日甲54背貳：人～（無）故而憂/日甲56背貳：人～（無）故而弩（怒）/日甲57背貳：人～（無）故室皆傷/日甲60背貳：人～（無）故而鬾（髮）撟若虫及須（鬚）睂（眉）/日甲26背叁：～（無）央（殃）/日甲28背叁：是＝（是是）遽鬼～（無）所居/日甲32背叁：人～（無）故而鬼有鼠（予）/日甲50背叁：人～（無）故一室人皆箠（垂）延（涎）/日甲95背貳：久行～以庚午入室/日甲96背貳：□□行～以戌亥入/日甲111背：某行～（無）咎/日甲127背：～以庚午入室/日甲127背：～以戌、亥遠去室/日甲133背：～起土攻（功）/日甲138背：～起土攻（功）/日甲138背—139背：～起北南陳垣及增（增）之/日甲 140 背：春三月～起東鄉（嚮）室/日甲 140 背：夏三月～起南鄉（嚮）室/日甲 140 背：秋三月～起西鄉（嚮）室/日甲 140 背：冬三月～起北鄉（嚮）室/日甲 154 背：～以子、丑傅户/日甲 155 背：～歌/日甲 155 背：～哭/日乙 44 壹：它～有爲/日乙 45 壹：～可有爲/日乙 46 壹：～可有爲/日乙 54：☐～（無）小大/日乙 56：～（無）可爲/日乙 56－57：～（無）兵/日乙 61：～（無）兵/日乙 63：～（無）兵/日乙 30 貳：初田～以丁亥、戊戌/日乙 43 貳：～以庚午入室/日乙 43 貳：～以戌亥遠去室/日乙 105 壹：～（無）晨（脣）/日乙 106 壹：～（無）它同生/日乙 107 貳：上車～顧/日乙 121：～以戊辰、己巳入（納）寄者/日乙 125：命曰～（無）後/日乙 126：～以子卜筮/日乙 126：命曰～（無）上剛/日乙 131：～以戊辰、己巳入寄₌人₌（寄人，寄人）/日乙 132：～以正月上旬午/日乙 134：皆～（無）所利/日乙 140：遠行者～以壬戌、癸亥到室/日乙 141：久宦者～以甲寅到室/日乙 142：凡行者～犯其大忌/日乙 142：北～以戊〈戌〉、寅/日乙 142：南～以辰、申/日乙 144：～以丙、丁、戊、壬☐/日乙 146：～（無）王事/日乙 196 壹：穿户忌～以丑穿門户/日乙 201：取₌妻₌（取（娶）妻，取（娶）妻）～☐/日乙 239：～（無）終/日乙 246：～（無）終

0119 玉（6） 答問 140：盜出朱（珠）～邦關及買（賣）于客者/答問 140：上朱（珠）～内₌史₌（内史，内史）/答問 202：～檢/答問 202：節（即）亡～若人貿傷（易）之/答問 203：可（何）謂“瓄₌～₌”（“瓄玉”？“瓄玉”）/答問 203：當以～問王

0120 刊（2） 日甲 66 背貳：～之以蓝/日甲 25 背叁：以牡棘刀～其宫蘠（牆）

0121 未（232）語書 2：灋（法）律～足/十八種 16：令以其～敗直（值）賞（償）之/十八種 24：入禾～盈萬石/十八種 26：～盈萬石/十八種 29：出之～索（索）而已備者/十八種 48：妾～使而衣食公/十八種 49：～能作者/十八種 50：～能作者/十八種 76：公有責（債）百姓～賞（償）/十八種 77：有責（債）～賞（償）/十八種 83－84：～而死/十八種 84－85：～賞（償）及居之未備而死/十八種 84－85：未賞（償）及居之～備而死/十八種 105：遻其～靡（磨）/十八種 116：～卒堵壞/十八種 117：～卒歲/十八種 119：～盈卒歲/十八種 138：其日～備而被入錢者/十八種 142：日～備而死者/十八種 153：～拜而死/十八種 154：賜～受而死及灋（法）耐署（遷）者/十八種 163：～盈歲/十八種 201：受衣～受/效律 20：～盈歲/雜抄 22－23：～取省而亡之/雜抄 25：虎～越泛蘚/雜抄 35：致～來/雜抄 35－36：尚有棲（遲）～到戰所/答問 4：～到/答問 25：公祠～闐/答問 27：可（何）謂“祠～闐”/答問 27：置豆俎鬼前～徹（徹）乃爲“未闐”/答問 27：置豆俎鬼前未徹（徹）乃爲“～闐”/答問 27：～置及不直（置）者/答問 30：～啓亦爲抉₌（抉？抉）/答問 31：若～啓而得/答問 31：～啓當貲二甲/答問 48：～出徼闌亡/答問 49：～斷/答問 50：獄～斷/答問 60：～行而死若亡/答問 65：人₌（人，人）～蝕奸而得/答問 67：高～盈六尺/答問 76：～殺而得/答問 85：～有傷/答問 107：～獄而死若已葬/答問 108：是胃（謂）“家辠（罪）”。有收當耐～斷/答問 109：葆子獄～斷/答問 109：葆子□□～斷/答問 111：葆子獄～斷/答問 111：當耐爲鬼薪～斷/答問 115：～斷猶聽/答問 116：子₌（子。子）小～可別/答問 122：～斷/答問 132：～論而自出/答問 153：當出～

出/答問 153：會赦～論/答問 157：～租/答問 158：甲小～盈六尺/答問 163：～盈卒歲得/答問 163：～卒歲而得/答問 166：小～盈六尺/答問 166：～官/答問 184：客～布吏而與賈/答問 208：支（肢）或～斷/封診式 9：～有夫/封診式 38：甲₌（甲。甲）～賞（嘗）身免丙₌（丙。丙）/封診式 93：亦～嘗召丙飲/封診式 97：四年三月丁～籍一亡五月十日/日甲 2 正壹：～/日甲 3 正壹：～/日甲 4 正壹：～/日甲 5 正壹：～/日甲 6 正壹：～/日甲 7 正壹：～/日甲 8 正壹：～/日甲 9 正壹：～/日甲 10 正壹：～/日甲 11 正壹：～/日甲 12 正壹：～/日甲 13 正壹：～/日甲 1 正貳：冬三月～/日甲 14 正壹：摯（執）～/日甲 15 正壹：定～/日甲 16 正壹：平～/日甲 17 正壹：盈～/日甲 18 正壹：除～/日甲 19 正壹：建～/日甲 20 正壹：閉～/日甲 21 正壹：開～/日甲 22 正壹：收～/日甲 23 正壹：成～/日甲 24 正壹：危～/日甲 25 正壹：柀（破）～/日甲 24 正叁：乙～/日甲 26 正壹：巳～陰/日甲 27 正壹：～酉陰/日甲 28 正壹：～敫/日甲 29 正壹：～辰正陽/日甲 30 正壹：～結/日甲 31 正壹：子～危陽/日甲 26 正貳：楚九月己～/日甲 30 正貳：午～申丑亥辰/日甲 47 正壹：柖（招）榣（搖）毄（繫）～/日甲 59 正叁：己～/日甲 80 正貳：丁～/日甲 83 正貳：丁～/日甲 85 正貳：己～/日甲 88 正貳：乙～/日甲 89 正貳：丁～/日甲 90 正貳：癸～/日甲 90 正貳：己～/日甲 92 正貳：辛～/日甲 97 正壹：殺～/日甲 98 正叁：其日乙～、甲午、甲辰垣之/日甲 105 正壹：三月～/日甲 105 正壹：七月～/日甲 105 正壹：十一月～/日甲 107 正壹：冬～/日甲 107 正壹：其肉～索必死/日甲 113 正壹：三月、七月、十一月之～/日甲 124 正叁：～不可以澍（樹）木₌（木，

日乙 51 壹：～結/日乙 66：丁～/日乙 68：乙丑、亥、己丑、酉、亥、～/日乙 68：戊辰、～☐/日乙 68－69：丁巳、～/日乙 70：丁酉、～/日乙 70－71：☐～/日乙 72：辛巳、～/日乙 72：癸～/日乙 73：癸～/日乙 74 壹：丁～/日乙 74 壹：癸～/日乙 75 壹：癸～/日乙 75 壹：丁～/日乙 76 壹：丁～/日乙 77：冬～/日乙 85 貳：～亥【卯木=（木，木）】/日乙 108：午、～、申、丑、亥女子日/日乙 109：辰、午、～、申、亥、丑/日乙 120：三月、七月【十一月】之～/日乙 123：丁、癸不☐巳、～、卯、亥/日乙 133：十月上旬～/日乙 153－154：十二月癸～/日乙 156：㬥〈日失（昳）〉～/日乙 163：～少翏（瘳）/日乙 171：～以東得/日乙 175－176：死生在～/日乙 235 壹：癸～/日乙 235 壹：丁～/日乙 235 壹：己～/日乙 235 壹：辛～/日乙圖五（206 貳—218 貳）：六月～/日乙 225 貳：乙～/日乙 235 貳：～、辰、午入官/日乙 239：辛～生/日乙 241：癸～生/日乙 242－243：乙～生/日乙 244：丁～生/日乙 246：己～生/日乙 251：～失火

0122 末（1） 封診式 65：餘～袤二尺

0123 巧（9） 語書 2：民多詐～/十八種 113：隸臣有～可以爲工者/爲吏 12 伍：下恒行～而威故移/日甲 70 正壹：生子，～/日甲 140 正貳：甲申生子，～/日甲 143 正貳：攻（工）～/日甲 141 正陸：武以攻（工）～/日甲 154 正貳：在手者～盜/日乙 98 壹：生子，～

0124 正（131） 編年記 3 貳：～月/編年記 14 貳：～月甲寅/編年記 25 貳：～月/十八種 13：～月/十八種 13：以～月大課之/十八種 100：爲～衡石贏（纍）、斗用（桶）、升/十八種 100：有工者勿爲～/十八種 100：叚（假）試即～/十八種 194：～之如用者/效律 3：衡石不～/

107背：~月七日/日甲109背：~月/日甲131背：~月/日甲132背：~月/日甲137背：~月/日甲138背：~月/日甲145背：天李~月居子/日甲148背：~月/日乙1：~月/日乙26壹：~月/日乙47壹：~月/日乙48壹：卯【子】~陽/日乙49壹：巳寅~陽/日乙50壹：未辰~陽/日乙53：~月以朔旱/日乙54：~陽/日乙55：~月以朔/日乙56：~月以朔/日乙57：~月以朔/日乙59：~月以朔/日乙61：~月以朔/日乙62：~月以朔/日乙80壹：~月/日乙87壹：生子，爲~/日乙95貳：入~月二日一日心/日乙88貳：~月/日乙89叁：~月虛□□□▨/日乙117：~月/日乙120：~月/日乙132：~月上旬午/日乙149：~月七日/日乙151：~月七日/日乙153：~月/日乙197：~月/日乙197：~東盡/日乙197：~西郄逐/日乙197：~北吉富/日乙198：~南盡/日乙198：~西夬麗/日乙198：~北郄/日乙198：~東吉富/日乙199：~西盡/日乙199：~北夬麗/日乙199：~東郄逐/日乙199：~南吉富/日乙200：~北盡/日乙200：~東夬麗/日乙200：~南續光/日乙200：~西吉富/日乙202：~東有得/日乙203：~西惡之/日乙209壹：~西南有憙（禧）/日乙215壹：~北有憙（禧）/日乙220壹：~北有火起/日乙圖五（206貳—218貳）：~月/日乙238：不~

0125 去（78） 語書2：~其邪避（僻）/語書3：~其淫避（僻）/十八種162：官嗇夫必與~者效代者/十八種163：~者與居吏坐之/十八種163：~者弗坐/十八種172：其有免~者/效律19：官嗇夫必與~者效代者/效律20：~者與居吏坐之/效律21：~者弗坐/效律32：其有免~者/雜抄28：已馳馬不~車/答問12：已~而偕得/答問29：甲即牽羊~/答問30：抶₌（抶？抶）之弗

能啓即～/答問 30－31：弗能啓即～/答問 127：有（又）～亡/答問 132：～亡/答問 166：～亡/答問 167：女子甲～夫亡/答問 176：欲～夏/答問 176：欲～秦屬是謂“夏”/答問 197：“竇₌署₌”（“竇署”？“竇署”）即～/答問 197：即～署/封診式 13：～亡/封診式 17：～亡以命/封診式 29：～亡/封診式 29：丁與戊～亡/封診式 46：令終身毋得～䙴（遷）所/封診式 47－48：令終身毋得～䙴（遷）所/封診式 59：～男子其一奇六步/封診式 65：頭上～權二尺/封診式 67：西～堪二尺/封診式 69：頭足～終所及地各幾可（何）/封診式 79：垣北～小堂北脣丈/封診式 79：垣東～內五步/封診式 81：東₌北₌（東北，東、北）～辟（壁）各四尺/封診式 96：以迺二月不識日～亡/爲吏 23 壹：止欲～顋（願）/爲吏 5 貳：過（禍）～福存/爲吏 43 肆：民將姚～/日甲 54 正叁：～父母同生/日甲 115 正叁：乃～/日甲 144 正壹：～父母南/日甲 145 正壹：～其邦/日甲 144 正貳：～其邦/日甲 162 正陸：不計～/日甲 165 正陸：必辱～/日甲 39 背壹：屈（掘）而～之/日甲 42 背壹：屈（掘）而～之/日甲 51 背壹：龔（龍）～/日甲 26 背貳：求而～之/日甲 34 背貳：見它人而～/日甲 40 背貳：～地五尺/日甲 41 背貳：屈（掘）而～之/日甲 41 背貳：弗～/日甲 48 背貳：鬼～/日甲 49 背貳：不可～/日甲 58 背貳：則～矣/日甲 38 背叁：欲～/日甲 56 背叁：果（裹）以賁（蕡），而遠～之/日甲 127 背：毋以戌、亥遠～室/日甲 157 背－158 背：～其不羊（祥）/日乙 43 貳：毋以戌亥遠～室/日乙 204：～室西/日乙 204：不～有死/日乙 205：～室北/日乙 205：不～有咎/日乙 208 壹：～室西南受兇（凶）/日乙 220 壹：不～其室有死/日乙 230 貳：傷（傷）～/日乙 235 貳：

(也)/十八種131：柳及木楘(柔)～用書者/十八種164：其不～食者/十八種165：尚～食殹(也)/十八種184：不～誠仁者/效律22：其不～飤(食)者/效律24：尚～飤(食)殹(也)/雜抄24：～用而久以爲不可用/雜抄24：工久〈擇〉榦曰不～用/雜抄24：不～用/雜抄25：貲工曰不～者二甲/答問1：～(何)謂"駕(加)辠(罪)"/答問5：論各～(何)殹(也)/答問6：問甲～(何)論/答問7：～(何)論/答問8：～(何)論/答問9：問乙～(何)論/答問10：問乙論～(何)殹(也)/答問11：乙論～(何)殹(也)/答問14：～(何)以論妻₌(妻？妻)/答問15：～(何)以論妻/答問15：～(何)以論妻₌(妻？妻)/答問19：～(何)論/答問22：～(何)謂"同居"/答問25：～(何)論/答問27：～(何)謂"祠未闃"/答問28：～(何)謂"盜埱厓"/答問29：問～(何)論/答問30：～(何)謂"抉₌籥₌(抉籥(鑰)"？抉籥(鑰))/答問30：論皆～(何)殹(也)/答問32：～(何)謂"府中"/答問33：問甲及吏～(何)論/答問35：問甲及吏～(何)論/答問36：論～(何)殹(也)/答問37：論～(何)殹(也)/答問38：告者～(何)論/答問38：問告者～(何)論/答問40：告者～(何)論/答問41：誣者～(何)論/答問43：問甲～(何)論/答問46：問乙～(何)論/答問47：問～(何)論/答問47：～(何)論/答問48：～(何)論/答問48：論～(何)殹(也)/答問50：論～(何)殹(也)/答問51："翏(戮)"者～(何)如/答問55："僑(矯)丞令"～(何)殹(也)/答問56：盜封嗇夫～(何)論/答問61：論～(何)殹(也)/答問63：～(何)論/答問64：～(何)如爲"封"₌("封"？"封")/答問

（何）辠（罪）得“處隱官”/答問127：問甲～（何）論/答問127：～（何）論/答問128：～（何）論/答問129：論～（何）殹（也）/答問134：購₌（購，購）幾～（何）/答問135：購幾～（何）/答問136：問甲當購〇幾～（何）/答問137：問甲當購幾～（何）/答問139：問吏及乙論～（何）殹（也）/答問140：～（何）以購之/答問142：～（何）如爲“犯令”、“灋（廢）令”/答問144：～（何）論/答問147：問吏～（何）論/答問152：倉鼠穴幾～（何）而當論及誶/答問153：其論～（何）殹（也）/答問154：論～（何）殹（也）/答問157：且～（何）爲/答問161：～（何）如爲“奇”/答問162：“履【錦】履”之狀～（何）如/答問164：～（何）謂“逋事”及“乏繇（徭）”/答問165：～（何）謂“匿户”及“敖童弗傅”/答問167：論～（何）殹（也）/答問172：～（何）論/答問173：丙論～（何）殹（也）/答問174：問女子論～（何）殹（也）/答問175：～（何）論/答問176：～（何）謂“夏”/答問177：～（何）謂“真”/答問177：～（何）謂“夏子”/答問179：炎之～（何）/答問179：～（何）謂“亡券而害”/答問180：～（何）謂“邦徒”、“僞使”/答問181：～（何）以論之/答問184：～（何）謂“布吏”/答問187：～（何）謂“宫均（徇）人”/答問188：～（何）謂“宫更人”/答問189：～（何）謂“宫狡士”、“外狡士”/答問190：～（何）謂“甸₌人₌”（“甸人”？“甸人”）/答問191：～（何）謂“宦者顯夫₌（大夫）”/答問192：～（何）謂“爨人”/答問193：～（何）謂“爨人”/答問194：～（何）謂“耐卜隸”、“耐史隸”/答問195：～（何）謂₌“人₌貉₌”（謂“人貉”？謂“人貉”）/答問

196：～（何）謂“署人”、“更人”/答問 197：～（何）謂“竇₌署₌”（“竇署”？“竇署”）/答問 197：其論～（何）殹（也）/答問 198：～（何）謂“衛₌敖₌”（“衛（率）敖（豪）”？“衛（率）敖（豪）”）/答問 199：～（何）謂“逵卒”/答問 200：～（何）謂“旅人”/答問 201：～（何）謂“室人”/答問 201：～（何）謂“同₌居₌”（“同居”？“同居”）/答問 202：～（何）謂“瓊₌”（“瓊”？“瓊”）/答問 203：～（何）謂“璽₌玉₌”（“璽玉”？“璽玉”）/答問 204：～（何）謂“匧₌面₌”（“匧面”？“匧面”）/答問 205：～（何）謂“臧₌人₌”（“臧（贜）人”？“臧（贜）人”）/答問 206：～（何）謂“介（匄）人”/答問 207：～（何）謂“介（匄）人”/答問 208：～（何）如爲“大₌痍₌”（“大痍”？“大痍”）/答問 209：～（何）如爲“大誤”/答問 210：～（何）謂“羊₌軀₌”（“羊軀”？“羊軀”）/答問 210：草實～食殹（也）/封診式 6：～定名事里/封診式 6：所坐論云～₌（可（何），可（何））辠（罪）赦/封診式 13：～定名事里/封診式 13：所坐論云～₌（可（何），可（何））/封診式 14：亡₌（亡，亡）及逋事各幾～（何）日/封診式 30：診首毋診身～殹（也）/封診式 40：所坐論云～₌（可（何），可（何））/封診式 44：所坐論云～（何）/封診式 48－49：～受代吏徒/封診式 52－53：不～智（知）其可（何）病/封診式 52－53：不可智（知）其～（何）病/封診式 55：不智（知）～（何）男子一人/封診式 57－58：皆不～爲廣袤/封診式 59－60：不～智（知）賊迹/封診式 62：智（知）男子～（何）日死/封診式 67：堪上～道終索/封診式 67－68：不～智（知）人迹/封診式 69：頭足去終所及地各幾～（何）/封診式 74：不智（知）穴盜者～（何）人＝（人、人）數/封診式80：皆不～爲廣衺/封診式80：不～迹/封診式82：不智（知）盜者～（何）人/封診式83：不智（知）其裹□～（何）物及亡狀/封診式87－88：不～智（知）子/封診式88－89：不～智（知）目、耳、鼻、男女/爲吏41壹：毋行～悔/爲吏1貳：貧不～得/爲吏2貳：賤不～得/爲吏33貳：材（財）不～歸/爲吏34貳：謀不～遺/爲吏35貳：言不～追/爲吏36貳：食不～賞（償）/爲吏37貳：不～【不】長/爲吏1叁：【毋（無）辠（罪）】～赦/爲吏11肆：不有～莅（改）/爲吏48肆：言不～追/爲吏49肆：某（謀）不～遺/爲吏50肆：貨不～歸/爲吏8伍：下雖善欲獨～（何）急/爲吏9伍－10伍：及官之敐豈～悔/爲吏13伍：毋發～異史（使）煩請/日甲1正貳：不～用者/日甲8正貳：～以田邋（獵）/日甲9正貳：不～以行作/日甲10正貳：不～以之壄（野）外/日甲11正貳：【絕日，無爲而】～名曰毄（擊）日/日甲14正貳：～以爲嗇夫/日甲14正貳：～以祠/日甲14正貳：～以入人、始寇（冠）、乘車/日甲15正貳：不～以執/日甲16正貳：～以筑（築）閒（閑）牢/日甲16正貳：～以産/日甲16正貳：～以筑（築）宮室、爲嗇夫/日甲17正貳：～以取（娶）妻、入人、起事/日甲18正貳：～以臧（藏）/日甲19正貳：不～以行/日甲20正貳：毋～以有爲/日甲21正貳：～以責、摯（執）、攻毄（擊）/日甲22正貳：～以謀事、起眾、興大事/日甲23正貳：～以入人民、馬牛、禾粟/日甲25正貳：～以劈決池/日甲21正叁－22正叁：不～穜（種）之及初穫、出入（納）之/日甲22正叁－23正叁：不～以初穫禾/日甲32正：～取（娶）婦、家（嫁）女、掣（製）衣常（裳）/日甲33正：不～復（覆）室蓋屋/日甲34正—35正：～葬貍（埋）/日甲36正：不～殺/日甲36正：不～取（娶）婦、家（嫁）女/日甲36正—37正：不～見人/日甲38正：～以穿井、行水、蓋屋、飲樂、外除/日甲38正：不～取（娶）婦、家（嫁）女、出入貨及生（牲）/日甲38正：不～臨官、飲食、樂、祠祀/日甲40正：～取/日甲40正：不～鼠（予）/日甲40正：不～飲食哥（歌）樂/日甲42正：～取（娶）婦、家（嫁）女、葬貍（埋）/日甲43正：不～入（納）寄者/日甲44正：不～以見人、取（娶）婦、家（嫁）女、出入貨及生（牲）/日甲44正：不～祠祀、哥（歌）樂/日甲44正：不～又（有）爲/日甲45正：～葬貍（埋）/日甲46正：不～以入/日甲46正：～以取（娶）婦、家（嫁）女/日甲46正：不～又（有）爲/日甲46正：～以葬貍（埋）/日甲27正貳：不～以興樂□/日甲27正貳：不～以巫/日甲31正貳：不～以葬=（葬，葬）/日甲49正叁—51正叁：不～以家（嫁）女、取（娶）婦及入人民、畜生（牲）/日甲53正叁：不～以行=（行，行）/日甲59正叁—60正叁：不～入客、寓人及臣妾/日甲68正壹：不～蓋屋/日甲69正壹：～入貨/日甲71正壹：～爲室屋/日甲72正壹：不～祠及行/日甲72正壹：～以行水/日甲73正壹：不～取（娶）妻/日甲74正壹：不～祠/日甲75正壹：～以攻伐/日甲76正壹：～祠及行/日甲76正壹：不～殺牛/日甲80正壹：不～爲室及入之/日甲81正壹：不～行/日甲81正壹：不～爲它事/日甲85正壹：不～食六畜/日甲86正壹：不～食六畜/日甲87正壹：～以敫（徼）人攻讎/日甲89正壹：～以爲土事/日甲90正壹：～以送鬼/日甲91正壹：～以寇〈冠〉/日甲91正壹：～請謁/日甲91正壹：～田邋（獵）/

日甲 92 正壹：不～出女/日甲 94 正壹：不～臧（藏）/日甲 95 正壹：～入貨/日甲 85 正貳：不～殺牛/日甲 87 正貳：～以筑（築）羊卷（圈）/日甲 92 正貳：～以出入雞＝（雞。雞）/日甲 93 正貳：不～出貨/日甲 93 正貳：不～入貨＝（貨，貨）/日甲 94 正貳：～以入/日甲 94 正貳：～以出/日甲 100 正：不～以筑（築）室/日甲 100 正－101 正：不～以取（娶）婦、家（嫁）女、禱祠、出貨/日甲 101 正壹：不～以爲室、覆屋/日甲 104 正壹：不～爲土攻（功）/日甲 105 正壹：毋～有爲/日甲 106 正：不～興土攻（功）/日甲 106 正：不～興土攻（功）/日甲 106 正：不～興土攻（功）/日甲 106 正：不～興土攻（功）/日甲 107 正壹：不～壞垣、起之/日甲 108 正壹：不～以垣/日甲 109 正壹：不～垣/日甲 104 正貳：不～□井池/日甲 113 正貳：～以漬米爲酒＝（酒，酒）/日甲 124 正叁：不～以澍（樹）木＝（木，木）/日甲 125 正叁：不～以爲牀/日甲 126 正叁：不～燔糞/日甲 128 正：不～具（暈）爲，百事/日甲 131 正：不～東/日甲 131 正：不～南/日甲 131 正：不～西/日甲 131 正：不～北/日甲 134 正：不～以行/日甲 136 正捌：～以取（娶）婦、家（嫁）女/日甲 136 正捌－137 正捌：不～以行/日甲 139 正捌：不～祠祀、殺生（牲）/日甲 1 背：毋～有爲/日甲 8 背壹：不～取（娶）妻、家（嫁）子/日甲 9 背壹：不～取（娶）妻/日甲 10 背壹：不～取＝妻＝（取（娶）妻。取（娶）妻）/日甲 7 背貳：不～家（嫁）女、取（娶）妻/日甲 7 背貳：交徙人也～/日甲 9 背貳：不～取（娶）妻/日甲 47 背壹－48 背壹：不～得/日甲 54 背壹：不～以孰（熟）食/日甲 27 背貳：其所不～咼（過）/日甲 42 背貳：不～辭/日甲 46 背貳：不～以辭/日甲 49

背貳：不～去/日甲 68 背貳：～得也乃/日甲 24 背叄：不～以居/日甲 27 背叄：不～止/日甲 39 背叄：不～辭/日甲 41 背叄：不～御（禦）/日甲 42 背叄：不～止/日甲 81 背：乙名曰舍徐～不詠亡恖（憂）/日甲 81 背：丙名曰轓～癸上/日甲 102 背：不～以殺/日甲 103 背：不～以殺/日甲 104 背：不～以殺/日甲 105 背：不～以殺/日甲 106 背：此皆不～殺/日甲 97 背貳：不～以船行/日甲 98 背貳：不～以船行/日甲 99 背貳：不～以行/日甲 108 背：不～以歸/日甲 108 背：不～以行/日甲 115 背：不～以裚（製）新衣/日甲 117 背：不～爲複衣/日甲 117 背：不～材（裁）衣/日甲 121 背：不～爲複衣/日甲 121 背：不～材（裁）衣/日甲 127 背：不～入寄者及臣妾/日甲 128 背：不～以船行/日甲 128 背：不～以船行/日甲 128 背：不～以行/日甲 131 背：不～起土攻（功）/日甲 134 背－135 背：不～爲土攻（功）/日甲 137 背：不～垣/日甲 139 背：不～垣/日甲 143 背－144 背：不～初穿門、爲户牖、伐木、壞垣、起垣、徹（徹）屋及殺/日甲 144 背：不～爲户/日甲 146 背：不～入官及入＝室＝（入室，入室）/日甲 147 背：不～取（娶）婦/日甲 148 背：不～垣/日甲 150 背：不～初田及興土攻（功）/日甲 151 背－152 背：不～以始穜（種）及穫賞（嘗）/日乙 14：不～以作大事/日乙 21 壹：不～以行/日乙 22 壹：不～遠＝行＝（遠行，遠行）/日乙 25 壹：皆～/日乙 38 壹：～☐/日乙 39 壹：～以請謁/日乙 40 壹：無不～有爲/日乙 41 壹：～以入馬牛、臣【妾】☐/日乙 42 壹：～以入臣妾/日乙 43 壹：～以攻軍、入城及行/日乙 43 壹：不～祠/日乙 44 壹：不～以使人及畜六畜/日乙 45 壹：不～以臧＝蓋＝（臧（藏）蓋，臧（藏）蓋）/日乙 45 壹：毋～有爲/日乙

46壹：～以蓋臧（藏）及謀/日乙46壹：毋～有爲/日乙53：不～復（覆）室/日乙54：～☐/日乙54：☐～以祠/日乙54：～以葬/日乙56：不～取（娶）妻、嫁女、見人/日乙56：毋（無）～爲/日乙57：不～取（娶）妻、嫁女/日乙59：～魚（漁）邋（獵）/日乙59：不～攻/日乙59：～取不可鼠（予）/日乙59：可取不～鼠（予）/日乙60：～取（娶）婦☐/日乙62：不～以見人、取（娶）妻、嫁女/日乙64：不～以鼠（予）/日乙67：～以伐木₌（木。木）/日乙70：～以出入牛、服之/日乙42貳：不～入寄者/日乙44貳：不～以船行/日乙44貳：不～以船行/日乙44貳：不～以行/日乙47貳－48貳：不～以始穜（種）穫、始賞（嘗）/日乙77：皆不～以大祠/日乙77：～有求/日乙80壹：不～爲室及入之/日乙81壹：不～行/日乙81壹：不～爲它事/日乙85壹：不～食六畜/日乙86壹：不～【食】畜生₌（生（牲）。生）/日乙87壹：～以敫人攻讎/日乙89壹：～以爲土事/日乙90壹：～以從〈送〉鬼/日乙91壹：～始寇〈冠〉/日乙91壹：～請謁/日乙91壹：～田邋（獵）/日乙92壹：不～出女/日乙94壹：不～臧（藏）/日乙95壹：～入貨/日乙96壹：不～蓋室/日乙97壹：～入貨/日乙99壹：～以爲室/日乙100壹：不～祠及行/日乙100壹：～以水/日乙101壹：不～取（娶）妻/日乙102壹：不～祠/日乙103壹：不～攻/日乙104壹：不～殺牛/日乙102叁：～☐/日乙113：不～以蓋/日乙118：不～取（娶）婦、家（嫁）女、入畜生（牲）/日乙124：不～以入臣妾及寄者/日乙125：～以家（嫁）女、取（娶）婦、寇〈冠〉帶、祠/日乙125：不～筑（築）興土攻（功）/日乙127：不～伐室中尌（樹）木/日乙129：不～以裚（製）☐/日乙

134：不～具（暈）爲，百【事】/日乙 147：不～祠人伏=（伏，伏）/日乙 147：不～祠道=蹺=（道蹺（旁），道蹺（旁））/日乙 147：不～祠道旁/日乙 155：皆～/日乙 191 貳：不～以哭、穿肂（殔）/日乙 191 貳：不～卜筭、爲屋/日乙 192 貳：不～寧人=（人，人）/日乙 201：不～取=妻=（取（娶）妻，取（娶）妻）/日乙 236 貳：皆～見人

0131 丙（173） 語書 1：廿年四月～戌朔丁亥/荅問 12：甲往盜～/荅問 12：乙亦往盜～/荅問 173：甲、乙交與女子～奸/荅問 173：～弗智（知）/荅問 173：～論可（何）/封診式 15：同里士五（伍）～/封診式 16：告=（告，告）～/封診式 16：即令【=】（令【令】）史某往執～/封診式 17：男子甲縛詣男子～/封診式 17－18：～坐賊人□命/封診式 18：自晝甲見～陰市庸中/封診式 19：男子～、丁/封診式 19：～盜鑄此錢/封診式 21：男子～/封診式 22：～盜此馬、衣/封診式 25：求盜才（在）某里曰乙、～/封診式 31：某里士五（伍）甲縛詣男子～/封診式 32：今日見～戲旞/封診式 34：公士鄭才（在）某里曰～/封診式 34：甲、～戰刑（邢）丘城/封診式 34－35：此甲、～得首/封診式 35：甲、～相與爭/封診式 37：某里士五（伍）甲縛詣男子～/封診式 37：～，甲臣/封診式 38：訊～/封診式 38：甲=（甲。甲）未賞（嘗）身免～=（丙。丙）/封診式 39：令=（令令）史某診～/封診式 39：賈～丞某前/封診式 39：～中人/封診式 40：男子～有鞫/封診式 41：甲賞（嘗）身免～復臣/封診式 42：某里公士甲縛詣大女子～/封診式 42：～，乙妾/封診式 42－43：～悍/封診式 43：謁黥劓～/封診式 43：訊～/封診式 43－44：乙妾～/封診式 44：乙令甲謁黥劓～/封診式 46：同里士五（伍）～/封診式 47：士五（伍）

104 正壹：七月～/日甲 108 正壹：三月四月～己壬/日甲 108 正壹：九月十月癸己～/日甲 109 正壹：七月～/日甲 132 正：毋以乙～西北行/日甲 135 正：戊己～丁庚辛旦行/日甲 135 正：甲乙壬癸～丁日中行/日甲 138 正肆：七月～臽/日甲 142 正壹：～子生子/日甲 142 正貳：～戌生子/日甲 142 正叁：～申生子/日甲 142 正肆：～午生子/日甲 142 正伍：～辰生子/日甲 142 正陸：～寅生子/日甲 154 正叁：～寅以求人/日甲 1 背：冬三月季～丁/日甲 81 背：～名曰韇可癸上/日甲 82 背：癸名曰陽生先智～/日甲 98 背壹：～子/日甲 98 背壹：～午/日甲 100 背：～寅/日甲 100 背：～申/日甲 101 背：～戌/日甲 101 背：～辰/日甲 103 背：夏三月～丁/日甲 109 背：二月～寅/日甲 109 背：五月～寅/日甲 109 背：八月～寅/日甲 109 背：十一月～寅/日甲 116 背：～申/日甲 116 背：秋～、庚、辛材（裁）衣/日甲 120 背：～申/日甲 120 背：秋～、庚、辛材（裁）衣/日甲 125 背：祠史先龍～塱/日甲 126 背：～子、寅、辰南徙/日甲 137 背：四月～午/日甲 139 背：四月～午/日甲 151 背：～及寅禾/日甲 156 背：先牧日～/日乙 67：～丁棗/日乙 68：～辰/日乙 70：～寅/日乙 72：～寅/日乙 74 壹：～辰/日乙 75 壹：～辰/日乙 75 壹：～申/日乙 76 壹：～午/日乙 76 壹：～辰/日乙 34 貳：～寅/日乙 37 貳：～申/日乙 40 貳：～丁竈/日乙 46 貳：～及寅禾/日乙 52 貳：祠史先龍～塱/日乙 79 貳：～丁火₌（火，火）/日乙 94 貳：七月～臽/日乙 110：冬三月～丁/日乙 111：季冬～丁/日乙 113：～寅/日乙 144：毋以～、丁、戊、壬☑/日乙 153：四月～子/日乙 183：～丁有疾/日乙 185：～有閒/日乙 187：～丁病/日乙 190 壹：～丁夢□/日乙 203：～丁死者/日乙 208 壹：

垣）/封診式79：垣～即巷/封診式79：垣～去小堂北唇丈/封診式79：垣北去小堂～唇丈/封診式81：柖₌（柖，柖）在内東₌～₌（東北，東、北）/封診式91－92：即疏書甲等名事關（貫）諜（牒）～（背）/日甲59正壹：～徙大吉/日甲59正壹：東～少吉/日甲59正壹：西～辱/日甲60正壹：西～毄/日甲60正壹：～困辱/日甲61正：西～刺離/日甲61正：～精/日甲61正：東～困/日甲62正：西～少吉/日甲62正：若以是月殹（也）～徙/日甲62正：東～刺離/日甲64正壹：以～大羊（祥）/日甲65正壹：～數反其鄉/日甲66正壹：～禺（遇）英（殃）/日甲67正壹：歲在～方/日甲67正壹：～旦亡/日甲77正貳：熕居～方/日甲77正貳：歲在～方/日甲95正貳：毋起～鄉（嚮）室/日甲99正貳：～鄉（嚮）門/日甲100正：筑（築）～垣/日甲110正壹：九月～方/日甲111正壹：屈夕、援【夕】、刑尸毀棄～【方】/日甲112正壹：九月、十月、爨月作事～方/日甲圖二（114正壹—126正壹）：～門/日甲115正貳：囷居～鄉（嚮）廥₌（廥，廥）/日甲126正貳：～門/日甲118正叁：囷₌（囷，囷）～鄉（嚮）廥/日甲131正：不可～/日甲132正：毋以乙丙西～行/日甲132正：毋以丁庚東～行/日甲136正壹：旦～吉/日甲137正壹：旦～吉/日甲138正壹：～毋行/日甲139正壹：～凶/日甲136正貳：～吉/日甲137正貳：～凶/日甲138正貳：～吉/日甲139正貳：～得/日甲136正叁：～凶/日甲144正貳：去其邦，～/日甲13背：繹（釋）髮西～面坐/日甲19背壹：宇～方高/日甲20背壹：～方下/日甲17背貳：宇多於西～之北/日甲17背貳：宇多於西北之～/日甲18背貳：宇多於東～之北/日甲18背貳：宇多於東北之～/日甲19

0139 占（4） 編年記 23 貳：自～年/雜抄 32：～痒（癃）不審/封診式 11：某等脱弗～書/日甲 44 背貳：譽（覺）而弗～

0140 且（30） 語書 7：今～令人案行之/語書 8：有（又）～課縣官/十八種 112：上₌（上，上）～有以賞之/答問 4：乙～往盜/答問 21：～不爲/答問 30：～未啓亦爲抉₌（抉？抉）/答問 30：抉之～欲有盜/答問 45：～爲告不審/答問 49：～行真辠（罪）、有（又）以誣人論/答問 57－58：～它縣當盡貲/答問 64：～非是/答問 66：～斲₌殺₌（斲（鬭）殺？斲（鬭）殺）/答問 96：～以辟辠（罪）/答問 97：～以₌所₌辟₌（以所辟？以所辟）/答問 100：其所告～不審/答問 115：～未斷猶聽/答問 141：問主購之～公₌購₌（公購？公購）/答問 157：～可（何）爲/答問 171：～畀₌夫₌（畀夫？畀夫）/答問 197：～非是₌（是？是）/封診式 11：～有辠（罪）/爲吏 12 叁：事不～須/爲吏 24 伍：～殺之/日甲 32 正：既美～長/日甲 121 正叁：其主～爲巫/日甲 127 正：凡～有大行、遠行若飲食歌樂、聚畜生（牲）及夫妻同衣/日甲 140 正肆：～武而利弟/日乙 135：凡～有爲/日乙 191 貳：～有二喪/日乙 221 壹：～晋之

0141 旦（90） 十八種 49：小城～、隸臣作者/十八種 51：隸臣、城～高不盈六尺五寸/十八種 55：城～之垣及它事而勞與垣等者/十八種 55：～半夕參/十八種 55－56：城～舂₌（舂、舂）司寇、白粲操土攻（功）/十八種 57：日食城～/十八種 57：城～爲安事而益其食/十八種 57－58：減舂城～月不盈之稟/十八種 59：食男子～半夕參/十八種 92－93：隸臣妾、舂城～毋用/十八種 94：城～/十八種 108：城～/十八種 122：欲以城～舂益爲公舍官府及補繕之/十八種 134：居于城～舂/十

智（知）/答問 12：～往盜丙/答問 12：與～言/答問 18：告～=（甲，甲）/答問 18：～妻、子與甲同辠（罪）/答問 18：甲妻、子與～同辠（罪）/答問 23：今盜=（盜盜）～衣/答問 23－24：當=（當？當）以布及其它所買畀～/答問 29：士五（伍）～盜一羊=（羊，羊）/答問 29：～意所盜羊/答問 29：～即牽羊去/答問 31：未啓當貲二～/答問 33：士五（伍）～盜/答問 33：問～及吏可（何）論/答問 33：～當黥爲城旦/答問 35：士五（伍）～盜/答問 35：黥～爲城旦/答問 35：問～及吏可（何）論/答問 35：～當耐爲隸臣/答問 36：～有辠（罪）/答問 38：當貲二～/答問 39：貲二～/答問 42：～告乙盜直（值）□□/答問 42：～誣駕（加）乙五十/答問 42：問～當論不當/答問 42：廷行事貲二～/答問 43：～告乙盜牛若賊傷人/答問 43：問～可（何）論/答問 44：～告乙盜牛/答問 44：問～當論不=當=（不當？不當）/答問 45：～盜羊/答問 45：～盜牛/答問 46：～盜羊/答問 47：～告乙盜牛/答問 49：當貲二～一盾/答問 50：上造～盜一羊/答問 57：貲二～/答問 67：～謀遣乙盜殺人/答問 67：～可（何）論/答問 68：～殺人/答問 68：今～病死已葬/答問 68：人乃後告～=（甲，甲）/答問 68：問～當論及收不當/答問 71：士五（伍）～毋（無）子/答問 77：當貲一～/答問 84：士五（伍）～鬬/答問 86：當貲二～/答問 92：當貲二～/答問 96：今～曰伍人乙賊殺人/答問 97：～言不審/答問 98：賊入～室/答問 98：賊傷～=（甲，甲）/答問 101：當貲二～/答問 119：～賊傷人/答問 122：～有完城旦辠（罪）/答問 122：今～癘/答問 122：問～可（何）以論/答問 127：夫=～堅鬼=薪=（鬼薪，鬼薪）/答問 127：問～可（何）論/答問 127：今～從事/答問 134：

～告乙賊傷人/答問 134：～當購$_=$（購，購）/答問 136：問～當購〇幾可（何）/答問 137：今～捕得其八人/答問 137：問～當購幾可（何）/答問 138：～捕乙/答問 138：它如～/答問 138：問～當購不$_=$當$_=$（不當？不當）/答問 139：貲各二～/答問 147：～徙居/答問 147：今～有耐、貲辠（罪）/答問 147：當貲二～/答問 148：皆貲二～/答問 149：廷行事貲一～/答問 150：廷行事貲一～/答問 151：廷行【事】貲一～/答問 153：當貲一～/答問 158：～小未盈六尺/答問 160：貲一～/答問 161：貲二～/答問 163：今士五（伍）～不會/答問 166：女子～爲人妻/答問 167：女子～去夫亡/答問 167：～弗告請（情）/答問 168：～取（娶）人亡妻以爲妻/答問 169：貲二～/答問 169：貲二～/答問 173：～、乙交與女子丙奸/答問 173：～、乙以其故相刺傷/答問 175：貲二～/答問 183：～誣乙通一錢黥城旦辠（罪）/答問 183：問～同居、典、老當論不$_=$當$_=$（不當？不當）/答問 184：貲一～/答問 205：～把其衣錢匿臧（藏）乙室/封診式 8：某里士五（伍）～/封診式 8：～室、人/封診式 10：～伍公士某$_=$（某某）/封診式 10－11：～黨（倘）有【它】當封守而某等脱弗占書/封診式 11：～封具此/封診式 11－12：即以～封付某等/封診式 15：某里公士～/封診式 17：男子～縛詣男子丙/封診式 17：～故士五（伍）/封診式 18：自書～見丙陰市庸中/封診式 18：～毋（無）它坐/封診式 19：某里士五（伍）～、乙/封診式 20：～、乙捕索（索）其室/封診式 21：市南街亭求盜才（在）某里曰～/封診式 23：某里公士～/封診式 23：此～、乙牛/封診式 25：某亭校長～/封診式 26：自書～將乙等徼循到某山/封診式 29－30：～等而捕丁戊$_=$（戊，戊）/封診式 31：

109 背：九月～子/日甲 109 背：十二月～子/日甲 115 背：戊、巳、癸、～/日甲 126 背：以～子、寅、辰東徙/日甲 129 背：～戌/日甲 151 背：～及子麥/日乙 66：～戌/日乙 67：～乙榆/日乙 68：～申/日乙 68：～寅、午/日乙 70：～午、寅/日乙 70：～辰/日乙 72：～子、辰/日乙 76 壹：～辰/日乙 35 貳：～申、辰/日乙 37 貳：～申/日乙 46 貳：～及子麥/日乙 78：～子、申/日乙 91 貳：四月～臽/日乙 110：秋三月～乙/日乙 111：季秋～乙/日乙 113：～辰/日乙 125：～子/日乙 141：久宦者毋以～寅到室/日乙 144：～辰/日乙 144：～申/日乙 153：正月～午、庚午、甲戌/日乙 153：正月甲午、庚午、～戌/日乙 153：五月～午、庚午/日乙 153：七月～子/日乙 181：～乙有疾/日乙 185：□□～乙病/日乙 189 壹：～乙夢被黑裘衣寇〈冠〉/日乙 202：～乙死者/日乙 207 壹：～乙死者/日乙 217 壹：～乙死者/日乙 223 壹：～乙死者/日乙 229 壹：～子/日乙 230 壹：～午/日乙 236 壹：～戌/日乙 225 貳：～申/日乙 225 貳：～辰/日乙 236 貳：～寅/日乙 236 貳：～子到乙亥是右〈君〉/日乙 238：～子生/日乙 239：～戌生/日乙 239：好～/日乙 241：～申生/日乙 242：～午生/日乙 244：～辰生/日乙 249：～失火/日乙 253：～亡

0144 申（164） 爲吏 11 伍：～之義/日甲 2 正壹：～/日甲 3 正壹：～/日甲 4 正壹：～/日甲 5 正壹：～/日甲 6 正壹：～/日甲 7 正壹：～/日甲 8 正壹：～/日甲 9 正壹：～/日甲 10 正壹：～/日甲 11 正壹：～/日甲 12 正壹：～/日甲 13 正壹：～/日甲 14 正壹：柀（破）～/日甲 15 正壹：執～/日甲 16 正壹：定～/日甲 17 正壹：平～/日甲 18 正壹：盈～/日甲 19 正壹：除～/日甲 20 正壹：建～/日甲 21 正壹：閉～/日甲 22 正壹：開～/

日甲 23 正壹：收～/日甲 24 正壹：成～/日甲 25 正壹：危～/日甲 26 正壹：辰～禼（害）/日甲 27 正壹：～𡚨（徹）/日甲 28 正壹：～子禼（害）/日甲 29 正壹：～卯危陽/日甲 30 正壹：～秀/日甲 31 正壹：亥～正陽/日甲 30 正貳：午未～丑亥辰/日甲 58 正壹：柖（招）榣（搖）毄（繫）～/日甲 56 正叁：丙～以就（僦）/日甲 79 正貳：庚～是天昌/日甲 84 正貳：庚～/日甲 84 正貳：壬～/日甲 84 正貳：甲～/日甲 88 正貳：庚～/日甲 88 正貳：壬～/日甲 88 正貳：甲～/日甲 89 正貳：戊～戌/日甲 90 正貳：甲～/日甲 93 正貳：甲～/日甲 93 正貳：～不可出貨/日甲 96 正壹：啻（帝）爲室～/日甲 95 正貳：其日丙午、丁酉、丙～垣之/日甲 106 正：秋三月～/日甲 106 正：～不可興土攻（功）/日甲 110 正貳：毋以～出入臣妾、馬牛、貨材（財）/日甲 127 正：三月上旬～/日甲 136 正叁：～，西南吉/日甲 140 正貳：甲～生子/日甲 142 正叁：丙～生子/日甲 144 正肆：戊～生子/日甲 146 正伍：庚～生子/日甲 148 正陸：壬～生子/日甲圖三（150 正壹—154 正壹）：～/日甲圖三（150 正壹—154 正壹）：～/日甲 155 正：戊～/日甲 164 正壹：～，朝見/日甲 162 正陸：～入官/日甲 3 背壹：戊～/日甲 7 背壹：壬～/日甲 11 背：丑、辰、～、午、未、亥爲牝₌（牝。牝）/日甲 71 背：多〈名〉虎豻貙豹～/日甲 77 背：～，環（猨）/日甲 91 背壹：～，石/日甲 97 背壹：壬～/日甲 98 背壹：甲～/日甲 99 背壹：庚～/日甲 100 背：丙～/日甲 101 背：戊～/日甲圖四（83 背貳—90 背貳）：七月～/日甲 115 背：戊～/日甲 115 背：壬～/日甲 115 背：癸丑、寅、～、亥/日甲 115 背：丁、戊、己、～/日甲 116 背：丙～/日甲 116 背：癸丑、寅、～、亥/日甲 120 背：

丙～/日甲 120 背：癸丑、寅、～、亥/日甲 130 背：庚～/日甲 132 背：十月～/日甲 134 背：夏三月戊～、己未/日甲 138 背：正月～/日甲 147 背：壬～會癸酉/日甲 153 背：～酉/日乙 2：～/日乙 3：～/日乙 4：～/日乙 5：～/日乙 6：～/日乙 7：～/日乙 8：～/日乙 9：～/日乙 10：～/日乙 11：～/日乙 12：～/日乙 13：～/日乙 26 壹：衝～/日乙 27 壹：徹～/日乙 28 壹：窞～/日乙 29 壹：實～/日乙 30 壹：吉～/日乙 31 壹：徐（除）～/日乙 32 壹：建～/日乙 33 壹：閉〈閉〉～/日乙 34 壹：實～/日乙 35 壹：吉～/日乙 36 壹：虛～/日乙 37 壹：剽～/日乙 47 壹：【辰】～憂（害）/日乙 48 壹：～徹/日乙 49 壹：～子憂（害）/日乙 51 壹：～采（穗）/日乙 65：～戌叔（菽）/日乙 68：甲～/日乙 68：庚辰、～/日乙 72：庚寅、～、辰/日乙 75 壹：丙～/日乙 32 貳：壬辰、～/日乙 33 貳：壬～/日乙 35 貳：甲～、辰/日乙 37 貳：甲～/日乙 37 貳：丙～/日乙 37 貳－38 貳：戊～/日乙 38 貳：壬～/日乙 78：甲子、～/日乙 87 貳：辰～子水₌（水，水）/日乙 108：午、未、～、丑、亥女子日/日乙 109：辰、午、未、～、亥、丑/日乙 114：垣牆日凡～、酉☐/日乙 115：庚～/日乙 116：庚～/日乙 122：庚～/日乙 124：庚～/日乙 130：☐～/日乙 142：南毋以辰、～/日乙 144：甲～/日乙 144：庚～/日乙 144：壬～/日乙 156：下市～/日乙 157：死生在～/日乙 161：～大翏（瘳）/日乙 163：～大翏（瘳）/日乙 167：～少翏（瘳）/日乙 173：～以東北得/日乙 189 貳：戊～/日乙 224 壹：☐～/日乙 224 壹：壬～/日乙 224 壹：丙～/日乙 224 壹：戊～/日乙圖五（206 貳—218 貳）：七月～/日乙 225 貳：甲～/日乙 226 貳：壬～/日乙 227 貳：庚～/日乙 231 貳：～入官/日乙

239：壬～生/日乙 241：甲～生/日乙 243：丙～生/日乙 244：戊～生/日乙 246：庚～生/日乙 251：～失火

0145 田（46） 語書 4：脩（修）灋（法）律令、～令/十八種 1：豤（墾）～暘毋（無）稼者頃數/十八種 3：～律/十八種 6：毋敢將犬以之～/十八種 7：～律/十八種 8：以其受～之數/十八種 9：～律/十八種 10：～律/十八種 11：稟大～而毋（無）恒籍者/十八種 11：～律/十八種 12：百姓居～舍者/十八種 12：～嗇夫、部佐謹禁御之/十八種 12：～律/十八種 13：膚（臚）～牛/十八種 13：賜～嗇夫壺酉（酒）束脯/十八種 14：誶～嗇夫/十八種 14：其以牛～/十八種 14：賜～典日旬/十八種 38：利～疇/十八種 51：隸臣～者/十八種 120：其近～恐獸及馬牛出食稼者/十八種 120－121：縣嗇夫材（裁）興有～其旁者/十八種 121：以～少多出人/十八種 144：居貲贖責（債）者歸～農/效律 52－53：都倉、庫、～、亭嗇夫坐其離官屬于鄉者/答問 64："封"₌（"封"？"封"）即～千（阡）佰（陌）/答問 157：部佐匿者（諸）民～/答問 157：部佐爲匿～/答問 157：爲匿～/答問 157：不論爲匿～/封診式 37：不～作/封診式 61：某里士五（伍）丙～舍/爲吏 6 叁：根（墾）～人（仞）邑/爲吏 19 伍：勿鼠（予）～宇/日甲 8 正貳：可以～邋（獵）/日甲 91 正壹：可～邋（獵）/日甲 144 正叁：好～壄（野）邑屋/日甲 144 正伍：～邋（獵）/日甲 149 背：～亳主以乙巳死/日甲 149 背：～大人以癸亥死/日甲 150 背：～忌/日甲 150 背：不可初～及興土攻（功）/日乙 30 貳：初～毋以丁亥、戊戌/日乙 91 壹：可～邋（獵）/日乙 246：好～邋（獵）/日乙 251：～宇多

0146 史（73） 編年記 10 貳：喜揄～/編年記 11 貳：喜□安陸□～/編年記 13 貳：爲安陸令～/編年記 14 貳：鄢令～/十

八種 20：内～課縣/十八種 28：上内～/十八種 31－32：令～主/十八種 72：其佐、～與共養/十八種 72：都官之佐、～冗者/十八種 73：都官佐、～不盈十五人者/十八種 87－88：以書時謁其狀内～/十八種 112：籍書而上内～/十八種 161：若令～守官/十八種 161：毋令官佐、～守/十八種 162：實官佐、～被免、徙/十八種 168：倉嗇夫某、佐某、～某、稟人某/十八種 172：倉嗇夫及佐、～/十八種 172：新佐、～主廥者/十八種 175：至計而上廥籍内～/十八種 179：御～卒人使者/十八種 182：上造以下到官佐、～毋（無）爵者/十八種 182：及卜、～、司御、寺（侍）、府/十八種 186：内～雜/十八種 187：上會九月内～/十八種 188：内～雜/十八種 189：内～雜/十八種 190：内～雜/十八種 191：令敎～毋從事官府/十八種 191：非～子/十八種 191：内～雜/十八種 192：毋敢從～之事/十八種 192：内～雜/十八種 193：毋敢爲官府佐、～及禁苑憲盜/十八種 193：内～雜/十八種 194：内～雜/十八種 197：令₌（令令）～循其廷府/十八種 198：内～雜/十八種 199：歲讎辟律于御～/效律 19：實官佐、～被免徙/效律 27－28：倉嗇夫某、佐某、～某、稟人某/效律 32：倉嗇夫及佐、～/效律 32：～主廥者/效律 52：其它冗吏、令～掾計者/效律 55：司馬令～掾苑計₌（計，計）/效律 55：司馬令～坐之/效律 55：如令～坐官計劾然/雜抄 10－11：吏自佐、～以上/雜抄 13：縣司₌空₌（司空、司空）佐～、士吏將者弗得/雜抄 30：令、丞、佐、～各一盾/答問 94：～不與嗇夫和/答問 94：問～可（何）論/答問 140：上朱（珠）玉内₌～₌（内史，内史）/答問 151：令～監者一盾/答問 194：可（何）謂"耐卜隸"、"耐～隸"/答問 194：卜、～當耐者皆耐以爲卜/答問 194：

～隸/封診式 16：令【=】（令【令】）～某往執丙/封診式 24：令=（令令）～某齒牛=（牛，牛）/封診式 39：令=（令令）～某診丙/封診式 48：恒書一封詣令～/封診式 50：令=（令令）～已往執/封診式 50—51：令～已爰書/封診式 55—56：令=（令令）～某往診/封診式 56：令～某爰書/封診式 63：令=（令令）～某往診/封診式 63：令～某爰書/封診式 74：令=（令令）～某往診/封診式 74—75：令～某爰書/封診式 85：令=（令令）～某往執丙/封診式 87：=（令令）～某、隸臣某診甲所詣子/爲吏 13 伍：毋發可異～（使）煩請/日甲 125 背：祠～先龍丙望/日乙 52 貳：祠～先龍丙望

0147 央（23）　封診式 75—76：内中～有新穴=（穴，穴）/封診式 78：其中～稀者/封診式 81：□結衣柖中～/日甲 38 正：毋（無）大～（殃）/日甲 91 正貳：有～（殃）/日甲 129 正：其～（殃）不出歲中/日甲 129 正：命曰～（殃）蚤（早）至/日甲 17 背壹：中～下/日甲 18 背壹：中～高/日甲 25 背壹：道（導）令民毋麗（罹）兇（凶）～（殃）/日甲 53 背貳：則毋（無）～（殃）/日甲 24 背叁—25 背叁：取桃枱〈棓〉椯（段）四隅、中～/日甲 26 背叁：則毋（無）～（殃）/日甲 106 背：小殺小～（殃）/日甲 106 背：大殺大～（殃）/日甲 92 背貳：中～土/日甲 111 背—112 背：掓其畫中～土而懷之/日甲 157 背：毆（驅）其～（殃）/日乙 57：□□～（殃）/日乙 134：開臨下民而降～（殃）/日乙 134：其～（殃）不出歲/日乙 135：命之～（殃）蚤（早）至/日乙 207 壹：東南受～（殃）

0148 兄（2）　封診式 93—94：甲等及里人弟～及它人智（知）丙者/日乙 170：外鬼～枼（世）爲姓（眚）

0149 囚（8） 十八種 60：食饍～/十八種 90：～有寒者爲褐衣/答問 93：可（何）謂“縱～”/答問 93：是謂“縱～”/答問 125－126：將盜戒（械）～刑辠（罪）以上/答問 196：～道一署旞（遂）/答問 196：或曰守～即“更人”/日甲 143 正肆：必賞（嘗）毄（繫）～

0150 四（116） 編年記 4 壹：～年/編年記 14 壹：十～年/編年記 24 壹：廿～年/編年記 34 壹：卅～年/編年記 44 壹：卌～年/編年記 1 貳：五十～年/編年記 13 貳：～月/編年記 19 貳：～月/編年記 21 貳：十～年/編年記 30 貳：～月/語書 1：廿年～月丙戌朔丁亥/十八種 13：～月/十八種 90：～月/十八種 91：用枲十～斤/十八種 94：卌～錢/十八種 95：卌～錢/十八種 95：卌～錢/十八種 109：更隸妾～人當工【一】人/效律 6：～兩以上/雜抄 3：駕騶除～歲/雜抄 3：賞（償）～歲繇（徭）戍/雜抄 31：其～毋（無）子/雜抄 35：貲日～月居邊/答問 12：其臧（贓）直（值）各～百/答問 98：其～鄰、典、老皆出不存/答問 99：可（何）謂“～₌鄰₌”（“四鄰”？“四鄰”）/封診式 17：迺～月中盜牛/封診式 57：袤各～寸/封診式 78：外壤秦綦履迹～所/封診式 78：其前稠綦袤～寸/封診式 81：東₌北₌（東北，東、北）去廦（壁）各～尺/封診式 97：～年三月丁未籍一亡五月十日/爲吏 10 貳：～曰喜爲善行/爲吏 17 貳：～曰犯上弗智（知）害/爲吏 22 貳：～曰受令不僂/爲吏 30 貳：～曰善言隋（惰）行/爲吏 30 伍－31 伍：～馬弗能追/日甲 1 正壹：～月/日甲 3 正貳：小夫～成/日甲 9 正貳：之～方墜（野）外/日甲 12 正貳：邋（獵）～方墜（野）外/日甲 17 正壹：～月/日甲 27 正壹：～月/日甲 28 正貳：～日五日吉/日甲 29 正貳：廿～日恐/日甲 53 正壹：～月/日甲 59 正叁－60 正叁：虛～徹（徹）不可入客、寓

149：～月八日/日乙 151：二月旬～日/日乙 151：～月八日/日乙 151：六月二旬～日/日乙 153：～月/日乙 200：～月/日乙圖五（206 貳—218 貳）：～月巳

0151 生（261） 編年記 25 貳：恢～/十八種 1：稼已～後而雨/十八種 4：取～荔、麛鷇（卵）鷇/十八種 74：猥～者/十八種 77：隸臣妾有亡公器、畜～（牲）者/十八種 84：牧將公畜～（牲）而殺、亡之/答問 51：～翏=（翏（戮），翏（戮））/答問 69：其子新～/答問 69：今～子=（子，子）/答問 69：不欲其～/答問 92：小畜～（牲）入人室=（室，室）/答問 121：～定殺水中/答問 121：或曰～=貍=（生貍（埋），生貍（埋））/答問 167：～子/封診式 86：即診嬰兒男女、～髮及保之狀/日甲 2 正貳：～子毋（無）弟/日甲 7 正貳：～子/日甲 11 正貳：以～子/日甲 12 正貳：以～子/日甲 13 正貳：～子吉/日甲 25 正貳：入臣徒、馬牛、它～（牲）/日甲 32 正：以～子/日甲 32 正：利見人及畜=（畜畜）～（牲）/日甲 34 正：～子/日甲 37 正：～子=（子，子）/日甲 38 正：出入貨及～（牲）/日甲 38 正：以～子=（子，子）/日甲 40 正：以～子/日甲 42 正：入貨及～（牲）/日甲 42 正：～子/日甲 44 正：出入貨及～（牲）/日甲 44 正：以～子=（子，子）/日甲 50 正叁－51 正叁：入人民、畜～（牲）/日甲 54 正叁：去父母同～/日甲 68 正壹：～子/日甲 69 正壹：～子/日甲 70 正壹：～子/日甲 71 正壹：～子/日甲 72 正壹：～子/日甲 73 正壹：～子/日甲 74 正壹：～子/日甲 75 正壹：～子/日甲 76 正壹：～子/日甲 77 正壹：～子/日甲 78 正壹：以～子/日甲 78 正壹：毋（無）它同～/日甲 79 正壹：～子/日甲 80 正壹：～子/日甲 81 正壹：以～子/日甲 82 正壹：～子/日甲 83 正壹：～子亡者/日甲 84 正壹：～子/日甲 85

正壹：以～子/日甲 86 正壹：～子/日甲 87 正壹：～子/日甲 88 正壹：唯～子不吉/日甲 89 正壹：以殺～（牲）/日甲 89 正壹：必五～（牲）死/日甲 89 正壹：～子/日甲 90 正壹：以～子/日甲 91 正壹：以～子/日甲 92 正壹：～子/日甲 93 正壹：以～子/日甲 94 正壹：～子/日甲 95 正壹：以～子/日甲 95 正貳：其～（牲）赤/日甲 96 正叁：其～（牲）黑/日甲 97 正叁：其～（牲）白/日甲 98 正叁：其～（牲）清（青）/日甲 113 正壹：以大～（牲）大凶/日甲 113 正壹：以小～（牲）小凶/日甲 127 正：聚畜～（牲）/日甲 139 正捌：不可祠祀、殺～（牲）/日甲 140 正壹：～子/日甲 140 正壹：甲戌～子/日甲 141 正壹：乙亥～子/日甲 142 正壹：丙子～子/日甲 143 正壹：丁丑～子/日甲 143 正壹：～（眚）於目/日甲 144 正壹：戊寅～子/日甲 145 正壹：己卯～子/日甲 146 正壹：庚辰～子/日甲 147 正壹：辛巳～子/日甲 148 正壹：壬午～子/日甲 149 正壹：癸未～子/日甲 140 正貳：甲申～子/日甲 141 正貳：乙酉～子/日甲 142 正貳：丙戌～子/日甲 143 正貳：丁亥～子/日甲 144 正貳：戊子～子/日甲 145 正貳：己丑～子/日甲 146 正貳：庚寅～子/日甲 147 正貳：辛卯～子/日甲 148 正貳：壬辰～子/日甲 149 正貳：癸巳～子/日甲 140 正叁：甲午～子/日甲 141 正叁：乙未～子/日甲 142 正叁：丙申～子/日甲 143 正叁：丁酉～子/日甲 144 正叁：戊戌～子/日甲 145 正叁：己亥～子/日甲 146 正叁：庚子～子/日甲 147 正叁：辛丑～子/日甲 148 正叁：壬寅～子/日甲 149 正叁：癸卯～子/日甲 140 正肆：甲辰～子/日甲 141 正肆：乙巳～子/日甲 142 正肆：丙午～子/日甲 143 正肆：丁未～子/日甲 144 正肆：戊申～子/日甲 145 正肆：己酉～子/日甲 146 正肆：庚戌～子/日甲147正肆：辛亥～子/日甲148正肆：壬子～子/日甲149正肆：癸丑～子/日甲140正伍：甲寅～子/日甲141正伍：乙卯～子/日甲142正伍：丙辰～子/日甲143正伍：丁巳～子/日甲144正伍：戊午～子/日甲145正伍：己未～子/日甲146正伍：庚申～子/日甲147正伍：辛酉～子/日甲148正伍：壬戌～子/日甲149正伍：癸亥～子/日甲140正陸：甲子～子/日甲141正陸：乙丑～子/日甲142正陸：丙寅～子/日甲143正陸：丁卯～子/日甲144正陸：戊辰～子/日甲145正陸：己巳～子/日甲146正陸：庚午～子/日甲147正陸：辛未～子/日甲148正陸：壬申～子/日甲149正陸：癸酉～子/日甲156正：月～一日、十一日、廿一日/日甲8背貳：月～五日曰杵/日甲44背壹－45背壹：是宲₌（宲宲〈是宲〉）人～爲鬼/日甲47背貳：歌以～商/日甲52背貳：人～子未能行而死/日甲52背叁：燔～桐其室中/日甲82背：癸名曰陽～先智丙/日甲91背壹：～子不牷（全）/日甲102背：天所以張～時/日甲103背：天所以張～時/日甲104背：天所以張～時/日甲105背：天所以張～時/日乙16：～男女☐/日乙22壹：～子年不可遠₌行₌（遠行，遠行）/日乙24壹：～子/日乙53：入人民、畜～（牲）/日乙56：～子/日乙57：出入人民、畜～（牲）/日乙60：入貨、人民、畜～（牲）/日乙62：出入人民、畜～（牲）/日乙62：以～子/日乙74貳：～東鄉（嚮）者貴/日乙80壹：～子/日乙81壹：以～子/日乙82壹：～爲吏/日乙83壹：～子亡者/日乙84壹：～子/日乙85壹：以～，喜斲（鬬）/日乙86壹：不可【食】畜～₌（生（牲）。生）/日乙87壹：～子/日乙89壹：必五～（牲）死/日乙89壹：～子/日乙90壹：以～子/日乙

癸卯～/日乙 244：甲辰～/日乙 244：丁未～/日乙 244：戊申～/日乙 244：己【酉】～/日乙 245：庚戌～/日乙 245：辛亥～/日乙 245：壬子～/日乙 245：癸丑～/日乙 245：乙卯～/日乙 245：丙辰～/日乙 246：丁巳～/日乙 246：戊午～/日乙 246：己未～/日乙 246：庚申～/日乙 246：辛酉～/日乙 246：壬戌～/日乙 247：己巳～/日乙 247：庚子～/日乙 248：～子北首西鄉（嚮）

0152 失（40） 語書 3：鄉俗淫～（泆）之民不止/語書 4：長邪避（僻）淫～（泆）之民/十八種 115：～期三日到五日/十八種 126：車₌（車，車）空～/十八種 196：有不從令而亡、有敗、～火/雜抄 26：虎～（佚）/答問 33：吏爲～刑辠（罪）/答問 35－36：吏爲～刑辠（罪）/答問 48：没錢五千而～之/答問 102：亟執勿～/答問 115：～鋈足/答問 115：如～刑辠（罪）/封診式 36：有～伍及菌（遲）不來者/爲吏 13 貳：吏有五～/爲吏 46 肆：～之毋□☑/爲吏 30 伍：一堵（曙）～言/日甲圖二（114 正壹—126 正壹）：～行門/日甲 121 正貳：～行門/日乙 250：～火/日乙 249：甲～火/日乙 249：子～火/日乙 249：乙～火/日乙 249：丙～火/日乙 249：寅～火/日乙 249：丁～火/日乙 249：卯～火/日乙 249－250：不復～火/日乙 250：戊～火/日乙 250：辰～火/日乙 250：己～火/日乙 250：巳～火/日乙 250：庚～火/日乙 251：午～火/日乙 251：辛～火/日乙 251：未～火/日乙 251：壬～火/日乙 251：申～火/日乙 251：癸～火/日乙 251：酉～火/日乙 252：亥～火

0153 矢（22） 十八種 108：爲～程/封診式 25：具弩二、～廿/封診式 26－27：此弩～丁及首人弩矢/封診式 26－27：此弩矢丁及首人弩～/封診式 27：首人以此弩～

□□□□□□乙/封診式 66：下遺～（屎）弱（溺）/封診式 69－70：遺～（屎）弱（溺）不/爲吏 22 叁：樓椑（陴）～閲（穴）/爲吏 18 肆：聽其有～/日甲 63 正：不孰而爲□人～□/日甲 112 正貳－113 正貳：恐御～兵/日甲 28 背壹：牡棘爲～/日甲 54 背壹－55 背壹：燔豕～（屎）室中/日甲 24 背貳：爲芻～以鳶（弋）之/日甲 27 背貳：以犬～（屎）爲完（丸）/日甲 30 背貳：鳶（弋）以芻～/日甲 49 背貳：以犬～（屎）投之/日甲 37 背叁：以芻～鳶（弋）之/日甲 38 背叁：自浴以犬～（屎）/日甲 51 背叁：燔豕～（屎）/日甲 118 背：～兵不入于身=（身，身）/日甲 121 背－122 背：～馬兵不入于身=（身，身）

0154 乍（2） 日甲 42 正：是胃（謂）～陰乍陽/日甲 42 正：是胃（謂）乍陰～陽

0155 禾（67） 十八種 10：～、芻稾葡（徹）木、薦/十八種 21：入～倉/十八種 23：出～/十八種 24：雜出～者勿更/十八種 24：入～未盈萬石而欲增積/十八種 25：書入～增積者之名事邑里/十八種 26：其出入～、增積如律令/十八種 26－27：長吏相雜以入～倉及發/十八種 28：入～稼、芻稾/十八種 28：其出入、增積及效如～/十八種 29：～、芻稾積索（索）出日/十八種 33：程～、黍☑/十八種 34：計～/十八種 35：稻後～孰（熟）/十八種 38：～、麥畝一斗/十八種 40：殺～以 臧（藏）之/十八種 41：稻～一石/十八種 41：稾～稼公/十八種 47：一食～/十八種 47：其顧來有（又）一食～/十八種 47：有（又）益壺〈壹〉～之/十八種 49：隸臣月～二石/十八種 49：月～一石半石/十八種 49：月～一石/十八種 50：月～一石二斗半斗/十八種 50：月～一石/十八種 50－51：～月半石/十八種 164：倉扇（漏）死（朽）～粟/十八種 164：積～粟而敗之

/十八種 165：共賞（償）敗～₌粟₌（禾粟。禾粟）/十八種 167：度～、芻稾而不備十分一以下/十八種 168：入～/十八種 168：其廥～若干石/十八種 169：其出～/十八種 170：如入～然/十八種 171－172：某廥出～若干石/十八種 172：其餘～若干石/十八種 173：～贏/十八種 174：～、芻稾積廥/十八種 175：入～/十八種 176：芻稾如～/效律 22：倉扇（漏）死（朽）～粟/效律 22：積～粟而敗之/效律 24：共賞（償）敗～₌粟₌（禾粟。禾粟）/效律 25：度～、芻稾而不備/效律 27：入～/效律 27：某廥～若干石/效律 29：其出～/效律 29：如入～然/效律 30－31：某廥出～若干石/效律 31：其餘～若干石/效律 33：～贏/效律 33－34：～、芻稾積廥/效律 37：入～/效律 37：芻稾如～/答問 150：～稼能出/答問 153：出～以當叔₌、麥₌（叔（菽）、麥，叔（菽）、麥）賈（價）賤禾貴/答問 153：出禾以當叔₌、麥₌（叔（菽）、麥，叔（菽）、麥）賈（價）賤～貴/爲吏 20 叁：倉庫～粟/日甲 23 正貳：可以入人民、馬牛、～粟/日甲 17 正叁：～良日/日甲 18 正叁：～忌日/日甲 22 正叁－23 正叁：不可以初穫～/日甲 84 正壹：利入～粟及爲囷倉/日甲 151 背：丙及寅～/日乙 46 貳：丙及寅～/日乙 84 壹：利入～粟₌及爲囷倉

0156 丘（10） 編年記 41 壹：攻邢～/封診式 32：與戰刑（邢）～城/封診式 34：甲、丙戰刑（邢）～城/封診式 47：瀍（廢）～主/封診式 49：瀍（廢）～已傳/日甲 29 背壹：是₌（是是）～鬼/日甲 29 背壹：取故～之土/日甲 63 背壹：取～下之莠/日甲 24 背貳：故～鬼恒畏₌人₌（畏人，畏人）/日甲 45 背叁：人過于～虛

0157 付（1） 封診式 11－12：即以甲封～某等，與里人更守之

0158 仗（1） 十八種 147：～城旦勿將司

0159 代（17）　十八種 79：令其官嗇夫及吏主者～賞（償）之/十八種 106：吏～賞（償）/十八種 136：居貲贖責（債）欲～者/十八種 136：不得～/十八種 162：官嗇夫必與去者效～者/十八種 162：～者【與】居吏坐之/效律 19：官嗇夫必與去者效～者/效律 19－20：～者與居吏坐之/封診式 48－49：可受～吏徒/日甲 57 正叁：入₌寄₌者₌（入寄者，入寄者）必～居其室/日甲 60 正叁：必～居室/日甲 9 背貳：臣～₌主₌（代主。代主）/日甲 127 背：必～居室/日乙 42 貳：不出三歲必～寄/日乙 131：必～當家/日乙 188 壹：必～病/日乙 193 貳：～之

0160 白（17）　十八種 34：别黄、～、青/十八種 55－56：城旦舂₌（舂、舂）司寇、～粲操土攻（功）/十八種 134：鬼薪～粲/日甲 74 正貳：得之犬肉、鮮卵～色/日甲 75 正貳：～色死/日甲 97 正叁：其生（牲）～/日甲 53 背貳：裹以～茅/日甲 57 背貳－58 背貳：取～茅及黄土而西（洒）之/日甲 28 背叁：以～石投之/日甲 31 背叁：注～湯/日甲 41 背叁：以～沙救之/日甲 50 背叁：赤～/日甲 56 背叁：苞以～茅/日甲 157 背：肥豚清酒美～粱/日乙 58：雨，～〈日〉/日乙 174：把者～色/日乙 178：把者～色

0161 瓜（1）　日乙 65：壬辰～

0162 令（191）　編年記 13 貳：爲安陸～史/編年記 14 貳：鄢～史/語書 2：故後有閒--下者/語書 2：灋（法）律～者/語書 3：今灋（法）律～已具/語書 4：脩（修）灋（法）律～、田令/語書 4：脩（修）灋（法）律令、田～/語書 4：～吏明（明）布/語書 5：～吏民皆明（明）智（知）之/語書 5：今灋（法）律～已布/語書 5－6：自從～、丞以下智（知）/語書 7：～、丞弗明（明）智（知）/語書 7：～人案行之/語書 7：舉劾不從～者

/語書8：論及～、丞/語書8：獨多犯～而令、丞弗得者/語書8：獨多犯令而～、丞弗得者/語書8：以～、丞聞/語書9：凡良吏明（明）灋（法）律～/語書10：惡吏不明（明）灋（法）律～/語書13：府=（府，府）～曹畫（過）之/語書13：當居曹奏～=、丞=（令、丞，令、丞）/十八種2：近縣～輕足行其書/十八種2—3：遠縣～郵行之/十八種12：有不從～者有辠（罪）/十八種16：其人之其弗亟而～敗者/十八種16：～以其未敗直（值）賞（償）之/十八種19：～其人備之而告官=（官，官）/十八種20：吏主者、徒食牛者及～、丞皆有辠（罪）/十八種23：～度=之=（度之，度之）/十八種23：～出之/十八種26：其出入禾、增積如律～/十八種27：勿～敗/十八種29：廷=（廷，廷）～長吏雜封其廥/十八種31：～其故吏與新吏雜先𡩣（索）出之/十八種31—32：～有秩之吏、令史主/十八種31—32：令有秩之吏、～史主/十八種32：～=（令、令）丞與賞（償）不備/十八種44：～縣貣（貸）之/十八種48：～就衣食/十八種55：～吏主/十八種57：以犯～律論吏主者/十八種64：以丞、～印=（印印）/十八種64：獻封丞、～/十八種78：～居之/十八種78：其弗～居之/十八種79：～其官嗇夫及吏主者代賞（償）之/十八種81：不如～者/十八種83：～以律居之/十八種83：～與其稗官分/十八種97：～市者見其人/十八種97：不從～者貲一甲/十八種101：～其徒、舍人任其叚（假）/十八種105：～齎（資）賞（償）/十八種107：⧄者～賞（償）/十八種116：～結（嫴）堵卒歲/十八種116：～其徒復垣之/十八種118：～縣復興徒爲之/十八種119：～苑輒自補繕之/十八種123：度攻（功）必～司空與匠度之/十八種123—124：毋

式 53：～醫丁診之/封診式 54：～濤（號）/封診式 55－56：～=（令令）史某往診/封診式 56：～史某/封診式 61：～甲以布帬（裙）剡（掩）貍（埋）男子某所/封診式 61：侍（待）～/封診式 63：～=（令令）史某往診/封診式 63：～史某/封診式 68：～甲、女載丙死（屍）詣廷/封診式 74：～=（令令）史某往診/封診式 74－75：～史某/封診式 85：～=（令令）史某往執丙/封診式 86：～隸妾數字者/封診式 87：～=（令令）史某、隸臣某診甲所詣子/封診式 89：～隸妾數字者某=（某某）診甲/封診式 98 正：今～乙將之詣論/爲吏 22 貳：受～不僂/爲吏 43 叁：緩～急徵/爲吏 11 伍：欲～之具下勿議/爲吏 13 伍：將發～/爲吏 13 伍－14 伍：～數囚（究）環/爲吏 19 伍：勿～爲户/日甲 157 正肆：～復見之/日甲 166 正叁：～復見之/日甲 166 正伍：～復見之/日甲 25 背壹：道（導）～民毋罷（罹）兇（凶）央（殃）/日甲 35 背壹：～人色柏（白）然毋（無）氣/日甲 158 背：～其口耆（嗜）□/日甲 158 背：～其鼻能糗（嗅）鄉（香）/日甲 158 背：～耳悤（聰）目明（明）/日甲 158 背－159 背：～頭爲身衡/日乙 105 叁－106 叁：☑～行

0163 用（44） 語書 3：吏民莫～/十八種 5：是不～時/十八種 10：勿～/十八種 15：爲～書/十八種 38：稻、麻畝～二斗大半斗/十八種 40：縣遺麥[以]爲穜（種）～者/十八種 63：～犬者/十八種 63：豬、雞之息子不～者/十八種 65：發～之/十八種 65：百姓市～錢/十八種 88：～之/十八種 88：毋（無）～/十八種 91：～枲三斤/十八種 91：～枲十八斤/十八種 91：～枲十四斤/十八種 91－92：～枲十一斤/十八種 92：都官有～□□□□其官/十八種 92－93：隸臣妾、舂城旦毋～/

十八種 100：縣及工室聽官爲正衡石贏（纍）、斗～（桶）、升/十八種 110：隸妾及女子～箴（針）爲緍綉它物/十八種 125：縣、都官～貞（楨）、栽爲傰（棚）牏/十八種 125：載縣（懸）鐘虡〈虡〉～輻（腷）/十八種 125：皆爲～而出之/十八種 126：或私～公車牛/十八種 130：～膠一兩、脂二錘/十八種 131：取柳及木楘（柔）可～書者/十八種 131：毋（無）方者乃～版/十八種 186：寫其官之～律/十八種 194：不～者/十八種 194：正之如～者/效律 50：計～律不審而贏、不備/雜抄 24：榦＝（榦，榦）可～而久以爲不可用/雜抄 24：榦＝（榦，榦）可用而久以爲不可～/雜抄 24：工久〈擇〉榦曰不可～/雜抄 24：久＝者＝（久者，久者）謁～之/雜抄 32：至老時不～請/答問 25：祠固～心腎及它支（肢）物/答問 32：府中公金錢私貣（貸）～之/答問 37：赦後盡～之而得/爲吏 21 叁：兵甲工～/爲吏 27 伍：攻城～其不足/日甲 1 正貳：不可～者/日甲 103 正壹：以～垣宇/日乙 45 壹：～得，必復出

0164 印（13） 十八種 21：縣嗇夫若丞及倉、鄉相雜以～之/十八種 22：自封～/十八種 23：唯倉自封～者是度縣/十八種 64：以丞、令～＝（印印）/十八種 64：亦封～之/十八種 168－169：縣嗇夫若丞及倉、鄉相雜以封～之/十八種 171：唯倉所自封～是度縣/效律 28：縣嗇夫若丞及倉、鄉相雜以封～之/效律 30：唯倉所自封～是度縣/答問 55：爲有秩僞寫其～爲大嗇夫/答問 56：廷行事以僞寫～/答問 138：告盜書丞～以亡/爲吏 24 叁：比（庇）臧（藏）封～

0165 氏（3） 日甲 1 正壹：九月～/日甲 96 背壹：室～/日乙 98 壹：～，祠及行、出入【貨】

0166 句（3） 爲吏 50 壹：不取～（苟）富/爲吏 51 壹：不取～

238：丁～/日乙 240：己～生/日乙 242：辛～生/日乙 244：癸～生/日乙 245：乙～生/日乙 249：～失火

0168 犯（14）　語書 5：聞吏民～灋（法）爲閒私者不止/語書 8：獨多～令而令、丞弗得者/十八種 57：以～令律論吏主者/十八種 191：～令者有辠（罪）/雜抄 26：虎欲～/雜抄 28：～令/答問 142：可（何）如爲"～令"、"灋（廢）令"/答問 142：是謂"～令₌（令"；令）/答問 142：廷行事皆以"～令"論/答問 143：灋（廢）令、～令，遝免、徙不遝₌（遝？遝）/答問 144：以小～令論/爲吏 16 壹：敬上勿～/爲吏 17 貳：～上弗智（知）害/日乙 142：凡行者毋～其大忌

0169 外（45）　十八種 142：有～妻/十八種 147：毋敢之市及留舍闠～/答問 116：收其～妻、子₌（子。子）/答問 129：魄（饋）遺亡鬼薪于～/答問 180：使者（諸）侯、～臣邦/答問 189：可（何）謂"宫狡士"、"～狡士"/封診式 77：穴中～壤/封診式 78：～壤秦綦履迹四所/封診式 80：壤₌（壤，壤）直中～/封診式 80：小堂下及垣～地堅/封診式 92：～大母同里丁坐有寧毒言/爲吏 26 壹：～不員（圓）/爲吏 13 叁：貰責（債）在～/日甲 8 正貳：利以建〈達〉壄（野）～/日甲 9 正貳：～害日/日甲 9 正貳：之四方壄（野）～/日甲 10 正貳：～陰日/日甲 10 正貳：不可以之壄（野）～/日甲 12 正貳：邋（獵）四方壄（野）～/日甲 38 正：可以穿井、行水、蓋屋、飲樂、～除/日甲 40 正：利以祠～/日甲 74 正貳：～鬼傷（殤）死爲祟/日甲 76 正貳：～鬼爲祟/日甲 100 正：筑（築）～垣/日甲 131 正：二百里～必死/日甲 152 正叁：在～者奔亡/日甲 45 背貳：復（覆）鬴户～/日甲 30 背叁：其骨有在～者/日甲 85 背壹：～有火敬（警）/日甲 86 背壹：有～喪/日乙 8：成～/日乙 9：空～/日乙 20

壹：成~陽之日/日乙 20 壹：之四旁（方）壄（野）~/日乙 21 壹：空~遣之日/日乙 22 壹：毀~陰之日/日乙 59：利祠~/日乙 119：興在~/日乙 158：~鬼父葉（世）爲姓（眚）/日乙 160：~鬼爲姓（眚）/日乙 170：~鬼兄枼（世）爲姓（眚）/日乙 172：母葉（世）~死爲姓（眚）/日乙 176：~鬼父枼（世）見而欲/日乙 185：~鬼、傷（殤）死爲姓（眚）/日乙 187：~鬼爲姓（眚）

0170 冬（38） 十八種 90：~衣以九月盡十一月稟之/十八種 90：後計~衣來年/十八種 94：~人百一十錢/十八種 94：其小者~七十七錢/十八種 94－95：春~人五十五錢/十八種 95：其小者~卌四錢/十八種 108：隸臣、下吏、城旦與工從事者~作/日甲 1 正貳：~三月未/日甲 64 正貳：十月楚~夕/日甲 99 正壹：~三月/日甲 99 正貳：~三月/日甲 102 正壹：~三月丙丁/日甲 106 正：~三月亥/日甲 107 正壹：~未/日甲 131 正：~三月戊戌/日甲 139 正柒：~三月未敫/日甲 147 正叁：有心~（終）/日甲 149 正伍：毋（無）~（終）/日甲 146 正陸：先〈无〉~（終）/日甲 149 正陸：先〈无〉~（終）/日甲圖三（150 正壹—154 正壹）：~/日甲 155 正：~戌亥/日甲 1 背：~三月季丙丁/日甲 6 背壹：~三月奎、婁吉/日甲 5 背貳：中~竹（箕）、斗/日甲 105 背：~三月壬癸/日甲 134 背：~三月戊寅、己丑/日甲 136 背：~之癸亥/日甲 140 背：~三月/日甲 142 背：~三月之日/日甲 143 背：~未/日乙 77：~未/日乙 110：~三月丙丁/日乙 111：季~丙丁/日乙 177：~之吉/日乙 217 壹：~三月/日乙 223 壹：~三月/日乙 227 貳：~三月

0171 包（6） 雜抄 7：縣毋敢~卒爲弟子/答問 60：其所~當詣䙴（遷）所/答問 61：䙴=（䙴（遷）。䙴（遷））者妻當

~不=當=（不當？不當）包/答問 61：署=（署（遷）。署（遷））者妻當包不=當=（不當？不當）~/答問 62：當~/封診式 48：以律~

0172 匃（1）　日甲 41 背壹：是=（是是）~鬼貍（埋）焉

0173 主（80）　語書 3－4：瀳（廢）~之明（明）瀳（法）法/語書 6：明（明）避~之明（明）瀳（法）/十八種 14：治（笞）~者寸十/十八種 20：吏~者、徒食牛者及令、丞皆有辠（罪）/十八種 21－22：遺倉嗇夫及離邑倉佐~稟者各一户以氣（餼）/十八種 32：令史~/十八種 55：令吏~/十八種 57：以犯令律論吏~者/十八種 79：令其官嗇夫及吏~者代賞（償）之/十八種 95：不仁其~及官/十八種 116：君子~堵者/十八種 127：~車牛者/十八種 149：吏~者負其半/十八種 169：遺倉嗇夫及離邑倉佐~稟者各一户/十八種 172：新佐、史~廥者/十八種 175：與~廥者共賞（償）不備/效律 17：同官而各有~/效律 17：各坐其所~/效律 28－29：遺倉嗇夫及離邑倉佐~稟者各一户/效律 32：史~廥者/效律 35－36：與~廥者共賞（償）不備/效律 51－52：其吏~者坐以貲、誶如官嗇夫/雜抄 40－41：縣司空佐~將者/答問 5：盜~牛/答問 5：各畀~/答問 20－21：盜其~之父母/答問 21：爲盜~/答問 21：同居者爲盜~/答問 21：不同居不爲盜~/答問 23：皆畀其~/答問 73：畀~/答問 74：畀~/答問 75：臣强與~奸/答問 75：比毆~/答問 76：臣妾牧（謀）殺~/答問 76：欲賊殺~/答問 90：邦客與~人鬭/答問 104：臣妾告~/答問 104：~擅殺、刑、髡其子、臣妾/答問 141：問~購之且公=購=（公購？公購）/答問 176：臣邦人不安其~長/答問 182：其~已取錢/答問 187：宮中~循者/答問 189：皆~王犬者/答問 192：古~爨竈者/答問 193：古~取薪者/答問

195：其子入養～/答問 195：不入養～/答問 195：雖不養～而入量（糧）者/答問 195：畀其～/封診式 6：某縣～/封診式 7：敢告～/封診式 13：某縣～/封診式 14：敢告～/封診式 29：流行毋（無）所～舍/封診式 40：某鄉～/封診式 43：某鄉～/封診式 47：灋（廢）丘～/封診式 49：敢告～/日甲 2 正貳：寄=人=（寄人，寄人）奪～室/日甲 102 正壹：大～死/日甲 119 正貳：其～昌/日甲 120 正貳：其～昌富/日甲 122 正貳：其～必富三渫（世）/日甲 123 正貳：其～富/日甲 124 正貳：其～瘁（癃）/日甲 117 正叁：其～必富/日甲 118 正叁：其～必富/日甲 121 正叁：其～且爲巫/日甲 122 正叁－123 正叁：其～爲巫/日甲 9 背貳：臣代=～=（代主。代主）/日甲 149 背：田亳～以乙巳死/日甲 149 背：杜～以乙酉死/日甲 157 背：到～君所/日甲 157 背：～君笱（拘）屏詷馬/日甲 159 背：～君勉飲勉食/日乙 110：大～死、瘁（癃）/日乙 112：～人必大傷/日乙 124：有咎～/日乙 203：死者～

0174 市（27）　十八種 65：百姓～用錢/十八種 68：賈～居列者/十八種 97：爲作務及官府～/十八種 97：令～者見其入/十八種 97：關～/十八種 147：毋敢之～及留舍闠外/十八種 147－148：當行～中者/雜抄 11：令～取錢/答問 71：當棄～/答問 172：棄～/封診式 18：甲見丙陰～庸中/封診式 21：～南街亭/封診式 39：以～正賈（價）賈丙丞某前/日甲 15 正貳：利～/日甲 75 正壹：利祠及行賈=（賈、賈）～/日甲 77 正壹：須女，祠、賈～、取（娶）妻/日甲 85 正壹：卯（昴），邋（獵）、賈～/日甲 89 正貳：～良日/日甲 89 正貳：利初～/日甲 120 正叁：利賈～/日甲 20 背壹：利賈～/日甲 97 背壹：莫～以行有九喜/日甲 99 背壹：～日以行有七喜/日乙 85 壹：卯（昴），邋（獵）、賈～/日乙 103 壹：利祠及行賈₌（賈、賈）～/日乙 105 壹：娶₌（娶女），祠、賈～、取（娶）妻/日乙 156：下～申

0175 立（12）　編年記 4 貳：～即死/雜抄 4：不辟（避）席～/答問 161：擅有鬼～（位）/爲吏 6 伍：禄～（位）有續孰散上/爲吏 7 伍：掇（輟）民之欲政乃～/日甲 32 正：臨官～（蒞）正（政）相宜/日甲 26 背壹：連行、奇（踦）～/日甲 38 背壹：正～而貍（埋）/日甲 67 背貳：邦中之～叢/日甲 46 背叁：人行而鬼當道以～/日乙 178：壄（野）～爲☐/日乙 236 貳－237 貳：利以臨官～政

0176 玄（13）　日甲 47 正壹：～戈/日甲 47 正壹：～戈毄（繫）尾/日甲 48 正壹：～戈毄（繫）心/日甲 49 正壹：～戈毄（繫）房/日甲 50 正壹：～戈毄（繫）翼/日甲 51 正壹：～戈毄（繫）張/日甲 52 正壹：～戈毄（繫）七星/日甲 53 正壹：～戈毄（繫）此（觜）巂/日甲 54 正壹：～戈毄（繫）畢/日甲 55 正壹：～戈毄（繫）茅（昴）/日甲 56 正壹：～戈毄（繫）營室/日甲 57 正壹：～戈毄（繫）危/日甲 58 正壹：～戈毄（繫）虛

0177 半（38）　十八種 38：稻、麻畝用二斗大～斗/十八種 38：黍、荅畝大～斗/十八種 38：叔（菽）畝～斗/十八種 41：**【粟一】**石六斗大～斗/十八種 43：毀（毇）米六斗大～斗/十八種 49：隸妾一石～/十八種 49：月禾一石～石/十八種 50：月禾一石二斗～斗/十八種 50：嬰兒之毋（無）母者各～石/十八種 50－51：禾月～石/十八種 51：以二月₌（月月）稟二石～石/十八種 51：到九月盡而止其～石/十八種 51：月一石～石/十八種 55：旦～夕參/十八種 59：食男子旦～夕參/十八種

物當負賞（償）/效律 46：工稟鬃～縣/效律 52：其～冗吏、令史掾計者/效律 54：如～官然/雜抄 18：敢爲～器/雜抄 38：求盜勿令₌送₌逆₌爲₌～₌（令送逆爲它，令送逆爲它）/雜抄 41：署勿令爲～事/雜抄 42：敢令爲～事/答問 22：盜及者（諸）～辠（罪）/答問 23：以買～物/答問 23－24：以布及其～所買畀甲/答問 25：祠固用心腎及～支（肢）物/答問 32：其～不爲/答問 49：有₌（有（又）有）～盜/答問 57：復封傳～₌縣₌（它縣，它縣）/答問 57－58：～縣當盡貲/答問 58：咸陽及～縣/答問 96：告～人/答問 100：以～事告之/答問 103：賊殺傷、盜～人爲"公室"/答問 104－105：～人有（又）襲其告之/答問 114：其～辠（罪）比羣盜者/答問 126：～辠（罪）比羣盜者/答問 138：～如甲/答問 140：購如捕～辠（罪）人/答問 144：事～郡縣而不視其事者/答問 161：～不爲/答問 177：産子及産～邦/答問 186：越里中之與～里界者/答問 194：後更其律如～/答問 196：其～皆爲"更人"/答問 204：～邦耐（能）吏、行旞與偕者/答問 209：其～爲小/封診式 3：其～毋（無）解者/封診式 11：毋（無）～當封者/封診式 15－16：毋（無）～坐/封診式 18：甲毋（無）～坐/封診式 30：毋（無）～坐辠（罪）/封診式 38：毋（無）～坐辠（罪）/封診式 43：毋（無）～坐/封診式 51：毋（無）～坐辠（罪）/封診式 53：毋（無）～坐/封診式 58：～完/封診式 67：～度毋（無）兵刃木索迹/封診式 74：毋（無）～亡/封診式 93－94：甲等及里人弟兄及～人智（知）丙者/封診式 94：毋（無）～坐/封診式 96：毋（無）～坐/封診式 97：毋（無）～坐/日甲 23 正貳：入（納）室取（娶）妻及～物/日甲 25 正貳：入臣徒、馬牛、～生（牲）/日甲 34 正：～毋（無）小大盡吉/日甲 78 正壹：毋（無）～同生/日甲 81 正壹：不可爲～事/日甲 129 正－130 正：～日雖有不吉之名/日甲 58 背壹：～人莫爲/日甲 34 背貳：見～人而去/日乙 44 壹：～毋有爲/日乙 45 壹：～人必發之/日乙 81 壹：不可爲～事/日乙 106 壹：毋（無）～同生/日乙 137：～日唯（雖）有不吉之名

0180 必（169） 十八種 24－25：積₌（積，積）者～先度故積/十八種 97：受錢～輒入其錢缿中/十八種 98：其小大、短長、廣亦～等/十八種 102：～書其久/十八種 104：久～乃受之/十八種 121－122：～灋之/十八種 123：度攻（功）～令司空與匠度之/十八種 150：～復請之/十八種 162：官嗇夫～與去者效代者/十八種 172：～以廥籍度之/十八種 176：～令長吏相雜以見之/十八種 184：～書其起及到日月夙莫（暮）/十八種 188：～以書/十八種 190：除佐～當壯以上/十八種 201：～署其已稟年日月/效律 19：官嗇夫～與去者效代者/效律 32：～以廥籍度之/效律 37：～令長吏相雜以見之/答問 27：～已置乃爲“具”/答問 80：非～珥所入乃爲夬₌（夬（决），夬（决））/封診式 2：～先盡聽其言而書之/封診式 4：治₌諒₌（治（笞）諒（掠）。治（笞）諒（掠））之～書曰：爰書/封診式 68：診～先謹審視其迹/封診式 72：自殺者～先有故/爲吏 2 壹：～精絜（潔）正直/爲吏 40 壹：安樂～戒/爲吏 12 貳：～有大賞/爲吏 32 肆：興之～疾/爲吏 35 肆：罔（輞）服～固/日甲 2 正貳：有弟～死/日甲 2 正貳：寄₌人₌（寄人，寄人）～奪主室/日甲 5 正貳：寅（聚）眾～亂者/日甲 7 正貳：女～出於邦/日甲 9 正貳：～耦（遇）寇盜/日甲 12 正貳：男女～美/日甲 19 正貳：～摯（執）而入公而止/日甲 32 正：～得侯王/日甲 36

正：~三徙₌官₌（徙官。徙官）/日甲 40 正：私公~閉/日甲 44 正：不得~死/日甲 26 正貳：衣₌（衣，衣）手□~死/日甲 30 正貳－31 正貳：女日葬，~復之/日甲 31 正貳：葬₌（葬，葬）~參/日甲 56 正叁：同居~窶/日甲 57 正叁：入₌寄₌者₌（入寄者，入寄者）~代居其室/日甲 60 正叁：~代居室/日甲 69 正壹：生子，~有爵/日甲 73 正壹：以祠，~有敫（憿）/日甲 84 正壹：生子，~使/日甲 86 正壹：以死，~二人/日甲 86 正壹：取（娶）妻，~二妻/日甲 89 正壹：~五人死/日甲 89 正壹：~五生（牲）死/日甲 94 正壹：~有火起/日甲 94 正壹：取（娶）妻，~棄/日甲 95 正壹：以生子，~駕/日甲 79 正貳：不出三歲~有大得/日甲 87 正貳：羊~千/日甲 93 正貳：貨₌（貨，貨）~後絕/日甲 99 正貳：~有死者/日甲 106 正：不可興土攻（功），~死/日甲 106 正：~或死/日甲 107 正壹：~有死者/日甲 107 正壹：其肉未索~死/日甲 108 正壹：不可以垣，~死/日甲 109 正壹：不可垣，~死/日甲 105 正貳：~有重喪/日甲 109 正貳：~有大英（殃）/日甲 117 正貳：廿歲~富/日甲 122 正貳：其主~富三渫（世）/日甲 116 正叁：~并人家/日甲 117 正叁：其主~富/日甲 118 正叁：其主~富/日甲 125 正叁：~以炼（殜）死人/日甲 129 正：小大~至/日甲 129 正：~有死亡志₌（之志）至/日甲 129 正：~先計月中閒日/日甲 131 正：二百里外~死/日甲 137 正壹：東~得/日甲 143 正肆：~賞（嘗）毄（繫）囚/日甲 149 正肆：~爲吏/日甲 140 正伍：~爲吏/日甲 145 正陸：~爲人臣妾/日甲 153 正叁：戊子以有求也，~得之/日甲 153 正叁：雖求顓啻（帝）~得/日甲 156 正：以作女子事，~死/日甲 158 正陸：~七徙/日甲 165 正陸：

雜抄 10：～馬貲二甲/雜抄 13：縣～=空=（司空、司空）/雜抄 14：邦～空一盾/雜抄 20：貲～空嗇夫一盾/雜抄 26－27：公車～馬獵律/雜抄 40：縣～空署君子將者/雜抄 40－41：縣～空佐主將者/答問 8：～寇盜百一十錢/答問 117：當耐～寇而以耐隸臣誣人/答問 117：當耐爲～寇/答問 118：以～寇誣人/答問 125：將～人而亡/日乙 146：唯福是～

0182 民（46）　語書 1：～各有鄉俗/語書 1：不便於～/語書 2：以矯端～心/語書 2：～多詐巧/語書 2－3：以教道（導）～/語書 3：吏～莫用/語書 3：鄉俗淫失（泆）之～不止/語書 4：長邪避（僻）淫失（泆）之～/語書 4：不便於～/語書 5：令吏～皆明（明）智（知）之/語書 6：養匿邪避（僻）之～/答問 157：部佐匿者（諸）～田/答問 157：者（諸）～弗智（知）/答問 157：已租者（諸）～/爲吏 18 壹：審智（知）～能/爲吏 19 壹：善度～力/爲吏 19 貳：見～杲（倨）敖（傲）/爲吏 28 貳－29 貳：興=事=不=當=（興事不當，興事不當）則～傷指/爲吏 39 叁：苛難留～/爲吏 40 叁：變～習浴（俗）/爲吏 5 肆：與～有期/爲吏 7 肆：毋使～懼/爲吏 24 肆：～之既教/爲吏 29 肆：使～望之/爲吏 34 肆：觀～之詐/爲吏 37 肆：～心乃寧/爲吏 39 肆：～心既寧/爲吏 43 肆：～將姚去/爲吏 3 伍：～將望表以戾真/爲吏 4 伍：～心將移乃難親/爲吏 7 伍：掇（輟）～之欲政乃立/爲吏 9 伍：審～能/爲吏 17 伍：～或棄邑居壄（野）/爲吏 23 伍－24 伍：衛（率）～不作/日甲 23 正貳：可以入人～、馬牛、禾粟/日甲 50 正叁－51 正叁：入人～、畜生（牲）/日甲 128 正：開臨下～而降其英（殃）/日甲 130 正：～將行/日甲 24 背壹：鬼害～罔（妄）行/日甲 24 背壹：爲～不羊（祥）/日甲 25 背壹：道（導）

令～毋麗（罹）兇（凶）央（殃）/日乙 53：入人～、畜生（牲）/日乙 57：出入人～、畜生（牲）/日乙 60：入貨、人～、畜生（牲）/日乙 62：出入人～、畜生（牲）/日乙 134：開臨下～而降央（殃）

0183 弗（105）語書 5－6：自從令、丞以下智（知）而～舉論/語書 6：若～智（知）/語書 7：智（知）而～敢論/語書 7：令、丞～明（明）智（知）/語書 8：獨多犯令而令、丞～得者/十八種 11：過二月～稟、弗致者/十八種 11：過二月弗稟、～致者/十八種 16：其入之其～亟而令敗者/十八種 31：其故吏～欲/十八種 42：其人～取之/十八種 68：列伍長～告/十八種 77：～收責/十八種 78：其～令居之/十八種 81：隃₌歲₌（隃（逾）歲，隃（逾）歲）而～入及不如令者/十八種 82－83：～得居/十八種 106：～亟收者有辠（罪）/十八種 115：乏～行/十八種 133：其～能入及賞（償）/十八種 135－136：所～問而久毄（繫）之/十八種 148－149：～輒治（笞）/十八種 162：故吏～效/十八種 163：新吏～坐/十八種 163：雖～效/十八種 163：去者～坐/十八種 174：有羸、不備而匿～謁/十八種 175：大嗇夫、丞智（知）而～辠（罪）/十八種 189：過二月～置嗇夫/效律 20：故吏～效/效律 20：新吏～坐/效律 21：雖～效/效律 21：去者～坐/效律 34：匿～謁/效律 35：大嗇夫、丞智（知）而～辠（罪）/雜抄 4：灋（廢）--行/雜抄 12：徒食、敦（屯）長、僕射～告/雜抄 12：令、尉、士吏～得/雜抄 13：同車食、敦（屯）長、僕射～告/雜抄 13：縣司₌空₌（司空、司空）佐史、士吏將者～得/雜抄 14：吏部～得/雜抄 23：～備/雜抄 26：～得/雜抄 33：典、老～告/雜抄 36：敦（屯）長、什伍智（知）～告/答問 10：乙～覺/答問 10：其見智（知）之而～捕/答問 11：～

0184 出（160） 十八種 19：官₌（官，官）告馬牛縣～之/十八種 22：皆輒～/十八種 23：～禾/十八種 23：非入者是～之/十八種 23：令～之/十八種 23：～者負之/十八種 24：雜～禾者勿更/十八種 26：未盈萬石而被（柀）～者/十八種 26：其～入禾、增積如律令/十八種 28：其～入、增積及效如禾/十八種 29：禾、芻稾積窯（索）～日/十八種 29：～之未窯（索）而已備者/十八種 29：與～之/十八種 30：☐者與雜～之/十八種 31：令其故吏與新吏雜先窯（索）～之/十八種 32：與倉□雜～之/十八種 64：～錢/十八種 67：其～入錢以當金、布/十八種 70：以書告其～計之年/十八種 84：抉～其分/十八種 85：皆～之/十八種 99：不同程者毋同其～/十八種 118－119：盜決（決）道～入/十八種 120：其近田恐獸及馬牛～食稼者/十八種 121：以田少多～人/十八種 125：皆爲用而～之/十八種 137：～其一人/十八種 142：～其衣食/十八種 147：舂城旦～繇（徭）者/十八種 148：～其器/十八種 169：其～禾/十八種 170：書其～者/十八種 171－172：終歲而爲～凡曰：某廥出禾若干石/十八種 171－172：終歲而爲出凡曰：某廥～禾若干石/十八種 173：令₌人復度及與雜～之/十八種 174：羣它物當負賞（償）而僞～之以彼（貱）賞（償）/十八種 187：都官歲上～器求補者數/效律 29：其～禾/效律 29：書其～者/效律 30－31：終歲而爲～凡曰：某廥出禾若干石/效律 30－31：終歲而爲出凡曰：某廥～禾若干石/效律 33：令人復度及與雜～之/效律 34－35：羣它物當負賞（償）而僞～之以彼（貱）賞（償）/效律 58：計脱實及～實多於律程/效律 58：不當～而出之/效律 58：不當出而～之/效律 59－60：復責其～/雜抄 5：有爲故秦人～/雜抄 26：徒～射之/雜抄 37：戰死事不～

（屈）/答問 5：～徼/答問 13：工盜以～/答問 48：未～徼闌亡/答問 93：論～之/答問 98：其四鄰、典、老皆～不存/答問 131：得及自～/答問 131：自～，以亡論/答問 132：未論而自～/答問 140：盜～朱（珠）玉邦關及買（賣）于客者/答問 150：禾稼能～/答問 153：當～未出/答問 153：當出未～/答問 153：～禾以當叔₌、麥₌（叔（菽）、麥，叔（菽）、麥）/答問 154：盡稟～之/答問 154：當坐所贏～爲盜/答問 159：當負不當₌～₌（當出？當出）/答問 165：弗令～户賦/答問 166：得及自～/答問 208：及將長令二人扶～之/封診式 18：捕以來自～/封診式 27：山儉（險）不能～身山中/封診式 57：𡿺（腦）角～（頔）皆血出/封診式 57：𡿺（腦）角出（頔）皆血～/封診式 66：舌～齊脣吻/封診式 66：其口鼻氣～渭（喟）然/封診式 69：視舌～不出/封診式 69：視舌出不～/封診式 71：舌不～/封診式 84：～子/封診式 85：自宵子變～/封診式 86：診甲前血～及癰狀/封診式 87：復（腹）痛子～狀/封診式 89：～水中有（又）音（䘏）血狀/封診式 89：今尚血～而少/封診式 90：其前及血～如甲□/封診式 96：亡自～/封診式 96：今來自～/爲吏 49 叁：～則敬/日甲 7 正貳：利以行帥〈師〉～正（征）、見人/日甲 7 正貳：女必～於邦/日甲 21 正叁－22 正叁：不可穜（種）之及初穫、～入（納）之/日甲 33 正：毄（繫），亟～/日甲 38 正：～入貨及生（牲）/日甲 41 正：毄（繫），亟～/日甲 44 正：～入貨及生（牲）/日甲 46 正：是胃（謂）利以～貨/日甲 58 正叁：不～歲亦寄/日甲 70 正壹：～入貨/日甲 71 正壹：～入貨/日甲 92 正壹：不可～女/日甲 78 正貳：不～三月有大得/日甲 79 正貳：不～三歲必有大得/日甲 81 正貳：不利～入人/日甲 92 正貳：可以

140：以～，兇（凶）/日乙 156：日～卯/日乙 247：不～三日必死/日乙 253：其門西北～

0185 奴（14） 十八種 134－135：人～妾居贖貲責（債）于城旦/十八種 142：人～妾毄（繫）城旦舂/答問 20－21：人～妾盜其主之父母/答問 73：人～擅殺子/答問 74：人～妾治（笞）子₌（子，子）/答問 103：擅殺、刑、髡子及～妾/答問 106：父殺傷人及～妾/答問 141：或捕告人～妾盜百一十錢/日甲 158 正壹：朝見，有～（怒）/日甲 158 正叁：晝見，禺（遇）～（怒）/日甲 159 正壹：朝見，有～（怒）/日甲 160 正伍：夕見，有～（怒）/日甲 162 正肆：有告，禺（遇）～（怒）/日甲 164 正壹：朝見，禺（遇）～（怒）

0186 召（7） 封診式 92：～甲₌等₌（甲等，甲等）/封診式 93：未嘗～丙飲/日甲 25 背貳：鬼恒～（詔）人/日甲 28 背叁：鬼恒～人出宮/日甲 28 背叁：罔謼（呼）其～/日甲 137 背：是胃（謂）～（招）䍃（搖）合日/日甲 139 背：是胃（謂）～（招）䍃（搖）合日

0187 皮（7） 編年記 2 壹：攻～氏/十八種 7：食其肉而入～/效律 42：官府臧（藏）～革/雜抄 16：臧（藏）～革橐（蠹）突/爲吏 18 叁：～革橐（蠹）突/日甲 48 背壹－49 背壹：以桑～爲□□之/日甲 26 背叁：以牡刀～而衣

0188 台（2） 日甲 26 正貳：毋以楚九月己未～（始）被新衣₌（衣，衣）/日甲 112 正貳：毋以酉～（始）寇〈冠〉帶劍

0189 矛（1） 答問 85：鈹、戟、～有室者

0190 母（39） 十八種 50：嬰兒之毋（無）～者/十八種 50：雖有～而與其母冗居公者/十八種 50：雖有母而與其～冗居公者/十八種 74：食其～日粟一斗/十八種 151：百姓有～及同牲（生）爲隸妾/十八種 155：免親父～爲隸

臣妾/答問 20－21：盜其主之父～/答問 78：毆大父～/答問 78：毆高大父～/答問 78：比大父～/答問 103：子盜父₌～₌（父母，父母）/答問 104：子告父～/答問 116：令從～爲收/答問 116：可（何）謂“從～爲收”/答問 116：弗買（賣）子～/答問 172：同～異父相與奸/答問 177：臣邦父～產子及產它邦/答問 177－178：臣邦父、秦～/答問 201：獨户～/封診式 92：外大～同里丁坐有寧毒言/日甲 63 正：室人妻子父～分離/日甲 54 正叁：去父～同生/日甲 68 正貳：父～爲祟/日甲 72 正貳：王～爲祟/日甲 76 正貳：～（毋）逢人/日甲 78 正貳：祠父～良日/日甲 91 正貳：～（毋）以己巳、壬寅殺犬/日甲 102 正貳：害於驕～/日甲 144 正壹：去父～南/日甲 143 正肆：毋（無）～/日甲 3 背貳：父～必從居/日甲 4 背貳：父～有咎/日甲 15 背叁：不利其～/日甲 50 背叁：爰～處其室/日乙 117：以出～〈女〉、取（娶）婦/日乙 172：～葉（世）外死爲姓（眚）/日乙 180：～枼（世）見之爲姓（眚）/日乙 247：不利父～/日乙 253：☐其女若～爲巫

0191 幼（2）　日甲 50 背壹：～蠪（龍）處之/日甲 50 背貳：是～殤死不葬

0192 邦（47）　語書 1：害於～/語書 4：甚害於～/十八種 101：～中之繇（徭）及公事官（館）舍/十八種 201：屬～/雜抄 14：～司空一盾/答問 5：把錢偕～亡/答問 48：告人曰～亡/答問 72：臣～君長所置爲後大（太）子/答問 90：～客與主人鬭/答問 113：臣～真戎君長/答問 140：盜出朱（珠）玉～關及買（賣）于客者/答問 160：其邑～門/答問 176：臣～人不安其主長/答問 177：真臣～君公有辠（罪）/答問 177：臣～父母產子及產它～/答問 177－178：臣～父、秦母/答問 180：

使者（諸）侯、外臣～/答問 180：其～徒及僞吏不來/答問 180：可（何）謂“～徒”、“僞使”/答問 180：是謂“～徒”、“僞使”/答問 181：～亡來通錢過萬/答問 204：它～耐（能）吏、行旞與偕者/爲吏 5 伍：操～柄/爲吏 7 伍：～之急/爲吏 11 伍：彼～之㔲（傾）/爲吏 16 伍－17 伍：告相～：民或棄邑居壄（野）/爲吏 18 伍：非～之故/日甲 3 正貳：～郡得年/日甲 7 正貳：女必出於～/日甲 73 正貳：煩居～中/日甲 126 正貳：利爲～門/日甲 119 正叁：是胃（謂）～君門/日甲 145 正壹：去其～/日甲 144 正貳：去其～/日甲 15 背壹：宇最～之高/日甲 16 背壹：宇最～之下/日甲 67 背貳：～中之立叢/日甲 111 背：行到～門困（閫）/日乙 19 壹：利以行帥〈師〉徒、見人、入～/日乙 102 叁：【出】～門/日乙 184：☑～中/日乙 239：有問（聞）～/日乙 240：去其～/日乙 241－242：去其～北亟/日乙 248：女子爲～君妻/日乙 251－252：～有年

0193 式（3） 十八種 66：其廣袤不如～者/封診式 89：其一～曰：令隸妾數字者某＝（某某）診甲/封診式 98 背：封診～

0194 刑（39） 十八種 134：公士以下居贖～辠（罪）、死辠（罪）者/十八種 135：葆子以上居贖～以上到贖死/十八種 138：以日當～/雜抄 5：～爲城旦/答問 3：當～爲城旦/答問 33：吏爲失～辠（罪）/答問 35－37：吏爲失～辠（罪）/答問 72：擅殺、～、髡其後子/答問 103：父＝母＝（父母，父母）擅殺、～、髡子及奴妾/答問 104：主擅殺、～、髡其子、臣妾/答問 108：以當～隸臣辠（罪）誣告人/答問 108：是謂“當～隸臣”/答問 109：其辠（罪）當～爲隸臣/答問 109：勿～/答問 109：可（何）謂“當～爲隸臣”/答問 110：其辠

(罪)當~城旦/答問 111：【告人，其辠(罪)】當~鬼薪/答問 111：勿~/答問 111：可(何)謂"當~爲鬼薪"/答問 111：當~隸臣/答問 112：是謂"當~鬼薪"/答問 115：如失~辠(罪)/答問 125：已~者處隱官/答問 125－126：將盜戒(械)囚~辠(罪)以上/答問 136：當~城旦/答問 137：當~城旦/答問 185：當贖~/答問 188：宮隸有~/封診式 32：與戰~(邢)丘城/封診式 34：甲、丙戰~(邢)丘城/日甲 64 正壹：~夷、八月、獻馬/日甲 67 正貳：正月楚~夷/日甲 111 正壹：屈夕、援【夕】、~屎毀棄北【方】/日甲 112 正壹：援夕、~尸作事南方/日甲圖二(114 正壹—126 正壹)：~門/日甲 117 正叁：~門/日甲 117 正叁：弗而耐乃~/日甲 22 背壹：不窮必~/日乙 75 貳－76 貳：西北鄉(嚮)者被~

0195 邢(1) 編年記 41 壹：攻~丘

0196 戎(1) 答問 113：臣邦真~君長

0197 寺(3) 十八種 182：及卜、史、司御、~(侍)、府/日甲 66 背壹：熱(爇)以~(待)之/日甲 59 背貳：~(待)其來

0198 吉(237) 日甲 4 正貳：鑿井，~/日甲 4 正貳：以祭門、行=(行、行)水，~/日甲 5 正貳：祭門、行，~/日甲 6 正貳：大~/日甲 7 正貳：上下皆~/日甲 7 正貳：生子，男~/日甲 10 正貳：作事、入材，皆~/日甲 13 正貳：大祭，~/日甲 13 正貳：寇〈冠〉、掣(製)車、折(製)衣常(裳)、服帶~/日甲 13 正貳：生子~/日甲 14 正貳：有爲也，~/日甲 25 正叁：爲困大~/日甲 34 正：它毋(無)小大盡~/日甲 34 正：以祠，~/日甲 34 正：生子，~/日甲 40 正－41 正：以生子，~/日甲 42 正：以祠祀、飲食哥(歌)樂，~/日甲 28 正貳：一日二日~/日甲 28 正貳：三日不

～/日甲 28 正貳：四日五日～/日甲 28 正貳：六日不～/日甲 28 正貳：七日八日～/日甲 29 正貳：廿二日廿三日～/日甲 29 正貳：廿五日廿六日～/日甲 29 正貳：廿八日廿九日～/日甲 47 正壹：畢、此（觜）巂大～/日甲 47 正壹：張、翼少～/日甲 48 正壹：胃、□大～/日甲 48 正壹：柳、七星少～/日甲 49 正壹：奎、婁大～/日甲 49 正壹：東井、輿鬼少～/日甲 50 正壹：危、營室大～/日甲 50 正壹：畢、此（觜）巂少～/日甲 51 正壹：須女、虛大～/日甲 51 正壹：胃、參少～/日甲 52 正壹：斗、牽牛大～/日甲 52 正壹：奎、婁少～/日甲 53 正壹：心、尾大～/日甲 53 正壹：危、營室少～/日甲 54 正壹：角、房大～/日甲 54 正壹：須女、虛少～/日甲 55 正壹：角、犺（亢）大～/日甲 55 正壹：斗、牽牛少～/日甲 56 正壹：張、翼大～/日甲 56 正壹：心、尾少～/日甲 57 正壹：柳、七星大～/日甲 57 正壹：角、房少～/日甲 58 正壹：東井、輿鬼大～/日甲 58 正壹：張、翼少～/日甲 59 正壹：北徙大～/日甲 59 正壹：東北少～/日甲 60 正壹：東徙大～/日甲 60 正壹：東南少～/日甲 61 正：南徙大～/日甲 61 正：西南少～/日甲 62 正：西徙大～/日甲 62 正：西北少～/日甲 68 正壹：利祠及行，～/日甲 69 正壹：祠、爲門、行，～/日甲 70 正壹：祠及行、出入貨，～/日甲 71 正壹：取（娶）婦、家（嫁）女、出入貨及祠，～/日甲 75 正壹：利祠及行賈₌（賈、賈）市，～/日甲 76 正壹：可祠及行，～/日甲 77 正壹：祠、賈市、取（娶）妻，～/日甲 82 正壹：祠及行，～/日甲 83 正壹：百事～/日甲 84 正壹：利入禾粟及爲囷倉，～/日甲 85 正壹：邋（獵）、賈市，～/日甲 86 正壹：以邋（獵）置罔（網）及爲門，～/日甲 88 正壹：百事～/日甲 88 正壹：取（娶）

周環宇，不～/日甲 22 背貳：祠木臨宇，不～/日甲 19 背叁：圈居宇西南，貴～/日甲 16 背肆：囷居宇西南匝，～/日甲 17 背肆：囷居宇東北匝，～/日甲 16 背伍：内居東北，～/日甲 17 背伍：内居正東，～/日甲 21 背伍：圂居正北，～/日甲 14 背陸：屏居宇後，～/日甲 15 背陸：屏居宇前，不～/日甲 16 背陸：門欲當宇隋，～/日甲 17 背陸：門出衡，不～/日甲 20 背陸：入里門之右，不～/日甲 76 背：名建章丑～/日甲 113 背：乙丑、巳、酉，辛巳、丑、酉，丁巳、丑，～/日甲 119 背：乙丑、巳、酉，辛巳、丑、酉，～/日甲 136 背：百事不～/日乙 15：利以見人、祭、作大事、取（娶）妻，～/日乙 16：☑～/日乙 17：利以説盂（盟）詐（詛）、棄疾、鑿宇、葬，～/日乙 18 壹：家（嫁）子、攻毄（擊），～、勝/日乙 19 壹：作事，～/日乙 22 壹：利以小然〈祭〉，～/日乙 24 壹：利以起大事、祭、家（嫁）子，～/日乙 25 壹：皆可，～/日乙 26 壹：～辰/日乙 26 壹：～亥/日乙 27 壹：～巳/日乙 27 壹：～子/日乙 28 壹：～午/日乙 28 壹：～丑/日乙 29 壹：～未/日乙 29 壹：～寅/日乙 30 壹：～申/日乙 30 壹：～卯/日乙 31 壹：～酉/日乙 31 壹：～辰/日乙 32 壹：～戌/日乙 32 壹：～【巳】/日乙 33 壹：～亥/日乙 33 壹：～午/日乙 34 壹：～子/日乙 34 壹：～未/日乙 35 壹：～丑/日乙 35 壹：～申/日乙 36 壹：～寅/日乙 37 壹：～卯/日乙 37 壹：～【戌、寅】亥/日乙 40 壹：～、實日/日乙 54：☑毋（無）小大，～/日乙 31 貳－32 貳：辛丑，癸亥，乙酉，己酉，～/日乙 33 貳－34 貳：壬申，丁酉，癸丑，亥，～/日乙 35 貳－36 貳：甲申、辰，乙亥、丑、酉，～/日乙 37 貳－38 貳：甲申，丙申，戊申，壬申，乙亥，～/日乙 39 貳：己亥，辛

(決)～故不穿/答問 80：夬₌(夬(決)，夬(決))裂男若女～/答問 83：嚙斷人鼻若～若指若脣/封診式 88－89：不可智(知)目、～、鼻、男女/爲吏 38 壹：審～目口/爲吏 39 壹：十～當一目/日甲 69 背：疵在～/日甲 75 背：長～而操蔡/日甲 76 背：盜者長須(鬚)～/日甲 158 背：令～悤(聰)目明(明)/日乙 255：疵而在～

0203 共(15)　十八種 47：皆八馬～/十八種 72：其佐、史與～養/十八種 73：各與其官長～養、車牛/十八種 165：令官嗇夫、冗吏～賞(償)敗禾₌粟₌(禾粟。禾粟)/十八種 175：與主廥者～賞(償)不備/效律 2：官嗇夫、冗吏皆～賞(償)不備之貨而入贏/效律 23－24：令官嗇夫、冗吏～賞(償)敗禾₌粟₌(禾粟。禾粟)/效律 35－36：與主廥者～賞(償)不備/答問 15：妻₌(妻，妻)與～飲食之/答問 18：～食肉/答問 136：夫、妻、子五人～盜/答問 137：夫、妻、子十人～盜/封診式 23－24：～詣來争之/封診式 34：某里士五(伍)甲、公士鄭才(在)某里曰丙～詣斬首一/封診式 93：皆莫肎(肯)與丙～桮(杯)器

0204 臣(95)　語書 6：爲人～亦不忠/十八種 16－17：小隸～疾死者/十八種 49：隸～妾其從事公/十八種 49：隸～月禾二石/十八種 49：小城旦、隸～作者/十八種 51：隸～田者/十八種 51：隸～、城旦高不盈六尺五寸/十八種 53：小隸～妾以八月傅爲大隸臣妾/十八種 53：小隸臣妾以八月傅爲大隸～妾/十八種 59：免隸₌～₌妾₌(隸臣妾、隸臣妾)垣及爲它事與垣等者/十八種 61：隸～欲以人丁粼者二人贖/十八種 62：以其贖爲隸～/十八種 77：隸～妾有亡公器、畜生(牲)者/十八種 92－93：隸～妾、舂城旦毋用/十八種 94：隸～、府隸之毋(無)妻者及城旦/十八種 95：隸～妾之老及

告～/封診式 37：丙，甲～/封診式 38：甲～，誠悍/封診式 40：某里士五（伍）甲～/封診式 41：甲賞（嘗）身免丙復～之不/封診式 51：與牢隸～某執丙/封診式 56：與牢隸～某即甲診/封診式 63－64：與牢隸～某即甲、丙妻、女診丙₌（丙。丙）/封診式 75：與鄉□□隸～某即乙、典丁診乙房₌內₌（房內。房內）/封診式 87：令₌（令令）史某、隸～某診甲所詣子/爲吏 39 貳：爲人～則忠/爲吏 46 貳：君鬼（惠）～忠/日甲 15 正貳：～妾亡/日甲 25 正貳：入～徒、馬牛、它生（牲）/日甲 59 正叁－60 正叁：不可入客、寓人及～妾/日甲 108 正貳：出入～妾、馬【牛】/日甲 110 正貳：出入～妾、馬牛、貨材（財）/日甲 145 正陸：必爲人～妾/日甲 9 背貳：～代₌主₌（代主。代主）/日甲 127 背：不可入寄者及～妾/日乙 41 壹：可以入馬牛、～【妾】☐/日乙 42 壹：可以入～妾/日乙 124：不可以入～妾及寄者/日乙 238－239：爲～妾/日乙 244：爲人～/日乙 247：男子爲人～/日乙 251：～妾亡/日乙 259：其北壁～（堅）

0205 吏（126）編年記 53 壹：～誰從軍/語書 3：～民莫用/語書 4：令～明（明）布/語書 5：令～民皆明（明）智（知）之/語書 5：聞～民犯灋（法）爲閒私者不止/語書 9：良～明（明）灋（法）律令/語書 10：惡～不明（明）灋（法）律令/語書 14：以爲惡～/十八種 20：～主者、徒食牛者及令、丞皆有辠（罪）/十八種 26－27：長～相雜以入禾倉及發/十八種 29：廷₌（廷，廷）令長～雜封其廥/十八種 31：令其故～與新吏雜先索（索）出之/十八種 31：令其故吏與新～雜先索（索）出之/十八種 31：其故～弗欲/十八種 31：其毋（無）故～者/十八種 31：有秩之～/十八種 44：宦者、都官～、都官人有事上爲將/十八種 46：有秩～不止/十八種 48：～輒柀事之/十八種 55：令～主/十八種 57：以犯令律論～主者/十八種 68：官府之～/十八種 68：～循之不謹/十八種 72：都官有秩～/十八種 79：令其官嗇夫及～主者代賞（償）之/十八種 80：以其直（值）錢分負其官長及冗～/十八種 106：～代賞（償）/十八種 108：隸臣、下～、城旦與工從事者冬作/十八種 117：以效苑₌～₌（苑吏，苑吏）/十八種 122：～程攻（功）/十八種 127：其主車牛者及～、官長皆有辠（罪）/十八種 128：官長及～以公車牛稟其月食及公牛乘馬之稟/十八種 134：羣下～毋耐者/十八種 149：～主者負其半/十八種 157：縣、都官、十二郡免除～及佐、羣官屬/十八種 158：置～律/十八種 159：除～、尉/十八種 160：不得除其故官佐、～以之新官/十八種 160：置～律/十八種 161：置～律/十八種 162：代者【與】居～坐之/十八種 162：故～弗效/十八種 162－163：新～居之未盈歲/十八種 163：去者與居～坐之/十八種 163：新～弗坐/十八種 163：新～與居吏坐之/十八種 163：新吏與居～坐之/十八種 165：令官嗇夫、冗～共賞（償）敗禾₌粟₌（禾粟。禾粟）/十八種 176：令長～相雜以見之/十八種 192：下～能書者/十八種 193：羣下～/十八種 196：官～有重辠（罪）/十八種 197：～已收臧（藏）/十八種 197：官嗇夫及～夜更行官/十八種 197－198：新爲～舍/十八種 200：☐□其官之～□□□□□□□□□□□□灋（法）律程籍/效律 2：官嗇夫、冗～皆共賞（償）不備之貨而入贏/效律 19－20：代者與居吏坐之/效律 20：故～弗效/效律 20：新～居之未盈歲/效律 20：去者與居～坐之/效律 20：新～弗坐/效律 21：新～與居吏坐之/效律 21：新吏與居～坐之/效律

23－24：令官嗇夫、冗～共賞（償）敗禾₌粟₌（禾粟。禾粟）/效律 37：令長～相雜以見之/效律 46：貲工及～將者各二甲/效律 51－52：其～主者坐以貲、誶如官嗇夫/效律 52：其它冗～、令史掾計者/效律 54：尉計及尉官～節（即）有劾/雜抄 1：任灋（廢）官者爲～/雜抄 2：除士～、發弩嗇夫不如律/雜抄 4：除～律/雜抄 10－11：～自佐、史以上負從馬、守書私卒/雜抄 12：非～/雜抄 12：令、尉、士～弗得/雜抄 13：縣司₌空₌（司空、司空）佐史、士～將者弗得/雜抄 14：～部弗得/雜抄 15：丞、庫嗇夫、～貲二甲/雜抄 19：縣嗇夫、丞、～、曹長各一盾/雜抄 29：膚（臚）～乘馬篤、辈（胔）/雜抄 39：縣嗇夫、尉及士～行戍不以律/答問 33：～弗直（值）/答問 33：問甲及～可（何）論/答問 33：～爲失刑辠（罪）/答問 35：～弗直（值）/答問 35：問甲及～可（何）論/答問 35－36：～爲失刑辠（罪）/答問 36：～智（知）而端重若輕之/答問 46：即告～曰盜三羊/答問 77：其室人弗言～/答問 119：～論以爲鬭傷人/答問 119：～當論不當₌（當？當）/答問 139：有秩～捕闌亡者/答問 139：問～及乙論可（何）/答問 147：徙數謁～₌（吏，吏）/答問 147：問～可（何）論/答問 154：～有故當止食/答問 155：～從事于官府/答問 164：～、典已令之/答問 180：其邦徒及僞～不來/答問 180：徒、～與偕使而弗爲私舍人/答問 184：客未布～而與賈/答問 184：可（何）謂"布～"/答問 184：詣符傳于～/答問 184：是謂"布～"/答問 191：六百石～以上/答問 204：它邦耐（能）～、行旞與偕者/答問 204：命客～曰"匧"/封診式 31：甲，尉某私～/封診式 42：某里五夫₌（大夫）乙家～/封診式 43：某里五夫₌（大夫）乙家～甲/封診式 48：令～徒將傳及恒書一封詣令史/封診式 48－49：可受代～徒/爲吏 1 壹：爲～之道/爲吏 6 貳：～有五善/爲吏 13 貳：～有五失/爲吏 9 伍：以賃（任）～/日甲 80 正壹：爲大～/日甲 82 正壹：爲～/日甲 149 正肆：必爲～/日甲 140 正伍：必爲～/日甲 157 正壹：～/日乙 80 壹：爲～/日乙 82 壹：生爲～/日乙 96 壹：爲～

0206 再（3） 封診式 65：～周結索/爲吏 16 伍：廿五年閏～十二月丙午朔辛亥/爲吏 22 伍：廿五年閏～十二月丙午朔辛亥

0207 西（106） 封診式 59：男子～有鬃秦綦履一兩/封診式 67：～去堪二尺/日甲 59 正壹：～南室毀/日甲 59 正壹：～困/日甲 59 正壹：～北辱/日甲 60 正壹：～南刺離/日甲 60 正壹：～精/日甲 60 正壹：～北毄/日甲 61 正：～南少吉/日甲 61 正：若以是月殹（也）～徙/日甲 61 正：～北刺離/日甲 62 正：～徙大吉/日甲 62 正：～北少吉/日甲 64 正壹：～數反其鄉/日甲 65 正壹：～禺（遇）英（殃）/日甲 66 正壹：歲在～方/日甲 66 正壹：～旦亡/日甲 67 正壹：以～大羊（祥）/日甲 73 正貳：歲在～方/日甲 75 正貳：煩居～方/日甲 75 正貳：歲在～方/日甲 98 正貳：毋起～鄉（嚮）室/日甲 98 正叁：～鄉（嚮）門/日甲 110 正壹：二月利興土～方/日甲 111 正壹：爨月、庿（獻）馬、中夕毀棄～方/日甲 112 正壹：紡月、夏夕、八月作事～方/日甲 115 正貳：井居～南/日甲 131 正：秋三月己未不可～/日甲 132 正：毋以癸甲～南行/日甲 132 正：毋以乙丙～北行/日甲 139 正壹：～得/日甲 136 正貳：東～凶/日甲 137 正貳：～得/日甲 138 正貳：～不反（返）/日甲 139 正貳：～凶/日甲 136 正叁：～南吉/日甲 137 正叁：～南吉/日甲 138 正叁：東南、～吉/日甲 13 背：繹（釋）髮～北面坐/日甲 21 背壹：～方下/日甲 16 背貳：宇多於～南之西/日甲 16 背貳：宇多於西南之～/日甲 17 背貳：宇多於～北之北/日甲 23 背貳：垣東方高～方之垣/日甲 14 背叁：爲池～南/日甲 16 背叁：水瀆（竇）～出/日甲 19 背叁：圈居宇～南/日甲 23 背叁：圈居宇～北/日甲 14 背肆：囷居宇～北[illegible]/日甲 16 背肆：囷居宇～南匽/日甲 19 背肆：井居～南匽/日甲 20 背肆：井居～北匽/日甲 14 背伍：内居～南/日甲 15 背伍：内居～北/日甲 20 背伍：圂居～北匽/日甲 39 背貳：是會虫居其室～臂（壁）/日甲 39 背貳－40 背貳：取～南隅/日甲 57 背貳－58 背貳：取白茅及黄土而～（洒）之/日甲 71 背：旦閉夕啓～方/日甲 74 背：名～茝亥旦/日甲 90 背叁：～方金/日甲 118 背：以～有（又）以東行/日甲 121 背：以～有（又）以東行/日甲 126 背：庚子、寅、辰～徙/日甲 140 背：秋三月毋起～鄉（嚮）室/日乙 74 貳－75 貳：～鄉（嚮）壽/日乙 75 貳－76 貳：～北鄉（嚮）者被刑/日乙 142：～【毋以亥、未】/日乙 145：～北行/日乙 157：～聞言兇（凶）/日乙 159：～先行/日乙 161：～先行/日乙 163：～南得/日乙 167：～兇（凶）/日乙 169：～聞言/日乙 171：～南吉/日乙 173：～吉/日乙 174：鮮魚從～方來/日乙 175：～兇（凶）/日乙 177：～見兵/日乙 178：鮮魚從～方來/日乙 179：～禺（遇）□/日乙 184：中歲在～/日乙 194：～北鄉（嚮）擇（釋）髮而駟（呬）/日乙 197：～南執辱/日乙 197：正～郄逐/日乙 197：～北續光/日乙 198：～南鬭（鬭）/日乙 198：正～夬麗/日乙 198：～北執辱/日乙 199：正～盡/日乙 199：～南反鄉/日乙 200：正～吉富/日乙 200：～北反鄉/日乙 203：正～惡之/日乙 204：去室～/日乙 208 壹：去室～南受兇（凶）/日乙 209 壹：正～南有熹

（禧）/日乙 210 壹：其～北有熹（禧）/日乙 213 壹：其～受兇（凶）/日乙圖五（206 貳—218 貳）：～方/日乙 248：生子北首～鄉（嚮）/日乙 253：盜在～方/日乙 253：其門～北出/日乙 255：其室在～方/日乙 259：其室在～方

0208 戌（147） 語書 1：廿年四月丙～朔丁亥/日甲 2 正壹：～/日甲 3 正壹：～/日甲 4 正壹：～/日甲 5 正壹：～/日甲 6 正壹：～/日甲 7 正壹：～/日甲 8 正壹：～/日甲 9 正壹：～/日甲 10 正壹：～/日甲 11 正壹：～/日甲 12 正壹：～/日甲 13 正壹：～/日甲 1 正貳：春三月～/日甲 14 正壹：成～/日甲 15 正壹：危～/日甲 16 正壹：柀（破）～/日甲 17 正壹：摯（執）～/日甲 18 正壹：定～/日甲 19 正壹：平～/日甲 20 正壹：盈～/日甲 21 正壹：除～/日甲 22 正壹：建～/日甲 23 正壹：閉～/日甲 24 正壹：開～/日甲 25 正壹：收～/日甲 26 正壹：丑～正陽/日甲 27 正壹：午～萬（害）/日甲 28 正壹：～猶（徹）/日甲 29 正壹：～寅萬（害）/日甲 30 正壹：～巳危陽/日甲 31 正壹：～秀/日甲 30 正貳：子卯巳酉～/日甲 56 正壹：柖（招）榣（搖）毄（繫）～/日甲 80 正貳：戊～/日甲 83 正貳：戊～/日甲 84 正貳：壬～/日甲 85 正貳：戊～/日甲 87 正貳：壬～/日甲 89 正貳：戊申～/日甲 91 正貳：戊～/日甲 98 正壹：殺～/日甲 105 正壹：二月～/日甲 105 正壹：六月～/日甲 105 正壹：十月～/日甲 107 正壹：春～/日甲 113 正壹：二月、六月、十月之～/日甲 125 正叁：～不可以爲牀/日甲 127 正：五月上旬～/日甲 131 正：冬三月戊～不可北/日甲 134 正：二月～/日甲 134 正：六月～/日甲 134 正：十月～、丑/日甲 138 正叁：～，東南、西吉/日甲 140 正壹：甲～生子/日甲 142 正貳：丙～生子/日甲

133：有辠（罪）以貲贖及～責（債）於公/十八種135：其或亡之，～辠（罪）/十八種 136：大嗇夫、丞及官嗇夫～辠（罪）/十八種 140：百姓～貲贖責（債）而有一臣若一妾/十八種 140：百姓有貲贖責（債）而～一臣若一妾/十八種 140：～一馬若一牛/十八種 141：隸臣～妻₌（妻，妻）/十八種 142：～外妻/十八種 150：除～爲/十八種 150：～上令除之/十八種 151：百姓～母及同牲（生）爲隸妾/十八種153：～辠（罪）灋（法）耐罨（遷）其後/十八種157：其～死亡及故有夬（缺）者/十八種 157：其有死亡及故～夬（缺）者/十八種 169－170：～（又）書其出者/十八種 172：其～免去者/十八種 172：其～所疑/十八種 174：～赢、不備而匿弗謁/十八種 175：～（又）與主廥者共賞（償）不備/十八種 179：～爵者/十八種 182：～采（菜）羹/十八種 184：書～亡者/十八種 185：書廷辟～曰報/十八種 188：～事請/十八種 191：犯令者～辠（罪）/十八種 194：～實官縣料者/十八種 194：各～衡石赢（纍）、斗甬（桶）/十八種 195：～實官高其垣牆/十八種 196：～不從令而亡、有敗、失火/十八種 196：有不從令而亡、～敗、失火/十八種 196：官吏～重辠（罪）/十八種 200：行₌（行，行）者～辠（罪）/十八種 201：～妻毋（無）有/十八種 201：有妻毋（無）～/效律 1 正：其～赢、不備/效律 17：同官而各～主/效律 29：～（又）書其出者/效律 32：其～免去者/效律 32－33：其～所疑/效律 34：～赢不備/效律 35－36：～（又）與主廥者共賞（償）不備/效律 42：～蠹突者/效律54：尉計及尉官吏節（即）～劾/效律 55：計₌（計，計）～劾/雜抄 1：～興/雜抄 5：～爲故秦人出/雜抄35－36：尚～棲（遲）未到戰所/雜抄 37：～（又）

142 正伍：~疵於體（體）而恿（勇）/日甲 143 正伍：~欧 /日甲 143 正陸：~疵前/日甲 144 正陸：~寵/日甲 146 正陸：~力/日甲 153 正叁：戊子以~求/日甲 157 正壹：~告/日甲 157 正貳：~告/日甲 157 正叁：~美言/日甲 157 正伍：~美言/日甲 158 正壹：~奴（怒）/日甲 158 正貳：~美言/日甲 158 正肆：~告/日甲 158 正伍：~惡言/日甲 159 正壹：~奴（怒）/日甲 159 正伍：~告/日甲 160 正叁：~告/日甲 160 正伍：~奴（怒）/日甲 161 正壹：~告/日甲 161 正肆：~告/日甲 162 正貳：~告/日甲 162 正叁：~告/日甲 162 正肆：~告/日甲 162 正伍：~後言/日甲 163 正叁：~告/日甲 164 正肆：~後言/日甲 165 正壹：~告/日甲 165 正伍：~惡言/日甲 166 正壹：~後言/日甲 166 正肆：~惡言/日甲 163 正陸：~辠（罪）/日甲 166 正陸：必~捧（拜）/日甲 1 背：毋可~爲/日甲 9 背壹：雖~，毋（無）男/日甲 4 背貳：父母~咎/日甲 13 背：人~惡瞢（夢）/日甲 13 背：~惡瞢（夢）/日甲 22 背壹：宇~要（腰）/日甲 23 背壹：宇中~谷/日甲 16 背叁：~女子言/日甲 22 背叁：~寵/日甲 63 背壹：人~思哀也弗忘/日甲 67 背壹：以桂長尺~尊（寸）而中折/日甲 37 背貳：~赤豕/日甲 53 背貳：~祭/日甲 64 背貳：~大票（飄）風害人/日甲 30 背叁：其骨~在外者/日甲 32 背叁：人毋（無）故而鬼~鼠（予）/日甲 33 背叁：~美味/日甲 34 背叁：一室中~鼓音/日甲 35 背叁：~衆虫襲入人室/日甲 57 背叁：票（飄）風入人宮而~取/日甲 59 背叁：家必~恙/日甲 69 背：面~黑子/日甲 71 背：面~黑/日甲 73 背：要（腰）~疵/日甲 83 背壹：~死/日甲 84 背壹：其後必~病者三人/日甲 85 背壹：外~火敬（警）/日甲 86 背壹：其後必~子將弟也死/日甲 86 背壹：～外喪/日甲 87 背壹：其後必～敬（警）/日甲 87 背壹：～言見/日甲 88 背壹：其後必～别/日甲 89 背壹：其後必～死者三人/日甲 89 背壹：必～死者二人/日甲 92 背壹：其後必～小子死/日甲 92 背壹：不出三月～得/日甲 95 背壹：必復～死/日甲 96 背壹：必～大女子死/日甲 97 背壹：莫市以行～九喜/日甲 98 背壹：日中以行～五喜/日甲 99 背壹：市日以行～七喜/日甲 100 背：莫食以行～三喜/日甲 101 背：旦以行～二喜/日甲 118 背：以西～（又）以東行/日甲 121 背：以西～（又）以東行/日甲 129 背：～土事必果/日甲 130 背：～土事弗果居/日甲 136 背：～女喪/日甲 141 背：必～死者/日甲 146 背：入官必～辠（罪）/日甲 154 背：子～（又）復反枳（支）/日甲 154 背：一月當～三反枳（支）/日乙 24 壹：居～食/日乙 24 壹：行～得/日乙 39 壹：～☑/日乙 40 壹：無不可～爲/日乙 44 壹：它毋～爲/日乙 45 壹：毋可～爲/日乙 46 壹：毋可～爲/日乙 54：～兵/日乙 57：～細喪/日乙 58：～兵/日乙 50 貳：～入/日乙 50 貳－51 貳：～出/日乙 77：可～求/日乙 94 壹：必～火起/日乙 97 壹：必～爵/日乙 101 壹：必～敫（憿）/日乙 113：必～火起/日乙 117：夫妻必～死者/日乙 119：～興/日乙 119：～疾/日乙 122：～喜/日乙 122：～【喜】/日乙 124：～咎主/日乙 134：節（即）以～爲/日乙 135：～爲也而遇雨/日乙 135：～死亡之志致（至）/日乙 135：凡且～爲/日乙 137：～不吉之名/日乙 139：～急行/日乙 157：～疾/日乙 161：～疾/日乙 163：必～大亡/日乙 163：～疾/日乙 165：～疾/日乙 167：～疾/日乙 169：～疾/日乙 171：～疾/日乙 173：～疾/日乙 175：～□/日乙 177：～疾/日乙 179：～疾/日乙 183：～疾/日乙

夫不～/答問 98：其四鄰、典、老皆出不～/答問 98：審不～/答問 98：典、老雖不～/爲吏 5 貳：過（禍）去福～

0213 而（331）　語書 3：～使之₌（之之）於爲善/語書 3：～吏民莫用/語書 4：～長邪避（僻）淫失（泆）之民/語書 4：故騰爲是～脩（修）灋（法）律令、田令及爲閒私方而下之/語書 4：故騰爲是而脩（修）灋（法）律令、田令及爲閒私方～下之/語書 5－6：自從令、丞以下智（知）～弗舉論/語書 6：～養匿邪避（僻）之民/語書 7：智（知）～弗敢論/語書 7：～令、丞弗明（明）智（知）/語書 8：獨多犯令～令、丞弗得者/語書 9：有（又）廉絜（潔）敦慤（慤）～好佐上/語書 10：～惡與人辨（别）治/語書 11：輕惡言～易病人/語書 11：～有冒柢（抵）之治/語書 12：～上猶智之/十八種 1：稼已生後～雨/十八種 5：到七月～縱之/十八種 5：唯不幸死～伐綰（棺）享（椁）者/十八種 6：百姓犬入禁苑中～不追獸及捕獸者/十八種 7：食其肉～入皮/十八種 11：稾大田～毋（無）恒籍者/十八種 15：銷敝不勝～毀者/十八種 16：縣₌（縣，縣）亟診～入之/十八種 16：其入之其弗亟～令敗者/十八種 18：其乘服公馬牛亡馬者～死縣₌（縣，縣）診而雜買（賣）其肉/十八種 18：其乘服公馬牛亡馬者而死縣₌（縣，縣）診～雜買（賣）其肉/十八種 19：令其人備之～告官₌（官，官）/十八種 19：十牛以上～三分一死/十八種 21：萬石一積～比黎之爲户/十八種 21－22：～遺倉嗇夫及離邑倉佐主稟者各一户以氣（餼）/十八種 22：餘之索～更爲發户/十八種 22－23：～復雜封之/十八種 24：入禾未盈萬石～欲增積/十八種 25：～書入禾增積者之名事邑里于廥籍/十八種 25－26：萬石之積及未盈萬石～被（柀）出者/十八種 29：出之未索（索）～已備者/十八種 32：索（索）～論不備/十八種 32：更₌（更；更）之～不備/十八種 46：月食者已致稟～公使有傳食/十八種 46：～以其來日致其食/十八種 48：妾未使～衣食公/十八種 50：雖有母～與其母冗居公者/十八種 51：到九月盡～止其半石/十八種 55：城旦之垣及它事～勞與垣等者/十八種 57：盡月～以其餘益爲後九月稟所/十八種 57：城旦爲安事～益其食/十八種 74：旬五日～止之/十八種 77：～弗收責/十八種 80：～人與參辨券/十八種 81：隃₌歲₌（隃（逾）歲，隃（逾）歲）～弗入及不如令者/十八種 82：～坐其故官以貲賞（償）及有它責（債）/十八種 83：效其官～有不備者/十八種 83－84：未～死/十八種 84：其已分～死/十八種 84：牧將公畜生（牲）～殺、亡之/十八種 84－85：未賞（償）及居之未備～死/十八種 87：盡七月～觷（畢）/十八種 88：凡糞其不可買（賣）～可以爲薪及蓋蘙〈蘙（翳）〉者/十八種 101：叚（假）～有死亡者/十八種 102－103：入叚（假）～而毋（無）久及非其官之久也/十八種 102－103：入叚（假）而～毋（無）久及非其官之久也/十八種 104：敝～糞者/十八種 108：賦之三日～當夏二日/十八種 111：故工一歲～成/十八種 111：新工二歲～成/十八種 112：籍書～上內史/十八種 118：～勿計爲繇（徭）/十八種 118：卒歲～或陕（決）壞/十八種 118－119：雖未盈卒歲～或盜陕（決）道出入/十八種 120：秋毋（無）雨時～以繇（徭）爲之/十八種 123：其程攻（功）～不當者/十八種 124：～以其實爲繇（徭）徒計/十八種 125：不勝任～折/十八種 125：爲用～出之/十八種 135－136：所弗問～久毄（繫）之/十八種 136：作務及賈～負責（債）者/十八種 136－137：一室二人以上居貲贖責（債）～莫見其室者/十八種 138：其日未備～被入錢者/十八種 138：以日當刑～不能自衣食者/十八種 138－139：衣食～令居之/十八種 139：官作居貲贖責（債）～遠其計所官者/十八種 139－140：毋過九月～觱（畢）到其官=（官；官）/十八種 140：盡九月～告其計所官/十八種 140：百姓有貲贖責（債）～有一臣若一妾/十八種 140：～欲居者/十八種 142：日未備～死者/十八種 151：非適（謫）辠（罪）殹（也）～欲爲冗邊五歲/十八種 153：未拜～死/十八種 154：賜未受～死及灋（法）耐畧（遷）者/十八種 155－156：謁歸公士～免故妻隸妾一人者/十八種 157：盡三月～止之/十八種 159：所不當除～敢先見事/十八種 162：官嗇夫免～效/十八種 164：積禾粟～敗之/十八種 165：禾=粟=（禾粟。禾粟）雖敗～尚可食/十八種 167：**度**禾、芻稾～不備十分一以下/十八種 167：～以律論其不備/十八種 169：～遺倉嗇夫及離邑倉佐主稟者各一户/十八種 171：嗇夫免～效=（效，效）/十八種 171：終歲～爲出凡/十八種 173：～以律論不備者/十八種 174：有贏、不備～匿弗謁/十八種 174：羣它物當負賞（償）～僞出之以彼（貱）賞（償）/十八種 175：大嗇夫、丞智（知）～弗辠（罪）/十八種 175：至計～上廥籍内史/十八種 196：有不從令～亡、有敗、失火/效律 2：官嗇夫、冗吏皆共賞（償）不備之貨～入贏/效律 8：數～贏、不備/效律 11：縣料～不備者/效律 12：縣料～不備其見（現）數五分一以上/效律 17：同官～各有主/效律 19：官嗇夫免～效不備/效律 22：積禾粟～敗之/效律 24：禾=粟=（禾粟。禾粟）雖敗～尚可飤（食）殹（也）/效律 25：度禾、芻稾～不備/效律 25－26：～以律論其不備/效律 27：萬石一積～比黎之爲户/效

～行告₌者【₌】辠₌（告者辠（罪）。告【者】辠（罪））/答問 106：父死～誧（甫）告之/答問 106：父死～告之/答問 107：未獄～死若已葬/答問 107：～誧（甫）告之/答問 109：葆子獄未斷～誣告人/答問 109－110：葆子□□未斷～誣告人/答問 110：耐以爲鬼薪～鋈足/答問 111：葆子獄未斷～誣【告人，其辠（罪）】/答問 117：當耐司寇～以耐隸臣誣人/答問 120：當黥城旦～以完城旦誣人/答問 125：將司人～亡/答問 132：未論～自出/答問 133：亡～得₌（得，得）/答問 142：令曰勿爲，～爲之/答問 144：事它郡縣～不視其事者/答問 152：倉鼠穴幾可（何）～當論及誶/答問 153：赦期已盡六月～得/答問 162：然～行事比焉/答問 163：未卒歲～得/答問 167：乙即弗棄，～得/答問 175：以乘馬駕私車～乘之/答問 176：臣邦人不安其主長～欲去夏者/答問 177：臣邦父母産子及産它邦～是謂“真”/答問 179：可（何）謂“亡券～害”/答問 180：徒、吏與偕使～弗爲私舍人/答問 181：後來盜～得/答問 182：智（知）人通錢～爲臧（藏）/答問 184：客未布吏～與賈/答問 195：雖不養主～入量（糧）者/答問 199：有大繇（徭）～曹鬭相趣（聚）/答問 205：～實弗盜/答問 207：不當氣（餼）～誤氣（餼）之/封診式 1：毋治（笞）諒（掠）～得人請（情）爲上/封診式 2：必先盡聽其言～書之/封診式 2－3：其辭已盡書～毋（無）解/封診式 3－4：詰₌之₌（詰之。詰之）極～數訑/封診式 10－11：甲黨（倘）有【它】當封守～某等脱弗占書/封診式 18：～捕以來自出/封診式 20：甲、乙捕索（索）其室～得此錢、容（鎔）/封診式 22：～捕來詣/封診式 23：此甲、乙牛殹（也），～亡/封診式 26：見丁與此首人～捕之/封診式 27：～以劍伐收其首/封

～美/日甲3背壹：牽＝（牽牛）以取（娶）織女～不果/日甲16背壹：富～痒（癃）/日甲28背壹：見～射之/日甲32背壹：人毋（無）故～鬼惑之/日甲33背壹：鬼來～毄（擊）之/日甲34背壹：人毋（無）故～鬼取爲膠（摎）/日甲37背壹：一宅中毋（無）故～室人皆疫/日甲38背壹：正立～貍（埋）/日甲39背壹：屈（掘）～去之/日甲42背壹：屈（掘）～去之/日甲49背壹：烰（炮）～食之/日甲50背壹：室毋（無）故～寒/日甲52背壹：壄（野）獸若六畜逢人～言/日甲53背壹：繹（釋）屨（屨）～投之/日甲56背壹：人之六畜毋（無）故～皆死/日甲61背壹：毋（無）氣之徒～嫜（動）/日甲62背壹：斷～能屬者/日甲67背壹：人毋（無）故～心悲/日甲67背壹：以桂長尺有尊（寸）～中折/日甲68背壹：以望之日＝（日日）始出～食之/日甲26背貳：求～去之/日甲34背貳：見它人～去/日甲37背貳－38背貳：享（烹）～食之/日甲41背貳：屈（掘）～去之/日甲44背貳：瞢（覺）～弗占/日甲49背貳：人毋（無）故～鬼祠（伺）其宮/日甲52背貳：人生子未能行～死/日甲54背貳：人毋（無）故～憂/日甲54背貳：爲桃更（梗）～敃（播）之/日甲56背貳：人毋（無）故～弩（怒）/日甲56背貳：以戊日＝（日日）中～食黍於道/日甲57背貳－58背貳：取白茅及黄土～西（洒）之/日甲59背貳：勿（忽）見～亡＝（亡，亡（無））/日甲60背貳：人毋（無）故～鼓（髮）撟若虫及須（鬚）睂（眉）/日甲65背貳：爲灰室～牢之/日甲66背貳：享（烹）～食之/日甲68背貳：入～傅（搏）者之/日甲26背叁：以牡刀皮～衣/日甲32背叁：人毋（無）故～鬼有鼠（予）/日甲33背叁：殺～享（烹）食之/日甲39背叁：鼠

（予）我～女/日甲 46 背叁：人行～鬼當道以立/日甲 48 背叁：人卧～鬼夜屈其頭/日甲 53 背叁：一室井血～星（腥）臭/日甲 55 背叁：～非人/日甲 55 背叁－56 背叁：旦～最（撮）之/日甲 56 背叁：果（裹）以賁（蕡）～遠去之/日甲 57 背叁：票（飄）風入人宫～有取/日甲 70 背：大辟（臂）臑～僂/日甲 74 背：盜者長～黑/日甲 75 背：長耳～操蔡/日甲 78 背：盜者醑（籥）～黄色/日甲 80 背：盜者大鼻～票（剽）行/日甲 111 背－112 背：掓其畫中央土～懷之/日甲 118 背：以坐～飲酉（酒）/日甲 121 背：以坐～飲酉（酒）/日乙 17：～遇（寓）人₌（人，人）/日乙 58：歲善～柀不全/日乙 134：凡是日赤啻（帝）恒以開臨下民～降央（殃）/日乙 135：有爲也～遇雨/日乙 176：外鬼父枼（世）見～欲/日乙 181：有病者必五病～☐/日乙 194：覺～擇（釋）之/日乙 194：西北鄉（嚮）擇（釋）髮～駟（呬）/日乙 231 貳：不計～徙/日乙 235 貳：辱～去/日乙 255：疵～在耳

0214 匠（2）　十八種 123：度攻（功）必令司空與～度之/十八種 123－124：毋獨令～

0215 夸（1）　爲吏 14 貳：一曰～以泄

0216 灰（7）　十八種 4：毋敢夜（爇）草爲～/日甲 31 背壹：鬼來陽（揚）～毄（擊）箕以喿（譟）之/日甲 62 背壹：濆以～/日甲 48 背貳：以～☐食₌（食食）之/日甲 50 背貳：以～濆之/日甲 53 背貳：濆門以～/日甲 65 背貳：爲～室而牢之

0217 戍（11）　十八種 101：如從興～然/十八種 137：毋除繇（徭）～/雜抄 3：賞（償）四歲繇（徭）～/雜抄 12：～二歲/雜抄 12：貲～一歲/雜抄 13：貲～二歲/雜抄 13：～一歲/雜抄 39：～律/雜抄 39：行～不以律/雜抄 40：～者城及補城/雜抄 41：令～者勉補繕城

0218 歽（2） 十八種 164：倉扇（漏）～（朽）禾粟/效律 22：倉扇（漏）～（朽）禾粟

0219 列（3） 十八種 68：賈市居～者/十八種 68：～伍長弗告/十八種 126－127：車₌（車，車）蕃（藩）蓋强折～（裂）

0220 死（223） 編年記 52 壹：王稽、張禄～/編年記 3 貳：昭～/編年記 4 貳：立即～/編年記 7 貳：莊王～/編年記 28 貳：韓王～/編年記 28 貳：有～□屬/編年記 30 貳：□□守陽□～/編年記 30 貳：昌文君～/十八種 5：唯不幸～而伐綰（棺）享（槨）者/十八種 16：馬₌牛【₌】（馬牛，馬【牛】）～者/十八種 16：亟謁～所縣₌（縣，縣）/十八種 16－17：其小隸臣疾～者/十八種 17：其非疾～者/十八種 18：其乘服公馬牛亡馬者而～縣₌（縣，縣）/十八種 19：十牛以上而三分一～/十八種 20：～牛三以上/十八種 77：其人～亡/十八種 83－84：未而～/十八種 84：其已分而～/十八種 84－85：未賞（償）及居之未備而～/十八種 101：叚（假）而有～亡者/十八種 106：其叚（假）者～亡/十八種 134：居贖刑辠（罪）、～辠（罪）/十八種 135：居贖刑以上到贖～/十八種 142：日未備而～者/十八種 153：未拜而～/十八種 154：賜未受而～及灋（法）耐罨（遷）者/十八種 157：其有～亡及故有夬（缺）者/雜抄 37：戰～事不出（屈）/雜抄 37：後察不～/雜抄 37：不～者歸/答問 60：未行而～若亡/答問 68：甲病～已葬/答問 74：子₌（子，子）以貼（枯）～/答問 77：問～者有妻、子當收/答問 106：父～而誧（甫）告之/答問 106：父～而告之/答問 107：未獄而～若已葬/答問 108：父已～/答問 174：隸臣～/封診式 55：賊～/封診式 55：署中某所有賊～/封診式 56：男子～（屍）在某室南首/封診式 60－61：男子～（屍）所到某亭百步/封診式 62：智（知）男子可

襦（㦸）/日乙 111：以～日㮚（構）屋=（屋，屋）以此日爲蓋/日乙 111：以此日㮚（構）屋=（屋，屋）以～日爲蓋/日乙 139：以～行吉/日乙 150：凡以～往亡必得

0226 光（10） 爲吏 50 叁：昭如有～/日甲 12 正貳：夬～日/日甲 32 正：是胃（謂）重～/日甲圖二（114 正壹—126 正壹）：則～門/日乙 24 壹：成決～之日/日乙 196 壹：不見其～/日乙 197：西北續～/日乙 198：北續～/日乙 199：東南續～/日乙 200：正南續～

0227 旱（1） 十八種 2：～〈旱〉及暴風雨、水潦、夆（螽）蚰、羣它物傷稼者

0228 虫（10） 日甲 62 背壹：殺～豸/日甲 34 背貳－35 背貳：是神～僞=（僞爲）人/日甲 39 背貳：是會～居其室西臂（壁）/日甲 40 背貳－41 背貳：必中～首/日甲 60 背貳：人毋（無）故而鼓（髮）撟若～及須（鬚）麕（眉）/日甲 35 背叁：有眾～襲入人室/日甲 35 背叁：是壄（野）火僞=（僞爲）～/日甲 49 背叁：鳥獸～豸甚眾/日乙 115：百～弗居/日乙 116：百～弗居

0229 曲（3） 編年記 42 壹：攻少～/日甲圖二（114 正壹—126 正壹）：～門/日甲 125 正貳：～門

0230 吕（1） 爲吏 18 伍－19 伍：叚（賈）門逆～（旅）

0231 同（43） 語書 1：其所利及好惡不～/十八種 85：毋責妻、～居/十八種 98：爲器～物者/十八種 99：不～程者毋同其出/十八種 99：不同程者毋～其出/十八種 151：百姓有母及～牲（生）爲隸妾/十八種 174－175：與盜～灋（法）/效律 17：～官而各有主/效律 35：與盜～灋（法）/雜抄 13：～車食、敦（屯）長、僕射弗告/雜抄 39：～居毋並行/答問 9：～論/答問 15：～辠（罪）/答問 17：當～辠（罪）/答問 18：甲妻、子與甲～辠（罪）/答問 20：律曰“與盜～灋（法）”/答

北方來/日乙 160：脂～從東方來/日乙 164：狗～從東方來/日乙 166：乾～從東方來/日乙 167－168：赤～從東方來/日乙 170：赤～從南方來/日乙 171－172：赤～從南方來/日乙 176：赤～從北方來/日乙 180：黑～從東方來/日乙 181：禺（遇）御於豕～/日乙 183：得【於】赤～、雄雞、酒/日乙 185：得於肥～、鮮魚、卵/日乙 187：得於酉（酒）、脯、脩、節（鼈）、～/日乙 239：～食

0236 囚（1） 爲吏 13 伍－14 伍：令數～（究）環

0237 年（101） 編年記 1 壹：昭王元～/編年記 2 壹：二～/編年記 3 壹：三～/編年記 4 壹：四～/編年記 5 壹：五～/編年記 6 壹：六～/編年記 7 壹：七～/編年記 8 壹：八～/編年記 9 壹：九～/編年記 10 壹：十～/編年記 11 壹：十一～/編年記 12 壹：十二～/編年記 13 壹：十三～/編年記 14 壹：十四～/編年記 15 壹：十五～/編年記 16 壹：十六～/編年記 17 壹：十七～/編年記 18 壹：十八～/編年記 19 壹：十九～/編年記 20 壹：廿～/編年記 21 壹：廿一～/編年記 22 壹：廿二～/編年記 23 壹：廿三～/編年記 24 壹：廿四～/編年記 25 壹：廿五～/編年記 26 壹：廿六～/編年記 27 壹：廿七～/編年記 28 壹：廿八～/編年記 29 壹：廿九～/編年記 30 壹：卅～/編年記 31 壹：卅一～/編年記 32 壹：卅二～/編年記 33 壹：卅三～/編年記 34 壹：卅四～/編年記 35 壹：卅五～/編年記 36 壹：卅六～/編年記 37 壹：卅七～/編年記 38 壹：卅八～/編年記 39 壹：卅九～/編年記 40 壹：卌～/編年記 41 壹：卌一～/編年記 42 壹：卌二～/編年記 44 壹：卌四～/編年記 45 壹：卌五～/編年記 46 壹：卌六～/編年記 47 壹：卌七～/編年記 48 壹：卌八～/編年記 51 壹：五十一～/編年記 52 壹：【五十二】～/編年記 53 壹：【五十】

三～/編年記 1 貳：五十四～/編年記 2 貳：五十五～/編年記 3 貳：五十六～/編年記 4 貳：孝文王元～/編年記 5 貳：莊王元～/編年記 6 貳：莊王二～/編年記 7 貳：莊王三～/編年記 8 貳：今元～/編年記 9 貳：二～/編年記 10 貳：三～/編年記 12 貳：五～/編年記 13 貳：六～/編年記 14 貳：七～/編年記 15 貳：八～/編年記 16 貳：九～/編年記 18 貳：十一～/編年記 19 貳：十二～/編年記 20 貳：十三～/編年記 21 貳：十四～/編年記 22 貳：十五～/編年記 23 貳：十六～/編年記 23 貳：自占～/編年記 24 貳：十七～/編年記 25 貳：十八～/編年記 26 貳：十九～/編年記 27 貳：卄～/編年記 28 貳：卄一～/編年記 29 貳：卄二～/編年記 30 貳：卄三～/編年記 32 貳：卄五～/編年記 33 貳：卄六～/編年記 34 貳：卄七～/編年記 36 貳：卄九～/編年記 37 貳：丗～/語書 1：廿～四月丙戌朔丁亥/十八種 33：☐以書言～/十八種 35：計稻後～/十八種 70：以書告其出計之～/十八種 71：☐□□□□□□□移計其後～/十八種 71：深（審）以其～計之/十八種 90：後計冬衣來～/十八種 140：計之其作～/十八種 201：必署其已稟～日月/封診式 97：四～三月丁未籍一亡五月十日/爲吏 16 伍：卄五～閏再十二月丙午朔辛亥/爲吏 22 伍：卄五～閏再十二月丙午朔辛亥/日甲 3 正貳：邦郡得～/日甲 41 背貳：不出三～/日乙 22 壹：生子～不可遠₌行₌（遠行，遠行）/日乙 103 壹：不到三～死/日乙 251－252：邦有～

0238 朱（5） 效律 6：三～（銖）以上/效律 7：半～（銖）【以】上/答問 140：盜出～（珠）玉邦關/答問 140：上～（珠）玉内₌史₌（内史，内史）/爲吏 36 叁：～珠丹青

0239 先（32） 十八種 24－25：積=（積，積）者必～度故積/十八種 31：令其故吏與新吏雜～索（索）出之/十八種 87：求～買（賣）/十八種 111－112：能～期成學者謁上=（上，上）/十八種 159：所不當除而敢～見事/十八種 167：～索以稾人/效律 25：～索（索）以稾人/雜抄 9－10：～賦驀=（驀馬）/答問 8：～自告/答問 62：其妻～自告/答問 95：辭者不～辭官長、嗇夫/答問 170：妻～告/封診式 2：必～盡聽其言而書之/封診式 68：診必～謹審視其迹/封診式 72：自殺者必～有故/日甲 42 正：～辱而後又（有）慶/日甲 129 正：必～計月中閒日/日甲 146 正陸：～〈无〉冬（終）/日甲 149 正陸：～〈无〉冬（終）/日甲 4 背壹：夫～死/日甲 82 背：癸名曰陽生～智丙/日甲 111 背：～爲禹除道/日甲 125 背：祠史～龍丙望/日甲 156 背：～牧日丙/日甲 157 背：夫=（大夫）～敫兕席/日乙 60：～辱後慶/日乙 52 貳：祠史～龍丙望/日乙 135：必～計月中閒日/日乙 159：西～行/日乙 161：西～行/日乙 165：～行/日乙 169：午以東～行

0240 牝（7） 雜抄 31：牛大～十/雜抄 31：羊～十/封診式 21：騅～右剽/封診式 23：黑～曼靡（縻）有角/日甲 11 背：丑、辰、申、午、未、亥爲～=（牝。牝）/日甲 12 背：三月、四月、九月、十月爲～=月=（牝月。牝月）/日甲 136 背：是胃（謂）～日

0241 廷（25） 編年記 34 貳：八月己亥～食時/十八種 10：輒上石數縣～/十八種 29：上羸不備縣～/十八種 29：言縣～=（廷，廷）/十八種 29－30：輒上數～/十八種 121：縣毋敢擅壞更公舍官府及～/十八種 185：書～辟有曰報/十八種 197：令=（令令）史循其～府/答問 38－39：～行事以不審論/答問 42：～行事貲二甲/答問 56：～行事以僞寫印/答問 59：～行[illegible]=（事吏）爲詛（詐）

～者爲“梃”/答問 92：室＝（室，室）人以投（殳）梃～殺之/封診式 27：以劍～收其首/封診式 30：～殺收首/封診式 32：直以劍～痍丁/日甲 44 正：利以戰～/日甲 75 正壹：可以攻～/日甲 67 背貳－68 背貳：是遽鬼執人以自～〈代〉/日甲 143 背：～木/日乙 62：利單（戰）～/日乙 67：可以～木＝（木。木）/日乙 127：不可～室中尌（樹）木/日乙 128：～尌（樹）木

0248 延（2） 答問 160：旞（遺）火～燔里門/日甲 50 背叁：人毋（無）故一室人皆箠（垂）～（涎）

0249 任（11） 語書 6：不勝～/十八種 101：令其徒、舍人～其叚（假）/十八種 125：不勝～而折/十八種 125：大車輮不勝～/十八種 196：大嗇夫、丞～之/雜抄 1：～灋（廢）官者爲吏/雜抄 3：嗇夫～之/雜抄 6：置～不審/雜抄 9：不勝～/答問 145：～人爲丞＝（丞，丞）/答問 145：今初～者有辠（罪）

0250 仮（1） 日乙 22 壹：遠＝行＝（遠行，遠行）不～（返）

0251 自（56） 編年記 23 貳：～占年/語書 5－6：～從令、丞以下智（知）/語書 9－10：有（又）能～端/十八種 8：芻～黄䅧及蘑束以上皆受之/十八種 22：～封印/十八種 23：唯倉～封印者是度縣/十八種 95：隸臣妾之老及小不能～衣者/十八種 119：令苑輒～補繕之/十八種 123：～二日以上/十八種 128：官[有]金錢者～爲買脂、膠/十八種 138：[不]能～衣者/十八種 138：不能～衣食者/十八種 171：唯倉所～封印是度縣/十八種 179：～官士夫＝（大夫）以上/效律 18：新嗇夫～效/效律 30：唯倉所～封印是度縣/效律 56：～二百廿錢以下/效律 57：～二以上/效律 60：誤＝（誤。誤）～重/雜抄 10－11：吏～佐、史以上負從馬、守書私卒/

答問 8：先～告/答問 62：其妻先～告/答問 77：或～殺/答問 125：能～捕及親所智（知）爲捕/答問 126：後～捕所亡/答問 131：得及～出/答問 131：～出/答問 132：未論而～出/答問 146：後～得所亡/答問 158：有馬一匹～牧之/答問 166：得及～出/封診式 15：盜～告/封診式 15：某里公士甲～告/封診式 16：來～告₌（告，告）/封診式 18：～晝甲見丙陰市庸中/封診式 18：捕以來～出/封診式 26：～晝甲將乙等徼循到某山/封診式 29：～晝居某山/封診式 72：～殺者必先有故/封診式 73：～宵臧（藏）乙復（複）結衣一乙房內中/封診式 84：～晝與同里大女子丙鬬/封診式 85：～宵子變出/封診式 85：今甲裹把子來詣～告₌（告，告）/封診式 95：～晝見某所/封診式 96：亡～出/封診式 96：男子甲～詣/封診式 96：今來～出/爲吏 15 肆：敬～賴之/爲吏 18 伍：～今以來/日甲 34 正：美惡～成/日甲 36 正：徙₌官₌（徙官。徙官）～如/日甲 36 正：～歸/日甲 67 背貳－68 背貳：是遽鬼執人以～伐〈代〉/日甲 38 背叁：～浴以犬矢（屎）/日甲 158 背：律₌（律律）弗御～行/日甲 158 背：弗敺（驅）～出

0252 伊（2）　編年記 13 壹：攻～闕〈闕〉/編年記 14 壹：～闕〈闕〉

0253 血（13）　封診式 57：甾（腦）角出（頔）皆～出/封診式 58－59：襦北（背）及中衽□污～/封診式 86：診甲前～出及癰狀/封診式 87：如衃（衃）～狀/封診式 88：音（衃）～子/封診式 89：出水中有（又）音（衃）～狀/封診式 89：甲前旁有乾～/封診式 89：今尚～出而少/封診式 90：其前及～出如甲□/日甲 104 正貳：是謂～明（明）/日甲 53 背叁：一室井～而星（腥）臭/日甲 53 背叁：～上扁（漏）/日乙 62：必鬬見～

0254 行（183） 編年記 44 壹：攻大（太）～/語書 7：令人案～之/語書 8：以郵～/十八種 2：近縣令輕足～其書/十八種 2－3：遠縣令郵～之/十八種 66：不～/十八種 68：毋敢擇=～=錢=、布=（擇行錢、布；擇行錢、布）/十八種 115：乏弗～/十八種 147－148：當～市中者/十八種 148：勿～/十八種 183：～命書及書署急者/十八種 183：輒～之/十八種 183：～書/十八種 184：～傳書/十八種 185：～書/十八種 197：官嗇夫及吏夜更～官/十八種 200：勿敢～=（行，行）/雜抄 4：灋（廢）弗～/雜抄 39：同居毋並～/雜抄 39：縣嗇夫、尉及士吏～戍不以律/答問 10：～乙室/答問 38－39：廷～事以不審論/答問 42：廷～事貲二甲/答問 49：～真辠（罪）、有（又）以誣人論/答問 56：廷～事以僞寫印/答問 59：廷～[illegible]=（事吏）爲詛（詐）僞/答問 59：～其論/答問 60：廷～事有辠（罪）當署（遷）/答問 60：未～而死若亡/答問 66：廷～事爲賊/答問 104：～告=者【=】辠=（告者辠（罪）。告【者】辠（罪））已行/答問 104：行告=者【=】辠=（告者辠（罪）。告【者】辠（罪））已～/答問 109：～其耐/答問 111：～其耐/答問 142：廷～事皆以“犯令”論/答問 148：廷～事强質人者論/答問 149：廷～事貲一甲/答問 150：廷～事貲一甲/答問 151：廷～【事】貲一甲/答問 152：廷～事鼠穴三以上貲一盾/答問 162：然而～事比焉/答問 163：以將陽有（又）～治（笞）/答問 164：已閱及敦（屯）車食若～到繇（徭）所乃亡/答問 204：～旞與偕者/答問 204：～旞曰“面”/封診式 29：流～毋（無）所主舍/爲吏 41 壹：毋～可悔/爲吏 5 貳：正～脩（修）身/爲吏 10 貳：喜爲善～/爲吏 30 貳：善言隋（惰）～/爲吏 42 貳：能審～此/爲吏 28 肆：安而～之/爲吏 44 肆：長不～/爲吏12伍：下恒～巧而威故移/日甲4正貳：以祭門、～₌（行、行）水，吉/日甲5正貳：祭門、～，吉/日甲7正貳：利以～帥〈師〉出正（征）、見人/日甲9正貳：不可以～作/日甲12正貳：～有得/日甲19正貳：不可以～/日甲36正：是胃（謂）不成～/日甲38正：可以穿井、～水、蓋屋、飲樂、外除/日甲53正叁：不可以～₌（行，行）/日甲68正壹：利祠及～/日甲69正壹：祠、爲門、～，吉/日甲70正壹：祠及～、出入貨，吉/日甲72正壹：不可祠及～/日甲72正壹：可以～水/日甲75正壹：利祠及～賈₌（賈、賈）市/日甲76正壹：可祠及～/日甲81正壹：不可～/日甲82正壹：祠及～，吉/日甲83正壹：利祠及～/日甲90正壹：祠及～，吉/日甲94正壹：利～/日甲72正貳：巫堪～/日甲79正貳：祠～良日/日甲圖二（114正壹—126正壹）：失～門/日甲121正貳：失～門/日甲127正：～/日甲127正：凡且有大～、遠行若飲食歌樂、聚畜生（牲）及夫妻同衣/日甲127正：凡且有大行、遠～若飲食歌樂、聚畜生（牲）及夫妻同衣/日甲130正：民將～/日甲131正：歸～/日甲132正：毋以辛壬東南～/日甲132正：毋以癸甲西南～/日甲132正：毋以乙丙西北～/日甲132正：毋以丁庚東北～/日甲132正：～之敫/日甲132正：以～不吉/日甲133正：～，亡/日甲134正：不可以～/日甲134正：己酉從遠～入/日甲135正：戊己丙丁庚辛旦～/日甲135正：甲乙壬癸丙丁日中～/日甲135正：庚辛戊己壬癸餔時～/日甲135正：壬癸庚辛甲乙夕～/日甲138正壹：北毋～/日甲136正貳：毋～/日甲139正貳：南毋～/日甲139正叁：毋以亥～/日甲136正捌－137正捌：不可以～/日甲1背：～，傅/日甲24背壹：鬼害民罔（妄）～/日甲

26背壹：連～、奇（踦）立/日甲31背貳：人若鳥獸及六畜恒～人宮/日甲52背貳：人生子未能～而死/日甲46背叄：人～而鬼當道以立/日甲80背：盜者大鼻而票（剽）～/日甲97背壹：莫市以～有九喜/日甲98背壹：日中以～有五喜/日甲99背壹：市日以～有七喜/日甲100背：莫食以～有三喜/日甲101背：旦以～有二喜/日甲95背貳：久～毋以庚午入室/日甲96背貳：□□～毋以戌亥入/日甲97背貳：不可以船～/日甲98背貳：不可以船～/日甲99背貳：不可以～/日甲108背：□是日在～不可以歸/日甲108背：不可以～/日甲109背－110背：十二月甲子以以～/日甲110背：從遠～歸/日甲111背：～到邦門困（閫）/日甲111背：某～毋（無）咎/日甲118背：以西有（又）以東～/日甲121背：以西有（又）以東～/日甲127背：久～/日甲127背：長～/日甲128背：不可以船～/日甲128背：不可以船～/日甲128背：不可以～/日甲157背：四廄～/日甲158背：律=（律律）弗御自～/日甲159背：四足善～/日乙19壹：利以～帥〈師〉徒、見人、入邦/日乙21壹：不可以～/日乙22壹：不可遠=～=（遠行，遠行）/日乙24壹：～有得/日乙43壹：可以攻軍、入城及～/日乙56：不成其～/日乙37貳：祠～日/日乙40貳：壬癸～/日乙43貳：久～/日乙43貳：長～/日乙44貳：不可以船～/日乙44貳：不可以船～/日乙44貳：不可以～/日乙81壹：不可～/日乙82壹：祠及～，吉/日乙90壹：祠及～，吉/日乙94壹：利～/日乙97壹：祠、爲門、～，吉/日乙98壹：祠及～、出入【貨】，吉/日乙100壹：不可祠及～/日乙103壹：利祠及～賈=（賈、賈）市/日乙104叄：左～/日乙105叄－106叄：～邦☑令行/日乙105叄－106叄：

～（凶）/日甲 108 背：是₌（是是）大～（凶）/日乙 81 壹：百事～（凶）/日乙 87 壹：百事～（凶）/日乙 89 壹：百事～（凶）/日乙 92 壹：百事～（凶）/日乙 100 壹：不可祠及行，～（凶）/日乙 101 壹：百事～（凶）/日乙 102 壹：百事～（凶）/日乙 107 壹：百事～（凶）/日乙 120：以大生（牲）～（凶）/日乙 120：小生（牲）～（凶）/日乙 140：以出，～（凶）/日乙 157：西聞言～（凶）/日乙 165：北～（凶）/日乙 167：西～（凶）/日乙 169：南～（凶）/日乙 171：北～（凶）/日乙 173：南～（凶）/日乙 175：西～（凶）/日乙 177：南～（凶）/日乙 206 壹：其東受～（凶）/日乙 208 壹：去室西南受～（凶）/日乙 210 壹：其東受～（凶）/日乙 212 壹：【甲乙死者，其】東受～（凶）/日乙 213 壹：其西受～（凶）/日乙 215 壹：其東北受～（凶）/日乙 216 壹：其東受～（凶）/日乙 233 貳：卯入官，～（凶）/日乙 238：己巳生，～（凶）

0259 刖（2） 爲吏 9 壹：廉而毋～/爲吏 29 壹：斷割不～

0260 夙（7） 十八種 184：必書其起及到日月～莫（暮）/日甲 39 背貳：一室人皆～（縮）筋/日甲 41 背貳：一室人皆～（縮）筋/日甲 77 背：～得莫（暮）不得/日甲 78 背：～得莫（暮）不得/日甲 79 背：～得莫（暮）不得/日甲 80 背：～得莫（暮）不得

0261 危（31） 日甲 14 正壹：～酉/日甲 15 正壹：～戌/日甲 16 正壹：～亥/日甲 17 正壹：～子/日甲 18 正壹：～丑/日甲 19 正壹：～寅/日甲 20 正壹：～卯/日甲 21 正壹：～辰/日甲 22 正壹：～巳/日甲 23 正壹：～午/日甲 24 正壹：～未/日甲 25 正壹：～申/日甲 21 正貳：～日/日甲 26 正壹：寅酉～陽/日甲 27 正壹：辰亥～陽/日甲 28 正壹：午丑～陽/日甲 29 正壹：申卯～陽/日

～寅/日乙 133：十月上～未/日乙 133：十一月上～辰/日乙 133－134：十二月上～丑/日乙 149：二月～/日乙 149：三月～一日/日乙 149：五月～六日/日乙 149：六月二～/日乙 149：八月～八日/日乙 149：九月二～七日/日乙 149：十月～/日乙 149：十一月～/日乙 149：十二月二～/日乙 151：二月～四日/日乙 151：五月～六日/日乙 151：六月二～四日/日乙 151：八月～八日/日乙 151：九月二～七日/日乙 151－152：☒二～/日乙 195 貳：入月～七日毀垣/日乙 196 貳：入月～八日

0264 各（67） 語書 1：民～有鄉俗/十八種 19：今課縣、都官公服牛～一課/十八種 21－22：遺倉嗇夫及離邑倉佐主稟者～一户以氣（餼）/十八種 28：芻稾～萬石一積/十八種 50：嬰兒之毋（無）母者～半石/十八種 69：～嬰其賈（價）/十八種 69：小物不能～（格）一錢者/十八種 72：養～一人/十八種 73：～與其官長共養、車牛/十八種 102：公甲兵～以其官名刻久之/十八種 132：～以其橚〈穫〉時多積之/十八種 139：～以其作日及衣數告其計所官/十八種 144：穜（種）時、治苗時～二旬/十八種 169：遺倉嗇夫及離邑倉佐主稟者～一户/十八種 181：芻稾～半石/十八種 186：縣～告都官在其縣者/十八種 194：～有衡石贏（纍）、斗甬（桶）/效律 7：貲～一盾/效律 17：同官而～有主/效律 17：～坐其所主/效律 28－29：遺倉嗇夫及離邑倉佐主稟者～一户/效律 46：貲工及吏將者～二甲/效律 47：貲～一甲/效律 47：貲～一盾/雜抄 8－9：令、尉貲～二甲/雜抄 9：令、丞～一甲/雜抄 15：令、丞貲～一甲/雜抄 18：工師及丞貲～二甲/雜抄 19：縣嗇夫、丞、吏、曹長～一盾/雜抄 20：令、丞及佐～一盾/雜抄 20－21：徒絡組～廿給/雜抄 21：令、丞～一甲/雜抄 29：貲～一盾/雜抄 30：令、丞、佐、史～一盾/雜抄 31：貲嗇夫、佐～一盾/雜抄 31：貲嗇夫、佐～一盾/雜抄 33：貲～一甲/雜抄 34：貲～一盾/雜抄 40：貲～一甲/答問 5：論～可（何）/答問 5：～畀主/答問 12：即～盜/答問 12：其臧（贜）直（值）～四百/答問 12：～坐臧（贜）/答問 25：皆～爲一₌具【₌】（一具，一【具】）/答問 83：論～可（何）/答問 86：～可（何）論/答問 89：～以其律論之/答問 139：當貲～二甲/封診式 2：～展其辭/封診式 9：～有户/封診式 14：亡₌（亡，亡）及逋事～幾可（何）日/封診式 23：～識/封診式 34：～告曰：甲、丙戰刑（邢）丘城/封診式 57：袤～四寸/封診式 57：廣～一寸/封診式 58：衣布禪帬（裙）、襦～一/封診式 68：衣絡禪襦、帬（裙）～一/封診式 69：頭足去終所及地～幾可（何）/封診式 77－78：内₌中₌（内中。内中）及穴中外壤上有厀（膝）、手迹，厀（膝）、手～六所/封診式 81：東₌北₌（東北，東、北）去廦（壁）～四尺/封診式 99：□□～一其□/爲吏 35 伍：人～食其所耆（嗜）/爲吏 36 伍－37 伍：～樂其所樂/日甲 20 正叁：～常□忌/日甲 47 正叁－48 正叁：從上右方數朔之初日及枳（支）～一日/日甲 156 背：東鄉南鄉～一馬☐

0265 名（31） 十八種 25：書入禾增積者之～事邑里于廥籍/十八種 102：公甲兵各以其官～刻久之/十八種 147：其～將司者，將司之/封診式 6：可定～事里/封診式 13：可定～事里/封診式 40：其定～事里/封診式 44：定～事里/封診式 91－92：疏書甲等～事關（貫）諜（牒）北（背）/封診式 96－97：問之里～事定/爲吏 25 壹：～不章/爲吏 44 肆：死毋（無）～/日甲 11 正貳：

【絕日，無爲而】可～曰毄（擊）日/日甲 130 正：有不吉之～/日甲 74 背：～酉茝亥旦/日甲 75 背：～𧦝達禄得獲錯/日甲 76 背：～建章丑吉/日甲 77 背：～責環貉豺干都寅/日甲 78 背：～多酉起嬰/日甲 79 背：～馬童龔思辰戌/日甲 80 背：～豚孤夏穀□亥/日甲 81 背：甲盜～曰耤鄭壬饘强當良/日甲 81 背：乙～曰舍徐可不詠亡惪（憂）/日甲 81 背：丙～曰轎可癸上/日甲 81 背：丁～曰浮妾榮辨僕上/日甲 81 背：戊～曰匽爲勝死/日甲 82 背：己～曰宜食成怪目/日甲 82 背：庚～曰甲郢相衛魚/日甲 82 背：辛～曰秦桃乙忌慧/日甲 82 背：壬～曰黑疾齊諈/日甲 82 背：癸～曰陽生先智丙/日乙 137：有不吉之～

0266 多（43） 語書 2：民～詐巧/語書 8：獨～犯令而令、丞弗得者/語書 13：其畫（過）最～者/十八種 1：輒言雨少～/十八種 121：以田少～出人/十八種 131：其縣山之～荓者/十八種 132：各以其𣚍〈穫〉時～積之/效律 1 正：以其賈（價）～者辠（罪）之/效律 58：計脱實及出實～於律程/答問 69：直以～子故/爲吏 11 貳：龔（恭）敬～讓/爲吏 27 叁：息子～少/日甲 37 正：～雨/日甲 39 正：～雨/日甲 43 正：～雨/日甲 43 正：～盜/日甲 45 正：～雨/日甲 26 正貳：癸酉～衣/日甲 74 正壹：妻=（妻，妻）～舌/日甲 89 正壹：～子/日甲 16 背貳：宇～於西南之西/日甲 17 背貳：宇～於西北之北/日甲 18 背貳：宇～於東北之北/日甲 19 背貳：宇～於東北/日甲 20 背貳：宇～於東南/日甲 23 背伍：～惡言/日甲 40 背壹：～瞢（夢）米（寐）死/日甲 59 背壹－60 背壹：～益其旁人/日甲 69 背：～〈名〉鼠鼷孔午郢/日甲 70 背：～〈名〉徐善趚以未/日甲 71 背：～〈名〉虎豻貙豹申/日甲 72 背：～〈名〉兔竈陘突垣義酉/日甲 73 背：～〈名〉獾不圖

33：～診其痍狀/封診式 93：～未嘗召丙飲/爲吏 25 肆：上～毋驕/爲吏 34 伍：身～毋（無）薛（辥）/日甲 31 正貳：男子～然/日甲 58 正叁：不出歲～/日甲 103 正壹：～弗居/日乙 64：～勿以穜（種）/日乙 145：～席三叕（餟）/日乙 160：巫～爲姓（眚）

0270 交（7） 答問 74：～傷/答問 74：～論/答問 173：甲、乙～與女子丙奸/日甲 4 正貳：～日/日甲 7 背貳：～徙人也可/日乙 4：【建】～/日乙 16：建～之日

0271 次（4） 語書 8：以～傳/答問 57：它=縣=（它縣，它縣）亦傳其縣～/封診式 36：遣來識戲～/封診式 49：以縣～傳詣成=都=（成都，成都）

0272 衣（101） 十八種 48：妾未使而～食公/十八種 48：令就～食/十八種 77－78：以其日月減其～食/十八種 78：終歲～食不踐以稍賞（償）/十八種 90：受（授）～者/十八種 90：夏～以四月盡六月稟之/十八種 90：冬～以九月盡十一月稟之/十八種 90：後計冬～來年/十八種 90：囚有寒者爲褐～/十八種 91：爲褐以稟～/十八種 92：已稟～/十八種 93：在咸陽者致其～大内/十八種 93：在它縣者致～從事之縣=（縣，縣）/十八種 93：以律稟～/十八種 94：稟～者/十八種 95：隸臣妾之老及小不能自～者/十八種 95：如舂～/十八種 96：～如隸臣妾/十八種 134：毋赤其～/十八種 135：皆赤其～/十八種 138：不能自～者/十八種 138：公～之/十八種 138：令居其～如律然/十八種 138：以日當刑而不能自～食者/十八種 138－139：～食而令居之/十八種 139：各以其作日及～數告其計所官/十八種 141：勿責～食/十八種 141：～食之如城旦舂/十八種 142：責～/十八種 142：貣（貸）～食公/十八種 142：出其～食/十八種 147：城旦舂～赤衣/十八種 147：城旦舂衣赤～/十八種 201：受～未受/十八種 201：受者以律

續食～之/答問 23：今盜₌（盜盜）甲～/答問 23：以買布～而得/答問 23：當以～及布畀不當₌（當？當）/答問 24：～不當/答問 170：妻賸（媵）臣妾、～器當收不₌當₌（不當？不當）/答問 171：妻賸（媵）臣妾、～器當收/答問 205：甲把其～錢匿臧（藏）乙室/封診式 8：～器/封診式 21：緹覆（複）～/封診式 22：丙盜此馬、～/封診式 58：～布禪帬（裙）、襦各一/封診式 68：～絡禪襦、帬（裙）各一/封診式 70－71：乃□其～/封診式 73：自宵臧（藏）乙復（複）結～一乙房内中/封診式 73－74：今旦起啓户取～/封診式 74：結～不得/封診式 81：□結～柖中央/封診式 81：乙以迺二月爲此～/封診式 83：見乙有結復（複）～/封診式 83：以此直（值）～賈（價）/爲吏 31 叁：～食飢寒/日甲 13 正貳：折（製）～常（裳）/日甲 32 正：㓹（製）～常（裳）/日甲 26 正貳：～/日甲 26 正貳：裚（製）～/日甲 26 正貳：癸酉多～/日甲 26 正貳：台（始）被新～₌（衣，衣）/日甲 95 正壹：□乘車馬、～常（裳）/日甲 119 正貳：柁～常（裳）/日甲 127 正：夫妻同～/日甲 146 正貳：男好～佩而貴/日甲 148 正貳：武而好～劍/日甲 140 正陸：～污/日甲 68 背貳：解～弗衽/日甲 26 背叁：以牡刀皮而～/日甲 113 背：～良日/日甲 113 背－114 背：丁丑材（裁）～/日甲 114 背：十一月丁酉材（裁）～/日甲 114 背：終身～絲/日甲 114 背：十月丁酉材（裁）～/日甲 114 背：不卒歲必～絲/日甲 115 背：～忌/日甲 115 背：不可以裚（製）新～/日甲 116 背：秋丙、庚、辛材（裁）～/日甲 117 背：不可爲複～/日甲 117 背：不可材（裁）～/日甲 119 背：～/日甲 119 背：～良日/日甲 119 背：丁丑材（裁）～/日甲 119 背：十一月丁酉材（裁）

～/日甲 119 背：終身～絲/日甲 119 背－120 背：十月丁酉材（裁）～/日甲 120 背：不卒歲必～絲/日甲 120 背：～忌日/日甲 120 背：秋丙、庚、辛材（裁）～/日甲 121 背：不可爲複～/日甲 121 背：不可材（裁）～/日甲 121 背：丁酉材（裁）～常（裳）/日乙 23 壹：裚（製）～常（裳）/日乙 25 壹：裚（製）～常（裳）/日乙 95 壹：乘車、～常（裳）、取（娶）妻，吉/日乙 129：利以裚（製）～/日乙 129：丁巳～之/日乙 132：夫妻同～/日乙 189 壹：被黑裘～寇〈冠〉/日乙 242：～常（裳）

0273 亥（165） 編年記 34 貳：八月己～廷食時/語書 1：廿年四月丙戌朔丁～/爲吏 16 伍：廿五年閏再十二月丙午朔辛～/爲吏 22 伍：廿五年閏再十二月丙午朔辛～/日甲 2 正壹：～/日甲 3 正壹：～/日甲 4 正壹：～/日甲 5 正壹：～/日甲 6 正壹：～/日甲 7 正壹：～/日甲 8 正壹：～/日甲 9 正壹：～/日甲 10 正壹：～/日甲 11 正壹：～/日甲 12 正壹：～/日甲 13 正壹：～/日甲 1 正貳：夏三月～〈丑〉/日甲 14 正壹：收～/日甲 15 正壹：成～/日甲 16 正壹：危～/日甲 17 正壹：柀（破）～/日甲 18 正壹：摯（執）～/日甲 19 正壹：定～/日甲 20 正壹：平～/日甲 21 正壹：盈～/日甲 22 正壹：除～/日甲 23 正壹：建～/日甲 24 正壹：閉～/日甲 25 正壹：開～/日甲 17 正叁：己～/日甲 17 正叁：癸～/日甲 19 正叁：稻～/日甲 20 正叁：葵癸～/日甲 26 正壹：～結/日甲 27 正壹：辰～危陽/日甲 28 正壹：酉～陰/日甲 29 正壹：～丑陰/日甲 30 正壹：～敫/日甲 31 正壹：～申正陽/日甲 26 正貳：丁～靈/日甲 30 正貳：午未申丑～辰/日甲 55 正壹：柖（招）榣（搖）毄（繫）～/日甲 78 正貳：乙～/日甲 78 正貳：丁丑～/日甲 78 正貳：癸～/日甲 82 正貳：乙～/

日甲 82 正貳：己～/日甲 82 正貳：辛～/日甲 87 正貳：癸～/日甲 88 正貳：乙～/日甲 106 正：冬三月～/日甲 127 正：二月上旬～/日甲 139 正叁：毋以～行/日甲 141 正壹：乙～生子/日甲 143 正貳：丁～生子/日甲 145 正叁：己～生子/日甲 147 正肆：辛～生子/日甲 149 正伍：癸～生子/日甲圖三（150 正壹—154 正壹）：～/日甲圖三（150 正壹—154 正壹）：～/日甲 155 正：辛～/日甲 155 正：冬戌～/日甲 156 正：毋以戌～家（嫁）子、取（娶）婦/日甲 166 正壹：～，朝見/日甲 161 正陸：～入官/日甲 10 背壹：戌興〈與〉～是胃（謂）分離日/日甲 11 背：丑、辰、申、午、未、～爲牝₌（牝。牝）/日甲 73 背：多〈名〉獾不圖射～戌/日甲 74 背：名西茝～旦/日甲 80 背：～，豕/日甲 80 背：名豚孤夏穀□～/日甲 94 背壹：～，死必三人/日甲 97 背壹：辛～/日甲 98 背壹：癸～/日甲 99 背壹：己～/日甲 100 背：乙～/日甲 101 背：丁～/日甲圖四（83 背貳—90 背貳）：十月～/日甲 96 背貳：□□行毋以戌、～入/日甲 113 背：丁～/日甲 115 背：癸～/日甲 115 背：丁～/日甲 115 背：癸丑、寅、申、～/日甲 116 背：丁～/日甲 116 背：癸丑、寅、申、～/日甲 120 背：丁～/日甲 120 背：癸丑、寅、申、～/日甲 127 背：毋以戌、～遠去室/日甲 131 背：四月～/日甲 132 背：正月～/日甲 134 背：秋三月戊戌、己～/日甲 136 背：春之乙～/日甲 136 背：秋之辛～/日甲 136 背：冬之癸～/日甲 138 背：十月～/日甲 144 背：丁～不可爲户/日甲 149 背：田大人以癸～死/日甲 150 背：丁～/日甲 151 背：～稻/日甲 154 背：戌～/日乙 2：～/日乙 3：～/日乙 4：～/日乙 5：～/日乙 6：～/日乙 7：～/日乙 8：～/日乙 10：～/日乙 11：～/日乙 12：～/日乙 13：～/日乙 26 壹：吉～/日乙 28 壹：剽～/日乙 30 壹：敫～/日乙 31 壹：窞～/日乙 32 壹：實～/日乙 33 壹：吉～/日乙 34 壹：徐（除）～/日乙 35 壹：建～/日乙 36 壹：閈〈閉〉～/日乙 37 壹：【戌、實】～/日乙 49 壹：酉～陰/日乙 50 壹：～丑陰/日乙 51 壹：～敫/日乙 68：乙丑、～/日乙 68：己丑、酉、～、未/日乙 72：乙～、酉/日乙 73：己～/日乙 74 壹：己～/日乙 30 貳：初田毋以丁～、戊戌/日乙 31 貳：癸～/日乙 34 貳：～，吉/日乙 35 貳－36 貳：乙～、丑、酉/日乙 38 貳：乙～/日乙 39 貳：己～/日乙 39 貳：乙～/日乙 43 貳：毋以戌～遠去室/日乙 47 貳：～稻/日乙 85 貳：未～【卯木₌（木，木）】/日乙 108：午、未、申、丑、～女子日/日乙 109：辰、午、未、申、～、丑/日乙 115：丁～/日乙 116：丁～/日乙 123：丁、癸不☒巳、未、卯、～/日乙 124：己～/日乙 127：☒□□□□～不可伐室中尌（樹）木/日乙 132：二月上旬～/日乙 140：遠行者毋以壬戌、癸～到室/日乙 156：黄昬（昏）～/日乙 163－164：死生在～/日乙 167：～大翏（瘳）/日乙 179：～以東南得/日乙 193 貳：辛～/日乙 231 壹：癸～/日乙 231 壹：乙～/日乙 231 壹：辛～/日乙圖五（206 貳—218 貳）：十月～/日乙 230 貳：～入官/日乙 236 貳：甲子到乙～是右〈君〉/日乙 239：乙～生/日乙 241：丁～生/日乙 243：己～生/日乙 245：辛～生/日乙 246：癸～/日乙 252：～失火

0274 羊（33） 雜抄 31：～牝十/雜抄 31：牛～課/答問 29：盜一～₌（羊，羊）/答問 29：甲意所盜～/答問 29：索係（繫）～/答問 29：甲即牽～去/答問 29：議不爲過～/答問 45：甲盜～/答問 46：甲盜～/答問 46：乙智（知）盜～/答問 46：不智（知）其～數/答問 46：盜

三～/答問 47：今乙盜～/答問 50：盜一～/答問 210：可（何）謂“～=瞘=”（“羊瞘”？“羊瞘”）/日甲 5 正貳：兑（説）不～（祥）/日甲 11 正貳：百不～（祥）/日甲 64 正壹：以北大～（祥）/日甲 65 正壹：以東大～（祥）/日甲 66 正壹：以南大～（祥）/日甲 67 正壹：以西大～（祥）/日甲 86 正貳：～良日/日甲 87 正貳：筑（築）～卷（圈）/日甲 87 正貳：～必千/日甲 100 正：牛～死/日甲 103 正壹：爲～牢馬廄/日甲圖二（114 正壹—126 正壹）：～/日甲 24 背壹：爲民不～（祥）/日甲 79 背：戌，老～/日甲 157 背－158 背：去其不～（祥）/日乙 72：～日/日乙 72：～良日/日乙 156：牛～入戌

0275 并（4）　答問 12：當～臧（贓）以論/答問 49：當～臧（贓）以論/日甲 108 正貳：是胃（謂）～亡/日甲 116 正叁：必～人家

0276 米（13）　十八種 41：舂之爲糲（糲）～一石/十八種 41：糲（糲）～一石爲鑿（糳）米九=斗【=】（九斗；九【斗】）爲毇（毇）米八斗/十八種 41：糲（糲）米一石爲鑿（糳）～九=斗【=】（九斗；九【斗】）爲毇（毇）米八斗/十八種 41：糲（糲）米一石爲鑿（糳）米九=斗【=】（九斗；九【斗】）爲毇（毇）～八斗/十八種 41：有～委賜/十八種 43：舂爲～十=斗=（十斗；十斗）/十八種 43：毇（毇）～六斗大半斗/十八種 179：食粺～半斗/十八種 180：食糲（糲）～半斗/十八種 181：粺～一斗/十八種 182：糲（糲）～一斗/日甲 113 正貳：可以漬～爲酒=（酒，酒）/日甲 40 背壹：多瞢（夢）～（寐）死

0277 州（1）　答問 100：可（何）謂“～=告=”（“州（周）告”？“州（周）告”）

0278 污（5）　封診式 57：柀（被）～頭北（背）及地/封診式 58－

君子毋（無）害者若令史～官/十八種 161：毋令官佐、史～/十八種 190：縣爲置～/十八種 196：慎～唯敬（儆）/雜抄 1：除～嗇夫、叚（假）佐居守者/雜抄 1：除守嗇夫、叚（假）佐居～者/雜抄 11：～書私卒/雜抄 34：宿者已上～除/答問 16：爲～臧（贓）/答問 95：今郡～爲廷不爲=（爲？爲）/答問 133：罷瘽（癃）～官府/答問 190："甸=人="（"甸人"？"甸人"）～孝公、瀶（獻）公冢者/答問 196：～囚即"更人"/封診式 7：遣識者以律封～/封診式 8：封～/封診式 10－11：甲黨（倘）有【它】當封～/封診式 12：與里人更～之/封診式 41：以律封～之/封診式 49：上恒書太～處

0283 宅（2）　日甲 37 背壹：一～中毋（無）故而室人皆疫/日甲 40 背壹：一～之中毋（無）故室人皆疫

0284 字（6）　封診式 86：令隸妾數～者/封診式 89：令隸妾數～者某=（某某）診甲/日甲 150 正壹：人～/日甲 150 正貳：人～/日甲 150 正叁：女子以巳～/日甲 150 正叁：不復～

0285 安（17）　編年記 20 壹：攻～邑/編年記 29 壹：攻～陸/編年記 48 壹：攻武～/編年記 11 貳：喜□～陸□史/編年記 13 貳：爲～陸令史/編年記 35 貳：今過～陸/十八種 57：城旦爲～事而益其食/答問 168：問～置其子/答問 176：臣邦人不～其主長/爲吏 6 壹：～静毋苛/爲吏 40 壹：～樂必戒/爲吏 20 貳：不～其鼂（朝）/爲吏 23 貳：～家室忘官府/爲吏 6 肆：～（按）騶而步/爲吏 28 肆：～而行之/日甲 26 正貳：丁巳～於身/日甲 18 背貳：宇多於東北之北，～

0286 艮（3）　封診式 53：～本絕/日甲 47 正叁：此所胃（謂）～山/日甲 48 正叁－49 正叁：□與枳（支）刺〈夾〉～山之胃（謂）離=日=（離日。離日）

者不可不爲罰/十八種 26：其出入禾、增積~律令/十八種 28：其出入、增積及效~禾/十八種 66：其廣袤不~式者/十八種 81：不~令者/十八種 83：~其叓：(事。吏)/十八種 95：~春衣/十八種 96：衣~隸臣妾/十八種 101：~從興成然/十八種 123：~縣然/十八種 138：令居其衣~律然/十八種 141：衣食之~城旦舂/十八種 163：它~律/十八種 170：~入禾然/十八種 176：芻稾~禾/十八種 181：宦奄（閹）~不更/十八種 190：~廏律/十八種 194：正之~用者/效律 12：其貲、誶~數者然/效律 21：它~律/效律 29：~入禾然/效律 37：芻稾~禾/效律 48：負之~故/效律 51—52：其吏主者坐以貲、誶~官嗇夫/效律 53：~令、丞/效律 54：~它官然/效律 55：~令史坐官計劾然/雜抄 2：除士吏、發弩嗇夫不~律/雜抄 9：奔摯（縶）不~令/雜抄 35：不~辭/答問 3：問辠（罪）當駕（加）~害盜不當＝（當？當）/答問 51：“翏＝(翏（戮)”者可（何）~/答問 63：當毄（繫）作~其所縱/答問 64：可（何）~爲“封”＝（“封”？“封”）/答問 82：大可（何）~爲“提”/答問 90：~貲布/答問 90：入齎（資）錢~律/答問 107：皆~家辠（罪）/答問 114：其它辠（罪）比羣盜者亦~此/答問 115：~失刑辠（罪）/答問 121：“定殺”可（何）~/答問 126：它辠（罪）比羣盜者皆~此/答問 138：它~甲/答問 140：購~捕它辠（罪）人/答問 142：可（何）~爲“犯令”、“灋（廢）令”/答問 161：可（何）~爲“奇”/答問 162：“履＝錦【＝】履＝”之狀可（何）~/答問 194：後更其律~它/答問 208：可（何）~爲“大＝痍＝”（“大痍”？“大痍”）/答問 209：可（何）~爲“大誤”/封診式 44：其問~言不然/封診式 48：罨（遷）丙~甲告/封診式 64：以枲索大～大指/封診式 76：上～豬竇狀/封診式 87：～衃（衃）血狀/封診式 87：大～手/封診式 90：其前及血出～甲□/爲吏 28 壹：原壄（野）～廷/爲吏 47 叁：處～資（齋）/爲吏 48 叁：言～盟/爲吏 50 叁：昭～有光/爲吏 47 肆：君子敬～始/日甲 36 正：徙=官=（徙官。徙官）自～/日甲 24 背壹：告～詰之/日甲 41 背壹：～席處/日甲 64 背壹：東北鄉（嚮）～（茹）之乃臥/日甲 50 背叁：大～杵/日乙 108：男子日～是

0294 好（22）　語書 1：其所利及～惡不同/語書 5：私～、鄉俗之心不變/語書 9：廉絜（潔）敦慤（慤）而～佐上/日甲 143 正壹：～言語/日甲 146 正壹：～女子/日甲 141 正貳：～樂/日甲 146 正貳：男～衣佩而貴/日甲 148 正貳：武而～衣劍/日甲 142 正叁：～家室/日甲 144 正叁：～田壄（野）邑屋/日甲 149 正肆：～水/日甲 148 正伍：～家室/日甲 32 背貳：～下樂人/日甲 76 背：爲人我=（我我）然～歌無（舞）/日乙 239：～甲/日乙 240：～言五（語）/日乙 240：～【女】子/日乙 241：～貨/日乙 243：～室/日乙 245：～☑/日乙 246：～田邋（獵）/日乙 246：～室家

0295 羽（3）　爲吏 26 叁：金錢～旄/日甲 28 背壹：～之雞羽/日甲 28 背壹：羽之雞～

0296 弄（1）　日甲 69 背：善～

0297 㢈（7）　日甲 14 背肆：困居宇西北～/日甲 15 背肆：困居宇東南～/日甲 16 背肆：困居宇西南～/日甲 17 背肆：困居宇東北～/日甲 19 背肆：井居西南～/日甲 20 背肆：井居西北～/日甲 20 背伍：圂居西北～

0298 戒（4）　答問 125－126：將盜～（械）囚刑辠（罪）以上/爲吏 40 壹：安樂必～/爲吏 33 貳：～=之=（戒之戒之），材（財）不可歸/爲吏 48 肆：～=之=（戒之戒之），言不可追

0299 扶（1） 答問 208：將長令二人～出之

0300 扼（1） 語書 11－12：因恙（佯）瞋目～捾（腕）以視（示）力

0301 走（1） 日甲 13 背：～歸豻〈貌〉踦之所

0302 攻（78） 編年記 2 壹：～皮氏/編年記 4 壹：～封陵/編年記 6 壹：～新城/編年記 9 壹：～析/編年記 13 壹：～伊闕〈闕〉/編年記 15 壹：～魏/編年記 16 壹：～宛/編年記 17 壹：～垣、枳/編年記 18 壹：～蒲反/編年記 20 壹：～安邑/編年記 21 壹：～夏山/編年記 24 壹：～林/編年記 25 壹：～茲氏/編年記 26 壹：～離石/編年記 27 壹：～鄧/編年記 28 壹：～□/編年記 29 壹：～安陸/編年記 30 壹：～□山/編年記 32 壹：～啓封/編年記 33 壹：～蔡、中陽/編年記 34 壹：～華陽/編年記 39 壹：～懷/編年記 41 壹：～邢丘/編年記 42 壹：～少曲/編年記 44 壹：～大（太）行/編年記 44 壹：□～/編年記 45 壹：～大壄（野）王/編年記 46 壹：～□亭/編年記 47 壹：～長平/編年記 48 壹：～武安/編年記 50 壹：～邯單（鄲）/編年記 51 壹：～陽城/編年記 24 貳：～韓/編年記 25 貳：～趙/編年記 29 貳：～魏粱（梁）/編年記 30 貳：～荆/十八種 55－56：城旦舂₌（舂、舂）司寇、白粲操土～（功）/十八種 56：不操土～（功）/十八種 122：吏程～（功）/十八種 123：其程～（功）而不當者/十八種 123：度～（功）必令司空與匠度之/十八種 126：不～閒車₌（車，車）/十八種 129：爲鐵～（工）/十八種 129：以～公大車/十八種 130：一脂、～閒大車一兩（輛）/十八種 130：～閒其扁（辨）解/雜抄 35：軍新論～城₌（城，城）/雜抄 41－42：縣尉時循視其～（功）及所爲/封診式 25－26：丁與此首人强～羣盜人/封診式 28－29：强～羣盜某里公士某室/爲吏 28

叁：徒隸～丈/爲吏 27 伍：～城用其不足/日甲 15 正貳：～盜/日甲 21 正貳：可以責、摯（執）、～毄（擊）/日甲 40 正：利弋邋（獵）、報讎、～軍、韋（圍）城、始殺/日甲 75 正壹：可以～伐/日甲 87 正壹：可以敫（徼）人～讎/日甲 104 正壹：不可爲土～（功）/日甲 106 正：不可興土～（功）/日甲 106 正：不可興土～（功）/日甲 106 正：不可興土～（功）/日甲 106 正：不可興土～（功）/日甲 143 正貳：～（工）巧/日甲 141 正陸：武以～（工）巧/日甲 27 背壹：人毋（無）故鬼～之不已/日甲 43 背叁：雷～人/日甲 131 背：不可起土～（功）/日甲 133 背：毋起土～（功）/日甲 134 背－135 背：不可爲土～（功）/日甲 136 背：以起土～（功）/日甲 138 背：毋起土～（功）/日甲 150 背：不可初田及興土～（功）/日乙 18 壹：家（嫁）子、～毄（擊），吉、勝/日乙 43 壹：可以～軍、入城及行/日乙 59：不可～/日乙 87 壹：可以敫人～讎/日乙 103 壹：不可～/日乙 125：不可筑（築）興土～（功）

0303 赤（23）　十八種 134：毋～其衣/十八種 135：皆～其衣/十八種 147：城旦舂衣～衣/十八種 147：冒～幢（氈）/日甲 70 正貳：得之～肉、雄雞、酉（酒）/日甲 71 正貳：～色死/日甲 95 正貳：其生（牲）～/日甲 128 正：～啻（帝）恒以開臨下民而降其英（殃）/日甲 129 正：句（苟）毋（無）直--啻（帝）臨日/日甲 37 背貳：有～豕/日甲 65 背貳：人恒亡～子/日甲 50 背叁：～白/日甲 73 背：青～色/日甲 79 背：盜者～色/日乙 134：～啻（帝）恒以開臨下民而降央（殃）/日乙 136－137：～啻（帝）臨見日/日乙 167－168：～肉從東方來/日乙 170：～肉從南方來/日乙 170：把者～色/日乙 171－172：～肉從南方來/日乙 176：～肉從北

方來/日乙 183：得【於】～肉、雄雞、酒/日乙 183：其人～色死火日

0304 折（15）　十八種 125：不勝任而～/十八種 125：～軲上/十八種 126－127：車＝（車，車）蕃（藩）蓋强～列（裂）/十八種 148：城旦舂毁～瓦器、鐵器、木器/十八種 148：爲大車～輂（輮）/雜抄 36：告曰戰圍以～亡/答問 75：鬭～脊項骨/答問 75：比～支（肢）/答問 79：若～支（肢）指、肤體（體）/答問 89：毆者顧～齒/日甲 13 正貳：～（製）衣常（裳）/日甲 67 背壹：以桂長尺有尊（寸）而中～/日乙 112：屋＝（屋，屋）不壞～/日乙 255：～齒/日乙 257：其上作～其⍁□⍁齒之亓（其）⍁

0305 孝（8）　編年記 4 貳：～文王元年/答問 102：免老告人以爲不～/答問 190："甸＝人＝"（"甸人"？"甸人"）守～公、瀫（獻）公冢者/封診式 50：甲親子同里士五（伍）丙不～/封診式 51：誠不～甲所/爲吏 41 貳：爲人子則～/爲吏 46 貳－47 貳：父兹（慈）子～/日甲 143 正貳：丁亥生子，攻（工）巧，～

0306 均（5）　十八種 112：～工/十八種 113：～/十八種 114：⍁～工/答問 187：可（何）謂"宫～（徇）人"/爲吏 4 叁：～繇（徭）賞罰

0307 圩（2）　日甲 100 正：筑（築）右～（序）/日甲 100 正：筑（築）左～（序）

0308 投（16）　答問 53：有～書/答問 53：毄（繫）～書者鞫審瀫之/答問 53：見書而～者不得/答問 53：～者得/答問 90：以兵刃、～（殳）梃、拳指傷人/答問 92：室＝（室，室）以～（殳）梃伐殺之/日甲 53 背壹：繹（釋）郻（屨）而～之/日甲 28 背貳：見其神以～之/日甲 49 背貳：以犬矢（屎）～之/日甲 54 背貳：以癸日＝（日日）入～之道/日甲 62 背貳－63 背貳：以屨～之/日

0317 材（22） 十八種 4：伐～木山林/十八種 120－121：縣嗇夫～（裁）興有田其旁者/答問 52：將軍～（裁）以錢若金賞/答問 140：内₌史₌（内史，内史）～（裁）鼠（予）購/答問 209：人户、馬牛及者（諸）貨～（財）直（值）過六百六十錢/爲吏 50 壹：臨～（財）見利/爲吏 33 貳：～（財）不可歸/爲吏 45 叁：不精於～（財）/日甲 6 正貳：祭祀、家（嫁）子、取（娶）婦、入～，大吉/日甲 10 正貳：作事、入～，皆吉/日甲 110 正貳：出入臣妾、馬牛、貨～（財）/日甲 113 背－114 背：丁丑～（裁）衣/日甲 114 背：十一月丁酉～（裁）衣/日甲 114 背：十月丁酉～（裁）衣/日甲 116 背：秋丙、庚、辛～（裁）衣/日甲 117 背：不可～（裁）衣/日甲 119 背：丁丑～（裁）衣/日甲 119 背：十一月丁酉～（裁）衣/日甲 119 背－120 背：十月丁酉～（裁）衣/日甲 120 背：秋丙、庚、辛～（裁）衣/日甲 121 背：不可～（裁）衣/日甲 121 背：丁酉～（裁）衣常（裳）

0318 杕（3） 十八種 134：勿枸櫝欙（纍）～（釱）/十八種 135：枸櫝欙（纍）～（釱）/十八種 147：枸櫝欙（纍）～（釱）之

0319 巫（18） 日甲 27 正貳：五丑不可以～/日甲 27 正貳：啻（帝）以殺～減（咸）/日甲 75 正壹：妻₌（妻，妻）爲～/日甲 94 正壹：【女】爲～/日甲 72 正貳：～堪行/日甲 120 正貳：女子爲～/日甲 121 正叁：其主且爲～/日甲 122 正叁－123 正叁：其主爲～/日甲 92 背壹：酉，～/日乙 94 壹：女爲～/日乙 103 壹：妻₌（妻，妻）爲～/日乙 160：～亦爲姓（眚）/日乙 162：☑～爲姓（眚）/日乙 166：～爲姓（眚）/日乙 176：～爲姓（眚）/日乙 184：～堪/日乙 242：女子爲～/日乙 253：☑其女若母爲～

0320 杓（1） 日甲 138 背：是胃（謂）地～

0321 李（2） 日甲 145 背：天～正月居子/日乙 67：庚辛～

0322 求（17） 十八種 87：～先買（賣）/十八種 187：都官歲上出器～補者數/雜抄 38：～盜勿令₌送₌逆₌爲₌它₌（令送逆爲它，令送逆爲它）/答問 2：～盜比此/答問 3：～盜₌（盜盜）/答問 66：～盜追捕辠₌人₌（辠（罪）人，辠（罪）人）挌（格）殺求盜/答問 66：求盜追捕辠₌人₌（辠（罪）人，辠（罪）人）挌（格）殺～盜/封診式 21：市南街亭～盜才（在）某里曰甲/封診式 25：～盜才（在）某里曰乙、丙/封診式 55：某亭～盜甲/封診式 74：～其盜/爲吏 27 貳：以權衡～利/日甲 153 正叁：戊子以有～/日甲 153 正叁：雖～顓啻（帝）必得/日甲 154 正叁：丙寅以～人/日甲 26 背貳：～而去之/日乙 77：可有～

0323 車（41） 十八種 72：～牛一兩（輛）/十八種 73：～牛一兩（輛）/十八種 73：各與其官長共養、～牛/十八種 74：以此鼠（予）僕、～牛/十八種 89：傳～、大車輪/十八種 89：傳車、大～輪/十八種 125：大～轅不勝任/十八種 126：官府叚（假）公～牛者☑/十八種 126：或私用公～牛/十八種 126：不攻閒～₌（車，車）/十八種 126：大～軲紱（盭）/十八種 126：不芥（介）～₌（車，車）/十八種 127：其主～牛者/十八種 128：官長及吏以公～牛稟其月食/十八種 129：以攻公大～/十八種 130： 脂、攻閒大～一兩（輛）/十八種 130：爲～不勞（佻）稱議脂之/十八種 148：爲大～折鞪（鞣）/雜抄 8：輕～、赿張、引强、中卒所載傅〈傳〉到軍/雜抄 13：同～食、敦（屯）長、僕射弗告/雜抄 19：大～殿/雜抄 25：射虎～二乘爲曹/雜抄 26：～貲一甲/雜抄 26－27：公～司馬獵律/雜抄 28：志馬舍乘～馬後/雜抄 28：已馳馬不去～/

答問 159：旞（遺）火燔其叚（假）乘～馬/答問 164：已閱及敦（屯）～食若行到繇（徭）所乃亡/答問 175：以其乘～載女子/答問 175：以乘馬駕私～而乘之/爲吏 30 肆：道傷（易）～利/日甲 13 正貳：寇〈冠〉、掣（製）～、折（製）衣常（裳）、服帶吉/日甲 14 正貳：可以入人、始寇（冠）、乘～/日甲 95 正壹：□乘～馬、衣常（裳）/日甲 73 背：～人，親/日乙 25 壹：利以乘～/日乙 38 壹：利☑初寇〈冠〉、帶劍、乘～/日乙 53：□□□～/日乙 95 壹：乘～/日乙 107 貳：上～毋顧/日乙 130：凡製～及寇〈冠〉☑

0324 更（42） 十八種 13：爲旱〈皂〉者除一～/十八種 22：餘之索而～爲發户/十八種 24：雜出禾者勿～/十八種 32：雜者勿～=（更；更）/十八種 54：～隸妾節（即）有急事/十八種 105：謁～其=久=（其久。其久）/十八種 109：～隸妾四人當工【一】人/十八種 121：縣毋敢擅壞～公舍官府及廷/十八種 121：其有欲壞～/十八種 141－142：妻=（妻，妻）～及有外妻者/十八種 181：不～以下到謀人/十八種 181：宦奄（閹）如不～/十八種 197：官嗇夫及吏夜～行官/答問 147：弗爲～籍/答問 188：可（何）謂“宫～人”/答問 188：是謂“宫～人”/答問 194：後～其律如它/答問 196：可（何）謂“署人”、“～人”/答問 196：其它皆爲“～人”/答問 196：守囚即“～人”/封診式 4：～言不服/封診式 4：以某數～言/封診式 12：與里人～守之/日甲 117 正貳：廿歲～/日甲 118 正貳：十二歲～/日甲 119 正貳：十六歲弗～/日甲 120 正貳：四歲～/日甲 122 正貳：八歲～/日甲 123 正貳：八歲～/日甲 124 正貳：五歲弗～/日甲 125 正貳：五歲～/日甲 114 正叁：三歲中弗～/日甲 115 正叁：十六歲弗～/日甲 116 正叁：五歲～/日甲 117 正叁：十二歲～/日甲 118

正叁：八歲～/日甲 120 正叁：十一歲～/日甲 121 正叁：五歲弗～/日甲 123 正叁：十二歲～/日甲 54 背貳：爲桃～（梗）而敃（播）之/日甲 27 背叁：以桃～（梗）毄（擊）之/日甲 53 背叁：～爲井

0325 束（2）　十八種 8：芻自黃䵚及蘑～以上皆受之/十八種 13：賜田嗇夫壺西（酒）～脯

0326 吾（2）　日甲 33 背叁：～非鬼/日甲 159 背－160 背：～歲不敢忘

0327 豆（1）　答問 27：置～俎鬼前未斶（徹）乃爲"未闐"

0328 西（187）　十八種 12：毋敢醓（酤）～（酒）/十八種 13：賜田嗇夫壺～（酒）束脯/日甲 2 正壹：～/日甲 3 正壹：～/日甲 4 正壹：～/日甲 5 正壹：～/日甲 6 正壹：～/日甲 7 正壹：～/日甲 8 正壹：～/日甲 9 正壹：～/日甲 10 正壹：～/日甲 11 正壹：～/日甲 12 正壹：～/日甲 13 正壹：～/日甲 14 正壹：危～/日甲 15 正壹：柀（破）～/日甲 16 正壹：執～/日甲 17 正壹：定～/日甲 18 正壹：平～/日甲 19 正壹：盈～/日甲 20 正壹：除～/日甲 21 正壹：建～/日甲 22 正壹：閉～/日甲 23 正壹：開～/日甲 24 正壹：收～/日甲 25 正壹：成～/日甲 17 正叁：五～/日甲 26 正壹：寅～危陽/日甲 27 正壹：未～陰/日甲 28 正壹：～亥陰/日甲 29 正壹：～敫/日甲 30 正壹：～午正陽/日甲 31 正壹：～結/日甲 26 正貳：癸～多衣/日甲 30 正貳：子卯巳～戊/日甲 57 正壹：柖（招）榣（搖）毄（繫）～/日甲 57 正叁：毋以辛～入=寄=者=（入寄者，入寄者）/日甲 59 正叁：辛～/日甲 70 正貳：得之赤肉、雄雞、～（酒）/日甲 72 正貳：得之於黃色索（腊）魚、堇～（酒）/日甲 76 正貳：得之於～（酒）、脯、脩、節（墼）、肉/日甲 80 正貳：乙～/日甲 80 正貳：己～/日甲 80 正貳：辛～/日甲 80 正貳：

日₌（日日）乙～/日甲119背：十一月丁～材（裁）衣/日甲119背－120背：十月丁～材（裁）衣/日甲121背：丁～材（裁）衣常（裳）/日甲121背：以坐而飲～（酒）/日甲127背：子、卯、午、～不可入寄者及臣妾/日甲130背：癸～/日甲131背：七月～/日甲132背：二月～/日甲137背：七月辛～/日甲139背：四月～/日甲145背：四月居～/日甲145背：八月居～/日甲147背：壬申會癸～/日甲149背：杜主以乙～死/日甲153背：申～/日乙2：～/日乙3：～/日乙5：～/日乙6：～/日乙7：～/日乙8：～/日乙9：～/日乙10：～/日乙11：～/日乙12：～/日乙13：～/日乙26壹：剽～/日乙27壹：衝～/日乙28壹：敫～/日乙29壹：窞～/日乙30壹：實～/日乙31壹：吉～/日乙32壹：徐（除）～/日乙33壹：建～/日乙34壹：閘〈閉〉～/日乙35壹：實～/日乙37壹：虛～/日乙47壹：寅～危陽/日乙48壹：未～陰/日乙49壹：～亥陰/日乙50壹：～敫/日乙52壹：～結/日乙66：癸～/日乙68：己丑、～、亥、未/日乙70：丁～、未/日乙72：乙亥、～/日乙72：丁～/日乙31貳：乙～/日乙32貳：己～/日乙33貳：丁～/日乙35貳－36貳：乙亥、丑、～/日乙41貳：～在卯（昴）/日乙91壹：～（柳），百事吉/日乙108：凡子、卯、寅、～男子日/日乙109：男子日，寅、卯、子、巳、戌、～/日乙113：五～/日乙114：垣牆日凡申、～☐/日乙115：丁～/日乙116：丁～/日乙122：辛～/日乙131：辛～、卯/日乙153：三月己～/日乙156：春日～/日乙165：～少翏（瘳）/日乙175：～以東藺（吝）/日乙177－178：死生在～/日乙179：～大翏（瘳）/日乙187：得於～（酒）、脯、脩、節（𩌏）、肉/日乙188壹：凡～、午、巳、寅/

日乙 193 貳：凡~、午、巳、寅、辛亥、辛卯問病者/日乙 225 壹：辛~/日乙 225 壹：癸~/日乙 225 壹：乙~/日乙 225 壹：丁~/日乙 225 壹：己~/日乙圖五（206 貳—218 貳）：八月~/日乙 232 貳：~入官/日乙 239：癸~生/日乙 239－240：利~（酒）醴/日乙 241：乙~生/日乙 243：丁~生/日乙 243：旨（嗜）~（酒）/日乙 246：辛~生/日乙 251：~失火

0329 辰（199） 日甲 2 正壹：~/日甲 3 正壹：~/日甲 4 正壹：~/日甲 5 正壹：~/日甲 6 正壹：~/日甲 7 正壹：~/日甲 8 正壹：~/日甲 9 正壹：~/日甲 10 正壹：~/日甲 11 正壹：~/日甲 12 正壹：~/日甲 13 正壹：~/日甲 1 正貳：秋三月~/日甲 14 正壹：盈~/日甲 15 正壹：除~/日甲 16 正壹：建~/日甲 17 正壹：閉~/日甲 18 正壹：開~/日甲 19 正壹：收~/日甲 20 正壹：成~/日甲 21 正壹：危~/日甲 22 正壹：柀（破）~/日甲 23 正壹：摯（執）~/日甲 24 正壹：定~/日甲 25 正壹：平~/日甲 20 正叁：麻~/日甲 26 正壹：稷~/日甲 26 正壹：~申萬（害）/日甲 27 正壹：~亥危陽/日甲 28 正壹：~秀/日甲 29 正壹：未~正陽/日甲 30 正壹：子~萬（害）/日甲 31 正壹：~𡚁（徹）/日甲 27 正貳：弦望及五~不可以興樂□/日甲 30 正貳：午未申丑亥~/日甲 50 正壹：柖（招）榣（搖）毄（繫）~/日甲 59 正叁：戊~/日甲 80 正貳：戊~/日甲 83 正貳：庚~/日甲 84 正貳：庚~/日甲 84 正貳：甲~/日甲 86 正貳：庚~/日甲 87 正貳：春三月庚~可以筑（築）羊卷（圈）/日甲 88 正貳：庚~/日甲 88 正貳：壬~/日甲 88 正貳：甲~/日甲 89 正貳：戊~/日甲 90 正貳：甲~/日甲 90 正貳：庚~/日甲 90 正貳：壬~/日甲 92 正貳：甲~/日甲 92 正貳：戊~/日甲 92 正貳：丙~/日甲 94 正貳：五~/日

甲 96 正壹：殺～/日甲 99 正壹：啻（帝）爲室～/日甲 96 正叁：其日癸酉、壬～、壬午垣之/日甲 97 正叁：其日辛酉、庚午、庚～垣之/日甲 98 正叁：其日乙未、甲午、甲～垣之/日甲 105 正壹：四月～/日甲 105 正壹：八月～/日甲 105 正壹：十二月～/日甲 107 正壹：秋～/日甲 113 正壹：四月、八月、十二月之～/日甲 105 正貳：毋【以】～葬/日甲 126 正叁：庚～/日甲 126 正叁：壬～/日甲 128 正：十一月上旬～/日甲 131 正：夏三月戊～不可南/日甲 132 正：～之門/日甲 134 正：四月～/日甲 134 正：八月～/日甲 134 正：九月～/日甲 134 正：十二月～/日甲 136 正貳：～，北吉/日甲 138 正柒：秋三月～敫/日甲 146 正壹：庚～生子/日甲 148 正貳：壬～生子/日甲 140 正肆：甲～生子/日甲 142 正伍：丙～生子/日甲 144 正陸：戊～生子/日甲圖三（150 正壹—154 正壹）：～/日甲圖三（150 正壹—154 正壹）：～/日甲 155 正：秋丑～/日甲 161 正壹：～，朝見/日甲 165 正陸：未午～入官/日甲 4 背壹：壬～/日甲 5 背壹：庚～/日甲 8 背壹：庚～/日甲 11 背：丑、～、申、午、未、亥爲牝=（牝。牝）/日甲 73 背：～，盜者男子/日甲 79 背：名馬童龏思～戌/日甲 87 背壹：～，樹/日甲 95 背壹：甲～寅死/日甲 97 背壹：庚～/日甲 98 背壹：壬～/日甲 99 背壹：戊～/日甲 100 背：甲～/日甲 101 背：丙～/日甲圖四（83 背貳—90 背貳）：三月～/日甲 126 背：以甲子、寅、～東徙/日甲 126 背：丙子、寅、～南徙/日甲 126 背：庚子、寅、～西徙/日甲 126 背：壬子、寅、～北徙/日甲 131 背：九月～/日甲 132 背：十二月～/日甲 134 背：春三月戊～、己巳/日甲 143 背：秋～/日甲 146 背：十二月居～〈酉〉/日甲 151 背：～麻/日甲 153 背：～巳/日乙 2：

12：縣料而不備其～（現）數五分一以上/效律 29－30：效＝（效，效）者～其封及隄（題）以效之/效律 37：必令長吏相雜以～之/答問 10：其～智（知）之而弗捕/答問 53：～輒燔之/答問 53：～書而投者不得/封診式 18：自晝甲～丙陰市庸中/封診式 22：今日～亭旁/封診式 26：～丁與此首人而捕之/封診式 32：今日～丙戲旞/封診式 83：～乙有結復（複）衣/封診式 95：自晝～某所/爲吏 50 壹：臨材（財）～利/爲吏 51 壹：臨難～死/爲吏 19 貳：～民梟（倨）敖（傲）/爲吏 2 伍：不敢徒語恐～惡/日甲 6 正貳：以～君上/日甲 7 正貳：利以行帥〈師〉出正（征）、～人/日甲 9 正貳：～兵/日甲 32 正：利～人及畜＝（畜畜）生（牲）/日甲 36 正－37 正：不可～人/日甲 41 正：雖雨，～日/日甲 44 正：不可以～人/日甲 28 正貳：鼠襄户，～之/日甲 94 正壹：男爲～（覡）/日甲 139 正壹：東～疾不死/日甲 137 正貳：東～疾死/日甲 157 正壹：朝～/日甲 157 正貳：晏～/日甲 157 正叁：晝～/日甲 157 正肆：日虒～/日甲 157 正肆：令復～之/日甲 157 正伍：夕～/日甲 158 正壹：朝～/日甲 158 正貳：晏～/日甲 158 正叁：晝～/日甲 158 正肆：日虒～/日甲 158 正伍：夕～/日甲 159 正壹：朝～/日甲 159 正貳：晏～/日甲 159 正叁：晝～/日甲 159 正肆：日虒～/日甲 159 正伍：夕～/日甲 160 正壹：朝～/日甲 160 正貳：晏～/日甲 160 正叁：晝～/日甲 160 正肆：日虒～/日甲 160 正伍：夕～/日甲 161 正壹：朝～/日甲 161 正貳：晏～/日甲 161 正叁：晝～/日甲 161 正肆：日虒～/日甲 161 正伍：夕～/日甲 162 正壹：朝～/日甲 162 正貳：晏～/日甲 162 正叁：晝～/日甲 162 正肆：日虒～/日甲 162 正伍：夕～/日甲 163 正壹：朝～/日甲 163 正貳：晏～/日甲

163 正叁：晝～/日甲 163 正肆：日庣～/日甲 163 正伍：夕～/日甲 164 正壹：朝～/日甲 164 正貳：晏～/日甲 164 正叁：晝～/日甲 164 正肆：日庣～/日甲 164 正伍：夕～/日甲 165 正壹：朝～/日甲 165 正貳：晏～/日甲 165 正叁：晝～/日甲 165 正肆：日庣～/日甲 165 正伍：夕～/日甲 166 正壹：朝～/日甲 166 正貳：晏～/日甲 166 正叁：晝～/日甲 166 正叁：令復～之/日甲 166 正肆：日庣～/日甲 166 正伍：夕～/日甲 166 正伍：令復～之/日甲 166 正陸：以～王公/日甲 8 背貳：十二日曰～莫取/日甲 28 背壹：～而射之/日甲 28 背貳：～其神以投之/日甲 29 背貳：人～之/日甲 34 背貳：～它人而去/日甲 59 背貳：勿（忽）～而亡₌（亡，亡（無））/日甲 34 背叁：不～其鼓/日甲 87 背壹：有言～/日乙 15：利以～人/日乙 19 壹：利以行帥〈師〉徒、～人、入邦/日乙 21 壹：必～兵/日乙 53：～【人】/日乙 56：不可取（娶）妻、嫁女、～人/日乙 62：不可以～人、取（娶）妻、嫁女/日乙 62：必鬬～血/日乙 77：～人良日/日乙 94 壹：男爲～（覡）/日乙 135－137：必先計月中閒日□□□直赤啻（帝）臨～日/日乙 153：～人/日乙 154：～人吉/日乙 157：～疾/日乙 163：北～疾/日乙 164：中鬼～社爲姓（眚）/日乙 167：南～疾/日乙 176：外鬼父枼（世）～而欲/日乙 177：西～兵/日乙 180：母枼（世）～之爲姓（眚）/日乙 196 壹：不～其光/日乙 236 貳：可～人

0337 早（7） 十八種 13：爲～〈皂〉者除一更/日甲 33 正：正月以朔，～/日甲 41 正：朔，～/日甲 38 背壹－39 背壹：其上～則淳/日甲 51 背叁：～則淳/日乙 53：正月以朔～/日乙 59：正月以朔～

0338 貝（1） 爲吏 18 貳：賤士而貴貨～

封診式63：～人士五（伍）丙/封診式73：某～士五（伍）乙/封診式84：某～士五（伍）妻甲/封診式84：自晝與同～大女子丙鬬/封診式84－85：～人公士丁/封診式91：某～公士甲等廿人詣里人士五（伍）丙/封診式91：某里公士甲等廿人詣～人士五（伍）丙/封診式92：外大母同～丁坐有寧毒言/封診式93：～節（即）有祠/封診式93：丙與～人及甲等會飲食/封診式93－94：甲等及～人弟兄/封診式95：某～士五（伍）甲/封診式96：居某～/日甲131正：二百～外必死/日甲20背陸：入～門之右

0340 助（1）　爲吏9伍：非以官禄夬〈史（使）〉～治

0341 男（55）　十八種59：食～子旦半夕參/十八種61－62：贖者皆以～子/十八種110：女子一人當～子一人/十八種133：～子參/答問72：官其～爲爵後/答問80：夬₌（夬（決），夬（決））裂～若女耳/答問167：～子乙亦闌亡/封診式6：～子某有鞫/封診式10：子小～子某/封診式13：～子某/封診式17：～子甲縛詣男子丙/封診式17：男子甲縛詣～子丙/封診式19：縛詣～子丙、丁/封診式21：縛詣～子丙/封診式25：縛詣～子丁/封診式31：縛詣～子丙/封診式31：～子丁與偕/封診式37：縛詣～子丙/封診式40：～子丙有鞫/封診式55：不智（知）可（何）～子一人/封診式56：～子死（屍）在某室南首/封診式59：～子西有鬃秦綦履　兩/封診式59：去～子其一奇六步/封診式59：以履₌（履履）～子/封診式60：～子丁壯/封診式60－61：～子死（屍）所到某亭百步/封診式61：令甲以布帬（裙）剡（掩）貍（埋）～子某所/封診式62：智（知）～子可（何）日死/封診式86：診嬰兒～女、生髮及保之狀/封診式88－89：不可智（知）目、耳、鼻、～女/封診式95：詣～子乙、女子丙/封診式96：

公室～/答問 104：可（何）謂“非公室～”/答問 104：是謂“非公室～”/答問 104：行～₌者【₌】辠₌（告者辠（罪）。告【者】辠（罪））/答問 104－105：它人有（又）襲其～之/答問 106：父死而誧（甫）～之/答問 106：父死而～之/答問 107：誧（甫）～之/答問 108：或～/答問 108：以當刑隸臣辠（罪）誣～人/答問 109：葆子獄未斷而誣～人/答問 109－110：葆子□□未斷而誣～人/答問 111－112：以當刑隸臣及完城旦誣～人/答問 134：甲～乙賊傷人/答問 136：今中〈甲〉盡捕～之/答問 138：～盜書丞印以亡/答問 141：或捕～人奴妾盜百一十錢/答問 167：甲弗～請（情）/答問 167：～請（情）/答問 170：妻先～/答問 182：人後～臧₌者₌（臧（藏）者，臧（藏）者）/答問 205：～亡/封診式 6：敢～某縣主/封診式 7：敢～主/封診式 13：敢～某縣主/封診式 14：敢～主/封診式 15：盜自～/封診式 15：某里公士甲自～/封診式 16：來自～₌（告，告）/封診式 19：～曰：丙盜鑄此錢/封診式 22：～曰：丙盜此馬、衣 /封診式 23：～曰：此甲、乙牛/封診式 25－26：～曰：丁與此首人强攻羣盜人/封診式 31：甲～曰：甲，尉某私吏/封診式 34：各～曰：甲、丙戰刑（邢）丘城/封診式 37：～臣/封診式 37：～曰：丙，甲臣/封診式 39－40：丞某～某鄉主/封診式 42：～曰：某里五夫₌（大夫）乙家吏/封診式 43：丞某～某鄉主/封診式 46：某里士五（伍）甲～曰：謁鋈親子同里士五（伍）丙足/封診式 47：敢～₌（告。告）/封診式 48：署（遷）丙如甲～/封診式 49：敢～主/封診式 50：～子/封診式 50：某里士五（伍）甲～/封診式 50：敢～/封診式 52：～曰：疑癘（癘）/封診式 55：某亭求盜甲～/封診式 55：來～/封診式 63：來～/封診式

73：某里士五（伍）乙～/封診式 74：來～/封診式 84：某里士五（伍）妻甲～/封診式 85：今甲褱把子來詣自～=（告，告）/封診式 91：～曰：丙有寧毒言/封診式 91：來～之/封診式 95：～曰：乙、丙相與奸/爲吏 45 肆：貧毋（無）～/爲吏 16 伍－17 伍：～相邦/爲吏 22 伍－23 伍：～將軍/日甲 157 正壹：有～，聽/日甲 157 正貳：有～，不聽/日甲 158 正肆：有～，聽/日甲 159 正伍：有～，聽/日甲 160 正叁：有～，聽/日甲 161 正壹：有～，聽/日甲 161 正肆：有～，不聽/日甲 162 正貳：有～，聽/日甲 162 正叁：有～，不聽/日甲 162 正肆：有～，禺（遇）奴（怒）/日甲 163 正叁：有～，聽/日甲 165 正壹：有～，聽/日甲 13 背：敢～璽（爾）豿〈貌〉琦/日甲 24 背壹：～如詰之/日甲 111 背：敢～曰：某行毋（無）咎/日乙 107 貳：敢～☑/日乙 194：敢～璽（爾）宛奇

0351 我（4） 日甲 62 背貳：曰“氣（餼）～食”云/日甲 29 背叁：鼠（予）～食/日甲 39 背叁：鼠（予）～而女/日甲 76 背：爲人～=（我我）然好歌無（舞）

0352 利（95） 語書 1：其所～及好惡不同/十八種 1－2：所～頃數/十八種 38：～田疇/封診式 59：以履=（履履）男子，～焉/爲吏 50 壹：臨材（財）見～/爲吏 27 貳：則以權衡求～/爲吏 50 貳：除害興～/爲吏 30 肆：道傷（易）車～/日甲 4 正貳：～以實事/日甲 5 正貳：～以除凶厲（厲）/日甲 6 正貳：～以家室/日甲 7 正貳：～以行帥〈師〉出正（征）、見人/日甲 8 正貳：～以建〈達〉壄（野）外/日甲 10 正貳：～以祭祀/日甲 11 正貳：～以兑（説）明（盟）組（詛）、百不羊（祥）/日甲 12 正貳：～以登高、飲食、邋（獵）四方壄（野）外/日甲 13 正貳：～以起大事/日甲 14 正貳：～棗（早）不利莫（暮）/日甲 14 正貳：利棗

(早)不~莫(暮)/日甲15正貳:~市/日甲32正:~壄(野)戰/日甲32正:~見人及畜=(畜畜)生(牲)/日甲32正:~祠、飲食、歌樂/日甲33正:~徙官/日甲34正:~爲嗇夫/日甲36正:~解事/日甲40正:~弋邋(獵)、報讎、攻軍、韋(圍)城、始殺/日甲40正:~以祠外/日甲42正:~居室、入貨及生(牲)/日甲44正:~以戰伐/日甲46正:是胃(謂)~以出貨/日甲51正叁—52正叁:唯~以分異/日甲68正壹:~祠及行/日甲75正壹:~祠及行賈=(賈、賈)市/日甲80正壹:~祠/日甲83正壹:~祠及行/日甲84正壹:~入禾粟及爲囷倉/日甲92正壹:~以垣/日甲94正壹:~行/日甲81正貳:不~出入人/日甲89正貳:~初市/日甲110正壹:二月~興土西方/日甲122正貳:~毋(無)爵者/日甲126正貳:~爲邦門/日甲120正叁:所~賈市/日甲128正:毋(無)所~/日甲138正捌—139正捌:~以漁邋(獵)、請謁、責人、摯(執)盜賊/日甲140正肆:武而~弟/日甲20背壹:~賈市/日甲15背叁:不~其母/日甲18背叁:~家/日甲14背肆:不~/日甲15背肆:不~室/日甲20背伍:~豬/日甲20背伍:不~人/日甲144背:~爲嗇夫/日甲155背:~壞垣、彍(徹)屋、出寄者/日甲155背:~入室/日甲155背:~爲囷倉/日乙14:~以結言/日乙14:~以學書/日乙15:~以見人、祭、作大事、取(娶)妻/日乙17:~以説盂(盟)詐(詛)、棄疾、鑿宇、葬/日乙18壹:~以入(納)室/日乙19壹:~以行帥〈師〉徒、見人、入邦/日乙20壹:~以祭、之四旁(方)壄(野)外/日乙22壹:~以小然〈祭〉/日乙23壹:~以裚(製)衣常(裳)、説盂(盟)詐(詛)/日乙24壹:~以起大事、祭、家(嫁)子/日乙25壹：～以乘車、寇〈冠〉、帶劍、裚（製）衣常（裳）、祭、作大事、家（嫁）子/日乙38壹：～☑/日乙40壹：皆～日/日乙56：～□□事/日乙57：～以穿井、蓋屋/日乙59：～祠外/日乙60：～居室/日乙62：～單（戰）伐/日乙66：～爲木事/日乙80壹：～祠/日乙84壹：～入禾粟=及爲囷倉/日乙92壹：～以垣/日乙94壹：～行/日乙96壹：～祠及【行】/日乙103壹：～祠及行賈=（賈、賈）市/日乙129：～以裚（製）衣/日乙134：毋（無）所～/日乙224叁：～入官/日乙225貳：～入官/日乙226貳：～入官/日乙227貳：～入官/日乙236貳－237貳：～以臨官立政/日乙239－240：～酉（酒）醴/日乙241：～樂/日乙247：不～父母/日乙252：～春

0353 私（13） 語書4：脩（修）灋（法）律令、田令及爲閒～方而下之/語書5：聞吏民犯灋（法）爲閒～者不止/語書5：～好、鄉俗之心不變/十八種126：～用公車牛/雜抄10－11：吏自佐、史以上負從馬、守書～卒/答問32：府中公金錢～貣（貸）用之/答問175：以乘馬駕～車而乘之/答問180：徒、吏與偕使而弗爲～舍人/封診式31：尉某～吏/爲吏4壹：審悉毋（無）～/爲吏46叁：灋（廢）置以～/爲吏1伍：諰（過）～圖/日甲40正：～公必閉

0354 秀（10） 日甲13正貳：～日，利以起大事/日甲26正壹：子～/日甲27正壹：寅～/日甲28正壹：辰～/日甲29正壹：午～/日甲30正壹：申～/日甲31正壹：戌～/日甲32正：～，是胃（謂）重光/日乙13：復～/日乙25壹：復～之日

0355 兵（31） 十八種102：公甲～各以其官名刻久之/十八種102：其叚（假）百姓甲～/雜抄15：稟卒～/答問90：以～刃、投（殳）梃、拳指傷人/答問124：端以劍及～刃

刺殺之/封診式 67：它度毋（無）～刃木索迹/爲吏 21 叁：～甲工用/日甲 9 正貳：見～/日甲 33 正：歲善，有～/日甲 35 正：歲善，毋（無）～/日甲 37 正：歲半入，毋（無）～/日甲 39 正：歲善而柀（疲）不產，有～/日甲 41 正：又（有）小～/日甲 41 正：毋（無）大～/日甲 43 正：歲中，毋（無）～/日甲 45 正：歲善，毋（無）～/日甲 46 正：歲中，又（有）～/日甲 112 正貳－113 正貳：恐御矢～/日甲 118 背：矢～不入于身₌（身，身）/日甲 121 背－122 背：矢馬～不入于身₌（身，身）/日乙 21 壹：之四鄰，必見～/日乙 54：歲美，有～/日乙 55：歲美，【毋（無)】～/日乙 56－57：歲半，毋（無）～/日乙 58：歲善而柀不全，有～/日乙 61：歲中，毋（無）～/日乙 62－63：正月以朔多雨歲善，毋（無）～/日乙 177：西見～/日乙 217 壹：必～死/日乙 223 壹：必～死/日乙 250：君子～死

0356 佐（37）　語書 9：廉絜（潔）敦慤（慤）而好～上/語書 10：毋（無）以～上/十八種 12：田嗇夫、部～謹禁御之/十八種 21－22：遺倉嗇夫及離邑倉～主稟者/十八種 72：其～、史與共養/十八種 72：都官之～、史冗者/十八種 73：都官～、史不盈十五人者/十八種 157：縣、都官、十二郡免除吏及～、羣官屬/十八種 160：不得除其故官～、吏以之新官/十八種 161：毋令官～、史守/十八種 162：實官～、史柀免、徙/十八種 168：倉嗇夫某、～某、史某、稟人某/十八種 169：遺倉嗇夫及離邑倉～主稟者/十八種 172：倉嗇夫及～、史/十八種 172：新～、史主廥者/十八種 182：上造以下到官～、史毋（無）爵者/十八種 190：除～必當壯以上/十八種 193：毋敢爲官府～、史及禁苑憲盜/效律 19：實官～、史柀免徙/效律 27－28：倉嗇夫

（無）它～/封診式 97：毋（無）它～/日甲 10 正壹：～/日甲 13 背：繹（釋）髮西北面～/日甲 25 背壹－26 背壹：彼窋（屈）卧、箕～/日甲 118 背：以～而飲酉（酒）/日甲 121 背：以～而飲酉（酒）

0364 谷（2）　日甲 23 背壹：宇中有～/日乙 189 壹：人〈入〉水中及～

0365 豸（2）　日甲 62 背壹：殺虫～/日甲 49 背叁：鳥獸虫～甚眾

0366 肘（1）　封診式 53－54：～厀（膝）□□□到□兩足下奇（踦）

0367 甸（1）　答問 190：可（何）謂“～=人=”（“甸人”？“甸人”）

0368 免（42）　十八種 22：嗇夫～/十八種 59：～隸=臣=妾=（隸臣妾、隸臣妾）垣及爲它事與垣等者/十八種 61：其老當～老、小高五尺以下及隸妾/十八種 82：官嗇夫～/十八種 83：其～/十八種 83：官嗇夫～/十八種 105：其事已及～/十八種 146：～城旦勞三歲以上者/十八種 151：以～一人爲庶人/十八種 155：欲歸爵二級以～親父母爲隸臣妾/十八種 155－156：謁歸公士而～故妻隸妾/十八種 156：～以爲庶人/十八種 156：工隸臣斬首及人爲斬首以～者/十八種 157：縣、都官、十二郡～除吏及佐、羣官屬/十八種 157：以十二月朔日～除/十八種 162：實官佐、史柀～、徙/十八種 162：官嗇夫～而效/十八種 171：嗇夫～而效=（效，效）/十八種 172：其有～去者/十八種 189：官嗇夫～/效律 17：官嗇夫～/效律 18：縣令～/效律 19：實官佐、史柀～徙/效律 19：官嗇夫～而效不備/效律 29：嗇夫～而效=（效，效）/效律 32：其有～去者/雜抄 2－3：～，嗇夫任之/雜抄 3：～，賞（償）四歲繇（徭）戍/雜抄 7－8：尉貲二甲，～/答問 102：～老告人以爲不孝/答問 143：遷～、徙不遷=（遷？遷）/答問 145：丞=（丞，丞）已～/答問 145：令當

～不₌當₌（不當？不當）免/答問 145：令當免不₌當₌（不當？不當）～/封診式 38：甲₌（甲。甲）未賞（嘗）身～丙₌（丙。丙）/封診式 41：甲賞（嘗）身～丙復臣之不/爲吏 51 壹：不取句（苟）～/日甲 33 正：～，復事/日甲 36 正：～，復事/日甲 42 正：以轂（繫），不～/日甲 46 正：以～，弗復/日甲 55 背貳：～於憂

0369 狂（2）　日甲 119 正貳：十六歲弗更，乃～/日甲 47 背貳：女子不～癡

0370 犺（3）　日甲 49 正壹：角、～（亢）致死/日甲 52 正壹：胃、角、～（亢）大凶/日甲 55 正壹：角、～（亢）大吉

0371 角（19）　十八種 17－18：以其筋、革、～及其賈（價）錢效/十八種 18：入其筋、革、～/封診式 23：黑牝曼靡（縻）有～/封診式 35：其右～痏一所/封診式 56：某頭左～刃痏一所/封診式 57：甾（腦）～出（䪼）皆血出/爲吏 17 叁：犀～象齒/日甲 1 正壹：八月～/日甲 48 正壹：～、房致死/日甲 49 正壹：～、犺（亢）致死/日甲 52 正壹：胃、～、犺（亢）大凶/日甲 54 正壹：～、房大吉/日甲 55 正壹：～、犺（亢）大吉/日甲 57 正壹：～、胃、參大凶/日甲 57 正壹：～、房少吉/日甲 68 正壹：～，利祠及行/日甲 5 背貳：中春軫、～/日乙 96 壹：～，利祠及【行】/日乙 91 叁：三月～十三日

0372 卵（2）　日甲 74 正貳：得之犬肉、鮮～白色/日乙 185：得於肥肉、鮮魚、～

0373 言（60）　語書 11：輕惡～而易病人/語書 12：訏詢（諼）疾～以視（示）治/語書 12：誈訊醜～麃（僄）斫以視（示）險/十八種 1：以書～澍〈澍〉稼、誘（秀）粟及豤（墾）田暘毋（無）稼者頃數/十八種 1：～雨少多/十八種 2：～其頃數/十八種 29：～縣廷₌（廷，

廷）/十八種 33：☐以書～年/十八種 128：毋（無）金錢者乃月爲～脂、膠/答問 12：與甲～/答問 77：其室人弗～吏/答問 77：弗～而葬/答問 97：甲～不審/答問 157：弗～/封診式 1：能以書從（蹤）迹其～/封診式 2：必先盡聽其～而書之/封診式 4：更～不服/封診式 4：以某數更～/封診式 11：某等皆～曰：甲封具此/封診式 41：到以書～/封診式 44：其問如～不然/封診式 45：以書～/封診式 53：丁～曰：丙毋（無）麋（眉）/封診式 81：皆～曰：乙以迺二月爲此衣/封診式 89：～甲前旁有乾血/封診式 91：毒～/封診式 91：丙有寧毒～/封診式 92：外大母同里丁坐有寧毒～/封診式 98 正：敢～之/爲吏 30 貳：善～隋（惰）行/爲吏 35 貳：～不可追/爲吏 48 叁：～如盟/爲吏 48 肆：～不可追/爲吏 30 伍：一堵（曙）失～/日甲 24 正貳：～盜，得/日甲 143 正壹：好～語/日甲 157 正叁：有美～/日甲 157 正伍：有美～/日甲 158 正貳：有美～/日甲 158 正伍：有惡～/日甲 159 正肆：日虒見，不～/日甲 162 正伍：有後～/日甲 164 正肆：有後～/日甲 165 正伍：有惡～/日甲 166 正壹：有後～/日甲 166 正肆：有惡～/日甲 16 背叁：有女子～/日甲 23 背伍：多惡～/日甲 52 背壹：壄（野）獸若六畜逢人而～/日甲 59 背壹：□鳥獸能～/日甲 59 背壹：不過三～₌（言。言）/日甲 73 背：勿～已/日甲 87 背壹：有～見/日乙 14：利以結～/日乙 122：以與人～/日乙 122：與人～/日乙 157：西聞～兇（凶）/日乙 169：西聞～/日乙 175：南聞～/日乙 240：好～五（語）

0374 疕（1） 封診式 52：以三歲時病～

0375 吝（2） 日甲 130 正：從左～/日甲 130 正：少（小）顡（顧）是胃（謂）少（小）楮（佇），～

0376 辛（112） 封診式 28：某里士五（伍）己、庚、～/爲吏 16 伍：廿五年閏再十二月丙午朔～亥/爲吏 22 伍：廿五年閏再十二月丙午朔～亥/日甲 22 正叁－23 正叁：～卯不可以初穫禾/日甲 57 正叁：毋以～酉入₌寄₌者₌（入寄者，入寄者）/日甲 59 正叁：～酉/日甲 59 正叁：～卯/日甲 68 正貳：～酢（作）/日甲 70 正貳：庚～病/日甲 74 正貳：庚～有疾/日甲 78 正貳：～丑/日甲 80 正貳：～丑/日甲 80 正貳：～酉/日甲 80 正貳：～巳/日甲 82 正貳：～丑酉/日甲 82 正貳：～巳/日甲 82 正貳：～亥/日甲 83 正貳：～卯/日甲 84 正貳：～酉/日甲 86 正貳：～酉/日甲 86 正貳：～丑/日甲 86 正貳：～巳/日甲 90 正貳：～酉/日甲 92 正貳：～未/日甲 92 正貳：～巳/日甲 96 正壹：四灋（廢）庚～/日甲 97 正叁：其日～酉、庚午、庚辰垣之/日甲 102 正壹：春三月庚～/日甲 104 正壹：十一月～/日甲 108 正壹：五月六月乙戊～/日甲 108 正壹：十一月十二月戊～甲/日甲 109 正壹：十一月～/日甲 132 正：毋以～壬東南行/日甲 135 正：戊己丙丁庚～旦行/日甲 135 正：庚～戊己壬癸餔時行/日甲 135 正：壬癸庚～甲乙夕行/日甲 138 正伍：十一月～酉/日甲 147 正壹：～巳生子/日甲 147 正貳：～卯生子/日甲 147 正叁：～丑生子/日甲 147 正肆：～亥生子/日甲 147 正伍：～酉生子/日甲 147 正陸：～未生子/日甲 155 正：～酉/日甲 155 正：～亥/日甲 1 背：春三月季庚～/日甲 5 背壹：～巳/日甲 82 背：～名曰秦桃乙忌慧/日甲 97 背壹：～亥/日甲 97 背壹：～巳/日甲 99 背壹：～酉/日甲 99 背壹：～卯/日甲 101 背：～丑/日甲 101 背：～未/日甲 104 背：秋三月庚～/日甲 113 背：～未/日甲 113 背：～巳/日甲 113 背：～丑/日甲 113 背：～巳/日甲 113 背：～丑/日甲 113 背：～巳、丑、酉/日甲 115 背：～卯/日甲 116 背：秋丙、庚、～材（裁）衣/日甲 119 背：～巳、丑、酉/日甲 120 背：秋丙、庚、～材（裁）衣/日甲 136 背：秋之～亥/日甲 137 背：七月～酉/日甲 149 背：雨帀（師）以～未死/日乙 66：～卯/日乙 67：庚～李/日乙 71：～丑/日乙 72：～巳、未/日乙 73：～丑/日乙 74 壹：～巳/日乙 76 壹：～巳、卯/日乙 31 貳：～丑/日乙 36 貳：～巳/日乙 39 貳：～丑/日乙 39 貳：～□▨/日乙 40 貳：庚～□/日乙 81 貳：庚～金₌（金，金）/日乙 98 叁：十一月～臽/日乙 110：春三月庚～/日乙 111：□□春庚～/日乙 115：～卯/日乙 116：～卯/日乙 122：～酉/日乙 131：～酉、卯/日乙 153：九月～卯/日乙 183：庚～病/日乙 185：庚～有疾/日乙 192 壹：庚～夢青黑/日乙 192 貳：～卯壬午不可寧人₌（人，人）/日乙 193 貳：～亥/日乙 193 貳：～卯/日乙 205：庚～死者/日乙 210 壹：庚～死者/日乙 215 壹：庚～死者/日乙 220 壹：庚～死者/日乙 225 壹：～酉/日乙 228 壹：～丑/日乙 231 壹：～亥/日乙 234 壹：～巳/日乙 235 壹：～未/日乙 227 貳：～丑/日乙 239：～未生/日乙 240：～巳生/日乙 242：～卯生/日乙 243：～丑生/日乙 245：～亥生/日乙 246：～酉生/日乙 251：～失火

0377 忘（4） 爲吏 23 貳：安家室～官府/爲吏 5 伍：來者有稽莫敢～/日甲 63 背壹：人有思哀也弗～/日甲 159 背－160 背：吾歲不敢～

0378 兑（3） 日甲 5 正貳：～（説）不羊（祥）/日甲 11 正貳：利以～（説）明（盟）組（詛）、百不羊（祥）/日甲 69 背：盜者～（鋭）口

0379 夸（1） 日甲 119 正貳：則～〈光〉門

0380 弟（13） 雜抄 6：當（倘）除～子籍不得/雜抄 6：使其～子贏

律/雜抄 7：除～子律/雜抄 7：縣毋敢包卒爲～子/答問 71：其～子以爲後/封診式 93－94：甲等及里人～兄及它人智（知）丙者/爲吏 24 伍－25 伍：不忍其宗族昆～/日甲 2 正貳：生子毋（無）～/日甲 2 正貳：有～必死/日甲 13 正貳：～凶/日甲 140 正肆：武而利～/日甲 86 背壹：其後必有子將～也死/日乙 242：寡～

0381 沐（1） 日甲 104 正貳：毋以卯～浴

0382 沙（4） 日甲 45 背壹：以～（砂）人（仁）一升挃（挃）其舂臼/日甲 58 背壹：洒以～/日甲 41 背叁：以白～救之/日甲 53 背叁：以～塾之

0383 沃（2） 日甲 59 背貳：寺（待）其來也，～之/日甲 32 背叁：以水～之

0384 泛（1） 雜抄 25：虎未越～蘚

0385 汭（1） 效律 45：鬃～相易

0386 没（2） 十八種 103：～入公/答問 48：～錢五千而失之

0387 決（4） 雜抄 6：～革，二甲/日甲 25 正貳：可以劈～池/日乙 12：成～/日乙 24 壹：成～光之日

0388 完（21） 十八種 7：～入公/十八種 156：其不～者/雜抄 15：不～善（繕）/答問 6：當～城旦/答問 50：當～城旦/答問 81：當～城旦/答問 84：當～爲城旦/答問 111－112：以當刑隸臣及～城旦誣告人/答問 116：～爲城旦/答問 119：～城旦/答問 120：當黥城旦而以～城旦誣人/答問 122：甲有～城旦辠（罪）/答問 124：～爲城旦/答問 135：捕亡～城旦/答問 174：或曰～=（完，完）/答問 186：垣爲“～（院）”不爲/封診式 58：它～/日甲 81 正壹：以生子，不～/日甲 63 背壹－64 背壹：～掇其葉二七/日甲 27 背貳：以犬矢（屎）爲～（丸）/日乙 81 壹：以生子，不～

0389 宋（1） 日甲 36 背叁：鬼恒～（聳）傷（愓）人

0398 尾（9） 日甲 47 正壹：心、～致死/日甲 47 正壹：玄戈毄（繫）～/日甲 53 正壹：心、～大吉/日甲 56 正壹：心、～少吉/日甲 73 正壹：～，百事凶/日甲 37 背貳：馬～犬首/日甲 159 背：～善毆（驅）□/日乙 101 壹：～，百事兇（凶）/日乙 256：疵在～☑

0399 局（1） 爲吏 1 伍－2 伍：畫～陳𢍰（棋）以爲耤（藉）

0400 忌（36） 日甲 18 正叁：禾～日/日甲 20 正叁：各常□～/日甲 80 正貳－81 正貳：其～，丁巳、丁未、戊戌、戊辰、戊子/日甲 83 正貳：其～，丙子、丙午、丙寅、丁巳、丁未、戊寅、戊戌、戊子、庚寅、辛卯/日甲 84 正貳－85 正貳：其～，己丑、己未、己巳、己卯、戊寅、戊戌、戊子、己巳/日甲 87 正貳：其～，壬戌、癸亥、癸酉/日甲 88 正貳－89 正貳：其～，乙亥、乙巳、乙未、丁巳、丁未/日甲 90 正貳－91 正貳：其～，己丑、己巳、己未、己卯、乙巳、戊子、戊寅、戊戌/日甲 92 正貳：雞＝（雞。雞）～日/日甲 102 正壹：室～/日甲 104 正壹：土～/日甲 131 正：歲～/日甲 82 背：辛名曰秦桃乙～慧/日甲 115 背：衣～/日甲 120 背：衣～日/日甲 129 背－130 背：土～/日甲 130 背：土～日/日甲 150 背：田～/日甲 151 背：五種（種）～/日乙 66－67：其～，甲戌、乙巳、癸酉、丁未、癸丑、☑□□□□□寅、己卯/日乙 67：木＝（木。木）～/日乙 68－69：其～，甲寅、午，丙辰，丁巳、未，戊☑/日乙 70－71：其～，乙巳，□□□□☑未，辛丑，戊辰，壬午/日乙 72：～日/日乙 73：其～，壬午，戊午，戌，丁☑/日乙 74 壹－75 壹：～，壬戌，癸未，辛巳，☑□□□□□□□□戌，癸未/日乙 75 壹：～，丁丑，丁未，丙辰，丙申/日乙 76 壹：～，辛巳、卯，庚寅，丁未/日乙 46 貳：五種（種）～日/日乙 110：室～/日乙 110：室～/日乙 113：蓋～/日乙 142：凡行者毋犯其大～/日乙 142：行～/日乙 188 貳：圂～日/日乙 196 壹：穿户～毋以丑穿門户

0401 陟（1） 爲吏 7 伍－8 伍：上毋（無）閒～（隙）

0402 壯（4） 十八種 190：除佐必當～以上/封診式 60：男子丁～/爲吏 33 壹：～能衰/日甲 71 背：盜者～

0403 忍（2） 爲吏 36 壹：仁能～/爲吏 24 伍－25 伍：不～其宗族昆弟

0404 甬（4） 十八種 194：各有衡石羸（纍）、斗～（桶）/效律 3：～（桶）不正/爲吏 10 叁：除陛～道/日甲 13 正壹：～

0405 矣（73） 語書 3：今灋（法）律令已具～/語書 6：爲人臣亦不忠～/答問 161：王室所當祠固有～/封診式 24：牛=（牛，牛）六歲～/封診式 84：甲懷子六月～/日甲 14 背壹：則止～/日甲 28 背壹：見而射之，則已～/日甲 33 背壹：畏死～/日甲 39 背壹：屈（掘）而去之，則止～/日甲 42 背壹：屈（掘）而去之，則止～/日甲 45 背壹－46 背壹：以黍肉食宲人，則止～/日甲 49 背壹：烰（炮）而食之，則止～/日甲 51 背壹：龔（龍）去～/日甲 53 背壹：繹（釋）屨（屨）而投之，則已～/日甲 54 背壹－55 背壹：燔豕矢（屎）室中，則止～/日甲 56 背壹－57 背壹：疾瘫（糠）瓦以還□□□□[則]已～/日甲 58 背壹：洒以沙，則已～/日甲 59 背壹－60 背壹：多益其旁人，則止～/日甲 62 背壹：濆以灰，則不屬～/日甲 64 背壹：東北鄉（嚮）如（茹）之乃卧，則止～/日甲 66 背壹：熱（爇）以寺（待）之，則不來～/日甲 68 背壹：已乃庯（餔），則止～/日甲 24 背貳：不畏人～/日甲 26 背貳：求而去之，則已～/日甲 28 背貳：不害人～/日甲 30 背貳：鳶（弋）以芻矢，則不來～/日甲 32 背貳－33 背貳：男女未入宫者毄（擊）鼓奮鐸喿（譟）之，則不來～/日甲 35 背貳：以良劍刺其頸，則不來～/日甲 42 背貳－43 背貳：以牡棘之劍之，則不來～/日甲 45 背貳：復（覆）鬴户外，不來～/日甲 46 背貳：取女筆以拓之，則不來～/日甲 49 背貳：以犬矢（屎）投之，不來～/日甲 50 背貳：以灰濆之，則不來～/日甲 51 背貳：以廣灌爲載（鳶）以燔之，則不來～/日甲 53 背貳：毋（無）央（殃）～/日甲 55 背貳：免於憂～/日甲 56 背貳：遽則止～/日甲 58 背貳：周其室，則去～/日甲 59 背貳：沃之，則止～/日甲 60 背貳－61 背貳：鬻（煮）䔉（蕢）屨以紙（抵），即止～/日甲 62 背貳－63 背貳：以屨投之，則止～/日甲 64 背貳：擇（釋）以投之，則止～/日甲 66 背貳：縣（懸）以葸，則得～/日甲 66 背貳：刊之以葸，則死～/日甲 66 背貳：享（烹）而食之，不害～/日甲 26 背叁：毋（無）央（殃）～/日甲 27 背叁：以桃更（梗）毄（擊）之，則止～/日甲 28 背叁：以白石投之，則止～/日甲 30 背叁：以黄土濆之，則已～/日甲 31 背叁：以黄土室，不害～/日甲 32 背叁：以水沃之，則已～/日甲 34 背叁：以人鼓應（應）之，則已～/日甲 35 背叁：以人火應（應）之，則已～/日甲 36 背叁：以牡棘之劍刺之，則止～/日甲 37 背叁：以芻矢鳶（弋）之，則止～/日甲 38 背叁：毄（繫）以葦，則死～/日甲 39 背叁－40 背叁：毄（繫）以葦，則死～/日甲 40 背叁：女子死～/日甲 41 背叁：以白沙救之，則止～/日甲 42 背叁：以人火鄉（嚮）之，則已～/日甲 43 背叁：以其木毄（擊）之，則已～/日甲 44 背叁：以人火鄉（嚮）之，則止～/日甲 45 背叁：張傘以鄉（嚮）之，則已～/日甲 46 背叁：解髮奮以過之，則已～/日甲 47 背叁：燔鬒（鬈）及六畜毛邋（鬣）其止所，則止～/日甲48背叁：以若（箬）便（鞭）毄（擊）之，則已～/日甲49背叁：以若（箬）便（鞭）毄（擊）之，則止～/日甲51背叁：燔豕矢（屎）焉，則止～/日甲52背叁：燔生桐其室中，則已～/日甲54背叁：三日乃能人～/日甲56背叁：果（裹）以賁（蕡）而遠去之，則止～/日甲59背叁：亡恙～/日乙258：其子已死～

0406 武（14） 編年記48壹：攻～安/日甲148正壹：敎（穀）而～/日甲148正貳：～而好衣劍/日甲140正叁：～有力/日甲140正肆：～而利弟/日甲146正肆：～而貧/日甲141正陸：～以攻（工）巧/日甲142正陸：～以聖/日乙238：不～乃工考（巧）/日乙238：丙寅生，～/日乙239：～有力/日乙241：穀於～/日乙242：～有力/日乙245：庚戌生，～

0407 青（5） 十八種34：別黄、白、～/爲吏36叁：朱珠丹～/日甲69正貳：～色死/日甲73背：～赤色/日乙192壹：庚辛夢～黑

0408 表（4） 雜抄36：敦（屯）～律/爲吏3伍：～以身/爲吏3伍：民將望～以㞋真/爲吏3伍：～若不正

0409 長（51） 編年記47壹：攻～平/語書4：～邪避（僻）淫失（泆）之民/十八種13：賜牛～日三旬/十八種26－27：～吏相雜以入禾倉及發/十八種29：廷＝（廷，廷）令～吏雜封其廥/十八種68：列伍～弗告/十八種73：各與其官～共養、車牛/十八種80：嗇夫即以其直（值）錢分負其官～及冗吏/十八種98：其小大、短～、廣亦必等/十八種127：其主車牛者及吏、官～皆有辠（罪）/十八種128：官～及吏以公車牛稟其月食及公牛乘馬之稟/十八種176：必令～吏相雜以見之/效律37：必令～吏相雜以見之/雜抄12：徒食、敦（屯）～、僕射弗告/雜抄13：同車食、敦（屯）～、

僕射弗告/雜抄 17：丞及曹～一盾/雜抄 17－18：丞、曹～一甲/雜抄 19：縣嗇夫、丞、吏、曹～各一盾/雜抄 23：貲其曹～一盾/雜抄 34：署君子、敦（屯）～、僕射不告/雜抄 36：敦（屯）～、什伍智（知）弗告/答問 72：臣邦君～所置爲後大（太）子/答問 95：辭者不先辭官～、嗇夫/答問 95：可（何）謂“官～”/答問 95：命都官曰“～”/答問 113：臣邦真戎君～/答問 176：臣邦人不安其主～/答問 208：將～令二人扶出之/封診式 25：某亭校～甲/封診式 60：～七尺一寸/封診式 60：髮～二尺/爲吏 37 貳：不可【不】～/爲吏 44 肆：～不行/爲吏 15 伍：辯短～/日甲 32 正：既美且～/日甲 100 正：～子婦死/日甲 124 正叁：木=（木，木）～/日甲 149 正壹：～大/日甲 14 背貳：宇右～左短/日甲 15 背貳：宇左～/日甲 67 背壹：以桂～尺有尊（寸）而中折/日甲 70 背：～頸/日甲 74 背：盜者～而黑/日甲 75 背：盜者～頸/日甲 75 背：～耳而操蔡/日甲 76 背：盜者～須（鬚）耳/日甲 80 背：～脊/日甲 127 背：～行/日乙 43 貳：～行/日乙 188 貳：～死之/日乙 241：癸未生，～

0410 拓（1） 日甲 46 背貳：取女筆以～之

0411 拔（4） 答問 81：縛而盡～其須麋（眉）/答問 82：～人髮/答問 84：～劍伐/答問 85：～以鬭

0412 者（510） 語書 1：古～，民各有鄉俗/語書 2：故後有閒令下～/語書 2：灋（法）律令～/語書 5：聞吏[民]犯灋（法）爲閒私～不止/語書 7：舉劾不從令～/語書 8：獨多犯令而令、丞弗得～/語書 12－13：故如此～不可不爲罰/語書 13：其畫（過）最多～/十八種 1：以書言澍〈澍〉稼、誘（秀）粟及狠（墾）田暘毋（無）稼～頃數/十八種 2：早〈旱〉及暴風雨、水潦、蚤（螽）蚰、羣它物傷稼～/十八種 5：唯不幸死而伐綰（棺）

穜（種）用～/十八種 43：稟毀（毇）粺～/十八種 44：宦～、都官吏、都官人有事上爲將/十八種 44：已稟～/十八種 45：有事軍及下縣～/十八種 46：月食～已致稟而公使有傳食/十八種 46：告歸盡月不來～/十八種 48：百姓有欲叚（假）～/十八種 49：小城旦、隸臣作～/十八種 49：未能作～/十八種 49－50：小妾、舂作～/十八種 50：未能作～/十八種 50：嬰兒之毋（無）母～各半石/十八種 50：雖有母而與其母冗居公～/十八種 51：隸臣田～/十八種 55：城旦之垣及它事而勞與垣等～/十八種 55：其守署及爲它事～/十八種 55：其病～，稱議食之/十八種 57：以犯令律論吏主～/十八種 59：免隸＝臣＝妾＝（隸臣妾、隸臣妾）垣及爲它事與垣等～/十八種 61：隸臣欲以人丁粼～二人贖/十八種 61：其老當免老、小高五尺以下及隸妾欲以丁粼～一人贖/十八種 61－62：贖～皆以男子/十八種 62：女子操敃（文）紅及服～/十八種 62：邊縣～，復數其縣/十八種 63：用犬～，畜犬期足/十八種 63：豬、雞之息子不用～/十八種 64：官府受錢～/十八種 64：不盈千～/十八種 66：其廣袤不如式～/十八種 68：賈市居列～/十八種 68：擇＝行＝錢＝、布＝（擇行錢、布；擇行錢、布）～/十八種 69：小物不能各（格）一錢～/十八種 70：官相輸～/十八種 70：受～以入計之/十八種 71：工獻輸官～/十八種 72：見牛～一人/十八種 72：都官之佐、史冗～/十八種 73：見牛～一人/十八種 73：不盈十人～/十八種 73：都官佐、史不盈十五人～/十八種 74：不盈七人～/十八種 74：小官毋（無）嗇夫～/十八種 74：狠生～，食其母日粟一斗/十八種 76：有責（債）於公及貲、贖～居它縣/十八種 77：隸臣妾有亡公器、畜生（牲）～/十八種 79：令其官嗇夫及吏主～代賞

（償）之/十八種 80：縣、都官坐效、計以負賞（償）～/十八種 81：其入贏～，亦官與辨券/十八種 81：隃=歲=（隃（逾）歲，隃（逾）歲）而弗入及不如令～/十八種 82：貧窶毋（無）以賞（償）～/十八種 83：效其官而有不備～/十八種 86：公器不可繕～/十八種 86：有久識～靡（磨）蚩（徹）之/十八種 87：都官遠大内～/十八種 88：不可買（賣）而可以爲薪及蓋蘙〈蘙（翳）〉～/十八種 89：取不可葆繕～/十八種 90：受（授）衣～，夏衣以四月盡六月稟之/十八種 90：過時～勿稟/十八種 90：囚有寒～爲褐衣/十八種 93：在咸陽～/十八種 93：在它縣～/十八種 94：稟衣～/十八種 94：隸臣、府隸之毋（無）妻～/十八種 94：其小～冬七十七錢/十八種 95：其小～冬卌四錢/十八種 95：隸臣妾之老及小不能自衣～/十八種 95－96：亡、不仁其主及官～/十八種 97：令市～見其人/十八種 97：不從令～貲一甲/十八種 98：爲器同物～/十八種 99：不同程～毋同其出/十八種 100：有工～勿爲正/十八種 101：叚（假）而有死亡～/十八種 102：其不可刻久～/十八種 104：不可久～/十八種 104：敝而糞～/十八種 104－105：官輒告叚（假）器～/十八種 105：器敝久恐靡（磨）～/十八種 105：其=久=（其久。其久）靡（磨）不可智（知）～/十八種 105：叚（假）器～，其事已及免/十八種 106：弗亟收～有辠（罪）/十八種 106：其叚（假）～死亡、有辠（罪）毋（無）責/十八種 106：擅=叚=公=器=～=（擅叚（假）公器，者（諸）擅叚（假）公器者）/十八種 108：隸臣、下吏、城旦與工從事～冬作/十八種 109：小隸臣妾可使～/十八種 111－112：能先期成學～/十八種 112：盈期不成學～/十八種 113：隸臣有巧可以爲工～/十八種 116：興徒以爲邑中之紅（功）～/十八種 116：司空將紅（功）及君子主堵～有辠（罪）/十八種 118：縣葆～補繕之/十八種 119－120：夏有壞～，勿稍補繕/十八種 120：其近田恐獸及馬牛出食稼～/十八種 120－121：縣嗇夫材（裁）興有田其旁～/十八種 123：其程攻（功）而不當～/十八種 124：以律論度～/十八種 126：官府叚（假）公車牛～/十八種 127：其主車牛～/十八種 128：官有金錢～/十八種 128：毋（無）金錢～/十八種 131：柳及木棼（柔）可用書～/十八種 131：毋（無）方～乃用版/十八種 131：其縣山之多荓～/十八種 131－132：毋（無）荓～以蒲、藺以枲萷（䱷）之/十八種 133：公食～，日居六錢/十八種 133：居官府公食～/十八種 134：公士以下居贖刑辠（罪）、死辠（罪）～/十八種 134：羣下吏毋耐～/十八種 136：居貲贖責（債）欲代～/十八種 136：作務及賈而負責（債）～/十八種 136－137：一室二人以上居貲贖責（債）而莫見其室～/十八種 137：居貲贖責（債）～/十八種 138：不能自衣～/十八種 138：其日未備而被入錢～/十八種 138：以日當刑而不能自衣食～/十八種 139：官作居貲贖責（債）而遠其計所官～/十八種 140：官₌（官；官）相新（近）～/十八種 140：欲居～/十八種 141：隸臣妾、城旦舂之司寇、居貲贖責（債）毄（繫）城旦舂～/十八種 141：其與城旦舂作～/十八種 141－142：妻₌（妻，妻）更及有外妻～/十八種 142：日未備而死～/十八種 143：公食當責～/十八種 144：居貲贖責（債）～歸田農/十八種 145：居貲贖責（債）當與城旦舂作～/十八種 145－146：城旦傅堅、城旦舂當將司～/十八種 146：免城旦勞三歲以上～/十八種 147：其名將司～/十八種 147：舂城旦出繇（徭）～/十八種 147－148：當行市中～/十八種 149：吏主～負其半/十八種 152：欲入錢～，日八錢/十八種 153：灋（法）耐署（遷）～/十八種 154：賜未受而死及灋（法）耐署（遷）～/十八種 155：欲歸爵二級以免親父母爲隸臣妾～/十八種 155－156：謁歸公士而免故妻隸妾一人～/十八種 156：工隸臣斬首及人爲斬首以免～/十八種 156：其不完～，以爲隱官工/十八種 157：其有死亡及故有夬（缺）～/十八種 159－160：嗇夫之送見它官～/十八種 161：令君子毋（無）害～若令史守官/十八種 162：官嗇夫必與去～效代者/十八種 162：官嗇夫必與去者效代～/十八種 162：代～【與】居吏坐之/十八種 163：去～與居吏坐之/十八種 163：去～弗坐/十八種 164：其不可食～不盈百石以下/十八種 169：遺倉嗇夫及離邑倉佐主稟～/十八種 170：書其出～，如入禾然/十八種 171：效₌（效，效）～見其封及隄（題）/十八種 172：其有免去～/十八種 172：新倉嗇夫，新佐、史主廥～/十八種 173：以律論不備～/十八種 174：～（諸）移贏以賞（償）不備/十八種 175：與主廥～共賞（償）不備/十八種 177：毋（無）齎～乃直（值）之/十八種 178：公器不久刻～/十八種 179：御史卒人使～/十八種 179：有爵～/十八種 179－180：使～之從者/十八種 179－180：使者之從～/十八種 182：上造以下到官佐、史毋（無）爵～/十八種 183：行命書及書署急～/十八種 183：不急～/十八種 183：留₌（留。留）～以律論之/十八種 184：書有亡～/十八種 184：不可誠仁～/十八種 185：宜到不來～/十八種 186：縣各告都官在其縣～/十八種 187：都官歲上出器求補～數/十八種 191：犯令～有

空₌（司空、司空）佐史、士吏將～弗得/雜抄 15－16：敢深（甚）益其勞歲數～/雜抄 19：城旦爲工殿～/雜抄 24：負久₌～₌（久者，久者）/雜抄 25：貲工曰不可～二甲/雜抄 32：敢爲酢（詐）僞～/雜抄 34：宿～已上守除/雜抄 36：叚（假）～，耐/雜抄 37：不死～歸/雜抄 38：捕人相移以受爵～/雜抄 38－39：令₌送₌逆₌爲₌它₌（令送逆爲它，令送逆爲它）事～/雜抄 40：戍～城及補城/雜抄 40：所城有壞～/雜抄 40：縣司空署君子將～/雜抄 40－41：縣司空佐主將～/雜抄 41：令戍～勉補繕城/雜抄 42：使～貲二甲/答問 20：云"反其辠（罪）"～/答問 21：同居～爲盜主/答問 22：盜及～（諸）它辠（罪）/答問 26：盜不直（置）～，以律論/答問 27：未置及不直（置）～不爲"具"/答問 30："抉₌籥₌（抉籥（鑰）"？抉籥（鑰））～已抉啓之乃爲抉/答問 38：告～可（何）論/答問 38：問告～可（何）論/答問 40：告～可（何）論/答問 41：誣～可（何）論/答問 51：譽適（敵）以恐眾心～/答問 51："翏（戮）"～可（何）如/答問 52：聲聞左右～/答問 53：能捕～購臣妾二人/答問 53：毄（繫）投書～鞫審讞之/答問 53：所謂～，見書而投者不得/答問 53：所謂者，見書而投～不得/答問 53：投～得/答問 58：咸陽及它縣發弗智（知）～/答問 61：䙴₌（䙴（遷）。䙴（遷））～妻當包不₌當₌（不當？不當）/答問 63：將上不仁邑里～而縱之/答問 66：問殺人～爲賊殺人/答問 77：問死～有妻、子當收/答問 85：鈹、戟、矛有室～/答問 89：毆～顧折齒/答問 91：木可以伐～爲"梃"/答問 95：辭～辭廷/答問 95：辭～不先辭官長、嗇夫/答問 100："州₌告₌"（"州（周）告"？"州（周）告"）～/答問 104：行告₌～【₌】辠₌（告者辠（罪）。告【者】辠

答問 201：“室人”～/答問 202：“瓊＝”（“瓊”？“瓊”）～，玉檢/答問 203：～（諸）候（侯）客節（即）來使入秦/答問 204：“匧＝面＝”（“匧面”？“匧面”）～/答問 204：它邦耐（能）吏、行旞與偕～/答問 205：“臧＝人＝”（“臧（贓）人”？“臧（贓）人”）～，甲把其衣錢匿臧（藏）乙室/答問 208：“大＝痍＝”（“大痍”？“大痍”）～，支（肢）或未斷/答問 209：人户、馬牛及～（諸）貨材（財）直（值）過六百六十錢爲“大誤”/封診式 3：以詰～詰＝之＝（詰之。詰之）/封診式 3：視其它毋（無）解～以復詰＝之＝（詰之。詰之）/封診式 4：其律當治（笞）諒（掠）～/封診式 7：遣識～以律封守/封診式 8：封有鞫～某里士五（伍）甲家室、妻、子、臣妾、衣器、畜產/封診式 11：毋（無）它當封～/封診式 14：遣識～當騰＝（騰（謄），騰（謄））/封診式 36：有失伍及菌（遲）不來～/封診式 58：其襦北（背）直痏～/封診式 62：聞譻（號）寇～不/封診式 72：口鼻或不能渭（喟）然～/封診式 72：自殺～必先有故/封診式 74：不智（知）穴盜～可（何）人＝（人、人）數/封診式 76：其所以埱～類旁鑿/封診式 78：其中央稀～五寸/封診式 78－79：其瞳（踵）稠～三寸/封診式 82：不智（知）盜～可（何）人及蚤（早）莫（暮）/封診式 86：令隸妾數字～/封診式 89：令隸妾數字～某＝（某某）診甲/封診式 93－94：甲等及里人弟兄及它人智（知）丙～/爲吏 12 貳：五～畢至/爲吏 5 伍：來～有稽莫敢忘/爲吏 32 伍：口～，關/爲吏 32 伍－33 伍：舌～，符璽/日甲 1 正貳：不可用～/日甲 5 正貳：宷（聚）眾必亂～/日甲 24 正貳：亡～，不得/日甲 35 正：亡～，不得/日甲 36 正：死＝（死。死）～，又（有）毀/日甲 38 正：亡～，不得/日甲

40 正：亡～，得/日甲 43 正：不可入（納）寄～/日甲 44 正：亡～，得/日甲 63 正：□□□毄～，死/日甲 63 正：刺～，室人妻子父母分離/日甲 63 正：精～/日甲 63 正：困～/日甲 63 正：辱～，不孰而爲□人矢□/日甲 54 正叁－55 正叁：異～焦寠/日甲 57 正叁：毋以辛酉入₌寄₌～₌（入寄者，入寄者）/日甲 57 正叁：己巳入寄～/日甲 76 正壹：以結～，不擇（釋）/日甲 78 正壹：以結～，易擇（釋）/日甲 78 正壹：亡～，不得/日甲 83 正壹：生子亡～，人意之/日甲 86 正壹：亡～，得/日甲 99 正貳：有以～大凶/日甲 99 正貳：必有死～/日甲 107 正壹：必有死～/日甲 122 正貳：利毋（無）爵～/日甲 124 正叁：尌（樹）～死/日甲 151 正貳：夾頸～貴/日甲 152 正貳：在奎～富/日甲 153 正貳：在掖（腋）～愛/日甲 154 正貳：在手～巧盜/日甲 151 正叁：在足下～賤/日甲 152 正叁：在外～奔亡/日甲 62 背壹：斷而能屬～/日甲 65 背壹：其鬼歸之～/日甲 32 背貳：男女未入宮～/日甲 68 背貳：入而傅（搏）～之/日甲 24 背叁：一室中卧～眯（寐）/日甲 30 背叁：其骨有在外～/日甲 31 背叁：卧～容席以臽（陷）/日甲 69 背－70 背：盜～/日甲 70 背：盜～兑（鋭）口/日甲 70 背：盜～大鼻/日甲 71 背：盜～壯/日甲 72 背：盜～大面/日甲 73 背：盜～男子/日甲 74 背：盜～長而黑/日甲 75 背：盜～長頸/日甲 76 背：盜～長須（鬚）耳/日甲 77 背：盜～園（圓）面/日甲 78 背：盜～亂（巒）而黄色/日甲 79 背：盜～赤色/日甲 80 背：盜～大鼻而票（剽）行/日甲 84 背壹：其後必有病～三人/日甲 89 背壹：其後必有死～三人/日甲 89 背壹：必有死～二人/日甲 91 背貳：直此日月～不出/日甲 116 背：必鼠（予）死～/日甲 120 背：必鼠（予）死～/

稟縣）以減其稟/十八種 44：輒移其稟₌縣₌（稟縣，稟縣）以減～稟/十八種 46：止～後朔食/十八種 46：以～來日致其食/十八種 46：以其來日致～食/十八種 47：～顧來有（又）一食禾/十八種 47：～數駕，毋過日一食/十八種 49：隸臣妾～從事公/十八種 49：～不從事，勿稟/十八種 50：雖有母而與～母冗居公者/十八種 51：止～半石/十八種 55：～守署及爲它事者/十八種 55：～病者，稱議食之/十八種 57：以～餘益爲後九月稟所/十八種 57：城旦爲安事而益～食/十八種 61：～老當免老、小高五尺以下及隸妾欲以丁粼者一人贖/十八種 62：以～贖爲隸臣/十八種 62：復數～縣/十八種 63：別計～錢/十八種 66：～廣袤不如式者/十八種 67：～出入錢以當金、布/十八種 69：各嬰～賈（價）/十八種 70：以書告～出計之年/十八種 70：八月、九月中～有輸/十八種 70：計～輸所遠近/十八種 70：不能逮～輸所之計/十八種 71：[移]計～後年/十八種 71：深（審）以～年計之/十八種 72：～佐、史與共養/十八種 73：各與～官長共養、車牛/十八種 74：食～母日粟一斗/十八種 76：移～縣₌（縣，縣）/十八種 77：～日踐以收責之/十八種 77：～人死亡/十八種 77－78：以～日月減其衣食/十八種 77－78：以其日月減～衣食/十八種 78：～所亡衆/十八種 78：～弗令居之/十八種 78－79：～人【死】亡/十八種 79：令其官嗇夫及吏主者代賞（償）之/十八種 80：嗇夫即以～直（值）錢分負其官長及冗吏/十八種 80：嗇夫即以其直（值）錢分負～官長及冗吏/十八種 81：～人贏者，亦官與辨券/十八種 81：～責（債）毋敢隃₌歲₌（隃（逾）歲，隃（逾）歲）/十八種 82：坐～故官以貲賞（償）及有它責（債）/十八種 82：稍減～秩、月食以賞（償）之/十八種 83：

～免殹（也），令以律居之/十八種 83：效～官而有不備者/十八種 83：令與～稗官分/十八種 83：如～𦘠（事。吏）/十八種 84：抉出～分/十八種 84：～已分而死/十八種 86：～金及鐵器入以爲銅/十八種 87：糞～有物不可以須時/十八種 87－88：以書時謁～狀內史/十八種 88：糞～不可買（賣）而可以爲薪及蓋藺〈蘙（翳）〉者/十八種 92：都官有用□□□□～官/十八種 93：在咸陽者致～衣大內/十八種 93：縣=（縣，縣、）大內皆聽～官致/十八種 94：～小者冬七十七錢/十八種 95：～小者冬卌四錢/十八種 95：不仁～主/十八種 97：受錢必輒入～錢缿中/十八種 97：令市者見～入/十八種 98：～小大、短長、廣亦必等/十八種 99：不同程者毋同～出/十八種 101：～叚（假）公/十八種 101：令～徒、舍人任其叚（假）/十八種 101：令其徒、舍人任～叚（假）/十八種 102：公甲兵各以～官名刻久之/十八種 102：～不可刻久者/十八種 102：～叚（假）百姓甲兵/十八種 102：必書～久/十八種 103：非～官之久/十八種 104：～或叚（假）公器/十八種 104：靡（磨）蚩（徹）～久/十八種 105：還～未靡（磨）/十八種 105：謁更～=久=（其久。其久）/十八種 105：～事已及免/十八種 105－106：官輒收～叚（假）/十八種 106：～叚（假）者死亡、有辠（罪）毋（無）責/十八種 111：～後歲賦紅（功）與故等/十八種 115：～得殹（也），及詣/十八種 116：令～徒復垣之/十八種 119：～土惡不能雨/十八種 120：～近田恐獸及馬牛出食稼者/十八種 120－121：縣嗇夫材（裁）興有田～旁者/十八種 121：～有欲壞更/十八種 123：～程攻（功）而不當者/十八種 124：～不審，以律論度者/十八種 124：以～實爲繇（徭）徒計/十八種 127：～主車牛者及吏、官長皆有辠（罪）/十八種128：稟～月食及公牛乘馬之稟/十八種130：攻閒～扁（辨）解/十八種131：～縣山之多茾者/十八種132：各以～㰖〈穫〉時多積之/十八種133：以～令日問之/十八種133：～弗能入及賞（償）/十八種134：毋赤～衣/十八種135：赤～衣/十八種135：～或亡之，有辠（罪）/十八種137：莫見～室/十八種137：出～一人/十八種138：令居～衣如律然/十八種138：～日未備而柀入錢者/十八種139：官作居貲贖責（債）而遠～計所官者/十八種139：各以～作日及衣數告其計所官/十八種139：各以其作日及衣數告～計所官/十八種139－140：翥（畢）到～官=（官；官）/十八種140：告～計所官/十八種140：計之～作年/十八種141：～與城旦舂作者/十八種142：出～衣食/十八種147：～名將司者/十八種148：出～器/十八種149：吏主者負～半/十八種153：有辠（罪）灋（法）耐䙴（遷）～後/十八種153：不得受～爵及賜/十八種153：～已拜/十八種156：～不完者/十八種157：～有死亡及故有夬（缺）者/十八種160：不得除～故官佐、吏以之新官/十八種163：～盈歲/十八種164：～不可食者不盈百石以下/十八種165－166：以～秏（耗）石數【論】負之/十八種167：令復～故數/十八種167：以律論～不備/十八種168：～廥禾若干石/十八種169：～出禾/十八種170：書～出者/十八種171：效=（效，效）者見～封及隄（題）/十八種172：～餘禾若干石/十八種172：～有免去者/十八種172：～有所疑/十八種179：～有爵者/十八種184：必書～起及到日月夙莫（暮）/十八種186：縣各告都官在～縣者/十八種186：寫～官之用律/十八種189：☐～官亟置嗇夫/十八種194：計～官/十八種195：有實官高～垣牆/十八

15：～前謀，同辠（罪）/答問 17：～妻、子智（知）/答問 18：甲₌（甲，甲）與～妻、子智（知）/答問 20：此二物～同居、典、伍當坐之/答問 20：云“反～辠（罪）”者/答問 20－21：人奴妾盜～主之父母/答問 23：畀～主/答問 23－24：當₌（當？當）以布及～它所買畀甲/答問 25：盜～具/答問 28：貍（埋）～具/答問 32：～它不爲/答問 33：～獄鞫乃直（值）臧₌（臧（贜），臧（贜））/答問 42：～什不審/答問 46：不智（知）～羊數/答問 55：爲有秩僞寫～印爲大嗇夫/答問 57：它₌縣₌（它縣，它縣）亦傳～縣次/答問 59：行～論/答問 60：～所包當詣䙴（遷）所/答問 62：～妻先自告/答問 63：當毄（繫）作如～所縱/答問 63：以須～得/答問 69：～子新生而有怪物其身及不全而殺之/答問 69：其子新生而有怪物～身及不全而殺之/答問 69：不欲～生/答問 71：～弟子以爲後/答問 72：擅殺、刑、髡～後子/答問 72：官～男爲爵後/答問 77：～室人弗言吏/答問 79：夬（決）～耳/答問 81：縛而盡拔～須麋（眉）/答問 88：～大方一寸/答問 89：各以～律論之/答問 93：傷～獄/答問 98：～四鄰、典、老皆出不存/答問 100：～所告且不審/答問 100：論～不審/答問 104：主擅殺、刑、髡～子、臣妾/答問 104－105：它人有（又）襲～告之/答問 109：～辠（罪）當刑爲隸臣/答問 109：行～耐/答問 110：～辠（罪）當刑城旦/答問 111：行～耐/答問 113：～爲羣盜/答問 113：～有府（腐）辠（罪）/答問 114：～它辠（罪）比羣盜者亦如此/答問 116：收～外妻、子₌（子。子）/答問 131：把～叚（假）以亡/答問 131：～得，坐臧（贜）爲盜₌（盜；盜）/答問 137：今甲捕得～八人/答問 140：～耐辠（罪）以上/答問 144：事它郡縣而不視～事者/答問

來/日甲 67 背貳：～鬼恒夜譹（呼）/日甲 25 背叁：以牡棘刀刊～宫蘠（牆）/日甲 28 背叁：罔譹（呼）～召/日甲 30 背叁：～骨有在外者/日甲 34 背叁：不見～鼓/日甲 43 背叁：以～木毄（擊）之/日甲 47 背叁：燔鬒（髮）及六畜毛邋（鬣）～止所/日甲 48 背叁：人卧而鬼夜屈～頭/日甲 50 背叁：爰母處～室/日甲 50 背叁－51 背叁：～居所水則乾/日甲 51 背叁：屈（掘）～室中三尺/日甲 52 背叁：燔生桐～室中/日甲 57 背叁：得～所/日甲 58 背叁－59 背叁：棄～屨於中道/日甲 75 背：～身不全/日甲 77 背：～爲人也鞞₌（鞞（竱）鞞（竱））然/日甲 79 背：～爲人也剛履（愎）/日甲 80 背：～面不全/日甲 83 背壹：～後必以子死/日甲 83 背壹：～咎在渡衖/日甲 84 背壹：～後必有病者三人/日甲 85 背壹：～咎在四室/日甲 86 背壹：～後必有子將弟也死/日甲 87 背壹：～後必有敬（警）/日甲 87 背壹：～咎在五室馬牛/日甲 88 背壹：～後必有別/日甲 89 背壹：～後必有死者三人/日甲 89 背壹：～咎在六室/日甲 90 背壹：～室寡/日甲 91 背壹：～咎在二窜/日甲 92 背壹：～後必有小子死/日甲 93 背壹：～咎在室馬牛豕/日甲 94 背壹：～咎在三室/日甲 111 背－112 背：掓～晝中央土而懷之/日甲 131 背：當～地不可起土攻（功）/日甲 139 背：～家日減/日甲 152 背：～歲或弗食/日甲 154 背：復卒～日/日甲 157 背：毆（驅）～央（殃）/日甲 157 背－158 背：去～不羊（祥）/日甲 158 背：令～□耆（嗜）□/日甲 158 背：令～鼻能糗（嗅）鄉（香）/日乙 17：人₌（人，人）必奪～室/日乙 56：不成～行/日乙 66－67：～忌，甲戌、乙巳、癸酉、丁未、癸丑、☑/日乙 68－69：～忌，甲寅、午，丙辰，丁巳、未，戊☑/日乙 70－71：～忌，乙巳，

□□□□☒未，辛丑，戊辰，壬午/日乙 73：～忌，壬午，戊午，戌，丁☒/日乙 47 貳—48 貳：不可以始穜（種）穫、始賞（嘗），～/日乙 134：～央（殃）不出歲/日乙 142：凡行者毋犯～大忌/日乙 145：～譑（號）曰大常行/日乙 145：席=（席。席）叕（餟）～後/日乙 145—146：～祝曰：毋（無）王事/日乙 183：～人赤色死火日/日乙 189 貳：～吉日/日乙 195 貳：～室日滅/日乙 196 壹：不見～光/日乙 202：～後有熹（禧）/日乙 203：～東有熹（禧）/日乙 206 壹：～東受兇（凶）/日乙 210 壹：～東受兇（凶）/日乙 210 壹：～西北有熹（禧）/日乙 211 壹：～南有熹（禧）/日乙 213 壹：～西受兇（凶）/日乙 215 壹：～東北受兇（凶）/日乙 216 壹：～東受兇（凶）/日乙 220 壹：不去～室有死/日乙 223 壹：～南晋之/日乙 240：去～邦/日乙 241—242：去～邦北亟/日乙 253：～疵其上得☒/日乙 253：其疵～上得☒/日乙 253：～門西北出/日乙 254：内盜有□□人在～室☒/日乙 255：～室在西方/日乙 256：～食者五口/日乙 257：～上作折其☒/日乙 258：～子已死/日乙 258：～閒在室/日乙 259：～室在西方/日乙 259：～北壁臣（堅）/日乙 259：～人擅（黷）黑

0417 取（114）　十八種 4：～生荔、麛鷇（卵）鷇/十八種 42：其人弗～之/十八種 78：毋過三分～一/十八種 89：～不可葆繕者/十八種 131：～柳及木楘（柔）可用書者/雜抄 11：令市～錢/雜抄 22—23：未～省而亡之/答問 130：捕得～錢/答問 130：所捕耐辠（罪）以上得～/答問 168：甲～（娶）人亡妻以爲妻/答問 182：其主已～錢/答問 193：古主～薪者/封診式 73—74：今旦起啓户～衣/爲吏 50 壹：不～句（苟）富/爲吏 51 壹：

不~句（苟）免/爲吏 21 貳：居官善~/日甲 6 正貳：~（娶）婦/日甲 17 正貳：可以~（娶）妻、入人、起事/日甲 23 正貳：入（納）室~（娶）妻及它物/日甲 32 正：可~（娶）婦、家（嫁）女、掣（製）衣常（裳）/日甲 36 正：不可~（娶）婦、家（嫁）女/日甲 38 正：不可~（娶）婦、家（嫁）女、出入貨及生（牲）/日甲 39 正：~（娶）婦/日甲 40 正：可~，不可鼠（予）/日甲 42 正：可~（娶）婦、家（嫁）女、葬貍（埋）/日甲 44 正：~（娶）婦/日甲 46 正：可以~（娶）婦、家（嫁）女/日甲 49 正叁—50 正叁：不可以家（嫁）女、~（娶）婦/日甲 68 正壹：~（娶）妻₌（妻，妻）/日甲 70 正壹：~（娶）妻₌（妻，妻）/日甲 71 正壹：~（娶）婦/日甲 72 正壹：~（娶）妻₌（妻，妻）/日甲 73 正壹：不可~（娶）妻/日甲 74 正壹：~（娶）妻₌（妻，妻）/日甲 75 正壹：~（娶）妻₌（妻，妻）/日甲 77 正壹：祠、賈市、~（娶）妻，吉/日甲 78 正壹：~（娶）妻₌（妻，妻）/日甲 80 正壹：~（娶）妻₌（妻，妻）/日甲 82 正壹：~（娶）妻/日甲 83 正壹：~（娶）妻/日甲 84 正壹：~（娶）妻₌（妻，妻）/日甲 86 正壹：~（娶）妻/日甲 88 正壹：~（娶）妻/日甲 89 正壹：~（娶）妻/日甲 91 正壹：~（娶）妻/日甲 93 正壹：~（娶）妻/日甲 94 正壹：~（娶）妻/日甲 95 正壹：~（娶）妻/日甲 101 正壹：~（娶）婦/日甲 136 正捌：可以~（娶）婦、家（嫁）女/日甲 155 正：~（娶）妻/日甲 155 正：~（娶）妻龍日/日甲 155 正：丁丑、己丑~（娶）妻/日甲 155 正：牽₌（牽牛）以~（娶）織女/日甲 156 正：毋以戌亥家（嫁）子、~（娶）婦/日甲 1 背：~（娶）妻/日甲 2 背壹：禹以~（娶）梌（㙈）山之女日/日甲 3 背壹：牽=（牽牛）以～（娶）織女而不果/日甲 5 背壹：敝毛之士以～（娶）妻/日甲 6 背壹：～（娶）妻、出女之日/日甲 7 背壹：～（娶）妻/日甲 8 背壹：不可～（娶）妻、家（嫁）子/日甲 9 背壹：不可～（娶）妻/日甲 10 背壹：不可～=妻=（取（娶）妻。取（娶）妻）/日甲 12 背：牝=月=（牝月。牝月）牡日～（娶）妻/日甲 5 背貳：～（娶）妻/日甲 7 背貳：不可家（嫁）女、～（娶）妻/日甲 8 背貳：十二日曰見莫～/日甲 9 背貳：不可～（娶）妻/日甲 23 背肆：～（娶）婦爲小内/日甲 29 背壹：～故丘之土/日甲 34 背壹：人毋（無）故而鬼～爲膠（摎）/日甲 50 背壹－51 背壹：～牡棘烰（炮）室中/日甲 54 背壹：陽鬼～其氣/日甲 63 背壹：～丘下之莠/日甲 39 背貳－40 背貳：～西南隅/日甲 46 背貳：～女筆以拓之/日甲 57 背貳－58 背貳：～白茅及黄土而西（洒）之/日甲 65 背貳：是水亡傷（殤）～之/日甲 24 背叁－25 背叁：～桃枱〈棓〉檔（段）四隅、中央/日甲 39 背叁：是上神下～（娶）妻/日甲 57 背叁：票（飄）風入人宫而有～/日甲 58 背叁：～盎之中道/日甲 147 背：不可～（娶）婦/日乙 15：～（娶）妻/日乙 53：～（娶）妻/日乙 56：不可～（娶）妻、嫁女、見人/日乙 57：不可～（娶）妻、嫁女/日乙 59：可～不可鼠（予）/日乙 60：可～（娶）婦☑/日乙 62：～（娶）妻/日乙 80 壹：～（娶）妻/日乙 82 壹：～（娶）妻/日乙 83 壹：～（娶）妻/日乙 84 壹：～（娶）妻=（妻，妻）/日乙 86 壹：☑～（娶）妻必二/日乙 89 壹：～（娶）妻/日乙 91 壹：～（娶）妻/日乙 93 壹：～（娶）妻/日乙 94 壹：～（娶）妻/日乙 95 壹：～（娶）妻/日乙 96 壹：～（娶）妻=（妻，妻）/日乙 98 壹：～（娶）妻=（妻，妻）/日乙 99 壹：～（娶）婦/日乙 100 壹：～（娶）妻=（妻，妻）/日乙 101 壹：不可～（娶）妻/日乙 102 壹：～（娶）妻=（妻，妻）/日乙 103 壹：～（娶）妻=（妻，妻）/日乙 105 壹：～（娶）妻/日乙 106 壹：～（娶）妻=（妻，妻）/日乙 117：以出母〈女〉、～（娶）婦/日乙 118：～（娶）婦/日乙 125：～（娶）婦/日乙 201：不可～=妻=（取（娶）妻，取（娶）妻）

0418 昔（2） 日甲 29 背壹：人毋（無）故鬼～（藉）其宫/日乙 120－121：以～肉吉

0419 苛（2） 爲吏 6 壹：安静毋～/爲吏 39 叁：～難留民

0420 若（57） 語書 6：～弗智（知）/十八種 21：縣嗇夫～丞及倉、鄉相雜以印之/十八種 102：以丹～鬃書之/十八種 140：有一臣～一妾/十八種 140：有一馬～一牛/十八種 161：令君子毋（無）害者～令史守官/十八種 168：其廥禾～干石/十八種 168－169：縣嗇夫～丞及倉、鄉相雜以封印之/十八種 171－172：某廥出禾～干石/十八種 172：其餘禾～干石/效律 27：某廥禾～干石/效律 28：縣嗇夫～丞及倉、鄉相雜以封印之/效律 30－31：某廥出禾～干石/效律 31：其餘禾～干石/答問 31：～未啓而得/答問 36：吏智（知）而端重～輕之/答問 43：甲告乙盜牛～賊傷人/答問 52：將軍材（裁）以錢～金賞/答問 60：未行而死～亡/答問 79：～折支（肢）指、胅髗（體）/答問 80：夬=（夬（決），夬（決））裂男～女耳/答問 83：嚙斷人鼻～耳若指若脣/答問 83：嚙斷人鼻若耳～指若脣/答問 83：嚙斷人鼻若耳若指～脣/答問 86：～箴（針）、鉥、錐傷人/答問 88：嚙人頯～顔/答問 107：未獄而死～已葬/答問 149：容指～抉/答問 164：已閲及敦（屯）車食～行到繇（徭）所乃亡/答問 202：節（即）

亡玉～人貿傷（易）之/封診式39：賈（價）～干錢/爲吏3伍：表～不正/日甲59正壹：～以是月殹（也）東徙/日甲60正壹：～以【是】月殹（也）南徙/日甲61正：～以是月殹（也）西徙/日甲62正：～以是月殹（也）北徙/日甲68正貳：～不【酢（作）】/日甲70正貳：～不酢（作）/日甲73正貳：～不酢（作）/日甲75正貳：～不酢（作）/日甲77正貳：～不酢（作）/日甲127正：凡且有大行、遠行～飲食歌樂、聚畜生（牲）及夫妻同衣/日甲3背壹：棄～亡/日甲10背壹：死～棄/日甲52背壹：壄（野）獸～六畜逢人而言/日甲65背壹：人妻妾～朋友死/日甲29背貳：以歌～哭/日甲31背貳：人～鳥獸及六畜恒行人宫/日甲60背貳：人毋（無）故而鬾（髮）撟～虫及須（鬚）睂（眉）/日甲48背叁：以～（箬）便（鞭）毄（擊）之/日甲49背叁：以～（箬）便（鞭）毄（擊）之/日甲54背叁：～不/日甲55背叁：三月食之～傅之/日甲58背叁：～弗得/日乙113：～或死/日乙132：【凡且有】大行遠行～飲食歌樂/日乙253：□其女～母爲巫

0421 迣（2） 爲吏14貳：夸以～/日甲22背叁：不終～（世）

0422 苗（1） 十八種144：穜（種）時、治～時各二旬

0423 英（7） 日甲64正壹：南禺（遇）～（殃）/日甲65正壹：西禺（遇）～（殃）/日甲66正壹：北禺（遇）～（殃）/日甲67正壹：東禺（遇）～（殃）/日甲107正貳：反受其～（殃）/日甲109正貳：必有大～（殃）/日甲128正：降其～（殃）

0424 苑（14） 十八種5：邑之紤（近）皂及它禁～者/十八種6：百姓犬入禁～中/十八種7：其它禁～殺者/十八種14：廄～律/十八種15：廄～/十八種117：縣葆禁～、公馬牛苑/十八種117：縣葆禁苑、公馬牛～/十八種

117：輒以效～=吏=（苑吏，苑吏）/十八種 119：令～輒自補繕之/十八種 119：縣所葆禁～之傅山、遠山/十八種 190：～嗇夫不存/十八種 193：毋敢爲官府佐、史及禁～憲盜/效律 55：司馬令史掾～計=（計，計）/爲吏 34 叁：～囿園池

0425 苞（1）　日甲 56 背叁：～以白茅

0426 直（67）　語書 13：令=、丞=（令、丞，令、丞）以爲不～/十八種 16：令以其未敗～（值）賞（償）之/十八種 80：嗇夫即以其～（值）錢分負其官長及冗吏/十八種 91：～（值）六十錢/十八種 91：～（值）卌六錢/十八種 92：～（值）卅六錢/十八種 148：～（值）一錢/十八種 148：～（值）廿錢以上/十八種 177：毋（無）齎者乃～（值）之/效律 1 正：物～（值）之/效律 8：～（值）百一十錢以到二百廿錢/效律 12：～（值）其賈（價）/效律 13：～（值）過二百廿錢以到千一百錢/效律 15：～（值）過千一百錢以到二千二百錢/效律 39：【毋（無）齎】者乃～（值）之/效律 58：～（值）其賈（價）/答問 9：臧（贓）～（值）千錢/答問 12：其臧（贓）～（值）各四百/答問 17：臧（贓）～（值）百一十/答問 18：臧（贓）～（值）百五十/答問 26：或～（值）廿錢/答問 26：盜不～（置）者/答問 27：未置及不～（置）者不爲“具”/答問 29：索=（索，索）～（值）一錢/答問 33：以得時～（值）臧=（臧（贓），臧（贓））直（值）過六百六十/答問 33：以得時直（值）臧=（臧（贓），臧（贓））～（值）過六百六十/答問 33：吏弗～（值）/答問 33：其獄鞫乃～（值）臧=（臧（贓），臧（贓））直（值）百一十/答問 33：其獄鞫乃直（值）臧=（臧（贓），臧（贓））～（值）百一十/答問 34：爲=（爲，爲）不～/答問 35：以得時～（值）

臧₌（臧（贜），臧（贜））直（值）百一十/答問 35：以得時直（值）臧₌（臧（贜），臧（贜））～（值）百一十/答問 35：吏弗～（值）/答問 35：獄鞫乃～（值）臧₌（臧（贜），臧（贜））直（值）過六百六十/答問 35：獄鞫乃直（值）臧₌（臧（贜），臧（贜））～（值）過六百六十/答問 36：爲不～/答問 42：甲告乙盜～（值）□□/答問 47：貲盾不～/答問 49：誣人盜～（值）廿/答問 49：～（值）百/答問 69：～以多子故/答問 92：所殺～（值）二百五十錢/答問 93：論獄可（何）謂“不～”/答問 93：是謂“不～”/答問 94：贖辠（罪）不～/答問 186：巷相～爲“院”/答問 186：宇相～者不爲“院”/答問 209：人户、馬牛及者（諸）貨材（財）～（值）過六百六十錢/封診式 32：～以劍伐痍丁/封診式 58：其襦北（背）～痏者/封診式 77：～穴播壤/封診式 80：壤₌（壤，壤）～中外/封診式 83：以此～（值）衣賈（價）/爲吏 2 壹：必精絜（潔）正～/日甲 114 正壹：～（置）室/日甲 129 正：句（苟）毋（無）～赤啻（帝）臨日/日甲 130 正：～述（術）吉/日甲 2 背貳：～參以出女/日甲 3 背貳：～營₌（營室）以出女/日甲 4 背貳：～牽₌（牽牛）、女₌（須女）出女/日甲 91 背貳：～此日月者不出/日甲 84 背肆：入二月九日～心/日甲 85 背肆：入三月七日～心/日甲 156 背：穿壁～中₌（中，中）/日乙 96 貳：入二月九日～心/日乙 97 貳：入三月七日～心/日乙 135－137：必先計月中閒日□□□～赤啻（帝）臨見日

0427 茅（5）　十八種 195：獨高其置芻廥及倉～蓋者/日甲 55 正壹：玄戈毄（繫）～（昴）/日甲 53 背貳：裹以白～/日甲 57 背貳－58 背貳：取白～及黄土而西（洒）之/日

甲 56 背叁：苞以白～

0428 林（2） 編年記 24 壹：攻～/十八種 4：毋敢伐材木山～及雍（壅）隄水

0429 杵（2） 日甲 8 背貳：月生五日曰～/日甲 50 背叁：大如～

0430 析（2） 編年記 9 壹：攻～/封診式 60：～（晳）色

0431 枋（1） 日甲 65 背壹－66 背壹：以莎芾、牡棘～（柄），熱（爇）以寺（待）之

0432 述（1） 日甲 130 正：直～（術）吉

0433 東（116） 封診式 64：丙=（丙。丙）死（屍）縣其室～内中北辟（壁）權/封診式 75：房=内=（房内。房内）在其大内～/封診式 79：垣～去内五步/封診式 81：柖=（柖，柖）在内～=北=（東北，東、北）/日甲 1 正壹：五月～/日甲 49 正壹：～井、輿鬼少吉/日甲 52 正壹：～井、輿鬼致死/日甲 54 正壹：～井、七星大凶/日甲 55 正壹：柳、～井、輿鬼大凶/日甲 58 正壹：～井、輿鬼大吉/日甲 59 正壹：～北少吉/日甲 59 正壹：若以是月殹（也）～徙/日甲 59 正壹：～南刺離/日甲 60 正壹：～徙大吉/日甲 60 正壹：～南少吉/日甲 61 正：～毀/日甲 61 正：～北困/日甲 61 正：～南辱/日甲 62 正：～北刺離/日甲 62 正：～南毀/日甲 64 正壹：歲在～方/日甲 64 正壹：～旦亡/日甲 65 正壹：～大羊（祥）/日甲 66 正壹：～數反其鄉/日甲 67 正壹：～禺（遇）英（殃）/日甲 81 正壹：～辟（壁）/日甲 89 正壹：～井，百事凶/日甲 68 正貳：從～方來/日甲 69 正貳：煩居～方/日甲 69 正貳：歲在～方/日甲 96 正貳：毋起～鄉（嚮）室/日甲 97 正叁：～鄉（嚮）門/日甲 110 正壹：八月～方/日甲 111 正壹：夏尸、紡月毀棄～方/日甲 112 正壹：鬳（獻）馬、中夕、屈夕作事～方/日甲 119 正叁：～門/日甲 131 正：春三月己丑不可～/日甲 132 正：毋以

辛壬～南行/日甲 132 正：毋以丁庚～北行/日甲 137 正壹：～必得/日甲 138 正壹：～凶/日甲 139 正壹：～見疾不死/日甲 136 正貳：～西凶/日甲 137 正貳：～見疾死/日甲 138 正貳：～得/日甲 139 正貳：～吉/日甲 137 正叁：～凶/日甲 138 正叁：～南、西吉/日甲 5 背貳：中夏參、～井/日甲 5 背貳：中秋奎、～辟（壁）/日甲 21 背壹：宇～方高/日甲 18 背貳：宇多於～北之北/日甲 19 背貳：宇多於～北/日甲 20 背貳：宇多於～南/日甲 23 背貳：垣～方高西方之垣/日甲 21 背叁：圈居宇正～方/日甲 22 背叁：圈居宇～南/日甲 15 背肆：囷居宇～南匽/日甲 17 背肆：囷居宇～北匽/日甲 21 背肆：廡居～方/日甲 16 背伍：内居～北/日甲 17 背伍：内居正～/日甲 22 背伍：圂居～北/日甲 64 背壹：～北鄉（嚮）如（茹）之乃臥/日甲 73 背：臧（藏）～南反（坂）下/日甲 75 背：旦啓夕閉～方/日甲 88 背叁：～方木/日甲 118 背：以西有（又）以～行/日甲 121 背：以西有（又）以～行/日甲 126 背：以甲子、寅、辰～徙/日甲 140 背：毋起～鄉（嚮）室/日甲 156 背：～鄉南鄉各一馬☐/日乙 74 貳：生～鄉（嚮）者貴/日乙 81 壹：～臂（壁）/日乙 89 壹：～井，百事兇（凶）/日乙 90 叁：二月～辟（壁）廿七日/日乙 94 叁：六月～井廿七日/日乙 145：～行南〈南行〉/日乙 157：子以～吉/日乙 159：丑以～吉/日乙 160：腤肉從～方來/日乙 161：寅以～北吉/日乙 163：卯以～吉/日乙 164：狗肉從～方來/日乙 165：辰以～吉/日乙 166：乾肉從～方來/日乙 167：巳以～吉/日乙 167－168：赤肉從～方來/日乙 169：午以～先行/日乙 171：未以～得/日乙 173：申以～北得/日乙 175：酉以～藺（吝）/日乙 177：戌以～得/日乙 179：亥以～南得/日乙 180：黑肉從～方來

/日乙 197：正～盡/日乙 197：～南央麗/日乙 197：～北【反鄉】/日乙 198：正～吉富/日乙 198：～南反鄉/日乙 199：～北執辱/日乙 199：正～郄逐/日乙 199：～南續光/日乙 200：正～央麗/日乙 202：正～有得/日乙 203：其～有熹（禧）/日乙 206 壹：其～受兇（凶）/日乙 207 壹：～南受央（殃）/日乙 208 壹：～有熹（禧）/日乙 210 壹：其～受兇（凶）/日乙 212 壹：【甲乙死者，其】～受兇（凶）/日乙 215 壹：其～北受兇（凶）/日乙 216 壹：其～受兇（凶）/日乙 222 壹：～南晉之/日乙圖五（206 貳—218 貳）：～方/日乙 256：室在～方

0434 或（46）　語書 1：～不便於民/十八種 104：其～叚（假）公器/十八種 117－118：未卒歲～壞陕（決）/十八種 118：卒歲而～陕（決）壞/十八種 119：～盜陕（決）道出入/十八種 126：～私用公車牛/十八種 135：其～亡之/十八種 137：～欲籍（藉）人與並居之/十八種 151－152：～贖罨（遷）/效律 49：百姓～之縣就（僦）及移輸者/答問 7：～盜采人桑葉/答問 8：～曰貲二甲/答問 25：今～益=一【=】臂=（益〈盜〉臂，益〈盜〉【一】臂）/答問 26：～直（值）廿錢/答問 34：～端爲=（爲，爲）/答問 37：～以赦前盜千錢/答問 44：～曰爲告不審/答問 77：～自殺/答問 81：～與人鬭/答問 83：～鬭/答問 87：～與人鬭/答問 88：～鬭/答問 108：～告/答問 121：～曰生=貍=（生貍（埋），生貍（埋））/答問 122：～曰當罨=（罨（遷）罨（遷））所定殺/答問 141：～捕告人奴妾盜百一十錢/答問 168：～入=公=（入公，入公）/答問 174：～黥顏頯爲隸妾/答問 174：～曰完=（完，完）/答問 196：～曰守囚即“更人”/答問 208：支（肢）～未斷/封診式 7：～覆問毋（無）有/封診式 40－41：～

八種 192：毋敢從史之～/雜抄 37：戰死～不出（屈）/雜抄 38－39：令＝送＝逆＝爲＝它＝（令送逆爲它，令送逆爲它）～者/雜抄 41：署勿令爲它～/雜抄 42：敢令爲它～/答問 38－39：廷行～以不審論/答問 42：廷行～貲二甲/答問 56：廷行～以僞寫印/答問 60：廷行～有辠（罪）當䙴（遷）/答問 61：嗇夫不以官爲～/答問 61：以奸爲～/答問 66：廷行～爲賊/答問 100：有（又）以它～告之/答問 121：生＝貍＝（生貍（埋），生貍（埋））之異～/答問 127：當從～官府/答問 127：今甲從～/答問 127：復從＝～＝（從事。從事）/答問 142：廷行～皆以"犯令"論/答問 144：～它郡縣而不視其事者/答問 144：事它郡縣而不視其～者/答問 148：廷行～强質人者論/答問 149：廷行～貲一甲/答問 150：廷行～貲一甲/答問 152：廷行～鼠穴三以上貲一盾/答問 155：吏從～于官府/答問 162：然而行～比/答問 164：可（何）謂"逋～"及"乏繇（徭）"/答問 164：爲"逋～"/封診式 6：可定名～里/封診式 13：可定名～里/封診式 14：亡＝（亡，亡）及逋～各幾可（何）日/封診式 40：其定名～里/封診式 44：定名～里/封診式 90：非朔～/封診式 91－92：即疏書甲等名～關（貫）諜（牒）北（背）/封診式 96－97：問之里名～定/爲吏 9 貳：舉～審當/爲吏 28 貳：興＝～＝不＝當＝（興事不當，興事不當）/爲吏 12 叁：～不且須/爲吏 37 叁：臨～不敬/爲吏 42 叁：興～不時/爲吏 13 肆：～有幾時/爲吏 38 肆：百～既成/爲吏 1 伍：治～/日甲 2 正貳：作～/日甲 3 正貳：百～順成/日甲 4 正貳：利以實～/日甲 10 正貳：作～、入材，皆吉/日甲 13 正貳：利以起大～/日甲 17 正貳：可以取（娶）妻、入人、起

～/日甲 22 正貳：可以謀～、起[眾]、興大事/日甲 22 正貳：可以謀事、起[眾]、興大～/日甲 33 正：免，復～/日甲 34 正：小～果成/日甲 34 正：大～又（有）慶/日甲 36 正：免，復～/日甲 36 正：利解～/日甲 73 正壹：百～凶/日甲 74 正壹：百～凶/日甲 78 正壹：百～凶/日甲 79 正壹：百～凶/日甲 81 正壹：百～凶/日甲 81 正壹：不可爲它～/日甲 83 正壹：百～吉/日甲 87 正壹：百～凶/日甲 88 正壹：百～吉/日甲 89 正壹：百～凶/日甲 89 正壹：可以爲土～/日甲 91 正壹：百～吉/日甲 92 正壹：百～凶/日甲 93 正壹：百～吉/日甲 110 正壹：作～/日甲 112 正壹：援夕、刑尸作～南方/日甲 112 正壹：紡月、夏夕、八月作～西方/日甲 112 正壹：九月、十月、爨月作～北方/日甲 112 正壹：鬳（獻）馬、中夕、屈夕作～東方/日甲 113 正壹：勿以作～/日甲 128 正：不可具（暈）爲，百～/日甲 137 正捌：百～凶/日甲 140 正貳：有身～/日甲 142 正貳：有～/日甲 144 正肆：～君/日甲 156 正：以作女子～/日甲 163 正貳：百～不成/日甲 61 背壹：大～/日甲 61 背壹：小～/日甲 129 背：凡有土～必果/日甲 130 背：凡有土～弗果居/日甲 136 背：百～不吉/日乙 14：不可以作大～/日乙 15：作大～/日乙 15：君子益～/日乙 19 壹：作～/日乙 24 壹：利以起大～、祭、家（嫁）子/日乙 25 壹：作大～/日乙 56：利□□～/日乙 66：利爲木～/日乙 81 壹：百～兇（凶）/日乙 81 壹：不可爲它～/日乙 83 壹：祠及百～/日乙 87 壹：百～兇（凶）/日乙 88 壹：百～吉/日乙 89 壹：百～兇（凶）/日乙 89 壹：可以爲土～/日乙 91 壹：百～吉/日乙 92 壹：百～兇（凶）/日乙 93 壹：百～吉/日乙 101 壹：百～兇（凶）/日乙

102壹：百～兇（凶）/日乙106壹：百～【凶】/日乙107壹：百～兇（凶）/日乙111：勿以作～、復（覆）内、梟（構）屋/日乙120：勿以作～、大祠/日乙146：毋（無）王～/日乙155：作大～/日乙241：必有～/日乙244：必～君

0437 刺（15）　答問124：端以劍及兵刃～殺之/答問173：甲、乙以其故相～傷/封診式53：～其鼻不疐（嚏）/日甲59正壹：東南～離/日甲60正壹：西南～離/日甲61正：西北～離/日甲62正：東北～離/日甲63正：～者，室人妻子父母分離/日甲48正叁－49正叁：□與枳（支）～〈夾〉艮山之胃（謂）離＝日＝（離日。離日）/日甲35背貳：以良劍～其頸/日甲36背叁：以牡棘之劍～之/日甲124背：六日～/日甲124背：七日～/日甲124背：八日～/日甲124背：二旬二日～

0438 兩（17）　十八種72：車牛一～（輛）/十八種73：車牛一～（輛）/十八種130：一脂、攻閒大車一～（輛）/十八種130：用膠一～、脂二錘/效律3：十六～以上/效律3：不盈十六～到八兩/效律3：不盈十六兩到八～/效律5－6：八～以上/效律6：四～以上/答問134：當購二～/答問135：當購二～/答問136：人購二～/答問137：當購人二～/封診式53－54：肘厀（膝）□□□到□～足下奇（踦）/封診式59：男子西有鬃秦綦履一～/封診式66：污～卻（脚）/日甲39正：～寡相當

0439 雨（31）　十八種1：～爲澍〈澍〉/十八種1：稼已生後而～/十八種1：亦輒言～少多/十八種2：暴風～/十八種115：水～/十八種119：其土惡不能～/十八種120：至秋毋（無）～時而以䌛（徭）爲之/日甲33正：雖～，齊（霽）/日甲35正：～，齊（霽）/日甲37正：以～，半日/日甲37正：多～/日甲39正：多～/日甲

（遲）不～者/封診式 36：遣～識戲次/封診式 52：～詣/封診式 55：～告/封診式 63：～告/封診式 74：～告/封診式 85：今甲裹把子～詣自告₌（告，告）/封診式 91：～告之/封診式 92：甲₌等₌（甲等，甲等）不肎（肯）～/封診式 95：捕校上～詣之/封診式 96：今～自出/爲吏 5 伍：～者有稽莫敢忘/爲吏 18 伍：自今以～/日甲 68 正貳：從東方～/日甲 31 背壹：鬼～陽（揚）灰毄（擊）箕以喿（譟）之/日甲 33 背壹：鬼～而毄（擊）之/日甲 36 背壹：則不～/日甲 66 背壹：則不～/日甲 30 背貳：則不～/日甲 33 背貳：則不～/日甲 35 背貳：則不～/日甲 43 背貳：則不～/日甲 45 背貳：不～矣/日甲 46 背貳：則不～/日甲 49 背貳：不～矣/日甲 50 背貳：則不～/日甲 51 背貳：則不～/日甲 59 背貳：寺（待）其～/日甲 40 背叁：五～/日乙 157－158：黑肉從北方～/日乙 160：腤肉從東方～/日乙 164：狗肉從東方～/日乙 166：乾肉從東方～/日乙 167－168：赤肉從東方～/日乙 170：赤肉從南方～/日乙 171－172：赤肉從南方～/日乙 174：鮮魚從西方～/日乙 176：赤肉從北方～/日乙 178：鮮魚從西方～/日乙 180：黑肉從東方～/日乙 194－195 壹：老～□之

0444 殀（1）　日甲 81 背：戊名曰匽爲勝～

0445 妻（109）　十八種 85：毋責～、同居/十八種 94：隸臣、府隸之毋（無）～者及城旦/十八種 141－142：隸臣有～₌（妻，妻）更及有外妻者/十八種 141－142：隸臣有妻₌（妻，妻）更及有外～者/十八種 155－156：謁歸公士而免故～隸妾一人者/十八種 201：有～毋（無）有/答問 14：～所匿三百/答問 14：可（何）以論～₌（妻？妻）/答問 15：告～₌（妻，妻）/答問 15：可（何）以論～/答問 15：～所匿百一十/答問 15：可

（何）以論～₌（妻？妻）/答問 17：其～、子智（知）/答問 18：甲₌（甲，甲）與其～、子智（知）/答問 18：甲～、子與甲同辠（罪）/答問 61：䙴₌（䙴（遷）。䙴（遷））者～當包不₌當₌（不當？不當）/答問 62：其～先自告/答問 77：問死者有～、子當收/答問 79：～悍/答問 116：收其外～、子₌（子。子）/答問 136：夫、～、子五人共盜/答問 137：夫、～、子十人共盜/答問 166：女子甲爲人～/答問 167：相夫～/答問 168：甲取（娶）人亡～以爲妻/答問 168：甲取（娶）人亡妻以爲～/答問 169：棄～不書/答問 169：其棄～亦當論不當/答問 170：～先告/答問 170：～賸（媵）臣妾、衣器當收不₌當₌（不當？不當）/答問 171：～有辠（罪）以收/答問 171：～賸（媵）臣妾、衣器當收/答問 174：女子爲隸臣～/封診式 8：封有鞫者某里士五（伍）甲家室、～、子、臣妾、衣器、畜產/封診式 9：～曰某/封診式 64：丙～/封診式 73：乙獨與～丙晦臥堂上/封診式 84：某里士五（伍）～甲/日甲 17 正貳：可以取（娶）～、入人、起事/日甲 23 正貳：入（納）室取（娶）～及它物/日甲 63 正：室人～子父母分離/日甲 68 正壹：取（娶）～₌（妻，妻）/日甲 70 正壹：取（娶）～₌（妻，妻）/日甲 72 正壹：取（娶）～₌（妻，妻）/日甲 73 正壹：不可取（娶）～/日甲 74 正壹：取（娶）～₌（妻，妻）/日甲 75 正壹：取（娶）～₌（妻，妻）/日甲 77 正壹：取（娶）～/日甲 78 正壹：取（娶）～₌（妻，妻）/日甲 80 正壹：取（娶）～₌（妻，妻）/日甲 82 正壹：取（娶）～/日甲 83 正壹：取（娶）～/日甲 84 正壹：取（娶）～₌（妻，妻）/日甲 86 正壹：取（娶）～/日甲 86 正壹：必二～/日甲 88 正壹：取（娶）～/日甲 89 正壹：取（娶）～/日甲 91 正壹：取（娶）～/日甲 93 正壹：取（娶）～/日甲 94 正壹：取（娶）～/日甲 95 正壹：取（娶）～/日甲 91 正貳：有～子/日甲 127 正：夫～同衣/日甲 155 正：取（娶）～/日甲 155 正：取（娶）～龍日/日甲 155 正：丁丑、己丑取（娶）～/日甲 1 背：取（娶）～/日甲 5 背壹：敝毛之士以取（娶）～/日甲 6 背壹：凡取（娶）～、出女之日/日甲 6 背壹：夫愛～/日甲 6 背壹：～愛夫/日甲 7 背壹：取（娶）～/日甲 8 背壹：不可取（娶）～、家（嫁）子/日甲 9 背壹：不可取（娶）～/日甲 10 背壹：不可取=～=（取（娶）妻。取（娶）妻）/日甲 12 背：牝=月=（牝月。牝月）牡日取（娶）～/日甲 5 背貳：取（娶）～/日甲 7 背貳：不可家（嫁）女、取（娶）～/日甲 9 背貳：不可取（娶）～/日甲 22 背伍：～善病/日甲 65 背壹：人～妾若朋友死/日甲 39 背叁：是上神下取（娶）～/日乙 15：取（娶）～/日乙 53：取（娶）～/日乙 56：不可取（娶）～、嫁女、見人/日乙 57：不可取（娶）～、嫁女/日乙 62：不可以見人、取（娶）～、嫁女/日乙 80 壹：取（娶）～/日乙 82 壹：取（娶）～/日乙 83 壹：取（娶）～/日乙 84 壹：取（娶）～=（妻，妻）/日乙 86 壹：☐取（娶）～必二/日乙 89 壹：取（娶）～/日乙 91 壹：取（娶）～/日乙 93 壹：取（娶）～/日乙 94 壹：取（娶）～/日乙 95 壹：取（娶）～/日乙 96 壹：取（娶）～=（妻，妻）/日乙 98 壹：取（娶）～=（妻，妻）/日乙 100 壹：取（娶）～=（妻，妻）/日乙 101 壹：不可取（娶）～/日乙 102 壹：取（娶）～=（妻，妻）/日乙 103 壹：取（娶）～=（妻，妻）/日乙 105 壹：取（娶）～/日乙 106 壹：取（娶）～=（妻，妻）/日乙 117：夫～必有死者/日乙 132：夫～

同衣/日乙 201：不可取=～=（取（娶）妻，取（娶）妻）/日乙 248：女子爲邦君～

0446 杲（1）　爲吏 19 貳：見民～（倨）敖（傲）

0447 到（59）　十八種 5：～七月而縱之/十八種 11：以其致～日稟之/十八種 35：～十月牒書數/十八種 51：～九月盡而止其半石/十八種 115：失期三日～五日/十八種 115：六日～旬/十八種 135：葆子以上居贖刑以上～贖死/十八種 139－140：毋過九月而觱（畢）～其官=（官；官）/十八種 164：百石以上～千石/十八種 181：不更以下～謀人/十八種 182：上造以下～官佐、史毋（無）爵者/十八種 184：必書其起及～日月夙莫（暮）/十八種 185：宜～不來者/效律 3：不盈十六兩～八兩/效律 4：不盈二升～一升/效律 5：不盈半升～少半升/效律 8：直（值）百一十錢以～二百廿錢/效律 8－9：過二百廿錢以～千一百錢/效律 9：過千一百錢以～二千二百錢/效律 12－13：十分一以～不盈五分一/效律 13：直（值）過二百廿錢以～千一百錢/效律 13：過千一百錢以～二千二百錢/效律 14：百分一以～不盈十分一/效律 15：直（值）過千一百錢以～二千二百錢/效律 23：百石以～千石/效律 46：～官試之/效律 46－47：不盈二百斗以下～百斗/效律 47：不盈百斗以下～十斗/效律 56：過二百廿錢以～二千二百錢/效律 58－59：廿二錢以～六百六十錢/雜抄 8：輕車、赿張、引强、中卒所載傅〈傳〉～軍/雜抄 10：～軍課之/雜抄 27－28：卒歲六匹以下～一匹/雜抄 35－36：尚有棲（遲）未～戰所/答問 2：不盈六百六十～二百廿錢/答問 2：不盈二百廿以下～一錢/答問 4：未～/答問 12：毚（纔）～/答問 57：～關而得/答問 164：已閱及敦（屯）車食若行～繇（徭）所乃亡/封診式 26：自書甲將乙等徼循～某山/封診式 35：深～

骨/封診式 41：～以書言/封診式 53－54：肘厀（膝）□□□～□兩足下奇（踦）/封診式 60－61：男子死（屍）所～某亭百步/封診式 61：～某里士五（伍）丙田舍二百步/封診式 85：甲＝（甲。甲）～室即病復（腹）痛/封診式 86－87：甲～室居處/封診式 88：其頭、身、臂、手指、股以下～足＝（足、足）/日甲 78 正壹：妻＝（妻，妻）不～/日甲 134 正：～室/日甲 41 背叁－42 背叁：～（葪）雷焚人/日甲 111 背：行～邦門困（閫）/日甲 157 背：～主君所/日乙 103 壹：不～三年死/日乙 106 壹：妻＝（妻，妻）不～/日乙 140：遠行者毋以壬戌、癸亥～室/日乙 141：久宦者毋以甲寅～室/日乙 236 貳：甲子～乙亥是右〈君〉

0448 非（29） 十八種 17：其～疾死者/十八種 23：～入者是出之/十八種 103：～其官之久/十八種 151：～適（謫）辠（罪）/十八種 191：～史子/十八種 195：～其官人/雜抄 12：～吏/雜抄 18：～歲紅（功）及毋（無）命書/答問 15：～前謀/答問 31：抉之～欲盜/答問 44：～盜牛/答問 64：且～是/答問 80：所夬（決）～珥所入/答問 80：～必珥所入乃爲夬＝（夬（決），夬（決））/答問 103："～公室告"可（何）/答問 104：～公室告/答問 104：可（何）謂"～公室告"/答問 104：是謂"～公室告"/答問 134：～傷/答問 174：以爲～隸臣子/答問 197：且～是＝（是？是）/封診式 90：～朔事/爲吏 32 貳：～上/爲吏 9 伍：～以官禄夬〈史（使）〉助治/爲吏 18 伍：～邦之故/日甲 13 背：～錢乃布/日甲 13 背－14 背：～繭乃絮/日甲 33 背叁：吾～鬼/日甲 55 背叁：而～人

0449 叔（7） 十八種 38：～（菽）畝半斗/十八種 43：～（菽）、荅、麻十五斗爲一石/答問 153：有稾～（菽）、麥/答

問 153：即出禾以當～₌、麥₌（叔（菽）、麥，叔（菽）、麥）/日甲 151 背：卯及戌～（菽）/日乙 65：申戌～（菽）/日乙 47 貳：辰卯及戌～（菽）

0450 岠（1）　封診式 80：類足～（距）之₌（之之）迹

0451 虎（7）　雜抄 25：射～車二乘爲曹/雜抄 25：～未越泛蘚/雜抄 25：～環（還）/雜抄 26：～失（佚）/雜抄 26：～欲犯/日甲 71 背：寅，～/日甲 71 背：多〈名〉～豻貙豹申

0452 尚（4）　十八種 165：禾₌粟₌（禾粟。禾粟）雖敗而～可食/效律 24：禾₌粟₌（禾粟。禾粟）雖敗而～可飤（食）/雜抄 35－36：～有棲（遲）未到戰所/封診式 89：今～血出而少

0453 具（13）　語書 3：今灋（法）律令已～/答問 25：盜其～/答問 26：不盡一～/答問 27：未置及不直（置）者不爲"～"/答問 27：必已置乃爲"～"/答問 28：貍（埋）其～/封診式 9：木大～/封診式 11：甲封～此/封診式 25：～弩二、矢廿/爲吏 11 伍：欲令之～下勿議/日甲 128 正：不可～（暈）爲，百事/日乙 132：聚～畜生（牲）/日乙 134：不可～（暈）爲，百【事】

0454 味（1）　日甲 33 背叁：有美～

0455 果（7）　日甲 34 正：小事～成/日甲 155 正：不～/日甲 156 正：女～以死/日甲 3 背壹：牽₌（牽牛）以取（娶）織女而不～/日甲 56 背叁：～（裹）以賁（蕡）而遠去之/日甲 129 背：凡有土事必～/日甲 130 背：凡有土事弗～居

0456 昆（1）　爲吏 24 伍－25 伍：不忍其宗族～弟

0457 昌（9）　編年記 28 貳：～平君居其處/編年記 30 貳：～文君死/日甲 34 正：是胃（謂）滋～/日甲 34 正：是胃（謂）三～/日甲 36 正：其後乃～/日甲 79 正貳：庚申是天～/日甲 119 正貳：其主～/日甲 120 正貳：其主

～富/日甲115正叁：八歲～

0458門（90）　十八種196：閉～輒靡其旁火/十八種197：乃閉～户/答問160：旞（遺）火延燔里～/答問160：其邑邦～/封診式9：～桑十木/爲吏9叁：～户關龠（鑰）/爲吏18伍—19伍：叚（賈）～逆吕（旅）/爲吏23伍：叚（賈）～逆闒（旅）/日甲4正貳：以祭～、行=（行、行）水，吉/日甲5正貳：祭～、行，吉/日甲8正貳：毋（無）～（聞）/日甲69正壹：祠、爲～、行，吉/日甲86正壹：以邋（獵）置罔（網）及爲～/日甲95正貳：北鄉（嚮）～/日甲96正叁：南鄉（嚮）～/日甲97正叁：東鄉（嚮）～/日甲98正叁：西鄉（嚮）～/日甲102正貳：毋以丑徐（除）～户/日甲115正壹：～/日甲图二（114正壹—126正壹）：寡～/日甲图二（114正壹—126正壹）：倉～/日甲图二（114正壹—126正壹）：南～/日甲图二（114正壹—126正壹）：辟～/日甲图二（114正壹—126正壹）：大伍～/日甲图二（114正壹—126正壹）：則光～/日甲图二（114正壹—126正壹）：屈～/日甲图二（114正壹—126正壹）：大吉～/日甲图二（114正壹—126正壹）：失行～/日甲图二（114正壹—126正壹）：云～/日甲图二（114正壹—126正壹）：不周～/日甲图二（114正壹—126正壹）：食過～/日甲图二（114正壹—126正壹）：曲～/日甲图二（114正壹—126正壹）：北～/日甲图二（114正壹—126正壹）：誰～/日甲图二（114正壹—126正壹）：起～/日甲图二（114正壹—126正壹）：徒～/日甲图二（114正壹—126正壹）：刑～/日甲图二（114正壹—126正壹）：獲～/日甲图二（114正壹—126正壹）：東～/日甲图二（114正壹—126正壹）：貨～/日甲图二（114正壹—126正壹）：高～/日甲114正貳：寡～/日甲115正貳：倉～/日甲 116 正貳：南～/日甲 116 正貳：將軍～/日甲 117 正貳：辟～/日甲 118 正貳：大伍～/日甲 118 正貳：命曰吉恙（祥）～/日甲 119 正貳：則𡵨〈光〉～/日甲 120 正貳：屈～/日甲 121 正貳：失行～/日甲 122 正貳：云～/日甲 123 正貳：不周～/日甲 124 正貳：食過（禍）～/日甲 125 正貳：曲～/日甲 126 正貳：北～/日甲 126 正貳：利爲邦～/日甲 114 正叁：顮（顧）～/日甲 115 正叁：起～/日甲 116 正叁：徙～/日甲 117 正叁：刑～/日甲 118 正叁：獲～/日甲 119 正叁：東～/日甲 119 正叁：是胃（謂）邦君～/日甲 120 正叁：貨～/日甲 121 正叁：高～/日甲 122 正叁：大吉～/日甲 130 正：出其～/日甲 132 正：日之～/日甲 132 正：月之～/日甲 132 正：星之～/日甲 132 正：辰之～/日甲 132 正：四～之日/日甲 16 背陸：～欲當宇隋/日甲 17 背陸：～出衡/日甲 18 背陸：小宮大～/日甲 19 背陸：大宮小～/日甲 20 背陸：入里～之右/日甲 29 背貳：鬼恒夜鼓人～/日甲 53 背貳：漬～以灰/日甲 33 背叁：狼恒謼（呼）人～/日甲 111 背：行到邦～困（閫）/日甲 143 背：～/日甲 143 背－144 背：不可初穿～、爲户牖、伐木、壞垣、起垣、徹（徹）屋及殺/日乙 35 貳：祠～日/日乙 86 壹：以邋（獵）置罔（網）及爲～/日乙 97 壹：祠、爲～、行，吉/日乙 102 叁：【出】邦～/日乙 196 壹：穿户忌毋以丑穿～户/日乙 253：其～西北出

0459 易（7） 語書 10－11：～口舌/語書 11：輕惡言而～病人/效律 44：物之不能相～者/效律 45：鬃汭相～/日甲 78 正壹：以結者，～擇（釋）/日甲 122 正叁：宜錢金而入～虛/日乙 106 壹：以結者，～擇（釋）

0460 畀（10） 答問 5：各～主/答問 23：皆～其主/答問 23－24：當以衣及布～不當₌（當？當）以布及其它所買畀甲/答

問 23－24：當以衣及布畀不當₌（當？當）以布及其它所買～甲/答問 73：～主/答問 74：～主/答問 139：以～乙/答問 168：當～/答問 171：且～₌夫₌（畀夫？畀夫）/答問 195：～其主

0461 畁（1） 爲吏 1 伍－2 伍：畫局陳～（棋）以爲耤（藉）

0462 典（14） 十八種 14：賜田～日旬/雜抄 32：～、老贖耐/雜抄 33：～、老弗告/答問 20：此二物其同居、～、伍當坐之/答問 98：其四鄰、～、老皆出不存/答問 98：～、老雖不存/答問 164：吏、～已令之/答問 183：問甲同居、～、老當論不₌當₌（不當？不當）/答問 198："衛₌敖₌"（"衛（率）敖（豪）"？"衛（率）敖（豪）"）當里～/封診式 10：幾訊～某₌（某某）/封診式 52：某里～甲詣里人士五（伍）丙/封診式 63：某里～甲/封診式 75：□隸臣某即乙、～丁診乙房₌內₌（房內。房內）/封診式 98 正：以甲獻～乙相診

0463 固（7） 答問 25：祠～用心腎及它支（肢）物/答問 116：人～買（賣）/答問 161：王室所當祠～有/爲吏 3 壹：慎謹堅～/爲吏 35 肆：罔（輞）服必～/爲吏 36 肆：地脩（修）城～/爲吏 1 伍：敢爲～

0464 忠（5） 語書 6：則爲人臣亦不～/爲吏 12 壹：寬俗（容）～信/爲吏 42 壹：以～爲榦/爲吏 39 貳：爲人臣則～/爲吏 46 貳：君鬼（惠）臣～

0465 囷（14） 爲吏 15 叁：～屋蘠（牆）垣/爲吏 15 伍：～造之士久不陽/日甲 24 正叁：～良日/日甲 25 正叁：爲～大吉/日甲 84 正壹：利入禾粟及爲～倉/日甲图二（114 正壹—126 正壹）：～豖/日甲 115 正貳：～居北鄉（嚮）廥₌（廥，廥）/日甲 118 正叁：左井右～₌（囷，囷）/日甲 14 背肆：～居宇西北匧/日甲 15 背肆：～居宇東南匧/日甲 16 背肆：～居宇西南匧/日甲 17 背肆：～居宇東北匧/日甲 155 背：利爲～倉/日乙 84

壹：利入禾粟₌及爲～倉

0466 罔（8） 十八種 5：置穽～（網）/爲吏 35 肆：～（輞）服必固/日甲 86 正壹：以邋（獵）置～（網）及爲門/日甲 24 背壹：鬼害民～（妄）行/日甲 28 背叁：～謼（呼）其召/日甲 85 背壹：寅，～/日乙 19 壹：～（網）邋（獵）/日乙 86 壹：以邋（獵）置～（網）及爲門

0467 咼（2） 日甲 27 背貳：其所不可～（過）/日甲 28 背貳：操以～（過）之

0468 知（1） 日乙 45 貳－46 貳：入月六日、七日、八日、二旬二日皆～

0469 牧（8） 十八種 16：將～公馬₌牛【₌】（馬牛，馬【牛】）/十八種 84：～將公畜生（牲）而殺、亡之/答問 76：臣妾～（謀）殺主/答問 76：可（何）謂～（謀）/答問 76：欲賊殺主，未殺而得，爲～（謀）/答問 158：有馬一匹自～之/爲吏 17 肆：猬（密）而～之/日甲 156 背：先～日丙

0470 物（17） 十八種 2：早〈旱〉及暴風雨、水潦、蚉（螽）蚰、羣它～傷稼者/十八種 69：小～不能各（格）一錢者/十八種 87：糞其有～不可以須時/十八種 98：爲器同～者/十八種 110：隸妾及女子用箴（針）爲緡綉它～/十八種 174：羣它～當負賞（償）/效律 1 正：～直（值）之/效律 34－35：羣它～當負賞（償）/效律 44：及～之不能相易者/答問 20：此二～其同居、典、伍當坐之/答問 23：以買它～/答問 25：祠固用心腎及它支（肢）～/答問 69：其子新生而有怪～其身及不全而殺之/答問 69：毋（無）怪～/封診式 83：不智（知）其裹□可（何）～及亡狀/爲吏 19 叁：久刻職（識）～/日甲 23 正貳：入（納）室取（娶）妻及它～

0471 和（4）　答問 94：史不與嗇夫～/答問 148：擅₌强₌質₌（擅强質，擅强質）及～受質者/答問 148：～受質者/爲吏 13 壹：～平毋怨

0472 季（6）　日甲 1 背：春三月～庚辛/日甲 1 背：夏三月～壬癸/日甲 1 背：秋三月～甲乙/日甲 1 背：冬三月～丙丁/日乙 111：～秋甲乙/日乙 111：～冬丙丁

0473 委（2）　十八種 41：有米～賜/效律 49：上節（即）發～輸

0474 秉（1）　日甲 36 背壹：以棘椎桃～（柄）以敲（敲）其心

0475 侍（2）　封診式 12：～（待）令/封診式 61：～（待）令

0476 使（23）　語書 3：～之₌（之之）於爲善/語書 13－14：志千里～有籍書之/十八種 46：月食者已致稟而公～有傳食/十八種 48：妾未～而衣食公/十八種 109：小隸臣妾可～者五人當工一人/十八種 179：御史卒人～者/十八種 179－180：～者之從者/雜抄 6：～其弟子贏律/雜抄 42：～者貲二甲/答問 165：匿户弗繇（徭）、～/答問 180：～者（諸）侯、外臣邦/答問 180：可（何）謂"邦徒"、"僞～"/答問 180：徒、吏與偕～而弗爲私舍人/答問 180：是謂"邦徒"、"僞～"/答問 203：者（諸）候（侯）客節（即）來～入秦/答問 204：耤（藉）秦人～/封診式 42－43：乙～甲曰：丙悍/爲吏 26 貳：不₌智₌所₌～₌（不智（知）所使，不智（知）所使）/爲吏 7 肆：毋～民懼/爲吏 29 肆：～民望之/日甲 84 正壹：生子，必～/日乙 44 壹：不可以～人及畜六畜/日乙 84 壹：生子，～人

0477 佰（2）　答問 64："封"₌（"封"？"封"）即田千（阡）～（陌）/爲吏 14 叁：千（阡）～（陌）津橋

0478 臾（2）　日甲 135 正：禹須～/日甲 97 背壹：禹須～

0479 兒（3）　十八種 50：嬰～之毋（無）母者各半石/封診式 86：即診嬰～男女、生髮及保之狀/日甲 29 背叁：鬼嬰～恒爲人號曰：鼠（予）我食

0480 版（1） 十八種 131：毋（無）方者乃用～

0481 佩（1） 日甲 146 正貳：男好衣～而貴

0482 依（3） 十八種 198：毋～臧（藏）府、書府/日甲 19 背伍：～道爲小内/日甲 75 背：必～阪險

0483 帛（2） 封診式 22：～裹莽緣領褎（袖）/封診式 82：～裹

0484 往（11） 答問 4：乙且～盜/答問 12：甲～盜丙/答問 12：乙亦～盜丙/封診式 16：令【=】（令【令】）史某～執丙/封診式 50：令=（令令）史己～執/封診式 55—56：令=（令令）史某～診/封診式 63：令=（令令）史某～診/封診式 74：令=（令令）史某～診/封診式 85：令=（令令）史某～執丙/日乙 150：凡以此～亡必得/日乙 152：凡是～亡【必得】

0485 彼（5） 十八種 174：僞出之以～（貱）賞（償）/效律 34—35：僞出之以～（貱）賞（償）/爲吏 11 伍：～邦之㥾（傾）/日甲 6 正壹：～/日甲 25 背壹—26 背壹：～窋（屈）卧、箕坐

0486 所（112） 語書 1：～利及好惡不同/十八種 1—2：～利頃數/十八種 7：河（呵）禁～殺犬/十八種 16：亟謁死～縣=（縣，縣）/十八種 57：以其餘益爲後九月稟～/十八種 70：計其輸～遠近/十八種 70：不能逮其輸～之計/十八種 78：～亡衆/十八種 119：縣～葆禁苑之傅山、遠山/十八種 123：上之～興/十八種 126：☐叚（假）人～/十八種 135—136：～弗問而久毄（繫）之/十八種 139：遠其計～官/十八種 139：告其計～官/十八種 140：告其計～官/十八種 159：～不當除而敢先見事/十八種 171：唯倉～自封印是度縣/十八種 172：有～疑/效律 17：各坐其～主/效律 30：唯倉～自封印是度縣/效律 32—33：有～疑/雜抄 8：輕車、赿張、引强、中卒～載傅〈傳〉到軍/雜抄 12—13：軍人買（賣）稟=（稟稟）～及過縣/雜抄 14：軍人稟～=（所、

所）過縣百姓買其稟/雜抄 35－36：尚有棲（遲）未到戰～/雜抄 40：～城有壞者/雜抄 41－42：縣尉時循視其攻（功）及～爲/答問 14：妻～匿三百/答問 15：妻～匿百一十/答問 22：同居～當坐/答問 23：買（賣）～盜/答問 23－24：當₌（當？當）以布及其它～買畀甲/答問 29：甲意～盜羊/答問 53：～謂者/答問 60：～包當詣署（遷）所/答問 60：所包當詣署（遷）～/答問 63：當毄（繫）作如其～縱/答問 72：臣邦君長～置爲後大（太）子/答問 80：～夬（決）非珥所入/答問 80：所夬（決）非珥～入/答問 80：律～謂/答問 80：非必珥～入乃爲夬₌（夬（決），夬（決））/答問 92：～殺直（值）二百五十錢/答問 96：以～辟辠₌（辠（罪）辠（罪））之/答問 97：以₌～₌辟₌（以所辟？以所辟）/答問 100：～告且不審/答問 122：當署（遷）癘～處之/答問 122：當署₌（署（遷）署（遷））～定殺/答問 123：當署（遷）癘署（遷）～/答問 125：能自捕及親～智（知）爲捕/答問 126：後自捕～亡/答問 130：～捕耐辠（罪）以上得取/答問 142：律～謂者/答問 146：後自得～亡/答問 154：當坐～羸出爲盜/答問 161：王室～當祠固有/答問 162：律～謂者/答問 164：律～謂者/答問 164：行到繇（徭）～/答問 196：～道旞（遂）者命曰“署人”/封診式 6：～坐論云可₌（可（何），可（何））/封診式 13：～坐論云可₌（可（何），可（何））/封診式 29：流行毋（無）～主舍/封診式 35：其右角痏一～/封診式 36：其頭（脰）～不齊脧₌（脧脧）然/封診式 40：～坐論云可₌（可（何），可（何））/封診式 44：～坐論云可（何）/封診式 46：令終身毋得去署（遷）～/封診式 47－48：令終身毋得去署（遷）～論之/封診式 51：誠不孝甲～/封診式

54：潰一～/封診式 55：署中某～有賊死/封診式 56：某頭左角刃痏一～/封診式 57：北（背）二～/封診式 58：以刃夬（決）二～/封診式 60：其腹有久故瘢二～/封診式 60－61：男子死（屍）～到某亭百步/封診式 61：以布帬（裙）劕（掩）貍（埋）男子某～/封診式 69：當獨抵死（屍）～/封診式 69：終=（終，終）～黨（倘）有通迹/封診式 69：頭足去終～及地各幾可（何）/封診式 70：道索終～試脱頭/封診式 76：其～以埱者類旁鑿/封診式 78：厀（膝）、手各六～/封診式 78：外壤秦綦履迹四～/封診式 80：不智（知）盜人數及之～/封診式 87：令=（令令）史某、隸臣某診甲～詣子/封診式 95：自晝見某～/爲吏 24 貳：不=察=～=親=（不察所親，不察所親）/爲吏 26 貳：不=智=～=使=（不智（知）所使，不智（知）所使）/爲吏 31 貳：士毋（無）～比/爲吏 35 伍：人各食其～耆（嗜）/爲吏 36 伍－37 伍：各樂其～樂/日甲 47 正叁：此～胃（謂）艮山/日甲 120 正叁：～利賈市/日甲 128 正：皆毋（無）～利/日甲 130 正：毋（無）～大害/日甲 13 背：走歸豿〈貌〉踦之～/日甲 25 背壹：鬼之～惡/日甲 24 背貳：畏=人=（畏人，畏人）～/日甲 27 背貳：其～不可咼（過）/日甲 28 背叁：是=（是是）遽鬼毋（無）～居/日甲 47 背叁：燔鬠（髪）及六畜毛邋（鬣）其止～/日甲 50 背叁－51 背叁：其居～水則乾/日甲 57 背叁：得其～/日甲 102 背：天～以張生時/日甲 103 背：天～以張生時/日甲 104 背：天～以張生時/日甲 105 背：天～以張生時/日甲 157 背：到主君～/日乙 121：入（納）之～寄之/日乙 134：皆毋（無）～利

0487 舍（17） 十八種 12：百姓居田～者/十八種 101：邦中之繇（徭）及公事官（館）～/十八種 101：令其徒、～人

診式 38：~賈（價）錢/封診式 48—49：可~代吏徒/爲吏 22 貳：四曰~令不僂/日甲 107 正貳：反~其英（殃）/日乙 206 壹：其東~兇（凶）/日乙 207 壹：東南~央（殃）/日乙 208 壹：去室西南~兇（凶）/日乙 210 壹：其東~兇（凶）/日乙 212 壹：【甲乙死者，其】東~兇（凶）/日乙 213 壹：其西~兇（凶）/日乙 215 壹：其東北~兇（凶）/日乙 216 壹：其東~兇（凶）

0494 乳（1）　日甲 29 背叁：是哀~之鬼

0495 欲（1）　日甲 56 背壹：~鬼之氣入焉

0496 忿（1）　爲吏 11 壹：毋以~怒夬（決）

0497 朋（1）　日甲 65 背壹：人妻妾若~友死

0498 股（1）　封診式 88：~以下到足=（足、足）

0499 肮（1）　語書 12：阬閬强~（伉）以視（示）强

0500 肥（5）　爲吏 35 叁：畜産~辈（胔）/日甲 91 正壹：以生子，~/日甲 157 背：~豚清酒美白粱/日乙 91 壹：百事吉·以【生】子，~/日乙 185：得於~肉

0501 服（10）　十八種 11：乘馬~牛稾/十八種 18：其乘~公馬牛亡馬者/十八種 19：~牛/十八種 20：受~牛者/十八種 20：受~者/十八種 62：女子操敃（文）紅及~者/封診式 4：更言不~/爲吏 35 肆：罔（輞）~必固/日甲 13 正貳：~帶吉/日乙 70：甲辰，可以出入牛、~之

0502 周（6）　封診式 65：再~結索/封診式 66：不~項二寸/日甲圖二（114 正壹—126 正壹）：不~門/日甲 123 正貳：不~門/日甲 21 背貳：道~環宇/日甲 58 背貳：~其室

0503 兔（2）　日甲 72 背：卯，~也/日甲 72 背：多〈名〉~竈陘突垣義酉

0504 臽（28）　封診式 57：~中類斧/日甲 136 正肆：甲~/日甲 137 正肆：乙~/日甲 138 正肆：丙~/日甲 139 正肆：丁

～/日甲 136 正伍：己～/日甲 137 正伍：庚～/日甲 138 正伍：辛～/日甲 139 正伍：己～/日甲 136 正陸：壬～/日甲 137 正陸：癸～/日甲 138 正陸：戊～/日甲 139 正陸：戊～/日甲 136 正捌：～日/日甲 31 背叁：容席以～（陷）/日乙 88 貳：正月壬～/日乙 89 貳：二月癸～/日乙 90 貳：三月戊～/日乙 91 貳：四月甲～/日乙 92 貳：五月乙～/日乙 93 貳：六月戊～/日乙 94 貳：七月丙～/日乙 95 叁：八月丁～/日乙 96 叁：九月己～/日乙 97 叁：十月庚～/日乙 98 叁：十一月辛～/日乙 99 叁：十二月己～/日乙 101 叁：十一月乙卯天～

0505 狗（3） 日甲 48 背壹：是神～偽₌（僞爲）鬼/日乙 164：～肉從東方來/日乙 176：室鬼欲～（拘）

0506 咎（14） 日甲 6 正貳：以見君上，數達，毋（無）～/日甲 4 背貳：父母有～/日甲 24 背壹：詰～/日甲 83 背壹：其～在渡衖/日甲 85 背壹：其～在四室/日甲 87 背壹：其～在五室馬牛/日甲 88 背壹：～在惡（堊）室/日甲 89 背壹：其～在六室/日甲 91 背壹：其～在二室/日甲 93 背壹：其～在室馬牛豕也/日甲 94 背壹：其～在三室/日甲 111 背：某行毋（無）～/日乙 124：有～主/日乙 205：不去有～

0507 炙（1） 日甲 21 背肆－22 背肆：日出～其韓（韓）

0508 享（5） 十八種 5：唯不幸死而伐綰（棺）～（槨）者/爲吏 26 伍：～（烹）牛食士/日甲 37 背貳－38 背貳：～（烹）而食之/日甲 66 背貳：～（烹）而食之/日甲 33 背叁：殺而～（烹）食之

0509 夜（7） 十八種 4：毋敢～（爇）草爲灰/十八種 197：官嗇夫及吏～更行官/爲吏 33 肆：～以椄（接）日/日甲 47 背壹：犬恒～入人室/日甲 29 背貳：鬼恒～鼓人門/日甲 67 背貳：其鬼恒～謼（呼）焉/日甲 48 背叁：

人臥而鬼～屈其頭

0510 府（34）　語書 13：以告～₌（府，府）令曹畫（過）之/十八種 64：官～受錢者/十八種 68：賈市居列者及官～之吏/十八種 84：及恒作官～以負責（債）/十八種 94：～隸之毋（無）妻者/十八種 97：爲作務及官～市/十八種 121：公舍官～/十八種 122：公舍官～/十八種 126：官～/十八種 133：居官～公食者/十八種 135：居于官～/十八種 150：司寇勿以爲僕、養、守官～/十八種 182：及卜、史、司御、寺（侍）、～，糲（糲）米一斗/十八種 191：令敫史毋從事官～/十八種 193：～府/十八種 197：毋敢以火入臧（藏）～/十八種 197：書～中/十八種 197：令₌（令令）史循其廷～/十八種 198：毋依臧（藏）～/十八種 198：書～/效律 42：官～臧（藏）皮革/雜抄 23：右～/雜抄 23：左～/答問 32：～中公金錢私貣（貸）用之/答問 32：可（何）謂"～中"/答問 32：唯縣少内爲"～中"/答問 63：作官～/答問 113：其有～（腐）辠（罪）/答問 127：當從事官～/答問 133：罷痒（癃）守官～/答問 155：吏從事于官～/爲吏 23 貳：五曰安家室忘官～/爲吏 8 叁：城郭官～/日甲 18 正貳：爲官～、室，祠

0511 卒（27）　十八種 13：～歲/十八種 19：～歲/十八種 20：～歲/十八種 116：令結（嫴）堵～歲/十八種 116：未～堵壞/十八種 117：未～歲/十八種 118：～歲/十八種 119：未盈～歲/十八種 179：御史～人使者/雜抄 5：～歲/雜抄 7：縣毋敢包～爲弟子/雜抄 8：中～/雜抄 8：中～/雜抄 11：守書私～/雜抄 15：稟～兵/雜抄 27：～歲/雜抄 34：徒～不上宿/答問 127：～歲得/答問 163：未盈～歲得/答問 163：未～歲而得/答問 199：逵～/答問 199：逵～/日甲 53 背貳：～，有祭/

日甲96背壹：不出～歲/日甲114背：不～歲必衣絲/日甲120背：不～歲必衣絲/日甲154背：復～其日

0512 庚（114） 封診式28：與丁以某時與某里士五（伍）己、～、辛/日甲59正叁：辛卯、己未、～午/日甲68正貳：戊己病，～有【閒】，辛酢（作）/日甲70正貳：～辛病，壬有閒，癸酢（作）/日甲74正貳：～辛有疾/日甲79正貳：～申是天昌/日甲81正貳：男子龍～寅/日甲83正貳：～辰/日甲83正貳：～寅/日甲84正貳：～辰/日甲84正貳：～申/日甲84正貳：～午/日甲86正貳：～辰/日甲86正貳：～寅/日甲87正貳：～辰/日甲88正貳：～申/日甲88正貳：～辰/日甲90正貳：～辰/日甲90正貳：～午/日甲92正貳：～寅/日甲94正貳：～午/日甲94正貳：～子/日甲94正貳：～午/日甲96正壹：～辛/日甲97正叁：～午/日甲97正叁：～辰/日甲102正壹：～辛/日甲104正壹：十月～/日甲108正壹：正月丁～癸/日甲108正壹：七月八月甲丁～/日甲109正壹：十月～/日甲126正叁：～辰/日甲132正：毋以丁～東北行/日甲135正：戊己丙丁～辛旦行/日甲135正：～辛戊己壬癸餔時行/日甲135正：壬癸～辛甲乙夕行/日甲137正伍：十月～啓/日甲146正壹：～辰生子/日甲146正貳：～寅生子/日甲146正叁：～子生子/日甲146正肆：～戌生子/日甲146正伍：～申生子/日甲146正陸：～午生子/日甲1背：春三月季～辛/日甲5背壹：～辰/日甲8背壹：～辰/日甲52背貳：～日/日甲82背：～名曰甲郢相衛魚/日甲97背壹：～戌/日甲97背壹：～辰/日甲99背壹：～申/日甲99背壹：～寅/日甲101背：～子/日甲101背：～午/日甲104背：秋三月～辛/日甲95背貳：久行毋以～午入室/日甲99背貳：六～不可以行/日甲116背：癸丑、寅、申、亥，秋丙、～、辛材（裁）衣/日甲 120 背：癸丑、寅、申、亥，秋丙、～、辛材（裁）衣/日甲 126 背：～子、寅、辰西徙，死/日甲 127 背：久行，毋以～午入室/日甲 128 背：六～不可以行/日甲 130 背：～申/日乙 66：～寅/日乙 67：～辛李/日乙 68：～辰/日乙 70：～午/日乙 72：～寅/日乙 73：～寅/日乙 76 壹：～辰/日乙 76 壹：～寅/日乙 34 貳：～寅/日乙 40 貳：～辛/日乙 43 貳：久行毋以～午入室/日乙 44 貳：六～不可以行/日乙 88 壹：徙死～子寅辰北徙死/日乙 81 貳：～辛金₌（金，金）勝木/日乙 97 叁：十月～臽/日乙 110：春三月～辛/日乙 111：春～辛/日乙 115：～申/日乙 116：～申/日乙 122：～申/日乙 124：～申/日乙 130：必以五月～午/日乙 138：～☑/日乙 144：～申/日乙 153：～午/日乙 153：～午/日乙 153：～辰/日乙 183：～辛病/日乙 185：～辛有疾/日乙 192 壹：～辛/日乙 205：～辛/日乙 210 壹：～辛/日乙 215 壹：～辛/日乙 220 壹：～辛/日乙 227 壹：～寅/日乙 229 壹：～子/日乙 230 壹：～【午】/日乙 236 壹：～戌/日乙 237 壹：～辰/日乙 226 貳：～子/日乙 227 貳：～申/日乙 227 貳：～子/日乙 227 貳：～寅/日乙 239：～午/日乙 240：～辰/日乙 242：～寅/日乙 245：～戌/日乙 246：～申/日乙 247：～子/日乙 250：～失火/日乙 259：～亡

0513 音（2） 封診式 88：～（衃）血子殹（也）/封診式 89：～（衃）血狀

0514 妾（64） 十八種 48：～未使而衣食公/十八種 49：隸臣～/十八種 49：隸～/十八種 49－50：小～/十八種 51：隸～/十八種 53：臣～/十八種 53：臣～/十八種 54：隸～/十八種 59：隸₌臣₌～₌（隸臣妾、隸臣妾）/十八種 61：隸～/十八種 77：隸臣～/十八種 92：隸臣～/十

八種 95：隸臣～/十八種 96：隸臣～/十八種 109：冗隸～/十八種 109：更隸～/十八種 109：小隸臣～/十八種 110：隸～/十八種 134：人奴～/十八種 140：一～/十八種 141：隸臣～/十八種 142：人奴～/十八種 145：隸臣～/十八種 151：隸～/十八種 155：隸臣～/十八種 155：隸～/十八種 184：隸臣～/十八種 201：隸臣～/答問 5：人～乙/答問 20：人奴～/答問 53：臣～/答問 74：人奴～/答問 76：臣～/答問 103：奴～/答問 104：臣～/答問 104：臣～/答問 106：奴～/答問 108：臣～/答問 132：隸臣～/答問 141：人奴～/答問 170：臣～/答問 171：臣～/答問 174：隸～/封診式 8：臣～/封診式 10：～小女子某/封診式 42：黥～/封診式 42：丙，乙～殹（也）/封診式 43：乙～殹（也）/封診式 44：～丙/封診式 86：隸～/封診式 89：隸～/日甲 15 正貳：臣～/日甲 60 正叁：臣～/日甲 108 正貳：臣～/日甲 110 正貳：臣～/日甲 145 正陸：臣～/日甲 65 背壹：妻～/日甲 81 背：丁名曰浮～榮辨僕上/日甲 127 背：臣～/日乙 42 壹：臣～/日乙 124：臣～/日乙 238－239：臣～/日乙 247：人～/日乙 251：臣～

0515 刻（5） 十八種 102：～久之/十八種 102：～久者/十八種 178：久～者/效律 40：久～者/爲吏 19 叁：久～

0516 於（47） 語書 1：不便～民/語書 1：害～邦/語書 3：使之=(之之）～爲善殹（也）/語書 4：甚害～邦/語書 4：不便～民/語書 5：毋巨（歫）～辠（罪）/十八種 76：有責（債）～公/十八種 133：有責（債）～公/效律 58：出實多～律程/答問 191：宦及智（知）～王/爲吏 32 貳：身及～死/爲吏 45 叁：不精～材（財）/日甲 7 正貳：女必出～邦/日甲 26 正貳：丁巳安～身/日甲 68 正貳：得之～肉/日甲 72 正貳：得之～黄色索

（腊）魚/日甲 76 正貳：得之～酉（酒）/日甲 101 正貳：害～上皇/日甲 102 正貳：害～驕母/日甲 143 正壹：或生（眚）～目/日甲 142 正伍：有疵～體（體）而恿（勇）/日甲 16 背貳：宇多～西南之西/日甲 17 背貳：宇多～西北之北/日甲 18 背貳：宇多～東北之北/日甲 19 背貳：宇多～東北/日甲 20 背貳：宇多～東南/日甲 14 背伍：婦不媚～君/日甲 55 背貳：免～憂矣/日甲 56 背貳：食黍～道/日甲 58 背叁－59 背叁：乃棄其屨～中道/日甲 69 背：臧（藏）～垣内/日甲 71 背：不全～身/日甲 71 背：臧（藏）～瓦器閒/日甲 72 背：臧（藏）～草中/日甲 74 背：臧（藏）～瓦器下/日甲 75 背：臧（藏）～草木下/日甲 76 背：臧（藏）～芻稾中/日甲 78 背：臧（藏）～園中草下/日甲 79 背：臧～糞蔡中土中/日甲 80 背：臧（藏）～圂中垣下/日乙 181：禺（遇）御～豕肉/日乙 185：得～肥肉/日乙 187：得～酉（酒）/日乙 238：不然必有疵～前/日乙 240：女子～南/日乙 241：穀～武/日乙 246：疵～體（體）

0517 劾（4） 語書 7：舉～不從令者/效律 54：尉計及尉官吏節（即）有～/效律 55：司馬令史掾苑計＝（計，計）有～/效律 55：如令史坐官計～然

0518 券（5） 十八種 80：而人與參辨～/十八種 81：亦官與辨～/答問 146：符～/答問 179：亡～而害/答問 179：亡校～右爲害

0519 巻（2） 編年記 10 貳：～軍/日甲 87 正貳：筑（築）羊～（圈）

0520 並（2） 十八種 137：或欲籍（藉）人與～居之/雜抄 39：同居毋～行

0521 炊（1） 雜抄 28：毋敢～飭

0522 炎（3） 答問 179：以火～其衡厄（軛）/答問 179：～之可

（何）/答問 179：是以～之

0523 河（1） 十八種 7：～（呵）禁所殺犬

0524 注（1） 日甲 31 背叁：～白湯

0525 波（1） 日甲 142 背：～（破）地

0526 治（48） 編年記 19 貳：喜～獄鄢/語書 9：獨～/語書 10：辨（别）～/語書 11：冒柢（抵）之～/語書 12：視（示）～/十八種 14：～（笞）主者/十八種 14：～（笞）卅/十八種 144：～苗時/十八種 148：輒～（笞）之/十八種 148：～（笞）十/十八種 148：孰（熟）～（笞）之/十八種 149：～（笞）/雜抄 6：～（笞）之/雜抄 19：～（笞）人百/雜抄 20：徒～（笞）五十/答問 13：當～（笞）/答問 13：～（笞）/答問 74：～（笞）子/答問 79：夫毆～之/答問 106：勿～/答問 107：亦不當聽～/答問 132：當～（笞）五十/答問 163：～（笞）/答問 163：行～（笞）/答問 163：～（笞）五十/答問 163：～（笞）/答問 179：不～騷=馬=（騷馬，騷馬）/封診式 1：～獄/封診式 1：～獄/封診式 1：毋～（笞）諒（掠）/封診式 1：～（笞）諒（掠）/封診式 4：～（笞）諒（掠）者/封診式 4：～=諒=（治（笞）諒（掠）。治（笞）諒（掠））/封診式 5：～（笞）訊某/爲吏 43 貳：～，无（無）志不覫（徹）/爲吏 48 貳：志覫（徹）官～/爲吏 49 貳：～之紀殹（也）/爲吏 3 肆：寬以～之/爲吏 4 肆：有嚴不～/爲吏 10 肆：當務而～/爲吏 14 肆－15 肆：～則敬自賴之/爲吏 26 肆：孰（熟）道毋～（怠）/爲吏 1 伍：凡～事/爲吏 9 伍：非以官禄夬〈史（使）〉助～/爲吏 24 伍：不～室屋/日甲 79 正壹：生子，老爲人～也/日甲 148 背：神以～室/日乙 107 壹：生子，老爲人～也

0527 怪（3） 答問 69：～物/答問 69：～物/日甲 82 背：已名曰宜

食成～目

0528 宗（1）　爲吏 25 伍：～族昆弟

0529 定（24）　答問 96：～辠（罪）人/答問 121：“～＝殺＝”（“定殺。”“定殺”）可（何）如？/答問 121：生～殺水中之謂殹（也）/答問 122：所～殺/封診式 6：可～名事里/封診式 13：可～名事里/封診式 40：其～名事里/封診式 44：～名事里/封診式 97：里名事～/日甲 14 正壹：～午/日甲 15 正壹：～未/日甲 16 正壹：～申/日甲 17 正壹：～酉/日甲 18 正壹：～戌/日甲 19 正壹：～亥/日甲 20 正壹：～子/日甲 21 正壹：～丑/日甲 22 正壹：～寅/日甲 23 正壹：～卯/日甲 24 正壹：～辰/日甲 25 正壹：～巳/日甲 18 正貳：～日/日甲 114 正貳：～處/日乙 156：人～【子】

0530 宜（8）　十八種 185：～到不來者/日甲 32 正：臨官立（涖）正（政）相～也/日甲 121 正叁：高門，～豕/日甲 122 正叁：大吉門，～錢金而入易虛/日甲 23 背叁：圈居宇西北，～子與/日甲 19 背伍：依道爲小内，不～子/日甲 23 背伍：圂居南，～犬/日甲 82 背：己名曰～食成怪目

0531 官（194）　語書 8：縣～/十八種 17：告～/十八種 18：其人詣其～/十八種 19：告～/十八種 19：都～/十八種 20：都～/十八種 37：都～/十八種 44：都～吏/十八種 44：都～人/十八種 64：～府受錢者/十八種 68：～府/十八種 70：～相輸者/十八種 71：工獻輸～者/十八種 72：都～/十八種 72：離～/十八種 72：都～/十八種 73：～長/十八種 73：都～/十八種 74：小～毋（無）嗇夫者/十八種 79：～嗇夫/十八種 80：都～/十八種 80：～長/十八種 81：亦～與辨券/十八種 82：～嗇夫/十八種 82：而坐其故～/十八種 83：～嗇夫/十八種 83：效其～/十八種 83：稗～/十八種 83：如其[illegible]＝

（事。吏）坐～/十八種 84：～府/十八種 86：都～/十八種 86：都～/十八種 87：都～/十八種 92：都～/十八種 92：□□其～/十八種 93：～致/十八種 95：不仁其主及～/十八種 97：～府市/十八種 100：聽～/十八種 101：～（館）舍/十八種 102：～名/十八種 103：非其～之久也/十八種 104：公器～□久₌（久，久）之/十八種 104－105：～輒告叚（假）器者曰/十八種 105－106：～輒收其叚（假）/十八種 121：～府/十八種 122：～府/十八種 125：都～/十八種 126：～府/十八種 127：～長/十八種 128：～長/十八種 128：～[有]金錢者/十八種 131：都～/十八種 133：居～府/十八種 135：居于～府/十八種 136：～嗇夫/十八種 139：～作居貲贖責（債）/十八種 139：遠其計所～者/十八種 139：告其計所～/十八種 140：其～₌（官；官）相紤（近）者/十八種 140：告其計所～/十八種 150：～府/十八種 156：以爲隱～工/十八種 157：都～/十八種 157：羣～屬/十八種 160：它～者/十八種 160：故～/十八種 160：新～/十八種 161：～嗇夫/十八種 161：史守～/十八種 161：毋令～佐、史守/十八種 162：實～佐/十八種 162：～嗇夫/十八種 162：～嗇夫/十八種 164：～嗇夫/十八種 164：～嗇夫/十八種 165：～嗇夫/十八種 165：～嗇夫/十八種 178：～嗇夫/十八種 179：～士夫₌（大夫）/十八種 182：～佐/十八種 184：亟告～/十八種 186：都～/十八種 186：寫其～之用律/十八種 187：都～/十八種 189：～嗇夫/十八種 189：☑其～亟置嗇夫/十八種 191：～府/十八種 193：～府/十八種 194：有實～縣料者/十八種 194：計其～/十八種 195：有實～高其垣牆/十八種 195：非其～人毆（也）/十八種 196：～吏/十八種 197：～嗇夫/十八種 197：夜更行～/十八種

日甲 19 正壹：～未/日甲 20 正壹：～申/日甲 21 正壹：～酉/日甲 22 正壹：～戌/日甲 23 正壹：～亥/日甲 24 正壹：～子/日甲 25 正壹：～丑/日甲 14 正貳：～日/日甲 76 背：名～章丑吉/日乙 16：～交之日/日乙 26 壹：～寅/日乙 27 壹：～【卯、余（除）】辰/日乙 28 壹：～【辰，余（除）】巳/日乙 29 壹：～巳/日乙 30 壹：～午/日乙 31 壹：～未/日乙 32 壹：～申/日乙 33 壹：～酉/日乙 34 壹：～戌/日乙 35 壹：～亥/日乙 36 壹：～子/日乙 37 壹：～丑/日乙 38 壹：～日

0538 居（144）　編年記 27 貳：韓王～□山/編年記 28 貳：昌平君～其處/語書 13：當～曹/十八種 12：百姓～田舍者/十八種 44：移～縣責之/十八種 50：冗～/十八種 68：賈市～列者/十八種 76：贖者～它縣/十八種 76：移～縣責之/十八種 78：～之/十八種 78：～之/十八種 82－83：弗得～/十八種 83：令以律～之/十八種 84：～之/十八種 85：同～/十八種 133：以令日～之/十八種 133：日～/十八種 133：日～/十八種 133：～官府公食者/十八種 134：～贖刑辠（罪）、死辠（罪）者/十八種 134：～于城旦舂/十八種 134：人奴妾～贖/十八種 135：～贖刑/十八種 135：～于官府/十八種 136：～貲贖責（債）欲代者/十八種 136－137：～貲贖責（債）而莫見其室者/十八種 137：～之/十八種 137：～貲贖責（債）者/十八種 137：～之/十八種 138：令～其衣如律然/十八種 139：令～之/十八種 139：～貲贖責（債）而遠其計所官者/十八種 140：欲～者/十八種 141：～貲贖責（債）毄（繫）城旦舂者/十八種 144：～貲贖責（債）者/十八種 145：～貲贖責（債）/十八種 145：～貲贖責（債）當與城旦舂作者/十八種 162：～吏/十八種 163：～之/十八種 163：～

15 背陸：屏～/日甲 39 背貳：會虫～其室西臂（壁）/日甲 24 背叁：不可以～/日甲 24 背叁：～之/日甲 28 背叁：毋（無）所～/日甲 31 背叁：～之/日甲 38 背叁：與～/日甲 51 背叁：～所/日甲 52 背叁：～之/日甲 88 背壹：不皆（偕）～/日甲 127 背：必代～室/日甲 130 背：凡有土事弗果～/日甲 145 背：～子/日甲 145 背：～子〈卯〉/日甲 145 背：～午/日甲 145 背：～酉/日甲 145 背：～子/日甲 145 背：～卯/日甲 145 背：～午/日甲 145 背：～酉/日甲 146 背：～子/日甲 146 背：～卯/日甲 146 背：～午/日甲 146 背：～辰〈酉〉/日乙 24 壹：～有食/日乙 60：利～室/日乙 110：弗～/日乙 115：弗～/日乙 116：弗～/日乙 117：不～

0539 屈（13）　爲吏 34 壹：恿（勇）能～/日甲 66 正壹：～夕/日甲 65 正貳：～夕/日甲 111 正壹：～夕/日甲 112 正壹：～夕/日甲圖二（114 正壹—126 正壹）：～門/日甲 120 正貳：～門/日甲 39 背壹：～（掘）而去之/日甲 42 背壹：～（掘）而去之/日甲 37 背貳：～（掘）遝泉/日甲 41 背貳：～（掘）而去之/日甲 48 背叁：鬼夜～其頭/日甲 51 背叁：～（掘）其室中三尺

0540 弦（1）　日甲 27 正貳：～望

0541 孟（2）　日乙 17：説～（盟）詐（詛）/日乙 23 壹：説～（盟）詐（詛）

0542 牀（1）　日甲 125 正叁：戌不可以爲～

0543 狀（12）　十八種 87－88：以書時謁其～内史/答問 162：履＝錦【＝】履＝（履錦履。"履【錦】履"）之～/封診式 32－33：亦診其痍～/封診式 70：鬱之～/封診式 76：上如豬竇～/封診式 83：亡～/封診式 86：保之～/封診式 86：癰～/封診式 87：復（腹）痛子出～/封診式 87：如衃（衃）血～/封診式 89：音（衃）血～/日甲

背：不可～/日甲 139 背：以壞～/日甲 139 背：以毀～/日甲 143 背：壞～/日甲 143 背－144 背：起～/日甲 148 背：不可～/日甲 155 背：壞～/日乙 41 貳：凡壞～/日乙 92 壹：利以～/日乙 114：～牆日/日乙 195 貳：毀～

0560 城（87）　編年記 6 壹：攻新～/編年記 7 壹：新～陷/編年記 8 壹：新～歸/編年記 51 壹：攻陽～/十八種 49：小～旦/十八種 51：～旦/十八種 55：～旦/十八種 55－56：～旦舂₌（舂、舂）司寇/十八種 57：～旦/十八種 57：～旦/十八種 57：減舂～旦/十八種 92－93：舂～旦/十八種 94：～旦/十八種 108：～旦/十八種 122：～旦舂/十八種 134：～旦舂/十八種 135：～旦/十八種 141：～旦舂/十八種 141：～旦舂/十八種 141：～旦舂/十八種 141：～旦舂/十八種 142：～旦舂/十八種 143：～旦舂/十八種 145：～旦舂/十八種 145：～旦/十八種 145：～旦舂/十八種 145：～旦/十八種 146：～旦舂/十八種 146：～旦/十八種 146：～旦/十八種 146：～旦/十八種 147：～旦舂/十八種 147：～旦/十八種 147：舂～旦/十八種 148：～旦舂/雜抄 5：～旦/雜抄 19：～旦/雜抄 35：攻～₌（城，城）陷/雜抄 40：戍者～及/雜抄 40：補～/雜抄 40：所～有壞者/雜抄 41：令戍者勉補繕～/答問 1：～旦/答問 2：～旦/答問 2：～旦/答問 3：～旦/答問 5：～旦/答問 6：～旦/答問 33：～旦/答問 35：～旦/答問 48：～旦/答問 50：～旦/答問 69：～旦舂/答問 73：～旦/答問 78：～旦舂/答問 81：～旦/答問 84：～旦/答問 86：～旦/答問 109：～旦/答問 110：～旦/答問 111：～旦/答問 112：～旦/答問 116：～旦/答問 116：～旦/答問 118：～旦/答問 119：～旦/答問 119：～旦/答問 120：～旦/答問 120：～旦/答問

與～（支）刺〈夾〉良山/日甲153背：反～（支）/日甲153背：反～（支）/日甲153背：反～（支）/日甲153背：反～（支）/日甲153背－154背：反～（支）/日甲154背：反～（支）/日甲154背：反～（支）/日甲154背：反～（支）

0581 柏（1） 日甲35背壹：～（白）然毋（無）氣

0582 柢（1） 語書11：冒～（抵）之治

0583 枸（3） 十八種134：～櫝欙（纝）杕（釱）/十八種135：～櫝欙（纝）杕（釱）/十八種147：～櫝欙（纝）杕（釱）之

0584 柳（5） 十八種131：取～/日甲1正壹：六月～/日甲48正壹：～、七星少吉/日甲55正壹：～、東井、輿鬼大凶/日甲57正壹：～、七星大吉

0585 柁（1） 日甲119正貳：～衣常（裳）

0586 柀（22） 十八種48：～事之/十八種138：～入錢/十八種162：史～免、徙/效律19：史～免徙/答問26：～盜之/答問57：～（被）污頭北（背）及地/答問77：～（破）入内＝中＝（内中。内中）/日甲14正壹：～（破）申/日甲15正壹：～（破）酉/日甲16正壹：～（破）戌/日甲17正壹：～（破）亥/日甲18正壹：～（破）子/日甲19正壹：～（破）丑/日甲20正壹：～（破）寅/日甲21正壹：～（破）卯/日甲22正壹：～（破）辰/日甲23正壹：～（破）巳/日甲24正壹：～（破）午/日甲25正壹：～（破）未/日甲20正貳：～（破）日/日甲39正：～（疲）不産/日乙58：～不全

0587 柖（14） 封診式81：竹～＝（柖，柖）/封診式81：□結衣～中央/日甲47正壹：～（招）榣（摇）/日甲48正壹：～（招）榣（摇）/日甲49正壹：～（招）榣（摇）/日甲50正壹：～（招）榣（摇）/日甲51正壹：～（招）榣（摇）/日甲52正壹：～（招）榣

爲鬼薪未斷/答問117：當～司寇/答問117：以～隸臣誣人/答問117：當～爲隸臣/答問117：當～爲侯（候）辠（罪）誣人/答問117：當～爲司寇/答問118：當～爲隸臣/答問118：當～爲隸臣/答問124：～爲隸臣/答問128：當～/答問130：所捕～辠（罪）以上得取/答問138：已論～乙/答問140：其～辠（罪）以上/答問147：今甲有～/答問147：～以上/答問153：當～/答問177：致（至）～辠（罪）以上/答問185：得比公士贖～不得₌（得？得）/答問194：～卜隸/答問194：～史隸/答問194：卜、史當～者/答問194：皆～以爲卜、史隸/答問204：～（能）吏/日甲117正叁：～乃刑/日乙145：～（乃）爲四席₌（席。席）

0598 面（9） 答問204：可（何）謂“匧₌～₌”（“匧面”？“匧面”）/答問204：行旞曰“～”/日甲13背：乃繹（釋）髮西北～坐/日甲69背：～有黑子焉/日甲71背：～有黑焉/日甲72背：盜者大～/日甲77背：盜者園（圓）～/日甲78背：疵在～/日甲80背：其～不全

0599 耎（1） 封診式57：相～（濡）

0600 奎（13） 日甲1正壹：二月～/日甲49正壹：～、婁大吉/日甲51正壹：～、牴（氐）、房大凶/日甲52正壹：～、婁少吉/日甲55正壹：～、婁致死/日甲58正壹：～、婁大凶/日甲82正壹：～，祠及行，吉/日甲152正貳：在～者富/日甲6背壹：冬三月～、婁吉/日甲6背壹：以～，夫愛妻/日甲5背貳：中秋～/日乙82壹：～，祠及行，吉/日乙97肆：九月～十三日

0601 皆（95） 語書5：～明（明）智（知）之/語書7：～大辠（罪）殹（也）/十八種7：～完入公/十八種8：～受之/十八種11：～止/十八種20：～有辠（罪）/十八種22：

~輒出/十八種 47：~八馬共/十八種 52：~爲小/十八種 52：~作之/十八種 62：~以男子/十八種 68：~有辠（罪）/十八種 71：~深（審）以其年計之/十八種 81：~以律論之/十八種 85：~出之/十八種 93：~聽其官致/十八種 103：~没入公/十八種 125 ：~不勝任而折/十八種 125：~爲用而出之/十八種 127：~有辠（罪）/十八種 135：~赤其衣/十八種 135：~勿將司/十八種 153：~不得受其爵及賜/十八種 156：~令爲工/十八種 174－175：~與盜同灋（法）/效律 2：~共賞（償）不備之貨/效律 18：~不得除/效律 35：~與盜同灋（法）/雜抄 6：~耐爲侯（候）/雜抄 11：~䙴（遷）/雜抄 11：~貲二甲/雜抄 33：~䙴（遷）之/答問 4：~贖黥/答問 23：~畀其主/答問 25：~各爲一= 具【=】（一具，一【具】）之臧（贓）/答問 30：~可（何）殹（也）/答問 58：~貲/答問 72：~爲"後子"/答問 74：~論不殹（也）/答問 80：~當耐/答問 83：~當耐/答問 98：~出不存/答問 107：~如家辠（罪）/答問 126：~如此/答問 136：~當刑城旦/答問 142：~以"犯令"論/答問 148：~貲二甲/答問 164：~爲"乏繇（徭）/答問 179：~麗衡厄（軛）鞅韅轅靷（靷）/答問 189：~主王犬者殹（也）/答問 191：~爲"顯夫=（大夫）"/答問 194：~耐以爲卜、史隸/答問 196：~爲"更人"/封诊式 7：~爲報/封診式 9：~瓦蓋/封診式 11：~言曰/封診式 14：~爲報/封診式 30：~毋（無）它坐辠（罪）/封診式 57：~從（縱）頭北（背）/封診式 57：~臽中類斧/封診式 57：~血出/封診式 57－58：~不可爲廣袤/封診式 80：~不可爲廣袤/封診式 81：~言曰/封診式 89：~言甲前旁有乾血/封診式 91：~告曰/封診式 93：~莫肎（肯）與丙共

縣/效律 28：～縣人之/效律 30：唯倉所自封印～度縣/答問 28：王室祠，貍（埋）其具，～謂“庢”/答問 64：且非～/答問 64：～，不重/答問 93：～謂“不直”/答問 93：～謂“縱囚”/答問 104：～謂“非公室告”/答問 108：～胃（謂）“家辠（罪）”/答問 108：～謂“當刑隸臣”/答問 112：～謂“當刑鬼薪”/答問 126：～謂“處隱官”/答問 142：～謂“犯令₌（令”；令）/答問 142：～謂“灋（廢）令”殹（也）/答問 168：或入₌公₌（入公，入公）異～/答問 176：欲去秦屬～謂“夏”/答問 177：臣邦父母產子及產它邦而～謂“真”/答問 179：～以炎之/答問 180：～謂“邦徒”、“僞使”/答問 184：詣符傳于吏～謂“布吏”/188：宮隸有刑，～謂“宮更人”/答問 197：且非～₌（是？是）/答問 199：～謂“逵卒”/答問 200：寄及客，～謂“旅人”/答問 206：～謂“介（匄）人”/答問 207：～謂“介（匄）人”/日甲 32 正：秀，～胃（謂）重光/日甲 34 正：正陽，～胃（謂）滋昌/日甲 34 正：利爲嗇夫，～胃（謂）三昌/日甲 36 正：危陽，～胃（謂）不成行/日甲 38 正：敫，～胃（謂）又（有）小逆/日甲 40 正：𡨄（害），～胃（謂）其羣不捧（拜）/日甲 42 正：陰，～胃（謂）乍陰乍陽/日甲 44 正：徹（徹），～胃（謂）六甲相逆/日甲 46 正：結，～胃（謂）利以出貨/日甲 30 正貳：～胃（謂）男日/日甲 30 正貳：～胃（謂）女₌日₌（女日。女日）/日甲 59 正壹：若以～月殹（也）東徙/日甲 61 正：若以～月殹（也）西徙/日甲 62 正：若以～月殹（也）北徙/日甲 79 正貳：庚申～天昌/日甲 104 正貳：～謂血明（明）/日甲 108 正貳：～胃（謂）并亡/日甲 110 正貳－111 正貳：～胃（謂）□□□/日甲 119 正叁：～胃（謂）

邦君門/日甲128正：凡～日/日甲129正：凡～有爲也/日甲130正：～胃（謂）少（小）楮（佇）/日甲130正：大顴（顧）～胃（謂）大楮（佇）/日甲156正：～謂相（霜）/日甲10背壹：戌興〈與〉亥～胃（謂）分離日/日甲27背壹：～₌（是是）剌（厲）鬼/日甲29背壹：～₌（是是）丘鬼/日甲32背壹：～肈（誘）鬼/日甲34背壹：～₌（是是）哀鬼/日甲38背壹：～₌（是是）棘鬼在焉/日甲41背壹：～₌（是是）匀鬼貍（埋）焉/日甲44背壹－45背壹：～宲₌（宲宲〈是宲〉）人生爲鬼/日甲48背壹：～神狗僞₌（僞爲）鬼/日甲52背壹－53背壹：～票（飄）風之氣/日甲59背壹：□鳥獸能言，～夭（妖）也/日甲25背貳－26背貳：～袴鬼僞₌（僞爲）鼠/日甲29背貳－30背貳：～兇（凶）鬼/日甲31背貳：～上神相/日甲34背貳－35背貳：～神虫僞₌（僞爲）人/36背貳－37背貳：～狀神在其室/日甲39背貳：～會虫居其室西臂（壁）/日甲42背貳：～㬥（暴）鬼/日甲44背貳：～圖夫/日甲47背貳：～陽鬼樂從之/日甲49背貳：～祖□游/日甲50背貳：～幼殤死不葬/日甲51背貳：～游鬼/日甲52背貳：～不辜鬼處之/日甲57背貳：～粲迓之鬼處之/日甲60背貳：～₌（是是）恙氣處之/日甲62背貳：～₌（是是）餓鬼/日甲65背貳：～水亡傷（殤）取之/日甲67背貳－68背貳：～遽鬼執人以自伐〈代〉也/日甲24背叁：～□鬼居之/日甲28背叁：～₌（是是）遽鬼毋（無）所居/日甲29背叁：～哀乳之鬼/日甲31背叁：～地辥（蠥）居之/日甲32背叁：～夭鬼/日甲34背叁：～鬼鼓/日甲35背叁：～壄（野）火僞₌（僞爲）虫/日甲36背叁：～不辜鬼/日甲37背叁：～暴鬼/日甲39背叁：～上神下取（娶）妻/日甲108背：～日在行不可以歸/日甲 108 背：～=（是是）大兇（凶）/日甲 110 背：～謂出亡歸死之日也/日甲 132 背－133 背：～胃（謂）土神/日甲 134 背：～胃（謂）地衝/日甲 136 背：～胃（謂）牝日/日甲 137 背：～胃（謂）召（招）䍃（摇）合日/日甲 138 背：～胃（謂）地杓/日甲 139 背：～胃（謂）召（招）䍃（摇）合日/日甲 142 背：～胃（謂）發㺯/日甲 143 背：～胃（謂）四敫/日乙 108：男子日如～/日乙 134：凡～日/日乙 146：唯福～司/日乙 152：凡～往亡【必得】/日乙 236 貳：甲子到乙亥～右〈君〉也/日乙 237 貳：～胃（謂）貴勝賤

0607 郢（2） 日甲 69 背：多〈名〉鼠鼷孔午～/日甲 82 背：庚名曰甲～相衛魚

0608 則（79） 語書 6：～爲人臣亦不忠矣/爲吏 25 貳：～怨數至/爲吏 27 貳：～以權衡求利/爲吏 29 貳：～民傷指/爲吏 30 貳－31 貳：～士毋（無）所比/爲吏 38 貳：以此爲人君～鬼（惠）/爲吏 39 貳：爲人臣～忠/爲吏 40 貳：爲人父～兹（慈）/爲吏 41 貳：爲人子～孝/爲吏 44 貳：爲人上～朙（明）/爲吏 45 貳：爲人下～聖/爲吏 49 叁：出～敬/爲吏 14 肆－15 肆：治～敬自賴之/日甲圖二（114 正壹－126 正壹）：～光門/日甲 119 正貳：～𡖾〈光〉門/日甲 14 背壹：～止矣/日甲 28 背壹：～已矣/日甲 31 背壹：～止/日甲 36 背壹：～不來/日甲 38 背壹－39 背壹：其上旱～淳/日甲 39 背壹：水～乾/日甲 39 背壹：～止矣/日甲 42 背壹：～止矣/日甲 46 背壹：～止矣/日甲 49 背壹：～止矣/日甲 53 背壹：～已矣/日甲 55 背壹：～止矣/日甲 58 背壹：～已矣/日甲 60 背壹：～止矣/日甲 62 背壹：～不屬矣/日甲 64 背壹：～止矣/日甲 66 背壹：～不來矣/日甲 68 背壹：～止矣/日甲 24 背貳：～不畏人

矣/日甲 26 背貳：～已矣/日甲 30 背貳：～不來矣/日甲 33 背貳：～不來矣/日甲 35 背貳：～不來矣/日甲 43 背貳：～不來矣/日甲 46 背貳：～不來矣/日甲 50 背貳：～不來矣/日甲 51 背貳：～不來矣/日甲 53 背貳：～毋（無）央（殃）矣/日甲 56 背貳：遽～止矣/日甲 58 背貳：～去矣/日甲 59 背貳：～止矣/日甲 63 背貳：～止矣/日甲 64 背貳：～止矣/日甲 66 背貳：～得矣/日甲 66 背貳：～死矣/日甲 26 背叁：～毋（無）央（殃）矣/日甲 27 背叁：～止矣/日甲 28 背叁：～止矣/日甲 30 背叁：～已矣/日甲 32 背叁：～已矣/日甲 34 背叁：～已矣/日甲 35 背叁：～已矣/日甲 36 背叁：～止矣/日甲 37 背叁：～止矣/日甲 38 背叁：～死矣/日甲 40 背叁：～死矣/日甲 41 背叁：～止矣/日甲 42 背叁：～已矣/日甲 43 背叁：～已矣/日甲 44 背叁：～止矣/日甲 45 背叁：～已矣/日甲 46 背叁：～已矣/日甲 47 背叁：～止矣/日甲 48 背叁：～已矣/日甲 49 背叁：～止矣/日甲 51 背叁：水～乾/日甲 51 背叁：旱～淳/日甲 51 背叁：～止矣/日甲 52 背叁：～已矣/日甲 56 背叁：～止矣/日甲 59 背叁：～亡恙矣/日乙 195 壹：不錢～布/日乙 195 壹：不璽（繭）～絜/日乙 233 壹：日～（昃）

0609 明（15）　語書 3－4：是即灋（廢）主之明（明）灋（法）/語書 4：令吏～（明）布/語書 5：令吏民皆～（明）智（知）之/語書 6：是即～（明）避主之明（明）灋（法）/語書 6：是即明（明）避主之～（明）灋（法）/語書 7：令、丞弗～（明）智（知）/語書 9：良吏～（明）灋（法）律令/語書 10：惡吏不～（明）灋（法）律令/爲吏 44 貳：爲人上則～（明）/爲吏 48 貳－49 貳：上～（明）下聖/日甲 11 正貳：利以兑（說）～（盟）組（詛）、百不羊（祥）/日甲 104

日甲 30 正貳：是～（謂）女=日=（女日。女日）/日甲 48 正壹：～、□大吉/日甲 51 正壹：～、參少吉/日甲 52 正壹：～、角、犺（亢）大凶/日甲 54 正壹：～、參致死/日甲 57 正壹：角、～、參大凶/日甲 47 正叁：此所～（謂）艮山/日甲 49 正叁：之～（謂）離=日=（離日。離日）/日甲 84 正壹：～，利入禾粟及爲囷倉/日甲 108 正貳：是～（謂）并亡/日甲 110 正貳－111 正貳：是～（謂）□□□/日甲 119 正叁：是～（謂）邦君門/日甲 130 正：是～（謂）少（小）楮（佇）/日甲 130 正：是～（謂）大楮（柠）/日甲 10 背壹：是～（謂）分離日/日甲 39 背叁：鬼恒～（謂）人/日甲 132 背－133 背：是～（謂）土神/日甲 134 背：是～（謂）地衝/日甲 136 背：是～（謂）牝日/日甲 137 背：是～（謂）召（招）䍃（摇）合日/日甲 138 背：是～（謂）地杓/日甲 139 背：是～（謂）召（招）䍃（摇）合日/日甲 142 背：是～（謂）發𪓐/日甲 143 背：是～（謂）四敫/日乙 84 壹：～，利入禾粟=囷倉/日乙 237 貳：是～（謂）貴勝賤

0616 界（1）　答問 186：越里中之與它里～者

0617 思（1）　日甲 79 背：名馬童龏～辰戌

0618 思（2）　爲吏 49 肆：～= 之【=】（思之思【之】）/日甲 63 背壹：～哀

0619 囿（1）　爲吏 34 叁：苑～園池

0620 骨（4）　答問 75：鬭折脊項～/封诊式 35：深到～/日甲 30 背叁：其～有在外者/日甲 55 背叁：枯～

0621 拜（2）　十八種 153：未～/十八種 153：已～

0622 牲（1）　十八種 151：百姓有母及同～（生）爲隸妾

0623 牴（3）　日甲 51 正壹：奎、～（氐）、房大凶/日甲 58 正壹：～（氐）、奎、婁大凶/日甲 70 正壹：～（氐），祠及

0634 皇（2） 日甲 101 正貳：上～/日乙 145：合三土～

0635 泉（1） 日甲 37 背貳：屈（掘）遝～

0636 鬼（98） 十八種 134：～薪/雜抄 5：～薪/答問 27：組～/答問 110：～薪/答問 111：～薪/答問 111：～薪/答問 111：～薪/答問 112：～薪/答問 113：～薪/答問 113：～薪/答問 123：～薪/答問 127：～₌薪₌（鬼薪，鬼薪）/答問 129：～薪/答問 161：～立（位）/爲吏 38 貳：以此爲人君則～（惠）/爲吏 46 貳：君～（惠）臣忠/日甲 49 正壹：輿～/日甲 52 正壹：輿～/日甲 55 正壹：輿～/日甲 58 正壹：輿～/日甲 90 正壹：輿～/日甲 90 正壹：送～/日甲 74 正貳：外～/日甲 76 正貳：外～/日甲 145 正陸：己巳生子，～/日甲 24 背壹：～害民罔（妄）行/日甲 25 背壹：～之所惡/日甲 27 背壹：～攻之/日甲 27 背壹：剌（厲）～/日甲 29 背壹：～昔（藉）其宮/日甲 29 背壹：丘～/日甲 31 背壹：～來陽（揚）灰毄（擊）箕/日甲 32 背壹：～惑之/日甲 32 背壹：肇（誘）～/日甲 33 背壹：～來而 毄（擊）之/日甲 34 背壹：～取爲膠（摎）/日甲 34 背壹：哀～/日甲 38 背壹：棘～/日甲 41 背壹：[illegible]～/日甲 44 背壹－45 背壹：生爲～/日甲 48 背壹：神狗僞₌（僞爲）～/日甲 54 背壹：陽～/日甲 56 背壹：欲～/日甲 65 背壹：其～歸之者/日甲 24 背貳：丘～/日甲 25 背貳：～恒召（詔）人/日甲 25 背貳：祷～/日甲 29 背貳：～恒夜鼓人門/日甲 29 背貳－30 背貳：兇（凶）～/日甲 34 背貳：～恒從男女/日甲 42 背貳：～恒責人/日甲 42 背貳：㬥（暴）～/日甲 44 背貳：～恒爲人惡瞢（夢）/日甲 46 背貳：～恒從人游/日甲 47 背貳：陽～/日甲 48 背貳：～去/日甲 49 背貳：～祠（伺）其宮/日甲 50 背貳：～恒羸（裸）入人宮/日甲 51 背貳：～恒逆人/日甲 51 背貳：

游～/日甲 52 背貳：不辜～/日甲 57 背貳：槩迓之～/日甲 59 背貳：～入人宮室/日甲 62 背貳：凡～恒執匴以入人室/日甲 62 背貳：餓～/日甲 67 背貳：其～恒夜謼（呼）焉/日甲 67 背貳：遽～/日甲 24 背叄：□～/日甲 28 背叄：～恒召人出宮/日甲 28 背叄：遽～/日甲 29 背叄：～嬰兒/日甲 29 背叄：哀乳之～/日甲 32 背叄：～有鼠（予）/日甲 32 背叄：夭～/日甲 33 背叄：吾非～也/日甲 34 背叄：～鼓/日甲 36 背叄：～恒宋（聳）傷（惕）人/日甲 36 背叄：不辜～/日甲 37 背叄：～恒襄（攘）人之畜/日甲 37 背叄：暴～/日甲 38 背叄：～恒從人女/日甲 39 背叄：～恒胃（謂）人/日甲 46 背叄：～當道以立/日甲 48 背叄：～夜屈其頭/日甲 52 背叄：癘～/日乙 90 壹：輿～/日乙 90 壹：從〈送〉～/日乙 158：外～/日乙 160：外～/日乙 164：中～/日乙 170：外～/日乙 176：～父枼（世）見而欲/日乙 176：室～/日乙 185：外～/日乙 187：外～/日乙 206 壹：明（明）～/日乙 216 壹：明（明）～/日乙 250：必有～

0637 禹（8） 日甲 47 正叄：～之離日也/日甲 135 正：～須臾/日甲 2 背壹：～以取（娶）梌（嵞）山之女日也/日甲 97 背壹：～須臾/日甲 111 背：～步三/日甲 111 背：爲～除道/日乙 104 叄：～符/日乙 106 叄：～步三

0638 侯（8） 十八種 193：～（候）、司寇及羣下吏/雜抄 4：耐爲～（候）/雜抄 6：耐爲～（候）/答問 117：耐爲～（候）/答問 179：者（諸）～客來者/答問 179：者（諸）～/答問 180：者（諸）～/日甲 32 正：～王

0639 帥（2） 日甲 7 正貳：行～〈師〉出正（征）/日乙 19 壹：平達之日，利以行～〈師〉徒

0640 追（7） 十八種 6：不～獸/十八種 6：～獸/十八種 185：～之/答問 66：～捕/爲吏 35 貳：言不可～/爲吏 48 肆：

言不可～/爲吏 30 伍－31 伍：四馬弗能～也

0641 盾（53） 十八種 115：貲一～/十八種 178：貲一～/效律 3：貲一～/效律 4：貲一～/效律 5：貲一～/效律 7：貲各一～/效律 9：貲嗇夫一～/效律 14：貲嗇夫一～/效律 15－16：貲嗇夫一～/效律 40：官嗇夫貲一～/效律 43：貲官嗇夫一～/效律 44：貲官嗇夫一～/效律 47：貲各一～/效律 51：令、丞貲一～/效律 56：貲一～/效律 57：貲一～/效律 59：貲官嗇夫一～/雜抄 3：貲教者一～/雜抄 14：邦司空一～/雜抄 16：令、丞一～/雜抄 17：丞及曹長一～/雜抄 19：各一～/雜抄 20：貲司空嗇夫一～/雜抄 20：各一～/雜抄 22：佐一～/雜抄 23：貲其曹長一～/雜抄 23：貲嗇夫一～/雜抄 26：貲一～/雜抄 27：貲一～/雜抄 27：貲二～/雜抄 28：貲一～/雜抄 28：貲一～/雜抄 29：貲一～/雜抄 29：各一～/雜抄 30：各一～/雜抄 30：貲皂嗇夫一～/雜抄 31：各一～/雜抄 31：各一～/雜抄 33：户一～/雜抄 34：各一～/雜抄 41：貲一～/答問 10：貲一～/答問 38：貲₌一₌～₌（貲一盾。貲一盾）/答問 47：貲～不直/答問 47：貲～/答問 48：貲～/答問 49：當貲二甲一～/答問 59：貲～以上/答問 94：當貲一～/答問 127：貲一～/答問 151：令史監者一～/答問 152：貲一～/答問 160：貲一～

0642 律（101） 語書 2：灋（法）～/語書 2：灋（法）～/語書 3：灋（法）～/語書 4：灋（法）～令/語書 5：灋（法）～令/語書 7：以～/語書 9：灋（法）～令/語書 10：灋（法）～令/十八種 3：田～/十八種 7：田～/十八種 9：田～/十八種 10：田～/十八種 11：田～/十八種 12：田～/十八種 14：廄苑～/十八種 18－19：錢₌（錢。錢）少～者/十八種 26：～令/十八種 47：倉～/十八種 48：倉～/十八種 54：以～/十八種 56：以～/

十八種 57：以犯令～/十八種 67：以～/十八種 71：金布～/十八種 75：金布～/十八種 76：金布～/十八種 81：以～/十八種 83：以～/十八種 93：以～/十八種 98：工～/十八種 99：工～/十八種 100：工～/十八種 101：工～/十八種 103：以齎～責之/十八種 124：以～/十八種 124：繇（徭）～/十八種 138：～然/十八種 154：軍爵～/十八種 158：置吏～/十八種 159：以～/十八種 160：置吏～/十八種 161：置吏～/十八種 163：它如～/十八種 167：以～/十八種 173：以～/十八種 175：以平辠（罪）人～論之/十八種 177：以齎～論及賞（償）/十八種 180：傳食～/十八種 181：傳食～/十八種 182：傳食～/十八種 183：以～/十八種 186：官之用～/十八種 190：廄～/十八種 199：歲讎辟～于史/十八種 200：灋（法）～/十八種 201：以～/效律 1 正：效～/效律 21：它如～/效律 26：以～/效律 33：以～/效律 35：以平辠（罪）人～論之/效律 39：以齎～論及賞（償）/效律 45：以職（識）耳（佴）不當之～論之/效律 49：以～/效律 50：計用～不審/效律 50：不備之～/效律 58：～程/雜抄 2：不如～/雜抄 4：除吏～/雜抄 5：游士～/雜抄 6：贏～/雜抄 7：除弟子～/雜抄 16：中勞～/雜抄 16：臧（藏）～/雜抄 27：獵～/雜抄 33：傅～/雜抄 36：敦（屯）表～/雜抄 38：捕盜～/雜抄 39：戍～/雜抄 39：不以～/答問 20：～曰/答問 26：以～論/答問 38：癃（應）～/答問 80：～曰/答問 80：～所謂/答問 89：以其～論之/答問 90：入齎（資）錢如～/答問 142：～所謂者/答問 162：～所謂者/答問 164：～所謂者/答問 194：其～如它/答問 206：贏～/答問 207：贏～/封診式 4：其～當治（笞）諒（掠）者/封診式 7：以～/封診式 41：以～/封診式 48：以～/封診式

0645 卻（1） 封診式 66：污兩～（腳）

0646 爰（27） 封診式 4：～書/封診式 8：～書/封診式 15：～書/封診式 17：～書/封診式 21：～書/封診式 23：～書/封診式 25：～書/封診式 31：～書/封診式 34：～書/封診式 37：～書/封診式 42：～書/封診式 46：～書/封診式 50：～書/封診式 51：～書/封診式 52：～書/封診式 55：～書/封診式 56：～書/封診式 63：～書/封診式 63：～書/封診式 73：～書/封診式 75：～書/封診式 84：～書/封診式 87：～書/封診式 91：～書/封診式 95：～書/封診式 96：～書/日甲 50 背叁：～母

0647 采（5） 日乙 47 壹：子～（穗）/日乙 48 壹：寅～（穗）/日乙 49 壹：辰～（穗）/日乙 50 壹：午～（穗）/日乙 51 壹：申～（穗）

0648 食（112） 編年記 34 貳：己亥廷～時/十八種 7：～其肉/十八種 20：徒～牛者/十八種 37：～者籍/十八種 37：～者籍/十八種 45：齎～/十八種 46：月～者/十八種 46：傳～/十八種 46：朔～/十八種 46：致其～/十八種 47：一～禾/十八種 47：一～禾/十八種 47：一～/十八種 48：衣～公/十八種 48：衣～/十八種 53：益～/十八種 54：稟～/十八種 55：參～之/十八種 55：稱議～之/十八種 56：參～之/十八種 56：以律～之/十八種 57：日～城旦/十八種 57：益其～/十八種 59：～男子/十八種 60：～飯囚/十八種 74：～其母日粟一斗/十八種 78：衣～/丨八種 78：衣～/十八種 82：月～以賞（償）之/十八種 120：～稼者/十八種 126：～牛不善/十八種 128：月～/十八種 133：公～者/十八種 133：公～者/十八種 138：自衣～者/十八種 138：衣～/十八種 141：衣～/十八種 141：衣～/十八種 142：衣～/十八種 142：衣～/十八種 143：公～當責者/十八種 164：其不可～者/十八種 165：尚可～殹（也）/

偕/十八種 37：～時/十八種 63：别～其錢/十八種 70：～之年/十八種 70：以入～之/十八種 70：～其輸所遠近/十八種 70：輸所之～/十八種 71：～其後年/十八種 71：～毋相繆/十八種 71：以其年～之/十八種 78：～之/十八種 80：～以負賞（償）者/十八種 90：～冬衣/十八種 92：與～偕/十八種 99：爲～/十八種 117：勿～爲繇（徭）/十八種 118：勿～爲繇（徭）/十八種 124：爲繇（徭）徒～/十八種 139：遠其～所官者/十八種 139：～所官/十八種 140：～所官/十八種 140：～之其作年/十八種 175：至～而上廥籍内史/十八種 194：～其官/效律 50：～用律/效律 52：～者/效律 54：尉～/效律 55：掾苑～＝（計，計）/效律 55：～劾然/效律 56：～校/效律 58：～脱實/日甲 129 正：～月中閒日/日甲 162 正陸：不～去/日乙 135：～月中閒日/日乙 231 貳：不～而徙

0661 訒（1） 語書 12：誙～醜言

0662 㕓（1） 日乙 157：～〈辰〉少翏（瘳）

0663 哀（4） 爲吏 31 壹：樂能～/日甲 34 背壹：～鬼/日甲 63 背壹：思～/日甲 29 背叁：是～乳之鬼

0664 亭（8） 編年記 46 壹：攻□～/效律 52：～嗇夫/封診式 21：市南街～/封診式 22：～旁/封診式 25：某～校長甲/封診式 55：某～求盜甲/封診式 60：某～/封診式 61—62：訊甲～人

0665 庰（1） 封診式 84：丙僨～（屏）甲

0666 庢（2） 答問 28：盜埱～/答問 28：王室祠，貍（埋）其具，是謂“～”

0667 度（22） 語書 2：灋（法）～/十八種 8－9：相輸～/十八種 23：勿～縣/十八種 23：～縣/十八種 23：令～＝之＝（度之，度之）/十八種 25：～故積/十八種 123：～攻（功）/十八種 123：～之/十八種 124：以律論～者/十

八種 171：勿～縣/十八種 171：～縣/十八種 172：～之/十八種 173：復～/效律 25：～禾/效律 30：勿～縣/效律 30：～縣/效律 32：～之/效律 33：復～/封診式 67：它～毋（無）兵刃木索迹/爲吏 19 壹：善～民力/爲吏 7 叁：賦斂毋（無）～/爲吏 5 伍：慎～量

0668 㡿（1） 語書 11：是以善～（訴）事

0669 迹（16） 封診式 1：從（蹤）～其言/封診式 36：類劍～/封診式 60：賊～/封診式 66：索～/封診式 67：索～/封診式 67－68：人～/封診式 68：審視其～/封診式 69：通～/封診式 70：索～/封診式 71：索～/封診式 76：～廣/封診式 78：手～/封診式 78：履～/封診式 79：履～/封診式 80：足歫（距）之=（之之）～/封診式 80：不可～

0670 疫（3） 日甲 37 背壹：室人皆～/日甲 40 背壹：室人皆～/日甲 43 背壹：一室人皆～

0671 音（2） 封診式 54：其～氣敗/日甲 34 背叁：鼓～

0672 帝（1） 日甲 38 背叁：上～子下游

0673 施（4） 爲吏 49 叁：毋～（弛）當（常）/爲吏 51 叁：～而喜之/爲吏 16 肆：～（弛）而息之/爲吏 45 肆：富不～

0674 美（15） 十八種 65：～惡雜之/日甲 12 正貳：男女必～/日甲 32 正：既～且長/日甲 34 正：～惡自成/日甲 113 正貳：酒=（酒，酒）～/日甲 143 正伍：穀（穀）而～/日甲 157 正叁：有～言/日甲 157 正伍：有～言/日甲 158 正貳：有～言/日甲 38 背貳：～氣/日甲 33 背叁：有～味/日甲 157 背：～白粱/日乙 24 壹：生子，～/日乙 54：歲～/日乙 55：歲～

0675 送（3） 十八種 159－160：～見/雜抄 38：令=～=逆=爲=它=（令送逆爲它，令送逆爲它）/日甲 90 正壹：～鬼

0676 前（19） 十八種 24：其～入者/答問 12：其～謀/答問 15：非～謀殹（也）/答問 15：其～謀/答問 27：置豆俎鬼

～/答問 37：或以赦～盜千錢/封診式 29：己等已～得/封診式 39：丙丞某～/封診式 78：其～/封診式 86：診甲～血出/封診式 87：已～/封診式 89：甲～旁/封診式 90：其～/爲吏 43 壹：慎～慮後/日甲 125 正貳：～富後貧/日甲 143 正陸：疵～/日甲 15 背陸：屏居宇～/日乙 51 貳：歲～/日乙 238：有疵於～

0677 首（26） 十八種 155：斬～/十八種 156：斬～/十八種 156：斬～/雜抄 7：斬～者/封診式 25：斬～/封診式 26：此～人/封診式 26：此～人/封診式 27：～人/封診式 27：～人/封診式 27：其～/封診式 28：此～/封診式 30：收～/封診式 30：診～/封診式 31：奪～/封診式 31：斬～/封診式 32：此～/封診式 32：診～/封診式 34：斬～/封診式 35：得～毆（也）/封診式 35：診～/封診式 36：以書讂～/封診式 56：某室南～/日甲 150 正貳：其日在～/日甲 37 背貳：馬尾犬～/日甲 40 背貳－41 背貳：必中虫～/日乙 248：北～西鄉（嚮）

0678 逆（6） 雜抄 38：令=送=～=爲=它=（令送逆爲它，令送逆爲它）/爲吏 18 伍－19 伍：叚（賈）門～吕（旅）/爲吏 23 伍：叚（賈）門～闞（旅）/日甲 38 正：又（有）小～/日甲 44 正：六甲相～/日甲 51 背貳：鬼恒～人

0679 玆（5） 編年記 25 壹：攻～氏/爲吏 15 壹：～（慈）下勿陵/爲吏 40 貳：爲人父則～（慈）/爲吏 46 貳－47 貳：父～（慈）子孝/爲吏 51 貳：～（慈）愛萬姓

0680 洒（1） 日甲 58 背壹：～以沙

0681 津（1） 爲吏 14 叁：千（阡）佰（陌）～橋

0682 恒（33） 十八種 11：～籍/十八種 84：～作官府/十八種 122：～事/答問 52：～數/封診式 48：～書/封診式 49：～書/爲吏 12 伍：～行/日甲 128 正：～以開臨下民/日甲 47 背壹：～夜/日甲 24 背貳：～畏=人=（畏人，

～/日甲 6 正貳：家～/日甲 16 正貳：筑（築）宫～/日甲 18 正貳：爲官府、～，祠/日甲 23 正貳：入（納）～/日甲 33 正：復（覆）～/日甲 42 正：利居～/日甲 47 正壹：誉～/日甲 50 正壹：誉～/日甲 50 正壹：誉～/日甲 53 正壹：誉～/日甲 56 正壹：誉～/日甲 56 正壹：誉～/日甲 59 正壹：西南～毁/日甲 63 正：～人/日甲 57 正叁：代居其～/日甲 60 正叁：代居～/日甲 71 正壹：～屋/日甲 80 正壹：爲～/日甲 96 正壹：～申/日甲 97 正壹：～寅/日甲 98 正壹：～巳/日甲 99 正壹：～辰/日甲 96 正貳：東鄉（嚮）～/日甲 97 正貳：南鄉（嚮）～/日甲 98 正貳：西鄉（嚮）～/日甲 99 正貳：北鄉（嚮）～/日甲 100 正：～日/日甲 100 正：筑（築）～/日甲 101 正壹：爲～/日甲 102 正壹：～忌/日甲 102 正壹：筑（築）～/日甲 103 正壹：筑（築）～/日甲 105 正壹：筑（築）～/日甲 114 正壹：直（置）～/日甲 134 正：到～/日甲 142 正叁：好家～/日甲 148 正伍：好家～/日甲 2 背貳：～必盡/日甲 15 背肆：不利～/日甲 18 背伍：祠～/日甲 37 背壹：～人/日甲 40 背壹：～人/日甲 43 背壹：～人/日甲 47 背壹：入人～/日甲 50 背壹：～毋（無）故而寒/日甲 51 背壹：～中/日甲 55 背壹：～中/日甲 58 背壹：入人～/日甲 36 背貳：一～人/日甲 37 背貳：其～/日甲 39 背貳：一～人/日甲 39 背貳：其～/日甲 41 背貳：一～/日甲 57 背貳：人毋（無）故～皆傷/日甲 58 背貳：其～/日甲 59 背貳：人宫～/日甲 62 背貳：人～/日甲 65 背貳：爲灰～/日甲 24 背叁：一～中/日甲 27 背叁：人～/日甲 31 背叁：一～中/日甲 34 背叁：一～中/日甲 35 背叁：人～/日甲 47 背叁：人之～/日甲 49 背叁：一人～/日甲 50 背叁：一～人/日甲 50 背叁：其～/日甲 51 背叁：其～/

室/日甲 18 背陸：小～大門/日甲 19 背陸：大～小門/日甲 19 背陸：～斲（闘）/日甲 29 背壹：其～/日甲 31 背壹：其～/日甲 31 背貳：恒行人～/日甲 32 背貳：人～/日甲 49 背貳：其～/日甲 50 背貳：入人～/日甲 51 背貳：入人～/日甲 59 背貳：入人～/日甲 25 背叁：其～蘠（牆）/日甲 28 背叁：出～/日甲 41 背叁：燔人～/日甲 44 背叁：人之～/日甲 57 背叁：入人～/日甲 138 背：神以毁～

0688 穽（1） 十八種 5：置～罔（網）

0689 突（5） 效律 42：有蠹～者/雜抄 16：橐（蠹）～/封診式 52：麋（眉）～/爲吏 18 叁：皮革橐（蠹）～/日甲 72 背：多〈名〉兔竈陘～垣義西

0690 穿（9） 編年記 34 貳：産～耳/答問 80：不～/日甲 38 正：～井/日甲 143 背：～門/日甲 156 背：～壁/日乙 57：～井/日乙 191 貳：～肄（肂）/日乙 196 壹：～户/日乙 196 壹：～門户

0691 窔（1） 爲吏 5 叁：敖（傲）悍～（戮）暴

0692 客（10） 十八種 35：以給～/答問 90：邦～/答問 140：～者/答問 179：者（諸）侯～來者/答問 184：～未布吏而與賈/答問 200：寄及～/答問 203：者（諸）候（侯）～/答問 204：命～吏曰“匧”/日甲 59 正叁：入～/日甲 60 正叁：～、寓人及臣妾

0693 軍（26） 编年記 53 壹：從～/编年記 10 貳：卷～/编年記 11 貳：□～/编年記 20 貳：從～/编年記 22 貳：從平陽～/十八種 45：有事～/十八種 153：從～/十八種 154：～爵律/十八種 156：～爵/雜抄 8：所載傅〈傳〉到～/雜抄 10：從～/雜抄 10：到～課之/雜抄 11：不當稟～中/雜抄 12：～人/雜抄 14：～人/雜抄 35：～新論攻城=（城，城）/答問 52：將～/封診式 31：～戲某爰書/爲吏 23 伍：將～/爲吏 25 伍：從～/爲吏

～/日甲 113 正壹：大～/日甲 139 正捌：～祀/日甲 22 背貳：～木臨宇/日甲 18 背伍：當～室/日甲 49 背貳：鬼～（伺）其宫/日甲 125 背：～史先龍丙望/日乙 43 壹：不可～/日乙 54：可以～/日乙 57：不可取（娶）妻、嫁女，～/日乙 59：利～外/日乙 61：葬貍（埋）～/日乙 62：～，必鬬見血/日乙 31 貳：～室中日/日乙 33 貳：～户日/日乙 35 貳：～門日/日乙 37 貳：～行日/日乙 39 貳：～□日/日乙 40 貳：～五祀日/日乙 52 貳：～史先龍丙望/日乙 77：大～/日乙 80 壹：利～/日乙 82 壹：～及行，吉/日乙 83 壹：～及百事，吉/日乙 90 壹：～及行，吉/日乙 94 壹：以～/日乙 96 壹：利～及【行】，吉/日乙 97 壹：亢，～、爲門、行，吉/日乙 98 壹：～及行、出入【貨】，吉/日乙 99 壹：～，吉/日乙 100 壹：不可～/日乙 101 壹：以～/日乙 102 壹：不可～/日乙 103 壹：利～/日乙 105 壹：～、賈市、取（娶）妻，吉/日乙 120：大～/日乙 125：可以家（嫁）女、取（娶）婦、寇〈冠〉帶、～/日乙 143：～常行道右/日乙 144：行～/日乙 144：～常行/日乙 145：行₌（行行）～/日乙 145：行～/日乙 145：～道左/日乙 145：～道右/日乙 147：□～/日乙 147：不可～/日乙 147：不可～/日乙 147：不可～/日乙 148：～/日乙 148：～親/日乙 148：～室/日乙 148：～户

0701 郡（7） 編年記 26 貳：南～/語書 1：南～/十八種 157：十二～/答問 95：～守/答問 144：～縣/答問 144：～縣/日甲 3 正貳：邦～

0702 既（6） 爲吏 12 肆－13 肆：～，事有幾時/爲吏 24 肆：民之～教/爲吏 38 肆：百事～成/爲吏 39 肆：民心～寧/爲吏 40 肆：～毋（無）後憂/日甲 32 正：～美且長

0703 叚（28） 十八種 15：～（假）鐵器/十八種 48：欲～（假）者/

十八種48：～（假）之/十八種75：～（假）之/十八種77：～（假）公器/十八種100：～（假）試即正/十八種101：其～（假）公/十八種101：～（假）而有死亡者/十八種101：舍人任其～（假）/十八種102：其～（假）百姓甲兵/十八種102：入～（假）/十八種104：～（假）公器/十八種104－105：～（假）器者/十八種105：～（假）器者/十八種106：收其～（假）/十八種106：其～（假）者/十八種126：～（假）公車牛/十八種126：～（假）人所/十八種126：～（假）人食牛/十八種194：～（假）百姓/雜抄1：～（假）佐居守者/雜抄36：～（假）者/答問19：～（假）父盜/答問19：～（假）子/答問131：～（假）以亡/答問159：～（假）乘車馬/爲吏18伍－19伍：～（賈）門逆呂（旅）/爲吏23伍：～（賈）門逆閭（旅）

0704 屋（17）　爲吏15叁：囷～蘠（牆）垣/爲吏33叁：屚（漏）～涂墍（墍）/爲吏24伍：不治室～/日甲33正：蓋～/日甲38正：蓋～/日甲68正壹：蓋～/日甲71正壹：室～/日甲101正壹：覆～/日甲144正叁：好田壄（野）邑～/日甲1背：蓋～/日甲144背：甐（徹）～/日甲155背：甐（徹）～/日乙57：蓋～/日乙111：㮎（構）～/日乙111：㮎（構）～=（屋，屋）/日乙112：～=（屋，屋）不壞折/日乙191貳：爲～

0705 屏（4）　日甲14背陸：～居宇後/日甲15背陸：～居宇前/日甲157背：笱（拘）～詷馬/日乙190貳：凡癸爲～圂

0706 昬（1）　日乙156：黄～（昏）亥

0707 敃（2）　十八種62：女子操～（文）紅及服者/日甲54背貳：爲桃更（梗）而～（揩）之

0708 韋（2）　十八種89：～革/日甲40正：～（圍）城

0709 㽃（1） 日乙 174：～爲姓（眚）

0710 陛（1） 爲吏 10 叁：除～甬道

0711 陘（1） 日甲 72 背：多〈名〉兔竈～突垣義西

0712 蚩（2） 十八種 86：靡（磨）～（徹）之/十八種 104：靡（磨）～（徹）

0713 除（56） 語書 2：～其惡俗/語書 3：～其惡俗/十八種 13：爲旱〈皂〉者～一更/十八種 115：水雨，～興/十八種 137：毋～繇（徭）戍/十八種 150：～有爲殹（也）/十八種 150：有上令～之/十八種 157：～吏/十八種 157：以十二月朔日免～/十八種 159：～吏/十八種 159：已～之/十八種 159：所不當～/十八種 160：不得～其故官佐/十八種 190：～佐必當壯以上/十八種 190：毋～士五（伍）新傅/效律 18：大嗇夫及丞～/效律 18：故嗇夫及丞皆不得～/效律 43：小者～/效律 58：不盈廿二錢，～/雜抄 1：～守嗇夫/雜抄 2：～士吏/雜抄 3：駕騶～四歲/雜抄 4：～吏律/雜抄 6：當（倘）～弟子籍不得/雜抄 7：～弟子律/雜抄 34：宿者已上守～/雜抄 37：～伍人/答問 65：可（何）論？～/答問 125：～毋（無）辠（罪）/答問 144：郡縣～佐/答問 146：論當～不=當=（不當？不當）/爲吏 50 貳：～害興利/爲吏 10 叁：～陛甬道/日甲 1 正壹：～：十一月斗/日甲 5 正貳：利以～凶厲（厲）/日甲 14 正壹：秦～/日甲 14 正壹：～卯/日甲 15 正壹：～辰/日甲 16 正壹：～巳/日甲 17 正壹：～午/日甲 18 正壹：～未/日甲 19 正壹：～申/日甲 20 正壹：～酉/日甲 21 正壹：～戌/日甲 22 正壹：～亥/日甲 23 正壹：～子/日甲 24 正壹：～丑/日甲 25 正壹：～寅/日甲 15 正貳：～日/日甲 15 正貳：～地/日甲 38 正：外～/日甲 111 背：先爲禹～道/日乙 115：～室/日乙 115：以～室/日乙 116：～室/日乙 116：以～室

0714 院（2）　答問 186：巷相直爲“～”/答問 186：宇相直者不爲“～”

0715 姚（1）　爲吏 43 肆：民將～去

0716 怒（3）　爲吏 11 壹：毋以忿～夬（決）/爲吏 30 壹：～能喜/爲吏 42 肆：不時～

0717 盈（55）　十八種 24：未～/十八種 26：未～/十八種 51：不～六尺五寸/十八種 51－52：不～六尺二寸/十八種 58：不～/十八種 64：不～/十八種 73：不～十人/十八種 73：不～十五人/十八種 74：不～/十八種 112：～期/十八種 119：未～/十八種 163：未～/十八種 163：～歲/十八種 164：不～/效律 3：不～/效律 4：不～/效律 5：不～/效律 12：不～/效律 14：不～/效律 20：未～/效律 21：～歲/效律 22：不～/效律 46：不～/效律 47：不～百斗/效律 47：不～十斗/效律 58：不～/答問 1：不～/答問 2：不～六百六十/答問 2：不～二百廿/答問 7：不～/答問 9：不～/答問 10：不～/答問 13：不～/答問 25：不～/答問 25－26：不～/答問 67：未～/答問 158：未～/答問 163：未～/答問 166：未～/日甲 3 正貳：～志/日甲 14 正壹：～辰/日甲 15 正壹：～巳/日甲 16 正壹：～午/日甲 17 正壹：～未/日甲 18 正壹：～申/日甲 19 正壹：～酉/日甲 20 正壹：～戌/日甲 21 正壹：～亥/日甲 22 正壹：～子/日甲 23 正壹：～丑/日甲 24 正壹：～寅/日甲 25 正壹：～卯/日甲 16 正貳：～日/日甲 75 正壹：不～/日甲 15 背肆：不～

0718 梟（6）　十八種 91：用～三斤/十八種 91：用～十八斤/十八種 91：用～十四斤/十八種 91－92：用～十一斤/十八種 131－132：以～萷（縶）之/封診式 64：以～索

0719 癸（109）　編年記 19 貳：～丑/日甲 17 正叁：～亥/日甲 20 正叁：葵～亥/日甲 26 正貳：～酉/日甲 70 正貳：～酢

（作）/日甲72正貳：壬～/日甲76正貳：壬～/日甲78正貳：～亥/日甲80正貳：～酉/日甲80正貳：～巳/日甲82正貳：～丑/日甲82正貳：～酉/日甲82正貳：～巳/日甲84正貳：～酉/日甲87正貳：～亥/日甲87正貳：～酉/日甲90正貳：～酉/日甲90正貳：～未/日甲97正壹：壬～/日甲96正叁：～酉/日甲102正壹：壬～/日甲104正壹：二月～/日甲108正壹：正月丁庚～/日甲108正壹：九月十月～己丙/日甲109正壹：二月～/日甲126正叁：～未/日甲132正：～甲/日甲135正：甲乙壬～丙丁日中行/日甲135正：庚辛戊己壬～餔時行/日甲135正：壬～庚辛甲乙夕行/日甲137正陸：二月～𦣞/日甲149正壹：～未/日甲149正貳：～巳/日甲149正叁：～卯/日甲149正肆：～丑/日甲149正伍：～亥/日甲149正陸：～酉/日甲155正：～丑/日甲1背：壬～/日甲2背壹：～丑/日甲4背壹：～巳/日甲7背壹：～酉/日甲54背貳：～日₌（日日）/日甲81背：丙名曰轖可～上/日甲82背：～名曰陽生先智丙/日甲97背壹：～卯/日甲98背壹：～亥/日甲98背壹：～巳/日甲99背壹：～丑/日甲99背壹：～未/日甲105背：壬～/日甲113背：～巳/日甲113背：～酉/日甲115背：～亥/日甲115背：～丑/日甲115背：巳、～、甲/日甲115背：～卯/日甲116背：壬、～/日甲116背：～丑/日甲120背：壬、～/日甲120背：～丑/日甲129背：～巳/日甲130背：～酉/日甲130背：～未/日甲136背：～亥/日甲147背：～酉/日甲149背：～亥/日乙65：～葵/日乙66：～酉/日乙66：～丑/日乙72：～未/日乙73：～未/日乙74壹：～未/日乙75壹：～未/日乙31貳：～亥/日乙33貳：～丑/日乙40貳：壬～/日乙82貳：壬～/日乙89貳：～

凶，必有死者/日甲 143 背－144 背：壞垣、～垣/日乙 24 壹：成決光之日，利以～大事/日乙 94 壹：以祠，必有火～/日乙 113：必有火～/日乙 220 壹：正北有火～/日乙 249：丙失火，有（又）公〈火〉～

0736 都（24）　十八種 19：今課縣、～官公服牛各一課/十八種 20：大（太）倉課～官及受服者/十八種 30：廥才（在）～邑/十八種 37：～官以計時讎食者籍/十八種 44：～官吏/十八種 44：～官人有事上爲將/十八種 72：～官有秩吏及離官嗇夫/十八種 72：～官之佐、史冗者/十八種 73：～官佐、史不盈十五人者/十八種 80：縣、～官坐效、計以負賞（償）者/十八種 86：縣、～官以七月糞公器不可繕者/十八種 86：～官輸大內＝（內，內）/十八種 87：～官遠大內者輸縣＝（縣，縣）/十八種 92：～官有用□□□□其官/十八種 125：縣、～官用貞（楨）、栽爲傰（棚）牏/十八種 131：令縣及～官取柳及木楘（柔）可用書者/十八種 157：縣、～官、十二郡免除吏及佐、羣官屬/十八種 186：縣各告～官在其縣者/十八種 187：～官歲上出器求補者數/效律 1 正：爲～官及縣效律/效律 52：及～倉、庫、田/答問 95：命～官曰“長”/封診式 49：以縣次傳詣成＝～＝（成都，成都）/日甲 77 背：名責環貉豺干～寅

0737 耆（7）　十八種 136：～弱相當/爲吏 35 伍：人各食其所～（嗜）/日甲 143 正叁：丁酉生子，～（嗜）酒/日甲 142 正肆：丙午生子，～（嗜）酉（酒）而疾/日甲 144 正伍：戊午生子，～（嗜）酉（酒）及田邋（獵）/日甲 158 背：令其口～（嗜）□/日甲 158 背：□～（嗜）飲

0738 恐（9）　十八種 105：器敝久～靡（磨）者/十八種 120：其近田～獸及馬牛出食稼者/答問 51：譽適（敵）以～眾

心者/封診式 1：有～爲敗/爲吏 2 伍：不敢徒語～見惡/日甲 28 正貳：七日八日吉，九日～/日甲 29 正貳：廿四日～/日甲 29 正貳：廿七日～/日甲 112 正貳－113 正貳：～御矢兵

0739 盍（1） 日乙 11：～絕

0740 華（1） 編年記 34 壹：卌四年，攻～陽

0741 莅（1） 爲吏 11 肆：不有可～（改）

0742 莽（1） 封診式 22：帛裏～緣領褎（袖）

0743 莫（19） 語書 3：而吏民～用/語書 13：移書曹₌（曹，曹）～受/十八種 137：而～見其室者/十八種 184：必書其起及到日月夙～（暮）/封診式 82：不智（知）盜者可（何）人及蚤（早）～（暮）/封診式 93：皆～肎（肯）與丙共桮（杯）器/封診式 97－98 正：～覆問/爲吏 5 伍：來者有稽～敢忘/日甲 14 正貳：利棗（早）不利～（暮）/日甲 8 背貳：十二日曰見～取/日甲 58 背壹：它人～爲/日甲 77 背：夙得～（暮）不得/日甲 78 背：夙得～（暮）不得/日甲 79 背：夙得～（暮）不得/日甲 80 背：夙得～（暮）不得/日甲 97 背壹：～市以行有九喜/日甲 100 背：～食以行有三喜/日乙 156：～食巳/日乙 233 壹：清旦、食時、日則（昃）、～（暮）、夕

0744 莠（1） 日甲 63 背壹：取丘下之～

0745 莎（1） 日甲 65 背壹－66 背壹：以～芾、牡棘枋（柄）

0746 真（6） 答問 49：且行～辠（罪）/答問 113：臣邦～戎君長/答問 177：～臣邦君公有辠（罪）/答問 177：可（何）謂“～”/答問 177：臣邦父母産子及産它邦而是謂“～”/爲吏 3 伍：民將朢表以戾～

0747 莊（4） 編年記 5 貳：～王元年/編年記 6 貳：～王二年/編年記 7 貳：～王三年/編年記 7 貳：～王死

0748 桂（1） 日甲 67 背壹：以～長尺有尊（寸）而中折

0757 連（1）　日甲 26 背壹：～行、奇（踦）立

0758 逋（4）　答問 164：可（何）謂“～事”/答問 164：吏、典已令之，即亡弗會，爲“～事”/封診式 14：亡₌（亡，亡）及～事各幾可（何）日/封診式 97：三月中～築宫廿日

0759 哥（3）　日甲 40 正：不可飲食～（歌）樂/日甲 42 正：以祠祀、飲食～（歌）樂，吉/日甲 44 正：不可祠祀、～（歌）樂

0760 辱（14）　語書 11：不羞～/日甲 42 正：先～而後又（有）慶/日甲 59 正壹：西北～/日甲 60 正壹：北困～/日甲 61 正：東南～/日甲 62 正：南困～/日甲 63 正：～者，不孰而爲□人矢□/日甲 165 正陸：未午辰入官，必～去/日乙 60：陰，先～後慶/日乙 197：西南執～/日乙 198：西北執～/日乙 199：東北執～/日乙 200：南執～/日乙 235 貳：未、辰、午入官，～而去

0761 威（1）　日甲 146 背：入₌室₌（入室，入室）必～（滅）

0762 夏（39）　編年記 21 壹：廿一年，攻～山/十八種 4：不～月/十八種 90：～衣以四月盡六月稟之/十八種 94：～五十五錢/十八種 94：～卌四錢/十八種 95：～卌四錢/十八種 95：～廿三錢/十八種 108：賦之三日而當～二日/十八種 119－120：～有壞者/答問 176：臣邦人不安其主長而欲去～者/答問 176：可（何）謂“～”/答問 176：欲去秦屬是謂“～”/答問 177：可（何）謂“～子”/日甲 1 正貳：～三月亥〈丑〉/日甲 65 正壹：～夷、九月、中夕/日甲 64 正叁：二月楚～杘/日甲 97 正壹：～三月，啻（帝）爲室寅/日甲 97 正貳：～三月，毋起南鄉（嚮）室/日甲 102 正壹：～三月壬癸/日甲 106 正：春三月寅，～巳/日甲 107 正壹：凡入月七日及～丑/日甲 111 正壹：～尸、紡月毁棄東方/日甲 112 正壹：紡月、～夕、八月作事西方/日甲

131 正：～三月戊辰不可南/日甲 136 正柒：～三月丑徼（敫）/日甲圖三（150 正壹—154 正壹）：～寅亥/日甲 1 背：～三月季壬癸/日甲 5 背貳：中～參、東井/日甲 50 背壹：～大暑/日甲 80 背：名豚孤～穀□亥/日甲 103 背：～三月丙丁，不可以殺/日甲 134 背：～三月戊申、己未/日甲 140 背：～三月毋起南鄉（嚮）室/日甲 143 背：～丑/日乙 77：～丑/日乙 110：～三月壬癸/日乙 111：～壬癸/日乙 207 壹：～三月，甲乙死者/日乙 225 貳：～三月

0763 原（2）　答問 196：～者“署人”殹（也）/爲吏 28 壹：～壄（野）如廷

0764 逐（4）　日甲 19 背貳：宇多於東北，出～/日甲 45 背叁：女鼠抱子～人/日乙 197：正西郄～/日乙 199：正東郄～

0765 致（30）　語書 7：～（抵）以律/十八種 11：過二月弗稟、弗～者/十八種 11：勿稟、～/十八種 11：以其～到日稟之/十八種 11：勿深（甚）～/十八種 46：月食者已～稟/十八種 46：而以其來日～其食/十八種 93：在咸陽者～其衣大内/十八種 93：在它縣者～衣從事之縣₌（縣，縣、）/十八種 93：縣₌（縣，縣、）大内皆聽其官～/雜抄 35：～未來/答問 93：端令不～（至）/答問 149：實官户關不～/答問 150：實官户扇不～/答問 177：～（至）耐辠（罪）以上/爲吏 31 肆：精而勿～（至）/日甲 47 正壹：心、尾～死/日甲 48 正壹：角、房～死/日甲 49 正壹：角、犺（亢）～死/日甲 50 正壹：張、翼～死/日甲 51 正壹：七星～死/日甲 52 正壹：東井、輿鬼～死/日甲 53 正壹：畢、此（觜）巂～死/日甲 54 正壹：胃、參～死/日甲 55 正壹：奎、婁～死/日甲 56 正壹：危、營室～死/日甲 57 正壹：須女、虛～死/日甲 58 正壹：斗、牽牛～死/日乙 134—135：小大必～（至）/日乙 135：有死亡

之志～（至）

0766 貣（6） 十八種 44：令縣～（貸）之/十八種 45：毋以傳～（貸）縣/十八種 142：～（貸）衣食公/答問 32：府中公金錢私～（貸）用之/答問 206：～（貸）人贏律及介（匄）人/答問 206：不當～₌（貣（貸），貣（貸））

0767 時（35） 編年記 45 壹：十二月甲午雞鳴～/編年記 34 貳：八月己亥廷食～/十八種 5：是不用～/十八種 5－6：麛～毋敢將犬以之田/十八種 37：都官以計～讎食者籍/十八種 87：糞其有物不可以須～/十八種 87－88：以書～謁其狀内史/十八種 90：過～者勿稟/十八種 120：至秋毋（無）雨～而以繇（徭）爲之/十八種 132：各以其櫋〈穫〉～多積之/十八種 144：穜（種）～/十八種 144：治苗～各二旬/十八種 158：毋須～/雜抄 32：至老～不用請/雜抄 41－42：縣尉～循視其攻（功）及所爲/答問 6：盜₌牛₌（盜牛，盜牛）～高六尺/答問 33：以得～直（值）臧₌（臧（贓），臧（贓））/答問 35：以得～直（值）臧₌（臧（贓），臧（贓））/答問 106：父～家辠（罪）殹（也）/封診式 28：以某～與某里士五（伍）己、庚、辛/封診式 52：以三歲～病疕/封診式 92：以卅餘歲～䙴（遷）/爲吏 11 叁：命書～會/爲吏 42 叁：興事不～/爲吏 13 肆：事有幾～/爲吏 42 肆：不～怒/日甲 34 正：傄（佸）～以戰/日甲 135 正：庚辛戊己壬癸餔～行/日甲 52 背貳：以庚日₌（日日）始出～/日甲 102 背：天所以張生～/日甲 103 背：天所以張生～/日甲 104 背：天所以張生～/日甲 105 背：天所以張生～/日乙 156：食～辰/日乙 233 壹：清旦、食～、日則（昃）、莫（暮）、夕

0768 畢（10） 爲吏 12 貳：五者～至/日甲 1 正壹：四月～/日甲 47

（飆）人/效律 29：以～（飆）人/答問 207：～（飆）人贏律及介（匄）人/答問 207：不當～（飆）/答問 207：而誤～（飆）之/封診式 54：令濤（號），其音～敗/答問 66：其口鼻～出渭（喟）然/日甲 35 背壹：令人色柏（白）然毋（無）～/日甲 52 背壹－53 背壹：是票（飄）風之～/日甲 54 背壹：陽鬼取其～/日甲 56 背壹：欲鬼之～入焉/日甲 61 背壹：毋（無）～之徒而嫜（動）/日甲 36 背貳：一室人皆毋（無）～以息/日甲 38 背貳：美～/日甲 60 背貳：是₌（是是）恙～處之/日甲 62 背貳：～（飆）我食/日甲 44 背叁：雲～襲人之宮

0777 郵（2） 語書 8：別書江陵布，以～行/十八種 2－3：遠縣令～行之

0778 造（8） 十八種 182：上～以下到官佐、史毋（無）爵者/雜抄 1：上～以上不從令/雜抄 5：上～以上爲鬼薪/答問 50：上～甲盜一羊/答問 113：爵當上～以上/爲吏 15 伍：困～之士久不陽/日甲 163 正肆：日虒見，～，許/日甲 165 正貳：晏見，～，許

0779 牷（1） 日甲 91 背壹：其咎在二室，生子不～（全）

0780 敉（1） 日甲 157 背：夫₌（大夫）先～兕席

0781 乘（18） 十八種 11：～馬服牛稟/十八種 18：其～服公馬牛亡馬者/十八種 128：公牛～馬之稟/雜抄 25：射虎車二～爲曹/雜抄 27：傷～輿馬/雜抄 28：志馬舍～車馬後/雜抄 29：膚（臚）吏～馬篤、辈（胔）/答問 159：旞（遺）火燔其叚（假）～車馬/答問 175：以其～車載女子/答問 175：以～馬駕私車/答問 175：而～之/爲吏 22 肆－23 肆：鼓而～之/日甲 14 正貳：可以入人、始寇（冠）、～車/日甲 95 正壹：【軫】，□～車馬、衣常（裳）/日乙 25 壹：復秀之日，利以～車/日乙 38 壹：建日，利□初寇〈冠〉、帶劍、～車/日乙

68：☐～之/日乙 95 壹：軫，～車、衣常（裳）、取（娶）妻，吉

0782 秥（1）　十八種 35：已穫上數，别粲、穤（糯）～（黏）稻

0783 秫（1）　日甲 18 正叁：禾忌日，稷龍寅、～丑

0784 租（2）　答問 157：已～者（諸）民，弗言，爲匿田/答問 157：未～，不論〇〇爲匿田

0785 秩（6）　十八種 31：故吏者，令有～之吏/十八種 46：有～吏不止/十八種 72：都官有～吏及離官嗇夫/十八種 82：貧窶毋（無）以賞（償）者，稍減其～/答問 55：爲有～僞寫其印爲大嗇夫/答問 139：有～吏捕闌亡者

0786 脩（6）　語書 4：故騰爲是而～（修）灋（法）律令/爲吏 5 貳：正行～（修）身/爲吏 36 肆：地～（修）城固/日甲 76 正貳：得之於酉（酒）、脯、～、節（鳖）、肉/日甲 59 背貳：以～（滫）康（糠）/日乙 187：脯、～、節（鳖）、肉

0787 傷（5）　答問 93：及～其獄/答問 202：節（即）亡玉若人貿～（易）之/爲吏 28 貳－29 貳：興＝事＝不＝當＝（興事不當，興事不當）則民～指/爲吏 30 肆：道～（易）車利/日甲 36 背叁：鬼恒宋（聳）～（惕）人，是不辜鬼

0788 候（1）　答問 203：者（諸）～（侯）客節（即）來使入秦

0789 臭（2）　日甲 82 正壹：女子愛而口～/日甲 53 背叁：一室井血而星（腥）～

0790 射（10）　雜抄 2：及發弩～不中/雜抄 2：發弩嗇夫～不中/雜抄 12：徒食、敦（屯）長、僕～弗告/雜抄 13：同車食、敦（屯）長、僕～弗告/雜抄 25：～虎車二乘爲曹/雜抄 26：虎欲犯，徒出～之/雜抄 34：署君子、敦（屯）長、僕～不告/封診式 30：戊＝（戊，戊）～乙/日甲 28 背壹：見而～之，則已矣/日甲 73 背：多〈名〉獿不圖～亥戌

0791 皋（3） 日甲 13 背：~！敢告璽（爾）豹〈貌〉踦/日甲 111 背：~，敢告曰/日乙 106 叁：投符地，禹步三，曰：~

0792 息（4） 十八種 63：豬、雞之~子不用者/爲吏 27 叁：~子多少/爲吏 16 肆：施（弛）而~之/日甲 36 背貳：一室人皆毋（無）氣以~

0793 倨（1） 爲吏 38 叁：~驕毋（無）人

0794 師（4） 十八種 111：工~善教之/雜抄 17：省殿，貲工~一甲/雜抄 17：省三歲比殿，貲工~二甲/雜抄 18：工~及丞貲各二甲

0795 徒（26） 十八種 20：~食牛者及令、丞皆有辠（罪）/十八種 101：亦令其~、舍人任其叚（假）/十八種 116：興~以爲邑中之紅（功）者/十八種 116：令其~復垣之/十八種 117：興~以斬（塹）垣離（籬）散及補繕之/十八種 118：令縣復興~爲之/十八種 124：而以其實爲繇（徭）~計/雜抄 12：~食、敦（屯）長、僕射弗告/雜抄 17：~絡組廿給/雜抄 18：~絡組五十給/雜抄 20：~治（笞）五十/雜抄 20—21：~絡組各廿給/雜抄 26：~出射之/雜抄 34：~卒不上宿/答問 180：其邦~及僞吏不來/答問 180：可（何）謂“邦~”/答問 180：~、吏與偕使而弗爲私舍人/答問 180：是謂“邦~”、“僞使”/封診式 48：令吏~將傳及恒書一封詣令史/封診式 48—49：可受代吏~/爲吏 28 叁：~隸攻丈/爲吏 2 伍：不敢~語恐見惡/日甲 25 正貳：入臣~、馬牛、它生（牲）/日甲 35 背壹：與人爲~/日甲 61 背壹：毋（無）氣之~而蝩（動）/日乙 19 壹：平達之日，利以行帥〈師〉~

0796 虒（10） 日甲 157 正肆：日~見，令復見之/日甲 158 正肆：日~見，有告，聽/日甲 159 正肆：日~見，不言，得/日甲 160 正肆：日~見，請命，許/日甲 161 正

肆：日～見，有告，不聽/日甲 162 正肆：日～見，有告，禺（遇）奴（怒）/日甲 163 正肆：日～見，造，許/日甲 164 正肆：日～見，有後言/日甲 165 正肆：日～見，請命，許/日甲 166 正肆：日～見，有惡言

0797 徐（14）　日甲 102 正貳：毋以丑～（除）門户/日甲 70 背：多〈名〉～善趧以未/日甲 81 背：乙名曰舍～可不詠亡㥑（憂）/日乙 27 壹：～（除）/日乙 29 壹：四月，建巳，～（除）午/日乙 30 壹：五月，建午，～（除）【未】/日乙 31 壹：六月，建未，～（除）申/日乙 32 壹：七月，建申，～（除）酉/日乙 33 壹：八月，建酉，～（除）戌/日乙 34 壹：九月，建戌，～（除）亥/日乙 35 壹：十月，建亥，～（除）子/日乙 36 壹：十一月，建子，～（除）丑/日乙 37 壹：十二月，建丑，～（除）寅/日乙 39 壹：～日，可以請謁，有☑

0798 殺（71）　十八種 6：不追獸及捕獸者，勿敢～/十八種 6−7：其追獸及捕獸者，～之/十八種 7：河（呵）禁所～犬/十八種 7：其它禁苑～者/十八種 84：畜生（牲）而～、亡之/答問 66：皋=人=（皋（罪）人，皋（罪）人）挌（格）～求盜/答問 66：問～人者/答問 66：爲賊～人/答問 66：且斲=～=（斲（鬬）殺？斲（鬬）殺）/答問 67：甲謀遣乙盜～人/答問 68：甲～人/答問 68：甲=（甲，甲）～人審/答問 69：擅～子，黥爲城旦舂/答問 69：有怪物其身及不全而～之/答問 69−70：即弗舉而～之/答問 70：爲～子/答問 71：而擅～之，當棄市/答問 72：擅～、刑、髡其後子/答問 73：人奴擅～子/答問 76：臣妾牧（謀）～主/答問 76：欲賊～主/答問 76：未～而得/答問 77：或自～/答問 92：室=（室，室）人以投（殳）梃伐～之/答

問 92：所～直（值）二百五十錢/答問 96：今甲曰伍人乙賊～人/答問 96－97：問不～人/答問 101：有賊～傷人衝術/答問 102：免老告人以爲不孝，謁～/答問 103：賊～傷、盜它人爲“公室”/答問 103：父₌母₌（父母，父母）擅～、刑、髡子及奴妾/答問 104：主擅～、刑、髡其子、臣妾/答問 106：父～傷人及奴妾/答問 108：～傷父臣妾、畜産及盜之/答問 121：“癘者有辠（罪），定₌～₌”（“定殺。”“定殺”）可（何）如？/答問 121：生定～水中之謂殹（也）/答問 122：或曰當罨₌（罨（遷）罨（遷））所定～/答問 124：即端以劍及兵刃刺～之/答問 124：～之，完爲城旦/答問 134：問乙賊～人/封診式 30：而伐～收首/封診式 50：甲親子同里士五（伍）丙不孝，謁～/封診式 72：自～者必先有故/爲吏 24 伍－25 伍：且～之，不忍其宗族昆弟/日甲 36 正：利解事。不可～/日甲 40 正：利弋邋（獵）、報讎、攻軍、韋（圍）城、始～/日甲 27 正貳：啻（帝）以～巫減（咸）/日甲 76 正壹：不可～牛/日甲 89 正壹：以～生（牲），必五生（牲）死/日甲 85 正貳：戊午不可～牛/日甲 91 正貳：壬寅～犬，有央（殃）/日甲 96 正壹：剽卯，～辰，四灋（廢）庚辛/日甲 97 正壹：剽午，～未，四灋（廢）壬癸/日甲 98 正壹：剽酉，～戌，四灋（廢）甲乙/日甲 99 正壹：剽子，～丑，四灋（廢）丙丁/日甲 100 正：～日/日甲 100 正：勿以～六畜/日甲 107 正壹：以～豕，其肉未索必死/日甲 139 正捌：不可祠祀、～生（牲）/日甲 62 背壹：～虫豸，斷而能屬者/日甲 33 背叁：～而享（烹）食之，有美味/日甲 102 背：春三月甲乙，不可以～/日甲 103 背：夏三月丙丁，不可以～/日甲 104 背：秋三月庚辛，不可以～/日甲 105 背：冬三月壬癸，不可以

~/日甲 106 背：此皆不可~/日甲 106 背：小~小央（殃）/日甲 106 背：大~大央（殃）/日甲 144 背：斲（徹）屋及~/日乙 104 壹：不可~牛/日乙 181：王父欲~，生人爲姓（眚）

0799 䍃（2） 日甲 137 背：是胃（謂）召（招）~（摇）合日，不可垣，凶/日甲 139 背：是胃（謂）召（招）~（摇）合日，不可垣，凶

0800 豻（1） 日甲 71 背：多〈名〉虎~貙豹申

0801 貣（1） 日甲 77 背：名責環~貣干都寅

0802 豹（2） 雜抄 26：~旞（遂），不得，貲一盾/日甲 71 背：多〈名〉虎豻貙~申

0803 倉（64） 十八種 20：大（太）~課都官及受服者/十八種 21：入禾~/十八種 21：縣嗇夫若丞及~、鄉相雜以印之/十八種 21：而遺~嗇夫/十八種 21－22：及離邑~佐主稟者各一户以氣（餼）/十八種 23：唯~自封印者是度縣/十八種 26－27：長吏相雜以入禾~及發/十八種 27：~/十八種 28：~/十八種 30：~/十八種 32：與~□雜出之/十八種 32：~/十八種 33：~/十八種 34：~/十八種 36：~/十八種 37：縣上食者籍及它費大（太）~/十八種 37：~/十八種 39：~/十八種 40：~/十八種 42：~/十八種 43：~/十八種 44：~/十八種 45：~/十八種 46：~/十八種 47：~律/十八種 48：~律/十八種 52：~/十八種 53：~/十八種 54：~/十八種 56：~/十八種 58：~/十八種 59：~/十八種 60：~/十八種 62：~/十八種 63：畜雞離~/十八種 63：~/十八種 164：~扇（漏）歺（朽）禾粟/十八種 168：~嗇夫某、佐某、史某、稟人某/十八種 168－169：縣嗇夫若丞及~、鄉相雜以封印之/十八種 169：而遺~嗇夫/十八種 169：及離邑~佐主稟者各一户/十八種 171：唯~所自封印是度縣/十八種

172：～嗇夫及佐、史/十八種 172：新～嗇夫，新佐、史主廥者/十八種 175－176：入禾、發屚（漏）～/十八種 195：獨高其置芻廥及～茅蓋者/效律 22：～屚（漏）歺（朽）禾粟/效律 27－28：～嗇夫某、佐某、史某、稟人某/效律 28：縣嗇夫若丞及～、鄉相雜以封印之/效律 28：而遺～嗇夫/效律 28－29：及離邑～佐主稟者各一户/效律 30：唯～所自封印是度縣/效律 32：～嗇夫及佐、史，其有免去者/效律 32：新～嗇夫、新佐、史主廥者/效律 37：入禾及發屚（漏）～/效律 52：及都～、庫、田、亭嗇夫/答問 151：空～中有薦₌（薦，薦）/答問 152：～鼠穴幾可（何）而當論及誶/爲吏 20 叁：～庫禾粟/日甲 84 正壹：利入禾粟及爲囷～/日甲圖二（114 正壹—126 正壹）：～門/日甲 115 正貳：～門，富/日甲 155 背：朢，利爲囷～/日乙 84 壹：利入禾粟₌及爲囷～

0804 飤（2） 效律 22：其不可～（食）者，不盈百石以下/效律 24：禾₌粟₌（禾粟。禾粟）雖敗而尚可～（食）殹（也）

0805 飢（1） 爲吏 31 叁：衣食～寒

0806 脂（1） 日甲 75 背：盜者長頸，小～

0807 脂（5） 十八種 128：官有金錢者自爲買～、膠/十八種 128：毋（無）金錢者乃月爲言～、膠/十八種 130：一～、攻閒大車一兩（輛）/十八種 130：用膠一兩、～二錘/十八種 130：爲車不勞（佻）稱議～之

0808 狼（1） 日甲 33 背叁：～恒譑（呼）人門曰

0809 卿（1） 日乙 248：凡生子北首西鄉（嚮），必爲上～

0810 逢（2） 日甲 76 正貳：壬癸有疾，母（毋）～人/日甲 52 背壹：壄（野）獸若六畜～人而言

0811 桀（2） 日甲 93 正壹：以生子，爲邑～（傑）/日乙 93 壹：以生子，爲邑～（傑）

0812 留（3）　十八種 147：春城旦出繇（徭）者，毋敢之市及～舍闠外/十八種 183：不急者，日觱（畢），勿敢～=（留。留）/爲吏 39 叁：苛難～民

0813 芻（20）　十八種 8：入頃～稾，以其受田之數/十八鍾 8：頃入～三石、稾二石/十八種 8：～自黄穌及藶束以上皆受之/十八種 8-9：入～稾，相輸度，可殹（也）/十八種 10：禾、～稾㵐（徹）木、薦/十八種 28：入禾稼、～稾/十八種 28：～稾各萬石一積/十八種 29：禾、～稾積索（索）出日/十八種 167：[度]禾、～稾而不備十分一以下/十八種 174：禾、～稾積廥/十八種 176：～稾如禾/十八種 181：～稾各半石/十八種 195：獨高其置～廥及倉茅蓋者/效律 25：度禾、～稾而不備/效律 33-34：禾、～稾積廥/效律 37：～稾如禾/日甲 24 背貳：爲～矢以鳶（弋）之/日甲 30 背貳：鳶（弋）以～矢，則不來矣/日甲 37 背叁：以～矢鳶（弋）之，則止矣/日甲 76 背：於～稾中，阪險，必得

0814 訏（1）　語書 12：～詢（諼）疾言以視（示）治

0815 訊（13）　封診式 2：～獄/封診式 2：凡～獄，必先盡聽其言而書之/封診式 5：治（笞）～某/封診式 10：幾～典某=（某某）/封診式 38：～丙/封診式 43：～丙/封診式 51：丞某～丙/封診式 52：～丙/封診式 61-62：～甲亭人及丙/封診式 81：～乙、丙/封診式 82：～丁、乙伍人士五（伍）□/封診式 86：有（又）～甲室人/封診式 92：～丙

0816 訑（2）　封診式 2：雖智（知）其～，勿庸輒詰/封診式 3-4：詰=之=（詰之。詰之）極而數～

0817 衰（2）　爲吏 33 壹：壯能～/爲吏 49 壹：毋～=（衰衰）

0818 畝（4）　十八種 38：稻、麻～用二斗大半斗/十八種 38：禾、麥～一斗/十八種 38：黍、荅～大半斗/十八種 38：叔

死者/十八種 17：其非～死者/爲吏 8 肆：～而毋謁/爲吏 32 肆：興之必～/日甲 16 正貳：有～，難起/日甲 36 正：又（有）～，不死＝（死。死）/日甲 68 正貳：甲乙有～，父母爲祟/日甲 70 正貳：丙丁有～，王父爲祟/日甲 72 正貳：戊己有～，巫堪行/日甲 74 正貳：庚辛有～，外鬼傷（殤）死爲祟/日甲 76 正貳：壬癸有～，母（毋）逢人/日甲 139 正壹：東見～不死，吉/日甲 137 正貳：東見～死/日甲 145 正貳：己丑生子，貧而～/日甲 141 正叁：乙未生子，有～，少孤，後富/日甲 142 正肆：丙午生子，耆（嗜）酉（酒）而～，後富/日甲 149 正肆：癸丑生子，好水，少～，必爲吏/日甲 56 背壹－57 背壹：乃～癃（癃）瓦/日甲 25 背叁－26 背叁：復～，趣（趨）出/日甲 82 背：壬名曰黑～齊諲/日乙 17：窖羅之日，利以説盂（盟）詐（詛）、棄～/日乙 119：凡戊子風，有興。雨陰，有～/日乙 157：以入，見～/日乙 157：以有～/日乙 159：【以有】～/日乙 161：以有～/日乙 163：卯以東吉，北見～/日乙 163：以有～/日乙 165：以有～/日乙 167：西兇（凶），南見～/日乙 167：以有～/日乙 169：有～/日乙 171：以有～/日乙 173：以有～/日乙 175：☐【有】～/日乙 177：以有～/日乙 179：以有～/日乙 183：有～/日乙 183：甲乙～疾，禺（遇）御於豕肉/日乙 183：丙丁～疾，王父爲姓（眚）/日乙 184：戊己～疾，巫堪，王父爲姓（眚）/日乙 185：庚辛～疾，外鬼、傷（殤）死爲姓（眚）/日乙 242：己丑生，～/日乙 242－243：乙未生，少～，後富/日乙 244：丙午，～

0827 疰（1） 日甲 86 正壹：生子，～（瘠）

0828 脊（2） 答問 75：鬬折～項骨，可（何）論？/日甲 80 背：盜者大鼻而票（剽）行，長～，其面不全

多益其～人/日乙 20 壹：成外陽之日，利以祭、之四～（方）壄（野）外/日乙 147：丁不可祠道～

0832 旄（1）　爲吏 26 叁：金錢羽～

0833 旅（5）　效律 41：甲～札贏其籍及不備者/答問 200：可（何）謂“～人”/答問 200：寄及客，是謂“～人”

0834 畜（31）　十八種 63：～雞離倉/十八種 63：用犬者，～犬期足/十八種 77：及隸臣妾有亡公器、～生（牲）者/十八種 84：牧將公～生（牲）而殺、亡之/答問 92：小～生（牲）入人室₌（室，室）/答問 108：殺傷父臣妾、～產及盜之/封診式 8：臣妾、衣器、～產/爲吏 35 叁：～產肥辈（胔）/日甲 32 正：利見人及～₌（畜畜）生（牲）/日甲 50 正叁－51 正叁：取（娶）婦及入人民、～生（牲）/日甲 85 正壹：不可食六～/日甲 86 正壹：不可食六～/日甲 100 正：殺日，勿以殺六～/日甲 127 正：聚～生（牲）及夫妻同衣/日甲 18 背伍：內居南，不～。當祠室/日甲 52 背壹：壄（野）獸若六～逢人而言/日甲 56 背壹：人之六～毋（無）故而皆死/日甲 31 背貳：人若鳥獸及六～恒行人宮/日甲 37 背叁：鬼恒襄（攘）人之～/日甲 47 背叁：燔鬈（髼）及六～毛邋（鬣）其止所/日乙 44 壹：剽日，不可以使人及～六畜/日乙 44 壹：剽日，不可以使人及畜六～/日乙 53：入人民、～生（牲）/日乙 57：出入人民、～生（牲）/日乙 60：入貨、人民、～生（牲）/日乙 62：出入人民、～生（牲）/日乙 85 壹：不可食六～/日乙 86 壹：不可【食】～生₌（生（牲）。生）/日乙 118：不可取（娶）婦、家（嫁）女、入～生（牲）/日乙 128：☐～生（牲），伐尌（樹）木/日乙 132：聚具～生（牲），及夫妻同衣

0835 羞（1）　語書 11：不～辱

0836 恙（8）　語書 11－12：因～（佯）瞋目扼掔（腕）以視（示）

力/日甲118正貳：大伍門，命曰吉～（祥）門/日甲60背貳：是=（是是）～氣處之/日甲58背叁－59背叁：乃棄其屨於中道，則亡～矣/日甲59背叁：不出壹歲，家必有～/日乙249：甲失火，去不～（祥）/日乙249：寅失火，去不～（祥）/日乙250：辰失火，去不～（祥）也

0837 拳（1）　答問90：以兵刃、投（殳）梃、～指傷人

0838 料（4）　十八種194：有實官縣～者/效律11：縣～而不備者/效律11：欽（咸）書其縣～殹（也）之數/效律12：縣～而不備其見（現）數五分一以上

0839 益（9）　十八種47：駕縣馬勞，有（又）～壺〈壹〉禾之/十八種53：以十月～食/十八種57：盡月而以其餘～爲後九月稟所/十八種57：城旦爲安事而～其食/十八種122：欲以城旦舂～爲公舍官府及補繕之/雜抄15－16：敢深（甚）～其勞歲數者/答問25：今或～=一【=】臀=（益〈盜〉一臀，益〈盜〉【一】臀）臧（贓）不盈一錢/日甲59背壹－60背壹：多～其旁人/日乙15：裚（製）寇〈冠〉帶，君子～事

0840 兼（1）　十八種137：令相爲～居之

0841 朔（32）　語書1：廿年四月丙戌～丁亥/十八種46：止其後～食/十八種157：以十二月～日免除/封診式90：非～事殹（也）/爲吏16伍：廿五年閏再十二月丙午～辛亥/爲吏22伍：廿五年閏再十二月丙午～辛亥/日甲33正：正月以～，旱，歲善，有兵/日甲35正：正月以～，歲善，毋（無）兵/日甲37正：正月以～，多雨，歲半入，毋（無）兵/日甲39正：正月以～，多雨，歲善而柀（疲）不產，有兵/日甲41正：正月以～，旱，又（有）歲/日甲43正：正月以～，多雨，歲中，毋（無）兵，多盜/日甲45正：正月以～，多雨，歲善，毋（無）兵/日甲46正：正月以～，歲

中，又（有）兵，又（有）雨/日甲 47 正叁－48 正叁：從上右方數～之初日及枳（支）各一日/日甲 92 背叁：入十月～日心/日甲 153 背：子丑～，六日反枳（支）/日甲 153 背：寅卯～，五日反枳（支）/日甲 153 背：辰巳～，四日反枳（支）/日甲 153 背：午未～，三日反【枳（支）】/日甲 153 背－154 背：申酉～，二日反枳（支）/日甲 154 背：戌亥～，一日反枳（支）/日甲 155 背：～日，利入室，毋哭/日乙 53－54：正月以～旱，歲美，有兵/日乙 55：正月以～，歲美，【毋（無）】兵/日乙 56－57：正月以～多雨，歲半，毋（無）兵/日乙 57－58：正月以～多雨，歲善而柀不全，有兵/日乙 59：正月以～旱/日乙 61：正月以～多雨，歲中，毋（無）兵/日乙 62－63：正月以～多雨歲善，毋（無）兵/日乙 104 貳：入十月～日心/日乙 117：正月、七月～日

0842 煒（1） 日甲 125 正叁：戌不可以爲牀，必以～（殣）死人

0843 酒（4） 日甲 113 正貳：可以漬米爲～₌（酒，酒）/日甲 143 正叁：丁酉生子，耆（嗜）～/日甲 157 背：肥豚清～美白粱/日乙 183：得【於】赤肉、雄雞、～

0844 涂（1） 爲吏 33 叁：屚（漏）屋～壄（墍）

0845 浴（3） 爲吏 40 叁：變民習～（俗）/日甲 104 正貳：毋以卯沐～，是謂血明（明）/日甲 38 背叁：自～以犬矢（屎），毄（繫）以葦，則死矣

0846 浮（1） 日甲 81 背：丁名曰～妾榮辨僕上

0847 流（1） 封診式 29：丁與戊去亡，～行毋（無）所主舍

0848 悍（7） 答問 79：妻～，夫毆治之/封診式 37：丙，甲臣，橋（驕）～/封診式 38：甲臣，誠～/封診式 42－43：丙～，謁黥劓丙/爲吏 5 叁：敖（傲）～袤（戮）暴/日甲 72 正壹：取（娶）妻₌（妻，妻）～/日乙 100 壹：取（娶）妻₌（妻，妻）～

（製）衣常（裳）/日甲 36 正：不可取（娶）婦、～（嫁）女/日甲 38 正：不可取（娶）婦、～（嫁）女/日甲 39 正：取（娶）婦、～（嫁）女，兩寡相當/日甲 42 正：可取（娶）婦、～（嫁）女、葬貍（埋）/日甲 44 正：不可以見人、取（娶）婦、～（嫁）女/日甲 46 正：可以取（娶）婦、～（嫁）女/日甲 49 正叁－50 正叁：離₌日₌（離日。離日）不可以～（嫁）女/日甲 71 正壹：～（嫁）女、出入貨及祠，吉/日甲 101 正壹：～（嫁）女、禱祠、出貨/日甲 116 正叁：徙門，數富數虛，必并人～/日甲 136 正捌：凡召日，可以取（娶）婦、～（嫁）女/日甲 142 正叁：丙申生子，好～室/日甲 148 正伍：壬戌生子，好～室/日甲 156 正：毋以戌亥～（嫁）子/日甲 8 背壹：不可取（娶）妻、～（嫁）子/日甲 7 背貳：以己丑、酉、巳，不可～（嫁）女/日甲 18 背叁：水瀆（竇）南出，利～/日甲 34 背壹：是₌（是是）哀鬼，毋（無）～/日甲 59 背叁：不出壹歲，～必有恙/日甲 139 背：其～日減/日乙 18 壹：～（嫁）子、攻毄（擊），吉、勝/日乙 24 壹：祭、～（嫁）子，吉/日乙 25 壹：作大事、～（嫁）子，皆可，吉/日乙 99 壹：～（嫁）女、出入貨，吉/日乙 118：凡月望，不可取（娶）婦、～（嫁）女/日乙 125：甲子、乙丑，可以～（嫁）女、取（娶）婦/日乙 131：必代當～/日乙 197：～（嫁）子□/日乙 246：壬戌生，好室～

0852 宵（2）　封診式 73：自～臧（藏）乙復（複）結衣一乙房内中/封診式 85：自～子變出

0853 宲（2）　日甲 44 背壹－45 背壹：～₌（宲宲〈是宲〉）人生爲鬼/日甲 45 背壹－46 背壹：以黍肉食～人，則止矣

0854 容（4）　答問 149：實官户關不致，～指若抉/封診式 19：新錢百一十錢、～（鎔）二合/封診式 20：得此錢、～

（鎔）/日甲 31 背叁：一～中卧者容席以召（陷）

0855 窋（1） 日甲 25 背壹－26 背壹：鬼之所惡，彼～（屈）卧、箕坐

0856 案（1） 語書 7：今且令人～行之

0857 寍（1） 日乙 2：～結

0858 扇（1） 答問 150：實官户～不致，禾稼能出

0859 冢（1） 答問 190：“甸＝人＝”（“甸人”？“甸人”）守孝公、灛（獻）公～者殹（也）

0860 被（4） 十八種 26：未盈萬石而～（柀）出者/日甲 26 正貳：毋以楚九月己未台（始）～新衣＝（衣，衣）/日乙 75 貳－76 貳：西北鄉（嚮）者～刑/日乙 189 壹：甲乙夢～黑裘衣寇〈冠〉

0861 書（92） 語書 8：別～江陵布，以郵行/語書 10：是以不争～/語書 11：喜争＝～＝（争書。争書，）/語書 13：發～/語書 13：移～曹＝（曹，曹）/語書 13－14：志千里使有籍～之/語書 15：語～/十八種 1：輒以～言澍〈澍〉稼/十八種 2：近縣令輕足行其～/十八種 15：爲用～，受勿責/十八種 17：以其診～告官論之/十八種 25：而～入禾增積者之名事邑里于廥籍/十八種 33：☐以～言年/十八種 35：到十月牒～數/十八種 70：以～告其出計之年/十八種 87－88：以～時謁其狀内史/十八種 102：以丹若鬃～之/十八種 102：必～其久/十八種 112：籍～而上内史/十八種 131：令縣及都官取柳及木楘（柔）可用～者/十八種 131：方之以～/十八種 131：以苐繩～/十八種 169－170：有（又）～其出者/十八種 183：行命～/十八種 183：及～署急者/十八種 183：行～/十八種 184：行傳～/十八種 184：受～/十八種 184：必～其起及到日月夙莫（暮）/十八種 184：～有亡者，亟告官/十八種 185：～廷辟有曰報/十八種 185：行～/十八種 188：有事請

殹（也），必以～/十八種 192：下吏能～者/十八種 197：毋敢以火入臧（藏）府、～府中/十八種 198：毋依臧（藏）府、～府/效律 11：欽（咸）～其縣料殹（也）之數/效律 29：有（又）～其出者/雜抄 4：爲（僞）聽命～/雜抄 11：守～私卒/雜抄 18：非歲紅（功）及毋（無）命～/答問 53：有投～/答問 53：毄（繫）投～者鞫審讞之/答問 53：見～而投者不得/答問 53：燔～/答問 54：～不燔/答問 57：發僞～/答問 138：告盜～丞印以亡/答問 146：亡久～、符券/答問 169：棄妻不～，貲二甲/封診式 1：能以～從（蹤）迹其言/封診式 2：必先盡聽其言而～之/封診式 2—3：其辭已盡～而毋（無）解/封診式 3：有（又）盡聽～其解辭/封診式 4：乃治＝諒＝（治（笞）諒（掠）。治（笞）諒（掠））之必～曰/封診式 4：爰～/封診式 8：鄉某爰～/封診式 8：以某縣丞某～/封診式 11：某等脱弗占～/封診式 15：□□□爰～/封診式 17：爰～/封診式 21：爰～/封診式 23：爰～/封診式 25：爰～/封診式 31：軍戲某爰～/封診式 34：□□某爰～/封診式 36：以～讂首/封診式 37：爰～/封診式 41：到以～言/封診式 42：爰～/封診式 45：以～言/封診式 46：爰～/封診式 48：令吏徒將傳及恒～一封詣令史/封診式 49：成＝都＝（成都，成都）上恒～太守處/封診式 50：爰～/封診式 51：爰～/封診式 52：爰～/封診式 55：爰～/封診式 56：令史某爰～/封診式 63：爰～/封診式 63：令史某爰～/封診式 73：爰～/封診式 74—75：令史某爰～/封診式 84：爰～/封診式 87：丞乙爰～/封診式 91：爰～/封診式 91—92：即疏～甲等名事關（貫）諜（牒）北（背）/封診式 95：爰～/封診式 96：鄉某爰～/爲吏 11 叁：命～時會/日乙 14：利以學～/日乙 260：日～

0862 帬（3） 封診式 58：衣布禪～（裙）、襦各一/封診式 61：令甲以布～（裙）[illegible]（掩）貍（埋）男子某所/封診式 68：衣絡禪襦、～（裙）各一，踐□

0863 展（1） 封診式 2：各～其辭，雖智（知）其訑，勿庸輒詰

0864 弱（6） 十八種 136：耆～相當/十八種 184：隸臣妾老～及不可誠仁者/封診式 66：下遺矢（屎）～（溺）/封診式 69－70：遺矢（屎）～（溺）不毆（也）/爲吏 3 叁：老～獨轉（傳）/爲吏 30 叁：老～瘁（癃）病

0865 陸（4） 編年記 29 壹：廿九年，攻安～/編年記 11 貳：十一月，喜□安～□史/編年記 13 貳：六年，四月，爲安～令史/編年記 35 貳：【廿八年】，今過安～

0866 陵（3） 編年記 4 壹：四年，攻封～/語書 8：別書江～布，以郵行/爲吏 15 壹：玆（慈）下勿～

0867 陳（2） 爲吏 1 伍－2 伍：畫局～卑（棋）以爲耤（藉）/日甲 138 背：毋起北南～垣

0868 孫（3） 荅問 185：内公～毋（無）爵者當贖刑/爲吏 20 伍－21 伍：故某慮贅壻某叟之乃（仍）～/日甲 100 正：筑（築）外垣，～子死

0869 祟（7） 日甲 68 正貳：甲乙有疾，父母爲～/日甲 70 正貳：丙丁有疾，王父爲～/日甲 72 正貳：戊己有疾，巫堪行，王母爲～/日甲 74 正貳：庚辛有疾，外鬼傷（殤）死爲～/日甲 76 正貳：壬癸有疾，母（毋）逢人，外鬼爲～/日乙 206 壹：壬癸死者，明（明）鬼～之/日乙 216 壹：壬癸死者，明（明）鬼～之

0870 陰（22） 封診式 18：自晝甲見丙～市庸中/日甲 6 正貳：～日，利以家室/日甲 10 正貳：外～日，利以祭祀/日甲 26 正壹：巳未～/日甲 27 正壹：未酉～/日甲 28 正壹：酉亥～/日甲 29 正壹：亥丑～/日甲 30 正壹：丑卯～/日甲 31 正壹：卯巳～/日甲 42 正：～/日甲 42 正：是胃（謂）乍～乍陽/日乙 6：作～/日乙 18 壹：作～之

日，利以入（納）室/日乙 22 壹：毀外～之日，利以小然〈祭〉/日乙 47 壹：巳未～/日乙 48 壹：未酉～/日乙 49 壹：酉亥～/日乙 50 壹：亥丑～/日乙 51 壹：丑卯～/日乙 52 壹：巳卯～/日乙 60：～，先辱後慶/日乙 119：雨～，有疾

0871 陷（3）　編年記 7 壹：七年，新城～/雜抄 35：軍新論攻城₌（城，城）～/日甲 5 正壹：～

0872 畚（1）　十八種 64：千錢一～

0873 通（6）　答問 181：邦亡來～錢過萬/答問 181：以～錢/答問 182：智（知）人～錢而爲臧（藏）/答問 183：甲誣乙～一錢黥城旦辠（罪）/封診式 64－65：旋（繯）～係（繫）頸/封診式 69：即視索終₌（終，終）所黨（倘）有～迹

0874 能（44）　語書 9：凡良吏明（明）灋（法）律令，事無不～殹（也）/語書 9－10：有（又）～自端殹（也）/十八種 49：未～作者，月禾一石/十八種 50：未～作者，月禾一石/十八種 69：小物不～各（格）一錢者，勿嬰/十八種 70：不～逮其輸所之計/十八種 95：隸臣妾之老及小不～自衣者/十八種 111－112：～先期成學者謁上₌（上，上）/十八種 119：其土惡不～雨/十八種 133：其弗～入及賞（償）/十八種 137－138：凡[不]～自衣者/十八種 138：以日當刑而不～自衣食者/十八種 192：下吏～書者/效律 44：及物之不～相易者/雜抄 3：駕騶除四歲，不～駕御/答問 30：抉₌（抉？抉）之弗～啓即去/答問 30－31：弗～啓即去/答問 53：～捕者購臣妾二人/答問 96：不～定辠（罪）人/答問 125：～自捕及親所智（知）爲捕/答問 150：實官户扇不致，禾稼～出/封診式 1：治獄，～以書從（蹤）迹其言/封診式 27：山儉（險）不～出身山中/封診式 70：道索終所試脱頭；～脱/封診式 71：索終

急不～脱/封診式72：口鼻或不～渭（喟）然者/爲吏18壹：審智（知）民～/爲吏30壹：怒～喜/爲吏31壹：樂～哀/爲吏32壹：智～愚/爲吏33壹：壯～衰/爲吏34壹：恿（勇）～屈/爲吏35壹：剛～柔/爲吏36壹：仁～忍/爲吏46壹：同～而異/爲吏42貳：～審行此/爲吏9伍：審民～，以賃（任）吏/爲吏30伍－31伍：四馬弗～追也/日甲59背壹：□鳥獸～言，是夭（妖）也/日甲62背壹：殺虫豸，斷而～屬者/日甲36背貳：一室人皆毋（無）氣以息，不～童（動）作/日甲52背貳：人生子未～行而死/日甲54背叁：三日乃～人矣/日甲158背：鼻～糗（嗅）鄉（香）

0875 務（4） 十八種97：爲作～及官府市/十八種136：作～及賈而負責（債）者/爲吏29叁：作～員程/爲吏10肆：當～而治

0876 桑（6） 答問7：或盜采人～葉/封診式9：門～十木/日甲32背壹－33背壹：以～心爲丈（杖）/日甲48背壹－49背壹：以～皮爲□□之/日甲45背貳：爲～丈（杖）奇（倚）户内/日乙67：戊己～

0877 紋（1） 十八種126：大車軲～（盭）

0878 紤（3） 十八種5：邑之～（近）皂及它禁苑者/十八種140：官＝（官；官）相～（近）者/十八種195：令人勿～（近）舍

0879 紙（1） 日甲60背貳－61背貳：乃䰞（煮）𡊄（蕢）屨以～（抵）

0880 紡（4） 日甲66正壹：～月、十月、屈夕/日甲65正叁：三月楚～月/日甲111正壹：夏尸、～月毀棄東方/日甲112正壹：～月、夏夕、八月作事西方

0881 舂（30） 十八種41：～之爲糲（糲）米一石/十八種43：～爲米十＝斗＝（十斗；十斗）/十八種49－50：小妾、～

作者/十八種51：～，月一石半石/十八種50—51：隸妾、～高不盈六尺二寸/十八種55—56：城旦～₌（舂、舂）司寇/十八種57—58：減～城旦月不盈之稟/十八種92—93：隸臣妾、～城旦毋用/十八種94—95：～冬人五十五錢/十八種95：如～衣/十八種122：欲以城旦～益爲公舍官府及補繕之/十八種134：居于城旦～/十八種141：城旦～之司寇/十八種141：居貲贖責（債）毄（繫）城旦～者/十八種141：其與城旦～作者/十八種141：衣食之如城旦～/十八種142：人奴妾毄（繫）城旦～/十八種143：毄（繫）城旦～/十八種145：毋令居貲贖責（債）將城旦～/十八種145：居貲贖責（債）當與城旦～作者/十八種146：城旦～當將司者/十八種147：城旦～衣赤衣/十八種147：～城旦出繇（徭）者/十八種148：城旦～毀折瓦器、鐵器、木器/答問69：擅殺子，黥爲城旦～/答問78：毆大父母，黥爲城旦～/答問132：隸臣妾毄（繫）城旦～/答問167：當黥城旦～/日甲45背壹：以沙（砂）人（仁）一升㧖（挃）其～臼/日乙156：～日酉

0882 責（43） 十八種15：受勿～/十八種44：已稟者，移居縣～之/十八種76：有～（債）於公及貲、贖者居它縣/十八種76：輒移居縣～之/十八種76：公有～（債）百姓未賞（償）/十八種77：百姓叚（假）公器及有～（債）未賞（償）/十八種77：其日踐以收～之/十八種77：而弗收～/十八種80—81：少₌內₌（少內，少內）以收～之/十八種81：其～（債）毋敢隃₌歲₌（隃（逾）歲，隃（逾）歲）/十八種82：而坐其故官以貲賞（償）及有它～（債）/十八種84：及恒作官府以負～（債）/十八種85：毋～妻、同居/十八種103：以齎律～之/十八種106：有辠（罪）毋（無）

者/十八種 195：非其官人殹（也），毋敢舍～/雜抄 11：令市取錢～/答問 133：得=（得？得）比～/答問 162：然而行事比～/答問 168：有子～/答問 174：有子～/答問 185：得=（得？得）比～/封診式 59：以履=（履履）男子，利～/封診式 91：甲等難飲食～/日甲 58 正叁：不出歲亦寄～/日甲 38 背壹：是=（是是）棘鬼在～/日甲 41 背壹：是=（是是）匄鬼貍（埋）～/日甲 56 背壹：欲鬼之氣入～/日甲 67 背貳：其鬼恒夜謼（呼）～/日甲 51 背叁：燔豕矢（屎）～，則止矣/日甲 57 背叁：票（飄）風入人宮而有取～/日甲 69 背：面有黑子～/日甲 71 背：面有黑～/日乙 42 貳：不出三歲必代寄～/日乙 113：若或死～

0887 㚔（1） 日甲 60 背貳－61 背貳：乃鬻（煮）～（賁）屨以紙（抵）

0888 赦（10） 答問 37：或以～前盜千錢/答問 37：～後盡用之而得/答問 125：羣盜～爲庶人/答問 153：會～未論，有（又）亡/答問 153：～期已盡六月而得，當耐/封診式 6：可=（可（何），可（何））辠（罪）～/封診式 13：可=（可（何），可（何））辠（罪）～/封診式 40：可=（可（何），可（何））辠（罪）～/爲吏 22 壹：反～其身/爲吏 1 叁：【毋（無）辠（罪）】可～

0889 埤（1） 雜抄 41：乃令增塞～塞

0890 逵（2） 答問 199：可（何）謂“～卒”/答問 199：有大繇（徭）而曹鬭相趣（聚），是謂“～卒”

0891 教（4） 語書 1－2：凡灋（法）律令者，以～道（導）民/十八種 111：工師善～之/雜抄 3：貲～者一盾/爲吏 24 肆：民之既～

0892 掖（1） 日甲 153 正貳：在～（腋）者愛

0893 捽（1） 封診式 84：甲與丙相～

0894 執（16） 答問 96：今甲曰伍人乙賊殺人，即～乙/答問 102：

亟~勿失/封診式16：即令【=】（令【令】）史某往~丙/封診式50：即令=（令令）史己往~/封診式51：與牢隸臣某~丙/封診式85：即令=（令令）史某往~丙/日甲15正壹：~申/日甲16正壹：~酉/日甲15正貳：攻盜，不可以~/日甲47背壹：犬恒夜入人室，~丈夫，戲女子/日甲62背貳：凡鬼恒~匱以入人室/日甲67背貳－68背貳：是遽鬼~人以自伐〈代〉也/日乙197：西南~辱/日乙198：西北~辱/日乙199：東北~辱/日乙200：南~辱

0895 捾（1） 語書11－12：因恙（佯）瞋目扼~（腕）以視（示）力

0896 掇（2） 爲吏7伍：~（輟）民之欲政乃立/日甲63背壹－64背壹：完~其葉二七

0897 堇（2） 日甲72正貳：得之於黄色索（腊）魚、~酉（酒）/日乙184：☐索（腊）魚~☐

0898 黄（13） 十八種8：芻自~䵖及蘑束以上皆受之/十八種34：計禾，别~、白、青/效律7：~金衡羸（纍）不正/日甲72正貳：得之於~色索（腊）魚、堇酉（酒）/日甲73正貳：~色死/日甲43背壹－44背壹：丈夫女子隋（墮）須（鬚）羸髮~目/日甲57背貳－58背貳：取白茅及~土而西（洒）之/日甲30背叁：以~土濆之/日甲31背叁：以~土室，不害矣/日甲74背：盜者長而黑，蛇目，~色/日甲78背：盜者⿱⿰⿰⿰⿰⿰⿰⿰⿰（巒）而~色/日乙156：~昏（昏）亥，人定【子】/日乙184：人~色死土日

0899 菽（1） 日甲19正叁：稻亥，麥子，~、荅卯

0900 乾（4） 封診式89：皆言甲前旁有~血/日甲38背壹－39背壹：其上旱則淳，水則~/日甲50背叁－51背叁：其居所水則~/日乙166：~肉從東方來

0901 萯（2） 日甲66背貳：縣（懸）以~，則得矣/日甲66背貳：

刊之以～，則死矣

0902 梗（1）　日甲 71 背：從以上辟（臂）臑～大

0903 桮（1）　封診式 93：皆莫肎（肯）與丙共～（杯）器

0904 梌（1）　日甲 2 背壹：禹以取（娶）～（嵞）山之女日也

0905 桼（1）　日甲 68 正貳：裹以～（漆）器

0906 麥（9）　十八種 38：禾、～畝一斗/十八種 40：縣遺～以爲種（種）用者/十八種 43：～十斗，爲𪍿三斗/答問 153：有稟叔（菽）、～/答問 153：即出禾以當叔₌、～₌（叔（菽）、麥，叔（菽）、麥）/日甲 19 正叁：稻亥，～子，菽、荅卯/日甲 151 背：甲及子～/日乙 65：子～/日乙 46 貳：甲及子～

0907 救（2）　封診式 84－85：里人公士丁～/日甲 41 背叁：以白沙～之，則止矣

0908 斬（14）　十八種 117：興徒以～（塹）垣離（籬）散及補繕之/十八種 155：及隸臣～首爲公士/十八種 156：工隸臣～首/十八種 156：及人爲～首以免者/雜抄 7：故夫₌（大夫）～首者/答問 1：五人盜，臧（贓）一錢以上，～左止（趾）/答問 51：生翏₌（翏（戮），翏（戮））之已乃～之₌（之之）謂殹（也）/答問 84：拔劍伐，～人髮結（髻）/答問 126：～左止（趾）爲城旦/封診式 25：～首一/封診式 31：及～首一/封診式 34：公士鄭才（在）某里曰丙共詣～首一/封診式 37－38：～以爲城旦/日甲 109 正貳：毋以木〈未〉～大木

0909 曹（11）　語書 9：以一～事不足獨治殹（也）/語書 13：移書～₌（曹，曹）/語書 13：府₌（府，府）令～畫（過）之/語書 13：當居～奏令₌、丞₌（令、丞，令、丞）/雜抄 17：丞及～長一盾/雜抄 17－18：丞、～長一甲/雜抄 19：縣嗇夫、丞、吏、～長各一盾/雜抄 23：貲其～長一盾/雜抄 25：射虎車二乘爲～/答問 13：其～人當治（笞）不₌當₌（不當？不當）/答問

199：有大繇（徭）而～鬬相趣（聚）

0910 堅（6） 十八種 145：及城旦傅～/答問 127：夫₌甲～鬼₌薪₌（鬼薪，鬼薪）/封診式 59－60：地～，不可智（知）賊迹/封診式 67－68：地～，不可智（知）人迹/封診式 80：小堂下及垣外地～，不可迹/爲吏 3 壹：慎謹～固

0911 票（4） 日甲 52 背壹－53 背壹：壄（野）獸若六畜逢人而言，是～（飄）風之氣/日甲 64 背貳：凡有大～（飄）風害人/日甲 57 背叁：～（飄）風入人宮而有取焉/日甲 80 背：盜者大鼻而～（剽）行

0912 殹（139） 語書 3：而使之₌（之之）於爲善～（也）/語書 3－4：是即灋（廢）主之明（明）灋（法）～（也）/語書 6：是即明（明）避主之明（明）灋（法）～（也）/語書 6－7：不智～（也）/語書 7：是即不廉～（也）/語書 7：此皆大辠（罪）～（也）/語書 9：事無不能～（也）/語書 9：以一曹事不足獨治～（也）/語書 9－10：有（又）能自端～（也）/語書 12：而上猶智之～（也）/十八種 8－9：入芻稾，相輸度，可～（也）/十八種 17：其大廏、中廏、宮廏馬牛～（也）/十八種 24：其前入者是增積，可～（也）/十八種 30：其少，欲一縣之，可～（也）/十八種 38：利田疇，其有不盡此數者，可～（也）/十八種 69：有買（賣）及買～（也）/十八種 83：其免～（也），令以律居之/十八種 89：傳車、大車輪，葆繕參邪，可～（也）/十八種 115：其得～（也），及詣/十八種 121：其有欲壞更～（也）/十八種 122：縣爲恒事及灋有爲～（也）/十八種 128：官長及吏以公車牛稟其月食及公牛乘馬之稟，可～（也）/十八種 150：司寇勿以爲僕、養、守官府及除有爲～（也）/十八種 151：非適（謫）辠（罪）～（也）/十

八種165：禾₌粟₌（禾粟。禾粟）雖敗而尚可食～（也）/十八種184：以輒相報～（也）/十八種188：有事請～（也）/十八種191：非史子～（也）/十八種195：非其官人～（也）/效律11：欽（咸）書其縣料～（也）之數/效律17：同官而各有主～（也）/效律18：新嗇夫自效～（也）/效律24：禾₌粟₌（禾粟。禾粟）雖敗而尚可飤（食）～（也）/效律45：殳、戟、弩，髼汭相易～（也）/效律56：計校相繆（謬）～（也）/效律59－60：而復責其出～（也）/效律60：誤₌（誤。誤）自重～（也）/雜抄12：非吏～（也）/答問5：論各可（何）～（也）/答問10：問乙論可（何）～（也）/答問11：乙論可（何）～（也）/答問15：非前謀～（也）/答問22：隸₌（隸，隸）不坐户謂～（也）/答問29：甲意所盜羊～（也）/答問30：論皆可（何）～（也）/答問31：抉之非欲盜～（也）/答問36：論可（何）～（也）/答問37：論可（何）～（也）/答問44：非盜牛～（也）/答問48：論可（何）～（也）/答問50：論可（何）～（也）/答問51：翏₌（翏（戮），翏（戮））之已乃斬之₌（之之）謂～（也）/答問54：鞫審瀸之₌（之之）謂～（也）/答問55：“僑（矯）丞令”可（何）～（也）/答問61：論可（何）～（也）/答問64：頃半（畔）“封”～（也）/答問69：子₌（子，子）身全～（也）/答問74：皆論不～（也）/答問80：所夬（決）非珥所入～（也）/答問81：論可（何）～（也）/答問83：論各可（何）～（也）/答問85：未有傷～（也）/答問87：論可（何）～（也）/答問89：鬭，爲人毆～（也）/答問95：今郡守爲廷不爲₌（爲？爲）～（也）/答問97：以₌所₌辟₌（以所辟？以所辟）論當～（也）/答問99：

"四=鄰="（"四鄰"？"四鄰"）即伍人謂～（也）/答問103："公室告"【可（何）】～（也）/答問103："非公室告"可（何）～（也）/答問106：父時家辠（罪）～（也）/答問110：棤（背）葆子之謂～（也）/答問115：且未斷猶聽～（也）/答問115：論可（何）～（也）/答問116：弗買（賣）子母謂～（也）/答問121：生定殺水中之謂～（也）/答問121：生=貍=（生貍（埋），生貍（埋））之異事～（也）/答問129：論可（何）～（也）/答問134：非傷～（也）/答問139：問吏及乙論可（何）～（也）/答問142：弗爲，是謂"灋（廢）令"～（也）/答問153：其論可（何）～（也）/答問154：論可（何）～（也）/答問161：擅有鬼立（位）～（也）/答問165：弗令出户賦之謂～（也）/答問167：論可（何）～（也）/答問173：丙論可（何）～（也）/答問174：以爲非隸臣子～（也）/答問174：問女子論可（何）～（也）/答問174：完=（完，完）之當～（也）/答問177—178：臣邦父、秦母謂～（也）/答問187：宫中主循者～（也）/答問189：皆主王犬者～（也）/答問190："甸=人="（"甸人"？"甸人"）守孝公、瀛（獻）公冢者～（也）/答問192：古主爨竈者～（也）/答問193：古主取薪者～（也）/答問196：或曰守囚即"更人"～（也）/答問196：原者"署人"～（也）/答問197："竇=署="（"竇署"？"竇署"）即去～（也）/答問197：其論可（何）～（也）/答問197：即去署～（也）/答問198："衛=敖="（"衛（率）敖（豪）"？"衛（率）敖（豪）"）當里典謂～（也）/答問201：獨户母之謂～（也）/答問201：盡當坐辠（罪）人之謂～（也）/答問202："瓊="（"瓊"？"瓊"）者，玉檢～（也）/答問 203：當以玉問王之謂～（也）/答問 205：而實弗盜之謂～（也）/答問 210：草實可食～（也）/封診式 23：此甲、乙牛～（也）/封診式 26－27：此弩矢丁及首人弩矢～（也）/封診式 28：此首某里士五（伍）戊～（也）/封診式 30：診首毋診身可～（也）/封診式 34－35：此甲、丙得首～（也）/封診式 38：丙₌（丙。丙）毋（無）病～（也）/封診式 41：甲賞（嘗）身免丙復臣之不～（也）/封診式 42：丙，乙妾～（也）/封診式 43：乙妾～（也），毋（無）它坐/封診式 54：令㴾（號），其音氣敗。厲（癘）～（也）/封診式 62：聞䛩（號）寇者不～（也）/封診式 69－70：遺矢（屎）弱（溺）不～（也）/封診式 70：視口鼻渭（喟）然不～（也）/封診式 72：□死難審～（也）/封診式 74：毋（無）它亡～（也）/封診式 79：垣北即巷～（也）/封診式 82：毋（無）意～（也）/封診式 83：見乙有結復（複）衣，繆緣及殿（純），新～（也）/封診式 88：即置盎水中榣（搖）之，音（衃）血子～（也）/封診式 90：非朔事～（也）/爲吏 44 壹：君子不病～（也）/爲吏 45 壹：以其病₌（病病）～（也）/爲吏 47 貳：子孝，政之本～（也）/爲吏 49 貳：聖，治之紀～（也）/日甲 59 正壹：若以是月～（也）東徙/日甲 60 正壹：若以【是】月～（也）南徙/日甲 61 正：若以是月～（也）西徙/日甲 62 正：若以是月～（也）北徙/日甲 63 正：□□□毄者，死～（也）/日甲 150 正貳：人字，其日在首，富難勝～（也）/日乙 50 貳：凡有入～（也），必以歲後/日乙 50 貳－51 貳：有出～（也），必以歲前

0913 脣（4） 答問 83：嚙斷人鼻若耳若指若～/答問 87：夬（決）人～/封診式 66：舌出齊～吻/封診式 79：垣北去小堂

乙 23 壹：蓋絕紀之日，利以裚（製）衣～（裳）/日乙 25 壹：裚（製）衣～（裳）/日乙 95 壹：衣～（裳）、取（娶）妻，吉/日乙 129：裚₌（裚（製）衣）～（裳）/日乙 143：祠～行道右/日乙 144：祠～行/日乙 145：其謞（號）曰大～行/日乙 242：壬辰生，必善醫，衣～（裳）

0920 晨（2） 日甲 77 正壹：三月死，不死毋（無）～（脣）/日乙 105 壹：三月死，毋（無）～（脣）

0921 敗（15） 十八種 16：其入之其弗亟而令～者/十八種 16：令以其未～直（值）賞（償）之/十八種 27：勿令～/十八種 164：及積禾粟而～之/十八種 165：冗吏共賞（償）～禾₌粟₌（禾粟。禾粟）/十八種 165：禾₌粟₌（禾粟。禾粟）雖～而尚可食殹（也）/十八種 196：有不從令而亡、有～、失火/效律 22：及積禾粟而～之/效律 23－24：令官嗇夫、冗吏共賞（償）～禾₌粟₌（禾粟。禾粟）/效律 24：禾₌粟₌（禾粟。禾粟）雖～而尚可飤（食）殹（也）/答問 158：今馬爲人～/封診式 1：有恐爲～/封診式 54：令濃（號），其音氣～/日甲 1 背：此大～日/日甲 21 背叁：圈居宇正東方，～

0922 眯（1） 日甲 24 背叁：一室中卧者～（寐）也

0923 閉（34） 十八種 196：～門輒靡其旁火/十八種 197：毋（無）火，乃～門户/封診式 73：～其户/日甲 14 正壹：～丑/日甲 15 正壹：～寅/日甲 16 正壹：～卯/日甲 17 正壹：～辰/日甲 18 正壹：～巳/日甲 19 正壹：～午/日甲 20 正壹：～未/日甲 21 正壹：～申/日甲 22 正壹：～酉/日甲 23 正壹：～戌/日甲 24 正壹：～亥/日甲 25 正壹：～子/日甲 25 正貳：～日，可以劈決池/日甲 40 正：私公必～/日甲 103 正壹：以用垣宇，～貨₌（貨貝）/日甲 71 背：旦～夕啓西方/日甲 72 背：

旦～夕啓北方/日甲 75 背：旦啓夕～東方/日甲 78 背：旦啓夕～/日乙 157：朝啓夕～/日乙 159：【朝】～夕啓/日乙 161：朝～夕啓/日乙 163：朝～夕啓/日乙 165：朝～夕啓/日乙 167：朝～夕啓/日乙 169：朝～夕啓/日乙 171：朝啓多夕～/日乙 173：朝～夕啓/日乙 175：朝啓【夕】～/日乙 177：朝啓夕～/日乙 179：【朝】啓夕～

0924 問（54）　十八種 133：以其令日～之/十八種 135－136：所弗～而久毄（繫）之/答問 3：～辠（罪）當駕（加）如害盜不當₌（當？當）/答問 6：～甲可（何）論/答問 9：～乙可（何）論/答問 10：～乙論可（何）殹（也）/答問 29：～可（何）論/答問 33：～甲及吏可（何）論/答問 35：～甲及吏可（何）論/答問 38：～盜百/答問 38：～告者可（何）論/答問 40：～盜六百七十/答問 41：～盜六百七十/答問 42：～乙盜卌/答問 42：～甲當論不當/答問 43：～甲可（何）論/答問 44：～甲當論不₌當₌（不當？不當）/答問 45：～乙爲誣人/答問 46：～乙可（何）論/答問 47：～可（何）論/答問 66：～殺人者爲賊殺人/答問 67：～乙高未盈六尺/答問 68：～甲當論及收不當/答問 77：～死者有妻、子當收/答問 79：～夫可（何）論/答問 94：～史可（何）論/答問 96－97：～不殺人/答問 98：～當論不當/答問 122：～甲可（何）以論/答問 127：～甲可（何）論/答問 134：～乙賊殺人/答問 136：～甲當購○幾可（何）/答問 137：～甲當購幾可（何）/答問 138：～亡二日/答問 138：～甲當購不₌當₌（不當？不當）/答問 139：～吏及乙論可（何）殹（也）/答問 141：～主購之且公₌購₌（公購？公購）/答問 147：～吏可（何）論/答問 158：～當論不₌當₌（不當？不當）/答問 168：～安置其子/

答問 174：～女子論可（何）殹（也）/答問 183：～甲同居、典、老當論不=當=（不當？不當）/答問 203：當以玉～王之謂殹（也）/封診式 7：或覆～毋（無）有/封診式 14：【或】覆～毋（無）有/封診式 40－41：或覆～毋（無）有/封診式 44：其～如言不然/封診式 44－45：或覆～毋（無）有/封診式 72：～其同居/封診式 96－97：～之里名事定/封診式 97－98 正：莫覆～/日乙 188 壹：凡酉、午、巳、寅，以～病者/日乙 193 貳：凡酉、午、巳、寅、辛亥、辛卯～病者/日乙 239：壬申生，有～（聞）邦

0925 婁（9） 日甲 48 正壹：十一月，斗、～、虛大凶/日甲 49 正壹：奎、～大吉/日甲 52 正壹：奎、～少吉/日甲 55 正壹：奎、～致死/日甲 58 正壹：九月，牴（氐）、奎、～大凶/日甲 83 正壹：～，利祠及行/日甲 6 背壹：冬三月奎、～吉/日甲 6 背壹：以～，妻愛夫/日乙 83 壹：～，祠及百事，吉

0926 曼（1） 封診式 23：黑牝～靡（縻）有角

0927 晦（2） 封診式 15：以五月～與同里士五（伍）丙盜某里士五（伍）丁千錢/封診式 73：乙獨與妻丙～卧堂上

0928 異（9） 十八種 35：別粲、穤（糯）之襄（釀），歲～積之/十八種 65：百姓市用錢，美惡雜之，勿敢～/答問 121：生=貍=（生貍（埋），生貍（埋））之～事殹（也）/答問 168：或入=公=（入公，入公）～是/答問 172：同母～父相與奸/爲吏 46 壹：同能而～/爲吏 13 伍：毋發可～史（使）煩請/日甲 51 正叁－52 正叁：唯利以分～/日甲 54 正叁－55 正叁：戊午去父母同生，～者焦寠

0929 蛇（1） 日甲 74 背：盜者長而黑，～目，黃色

0930 唯（10） 十八種 5：～不幸死而伐綰（棺）享（椁）者/十八種 23：～倉自封印者是度縣/十八種 171：～倉所自封印

貲一甲/答問 1：盜～六百六十錢/答問 29：議不爲～羊/答問 33：臧=（臧（贓），臧（贓））直（值）～六百六十/答問 35：臧=（臧（贓），臧（贓））直（值）～六百六十/答問 181：邦亡來通錢～萬/答問 209：人户、馬牛及者（諸）貨材（財）直（值）～六百六十錢爲“大誤”/爲吏 14 壹：悔～勿重/爲吏 5 貳：～（禍）去福存/爲吏 41 叁：須身旞（遂）～/日甲圖二（114 正壹—126 正壹）：食～門/日甲 124 正貳：食～（禍）門/日甲 59 背壹：不～三言=（言。言）/日甲 59 背壹：言=（言。言）～三/日甲 45 背叁：人～于丘虚/日甲 46 背叁：解髮奮以～之

0934 𠛬（2） 日甲 13 正貳：～（製）車/日甲 32 正：～（製）衣常（裳）

0935 移（11） 語書 13：～書曹=（曹，曹）/十八種 44：輒～其稟=縣=（稟縣，稟縣）/十八種 44：～居縣責之/十八種 76：輒～居縣責之/十八種 76：亦～其縣=（縣，縣）/十八種 174：及者（諸）～羸以賞（償）不備/效律 34：及者（諸）～羸以賞（償）不備/效律 49：百姓或之縣就（僦）及～輸者/雜抄 38：捕人相～以受爵者/爲吏 4 伍：民心將～乃難親/爲吏 12 伍：下恒行巧而威故～

0936 符（7） 雜抄 4：游士在，亡～/答問 146：亡久書、～券、公璽、衡羸（纍）/答問 184：詣～傳于吏是謂“布吏”/爲吏 32 伍—33 伍：舌者，～璽也/日乙 104 叁：禹～，左行/日乙 106 叁：投～地，禹步三/日乙 107 貳：敢告☐～，上車毋顧，上☐

0937 笱（1） 日甲 157 背：主君～（拘）屏詷馬

0938 偃（1） 封診式 56：男子死（屍）在某室南首，正～

0939 偕（8） 十八種 37：縣上食者籍及它費大（太）倉，與計～/十八種 92：輸大内，與計～/答問 5：把錢～邦亡/答

問 147：甲～居/答問 147：～數謁吏＝（吏，吏）/日甲 33 正：利～官/日甲 36 正：以爲嗇夫，必三～＝官＝（徙官。徙官）/日甲 59 正壹：正月五月九月，北～大吉/日甲 59 正壹：若以是月殹（也）東～/日甲 60 正壹：二月六月十月，東～大吉/日甲 60 正壹：若以【是】月殹（也）南～/日甲 61 正：三月七月十一月，南～大吉/日甲 61 正：若以是月殹（也）西～/日甲 62 正：九〈四〉月八月十二月，西～大吉/日甲 62 正：若以是月殹（也）北～/日甲圖二（114 正壹—126 正壹）：～門/日甲 116 正叁：～門，數富數虛，必并人家/日甲 158 正陸：丁丑入官，吉，必七～/日甲 7 背貳：交～人也可也/日甲 126 背：以甲子、寅、辰東～，死/日甲 126 背：丙子、寅、辰南～，死/日甲 126 背：庚子、寅、辰西～，死/日甲 126 背：壬子、寅、辰北～，死/日乙 88 壹：☐～死/日乙 88 壹：庚子寅辰北～死/日乙 228 貳：子、丑入官，久，七～/日乙 231 貳：申入官，不計而～

0946 得（175）語書 8：獨多犯令而令、丞弗～者/十八種 62：女子操敃（文）紅及服者，不～贖/十八種 82－83：稍減其秩、月食以賞（償）之，弗～居/十八種 115：其～殹（也），及詣/十八種 121：不～爲繇（徭）/十八種 136：作務及賈而負責（債）者，不～代/十八種 153：皆不～受其爵及賜/十八種 160：不～除其故官佐、吏以之新官/效律 18：故嗇夫及丞皆不～除/雜抄 6：當（倘）除弟子籍不～/雜抄 12：令、尉、士吏弗～/雜抄 13：士吏將者弗～/雜抄 14：吏部弗～/雜抄 26：虎失（佚），不～/雜抄 26：虎欲犯，徒出射之，弗～/雜抄 26：豹旞（遂），不～/答問 4：未到，～，皆贖黥/答問 5：出徼，～，論各可（何）殹（也）/答問 12：已去而偕～/答問 23：以買布衣而～/答問 30：

一日而～/答問 31：若未啓而～/答問 33：以～時直（值）臧₌（臧（贜），臧（贜））/答問 35：以～時直（值）臧₌（臧（贜），臧（贜））/答問 37：赦後盡用之而～/答問 53：見書而投者不～/答問 53：投者～/答問 57：到關而～/答問 63：以須其～/答問 65：人₌（人，人）未蝕奸而～/答問 76：未殺而～/答問 125：可（何）辠（罪）～“處隱官”/答問 127：須亡者～/答問 127：一月～/答問 127：卒歲～/答問 130：捕～取錢/答問 130：所捕耐辠（罪）以上～取/答問 131：～及自出/答問 131：其～，坐臧（贜）爲盜₌（盜；盜）/答問 133：亡而～₌（得，得）/答問 133：比公瘩（癃）不～₌（得？得）/答問 137：今甲捕～其八人/答問 146：後自～所亡/答問 153：赦期已盡六月而～/答問 163：未盈卒歲～/答問 163：未卒歲而～/答問 166：～及自出/答問 167：乙即弗棄，而～/答問 168：今～，問安置其子/答問 181：後來盜而～/答問 185：～比公士/答問 185：贖耐不～₌（得？得）/封診式 1：毋治（笞）諒（掠）而～人請（情）爲上/封診式 20：甲、乙捕索（索）其室而～此錢、容（鎔）/封診式 29：己等已前～/封診式 34－35：此甲、丙～首毆（也）/封診式 46：令終身毋～去䙴（遷）所/封診式 47－48：令終身毋～去䙴（遷）所論之/封診式 51：與牢隸臣某執丙，～某室/封診式 74：結衣不～/爲吏 37 壹：强良不～/爲吏 1 貳：貧不可～/爲吏 2 貳：賤不可～/日甲 3 正貳：邦郡～年/日甲 8 正貳：以亡，不～，毋（無）門（聞）/日甲 11 正貳：桃（逃）人，不～/日甲 12 正貳：居有食，行有～/日甲 15 正貳：除日，臣妾亡，不～/日甲 24 正貳：開日，亡者，不～/日甲 24 正貳：請謁，～/日甲 24 正貳：言盜，～/日甲 32 正：必～侯王/日甲 35 正：

亡者，不～/日甲38正：亡者，不～/日甲40正：亡者，～/日甲44正：亡者，～/日甲44正：不～必死/日甲78正壹：亡者，不～/日甲86正壹：亡者，～/日甲68正貳：～之於肉/日甲70正貳：～之赤肉/日甲72正貳：～之於黄色索（腊）魚、堇酉（酒）/日甲74正貳：～之犬肉、鮮卵白色/日甲76正貳：～之於酉（酒）、脯、脩、節（鼈）、肉/日甲78正貳：不出三月有大～/日甲79正貳：不出三歲必有大～/日甲136正壹：子，旦北吉，日中南～/日甲137正壹：丑，旦北吉，東必～/日甲138正壹：【寅，西】～，東凶，北毋行/日甲139正壹：【卯，南】吉，西～，北凶/日甲136正貳：辰，北吉，南～/日甲137正貳：巳，南吉，西～/日甲138正貳：午，北吉，東～/日甲139正貳：未，東吉，北～/日甲149正壹：癸未生子，長大，善～/日甲153正叁：戊子以有求也，必～之/日甲153正叁：雖求顮啻（帝）必～/日甲154正叁：丙寅以求人，～之/日甲159正叁：晝見，不～，復/日甲159正肆：日虒見，不言，～/日甲164正貳：晏見，～語/日甲165正叁：晝見，～語/日甲23背貳：君子不～志/日甲47背壹－48背壹：不可～也/日甲66背貳：縣（懸）以葿，則～矣/日甲68背貳：入而傅（搏）者之，可～也乃/日甲57背叁：乃投以屨，～其所/日甲58背叁：若弗～/日甲75背：名㪔達禄～獲錯/日甲76背：阪險，必～/日甲77背：夙～/日甲77背：莫（暮）不～/日甲78背：夙～/日甲78背：莫（暮）不～/日甲79背：夙～/日甲79背：莫（暮）不～/日甲80背：夙～/日甲80背：莫（暮）不～/日甲92背壹：不出三月有～/日乙24壹：居有食，行有～/日乙45壹：用～，必復出/日乙59：亡者，～/日乙62：亡者，～/日乙106

壹：亡者，不～/日乙 122：以責人，～/日乙 122：以責，～/日乙 150：凡以此往亡必～/日乙 150：不～必死/日乙 152：不～必死/日乙 157：子以東吉，北～/日乙 157：朝兆不～/日乙 157：晝夕～/日乙 159：北吉，南～/日乙 159：朝兆～/日乙 159：晝夕不～/日乙 159：以入，～/日乙 161：西先行，南～/日乙 161：朝兆～/日乙 161：晝夕不～/日乙 163：北見疾，西南～/日乙 163：朝兆～/日乙 163：晝夕不～/日乙 165：北兇（凶），先行，南～/日乙 165：朝兆不～/日乙 165：夕晝～/日乙 167：巳以東吉，北～/日乙 167：朝兆～/日乙 167：晝夕不～/日乙 169：午以東先行，北～/日乙 169：朝兆～/日乙 169：晝夕不～/日乙 171：未以東～/日乙 171：朝兆不～/日乙 171：晝夕～/日乙 173：申以東北～/日乙 173：朝兆～/日乙 173：晝夕不～/日乙 175：朝兆不～/日乙 175：晝夕～/日乙 177：戌以東～/日乙 177：朝兆不～/日乙 177：晝夕～/日乙 179：亥以東南～/日乙 179：朝兆不～/日乙 183：～【於】赤肉、雄雞、酒/日乙 185：～於肥肉、鮮魚、卵/日乙 187：～於酉（酒）、脯、脩、節（鼈）、肉/日乙 189 壹：人〈入〉水中及谷，～也/日乙 190 壹：丙丁夢□，喜也，木金～也/日乙 191 壹：戊己夢黑，吉，～喜也/日乙 192 壹：庚辛夢青黑，喜也，木水～也/日乙 193 壹：金，～也/日乙 202：正東有～/日乙 222 壹：□□□後有～/日乙 253：其疵其上～□

0947 從（58）　編年記 53 壹：【五十】三年，吏誰～軍/編年記 20 貳：十三年，～軍/編年記 22 貳：十五年，～平陽軍/語書 5−6：自～令、丞以下智（知）而弗舉論/語書 7：舉劾不～令者/十八種 12：有不～令者有辠（罪）/十八種 49：隸臣妾其～事公/十八種 49：其不

～事/十八種 93：在它縣者致衣～事之縣₌（縣，縣、）/十八種 97：不～令者貲一甲/十八種 101：如～興成然/十八種 108：城旦與工～事者冬作/十八種 153：～軍當以勞論及賜/十八種 179－180：使者之～者/十八種 189：令、丞爲不～令/十八種 191：令敎史毋～事官府/十八種 192：毋敢～史之事/十八種 196：有不～令而亡、有敗、失火/雜抄 1：上造以上不～令/雜抄 10：乃粼（遴）～軍者/雜抄 10－11：吏自佐、史以上負～馬、守書私卒/雜抄 25：虎未越泛蘚，～之/答問 116：令～母爲收/答問 116：可（何）謂"～母爲收"/答問 127：當～事官府/答問 127：今甲～事/答問 127：復～₌事₌（從事。從事）/答問 155：吏～事于官府/封診式 1：治獄，能以書～（蹤）迹其言/封診式 57：皆～（縱）頭北（背）/爲吏 19 肆：～而賊（則）之/爲吏 41 肆：～政之經/爲吏 25 伍：今遣～軍/日甲 47 正叁：～上右方數朔之初日/日甲 48 正叁：數之而復～上數/日甲 68 正貳：～東方來/日甲 130 正：～道右吉/日甲 130 正：～左吝/日甲 134 正：己酉～遠行入，有三喜/日甲 3 背貳：父母必～居/日甲 34 背貳：鬼恒～男女，見它人而去/日甲 46 背貳：鬼恒～人游/日甲 47 背貳：是陽鬼樂～之/日甲 38 背叁：鬼恒～人女/日甲 71 背：～以上辟（臂）臑梗大/日甲 110 背：～遠行歸/日乙 90 壹：可以～〈送〉鬼/日乙 157－158：黑肉～北方來/日乙 160：脂肉～東方來/日乙 164：狗肉～東方來/日乙 166：乾肉～東方來/日乙 167－168：赤肉～東方來/日乙 170：赤肉～南方來/日乙 171－172：赤肉～南方來/日乙 174：鮮魚～西方來/日乙 176：赤肉～北方來/日乙 178：鮮魚～西方來/日乙 180：黑肉～東方來

0948 船（6） 日甲 97 背貳：丁卯不可以～行/日甲 98 背貳：六壬

告也/爲吏 35 伍－36 伍：不踐以～（分）人/爲吏 37 伍：而踐以～（分）人/日甲 70 正壹：取（娶）妻₌（妻，妻）～/日甲 73 正壹：生子，～/日甲 74 正壹：生子，～富半/日甲 125 正貳：曲門，前富後～/日甲 145 正貳：己丑生子，～而疾/日甲 146 正肆：庚戌生子，武而～/日甲 146 正陸：庚午生子，～/日甲 15 背壹：凡宇最邦之高，貴～/日甲 18 背壹：宇四旁下，中央高，～/日甲 16 背叁：水瀆（竇）西出，～/日甲 18 背陸：小宫大門，～/日乙 98 壹：取（娶）妻₌（妻，妻）～/日乙 101 壹：生子，～/日乙 102 壹：生子，～富半/日乙 239：庚午生，～/日乙 244：～，爲人臣/日乙 245：庚戌生，武，～/日乙 246：癸亥，～，毋（無）終

0953 脚（1）　日甲 159 背：～爲身□

0954 脯（3）　十八種 13：賜田嗇夫壺酉（酒）束～/日甲 76 正貳：得之於酉（酒）、～、脩、節（鱉）、肉/日乙 187：得於酉（酒）、～、脩、節（鱉）、肉

0955 豚（2）　日甲 80 背：名～孤夏穀□亥/日甲 157 背：肥～清酒美白粱

0956 脱（5）　效律 58：計～實及出實多於律程/封診式 11：某等～弗占書/封診式 70：道索終所試～頭/封診式 70：能～/封診式 71：索終急不能～

0957 魚（8）　十八種 5：毒～鱉/日甲 72 正貳：得之於黄色索（腊）～、堇酉（酒）/日甲 82 背：庚名曰甲郢相衛～/日乙 59：可～（漁）邋（獵）/日乙 174：鮮～從西方來/日乙 178：鮮～從西方來/日乙 184：☑索（腊）～堇☑/日乙 185：得於肥肉、鮮～、卵

0958 象（1）　爲吏 17 叁：犀角～齒

0959 愁（1）　爲吏 37 貳：術（怵）～（惕）之心

0960 祭（16）　日甲 2 正貳：以～，閵（吝）/日甲 4 正貳：以～門、

行₌（行、行）水，吉/日甲5正貳：～門、行，吉/日甲5正貳：以～，寂（聚）眾必亂者/日甲6正貳：～祀、家（嫁）子、取（娶）婦、入材，大吉/日甲7正貳：以～，上下皆吉/日甲10正貳：外陰日，利以～祀/日甲13正貳：大～，吉/日甲103正貳：毋以寅～祀鑿井/日甲53背貳：卒，有～/日甲53背貳：十日收～/日乙15：嬴陽之日，利以見人、～/日乙20壹：成外陽之日，利以～/日乙24壹：成決光之日，利以起大事、～/日乙25壹：裚（製）衣常（裳）、～、作大事/日乙155：☑～祀、嫁子、作大事，皆可

0961 詠（1）　日甲81背：乙名曰舍徐可不～亡恖（憂）

0962 許（18）　十八種61：隸臣欲以人丁粼者二人贖，～之/十八種61：隸妾欲以丁粼者一人贖，～之/十八種136：居貲贖責（債）欲代者，耆弱相當，～之/十八種137：居貲贖責（債）者，或欲籍（藉）人與並居之，～之/十八種138：其日未備而被入錢者，～之/十八種140：有一馬若一牛，而欲居者，～/十八種151：以免一人爲庶人，～之/十八種155－156：謁歸公士而免故妻隸妾一人者，～之/答問176：臣邦人不安其主長而欲去夏者，勿～/日甲160正壹：請命，～/日甲160正肆：日虒見，請命，～/日甲161正貳：晏見，請命，～/日甲161正叁：晝見，請命，～/日甲161正伍：夕見，請命，～/日甲163正肆：日虒見，造，～/日甲164正伍：夕見，請命，～/日甲165正貳：晏見，造，～/日甲165正肆：日虒見，請命，～

0963 孰（6）　十八種35：稻後禾～（熟）/十八種148：直（值）廿錢以上，～（熟）治（笞）之，出其器/爲吏26肆：～（熟）道毋治（怠）/爲吏6伍：禄立（位）有續～敃上/日甲63正：辱者，不～而爲□人矢□/日甲54背壹：竈毋（無）故不可以～（熟）食

0964 庶（3） 十八種151：以免一人爲～人/十八種156：免以爲～人/答問125：羣盜赦爲～人

0965 麻（5） 十八種38：穜（種）：稻、～畝用二斗大半斗/十八種43：叔（菽）、荅、～十五斗爲一石/日甲20正叁：～辰，葵癸亥，各常□忌/日甲151背：辰～，卯及戌叔（菽）/日乙65：辰～、申戌叔（菽）

0966 痏（7） 答問87：比疻～/答問88：比疻～/答問89：毋（無）疻～/封診式35：其右角～一所/封診式56：某頭左角刃～一所/封診式58：其襦北（背）直～者/封診式58：以刃夬（決）二所，癰（應）～

0967 痍（4） 答問208：可（何）如爲“大₌～₌”（“大痍”？“大痍”）/答問208：支（肢）或未斷，及將長令二人扶出之，爲“大～”/封診式32：直以劍伐～丁/封診式32－33：亦診其～狀

0968 疵（18） 日甲142正伍：丙辰生子，有～於膿（體）而恿（勇）/日甲143正陸：丁卯生子，不正，乃有～前/日甲69背：～在耳/日甲70背：～在目/日甲71背：～在辟（臂）/日甲72背：～在鼻/日甲73背：要（腰）有～/日甲74背：～在足/日甲75背：～在肩/日甲76背：～在肩/日甲78背：～在面/日甲79背：～在頰/日甲80背：～在褽〈要〉/日乙238：丁卯，不正，不然必有～於前/日乙245－246：丙辰生，必有～於膿（體）/日乙253：其～其上得⊠/日乙255：～而在耳/日乙256：～在尾⊠

0969 𤵸（13） 雜抄32：匿敖童，及占～（癃）不審/答問133：罷～（癃）守官府/答問133：得₌（得，得）比公～（癃）不得₌（得？得）/爲吏30叁：老弱～（癃）病/日甲54正叁－55正叁：異者焦寠，居～（癃）/日甲90正壹：以生子，～（癃）/日甲102正壹：不死，～（癃），弗居/日甲124正貳：食過（禍）門，大凶，

臣/答問 8：司～盜百一十錢/答問 98：賊傷甲₌（甲，甲）號～/答問 98：不聞號～/答問 117：當耐司～而以耐隸臣誣人/答問 117：當耐爲司～/答問 118：當耐爲隸臣，以司～誣人/封診式 62：聞謼（號）～者不毆（也）/日甲 9 正貳：之四方壄（野）外，必耦（遇）～盜/日甲 13 正貳：～〈冠〉、甹（製）車、折（製）衣常（裳）、服帶吉/日甲 14 正貳：可以入人、始～（冠）、乘車/日甲 91 正壹：可以～〈冠〉，可請謁/日甲 112 正貳：毋以酉台（始）～〈冠〉帶劍/日乙 15：裚（製）～〈冠〉帶/日乙 25 壹：復秀之日，利以乘車、～〈冠〉/日乙 38 壹：建日，利☐初～〈冠〉/日乙 91 壹：可始～〈冠〉，可請謁/日乙 125：可以家（嫁）女、取（娶）婦、～〈冠〉帶、祠/日乙 130：初～〈冠〉/日乙 130：凡初～〈冠〉/日乙 130：凡製車及～〈冠〉/日乙 189 壹：甲乙夢被黑裘衣～〈冠〉

0988 寅（165） 編年記 14 貳：七年，正月甲～，鄢令史/編年記 27 貳：廿年，七月甲～，嫗終/日甲 2 正壹：～/日甲 3 正壹：～/日甲 4 正壹：～/日甲 5 正壹：～/日甲 6 正壹：～/日甲 7 正壹：～/日甲 8 正壹：～/日甲 9 正壹：～/日甲 10 正壹：～/日甲 11 正壹：～/日甲 12 正壹：～/日甲 13 正壹：～/日甲 14 正壹：建～/日甲 15 正壹：閉～/日甲 16 正壹：開～/日甲 17 正壹：收～/日甲 18 正壹：成～/日甲 19 正壹：危～/日甲 20 正壹：柀（破）～/日甲 21 正壹：摯（執）～/日甲 22 正壹：定～/日甲 23 正壹：平～/日甲 24 正壹：盈～/日甲 25 正壹：除～/日甲 18 正叁：稷龍～/日甲 26 正壹：～酉危陽/日甲 27 正壹：～秀/日甲 28 正壹：巳～正陽/日甲 29 正壹：戌～禼（害）/日甲 30 正壹：～㣈（徹）/日甲 31 正壹：～午禼（害）/日甲 52 正壹：柖（招）榣（摇）毄（繫）～/日甲 81 正貳：男子龍庚～/日甲 83 正貳：丙～/日甲 83 正貳：戊～/日甲 83 正貳：庚～/日甲 84 正貳：甲～/日甲 85 正貳：戊～/日甲 86 正貳：庚～/日甲 89 正貳：戊～/日甲 91 正貳：戊～/日甲 91 正貳：壬～/日甲 92 正貳：庚～/日甲 97 正壹：啻（帝）爲室～/日甲 106 正：春三月～/日甲 103 正貳：毋以～祭祀鑿井/日甲 128 正：九月上旬～/日甲 144 正壹：戊～生子/日甲 146 正貳：庚～生子/日甲 148 正叁：壬～生子/日甲 140 正伍：甲～生子/日甲 142 正陸：丙～生子/日甲圖三（150 正壹—154 正壹）：卯～/日甲（150 正壹—154 正壹）：夏～/日甲 154 正叁：丙～以求人/日甲 159 正壹：～，朝見，有奴（怒）/日甲 159 正陸：～入官，吉/日甲 9 背壹：甲～之旬，不可取（娶）妻/日甲 11 背：子、～、卯、巳、酉、戌爲牡日/日甲 71 背：～，虎也/日甲 77 背：名責環貉豺干都～/日甲 85 背壹：～，罔也/日甲 95 背壹：甲辰～死，必復有死/日甲 97 背壹：壬～/日甲 98 背壹：甲～/日甲 99 背壹：庚～/日甲 100 背：丙～/日甲 101 背：戊～/日甲圖四（83 背貳—90 背貳）：～丑/日甲 109 背：二月丙～/日甲 109 背：五月丙～/日甲 109 背：八月丙～/日甲 109 背：十一月丙～/日甲 115 背：～/日甲 116 背：～/日甲 120 背：～/日甲 126 背：以甲子、～、辰東徙，死/日甲 126 背：丙子、～、辰南徙，死/日甲 126 背：庚子、～、辰西徙，死/日甲 126 背：壬子、～、辰北徙，死/日甲 131 背：正月～/日甲 132 背：四月～/日甲 134 背：冬三月戊～/日甲 138 背：四月～/日甲 151 背：丙及～禾/日甲 153 背：～卯朔/日乙 2：～/日乙 3：～/日乙 4：～/日乙 5：～/日乙 6：～/日乙 7：～/日乙 8：～/日乙 9：～/日

200：～及客，是謂“旅人”/日甲 2 正貳：以～=人=（寄人，寄人）必奪主室/日甲 43 正：不可入（納）～者/日甲 57 正叁：毋以辛酉入=～=者=（入寄者，入寄者）/日甲 57 正叁：己巳入～者/日甲 58 正叁：不出歲亦～焉/日甲 127 背：子、卯、午、酉不可入～者及臣妾/日甲 155 背：墨（晦）日，利壞垣、徹（徹）屋、出～者/日乙 42 貳：凡五巳不可入～者/日乙 42 貳：不出三歲必代～焉/日乙 121：毋以戊辰、己巳入（納）～者/日乙 121：入（納）之所～之/日乙 124：不可以入臣妾及～者/日乙 131：～人室/日乙 131：毋以戊辰、己巳入～=人=（寄人，寄人）/日乙 131：反～之/日乙 131：辛酉、卯，癸卯，入～之

0990 宿（3） 十八種 196：善～衛，閉門輒靡其旁火/雜抄 34：徒卒不上～/雜抄 34：～者已上守除

0991 窐（1） 日甲 31 背叁：注白湯，以黃土～，不害矣

0992 密（1） 爲吏 5 壹：微～韱（纖）察

0993 启（26） 編年記 32 壹：卅二年，攻～封/答問 30：抉籥（鑰）者已抉～之乃爲抉/答問 30：且未～亦爲抉=（抉？抉）/答問 30：抉=（抉？抉）之弗能～即去/答問 30－31：弗能～即去/答問 31：若未～而得/答問 31：已～乃爲抉/答問 31：未～當貲二甲/封診式 73－74：今旦起～户取衣/日甲 33 背叁：～，吾非鬼也/日甲 71 背：旦閉夕～西方/日甲 72 背：旦閉夕～北方/日甲 75 背：旦～夕閉東方/日甲 78 背：旦～夕閉/日乙 157：朝～夕閉/日乙 159：【朝】閉夕～/日乙 161：朝閉夕～/日乙 163：朝閉夕～/日乙 165：朝～夕閉/日乙 167：朝閉夕～/日乙 169：朝閉夕～/日乙 171：朝～多夕閉/日乙 173：朝閉夕～/日乙 175：朝～【夕】閉/日乙 177：朝～夕閉/日乙 179：【朝】～夕閉

0994 袴（1） 日甲 25 背貳－26 背貳：是～鬼僞=（僞爲）鼠

0995 視（18）　語書 11－12：因恙（佯）瞋目扼捾（腕）以～（示）力/語書 12：訏詢（諼）疾言以～（示）治/語書 12：誈訊醜言麃（僄）斫以～（示）險/語書 12：阬閬强肮（伉）以～（示）强/十八種 159：乃令～事及遣之/雜抄 41－42：縣尉時循～其攻（功）及所爲/答問 144：事它郡縣而不～其事者/答問 202：～檢智（知）小大以論及以齎（資）負之/封診式 3：有（又）～其它毋（無）解者/封診式 68：診必先謹審～其迹/封診式 69：即～索終₌（終，終）/封診式 69：乃～舌出不出/封診式 70：～口鼻渭（喟）然不殹（也）/封診式 70：及～索迹鬱之狀/封診式 71：盡～其身、頭髮中及篡/爲吏 25 伍－26 伍：將軍勿恤～/日乙 126：毋以子卜筮，～☐/日乙 223 貳：～羅

0996 晝（26）　封診式 18：自～甲見丙陰市庯中/封診式 26：自～甲將乙等徼循到某山/封診式 29：自～居某山/封診式 84：自～與同里大女子丙鬭/封診式 95：自～見某所/日甲 157 正叁：～見，有美言/封診式 158 正叁：～見，禺（遇）奴（怒）/封診式 159 正叁：～見，不得，復/封診式 160 正叁：～見，有告，聽/封診式 161 正叁：～見，請命，許/封診式 162 正叁：～見，有告，不聽/封診式 163 正叁：～見，有告，聽/封診式 164 正叁：～見，不説（悦）/封診式 165 正叁：～見，得語/封診式 166 正叁：～見，令復見之/日乙 157：朝兆不得，～夕得/日乙 159：朝兆得，～夕不得/日乙 161：朝兆得，～夕不得/日乙 163：朝兆得，～夕不得/日乙 165：朝兆不得，夕～得/日乙 167：朝兆得，～夕不得/日乙 169：朝兆得，～夕不得/日乙 171：朝兆不得，～夕得/日乙 173：朝兆得，～夕不得/日乙 175：朝兆不得，～夕得/日乙 177：朝兆不得，～夕得

0997 逮（1） 十八種 70：不能～其輸所之計

0998 敢（49） 編年記 47 壹：十一月，～産/語書 7：智（知）而弗～論/十八種 4：春二月，毋～伐材木山林及雍（壅）隄水/十八種 4：不夏月，毋～夜（爇）草爲灰/十八種 5－6：麛時毋～將犬以之田/十八種 6：百姓犬入禁苑中而不追獸及捕獸者，勿～殺/十八種 12：百姓居田舍者毋～醢（酤）酉（酒）/十八種 26：未盈萬石而被（柀）出者，毋～增積/十八種 65：百姓市用錢，美惡雜之，勿～異/十八種 68：毋～擇=行=錢=、布=（擇行錢、布；擇行錢、布）/十八種 81：其責（債）毋～隃=歲=（隃（逾）歲，隃（逾）歲）/十八種 121：縣毋～擅壞更公舍官府及廷/十八種 147：毋～之市及留舍闠外/十八種 159：所不當除而～先見事/十八種 183：不急者，日觱（畢），勿～留=（留。留）/十八種 191：非史子殹（也），毋～學=（學學）室/十八種 192：下吏能書者，毋～從史之事/十八種 193：侯（候）、司寇及羣下吏毋～爲官府佐/十八種 195：非其官人殹（也），毋～舍焉/十八種 197：毋～以火入臧（藏）府/十八種 200：勿～行=（行，行）/雜抄 7：縣毋～包卒爲弟子/雜抄 15－16：～深（甚）益其勞歲數者/雜抄 18：非歲紅（功）及毋（無）命書，～爲它器/雜抄 28：志馬舍乘車馬後，毋～炊飭/雜抄 32：至老時不用請，～爲酢（詐）僞者/雜抄 42：～令爲它事，使者貲二甲/答問 148：百姓有責（債），勿～擅=强=質=（擅强質，擅强質）/答問 162：毋～履=錦【=】履=（履錦履。履【錦】履）/封診式 6：～告某縣主/封診式 7：～告主/封診式 13：～告某縣主/封診式 14：～告主/封診式 47：～告=（告。告）/封診式 49：灋（廢）丘已傳，爲報，～告主/封診式 50：～告/封診式 98 正：～言之/爲吏 1

伍：～軍以堙豪（壕）/日甲116正貳：南門，～軍門，賤人弗敢居/日甲130正：凡民～行/日甲26背貳：入人醯、醬、滫、～（漿）中/日甲86背壹：其後必有子～弟也死

1005 隄（4）　十八種4：毋敢伐材木山林及雍（壅）～水/十八種22：以～（題）效之/十八種171：效=（效，效）者見其封及～（題）/效律29－30：效=（效，效）者見其封及～（題）以效之

1006 陽（54）　編年記33壹：卅三年，攻蔡、中～/編年記34壹：卅四年，攻華～/編年記51壹：五十一年，攻～城/編年記22貳：十五年，從平～軍/編年記30貳：□□守～□死/十八種26：櫟～二萬石一積/十八種26：咸～十萬一積/十八種28：咸～二萬一積/十八種93：在咸～者致其衣大内/效律38：櫟～二萬石一積/效律38：咸～十萬石一積/答問57：今咸～發僞傳/答問57：今當獨咸～坐以貲/答問58：咸～及它縣發弗智（知）者當皆貲/答問163：以將～有（又）行治（笞）/封診式47：士五（伍）咸～才（在）某里曰丙/封診式97：以二月丙子將～亡/爲吏15伍：困造之士久不～/日甲3正貳：～日，百事順成/日甲8正貳：【外】～日，利以建〈達〉壄（野）外/日甲26正壹：丑戌正～/日甲26正壹：寅酉危～/日甲27正壹：卯子正～/日甲27正壹：辰亥危～/日甲28正壹：巳寅正～/日甲28正壹：午丑危～/日甲29正壹：未辰正～/日甲29正壹：申卯危～/日甲30正壹：酉午正～/日甲30正壹：戌巳危～/日甲31正壹：亥申正～/日甲31正壹：子未危～/日甲34正：正～，是胃（謂）滋昌/日甲36正：危～，是胃（謂）不成行/日甲42正：陰，是胃（謂）乍陰乍～/日甲31背壹：鬼來～（揚）灰毄（擊）箕以喿（譟）之/日甲54背壹：～

鬼取其氣/日甲 47 背貳：是～鬼樂從之/日甲 82 背：癸名曰～生先智丙/日乙 3：贏～/日乙 15：贏～之日/日乙 20 壹：成外～之日/日乙 47 壹：丑戌【正】～/日乙 47 壹：寅酉危～/日乙 48 壹：卯【子】正～/日乙 48 壹：辰【亥】危～/日乙 49 壹：巳寅正～/日乙 49 壹：午丑危～/日乙 50 壹：未辰正～/日乙 50 壹：【申】未危～/日乙 51 壹：【酉午正陽，戌巳危】～/日乙 52 壹：【十一月、十二月，戌采（穗），亥申正】～/日乙 54：正～/日乙 56：危～

1007 隅（2） 日甲 39 背貳－40 背貳：取西南～/日甲 24 背叁－25 背叁：取桃枱〈棓〉椯（段）四～、中央

1008 隃（1） 十八種 81：其責（債）毋敢～₌歲₌（隃（逾）歲，隃（逾）歲）

1009 婦（26） 爲吏 17 伍－18 伍：徹人～女/日甲 6 正貳：家（嫁）子、取（娶）～、入材，大吉/日甲 32 正：可取（娶）～、家（嫁）女/日甲 36 正：不可取（娶）～、家（嫁）女/日甲 38 正：不可取（娶）～、家（嫁）女/日甲 39 正：取（娶）～、家（嫁）女，兩寡相當/日甲 42 正：可取（娶）～、家（嫁）女、葬貍（埋）/日甲 44 正：見人、取（娶）～/日甲 46 正：取（娶）～、家（嫁）女/日甲 50 正叁：家（嫁）女、取（娶）～/日甲 71 正壹：取（娶）～、家（嫁）女/日甲 100 正：長子～死/日甲 100 正：中子～死/日甲 101 正壹：取（娶）～、家（嫁）女/日甲 136 正捌：取（娶）～、家（嫁）女/日甲 156 正：毋以戌亥家（嫁）子、取（娶）～/日甲 4 背壹：壬辰、癸巳，棄～以出/日甲 23 背肆：取（娶）～爲小内/日甲 14 背伍：～不媚於君/日甲 147 背：不可取（娶）～/日乙 60：可取（娶）～/日甲 99 壹：取（娶）～、家（嫁）女/日乙 117：以出母〈女〉、取

（娶）～/日乙 118：取（娶）～、家（嫁）女/日乙 125：家（嫁）女、取（娶）～/日乙 255：爲閒者不寡夫乃寡～

1010 習（1）　爲吏 40 叁：變民～浴（俗）

1011 翏（26）　答問 51：“譽適（敵）以恐眾心者，～=（翏（戮）。”“翏（戮）”）者可（何）如/答問 51：生～=（翏（戮），翏（戮））/日乙 157：辰〈辰〉少～（瘳）/日乙 157：午大～（瘳）/日乙 159：卯少～（瘳）/日乙 159：巳大～（瘳）/日乙 161：午少～（瘳）/日乙 161：申大～（瘳）/日乙 163：未少～（瘳）/日乙 163：申大～（瘳）/日乙 165：酉少～（瘳）/日乙 165：戌大～（瘳）/日乙 167：申少～（瘳）/日乙 167：亥大～（瘳）/日乙 169：丑少～（瘳）/日乙 169：辰大～（瘳）/日乙 171：子少～（瘳）/日乙 171：卯大～（瘳）/日乙 173：子少～（瘳）/日乙 173：⧄□【大】～（瘳）/日乙 175：戌少～（瘳）/日乙 175：子大～（瘳）/日乙 177：卯少～（瘳）/日乙 177：辰大～（瘳）/日乙 179：巳少～（瘳）/日乙 179：酉大～（瘳）

1012 恿（5）　爲吏 34 壹：～（勇）能屈/日甲 148 正肆：壬子生子，～（勇）/日甲 142 正伍：丙辰生子，有疵於體（體）而～（勇）/日乙 245：壬子生，～（勇）/日乙 246：庚申生，～（勇）

1013 參（20）　十八種 55：旦半夕～/十八種 55：～食之/十八種 56：～食之/十八種 59：食男子旦半夕～/十八種 59：女子～/十八種 80：而人與～辨券/十八種 89：葆繕～邪/十八種 133：男子～/效律 6：～不正/爲吏 26 伍：賜之～飯/日甲 31 正貳：凡丁丑不可以葬=（葬，葬）必～/日甲 51 正壹：胃、～少吉/日甲 54 正壹：胃、～致死/日甲 57 正壹：八月，角、胃、～大凶/日甲

88正壹：～，百事吉/日甲2背貳：直～以出女/日甲5背貳：中夏～、東井/日甲6背貳：凡～、翼、軫以出女/日乙88壹：～，百事吉/日乙99肆：十一月～十四【日】

1014 鄉（52） 語書1：民各有～俗/語書3：～俗淫失（泆）之民不止/語書5：私好、～俗之心不變/十八種21：縣嗇夫若丞及倉、～相雜以印之/十八種168－169：縣嗇夫若丞及倉、～相雜以封印之/效律28：縣嗇夫若丞及倉、～相雜以封印之/效律52－53：都倉、庫、田、亭嗇夫坐其離官屬于～者/封診式8：～某爰書/封診式39－40：丞某告某～主/封診式43：丞某告某～主/封診式64：南～（嚮）/封診式75：與～□□隸臣某即乙/封診式75：南～（嚮）有户/封診式96：～某爰書/日甲3正貳：上下羣神～（饗）之/日甲64正壹：西數反其～/日甲65正壹：北數反其～/日甲66正壹：東數反其～/日甲67正壹：南數反其～/日甲96正貳：毋起東～（嚮）室/日甲97正貳：毋起南～（嚮）室/日甲98正貳：毋起西～（嚮）室/日甲99正貳：毋起北～（嚮）室/日甲95正貳：北～（嚮）門/日甲96正叁：南～（嚮）門/日甲97正叁：東～（嚮）門/日甲98正叁：西～（嚮）門/日甲115正貳：囷居北～（嚮）廥=（廥，廥）/日甲118正叁：囷=（囷，囷）北～（嚮）廥/日甲21背肆：廡居東方，～（嚮）井/日甲64背壹：東北～（嚮）如（茹）之乃卧/日甲48背貳：以北～（嚮）□之辨二七/日甲42背叁：以人火～（嚮）之/日甲44背叁：以人火～（嚮）之/日甲45背叁：張傘以～（嚮）之/日甲140背：春三月毋起東～（嚮）室/日甲140背：夏三月毋起南～（嚮）室/日甲140背：秋三月毋起西～（嚮）室/日甲140背：冬三月毋起北～（嚮）室/日甲 156 背：東~/日甲 156 背：南~各一馬/日甲 158 背：令其鼻能糗（嗅）~（香）/日乙 74 貳：生東~（嚮）者貴/日乙 74 貳：南~（嚮）者富/日乙 74 貳—75 貳：西~（嚮）壽/日乙 75 貳：北~（嚮）者賤/日乙 75 貳—76 貳：西北~（嚮）者被刑/日乙 194：西北~（嚮）擇（釋）髮而駟（呬）/日乙 198：東南反~/日乙 199：西南反~/日乙 200：西北反~/日乙 248：凡生子北首西~（嚮）

1015 結（5） 十八種 116：令~（嫜）堵卒歲/封診式 73：自宵臧（藏）乙復（複）~衣一乙房内中/封診式 74：~衣不得/封診式 81：□~衣招中央/封診式 83：見乙有~復（複）衣

1016 組（4） 雜抄 17：徒絡~廿給/雜抄 18：徒絡~五十給/雜抄 20—21：徒絡~各廿給/日甲 11 正貳：利以兑（説）明（盟）~（詛）

1017 細（2） 日甲 103 正貳：郞以~□/日乙 57：敫，有~喪

1018 終（26） 編年記 23 貳：十六年，七月丁巳，公~/編年記 27 貳：廿年，七月甲寅，嫗~/十八種 78：~歲衣食不踐以稍賞（償）/十八種 171：~歲而爲出凡曰/效律 30：~歲而爲出凡曰/封診式 46：令~身毋得去蛩（遷）所/封診式 47—48：令~身毋得去蛩（遷）所論之/封診式 65：旋（繯）~在項/封診式 65：索上~權/封診式 67：堪上可道~索/封診式 69：即視索~=（終，終）/封診式 69：頭足去~所及地各幾可（何）/封診式 70：道索~所試脱頭/封診式 71：索~急不能脱/日甲 1 背：取（娶）妻，不~/日甲 10 背壹：取（娶）妻），不~/日甲 22 背叁：圈居宇東南，有寵，不~泄（世）/日甲 61 背壹：~日，大事也/日甲 61 背壹：不~日，小事也/日甲 114 背：~身衣絲/日甲 119 背：~身衣絲/日乙 239：庚午生，貧，

日甲 85 正壹：以生子，～斲（鬬）/日甲 134 正：己酉從遠行入，有三～/日甲 135 正：戊己丙丁庚辛旦行，有二～/日甲 135 正：甲乙壬癸丙丁日中行，有五～/日甲 135 正：庚辛戊己壬癸餔時行，有七～/日甲 135 正：壬癸庚辛甲乙夕行，有九～/日甲 160 正壹：卯，朝見，～/日甲 19 背陸：女子～宮斲（鬬）/日甲 35 背壹：～契（潔）清/日甲 97 背壹：莫市以行有九～/日甲 98 背壹：日中以行有五～/日甲 99 背壹：市日以行有七～/日甲 100 背：莫食以行有三～/日甲 101 背：旦以行有二～/日乙 85 壹：以生，～斲（鬬）/日乙 122：庚申、辛酉，以與人言，有～/日乙 189 壹：甲乙夢被黑裘衣寇〈冠〉，～/日乙 190 壹：丙丁夢□，～也/日乙 191 壹：戊己夢黑，吉，得～也/日乙 192 壹：庚辛夢青黑，～也/日乙 193 壹：壬癸夢日〈白〉，～也

1033 揄（1）　編年記 10 貳：八月，喜～史

1034 敫（1）　十八種 191：令～史毋從事官府

1035 援（5）　答問 101：偕旁人不～/日甲 67 正壹：七月、爨月、～夕，歲在北方/日甲 66 正貳：十二月楚～夕，日六夕十/日甲 111 正壹：屈夕、～【夕】、刑尸毀棄北【方】/日甲 112 正壹：～夕、刑尸作事南方

1036 達（5）　日甲 6 正貳：以見君上，數～，毋（無）咎/日甲 7 正貳：～日，利以行帥〈師〉出正（征）、見人/日甲 75 背：名爨～禄得獲錯/日乙 7：平～/日乙 19 壹：平～之日，利以行帥〈師〉徒、見人、入邦

1037 報（6）　十八種 184：以輒相～殹（也）/十八種 185：書廷辟有曰～/封診式 7：當騰＝（騰（謄），騰（謄））皆爲～/封診式 14：遣識者當騰＝（騰（謄），騰（謄））皆爲～/封診式 49：灋（廢）丘已傳，爲～/日甲 40 正：利弋邋（獵）、～讎

166 正壹：亥，~見，有後言/日乙 157：~啓夕閉/日乙 157：~兆不得/日乙 159：~兆得/日乙 161：~閉夕啓/日乙 161：~兆得/日乙 163：~閉夕啓/日乙 163：~兆得/日乙 165：~啓夕閉/日乙 165：~兆不得/日乙 167：~閉夕啓/日乙 167：~兆得/日乙 169：~閉夕啓/日乙 169：~兆得/日乙 171：~啓多夕閉/日乙 171：~兆不得/日乙 173：~閉夕啓/日乙 173：~兆得/日乙 175：~啓【夕】閉/日乙 175：~兆不得/日乙 177：~啓夕閉/日乙 177：~兆不得/日乙 179：~兆不得

1060 喪（5）　日甲 105 正貳：毋【以】辰葬，必有重~/日甲 86 背壹：其後必有子將弟也死，有外~/日甲 136 背：以起土攻（功），有女~/日乙 57：敫，有細~/日乙 191 貳：辰不可以哭、穿肂（殔），且有二~

1061 辜（2）　日甲 52 背貳：是不~鬼處之/日甲 36 背叁：鬼恒宋（聳）傷（惕）人，是不~鬼

1062 葦（2）　日甲 38 背叁：毄（繫）以~/日甲 39 背叁：毄（繫）以~

1063 葵（2）　日甲 20 正叁：~癸亥/日乙 65：癸~

1064 楮（2）　日甲 130 正：少（小）顮（顧）是胃（謂）少（小）~（佇），吝/日甲 130 正：大顮（顧）是胃（謂）大~（佇），兇（凶）

1065 焚（1）　日甲 41 背叁—42 背叁：到（菿）雷~人

1066 棲（1）　雜抄 35—36：尚有~（遲）未到戰所

1067 椎（2）　日甲 36 背壹：以棘~桃秉（柄）以㥁（敲）其心/日甲 40 背貳：以鐵~椯（段）之

1068 椑（1）　爲吏 22 叁：樓~（陴）矢閱（穴）

1069 椄（1）　爲吏 33 肆：夜以~（接）日

1070 極（1）　封診式 3—4：詰=之=（詰之。詰之）~而數訑

1071 軲（2）　十八種 125：及大車轅不勝任，折~上/十八種 126：

大車～�татtpxt

(漏)死(朽)禾~/效律 22:及積禾~而敗之/效律 23-24:令官嗇夫、冗吏共賞(償)敗禾=~=(禾粟。禾粟)/雜抄 14:貲二甲,入~公/爲吏 20 叁:倉庫禾~/日甲 23 正貳:收日,可以入人民、馬牛、禾~/日甲 84 正壹:胃,利入禾~及爲囷倉,吉/日乙 84 壹:胃,利入禾~=及爲囷倉,吉

1078 棘(8) 日甲 28 背壹:牡~爲矢/日甲 36 背壹:以~椎桃秉(柄)以㥁(敲)其心/日甲 38 背壹:是=(是是)~鬼在焉/日甲 50 背壹-51 背壹:取牡~烰(炮)室中/日甲 65 背壹-66 背壹:以莎芾、牡~枋(柄)/日甲 42 背貳-43 背貳:以牡~之劍之/日甲 25 背叁:以牡~刀刊其宮蘠(牆)/日甲 36 背叁:以牡~之劍刺之

1079 棗(2) 日甲 14 正貳:利~(早)不利莫(暮)/日乙 67:丙丁~

1080 酢(16) 雜抄 32:敢爲~(詐)僞者/日甲 68 正貳:戊己病,庚有【閒】,辛~(作)/日甲 70 正貳:庚辛病,壬有閒,癸~(作)/日甲 70 正貳:若不~(作),煩居南方/日甲 72 正貳-73 正貳:壬癸病,甲有閒,乙~(作)/日甲 73 正貳:若不~(作),煩居邦中/日甲 74 正貳:甲乙病,丙有閒,丁~(作)/日甲 75 正貳:若不~(作),煩居西方/日甲 76 正貳-77 正貳:丙丁病,戊有閒,己~(作)/日甲 77 正貳:若不~(作),煩居北方/日乙 183:癸~(作)/日乙 184:乙~(作)/日乙 184:不~(作)/日乙 185:丁~(作)/日乙 187:己~(作)/日乙 187:不~(作)

1081 裂(1) 答問 80:夬=(夬(決),夬(決))~男若女耳

1082 雄(2) 日甲 70 正貳:得之赤肉、~雞、酉(酒)/日乙 183:得【於】赤肉、~雞、酒

1083 雲（1） 日甲 44 背叁：～氣襲人之宮

1084 雅（1） 答問 12：甲乙～不相智（知）

1085 悲（1） 日甲 67 背壹：人毋（無）故而心～也

1086 觜（2） 雜抄 29：膚（臚）吏乘馬篤、～（胔）/爲吏 35 叁：畜産肥～（胔）

1087 虚（25） 日甲 48 正壹：十一月，斗、婁、～大凶/日甲 51 正壹：須女、～大吉/日甲 54 正壹：須女、～少吉/日甲 57 正壹：須女、～致死/日甲 58 正壹：玄戈毄（繫）～/日甲 59 正叁－60 正叁：～四徹（徹）不可入客、寓人及臣妾/日甲 78 正壹：～，百事凶/日甲 116 正叁：徙門，數富數～/日甲 122 正叁：大吉門，宜錢金而入易～/日甲 45 背叁：人過于丘～/日乙 26 壹：～戌/日乙 28 壹：～子/日乙 29 壹：～丑/日乙 30 壹：～寅/日乙 31 壹：～卯/日乙 32 壹：～辰/日乙 33 壹：～巳/日乙 34 壹：～午/日乙 35 壹：～未/日乙 36 壹：～申/日乙 37 壹：～酉/日乙 45 壹：～日/日乙 41 貳：子在～/日乙 106 壹：～，百事【凶】/日乙 89 叁：正月～□□□☐

1088 㝅（3） 日乙 111：勿以作事、復（覆）内、～（構）屋/日乙 111：以此日～（構）屋₌（屋，屋）/日乙 156：～〈日失（昳）〉未

1089 暑（1） 日甲 50 背壹：夏大～，室毋（無）故而寒，幼蠪（龍）處之

1090 最（6） 語書 13：其畫（過）～多者/十八種 13：～，賜田嗇夫壺西（酒）束脯/十八種 14：～者，賜田典日旬/日甲 15 背壹：凡宇～邦之高，貴貧/日甲 16 背壹：宇～邦之下，富而痒（癃）/日甲 55 背叁－56 背叁：旦而～（撮）之

1091 量（2） 答問 195：雖不養主而入～（糧）者/爲吏 5 伍：慎度～

及它縣發弗～（知）者當皆貲/答問 82：～（知）以上爲“提”/答問 125：能自捕及親所～（知）爲捕/答問 157：者（諸）民弗～（知）/答問 168：不～（知）亡/答問 173：丙弗～（知）/答問 182：～（知）人通錢而爲臧（藏）/答問 191：宦及～（知）於王/答問 202：視檢～（知）小大以論及以齎（資）負之/封診式 2：雖～（知）其訑/封診式 52－53：不可～（知）其可（何）病/封診式 55：不～（知）可（何）男子一人/封診式 59－60：不可～（知）賊迹/封診式 62：～（知）男子可（何）日死/封診式 63：不～（知）故/封診式 67－68：不可～（知）人迹/封診式 74：不～（知）穴盜者可（何）人=（人、人）/封診式 80：不～（知）盜人數及之所/封診式 82：不～（知）盜者可（何）人/封診式 83：不～（知）其裹□可（何）物/封診式 87－88：不可～（知）子/封診式 88－89：而不可～（知）目、耳、鼻、男女/封診式 94：它人～（知）丙者/爲吏 18 壹：審～（知）民能/爲吏 32 壹：～能愚/爲吏 17 貳：四曰犯上弗～（知）害/爲吏 26 貳：二曰不=～=所=使=（不智（知）所使，不智（知）所使）/日甲 82 背：癸名曰陽生先～丙

1108 稍（3） 十八種 78：終歲衣食不𧼈以～賞（償）/十八種 82：～減其秩、月食以賞（償）之/十八種 120：勿～補繕

1109 程（13） 十八種 33：～禾、黍⊠□□□□⊠以書言年/十八種 99：爲計，不同～者毋同其出/十八種 108：爲矢～/十八種 108：工人～/十八種 109：工人～/十八種 110：工人～/十八種 122：吏～攻（功）/十八種 123：其～攻（功）而不當者/十八種 165：～之/十八種 200：灋（法）律～籍/效律 24：～之/效律 58：計脱實及出實多於律～/爲吏 29 叁：作務員～

1110 稀（1）　封診式 78：其中央～者五寸

1111 黍（7）　十八種 33：程禾、～☑/十八種 38：～、荅畝大半斗/日甲 45 背壹－46 背壹：以～肉食宊人/日甲 56 背貳：以戊日₌（日日）中而食～於道/日甲 151 背：乙巳及丑～/日乙 65：丑～/日乙 46 貳－47 貳：乙巳及丑～

1112 等（18）　十八種 55：城旦之垣及它事而勞與垣～者/十八種 59：爲它事與垣～者/十八種 98：其小大、短長、廣亦必～/十八種 111：其後歲賦紅（功）與故～/效律 60：減辠（罪）一～/封診式 11：某～脱弗占書/封診式 11：某～皆言曰/封診式 11－12：即以甲封付某～/封診式 26：自晝甲將乙～徼循到某山/封診式 29：已～已前得/封診式 29－30：甲～而捕丁戊₌（戊，戊）/封診式 91：某里公士甲～/封診式 91：甲～難飲食焉/封診式 91－92：即疏書甲～名事關（貫）諜（牒）北（背）/封診式 92：召甲₌～₌（甲等，甲等）不肎（肯）來/封診式 93：丙與里人及甲～會飲食/封診式 93：甲～及里人弟兄/日甲 32 正：有賢～（嗣）

1113 筑（16）　日甲 16 正貳：盈日，可以～（築）閒（閑）牢/日甲 16 正貳：可以～（築）宮室/日甲 87 正貳：春三月庚辰可以～（築）羊卷（圈）/日甲 100 正：凡爲室日，不可以～（築）室/日甲 100 正：～（築）大內，大人死/日甲 100 正：～（築）右圩（序），長子婦死/日甲 100 正：～（築）左圩（序），中子婦死/日甲 100 正：～（築）外垣，孫子死/日甲 100 正：～（築）北垣，牛羊死/日甲 102 正壹：勿以～（築）室/日甲 103 正壹：以～（築）室/日甲 105 正壹：～（築）室/日甲 142 背：勿以～（築）室及波（破）地/日乙 110：勿～（築）室/日乙 117：以～（築）室₌（室，室）不居/日乙 125：不可～（築）興土攻（功）

1114 筋（4）　十八種 17－18：以其～、革、角及其賈（價）錢效/

十八種 18：即入其～、革、角/日甲 39 背貳：一室人皆夙（縮）～/日甲 41 背貳：一室皆夙（縮）～

1115 筆（1） 日甲 46 背貳：取女～以拓之

1116 備（44） 編年記 26 貳：□□□□南郡～敬（警）/十八種 19：令其人～之而告官=（官，官）/十八種 23：其不～/十八種 25：後節（即）不～/十八種 29：上贏不～縣廷/十八種 29：出之未索（索）而已～者/十八種 31：□□□□□□不～/十八種 32：索（索）而論不～/十八種 32：更=（更；更）之而不～/十八種 32：令=（令、令）丞與賞（償）不～/十八種 83：效其官而有不～者/十八種 84－85：未賞（償）及居之未～而死/十八種 138：其日未～而被入錢者/十八種 142：日未～而死者/十八種 162：不～/十八種 167：度禾、芻稾而不～十分一以下/十八種 167：而以律論其不～/十八種 173：而以律論不～者/十八種 174：有贏、不～而匿弗謁/十八種 174：及者（諸）移贏以賞（償）不～/十八種 175：有（又）與主廥者共賞（償）不～/十八種 177：效公器贏、不～/效律 1 正：其有贏、不～/效律 2：官嗇夫、冗吏皆共賞（償）不～之貨而入贏/效律 8：數而贏、不～/效律 11：縣料而不～者/效律 12：縣料而不～其見（現）數五分一以上/效律 19：節（即）官嗇夫免而效不～/效律 25：度禾、芻稾而不～/效律 25－26：而以律論其不～/效律 33：而以律論不～者/效律 34：有贏不～/效律 34：及者（諸）移贏以賞（償）不～/效律 35－36：有（又）與主廥者共賞（償）不～/效律 39：效公器贏、不～/效律 41：甲旅札贏其籍及不～者/效律 41：而責其不～旅=（旅衣）札/效律 45：勿以爲贏、不～/效律 50：計用律不審而贏、不～/效律 50：以效贏、不～之律貲之/雜抄 10：馬～/雜抄 23：及弗～/雜抄 35：辭曰

八種 150：必～請之/十八種 167：令～其故數/十八種 173：縣＝嗇夫＝（縣嗇夫，縣嗇夫）令＝人～度及與雜出之/效律 25：令～其故數/效律 33：縣＝嗇＝夫＝（縣嗇夫，縣嗇夫）令人～度及與雜出之/效律 59－60：而～責其出殹（也）/答問 6：～丈/答問 57：即～封傳它＝縣＝（它縣，它縣）/答問 127：～從＝事＝（從事。從事）/答問 181：已～/封診式 3：以～詰＝之＝（詰之。詰之）/封診式 41：甲賞（嘗）身免丙～臣之不殹（也）/封診式 73：自宵臧（藏）乙～（複）結衣一乙房內中/封診式 83：見乙有結～（複）衣/封診式 85：甲＝（甲。甲）到室即病～（腹）痛/封診式 87：～（腹）痛子出狀/爲吏 10 壹：毋～期勝/日甲 33 正：～事/日甲 33 正：不可～（覆）室蓋屋/日甲 36 正：免，～事/日甲 46 正：以免，弗～/日甲 31 正貳：必～之/日甲 48 正叁：數之而～從上數/日甲 150 正叁：不～字/日甲 157 正肆：日虒見，令～見之/日甲 159 正叁：晝見，不得，～/日甲 166 正叁：晝見，令～見之/日甲 166 正伍：夕見，令～見之/日甲 11 背：必～之/日甲 45 背貳：～（覆）鬴户外/日甲 25 背叁：～疾/日甲 95 背壹：甲辰寅死，必～有死/日甲 154 背：～卒其日/日甲 154 背：子有（又）～反枳（支）/日乙 13：～秀/日乙 25 壹：～秀之日/日乙 45 壹：用得，必～出/日乙 53：☐不可～（覆）室/日乙 108：必～之/日乙 108：必～之/日乙 111：～（覆）內/日乙 249－250：不～失火

1126 循（6） 十八種 68：吏～之不謹/十八種 117：苑＝吏＝（苑吏，苑吏）～之/十八種 197：令＝（令令）史～其廷府/雜抄 41－42：縣尉時～視其攻（功）及所爲/答問 187：宮中主～者殹（也）/封診式 26：自晝甲將乙等徼～到某山

1127 須（20）　十八種 87：糞其有物不可以～時/十八種 158：毋～時/答問 63：以～其得/答問 81：縛而盡拔其～麋（眉）/答問 127：～亡者得/爲吏 12 叁：事不且～/爲吏 41 叁：～身旞（遂）過/日甲 1 正壹：十二月～/日甲 49 正壹：～女/日甲 51 正壹：～女/日甲 54 正壹：～女/日甲 57 正壹：～女/日甲 77 正壹：～女/日甲 135 正：禹～臾/日甲 43 背壹—44 背壹：丈夫女子隋（墮）～（鬚）羸髮黄目/日甲 60 背貳：人毋（無）故而鬾（髮）撟若虫及～（鬚）睂（眉）/日甲 69 背：希（稀）～（鬚）/日甲 71 背：希（稀）～（鬚）/日甲 76 背：盜者長～（鬚）耳/日甲 97 背壹：禹～臾

1128 欽（1）　效律 11：～（咸）書其縣料殹（也）之數

1129 鈞（1）　效律 6：～不正

1130 殺（2）　十八種 40：～禾以臧（藏）之/爲吏 26 伍—27 伍：賜之參飯而勿鼠（予）～（肴）

1131 飯（1）　十八種 60：食～囚，日少半斗

1132 傘（1）　日甲 45 背叁：張～以鄉（嚮）之

1133 爲（445）　編年記 13 貳：六年，四月，～安陸令史/語書 1　2：是以聖王作～灋（法）度/語書 3：而使之＝（之之）於～善殹（也）/語書 4：故騰～是而脩（修）灋（法）律令、田令/語書 4：及～閒私方而下之/語書 5：聞吏民犯灋（法）～閒私者不止/語書 6：則～人臣亦不忠矣/語書 12—13：故如此者不可不～罰/語書 13：令＝、丞＝（令、丞，令、丞）以～不直/語書 14：以～惡吏/十八種 1：雨～澍〈澍〉/十八種 4：毋敢夜（爇）草～灰/十八種 13：～旱〈皂〉者除一更/十八種 15：～用書/十八種 21：萬石一積而比黎之～户/十八種 22：餘之索而更～發户/十八種 28：入禾

稼、芻稾，輒～廥籍/十八種 40：縣遺麥以～穜（種）用者/十八種 41：舂之～糲（糲）米一石/十八種 41：糲（糲）米一石～鑿（糳）米九=斗【=】（九斗；九【斗】）/十八種 41：九=斗【=】（九斗；九【斗】）～毀（毇）米八斗/十八種 43：～粟廿斗/十八種 43：舂～米十=斗=（十斗；十斗）/十八種 43：～麴三斗/十八種 43：叔（菽）、荅、麻十五斗～一石/十八種 43：稾毀（毇）稗者，以十斗～石/十八種 44：宦者、都官吏、都官人有事上～將/十八種 52：皆～小/十八種 53：小隸臣妾以八月傅～大隸臣妾/十八種 55：其守署及～它事者/十八種 57：盡月而以其餘益～後九月稟所/十八種 57：城旦～安事而益其食/十八種 59：～它事與垣等者/十八種 62：以其贖～隸臣/十八種 82：官嗇夫免，復～嗇夫/十八種 86：其金及鐵器入以～銅/十八種 88：可以～薪及蓋蘙〈蘙（翳）〉者/十八種 90：囚有寒者～褐衣/十八種 91：～幏布一/十八種 91：～褐以稟衣/十八種 97：～作務及官府市/十八種 98：～器同物者/十八種 99：～計，不同程者毋同其出/十八種 100：縣及工室聽官～正衡石羸（纍）/十八種 100：有工者勿～正/十八種 108：～矢程/十八種 110：隸妾及女子用箴（針）～緍綉它物/十八種 113：隸臣有巧可以～工者/十八種 113：勿以～人僕、養/十八種 116：興徒以～邑中之紅（功）者/十八種 117：勿計～繇（徭）/十八種 118：令縣復興徒～之/十八種 118：而勿計～繇（徭）/十八種 120：至秋毋（無）雨時而以繇（徭）～之/十八種 121：以垣繕之，不得～繇（徭）/十八種 122：欲以城旦舂益～公舍官府及補繕之/十八種 122：～之/十八種 122：縣～恒事/十八種 122：及灋有～殹（也）/十八種 123：～不察/十八種 124：而以其實～繇（徭）

雜抄 32：敢～酢（詐）僞者/雜抄 37：不死者歸，以～隸臣/雜抄 38：寇降，以～隸臣/雜抄 38：求盜勿令=送=逆=～=它=（令送逆爲它，令送逆爲它）/雜抄 41：署勿令～它事/雜抄 41－42：縣尉時循視其攻（功）及所～/雜抄 42：敢令～它事/答問 1：有（又）黥以～城旦/答問 2：黥劓（劓）以～城旦/答問 2：黥～城旦/答問 3：當刑～城旦/答問 8：當耐～隸臣/答問 14：當以三百論～盜/答問 14：不智（知），～收/答問 15：非前謀殹（也），當～收/答問 16：以百一十～盜；弗智（知）/答問 16：～守臧（贜）/答問 19：父盜子，不～盜/答問 19：當～盜/答問 21：～盜主/答問 21：且不～/答問 21：同居者～盜主/答問 21：不同居不～盜主/答問 22：户～“同居”/答問 25：當貲以下耐～隸臣/答問 25：皆各～一=具【=】（一具，一【具】）/答問 27：置豆俎鬼前未徹（徹）乃～“未闃”/答問 27：未置及不直（置）者不～“具”/答問 27：必已置乃～“具”/答問 29：議不～過羊/答問 30：抉=籥=（抉籥（鑰）”？抉籥（鑰））者已抉啓之乃～抉/答問 30：且未啓亦～抉=（抉？抉）/答問 31：已啓乃～抉/答問 32：唯縣少内～“府中”/答問 32：其它不～/答問 33：甲當黥～城旦/答問 33：吏～失刑辠（罪）/答問 34：或端～=（爲，爲）不直/答問 35：黥甲～城旦/答問 35：甲當耐～隸臣/答問 35－36：吏～失刑辠（罪）/答問 36：～不直/答問 43：端～=（爲，爲）誣人/答問 43：不端，～告不審/答問 44：或曰～告不審/答問 45：問乙～誣人/答問 45：且～告不審/答問 45：當～告盜駕（加）臧（贜）/答問 46：～告盜駕（加）臧（贜）/答問 47：～告不審/答問 48：～告黥城旦不審/答問 55：～有秩

（盜；盜）/答問142：可（何）如～“犯令”/答問142：律所謂者，令曰～爲/答問142：而～之/答問142：令₌（令”；令）曰～之/答問142：弗～/答問145：任人～丞₌（丞，丞）/答問145：後～令/答問147：弗～更籍/答問154：當坐所贏出～盜/答問157：部佐～匿田/答問157：且可（何）～/答問157：～匿田/答問157：不論〇〇～匿田/答問158：今馬～人敗/答問161：可（何）如～“奇”/答問161：擅有鬼立（位）殹（也），～“奇”/答問161：它不～/答問162：乃～“錦履”/答問162：以錦縵（鞔）履不～/答問164：～“通事”/答問164：皆～“乏繇（徭）”/答問166：女子甲～人妻/答問168：甲取（娶）人亡妻以～妻/答問174：女子～隸臣妻/答問174：以～非隸臣子殹（也）/答問174：或黥顏頯～隸妾/答問179：亡校券右～害/答問180：徒、吏與偕使而弗～私舍人/答問182：智（知）人通錢而～臧（藏）/答問186：垣～“完（院）”/答問186：不～/答問186：巷相直～“院”/答問186：宇相直者不～“院”/答問191：皆～“顯夫₌（大夫）。”/答問194：卜、史當耐者皆耐以～卜、史隸/答問196：其它皆～“吏人”/答問205：欲令乙～盜之/答問208：可（何）如～“大₌痍₌”（“大痍”？“大痍”）/答問208：～“大痍”/答問209：可（何）如～“大誤”/答問209：直（值）過六百六十錢～“大誤”/答問209：其它～小/封診式1：毋治（笞）諒（掠）而得人請（情）～上/封診式1：治（笞）諒（掠）～下/封診式1：有恐～敗/封診式7：當騰₌（騰（謄），騰（謄））皆～報/封診式14：當騰₌（騰（謄），騰（謄））皆～報/封診式37－38：斬以～城旦/封診式49：灋（廢）丘已傳，～報/封診式57－58：皆不可～廣袤/封診式

101 正壹：不可以～室/日甲 103 正壹：～羊牢馬廄/日甲 104 正壹：不可～土攻（功）/日甲 105 正壹：毋可有～/日甲 113 正貳：可以漬米～酒＝（酒，酒）/日甲 120 正貳：女子～巫/日甲 126 正貳：北門，利～邦門/日甲 121 正叁：其主且～巫/日甲 122 正叁－123 正叁：其主～巫/日甲 125 正叁：戌不可以～牀/日甲 128 正：不可具（暈）～，百事/日甲 128 正：節（即）有～也/日甲 129 正：有～而禺（遇）雨/日甲 129 正：凡是有～也/日甲 146 正貳：女～賈/日甲 148 正叁：不女～醫/日甲 148 正叁：女子～也/日甲 149 正肆：必～吏/日甲 140 正伍：必～吏/日甲 145 正陸：必～人臣妾/日甲 1 背：毋可有～/日甲 11 背：子、寅、卯、巳、酉、戌～牡日/日甲 11 背：丑、辰、申、午、未、亥～牝＝（牝。牝）日/日甲 12 背：十二月、正月、七月、八月～牡月/日甲 12 背：三月、四月、九月、十月～牝＝月＝（牝月。牝月）/日甲 21 背壹：女子～正/日甲 15 背貳：女子～正/日甲 20 背貳：女子～正/日甲 14 背叁：～池西南，富/日甲 15 背叁：～池正北，不利其母/日甲 23 背肆：取（娶）婦～小内/日甲 19 背伍：依道～小内/日甲 24 背壹：～民不羊（祥）/日甲 27 背壹：以桃～弓/日甲 28 背壹：牡棘～矢/日甲 30 背壹：以～僞人犬/日甲 32 背壹－33 背壹：以桑心～丈（杖）/日甲 34 背壹：人毋（無）故而鬼取～膠（摎）/日甲 35 背壹：與人～徒/日甲 44 背壹－45 背壹：是宲＝（宲宲〈是宲〉）人生～鬼/日甲 48 背壹－49 背壹：以桑皮～□□之/日甲 58 背壹：它人莫～/日甲 24 背貳：～芻矢以鳶（弋）之/日甲 27 背貳：以犬矢（屎）～完（丸）/日甲 44 背貳：鬼恒～人惡瞢（夢）/日甲 45 背貳：～桑丈（杖）奇（倚）户内/日甲 51 背貳：以廣灌～蕺（鳶）以燔之/日甲54背貳：～桃更（梗）而毆（搢）之/日甲65背貳：乃～灰室而牢之/日甲29背叁：鬼嬰兒恒～人號曰/日甲53背叁：更～井/日甲73背：～人不轂（穀）/日甲76背：～人我=（我我）然好歌無（舞）/日甲77背：其～人也鞞=（鞞（竨）鞞（竨））然/日甲79背：其～人也剛履（愎）/日甲81背：戊名曰匽～勝䂱/日甲111背：先～禹除道/日甲117背：不可～複衣/日甲121背：不可～複衣/日甲134背－135背：不可～土攻（功）/日甲143背：～户牖/日甲144背：利～嗇夫/日甲144背：丁亥不可～户/日甲155背：望，利～囷倉/日甲156背：以～馬禖/日甲158背－159背：令頭～身衡/日甲159背：觔（脊）～身剛/日甲159背：脚～身□/日甲159背：腹～百草囊/日乙40壹：無不可有～也/日乙44壹：它毋有～也/日乙45壹：毋可有～也/日乙46壹：毋可有～也/日乙56：毋（無）可～/日乙66：利～木事/日乙80壹：不可～室及入之/日乙80壹：～吏/日乙81壹：不可～它事/日乙82壹：生～吏/日乙84壹：利入禾粟=及～囷倉/日乙86壹：以邋（獵）置罔（網）及～門/日乙87壹：～正/日乙89壹：可以～土事/日乙93壹：～邑桀（傑）/日乙94壹：男～見（覡）/日乙94壹：女～巫/日乙96壹：生子=（子，子）～吏/日乙97壹：～門/日乙99壹：可以～室/日乙103壹：取（娶）妻=（妻，妻）～巫/日乙104壹：子=（子，子）～夫=（大夫）/日乙107壹：老～人治也/日乙111：屋=（屋，屋）以此日～蓋/日乙134：不可具（暈）～，百【事】/日乙134：節（即）以有～也/日乙135：有～也而遇雨/日乙135：凡且有～也/日乙145：耐（乃）～四席=（席。席）/日乙158：外鬼父葉（世）～姓

（眚）/日乙 160：外鬼～姓（眚）/日乙 160：巫亦～姓（眚）/日乙 162：☐巫～姓（眚）/日乙 164：中鬼見社～姓（眚）/日乙 166：巫～姓（眚）/日乙 170：外鬼兄枼（世）～姓（眚）/日乙 172：母葉（世）外死～姓（眚）/日乙 174：狌～姓（眚）/日乙 176：巫～姓（眚）/日乙 178：高王父～姓（眚）/日乙 178：壄（野）立～☐/日乙 180：母枼（世）見之～姓（眚）/日乙 181：生人～姓（眚）/日乙 183：王父～姓（眚）/日乙 184：王父～姓（眚）/日乙 185：外鬼、傷（殤）死～姓（眚）/日乙 187：外鬼～姓（眚）/日乙 188 貳：己丑～圂廁/日乙 190 貳：凡癸～屏圂/日乙 191 貳：不可卜筭、～屋/日乙 238－239：～臣妾/日乙 242：女子～巫/日乙 244：女子～醫/日乙 244：～人臣/日乙 247：男子～人臣/日乙 247：女子～人妾/日乙 248：必～上卿/日乙 248：女子～邦君妻/日乙 249：～人隋也/日乙 253：☐[其]女若母～巫/日乙 255：～閒者不寡夫乃寡婦

1134 螽（1） 日甲 78 背：盜者～（彎）而黃色

1135 飭（1） 雜抄 28：毋敢炊～

1136 飯（1） 爲吏 26 伍－27 伍：賜之參～而勿鼠（予）殺

1137 飲（25） 效律 46：～水₌（水，水）/答問 15：妻₌（妻，妻）與共～食之/封診式 91：甲等難～食焉/封診式 93：亦未嘗召丙～/封診式 93：丙與里人及甲等會～食/封診式 94：皆難與丙～食/日甲 12 正貳：～食/日甲 15 正貳：～樂/日甲 32 正：～食/日甲 38 正：～樂/日甲 38 正：～食/日甲 40 正：不可～食哥（歌）樂/日甲 42 正：～食哥（歌）樂/日甲 127 正：遠行若～食歌樂/日甲 140 正壹：～食急/日甲 13 背：豻〈貇〉踦强～强食/日甲 36 背壹：不～食/日甲 54 背叁：～以爽（霜）路（露）/日甲 118 背：以坐而～酉（酒）/

診式 66：其口鼻氣出渭（喟）～/封診式 70：視口鼻渭（喟）～不殹（也）/封診式 71：口鼻不渭（喟）～/封診式 72：口鼻或不能渭（喟）～者/日甲 31 正貳：男子亦～/日甲 35 背壹：令人色柏（白）～毋（無）氣/日甲 52 背貳：恒～/日甲 76 背：爲人我＝（我我）～好歌無（舞）/日甲 77 背：其爲人也鞞＝（鞞（竨）鞞（竨））～/日乙 22 壹：利以小～〈祭〉/日乙 238：不～必有疵於前

1146 貿（1） 答問 202：節（即）亡玉若人～傷（易）之

1147 詛（1） 答問 59：廷行𠭥（事吏）爲～（詐）僞

1148 詐（4） 語書 2：民多～巧/爲吏 34 肆：觀民之～/日乙 17：利以説盂（盟）～（詛）/日乙 23 壹：説盂（盟）～（詛）

1149 診（24） 十八種 16：縣＝（縣，縣）亟～而入之/十八種 17：以其～書告官論之/十八種 18：縣＝（縣，縣）～而雜買（賣）其肉/封診式 30：～首/封診式 30：毋～身可殹（也）/封診式 32：～首/封診式 32：已～丁/封診式 32－33：亦～其痍狀/封診式 35：～首□鬌髮/封診式 39：令＝（令令）史某～丙/封診式 53：令醫丁～之/封診式 55－56：即令＝（令令）史某往～/封診式 56：與牢隸臣某即甲～/封診式 63：即令＝（令令）史某往～/封診式 64：女～丙＝（丙。丙）/封診式 68：～必先謹審視其迹/封診式 74：即令＝（令令）史某往～/封診式 75：典丁～乙房＝内＝（房内。房内）/封診式 86：即～嬰兒男女、生髮及保之狀/封診式 86：～甲前血出及癰狀/封診式 87：隸臣某～甲所詣子/封診式 89：令隸妾數字者某＝（某某）～甲/封診式 98 正：以甲獻典乙相～/封診式 98 背：封～式

1150 詾（2） 日甲 8 背貳：十四日奊（謑）～（詬）/日甲 9 背貳：代＝主＝（代主。代主）及奊（謑）～（詬）

尺有～（寸）而中折

1163 道（28）　語書 1：～嗇夫/語書 2－3：以教～（導）民/十八種 119：或盜決（決）～出入/十八種 201：～官相輸隸臣妾、收人/答問 196：囚～一署旞（遂）/答問 196：所～旞（遂）者命曰/封診式 67：堪上可～終索/封診式 70：～索終所試脱頭/爲吏 1 壹：凡爲吏之～/爲吏 10 叁：除陛甬～/爲吏 16 叁：溝渠水～/爲吏 26 肆：孰（熟）～毋治（怠）/爲吏 30 肆：～傷（易）車利/日甲 130 正：從～右吉/日甲 21 背貳：～周環宇/日甲 19 背伍：依～爲小内/日甲 25 背壹：～（導）令民毋麗（罹）兇（凶）央（殃）/日甲 54 背貳：以癸日＝（日日）入投之～/日甲 56 背貳：以戊日＝（日日）中而食黍於～/日甲 46 背叁：人行而鬼當～以立/日甲 58 背叁：取盎之中～/日甲 58 背叁－59 背叁：乃棄其屨於中～/日甲 111 背：先爲禹除～/日乙 143：祠常行～右/日乙 145：祠～左/日乙 145：祠～右/日乙 147：戊辰不可祠～＝踭＝（道踭（旁），道踭（旁））以死/日乙 147：丁不可祠～旁

1164 剡（1）　封診式 61：令甲以布帬（裙）～（掩）貍（埋）男子某所

1165 勞（12）　十八種 47：駕縣馬～/十八種 55：城旦之垣及它事而～與垣等者/十八種 130：爲車不～（佻）稱議脂之/十八種 146：免城旦～三歲以上者/十八種 153：從軍當以～論及賜/雜抄 15－16：敢深（甚）益其～歲數者/雜抄 16：貲一甲，棄～/雜抄 16：中～律/雜抄 29：馬～課殿/雜抄 30：馬～課殿/爲吏 20 壹：～以衛（率）之/爲吏 12 肆：～有成既

1166 澍（2）　十八種 1：雨爲～〈澍〉/十八種 1：輒以書言～〈澍〉稼

1167 渫（1）　日甲 122 正貳：其主必富三～（世）

（假）子/答問19：當爲～/答問20：與～同灋（法）/答問20－21：人奴妾～其主之父母/答問21：爲～主/答問21：同居者爲～主/答問21：不同居不爲～主/答問22：～及者（諸）它辠（罪）/答問23：～=（盜盜）人/答問23：買（賣）所～/答問23：今～=（盜盜）甲衣/答問25：～其具/答問26：～之當耐/答問26：而柀～之/答問26：及～不直（置）者/答問28：～埱庢/答問29：士五（伍）甲～一羊=（羊，羊）/答問29：甲意所～羊毆（也）/答問30：抉之且欲有～/答問31：抉之非欲～毆（也）/答問32：與～同灋（法）/答問33：士五（伍）甲～/答問35：士五（伍）甲～/答問37：或以赦前～千錢/答問38：告人～百一十/答問38：問～百/答問38：～百/答問38：即端～駕（加）十錢/答問40：告人～千錢/答問40：問～六百七十/答問41：誣人～千錢/答問41：問～六百七十/答問42：甲告乙～直（值）□□/答問42：問乙～卌/答問43：甲告乙～牛若賊傷人/答問43：今乙不～牛、不傷人/答問44：甲告乙～牛/答問44：非～牛毆（也）/答問45：甲～羊/答問45：即端告曰甲～牛/答問45：當爲告～駕（加）臧（贓）/答問46：甲～羊/答問46：乙智（知）～羊/答問46：即告吏曰～三羊/答問46：爲告～駕（加）臧（贓）/答問47：甲告乙～牛/答問47：今乙～羊/答問47：不～牛/答問49：誣人～直（值）廿/答問49：有=（有（又）有）它～/答問50：上造甲～一羊/答問50：誣人曰～一豬/答問56：～封嗇夫可（何）論/答問64：～徙封/答問64：而～徙之/答問66：求～追捕辠=人=（辠（罪）人，辠（罪）人）/答問66：挌（格）殺求～/答問67：甲謀遣乙～殺人/答問103：賊殺傷、～它人爲“公室”/答問103：子～父=母=（父母，父母）/

答問108：殺傷父臣妾、畜産及～之/答問113：其爲羣～/答問114：其它辠（罪）比羣～者亦如此/答問125：羣～赦爲庶人/答問125－126：將～戒（械）囚刑辠（罪）以上/答問126：它辠（罪）比羣～者皆如此/答問131：當爲～不當/答問131：坐臧（贜）爲～₌（盜；盜）/答問136：夫、妻、子五人共～/答問137：夫、妻、子十人共～/答問138：告～書丞印以亡/答問140：～出朱（珠）玉邦關/答問141：或捕告人奴妾～百一十錢/答問154：當坐所贏出爲～/答問181：後來～而得/答問205：欲令乙爲～之/答問205：而實弗～之謂毆（也）/封診式15：～自告/封診式15：以五月晦與同里士五（伍）丙～某里士五（伍）丁千錢/封診式17：迺四月中～牛/封診式19：丙～鑄此錢/封診式21：～馬/封診式21：市南街亭求～才（在）某里曰甲縛詣男子丙/封診式22：丙～此馬、衣/封診式25：羣～/封診式25：求～才（在）某里曰乙/封診式25－26：丁與此首人强攻羣～人/封診式28－29：强攻羣～某里公士某室/封診式29：～錢萬/封診式55：某亭求～甲告曰/封診式73：穴～/封診式74：不智（知）穴～者可（何）人₌（人、人）/封診式74：求其～/封診式80：不智（知）～人數及之所/封診式82：不智（知）～者可（何）人及蚤（早）莫（暮）/爲吏25叁：水火～賊/日甲9正貳：必耦（遇）寇～/日甲15正貳：攻～/日甲24正貳：言～，得/日甲42正：生子，男女爲～/日甲43正：多～/日甲139正捌：摯（執）～賊/日甲154正貳：在手者巧～/日甲69背－70背：～者/日甲69背：～者兑（鋭）口/日甲70背：～者大鼻/日甲71背：～者壯/日甲72背：～者大面/日甲73背：～者男子/日甲74背：～者長而黑/日甲75背：～者長頸/

30 壹：~〈閉〉巳/日乙 31 壹：~〈閉〉午/日乙 32 壹：~〈閉〉未/日乙 33 壹：~〈閉〉申/日乙 34 壹：~〈閉〉酉/日乙 35 壹：~〈閉〉戌/日乙 36 壹：~〈閉〉亥/日乙 37 壹：~〈閉〉子/日乙 46 壹：~〈閉〉日

1186 犀（1）　爲吏 17 叁：~角象齒

1187 屖（1）　十八種 27：見~之粟積

1188 强（15）　語書 12：阬閬~肮（伉）/語書 12：以視（示）~/十八種 31：其故吏弗欲，勿~/十八種 126－127：車=（車，車）蕃（藩）蓋~折列（裂）/雜抄 8：輕車、赾張、引~/答問 75：臣~與主奸/答問 148：勿敢擅=~=質=（擅强質，擅强質）/答問 148：廷行事~質人者論/封診式 25－26：丁與此首人~攻羣盜人/封診式 28－29：~攻羣盜某里公士某室/爲吏 37 壹：~良不得/日甲 13 背：豹〈貌〉竒~飲/日甲 13 背：~食/日甲 81 背：甲盜名曰耤鄭壬贚~當良/日乙 195 壹：宛奇~飲食

1189 費（2）　十八種 37：縣上食者籍及它~大（太）倉/雜抄 22：殿而不負~

1190 疏（1）　封診式 91－92：即~書甲等名事關（貫）諜（牒）北（背）

1191 萬（7）　日甲 26 正壹：辰申~（害）/日甲 27 正壹：午戌~（害）/日甲 28 正壹：申子~（害）/日甲 29 正壹：戌寅~（害）/日甲 30 正壹：子辰~（害）/日甲 31 正壹：寅午~（害）/日甲 40 正：~（害），是胃（謂）其羣不捧（拜）

1192 絮（3）　封診式 82：絲~五斤蘽（裝）/日甲 13 背－14 背壹：非繭乃~/日乙 195 壹：不璽（繭）則~

1193 媚（5）　日甲 26 正貳：裚（製）衣，丁丑~人/日甲 14 背伍：婦不~於君/日甲 114 背：~人/日甲 119 背：~人/日

1209 遠（15） 十八種 2－3：～縣令郵行之/十八種 70：計其輸所～近/十八種 87：都官～大内者輸縣₌（縣，縣）/十八種 119：縣所葆禁苑之傅山、～山/十八種 139：～其計所官者/日甲 127 正：～行若飲食歌樂/日甲 134 正：己酉從～行入/日甲 56 背叁：果（裹）以貰（蕡），而～去之/日甲 110 背：從～行歸/日甲 127 背：毋以戌、亥～去室/日乙 22 壹：生子年不可～₌行₌（遠行，遠行）/日乙 43 貳：長行，毋以戌亥～去室/日乙 132：【凡且有】大行～行若飲食歌樂/日乙 140：～行者毋以壬戌、癸亥到室/日乙 240：戊寅生，～去，女子於南

1210 鼓（7） 爲吏 22 肆－23 肆：～而乘之/日甲 29 背貳：鬼恒夜～人門/日甲 32 背貳－33 背貳：男女未入宫者毄（擊）～奮鐸喿（譟）之/日甲 34 背叁：一室中有～音/日甲 34 背叁：不見其～/日甲 34 背叁：是鬼～/日甲 34 背叁：以人～磨（應）之

1211 憙（2） 日乙 219 壹：戊己死者，有～（熹）/日乙 221 壹：壬癸死者，有～（熹）

1212 敼（1） 語書 9：有（又）廉絜（潔）敦～（慤）而好佐上

1213 裚（11） 爲吏 16 貳：三曰擅～（製）割/日甲 26 正貳：～（製）衣/日甲 115 背：不可以～（製）新衣/日甲 118 背：丁酉～₌（裚（製）衣）常（裳）/日乙 15：～（製）寇〈冠〉帶/日乙 23 壹：利以～（製）衣常（裳）/日乙 25 壹：～（製）衣常（裳）/日乙 129：～（製）/日乙 129：利以～（製）衣/日乙 129：～₌（裚（製）衣）常（裳）/日乙 129：不可以～（製）

1214 嗀（9） 日甲 141 正壹：乙亥生子，～（穀）而富/日甲 148 正壹：壬午生子，～（穀）而武/日甲 141 正貳：乙酉生子，～（穀），好樂/日甲 147 正貳：辛卯生子，吉及～（穀）/日甲 149 正貳：癸巳生子，～（穀）/

日甲 145 正叁：己亥生子，～（穀）/日甲 140 正肆：甲辰生子，～（穀）/日甲 145 正肆：己酉生子，～（穀）/日甲 143 正伍：丁巳生子，～（穀）而美

1215 聖（5）　語書 1—2：是以～王作爲灋（法）度/爲吏 45 貳：爲人下則～/爲吏 48 貳—49 貳：上明（明）下～/日甲 142 正陸：丙寅生子，武以～/日乙 238：丙寅生，武，～

1216 蓋（19）　十八種 10：復以薦～/十八種 88：可以爲薪及～蘙〈蘙（翳）〉者/十八種 126—127：車=（車，車）蕃（藩）～强折列（裂）/十八種 195：獨高其置芻廥及倉茅～者/封診式 9：内室皆瓦～/日甲 11 正壹：～/日甲 33 正：不可復（覆）室～屋/日甲 38 正：～屋/日甲 68 正壹：不可～屋/日甲 117 正貳：辟門，成之即之～/日甲 1 背：～屋，燔/日乙 23 壹：～絕紀之日/日乙 45 壹：虚日，不可以臧=～=（臧（藏）蓋，臧（藏）蓋）/日乙 46 壹：閈〈閉〉日，可以～臧（藏）及謀/日乙 57：利以穿井、～屋/日乙 96 壹：不可蓋室/日乙 111：屋=（屋，屋）以此日爲～/日乙 113：～忌/日乙 113：不可以～

1217 靳（1）　爲吏 32 叁：稟～濆（濆）

1218 夢（9）　日甲 13 背：～/日乙 190 壹：～/日乙 189 壹：甲乙～被黑裘衣寇〈冠〉/日乙 190 壹：丙丁～□/日乙 191 壹：戊己～黑/日乙 192 壹：庚辛～青黑/日乙 193 壹：壬癸～日〈白〉/日乙 194：凡人有惡～/日乙 194：某有惡～

1219 蒲（3）　編年記 5 壹：五年，歸～反/編年記 18 壹：十八年，攻～反/十八種 131—132：毋（無）荓者以～、藺以枲萷（䊢）之

1220 禁（8）　十八種 5：邑之紤（近）皂及它～苑者/十八種 6：百姓犬入～苑中/十八種 7：河（呵）～所殺犬/十八種

7：其它～苑殺者/十八種 12：田嗇夫、部佐謹～御之/十八種 117：縣葆～苑、公馬牛苑/十八種 119：縣所葆～苑之傅山、遠山/十八種 193：～苑憲盜

1221 楚（14） 日甲 26 正貳：毋以～九月己未台（始）被新衣＝（衣，衣）/日甲 64 正貳：十月～冬夕/日甲 65 正貳：十一月～屈夕/日甲 66 正貳：十二月～援夕/日甲 67 正貳：正月～刑夷/日甲 64 正叁：二月～夏尿/日甲 65 正叁：三月～紡月/日甲 66 正叁：四月～七月/日甲 67 正叁：五月～八月/日甲 64 正肆：六月～九月/日甲 65 正肆：七月～十月/日甲 66 正肆：八月～爨月/日甲 67 正肆：九月～鬳（獻）馬/日乙 243：戊戌生，姓～

1222 椯（2） 日甲 40 背貳：以鐵椎～（段）之/日甲 25 背叁：～（段）四隅、中央

1223 榆（1） 日乙 67：甲乙～

1224 嗇（113） 語書 1：南郡守騰謂縣、道～夫/十八種 12：田～夫、部佐謹禁御之/十八種 13：賜田～夫壺酉（酒）束脯/十八種 14：誶田～夫/十八種 21：縣～夫若丞及倉、鄉相雜以印之/十八種 21：倉～夫/十八種 22：～夫免/十八種 72：都官有秩吏及離官～夫/十八種 74：小官毋（無）～夫者/十八種 79：令其官～夫及吏主者代賞（償）之/十八種 80：～夫即以其直（值）錢分負其官長及冗吏/十八種 82：官～夫免/十八種 82：復爲～夫/十八種 83：官～夫免/十八種 120－121：縣～夫材（裁）興有田其旁者/十八種 136：大～夫/十八種 136：丞及官～夫有辠（罪）/十八種 159－160：～夫之送見它官者/十八種 161：官～夫節（即）不存/十八種 162：官～夫必與去者效代者/十八種 162：節（即）官～夫免而效/十八種 164：誶官～夫/十八種 164－165：貲官～夫一甲/十八種 165：貲官～夫二

甲/十八種 165：官～夫/十八種 168：倉～夫某/十八種 168－169：縣～夫/十八種 169：倉～夫/十八種 171：～夫免而效=（效，效）/十八種 172：倉～夫及佐、史/十八種 172：新倉～夫/十八種 173：縣=～夫=（縣嗇夫，縣嗇夫）/十八種 175：大～夫、丞智（知）而弗辠（罪）/十八種 178：官～夫貲一盾/十八種 189：官～夫免/十八種 189：☐其官亟置～夫/十八種 189：過二月弗置～夫/十八種 190：苑～夫不存/十八種 196：大～夫、丞任之/十八種 197：官～夫及吏夜更行官/效律 2：官～夫/效律 3：貲官～夫一甲/效律 8：誶官～夫/效律 9：貲～夫一盾/效律 9：貲官～夫一甲/效律 10：貲官～夫二甲/效律 13：誶官～夫/效律 14：貲官～夫一盾/效律 14：貲官～夫一甲/效律 15：誶官～夫/效律 15－16：貲官～夫一盾/效律 17：官～夫免/效律 17－18：官=（官，官）～夫坐效以貲/效律 18：大～夫及丞除/效律 18：新～夫自效殹（也）/效律 18：故～夫及丞皆不得除/效律 19：官～夫必與去者效代者/效律 19：節（即）官～夫免而效不備/效律 22：誶官～夫/效律 23：貲官～夫一甲/效律 23：貲官～夫二甲/效律 23：官～夫/效律 27：倉～夫某/效律 28：縣～夫/效律 28：倉～夫/效律 29：～夫免而效=（效，效）/效律 32：倉～夫及佐、史/效律 32：新倉～夫/效律 33：謁縣=～=夫=（縣嗇夫，縣嗇夫）/效律 35：大～夫/效律 40：官～夫貲一盾/效律 42：貲官～夫一甲/效律 43：大者貲官～夫一盾/效律 44：貲官～夫一盾/效律 51：官～夫貲二甲/效律 51：官～夫貲一甲/效律 51－52：誶如官～夫/效律 52：亭～夫/效律 56：誶官～夫/效律 59：貲官～夫一盾/效律 59：貲官～夫一甲/雜抄 1：守～夫/雜抄 2：除士吏、發弩～夫不如律/雜抄 2：發弩～夫射不中/

雜抄 3：～夫任之/雜抄 15：庫～夫/雜抄 16：貲～夫一甲/雜抄 19：貲～夫一甲/雜抄 19：縣～夫/雜抄 20：貲司空～夫一盾/雜抄 20：貲～夫一甲/雜抄 21：貲～夫二甲而灋（廢）/雜抄 21：貲～夫一甲/雜抄 22：貲～夫二甲而灋（廢）/雜抄 23：貲～夫一盾/雜抄 29：貲廄～夫一甲/雜抄 30：貲皂～夫一盾/雜抄 31：貲～夫、佐各一盾/雜抄 31：貲～夫、佐各一盾/雜抄 39：縣～夫/答問 55：爲有秩僞寫其印爲大～夫/答問 56：盜封～夫可（何）論/答問 61：～夫不以官爲事/答問 94：史不與～夫和/答問 95：辭者不先辭官長、～夫/答問 95：可（何）謂"～夫"/答問 95：縣曰"～夫"/日甲 14 正貳：可以爲～夫/日甲 16 正貳：爲～夫/日甲 34 正：利爲～夫/日甲 36 正：以爲～夫/日甲 42 正：爲～夫，久/日甲 144 背：利爲～夫

1225 厀（3） 封診式 53：肘～（膝）/封診式 77－78：穴中外壤上有～（膝）、手迹/封診式 78：～（膝）、手各六所

1226 裘（1） 日乙 189 壹：甲乙夢被黑～衣寇〈冠〉

1227 毄（64） 十八種 135－136：所弗問而久～（繫）之/十八種 141：居貲贖責（債）～（繫）城旦舂者/十八種 142：人奴妾～（繫）城旦舂/十八種 143：～（繫）城旦舂/答問 6：～（繫）一歲/答問 53：～（繫）投書者鞫審讞之/答問 63：當～（繫）作如其所縱/答問 109：有（又）～（繫）城旦六歲/答問 111：有（又）～（繫）城旦六歲/答問 118：有（又）～（繫）城旦六歲/答問 132：隸臣妾～（繫）城旦舂/答問 132：備～（繫）日/爲吏 11 伍：以～（繫）畸/日甲 11 正貳：【絕日，無爲而】可名曰～（擊）日/日甲 21 正貳：攻～（擊）/日甲 33 正：～（繫），亟出/日甲 41 正：～（繫），亟出/日甲 42 正：以～（繫），不免/日甲 44 正：～（繫），久不已/日甲 46 正：～（繫），久不

巳/日甲 47 正壹：柖（招）榣（摇）～（繫）未/日甲 47 正壹：玄戈～（繫）尾/日甲 48 正壹：柖（招）榣（摇）～（繫）午/日甲 48 正壹：玄戈～（繫）心/日甲 49 正壹：柖（招）榣（摇）～（繫）巳/日甲 49 正壹：玄戈～（繫）房/日甲 50 正壹：柖（招）榣（摇）～（繫）辰/日甲 50 正壹：玄戈～（繫）翼/日甲 51 正壹：柖（招）榣（摇）～（繫）卯/日甲 51 正壹：玄戈～（繫）張/日甲 52 正壹：柖（招）榣（摇）～（繫）寅/日甲 52 正壹：玄戈～（繫）七星/日甲 53 正壹：柖（招）榣（摇）～（繫）丑/日甲 53 正壹：玄戈～（繫）此（觜）巂/日甲 54 正壹：柖（招）榣（摇）～（繫）子/日甲 54 正壹：玄戈～（繫）畢/日甲 55 正壹：柖（招）榣（摇）～（繫）亥/日甲 55 正壹：玄戈～（繫）茅（昴）/日甲 56 正壹：柖（招）榣（摇）～（繫）戌/日甲 56 正壹：玄戈～（繫）營室/日甲 57 正壹：柖（招）榣（摇）～（繫）酉/日甲 57 正壹：玄戈～（繫）危/日甲 58 正壹：柖（招）榣（摇）～（繫）申/日甲 58 正壹：玄戈～（繫）虚/日甲 59 正壹：～/日甲 60 正壹：～/日甲 60 正壹：西北～/日甲 61 正：～/日甲 62 正：～/日甲 63 正：□□□～者/日甲 143 正肆：必賞（嘗）～（繫）囚/日甲 31 背壹：鬼來陽（揚）灰～（擊）箕以喿（譟）之/日甲 33 背壹：鬼來而～（擊）之/日甲 53 背壹：～（擊）以桃丈（杖）/日甲 32 背貳—33 背貳：男女未入宫者～（擊）鼓奮鐸喿（譟）之/日甲 27 背叁：以桃更（梗）～（擊）之/日甲 38 背叁：～（繫）以葦/日甲 39 背叁：～（繫）以葦/日甲 43 背叁：以其木～（擊）之/日甲 48 背叁：以若（箬）便（鞭）～（擊）之/日甲 49 背叁：以若（箬）便（鞭）～（擊）之/日乙 18 壹：攻～（擊）/日乙

59：～（繫），亟出/日乙 62：以～（繫），久

1228 剽（16） 封診式 21：騅牝右～/日甲 96 正壹：～卯/日甲 97 正壹：～午/日甲 98 正壹：～酉/日甲 99 正壹：～子/日乙 26 壹：～酉/日乙 28 壹：～亥/日乙 30 壹：～丑/日乙 31 壹：～寅/日乙 32 壹：～卯/日乙 33 壹：～辰/日乙 34 壹：～巳/日乙 35 壹：～午/日乙 36 壹：～未/日乙 37 壹：～申/日乙 44 壹：～日

1229 賈（24） 十八種 17－18：以其筋、革、角及其～（價）錢效/十八種 18：及索（索）入其～（價）錢＝（錢。錢）/十八種 68：～市居列者及官府之吏/十八種 69：各嬰其～（價）/十八種 136：作務及～而負責（債）者/效律 1 正：以其～（價）多者辠（罪）之/效律 12：直（值）其～（價）/效律 58：直（值）其～（價）/答問 153：叔＝、麥＝（叔（菽）、麥，叔（菽）、麥）～（價）賤禾貴/答問 184：客未布吏而與～/封診式 38：受～（價）錢/封診式 39：令少內某、佐某以市正～（價）/封診式 39：～丙丞某前/封診式 39：～（價）若干錢/封診式 83：以此直（值）衣～（價）/日甲 75 正壹：斗，利祠及行～＝（賈、賈）市/日甲 77 正壹：～市/日甲 85 正壹：～市/日甲 120 正叁：所利～市/日甲 146 正貳：庚寅生子，女爲～/日甲 20 背壹：北方下，利～市/日乙 85 壹：～市/日乙 103 壹：利祠及行～＝（賈、賈）/日乙 105 壹：～市

1230 惪（1） 日甲 81 背：乙名曰舍徐可不詠亡～（憂）

1231 豤（4） 十八種 1：～（墾）田暘毋（無）稼者頃數/十八種 8：無～（墾）/十八種 8：不～（墾）/十八種 74：～生者

1232 雷（2） 日甲 42 背叁：～焚人/日甲 43 背叁：～攻人

1233 歲（114） 十八種 13：卒～/十八種 19：卒～/十八種 20：卒～/十八種 35：～異積之/十八種 78：終～衣食不踐以稍

賞（償）/十八種81：其責（債）毋敢隃〓～〓（隃（逾）歲，隃（逾）歲）/十八種100：毋過～壺〈壹〉/十八種111：一～半紅（功）/十八種111：其後～賦紅（功）與故等/十八種111：故工一～而成/十八種111：新工二～而成/十八種116：令結（嫴）堵卒～/十八種117－118：未卒～或壞陕（決）/十八種118：卒～而或陕（決）壞/十八種119：卒～/十八種146：免城旦勞三～以上者/十八種151：欲爲冗邊五～/十八種162－163：新吏居之未盈～/十八種163：其盈～/十八種171：終～而爲出凡曰/十八種187：都官～上出器求補者數/十八種199：～讎辟律于御史/效律20：新吏居之未盈～/效律21：盈～/效律30：終～而爲出凡曰/雜抄3：駕騶除四～/雜抄3：賞（償）四～繇（徭）戍/雜抄5：卒～/雜抄12：戍二～/雜抄12：貲戍一～/雜抄13：貲戍二～/雜抄13：戍一～/雜抄15－16：敢深（甚）益其勞～數者/雜抄17：省三～比殿/雜抄18：非～紅（功）及毋（無）命書/雜抄21：鬃園三～比殿/雜抄22：三～比殿/雜抄22：賦～紅（功）/雜抄27：卒～/雜抄40：令姑（嫴）堵一～/答問6：觳（繫）一～/答問109：有（又）觳（繫）城旦六～/答問111：有（又）觳（繫）城旦六～/答問118：有（又）觳（繫）城旦六～/答問127：卒～得/答問163：未盈卒～得/答問163：未卒～而得/答問167：居二～/封診式24：牛〓（牛，牛）六～矣/封診式52：以三～時病疕/封診式92：以丗餘～時䙴（遷）/日甲33正：～善/日甲35正：～善/日甲37正：～半入/日甲39正：～善而柀（疲）不産/日甲41正：又（有）～/日甲43正：～中/日甲45正：～善/日甲46正：～中/日甲58正叁：不出～亦寄焉/日甲64正壹：～/日甲64正壹：～在東方/日甲65正壹：～在南方/日甲66正壹：～在西方/日甲67正壹：～在北方/日甲75正壹：不盈三～死/日甲69正貳：～在東方/日甲70正貳－71正貳：～在南方/日甲73正貳：～在西方/日甲75正貳：～在西方/日甲77正貳：～在北方/日甲79正貳：不出三～必有大得/日甲117正貳：廿～必富/日甲117正貳：廿～更/日甲118正貳：十二～更/日甲119正貳：十六～弗更/日甲120正貳：四～更/日甲122正貳：八～更/日甲123正貳：八～更/日甲124正貳：五～弗更/日甲125正貳：五～更/日甲114正叁：三～中日入一布/日甲114正叁：三～中弗更/日甲115正叁：八～昌/日甲115正叁：十六～弗更/日甲116正叁：五～更/日甲117正叁：十二～更/日甲118正叁：八～更/日甲120正叁：十一～更/日甲121正叁：五～弗更/日甲123正叁：十二～更/日甲129正：其央（殃）不出～中/日甲131正：～忌/日甲3背壹：不出三～/日甲4背壹：不出二～/日甲59背叁：不出壹～/日甲96背壹：不出卒～/日甲114背：不卒～必衣絲/日甲120背：不卒～必衣絲/日甲152背：其～或弗食/日甲159背－160背：吾～不敢忘/日乙54：～美/日乙55：～美/日乙56：～半/日乙58：～善而柀不全/日乙61：～中/日乙63：～善/日乙42貳：不出三～必代寄焉/日乙49貳：～或弗食/日乙50貳：必以～後/日乙51貳：必以～前/日乙134：其央（殃）不出～/日乙183：煩及～皆在南方/日乙184：中～在西

1234 貲（161） 十八種76：有責（債）於公及～/十八種82：而坐其故官以～賞（償）/十八種97：不從令者～一甲/十八種115：～二甲/十八種115：～一盾/十八種115：～一甲/十八種133：有辠（罪）以～贖及有責（債）於公/十八種134－135：人奴妾居贖～責（債）于城旦/

戍二歲/雜抄 14：～一甲/雜抄 14：～二甲/雜抄 14－15：及令、丞～各一甲/雜抄 15 吏～二甲/雜抄 16：～一甲/雜抄 16：～嗇夫一甲/雜抄 17：～工師一甲/雜抄 17：～工師二甲/雜抄 18：工師及丞～各二甲/雜抄 19：～嗇夫一甲/雜抄 20：～司空嗇夫一盾/雜抄 20：～嗇夫一甲/雜抄 21：～嗇夫二甲而灋（廢）/雜抄 21：～嗇夫一甲/雜抄 22：～嗇夫二甲而灋（廢）/雜抄 22：殿而不負費，勿～/雜抄 23：～其曹長一盾/雜抄 23：～嗇夫一盾/雜抄 24：～二甲/雜抄 25：～工曰不可者二甲/雜抄 25：～一甲/雜抄 26：車～一甲/雜抄 26：～一甲/雜抄 26：～一盾/雜抄 27：～一盾/雜抄 27：～二盾/雜抄 27：～一甲/雜抄 28：～一盾/雜抄 28：～一盾/雜抄 29：～一盾/雜抄 29：～各一盾/雜抄 29：～廄嗇夫一甲/雜抄 30：～皂嗇夫一盾/雜抄 31：～嗇夫、佐各一盾/雜抄 31：～嗇夫、佐各一盾/雜抄 32－33：～二甲/雜抄 33：～各一甲/雜抄 34：～各一盾/雜抄 34：人～二甲/雜抄 35：～日四月居邊/雜抄 36：～一甲/雜抄 39：～二甲/雜抄 39：～二甲/雜抄 40：～各一甲/雜抄 41：～一盾/雜抄 42：使者～二甲/答問 7：～繇（徭）三旬/答問 8：或曰～二甲/答問 10：當～一盾/答問 25：當～以下耐爲隸臣/答問 31：未啓當～二甲/答問 38：當～二甲/答問 38：當～=一=盾=（貲一盾。貲一盾）/答問 39：～二甲/答問 42：廷行事～二甲/答問 47：～盾不直/答問 47：～盾/答問 48：當～盾/答問 49：當～二甲一盾/答問 57：～二甲/答問 57：今當獨咸陽坐以～/答問 57－58：且它縣當盡～/答問 58：咸陽及它縣發弗智（知）者當皆～/答問 59：～盾以上/答問 77：當～一甲/答問 86：當～二甲/答問 90：如～布/答問 92：當～二甲/答問 94：當～一盾/答問 101：當～二甲/答

耳（佴）不～籍者/效律 45：以職（識）耳（佴）不～之律論之/效律 58：及不～出而出之/雜抄 6：～（倘）除弟子籍不得/雜抄 11：不～稟軍中而稟者/雜抄 32：百姓不～老/答問 3：～刑爲城旦/答問 3：問辠（罪）～駕（加）/答問 3：如害盜不～₌（當？當）/答問 5：～城旦黥之/答問 6：～完城旦/答問 8：～耐爲隸臣/答問 10：～貲一盾/答問 12：～并臧（贓）以論/答問 13：其曹人～治（笞）/答問 13：不₌～₌（不當？不當）治（笞）/答問 14：～以三百論爲盜/答問 15：～爲收/答問 17：～同辠（罪）/答問 19：～爲盜/答問 20：伍～坐之/答問 20：弗～坐/答問 22：同居所～坐/答問 23：～以衣及布畀/答問 23：不～₌（當？當）/答問 24：衣不～/答問 25：～貲以下耐爲隸臣/答問 26：盜之～耐/答問 31：～贖黥/答問 31：未啓～貲二甲/答問 33：甲～黥爲城旦/答問 35：甲～耐爲隸臣/答問 38：～貲二甲/答問 38：～貲₌一₌盾₌（貲一盾。貲一盾）/答問 42：問甲～論/答問 42：不～/答問 44：問甲～論/答問 44：不₌～₌（不當？不當）論/答問 44：亦不～購/答問 45：～爲告盜駕（加）臧（贓）/答問 48：～貲盾/答問 48：～誶/答問 49：～并臧（贓）以論/答問 49：～貲二甲一盾/答問 50：～完城旦/答問 57：今～獨咸陽坐以貲/答問 57－58：且它縣～盡貲/答問 58：～皆貲/答問 60：廷行事有辠（罪）～罨（遷）/答問 60：其所包～詣罨（遷）所/答問 61：～罨₌（罨（遷）/答問 61：罨（遷））者妻～包/答問 61：不₌～₌（不當？不當）包/答問 62：～罨（遷）/答問 62：～包/答問 63：～毄（繫）作如其所縱/答問 67：～磔/答問 68：問甲～論及收/答問 68：不～/答問 71：～棄市/答問 77：問死者有妻、子～收/答問 77：～貲一甲/答問

136：～刑城旦/答問137：問甲～購幾可（何）/答問137：～購人二兩/答問138：問甲～購/答問138：不₌～₌（不當？不當）/答問139：～貲各二甲/答問145：令～免/答問145：不₌～₌（不當？不當）免/答問146：論～除/答問146：不₌～₌（不當？不當）/答問147：～貲二甲/答問152：～論及誶/答問152：鼷穴三～一鼠穴/答問153：～出未出/答問153：即出禾以～叔₌、麥₌（叔（菽）、麥，叔（菽）、麥）/答問153：～貲一甲/答問153：～耐/答問154：吏有故～止食/答問154：～坐所贏出爲盜/答問155：～坐伍人/答問155：不₌～₌（不當？不當）/答問156：～伍及人/答問156：不₌～₌（不當？不當）/答問157：～論/答問157：不～/答問158：問～論/答問158：不₌～₌（不當？不當）論/答問159：～負/答問159：不～₌出₌（當出？當出）之/答問160：～貲一盾/答問161：王室所～祠固有矣/答問163：治（笞）～駕（加）/答問163：不～₌（當？當）/答問164：～繇（徭）/答問166：～論/答問166：不～/答問166：～論/答問166：不～論/答問167：～黥城旦舂/答問168：～畀/答問169：其棄妻亦～論/答問169：不～/答問170：衣器～收/答問170：不₌～₌（不當？不當）收/答問171：衣器～收/答問174：完₌（完，完）之～毆（也）/答問179：～（倘）者（諸）侯不治騷₌馬₌（騷馬，騷馬）/答問183：老～論/答問183：不₌～₌（不當？不當）/答問185：內公孫毋（無）爵者～贖刑/答問194：卜、史～耐者皆耐以爲卜、史隸/答問195：～收/答問198：～里典謂毆（也）/答問201：盡～坐辠（罪）人之謂毆（也）/答問203：～以玉問王之謂毆（也）/答問206：不～貣₌（貣（貸），貣（貸））/答問207：不～

氣（餼）/封診式 4：其律～治（笞）諒（掠）者/封診式 7：～騰₌（騰（謄），騰（謄））/封診式 10－11：甲黨（倘）有【它】～封守/封診式 11：毋（無）它～封者/封診式 14：遣識者～騰₌（騰（謄），騰（謄））/封診式 69：～獨抵死（屍）所/爲吏 7 壹：審～賞罰/爲吏 39 壹：十耳～一目/爲吏 9 貳：三曰舉事審～/爲吏 28 貳：三曰興₌事₌不₌～₌（興事不當，興事不當）/爲吏 49 叁：出則敬，毋施（弛）～（常）/爲吏 10 肆：～務而治/日甲 39 正：兩寡相～/日甲 18 背肆：井～戶牖閒/日甲 18 背伍：～祠室/日甲 16 背陸：門欲～宇隋/日甲 46 背叁：人行而鬼～道以立/日甲 81 背：甲盜名曰耤鄭壬饍强～良/日甲 131 背：～其地不可起土攻（功）/日甲 154 背：一月～有三反枳（支）/日乙 131：必代～家/日乙 240：辛巳生，～〈富〉

1239 賊（22） 答問 43：甲告乙盜牛若～傷人/答問 44：今乙～傷人/答問 66：問殺人者爲～殺人/答問 66：廷行事爲～/答問 76：欲～殺主/答問 86：～，當黥爲城旦/答問 91：以梃～傷人/答問 96：今甲曰伍人乙～殺人/答問 98：～入甲室/答問 98：～傷甲₌（甲，甲）/答問 101：有～殺傷人衝術/答問 103：～殺傷/答問 119：甲～傷人/答問 134：甲告乙～傷人/答問 134：問乙～殺人/封診式 17－18：丙坐～人□命/封診式 55：～死/封診式 55：署中某所有～死/封診式 59－60：不可智（知）～迹/爲吏 25 叁：水火盜～/爲吏 19 肆：從而～（則）之/日甲 139 正捌：摯（執）盜～

1240 鄙（2） 爲吏 9 肆：簡而毋～/爲吏 5 伍－6 伍：賢～溉（既）辥（乂）

1241 愚（1） 爲吏 32 壹：智能～

1242 盟（1） 爲吏 48 叁：言如～

1243 號（3） 答問 98：賊傷甲=（甲，甲）~寇/答問 98：不聞~寇/日甲 29 背叁：鬼嬰兒恒爲人~曰

1244 畸（1） 爲吏 11 伍：申之義，以毄（擊）~

1245 路（1） 日甲 54 背叁：飲以爽（霜）~（露）

1246 園（5） 雜抄 20：髼~殿/雜抄 21：髼~三歲比殿/爲吏 34 叁：苑囿~池/日甲 77 背：盜者~（圓）面/日甲 78 背：臧（藏）於~中草下

1247 遣（9） 十八種 159：乃令視事及~之/十八種 159：及相聽以~之/答問 4：甲謀~乙盜/答問 5：人臣甲謀~人妾乙盜主牛/答問 67：甲謀~乙盜殺人/封診式 7：~識者以律封守/封診式 14：~識者當騰=（騰（謄），騰（謄））/封診式 36：~來識戲次/爲吏 25 伍：今~從軍

1248 農（1） 十八種 144：居貲贖責（債）者歸田~

1249 喿（2） 日甲 31 背壹：鬼來陽（揚）灰毄（擊）箕以~（譟）之/日甲 32 背貳－33 背貳：毄（擊）鼓奮鐸~（譟）之

1250 署（15） 十八種 55：其守~及爲它事者/十八種 183：行命書及書~急者/十八種 201：必~其已稟年日月/雜抄 34：~君子/雜抄 40：縣司空~君子將者/雜抄 41：~勿令爲它事/答問 196：可（何）謂“~人”/答問 196：耤（藉）牢有六~/答問 196：囚道一~旞（遂）/答問 196：所道旞（遂）者命曰“~人”/答問 196：原者“~人”殹（也）/答問 197：可（何）謂“竇=~=”（“竇署”？“竇署”）/答問 197：即去~殹（也）/封診式 55：~中某所有賊死/爲吏 20 伍：~其籍曰

1251 置（20） 十八種 5：~穽罔（網）/十八種 158：~吏律/十八種 160：~吏律/十八種 161：~吏律/十八種 189：☑其官亟~嗇夫/十八種 189：過二月弗~嗇夫/十八種

190：縣爲～守/十八種 195：獨高其～芻廥及倉茅蓋者/雜抄 6：～任不審/答問 27：～豆俎鬼前未𢿥（徹）乃爲“未闠”/答問 27：未～及不直（置）者不爲“具”/答問 27：必已～乃爲“具”/答問 72：及臣邦君長所～爲後大（太）子/答問 168：問安～其子/封診式 88：即～盎水中榣（搖）之/爲吏 46 叁：灋（廢）～以私/日甲 86 正壹：以邋（獵）～罔（網）及爲門/日甲 30 背壹：～藩（牆）上/日乙 86 壹：以邋（獵）～罔（網）及爲門/日乙 104 叁：左行，～，右環（還）

1252 睘（1）　日甲 30 背壹－31 背壹：～（環）其宮

1253 遝（4）　十八種 105：～其未靡（磨）/答問 143：～免/答問 143：徙不～=（遝？遝）之/日甲 37 背貳：屈（掘）～泉

1254 蜀（2）　封診式 46：䙴（遷）～邊縣/封診式 47：䙴（遷）～邊縣

1255 幏（1）　十八種 91：爲～布一

1256 稗（1）　十八種 83：令與其～官分

1257 稠（2）　封診式 78：其前～綦袤四寸/封診式 78－79：其蹱（踵）～者三寸

1258 箄（1）　日乙 191 貳：不可卜～、爲屋

1259 筮（2）　日甲 101 正貳：毋以子卜～/日乙 126：毋以子卜～

1260 節（18）　十八種 25：後～（即）不備/十八種 54：更隸妾～（即）有急事/十八種 161：官嗇夫～（即）不存/十八種 162：～（即）官嗇夫免而效/十八種 197－198：～（即）新爲吏舍/效律 19：～（即）官嗇夫免而效不備/效律 49：上～（即）發委輸/效律 54：尉計及尉官吏～（即）有劾/答問 202：～（即）亡玉若人貿傷（易）之/答問 203：者（諸）候（侯）客～（即）來使入秦/封診式 72：～（即）死久/封診式 92：丙家～

（即）有祠/封診式 93：里～（即）有祠/日甲 76 正貳：得之於酉（酒）、脯、脩、～（鼈）、肉/日甲 128 正：～（即）有爲也/日乙 134：～（即）以有爲也/日乙 138－139：庚☐～（即）有急行/日乙 187：得於酉（酒）、脯、脩、～（鼈）、肉

1261 與（85） 語書 10：而惡～人辨（别）治/十八種 29：～出之/十八種 30：☐者～雜出之/十八種 31：令其故吏～新吏雜先索（索）出之/十八種 32：～倉□雜出之/十八種 32：令₌（令、令）丞～賞（償）不備/十八種 37：～計偕/十八種 50：雖有母而～其母冗居公者/十八種 55：它事而勞～垣等者/十八種 59：爲它事～垣等者/十八種 72：其佐、史～共養/十八種 73：各～其官長共養/十八種 80：而人～參辨券/十八種 81：亦官～辨券/十八種 83：令～其稗官分/十八種 92：～計偕/十八種 108：城旦～工從事者冬作/十八種 111：其後歲賦紅（功）～故等/十八種 123：司空～匠度之/十八種 137：或欲籍（藉）人～並居之/十八種 141：其～城旦舂作者/十八種 145：當～城旦舂作者/十八種 162：官嗇夫必～去者效代者/十八種 163：去者～居吏坐之/十八種 163：新吏～居吏坐之/十八種 173：～雜出之/十八種 174－175：皆～盜同灋（法）/十八種 175：有（又）～主廥者共賞（償）不備/效律 19：官嗇夫必～去者效代者/效律 19－20：代者～居吏坐之/效律 20：去者～居吏坐之/效律 21：新吏～居吏坐之/效律 33：～雜出之/效律 35：皆～盜同灋（法）/效律 35－36：有（又）～主廥者共賞（償）不備/答問 12：～甲言/答問 15：妻₌（妻，妻）～共飲食之/答問 17：～食肉/答問 18：甲₌（甲，甲）～其妻/答問 18：子～甲同辠（罪）/答問 20：～盜同灋（法）/答問 20：～同辠（罪）/答問 20：～同辠（罪）/答問

32：～盜同灋（法）/答問 71：～同居/答問 74：相～鬬/答問 75：臣强～主奸/答問 81：或～人鬬/答問 87：或～人鬬/答問 90：邦客～主人鬬/答問 94：史不～嗇夫和/答問 172：同母異父相～奸/答問 173：甲、乙交～女子丙奸/答問 180：徒、吏～偕使而弗爲私舍人/答問 184：客未布吏而～賈/答問 186：越里中之～它里界者/答問 204：行旞～偕者/封診式 12：～里人更守之/封診式 15：以五月晦～同里士五（伍）丙/封診式 25－26：丁～此首人强攻羣盜人/封診式 26：見丁～此首人而捕之/封診式 28：～丁以某時/封診式 28：～某里士五（伍）己、庚、辛/封診式 29：丁～戊去亡/封診式 31：男子丁～偕/封診式 32：～戰刑（邢）丘城/封診式 35：甲、丙相～争/封診式 51：～牢隸臣某執丙/封診式 56：～牢隸臣某即甲診/封診式 63－64：～牢隸臣某即甲/封診式 73：乙獨～妻丙晦卧堂上/封診式 75：～鄉□□隸臣某即乙/封診式 84：自晝～同里大女子丙鬬/封診式 84：甲～丙相捽/封診式 93：丙～里人及甲等會飲食/封診式 93：皆莫肎（肯）～丙共桮（杯）器/封診式 94：皆難～丙飲食/封診式 95：乙、丙相～奸/爲吏 5 肆：～民有期/日甲 48 正叁：□～枳（支）刺艮山/日甲 23 背叁：宜子～/日甲 35 背壹：～人爲徒/日甲 38 背叁：鬼恒從人女，～居/日乙 122：以～人言/日乙 122：～人言

1262 傳（17）　語書 8：以次～/十八種 45：毋以～貣（貸）縣/十八種 46：公使有～食/十八種 47：駕～馬/十八種 89：～車/十八種 180：～食律/十八種 181：～食律/十八種 182：～食律/十八種 184：行～書/雜抄 8：奪=（奪。奪）中卒～/答問 57：今咸陽發僞～/答問 57：即復封～它=縣=（它縣，它縣）/答問 57：它=縣=（它縣，它縣）亦～其縣次/答問 184：詣符～于吏是

69 背：子，～也/日甲 69 背：多〈名〉～鼷孔午郢/日甲 84 背壹：丑，～也/日甲 116 背：必～（予）死者/日甲 120 背：必～（予）死者/日乙 59：可取不可～（予）/日乙 64：～（予）人/日乙 64：不可以～（予）

1265 牒（1）　十八種 35：到十月～書數

1266 牏（1）　十八種 125：縣、都官用貞（楨）、栽爲傰（棚）～

1267 肇（1）　日甲 32 背壹：人毋（無）故而鬼惑之，是～（誘）鬼

1268 僂（2）　爲吏 22 貳：四曰受令不～/日甲 70 背：大辟（臂）臑而～

1269 傰（1）　十八種 125：縣、都官用貞（楨）、栽爲～（棚）牏

1270 賃（2）　爲吏 9 伍：審民能，以～（任）吏/爲吏 9 伍：不～（任）其人

1271 傷（29）　十八種 2：羣它物～稼者/十八種 106－107：毀～公器/雜抄 27：～乘輿馬/答問 43：甲告乙盜牛若賊～人/答問 43：今乙不盜牛、不～人/答問 44：今乙賊～人/答問 74：相與鬭，交～/答問 85：未有～毆（也）/答問 86：若箴（針）、鉥、錐～人/答問 90：拳指～人/答問 91：以梃賊～人/答問 98：賊～甲＝（甲，甲）/答問 101：有賊殺～人衝術/答問 103：賊殺～/答問 106：父殺～人及奴妾/答問 108：殺～父臣妾/答問 119：甲賊～人/答問 119：吏論以爲鬭～人/答問 124：～之/答問 134：甲告乙賊～人/答問 134：非～毆（也）/答問 173：甲、乙以其故相刺～/日甲 74 正貳：外鬼～（殤）死爲祟/日甲 57 背貳：人毋（無）故室皆～/日甲 65 背貳：人恒亡赤子，是水亡～（殤）取之/日甲 118 背：身＝（身，身）不～/日甲 122 背：身＝（身，身）不～/日乙 112：主人必大～/185：～（殤）死爲姓（眚）

1272 辠（96） 語書 5：毋巨（歫）於～（罪）/語書 7：此皆大～（罪）殹（也）/十八種 12：有不從令者有～（罪）/十八種 20：令、丞皆有～（罪）/十八種 68：皆有～（罪）/十八種 84：及有～（罪）以收/十八種 106：弗亟收者有～（罪）/十八種 106：有～（罪）毋（無）責也/十八種 106：有～（罪）/十八種 116：君子主堵者有～（罪）/十八種 127：吏、官長皆有～（罪）/十八種 133：有～（罪）以貲贖及有責（債）於公/十八種 134：公士以下居贖刑～（罪）/十八種 134：死～（罪）者/十八種 135：其或亡之，有～（罪）/十八種 136：大嗇夫、丞及官嗇夫有～（罪）/十八種 151：非適（謫）～（罪）殹（也）/十八種 153：有～（罪）灋（法）耐署（遷）其後/十八種 175：大嗇夫、丞智（知）而弗～（罪）/十八種 175：以平～（罪）人律論之/十八種 191：犯令者有～（罪）/十八種 196：官吏有重～（罪）/十八種 200：行=（行，行）者有～（罪）/效律 1 正：以其賈（價）多者～（罪）之/效律 35：大嗇夫、丞智（知）而弗～（罪）/效律 35：以平～（罪）人律論之/效律 60：減～（罪）一等/答問 1：駕（加）～（罪）之/答問 1：可（何）謂“駕（加）～（罪）”/答問 3：問～（罪）當駕（加）/答問 15：其前謀，同～（罪）/答問 17：當同～（罪）/答問 18：甲妻、子與甲同～（罪）/答問 20：有（又）曰“與同～（罪）”/答問 20：云“與同～（罪）”/答問 20：云“反其～（罪）”者/答問 22：盜及者（諸）它～（罪）/答問 33：吏爲失刑～（罪）/答問 35－36：吏爲失刑～（罪）/答問 36：甲有～（罪）/答問 49：且行真～（罪）/答問 60：廷行事有～（罪）當署（遷）/答問 66：求盜追捕～（罪）=人=（辠（罪）

人，辠（罪）人）/答問 69：勿～（罪）/答問 93：～（罪）當重而端輕之/答問 94：贖～（罪）不直/答問 96：且以辟～（罪）/答問 96：以所辟～（罪）=（辠（罪）辠（罪））之/答問 96：不能定～（罪）人/答問 100：告～（罪）人/答問 104：而行告=者【=】～=（告者辠（罪）。告【者】辠（罪））/答問 106：父時家～（罪）殹（也）/答問 106：可（何）謂“家=～（罪）=”（“家辠（罪）”？“家辠（罪）”）/答問 107：皆如家～（罪）/答問 108：可（何）謂“家～（罪）”/答問 108：是胃（謂）“家～（罪）”/答問 108：以當刑隸臣～（罪）誣告人/答問 109：其～（罪）當刑爲隸臣/答問 110：其～（罪）當刑城旦/答問 113：有～（罪）當贖者/答問 113：其有府（腐）～（罪）/答問 114：其它～（罪）比羣盜者亦如此/答問 115：如失刑～（罪）/答問 117：當耐爲侯（候）～（罪）誣人/答問 121：癘者有～（罪）/答問 122：甲有完城旦～（罪）/答問 124：捕貲～（罪）/答問 125：除毋（無）～（罪）/答問 125：可（何）～（罪）得“處隱官”/答問 125－126：將盜戒（械）囚刑～（罪）以上/答問 126：以故～（罪）論/答問 126：它～（罪）比羣盜者皆如此/答問 130：所捕耐～（罪）以上得取/答問 131：盜=（盜；盜）～（罪）輕于亡/答問 140：其耐～（罪）以上/答問 140：購如捕它～（罪）人/答問 140：貲～（罪）/答問 145：今初任者有～（罪）/答問 147：今甲有耐、貲～（罪）/答問 170：夫有～（罪）/答問 171：妻有～（罪）以收/答問 177：真臣邦君公有～（罪）/答問 177：致（至）耐～（罪）以上/答問 183：甲誣乙通一錢黥城旦～（罪）/答問 201：盡當坐～（罪）人之謂殹（也）/封診式 6：可=（可（何），可（何））～

（罪）赦/封診式 11：且有～（罪）/封診式 13：可=（可（何），可（何））～（罪）赦/封診式 30：皆毋（無）它坐～（罪）/封診式 38：毋（無）它坐～（罪）/封診式 40：可=（可（何），可（何））～（罪）赦/封診式 51：毋（無）它坐～（罪）/爲吏 1 叁：毋=～（罪）=（毋辠（罪）毋（無）辠（罪））/日甲 163 正陸：酉入官，有～（罪）/日甲 146 背：入官必有～（罪）/日乙 232 貳：酉入官，有～（罪）

1273 敫（32） 日甲 26 正壹：卯～/日甲 27 正壹：巳～/日甲 28 正壹：未～/日甲 29 正壹：酉～/日甲 30 正壹：亥～/日甲 31 正壹：丑～/日甲 38 正：～，是胃（謂）又（有）小逆/日甲 73 正壹：以祠，必有～（憿）/日甲 87 正壹：可以～（徼）人攻讎/日甲 132 正：凡四門之日，行之～也/日甲 137 正柒：春三月戊～/日甲 138 正柒：秋三月辰～/日甲 139 正柒：冬三月未～/日甲 138 正捌：凡～日/日甲 143 背：四～/日乙 28 壹：～酉/日乙 29 壹：～戌/日乙 30 壹：～亥/日乙 31 壹：～子/日乙 32 壹：～丑/日乙 35 壹：～辰/日乙 36 壹：～巳/日乙 42 壹：～日/日乙 47 壹：卯～/日乙 48 壹：巳～/日乙 49 壹：未～/日乙 50 壹：酉～/日乙 51 壹：亥～/日乙 52 壹：【未危陽，丑】～/日乙 57：～，有細喪/日乙 87 壹：可以～人攻讎/日乙 101 壹：以祠，必有～（憿）

1274 桼（1） 十八種 34：～（秫）勿以稟人

1275 微（1） 爲吏 5 壹：～密韱（纖）察

1276 衛（3） 答問 198：可（何）謂“～=敖=”（“衛（率）敖（豪）”？“衛（率）敖（豪）”）/爲吏 20 壹：勞以～（率）之/爲吏 23 伍－24 伍：或～（率）民不作

1277 銶（2） 答問 86：鬭以箴（針）、～、錐/答問 86：若箴（針）、～、錐傷人

1278 鈹（1） 答問 85：～、戟、矛有室者

1279 會（12） 十八種 187：上～九月内史/雜抄 29：及不～膚（臚）期/答問 153：～赦未論/答問 163：不～，治（笞）/答問 163：今士五（伍）甲不～/答問 164：即亡弗～/封診式 9：妻曰某，亡，不～封/封診式 93：丙與里人及甲等～飲食/爲吏 11 叁：命書時～/日甲 39 背貳：是～虫居其室西臂（壁）/日甲 86 背壹：卯，～眾/日甲 147 背：壬申～癸酉

1280 愛（12） 爲吏 51 貳：茲（慈）～萬姓/日甲 72 正壹：生子，人～之/日甲 82 正壹：女子～而口臭/日甲 83 正壹：以取（娶）妻，男子～/日甲 84 正壹：以取（娶）妻₌（妻，妻）～/日甲 153 正貳：在掖（腋）者～/日甲 6 背壹：以奎，夫～妻/日甲 6 背壹：以婁，妻～夫/日乙 82 壹：以取（娶）妻，女子～之/日乙 83 壹：以取（娶）妻，男子～之/日乙 84 壹：以取（娶）妻₌（妻，妻）～/日乙 100 壹：生子，人～之

1281 貉（2） 答問 195：可（何）謂₌“人₌～₌”（謂“人貉”？謂“人貉”）/日甲 77 背：名責環～豺干都寅

1282 亂（2） 爲吏 27 肆：發正～昭/日甲 5 正貳：以祭，寂（聚）眾必～者

1283 腹（2） 封診式 60：其～有久故瘢二所/日甲 159 背：～爲百草囊

1284 鄗（1） 日甲種 103 正貳：毋以寅祭祀鑿井，～以細□

1285 肆（1） 日乙 191 貳：辰不可以哭、穿～（殔）

1286 解（10） 十八種 130：攻閒其扁（辨）～/封診式 2—3：其辭已盡書而毋（無）～/封診式 3：有（又）盡聽書其～辭/封診式 3：有（又）視其它毋（無）～者/封診式 4：以某數更言，毋（無）～辭/封診式 66：～索，其口鼻氣出渭（喟）然/封診式 70：乃～索/日甲 36 正：利～事/日甲 68 背貳：乃～衣弗袵/日甲 46 背叁：～

甲 79 正壹：有（又）數～風雨/日乙 107 壹：數～風雨

1293 詾（1）　語書 12：訏～（諼）疾言以視（示）治

1294 裛（3）　封診式 22：帛～莽緣領褎（袖）/封診式 82：帛～/封診式 83：智（知）其～□可（何）物及亡狀

1295 稟（45）　十八種 11：乘馬服牛～/十八種 11：過二月弗～/十八種 11：勿～、致/十八種 11：～大田而毋（無）恒籍者/十八種 11：以其致到日～之/十八種 21—22：離邑倉佐主～者/十八種 33：以～人/十八種 34：桼（秫）勿以～人/十八種 41：～禾稼公/十八種 43：～毀（毇）粺者/十八種 44：輒移其～=縣=（稟縣，稟縣）/十八種 44：以減其～/十八種 44：已～者/十八種 46：月食者已致～/十八種 49：其不從事，勿～/十八種 50：雖有母而與其母冗居公者，亦～之/十八種 51：以二月=（月月）～二石半石/十八種 54：以律～食/十八種 57：以其餘益爲後九月～所/十八種 57—58：減舂城旦月不盈之～/十八種 90：夏衣以四月盡六月～之/十八種 90：冬衣以九月盡十一月～之/十八種 90：過時者勿～/十八種 91：爲褐以～衣/十八種 92：已～衣/十八種 93：以律～衣/十八種 94：～衣者/十八種 128：以公車牛～其月食/十八種 128：及公牛乘馬之～/十八種 167：先索以～人/十八種 168：～人某/十八種 169：離邑倉佐主～者/十八種 201：必署其已～年日月/效律 28：～人某/效律 28—29：離邑倉佐主～者/效律 46：工～鬃它縣/效律 48：～鬃縣中而負者/雜抄 11：不當～軍中/雜抄 11：而～者/雜抄 12：軍人買（賣）～=（稟稟）/雜抄 14：軍人～所=（所、所）/雜抄 14：百姓買其～/雜抄 15：～卒兵/答問 153：有～叔（菽）、麥/答問 154：盡～出之

1296 廉（5）　語書 7：是即不～殹（也）/語書 9：有（又）～絜

（潔）敦毃（慤）/語書 10：不～絜（潔）/爲吏 9 壹：～而毋刖/爲吏 8 貳：二曰精（清）～毋謗

1297 資（2） 爲吏 47 叁：處如～（齋）/日乙 18 壹：必入～貨

1298 新（29） 編年記 6 壹：六年，攻～城/編年記 7 壹：七年，～城陷/編年記 8 壹：八年，～城歸/十八種 31：令其故吏與～吏雜先索（索）出之/十八種 111：～工初工事/十八種 111：～工二歲而成/十八種 160：不得除其故官佐、吏以之～官/十八種 162－163：～吏居之未盈歲/十八種 163：～吏弗坐/十八種 163：～吏與居吏坐之/十八種 172：～倉嗇夫/十八種 172：～佐、史主廥者/十八種 190：毋除士五（伍）～傅/十八種 197－198：節（即）～爲吏舍/效律 18：～嗇夫自效毆（也）/效律 20：～吏居之未盈歲/效律 20：～吏弗坐/效律 21：～吏與居吏坐之/效律 32：～倉嗇夫/效律 32：～佐/雜抄 18－19：縣工～獻/雜抄 35：軍～論攻城₌（城，城）/答問 69：其子～生/封診式 19：～錢百一十錢/封診式 75－76：内中央有～穴₌（穴，穴）/封診式 79－80：其上有～小壞₌（壞，壞）/封診式 83：～毆（也）/日甲 26 正貳：被～衣₌（衣，衣）/日甲 115 背：不可以裚（製）～衣

1299 踦（3） 日甲 13 背：敢告璽（爾）豹〈貌〉～/日甲 13 背：走歸豹〈貌〉～之所/日甲 13 背：豹〈貌〉～强飲强食

1300 意（4） 答問 29：甲～所盜羊毆（也）/封診式 82：毋（無）～毆（也）/日甲 83 正壹：生子亡者，人～之/日乙 83 壹：生子亡者，人～之

1301 雍（1） 十八種 4：毋敢伐材木山林及～（壅）隄水

1302 義（3） 十八種 27：～積之/爲吏 11 伍：申之～/日甲 72 背：多〈名〉兔竈陘突垣～酉

1303 煩（9） 爲吏 13 伍：毋發可異史（使）～請/日甲 69 正貳：～

居東方/日甲 70 正貳：～居南方/日甲 73 正貳：～居邦中/日甲 75 正貳：～居西方/日甲 77 正貳：～居北方/日乙 182：～☐色亡/日乙 183：～及歲皆在南方/日乙 187：～在北

1304 溝（1）　爲吏 16 叁：～渠水道

1305 滫（1）　日甲 26 背貳：入人醯、醬、～、將（漿）中

1306 粱（2）　編年記 29 貳：廿二年，攻魏～（梁）/日甲 157 背：肥豚清酒美白～

1307 慎（6）　十八種 196：～守唯敬（儆）/爲吏 3 壹：～謹堅固/爲吏 43 壹：～前慮後/爲吏 35 貳：～₌之₌（慎之慎之）/爲吏 50 肆：～【₌】之【₌】（慎之【慎之】）/爲吏 5 伍：～度量

1308 遣（1）　日乙 21 壹：空外～之日

1309 塞（3）　雜抄 41：乃令增～/雜抄 41：埤～/爲吏 17 壹：聽閒（諫）勿～

1310 索（8）　十八種 18：及～（索）入其賈（價）錢₌（錢。錢）/十八種 29：禾、芻稾積～（索）出日/十八種 29：出之未～（索）而已備者/十八種 31：令其故吏與新吏雜先～（索）出之/十八種 32：～（索）而論不備/效律 25：先～（索）以稾人/封診式 20：甲、乙捕～（索）其室/爲吏 13 伍：～（索）其政

1311 窨（15）　日乙 5：～羅/日乙 17：～羅之日/日乙 26 壹：～午/日乙 27 壹：～未/日乙 28 壹：～申/日乙 29 壹：～酉/日乙 30 壹：～戌/日乙 31 壹：～亥/日乙 32 壹：～子/日乙 33 壹：～丑/日乙 34 壹：～寅/日乙 35 壹：～卯/日乙 36 壹：～辰/日乙 37 壹：～巳/日乙 41 壹：～日

1312 禖（3）　日甲 156 背：馬～/日甲 156 背：馬～合神/日甲 156 背：以爲馬～

及官之~豈可悔

1318 擎（2） 答問 90：~（掮）以布/答問 90：可（何）謂“~”₌（擎（掮）？擎（掮））

1319 嫁（5） 日乙 53：~女/日乙 56：~女/日乙 57：~女/日乙 62：~女/日乙 155：~子

1320 桀（1） 十八種 131：令縣及都官取柳及木~（柔）可用書者

1321 經（3） 封診式 63：~死/封診式 63：里人士五（伍）丙~死其室/爲吏 41 肆：從政之~

1322 綉（1） 十八種 110：隸妾及女子用箴（針）爲緡~它物

1323 耤（5） 答問 110：~（斮）葆子之謂殹（也）/答問 196：~（藉）牢有六署/答問 204：~（藉）秦人使/爲吏 1 伍－2 伍：畫局陳畀（棋）以爲~（藉）/日甲 81 背：甲盜名曰~鄭壬饍强當良

1324 静（1） 爲吏 6 壹：安~毋苛

1325 趖（1） 日乙 22 壹：~外陰之日

1326 駃（1） 雜抄 27：課~騠

1327 趙（1） 編年記 25 貳：十八年，攻~

1328 墊（1） 日甲 53 背叁：以沙~之

1329 壽（3） 日甲 107 正貳：毋以巳~（禱）/日乙 74 貳－75 貳：西鄉（嚮）~/日乙 245：☐□□☐~

1330 綦（4） 封診式 59：男子西有鬃秦~履一兩/封診式 78：外壤秦~履迹四所/封診式 78：其前稠~衺四寸/爲吏 36 貳：~₌之【₌】（綦（忌）之綦（忌）【之】）

1331 聚（3） 爲吏 2 肆：惠以~之/日甲 127 正：~畜生（牲）/日乙 132：~具畜生（牲）

1332 鞈（1） 答問 179：麗衡厄（軛）鞅韅轅~（靷）

1333 鞅（1） 答問 179：麗衡厄（軛）~韅轅鞈（靷）

1334 蔡（5） 編年記 33 壹：卅三年，攻~、中陽/日甲 3 正貳：以~（祭）/日甲 69 背：臧（藏）於垣内中糞~下/日甲 75 背：長耳而操~/日甲 79 背：臧於糞~中土中

（也）/十八種196：閉門～靡其旁火/答問53：見～燔之/封診式2：勿庸～詰

1341 輕（7）　語書11：～惡言而易病人/十八種2：近縣令～足行其書/雜抄8：～車/答問36：吏智（知）而端重若～之/答問93：辠（罪）當重而端～之/答問93：當～而端重之/答問131：盜=（盜；盜）辠（罪）～于亡

1342 歌（7）　日甲32正：飲食、～樂/日甲127正：遠行若飲食～樂/日甲29背貳：以～若哭/日甲47背貳：～以生商/日甲76背：爲人我=（我我）然好～無（舞）/日甲155背：毋～/日乙132：【凡且有】大行遠行若飲食～樂

1343 遬（1）　編年記3貳：正月，～（速）産

1344 監（1）　答問151：令史～者一盾

1345 望（8）　爲吏29肆：使民～之/爲吏3伍：民將～表以戾真/日甲27正貳：弦～及五辰不可以興樂□/日甲68背壹：以～之日=（日日）始出而食之/日甲125背：祠史先龍丙～/日甲155背：～，利爲囷倉/日乙52貳：祠史先龍丙～/日乙118：凡月～，不可取（娶）婦、家（嫁）女、入畜生（牲）

1346 奪（6）　雜抄8：縣勿～=（奪。奪）/雜抄37：～後爵/封診式31：～首/封診式32：～此首/日甲2正貳：寄=人=（寄人，寄人）必～主室/日乙17：人=（人，人）必～其室

1347 臧（51）　十八種40：殺禾以～（藏）之/十八種197：毋敢以火入～（藏）府/十八種197：吏已收～（藏）/十八種198：毋依～（藏）府/效律42：官府～（藏）皮革/雜抄16：～（藏）皮革橐（蠹）突/雜抄16：～（藏）律/答問1：～（贓）一錢以上/答問7：～（贓）不盈一錢/答問9：～（贓）直（值）千錢/答問9：受分～（贓）不盈一錢/答問12：其～（贓）直（值）

各四百/答問 12：當并～（贓）以論/答問 12：各坐～（贓）/答問 13：～（贓）不盈一錢/答問 16：爲守～（贓）/答問 17：～（贓）直（值）百一十/答問 18：～（贓）直（值）百五十/答問 25：～（贓）不盈一錢/答問 25－26：～（贓）不盈一錢/答問 33：以得時直（值）～=（臧（贓），臧（贓））/答問 33：其獄鞫乃直（值）～=（臧（贓），臧（贓））/答問 35：以得時直（值）～=（臧（贓），臧（贓））/答問 35：獄鞫乃直（值）～=（臧（贓）/答問 45：當爲告盜駕（加）～（贓）/答問 46：爲告盜駕（加）～（贓）/答問 49：當并～（贓）以論/答問 131：坐～（贓）爲盜=（盜；盜）/答問 182：智（知）人通錢而爲～（藏）/答問 182：人後告～=者=（臧（藏）者，臧（藏）者）/答問 205：可（何）謂"～=人="（"臧（贓）人"？"臧（贓）人"）/答問 205：甲把其衣錢匿～（藏）乙室/封診式 73：自宵～（藏）乙復（複）結衣一乙房內中/爲吏 24 叁：比（庇）～（藏）封印/日甲 18 正貳：定日，可以～（藏）/日甲 94 正壹：不可～（藏）/日甲 17 背叁：毋（無）～（藏）貨/日甲 69 背：～（藏）於垣內中糞蔡下/日甲 70 背：～（藏）牛廄中草木下/日甲 71 背：～（藏）於瓦器間/日甲 72 背：～（藏）於草中/日甲 73 背：～（藏）東南反（坂）下/日甲 74 背：～（藏）於瓦器下/日甲 75 背：～（藏）於草木下/日甲 76 背：～（藏）於芻稾中/日甲 78 背：～（藏）於園中草下/日甲 79 背：～於糞蔡中土中/日甲 80 背：～（藏）於圂中垣下/日乙 45 壹：不可以～=蓋=（臧（藏）蓋，臧（藏）蓋）/日乙 46 壹：可以蓋～（藏）及謀/日乙 94 壹：不可～（藏）

1348 㔼（1） 爲吏 11 伍：彼邦之～（傾）

1377 説（7） 日甲 159 正貳：晏見，～（悦）/日甲 160 正貳：晏見，～（悦）/日甲 162 正壹：巳，朝見，不～（悦）/日甲 163 正伍：夕見，～（悦）/日甲 164 正叁：晝見，不～（悦）/日乙 17：利以～孟（盟）詐（詛）/日乙 23 壹：～孟（盟）詐（詛）

1378 裹（4） 封診式 85：今甲～把子來詣自告＝（告，告）/封診式 87：已前以布巾～/日甲 68 正貳：～以桼（漆）器/日甲 53 背貳：～以白茅

1379 𢗰（1） 日甲 36 背壹：以～（敵）其心

1380 豪（1） 爲吏 27 伍：將軍以堙～（壕）

1381 廣（10） 十八種 66：福（幅）～二尺五寸/十八種 66：其～袤不如式者/十八種 98：其小大、短長、～亦必等/答問 52：～眾心/封診式 57：～各一寸/封診式 58：不可爲～袤/封診式 76：下～二尺五寸/封診式 76：迹～/封診式 80：皆不可爲～袤/日甲 51 背貳：以～灌爲戴（鳶）以燔之

1382 瘝（1） 日甲 90 背壹：未，～也

1383 褎（1） 封診式 22：帛裹莽緣領～（袖）

1384 衃（1） 封診式 87：如～（衃）血狀

1385 端（14） 語書 2：以矯～民心/語書 9－10：有（又）能自～毆（也）/語書 11：毋（無）公～之心/答問 34：或～爲＝（爲，爲）/答問 36：吏智（知）而～重若輕之/答問 38：即～盜駕（加）十錢/答問 43：～爲＝（爲，爲）/答問 43：不～，爲告不審/答問 45：即～告曰甲盜牛/答問 93：辠（罪）當重而～輕之/答問 93：當輕而～重之/答問 93：當論而～弗論/答問 93：～令不致（至）/答問 124：即～以劍及兵刃刺殺之

1386 適（3） 十八種 151：非～（謫）辠（罪）殹（也）/答問 51：譽～（敵）以恐眾心者/日乙 158：高王父譴～（謫）

1387 齊（8） 封診式 36：其頭（脰）所不～賤＝（賤賤）然/封診

1398 寬（2） 爲吏12壹：～俗（容）忠信/爲吏3肆：～以治之

1399 寡（12） 答問156：夫=（大夫）～/爲吏2叁：孤～窮困/爲吏17伍：入人孤～/爲吏24伍：～人弗欲/日甲39正：兩～相當/日甲圖二（114正壹—126正壹）：～門/日甲114正貳：～門/日甲90背壹：其室～/日乙99壹：生子，～/日乙242：～弟/日乙255：爲閒者不～夫/日乙255：乃～婦

1400 痡（1） 日甲68背壹：已乃～（餔）

1401 察（4） 十八種123：爲不～/雜抄37：有（又）後～不死/爲吏5壹：微密韱（纖）～/爲吏24貳：一曰不=～=所=親=（不察所親，不察所親）

1402 寧（9） 封診式91：丙有～毒言/封診式92：外大母同里丁坐有～毒言/爲吏37肆：民心乃～/爲吏39肆：民心既～/日甲8正壹：～/日甲80正壹：妻=（妻，妻）不～/日乙80壹：以取（娶）妻，不～/日乙192貳：辛卯壬午不可～人=（人，人）/日乙192貳：人=（人，人）反～之

1403 實（37） 十八種64：雜～之/十八種124：而以其～爲繇（徭）徒計/十八種162：～官佐/十八種194：有～官縣料者/十八種195：有～官高其垣牆/效律19：～官佐/效律58：計脱～/效律58：及出～多於律程/答問149：～官户關不致/答問150：～官户扇不致/答問205：而～弗盜之謂殹（也）/答問210：草～可食殹（也）/日甲4正貳：交日，利以～事/日乙26壹：～巳/日乙26壹：～子/日乙27壹：～午/日乙27壹：～丑/日乙28壹：～未/日乙28壹：～寅/日乙29壹：～申/日乙30壹：～酉/日乙30壹：～辰/日乙31壹：～戌/日乙31壹：～巳/日乙32壹：～亥/日乙32壹：～午/日乙33壹：～子/日乙33壹：～未/日乙34壹：～丑/日乙34壹：～申/日乙35壹：～寅/日乙35壹：

～酉/日乙 36 壹：～卯/日乙 36 壹：～戌/日乙 37 壹：～辰/日乙 40 壹：吉、～日/日乙 234 貳：～〈寅〉、巳入官

1404 褐（6）　十八種 90：囚有寒者爲～衣/十八種 91：爲～以稟衣/十八種 91：大～一/十八種 91：中～一/十八種 91：小～一/十八種 92：有餘～十以上

1405 複（2）　日甲 117 背：不可爲～衣/日甲 121 背：不可爲～衣

1406 盡（33）　十八種 3：～八[月]□□之/十八種 38：其有不～此數者/十八種 41：～九月/十八種 46：及告歸～月不來者/十八種 51：到九月～而止其半石/十八種 57：～月/十八種 87：～七月而觱（畢）/十八種 90：夏衣以四月～六月稟之/十八種 90：冬衣以九月～十一月稟之/十八種 139：～八月/十八種 140：～九月而告其計所官/十八種 157：～三月而止之/答問 26：不～一具/答問 37：赦後～用之而得/答問 57－58：且它縣當～貲/答問 81：縛而～拔其須麋（眉）/答問 136：今中〈甲〉～捕告之/答問 153：赦期已～六月而得/答問 154：～稟出之/答問 201：～當坐皋（罪）人之謂殹（也）/封診式 2：必先～聽其言而書之/封診式 2：其辭已～書/封診式 3：有（又）～聽書其解辭/封診式 71：～視其身/日甲 34 正：它毋（無）小大～吉/日甲 103 正壹：月不～五日/日甲 2 背貳：室必～/日甲 117 背：月不～五日/日甲 121 背：月不～五日/日乙 197：正東～/日乙 198：正南～/日乙 199：正西～/日乙 200：正北～

1407 隨（1）　語書 10：緰（偷）～（惰）疾事

1408 隩（1）　日甲 89 背壹：午，室四～也

1409 媼（1）　編年記 27 貳：～終

1410 鄧（1）　編年記 27 壹：攻～

1411 斲（5）　答問 66：且～=殺=（斲（鬭）殺？斲（鬭）殺）/日

甲 85 正壹：喜～（鬭）/19 背陸：女子喜宫～（鬭）/53 背叁：地蟲～（鬭）于下/日乙 85 壹：喜～（鬭）

1412 綰（1） 十八種 5：唯不幸死而伐～（棺）享（槨）者

1413 慧（1） 日甲 82 背：辛名曰秦桃乙忌～

1414 耦（1） 日甲 9 正貳：必～（遇）寇盜

1415 耋（1） 日甲 47 背叁：燔～（鬌）及六畜毛邋（鬣）其止所

1416 髮（11） 笞問 82：拔人～/笞問 84：斬人～結（髻）/封診式 35：診首□鬠～/封診式 55：結～/封診式 60：～長二尺/封診式 71：頭～中及篡/封診式 86：生～及保之狀/日甲 13 背：乃繹（釋）～西北面坐/日甲 44 背壹：隋（墮）須（鬚）羸～黄目/日甲 46 背叁：解～奮以過之/日乙 194：西北鄉（嚮）擇（釋）～而駟（呬）

1417 駟（3） 十八種 134：女子～（四）/十八種 179：醬～（四）分升一/日乙 194：西北鄉（嚮）擇（釋）髮而～（呬）

1418 駒（1） 日乙 42 壹：駕～▨

1419 趣（2） 笞問 199：有大繇（徭）而曹鬭相～（聚）/日甲 26 背叁：～（趨）出

1420 撟（1） 日甲 60 背貳：人毋（無）故而鼓（髮）～若虫及須（鬚）睂（眉）

1421 熱（2） 日甲 66 背壹：～（爇）以寺（待）之/日乙 20 壹：～▨

1422 播（1） 封診式 77：直穴～壤

1423 摯（15） 雜抄 9：奔～（縶）不如令/日甲 14 正壹：～（執）未/日甲 17 正壹：～（執）戌/日甲 18 正壹：～（執）亥/日甲 19 正壹：～（執）子/日甲 20 正壹：～（執）丑/日甲 21 正壹：～（執）寅/日甲 22 正壹：～（執）卯/日甲 23 正壹：～（執）辰/日甲 24 正壹：～（執）巳/日甲 25 正壹：～（執）午/日甲 19 正貳：～（執）

日/日甲19正貳：必～（執）而入公而止/日甲21正貳：～（執）/日甲139正捌：～（執）盜賊

1424 增（9）　十八種24：入禾未盈萬石而欲～積焉/十八種24：其前入者是～積/十八種24：其它人是～積=（積，積）/十八種25：而書入禾～積者之名事邑里于廥籍/十八種26：毋敢～積/十八種26：～積如律令/十八種28：～積及效如禾/十八種35：勿～積/雜抄41：乃令～塞埤塞

1425 穀（10）　日甲80背：名豚孤夏～□亥/日甲64：五～良日/日甲65：五～龍日/日乙241：～於武/日乙241：乙酉生，～，利樂/日乙242：癸巳生，～/日乙244：甲辰生，～/日乙244：己【酉】生，～/日乙246：丁巳生，～，媚人/日乙246：己未生，～

1426 瞢（4）　日甲13背：人有惡～（夢）/日甲13背：有惡～（夢）/日甲40背壹：多～（夢）米（寐）死/日甲44背貳：鬼恒爲人惡～（夢）

1427 蕃（1）　十八種126－127：車=（車，車）～（藩）蓋强折列（裂）

1428 韓（1）　日甲21背肆－22背肆：日出炙其～（韓）

1429 樓（1）　爲吏22叁：～椑（陴）矢閲（穴）

1430 壄（15）　編年記45壹：攻大～（野）王/答問101：百步中比～（野）/爲吏28壹：原～（野）如廷/爲吏17伍：民或棄邑居～（野）/日甲8正貳：利以建〈達〉～（野）外/日甲9正貳：之四方～（野）外/日甲10正貳：不可以之～（野）外/日甲12正貳：邋（獵）四方～（野）外/日甲32正：利～（野）戰/日甲144正叁：好田～（野）邑屋/日甲52背壹：～（野）獸若六畜逢人而言/日甲53背貳：貍（埋）～（野）/日甲35背叁：是～（野）火僞=（僞爲）虫/日乙20壹：之四旁（方）～（野）外/日乙178：～（野）立

爲☐

1431 輪（1） 十八種 89：大車～

1432 敺（3） 日甲 157 背：～（驅）其央（殃）/日甲 158 背：弗～（驅）自出/日甲 159 背：尾善～（驅）☐

1433 毆（6） 答問 75：比～主/答問 78：～大父母/答問 78：令～高大父母/答問 79：夫～治之/答問 89：鬭，爲人～殹（也）/答問 89：～者顧折齒

1434 賢（3） 爲吏 27 壹：尊～養孽（乂）/爲吏 5 伍－6 伍：～鄙溉（既）辥（乂）/日甲 32 正：有～等（嗣）

1435 憂（3） 爲吏 40 肆：既毋（無）後～/日甲 54 背貳：人毋（無）故而～也/55 背貳：免於～矣

1436 磔（1） 答問 67：當～

1437 豬（7） 十八種 63：～、雞之息子不用者/答問 50：誣人曰盜一～/封診式 76：上如～竇狀/日甲 88 正貳：～良日/日甲 20 背伍：利～/日乙 73：～日/日乙 73：～良日

1438 殤（1） 日甲 50 背貳：是幼～死不葬

1439 震（1） 日甲 7 背壹：天以～高山

1440 齒（4） 答問 89：毆者顧折～/封診式 24：即令=（令令）史某～牛=（牛，牛）/爲吏 17 叁：犀角象～/日乙 255：乃折～

1441 膚（3） 十八種 13：以四月、七月、十月、正月～（臚）田牛/雜抄 29：～（臚）吏乘馬篤、辈（胔）/雜抄 29：及不會～（臚）期

1442 慮（2） 爲吏 43 壹：慎前～後/爲吏 20 伍－21 伍：故某～贅壻某叟之乃（仍）孫

1443 賞（47） 十八種 16：令以其未敗直（值）～（償）之/十八種 32：令=（令、令）丞與～（償）不備/十八種 76：公有責（債）百姓未～（償）/十八種 76：縣=（縣，縣）～（償）/十八種 77：百姓叚（假）公器及有責（債）未～（償）/十八種 78：終歲衣食不踐以稍～

～（嘗）/日乙 48 貳：始～（嘗）

1444 瞋（1） 語書 11－12：因恙（佯）～目扼捾（腕）以視（示）力

1445 暴（4） 十八種 2：早〈旱〉及～風雨/爲吏 8 壹：嚴剛毋～/爲吏 5 叁：敎（傲）悍䘮（戮）～/日甲 37 背叁：鬼恒襄（攘）人之畜，是～鬼

1446 賦（6） 十八種 108：～之三日而當夏二日/十八種 111：其後歲～紅（功）與故等/雜抄 9－10：先～驀＝（驀馬）/雜抄 22：～歲紅（功）/答問 165：弗令出户～之謂毆（也）/爲吏 7 叁：～斂毋（無）度

1447 賤（10） 十八種 121：無貴～/答問 153：叔＝、麥＝（叔（菽）、麥，叔（菽）、麥）賈（價）～禾貴/爲吏 2 貳：～不可得/爲吏 18 貳：五曰～士而貴貨貝/日甲 116 正貳：～人弗敢居/日甲 126 正貳：～人弗敢居/日甲 119 正叁：～人弗敢居＝（居，居）/日甲 151 正叁：在足下者～/日乙 75 貳：北鄉（嚮）者～/日乙 237 貳：是胃（謂）貴勝～

1448 賜（11） 十八種 13：～田嗇夫壺酉（酒）束脯/十八種 13：～牛長日三旬/十八種 14：～田典日旬/十八種 41：有米委～/十八種 153：從軍當以勞論及～/十八種 153：皆不得受其爵及～/十八種 154：～未受而死及灋（法）耐罨（遷）者/十八種 154：鼠（予）～/爲吏 26 伍：～之參飯/日甲 13 背：～某大幅（富）/日乙 195 壹：～某大畐（富）

1449 噴（1） 日甲 54 背叁：食之以～

1450 闋（2） 答問 164：已～及敦（屯）車食若行到繇（徭）所乃亡/爲吏 22 叁：樓椑（陴）矢～（穴）

1451 閬（1） 語書 12：阬～强肮（伉）以視（示）强

1452 數（47） 十八種 1：頃～/十八種 2：頃～/十八種 2：頃～/十八種 8：以其受田之～/十八種 10：輒上石～縣廷/十

八種 29－30：輒上～廷/十八種 33：別其～/十八種 35：已穫上～/十八種 35：到十月牒書～/十八種 38：其有不盡此～者/十八種 47：其～駕/十八種 62：復～其縣/十八種 130：以～分膠以之/十八種 139：衣～告其計所官/十八種 167：令復其故～/十八種 187：都官歲上出器求補者～/效律 8：～而贏、不備/效律 11：欽（咸）書其縣料殹（也）之～/效律 12：縣料而不備其見（現）～五分一以上/效律 12：其貲、誶如～者然/效律 24：以其秏（耗）石～論饐（負）之/效律 25：令復其故～/效律 42：～穋（煬）風之/雜抄 15－16：敢深（甚）益其勞歲～者/答問 46：而不智（知）其羊～/答問 52：毋（無）恒～/答問 147：徙～謁吏=（吏，吏）/封診式 3－4：詰=之=（詰之。詰之）極而～詘/封診式 4：以某～更言/封診式 74：人=（人、人）～/封診式 80：不智（知）盜人～及之所/封診式 86：有（又）令隸妾～字者/封診式 89：令隸妾～字者某=（某某）診甲/爲吏 25 貳：則怨～至/爲吏 13 伍－14 伍：令～囚（究）環/日甲 6 正貳：～達/日甲 47 正叁：從上右方～朔之初日/日甲 48 正叁：～之/日甲 48 正叁：而復從上～/日甲 64 正壹：西～反其鄉/日甲 65 正壹：北～反其鄉/日甲 66 正壹：東～反其鄉/日甲 67 正壹：南～反其鄉/日甲 79 正壹：有（又）～詣風雨/日甲 116 正叁：～富/日甲 116 正叁：～虛/日乙 107 壹：～詣風雨

1453 踐（1）　封診式 68：衣絡禪襦、帬（裙）各一，～□

1454 遺（9）　十八種 21－22：而～倉嗇夫及離邑倉佐主稟者各一户/十八種 40：縣～麥以爲穜（種）用者/十八種 169：而～倉嗇夫及離邑倉佐主稟者各一户/效律 28－29：而～倉嗇夫及離邑倉佐主稟者各一户/答問 129：餽（饋）～亡鬼薪于外/封診式 66：下～矢（屎）弱

（溺）/封診式 69－70：～矢（屎）弱（溺）不毆（也）/爲吏 34 貳：謀不可～/爲吏 49 肆：某（謀）不可～

1455 罷（1） 答問 133：～痒（癃）守官府

1456 墨（1） 日甲 155 背：～（晦）日

1457 稽（2） 編年記 52 壹：【五十二】年，王～、張祿死/爲吏 5 伍：來者有～莫敢忘

1458 稷（3） 日甲 18 正叁：禾忌日，～龍寅、秫丑/日甲 26 正壹：～辰/日乙 65：寅～

1459 稻（8） 十八種 35：～後禾孰（熟）/十八種 35：計～後年/十八種 35：別粲、穤（糯）秙（黏）～/十八種 38：穜（種）：～、麻畝用二斗大半斗/十八種 41：～禾一石/日甲 19 正叁：～亥/日甲 151 背：亥～/日乙 47 貳：亥～

1460 黎（3） 十八種 21：萬石一積而比～之爲户/十八種 168：萬【石一積而】比～之爲户/效律 27：萬石一積而比～之爲户

1461 稼（11） 十八種 1：輒以書言澍〈澍〉～/十八種 1：狠（墾）田暘毋（無）～者/十八種 1：～已生後而雨/十八種 2：羣它物傷～者/十八種 28：入禾～/十八種 41：稟禾～公/十八種 120：其近田恐獸及馬牛出食～者/答問 150：禾～能出/答問 151：廌=（廌，廌）下有～一石以上/答問 158：食人～一石/答問 158：不=當=（不當？不當）論及賞（償）～

1462 箴（3） 十八種 110：隸妾及女子用～（針）爲緡綉它物/答問 86：鬭以～（針）、鉥、錐/答問 86：若～（針）、鉥、錐傷人

1463 牖（2） 日甲 18 背肆：井當户～閒/日甲 143 背：爲户～

1464 儉（1） 封診式 27：山～（險）不能出身山中

1465 樂（20） 爲吏 31 壹：～能哀/爲吏 40 壹：安～必戒/爲吏 36

貳一43背貳：以牡棘之～之/日甲36背叁：以牡棘之～刺之/日乙25壹：帶～/日乙38壹：帶～

1473 餔（1）　日甲135正：庚辛戊己壬癸～時行

1474 餓（1）　日甲62背貳：是₌（是是）～鬼

1475 餘（7）　十八種22：～之索而更爲發户/十八種57：盡月而以其～益爲後九月稟所/十八種92：有～褐十以上/十八種172：其～禾若干石/效律31：其～禾若干石/封診式65：～末袤二尺/封診式92：以廿～歲時睪（遷）

1476 膠（5）　十八種128：官有金錢者自爲買脂、～/十八種128：毋（無）金錢者乃月爲言脂、～/十八種130：用～一兩、脂二錘/十八種130：以數分～以之/日甲34背壹：人毋（無）故而鬼取爲～（摎）

1477 請（22）　十八種150：必復～之/十八種188：有事～殹（也）/十八種188：毋口～/十八種188：毋羇（寄）～/雜抄32：至老時不用～/答問167：甲弗告～（情）/答問167：乃告～（情）/封診式1：毋治（笞）諒（掠）而得人～（情）爲上/爲吏13伍：毋發可異史（使）煩～/爲吏14伍：百姓榣（摇）貳乃難～/日甲24正貳：～謁/日甲91正壹：可～謁/日甲138正捌：～謁/日甲160正壹：～命/日甲160正肆：～命/日甲161正貳：～命/日甲161正叁：～命/日甲161正伍：～命/日甲164正伍：～命/日甲165正肆：～命/日乙39壹：徐日，可以～謁/日乙91壹：可～謁

1478 課（13）　語書8：有（又）且～縣官/十八種13：以正月大～之/十八種14：有（又）里～之/十八種19：今～縣、都官公服牛/十八種19：各一～/十八種20：內史～縣/十八種20：大（太）倉～都官及受服者/雜抄10：到軍～之/雜抄23：左采鐵～殹/雜抄27：～駃騠/雜抄29：馬勞～殹/雜抄30：馬勞～殹/雜抄31：牛羊～

1479 誰（1）　日甲82背：壬名曰黑疾齊～

問38－39：廷行事以不審～/答問40：告者可（何）～/答問40：毋～/答問41：誣者可（何）～/答問41：毋～/答問42：問甲當～不當/答問43：問甲可（何）～/答問44：問甲當～不=當=（不當？不當）/答問44：不=當=（不當？不當）～/答問46：問乙可（何）～/答問47：問可（何）～/答問47：可（何）～/答問48：可（何）～/答問48：～可（何）殹（也）/答問49：當并臧（贓）以～/答問49：有（又）以誣人～/答問50：～可（何）殹（也）/答問56：盗封嗇夫可（何）～/答問59：行其～/答問61：～可（何）殹（也）/答問63：可（何）～/答問65：可（何）～/答問67：甲可（何）～/答問68：問甲當～及收不當/答問70：可（何）～/答問74：皆～不殹（也）/答問74：交～/答問75：可（何）～/答問75：可（何）～/答問78：可（何）～/答問79：問夫可（何）～/答問80：可（何）～/答問81：～可（何）殹（也）/答問83：～各可（何）殹（也）/答問84：可（何）～/答問85：～比劍/答問86：各可（何）～/答問87：～可（何）殹（也）/答問88：可（何）～/答問89：可（何）～/答問89：各以其律～之/答問92：可（何）～/答問93：～獄可（何）謂“不直”/答問93：當～/答問93：而端弗～/答問93：～出之/答問94：問史可（何）～/答問97：當以告不審～/答問97：以=所=辟=（以所辟？以所辟）～當殹（也）/答問98：問當～不當/答問98：不當～/答問98：當～/答問100：而～其不審/答問106：家人之～/答問115：～可（何）殹（也）/答問117：可（何）～/答問117：可（何）～/答問118：可（何）～/答問119：可（何）～/答問119：吏～以爲鬭傷人/答問119：吏當～不當=（當？當）/答問120：可

官嗇夫/效律 56：～官嗇夫/答問 48：當～/答問 119：當=（當？當）～/答問 152：倉鼠穴幾可（何）而當論及～/答問 152：二以下～

1484 稾（17） 十八種 8：入頃芻～/十八種 8：頃入芻三石、～二石/十八種 8：入芻～/十八種 10：禾、芻～㣉（徹）木、薦/十八種 28：入禾稼、芻～/十八種 28：芻～各萬石一積/十八種 29：禾、芻～積索（索）出日/十八種 167：度禾、芻～而不備十分一以下/十八種 174：禾、芻～積廥/十八種 176：芻～如禾/十八種 181：芻～各半石/效律 25：度禾、芻～而不備/效律 25：先索（索）以～人/效律 33－34：禾、芻～積廥/效律 37：芻～如禾/爲吏 32 叁：～靳濽（濽）/日甲 76 背：臧（藏）於芻～中

1485 癘（4） 封診式 52：～（癘）/封診式 52：疑～（癘）/封診式 54：～（癘）殹（也）/日甲 5 正貳：利以除凶～（厲）

1486 廡（1） 日甲 21 背肆：～居東方

1487 瘢（1） 封診式 60：其腹有久故～二所

1488 麃（1） 語書 12：誣訊醜言～（僄）斫以視（示）險

1489 慶（3） 日甲 34 正：大事又（有）～/日甲 42 正：先辱而後又（有）～/日乙 60：先辱後～

1490 濆（4） 日甲 62 背壹：～以灰/日甲 50 背貳：以灰～之/日甲 53 背貳：～門以灰/日甲 30 背叁：以黄土～之

1491 澍（2） 日甲 124 正叁：未不可以～（樹）木=（木，木）/日甲 124 正叁：～（樹）者死

1492 潦（1） 十八種 2：水～

1493 潰（1） 封診式 54：～一所

1494 鋈（7） 答問 110：耐以爲鬼薪而～足/答問 113：可（何）謂“贖鬼薪～足”/答問 113：令贖鬼薪～足/答問 115：失～足/封診式 46：謁～親子同里士五（伍）丙足/封

診式 47：坐父甲謁～其足/封診式 48：今～丙足
1495 瀝（1）　爲吏 33 叁：屚（漏）屋涂～（塈）
1496 寫（3）　十八種 186：～其官之用律/答問 55：爲有秩僞～其印爲大嗇夫/答問 56：廷行事以僞～印
1497 審（31）　十八種 124：其不～/效律 50：計用律不～而贏、不備/雜抄 6：置任不～/雜抄 32：及占瘩（癃）不～/答問 38－39：廷行事以不～論/答問 42：其卌不～/答問 43：爲告不～/答問 44：或曰爲告不～/答問 45：且爲告不～/答問 47：爲告不～/答問 48：告不～/答問 48：爲告黥城旦不～/答問 53：毄（繫）投書者鞫～讞之/答問 54：鞫～讞之₌（之之）謂殹（也）/答問 68：甲₌（甲，甲）殺人～/答問 96：不～/答問 96：爲告不～/答問 97：甲言不～/答問 97：當以告不～論/答問 98：～不存/答問 100：其所告且不～/答問 100：而論其不～/封診式 68：診必先謹～視其迹/封診式 72：□死難～殹（也）/爲吏 4 壹：～悉毋（無）私/爲吏 7 壹：～當賞罰/爲吏 18 壹：～智（知）民能/爲吏 38 壹：～耳目口/爲吏 9 貳：三曰舉事～當/爲吏 42 貳：能～行此/爲吏 9 伍：～民能
1498 窮（4）　爲吏 47 壹：毋～₌（窮窮）/爲吏 2 叁：孤寡～困/爲吏 22 背壹：不～必刑/日甲 19 背肆：其君不瘩（癃）必～
1499 甓（1）　日甲 25 正貳：閉日，可以～決池
1500 履（13）　答問 162：毋敢～₌/答問 162：～₌錦【₌】履₌（履錦履。履【錦】履）/答問 162：以絲雜織～₌（履，履）/答問 162：乃爲“錦～”/答問 162：以錦縵（鞔）～不爲/封診式 22：及～/封診式 59：男子西有鬃秦綦～一兩/封診式 59：以～₌（履履）男子/封診式 61：以縹、～詣廷/封診式 78：外壤秦綦～迹四所/封診式 79：其～迹/封診式 79：類故～/日甲 79 背：

其爲人也剛～（愎）
1501 險（3） 語書 12：誣訑醜言麃（僄）斫以視（示）～/日甲 75 背：必依阪～/日甲 76 背：阪～
1502 駕（16） 十八種 47：～傳馬/十八種 47：其數～/十八種 47：～縣馬勞/雜抄 3：～騶除四歲/雜抄 3：不能～御/答問 1：～（加）辠（罪）之/答問 1：可（何）謂“～（加）辠（罪）”/答問 3：問辠（罪）當～（加）如害盜不當₌（當？當）/答問 38：即端盜～（加）十錢/答問 42：甲誣～（加）乙五十/答問 45：當爲告盜～（加）臧（贓）/答問 46：爲告盜～（加）臧（贓）/答問 163：治（笞）當～（加）不當₌（當？當）/答問 175：以乘馬～私車而乘之/日甲 95 正壹：以生子，必～/日乙 42 壹：～駒☐
1503 紨（1） 十八種 74－75：别～以叚（假）之
1504 緹（1） 封診式 21：～覆（複）衣
1505 緰（1） 語書 10：～（偷）隨（惰）疾事
1506 緩（1） 爲吏 43 叁：～令急徵
1507 緍（1） 十八種 110：隸妾及女子用箴（針）爲～綉它物
1508 緣（3） 封診式 22：帛裹莽～領褎（袖）/封診式 82：繆繒五尺～及殿（純）/封診式 83：繆～及殿（純）
1509 操（7） 十八種 56：白粲～土攻（功）/十八種 56：不～土攻（功）/十八種 62：女子～敃（文）紅及服者/答問 130：亡₌（亡，亡）人～錢/爲吏 5 伍：～邦柄/日甲 28 背貳：～以咼（過）之/日甲 75 背：長耳而～蔡
1510 熹（7） 日乙 202：其後有～（禧）/日乙 203：其東有～（禧）/日乙 208 壹：東有～（禧）/日乙 209 壹：正西南有～（禧）/日乙 210 壹：其西北有～（禧）/日乙 211 壹：其南有～（禧）/日乙 215 壹：正北有～（禧）
1511 擇（8） 十八種 68：毋敢～₌行₌錢₌、布₌（擇行錢、布；擇

行錢、布）者/雜抄 24：工～幹=（幹，幹）/日甲 76 正壹：以結者，不～（釋）/日甲 78 正壹：以結者，易～（釋）/日甲 64 背貳：～（釋）以投之/日乙 106 壹：以結者，易～（釋）/日乙 194：覺而～（釋）之/日乙 194：西北鄉（嚮）～（釋）髮而駟（呬）

1512 擅（13）　十八種 106：毋～=叚=公=器=者=（擅叚（假）公器，者（諸）擅叚（假）公器者）/十八種 121：縣毋敢～壞更公舍官府及廷/雜抄 34：～下/答問 69：～殺子/答問 71：而～殺之/答問 72：～殺/答問 73：人奴～殺子/答問 103：父=母=（父母，父母）～殺/答問 104：主～殺/答問 148：勿敢～=强=質=（擅强質，擅强質）/答問 161：～興奇祠/答問 161：～有鬼立（位）殹（也）/爲吏 16 貳：三曰～裚（製）割

1513 雔（1）　日甲 119 正壹：～門

1514 辥（1）　爲吏 34 伍：身亦毋（無）～（辪）

1515 薦（3）　十八種 10：禾、芻稾𦸬（徹）木、～/十八種 10：復以～蓋/答問 151：空倉中有～=（薦，薦）

1516 薪（14）　十八種 88：可以爲～及蓋蘙〈蘙（翳）〉者/十八種 134：鬼～白粲/雜抄 5：上造以上爲鬼～/答問 110：耐以爲鬼～而鋈足/答問 111：【告人，其辠（罪）】當刑鬼～/答問 111：可（何）謂“當刑爲鬼～”?/答問 111：當耐爲鬼～未斷/答問 112：是謂“當刑鬼～”/答問 113：可（何）謂“贖鬼～鋈足”/答問 113：令贖鬼～鋈足/答問 123：城旦、鬼～癘/答問 127：夫=甲墜鬼=～=（鬼薪，鬼薪）/答問 129：餽（饋）遺亡鬼～于外/答問 193：古主取～者殹（也）

1517 蕓（1）　封診式 82：絲絮五斤～（裝）

1518 樹（1）　日甲 87 背壹：辰，～也

1519 橋（3）　封診式 37：～（驕）悍/爲吏 21 壹：正以～（矯）之

者貴/日甲 35 背貳：以良劍刺其～/日甲 70 背：長～/日甲 75 背：盜者長～

1530 ⿰止童（2）　封診式 78－79：其～（踵）稠者三寸/日甲 61 背壹：毋（無）氣之徒而～（動）

1531 鬳（3）　日甲 67 正肆：九月楚～（獻）馬/日甲 111 正壹：～（獻）馬/日甲 112 正壹：～（獻）馬

1532 遽（4）　日甲 55 背貳：～曰/日甲 56 背貳：～則止矣/日甲 67 背貳－68 背貳：是～鬼執人以自伐〈代〉也/日甲 28 背叁：是₌（是是）～鬼毋（無）所居

1533 縣（102）　語書 1：南郡守騰謂～、道嗇夫/語書 8：有（又）且課～官/十八種 2：近～令輕足行其書/十八種 2－3：遠～令郵行之/十八種 10：輒上石數～廷/十八種 16：亟謁死所～₌（縣，縣）/十八種 18：其乘服公馬牛亡馬者而死～₌（縣，縣）/十八種 19：官₌（官，官）告馬牛～出之/十八種 19：今課～、都官公服牛各一課/十八種 20：内史課～/十八種 21：～嗇夫若丞及倉、鄉相雜以印之/十八種 23：勿度～/十八種 23：唯倉自封印者是度～/十八種 29：上羸不備～廷/十八種 29：言～廷₌（廷，廷）/十八種 30：欲一～之/十八種 37：～上食者籍及它費大（太）倉/十八種 40：～遺麥[以]爲穜（種）用者/十八種 44：令～貣（貸）之/十八種 44：輒移其稟₌～₌（稟縣，稟縣）/十八種 44：移居～責之/十八種 45：有事軍及下～者/十八種 45：毋以傳貣（貸）～/十八種 47：駕～馬勞/十八種 62：邊～者/十八種 62：復數其～/十八種 76：有責（債）於公及貲、贖者居它～/十八種 76：輒移居～責之/十八種 76：亦移其～₌（縣，縣）賞（償）/十八種 80：～、都官坐效、計以負賞（償）者/十八種 86：～、都官以七月糞公器不可繕者/十八種 87：都官遠大内者輸～₌（縣，縣）/十八種 93：在它～者

過～百姓買其稾/雜抄 17－18：～工新獻/雜抄 19：～嗇夫、丞、吏、曹長各一盾/雜抄 39：～嗇夫/雜抄 40：～司空署君子將者/雜抄 40－41：～司空佐主將者/雜抄 41－42：～尉時循視其攻（功）及所爲/答問 32：唯～少内爲“府中”/答問 57：即復封傳它=～=（它縣，它縣）/答問 57：亦傳其～次/答問 57－58：且它～當盡貲/答問 58：咸陽及它～發弗智（知）者當皆貲/答問 95：～曰“嗇夫”/答問 144：郡～除佐/答問 144：事它郡～而不視其事者/封診式 6：敢告某～主/封診式 8：以某～丞某書/封診式 13：敢告某～主/封診式 13：居某～某里/封診式 46：署（遷）蜀邊～/封診式 47：署（遷）蜀邊～/封診式 49：以～次傳詣成=都=（成都，成都）/封診式 64：死（屍）～其室東内中北廦（壁）權/日甲 115 正貳：膾=（膾，膾）毋絕～（懸）肉/日甲 66 背貳：～（懸）以葿

1534 暴（1） 日甲 42 背貳：鬼恒責人，不可辭，是～（暴）鬼

1535 踐（7） 十八種 77：其日～以收責之/十八種 78：終歲衣食不～以稍賞（償）/十八種 128－129：期～/十八種 146：司寇不～/十八種 194：期～/爲吏 35 伍－36 伍：不～以貧（分）人/爲吏 37 伍：而～以貧（分）人

1536 闌（2） 爲吏 23 叁：槍～（藺）環（戾）殳/日甲 2 正貳：以祭，～（吝）

1537 閶（1） 日乙 88 叁：天～

1538 闕（1） 編年記 38 壹：卌八年，～輿

1539 器（33） 十八種 15：叚（假）鐵～/十八種 77：百姓叚（假）公～及有責（債）未賞（償）/十八種 77：及隸臣妾有亡公～、畜生（牲）者/十八種 86：縣、都官以七月糞公～不可繕者/十八種 86：其金及鐵～入以爲銅/十八種 89：韋革、紅～相補繕/十八種 98：爲～同物者/十八種 104：公～官□久=（久，久）/十八種

104：其或叚（假）公～/十八種 104－105：官輒告叚（假）～者曰/十八種 105：～敝久恐靡（磨）者/十八種 105：叚（假）～者/十八種 106：毋擅=叚=公=～=者=（擅叚（假）公器，者（諸）擅叚（假）公器者）/十八種 106－107：毀傷公～/十八種 148：折瓦～/十八種 148：鐵～/十八種 148：木～/十八種 148：出其～/十八種 177：效公～贏/十八種 178：公～不久刻者/十八種 187：都官歲上出～求補者數/效律 39：效公～贏/效律 40：公～不久刻者/效律 43：～職（識）耳（佴）不當籍者/雜抄 18：敢爲它～/答問 159：雖有公～/答問 170：衣～當收不=當=（不當？不當）/答問 171：衣～當收/封診式 8：衣～/封診式 93：皆莫肎（肯）與丙共桮（杯）～/日甲 68 正貳：裹以桼（漆）～/日甲 71 背：臧（藏）於瓦～閒/日甲 74 背：臧（藏）於瓦～下

1540 戰（8） 雜抄 35－36：尚有棲（遲）未到～所/雜抄 36：告曰～圍以折亡/雜抄 37：～死事不出（屈）/封診式 32：與～刑（邢）丘城/封診式 34：甲、丙～刑（邢）丘城/日甲 32 正：利壄（野）～/日甲 34 正：俖（佸）時以～/日甲 44 正：利以～伐

1541 還（1） 日甲 56 背壹－57 背壹：乃疾瘫（糠）瓦以～□□□□則已矣

1542 辥（2） 爲吏 5 伍－6 伍：賢鄙溉（既）～（乂）/日甲 31 背叁：是地～（蠥）居之

1543 幢（1） 十八種 147：冒赤～（氈）

1544 犢（1） 爲吏 17 肆：～（密）而牧之

1545 積（27） 十八種 21：萬石一～而比黎之爲户/十八種 24：入禾未盈萬石而欲增～焉/十八種 24：其前入者是增～/十八種 24：其它人是增～=（積，積）/十八種 25：必

貳：弦望及五辰不可以～樂□/日甲 106 正：不可～土攻（功）/日甲 106 正：五月六月不可～土攻（功）/日甲 106 正：十一月、十二月不可～土攻（功）/日甲 106 正：申不可～土攻（功）/日甲 110 正壹：二月利～土西方/日甲 114 正貳：寡門，～₌（興，興）/日甲 10 背壹：戌～〈與〉亥是胃（謂）分離日/日甲 150 背：不可初田及～土攻（功）/日乙 119：凡戊子風，有～/日乙 119：～在外/日乙 125：不可筑（築）～土攻（功）

1551 學（4） 十八種 111－112：能先期成～者謁上₌（上，上）/十八種 112：盈期不成～者/十八種 191：毋敢～₌（學學）室/日乙 14：利以～書

1552 劓（2） 封診式 43：謁黥～丙/封診式 44：乙令甲謁黥～丙

1553 襗（1） 日乙 104 壹：以桔（結）者，不～（釋）

1554 徼（12） 答問 1：害盜別～而盜/答問 5：出～/答問 48：未出～闌亡/封診式 26：自晝甲將乙等～循到某山/爲吏 17 伍－18 伍：～人婦女/日甲 104 正壹：土～正月壬/日甲 136 正柒：夏三月丑～（敫）/日乙 26 壹：～未/日乙 27 壹：～申/日乙 33 壹：～寅/日乙 34 壹：～卯/日乙 37 壹：～午

1555 衡（10） 十八種 100：縣及工室聽官爲正～石贏（纍）/十八種 194：各有～石贏（纍）、斗甬（桶）/效律 3：～石不正/效律 7：黃金～贏（纍）不正/答問 146：亡久書、符券、公璽、～贏（纍）/答問 179：以火炎其～厄（軛）/答問 179：騷₌馬₌（騷馬，騷馬）蟲皆麗～厄（軛）鞅韅轅靷（靷）/爲吏 27 貳：則以權～求利/日甲 17 背陸：門出～/日甲 158 背－159 背：令頭爲身～

1556 錯（1） 日甲 75 背：名竧達祿得獲～

1557 錢（112） 十八種 17－18：以其筋、革、角及其賈（價）～效/

過二千二百～以上/效律 58：不盈廿二～/效律 58－59：廿二～/效律 59：以到六百六十～/效律 59：過六百六十～以上/雜抄 11：令市取～焉/答問 1：臧（贓）一～以上/答問 1：盜過六百六十～/答問 2：不盈六百六十到二百廿～/答問 2：不盈二百廿以下到一～/答問 5：把～偕邦亡/答問 7：臧（贓）不盈一～/答問 8：司寇盜百一十～/答問 9：臧（贓）直（值）千～/答問 9：受分臧（贓）不盈一～/答問 10：甲盜不盈一～/答問 11：甲盜～以買絲/答問 13：臧（贓）不盈一～/答問 14：夫盜千～/答問 15：夫盜三百～/答問 15：夫盜二百～/答問 25：臧（贓）不盈一～/答問 25－26：一=具【=】（一具，一【具】）之臧（贓）不盈一～/答問 26：或直（值）廿～/答問 29：索=（索，索）直（值）一～/答問 32：府中公金～私貣（貸）用之/答問 37：或以赦前盜千～/答問 38：即端盜駕（加）十～/答問 40：告人盜千～/答問 41：誣人盜千～/答問 48：没～五千而失之/答問 52：將軍材（裁）以～若金賞/答問 67：受分十～/答問 90：入齎（資）～如律/答問 92：所殺直（值）二百五十～/答問 130：捕亡=（亡，亡）人操～/答問 130：捕得取～/答問 141：或捕告人奴妾盜百一十～/答問 181：邦亡來通～過萬/答問 181：以通～/答問 182：智（知）人通～而爲臧（藏）/答問 182：其主已取～/答問 183：甲誣乙通一～黥城旦辠（罪）/答問 205：甲把其衣～匿臧（藏）乙室/答問 209：直（值）過六百六十～爲“大誤”/封診式 15：盜某里士五（伍）丁千～/封診式 19：新～/封診式 19：百一十～/封診式 19：丙盜鑄此～/封診式 20：甲、乙捕索（索）其室而得此～/封診式 29：盜～萬/封診式 38：受賈（價）～/封診式 39：賈（價）若干～/爲吏 26 叁：金～羽旄/日甲 93

正貳：金～良日/日甲122正叁：宜～金而入易虛/日甲13背：非～乃布/日乙195壹：不～則布

1558 錘（1）　十八種130：用膠一兩、脂二～

1559 錐（2）　答問86：鬬以箴（針）、鉥、～/答問86：若箴（針）、鉥、～傷人

1560 錦（3）　答問162：毋敢履₌～【₌】履₌（履錦履。履【錦】履）/答問162：乃爲"～履"/答問162：以～縵（鞔）履不爲

1561 獲（5）　編年記18貳：十一年，十一月，～産/日甲圖二（114正壹—126正壹）：～門/日甲118正叁：～門/日甲75背：名嫳達祿得～錯/日乙19壹：罔（網）邋（獵），～

1562 獨（13）　語書8：～多犯令而令、丞弗得者/語書9：以一曹事不足～治殹（也）/十八種25：後入者～負之/十八種123－124：毋～令匠/十八種195：～高其置芻廥及倉茅蓋者/答問57：今當～咸陽坐以貲/答問201：～户母之謂殹（也）/封診式69：當～抵死（屍）所/封診式73：乙～與妻丙晦卧堂上/爲吏3叁：老弱～轉（傳）/爲吏8伍：下雖善欲～可（何）急/日甲58背壹：寒風入人室，～也/日甲49背叁：～入一人室

1563 頯（4）　答問74：黥顔～/88：嚙人～若顔/174：或黥顔～爲隸妾/日甲153正叁：雖求～啻（帝）必得

1564 謀（11）　十八種181：不更以下到～人/答問4：甲～遣乙盜/答問5：人臣甲～遣人妾乙盜主牛/答問12：其前～/答問12：不～/答問15：非前～殹（也）/答問15：其前～/答問67：甲～遣乙盜殺人/爲吏34貳：～不可遺/日甲22正貳：成日，可以～事/日乙46壹：閈〈閉〉日，可以蓋臧（藏）及～

1565 諜（1）　封診式91－92：即疏書甲等名事關（貫）～（牒）北（背）

95：可（何）～“嗇夫”/答問 99：可（何）～“四₌鄰₌”（“四鄰”？“四鄰”）/答問 99：即伍人～殹（也）/答問 100：可（何）～“州₌告₌”（“州（周）告”？“州（周）告”）/答問 104：可（何）～“非公室告”/答問 104：是～“非公室告”/答問 106：可（何）～“家₌辠₌”（“家辠（罪）”？“家辠（罪）”）/答問 108：可（何）～“家辠（罪）”/答問 108：是～“當刑隸臣”/答問 109：可（何）～“當刑爲隸臣”/答問 110：耤（斱）葆子之～殹（也）/答問 111：可（何）～“當刑爲鬼薪”/答問 112：是～“當刑鬼薪”/答問 113：可（何）～“贖鬼薪鋈足”/答問 113：可（何）～“贖宫”/答問 116：可（何）～“從母爲收”/答問 116：弗買（賣）子母～殹（也）/答問 121：生定殺水中之～殹（也）/答問 126：是～“處隱官”/答問 142：律所～者/答問 142：是～“犯令₌（令”；令）/答問 142：是～“灋（廢）令”殹（也）/答問 162：律所～者/答問 164：可（何）～“逋事”及“乏繇（徭）”/答問 164：律所～者/答問 165：可（何）～“匿户”/答問 165：弗令出户賦之～殹（也）/答問 176：可（何）～“夏”/答問 176：欲去秦屬是～“夏”/答問 177：可（何）～“真”/答問 177：臣邦父母産子及産它邦而是～“真”/答問 177：可（何）～“夏子”/答問 177－178：臣邦父、秦母～殹（也）/答問 179：可（何）～“亡券而害”/答問 180：可（何）～“邦徒”、“僞使”/答問 180：是～“邦徒”、“僞使”/答問 184：可（何）～“布吏”/答問 184：詣符傳于吏是～“布吏”/答問 187：可（何）～“宫均（徇）人”/答問 188：可（何）～“宫更人”/答問 188：宫隸有刑，是～”宫更人”/答問 189：可（何）～“宫狡士”、“外狡士”/答問190：可（何）～“甸₌人₌”（“甸人”？“甸人”）/答問191：可（何）～“宦者顯夫₌（大夫）”/答問192：可（何）～“爨人”/答問193：可（何）～“爨人”/答問194：可（何）～“耐卜隸”/答問195：可（何）～₌“人₌貉₌”（謂“人貉”？謂“人貉”）/答問195：其子入養主之～也/答問196：可（何）～“署人”/答問197：可（何）～“竇₌署₌”（“竇署”？“竇署”）/答問198：可（何）～“衛₌敖₌”（“衛（率）敖（豪）”？“衛（率）敖（豪）”）/答問198：當里典～殹（也）/答問199：可（何）～“逵卒”/答問199：有大繇（徭）而曹鬭相趣（聚），是～“逵卒”/答問200：可（何）～“旅人”/答問200：寄及客，是～“旅人”/答問201：可（何）～“室人”/答問201：可（何）～“同₌居₌”（“同居”？“同居”）/答問201：獨户母之～殹（也）/答問201：盡當坐辠（罪）人之～殹（也）/答問202：可（何）～“瓊₌”（“瓊”？“瓊”）/答問203：可（何）～“璽₌玉₌”（“璽玉”？“璽玉”）/答問203：當以玉問王之～殹（也）/答問204：可（何）～“匧₌面₌”（“匧面”？“匧面”）/答問205：可（何）～“臧₌人₌”（“臧（贓）人”？“臧（贓）人”）/答問205：而實弗盜之～殹（也）/答問206：可（何）～“介（匄）人”/答問206：是～“介（匄）人”/答問207：可（何）～“介（匄）人”/答問207：是～“介（匄）人”/答問210：可（何）～“羊₌軀₌”（“羊軀”？“羊軀”）/日甲104正貳：毋以卯沐浴，是～血明（明）/日甲156正：毋以戌亥家（嫁）子、取（娶）婦，是～相（霜）/日甲110背：是～出亡歸死之日也

1568 諰（1） 爲吏8肆：疾而毋～

1569 廥（20）　十八種 25：～籍/十八種 28：輒爲～籍/十八種 29：廷₌（廷，廷）令長吏雜封其～/十八種 30：～才（在）都邑/十八種 168：其～禾若干石/十八種 171－172：某～出禾若干石/十八種 172：新佐、史主～者/十八種 172：必以～籍度之/十八種 174：禾、芻稾積～/十八種 175：有（又）與主～者共賞（償）不備/十八種 175：至計而上～籍内史/十八種 195：獨高其置芻～及倉茅蓋者/效律 27：某～禾若干石/效律 30－31：某～出禾若干石/效律 32：史主～者/效律 32：必以～籍度之/效律 33－34：禾、芻稾積～/效律 35－36：有（又）與主～者共賞（償）不備/日甲 115 正貳：困居北鄉（嚮）～₌（廥，廥）/日甲 118 正叁：困₌（困，困）北鄉（嚮）～

1570 瘳（1）　日乙 108：病₌（病，病）～，必復之

1571 廦（3）　封診式 64：丙₌（丙。丙）死（屍）縣其室東内中北～（壁）權/封診式 65－66：頭北（背）傅～（壁）/封診式 81：東₌北₌（東北，東、北）去～（壁）各四尺

1572 親（9）　十八種 155：欲歸爵二級以免～父母爲隸臣妾者一人/答問 125：能自捕及～所智（知）爲捕/封診式 46：謁鋈～子同里士五（伍）丙足/封診式 50：甲～子同里士五（伍）丙不孝/封診式 51：甲～子/爲吏 24 貳：一曰不₌察₌所₌～₌（不察所親，不察所親）/爲吏 4 伍：民心將移乃難～/日甲 73 背：車人，～也/日乙 148：祠～

1573 辨（5）　語書 10：而惡與人～（別）治/十八種 80：而人與參～券/十八種 81：亦官與～券/日甲 48 背貳：以北鄉（嚮）□之～二七/日甲 81 背：丁名曰浮妾榮～僕上

1574 龍（13）　日甲 18 正叁：稷～寅、秫丑/日甲 81 正貳：男子～庚寅/日甲 81 正貳：女子～丁/日甲 155 正：取（娶）

妻～日/日甲125背：祠史先～丙望/日乙65：五穀～日/日乙32貳：～，壬辰、申/日乙34貳：～，丙寅、庚寅/日乙36貳：～，戊寅、辛巳/日乙38貳：～，戊、己/日乙39貳：～，辛□☐/日乙52貳：祠史先～丙望/日乙142：行～戊、己

1575 糗（1） 日甲158背：令其鼻能～（嗅）鄉（香）

1576 燔（16） 十八種88：乃～之/答問53：見輒～之/答問53：～書/答問54：書不～/答問159：旞（遺）火～其舍/答問159：旞（遺）火～其叚（假）乘車馬/答問160：旞（遺）火延～里門/日甲126正叁：不可～糞/日甲1背：蓋屋，～/日甲54背壹－55背壹：～豕矢（屎）室中/日甲48背貳：以北鄉（嚮）□之辨二七，～/日甲51背貳：以廣灌爲蚩（鳶）以～之/日甲41背叁：天火～人宮/日甲47背叁：～鬊（鬈）及六畜毛邋（鬣）其止所/日甲51背叁：～豕矢（屎）焉/日甲52背叁：～生桐其室中

1577 營（7） 日甲1正壹：正月～/日甲47正壹：十月，心、危、～室大凶/日甲50正壹：正月，～室、心大凶/日甲50正壹：危、～室大吉/日甲53正壹：危、～室少吉/日甲56正壹：危、～室致死/日甲56正壹：玄戈毄（繫）～室

1578 滜（1） 封診式54：令～（號），其音氣敗

1579 憲（1） 十八種193：毋敢爲官府佐、史及禁苑～盜

1580 窶（4） 十八種82：貧～毋（無）以賞（償）者/日甲11正貳：～孤/日甲54正叁－55正叁：異者焦～/日甲56正叁：同居必～

1581 鄽（1） 日甲53背壹：繹（釋）～（屨）而投之

1582 壁（2） 日甲156背：穿～直中＝（中，中）/日乙259：其北～臣（堅）

1583 避（5） 語書2：去其邪～（僻）/語書3：去其淫～（僻）/語

記 28 貳：～王死

1597 隸（71） 十八種 16－17：其小～臣疾死者/十八種 49：～臣妾其從事公/十八種 49：～臣月禾二石/十八種 49：～妾一石半/十八種 49：小城旦、～臣作者/十八種 51：～臣田者/十八種 51：～臣、城旦高不盈六尺五寸/十八種 51－52：～妾、舂高不盈六尺二寸/十八種 53：小～臣妾/十八種 53：以八月傅爲大～臣妾/十八種 54：更～妾節（即）有急事/十八種 59：免～₌臣₌妾₌（隸臣妾、隸臣妾）/十八種 61：～臣欲以人丁粼者二人贖/十八種 61：其老當免老、小高五尺以下及～妾/十八種 62：以其贖爲～臣/十八種 77：及～臣妾有亡公器/十八種 92－93：～臣妾、舂城旦毋用/十八種 94：～臣/十八種 94：府～之毋（無）妻者/十八種 95：～臣妾之老及小不能自衣者/十八種 96：衣如～臣妾/十八種 108：～臣、下吏、城旦/十八種 108－109：工人程冗～妾二人當工一人/十八種 109：更～妾四人當工【一】人/十八種 109：小～臣妾可使者五人當工一人/十八種 110：～妾及女子/十八種 113：～臣有巧可以爲工者/十八種 141：～臣妾/十八種 141：～臣有妻₌（妻，妻）/十八種 145：令～臣妾將/十八種 150－151：司空百姓有母及同牲（生）爲～妾/十八種 155：欲歸爵二級以免親父母爲～臣妾者一人/十八種 155：及～臣斬首爲公士/十八種 155－156：謁歸公士而免故妻～妾一人者/十八種 156：工～臣斬首及人爲斬首以免者/十八種 184－185：～臣妾老弱及不可誠仁者勿令/十八種 201：道官相輸～臣妾/雜抄 37：以爲～臣/雜抄 38：以爲～臣/答問 8：當耐爲～臣/答問 22：户爲“同居”，坐～₌（隸，隸）/答問 25：當貲以下耐爲～臣/答問 35：甲當耐爲～臣/答問 108：以當刑～臣辠（罪）誣告人/答問 108：是謂

“當刑～臣”/答問 109：其辠（罪）當刑爲～臣/答問 109：可（何）謂“當刑爲～臣”/答問 111：以當刑～臣/答問 116：～臣將城旦/答問 117：以耐～臣誣人/答問 117：當耐爲～臣/答問 118：當耐爲～臣/答問 118：當耐爲～臣/答問 124：耐爲～臣/答問 132：～臣妾毄（繫）城旦舂/答問 174：女子爲～臣妻/答問 174：今～臣死/答問 174：以爲非～臣子殹（也）/答問 174：或黥顔頯爲～妾/答問 188：宫～有刑/答問 194：可（何）謂“耐卜～”/答問 194：“耐史～”/答問 194：耐以爲卜、史～/封診式 51：與牢～臣某執丙/封診式 56：與牢～臣某即甲診/封診式 63－64：與牢～臣某即甲、丙妻、女診丙=（丙。丙）/封診式 75：與鄉□□～臣某即乙、典丁診乙房=内=（房内。房内）/封診式 86：有（又）令～妾數字者/封診式 87：令=（令令）史某、～臣某/封診式 89：令～妾數字者某=（某某）診甲/爲吏 28 叁：徒～攻丈

1598 檢（2） 答問 202：“瓊=”（“瓊”？“瓊”）者，玉～殹（也）/答問 202：視～智（知）小大以論及以齎（資）負之

1599 轅（2） 十八種 125：及大車～不勝任/答問 179：騷=馬=（騷馬，騷馬）蟲皆麗衡厄（軛）鞅韅～靷（靷）

1600 輻（1） 十八種 125：及載縣（懸）鐘虡〈虡〉用～（膈）

1601 臨（11） 爲吏 50 壹：～材（財）見利/爲吏 51 壹：～難見死/爲吏 37 叁：～事不敬/日甲 32 正：～官立（涖）正（政）相宜也/日甲 38 正：不可～官/日甲 128 正：凡是日赤啻（帝）恒以開～下民/日甲 129 正：句（苟）毋（無）直赤啻（帝）～日/日甲 22 背貳：祠木～宇/日乙 134：凡是日赤啻（帝）恒以開～下民/日乙 136－137：直赤啻（帝）～見日/日乙 236 貳－237 貳：利以～官立政

1602 艫（1） 日甲 45 背貳：復（覆）～户外

119：及～未盈卒歲/十八種163：～弗效/十八種165：禾₌粟₌（禾粟。禾粟）～敗而尚可食殹（也）/效律21：～弗效/效律24：禾₌粟₌（禾粟。禾粟）～敗而尚可飤（食）殹（也）/答問38：～然/答問98：典、老～不存，當論/答問159：～有公器，勿責/答問195：～不養主而入量（糧）者/封診式2：～智（知）其訑/爲吏22肆：～有高山/爲吏8伍：下～善欲獨可（何）急/日甲33正：～雨/日甲41正：～雨/日甲129正—130正：它日～有不吉之名/日甲153正叁：～求頯啻（帝）必得/日甲9背壹：～有，毋（無）男

1611 矯（1）　語書2：以～端民心

1612 矰（1）　日甲138背—139背：毋起北南陳垣及～（增）之

1613 穜（11）　十八種38：～（種）/十八種39：稱議～（種）之/十八種40：縣遺麥[以]爲～（種）用者/十八種144：～（種）時、治苗時各二旬/日甲21正叁：不可～（種）之/日甲151背：五～（種）忌/日甲151背：不可以始～（種）/日乙64：☐出～（種）/日乙64：亦勿以～（種）/日乙46貳：五～（種）忌日/日乙48貳：可以始～（種）穫

1614 魏（4）　編年記15壹：攻～/編年記29貳：攻～粱（梁）/爲吏21伍：～户律/爲吏28伍：～奔命律

1615 輿（8）　編年記38壹：閼～/雜抄27：傷乘～馬/日甲49正壹：東井、～鬼少吉/日甲52正壹：東井、～鬼致死/日甲55正壹：柳、東井、～鬼大凶/日甲58正壹：東井、～鬼大吉/日甲90正壹：～鬼，祠及行，吉/日乙90壹：～鬼，祠及行，吉

1616 𦬡（18）　十八種10：禾、芻稾～（徹）木、薦/答問27：置豆俎鬼前未～（徹）乃爲“未闋”/封診式74：～（徹）内中，結衣不得/封診式76：穴₌（穴，穴）～（徹）

内中/爲吏 43 貳：无（無）志不～（徹）/爲吏 48 貳：志～（徹）官治/日甲 15 正貳：責～（徹）/日甲 26 正壹：午～（徹）/日甲 27 正壹：申～（徹）/日甲 28 正壹：戌～（徹）/日甲 29 正壹：子～（徹）/日甲 30 正壹：寅～（徹）/日甲 31 正壹：辰～（徹）/日甲 44 正：～（徹），是胃（謂）六甲相逆/日甲 59 正叁－60 正叁：虚四～（徹）不可入客、寓人及臣妾/日甲 75 背：名～達禄得獲錯/日甲 144 背：～（徹）屋/日甲 155 背：～（徹）屋

1617 睂（1） 日甲 60 背貳：人毋（無）故而鼓（髮）撟若虫及須（鬚）～（眉）

1618 侖（1） 爲吏 9 叁：門户關～（鑰）

1619 斂（1） 爲吏 7 叁：賦~毋（無）度

1620 韱（1） 爲吏 5 壹：微密～（纖）察

1621 爵（16） 十八種 153：皆不得受其～及賜/十八種 154：軍～律/十八種 155：欲歸～二級/十八種 156：軍～/十八種 179：其有～者/十八種 179：～食之/十八種 182：上造以下到官佐、史毋（無）～者/雜抄 37：奪後～，除伍人/雜抄 38：捕人相移以受～者/答問 63：有～，作官府/答問 72：官其男爲～後/答問 113：～當上造以上/答問 185：内公孫毋（無）～者當贖刑/日甲 69 正壹：生子，必有～/日甲 122 正貳：利毋（無）～者/日乙 97 壹：生子，必有～

1622 魄（1） 答問 129：～（饋）遺亡鬼薪于外

1623 體（5） 答問 79：若折支（肢）指、胅～（體）/爲吏 7 伍：邦之急，在～（體）級/日甲 142 正伍：有疵於～（體）而恿（勇）/日甲 52 背叁：一室人皆養（癢）～（體）/日乙 245－246：必有疵於～（體）

1624 賸（2） 答問 170：妻～（媵）臣妾/答問 171：妻～（媵）臣妾

叁：乃投以～/日甲 58 背叁：乃棄其～

1640 牆（2） 十八種 195：垣～日凡申、酉〼/日乙 114：有實官高其垣～

1641 翼（10） 日甲 47 正壹：張、～少吉/日甲 50 正壹：張、～致死/日甲 50 正壹：玄戈毄（繫）～/日甲 53 正壹：畢、張、～大凶/日甲 56 正壹：張、～大吉/日甲 58 正壹：張、～少吉/日甲 94 正壹：～，利行/日甲 6 背貳：凡參、～、軫以出女/日甲 88 背壹：巳，～也/日乙 94 壹：～，利行

1642 縵（1） 答問 162：以錦～（鞔）履不爲

1643 總（2） 十八種 54：～冗，以律稟食/十八種 54：不急勿～

1644 縱（5） 十八種 5：到七月而～之/答問 63：將上不仁邑里者而～之/答問 63：當毄（繫）作如其所～/答問 93：可（何）謂"～囚"/答問 93：是謂"～囚"

1645 繆（4） 十八種 71：計毋相～/效律 56：計校相～（謬）殹（也）/封診式 82：～繒五尺緣及殿（純）/封診式 83：～緣及殿（純）

1646 瓊（1） 答問 202：可（何）謂"～="（"瓊"？"瓊"）

1647 膝（1） 日乙 67：壬辰〈癸〉～（漆）

1648 髾（1） 封診式 35：診首□～髮

1649 擯（1） 日乙 259：其人～（黷）黑

1650 騅（1） 封診式 21：～牝右剽

1651 鬻（2） 日甲 141 正伍：要（腰）不～/日甲 60 背貳－61 背貳：乃～（煮）犇（賁）屨以紙（抵）

1652 聶（1） 爲吏 2 伍：肖人～（懾）心

1653 職（4） 效律 43：器～（識）耳（佴）不當籍者/效律 44：馬牛誤～（識）耳（佴）/效律 45：以～（識）耳（佴）不當之律論之/爲吏 19 叁：久刻～（識）物

1654 鞫（10） 答問 33：其獄～乃直（值）臧=（臧（贓），臧（贓））/答問 35：獄～乃直（值）臧=（臧（贓），臧

（臟））/答問 53：毄（繫）投書者～審灋之/答問 54：～審灋之₌（之之）謂殹（也）/答問 115：以（已）气（乞）～/答問 115：及爲人气（乞）～者/封診式 6：有～/封診式 6：男子某有～/ 封診式 8：封有～者/封診式 40：男子丙有～

1655 繭（1）　日甲 13 背－14 背：非～乃絮

1656 檮（1）　十八種 132：各以其～〈穫〉時多積之

1657 轉（1）　爲吏 3 叁：老弱獨～（傳）

1658 覆（8）　封診式 7：或～問毋（無）有/封診式 13：～/封診式 14：【或】～問毋（無）有/封診式 21：緹～（複）衣/封診式 40－41：或～40 問毋（無）有/封診式 44－45：或～問毋（無）有/封診式 97－98 正：莫～問/日甲 101 正壹：不可以爲室、～屋

1659 醫（4）　封診式 53：令～丁診之/日甲 148 正叁：不女爲～/日乙 242：必善～/日乙 244：女子爲～

1660 叢（1）　日甲 67 背貳：凡邦中之立～

1661 鼂（1）　爲吏 20 貳：二曰不安其～（朝）

1662 闕（3）　編年記 13 壹：攻伊～〈闕〉/編年記 14 壹：伊～〈闕〉/爲吏 23 伍：叚（賈）門逆～（旅）

1663 嚙（2）　答問 83：～斷人鼻若耳若指若脣/答問 88：～人頯若顏

1664 蟲（3）　答問 179：騷₌馬₌（騷馬，騷馬）～皆麗衡厄（軛）鞅韅轅靷（靷）/日甲 53 背叁：地～斲（鬬）于下/日甲 74 背：巳，～也

1665 巂（5）　日甲 47 正壹：畢、此（觜）～大吉/日甲 50 正壹：畢、此（觜）～少吉/日甲 53 正壹：畢、此（觜）～致死/日甲 53 正壹：玄戈毄（繫）此（觜）～/ 日甲 56 正壹：此（觜）～大凶

1666 魄（1）　日乙 251：有～（鬼）

1667 穫（5）　十八種 35：已～上數/日甲 21 正叁－22 正叁：不可穜

（種）之及初～、出入（納）之/日甲23正叄：初～禾/日甲151背－152背：不可以始穜（種）及～賞（嘗）/日乙48貳：可以始穜（種）～、始賞（嘗）

1668 簡（1）　爲吏9肆：～而毋鄙

1669 晵（2）　日甲13背：人有惡瞢（夢），～（覺）/日甲44背貳：～（覺）而弗占

1670 邊（5）　十八種62：～縣者/十八種151：欲爲冗～五歲/雜抄35：貲日四月居～/封診式46：䙴（遷）蜀～縣/封診式47：䙴（遷）蜀～縣

1671 歸（20）　編年記5壹：～蒲反/編年記8壹：新城～/十八種46：及告～盡月不來者/十八種104：其或叚（假）公器，～之/十八種144：居貲贖責（債）者～田農/十八種155：欲～爵二級/十八種155：謁～公士/雜抄35：冗募～/雜抄37：不死者～/爲吏33貳：材（財）不可～/爲吏50肆：貨不可～/日甲36正：亡人，自～/日甲131正：～行/日甲133正：凡此日以～/日甲13背：走～豺〈貀〉䗖之所/日甲65背壹：其鬼～之者/日甲108背：是日在行不可以～/日甲110背：從遠行～/日甲110背：是謂出亡～死之日也/日乙119：興在外，風，軍～

1672 繇（18）　十八種101：邦中之～（徭）及公事官（館）舍/十八種117：勿計爲～（徭）/十八種118：而勿計爲～（徭）/十八種120：至秋毋（無）雨時而以～（徭）爲之/十八種121：不得爲～（徭）/十八種124：而以其實爲～（徭）徒計/十八種124：～（徭）律/十八種137：毋除～（徭）戍/十八種147：舂城旦出～（徭）者/雜抄3：賞（償）四歲～（徭）戍/答問7：貲～（徭）三旬/答問164：可（何）謂"逋事"及"乏～（徭）"/答問164：律所謂者，當～（徭）/答問164：若行到～（徭）所乃亡/答問164：皆爲"乏

嗇夫＝（縣嗇夫，縣嗇夫）令＝人復度及與～出之/十八種 176：必令長吏相～以見之/十八種 186：内史～/十八種 187：【内史】～/十八種 188：内史～/十八種 189：内史～/十八種 190：内史～/十八種 191：内史～/十八種 192：内史～/十八種 193：内史～/十八種 194：内史～/十八種 198：内史～/十八種 199：尉～/十八種 200：尉～/效律 28：倉、鄉相～以封印之/效律 33：縣＝嗇＝夫＝（縣嗇夫，縣嗇夫）令人復度及與～出之/效律 37：必令長吏相～以見之/答問 162：以絲～織履＝（履，履）

1681 離（17） 編年記 26 壹：攻～石/編年記 21：而遺倉嗇夫及～邑倉佐主/編年記 63：畜雞～倉/編年記 72：都官有秩吏及～官嗇夫/編年記 117：興徒以斬（塹）垣～（籬）散及補繕之/編年記 169：～邑倉佐主稟者各一户/效律 28－29：遺倉嗇夫及～邑倉佐主稟者各一户/效律 52：都倉、庫、田、亭嗇夫坐其～官/日甲 59 正壹：東南刺～/日甲 60 正壹：西南刺～/日甲 61 正：西北刺～/日甲 62 正：東北刺～/日甲 63 正：室人妻子父母分～/日甲 47 正叁：禹之～日也/日甲 48 正叁－49 正叁：□與枳（支）刺〈夾〉艮山之胃（謂）～＝日＝（離日。離日）/日甲 52 正叁－52 正叁：～日不可以行＝（行，行）/日甲 10 背壹：戌興〈與〉亥是胃（謂）分～日

1682 旞（10） 雜抄 26：豹～（遂），不得/答問 159：～（遺）火燔其舍/答問 159：～（遺）火燔其叚（假）乘車馬/答問 160：～（遺）火延燔里門/答問 196：囚道一署～（遂）/答問 196：所道～（遂）者命曰“署人”/答問 204：它邦耐（能）吏、行～與偕者/答問 204：行～曰“面”/封診式 32：今日見丙戲～/爲吏 41 叁：須身～（遂）過

未～/答問 208：支（肢）或未～/爲吏 29 壹：～割不刖/日甲 62 背壹：～而能屬者

1695 邋（15）　日甲 8 正貳：可以田～（獵）/日甲 12 正貳：～（獵）四方壄（野）外/日甲 40 正：利弋～（獵）/日甲 85 正壹：～（獵）、賈市，吉/日甲 86 正壹：以～（獵）置罔（網）及爲門/日甲 91 正壹：可田～（獵）/日甲 138 正捌：利以漁～（獵）/日甲 144 正伍：耆（嗜）酉（酒）及田～（獵）/日甲 47 背叁：燔鬈（髼）及六畜毛～（鬣）其止所/日乙 19 壹：罔（網）～（獵）/日乙 59：可魚（漁）～（獵）/日乙 85 壹：～（獵）、賈市，吉/日乙 86 壹：以～（獵）置罔（網）及爲門/日乙 91 壹：可田～（獵）/日乙 246：好田～（獵）

1696 騠（1）　雜抄 27：課駃～

1697 騷（1）　答問 179：當（倘）者（諸）侯不治～₌馬₌（騷馬，騷馬）

1698 壞（17）　十八種 116：未卒堵～/十八種 117－118：未卒歲或～陕（決）/十八種 118：卒歲而或陕（決）～/十八種 119－120：夏有～者/十八種 121：縣毋敢擅～更公舍官府及廷/十八種 121：其有欲～更殹（也）/雜抄 40：所城有～者/封診式 53：鼻腔～/封診式 79－80：其上有新小～₌（壞，壞）/日甲 105 正壹：筑（築）室，～/日甲 107 正壹：不可～垣/日甲 139 背：以～垣，凶/日甲 143 背：不可初穿門、爲户牖、伐木、～垣/日甲 147 背：天以～高山/日甲 155 背：利～垣、徹（徹）屋、出寄者/日乙 41 貳：凡～垣，卯在房/日乙 112：屋₌（屋，屋）不～折

1699 難（9）　封診式 72：□死～審殹（也）/封診式 91：甲等～飲食焉/封診式 94：皆～與丙飲食/爲吏 51 壹：臨～見死/爲吏 39 叁：苛～留民/爲吏 4 伍：民心將移乃～親

種 200：灋（法）律程～/效律 27：及～之曰/效律 32：必以廥～度之/效律 41：甲旅札羸其～及不備者/效律 43：器職（識）耳（佴）不當～者/雜抄 5：有爲故秦人出，削～/雜抄 6：當（倘）除弟子～不得/答問 147：弗爲更～/封診式 14：幾～亡=（亡，亡）/封診式 97：四年三月丁未～一亡五月十日/爲吏 20 伍：乃（仍）署其～曰

1739 譽（1）　答問 51：～適（敵）以恐眾心者

1740 覺（4）　答問 10：乙弗～/答問 49：乃後～/答問 68：甲殺人，不～/日乙 194：～而擇（釋）之

1741 鐘（1）　十八種 125：及載縣（懸）～虡〈虡〉用輻（膈）

1742 騰（4）　語書 1：南郡守～謂縣/語書 4：故～爲是而脩（修）灋（法）律令/封診式 7：當～=（騰（謄），騰（謄））皆爲報/封診式 14：遣識者當～=（騰（謄），騰（謄））皆爲報

1743 譴（3）　日乙 158：高王父～適（謫）/日乙 168：高王父～姓（眚）/日乙 174：王父～，牲爲姓（眚）

1744 議（6）　十八種 39：稱～穜（種）之/十八種 55：～食之，令吏主/十八種 130：爲車不勞（佻）稱～脂之/答問 29：～不爲過羊/答問 83：～皆當耐/爲吏 11 伍：欲令之具下勿～

1745 麛（2）　十八種 4：取生荔、～鷇（卵）㲉/十八種 5—6：～時毋敢將犬以之田

1746 羸（28）　十八種 24：其～者，入之/十八種 29：上～不備縣廷/十八種 81：其入～者/十八種 100：爲正衡石～（纍）/十八種 122—123：～員及減員/十八種 173：禾～，入之/十八種 174：有～、不備而匿弗謁/十八種 174：及者（諸）移～以賞（償）不備/十八種 177：效公器～、不備/效律 1 正：其有～、不備/效律 2：共賞（償）不備之貨而入～/效律 8：數而～、不備/

效律 33：禾～，人之/效律 34：有～不備/效律 34：及者（諸）移～以賞（償）不備/效律 39：效公器～、不備/效律 41：甲旅札～其籍/效律 41：入其～旅=（旅衣）札/效律 45：勿以爲～、不備/效律 50：計用律不審而～、不備/效律 50：以效～、不備之律貲之/雜抄 6：使其弟子～律/答問 154：當坐所～出爲盜/答問 206：貣（貸）人～律及介（匄）人/答問 207：氣（餼）人～律及介（匄）人/日甲 3 正壹：～/日乙 3：～陽/日乙 15：～陽之日

1747 灌（1）　日甲 51 背貳：以廣～爲戴（鳶）以燔之

1748 竇（2）　答問 197：可（何）謂“～=署=”（“竇署”？“竇署”）/封診式 76：上如豬～狀

1749 髹（8）　十八種 102：以丹若～書之/十八種 104：以～久之/效律 45：～汧相易殹（也）/效律 46：工稟～它縣/雜抄 20：～園殿/雜抄 21：～園三歲比殿/效律 48：不盈十斗以下及稟～縣中而負者/封診式 59：男子西有～秦綦履一兩

1750 鷇（1）　十八種 4：取生荔、麛䴠（卵）～

1751 櫂（5）　封診式 64：丙=（丙。丙）死（屍）縣其室東内中北廦（壁）～/封診式 65：索上終～/封診式 65：頭上去～二尺/封診式 67：～大一圍/爲吏 26 貳－27 貳：不=智=所=使=（不智（知）所使，不智（知）所使）則以～衡求利

1752 羈（1）　十八種 188：毋～（寄）請

1753 瓃（1）　答問 203：可（何）謂“～=玉=”（“瓃玉”？“瓃玉”）

1754 鐵（7）　十八種 15：叚（假）～器/十八種 86：其金及～器入以爲銅/十八種 129：爲～攻（工）/十八種 148：～器/雜抄 23：右采～/雜抄 23：左采～課殿/日甲 40 背貳：以～椎椯（段）之

1755 鐸（1）　日甲 33 背貳：～梟（譟）之

1756 顧（4）　日甲 114 正叁：～（顧）門，成之/日甲 130 正：毋（無）敢～（顧）/日甲 130 正：少（小）～（顧）是胃（謂）少（小）楮（佇）/日甲 130 正：大（顧）是胃（謂）大楮（佇）

1757 玃（1）　日甲 73 背：多〈名〉～不圖射亥戌

1758 讂（1）　封診式 36：以書～首曰

1759 癰（1）　日甲 56 背壹－57 背壹：乃疾～（癰）瓦以還□□□□則已矣

1760 辯（1）　爲吏 15 伍：～短長

1761 齎（8）　十八種 45：有事軍及下縣者，～食/十八種 103：以～律責之/十八種 105：令～（資）賞（償）/十八種 177：以～律論及賞（償）/十八種 177：毋（無）～者乃直（值）之/效律 39：以～律論及賞（償）/答問 90：入～（資）錢如律/答問 202：論及以～（資）負之

1762 灋（40）　語書 2：～（法）度/語書 2：～（法）律/語書 2：～（法）律令/語書 3：～（法）律令/語書 3：～（廢）/語書 4：明（明）～（法）/語書 4：～（法）律令/語書 5：～（法）律令/語書 5：犯～（法）/語書 6：明（明）～（法）/語書 9：～（法）律令/語書 10：～（法）律令/十八種 153：～（法）耐署（遷）其後/十八種 153：～（法）耐署（遷）者/十八種 154：～（法）耐署（遷）者/十八種 175：同～（法）/十八種 200：～（法）律/效律 35：同～（法）/雜抄 1：任～（廢）官者/雜抄 4：～（廢）弗行/雜抄 4：～（廢）/雜抄 10：～（廢）/雜抄 11：～（廢）/雜抄 15：～（廢）/雜抄 21：～（廢）/雜抄 22：～（廢）/答問 20：同～（法）/答問 32：同～（法）/答問 59：有（又）～（廢）之/答問 142：～（廢）令/答問 142：～（廢）令/答問 143：～（廢）令/封診式 47：～

封診式 2：必先盡～其言/封診式 3：詰₌之₌（詰之。詰之）有（又）盡～書其解辭/封診式 37：不～甲令/封診式 38：不～甲₌（甲。甲）/爲吏 17 壹：～閒（諫）勿塞/爲吏 18 肆：～其有矢/爲吏 15 伍：～有方，辯短長/日甲 157 正壹：有告，～/日甲 157 正貳：有告，不～/日甲 158 正肆：有告，～/日甲 159 正伍：有告，～/日甲 160 正叁：有告，～/日甲 161 正壹：有告，～/日甲 161 正肆：有告，不～/日甲 162 正貳：有告，～/日甲 162 正叁：有告，不～/日甲 163 正叁：有告，～/日甲 165 正壹：有告，～

1772 **籀**（1）　十八種 43：爲～三斗

1773 **囊**（1）　日甲 159 背：腹爲百草～

1774 **贖**（36）　十八種 60－61：隸臣欲以人丁粼者二人～/十八種 61：欲以丁粼者一人～/十八種 61－62：～者皆以男子/ 十八種 62：以其～爲隸臣/十八種 62：女子操敃（文）紅及服者，不得～/十八種 76：貲、～者居它縣/十八種 133：有辠（罪）以貲～/十八種 134：居～刑辠（罪）、死辠（罪）者/十八種 134－135：人奴妾居～貲責（債）于城旦/十八種 135：葆子以上居～刑/十八種 135：以上到～死/十八種 136：居貲～責（債）欲代者/十八種 136－137：居貲～責（債）而莫見其室者/十八種 137：居貲～責（債）者/十八種 139：官作居貲～責（債）而遠其計所官者/十八種 140：百姓有貲～責（債）/十八種 141：居貲～責（債）轂（繫）城旦舂者/十八種 144：居貲～責（債）者歸田農/十八種 145：毋令居貲～責（債）將城旦舂/十八種 145 居貲～責（債）當與城旦舂作者/ 十八種 151－152：或～䙴（遷），欲入錢者/雜抄 32：典、老～耐/答問 4 皆～黥/答問 30：抉籥（鑰），～黥/答問 31：若未啓而得，當～黥/答問 64：盜徙封，～耐/答問 64：而盜徙之，～耐/答問 65：内（納）奸，～耐/答問 94：～辠（罪）不直/答問 113：可（何）謂“～鬼薪鋈足”/答問 113：可（何）謂“～宫”/答問 113：有辠（罪）當～者/答問 113：令～鬼薪鋈足/答問 177：致（至）耐辠（罪）以上，令～/答問 185：内公孫毋（無）爵者當～刑/答問 185：得比公士～耐不得₌（得？得）

1775 鑄（2）　封診式 19：丙盜～此錢/封診式 19：丁佐～

1776 饙（1）　日甲 81 背：甲盜名曰耤鄭壬～强當良

1777 鱉（1）　十八種 4－5：毋☐毒魚～

1778 龔（2）　日甲 50 背壹：幼～（龍）處之/日甲 51 背壹：～（龍）去矣

1779 襲（3）　答問 104－105：它人有（又）～其告之/日甲 35 背叁：有眾虫～入人室/日甲 44 背叁：雲氣～人之宫

1780 顯（2）　答問 191：可（何）謂“宦者～夫₌（大夫）？”/答問 191：皆爲“～夫₌（大夫）”

1781 黐（1）　十八種 8：芻自黄～及蘑束以上皆受之

1782 籥（2）　答問 30：抉～（鑰），贖黥/答問 30：可（何）謂“抉₌～₌（抉籥（鑰）”？抉籥（鑰））

1783 鼷（2）　答問 152：～穴三當一鼠穴/日甲 69 背：多〈名〉鼠～孔午郢

1784 讎（5）　十八種 37：都官以計時～食者籍/十八種 199：歲～辟律于御史/日甲 40 正：利弋邋（獵）、報～/日甲 87 正壹：可以敫（徼）人攻～/日甲日乙 87 壹：可以敫人攻～

1785 鑐（1）　日甲 13 背：～（禱）之曰

1786 變（4）　語書 5：私好、鄉俗之心不～/封診式 85：自宵子～出/封診式 90：某賞（嘗）懷子而～/爲吏 40 叁：～民習浴（俗）

1787 癰（1）　封診式 86：診甲前血出及～狀

曹～相趣（聚）/封診式 84：自晝與同里大女子丙～/日乙 62：必～見血

1801 䗅（1） 十八種 4：取生荔、麛～（卵）鷇

1802 鑿（6） 十八種 41：糲（糲）米一石爲～（糳）米九₌斗【₌】（九斗；九【斗】）/封診式 76：其所以埱者類旁～/日甲 4 正貳：～井，吉/日甲 103 正貳：毋以寅祭祀～井/日乙 16：建交之日，以風～井/日乙 17：利以説孟（盟）詐（詛）、棄疾、～宇、葬，吉

1803 鬱（3） 封診式 66：索迹椒（鬱）～，不周項二寸/封診式 70：及視索迹～之狀/封診式 71：索迹不～

1804 爨（6） 答問 192：可（何）謂“～人”/答問 192：古主～竈者殹（也）/日甲 67 正壹：七月、～月、援夕，歲在北方/日甲 66 正肆：八月楚～月/日甲 111 正壹：～月、鬳（獻）馬、中夕毀棄西方/日甲 112 正壹：九月、十月、～月作事北方

1805 鞶（1） 答問 179：騷₌馬₌（騷馬，騷馬）蟲皆麗衡厄（軛）鞅～韅鞞（靷）

（二）合文①

1806 女₌（1） 日甲 4 背貳：～₌（須女）

1807 夫₌（11） 十八種 179：自官士～₌（大夫）以上/雜抄 7：故～₌（大夫）斬首者/答問 127：～₌甲堅鬼₌薪₌（鬼薪，鬼薪）/答問 156：～₌（大夫）寡/答問 191：宦者顯～₌（大夫）/答問 191：顯～₌（大夫）/封診式 42：

① 以下“女₌是“須女”的省簡寫法，“旅₌”是“旅衣”的省簡寫法，“營₌”是“營室”的省簡寫法，“嶲₌”是“此嶲”的省簡寫法，均不能算作嚴格意義上的合文，姑置於此。

某里五～₌（大夫）乙家吏/封診式 43：某里五～₌（大夫）乙家吏/日甲 76 正壹：生子，爲～₌（大夫）/日甲 157 背：～₌（大夫）先敓兕席/日乙 104 壹：〇生子₌（子，子）爲～₌（大夫）

1808 志₌（1）　日甲 129 正：必有死亡～₌（之志）至

1809 旅₌（2）　效律 41：入其贏～₌（旅衣）札/效律 41：而責其不備～₌（旅衣）札

1810 貨₌（1）　日甲 103 正壹：閉～₌（貨貝）

1811 牽₌（4）　日甲 76 正壹：～₌（牽牛）/日甲 155 正：～₌（牽牛）以取（娶）織女/日甲 3 背壹：～₌（牽牛）以取（娶）織女而不果/日甲 4 背貳：直～₌（牽牛）

1812 婺₌（1）　日乙 105 壹：～₌（婺女）

1813 裚₌（2）　日甲 118 背：丁酉～₌（裚（製）衣）常（裳）/日乙 129：～₌（裚（製）衣）常（裳）

1814 僞₌（4）　日甲 48 背壹：是神狗～₌（僞爲）鬼/日甲 25 背貳－26 背貳：是袳鬼～₌（僞爲）鼠/日甲 34 背貳－35 背貳：是神虫～₌（僞爲）人/日甲 35 背叁：是壄（野）火～₌（僞爲）虫

1815 營₌（3）　日甲 80 正壹：～₌（營室），利祠/日甲 3 背貳：直～₌（營室）以出女/日乙 80 壹：～₌（營室），利祠

1816 觿₌（1）　日甲 87 正壹：～₌（此（觜）觿），百事凶

1817 驀₌（2）　雜抄 9：～₌（驀馬）五尺八寸以上/雜抄 9－10：先賦～₌（驀馬）

（三）一字兩讀

1818 叓：（2）　十八種 83：如其～（事。吏）坐官以負賞（償）/答問 59：廷行～（事吏）爲詛（詐）僞

三、釋文

【說明】

1. 本釋文以文物出版社1990年版的《睡虎地秦墓竹簡》一書爲基礎，嚴格查核圖版，認真校核原釋文，並酌情吸收有關釋讀成果而成。凡認爲原釋文不確或錯誤之處，儘量改之，並於當頁以腳註說明。

2.《睡虎地秦墓竹簡》收錄竹簡總計1155枚，按内容分爲十種簡書:《編年記》《語書》《秦律十八種》《效律》《秦律雜抄》《法律答問》《封診式》《爲吏之道》《日書甲種》《日書乙種》。

3. 本釋文原則上按原釋文分條分段行文。原整理者出處標注錯誤的，徑改，不作說明。

（一）編年記

昭王元年。1壹

二年，攻皮氏。2壹

三年。3壹

四年，攻封陵。4壹

五年，歸蒲反。5壹

六年，攻新城。6壹

七年，新城陷。7壹

八年，新城歸。8壹

九年，攻析。9壹

十年。10壹

十一年。11壹

十二年。12壹

十三年，攻伊闕〈闕〉①。13壹

十四年，伊闕〈闕〉。14壹

十五年，攻魏。15壹

十六年，攻宛。16壹

十七年，攻垣、枳。17壹

十八年，攻蒲反。18壹

十九年。19壹

廿年，攻安邑。20壹

廿一年，攻夏山。21壹

廿二年。22壹

廿三年。23壹

廿四年，攻林。24壹

廿五年，攻兹氏。25壹

廿六年，攻離石。26壹

廿七年，攻鄧。27壹

廿八年，攻□。28壹

廿九年，攻安陸。29壹

卅年，攻□山。30壹

卅一年，□。31壹

卅二年，攻啓封。32壹

卅三年，攻蔡、中陽。33壹

卅四年，攻華陽。34壹

---

① 闕〈闕〉，一說釋“闕（間）”。下同。

卅五年。35壹

卅六年。36壹

卅七年，□寇剛。37壹

卅八年，閼輿。38壹

卅九年，攻懷。39壹

卌年。40壹

卌一年，攻邢丘。41壹

卌二年，攻少曲。42壹

【卌三年】。43壹

卌四年，攻大（太）行，·□攻。44壹

卌五年，攻大壄（野）王。十二月甲午雞①鳴時，喜産。45壹

卌六年，攻□亭。46壹

卌七年，攻長平。十一月，敢産。47壹

卌八年，攻武安。48壹

【卌九年】，□□□。49壹

☑【五十年】，攻邯單（鄲）。50壹

五十一年，攻陽城。51壹

【五十二】年，王稽、張禄死。52壹

【五十】三年，吏誰從軍。53壹

五十四年。1貳

五十五年。2貳

五十六年，後九月，昭死。正月，遬（速）産。3貳

孝文王元年，立即死。4貳

莊王元年。5貳

莊王二年。6貳

莊王三年，莊王死。7貳

今元年，喜傅。8貳

二年。9貳

---

① 雞，原釋文作“鷄”，據圖版改。下同。

三年，卷軍。八月，喜揄史。10貳

【四年】，□軍。十一月，喜□安陸□史。11貳

五年。12貳

六年，四月，爲安陸令史。13貳

七年，正月甲寅，鄢令史。14貳

八年。15貳

九年。16貳

【十年】。17貳

十一年，十一月，獲産。18貳

十二年，四月癸丑，喜治獄鄢。19貳

十三年，從軍。20貳

十四年。21貳

十五年，從平陽軍。22貳

十六年，七月丁巳，公終。自占年。23貳

十七年，攻韓。24貳

十八年，攻趙。正月，恢生。25貳

十九年，□□□□南郡備敬（警）。26貳

廿年，七月甲寅，嫗終。韓王居□山。27貳

廿一年，韓王死。昌平君居其處，有死□屬。28貳

廿二年，攻魏粱（梁）。29貳

廿三年，興，攻荆，□□守陽□死。四月，昌文君死。30貳

【廿四年】，□□□王□□。31貳

廿五年。32貳

廿六年。33貳

廿七年，八月己亥廷食時，産穿耳。34貳

【廿八年】，今過安陸。35貳

廿九年。36貳

卅年。37貳

（二）語書

廿年四月丙戌朔丁亥，南郡守騰謂縣、道嗇夫：古者，民各有鄉俗，其所利及好惡不同，或不便於民，害於邦。是以聖$_{1}$王作爲灋（法）① 度，以矯端民心，去其邪避（僻），除其惡俗。灋（法）律未足，民多詐巧，故後有閒令下者。凡灋（法）律令者，以教道（導）$_{2}$民，去其淫避（僻），除其惡俗，而使之=②（之之）於爲善殹（也）。今灋（法）律令已具矣，而吏民莫用，鄉俗淫失（泆）之民不止，是即灋（廢）主之$_{3}$明（明）③ 灋（法）殹（也），而長邪避（僻）淫失（泆）之民，甚害於邦，不便於民。故騰爲是而脩（修）灋（法）律令、田令及爲閒私方而下之，令吏明（明）布，$_{4}$令吏民皆明（明）智（知）之，毋巨（歫）於辠（罪）④。今灋（法）律令已布，聞吏[民]⑤犯灋（法）爲閒私者不止，私好、鄉俗之心不變，自從令、丞以$_{5}$下智（知）而弗舉論，是即明（明）避主之明（明）灋（法）殹（也），而養匿邪避（僻）之民。如此，則爲人臣亦不忠矣。若弗智（知），是即不勝任、不$_{6}$智殹（也）；智（知）而弗敢論，是即不廉殹（也）。此皆大辠（罪）殹（也），而令、丞弗明（明）智（知），甚不便。今且令人案行之，舉劾不從令者，致（抵）以律$_{7}$，論及令、丞。有（又）且課縣官，獨多犯令而令、丞弗得者，以令、丞聞⑥。以次傳；别書江陵布，以郵行。$_{8}$

---

① 灋（法），原釋文作“法”，據圖版及文意改。下同。

② 之=，原釋文作“之之”，現據圖版還原重文號。以下重文號均如是處理。

③ 明（明），原釋文作“明”，據圖版及文意改。下同。

④ 辠（罪），原釋文作“罪”，據圖版及文意改。下同。

⑤ [民]，原釋文作“民”，據圖版改。

⑥ 聞，一說讀爲“問”。

凡良吏明（明）灋（法）律令，事無不能毆（也）；有（又）廉絜（潔）敦慤（慤）① 而好佐上；以一曹事不足獨治毆（也），故有公心；有（又）能自$_{9}$端毆（也），而惡與人辨（别）治，是以不爭書。·惡吏不明（明）灋（法）律令，不智（知）事，不廉絜（潔），毋（無）以佐上，緰（偷）隨（惰）疾事，易$_{10}$口舌，不羞辱，輕惡言而易病人，毋（無）公端之心，而有冒柢（抵）② 之治，是以善斥③（訴）事，喜爭=書=（爭書。爭書，）因恙（佯）瞋目扼$_{11}$掔（腕）以視（示）力，訏詢（諼）疾言以視（示）治，誈訐醜言麃（僄）斫以視（示）險，阬閬強肮（伉）以視（示）強，而上猶智之毆（也）。故如此者不$_{12}$可不爲罰。發書，移書曹=（曹，曹）莫受，以告府=（府，府）令曹畫（過）之。其畫（過）最多者，當居曹奏令=、丞=（令、丞，令、丞）以爲不直，志$_{13}$千里使有籍書之，以爲惡吏。$_{14}$語書$_{15}$

（三）秦律十八種

田　律

雨爲澍〈澍〉，及誘（秀）粟，輒以書言澍〈澍〉稼、誘（秀）粟及豤（墾）田暘毋（無）稼者頃數。稼已生後而雨，亦輒言雨少多，所$_{1}$利頃數。早〈旱〉及暴風雨、水潦、备（螽）蚰、羣它物傷稼者，亦輒言其頃數。近縣令輕足行其書，遠$_{2}$縣令郵行之，盡八月④□□之。田律$_{3}$

① 慤（慤），原釋文作“慤”，據圖版改。
② 柢（抵），一説釋“抵”，一説釋“柢（抵）”。
③ 斥，原釋文作“斥”，據圖版改。
④ 月，原釋文作“月”，據圖版改。

春二月，毋敢伐材木山林及雍（壅）隄水。不夏月，毋敢夜（爇）[①] 草爲灰，取生荔[②]、麛𪇆（卵）鷇，毋☐4毒魚鱉，置穽罔（網），到七月而縱之。唯不幸死而伐綰（棺）享（椁）者，是不用時。邑之紤（近）皂及它禁苑者，麛5時毋敢將犬以之田。百姓犬入禁苑中而不追獸及捕獸者，勿敢殺；其追獸及捕獸者，殺6之。河（呵）禁所殺犬，皆完入公；其它禁苑殺者，食其肉而入皮。田律7

入頃芻稾，以其受田之數，無豤（墾）不豤（墾），頃入芻三石、稾二石。芻自黄𪎊及蘑束以上皆受之。入芻稾，相8輸度，可毆（也）。 田律9

禾、芻稾勶（徹）[③] 木、薦，輒上石數縣廷。勿用，復以薦蓋。 田律10

乘馬服牛稟，過二月弗稾、弗致者，皆止，勿稟、致。稟大田而毋（無）恒籍者，以其致到日稟之，勿深（甚）致。 田律11

百姓居田舍者毋敢醢（酤）酉（酒），田嗇夫、部佐謹禁御之，有不從令者有辠（罪）。 田律12

廄苑律

以四月、七月、十月、正月膚（臚）田牛。卒歲，以正月大課之，最，賜田嗇夫壺酉（酒）束脯，爲旱〈皂〉者除一更，賜牛長日三旬；殿者13，誶田嗇夫，罰冗皂者二月。其以牛田，牛減[④]絜，治（笞）主者寸十。有（又）里課之，最者，賜田典日旬；殿，治（笞）丗[⑤]。 廄苑律14

叚（假）鐵器，銷敝不勝而毀者，爲用書，受勿責。 廄苑15

將牧公馬=牛【=】（馬牛，馬【牛】）死者，亟謁死所縣=（縣，

---

① 夜（爇），原釋文作“夜”，據文意改。

② 荔，一説此字爲衍文。

③ 勶（徹），原釋文作“徹（撤）”，據圖版及文意改。“撤”字屬後起字，故改釋。下《法律答問》27、《日書甲種》15 正貳、144 背、155 背同。

④ 減，原釋文作“減”，據圖版改。下同。

⑤ 丗，原釋文作“卅”，據圖版改。下同。

縣）亟診而入之，其入之其弗亟而令敗者，令以其未敗直（值）賞（償）之。其小隸臣16疾死者，告其☒□□☒[之]①；其非疾死者，以其診書告官論之。其大廄、中廄、宮廄馬牛殹（也），以其筋、革、角及其賈（價）17錢效，其人詣其官。其乘服公馬牛亡馬者而死縣=（縣，縣）診而雜買（賣）其肉，即入其筋、革、角，及素（索）入其賈（價）錢=（錢。錢）18少律者，令其人備之而告官=（官，官）告馬牛縣出之。今課縣、都官公服牛各一課，卒歲，十牛以上而三分一死；不【盈】19十牛以下，及受服牛者卒歲死牛三以上，吏主者、徒食牛者及令、丞皆有辠（罪）。内史課縣，大（太）倉課都官及受服者。　□□20

倉　律

入禾倉，萬石一積而比黎之爲户。縣嗇夫若丞及倉、鄉相雜以印之，而遺倉嗇夫及離邑倉佐主21稟者各一户以氣（餼），自封印，皆輒出，餘之索而更爲發户。嗇夫免，效者發，見雜封者，以隄（題）效之，而復22雜封之，勿度縣，唯倉自封印者是度縣。出禾，非入者是出之，令度=之=（度之，度之）當堤（題），令出之。其不備，出者負之；23其贏者，入之。雜出禾者勿更。入禾未盈萬石而欲增積焉，其前入者是增積，可殹（也）；其它人是增積=（積，積）24者必先度故積，當堤（題），乃入焉。後節（即）不備，後入者獨負之；而書入禾增積者之名事邑里于②廥籍。萬25石之積及未盈萬石而被（柀）出者，毋敢增積。櫟陽二萬石一積，咸陽十萬一積，其出入禾、增積如律令。長吏相26雜以入禾倉及發，見屡③之粟積，義積之，勿令敗。　倉27

入禾稼、芻稾，輒爲廥籍，上内史。·芻稾各萬石一積，咸陽二萬一積，其出入、增積及效如禾。　倉28

---

① [之]，原釋文作“之”，據圖版改。

② 于，原釋文作“於”，據圖版改。

③ 屡，一說釋“屡（録）”。

禾、芻稾積𡩡（索）出日，上贏不備縣廷。出之未𡩡（索）而已備者，言縣廷$_{=}$（廷，廷）令長吏雜封其廥，與出之，輒上數$_{29}$廷；其少，欲一縣之，可殹（也）。廥才（在）都邑，[當]①⧄□□□□□□□□⧄者與雜出之。　倉$_{30}$

⧄□□□□□□不備，令其故吏與新吏雜先𡩡（索）出之。其故吏弗欲，勿强。其毋（無）故吏者，令有秩之吏、令$_{31}$史主，與倉□雜出之，𡩡（索）而論不備。雜者勿更$_{=}$（更；更）之而不備，令$_{=}$（令、令）丞與賞（償）不備。倉$_{32}$

程禾、黍⧄□□□□□⧄以書言年，別其數，以稟人。　倉$_{33}$

計禾，別黄、白、青。桼（秫）勿以稟人。　倉$_{34}$

稻後禾孰（熟），計稻後年。已穫②上數，別粲、穤（糯）秙（黏）稻。別粲、穤（糯）之襄（釀），歲異積之，勿增積，以給客，到十月牒書數，$_{35}$【上内史】③。　倉$_{36}$

縣上食者籍及它費大（太）倉，與計偕。都官以計時讎食者籍。　倉$_{37}$

穜（種）④：稻、麻畝用二斗大半斗，禾、麥畝一斗，黍、荅畝大半斗，叔（菽）畝半斗。利田疇，其有不盡此數者，可殹（也）。其有本者，$_{38}$稱議穜（種）之。　倉$_{39}$

縣遺麥[以]⑤爲穜（種）用者，殽禾[以]⑥臧（藏）之。　倉$_{40}$

⧄【粟一】石六斗大半斗，舂之爲糲（糲）米一石；糲（糲）米一石爲鑿（糳）米九$_{=}$斗$_{[=]}$（九斗；九【斗】）爲毀（毇）米八斗。稻禾一石。有米委賜，稟禾稼公，盡九月，$_{41}$其人弗取之，勿鼠

---

① [當]，原釋文作“當”，據圖版改。

② 穫，原釋文作“獲”，據圖版改。

③ 【上内史】，原釋文作“上内【史】”，據圖版改。

④ 穜（種），原釋文作“種”，據圖版及文意改。下同。

⑤ [以]，原釋文作“以”，據圖版改。

⑥ [以]，原釋文作“以”，據圖版改。

（予）。　倉42

爲粟廿斗，舂爲米十=斗=（十斗；十斗）粲，毀（毇）米六斗大半斗。麥十斗，爲䵃三斗。叔（菽）、荅、麻十五斗爲一石。·稟毀（毇）粺者，以十斗爲石。　倉43

宦者、都官吏、都官人有事上爲將，令縣貣（貸）之，輒移其稟=縣=（稟縣，稟縣）以減其稟。已稟者，移居縣責之。　倉44

有事軍及下縣者，齎食，毋以傳貣（貸）縣。　倉45

月食者已致稟而公使有傳食，及告歸盡月不來者，止其後朔食，而以其來日致其食；有秩吏不止。　倉46

駕傳馬，一食禾，其顧來有（又）一食禾，皆八馬共。其數駕，毋過日一食。駕縣馬勞，有（又）益壺〈壹〉禾之。　倉律47

妾未使而衣食公，百姓有欲叚（假）者，叚（假）之，令就衣食焉，吏輒柀①事之。　倉律48

隸臣妾其從事公，隸臣月禾二石，隸妾一石半；其不從事，勿稟。小城旦、隸臣作者，月禾一石半石；未能作者，月禾一石。小49妾、舂作者，月禾一石二斗半斗；未能作者，月禾一石。嬰兒之毋（無）母者各半石；雖有母而與其母冗居公者，亦稟之，禾50月半石。隸臣田者，以二月=（月月）稟二石半石，到九月盡而止其半石。舂，月一石半石。隸臣、城旦高不盈六尺五寸，隸妾、舂高不盈51六尺二寸，皆爲小；高五尺二寸，皆作之。　倉52

小隸臣妾以八月傅爲大隸臣妾，以十月益食。　倉53

更隸妾節（即）有急事，總冗，以律稟食；不急勿總。　倉54

城旦之垣及它事而勞與垣等者，旦半夕參；其守署及爲它事者，參食之。其病者，稱議食之，令吏主。城旦55舂=（舂、舂）司寇、白粲操土攻（功），參食之；不操土攻（功），以律食之。　倉56

日食城旦，盡月而以其餘益爲後九月稟所。城旦爲安事而益其食，以犯令律論吏主者。減舂城旦57月不盈之稟。　倉58

免隸=臣=妾=（隸臣妾、隸臣妾）垣及爲它事與垣等者，食男

---

①　柀，一說釋“柀（疲）”。

子旦半夕參，女子參。　倉59

食飯囚，日少半斗。　倉60

隸臣欲以人丁粼[①]者二人贖，許之。其老當免老、小高五尺以下及隸妾欲以丁粼者一人贖，許之。贖61者皆以男子，以其贖爲隸臣。女子操敃（文）紅及服者，不得贖。邊縣者，復數其縣。　倉62

畜雞離倉。用犬者，畜犬期足。豬[②]、雞之息子不用者，買（賣）之，別計其錢。倉63

金布律

官府受錢者，千錢一畚，以丞、令印₌（印印。）不盈千者，亦封印之。錢善不善，雜實之。出錢，獻封丞、令，64乃發用之。百姓市用錢，美惡雜之，勿敢異。　金布65

布袤八尺，福（幅）廣二尺五寸。布惡，其廣袤不如式者，不行。　金布66

錢十一當一布。其出入錢以當金、布，以律。　金布67

賈市居列[③]者及官府之吏，毋敢擇₌行₌錢₌、布₌（擇行錢、布；擇行錢、布）者，列伍長弗告，吏循之不謹，皆有辠（罪）。　金布68

有買（賣）及買殹（也），各嬰其賈（價）；小物不能各（格）一錢者，勿嬰。　金布69

官相輸者，以書告其出計之年，受者以入計之。八月、九月中其有輸，計其輸所遠近，不能逮其輸所之計，70☐☐☐☐☐☐☐☐[移][④]計其後年，計毋相繆。工獻輸官者，皆深（審）以其年計之。　金布律71

都官有秩吏及離官嗇夫，養各一人，其佐、史與共養；十人，車

---

① 粼，一說讀爲"齡"，一說讀爲"凝"。

② 豬，原釋文作"猪"，據圖版改。

③ 列，一說釋"死〈列〉"。

④ [移]，原釋文作"移"，據圖版改。

牛一兩（輛），見牛者一人。都官之佐、史冗者，十人，養一人；72十五人，車牛一兩（輛），見牛者一人；不盈十人者，各與其官長共養、車牛，都官佐、史不盈十五人者，七人以上鼠（予）【車牛】①、73僕，不盈七人者，三人以上鼠（予）養一人；小官毋（無）嗇夫者，以此鼠（予）僕、車牛。豤生者，食其母日粟一斗，旬五日而止之，別74紨以叚（假）之。　金布律75

有責（債）於公及貲、贖者居它縣，輒移居縣責之。公有責（債）百姓未賞（償），亦移其縣=（縣，縣）賞（償）。　金布律76

百姓叚（假）公器及有責（債）未賞（償），其日踐以收責之，而弗收責，其人死亡；及隸臣妾有亡公器、畜生（牲）② 者，以77其日月減其衣食，毋過三分取一，其所亡眾③，計之，終歲衣食不踐以稍賞（償），令居之，其弗令居之，其人78【死】亡，令其官嗇夫及吏主者代賞（償）之。　金布79

縣、都官坐效、計以負賞（償）者，已論，嗇夫即以其直（值）錢分負其官長及冗吏，而人與參辨券，以效少=內=（少內，少內）以80收責之。其入贏者，亦官與辨券，入之。其責（債）毋敢隃=歲=（隃（逾）歲，隃（逾）歲）而弗入及不如令者，皆以律論之。　金布81

官嗇夫免，復爲嗇夫，而坐其故官以貲賞（償）及有它責（債），貧窶毋（無）以賞（償）者，稍減其秩、月食以賞（償）之，弗得82居；其免殹（也），令以律居之。官嗇夫免，效其官而有不備者，令與其稗官分，如其叓:（事。吏）坐官以負賞（償），未而83死，及有辠（罪）以收，抉出其分。其已分而死，及恒作官府以負責（債），牧將公畜生（牲）而殺、亡之，未賞（償）及居之未84備而死，皆出之，毋責妻、同居。　金布85

---

① 【車牛】，原釋文作“車牛”，據圖版改。

② 生（牲），原釋文作“生”，據文意改。下簡 84 同。

③ 眾，原釋文作“衆”，據圖版改。下同。

縣、都官以七月糞公器不可繕者，有久①識者靡（磨）蚩（徹）之。其金及鐵器入以爲銅。都官輸大内₌（内，内）受買（賣）86之，盡七月而𤐼（畢）。都官遠大内者輸縣₌（縣，縣）受買（賣）之。糞其有物不可以須時，求先買（賣），以書時謁其狀内87史。凡糞其不可買（賣）而可以爲薪及蓋𦾔〈蘙（翳）〉者，用之；毋（無）用，乃燔之。　金布88

傳車、大車輪，葆繕參邪，可殹（也）。韋革、紅器相補繕。取不可葆繕者，乃糞之。　金布89

受（授）衣者，夏衣以四月盡六月稟之，冬衣以九月盡十一月稟之，過時者勿稟。後計冬衣來年。囚有寒者爲褐衣。90爲幏布一，用枲三斤。爲褐以稟衣：大褐一，用枲十八斤，直（值）六十錢；中褐一，用枲十四斤，直（值）卌六錢；小褐一，用91枲十一斤，直（值）卅六錢。已稟衣，有餘褐十以上，輸大内，與計偕。都官有用□□□□其官，隸臣妾、舂城92旦毋用。在咸陽者致其衣大内，在它縣者致衣從事之縣₌（縣，縣、）大内皆聽其官致，以律稟衣。金布93

稟衣者，隸臣、府隸之毋（無）妻者及城旦，冬人百一十錢，夏五十五錢；其小者冬七十七錢，夏卌四錢。舂冬人五十94五錢，夏卌四錢；其小者冬卌四錢，夏卅三錢。隸臣妾之老及小不能自衣者，如舂衣。•亡、不仁其主及官95者，衣如隸臣妾。　金布96

關　市

爲作務及官府市，受錢必輒入其錢缿中，令市者見其入，不從令者貲一甲。　關市97

工　律

爲器同物者，其小大、短長、廣亦②必等。　工律98

---

① 久，即“標記”（秦簡中多表“做標記”），爲“灸灼”義之引申；一說讀爲“記”，即“標記”。下同。

② 亦，一說爲“夾”之形近誤字，讀爲“狹”。

爲計，不同程者毋同其出。　工律$_{99}$

縣及工室聽官爲正衡石贏（纍）、斗用（桶）、升，毋過歲壺〈壹〉。有工者勿爲正。叚（假）試即正。　工律$_{100}$

邦中之繇（徭）及公事官（館）舍，其叚（假）公，叚（假）而有死亡者，亦令其徒、舍人任其叚（假），如從興戍然。　工律$_{101}$

公甲兵各以其官名刻久之，其不可刻久者，以丹若鬃書之。其叚（假）百姓甲兵，必書其久，受之以久。入叚（假）而$_{102}$而①毋（無）久及非其官之久也，皆没入公，以齎律責之。工$_{103}$

公器官□久=（久，久）之。不可久者，以鬃久②之。其或叚（假）公器，歸之，久必乃受之。敝而糞者，靡（磨）蚩（徹）其久。官輒告叚（假）$_{104}$器者曰：器敝久恐靡（磨）者，遝其未靡（磨），謁更其=久=（其久。其久）靡（磨）不可智（知）者，令齎（資）③賞（償）。叚（假）器者，其事已及免，官輒$_{105}$收其叚（假），弗亟收者有辠（罪）。·其叚（假）者死亡、有辠（罪）毋（無）責也，吏代賞（償）。毋擅=叚④=公=器=者=（擅叚（假）公器，者（諸）擅叚（假）公器者）有辠（罪），毀傷公$_{106}$器及⑤⊠□⊠者⑥令賞（償）$_{107}$。

工人程

隸臣、下吏、城旦與工從事者冬作，爲矢程，賦之三日而當夏二日。　工人程$_{108}$

冗隸妾二人當工一人，更隸妾四人當工【一】人，小隸臣妾可使

① 而而，後一“而”字爲衍文。

② 久，一說釋“久〈書〉”。

③ 齎（資），原釋文作“齎”，據文意改。下同。

④ 叚，原釋文作“叚”，據圖版改”。

⑤ 及，原釋文作“及”，據圖版改。

⑥ 者，原釋文作“者”，據圖版改。

者五人當工一人。　工人程109

隸妾及女子用箴（針）爲緡綉它物，女子一人當男子一人。　工人程110

均　工

新工初工事，一歲半紅（功），其後歲賦紅（功）與故等。工師善教之，故工一歲而成，新工二歲而成。能先期成學111者謁上=（上，上）且有以賞之。盈期不成學者，籍書而上内史。　均工112

隸臣有巧可以爲工者，勿以爲人僕、養。　均113

☐均工114

徭　律

御中發𢽍（徵）①，乏弗行，貲二甲。失期三日到五日，誶；六日到旬，貲一盾；過旬，貲一甲。其得殹（也），及詣。水雨，除興。115興徒以爲邑中之紅（功）者，令結（嫴）堵卒歲。未卒堵壞，司空將紅（功）及君子主堵者有辠（罪），令其徒復垣之，116勿計爲繇（徭）。•縣葆禁苑、公馬牛苑，興徒以斬（塹）垣離（籬）散②及補繕之，輒以效苑=吏=（苑吏，苑吏）循之。未卒歲或壞117陕（決），令縣復興徒爲之，而勿計爲繇（徭）。卒歲而或③陕（決）壞，過三堵以上，縣葆者補繕之；三堵以下，及雖118未盈卒歲而或盜④陕（決）道出入，令苑輒自補繕之。縣所葆禁苑之傅山、遠山，其土惡不能雨，夏有119壞者，勿稍補繕，至秋毋（無）雨時而以繇（徭）爲之。其近田恐獸及馬牛出食稼者，縣嗇夫材（裁）⑤興有田其旁120者，無貴賤，以田少多出人，以垣繕之，不得爲繇（徭）。縣毋敢擅壞更公舍官府及廷，其有欲壞更殹（也），必灋121之。欲以城旦舂益

① 𢽍（徵），原釋文作"徵"，據圖版改。

② 散，一説讀爲"藩"，一説讀爲"柵"。

③ 或，一説釋"成"。

④ 盜，原釋文作"盜"，據圖版改。下同。

⑤ 材（裁），原釋文作"材"，據文意改。下《法律答問》52、140同。

爲公舍官府及補繕之，爲之，勿讞。縣爲恒事及讞有爲毆（也），吏程攻（功），贏$_{122}$員及減員自二日以上，爲不察。上之所興，其程攻（功）而不當者，如縣然。度攻（功）必令司空與匠度之，毋獨令$_{123}$匠。其不審，以律論度者，而以其實爲繇（徭）徒計。繇（徭）律$_{124}$

司　空

縣、都官用貞（楨）、栽爲傰（棚）牏，及載縣（懸）鐘虡〈虡〉① 用輻（膈），皆不勝任而折；及大車轅不勝任，折軲②上，皆爲用而出之。　司空$_{125}$

官府叚（假）公車牛者☐□□□☐叚（假）人所。或私用公車牛，及叚（假）人食牛不善，牛訾（胔）；不攻閒車＝（車，車）空失，大車軲紱（盭）；及不芥（介）車＝（車，車）$_{126}$蕃（藩）蓋强折列（裂），其主車牛者及吏、官長皆有辠（罪）。　司空$_{127}$

官長及吏以公車牛稟其月食及公牛乘馬之稟，可毆（也）。官有③金錢者自爲買脂、膠，毋（無）金錢者乃月爲言脂、膠，期$_{128}$踐。爲鐵攻（工），以攻公大車。　司空$_{129}$

一脂、攻閒大車一兩（輛）④，用膠一兩、脂二錘。攻閒其扁（辨）解，以數分膠以之。爲車不勞（恌）稱議脂之。　司空$_{130}$

令縣及都官取柳及木楘（柔）可用書者，方之以書；毋（無）方者乃用版。其縣山之多荓者，以荓纏書；毋（無）荓者以蒲、藺以枲$_{131}$萷（製）之。各以其檮〈穫〉時多積之。　司空$_{132}$

有辠（罪）以貲贖及有責（債）於公，以其令日問之，其弗能入及賞（償），以令日居之，日居八錢；公食者，日居六錢。居官府公食者，男子參，$_{133}$女子駟（四）。公士以下居贖刑辠（罪）、死辠（罪）

---

① 虡〈虡〉，一說釋“虡（虛）”。

② 軲，一說釋“軸”。下同。

③ 有，原釋文作“有”，據圖版改。

④ 兩（輛），原釋文作“輛（兩）”，據圖版改。

者，居于①城旦舂，毋赤其衣，勿枸櫝欙（纍）杕（鈦）。鬼薪白粲，羣下吏毋耐者，人奴妾居贖貲134責（債）于②城旦，皆赤其衣，枸櫝欙（纍）杕（鈦），將司之；其或亡之，有辠（罪）。葆子以上居贖刑以上到贖死，居于③官府，皆勿將司。所弗問135而久毄（繫）之，大嗇夫、丞及官嗇夫有辠（罪）。居貲贖責（債）欲代者，耆弱相當，許之。作務及賈而負責（債）者，不得代。一室二人以上居136貲贖責（債）而莫見其室者，出其一人，令相爲兼居之。居貲贖責（債）者，或欲籍（藉）人與並④居之，許之，毋除繇（徭）戍。•凡137不⑤能自衣者，公衣之，令居其衣如律然。其日未備而柀入錢者，許之。以日當刑而不能自衣食者，亦衣食而138令居之。官作居貲贖責（債）而遠其計所官者，盡八月各以其作日及衣數告其計所官，毋過九月而觱（畢）到139其官₌（官；官）相紤（近）者，盡九月而告其計所官，計之其作年。百姓有貲贖責（債）而有一臣若一妾，有一馬若一牛，而欲居者，許。　司140

隸臣妾、城旦舂之司寇、居貲贖責（債）毄（繫）城旦舂者，勿責衣食；其與城旦舂作者，衣食之如城旦舂。隸臣有妻₌（妻，妻）更141及有外妻者，責衣。人奴妾毄（繫）城旦舂，貣（貸）衣食公，日未備而死者，出其衣食。　司空142

毄（繫）城旦舂，公食當責者，石卅錢。　司空143

居貲贖責（債）者歸田農，種（種）時、治苗時各二旬。　司空144

毋令居貲贖責（債）將城旦舂。城旦司寇不足以將，令隸臣妾將。居貲贖責（債）當與城旦舂作者，及城旦傅堅、145城旦舂當將司者，廿人，城旦司寇一人將。司寇不踐，免城旦勞三歲以上者，以爲

---

① 于，原釋文作“於”，據圖版改。

② 于，原釋文作“於”，據圖版改。

③ 于，原釋文作“於”，據圖版改。

④ 並，原釋文作“并”，據圖版改。下同。

⑤ 不，原釋文作“不”，據圖版改。

城旦司寇。　司空146

城旦舂衣赤衣，冒赤㡌（氈），枸①櫝欙（纍）杕（釱）之。仗城旦勿將司；其名將司者，將司之。舂城旦出繇（徭）者，毋敢之市及留舍闠外；當行市147中者，回，勿行。城旦舂毀折瓦器、鐵器、木器，爲大車折鞪（輮），輒治（笞）之。直（值）一錢，治（笞）十；直（值）廿錢以上，孰（熟）治（笞）之，出其器。弗輒148治（笞），吏主者負其半。　司空149

司寇勿以爲僕、養、守官府及除有爲殹（也）。有上令除之，必復請之。　司空150

百姓有母及同牲（生）爲隸妾，非適（謫）辠（罪）殹（也）而欲爲冗邊五歲，毋賞（償）興日，以免一人爲庶人，許之。•或151贖䙴②（遷），欲③入錢者，日八錢。☐　司空152

軍爵律

從軍當以勞論及賜，未拜而死，有辠（罪）灋（法）耐䙴（遷）其後；及灋（法）耐䙴（遷）者，皆不得受其爵及賜。其已拜，153賜未受而死及灋（法）耐䙴（遷）者，鼠（予）賜。　軍爵律154

欲歸爵二級以免親父母爲隸臣妾者一人，及隸臣斬首爲公士，謁歸公士而免故妻隸妾一155人者，許之，免以爲庶人。工隸臣斬首及人爲斬首以免者，皆令爲工。其不完者，以爲隱官工。　軍爵156

置吏律

縣、都官、十二郡免除吏及佐、羣官屬，以十二月朔日免除，盡三月而止之。其有死亡及故有夬（缺）者，爲補157之，毋須時。　置吏律158

---

① 枸，原釋文作“拘”，據圖版及文意改。

② 䙴，原釋文作“䙴”，據圖版改。

③ 欲，原釋文作“欲”，據圖版改。

除吏、尉，已除之，乃令視事及遣之；所不當除而敢先見事，及相聽以遣之，以律論之。嗇夫之送159見它官者，不得除其故官佐、吏以之新官。　置吏律160

官嗇夫節（即）不存，令君子毋（無）害者若令史守官，毋令官佐、史守。　置吏律161

效

實官佐、史被免、徙，官嗇夫必與去者效代者。節（即）官嗇夫免而效，不備，代者【與】居吏坐之。故吏弗效，新吏162居之未盈歲，去者與居吏坐之，新吏弗坐；其盈歲，雖弗效，新吏與居吏坐之，去者弗坐，它如律。　效163

倉屚（漏）朽（朽）禾粟，及積禾粟而敗之，其不可食者不盈百[①]石以下，誶官嗇夫；百石以上到千石，貲官嗇夫164一甲；過千石以上，貲官嗇夫二甲；令官嗇夫、冗吏共賞（償）敗禾＝粟＝（禾粟。禾粟）雖敗而尚可食殹（也），程之，以其秏（耗）石數[②]【論】[③]165負之。　效166

度[④]禾、芻稾而不備十分一以下，令復其故數；過十分以上，先索以稾人，而以律論其不備。　效167

入禾，萬【石一積而】比黎之爲户，籍之曰："其廥禾若干石，倉嗇夫某、佐某、史某、稾人某。"是縣入之，縣168嗇夫若丞及倉、鄉相雜以封印之，而遺倉嗇夫及離邑倉佐主稟者各一户，以氣（餼）人。其出禾，有（又）169書其出者，如入禾然。　效170

嗇夫免而效＝（效，效）者見其封及隄（題），以效之，勿度縣，唯倉所自封印是度縣。終歲而爲出凡曰："某廥出禾若干171石，其

① 百，原釋文作"萬"，據圖版改。

② 數，原釋文作"數"，據圖版改。

③ 【論】，原釋文作"論"，據圖版改。

④ 度，原釋文作"度"，據圖版改。

餘①禾若干石。”倉嗇夫及佐、史，其有免去者，新倉嗇夫，新佐、史主廥者，必以廥籍度之，其有所疑，172謁縣₌嗇夫₌（縣嗇夫，縣嗇夫）令₌②人復度及與雜出之。禾贏，入之，而以律論不備者。　效173

禾、芻稾積廥，有贏、不備而匿弗謁，及者（諸）移贏以賞（償）不備，羣它物當負賞（償）而僞出之以彼（貱）③賞（償），皆與174盜同灋（法）。大嗇夫、丞智（知）而弗皋（罪），以平皋（罪）人律論之，有（又）與主廥者共賞（償）不備。至計而上廥籍内史。入禾、175發屚（漏）倉，必令長吏相雜以見之。芻稾如禾。　效176

效公器贏、不備，以齎律論及賞（償），毋（無）齎者乃直（值）之。　效177

公器不久刻者，官嗇夫貲一盾。　效178

傳食律

御史卒人使者，食粺米半斗，醬駟（四）分升一，采（菜）羹，給之韭葱。其有爵者，自官士夫₌（大夫）以上，爵食之。使者179之從者，食䊪（糲）米半斗；僕，少半斗。　傳食律180

不更以下到謀人，粺米一斗，醬半升，采（菜）羹，芻稾各半石。·宦奄（閹）如不更。　傳食律181

上造以下到官佐、史毋（無）爵者，及卜、史、司御、寺（侍）、府，䊪（糲）米一斗，有采（菜）羹，鹽廿二分升二。　傳食律182

行　書

行命書及書署急者，輒行之；不急者，日觱（畢），勿敢留₌（留。留）者以律論之。　行書183

行傳書、受書，必書其起及到日月夙莫（暮），以輒相報殹

① 餘，原釋文作“余”，據圖版改。

② 原簡“嗇”字後的重文號“₌”誤置於“令”字後。

③ 彼（貱），一說釋“彼（避）”。

（也）。書有亡者，亟告官。隸臣妾老弱及不可誠仁者勿184令。書廷辟有曰報，宜到不來者，追之。　行書185

内史雜

縣各告都官在其縣者，寫其官之用律。　内史雜186

都官歲上出器求補者數，上會九月内史。　【内史】雜187

有事請殹（也），必以書，毋口請，毋羈（寄）請。　内史雜188

官嗇夫免，☒□□□□□□□□☒其官亟置嗇夫。過二月弗置嗇夫，令、丞爲不從令。　内史雜189

除佐必當壯以上，毋除士五（伍）新傅。苑嗇夫不存，縣爲置守，如廄律。　内史雜190

令敫史毋從事官府。非史子殹（也），毋敢學=（學學）室，犯令者有辠（罪）。　内史雜191

下吏能書者，毋敢從史之事。　内史雜192

侯（候）、司寇及羣下吏毋敢爲官府佐、史①及禁苑憲盜。　内史雜193

有實官縣料者，各有衡石羸（纍）、斗甬（桶），期踐。計其官，毋叚（假）百姓。不用者，正之如用者。　内史雜194

有實官高其垣牆②。它垣屬焉者，獨高其置芻廥及倉茅蓋者。令人勿紤（近）舍。非其官人殹（也），毋敢舍焉。195善宿衛，閉門輒靡其旁火，慎守唯敬（儆）。有不從令而亡、有敗、失火，官吏有重辠（罪），大嗇夫、丞任之。　[内]③196

毋敢以火入臧（藏）府、書府中。吏已收臧（藏），官嗇夫及吏夜更行官。毋（無）火，乃閉門户。令=（令令）史循其廷府。節（即）新爲197吏舍，毋依臧（藏）府、書府。　内史雜198

---

① 史，一說釋“吏”。

② 牆，原釋文作“墻”，據圖版改。

③ [内]，原釋文作“内”，據圖版改。

尉　雜

歲讎辟律于[①]御史。　尉雜199

☐□其官之吏□□□□□□□□□□□□灋（法）律程籍，勿敢行₌（行，行）者有辠（罪）。　尉雜200

屬　邦

道官相輸隸臣妾、收人，必署其已稟年日月，受衣未受，有妻毋（無）有。受者以律續食衣之。　屬邦201

（四）效　律

效1背

爲都官及縣效律：其有贏、不備，物直（值）之，以其賈（價）多者辠（罪）之，勿贏（纍）。1正

官嗇夫、冗吏[②]皆共賞（償）不備之貨而入贏。2

衡石不正，十六兩以上，貲官嗇夫一甲；不盈十六兩到八兩，貲一盾。甬（桶）不正，二3升以上，貲一甲；不盈二升到一升，貲一盾。4

斗不正，半升以上，貲一甲；不盈半升到少半升，貲一盾。半石不正，八兩以5上；鈞不正，四兩以上；斤不正，三朱（銖）以上；半斗不正，少半升以上；參不正，六6分升一以上；升不正，廿分升一以上；黃金衡贏（纍）不正，半朱（銖）【以】上，貲各一盾。7

數而贏、不備，直（值）百一十錢以到二百廿錢，誶官嗇夫；過二百廿錢以到千一百8錢，貲嗇夫一盾；過千一百錢以到二千二百錢，

---

① 于，原釋文作"於"，據圖版改。

② 吏，原釋文作"長"，據圖版改。

貲官嗇夫一甲；過二千二百錢9以上，貲官嗇夫二甲。10

縣料而不備者，欽（咸）書其縣料殹（也）之數。11

縣料而不備其見（現）數五分一以上，直（值）其賈（價），其貲、誶如數者然。十分一以到不盈12五分一，直（值）過二百廿錢以到千一百錢，誶官嗇夫；過千一百錢以到二千二百錢，13貲官嗇夫一盾；過二千二百錢以上，貲官嗇夫一甲。百分一以到不盈十分一，14直（值）過千一百錢以到二千二百錢，誶官嗇夫；過二千二百錢以上，貲官嗇夫15一盾。16

同官而各有主殹（也），各坐其所主。官嗇夫免，縣令=（令令）人效其官=（官，官）嗇夫坐效以17貲，大嗇夫及丞除。縣令免，新嗇夫自效殹（也），故嗇夫及丞皆不得除。18

實官佐、史柀免徙，官嗇夫必與去者效代者。節（即）官嗇夫免而效不備，代者與19居吏坐之。故吏弗效，新吏居之未盈歲，去者與居吏坐之，新吏弗坐；其20盈歲，雖弗效，新吏與居吏坐之，去者弗坐。它如律。21

倉扇（漏）死（朽）禾粟，及積禾粟而敗之，其不可飤（食）者，不盈百石以下，誶官嗇夫；22百石以到千石，貲官嗇夫一甲；過千石以上，貲官嗇夫二甲；令官嗇夫、冗23吏共賞（償）敗禾=粟=（禾粟。禾粟）雖敗而尚可飤（食）殹（也），程之，以其秏（耗）石數論䐜（負）之。24

度禾、芻稾而不備，十分一以下，令復其故數；過十分以上，先索（索）以稾人，而25以律論其不備。26

入禾，萬石一積而比黎之爲户，及籍之曰："某廥禾若干石，倉嗇夫某、佐某、史27某、稟人某。"是縣入之，縣嗇夫若丞及倉、鄉相雜以封印之，而遺倉嗇夫及離28邑倉佐主稟者各一户，以氣（餼）人。其出禾，有（又）書其出者，如入禾然。嗇夫免而效=（效，效）者29見其封及隄（題）以效之，勿度縣，唯倉所自封印是度縣。終歲而爲出凡曰："某廥30出禾若干石，其餘①禾若干石。"31

---

① 餘，原釋文作"余"，據圖版改。

倉嗇夫及佐、史，其有免去者，新倉嗇夫、新佐、史主廥者、必以廥籍度之。其有32所疑，謁縣=嗇=夫=（縣嗇夫，縣嗇夫）令人復度及與雜出之。禾羸，入之；而以律論不備者。禾、芻稾33積廥，有羸不備，而匿弗謁，及者（諸）移羸以賞（償）不備，羣它物當負賞（償）而僞出之以34彼（貱）賞（償），皆與盜同灋（法）。大嗇夫、丞智（知）而弗辠（罪），以平辠（罪）人律論之，有（又）與主廥者共35賞（償）不備。36

入禾及發扇（漏）倉，必令長吏相雜以見之。芻稾如禾。37

櫟陽二萬石一積，咸陽十萬石一積。38

效公器羸、不備，以齎律論及賞（償），【毋（無）齎】者乃直（值）之。39

公器不久刻者，官嗇夫貲一盾。40

甲旅札羸其籍及不備者，入其羸旅=（旅衣）① 札，而責其不備旅=（旅衣）札。41

官府臧（藏）皮革，數穆（煬）② 風之。有蠹突者，貲官嗇夫一甲。42

器職（識）耳（佴）不當籍者，大者貲官嗇夫一盾，小者除。43

馬牛誤職（識）耳（佴），及物之不能相易者，貲官嗇夫一盾。44

殳、戟、弩，鬃洀相易殹（也），勿以爲羸、不備，以職（識）耳（佴）不當之律論之。45

工稟鬃它縣，到官試之，飲水=（水，水）減二百斗以上，貲工及吏將者各二甲；不盈46二百斗以下到百斗，貲各一甲；不盈百斗以下到十斗，貲各一盾；不盈十斗以下47及稟鬃縣中而負者，負之如故。48

上節（即）發委輸，百姓或之縣就（僦）及移輸者，以律論之。49

---

① 旅=，是“旅衣”的省簡寫法，不能算作嚴格意義上的合文。一說釋“旅=（旅，旅）”。本簡下同。

② 穆（煬），一說釋“穆”。

計用律不審而贏、不備，以效贏、不備之律貲之，而勿令賞（償）。50

官嗇夫貲二甲，令、丞貲一甲；官嗇夫貲一甲，令、丞貲一盾。其吏主者坐以貲、誶51如官嗇夫。其它冗吏、令史掾計者，及都倉、庫、田、亭嗇夫坐其離官52屬于①鄉者，如令、丞。53

尉計及尉官吏節（即）有劾，其令、丞坐之，如它官然。54

司馬令史掾苑計=（計，計）有劾，司馬令史坐之，如令史坐官計劾然。55

計校相繆（謬）殹（也），自二百廿錢以下，誶官嗇夫；過二百廿錢以到二千二百錢，貲一盾；56過二千二百錢以上，貲一甲。人户、馬牛一，貲一盾；自二以上，貲一甲。57

計脱實及出實多於律程，及不當出而出之，直（值）其賈（價），不盈廿二錢，除；廿58二錢以到六百六十錢，貲官嗇夫一盾；過六百六十錢以上，貲官嗇夫一甲，而復59責其出殹（也）。人户、馬牛一以上爲大誤=（誤。誤）自重殹（也），減辠（罪）一等。60

（五）秦律雜抄

任灋（廢）官者爲吏，貲二甲。·有興，除守嗇夫、叚（假）佐居守者，上造以上不從令，貲二1甲。·除士吏、發弩嗇夫不如律，及發弩射不中，尉貲二甲。·發弩嗇夫射不中，2貲二甲，免，嗇夫任之。·駕騶除四歲，不能駕御，貲教者一盾；免，賞（償）四歲繇（徭）戍。3除吏律

●爲（僞）聽命書，灋（廢）弗行，耐爲侯（候）；不辟（避）席立，貲二甲，灋（廢）。

游士在，亡符，居縣貲4一甲；卒歲，責之。·有爲故秦人出，削籍，上造以上爲鬼薪，公士以下刑爲城旦。·游士律5

① 于，原釋文作“於”，據圖版改。

當（倘）除弟子籍不得，置任不審，皆耐爲侯（候）。使其弟子贏律，及治（笞）之，貲一甲；決①革，二甲。6除弟子律

●故夫=（大夫）斬首者，䙴（遷）。·分甲以爲二甲蒐者，耐。·縣毋敢包卒爲弟子，尉7貲二甲，免；令，二甲。·輕車、赿張、引强、中卒所載傅〈傳〉到軍，縣勿奪=（奪。奪）中卒傳，令、尉8貲各二甲。

●驀=（驀馬）五尺八寸以上，不勝任，奔摯（縶）不如令，縣司馬貲二甲，令、丞各一甲。先9賦驀=（驀馬），馬備，乃粼（遴）從軍者，到軍課之，馬殿，令、丞二甲；司馬貲二甲，灋（廢）。

吏自佐、史10以上負從馬、守書私卒，令市取錢焉，皆䙴（遷）。

不當稟軍中而稟者，皆貲二甲，灋（廢）；11非吏殹（也），戍二歲；徒食、敦（屯）長、僕射弗告，貲戍一歲；令、尉、士吏弗得，貲一甲。·軍人買（賣）稟=（稟稟）12所及過縣，貲戍二歲；同車食、敦（屯）長、僕射弗告，戍一歲；縣司=空=（司空、司空）佐史、士吏將者弗得，13貲一甲；邦司空一盾。·軍人稟所=（所、所）過縣百姓買其稟，貲二甲，入粟公；吏部弗得，及14令、丞貲各一甲。·稟卒兵，不完善（繕），丞、庫嗇夫、吏貲二甲，灋（廢）。

●敢深（甚）益其勞歲數15者，貲一甲，棄勞。·中勞律

臧（藏）皮革橐（蠹）突，貲嗇夫一甲，令、丞一盾。·臧（藏）律16

省殿，貲工師一甲，丞及曹長一盾，徒絡組廿給。省三歲比殿，貲工師二甲，丞、曹17長一甲，徒絡組五十給。

非歲紅（功）及毋（無）命書，敢爲它器，工師及丞貲各二甲。縣工新18獻，殿，貲嗇夫一甲，縣嗇夫、丞、吏、曹長各一盾。城旦爲工殿者，治（笞）人百。大車殿，19貲司空嗇夫一盾，徒治（笞）五十。

●髤園殿，貲嗇夫一甲，令、丞及佐各一盾，徒絡組各20廿給。髤園三歲比殿，貲嗇夫二甲而灋（廢），令、丞各一甲。

---

① 決，原釋文作“決”，據圖版改。下同。

采山重殿，貲嗇夫一甲，21佐一盾；三歲比殿，貲嗇夫二甲而灋（廢）。殿而不負費，勿貲。賦歲紅（功），未取省而亡22之，及弗備，貲其曹長一盾。大（太）官、右府、左府、右采鐵、左采①鐵課殿，貲嗇夫一盾。23

工擇榦＝（榦，榦）可用而久以爲不可用，貲二甲。·工久〈擇〉② 榦曰不可用，負久＝者＝（久者，久者）謁用之，而24貲工曰不可者二甲。

●射虎車二乘爲曹。虎未越泛蘚，從之，虎環（還），貲一甲。25虎失（佚），不得，車貲一甲。虎欲犯，徒出射之，弗得，貲一甲。·豹旞（遂），不得，貲一盾。·公車司馬26獵律

傷乘輿馬，夬（決）革一寸，貲一盾；二寸，貲二盾；過二寸，貲一甲。·課駃騠，卒歲27六匹以下到一匹，貲一盾。·志馬舍乘車馬後，毋③敢炊飭，犯令，貲一盾。已馳馬不去車，28貲一盾。

·膚（臚）吏乘馬篤、㹜（胔），及不會膚（臚）期，貲各一盾。馬勞課殿，貲廄嗇夫一甲，29令、丞、佐、史各一盾。馬勞課殿，貲皂嗇夫一盾。30

牛大牝十，其六毋（無）子，貲嗇夫、佐各一盾。·羊牝十，其四毋（無）子，貲嗇夫、佐各一盾。·牛羊課31

匿敖童，及占㾌（癃）不審，典、老贖耐，·百姓不當老，至老時不用請，敢爲酢（詐）僞者，貲32二甲；典、老弗告，貲各一甲；伍人，户一盾，皆䙴（遷）之。·傅律。33

徒卒不上宿，署君子、敦（屯）長、僕射不告，貲各一盾。宿者已上守除，擅下，人貲二甲。34

冗募歸，辭曰日已備，致未來，不如辭，貲日四月居邊。·軍新論攻城＝（城，城）陷，尚有棲（遲）35未到戰所，告曰戰圍以折亡，

---

① 采，原釋文作“採”，據圖版改。

② 久〈擇〉，原釋文作“久”，據文意改。

③ 毋，原釋文作“毋（勿）”，毋，否定副詞，據改。

叚（假）者，耐；敦（屯）長、什伍智（知）弗告，貲一甲；伍二甲①。·敦（屯）表律。36

戰死事不出（屈），論其後。有（又）後察不死，奪後爵，除伍人；不死者歸，以爲隸臣。37

寇降，以爲隸臣。

●捕盜律曰：捕人相移以受爵者，耐。·求盜勿令＝送＝逆＝爲＝它＝（令送逆爲它，令送逆爲它）38事者，貲二甲。

●戍律曰：同居毋並行，縣嗇夫、尉及士吏行戍不以律，貲二甲。39

戍者城及補城，令姑（嫴）堵一歲，所城有壞者，縣司空署君子將者，貲各一甲；縣司空40佐主將者，貲一盾。令戍者勉補繕城，署勿令爲它事；已補，乃令增塞埤塞。縣41尉時循視其攻（功）及所爲，敢令爲它事，使者貲二甲。42

（六）法律答問

"害盜別徼而盜，駕（加）辠（罪）之。"·可（何）謂"駕（加）辠（罪）"？·五人盜，臧（贓）一錢以上，斬左止（趾）②，有（又）黥以爲城旦；不盈五人，盜過六百六十錢，1黥劓（劓）以爲城旦；不盈六百六十到二百廿錢，黥爲城旦；不盈二百廿以下到一錢，䙴（遷）之。求盜比此。2

求盜＝（盜盜），當刑爲城旦，問辠（罪）當駕（加）如害盜不當＝（當？當）。3

甲謀遣乙盜，一日，乙且往盜，未到，得，皆贖黥。4

人臣甲謀遣人妾乙盜主牛，買（賣），把錢偕邦亡，出徼，得，論各可（何）殹（也）？當城旦黥之，各畀主。5

---

① 原釋文"伍二甲"前衍一"稟"字，據圖版删。

② 止（趾），原釋文作"止"。止，"趾"本字。下同。

甲盜=牛=（盜牛，盜牛）時高六尺，毄（繫）一歲，復丈，高六尺七寸，問甲可（何）論？當完城旦。6

或盜采人桑葉，臧（贓）不盈一錢，可（何）論？貲䌛（徭）三旬。7

司寇盜百一十錢，先自告，可（何）論？當耐爲隸臣，或曰貲二甲。8

甲盜，臧（贓）直（值）千錢，乙智（知）其盜，受分臧（贓）不盈一錢，問乙可（何）論？同論。9

甲盜不盈一錢，行乙室，乙弗覺，問乙論可（何）殹（也）？毋論。其見智（知）之而弗捕，當貲一盾。10

甲盜錢以買絲，寄乙=（乙，乙）受，弗智（知）盜，乙論可（何）殹（也）？毋論。11

甲乙雅不相智（知），甲往盜丙，毚（纔）到，乙亦往盜丙，與甲言，即各盜，其臧（贓）直（值）各四百，已去而偕得。其前謀，當并臧（贓）以論；不謀，各坐臧（贓）。12

工盜以出，臧（贓）不盈一錢，其曹人當治（笞）不=當=（不當？不當）治（笞）。13

夫盜千錢，妻所匿三百，可（何）以論妻=（妻？妻）智（知）夫盜而匿之，當以三百論爲盜；不智（知），爲收。14

夫盜三百錢，告妻=（妻，妻）與共飲食之，可（何）以論妻？非前謀殹（也），當爲收；其前謀，同辠（罪）。夫盜二百錢，妻所匿百一十，可（何）以論妻=（妻？妻）智（知）夫15盜，以百一十爲盜；弗智（知），爲守臧（贓）。16

削（宵）盜，臧（贓）直（值）百一十，其妻、子智（知），與食肉，當同辠（罪）。17

削（宵）盜，臧（贓）直（值）百五十，告甲=（甲，甲）與其妻、子智（知），共食肉，甲妻、子與甲同辠（罪）。18

“父盜子，不爲盜。”・今叚（假）父盜叚（假）子，可（何）論？當爲盜。19

律曰“與盜同灋（法）”，有（又）曰“與同辠（罪）”，此二物其同居、典、伍當坐之。云“與同辠（罪）”，云“反其辠（罪）”者，弗當坐。·人奴妾盜其主之父$_{20}$母，爲盜主，且不爲？同居者爲盜主，不同居不爲盜主。$_{21}$

“盜及者（諸）它辠（罪），同居所當坐。”可（何）謂“同居”？·户爲“同居”，坐隸=（隸，隸）不坐户謂殹（也）。$_{22}$

“盜=（盜盜）人，買（賣）所盜，以買它物，皆畀其主。”今盜=（盜盜）甲衣，買（賣），以買布衣而得，當以衣及布畀不當=（當？當）以布及其它所買$_{23}$畀甲，衣不當。$_{24}$

“公祠未闔，盜其具，當貲以下耐爲隸臣。”今或益=一【=】腎=（益〈盜〉一腎，益〈盜〉【一】腎）臧（贜）不盈一錢，可（何）論？祠固用心腎及它支（肢）物，皆各爲一=具【=】①（一具，一【具】）之臧（贜）不$_{25}$盈一錢，盜之當耐。或直（值）廿錢，而被盜之，不盡一具，及盜不直（置）者，以律論。$_{26}$

可（何）謂“祠未闔”？置豆俎鬼前未徹（徹）乃爲“未闔”。未置及不直（置）者不爲“具”，必已置乃爲“具”。$_{27}$

可（何）謂“盜埱厓”？王室祠，貍（埋）② 其具，是謂“厓”。$_{28}$

士五（伍）甲盜一羊=（羊，羊）頸有索=（索，索）直（值）一錢，問可（何）論？甲意所盜羊殹（也），而索係（繫）③ 羊，甲即牽羊去，議不爲過羊。$_{29}$

“抉籥（鑰），贖黥。”可（何）謂“抉=籥=（抉籥（鑰））”？抉籥（鑰））者已抉啓之乃爲抉，且未啓亦爲抉=（抉？抉）之弗能啓即去，一日而得，論皆可（何）殹（也）？抉之且欲有盜，弗$_{30}$能啓即去，若未啓而得，當贖黥。抉之非欲盜殹（也），已啓乃爲抉，未啓當貲二甲。$_{31}$

---

① 具【=】，原釋文作“具”，據圖版及文意改。

② 貍（埋），原釋文作“貍（貍）”，原釋文除本簡及下文簡 77 外均作“貍（埋）”，據改，以統一體例。下文簡 77 同。

③ 係（繫），原釋文作“繫”，據圖版及文意改。下同。

“府中公金錢私貣（貸）用之，與盜同灋（法）。”·可（何）謂“府中”？·唯縣少内爲“府中”，其它不爲。32

士五（伍）甲盜，以得時直（值）臧=（臧（贜），臧（贜））直（值）過六百六十，吏弗直（值），其獄鞫乃直（值）臧=（臧（贜），臧（贜））直（值）百一十，以論耐，問甲及吏可（何）論？甲當黥爲城旦；吏爲失刑辠（罪），33或端爲=（爲，爲）不直。34

士五（伍）甲盜，以得時直（值）臧=（臧（贜），臧（贜））直（值）百一十，吏弗直（值），獄鞫乃直（值）臧=（臧（贜），臧（贜））直（值）過六百六十，黥甲爲城旦，問甲及吏可（何）論？甲當耐爲隸臣，吏爲失刑35辠（罪）。甲有辠（罪），吏智（知）而端重若輕之，論可（何）殹（也）？爲不直。36

或以赦前盜千錢，赦後盡用之而得，論可（何）殹（也）？毋論。37

告人盜百一十，問盜百，告者可（何）論？當貲二甲。盜百，即端盜駕（加）十錢，問告者可（何）論？當貲=一=盾=（貲一盾。貲一盾）癰（應）① 律，雖然，廷行事以不38審論，貲二甲。39

告人盜千錢，問盜六百七十，告者可（何）論？毋論。40

誣人盜千錢，問盜六百七十，誣者可（何）論？毋論。41

甲告乙盜直（值）□□，問乙盜卅，甲誣駕（加）乙五十，其卅不審，問甲當論不當？廷行事貲二甲。42

甲告乙盜牛若賊傷人，今乙不盜牛、不傷人，問甲可（何）論？端爲=（爲，爲）誣人；不端，爲告不審。43

甲告乙盜牛，今乙賊傷人，非盜牛殹（也），問甲當論不=當=（不當？不當）論，亦不當購；或曰爲告不審。44

甲盜羊，乙智（知），即端告曰甲盜牛，問乙爲誣人，且爲告不審？當爲告盜駕（加）臧（贜）。45

甲盜羊，乙智（知）盜羊，而不智（知）其羊數，即告吏曰盜三羊，問乙可（何）論？爲告盜駕（加）臧（贜）。46

---

① 癰（應），原釋文作“應”，據圖版及文意改。

甲告乙盜牛，今乙盜羊，不盜牛，問可（何）論？爲告不審。｜貲盾不直，可（何）論？貲盾。47

當貲盾，没錢五千而失之，可（何）論？當誶。｜告人曰邦亡，未出徼闌亡，告不審，論可（何）殹（也）？爲告黥城旦不審。48

誣人盜直（值）廿，未斷，有=（有（又）有）它盜，直（值）百，乃後覺，當并臧（贓）以論，且行真辠（罪）、有（又）以誣人論？當貲二甲一盾。49

上造甲盜一羊，獄未斷，誣人曰盜一豬①，論可（何）殹（也）？當完城旦。50

“譽適（敵）以恐衆心者，翏=（翏（戮）。”“翏（戮）”）者可（何）如？生翏=（翏（戮），翏（戮））之已乃斬之=（之之）謂殹（也）。51

“廣衆心，聲聞左右者，賞。”將軍材（裁）以錢若金賞，毋（無）恒數。52

“有投書，勿發，見輒燔之；能捕者購臣妾二人，毄（繫）投書者鞫審讞之。”所謂者，見書而投者不得，燔書，勿發；投者得②，53書不燔，鞫審讞之=（之之）謂殹（也）。54

“僑③（矯）丞令”可（何）殹（也）？爲有秩僞寫其印爲大嗇夫。55

盜封嗇夫可（何）論？廷行事以僞寫印。56

“發僞書，弗智（知），貲二甲。”今咸陽發僞傳，弗智（知），即復封傳它=縣=（它縣，它縣）亦傳其縣次，到關而得，今當獨咸陽坐以貲，且它57縣當盡貲？咸陽及它縣發弗智（知）者當皆貲。58

廷行叓=（事吏）爲詛（詐）僞，貲盾以上，行其論，有（又）灋（廢）④之。59

---

① 豬，原釋文作“猪”，據圖版改。

② 得，原釋文作“【得】”，據圖版改。

③ 僑，一説釋“撟”。

④ 灋（廢），原釋文作“廢”，據圖版及文意改。

廷行事有辠（罪）當䙴（遷），已斷已令，未行而死若亡，其所包當詣䙴（遷）所。60

嗇夫不以官爲事，以奸爲事，論可（何）殹（也）？當䙴=（䙴（遷）。䙴（遷））者妻當包不=當=（不當？不當）包。61

當䙴（遷），其妻先自告，當包。62

將上不仁邑里者而縱之，可（何）論？當毄（繫）作如其所縱，以須其得；有爵，作官府。63

“盜徙封，贖耐。”可（何）如爲“封”=（“封”？“封”）即田千（阡）佰（陌）①。頃半（畔）“封”殹（也），且非是？而盜徙之，贖耐，可（何）重也？是，不重。64

“内（納）奸，贖耐。”今内（納）人=（人，人）未蝕奸而得，可（何）論？除。65

求盜追捕辠=人=（辠（罪）人，辠（罪）人）挌（格）殺求盜，問殺人者爲賊殺人，且斲=殺=（斲（鬬）殺？斲（鬬）殺）人，廷行事爲賊。66

甲謀遣乙盜殺人，受分十錢，問乙高未盈六尺，甲可（何）論？當磔。67

甲殺人，不覺，今甲病死已葬，人乃後告甲=（甲，甲）殺人審，問甲當論及收不當？告不聽。68

“擅殺子，黥爲城旦舂。其子新生而有怪物其身及不全而殺之，勿辠（罪）。”今生子=（子，子）身全殹（也），毋（無）怪物，直以多子故，不欲其生，即弗69舉而殺之，可（何）論？爲殺子。70

士五（伍）甲毋（無）子，其弟子以爲後，與同居，而擅殺之，當棄市。71

“擅殺、刑、髡其後子，讞之。”・可（何）謂“後子”？・官其男爲爵後，及臣邦君長所置爲後大（太）子，皆爲“後子”。72

人奴擅殺子，城旦黥之，畀主。73

---

① 千（阡）佰（陌），原釋文作“千佰”，爲統一全書體例，故作“千（阡）佰（陌）”。

人奴妾治（笞）子＝（子，子）以牯（枯）① 死，黥顔頯，畀主。｜相與鬬，交傷，皆論不殹（也）？交論。74

臣强與主奸，可（何）論？比毆主。｜鬬折脊項骨，可（何）論？比折支（肢）。75

“臣妾牧（謀）殺主。”・可（何）謂牧（謀）？・欲賊殺主，未殺而得，爲牧（謀）。76

或自殺，其室人弗言吏，即葬貍（埋）之，問死者有妻、子當收，弗言而葬，當貲一甲。77

“毆大父母，黥爲城旦舂。”今毆高大父母，可（何）論？比大父母。78

妻悍，夫毆治之，夬（決）其耳，若折支（肢）指、胅膿（體），問夫可（何）論？當耐。79

律曰：“鬬夬（決）人耳，耐。”今夬（決）耳故不穿，所夬（決）非珥所入殹（也），可（何）論？律所謂，非必珥所入乃爲夬＝（夬（決），夬（決））裂男若女耳，皆當耐。80

或與人鬬，縛而盡拔其須麋（眉），論可（何）殹（也）？當完城旦。81

拔人髮，大可（何）如爲“提”？智（知）以上爲“提”。82

或鬬，嚙斷人鼻若耳若指若脣②，論各可（何）殹（也）？議皆當耐。83

士五（伍）甲鬬，拔劍伐，斬人髮結（髻），可（何）論？當完爲城旦。84

鈹、戟、矛有室者，拔以鬬，未有傷殹（也），論比劍。85

鬬以箴（針）、鉥、錐，若箴（針）、鉥、錐傷人，各可（何）論？鬬，當貲二甲；賊，當黥爲城旦。86

或與人鬬，夬（決）人脣，論可（何）殹（也）？比疻痏。87

或鬬，嚙人頯若顔，其大方一寸，深半寸，可（何）論？比疻

---

① 牯（枯），一說釋“牯（辜）”。

② 脣，原釋文作“唇”，據圖版改。下同。

痏。88

鬭，爲人毆毆（也），毋（無）疻痏，毆者顧折齒，可（何）論？各以其律論之。89

“邦客與主人鬭，以兵刃、投（殳）梃、拳指傷人，擊（捪）以布。”可（何）謂“擊”=（擊（捪）？擊（捪））布入公，如貲布，入齎（資）錢如律。90

“以梃賊傷人。”·可（何）謂“梃”？木可以伐者爲“梃”。91

小畜生（牲）① 入人室=（室，室）人以投（殳）梃伐殺之，所殺直（值）二百五十錢，可（何）論？當貲二甲。92

論獄可（何）謂“不直”？可（何）謂“縱囚”？辠（罪）當重而端輕之，當輕而端重之，是謂“不直”。當論而端弗論，及傷其獄，端令不致（至），論出之，是謂“縱囚”。93

贖辠（罪）不直，史不與嗇夫和，問史可（何）論？當貲一盾。94

“辭者辭廷。”·今郡守爲廷不爲=（爲？爲）毆（也）。｜“辭者不先辭官長、嗇夫。”｜可（何）謂“官長”？可（何）謂“嗇夫”？命都官曰“長”，縣曰“嗇夫”。95

“伍人相告，且以辟辠（罪），不審，以所辟辠=（辠（罪）辠（罪））之。”有（又）曰：“不能定辠（罪）人，而告它人，爲告不審。”今甲曰伍人乙賊殺人，即執乙，問不96殺人，甲言不審，當以告不審論，且以=所=辟=（以所辟？以所辟）論當毆（也）。97

賊入甲室，賊傷甲=（甲，甲）號寇，其四鄰、典、老皆出不存，不聞號寇，問當論不當？審不存，不當論；典、老雖不存，當論。98

可（何）謂“四=鄰=”（“四鄰”？“四鄰”）即伍人謂毆（也）。99

可（何）謂“州=告=”（“州（周）告”？“州（周）告”）者，告辠（罪）人，其所告且不審，有（又）以它事告之。勿聽，而論其不

① 生（牲），原釋文作“生”，據文意改。

審。100

有賊殺傷人衝術①，偕旁人不援，百步中比壄（野），當貲二甲。101

免老告人以爲不孝，謁殺，當三環（原）之不=（不？不）當環（原），亟執勿失。102

“公室告”【可（何）】殹（也）？“非公室告”可（何）殹（也）？賊殺傷、盜它人爲“公室”；子盜父=母=（父母，父母）擅殺、刑、髡子及奴妾，不爲“公室告”。103

“子告父母，臣妾告主，非公室告，勿聽。”·可（何）謂“非公室告”？·主擅殺、刑、髡其子、臣妾，是謂“非公室告”，勿聽。而行告=者【=】辠=（告者辠（辠（罪）。告【者】辠（罪））已行，它人有（又）104 襲其告之，亦不當聽。105

“家人之論，父時家辠（罪）殹（也），父死而誧（甫）告之，勿聽。”可（何）謂“家=辠（罪）=”（“家辠（罪）”？“家辠（罪）”）者，父殺傷人及奴妾，父死而告之，勿治。106

葆子以上，未獄而死若已葬，而誧（甫）告之，亦不當聽治，勿收，皆如家辠（罪）。107

可（何）謂“家辠（罪）”？父子同居，殺傷父臣妾、畜産及盜之，父已死，或告，勿聽，是胃（謂）“家辠（罪）”。有收當耐未斷，以當刑隸臣辠（罪）誣告人，是謂“當刑隸臣”。②108【·“葆子□□未斷而誣告人，其辠（罪）當刑城旦，耐以爲鬼薪鋈足。”耤（藉）葆子之謂殹（也）。】

“葆子獄未斷而誣告人，其辠（罪）當刑爲隸臣，勿刑，行其耐，有（又）毄（繫）城旦六歲。”·可（何）謂“當刑爲隸臣”？·“葆子

---

① 術，原釋文作“术”，據圖版改。

② “有收當耐未斷以當刑隸臣罪誣告人是謂當刑隸臣”21字爲錯簡（以長框表示），當移入簡109“可謂當刑爲隸臣”之後。移正於下文之字以“【　】”表示。

□□未斷而109誣告人，其辠（罪）當刑城旦，耐以爲鬼薪而鋈足”。

耤（蔪）葆子之謂殹（也）。110①【有收當耐未斷，以當刑隸臣辠（罪）誣告人，是謂“當刑隸臣”】。

“葆子獄未斷而誣【告人，其辠（罪）】當刑鬼薪，勿刑，行其耐，有（又）毄（繫）城旦六歲。”可（何）謂“當刑爲鬼薪”？·當耐爲鬼薪未斷，以當刑隸臣及111完城旦誣告人，是謂“當刑鬼薪”。112

可（何）謂“贖鬼薪鋈足”？可（何）謂“贖宫”？·臣邦真戎君長，爵當上造以上，有辠（罪）當贖者，其爲羣盜，令贖鬼薪鋈足；其有府（腐）辠（罪），113贖宫。其它辠（罪）比羣盜者亦如此。114

以（已）气（乞）② 鞫及爲人气（乞）鞫者，獄已斷乃聽，且未斷猶聽殹（也）？獄斷乃聽之。失鋈足，論可（何）殹（也）？如失刑辠（罪）。115

“隸臣將城旦，亡之，完爲城旦，收其外妻、子=（子。子）小未可别，令從母爲收。”可（何）謂“從母爲收”？人固買（賣），子小不可别，弗買（賣）子母謂殹（也）。116

當耐司寇而以耐隸臣誣人，可（何）論？當耐爲隸臣。｜當耐爲侯（候）辠（罪）誣人，可（何）論？當耐爲司寇。117

當耐爲隸臣，以司寇誣人，可（何）論？當耐爲隸臣，有（又）毄（繫）城旦六歲。118

完城旦，以黥城旦誣人。可（何）論？當黥。甲賊傷人，吏論以爲鬬傷人，吏當論不當=（當？當）誶。119

當黥城旦而以完城旦誣人，可（何）論？當黥劓（劓）。120

“癘者有辠（罪），定=殺=（定殺。”“定殺”）可（何）如？生定殺水中之謂殹（也）。或曰生=貍③=（生貍（埋），生貍（埋））之異

---

① “葆子□□未斷而誣告人其罪當刑城旦耐以爲鬼薪而鋈足耤葆子之謂殹”30字爲錯簡（以長框表示），當移入簡108“是胃家罪”之後。移正於上文之字以“【　】”表示。

② 气（乞），原釋文作“乞”，據圖版及文意改。下同。

③ 貍，原釋文作“埋”，據圖版改。

事殹（也）。121

甲有完城旦辠（罪），未斷，今甲癘，問甲可（何）以論？當磨（遷）癘所處之；或曰當磨＝（磨（遷）磨（遷））所定殺。122

城旦、鬼薪癘，可（何）論？當磨（遷）癘磨（遷）所。123

捕貲辠（罪），即端以劍及兵刃刺殺之，可（何）論？殺之，完爲城旦；傷之，耐爲隸臣。124

"將司人而亡，能自捕及親所智（知）爲捕，除毋（無）辠（罪）；已刑者處隱官。"・可（何）辠（罪）得"處隱官"？・羣盜赦爲庶人，將盜戒（械）囚刑125辠（罪）以上，亡，以故辠（罪）論，斬左止（趾）爲城旦，後自捕所亡，是謂"處隱官"。・它辠（罪）比羣盜者皆如此。126

夫＝甲堅鬼＝薪＝（鬼薪，鬼薪）亡，問甲可（何）論？當從事官府，須亡者得。・今甲從事，有（又）去亡，一月得，可（何）論？當貲一盾，復從＝事＝（從事。從事）有（又）亡，卒歲得，127可（何）論？當耐。128

餽（饋）遺亡鬼薪于①外，一以上，論可（何）殹（也）？毋論。129

"捕亡＝（亡，亡）人操錢，捕得取錢。"所捕耐辠（罪）以上得取。130

把其叚（假）以亡，得及自出，當爲盜不當？自出，以亡論。其得，坐臧（贓）爲盜＝（盜；盜）辠（罪）輕于②亡，以亡論。131

隸臣妾毄（繫）城旦舂，去亡，已奔，未論而自出，當治（笞）五十，備毄（繫）日。132

罷㾓（癃）守官府，亡而得＝（得，得）比公㾓（癃）不得＝（得？得）比焉。133

甲告乙賊傷人，問乙賊殺人，非傷毆（也），甲當購＝（購，購）幾可（何）？當購二兩。134

---

① 于，原釋文作"於"，據圖版改。

② 于，原釋文作"於"，據圖版改。

捕亡完城旦，購幾可（何）？當購二兩。135

夫、妻、子五人共盜，皆當刑城旦，今中〈甲〉盡捕告之，問甲當購○幾可（何）？人購二兩。136

夫、妻、子十人共盜，當刑城旦，亡，今甲捕得其八人，問甲當購幾可（何）？當購人二兩。137

甲捕乙，告盜書丞印以亡，問亡二日，它如甲，已論耐乙，問甲當購不=當=（不當？不當）。138

有秩吏捕闌亡者，以畀乙，令詣，約分購，問吏及乙論可（何）殹（也）？當貲各二甲，勿購。139

“盜出朱（珠）玉邦關及買（賣）于①客者，上朱（珠）玉内=史=（内史，内史）材（裁）鼠（予）購。”·可（何）以購之？其耐辠（罪）以上，購如捕它辠（罪）人；貲辠（罪），不購。140

或捕告人奴妾盜百一十錢，問主購之且公=購=（公購？公購）之之②。141

可（何）如爲“犯令”、“灋（廢）令”？律所謂者，令曰勿爲，而爲之，是謂“犯令=（令”；令）曰爲之，弗爲，是謂“灋（廢）令”殹（也）。廷行事皆以“犯令”論。142

灋（廢）令、犯令，遝免、徙不遝=（遝？遝）之。143

郡縣除佐，事它郡縣而不視其事者，可（何）論？以小犯令論。144

任人爲丞=（丞，丞）已免，後爲令，今初任者有辠（罪），令當免不=當=（不當？不當）免。145

亡久書、符券、公壐③、衡羸（纍），已坐以論，後自得所亡，論當除不=當=（不當？不當）。146

甲徙居，徙數謁吏=（吏，吏）環，弗爲更籍，今甲有耐、貲辠（罪），問吏可（何）論？耐以上，當貲二甲。147

---

① 于，原釋文作“於”，據圖版改。

② 之之，後一“之”字爲衍文。

③ 壐，原釋文作“璽”，據圖版改，“壐”即“璽”。

“百姓有責（債），勿敢擅=强=質=（擅强質，擅强質）及和受質者，皆貲二甲。”廷行事强質人者論，鼠（予）者不論；和受質者，鼠（予）者□論。148

實官户關不致，容指若抉，廷行事貲一甲。149

實官户扇不致，禾稼能出，廷行事貲一甲。150

空倉中有薦=（薦，薦）下有稼一石以上，廷行【事】貲一甲，令史監者一盾。151

倉鼠穴幾可（何）而當論及誶？廷行事鼠穴三以上貲一盾，二以下誶。鼷穴三當一鼠穴。152

有稟叔（菽）、麥，當出未出，即出禾以當叔=、麥=（叔（菽）、麥，叔（菽）、麥）賈（價）賤禾貴，其論可（何）殹（也）？當貲一甲。會赦未論，有（又）亡，赦期已盡六月而得，當耐。153

吏有故當止食，弗止，盡稟出之，論可（何）殹（也）？當坐所赢出爲盜。154

吏從事于[①]官府，當坐伍人不=當=（不當？不當）。155

夫=（大夫）寡，當伍及人不=當=（不當？不當）。156

部佐匿者（諸）民田，者（諸）民弗智（知），當論不當？部佐爲匿田，且可（何）爲？已租者（諸）民，弗言，爲匿田；未租，不論〇〇爲匿田。157

甲小未盈六尺，有馬一匹自牧之，今馬爲人敗，食人稼一石，問當論不=當=（不當？不當）論及賞（償）稼。158

“舍公官（館），旞（遺）火燔其舍，雖有公器，勿責。”·今舍公官（館），旞（遺）火燔其叚（假）乘車馬，當負不當=出=（當出？當出）之。159

旞（遺）火延燔里門，當貲一盾；其邑邦門，貲一甲。160

“擅興奇祠，貲二甲。”可（何）如爲“奇”？王室所當祠固有矣，擅有鬼立（位）殹（也），爲“奇”，它不爲。161

“毋敢履=錦【=】履=（履錦履。”“履【錦】履”）之狀可（何）

① 于，原釋文作“於”，據圖版改。

如？律所謂者，以絲雜織履=（履，履）有文，乃爲“錦履”，以錦縵（鞔）履不爲，然而行事比焉。162

“不會，治（笞）；未盈卒歲得，以將陽有（又）行治（笞）。”今士五（伍）甲不會，治（笞）五十；未卒歲而得，治（笞）當駕（加）不當=（當？當）。163

可（何）謂“逋事”及“乏繇（徭）”？律所謂者，當繇（徭），吏、典已令之，即亡弗會，爲“逋事”；已閱及敦（屯）車食若行到繇（徭）所乃亡，皆爲“乏繇（徭）”。164

可（何）謂“匿户”及“敖童弗傅”？匿户弗繇（徭）、使，弗令出户賦之謂殹（也）。165

女子甲爲人妻，去亡，得及自出，小未盈六尺，當論不當？已官，當論；未官，不當論。166

女子甲去夫亡，男子乙亦闌亡，相夫妻，甲弗告請（情），居二歲，生子，乃告請（情），乙即弗棄，而得，論可（何）殹（也）？當黥城旦舂。167

甲取（娶）人亡妻以爲妻，不智（知）亡，有子焉，今得，問安置其子？當畀。或入=公=（入公，入公）異是。168

“棄妻不書，貲二甲。”其棄妻亦當論不當？貲二甲。169

“夫有辠（罪），妻先告，不收。”妻賸（媵）臣妾、衣器當收不=當=（不當？不當）收。170

妻有辠（罪）以收，妻賸（媵）臣妾、衣器當收，且畀=夫=（畀夫？畀夫）。171

同母異父相與奸，可（何）論？棄市。172

甲、乙交與女子丙奸，甲、乙以其故相刺傷，丙弗智（知），丙論可（何）殹（也）？毋論。173

女子爲隸臣妻，有子焉，今隸臣死，女子北其子，以爲非隸臣子殹（也），問女子論可（何）殹（也）？或黥顔頯爲隸妾，或曰完=（完，完）之當殹（也）。174

以其乘車載女子，可（何）論？貲二甲。以乘馬駕私車而乘之，毋論。175

“臣邦人不安其主長而欲去夏者，勿許。”可（何）謂“夏”？欲去秦屬是謂“夏”。176

“真臣邦君公有辠（罪），致（至）耐辠（罪）以上，令贖。”可（何）謂“真”？臣邦父母産子及産它邦而是謂“真”。·可（何）謂“夏子”？·臣邦177父、秦母謂殹（也）。178

“者（諸）侯①客來者，以火炎其衡厄（軛）。”炎之可（何）？當（倘）者（諸）侯不治騷=馬=（騷馬，騷馬）② 蟲皆麗衡厄（軛）鞅韅轅靷（靭），是以炎之。·可（何）謂“亡券而害”？·亡校券右爲害。179

“使者（諸）侯、外臣邦，其邦徒及僞吏不來，弗坐。”·可（何）謂“邦徒”、“僞使”？·徒、吏與偕使而弗爲私舍人，是謂“邦徒”、“僞使”。180

邦亡來通錢過萬，已復，後來盜而得，可（何）以論之？以通錢。181

智（知）人通錢而爲臧（藏），其主已取錢，人後告臧=者=（臧（藏）者，臧（藏）者）論不論？不論=（論論）③。182

甲誣乙通一錢黥城旦辠（罪），問甲同居、典、老當論不=當=（不當？不當）。183

“客未布吏而與賈，貲一甲。”可（何）謂“布吏”？·詣符傳于④吏是謂“布吏”。184

内公孫毋（無）爵者當贖刑，得比公士贖耐不得=（得？得）比焉。185

越里中之與它里界者，垣爲“完（院）”不爲？巷相直爲“院”；宇相直者不爲“院”。186

可（何）謂“宮均（徇）人”？·宮中主循者殹（也）。187

---

① 侯，一說釋“候（侯）”。本簡及下一簡同。

② 騷馬，一說讀爲“搔馬”。

③ “論不論？不論=（論論）”，原簡抄寫有誤，當作：“論不論=（論？論。）”

④ 于，原釋文作“於”，據圖版改。

可（何）謂“宫更人”，·宫隸有刑，是謂“宫更人”。188

可（何）謂“宫狡士”、“外狡士”？·皆主王犬者殹（也）。189

可（何）謂“甸=人=”（“甸人”？“甸人”）守孝公、瀫（獻）公冢者殹（也）。190

可（何）謂“宦者顯夫=（大夫）”？·宦及智（知）於王，及六百石吏以上，皆爲“顯夫=（大夫）”。191

○○○○○○○○○○○○○·可（何）謂“爨人”？古主爨竈者殹（也）。192

可（何）謂“𤇾①人”？古主取薪者殹（也）。193

可（何）謂“耐卜隸”、“耐史隸”？卜、史當耐者皆耐以爲卜、史隸。·後更其律如它。194

可（何）謂=“人=貉=”（謂“人貉”？謂“人貉”）者，其子入養主之謂也。不入養主，當收；雖不養主而入量（糧）者，不收，畀其主。195

可（何）謂“署人”、“更人”？耤（藉）牢有六署，囚道一署旞（遂），所道旞（遂）者命曰“署人”，其它皆爲“更人”；或曰守囚即“更人”殹（也），原者“署人”殹（也）。196

可（何）謂“竇=署=”（“竇署”？“竇署”）即去殹（也），且非是=（是？是），其論可（何）殹（也）？即去署殹（也）。197

可（何）謂“衛=敖=”（“衛（率）敖（豪）”？“衛（率）敖（豪）”）當里典謂殹（也）。198

可（何）謂“逵卒”？·有大繇（徭）而曹鬬相趣（聚），是謂“逵卒”。199

可（何）謂“旅人”？·寄及客，是謂“旅人”。200

可（何）謂“室人”？可（何）謂“同=居=”（“同居”？“同居”），獨户母之謂殹（也）。·“室人”者，一室，盡當坐辠（罪）人之謂殹（也）。201

---

① 𤇾，原釋文作“集”，據圖版改。一説釋“𤇾（樵）”。

可（何）謂“瓊[①]=”（“瓊”？“瓊”）者，玉檢殹（也）。節（即）亡玉若人貿傷（易）之，視檢智（知）小大以論及以齎（資）負之。202

可（何）謂“亹=玉=”（“亹玉”？“亹玉”），者（諸）候（侯）客節（即）來使入秦，當以玉問王之謂殹（也）。203

可（何）謂“匧=面=”（“匧面”？“匧面”）者，耤（藉）秦人使，它邦耐（能）吏、行旞與偕者，命客吏曰“匧”，行旞曰“面”。204

可（何）謂“臧=人=”（“臧（贓）人”？“臧（贓）人”）者，甲把其衣錢匿臧（藏）乙室，即告亡，欲令乙爲盜之，而實弗盜之謂殹（也）。205

“貣（貸）人贏律及介（匄）人。”·可（何）謂“介（匄）人”？不當貣=（貣（貸），貣（貸））之，是謂“介（匄）人”。206

“氣（餼）人贏律及介（匄）人。”·可（何）謂“介（匄）人”？不當氣（餼）而誤氣（餼）之，是謂“介（匄）人”。207

可（何）如爲“大=痍=”（“大痍”？“大痍”）者，支（肢）或未斷，及將長令二人扶出之，爲“大痍”。208

可（何）如爲“大誤”？人户、馬牛及者（諸）貨材（財）直（值）過六百六十錢爲“大誤”，其它爲小。209

可（何）謂“羊=軀=”（“羊軀”？　“羊軀”），草實可食殹（也）。210

（七）封診式

治獄　治獄，能以書從（蹤）迹其言，毋治（笞）諒（掠）而得人請（情）爲上；治（笞）諒（掠）爲下；有恐爲敗。1

訊獄　凡訊獄，必先盡聽其言而書之，各展其辭，雖智（知）其

① 瓊，一說釋“瓊〈瓄〉”。

訑，勿庸輒詰。其辭已盡書而$_{2}$毋（無）解，乃以詰者詰=之=（詰之。詰之）有（又）盡聽書其解辭，有（又）視其它毋（無）解者以復詰=之=（詰之。詰之）極而數$_{3}$訑，更言不服，其律當治（笞）諒（掠）者，乃治=諒=（治（笞）諒（掠）。治（笞）諒（掠））之必書曰：爰書：以某數更言，毋（無）解辭，$_{4}$治（笞）訊某。$_{5}$

有鞫　敢告某縣主：男子某有鞫，辭曰："士五（伍），居某里。"可定名事里，所坐論云可=（可（何），可（何））辠（罪）赦，$_{6}$或覆問毋（無）有，遣識者以律封守，當騰=（騰（謄），騰（謄））皆爲報，敢告主。$_{7}$

封守　鄉某爰書：以某縣丞某書，封有鞫者某里士五（伍）甲家室、妻、子、臣妾、衣器、畜産。•甲室、人：一$_{8}$宇二內，各有户，內室皆瓦蓋，木大具①，門桑十木②。•妻曰某，亡，不會封。•子大女子某，未有夫。$_{9}$•子小男子某，高六尺五寸。•臣某，妾小女子某。•牡犬一。•幾訊典某=（某某）、甲伍公士某=（某某）："甲黨（倘）有【它】$_{10}$當封守而某等脱弗占書，且有辠（罪）。"某等皆言曰："甲封具此，毋（無）它當封者。"即以甲封付某$_{11}$等，與里人更守之，侍（待）令。$_{12}$

覆　敢告某縣主：男子某辭曰："士五（伍），居某縣某里，去亡。"可定名事里，所坐論云可=（可（何），可（何））辠（罪）赦，$_{13}$【或】覆問毋（無）有，幾籍亡=（亡，亡）及逋事各幾可（何）日，遣識者當騰=（騰（謄），騰（謄））皆爲報，敢告主。$_{14}$

盜自告　□□□爰書：某里公士甲自告曰："以五月晦與同里士五（伍）丙盜某里士五（伍）丁千錢，毋（無）它$_{15}$坐，來自告=（告，告）丙。"即令【=】（令【令】）史某往執丙。$_{16}$

□捕　爰書：男子甲縛詣男子丙，辭曰："甲故士五（伍），居某里，迺四月中盜牛，去亡以命。丙坐賊人$_{17}$□命。自書甲見丙陰市庸中，而捕以來自出。甲毋（無）它坐。"$_{18}$

---

① 具，一說讀爲"棊"。

② 木，一說釋"木〈朱〉"。

☐□□【爰】書[①]：某里士五（伍）甲、乙縛詣男子丙、丁及新錢百一十錢、容（鎔）二合，告曰："丙盜鑄此錢，丁佐鑄。19甲、乙捕索（索）其室而得此錢、容（鎔），來詣之。"20

盜馬　爰書：市南街亭求盜才（在）某里曰甲縛詣男子丙，及馬一匹，騅牝右剽[②]；緹覆（複）衣，21帛裏莽緣領褎（袖），及履，告曰："丙盜此馬、衣，今日見亭旁，而捕來詣。"22

争牛　爰書：某里公士甲、士五（伍）乙詣牛一，黑牝曼靡（縻）有角，告曰："此甲、乙牛殹（也），而亡，各識，共詣來23争之。"即令＝（令令）史某齒牛＝（牛，牛）六歲矣。24

羣盜　爰書：某亭校長甲、求盜才（在）某里曰乙、丙縛詣男子丁，斬首一，具弩二、矢廿，告曰："丁與25此首人强攻羣盜人，自晝甲將乙等徼循到某山，見丁與此首人而捕之。此弩矢丁及26首人弩矢殹（也）。首人以此弩矢□□□□□□乙，而以劍伐收其首，山儉（險）不能出身山中。"27【訊】丁，辭曰："士五（伍），居某里。此首某里士五（伍）戊殹（也），與丁以某時與某里士五（伍）己、庚、辛，强攻羣28盜某里公士某室，盜錢萬，去亡。己等已前得。丁與戊去亡，流行毋（無）所主舍。自晝居某山，甲29等而捕丁戊＝（戊，戊）射乙，而伐殺收首。皆毋（無）它坐辠（罪）。"·診首毋診身可殹（也）。30

奪首　軍戲某爰書：某里士五（伍）甲縛詣男子丙，及斬首一，男子丁與偕。甲告曰："甲，尉某私吏31，與戰刑（邢）丘城。今日見丙戲旞，直以劍伐痍丁，奪此首，而捕來詣。"診首，已診丁，亦診32其痍狀。33

□□　□□某爰書：某里士五（伍）甲、公士鄭才（在）某里曰丙共詣斬首一，各告曰："甲、丙戰刑（邢）丘城，此34甲、丙得首殹（也），甲、丙相與争，來詣之。"·診首□鬠[③]髮，其右角痏一所，袤五寸，深到骨，35類劍迹；其頭（脰）所不齊𦝁＝（𦝁𦝁）然。

---

① 書，原釋文作"書"，據圖版改。

② 剽，一說讀爲"瞟"，一說讀爲"標"。

③ 鬠，一說釋"鬢"，一說釋"鬠（髻）"，一說釋"鬠（鬃）"。

以書讂首曰："有失伍及菌（遲）不來者，遣來識戲次。"36

告臣　爰書：某里士五（伍）甲縛詣男子丙，告曰："丙，甲臣，橋（驕）悍，不田作，不聽甲令。謁買（賣）公，斬以爲37城旦，受賈（價）錢。"·訊丙，辭曰："甲臣，誠悍，不聽甲＝（甲。甲）未賞（嘗）身免丙＝（丙。丙）毋（無）病殹（也），毋（無）它坐辠（罪）。"38令＝（令令）史某診丙，不病。·令少內某、佐某以市正賈（價）賈丙丞某前，丙中人，賈（價）若干錢。·丞某39告某鄉主：男子丙有鞫，辭曰："某里士五（伍）甲臣。"其定名事里，所坐論云可＝（可（何），可（何））辠（罪）赦，或覆40問毋（無）有，甲賞（嘗）身免丙復臣之不殹（也）？以律封守之，到以書言。41

黥妾　爰書：某里公士甲縛詣大女子丙，告曰："某里五夫＝（大夫）乙家吏。丙，乙妾殹（也）。乙使甲曰：丙42悍，謁黥劓丙。"·訊丙，辭曰："乙妾殹（也），毋（無）它坐。"·丞某告某鄉主：某里五夫＝（大夫）乙家吏甲詣乙43妾丙，曰："乙令甲謁黥劓丙。"其問如言不然？定名事里，所坐論云可（何），或覆問毋（無）44有，以書言。45

䙴（遷）子　爰書：某里士五（伍）甲告曰："謁鋈親子同里士五（伍）丙足，䙴（遷）蜀邊縣，令終身毋得去䙴（遷）所，46敢告＝（告。"告）灋（廢）丘主：士五（伍）咸陽才（在）某里曰丙，坐父甲謁鋈其足，䙴（遷）蜀邊縣，令終身毋得47去䙴（遷）所論之，䙴（遷）丙如甲告，以律包。今鋈丙足，令吏徒將傳及恒書一封詣令史，可受48代吏徒，以縣次傳詣成＝都＝（成都，成都）上恒書太守處，以律食。灋（廢）丘已傳，爲報，敢告主。49

告子　爰書：某里士五（伍）甲告曰："甲親子同里士五（伍）丙不孝，謁殺，敢告。"即令＝（令令）史己往執。令史己50爰書：與牢隸臣某執丙，得某室。丞某訊丙，辭曰："甲親子，誠不孝甲所，毋（無）它坐辠（罪）。"51

癘（癘）　爰書：某里典甲詣里人士五（伍）丙，告曰："疑癘（癘），來詣。·訊丙，辭曰："以三歲時病疕，麋（眉）突，不可智（知）52其可（何）病，毋（無）它坐。"令醫丁診之，丁言曰："丙毋

（無）麋（眉），艮本絕，鼻腔壞。刺其鼻不疐（嚏）。肘厀（膝）53□□□到□兩足下奇（踦），潰一所。其手毋（無）胈。令滹（號），其音氣敗。癘（癘）殹（也）。"54

賊死　爰書：某亭求盜甲告曰："署中某所有賊死、結髮、不智（知）可（何）男子一人，來告。"即令=（令令）史某往55診。令史某爰書：與牢隸臣某即甲診，男子死（屍）在某室南首，正偃。某頭左角刃痏一所，56北（背）二所，皆從（縱）頭北（背），袤各四寸，相耎（濡），廣各一寸，皆臽中類斧，𡿺（腦）角出（頔）皆血出，柀（被）污頭北（背）及地，皆57不可爲廣袤；它完。衣布禪帬（裙）、襦各一。其襦北（背）直痏者，以刃夬（決）二所，𤢗（應）痏。襦北（背）及中衽58□污血。男子西有髤秦綦履一兩，去男子其一奇六步，一十步；以履=（履履）男子，利焉。地堅，不可智（知）59賊迹。男子丁壯，析（皙）色，長七尺一寸，髮長二尺；其腹有久①故瘢二所。男子死（屍）所到某亭百60步，到某里士五（伍）丙田舍二百步。·令甲以布帬（裙）剦（掩）貍（埋）男子某所，侍（待）令。以襦、履詣廷。訊甲61亭人及丙，智（知）男子可（何）日死，聞䚩（號）寇者不殹（也）？62

經死　爰書：某里典甲曰："里人士五（伍）丙經死其室，不智（知）故，來告。"·即令=（令令）史某往診。·令史某爰書：與牢63隸臣某即甲、丙妻、女診丙=（丙。丙）死（屍）縣其室東內中北廦（壁）權，南鄉（嚮），以枲索大如大指，旋（繯）通係（繫）64頸，旋（繯）終在項。索上終權，再周結索，餘末袤二尺。頭上去權二尺，足不傅地二寸，頭北（背）65傅廦（壁），舌出齊脣吻，下遺矢（屎）弱（溺），污兩卻（脚）。解索，其口鼻氣出渭（喟）然。索迹椒（蹙）鬱，不周項二寸。66它度毋（無）兵刃木索迹。權大一圍，袤三尺，西去堪二尺，堪上可道終索。地堅，不可智（知）人67迹。索袤丈。衣絡禪襦、帬（裙）各一，踐□。即令甲、女載丙死（屍）詣廷。診必先謹審視其迹，68當獨抵死（屍）所，即視索終=（終，

① 久，灸療，屬本義，與簡文中的引申義"標記"、"做標記"不同。

終）所黨（倘）有通迹，乃視舌出不出，頭足去終所及地各幾可（何），遺矢（屎）69弱（溺）不毆（也）？乃解索，視口鼻渭（喟）然不毆（也）？及視索迹鬱之狀。道索終所試脱頭；能脱，乃70□其衣，盡視其身、頭髮中及篡。舌不出，口鼻不渭（喟）然，索迹不鬱，索終急不能脱，71□死難審毆（也）。節（即）死久，口鼻或不能渭（喟）然者。自殺者必先有故，問其同居，以合（答）其故。72

穴盜　爰書：某里士五（伍）乙告曰："自宵臧（藏）乙復（複）結衣一乙房内中，閉其户，乙獨與妻丙晦卧堂上。今旦起啓户取73衣，人已穴房内，勶（徹）内中，結[①]衣不得，不智（知）穴盜者可（何）人＝（人、人）數，毋（無）它亡毆（也），來告。"·即令＝（令令）史某往診，求其盜。令74史某爰書：與鄉□□隸臣某即乙、典丁診乙房＝内＝（房内。房内）在其大内東，比大内，南鄉（嚮）有户。内後有小堂，内中75央有新穴＝（穴，穴）勶（徹）内中。穴下齊小堂，上高二尺三寸，下廣二尺五寸，上如豬竇狀。其所以埱者類旁鑿，迹廣76□寸大半寸。其穴壤在小堂上，直穴播壤，柀（破）入内＝中＝（内中。内中）及穴中外壤77上有厀（膝）、手迹，厀（膝）、手各六所。外壤秦綦履迹四所，袤尺二寸。其前稠綦袤四寸，其中央稀者五寸，其墥（踵）78稠者三寸。其履迹類故履。内北有垣＝（垣，垣）高七尺，垣北即巷毆（也）。垣北去小堂北脣丈，垣東去内五步，其上有79新小壞＝（壞，壞）直中外，類足歫（距）之＝（之之）迹，皆不可爲廣袤。小堂下及垣外地堅，不可迹。不智（知）盜人數及之所。80内中有竹柖＝（柖，柖）在内東＝北＝（東北，東、北）去廦（壁）各四尺，高一尺。乙曰："□結衣柖中央。"·訊乙、丙，皆言曰："乙以迺二月爲此衣，81五十尺，帛裏，絲絮五斤蓑（裝），繆繒五尺緣及殿（純）。不智（知）盜者可（何）人及蚤（早）莫（暮），毋（無）意毆（也）。"·訊丁、乙伍人士五（伍）□，82曰："見乙有結復（複）衣，繆緣及殿（純），新毆（也）。不智（知）其裏□可（何）物及亡狀。"·以此直（值）衣賈（價）。83

① 結，一說釋"紬"，一說釋"絓（褂）"。下同。

出子　爰書：某里士五（伍）妻甲告曰："甲懷子六月矣，自晝與同里大女子丙鬭，甲與丙相捽，丙債庰（屏）① 甲。里人84公士丁救，别丙、甲=（甲。甲）到室即病復（腹）痛，自宵子變出。今甲裹把子來詣自告=（告，告）丙。"即令=（令令）史某往執丙。85即診嬰兒男女、生髮及保②之狀。有（又）令隸妾數字者，診甲前血出及癰狀。有（又）訊甲室人甲到室居86處及復（腹）痛子出狀。•丞乙爰書：令=（令令）史某、隸臣某診甲所詣子，已前以布巾裹，如衃（衃）血狀，大如手，不87可智（知）子。即置盎水中榣（摇）之，音（衃）血子殹（也）。其頭、身、臂、手指、股以下到足=（足、足）指類人，而不可智（知）目、耳、鼻、88男女。出水中有（又）音（衃）血狀。•其一式曰：令隸妾數字者某=（某某）診甲，皆言甲前旁有乾血，今尚血出而少，89非朔事殹（也）。某賞（嘗）懷子而變，其前及血出如甲□。90

毒言　爰書：某里公士甲等廿人詣里人士五（伍）丙，皆告曰："丙有寧毒言，甲等難飲食焉，來告之。"即疏書甲等名91事關（貫）③諜（牒）北（背）。•訊丙，辭曰："外大母同里丁坐有寧毒言，以卅餘歲時署（遷）。丙家節（即）有祠，召甲=等=（甲等，甲等）不肎（肯）④ 來，92亦未嘗召丙飲。里節（即）有祠，丙與里人及甲等會飲食，皆莫肯與丙共桮（杯）器。甲等及里人弟兄93及它人智（知）丙者，皆難與丙飲食。丙而不把毒，毋（無）它坐。"94

奸　爰書：某里士五（伍）甲詣男子乙、女子丙，告曰："乙、丙相與奸，自晝見某所，捕校上來詣之。"95

亡自出　鄉某爰書：男子甲自詣，辭曰："士五（伍），居某里，以迺二月不識日去亡，毋（無）它坐，今來自出。"•問之96里⑤名

---

① 庰（屏），原釋文作"庰"。庰，即"屏"，即後世"屏"。

② 保，一說釋"保（胞）"，一說釋"保（褓）"。

③ 關（貫），一說"關"讀本字，義爲"稟告"。

④ 肎（肯），原釋文作"肯"，據圖版及文意改。下同。

⑤ 里，原釋文作"□"，據圖版及文意改。

事定，以二月丙子將陽亡，三月中逋築宫廿日，四年三月丁未籍一亡五月十日，毋（無）它坐，莫97覆問。以甲獻典乙相診，今令乙將之詣論，敢言之。98正

封診式。98背

□□各一其□ 99①

（八）爲吏之道

·凡爲吏之道，1壹必精絜（潔）正直，2壹慎謹堅固，3壹審悉毋（無）私，4壹微密韱（纖）察，5壹安静毋苛，6壹審當賞罰。7壹嚴剛毋暴，8壹廉而毋刖，9壹毋復期勝，10壹毋以忿怒夬（決）。11壹寬俗（容）② 忠信，12壹和平毋怨，13壹悔過勿重。14壹玆（慈）下勿陵，15壹敬上勿犯，16壹聽閒③（諫）勿塞。17壹審智（知）民能，18壹善度民力，19壹勞以衛（率）之，20壹正以橋（矯）之。21壹反赦其身，22壹止欲去顯（願）。23壹中不方，24壹名不章；25壹外不員（圓）。26壹尊賢養孽（乂），27壹原壄（野）如廷。28壹斷割不刖。29壹怒能喜，30壹樂能哀，31壹智能愚，32壹壯能衰，33壹恿（勇）能屈，34壹剛能柔，35壹仁能忍，36壹强良不得。37壹審耳目口，38壹十耳當一目。39壹安樂必戒，40壹毋行可悔。41壹以忠爲榦，42壹慎前慮後。43壹君子不病殹（也），44壹以其病=（病病）殹（也）。45壹同能而異。46壹毋窮=（窮窮），47壹毋岑=（岑（矜）岑（矜）），48壹毋衰=（衰衰）。49壹臨材（財）見利，不取句（苟）富；50壹·臨難見死，不取句（苟）免。51壹欲富大（太）甚，貧不可得；1貳欲貴大（太）甚，賤不可得。2貳毋喜富，3貳毋惡貧，4貳正行脩（修）身，過（禍）去福存。5貳

① 此6字實爲簡65背的文字，整理小組之圖版編爲簡99。按此6字與其他文字不連屬。

② 俗（容），一說釋“俗（裕）”。

③ 閒，原釋文作“間”，據圖版改。以下諸簡同：《爲吏之道》7伍，《日書甲種》18背肆，《日書乙種》135、253、255、258。

吏有五善：6貳一曰中（忠）信敬上，7貳二曰精（清）① 廉毋謗，8貳三曰舉事審當，9貳四曰喜爲善行，10貳五曰龏②（恭）敬多讓。11貳五者畢至，必有大賞。12貳

·吏有五失：13貳一曰夸③以泄，14貳二曰貴以大（泰），15貳三曰擅裚（製）④ 割，16貳四曰犯上弗智（知）害，17貳五曰賤士而貴貨貝。18貳一曰見民杲（倨）敖（傲），19貳二曰不安其鼂（朝），20貳三曰居官善取，21貳四曰受令不僂，22貳五曰安家室忘官府。23貳一曰不=察=所=親=（不察所親，不察所親）24貳則怨數至；25貳二曰不=智=所=使=（不智（知）所使，不智（知）所使）26貳則以權衡求利；27貳三曰興=事=不=當=（興事不當，興事不當）28貳則民傷指；29貳四曰善言隋（惰）行⑤，則30貳士毋（無）⑥ 所比；31貳五曰非上，身及於死。32貳

·戒=之=（戒之戒之），材（財）不可歸；33貳謹=之=（謹之謹之），謀不可遺；34貳慎=之=（慎之慎之），言不可追；35貳綦=之【=】（綦（忌）之綦（忌）【之】），食不可賞（償）。36貳術（怵）悐（惕）之心，不可【不】長。37貳以此爲人君則鬼（惠）⑦，38貳爲人臣則忠；39貳爲人父則玆（慈），40貳爲人子則孝；41貳能審行此，无（無）⑧ 官不42貳治，无（無）志不㣫（徹）⑨，43貳爲人上則明（明），44貳爲人下則聖。45貳君鬼（惠）臣忠，父玆（慈）46貳子孝，政之本殹（也）；47貳志㣫（徹）官治，上明（明）下48貳聖，治之紀殹（也）。49貳

·除害興利50貳，玆（慈）愛萬姓51貳。毋=辠=（毋辠（罪）毋（無）辠（罪）），【毋（無）辠（罪）】可赦。1叁孤寡窮困，2叁老弱獨轉

① 精（清），一說釋“精”。
② 龏，原釋文作“龔”，據圖版改。
③ 夸，原釋文作“誇”，據圖版改。
④ 裚（製），原釋文作“裚”，據文意改。一說釋“裚（折）”。
⑤ 依上文文例，“善言隋行”四字下似均應有重文號而書者脱之。
⑥ 毋（無），原釋文作“毋”，據文意改。
⑦ 鬼（惠），原釋文注“鬼讀爲懷”，據文意改。下簡 46 貳同。
⑧ 无（無），原釋文作“無”，據圖版改，“无”即“無”。下簡 43 貳同。
⑨ 㣫（徹），原釋文作“徹”，據圖版及文意改。下同。

（傳）①，3叁均繇（徭）賞罰，4叁勢（傲）② 悍衮③（戮）暴，5叁根（墾）田人（仞）邑，6叁賦斂毋（無）度，7叁城郭官府，8叁門户關龠（鑰），9叁除陛甬道，10叁命書時會，11叁事不且須，12叁貰責（債）在外，13叁千（阡）佰（陌）津橋，14叁囷屋蘠（牆④）垣，15叁溝渠水道，16叁犀角象齒，17叁皮革橐（橐）突，18叁久刻職（識）物，19叁倉庫禾粟，20叁兵甲工用，21叁樓椑（陴）矢閱（穴），22叁槍閵（藺）環（庋）殳，23叁比（庇）臧（藏）封印，24叁水火盜賊，25叁金錢羽旄，26叁息子多少，27叁徒隸攻丈，28叁作務員程，29叁老弱癃（癃）病，30叁衣食飢⑤寒，31叁槀靳瀆（瀆），⑥32叁扇（漏）屋涂⑦墬（塈），33叁苑囿園池，34叁畜産肥胔（胔），35叁朱珠丹青。36叁臨事不敬，37叁倨驕毋（無）人，38叁苛難留民，39叁變民習浴（俗），40叁須身旞（遂）過，41叁興事不時，42叁緩令急徵，43叁夬（決）獄不正，44叁不精於材（財），45叁灋（廢）置以私。46叁

·處如資（齋）47叁，言如盟48叁，出則敬，毋施（弛）當（常）49叁，昭如有光50叁，施而喜之，51叁敬而起之，1肆惠以聚之，2肆寬以治之，3肆有嚴不治。4肆與民有期，5肆安（按）騶而步，6肆毋使民懼。7肆疾而毋諰，8肆簡而毋鄙。9肆當務而治，10肆不有可茝（改）。11肆勞有成既，12肆事有幾時。13肆治則14肆敬自賴之，15肆施（弛）而息之。16肆慣（密）而牧之；17肆聽其有矢，18肆從而賊（則）之；19肆因而徵之，20肆將而興之，21肆雖有高山，鼓而22肆乘之。23肆民之既教，24肆上亦毋驕，25肆孰（熟）道毋治（怠），26肆發正亂昭。27肆安而行之，28肆使民朢⑧之。29肆道傷（易）車利，30肆精而勿致（至），31肆興之必疾，32肆夜以椄（接）日。33肆觀民之詐，34肆罔（輞）服必固。35肆地脩（修）城固，36肆民心乃

① 轉（傳），原釋文作“傳”，據圖版及文意改。

② 勢（傲），一說釋“勢”。

③ 衮，一說釋“袞”。

④ 牆，原釋文作“墻”，原釋文它處均作“牆”，據改，以統一體例。

⑤ 飢，原釋文作“饑”，據圖版改。

⑥ 此句僅三字，當有脱文。

⑦ 涂，原釋文作“塗”，據圖版改。

⑧ 朢，原釋文作“望”，據圖版改。下同。

寧。37肆百事既成，38肆民心既寧，39肆既毋（無）後憂，40肆從政之經。41肆不時怒，42肆民將姚①去。43肆

長不行，死毋（無）名；44肆富不施，貧毋（無）告也。45肆貴不敬，失之毋□☐，46肆君子敬如始。47肆戒=之=（戒之戒之），言不可追；48肆思=之【=】（思之思【之】），某（謀）不可遺；49肆慎【=】之【=】（慎之【慎之】），貨不可歸。50肆

·凡治事，敢爲固，謁（遏）私圖，畫局陳卑（棋）以爲1伍耤（藉）。肖人聶（懾）心，不敢徒語恐見惡。2伍凡戾人，表以身，民將望表以戾真。表若不正，3伍民心將移乃難親。4伍

操邦柄，慎度量，來者有稽莫敢忘。賢鄙5伍溉（既）辥（乂），禄立（位）有續孰敫上？6伍

邦之急，在䏬（體）級，掇（輟）民之欲政乃立。上毋（無）閒7伍陸（隙），下雖善欲獨可（何）急？8伍

審民能，以賃（任）吏，非以官禄夬〈史（使）〉助治。不賃（任）其人，及9伍官之敫豈可悔。10伍

申之義，以毄（擊）畸，欲令之具下勿議。彼邦之䫫（傾），11伍下恒行巧而威故移。12伍

將發令，索（索）② 其政（正），毋發可異史（使）煩請。令數囚（究）13伍環，百姓榣（搖）貳乃難請③。14伍

聽有方，辯短長，困造之士久不陽。15伍

·廿五年閏再十二月丙午朔辛亥，○告16伍相邦：民或棄邑居壄（野），入人孤寡，徼17伍人婦女，非邦之故也。自今以來，叚（賈）門逆18伍吕（旅），贅壻後父，勿令爲户，勿鼠（予）田宇。19伍三枼（世）之後，欲士=（士（仕）士（仕））之，乃（仍）署其籍曰：故20伍某慮（閭）贅壻某叟之乃（仍）孫。　魏户律21伍

·廿五年閏再十二月丙午朔辛亥，○告22伍將軍：叚（賈）門逆

① 姚，一說釋“姚（遙）”，一說釋“姚（逃）”。

② 索（索），原釋文作“索”，據圖版及文意改。

③ 請，一說讀爲“誠”，一說讀爲“靖”。

閭（旅），贅壻後父，或衛（率）民23伍不作，不治室屋，寡人弗欲。且殺之，不24伍忍其宗族昆弟。今遣從軍，將軍25伍勿恤視。享（烹）牛食士，賜之參飯而26伍勿鼠（予）殽（肴）。攻城用其不足，將軍以堙豪（壕）。27伍　魏奔命律28伍

口，關也；舌，幾（機）也。29伍一堵（曙）失言，四馬弗能30伍追也。31伍口者，關；舌者，符32伍壐①也。壐而不33伍發，身亦毋（無）薛（辥）。34伍人各食其所耆（嗜），不35伍踐以貧（分）人；各樂其36伍所樂，而踐以貧（分）人。37伍

（九）日書甲種

除：	十一月斗	十二月須	正月營	二月奎	三月胃	四月畢	五月東	六月柳	七月張	八月角	九月氐	十月心	1正壹
濡②	子	丑	寅	卯	辰	巳	午	未	申	酉	戌	亥	2正壹
贏③	丑	寅	卯	辰	巳	午	未	申	酉	戌	亥	子	3正壹
建	寅	卯	辰	巳	午	未	申	酉	戌	亥	子	丑	4正壹
陷	卯	辰	巳	午	未	申	酉	戌	亥	子	丑	寅	5正壹
彼	辰	巳	午	未	申	酉	戌	亥	子	丑	寅	卯	6正壹
平	巳	午	未	申	酉	戌	亥	子	丑	寅	卯	辰	7正壹
寧	午	未	申	酉	戌	亥	子	丑	寅	卯	辰	巳	8正壹
空	未	申	酉	戌	亥	子	丑	寅	卯	辰	巳	午	9正壹
坐	申	酉	戌	亥	子	丑	寅	卯	辰	巳	午	未	10正壹
蓋	酉	戌	亥	子	丑	寅	卯	辰	巳	午	未	申	11正壹
成	戌	亥	子	丑	寅	卯	辰	巳	午	未	申	酉	12正壹
甬④	亥	子	丑	寅	卯	辰	巳	午	未	申	酉	戌	13正壹

① 壐，原釋文作“璽”，據圖版改，“壐”即“璽”。本簡下一“壐”字同。

② 濡，一說釋“渜（窓）”。窓，同“窻”。

③ 贏，一說釋“贏〈媚〉”。下同。

④ 甬，一說釋“甬〈葙〉”。

凡不可用者，秋三月辰，冬三月未，春三月戌，夏三月亥〈丑〉①。1正貳

結日，作事，不成。以祭，閵②（吝）。生子毋（無）弟，有弟必死。以寄=人=（寄人，寄人）必奪主室。2正貳

陽日，百事順成。邦郡得年，小夫四成。以蔡（祭），上下羣神鄉（饗）之，乃盈志。3正貳

交日，利以實事。鑿井，吉。以祭門、行=（行、行）水，吉。4正貳

害日，利以除凶厲（厲），兑（説）不羊（祥）。祭門、行，吉。以祭，冣（聚）③眾必亂者。5正貳

陰日，利以家室。祭祀、家（嫁）子、取（娶）婦、入材，大吉。以見君上，數達，毋（無）咎。6正貳

達日，利以行帥〈師〉出正（征）、見人。以祭，上下皆吉。生子，男吉，女必出於邦。7正貳

【外】陽日，利以建〈達〉④埜（野）⑤外，可以田邋（獵）。以亡，不得，毋（無）⑥門（聞）⑦。8正貳

外害日，不可以行作。之四方埜（野）外，必耦（遇）寇盜，見兵。9正貳

外陰日，利以祭祀。作事、入材，皆吉。不可以之埜（野）外。10正貳

---

① 亥〈丑〉，原釋文作"亥"，據文意改。

② 閵，一説釋"闌"，爲"閵"的俗寫。

③ 冣（聚），原釋文作"最"，據圖版及文意改。冣，爲"冣"的俗寫。

④ 建〈達〉，原釋文作"建"，據文意改。一説釋"遮（蹠）"，一説釋"達"。

⑤ 埜（野），原釋文作"野"，據圖版改，"埜"即"野"。

⑥ 毋（無），原釋文作"□"，據圖版及文意改。

⑦ 門（聞），原釋文作"門"，據文意改。

☑① 【絕日，無爲而】② 可名曰毄（擊）日，以生子，窶孤。桃（逃）③ 人，不得。利以兑（説）明④（盟）組（詛）、百不羊（祥）。11正貳

夬光日，利以登高、飲食、邋（獵）四方墅（野）外。居有食，行有得。以生子，男女必美。12正貳

秀日，利以起大事。大祭，吉。寇〈冠〉、㝷（製）⑤ 車、折（製）⑥ 衣常（裳）、服帶吉。生子吉，弟凶。13正貳

秦除：

正月，建寅，除卯，盈辰，平巳，定午，摯（執）未，柀（破）申，危酉，成戌，收亥，開子，閉丑。14正壹

二月，建卯，除辰，盈巳，平午，定未，執申，柀（破）酉，危戌，成亥，收子，開丑，閉寅。15正壹

三月，建辰，除巳，盈午，平未，定申，執酉，柀（破）戌，危亥，成子，收丑，開寅，閉卯。16正壹

四月，建巳，除午，盈未，平申，定酉，摯（執）戌，柀（破）亥，危子，成丑，收寅，開卯，閉辰。17正壹

五月，建午，除未，盈申，平酉，定戌，摯（執）亥，柀（破）子，危丑，成寅，收卯，開辰，閉巳。18正壹

六月，建未，除申，盈酉，平戌，定亥，摯（執）子，柀（破）丑，危寅，成卯，收辰，開巳，閉午。19正壹

七月，建申，除酉，盈戌，平亥，定子，摯（執）丑，柀（破）寅，危卯，成辰，收巳，開午，閉未。20正壹

八月，建酉，除戌，盈亥，平子，定丑，摯（執）寅，柀（破）

---

① ☑，原釋文無，據圖版補。

② 【絕日，無爲而】，原釋文作“□□□□□”，據文意改。

③ 桃（逃），原釋文作“□”，據圖版及文意改。

④ 明，原釋文作“明”，據圖版改。

⑤ 㝷（製），原釋文作“㝷”，據文意改。一説釋“尋（探）”；一説釋“製（制）”，訓“服”；一説釋“將”。

⑥ 折（製），原釋文作“折”，據文意改。

卯，危辰，成巳，收午，開未，閉申。21正壹

九月，建戌，除亥，盈子，平丑，定寅，摯（執）卯，柀（破）辰，危巳，成午，收未，開申，閉酉。22正壹

十月，建亥，除子，盈丑，平寅，定卯，摯（執）辰，柀（破）巳，危午，成未，收申，開酉，閉戌。23正壹

十一月，建子，除丑，盈寅，平卯，定辰，摯（執）巳，柀（破）午，危未，成申，收酉，開戌，閉亥。24正壹

十二月，建丑，除寅，盈卯，平辰，定巳，摯（執）午，柀（破）未，危申，成酉，收戌，開亥，閉子。25正壹

建日，良日也。可以爲嗇夫，可以祠。利棗（早）不利莫（暮）。可以入人、始寇（冠）、乘車。有爲也，吉。14正貳

除日，臣妾亡，不得。有瘴病，不死。利市，責①齎（徹），□□□除地、飲樂。攻盜，不可以執。15正貳

盈日，可以筑（築）② 閒（閑）牢，可以産，可以筑（築）宫室、爲嗇夫。有疾，難起。16正貳

平日，可以取（娶）妻、入人、起事。17正貳

定日，可以臧（藏），爲官府、室，祠。18正貳

摯（執）日，不可以行。以亡，必摯（執）而入公而止。19正貳

柀（破）日，毋可以有爲也。20正貳

危日，可以責、摯（執）、攻毄（擊）。21正貳

成日，可以謀事、起[眾]③、興大事。22正貳

收日，可以入人民、馬牛、禾粟，入（納）室（娶）取妻及它物。23正貳

開日，亡者，不得。請謁，得。言盜，得。24正貳

閉日，可以劈決池，入臣徒、馬牛、它生（牲）。25正貳

禾良日，己亥、癸亥、五酉、五丑。17正叁

---

① 責，原釋文作“責（積）”，據文意改。

② 筑（築），原釋文作“築”，據圖版及文意改。

③ [眾]，原釋文作“□”，據圖版及文意改。

禾忌日，稷龍寅、秫丑，18正叁稻亥，麥子，菽、荅卯，19正叁麻辰，葵癸亥，各常□忌，20正叁不可穜（種）之及初21正叁穫、出入之。辛卯不可以22正叁初穫禾。23正叁

困良日，甲午、乙未、乙巳，24正叁爲困大吉。25正叁

稷①辰：

正月二月，子秀，丑戌正陽，寅酉危陽，卯敫，辰申㝛（害）②，巳未陰，午𠦪（徹），亥結。26正壹

三月四月，寅秀，卯子正陽，辰亥危陽，巳敫，午戌㝛（害），未酉陰，申𠦪（徹），丑結。27正壹

五月六月，辰秀，巳寅正陽，午丑危陽，未敫，申子㝛（害），酉亥陰，戌𠦪（徹），卯結。28正壹

七月八月，午秀，未辰正陽，申卯危陽，酉敫，戌寅㝛（害），亥丑陰，子𠦪（徹），巳結。29正壹

九月十月，申秀，酉午正陽，戌巳危陽，亥敫，子辰㝛（害），丑卯陰，寅𠦪（徹），未結。30正壹

十一月十二月，戌秀，亥申正陽，子未危陽，丑敫，寅午㝛（害），卯巳陰，辰𠦪（徹），酉結。31正壹

秀，是胃（謂）重光，利壄（野）戰，必得侯王。以生子，既美且長，有賢等（嗣）。利見人及畜=（畜畜）生（牲）③。可取（娶）婦、家（嫁）女、㝷（製）④衣常（裳）。利祠、飲食、歌樂，臨官立（蒞）正（政）相宜也。32正利徙官。免，復事。毄（繫），亟出。雖雨，齊（霽）。不可復（覆）室蓋屋。正月以朔，旱，歲善，有兵。33正

正陽，是胃（謂）滋昌，小事果成，大事又（有）慶，它毋（無）小大盡吉。利爲嗇夫，是胃（謂）三昌。俖（伍）時以戰，命

---

① 稷，一說釋"稷〈稯〉"。

② 㝛（害），原釋文作"㝛"，在正文注中疑"㝛"是"踽"的異體，又在《後記》中改釋同"羣"，據文意改。下同。

③ 生（牲），原釋文作"生"，據文意改。

④ 㝷（製），一說釋"尋（探）"。

胃（謂）三勝。以祠，吉。有爲也，美惡自成。生子，吉。可葬34正貍（埋）。雨，齊（霽）。亡者，不得。正月以朔，歲善，毋（無）兵。35正

危陽，是胃（謂）不成行。以爲嗇夫，必三徙=官=（徙官。徙官）自如，其後乃昌。免，復事。亡人，自歸。又（有）疾，不死=（死。死）者，又（有）毀。利解事。不可殺。不可取（娶）婦、家（嫁）女，不可36正見人。生子=（子，子）死。以雨，半日。正月以朔，多雨，歲半入，毋（無）兵。37正

敫，是胃（謂）又（有）小逆，毋（無）大央（殃）。可以穿井、行水、蓋屋、飲樂、外除。亡者，不得。不可取（娶）婦、家（嫁）女、出入貨及生（牲）。不可臨官、飲食、樂、祠祀。以生子=（子，子）38正不産。取（娶）婦、家（嫁）女，兩寡相當。正月以朔，多雨，歲善而柀（疲）不産，有兵。39正

䛠（害），是胃（謂）其羣不捧（拜）①，以辭不合（答），私公必閉，有爲不成。亡者，得。利弋邋（獵）、報讎、攻軍、韋（圍）城、始殺。可取，不可鼠（予）。不可飲食哥（歌）樂。利以祠外。以生子，40正吉。毄（繫），亟出。雖雨，見日。正月以朔，旱，又（有）歲，又（有）小兵，毋（無）大兵。41正

陰，是胃（謂）乍陰乍陽，先辱而後又（有）慶。利居室、入貨及生（牲）。可取（娶）婦、家（嫁）女、葬貍（埋）。以祠祀、飲食哥（歌）樂，吉。爲嗇夫，久。以毄（繫），不免。生子，男女爲盜。42正不可入（納）寄者。正月以朔，多雨，歲中，毋（無）兵，多盜。旦雨，夕齊（霽）；夕雨，不齊（霽）。43正

勶（徹），是胃（謂）六甲相逆，利以戰伐，不可以見人、取（娶）婦、家（嫁）女、出入貨及生（牲）。不可祠祀、哥（歌）樂。以生子=（子，子）死。亡者，得，不得必死。毄（繫），久不已②。不可又（有）爲也，44正□□□□□可葬貍（埋）。雨，日□。正月以

---

① 捧（拜），原釋文作“捧”，“捧”即“拜”。

② 已，原釋文作“巳”，據文意改。

朔，多雨，歲善，毋（無）兵。45正

結，是胃（謂）利以出貨，不可以入。可以取（娶）婦、家（嫁）女。以免，弗復。毄（繫），久不已[①]。不可又（有）爲也，而可以葬貍（埋）。雨，日也。正月以朔，歲中，又（有）兵，又（有）雨。46正

·衣：裚（製）[②]衣，丁丑媚人，丁亥靈，丁巳安於身，癸酉多衣。·毋以楚九月己[③]未台（始）被新衣₌（衣，衣）手□必死。26正貳

弦望及五辰不可以興樂□，五丑不可以巫，啻（帝）以殺巫減（咸）。27正貳

·鼠襄户，見之，入月一日二日吉，三日不吉，四日五日吉，六日不吉，七日八日吉，九日恐。28正貳廿二日廿三日吉，廿四日恐，廿五日廿六日吉，廿七日恐，廿八日廿九日吉[④]。29正貳

葬日，子卯巳酉戌，是胃（謂）男日·午未申丑亥辰，是胃（謂）女₌日₌（女日。女日）死，女日葬，30正貳必復之。男子亦然。·凡丁丑不可以葬₌（葬，葬）必參。31正貳

玄戈：

十月，心、危、營室大凶，心、尾致死，畢、此（觜）巂大吉，張、翼少吉，招（招）榣（摇）毄（繫）未，玄戈毄（繫）尾。47正壹

十一月，斗、婁、虚大凶，角、房致死，胃、□大吉，柳、七星少吉，招（招）榣（摇）毄（繫）午，玄戈毄（繫）心。48正壹

十二月，須女、斗、牽牛大凶，角、犺（亢）致死，奎、婁大吉，東井、輿鬼少吉，招（招）榣（摇）毄（繫）巳，玄戈毄（繫）房。49正壹

正月，營室、心大凶，張、翼致死，危、營室大吉，畢、此（觜）巂少吉，招（招）榣（摇）毄（繫）辰，玄戈毄（繫）翼。50正壹

① 已，原釋文作"己"，據文意改。

② 裚（製），原釋文作"裚"，據文意改。下118背同。

③ 己，一説釋作"巳"。

④ 此段"九日恐"、"廿二日"間可能有脱文。

二月，奎、牴（氐）、房大凶，七星致死，須女、虚大吉，胃、參少吉，柖（招）榣（摇）毄（繫）卯，玄戈毄（繫）張。51正壹

三月，胃、角、犺（亢）大凶，東井、輿鬼致死，斗、牽牛大吉，奎、婁少吉，柖（招）榣（摇）毄（繫）寅，玄戈毄（繫）七星。52正壹

四月，畢、張、翼大凶，畢、此（觜）巂致死，心、尾大吉，危、營室少吉，柖（招）榣（摇）毄（繫）丑，玄戈毄（繫）此（觜）巂。53正壹

五月，東井、七星大凶，胃、參致死，角、房大吉，須女、虚少吉，柖（招）榣（摇）毄（繫）子，玄戈毄（繫）畢。54正壹

六月，柳、東井、輿鬼大凶，奎、婁致死，角、犺（亢）大吉，斗、牽牛少吉，柖（招）榣（摇）毄（繫）亥，玄戈毄（繫）茅（昴）。55正壹

七月，張、畢、此（觜）巂大凶，危、營室致死，張、翼大吉，心、尾少吉，柖（招）榣（摇）毄（繫）戌，玄戈毄（繫）營室。56正壹

八月，角、胃、參大凶，須女、虚致死，柳、七星大吉，角、房少吉，柖（招）榣（摇）毄（繫）酉，玄戈毄（繫）危。57正壹

九月，牴（氐）、奎、婁大凶，斗、牽牛致死，東井、輿鬼大吉，張、翼少吉，柖（招）榣（摇）毄（繫）申，玄戈毄（繫）虚。58正壹

正月五月九月，北徙大吉，東北少吉，若以是月殹（也）東徙，毄，東南刺離，南精，西南室毀，西困，西北辱。59正壹

二月六月十月，東徙大吉，東南少吉，若以【是】月殹（也）南徙，毄，西南刺離，西精，西北毄，北困辱。60正壹

三月七月十一月，南徙大吉，西南少吉，若以是月殹（也）西徙，毄，西北刺離，北精，東毀，東北困，東南辱。61正

九〈四〉① 月八月十二月，西徙大吉，西北少吉，若以是月殹（也）北徙，毄，東北刺離，南精，東南毀，南困辱。62正

① 九〈四〉，原釋文作“九”，據文意當爲“四”之誤。

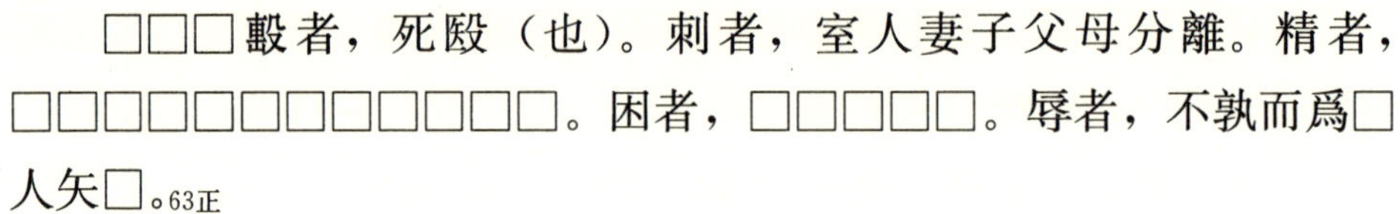

□□□轂者，死毀（也）。刺者，室人妻子父母分離。精者，□□□□□□□□□□□□□□。困者，□□□□□。辱者，不孰而爲□人矢□。63正

（圖一 47正貳—60正貳）

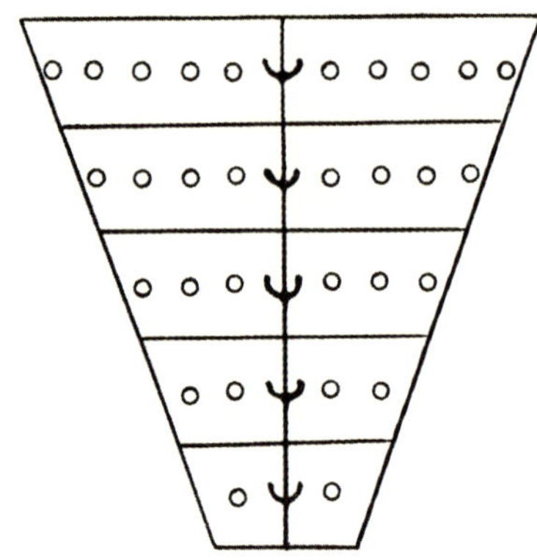

此所胃（謂）艮山，禹之離日也。從上右方數朔之初日 47正叁 及枳（支）各一日，數之而復從上數。□與 48正叁 枳（支）刺〈夾〉① 艮山之胃（謂）離=日=（離日。離日）不可 49正叁 以家（嫁）女、取（娶）婦及入 50正叁 人民、畜生（牲）②，唯 51正叁 利以分異。離 52正叁 日不可以行=（行，行）不反（返）。53正叁

戊午去父母同生，異 54正叁 者焦寠，居瘁（瘥）。55正叁 丙申以就（僦），同居必寠。56正叁 毋以辛酉入=寄=者=（入寄者，入寄者）必代居其室。·己巳入寄者，57正叁 不出歲亦寄焉。58正叁 入客戊辰、己巳、辛酉、辛卯、己未、庚午，虛四徹（徹）不可入 59正叁 客、寓人及臣妾，必代居室。60正叁

歲：

刑夷、八月、獻馬，歲在東方，以北大羊（祥），東旦亡，南禺（遇）③ 英（殃），西數反其鄉。64正壹

夏夷、九月、中夕，歲在南方，以東大羊（祥），南旦亡，西禺（遇）英（殃），北數反其鄉。65正壹

---

① 刺〈夾〉，原釋文作“刺”，據文意改。

② 生（牲），原釋文作“生”，據文意改。

③ 禺（遇），原釋文作“遇”，據圖版及辭例改。

紡月、十月、屈夕，歲在西方，以南大羊（祥），西旦亡，北禺（遇）英（殃），東數反其鄉。66正壹

七月、爨月、援夕，歲在北方，以西大羊（祥），北旦亡，東禺（遇）英（殃），南數反其鄉。67正壹

十月楚冬夕，日六夕七〈十〉。64正貳

十一月楚屈夕，日五夕十一。65正貳

十二月楚援夕，日六夕十。66正貳

正月楚刑夷，日七夕九。67正貳

二月楚夏杘，日八夕八。64正叁

三月楚紡月，日九夕七。65正叁

四月楚七月，日十夕六。66正叁

五月楚八月，日十一夕五。67正叁

六月楚九月，日十夕六。64正肆

七月楚十月，日九夕七。65正肆

八月楚爨月，日八夕八。66正肆

九月楚鬳（獻）馬，日七夕九。67正肆

星：

角，利祠及行，吉。不可蓋屋。取（娶）妻=（妻，妻）妬。生子，爲【吏】。68正壹

亢，祠、爲門、行，吉。可入貨。生子，必有爵。69正壹

牴（氐），祠及行、出入貨，吉。取（娶）妻=（妻，妻）貧。生子，巧。70正壹

房，取（娶）婦、家（嫁）女、出入貨及祠，吉。可爲室屋。生子，富。71正壹

心，不可祠及行，凶。可以行水。取（娶）妻=（妻，妻）悍。生子，人愛之。72正壹

尾，百事凶。以祠，必有敫（憿）。不可取（娶）妻。生子，貧。73正壹

箕，不可祠。百事凶。取（娶）妻=（妻，妻）多舌。生子，貧富半。74正壹

斗，利祠及行賈=（賈、賈）市，吉。取（娶）妻=（妻，妻）爲巫。生子，不盈三歲死。可以攻伐。75正壹

牽=（牽牛），可祠及行，吉。不可殺牛。以結者，不擇（釋）。以入【牛】，老一。生子，爲夫=（大夫）。76正壹

須女，祠、賈市、取（娶）妻，吉。生子，三月死，不死毋（無）晨（脣）①。77正壹

虚，百事凶。以結者，易擇（釋）。亡者，不得。取（娶）妻=（妻，妻）不到。以生子，毋（無）它同生。78正壹

危，百事凶。生子，老爲人治也，有（又）數詣風雨。79正壹

營=（營室）②，利祠。不可爲室及入之。以取（娶）妻=（妻，妻）不寧。生子，爲大吏。80正壹

東辟（壁），不可行。百事凶。以生子，不完。不可爲它事。81正壹

奎，祠及行，吉。以取（娶）妻，女子愛而口臭。生子，爲吏。82正壹

婁，利祠及行。百事吉。以取（娶）妻，男子愛。生子亡者，人意③之。83正壹

胃，利入禾粟及爲囷倉，吉。以取（娶）妻=（妻，妻）愛。生子，必使。84正壹

卯（昴），邋（獵）、賈市，吉。不可食六畜。以生子，喜斲（鬭）。85正壹

畢，以邋（獵）置罔（網）及爲門，吉。以死，必二人。取（娶）妻，必二妻。不可食六畜。生子，痤（瘠）④。亡者，得。86正壹

嶲=（此（觜）嶲）⑤，百事凶。可以敫（徼）人攻讎。生子，爲正。87正壹

參，百事吉。取（娶）妻，吉。唯生子不吉。88正壹

---

① 毋（無）晨（脣），原釋文作“毋晨”，據文意改。

② 營=，是“營室”的省簡寫法，不能算作嚴格意義上的合文。下同。

③ 意，一說釋“意（隱）”，一說釋“意（憶）”。

④ 痤（瘠），原釋文作“痤”，據文意改。

⑤ 嶲=，“此嶲”的省簡寫法，不能算作嚴格意義上的合文。

東井，百事凶。以死，必五人死；以殺生（牲），必五生（牲）死。取（娶）妻，多子。生子，旬而死。可以爲土事。89正壹

輿鬼，祠及行，吉。以生子，瘩（癃）。可以送鬼。90正壹

【柳】，百事吉。取（娶）妻，吉。以生子，肥。可以寇〈冠〉，可請謁，可田邋（獵）。91正壹

七星，百事凶。利以垣。生子，樂。不可出女。92正壹

張，百事吉。取（娶）妻，吉。以生子，爲邑桀（傑）。93正壹

翼，利行。不可臧（藏）。以祠，必有火起。取（娶）妻，必棄。生子，男爲見（覡），【女】爲巫。94正壹

【軫】，□乘車馬、衣常（裳）。取（娶）妻，吉。以生子，必駕。可入貨。95正壹

·病：

甲乙有疾，父母爲祟，得之於肉，從東方來，裹以桼（漆）器。戊己病，庚有【閒】，辛酢（作）[①]。若不【酢（作）】，68正貳煩居東方，歲在東方，青色死。69正貳

丙丁有疾，王父爲祟，得之赤肉、雄雞、酉（酒）。庚辛病，壬有閒，癸酢（作）。若不酢（作），煩居南方，歲70正貳在南方，赤色死。71正貳

戊己有疾，巫堪行，王母爲祟，得之於黄色索（腊）[②]魚、堇酉（酒）。壬癸病，甲有閒，72正貳乙酢（作）。若不酢（作），煩居邦中，歲在西方，黄色死。73正貳

庚辛有疾，外鬼傷（殤）死爲祟，得之犬肉、鮮卵白色，甲乙病，丙有閒，丁酢（作）。74正貳若不酢（作），煩居西方，歲在西方，白色死。75正貳

壬癸有疾，母（毋）[③]逢人，外鬼爲祟，得之於酉（酒）、脯、

① 酢（作），原釋文作“酢”，據文意改。一說釋“酢（瘧）”，一說“酢”仍讀本字。以下至簡77正貳同。

② 索（腊），原釋文作“索”，據文意改。

③ 母（毋），一說“母”讀本字。

脩、節（鱉）、肉。丙丁病，戊有閒，己76正貳酢（作）。若不酢（作），煩居北方，歲在北方，黑色死。77正貳

祠父母良日，乙丑、乙亥、丁丑亥、辛丑、癸亥，不出三月有大得，三乃五。78正貳

祠行良日，庚申是天昌，不出三歲必有大得。79正貳

人良日，乙丑、乙酉、乙巳、己丑、己酉、己巳、辛丑、辛酉、辛巳、癸酉①、癸巳。·其忌，丁巳、丁未、戊戌、戊辰、80正貳戊子，不利出入人。男子龍庚寅，女子龍丁。81正貳

馬良日，乙丑、乙酉、乙巳、乙亥、己丑、己酉、己亥、己巳、辛丑酉、辛巳、辛亥、癸丑、癸酉、癸巳、82正貳庚辰。·其忌，丙子、丙午、丙寅、丁巳、丁未、戊寅、戊戌、戊子、庚寅、辛卯。83正貳

牛良日，庚辰、庚申、庚午、辛酉、壬戌、壬申、壬午、癸酉、甲辰、甲申、甲寅。·其忌，己丑、84正貳己未、己巳、己卯、戊寅、戊戌、戊子、己巳。·戊午不可殺牛。85正貳

羊良日，乙丑、乙酉、乙巳、己酉、己丑、己巳、辛酉、辛丑、辛巳、庚辰、庚寅。86正貳其忌，壬戌、癸亥、癸酉。春三月庚辰可以筑（築）羊卷（圈），即入之，羊必千。87正貳

豬良日，庚申、庚辰、壬辰、壬申、甲申、甲辰、己丑、己酉、己巳。·其忌，乙亥、乙巳、乙未、88正貳丁巳、丁未。

·市良日，戊寅、戊辰、戊申戌，利初市，吉。89正貳

犬良日，癸酉、癸未、甲申、甲辰、甲午、庚辰、庚午、辛酉、壬辰。·其忌，己丑、己巳、己未、己卯、乙巳、戊90正貳子、戊寅、戊戌。·有妻子，母（毋）② 以己巳、壬寅殺犬，有央（殃）。91正貳

雞良日，甲辰、乙巳、丙午、戊辰、丙辰，可以出入雞=（雞。雞）忌日，辛未、庚寅、辛巳，勿以出入雞。92正貳

金錢良日，甲申、乙巳。·申不可出貨。·午不可入貨=（貨，貨）必後絕。93正貳

---

① 一說“癸酉”前當補“癸丑”二字。

② 母（毋），原釋文作“母”，爲統一全書體例，故改。下同。

蠶良【日】，庚午、庚子、甲午，五辰，可以入。五丑、五酉、庚午，可以出。94正貳

啻：

春三月，啻（帝）爲室申，剽卯，殺辰，四灋（廢）[①]庚辛。96正壹

夏三月，啻（帝）爲室寅，剽午，殺未，四灋（廢）壬癸。97正壹

秋三月，啻（帝）爲室巳，剽酉，殺戌，四灋（廢）甲乙。98正壹

冬三月，啻（帝）爲室辰，剽子，殺丑，四灋（廢）丙丁。99正壹

春三月，毋起東鄉（嚮）室。96正貳

夏三月，毋起南鄉（嚮）室。97正貳

秋三月，毋起西鄉（嚮）室。98正貳

冬三月，毋起北鄉（嚮）室。有以者大凶，必有死者。99正貳

北鄉（嚮）門，七月、八月、九月，其日丙午、丁酉、丙申垣之，其生（牲）赤。95正貳

南鄉（嚮）門，正月、二月、三月，其日癸酉、壬辰、壬午垣之，其生（牲）黑。96正叁

東鄉（嚮）門，十月、十一月、十二月，其日辛酉、庚午、庚辰垣之，其生（牲）白。97正叁

西鄉（嚮）門，四月、五月、十〈六〉[②]月，其日乙未、甲午、甲辰垣之，其生（牲）清（青）。98正叁

凡爲室日，不可以筑（築）室。筑（築）大内，大人死。筑（築）右圩（序）[③]，長子婦死。筑（築）左圩（序），中子婦死。筑（築）外垣，孫子死。筑（築）北垣，牛羊死。·殺日，勿以殺六畜，不可以100正取（娶）婦、家（嫁）女、禱祠、出貨。·四灋（廢）日，不可以爲室、覆屋。101正壹

室忌：

---

① 灋（廢），原釋文作“廢”，據圖版及文意改。下同。

② 十〈六〉，原釋文作“十”，據文意當爲“六”之誤。

③ 圩（序），原釋文作“圯”，據圖版及文意改。下同。

春三月庚辛，夏三月壬癸，秋三月甲乙，冬三月丙丁，勿以筑（築）室。以之，大主死；不死，瘩（癃），弗居。102正壹 凡入月五日，月不盡五日，以筑（築）室，不居；爲羊牢馬廄，亦弗居；以用垣宇，閉貨=（貨貝）。103正壹

土忌：

土徼正月壬，二月癸，三月甲，四月乙，五月戊，六月己，七月丙，八月丁，九月戊，十月庚，十一月辛，十二月乙，不可爲土攻（功）。104正壹 正月丑，二月戌，三月未，四月辰，五月丑，六月戌，七月未，八月辰，九月丑，十月戌，十一月未，十二月辰，毋可有爲，筑（築）室，壞；尌（樹）木，死。105正壹 春三月寅，夏巳，秋三月申，冬三月亥，不可興土攻（功），必死。·五月六月不可興土攻（功），十一月、十二月不可興土攻（功），必或死。申不可興土攻（功）。106正

·凡入月七日及夏丑、秋辰、冬未、春戌，不可壞垣、起之，必有死者。以殺豕，其肉未索必死。107正壹 正月丁庚癸，三月四月丙己壬，五月六月乙戊辛，七月八月甲丁庚，九月十月癸己丙，十一月十二月戊辛甲，不可以垣，必死。108正壹 正月乙，二月癸，三月戊，四月甲，五月壬，六月己，七月丙，八月丁，九月戊，十月庚，十一月辛，十二月己，不可垣，必死。109正壹

作事：

二月利興土西方，八月東方，三月南方，九月北方。110正壹

毀棄：

八月、九月、十月毀棄南方，·爨月、纁（獻）馬、中夕毀棄西方，·屈夕、援【夕】、刑夷毀棄北【方】，·夏尸、紡月毀棄東方，皆吉。111正壹 援夕、刑尸作事南方，·紡月、夏夕[①]、八月作事西方，·九月、十月、爨月作事北方，·纁（獻）馬、中夕、屈夕作事東方，皆吉。112正壹 正月、五月、九月之丑，二月、六月、十月之戌，三月、七月、十一月之未，四月、八月、十二月之辰，勿以作事。大

① 夕，原釋文作"夕〈尸〉"，據文意改。

祠，以大生（牲）大凶，以小生（牲）小凶，以腊古（腒）吉。113正壹

毋以子卜筮，害於上皇。101正貳

毋以丑徐（除）門户，害於驕母。102正貳

毋以寅祭祀鑿井，鄜以細□。103正貳

毋以卯沐浴，是謂血明（明），不可□井池。104正貳

毋【以】辰葬，必有重喪。105正貳

毋以巳壽（禱），反受其英（殃）。107正貳

毋以午出入臣妾、馬【牛】，是胃（謂）并亡。108正貳

毋以木〈未〉斬大木，必有大英（殃）。109正貳

毋以申出入臣妾、馬牛、貨材（財），是110正貳胃（謂）□□□。111正貳

毋以酉台（始）寇〈冠〉帶劍，恐御矢112正貳兵，可以漬米爲酒＝（酒，酒）美。113正貳

直（置）室。114正壹門。115正壹

（圖二114正壹—126正壹）

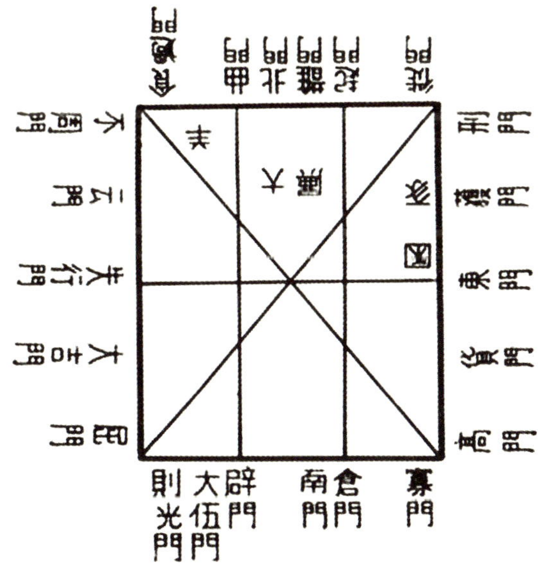

寡門，興＝（興，興）毋（無）定處，凶。114正貳

倉門，富，井居西南，囷居北鄉（嚮）廥＝（廥，廥）毋絕縣（懸）肉。115正貳

南門，將軍門，賤人弗敢居。116正貳

辟門，成之即之蓋，廿歲必富，大吉，廿歲更。117正貳

大伍門，命曰吉恙（祥）門，十二歲更。118正貳

則弯〈光〉門，其主昌，柁[①]衣常（裳），十六歲弗更，乃狂。119正貳

屈門，其主昌富，女子爲巫，四歲更。120正貳

失行門，大凶。121正貳

云門，其主必富三渫（世），八歲更，利毋（無）爵者。122正貳

不周門，其主富，八歲更。123正貳

食過（禍）[②]門，大凶，五歲弗更，其主瘩（癃）。124正貳

曲門，前富後貧，五歲更，凶。125正貳

北門，利爲邦門，賤人弗敢居。126正貳

顮（顧）門，成之，三歲中日入一布；三歲中弗更，日出一布。114正叁

起門，八歲昌，十六歲弗更，乃去。115正叁

徙門，數富數虛，必并人家。五歲更。116正叁

刑門，其主必富，十二歲更，弗而耐乃刑。117正叁

獲門，其主必富，八歲更，左井右囷₌（囷，囷）北鄉（嚮）廥。118正叁

東門，是胃（謂）邦君門，賤人弗敢居₌（居，居）之凶。119正叁

貨門，所利賈市，入貨吉，十一歲更。120正叁

高門，宜豕，五歲弗更，其主且爲巫。121正叁

大吉門，宜錢金而入易虛，其主爲122正叁巫，十二歲更。123正叁

·未不可以澍（樹）木₌（木，木）長，澍（樹）者死。124正叁戌不可以爲牀，必以熚（殔）死人。125正叁庚辰、壬辰、癸未，不可燔糞。126正叁

行：

凡且有大行、遠行若飲食歌樂、聚畜生（牲）[③]及夫妻同衣，毋

---

① 柁，一說釋“柁（袘）”，一說釋“柁（施）”。

② 過（禍），原釋文作“過”，據文意改。

③ 生（牲），原釋文作“生”，據文意改。

以正月上旬午，二月上旬亥，三月上旬申，四月上旬丑，五月上旬戌，六月上旬卯，七月上旬子，八月127正上旬巳，九月上旬寅，十月上旬未，十一月上旬辰，十二月上旬酉。·凡是日赤啻（帝）恒以開臨下民而降其英（殃），不可具（暈）① 爲，百事皆毋（無）所利。節（即）有爲也，128正其央（殃）不出歲中，小大必至。有爲而禺（遇）雨，命曰央（殃）蚤（早）至，不出三月，必有死亡志〓（之志）至。

●凡是有爲也，必先計月中閒日，句（苟）毋（無）直赤啻（帝）臨日，它日雖129正有不吉之名，毋（無）所大害。

●凡民將行，出其門，毋（無）敢顧（顧），毋止。直述（術）吉，從道右吉，從左吝。少（小）顧（顧）是胃（謂）少（小）楮（佇），吝；大顧（顧）是胃（謂）大楮（佇），兇（凶）。130正

歸行：

凡春三月己丑不可東，夏三月戊辰不可南，秋三月己未不可西，冬三月戊戌不可北。百中大凶，二百里外必死。歲忌。131正

毋以辛壬東南行，日之門也。毋以癸甲西南行，月②之門也。毋以乙丙西北行，星之門也。毋以丁庚東北行，辰之門也。

·凡四門之日，行之敫也，以行不吉。132正

入正月七日，入二月十四日，入三月廿一日，入四月八日，入五月十六③日，入六月廿四日，入七月九日，入八月九日，入九月廿七日，入十月十日，入十一月廿日，入十二月卅日，凡此日以歸，死；行，亡。133正

到室：

正月丑，二月戌，三月未，四月辰，五月丑，六月戌，七月未，八月辰，九月辰④〈丑〉，十月戌、丑，十一月未，十二月辰。·凡

① 具（暈），原釋文作“具”，據文意改。

② 月，原釋文作“日”，據圖版改。

③ 六，原釋文作“九”，據圖版改。

④ 九月辰，原釋文脫，據圖版補。辰，當爲“丑”之誤字。

此日不可以行，不吉。

己酉從遠行入，有三喜。134正

禹須臾：

戊己丙丁庚辛旦行，有二喜。甲乙壬癸丙丁日中行，有五喜。庚辛戊己壬癸餔時行，有七喜。壬癸庚辛甲乙夕行，有九喜。135正

子，旦北吉，日中南得。136正壹

丑，旦北吉，東必得。137正壹

【寅，西】得，東凶，北毋行。138正壹

【卯，南】吉，西得，北凶，東見疾不死，吉。139正壹

辰，北吉，南得，東西凶，毋行。136正貳

巳，南吉，西得，北凶，東見疾死。137正貳

午，北吉，東得，南凶，西不反（返）。138正貳

未，東吉，北得，西凶，南毋行。139正貳

申，西南吉，北凶。136正叁

酉，西南吉，東凶。137正叁

戌，東南、西吉，南凶。138正叁

毋以亥行。139正叁

四月甲臽。136正肆 五月乙臽。137正肆 七月丙臽。138正肆 八月丁臽。139正肆 九月己臽。136正伍 十月庚臽。137正伍 十一月辛臽。138正伍 十二月己臽。139正伍 正月壬臽。136正陸 二月癸臽。137正陸 三月戊臽。138正陸 六月戊臽。139正陸 夏三月丑徼（敫）[①]。136正柒 春三月戊〈戌〉[②] 敫。137正柒 秋三月辰敫。138正柒 冬三月未敫。139正柒 凡臽日，可以取（娶）婦、家（嫁）女，不可136正捌 以行，百事凶。137正捌 凡敫日，利以漁邋（獵）、請謁、責138正捌 人、摯（執）盜賊，不可祠祀、殺生（牲）。139正捌

生子：

甲戌生子，飲食急。140正壹

乙亥生子，穀（穀）而富。141正壹

---

① 徼（敫），原釋文作"敫"，據圖版及文意改。

② 戊〈戌〉，原釋文作"戊"，據文意改。

丙子生子，不吉。142正壹

丁丑生子，好言語，或生（眚）於目。143正壹

戊寅生子，去父母南。144正壹

己卯生子，去其邦。145正壹

庚辰生子，好女子。146正壹

辛巳生子，吉而富。147正壹

壬午生子，穀（穀）而武。148正壹

癸未生子，長大，善得。149正壹

甲申生子，巧，有身事。140正貳

乙酉生子，穀（穀），好樂。141正貳

丙戌生子，有事。142正貳

丁亥生子，攻（工）巧，孝。143正貳

戊子生子，去其邦，北。144正貳

己丑生子，貧而疾。145正貳

庚寅生子，女爲賈，男好衣佩而貴。146正貳

辛卯生子，吉及穀（穀）。147正貳

壬辰生子，武而好衣劍。148正貳

癸巳生子，穀（穀）。149正貳

甲午生子，武有力，少孤。140正叁

乙未生子，有疾，少孤，後富。141正叁

丙申生子，好家室。142正叁

丁酉生子，耆（嗜）酒。143正叁

戊戌生子，好田壄（野）① 邑屋。144正叁

己亥生子，穀（穀）。145正叁

庚子生子，少孤，污。146正叁

辛丑生子，有心②冬（終）。147正叁

---

① 壄（野），原釋文作“野”，據圖版改，“壄”即“野”。

② “心”字當爲衍文。

壬寅生子，不女爲醫，女子爲也①。148正叁

癸卯生子，不吉。149正叁

甲辰生子，穀（穀），且武而利弟。140正肆

乙巳生子，吉。141正肆

丙午生子，耆（嗜）酉（酒）而疾，後富。142正肆

丁未生子，不吉，毋（無）母，必賞（嘗）② 毄（繫）囚。143正肆

戊申生子，寵，事君。144正肆

己酉生子，穀（穀），有商③。145正肆

庚戌生子，武而貧。146正肆

辛亥生子，不吉。147正肆

壬子生子，恿（勇）。148正肆

癸丑生子，好水，少疾，必爲吏。149正肆

甲寅生子，必爲吏。140正伍

乙卯生子，要（腰）不翥。141正伍

丙辰生子，有疵於體（體）而恿（勇）。142正伍

丁巳生子，穀（穀）而美，有敂。143正伍

戊午生子，耆（嗜）酉（酒）及田邋（獵）。144正伍

己未生子，吉。145正伍

庚申生子，良。146正伍

辛酉生子，不吉。147正伍

壬戌生子，好家室。148正伍

癸亥生子，毋（無）冬（終）。149正伍

甲子生子，少孤，衣汙。140正陸

乙丑生子，武以攻（工）巧。141正陸

丙寅生子，武以聖。142正陸

---

① "不女爲醫，女子爲也"，此處原簡抄寫有誤，當爲"不吉，女子爲醫"。

② 賞（嘗），一說釋"賞（常）"，一說釋"賞（當）"。

③ 商，一說釋"商（章）"，一說釋"商（賞）"。

丁卯生子，不正，乃有疵前。143正陸

戊辰生子，有寵。144正陸

己巳生子，鬼，必爲人臣妾。145正陸

庚午生子，貧，有力，先〈无〉冬（終）。146正陸

辛未生子，肉食。147正陸

壬申生子，聞。148正陸

癸酉生子，先〈无〉冬（終）。149正陸

人字150正壹

（圖三150正壹—154正壹）

人字，其日在首，富難勝殹（也）。150正貳 夾頸者貴。151正貳 在奎者富。152正貳 在掖（腋）者愛。153正貳

在手者巧盜。154正貳 在足下者賤。151正叁 在外者奔亡。152正叁

女子以巳字，不復字。150正叁

戊子以有求也，必得之。雖求顓啻（帝）必得。153正叁

丙寅以求人，得之。154正叁

取（娶）妻：

取（娶）妻龍日，丁巳、癸丑、辛酉、辛亥、乙酉，及春之未戌，秋丑辰，冬戌亥。丁丑、己丑取（娶）妻，不吉。戊申、己酉，牽=（牽牛）以取（娶）織女，不果，三棄。155正

作女子：

月生一日、十一日、廿一日，女果以死，以作女子事，必死。|毋以戌亥家（嫁）子、取（娶）婦，是謂相（霜）①。156正

吏：

子，朝見，有告，聽。157正壹晏見，有告，不聽。157正貳晝見，有美言。157正叁日虒見，令復見之。157正肆夕見，有美言。157正伍

丑，朝見，有奴（怒）。158正壹晏見，有美言。158正貳晝見，禺（遇）奴（怒）。158正叁日虒見，有告，聽。158正肆夕見，有惡言。158正伍

寅，朝見，有奴（怒）。159正壹晏見，説（悦）。159正貳晝見，不得，復。159正叁日虒見，不言，得。159正肆夕見，有告，聽。159正伍

卯，朝見，喜；請命，許。160正壹晏見，説（悦）。160正貳晝見，有告，聽。160正叁日虒見，請命，許。160正肆夕見，有奴（怒）。160正伍

辰，朝見，有告，聽。161正壹晏見，請命，許。161正貳晝見，請命，許。161正叁日虒見，有告，不聽。161正肆夕見，請命，許。161正伍

巳，朝見，不説（悦）。162正壹晏見，有告，聽。162正貳晝見，有告，不聽。162正叁日虒見，有告，禺（遇）奴（怒）。162正肆夕見，有後言。162正伍

午，朝見，不詒（怡）。163正壹晏見，百事不成。163正貳晝見，有告，聽。163正叁日虒見，造，許。163正肆夕見，説（悦）。163正伍

申，朝見，禺（遇）奴（怒）。164正壹晏見，得語。164正貳晝見，不説（悦）。164正叁日虒見，有後言。164正肆夕見，請命，許。164正伍

戌，朝見，有告，聽。165正壹晏見，造，許。165正貳晝見，得語。165正叁日虒見，請命，許。165正肆夕見，有惡言。165正伍

亥，朝見，有後言。166正壹晏見，不詒（怡）。166正貳晝見，令復見

① 相（霜），一説釋“相（襛）”。

之。166正叁日虒見，有惡言。166正肆夕見，令復見之。166正伍

入官良日：157正陸丁丑入官，吉，必七徙。158正陸寅入官，吉。159正陸戌入官，吉。160正陸亥入官，吉。161正陸申入官，不計去。162正陸酉入官，有辠（罪）。163正陸卯入官，兇（凶）。164正陸未午辰入官，必辱去。165正陸己丑，以見王公，必有捧（拜）① 也。166正陸

春三月季庚辛，夏三月季壬癸，秋三月季甲乙，冬三月季丙丁，此大敗日，取（娶）妻，不終；蓋屋，燔；行，傅②；毋可有爲，日衝。1背

癸丑、戊午、己未③，禹以取（娶）梌（嵞）山之女日也，不棄，必以子死。2背壹

戊申、己④酉，牽=（牽牛）以取（娶）織女而不果，不出三歲，棄若亡。3背壹

壬辰、癸巳，槖⑤婦以出，夫先死，不出二歲。4背壹

庚辰、辛巳，敝毛之士以取（娶）妻，不死，棄。5背壹

凡取（娶）妻、出女之日，冬三月奎、婁吉。以奎，夫愛妻；以婁，妻愛夫。6背壹

壬申、癸酉，天以震高山，以取（娶）妻，不居，不吉。7背壹

甲子午、庚辰、丁巳，不可取（娶）妻、家（嫁）子。8背壹

甲寅之旬，不可取（娶）妻，毋（無）子。雖有，毋（無）男。9背壹

戌興〈與〉亥是胃（謂）分離日，不可取=妻=（取（娶）妻。取（娶）妻），不終，死若棄。10背壹

子、寅、卯、巳、酉、戌爲牡日。·丑、辰、申、午、未、亥爲牝=（牝。牝）日以葬，必復之。11背十二月、正月、七月、八月爲牡月。·三月、四月、九月、十月爲牝=月=（牝月。牝月）牡日取

① 捧（拜），原釋文作“拜”，據圖版改，“捧”即“拜”。

② 傅，一說讀爲“痡”，一說讀爲“縛”，一說讀爲“覆”。

③ 未，原釋文作“末”，據文意改。

④ 己，原釋文作“巳”，據文意改。

⑤ 槖，原釋文作“囊”，據圖版改。一說“槖”讀爲“妒”。

（娶）妻，吉。12背

直參以出女，室必盡。2背貳

直營=（營室）以出女，父母必從居。3背貳

直牽=（牽牛）、女=（須女）① 出女，父母有咎。4背貳

中春軫、角，中夏參、東井，中秋奎、東辟（壁），中冬竹（箕）、斗，以取（娶）妻，棄。5背貳

凡參、翼、軫以出女，丁巳以出女，皆棄之。6背貳

以己②丑、酉、巳，不可家（嫁）女、取（娶）妻，交徙人也可也。7背貳

●月生五日曰杵，九日曰舉，十二日曰見莫取，十四日奊（謑）訽（詬）③，8背貳 十五日曰臣代=主=（代主。代主）及奊（謑）訽（詬），不可取（娶）妻。9背貳

夢：

人有惡瞢（夢），譽（覺），乃繹（釋）髮西北面坐，鑄（禱）之曰：“皋！敢告壐（爾）⿰豸今〈⿰豸宛〉④ ⿰立奇。某，有惡瞢（夢），走歸⿰豸今〈⿰豸宛〉⿰立奇之所。⿰豸今〈⿰豸宛〉⿰立奇强飲强食，賜某大幅（富），非錢乃布，非繭13背乃絮。”則止矣。14背壹

凡宇最邦之高，貴貧。15背壹 宇最邦之下，富而⿸疒夆（癃）。16背壹 宇四旁高，中央下，富。17背壹 宇四旁下，中央高，貧。18背壹 宇北方高，南方下，毋（無）寵。19背壹 宇南方高，北方下，利賈市。20背壹 宇東方高，西方下，女子爲正。21背壹 宇有要（腰），不窮必刑。22背壹 宇中有谷，不吉。23背壹 宇右長左短，吉。14背貳 宇左長，女子爲正。15背貳 宇多⑤於西南之西，富。16背貳 宇多於西北之北，絕後。17背貳 宇多於東北之北，安。18背貳 宇多於東北，出逐。19背貳 宇多於東南，富，女子爲正。20背貳 道周環宇，

① 女=，是“須女”的簡省寫法，不能算作嚴格意義上的合文。

② 己，原釋文作“巳”，據文意改。

③ 訽（詬），原釋文作“訽”，據文意改。下同。

④ ⿰豸今〈⿰豸宛〉，原釋文作“⿰豸今”，據文意改。下同。⿰豸宛⿰立奇，即《日書乙種》簡194、195壹的“宛奇”。

⑤ 多，一說讀爲“垑”。本段下“多”同。

不吉。21背貳祠木臨宇，不吉。22背貳垣東方高西方之垣，君子不得志。23背貳

爲池西南，富。14背叁爲池正北，不利其母。15背叁

水瀆（竇）①西出，貧，有女子言。16背叁水瀆（竇）北出，毋（無）臧（藏）貨。17背叁水瀆（竇）南出，利家。18背叁

圈居宇西南，貴吉。19背叁圈居宇正北，富。20背叁圈居宇正東方，敗。21背叁

圈居宇東南，有寵，不終迣（世）。22背叁圈居宇西北，宜子與。23背叁

囷居宇西北匝，不利。14背肆囷居宇東南匝，不盈，不利室。15背肆囷居宇西南匝，吉。16背肆囷居宇東北匝，吉。17背肆

井當户牖閒，富。18背肆井居西南匝，其君不瘠（癃）必窮。19背肆井居西北匝，必絕後。20背肆

廡居東方，鄉（嚮）井，日出炙其21背肆韓（韓），其後必肉食。22背肆

取（娶）婦爲小内。23背肆内居西南，婦不媚於君。14背伍内居西北，毋（無）子。15背伍内居東北，吉。16背伍

内居正東，吉。17背伍内居南，不畜。當祠室、18背伍依道爲小内，不宜子。19背伍圂居西北匝，利豬，不利人。20背伍圂居正北，吉。21背伍圂居東北，妻善病。22背伍圂居南，宜犬，多惡言。23背伍

屏居宇後，吉。14背陸屏居宇前，不吉。15背陸

門欲當宇隋，吉。16背陸門出衡，不吉。17背陸小宮大門，貧。18背陸大宮小門，女子喜宮斲（鬭）②。19背陸入里門之右，不吉。20背陸

詰：

●詰咎，鬼害民罔（妄）行，爲民不羊（祥），告如詰之，召③，24背壹道（導）令民毋麗（罹）兇（凶）央（殃）。鬼之所惡，彼

---

① 瀆（竇），一說"瀆"讀本字，一說"瀆"讀爲"瀆"。下同。

② 鬭，原釋文作"門"，據圖版改。

③ 召，當爲非文字符號，表示爲此欄末並向左閲讀；一說釋"召"。本簡第二欄末"召"同。

窋（屈）卧、箕25背壹坐、連行、奇（踦）立。26背壹

人毋（無）故鬼攻之不已，是=（是是）① 剌（厲）② 鬼。以桃爲弓，27背壹牡棘爲矢，羽之雞羽，見而射之，則已矣。28背壹人毋（無）故鬼昔（藉）其宫，是=（是是）丘鬼。取故丘之土，29背壹以爲僞人犬，置蘠（牆）上，五步一人一犬，睘（環）30背壹其宫，鬼來陽（揚）灰毄（擊）箕以喿（譟）之，則止。31背壹

人毋（無）故而鬼惑之，是肇（誘）鬼，善戲人。以桑32背壹心爲丈（杖），鬼來而毄（擊）之，畏死矣。33背壹

人毋（無）故而鬼取爲膠（摎），是=（是是）哀鬼，毋（無）家，34背壹與人爲徒，令人色柏（白）然毋（無）氣，喜契（潔）清，35背壹不飲食。以棘椎桃秉（柄）以𡄹（敲）其心，則不來。36背壹

一宅中毋（無）故而室人皆疫，或死或病，37背壹是=（是是）棘鬼在焉，正立而貍（埋），其上旱則38背壹淳，水則乾。屈（掘）而去之，則止矣。39背壹

一宅之中毋（無）故室人皆疫，多瞢（夢）米（寐）③ 死，40背壹是=（是是）匀④鬼貍（埋）焉，其上毋（無）草，如席處。41背壹屈（掘）而去之，則止矣。42背壹

人毋（無）故一室人皆疫，或死或病，丈43背壹夫女子隋（墮）須（鬚）羸髮黄目，是宲=（宲宲〈是宲〉）人生爲44背壹鬼，以沙（砂）人（仁）一升挃（侄）其舂臼，以黍肉食45背壹宲人，則止矣。46背壹

犬恒夜入人室，執丈夫，戲女子，不可47背壹得也，是神狗僞=（僞爲）鬼。以桑皮爲□□48背壹之，烰（炮）而食之，則止矣。49背壹

夏大暑，室毋（無）故而寒，幼蠪（龍）處之。取50背壹牡棘烰（炮）室中，蠪（龍）去矣。51背壹

壄（野）獸若六畜逢人而言，是票（飄）風之52背壹氣，毄（擊）

---

① 是=（是是），一説釋“是=（是謂）”。下同。

② 剌（厲），原釋文作“剌”，據圖版及文意改。

③ 米（寐），一説釋“未（寐）”。

④ 匀，一説釋“孕”，一説釋“包”。

以桃丈（杖），繹（釋）屨（屨）而投之，則已矣。53背壹

竈毋（無）故不可以孰（熟）食，陽鬼取其氣。燔豕矢（屎）54背壹室中，則止矣。55背壹

人之六畜毋（無）故而皆死，欿[①]鬼之氣入焉。乃56背壹疾瓣（糲）瓦以還□□□□[則][②]已矣。57背壹

寒風入人室，獨也，它人莫爲，洒以沙，則已矣。58背壹

□鳥獸能言，是夭（妖）也，不過三言＝（言。言）過三，多益59背壹其旁人，則止矣。60背壹

毋（無）氣之徒而𨔝（動），終日，大事也；不終日，小事也。61背壹

殺虫[③]豸，斷而能屬者，濆以灰，則不屬矣。62背壹

人有思哀也弗忘，取丘下之莠，完掇63背壹其葉二七，東北鄉（嚮）如（茹）之乃卧，則止矣。64背壹

人妻妾若朋友死，其鬼歸之者，以莎芾、65背壹牡棘枋（柄），熱（爇）以寺（待）之，則不來矣。66背壹

人毋（無）故而心悲也，以桂長尺有尊（寸）而中折，67背壹以望之日＝（日日）始出而食之，已乃脯（餔），則止矣。68背壹

故丘鬼恒畏＝人＝（畏人，畏人）所，爲芻矢以鳶（弋）之，則不畏人矣。▇24背貳

鬼恒召（詔）人曰：璽（爾）必以葉（某）月日死，是待鬼僞＝（僞爲）25背貳鼠，入人醯、醬、滫、將（漿）中，求[④]而去之，則已矣。26背貳

大神，其所不可咼（過）也，善害人，以犬矢（屎）爲完（丸），27背貳操以咼（過）之，見其神以投之，不害人矣。28背貳鬼恒夜鼓人門，以歌若哭，人見之，是兇（凶）29背貳鬼，鳶（弋）以芻矢，則

① 欿，一說讀爲“陰”。

② 則，原釋文作“□”，據文意改。

③ 虫，原釋文作“蟲”，據圖版改。下同。

④ 求，一說讀爲“鉤”。

不來矣。30背貳

人若鳥獸及六畜恒行人宮，是上神相，31背貳好下樂入，男女未入宮者毄（擊）鼓奮32背貳鐸喿（譟）之，則不來矣①。33背貳

鬼恒從男女，見它人而去，是神虫僞＝（僞爲）34背貳人，以良劍刺其頸，則不來矣。35背貳

一室人皆毋（無）氣以息，不能童（動）作，是狀神在36背貳其室，屈（掘）遝泉，有赤豕，馬尾犬首，享（烹）而食37背貳之，美氣。38背貳

一室人皆夙（縮）筋，是會虫居其室西臂（壁），取39背貳西南隅，去地五尺，以鐵椎椯（段）之，必中虫40背貳首，屈（掘）而去之。弗去，不出三年，一室皆夙（縮）筋。41背貳

鬼恒責人，不可辭，是㬥（暴）鬼，以牡棘之劍②42背貳之，則不來矣。43背貳

鬼恒爲人惡瞢（夢），𥌭（覺）而弗占，是圖夫，44背貳爲桑丈（杖）奇（倚）户内，復（覆）鬴户外，不來矣。45背貳

鬼恒從人游，不可以辭，取女筆以拓③之，則不來矣。46背貳

女子不狂癡，歌以生商，是陽鬼樂從之，47背貳以北鄉（嚮）□之辨二七，燔，以灰□食＝（食食）之，鬼去。48背貳

人毋（無）故而鬼祠（伺）其宮，不可去。是祖□游，以犬矢（屎）投之，不來矣。49背貳

鬼恒羸（裸）入人宮，是幼殤死不葬，以灰濆之，則不來矣。50背貳

鬼恒逆人，入人宮，是游鬼，以廣灌④爲戴（鳶）以燔之，則不來矣。51背貳

人生子未能行而死，恒然，是不辜鬼處之。以庚日＝（日日）始

---

① “是”至“矣”，一說當標點爲：“是上神相好下，樂入男女未入宮者，毄（擊）鼓奮鐸喿（譟）之，則不來矣。”

② “劍”後有脫文，一說脫“刺”，一說脫“毄（擊）”，一說脫“斫”。

③ 拓，一說讀爲“石”。

④ 廣灌，一說讀爲“黄雈”。

出時52背貳濆門以灰，卒，有祭，十日收祭，裹以白茅，貍（埋）壄（野），則毋（無）央（殃）矣。53背貳

人毋（無）故而憂也，爲桃更（梗）而敃（搢）之，以癸日＝（日日）入投之道，54背貳遽曰：“某。”免於憂矣。55背貳

人毋（無）故而弩（怒）也，以戊日＝（日日）中而食黍於道，遽則止矣。56背貳

人毋（無）故室皆傷，是粲迓之鬼處之，取白茅及57背貳黃土而西（洒）之，周其室，則去矣。58背貳

鬼入人宮室，勿（忽）見而亡＝（亡，亡（無））已，以脩（滫）康（糠），寺（待）其來也，沃之，則止矣。59背貳

人毋（無）故而鬾（髮）撟若虫及須（鬚）睂（眉），是＝（是是）恙氣處之，乃鬻（煮）60背貳傘（蕡）屨以紙（抵），即止矣。61背貳

凡鬼恒執匴以入人室，曰“氣（餼）我食”云，是＝（是是）餓鬼。以62背貳屨投之，則止矣。63背貳

凡有大票（飄）風害人，擇（釋）以投之，則止矣。64背貳

人恒亡赤子，是水亡傷（殤）① 取之，乃爲灰室而牢之，65背貳縣（懸）以菌，則得矣；刊之以菌，則死矣；享（烹）而食之，不害矣。66背貳

凡邦中之立叢，其鬼恒夜謼（呼）焉，是遽鬼執人67背貳以自伐〈代〉也。乃解衣弗衽②，入而傅（搏）者③之，可得也乃④。68背貳

一室中臥者眯（寐）也，不可以居，是□鬼居之，取桃枱〈棓〉24背叁椯（段）四隅、中央，以牡棘刀刊其宮蘠（牆），謼（呼）之曰：“復疾，25背叁趣（趨）出。今日不出，以牡刀皮而衣。”則毋（無）央（殃）矣。26背叁

大祙（魅）恒入人室，不可止，以桃更（梗）毄（擊）之，則

---

① 亡傷（殤），一說釋“亡（罔）傷（象）”。

② 衽，原釋文作“袵”，據圖版改。

③ 傅（搏）者，一說“者”字爲衍文，一說讀爲“傅著”。

④ 乃，此字爲衍文。

止矣。27背叁

鬼恒召人出宫，是=（是是）遽鬼毋（無）所居，罔謼（呼）其召，以白石投之，則止矣。28背叁

鬼嬰兒恒爲人號曰："鼠（予）我食。"是哀乳之鬼。29背叁其骨有在外者，以黄土濆之，則已矣。30背叁

一室中卧者容席以臽（陷），是地辥（蠥）居之，注白湯，以黄土窒，不害矣。31背叁

人毋（無）故而鬼有鼠（予），是夭鬼，以水沃之，則已矣。32背叁

狼恒謼（呼）人門曰："啓，吾非鬼也。"殺而享（烹）食之，有美味。33背叁

一室中有鼓音，不見其鼓，是鬼鼓，以人鼓應（應）① 之，則已矣。34背叁

有眾虫襲入人室，是壄（野）火僞=（僞爲）虫，以人火應（應）之，則已矣。35背叁

鬼恒宋（聳）傷（惕）人，是不辜鬼，以牡棘之劍刺之，則止矣。36背叁

鬼恒襄（攘）人之畜，是暴鬼，以芻矢鳶（弋）之，則止矣。37背叁

鬼恒從人女，與居，曰："上帝子下游。"欲去，自浴以犬矢（屎），毄（繫）以葦，則死矣。38背叁

鬼恒胃（謂）人："鼠（予）我而女。"不可辭。是上神下取（娶）妻，毄（繫）以葦，39背叁則死矣②。弗御（禦），五來，女子死矣。40背叁

天火燔人宫，不可御（禦），以白沙救之，則止矣。

到（菿）③41背叁雷焚人，不可止，以人火鄉（嚮）之，則

① 應（應），原釋文作"應"，據圖版及文意改。下簡 35 背叁同。

② 原釋文"矣"後有"·"，據圖版删。

③ 到（菿），一説"到"字屬上段（即"則止矣，到。"），一説此字爲衍文。

已矣。42背叁

雷攻人，以其木毄（擊）之，則已矣。43背叁

雲氣襲人之宮，以人火鄉（嚮）之，則止矣。44背叁

人過于丘虛，女鼠抱子逐人，張傘以鄉（嚮）之，則已矣。45背叁

人行而鬼當道以立，解髮奮以過之，則已矣。46背叁

鳥獸恒鳴人之室，燔鼜（髼）及六畜毛邋（鬛）其止所，則止矣。47背叁

人臥而鬼夜屈其頭，以若（箬）① 便（鞭）毄（擊）之，則已矣。48背叁

鳥獸虫豸甚眾，獨入一人室，以若（箬）便（鞭）毄（擊）之，則止矣。49背叁

人毋（無）故一室人皆箠（垂）延（涎），爰母處其室，大如杵，赤白，其50背叁居所水則乾，旱則淳，屈（掘）其室中三尺，燔豕矢（屎）焉，則止矣。51背叁

一室人皆養（癢）膿（體），癘鬼居之，燔生桐其室中，則已矣。52背叁

一室井血而星（腥）臭，地蟲斲（鬬）于下，血上扇（漏），以沙塹之，更爲井，53背叁食之以噴，飲以爽（霜）路（露），三日乃能人矣。若不54背叁，三月食之若傅之，而非人也，必枯骨也。旦而55背叁最（撮）之，苞以白茅，果（裹）以賁（蕡）② 而遠去之，則止矣。56背叁

票（飄）風入人宮而有取焉，乃投以屨，得其所③，57背叁取盎之中道；若弗得，乃棄其屨於中58背叁道，則亡恙矣。不出壹歲，家必有恙。59背叁

正月，日七夕九。60背叁 二月，日八夕八。61背叁 三月，日九夕七。62背叁 四月，日十夕六。63背叁 五月，日十一夕五。64背叁 六月，日十夕六。65背叁 七月，日九夕七。66背叁 八月，日八夕八。67背叁 九月，日七夕

---

① 若（箬），一說“若”讀本字。下一簡同。

② 賁（蕡），原釋文作“賁（奔）”，據文意改。

③ 得其所，一說此三字屬下文讀，即“得其所取盎，之中道”。

九。68背叁 十月，日六夕十。60背肆 十一月，日五夕十一。61背肆 十二月，日六夕十。62背肆

盜者①：

子，鼠也。盜者兑（鋭）口，希（稀）須（鬚），善弄，手黑色，面有黑子焉，疵在耳，臧（藏）於垣内②中糞蔡下。·多〈名〉鼠鼷孔午郢。69背

丑，牛也。盜者大鼻，長頸，大辟（臂）臑而僂，疵在目，臧（藏）牛廄中草木下。·多〈名〉徐善�以未。70背

寅，虎也。盜者壯，希（稀）須（鬚），面有黑焉，不全於身，從以上辟（臂）臑梗大，疵在辟（臂），臧（藏）於瓦器閒，旦閉夕啓西方。·多〈名〉虎豻貙豹申。71背

卯，兔也。盜者大面，頭顡〈顡〉③，疵在鼻，臧（藏）於草中，旦閉夕啓北方。·多〈名〉兔竈陘突垣義酉。72背

辰，盜者男子，青赤色，爲人不轂（穀），要（腰）有疵，臧（藏）東南反（坂）下。車人，親也，勿言已。·多〈名〉獾不圖射亥戌。73背

巳，蟲也。盜者長而黑，蛇④目，黄色，疵在足，臧（藏）於瓦器下。·名西茝亥旦。74背

午，鹿也。盜者長頸，小胻，其身不全，長耳而操蔡⑤，疵在肩，臧（藏）於草木下，必依阪險，旦啓夕閉東方。·名徹達禄得獲錯⑥。75背

未，馬也。盜者長須（鬚）耳，爲人我₌（我我）然好歌無（舞），疵在肩，臧（藏）於芻稾中，阪險，必得。·名建章丑吉。76背

---

① 者，位於簡 70 背天頭處。“盜者”爲標題。

② 内，一説釋“内〈穴〉”。

③ 頭顡〈顡〉，一説釋“頭（短）顡（喙）”；一説“顡”是“顡”之異體，“頭顡”讀本字。

④ 蛇，一説釋“蛇（蚰）”。

⑤ 操蔡，一説釋“操（躁）蔡〈然〉”。

⑥ 徹，原釋文作“徹”，據圖版改。此句“錯”字前或後當脱“子”字。

申，環（猨）也。盜者園（圓）面，其爲人也鞞=（鞞（遈）鞞（遈））然，夙得莫（暮）不得。·名責環貉豺干都寅。77背

酉，水（雉）也。盜者𤔔（攣）而黃色，疵在面，臧（藏）於園中草下，旦啓夕閉。夙得莫（暮）不得。·名多①酉起嬰。78背

戌，老羊也。盜者赤色，其爲人也剛履（愎），疵在頰。臧於糞蔡中土中。夙得莫（暮）不得。·名馬童龏思辰戌。79背

亥，豕也。盜者大鼻而票（剽）行，長②脊，其面不全。疵在𦝫〈要〉，臧（藏）於圂中垣下，夙得莫（暮）不得。·名豚孤夏穀□亥。80背

甲盜名曰耤鄭壬𩞄强當良。·乙名曰舍徐可不詠亡憙（憂）。·丙名曰轓可癸上。·丁名曰浮妾榮辨僕上。·戊名曰匽爲勝死。81背 己③名曰宜食成怪目。·庚名曰甲郢相衛魚。·辛名曰秦桃乙忌慧。·壬名曰黑疾齊諈。·癸名曰陽生先智丙。82背

子，女也。有死，其後必以子死，其咎在渡衖。83背壹

丑，鼠也。其後必有病者三人。84背壹

寅，罔也。其咎在四室，外有火敬（警）。85背壹

卯，會眾。其後必有子將弟也死，有外喪。86背壹

辰，樹也。其後必有敬（警），有言見，其咎在五室馬牛。87背壹

巳，翼也。其後必有別，不皆（偕）居，咎在惡（堊）室。88背壹

午，室四隣也。其後必有死者三人，其咎在六室，必有死者二人。89背壹

未，㾾也。其室寡。90背壹

申，石也。其咎在二室，生子不牷（全）。91背壹

酉，巫也。其後必有小子死，不出三月有得。92背壹

戌，就也。其咎在室馬牛豕也。日中死兇（凶）。93背壹

亥，死必三人，其咎在三室。94背壹

---

① 多，一說釋“多〈卯〉”。

② 長，原釋文作“馬”，據圖版改。

③ 己，原釋文作“已”，據文意改。

甲辰寅死，必復有死。95背壹

甲子死，室氐，男子死，不出卒歲，必有大女子死。96背壹

禹須臾·辛亥、辛巳、甲子、乙丑、乙未、壬申、壬寅、癸卯、庚戌、庚辰，莫①市以行有九喜。97背壹

癸亥、癸巳、丙子、丙午、丁丑、丁未、乙酉、乙卯、甲寅、甲申、壬戌、壬辰，日中以行有五喜。98背壹

己亥、己巳、癸丑、癸未、庚申、庚寅、辛酉、辛卯、戊戌、戊辰、壬午，市日以行有七喜。99背壹

丙寅、丙申、丁酉、丁卯、甲戌、甲辰、乙亥、乙巳、戊午、己②丑、己③未，莫食以行有三喜。100背

戊申④、戊寅、己⑤酉、己⑥卯、丙戌、丙辰、丁亥、丁巳、庚子、庚午、辛丑、辛未，旦以行有二喜。101背

●春三月甲乙，不可以殺，天所以張生時。102背

夏三月丙丁，不可以殺，天所以張生時。103背

秋三月庚辛，不可以殺，天所以張生時。104背

冬三月壬癸，不可以殺，天所以張生時。105背

●此皆不可殺，小殺小央（殃），大殺大央（殃）。106背

（圖四83背貳—90背貳）

---

① 莫，原釋文作“莫（暮）”，據文意改。下簡100背同。

② 己，原釋文作“已”，據文意改。

③ 己，原釋文作“已”，據文意改。

④ 申，原釋文作“甲”，據文意改。

⑤ 己，原釋文作“已”，據文意改。

⑥ 己，原釋文作“已”，據文意改。

八月 酉		九月 戌	十月 亥
七月 申	三月 辰	二月 卯	
	四月 巳	正月 寅	十一月 子
六月 未	五月 午	十二月 丑	

直此日月者不出。①91背貳

金勝木，83背叁火勝金，84背叁水勝火，85背叁土勝水，86背叁木勝土。87背叁

東方木，88背叁南方火，89背叁西方金，90背叁北方水，91背叁中央土。92背貳

入正月二日一日心。83背肆入二月九日直心。84背肆入三月七日直心。85背肆入四月旬五日心。86背肆入五月旬二日心。87背肆入六月旬心。88背肆入七月八日心。89背肆入八月五日心。90背肆入九月三日心。91背肆入十月朔日心。92背叁入十一月二旬五日心。93背貳入十二月二日三日心。94背貳

久行毋以庚午入室。95背貳□□行毋以戌、亥入。96背貳丁卯不可以船行。97背貳六壬不可以船行。98背貳六庚不可以行。99背貳

正月七日、·二月十四日、·三月廿一日、·四月八日、·五月十六日、·六月廿四日、·七月九日、·八月十八日、·九月廿七日、·十月十日、·十一月凵日、·十二月山日，·107背是日在行不可以歸，在室不可以行，是=（是是）大兇（凶）。108背

正月乙丑、·二月丙寅、·三月甲子、·四月乙丑、·五月丙寅、·六月甲子、·七月乙丑、·八月丙寅、·九月甲子、·十月乙

① 直此日月者不出，原釋文脱，據圖版補。

丑、·十一月丙寅、·十二月甲子以109背以[①]行，從遠行歸，是謂出亡歸死之日也。110背行到邦門困（閫），禹步三，勉壹步，謼（呼）："皋，敢告曰：某行毋（無）咎，先爲禹除道。"即五畫地，掓其畫中央土111背而懷之。112背衣良日，丁丑、丁巳、丁未、丁亥、辛未、辛巳、辛丑、乙丑、乙酉、乙巳、辛巳、癸巳、辛丑、癸酉[②]。·乙丑、巳、酉，辛巳、丑、酉，丁巳、丑，吉。丁丑材（裁）113背衣，媚人·入十月十日乙酉、十一月丁酉材（裁）衣，終身衣絲。十月丁酉材（裁）衣，不卒歲必衣絲。114背

衣忌，癸亥、戊申、己[③]未、壬申、丁亥，癸丑、寅、申、亥，戊、巳、癸、甲，己卯、辛卯、癸卯，丁、戊、己、申。六月己未，不可以裚（製）[④] 新衣，必死。115背己、戊，壬、癸，丙申、丁亥，必鼠（予）死者。癸丑、寅、申、亥，秋丙、庚、辛材（裁）衣，必入之。116背 五月六月，不可爲複衣。·月不盡五日，不可材（裁）衣。117背

｜衣[⑤]：

丁酉裚₌（裚（製）衣）常（裳），以西有（又）以東行，以坐而飲酉（酒），矢兵不入于身₌（身，身）不傷。118背

衣良日，乙丑、巳、酉，辛巳、丑、酉，吉。丁丑材（裁）衣，媚人。入七月七日₌（日日）乙酉，十一月丁酉材（裁）衣，終身衣絲。十月丁酉119背材（裁）衣，不卒歲必衣絲。

●衣忌日，己、戊、壬、癸、丙申、丁亥，必鼠（予）死者。癸丑、寅、申、亥，秋丙、庚、辛材（裁）衣，120背必入之。·五月六月，不可爲複衣。·月不盡五日，不可材（裁）衣，丁酉材（裁）

---

① 以以，後一"以"字爲衍文。

② 以上"丁丑"至"癸酉"，"辛巳"、"辛丑"重出，原簡當有抄寫之誤。

③ 己，原釋文作"已"，據文意改。

④ 裚（製），原釋文作"裚"，據文意改。一説釋"禣（探）"。

⑤ 衣，位於簡 119 背天頭處，爲標題。

衣[①]常（裳），以西有（又）以東行，以坐而飲酉（酒），矢121背馬[②]兵不入于身=（身，身）不傷。122背

入月六日刺，七日刺，八日刺，二旬二日刺，旬六日毁。124背

祠史先龍丙望[③]。125背

以甲子、寅、辰東徙，死。丙子、寅、辰南徙，死。庚子、寅、辰西徙，死。壬子、寅、辰北徙，死。126背

子、卯、午、酉不可入寄者及臣妾，必代居室。

●久行，毋以庚午入室。

●長行，毋以戌、亥遠去室。127背

丁卯不可以船行，·六壬不可以船行，·六庚不可以行。128背

土忌[④]：

土良日，癸巳、乙巳、甲戌，凡有土事必果。129背

土忌日，戊、己及癸酉、癸未、庚申、丁未，凡有土事弗果居。130背

正月寅、二月巳、三月未〈申〉[⑤]、四月亥、五月卯、六月午、七月酉、八月子、九月辰、十月未、十一月戌、十二月丑，當其地不可起土攻（功）。131背

正月亥、二月酉、三月未[⑥]、四月寅、五月子、六月戌、七月巳、八月卯、九月丑、十月申、十一月午、十二月辰，是胃（謂）土132背神，毋起土攻（功），凶。133背

春三月戊辰、己巳，夏三月戊申、己未，秋三月戊戌、己亥，冬三月戊寅、己丑，是胃（謂）地衝，不可134背爲土攻（功）。135背

春之乙亥，【夏之丁亥】[⑦]，秋之辛亥，冬之癸亥，是胃（謂）牝

---

① “衣”下似应有一重文號。

② 馬，此字於本簡天頭，文意似與上下文無關。

③ 一説此句標點爲：“祠史先龍丙、望。”《日書乙種》52貳同。

④ 忌，位於簡130背天頭處。“土忌”爲標題。

⑤ 未〈申〉，原釋文作“未”，據文意改。

⑥ 未，原釋文作“末”，據圖版改。下簡134背同。

⑦ 【夏之丁亥】，原釋文無，據文意補。

日，百事不吉。以起土攻（功），有女喪。136背

正月乙卯，四月丙午，七月辛酉，十月壬子，是胃（謂）召（招）䍃（摇）合日，不可垣，凶。137背

正月申，四月寅，六月巳，十月亥，是胃（謂）地杓，神以毀宫，毋起土攻（功），凶。

月中旬，毋起北南陳垣及138背𪐹（增）之，大凶。

四月丙午，是胃（謂）召（招）䍃（摇）合日，不可垣，凶。

四月酉，以壞垣，凶。入月十七日，以毀垣，其家日減。139背

春三月毋起東鄉（嚮）室，夏三月毋起南鄉（嚮）室，秋三月毋起西鄉（嚮）室，冬三月毋起北鄉（嚮）室。以140背此起室，大凶，必有死者。141背

冬三月之日，勿以筑（築）室及波（破）地，是胃（謂）發蟄。142背

門：

入月七日及冬未、春戌、夏丑、秋辰，是胃（謂）四敫，不可初穿門、爲户牖、伐木、壞垣、起143背垣、𠷎（徹）屋及殺，大凶；利爲嗇夫。

丁亥不可爲户。144背

天李①正月居子，二月居子〈卯〉②，三月居午，四月居酉，五月居子，六月居卯，七月居午，八月居酉，145背九月居子，十月居卯，十一月居午，十二月居辰〈酉〉③。·凡此日不可入官及入=室=（入室，入室）必威（滅），入官必有辠（罪）。146背

壬申會癸酉，天以壞高山，不可取（娶）婦。147背

正月不可垣，神以治室。148背

田亳主以乙巳死，杜主以乙酉死，雨市（師）以辛未死，田大人以癸亥死。149背

---

① 李，一説讀爲“獄”。

② 子〈卯〉，原釋文作“子”，據文意改。

③ 辰〈酉〉，原釋文作“辰”，據文意改。

田忌，丁亥、戊戌，不可初田及興土攻（功）。150背

五穜（種）忌，丙及寅禾，甲及子麥，乙巳及丑黍，辰麻，卯及戌叔（菽），亥稻，不可以始穜（種）151背 及穫賞（嘗），其歲或弗食。152背

反枳（支）：

子丑朔，六日反枳（支）；寅卯朔，五日反枳（支）；辰巳朔，四日反枳（支）；午未朔，三日反【枳（支）】①；申酉朔，二日反153背 枳（支）；戌亥朔，一日反枳（支），復卒其日，子有（又）復反枳（支）。一月當有三反枳（支）。·毋以子、丑傅户。154背

墨（晦）日，利壞垣、徹（徹）屋、出寄者，毋歌。朔日，利入室，毋哭。望，利爲困倉。155背

馬②禖：

祝曰："先牧日丙，馬禖合神。"·東鄉南鄉各一馬③☐□□□□□☐中土，以爲馬禖，穿壁直中＝（中，中）三腏，156背 四廄行："夫＝（大夫）先敖兕④席，今日良日，肥豚清酒美白粱，到主君所。主君笱（拘）⑤ 屏詷馬，敺（驅）其央（殃），去157背 其不羊（祥），令其口⑥耆（嗜）□，□耆（嗜）飲，律＝（律律）弗御自行，弗敺（驅）自出，令其鼻能糗（嗅）鄉（香），令耳悤（聰）目明（明），令158背 頭爲身衡，勮（脊）爲身剛，脚爲身□，尾善敺（驅）□⑦，腹爲百草囊，四足善行。主君勉飲勉食，吾159背 歲不敢忘。"160背

---

① 【枳（支）】，原釋文作"【支】"，據體例改。

② 馬，原釋文作"馬"，據圖版改。

③ 馬，原釋文作"馬"，據圖版改。

④ 兕，一說釋"次"。

⑤ 笱（拘），原釋文作"笱"，據文意改。笱，原簡作"㡿"，爲"笱"之俗省。

⑥ 口，原釋文作"□"，據圖版改。

⑦ □，此字殘，似可釋"萌"，讀爲"虻"。

（十）日書乙種

十一月	十二月	正月	二月	三月	四月	五月	六月	七月	八月	九月	【十月】		1
子	丑	寅	卯	辰	巳	午	未	申	酉	戌	亥	窓①結	2
丑	寅	卯	辰	巳	午	未	申	酉	戌	亥	子	羸陽	3
寅	卯	辰	巳	午	未	申	【酉】	戌	亥	子②	【丑】③	【建】交	4
卯	辰	巳	午	未	申	酉	戌	亥	子	丑	寅	窞羅	5
辰	巳	午	未	申	酉	戌	亥	子	丑	寅	卯	作陰	6
巳	午	未	申	酉	戌	亥	子	丑	寅	卯	辰	平達	7
午	未	申	酉	戌	亥	子	丑	寅	卯	辰	巳	成外	8
未	申	酉	戌	【亥】	子	丑	寅	卯	辰	巳	午	空外	9
申	酉	戌	亥	子	丑	寅	卯	辰	巳	午	未	【壄外】	10
酉	戌	亥	子	丑	寅	卯	辰	巳	午	未	申	盍絕	11
戌	亥	子	丑	寅	卯	辰	巳	午	未	申	酉	成決	12
亥	子	丑	寅	卯	辰	巳	午	未	申	酉	戌	復秀	13

窓結之日，利以結言，不可以作大事，利以學書。14

羸陽之日，利以見人、祭、作大事、取（娶）妻，吉。裚（製）寇〈冠〉帶，君子益事。15

建交之日，以風鑿井，☑□□□☑吉。生男女☑。16

窞羅之日，利以説盂（盟）詐（詛）、棄疾、鑿宇、葬，吉。而遇（寓）人₌（人，人）必奪其室。17

作陰之日，利以入（納）室，必入資貨。家（嫁）子、攻毄（擊），吉、勝。18壹

平達之日，利以行帥〈師〉④ 徒、見人、入邦。罔（網）邋

① 窓，同“窻”。

② 子，原釋文作“【子】”，據圖版改。

③ 【丑】，原釋文作“丑”，據圖版改。

④ 帥〈師〉，原釋文作“師”，據圖版及文意改。

（獵），獲。作事，吉。19壹

成外陽之日，利以祭、之四旁（方）壄（野）外，熱☐。20壹

空外遣之日，不可以行。之四鄰，必見兵。21壹

𨑖外陰之日，利以小然〈祭〉，吉。生子年[①]不可遠=行=（遠行，遠行）不仮（返）。22壹

蓋絕紀之日，利以褽（製）衣常（裳）、說孟（盟）詐（詛）。23壹

成決光之日，利以起大事、祭、家（嫁）子，吉。居有食，行有得。生子，美。24壹

復秀之日，利以乘車、寇〈冠〉、帶劍、褽（製）衣常（裳）、祭、作大事、家（嫁）子，皆可，吉。25壹

五〈正〉月，日七夕九。18貳 二月，日八【夕八】。19貳 三月，日九夕七。20貳 四月，日十夕六。21貳 五月，日十一夕五。22貳 六月，日十夕六。23貳 七月，日九夕七。24貳 八月，日八夕八。25貳 九月，日七夕九。26貳 十月，日六夕十。27貳 十一月，日五夕十一。28貳 十二月，日六夕十。29貳

徐[②]（除）：

正月，建寅，余（除）卯，吉辰，實巳，窞午，徼未，衝申，剽酉，虛戌，吉亥，實子，閈〈閉〉[③] 丑。26壹

二月，建【卯、余（除）】辰，吉巳，實午，窞未，徼申[④]，衝酉，【剽戌，虛亥，】吉子，實丑，閈〈閉〉寅。27壹

三月，建【辰，余（除）】巳，吉午，實未，窞申，敫酉，衝戌，剽亥，虛子，吉丑，實寅，閈〈閉〉卯。28壹

四月，建巳，徐（除）午，吉未，實申，窞酉，敫戌，衝【亥，剽】子，虛丑，吉寅，【實】卯，閈〈閉〉辰。29壹

五月，建午，徐（除）【未】，吉申，實酉，窞戌，敫亥，衝子，剽丑，虛寅，吉卯，實辰，閈〈閉〉巳。30壹

---

① 年，一說釋“年（佞）”。

② 徐，位於簡 27 天頭處，爲標題；此字原釋文作“除”，下文此字均作“徐”，據改。

③ 閈〈閉〉，《龍龕手鑑·門部》：“閈”，“閉”的俗字。下同。

④ 申，原釋文作“甲”，據圖版及文意改。

六月，建未，徐（除）申，吉酉，實戌，窞亥，敫子，衝丑，剽寅，虛卯，吉辰，實巳，閈〈閉〉午。31壹

七月，建申，徐（除）酉，吉戌，實亥，窞子，敫丑，衝寅，剽卯，虛辰，吉【巳】，實午，閈〈閉〉未。32壹

八月，建酉，徐（除）戌，吉亥，實子，窞丑，徼寅，衝卯，剽辰，虛巳，吉午，實未，閈〈閉〉申。33壹

九月，建戌，徐（除）亥，吉子，實丑，窞寅，徼卯，衝辰，剽巳，虛午，吉未，實申，閈〈閉〉酉。34壹

十月，建亥，徐（除）子，吉丑，實寅，窞卯，敫辰，衝巳，剽午，虛未，吉申，實酉，閈〈閉〉戌。35壹

十一月，建子，徐（除）丑，吉寅，實卯，窞辰，敫巳，衝午，剽未，虛申，【吉酉】，實戌，閈〈閉〉亥。36壹

十二月，建丑，徐（除）寅，吉卯，實辰，窞巳，徼午，衝未，剽申，虛酉，吉【戌、實】亥，閈〈閉〉子。37壹

建日，利☐初[①]寇〈冠〉、帶劍、乘車，可☐。38壹

徐日，可以請謁，有☐。39壹

吉、實日，皆利日也，無不可有爲也。40壹

窞日，可以入馬牛、臣【妾】☐。41壹

敫日，可以入臣妾，駕駒☐。42壹

衝日，可以攻軍、入城及行，不可祠。43壹

剽日，不可以使人及畜六畜，它毋有爲也。44壹

虛日，不可以臧₌蓋₌（臧（藏）蓋，臧（藏）蓋），它人必發之。毋可有爲也。用得，必復出。45壹

閈〈閉〉日，可以蓋臧（藏）及謀，毋可有爲也。46壹

｜秦[②]：

正月、二月，子采（穗），丑戌【正】陽，寅酉危陽，卯敫，

---

① 初，原釋文作“利”，據圖版及文意改。

② 秦，位於簡 48 天頭處，爲標題。

【辰】申䙴（害）[①]，巳未陰，午徹，丑結。47壹

三月、四月，寅采（穗），卯【子】正陽，辰【亥】危陽，巳敫，午戌䙴（害），未酉陰，申徹，丑結。48壹

五月、六月，辰采（穗），巳寅正陽，午丑危陽，未敫，申子䙴（害），酉亥陰，戌徹，卯結。49壹

七月、八月，午采（穗），未辰正陽，【申】未危陽，酉敫，戌寅䙴（害），亥丑陰，子徹，巳結。50壹

九月、十月，申采（穗），【酉午正陽，戌巳危】陽，亥敫，巳辰䙴（害），丑卯陰，寅徹，未結。51壹

【十一月、十二月，戌采（穗），亥申正】陽，戌〈子〉【未危陽，丑】敫，寅午䙴（害），巳卯陰，辰徹，酉結。52壹

☐【采（穗）】，□□□車，見【人】，入人民、畜生（牲）[②]，取（娶）妻、嫁女，☐□□□□□□□□☐不可復（覆）室。·正月以朔旱，53歲美，有兵。

正陽，可☐□□□□□□□□☐可以祠，☐□□□□□□□□□☐毋（無）[③] 小大，吉。可以葬。54正月以朔，歲美，【毋（無）】兵。55

危陽，不成其行，利□□事，不可取（娶）妻、嫁女、見人。生子，死。毋（無）可爲。·正月以朔多雨，歲半，毋（無）56兵。

敫，有細喪，□□央（殃），利以穿井、蓋屋，不可取（娶）妻、嫁女，祠，出入人民、畜生（牲）。·正月以朔多57雨，歲善而被不全，有兵。雨，白〈日〉也。58

䙴（害），羣不摔（拜）[④]，【以辭】不合（答）。亡者，得。可魚（漁）邋（獵），不可攻，可取不可鼠（予）。利祠外。毄（繫），亟

① 䙴（害），原釋文作“䙴”，在注中認爲“䙴”同《日書甲種·稷辰》的“萬”，在《稷辰》注中疑“萬”是“踽”的異體，又在《後記》中改釋“侻”同“羍”，據文意改。下同。

② 生（牲），原釋文作“生”，據文意改。下簡 57、61、62、86 壹、118 同。

③ 毋（無），原釋文作“毋”，據文意改。

④ 摔（拜），原釋文作“摔”，“摔”即“拜”。

出。·正月以朔旱。59

陰，先辱後慶。利居室，入貨、人民、畜生（牲）；可取（娶）婦▨60葬貍（埋）祠。·正月以朔多雨，歲中，毋（無）兵。61

徹，大徹，利單（戰）伐，不可以見人、取（娶）妻、嫁女，出入人民、畜生（牲）。祠，必鬪見血。以生子，死。亡者，得。以毄（繫），久。正月以朔多雨62歲善，毋（無）兵。63

五穀良日，己▨□□□□▨出穜（種）及鼠（予）人。壬辰乙巳，不可以鼠（予）。子，亦勿以穜（種）。64

五穀龍日，子麥、丑黍、寅稷、辰麻、申戌叔（菽）、壬辰瓜、癸葵。65

木日：

木良日，庚寅、辛卯、壬辰，利爲木事。·其忌，甲戌、乙巳、癸酉、丁未、癸丑、66▨□□□□□□寅、己卯，可以伐木=（木。木）忌，甲乙榆、丙丁棗、戊己桑、庚辛李、壬辰〈癸〉① 髤（漆）。67

馬日②：

馬良日，甲申，乙丑、亥，己丑、酉、亥、未，庚辰、申，壬辰，戊辰、未▨□□□▨乘之。·其忌，甲寅、午，丙辰，丁巳③、68未，戊▨。69

牛日：

牛良日，甲午、寅，戊午，庚午、寅，丙寅，壬寅，丁酉、未。甲辰，可以出入牛、服之。·其忌，乙巳，□□□□▨70未，辛丑，戊辰，壬午。71

羊日：

羊良日，辛巳、未，庚寅、申、辰，戊辰，癸未。·忌日，甲子、辰，乙亥、酉，丙寅，丁酉，己巳。72

豬日：

---

① 壬辰〈癸〉，原釋文作“壬辰”。據文意改。

② 馬日，原釋文作“馬日”，據圖版改。

③ 丁巳，原釋文作“丁壬辰丁巳”，據圖版改。

豬良日，壬□[①]、□，戊子、寅，己亥，庚寅、辰、午，辛丑，壬辰，癸未。·其忌，壬午，戊午，戌，丁☐。73

犬日：

犬良日，丁丑，丁未，丙辰，己巳，己亥。·忌，壬戌，癸未，辛巳，74壹☐□□□□□□□□戌，癸未。·忌，丁丑，丁未，丙辰，丙申。75壹

雞日：

雞良日，甲辰，乙巳，丙午，丙辰，庚辰。·忌，辛巳、卯，庚寅，丁未。76壹

●初田毋以丁亥、戊戌。30貳

祠室中日，辛丑，癸亥，乙酉31貳，己酉，吉。龍，壬辰、申。32貳

祠户日，壬申，丁酉，癸丑，33貳亥，吉。龍，丙寅、庚寅。34貳

祠門日，甲申、辰，乙亥、35貳丑、酉，吉。龍，戊寅、辛巳。36貳

祠行日，甲申，丙申，戊37貳申，壬申，乙亥，吉。龍，戊、己。38貳

祠□日，己亥，辛丑，乙亥，丁丑，吉。龍，辛□☐。39貳

祠五祀日，丙丁竈，戊己[②]内中土，乙户，壬癸行、庚辛□。40貳

凡壞垣，卯在房，午在七星，子在虚，酉在卯（昴），凶。41貳

凡五巳不可入寄者，不出三歲必代寄焉。42貳

久行，毋以庚午入室；長行，毋以戌亥遠去室。43貳

丁卯不可以船行，六壬不可以船行，六庚不可以行。44貳

入月六日、七日、八日、二旬二日皆45貳知，旬六日毀。

五種（種）忌日，丙及寅禾，甲及子麥，乙巳46貳及丑黍，辰卯及戌叔（菽），亥稻，不47貳可以始種（種）穫、始賞（嘗），其。48貳歲或弗食。49貳凡有入殹（也），必以歲後；有出50貳殹（也），必以歲前。51貳

祠史先龍丙望。52貳

---

① □，原釋文作“午”，據圖版改。一説釋“辰”。

② 己，原釋文作“巳”，據文意改。

生東鄉（嚮）者貴，南鄉（嚮）者富，西74貳鄉（嚮）壽，北鄉（嚮）者賤，西北鄉（嚮）75貳者被刑。76貳

春三月戌、夏丑、秋三月辰、冬未，皆不可以大祠，可有求也。77

見[①]人良日，甲子、申，乙☐78人大室。79壹

正月：

營₌（營室），利祠。不可爲室及入之。以取（娶）妻，不寧。生子，爲吏。80壹

官：

東臂（壁），不可行。百事兇（凶）。以生子，不完。不可爲它事。81壹奎，祠及行，吉。以取（娶）妻，女子愛[之][②]。生爲吏。82壹婁，祠及百事，吉。以取（娶）妻，男子愛之。生子亡者，人意[③]之。83壹

三月：

胃，利入禾粟₌[④]及爲囷倉，吉。以取（娶）妻₌（妻，妻）愛。生子，使人。84壹卯（昴），邋（獵）、賈市，吉。不可食六畜。以生，喜斲（鬬）。85壹

四月：

畢，以邋（獵）置罔（網）及爲門，☐□□□□☐取（娶）妻必二，不可【食】[⑤] 畜生₌（生（牲）。生）子，☐86壹此（觜）觹（巂），百事兇（凶）。可以敫人攻讎。生子，爲正。87壹参，百事吉，☐徙死庚子寅辰北徙死。88壹

五月：

---

① 見，位於簡77首。

② [之]，原釋文無，據圖版補。

③ 意，一說釋“意（隱）”，一說釋“意（憶）”。

④ 重文號“₌”疑衍。

⑤ 【食】，原釋文作“食”，據圖版改。

東井，百事兇（凶）。以【死，必】五人①；殺生（牲）②，必五生（牲）死。取（娶）妻，多子。生子，旬死。可以爲土事。89壹輿鬼，祠及行，吉。以生子，痒（癃）。可以從〈送〉鬼。90壹

六月：

酉（柳），百事吉·以【生】子，肥。可始寇〈冠〉，可請謁，可田邋（獵）。取（娶）妻，吉。91壹七星，百事兇（凶）。利以垣。生子，樂。不可出女。92壹

七月：

張，百事吉。取（娶）妻，【吉】。以生子，爲邑桀（傑）。93壹翼，利行。不可臧（藏）。以祠，必有火起。取（娶）妻，必棄。生子，男爲見（覡），女爲巫。94壹軫，乘車、衣常（裳）、取（娶）妻，吉。生子，必賀。可入貨。95壹

八月：

角，利祠及【行】，吉。不可蓋室。取（娶）妻＝（妻，妻）妬。生子＝（子，子）爲吏。96壹亢，祠、爲門、行，吉。可入貨。生子，必有爵。97壹

九月：

氐，祠及行、出入【貨】，吉。取（娶）妻＝（妻，妻）貧。生子，巧。98壹方（房），取（娶）婦、家（嫁）女、出入貨，吉。可以爲室。生子，寡。祠，吉。99壹

十月：

心，不可祠及行，兇（凶）。可以水。取（娶）妻＝（妻，妻）悍。生子，人愛之。100壹尾，百事兇（凶）。以祠，必有敫（憿）。不可取（娶）妻。生子，貧。101壹箕③，不可祠。百事兇（凶）。取（娶）妻＝（妻，妻）多舌。生子，貧富半。102壹斗，利祠及行賈＝

---

① 五人，原釋文作“五人”，據圖版改。

② 殺生，原釋文作“殺生”，據圖版改”。

③ 箕，原釋文作“箕”，據圖版改。

（賈、賈）市，吉。取（娶）妻=（妻，妻）爲巫。生子，不到三年死。不可攻。103壹 牽【牛，可祠及行】①，吉。不可殺牛。以桔（結）者，不徲（釋）。以入牛，老一〇生子=（子，子）爲夫=（大夫）。104壹

十二月：

婺=（婺女），祠、賈市、取（娶）妻，吉。生子，三月死，毋（無）晨（脣）②。105壹 虛，百事【凶】。以結者，易擇（釋）。亡者，不得。取（娶）妻=（妻，妻）不到。以生子，毋（無）它同生。106壹【危】，百事兇（凶）。生子，老爲人治也，數詣風雨。107壹

丙丁火=（火，火）勝金。79貳 戊己土=（土，土）勝水。80貳 庚辛金=（金，金）勝木③。81貳 壬癸水=（水，水）勝火。82貳 丑巳金=（金，金）勝木。83貳 ☐84貳 未亥【卯木=（木，木）】④ 勝土。85貳 ☐86貳 辰申子水=（水，水）勝火。87貳

入正月二日一日心。95貳 入二月九日直心。96貳 入三月七日直心。97貳 入四月旬五日心。98貳 入五月旬二日心。99貳 入六月旬心。100貳 入七月八日心。101貳 入八月五日心。102貳 入九月三日心。103貳 入十月朔日心。104貳 入十一月二旬五日心。105貳 入十二月二日三日心。106貳

正月壬臽。88貳 二月癸臽。89貳 三月戊臽。90貳 四月甲臽。91貳 五月乙臽。92貳 六月戊臽。93貳 七月丙臽。94貳 八月丁臽。95叁 九月己臽。96叁 十月庚臽。97叁 十一月辛臽。98叁 十二月己臽。99叁

天閻。88叁 正月虛□□□☐。89叁 二月東辟（壁）廿七日。90叁 三月角十三日。91叁 四月房十四日。92叁 五月旗（箕）十四日。93叁 六月東井廿七日。94叁 七月七星廿八日。95肆 八月軫廿八日。96肆 九月奎十三日。97肆 十月□十四日。98肆 十一月參十四【日】⑤。99肆 十二月斗廿一日。100叁

十一月乙卯天臽。101叁

---

① 【牛，可祠及行】，原釋文作“牛，【可祠及行】”，據圖版改。
② 晨（脣），原釋文作“晨”，據文意改。
③ 木，原釋文作“水”，據圖版改。
④ 【卯木=（木，木）】，原釋文作“【卯木，木】”，據文例改。
⑤ 【日】，原釋文作“日”，據圖版改。

【出】邦門，可☐102叁 行①☐103叁禹符，左行，置，右環（還），曰☐☐☐104叁☐☐☐右環（還），曰：行邦②☐105叁令行。投符地，禹步三，曰：皋，106叁敢告☐符，上車毋顧，上☐。107貳

人日：

凡子、卯、寅、酉男子日，·午、未、申、丑、亥女子日。以女子日病₌（病，病）瘳，必復之。以女子日死₌（死，死）以葬，必復之。男子日如是。108

男子日：

男子日，寅、卯、子、巳、戌、酉，·女子日，辰、午、未、申、亥、丑。109

室忌：

室忌，春三月庚辛，夏三月壬癸，秋三月甲乙，冬三月丙丁，勿筑（築）室，大主死、痒（癃），弗居。110

蓋屋③：

☐☐春庚辛，夏壬癸，季秋甲乙，季冬丙丁，勿以作事、復（覆）内、杲（構）④屋。以此日杲（構）屋₌（屋，屋）以此日爲蓋。111

屋₌（屋，屋）不壞折，主人必大傷。112

蓋忌：

五酉、甲辰、丙寅，不可以蓋，必有火起，若或死焉。113

垣牆⑤日凡申、酉☐。114

除室：

庚申、丁酉、丁亥、辛卯，以除室，百虫弗居。115

---

① 行，原釋文作“行”，據圖版改。

② 邦，原釋文作“邦”，據圖版改。

③ 蓋屋，原釋文作“蓋屋”，據圖版改。

④ 杲（構），原釋文作“杲”，據文意改。本簡下同。

⑤ 牆，原釋文作“墻”，據圖版改。

除室：

庚申、丁酉、丁亥、辛卯，以除室，百虫弗居。116

正月、七月朔日，以出母〈女〉、取（娶）婦，夫妻必有死者。以筑（築）室=（室，室）不居。117

凡月望，不可取（娶）婦、家（嫁）女、入畜生（牲）。118

凡戊子風，有興。雨陰，有疾。興在外，風，軍歸。119

正月、五月、九月之丑，二月、六月、十月之戌，三月、七月、【十一月】① 之未，四月、八月、十二月之辰，勿以作事②、大祠，以大生（牲）兇（凶），小生（牲）兇（凶），以昔肉120吉。

毋以戊辰、己巳入（納）寄者，入（納）之所寄之。121

庚申、辛酉，以與人言，有喜；以責人，得。壬子、癸丑南，與人言，有【喜】；以責，得。122

丁、癸不⧄巳、未、卯、亥，壬123戌，庚申，己亥，壬寅，不可以入臣妾及寄者，有咎主。124

甲子、乙丑，可以家（嫁）女、取（娶）婦、寇〈冠〉帶、祠，不可筑（築）③ 興土攻（功），命曰毋（無）後。125

毋以子卜筮，視⧄□□□□□⧄，命曰毋（無）上剛。126

⧄□□□□亥不可伐室中尌（樹）木。127

⧄畜生（牲）④，伐尌（樹）木。128

裚（製）⑤：

凡五丑，利以裚（製）衣。丁丑在亢，裚=（裚（製）衣）常（裳），丁巳衣之，必敝。⧄，不可以裚（製）⧄。129

初寇〈冠〉：

凡初寇〈冠〉，必以五月庚午，吉。·凡製⑥車及寇〈冠〉⧄

---

① 【十一月】，原釋文無，據文例補。

② 一說"事"字後爲句號。

③ 筑（築），原釋文作"築"，據圖版及文意改。

④ 生（牲），原釋文作"生"，據文意改。下同。

⑤ 裚（製），原釋文作"裚"，據文意改。本簡末字同。

⑥ 製，一說釋"襑（探）"。

□□□□□☑申，吉。130

寄人室：

毋以戊辰、己巳入寄=人=（寄人，寄人）反寄之。·辛酉、卯，癸卯，入寄之，必代當家。131

【凡且有】大行遠行若飲食歌樂，聚具畜生（牲），及夫妻同衣，毋以正月上旬午，二月上旬亥，三月上旬【申】①，132 四月上旬丑，五月上旬戌，六月上旬卯，七月上旬子，八月七旬巳，九月上旬寅，十月上旬未，十一月上旬辰，十二月上133旬丑，凡是日赤啻（帝）恒以開臨下民而降央（殃），不可具（暈）② 爲，百【事】皆毋（無）所利。節（即）以有爲也，其央（殃）不出歲，小大134必致（至）。有爲也而遇雨，命之央（殃）蚤（早）至，不出三月，有死亡之志致（至）。凡且有爲也，必先計月中閒日③□□□135 直赤啻（帝）臨136 見④日。它日唯（雖）有不吉之名，【毋（無）所】大害。137

行日：

庚☑138 節（即）有急行，以此行吉。139

行者：

遠行者毋以壬戌、癸亥到室。以出，兇（凶）。140

入官：

久宧者毋以甲寅到室。141

行忌⑤：

凡行者毋犯其大忌，西【毋以亥、未，東毋以丑、】巳，北毋以

---

① 【申】，原釋文無，據文例補。

② 具（暈），原釋文作“具”，據文意改。

③ 日，原釋文作“曰”，據圖版及文意改。

④ 見，此字位於本簡天頭處，與上下文意無關。原注曰：“此簡首有一見字，或疑應排於簡八〇前，與簡八一簡首的官字聯讀，但簡八〇以下亦非專論見官之事。”一說釋“兇”。

⑤ 行忌，原釋文作“行忌”，據圖版改。

戊〈戌〉[①] 寅，南毋以辰、申。·行龍戊、己，行忌。142 凡行，祠常行道右，左[②]☐。143

行祠：

祠常行，甲辰、甲申、庚申、壬辰、壬申，吉。·毋以丙、丁、戊、壬☐。144

行=（行行）祠：

行祠，東行南〈南行〉，祠道左；西北行，祠道右。其謞（號）曰大常行，合三土皇，耐（乃）爲四席=（席。席）叕（餟）其後，亦席三叕（餟）。其祝145 曰："毋（無）王事，唯福是司，勉飲食，多投福。"146

□祠：

正[③]☐□□□□□□□□□□☐癸不可祠人伏=（伏，伏）者以死。戊辰不可祠道=𧿼=（道𧿼（旁），道𧿼（旁））以死。丁不可祠道旁。147

祠：

祠親，乙丑吉。·祠室，己卯、戊辰、戊寅，吉。祠户，丑、午☐。148

亡日：

正月七日，二月旬，三月旬一日，四月八日，五月旬六日，六月二旬，七月九日，八月旬八日，九月二旬七日，十月旬，十一月旬，十二月二旬，149 凡以此往亡必得，不得必死。150

亡者：

正月七日，二月旬四日，三月二日，四月八日，五月旬六日，六月二旬四日，七月九日，八月旬八日，九月二旬七日，☐151 二旬，凡

---

① 西【毋以亥未東毋以丑】巳北毋以戊〈戌〉，原釋文作"西☐□□□☐巳北毋以☐□□□□☐戊"，據圖版及文意改。

② 左，原釋文作"左"，據圖版改。

③ 正，原釋文作"正"，據圖版改。

是往亡【必得】，不得必死。152

見人：

正月甲午、庚午、甲戌，三月己酉，四月丙子，五月甲午、庚午，六月丁丑，七月甲子，八月庚辰，九月辛卯，十月壬午，十二月153癸未，見人吉。154

☐祭祀、嫁子、作大事，皆可。155

【雞鳴丑，平旦】寅，日出卯，食時辰，莫[①]食巳，日中午，㬚〈日失（昳）〉未，下市申，舂日酉，牛羊入戌，黄昬（昏）亥，人定【子】。156

子以東吉，北得，西聞言兇（凶），朝啓夕閉，朝兆不得，晝夕得。以入，見疾。以有疾，派〈辰〉少翏（瘳），午大翏（瘳），死生在申，黑157肉從北方來，把者黑色，外鬼父葉（世）爲姓（眚），高王父譴適（謫），豕☐。158

丑以東吉，西先行，北吉，南得，【朝】閉夕啓，朝兆得，晝夕不得。·以入，得。【以有】疾，卯少翏（瘳），巳[②]大翏（瘳）、死生，159腤肉從東方來，外鬼爲姓（眚），巫亦爲姓（眚）。160

寅以東北吉，西先行，南得，朝閉夕啓，朝兆得，晝夕不得。·以入，吉。以有疾，午少翏（瘳），申大翏（瘳），死生在161子，☐巫爲姓（眚）。162

卯以東吉，北見疾，西南得，朝閉夕啓，朝兆得，晝夕不得。·以入，必有大亡。以有疾，未少翏（瘳），申大翏（瘳），死163生在亥，狗肉從東方來，中鬼見社爲姓（眚）。164

辰以東吉，北兇（凶），先行，南得，朝啓夕閉，朝兆不得，夕晝得。·以入，吉。以有疾，酉少翏（瘳），戌大翏（瘳），死生在子，165乾肉從東方來，把者精（青）色，巫爲姓（眚）。166

巳以東吉，北得，西兇（凶），南見疾，朝閉夕啓，朝兆得，晝夕不得。·以入，吉。以有疾，申少翏（瘳），亥大翏（瘳），死生在

① 莫，原釋文作“莫（暮）”，據文意改。

② 巳，原釋文作“已”，據文意改。

寅，赤167肉從東方來，高王父譴姓（眚）。168

午以東先行，北得，西聞言，南兇（凶），朝閉夕啓，朝兆得，晝夕不得。·以入，吉。有疾，丑少翏（瘳），辰大翏（瘳），死生169在寅，赤肉從南方來，把者赤色，外鬼兄枼（世）爲姓（眚）。170

未以東得，北兇（凶），西南吉，朝啓多①夕閉，朝兆不得，晝夕得。·以入，吉。以有疾，子少翏（瘳），卯大翏（瘳），【死】生在寅，赤肉171從南方來，把者【赤】色，母葉（世）外死爲姓（眚）。172

申以東北得，西吉，南兇（凶），朝閉夕啓，朝兆得，晝夕不得。·以入，吉。以有疾，子少翏（瘳），▨□【大】翏（瘳），死生在辰，173鮮魚從西方來，把者白色，王父譴，牂爲姓（眚）。174

酉以東藺（吝），南聞言，西兇（凶），朝啓【夕】閉，朝兆不得，晝夕得。·以入，有□。▨【有】疾，戌少翏（瘳），子大翏（瘳），死生175在未，赤肉從北方來，外鬼父枼（世）見而欲，巫爲姓（眚），室鬼欲狗（拘）。176

戌以東得，西見兵，冬②之吉，南兇（凶），朝啓夕閉，朝兆不得，晝夕得。·以入，藺（吝）。以有疾，卯少翏（瘳），辰大翏（瘳），死177生在酉，鮮魚從西方來，把者白色，高王父爲姓（眚），壄（野）立爲▨。178

亥以東南得，北吉，西禺（遇）□，【朝】啓夕閉，朝兆不得。以入，小亡。以有疾，巳少翏（瘳），酉大翏（瘳），死生在子，179黑肉從東方來，母枼（世）見之爲姓（眚）。180

有疾③：

|甲乙有疾，禺（遇）御於豕肉，王父欲殺，生人爲姓（眚）。有病者必五病而▨181有閒，不閒，死，煩▨色④亡。182

---

① 多，此字爲衍文。

② 冬，一說釋“冬（中）”，一說釋“冬（終）”。

③ 有疾，位於簡183天頭處，爲標題。

④ 色，原釋文作“色”，據圖版改。

丙丁有疾，王父爲姓（眚），得【於】赤肉、雄雞、酒，庚辛病，壬閒，癸酢（作）①，煩及歲皆在南方，其人赤色死火日。183

戊己有疾，巫堪，王父爲姓（眚），⧄□□□⧄索（腊）② 魚堇⧄□□□□⧄閒③，乙酢（作），不酢（作），⧄□□⧄邦中，中歲在西，人黃色死土日。184

庚辛有疾，外鬼、傷（殤）死爲姓（眚），得於肥肉、鮮魚、卵，□□甲乙病，丙有閒，丁酢（作），不⧄185 死⧄186

壬癸⧄□□□□□⧄人，外鬼爲姓（眚），得於酉（酒）、脯、脩、節（鼈）④ 肉，丙丁病，戊有閒，己酢（作），不酢（作），煩在北，人黑⧄。187

病：

凡酉、午、巳、寅，以問病者，必代病。188壹

夢⑤：

｜甲乙夢被黑裘衣寇〈冠〉，喜，人〈入〉水中及谷，得也。189壹

丙丁夢□，喜也，木金得也。190壹

戊己夢黑，吉，得喜也。191壹

庚辛夢青黑，喜也，木水得也。192壹

壬癸夢日〈白〉⑥，喜也；金，得也。193壹

凡人有惡夢，覺而擇（釋）之，西北鄉（嚮）擇（釋）髮而駟（呬），祝曰："綼（皋），敢告璽（爾）宛奇，某有惡夢，老來□194之，宛奇强飲食，賜某大畐（富），不錢則布，不璽（繭）則絮。"195壹

---

① 酢（作），一說釋"酢（瘧）"，一說"酢"仍讀本字。下簡 184、185、187 同。

② 索（腊），原釋文作"索"，據文意改。

③ "堇"至"閒"，據《日書甲種》72 正貳可補"酉壬癸病甲有"六字。

④ 節（鼈），原釋文作"節"，據文意改。

⑤ 夢，位於簡 190 天頭處，爲標題。

⑥ 日〈白〉，原釋文作"日"，據文意改。

圂忌日，己[①]丑爲圂廁，長死之；以癸丑，少者188貳死之。其吉日，戊寅、戊辰、戊戌、戊申。189貳凡癸爲屏圂，必富。190貳

辰不可以哭、穿肂（殔），且有二喪，不可卜筮、爲屋。191貳

辛卯壬午不可寧人=（人，人）反寧之。192貳

凡酉、午、巳、寅、辛亥、辛卯問病者，代之。193貳

入月旬七日毀垣，其室日減。☐195貳及入月旬八日皆大凶，有毀。196貳

穿户忌毋以丑穿門户，不見其光。196壹

家（嫁）子□：

正月、五月，正東盡，東南夬麗，西南執辱，正西郄[②]逐，西北續光，正北吉富，東北【反鄉】。197二月、六月、十月，正南盡，西南斲（鬭），正西夬麗，西北執辱，正北郄，北續光，正東吉富，東南反鄉。198三月、七月、十一月，正西盡，北斲（鬭），正北夬麗，東北執辱，正東郄逐，東南續光，正南吉富，西南反鄉。199四月、八月、十二月，正北盡，□□斲（鬭），正東夬麗，南執辱，正南續光，正西吉富，西北反鄉。200

不可取=妻=（取（娶）妻，取（娶）妻）毋☐。201

春三月，甲乙死者，其後有熹（禧），正東有得。202丙丁死者，其東有熹（禧），正西惡之，死者主也。203戊己死，去室西，不去有死。204庚辛死者，去室北，不去有咎。205壬癸死者，明（明）鬼祟之，其東受兇（凶）。206壹

夏三月，甲乙死者，東南受央（殃）。207壹丙丁死者，去室西南受兇（凶），東有熹（禧）。208壹戊己死者，正西南有熹（禧）。209壹庚辛死者，其東受兇（凶），其西北有熹（禧）。210壹【壬癸】死者，其南有熹（禧）。211壹

秋三月[③]，【甲乙死者，其】東受兇（凶），男子【也】。212壹丙

① 己，原釋文作“巳”，據文意改。

② 郄，一說爲“卻”的誤字。下同。

③ 秋三月，原釋文作“秋三月”，據圖版改。

丁死者，其西受兇（凶），亓（其）[1] 女子也。☑。213壹

戊己死者，有☑。214壹庚辛死者，其東北受兇（凶），正北有熹（禧）。215壹壬癸死者，明（明）鬼祟之，其東受兇（凶）。216壹

冬三月，甲乙死者，必兵死，亓（其）南晋之。217壹☑218壹戊己死者，有憙（熹）。219壹庚辛死者，不去其室有死，正北有火起。220壹壬癸死者，有憙（熹），南室有亡子，且晋[2]之。221壹☑□□後有得，東南晋之。222壹冬三月，甲乙死者，必兵死，其南晋之。223壹

☑申、壬申、丙申、戊申。224壹辛酉、癸酉、乙酉、丁酉、己[3]酉。225壹☑□【卯】、癸卯、乙卯、丁卯、己[4]☑、226壹庚寅、壬寅、戊寅。227壹己丑、辛丑、癸丑、乙丑、丁丑。228壹壬子、甲子、丙子、戊子，庚子。229壹壬午、甲午、丙午、戊午、庚【午】[5]。230壹癸亥、乙亥、辛亥。231壹☑。232壹

清旦、食時、日則（昃）、莫（暮）、夕。233壹

己巳、辛巳、癸巳、乙巳、丁巳。234壹癸未、丁未、己未、辛未。235壹戊戌、庚戌、壬戌、甲戌、丙戌。236壹戊辰、庚辰、壬辰、丙辰。237壹

（圖五 206 貳－218 貳）

---

① 亓（其），原釋文作“其”，據圖版改，“亓”即“其”。下簡 217 壹同。

② 晋，原釋文作“晉”，據圖版改。

③ 己，原釋文作“已”，據文意改。

④ 己，原釋文作“已”，據文意改。

⑤ 【午】，原釋文無，據文例補。

六月 未	南方	七月 申	八月 酉
五月 午	四月 巳	三月 辰	西方
東方	正月 寅	二月 卯	九月 戌
十二月 丑	十一月 子	北方	十月 亥

視羅。223貳

入官：224貳

春三月，丙寅、丙子，利入官。224叁夏三月，甲申、甲辰、乙巳、乙未，利入官。225貳秋三月，壬子、壬辰、壬申、庚子、壬寅、癸丑，利入官。226貳冬三月，庚申、庚子、庚寅、辛丑，利入官。227貳子、丑入官，久，七徙。228貳戌入官，行。229貳亥入官，傷（傷）去。230貳申入官，不計而徙。231貳酉入官，有辠（罪）。232貳卯入官，兇（凶）。233貳實〈寅〉、巳入官，吉。234貳未、辰、午入官，辱而去。235貳甲寅、乙丑、乙巳，皆可見人。·甲子到乙亥是右〈君〉也，利236貳以臨官立政，是胃（謂）貴勝賤。237貳

生①：

｜甲子生，少孤。

乙丑生，不武乃工考（巧）。

丙寅生，武，聖。

丁卯，不正，不然必有疵於前。

戊辰生，有寵。

① 生，位於簡239天頭處，爲標題。

己[①]巳生，兇（凶），爲臣238妾。

庚午生，貧，武有力，毋（無）終。

辛未生，肉食。

壬申生，有問（聞）邦。

癸酉生，有終。

甲戌生，好甲。

乙亥生，利酉（酒）239醴。

丙子生，吉。

丁丑生，好言五（語），有生（眚）目。

戊寅生，遠去，女子於南。

己[②]卯生，去其邦。

庚辰【生】，好【女】子。

辛巳生，當〈富〉240吉。

壬午生，穀於武，好貨。

癸未生，長。

甲申生，必有事。

乙酉生，穀，利樂。

丙戌生，有終。

丁亥生，考（巧）。

戊子生，去其241邦北亟。

己[③]丑生，疾。

庚寅生，女子爲巫。

辛卯生，不吉。

壬辰生，必善醫，衣常（裳）。

癸巳生，穀。

甲午生，武有力，寡弟。

---

① 己，原釋文作“巳”，據文意改。

② 己，原釋文作“巳”，據文意改。

③ 己，原釋文作“巳”，據文意改。

乙242未生，少疾，後富。

丙申生，好室。

丁酉生，吉，旨（嗜）① 酉（酒）。

戊戌生，姓楚。

己亥生，小（少）孤。

辛丑生，有終。

壬寅生，不吉，243女子爲醫。

癸卯生，不吉。

甲辰生，穀。

丙午，疾。

丁未生，不吉。貧，爲人臣。

戊申生，有寵，必事君。

己【酉】生，穀。244

庚戌生，武，貧。

辛亥生，不吉。

壬子生，恿（勇）。

癸丑生，好⍁。

乙卯生，⍁□□⍁壽。

丙辰生，必有245疵於膻（體）。

丁巳生，穀，媚人。

戊午生，好田邋（獵）。

己②未生，穀。

庚申生，恿（勇）。

辛酉生，不吉。

壬戌生，好室家。

癸亥，貧，毋（無）終。246

凡己巳生，勿舉，不利父母，男子爲人臣，女子爲人妾。庚子

---

① 旨，一說釋“臽（陷）”，訓“溺”。

② 己，原釋文作“巳”，據文意改。

生，不出三日必死。247

凡生子北首西鄉（嚮），必爲上卿，女子爲邦君妻。248

失火①：

丨甲失火，去不恙（祥）。子失火，有子死。乙失火，大富。丙失火，有（又）公〈火〉起。寅失火，去不恙（祥）。丁失火，爲人隋也。卯失火，不復249失火，必有鬼。戊失火，亡貨。辰失火，去不恙（祥）也。己失火，有瘩（癃）子。巳失火，有死子。庚失火，君子兵死。250午失火，田宇多。辛失火，有子死。未失火，臣妾亡。壬失火，去不善。申失火，富。癸失火，有醜（鬼）。酉失火，邦有251年。亥失火，利春。252

盜②：

丨甲亡，盜在西方，一宇間之，食五口，其疵其上得⍁□□□□□⍁其③女若母爲巫，其門西北出，盜三人。253

乙亡，盜⍁□□□□□□□□□□⍁方④，內盜有□□人在其室⑤⍁。254

丙亡，爲閒者不寡夫乃寡婦，其室在西方，疵而在耳，乃折齒。255

丁亡，盜女子也，室在東方，疵在尾⍁□□□⍁，其食者五口，⍁。256

戊亡，盜在南方，故盜，其上作折其⑥⍁□⍁齒⑦之亓

① 失火，位於簡250天頭處，爲標題。

② 盜，位於簡254天頭處，爲標題。

③ 其，原釋文作“其”，據圖版改。

④ 方，原釋文作“方”，據圖版改。

⑤ 室，原釋文作“室”，據圖版改。

⑥ 其，原釋文作“其”，據圖版改。

⑦ 齒，原釋文作“齒”，據圖版改。

(其)① ⧄。257

己亡，盜三人，其子已死矣，其閒在室。258

庚亡，盜丈夫，其室在西方，其北壁臣（堅）②，其人櫝(黷)③ 黑。259

日書。260

---

① 亓（其），原釋文作“其”，據圖版改，“亓”即“其”。

② 臣（堅），原釋文作“臣”，據文意改。

③ 櫝（黷），原釋文作“櫝”，據文意改。

出土文獻綜合研究專刊之二

簡帛逐字索引大系

秦簡逐字索引（二）

（附原文及校釋）

增訂本

主編　張顯成

國家古籍整理出版專項經費資助項目
全國高等院校古籍整理工作委員會直接資助項目
西南大學中央高校基本科研業務費專項資金項目（WSU1309370）

四川大學出版社

秦簡逐字索引之二

《放馬灘秦簡》逐字索引

目　錄

一、檢字表

本檢字表包括單字檢字、合文檢字兩部分。

（一）單字檢字

五畫

六畫

七　畫

八畫

九畫

十畫

十一畫

十二畫

十三畫

十四畫

十五畫

十六畫

（二）合文檢字[①]

① 以下“營₌”是“營室”的省簡寫法，不能算作嚴格意義上的合文，姑置於此。

二、正　文

【説明】

1.《放馬灘秦簡》内容共有四種：《日書甲種》《日書乙種》《丹記》① 和木板地圖。本索引正文對以上内容多有簡稱，並略去其書名號。稱謂如下：

原稱謂	索引正文稱謂
《日書甲種》	日甲
《日書乙種》	日乙
《丹記》	丹記
木板地圖	地圖

2. 本逐字索引正文包括兩部分：單字、合文。

3. 字頭後表示出處的文字示例如下：

0049 犬（11）　日甲 40：～/日甲 72 貳：～忌/日甲 72 貳：～矢（屎）/日甲 72 貳：～弗居/日乙 166：不利～/日乙 307：～矢（屎）/日乙 307：～弗居/日乙 311：～主/日乙 236 壹：～殹（也）/日乙 327 上：～豖之主殹（也）/丹記 4：乃聞～犻（吠）

① 《丹記》，整理報告《天水放馬灘秦簡》稱《志怪故事》。

“日甲 40”“日甲 72 貳”，分別表示“犬”字及其辭例在《日書甲種》中的出處爲：《日書甲種》簡 40、《日書甲種》簡 72 貳（出現 3 次）。

“日乙 166”“日乙 307”“日乙 311”“日乙 236 壹”“日乙 327 上”，分別表示“犬”字及其辭例在《日書乙種》中的出處爲：《日書乙種》簡 166、《日書乙種》簡 307（出現 2 次）、《日書乙種》簡 311、《日書乙種》簡 236、《日書乙種》簡 327 上。

“丹記 4”表示“犬”字及其辭例在《丹記》中的出處爲：《丹記》簡 4。

0051 比（5） 日乙 260：～于宮聲/日乙 268：～于反栩（羽）/日乙 297：下毋（無）所～者/地圖 M1・21B：夜～端谿/地圖 M1・21B：夜～

“日乙 260”“日乙 268”“日乙 297”，分別表示“比”字的出處爲：《日書乙種》簡 260、《日書乙種》簡 268、《日書乙種》簡 297。

“地圖 M1・21B”“地圖 M1・21B”表示“比”字的出處爲：木板地圖 M1・21B 號、木板地圖 M1・21B 號。

（一）單字

0001 一（73）　日甲11：十~月/日甲43壹：~日/日甲53壹：十~日/日甲63壹：廿~日/日甲22：~于（宇）中/日甲23：~人/日甲26：~于（宇）閒/日甲27：~人/日乙11壹：十~月/日乙16叁：~布/日乙34壹：十~日/日乙44壹：廿~日/日乙55壹：~于（宇）中/日乙56壹：~人/日乙59壹：~于（宇）閒/日乙60壹：~人/日乙85壹：十~月/日乙60貳：日十~/日乙57叁：十~月/日乙57叁：日五夜十~/日乙82貳：日十~/日乙85貳：十~月/日乙85貳：夜十~/日乙113貳：十~月/日乙115貳：~歲/日乙116貳：~月/日乙117貳：各~/日乙117貳：~歲/日乙118貳：~月/日乙120貳：~歲/日乙312：十~月/日乙309：得~失十/日乙133壹：垣=（垣，垣）~版/日乙138：~月/日乙141：十~月/日乙141：~堵/日乙301：十~月/日乙158：~日/日乙160：十~月/日乙166：~日/日乙162壹：~日/日乙179柒：八十~/日乙333：~左一右/日乙333：一左~右/日乙333：~□□/日乙333：置~/日乙333：三益~/日乙333：下三奪~/日乙195壹：宮~之/日乙194貳：七千~百/日乙199貳：~千七十二/日乙200貳：~十六/日乙201貳：十~萬/日乙202貳：十~萬/日乙205貳：~十二/日乙170貳：十~月/日乙176叁：宮~/日乙349：壬~/日乙349：寅~/日乙273：人~/日乙286：夾鐘多~/日乙286：姑【=】洗=（姑洗，【姑】洗）少~/日乙

300：～夜/日乙 345：～曰/日乙 350：～天殹（也）/日乙 342：除～/日乙 342：有（又）除～/日乙 326：～而東北一/日乙 326：一而東北～/日乙 327 下：令三而～/日乙 321：三而～/日乙 295：騷貂～半/日乙 296：～目

0002 乙（64）　日甲 23：～亡/日甲 24 貳：～酉/日甲 69 貳：～丑/日甲 70 貳：～巳/日甲 70 貳：～亥/日甲 70 貳：～酉/日乙 53 貳：～、辛/日乙 56 壹：～亡/日乙 78 壹：～丑/日乙 80 壹：～酉/日乙 80 壹：～卯/日乙 81 壹：～亥/日乙 81 壹：～巳/日乙 372 壹：～丑/日乙 83 壹：～巳/日乙 83 壹：～亥/日乙 83 壹：～酉/日乙 114 壹：～、丁/日乙 55 貳：～丑/日乙 82 貳：～臽/日乙 94 壹：九月～〈甲〉甲〈乙〉/日乙 97 壹：甲～/日乙 118 壹：～亥/日乙 95 貳：甲～/日乙 106 貳：～卯/日乙 312：五月～/日乙 130 壹：～卯/日乙 131 壹：～亥/日乙 140：～/日乙 141：～戊辛/日乙 302：四月～/日乙 306：～巳/日乙 308 壹：～酉/日乙 132 貳：～、辛/日乙 129 貳：甲～/日乙 146 壹：～丑/日乙 146 壹：～未/日乙 147 壹：～巳/日乙 149 壹：～亥/日乙 149 壹：～丑/日乙 148 壹：～卯/日乙 148 壹：～巳/日乙 148 壹：～未/日乙 150 壹：～巳/日乙 151 壹：～巳/日乙 151 壹：～未/日乙 153 壹：～丑/日乙 144 貳：～亥/日乙 145 貳：～酉/日乙 146 貳：～未/日乙 147 貳：～巳/日乙 149 貳：～卯/日乙 148 貳：～丑/口乙 154：正月甲～/日乙 156：十月甲～/日乙 181 壹：～八木/日乙 197 壹：甲～卯/日乙 202 壹：～巳/日乙 202 壹：～亥/日乙 203 壹：～卯/日乙 203 壹：～酉/日乙 204 壹：～丑/日乙 204 壹：～未/日乙 349：～三

0003 二（72）　日甲 2 壹：～月/日甲 12：十～月/日甲 44 壹：～日/

168 壹：～七/日乙 169 壹：心～/日乙 169 壹：～二/日乙 169 貳：～月/日乙 175 壹：箕～/日乙 170 貳：～一月/日乙 361 壹：～二月/日乙 171 壹：～四/日乙 178 壹：東壁～三/日乙 167 叁：～五/日乙 174 貳：～三/日乙 168 叁：～四/日乙 168 叁：～三/日乙 169 叁：～五/日乙 177 貳：～三/日乙 178 貳：翼～三/日乙 178 叁：軫～五/日乙 283：六～六/日乙 283：六～八/日乙 283：六～四/日乙 283：七～五/日乙 283：七～六/日乙 349：癸～二/日乙 260：～月/日乙 300：～/日乙 284：～二聲/日乙 285：～二聲/日乙 285：～月/日乙 362 壹：～四日/日乙 362 壹：～七日/地圖 M1·9：～三里/地圖 M1·9：～五里

0006 七（71） 日甲 7：～月/日甲 49 壹：～日/日甲 59 壹：十～日/日甲 69 壹：廿～日/日乙 7 壹：～月/日乙 40 上：～日/日乙 50 壹：廿～日/日乙 79 壹：～憙（喜）/日乙 84 壹：～月/日乙 56 貳：日～/日乙 58 貳：夜～/日乙 62 貳：～月/日乙 62 貳：夜～/日乙 64 貳：日～/日乙 78 貳：日～/日乙 80 貳：夜～/日乙 362 貳：～月丙/日乙 83 貳：日～/日乙 106 壹：二～/日乙 109 叁：～月/日乙 312：～月丙/日乙 317：～月/日乙 139：～月/日乙 141：～月/日乙 301：～月卯未/日乙 302：～月丙/日乙 363：～日/日乙 133 貳：～星/日乙 159 ：～日雨/日乙 159：～月旱/日乙 160：～月雨/日乙 166：～日/日乙 182 壹：丙～火/日乙 182 貳：寅～火/日乙 188 貳：申～水/日乙 186 叁：～星/日乙 181 肆：蚤（早）食～，栩（羽），火/日乙 187 肆：莫中～，羽，金/日乙 180 伍：～/日乙 184 伍：市日，～/日乙 190 肆：～/日乙 180 柒：～十六/日乙 181 柒：～十二/日乙 185 柒：五十～/日乙 194 貳：十～萬/日乙 194 貳：～千/日乙 194

287：亡～遂/日乙 282：主～/日乙 329：主～/日乙 357 貳：吉～/丹記 1：大梁～/丹記 1：傷～/丹記 2：吾犀武舍～/丹記 2：舍～/丹記 4：～食/丹記 5：死～

0009 入（130）　日甲 13：不可～黔首/日甲 15：可～生（牲）/日甲 16 壹：可以～黔首/日甲 21：及～禾粟/日甲 20 貳：～人奴、妾/日甲 43 壹：～月/日甲 44 壹：～月/日甲 45 壹：～月/日甲 46 壹：～月/日甲 47 壹：～月/日甲 48 壹：～月/日甲 49 壹：～月/日甲 50 壹：～月/日甲 51 壹：～月/日甲 52 壹：～月/日甲 53 壹：～月/日甲 54 壹：～月/日甲 55 壹：～月/日甲 56 壹：～月/日甲 57 壹：～月/日甲 58 壹：～月/日甲 59 壹：～月/日甲 60 壹：～月/日甲 61 壹：～月/日甲 62 壹：～月/日甲 63 壹：～月/日甲 64 壹：～月/日甲 65 壹：～月/日甲 66 壹：～月/日甲 67 壹：～月/日甲 69 壹：～月/日甲 70 壹：～月/日甲 71 壹：～月/日甲 72 壹：～月/日甲 17 貳：日未～/日甲 17 貳：日～/日甲 23：從東方～/日甲 24 壹：從西北～/日甲 32 壹：從東方～/日甲 33：從東方～/日甲 34：從東方～/日甲 36：從南方～/日甲 39：從西方～/日乙 14 壹：不可～黔首/日乙 16 壹：可以～黔首/日乙 22 壹：及～禾粟/日乙 24 壹：～人奴、妾/日乙 10 貳：與～輒虛/日乙 22 叁：～財大吉/日乙 26 壹：～月/日乙 27 壹：～月/日乙 28 壹：～月/日乙 29 壹：～月/日乙 40 上：～月/日乙 31 壹：～月/日乙 32 壹：～月/日乙 33 壹：～月/日乙 34 壹：～月/日乙 35 壹：～月/日乙 36 壹：～月/日乙 37 壹：～月/日乙 38 壹：～月/日乙 42 上：～月/日乙 41 壹：～月/日乙 43 壹：～月/日乙 44 壹：～月/日乙 45 壹：～月/日乙 46 壹：～月/日乙 47 壹：～月/日乙

48壹：~月/日乙49壹：~月/日乙50壹：~月/日乙51壹：~月/日乙52壹：~月/日乙53壹：~月/日乙56壹：從東方~/日乙57壹：從西北~/日乙69：從東方~/日乙70：【從東】方~/日乙72：從南方~/日乙75壹：從西方~/日乙55貳：~八月/日乙104壹：~其口中/日乙125壹：~宦/日乙125壹：忌~室/日乙318：不可~宮/日乙312：~月/日乙128：~臣妾/日乙309：不利以~/日乙309：~官者必去/日乙363：~月/日乙142：日未~/日乙142：日~/日乙158：~正月/日乙166：~正月/日乙162壹：~正月/日乙189肆：日~五/日乙186伍：【日】~，五/日乙199壹：時日~/日乙174叁：日~/日乙268：~正（政）/日乙273：以~/日乙207：日~/日乙208：日~/日乙210：日~/日乙211：日~/日乙213：日~/日乙214壹：日~/日乙216：日~/日乙217：日~/日乙219：日~/日乙220：日~/日乙222：日~/日乙225：日~/日乙226：日~/日乙228：日~/日乙229：日~/日乙231：日~/日乙232：日~/日乙234壹：日~/日乙235壹：日~/日乙237壹：日~/日乙239：日~/日乙240：日~/日乙241：~舞投黄鐘/日乙295：~禾炊/日乙362壹：~月/日乙366：~官/日乙378：~而幸其出/日乙381：不~憂

0010 八（63） 日甲8：~月/日甲50壹：~日/日甲60壹：十~日/日甲70壹：廿~日/日乙8壹：~月/日乙4貳：~歲更/日乙17貳：~歲更/日乙17叁：~歲始富/日乙24叁：~歲而更/日乙31壹：~日/日乙41壹：十~日/日乙51壹：廿~日/日乙84壹：~月/日乙55貳：~月/日乙57貳：日~/日乙57貳：夜~/日

色/日乙 93 下：~/日乙 295：投~鬲中/日乙 357 貳：有~毋（無）妻

0017 才（1）　日乙 277：貞~（在）南=吕=（南吕，南吕）之數

0018 下（43）　日甲 17 貳：日~則（昃）/日甲 35：蹇木~/日乙 71：蹇木~/日乙 142：日~則（昃）/日乙 155：上~/日乙 161：東井爲~泉/日乙 161：~泉雨/日乙 179 陸：黄鐘~生林鐘/日乙 333：~三奪一/日乙 193：皆~生/日乙 352：~出/日乙 195 貳：~夷則/日乙 196 貳：~南【吕】/日乙 197 貳：~毋（無）射/日乙 198 貳：~瘫（應）【鐘】/日乙 199 貳：~〈上〉生黄【鐘】/日乙 169 伍：~八而生者/日乙 260：天~清明（明）/日乙 265：布賜天~/日乙 272：以政~黔首/日乙 207：善~視/日乙 215：陰捶（垂）~/日乙 227：善~視/日乙 243：投辰，~/日乙 243：上多~少/日乙 288：~甚/日乙 288：~數/日乙 246：上~行往/日乙 297：~毋（無）所比者/日乙 345：上多~/日乙 345：上~當/日乙 345：~多上/日乙 345：~多上/日乙 345：~多/日乙 284：乃~六正/日乙 290：望於~/地圖 M1·12A：~臨/地圖 M1·12A：~楊谷/地圖 M1·12A：~辟磨/地圖 M1·21A：~楊/地圖 M1·21A：~臨/地圖 M1·21A：~荻（?）思/地圖 M1·21A：~辟磨

0019 丈（3）　日甲 28：其盜~夫殹（也）/日乙 61 壹：其盜~夫殹（也）/日乙 162 壹：衣者~夫

0020 大（103）　日甲 31：熹（喜）~（太）息/日甲 37：~復（腹）/日乙 5 貳：~伍門/日乙 13 貳：~吉門/日乙 17 貳、19 貳：~人/日乙 22 叁：入財~吉/日乙 67：熹（喜）~（太）息/日乙 72：~目/日乙 73 壹：~復（腹）/日乙 94 壹：~會/日乙 99 壹：~室/日乙 99

（太）族/日乙 250：孰爲~祝/日乙 251：~（太）族/日乙 252 上：~（太）族/日乙 253：~木/日乙 255：是₌（是是）~木有槐/日乙 255：~備/日乙 257：~吕/日乙 258 壹：~（太）族/日乙 350：~父及殤/日乙 350：~遏及北公/日乙 192：~水殹（也）/日乙 292：~吉/日乙 330：~吉/日乙 339：司~男/日乙 290：毋（無）~正/日乙 357 貳：~（太）息申【=】（申【申】）/日乙 381：~穀/丹記 1：~梁人/地圖 M1・9：~松休/地圖 M1・9：~桯/地圖 M1・9：~松/地圖 M1・12A：~楠材

0021 上（43）　日甲 22：疵在~/日乙 55 壹：疵在~/日乙 94 壹：~材/日乙 106 壹：□衙~/日乙 155：~下/日乙 155：~中/日乙 160：婁爲~泉/日乙 161：~泉雨/日乙 333：~三益一/日乙 193：皆~生，三而四/日乙 200 貳：~大吕/日乙 201 貳：~大（太）族/日乙 202 貳：~夾【鐘】/日乙 203 貳：~姑【先（洗）】/日乙 204 貳：~中吕/日乙 205 貳：~蕤（蕤）【賓】/日乙 169 伍：~六而生者/日乙 260：其祟~君/日乙 272：~事殹（也）/日乙 243：~，父殹（也）/日乙 243：~多下少/日乙 288：下數多者爲~/日乙 246：~下行往/日乙 345：~多下/日乙 345：~下當/日乙 345：下多~一/日乙 345：下多~二/日乙 342：□~/日乙 342：~至七/日乙 290：登於~/日乙 295：入禾炊其~□復上/日乙 295：入禾炊其上□復~/丹記 3：立墓~三日/丹記 4：柏丘之~/丹記 7：毋以羹沃腏（餟）~/地圖 M1・9：~臨/地圖 M1・12A：~臨/地圖 M1・12A：~楊谷/地圖 M1・12A：~辟磨/地圖 M1・21A：~楊/地圖 M1・21A：~臨/地圖 M1・21A：~茯（?）思/地圖 M1

·21A：~辟磨

0022 小（18） 日甲 15：爲~嗇夫/日甲 30 壹：~目/日甲 34：~首/日甲 34：~目/日甲 35：~面/日乙 66：~目/日乙 70：~首/日乙 70：~目/日乙 71：~面/日乙 73 壹：~頸/日乙 107 壹：~有（又）死/日乙 108 下壹：~者以死/日乙 156：~飢（饑）/日乙 157：~雨/日乙 157：~虫（蟲）/日乙 207：~面/日乙 233 壹：~頭/地圖 M1·21B：~杺

0023 口（16） 日甲 22：食者五~/日甲 26：食者五~/日乙 55 壹：食者五~/日乙 59 壹：食者五~/日乙 104 壹：入其~中/日乙 281：~舌不墜/日乙 212：大~/日乙 220：□~/日乙 228：大~/日乙 236 壹：大~/日乙 237 壹：大~/日乙 296：~舌者 /地圖 M1·9：到~廿五里/地圖 M1·12A：北谷~道[冗]/地圖 M1·12A：去谷~可五里橚材/地圖 M1·12A：谷~可八里大楠材

0024 山（13） 日甲 32 壹：臧（藏）~谷中/日甲 38：再在~谷/日乙 68：臧（藏）~谷中/日乙 74 壹：再在~谷/日乙 305：不可之~谷/日乙 179 柒：□~/日乙 180 柒：□~/日乙 184 柒：俗~/日乙 186 柒：俗~/日乙 188 柒：俗~/日乙 245：逢~水/地圖 M1·7811B：~格/地圖 M1·7811B：故西~

0025 千（12） 日乙 123 壹：~里之行/日乙 319：~里外顧復歸/日乙 194 貳：七~/日乙 195 貳：五~/日乙 197 貳：七~/日乙 198 貳：九~/日乙 199 貳：一~/日乙 200 貳：四~/日乙 201 貳：八~/日乙 203 貳：四~/日乙 204 貳：八~/日乙 205 貳：三~

0026 及（32） 日甲 20 壹：責人~摯（執）人/日甲 21：~作有爲毆（也）/日甲 21：~入禾粟/日甲 41：再在屏圂方~矢（屎）/日乙 20 壹：責人~摯（執）人/日乙 21 壹：

以~/日甲 31：以~/日甲 32 壹：以~/日甲 33：以~/日甲 34：以~/日甲 35：以~/日甲 24 貳：不死必~/日乙 15 壹：逃~/日乙 55 壹：甲~/日乙 56 壹：乙~/日乙 57 壹：丙~/日乙 58 壹：丁~/日乙 59 壹：戊~/日乙 59 壹：~蚤（早）不得/日乙 59 壹：~莫（暮）而得/日乙 60 壹：己~/日乙 61 壹：庚~/日乙 62 壹：辛~/日乙 63 壹：壬~/日乙 64 壹：癸~/日乙 66：以~/日乙 67：以~/日乙 68：以~/日乙 69：以~/日乙 71：以是~/日乙 120 壹：不死必~/日乙 122 壹：逃~/日乙 103 叁：死~/日乙 105 貳：死~/日乙 106 貳：死~/日乙 108 下叁：死~/日乙 109 叁：死~/日乙 111 貳：死~/日乙 112 貳：死~/日乙 114 貳：死~/日乙 123 壹：~不復歸/日乙 124 壹：不死必~/日乙 317：~/日乙 128：以~者/日乙 134 壹：不死必~/日乙 135 壹：不死必~/日乙 137：必死~/日乙 130 壹：必死~/日乙 131 壹：必死~/日乙 308 壹：不死必~/日乙 333：~□□/日乙 264、278：乃~其福/日乙 281：不死不~/日乙 246：是=（是是）可~/日乙 294：或~/日乙 322：~辰/日乙 322：復~/日乙 90：占~貨/日乙 90：以~/日乙 287：占~人/日乙 287：~人/日乙 287：~人遂

0031 之（125）　日甲 61 貳：安（宴）後見~/日甲 65 貳：後見~/日甲 2 貳：復~/日甲 3 貳：必復~/日甲 4 貳：岡（剛）楺（柔）~日/日甲 30 壹：取~/日甲 36：有（又）從~出/日甲 67 貳：視〈祝〉~/日乙 3 貳：絕~/日乙 8 貳：夾~/日乙 13 貳：~門/日乙 14 貳：三渫（世）~後/日乙 21 貳：居~凶/日乙 24 貳：家人~門/日乙 42 貳：安（宴）後見~/日乙 52 貳：祠~/日乙 23 叁：必有喪，過~/日乙 23 叁：築~/日

日甲 69 貳：壬～/日甲 71 貳：壬～/日甲 73 貳：十二月～/日乙 1 壹：開～/日乙 2 壹：收～/日乙 3 壹：成～/日乙 4 壹：危～/日乙 5 壹：彼（破）～/日乙 6 壹：摯（執）～/日乙 7 壹：定～/日乙 8 壹：平～/日乙 9：盈～/日乙 13 壹：開～〈申〉/日乙 10 壹：除～/日乙 11 壹：建～/日乙 12 壹：閉～/日乙 15 壹：君～/日乙 18 貳：君～/日乙 17 叁：男～/日乙 25 貳：～/日乙 35 貳：～/日乙 55 壹：男～/日乙 56 壹：女～/日乙 57 壹：男～/日乙 58 壹：女～/日乙 59 壹：男～/日乙 60 壹：女～/日乙 61 壹：男～/日乙 62 壹：女～/日乙 63 壹：男～/日乙 64 壹：女～/日乙 66：～/日乙 75 壹：黑～/日乙 78 壹：甲～/日乙 79 壹：壬～/日乙 80 壹：丙～/日乙 81 壹：戊～/日乙 82 壹：庚～/日乙 86 壹：～/日乙 91 上：～/日乙 113 壹：～/日乙 113 壹：女～/日乙 114 壹：男～/日乙 75 貳：壯～/日乙 98 壹：杓（剽）～/日乙 100 壹：中～/日乙 101 壹：孫～/日乙 107 壹：～孫/日乙 108 下壹：長【=】～=（長子；【長】子）/日乙 108 下壹：中【=】～=（中子；【中】子）/日乙 108 下壹：取少～/日乙 109 壹：長～/日乙 110 壹：取中～/日乙 110 壹：取長～/日乙 110 壹：取少～/日乙 112 壹：不利～/日乙 115 壹：丙～/日乙 101 貳：～/日乙 103 叁：壬～/日乙 115 貳：甲～/日乙 117 貳：～丑/日乙 120 貳：～丑/日乙 124 壹：甲～/日乙 127：～朔巳亥/日乙 127：丑朔～午/日乙 127：寅朔～午/日乙 133 壹：～/日乙 134 壹：～/日乙 135 壹：～/日乙 132 壹：～/日乙 136：～/日乙 136：少～死/日乙 136：中～死/日乙 136：長～死/日乙 129 壹：春～/日乙 130 壹：冬壬～/日乙 139：男～/日乙 139：女～/日乙 140：長～/日乙 140：中～/日乙

爲小嗇～/日甲 28：其盜丈～殹（也）/日乙 14 壹：可爲嗇～/日乙 15 壹：可以治嗇～/日乙 13 貳：必爲嗇～/日乙 11 貳：雖（唯）爲嗇～/日乙 61 壹：其盜丈～殹（也）/日乙 129 壹：爲嗇～/日乙 162 壹：衣者丈～/日乙 352：其事嗇～/日乙 218：男子嗇～/日乙 250：是=（是是）～婦皆居/日乙 310：女子去～/日乙 294：～妻/日乙 344：妻～殹（也）/日乙 344：日爲～/日乙 344：～妻之和/日乙 344、324：～妻

0042 无（1）　日乙 376：～（無）有則吉

0043 云（1）　日乙 252 上：雖憂以～□▨

0044 廿（25）　日甲 62 壹：～日/日甲 63 壹：～一日/日甲 64 壹：～二日/日甲 65 壹：～三日/日甲 66 壹：～四日/日甲 67 壹：～五日/日甲 69 壹：～七日/日甲 70 壹：～八日/日甲 71 壹：～九日/日乙 4 貳：～/日乙 43 壹：～日/日乙 44 壹：～一日/日乙 45 壹：～二日/日乙 46 壹：～三日/日乙 47 壹：～四日/日乙 48 壹：～五日/日乙 49 壹：～六日/日乙 50 壹：～七日/日乙 51 壹：～八日/日乙 52 壹：～九日/日乙 170 壹：斗～三/日乙 170 壹：～二/日乙 172 壹：營=（營室）～/日乙 362 壹：～三日/地圖 M1・9：～五里

0045 木（24）　日甲 35：蹇～下/日乙 17 叁：若～攻（功）/日乙 71：蹇～下/日乙 76 貳：～生亥/日乙 77 貳：土〈水〉生～/日乙 77 貳：～生火/日乙 140：～日/日乙 100 貳：不可伐～/日乙 305：材～/日乙 154：邦有～攻（功）/日乙 180 壹：甲九～/日乙 181 壹：乙八～/日乙 183 貳：卯六～/日乙 191 貳：亥四～/日乙 197 壹：司～/日乙 253：大～/日乙 255：是=（是是）大～有槐/日乙 357 壹：□益出占～凶□/地圖 M1・9：多休～/地圖 M1・12A：陽有剆～/地圖

M1・12A：陽盡柏～/地圖 M1・12A：陽盡柏～/地圖 M1・21A：有蘇～下获（?）思/地圖 M1・21A：有蘇～上获（?）思

0046 五（85） 日甲 5：～月/日甲 47 壹：～日/日甲 57 壹：十～日/日甲 67 壹：廿～日/日甲 22：食者～口/日甲 26：食者～口/日甲 67 貳：禹有直～横/日甲 73 貳：～月/日乙 5 壹：～月/日乙 91 下：～歲/日乙 29 壹：～日/日乙 38 壹：十～日/日乙 48 壹：廿～日/日乙 55 壹：食者～口/日乙 59 壹：食者～口/日乙 80 壹：～憙（喜）/日乙 85 壹：～月/日乙 60 貳：～月/日乙 60 貳：夜～/日乙 57 叁：日～/日乙 82 貳：～月/日乙 82 貳：夜～/日乙 85 貳：日～/日乙 107 貳：～月/日乙 119 貳：～月/日乙 120 貳：各～/日乙 312：～月乙/日乙 141：～月/日乙 301：～月巳亥/日乙 302：～月戊/日乙 132 貳：～丑/日乙 134 貳：～丑/日乙 305：～月/日乙 347：～歲/日乙 145 壹：～寅/日乙 148 壹：～寅/日乙 158：～日/日乙 159：～月旱/日乙 157：～月辰₌（辰，辰）/日乙 160：雨～月/日乙 166：～日/日乙 164：～穜（種）忌/日乙 165：禹有直～横/日乙 184 壹：戊～土/日乙 188 壹：壬～〈六〉水/日乙 189 壹：癸～水/日乙 184 貳：辰～水/日乙 190 貳：戌～火/日乙 183 叁：～音/日乙 183 肆：東中～，【宫】，土/日乙 184 肆：日中～，宫，土/日乙 182 伍：夜半、後鳴，～/日乙 186 伍：日中、【日】入，～/日乙 189 伍：夜半、後鳴，～/日乙 185 柒：𧂐（蕤）賓～十七/日乙 186 柒：林鐘～十四/日乙 189 柒：毋（無）射卌～/日乙 195 貳：～千/日乙 197 貳：～十六/日乙 202 貳：～百/日乙 167 叁：十～/日乙 173 貳：昴十～/日乙 169 叁：

畢十～/日乙 361 貳：與鬼～/日乙 178 叁：軫十～/日乙 176 叁：栩（羽）～/日乙 325 貳：至於～而止/日乙 325 貳、361 叁：七以～倍之/日乙 283：七十～/日乙 349：巳～/日乙 348：多四、～、六/日乙 355：四百～/日乙 343：～者/日乙 350：～音/日乙 322：前～/日乙 342：～，西南五/日乙 342：五，西南～/日乙 331：～之/日乙 344：～與四/日乙 284：～音/日乙 285：～音/日乙 93 下：于～/地圖 M1・9：松休十～里/地圖 M1・9：廿～里/地圖 M1・12A：可～里橚材

0047 支（4）　日乙 267：～原/日乙 294：□～唐₌（唐唐）/日乙 329：多～/丹記 4：四～（肢）不用

0048 不（221）　日甲 13：～可入黔首/日甲 14：逃亡～得/日甲 18 壹：～可行₌（行，行）/日甲 18 貳：逃亡～得/日甲 54 貳：安（宴）～聽/日甲 57 貳：夕～聽/日甲 58 貳：旦有言，～聽/日甲 58 貳：晝～聽/日甲 59 貳：旦～聽/日甲 59 貳：晝～聽/日甲 60 貳：旦～聽/日甲 60 貳：安（宴）百事～聽/日甲 61 貳：夕～聽/日甲 62 貳：晝～説（悦）/日甲 63 貳：晝～説（悦）/日甲 64 貳：旦～聽/日甲 65 貳：安（宴）～聽/日甲 23：～得/日甲 25 壹：～得/日甲 26：蚤（早）～得/日甲 28：～得/日甲 29：盜～得/日甲 25 貳：爲人操（躁）～靖/日甲 31：盜～遠/日甲 30 貳：～得/日甲 33：～得/日甲 38：～牷/日甲 38：～得/日甲 66 貳：～得/日甲 73 壹：～得/日甲 24 貳：～可起土攻（功）/日甲 24 貳：～死必亡/日乙 14 壹：～可入黔首/日乙 15 壹：逃亡～得/日乙 18 壹：～可/日乙 1 貳：～寡/日乙 1 貳：～吉/日乙 7 貳：～殹（也）/日乙 16 貳：～周門/日乙 21 貳：～吉/

日乙21肆：~爲興□/日乙20叁：十二歲~更/日乙20叁：~耐乃刑/日乙35貳：安（宴）~聽/日乙37貳：晝~得言/日乙38貳：夕~聽/日乙39貳：旦有言，~聽/日乙39貳：晝~聽/日乙40下貳：旦~聽/日乙40下貳：晝~聽/日乙41貳：百事~聽/日乙42貳：夕~聽/日乙43貳：晝~説（悦）/日乙44貳：晝~説（悦）/日乙45貳：旦~聽/日乙46貳：安（宴）~聽/日乙53貳：~可開門/日乙17叁：~可/日乙18叁：~可/日乙21叁：~可/日乙58壹：~得/日乙59壹：蚤（早）~得/日乙61壹：~得/日乙62壹：盜~得/日乙64壹：爲人操（躁）~靖/日乙67：盜~遠/日乙68：~得/日乙69：~得/日乙72：~遠/日乙74壹：~牷/日乙74壹：~得/日乙89：~然/日乙94壹：~可興垣/日乙99壹：~可/日乙102壹：~可出女/日乙103壹：~可以/日乙104壹：[馬]~肎（肯）行者/日乙106壹：~肎（肯）行/日乙112壹：~利父/日乙112壹：~利母/日乙112壹：~利子/日乙112壹：家~居/日乙115壹：~可壞垣/日乙116壹：~可/日乙116壹：必死~久/日乙117壹：~成/日乙118壹：~成/日乙119壹：~可/日乙120壹：~可/日乙120壹：~死必亡/日乙122壹：~可爲室/日乙122壹：~居/日乙121壹：~可/日乙115貳：~出一歲/日乙116貳：~出一月/日乙117貳：~出一歲/日乙118貳：~出一月、旬/日乙119貳：~出五月/日乙120貳：~出一歲/日乙123壹：亡~復歸/日乙124壹：~死必亡/日乙125壹：~可/日乙318：~可入宫/日乙123貳：~可/日乙124貳：~可南行/日乙125貳：~可以西行/日乙126貳：~可北行/日乙314：~復歸/日乙316：~可以/日乙319：~可/日乙317：~可西

□長/日乙 234 壹：～信而長/日乙 242：～遂/日乙 244：～失水火/日乙 244：～歙（歠）不哭/日乙 244：不歙（歠）～哭/日乙 246：是₌（是是）可亡～復/日乙 246：～樂/日乙 248：～可/日乙 250：～居/日乙 310：～定家/日乙 294：有疾～死/日乙 328：以責～得/日乙 328：以訟～哀/日乙 356：～死/日乙 257：～死/日乙 258 壹：～得/日乙 371：～成/日乙 371：～吉/日乙 371：～免/日乙 348：痛～已/日乙 355：～足除殹（也）/日乙 322：～₌得₌（不得，不得）/日乙 298：～□/日乙 287：～出其畔/日乙 324：～和/日乙 324：～失數/日乙 324：□～和/日乙 292：毋（無）所～利/日乙 292：～中數/日乙 292：～中聿（律）/日乙 292：～和中/日乙 364 壹：～中律/日乙 358 貳：～中數/日乙 296：～棄很數/日乙 351：～成/日乙 357 貳：～可以/日乙 362 壹：～可/日乙 378：～利/日乙 381：～入憂/丹記 4：四支（肢）～用/丹記 4：～欲多衣/丹記 5：～食殹（也）

0049 犬（11） 日甲 40：～/日甲 72 貳：～忌/日甲 72 貳：～矢（屎）/日甲 72 貳：～弗居/日乙 166：不利～/日乙 307：～矢（屎）/日乙 307：～弗居/日乙 311：～主/日乙 236 壹：～殹（也）/日乙 327 上：～豕之生殹（也）/丹記 4：乃聞～犻（吠）

0050 友（1） 日乙 273：祟及其主～

0051 比（5） 日乙 260：～于宮聲/日乙 268：～于反栩（羽）/日乙 297：下毋（無）所～者/地圖 M1・21B：夜～端谿/地圖 M1・21B：夜～

0052 止（7） 日乙 107 壹：～者/日乙 333：壹行壹～/日乙 175 叁：

到三～/日乙325貳：至於五而～/日乙325貳：至於六而～/日乙361叁：至於七而～/日乙361叁：至於八而～

0053 少（17）　日乙108下壹：～者/日乙108下壹：取～子/日乙110壹：取～子/日乙111壹：～男死/日乙100叁：東～可/日乙136：～子死/日乙140：～子死/日乙359：日中至晦從～/日乙243：上多下～/日乙288：甚～/日乙242：以～【爲】病/日乙286：～二/日乙286：～一/日乙162貳：～其數者/日乙297：～贏/日乙344：～者/丹記4：～麋（眉）

0054 日（425）　日甲13：建～/日甲13：良～殹（也）/日甲14：除～/日甲15：盈～/日甲16壹：平～/日甲17壹：定～/日甲18壹：摯（執）～/日甲19壹：彼（破）～/日甲20壹：危～/日甲21：成～/日甲18貳：開～/日甲20貳：閉～/日甲42壹：行～/日甲43壹：一～/日甲43壹：～中北吉/日甲44壹：二～/日甲44壹：～中北吉/日甲45壹：三～/日甲45壹：～中北吉/日甲46壹：四～/日甲46壹：～中南〈西〉吉/日甲47壹：五～/日甲47壹：～中西吉/日甲48壹：六～/日甲48壹：～中西吉/日甲49壹：七～/日甲49壹：～中西吉/日甲50壹：八～/日甲50壹：～中西吉/日甲51壹：九～/日甲51壹：～中西吉/日甲52壹：十～/日甲52壹：～中西吉/日甲53壹：十一～/日甲53壹：～中南吉/日甲54壹：十二～/日甲54壹：～中南吉/日甲55壹：十三～/日甲55壹：～中南吉/日甲56壹：十四～/日甲56壹：～中南吉/日甲57壹：十五～/日甲57壹：～中南吉/日甲58壹：十六～/日甲58壹：～中南吉/日甲59壹：十七～/日甲59壹：～中南吉/日甲60壹：十八～/

日甲 60 壹：～中南吉/日甲 61 壹：十九～/日甲 61 壹：～中東吉/日甲 62 壹：廿～/日甲 62 壹：～中東吉/日甲 63 壹：廿一～/日甲 63 壹：～中東吉/日甲 64 壹：廿二～/日甲 64 壹：～中東吉/日甲 65 壹：廿三～/日甲 65 壹：～中東吉/日甲 66 壹：廿四～/日甲 66 壹：～中東吉/日甲 67 壹：廿五～/日甲 67 壹：～中東吉/日甲 68：～/日甲 68：～中北吉/日甲 69 壹：廿七～/日甲 69 壹：～中北吉/日甲 70 壹：廿八～/日甲 70 壹：～中北吉/日甲 71 壹：廿九～/日甲 71 壹：～中北吉/日甲 72 壹：卅～/日甲 72 壹：～中北吉/日甲 42 貳：人～/日甲 43 貳：～中凶/日甲 43 貳：～失（昳）吉/日甲 43 貳：夕～凶/日甲 44 貳：～中凶/日甲 44 貳：～失（昳）可/日甲 44 貳：夕～凶/日甲 45 貳：～中凶/日甲 45 貳：～失（昳）凶/日甲 45 貳：夕～凶/日甲 46 貳：～中凶/日甲 46 貳：～失（昳）凶/日甲 46 貳：夕～凶/日甲 47 貳：～失（昳）凶/日甲 47 貳：夕～吉/日甲 48 貳：～中凶/日甲 48 貳：～失（昳）凶/日甲 48 貳：夕～可/日甲 49 貳：～中吉/日甲 49 貳：夕～凶/日甲 50 貳：～中凶/日甲 50 貳：～失（昳）吉/日甲 50 貳：夕～凶/日甲 51 貳：～中吉/日甲 51 貳：～失（昳）吉/日甲 51 貳：夕～凶/日甲 52 貳：～中吉/日甲 52 貳：～失（昳）吉/日甲 52 貳：夕～凶/日甲 53 貳：～中吉/日甲 53 貳：～失（昳）吉/日甲 53 貳：夕～凶/日甲 1 貳：男～/日甲 1 叁：女～/日甲 2 貳：以女～病/日甲 2 貳：以女～瘳/日甲 2 貳：必女～復之/日甲 2 貳：以女～/日甲 3 貳：以女～葬/日甲 3 貳：男～亦如是/日甲 4 貳：岡（剛）楺（柔）之～/日甲 16 貳：～出/日甲 16 貳：～中/日甲 16 貳：～過中/日甲 17 貳：～下則（昃）/日甲 17

貳：~未入/日甲 17 貳：~入/日甲 66 貳：擇~/日甲 69 貳：良~/日甲 70 貳：良~/日甲 73 貳：塞穴置（窒）鼠壍（塈）困~/日乙 14 壹：建~/日乙 14 壹：良~殹（也）/日乙 15 壹：除~/日乙 16 壹：平~/日乙 17 壹：定~/日乙 18 壹：摯（執）~/日乙 19 壹：彼（破）~/日乙 20 壹：危~/日乙 21 壹：成~/日乙 24 壹：閉~/日乙 16 叁：~出一布/日乙 26 壹：二~/日乙 26 壹：~中北吉/日乙 27 壹：三~/日乙 27 壹：~中北吉/日乙 28 壹：四~/日乙 28 壹：~中南〈西〉吉/日乙 29 壹：五~/日乙 29 壹：~中西吉/日乙 30 壹：六~/日乙 30 壹：~中西吉/日乙 40 上：七~/日乙 40 上：~中西吉/日乙 31 壹：八~/日乙 31 壹：~中西吉/日乙 32 壹：九~/日乙 32 壹：~中西吉/日乙 33 壹：十~/日乙 33 壹：~中西吉/日乙 34 壹：十一~/日乙 34 壹：~中南吉/日乙 35 壹：十二~/日乙 35 壹：~中南吉/日乙 36 壹：十三~/日乙 36 壹：~中南吉/日乙 37 壹：十四~/日乙 37 壹：~中南吉/日乙 38 壹：十五~/日乙 38 壹：~中南吉/日乙 42 上：十六~/日乙 42 上：~中/日乙 41 壹：┃八~/日乙 41 壹：~中南吉/日乙 43 壹：廿~/日乙 43 壹：~中東吉/日乙 44 壹：廿一~/日乙 44 壹：~中東吉/日乙 45 壹：廿二~/日乙 45 壹：~中東吉/日乙 46 壹：廿三~/日乙 46 壹：~中東吉/日乙 47 壹：廿四~/日乙 47 壹：~中東吉/日乙 48 壹：廿五~/日乙 48 壹：~中東吉/日乙 49 壹：廿六~/日乙 49 壹：~中北吉/日乙 50 壹：廿七~/日乙 50 壹：~中北吉/日乙 51 壹：廿八~/日乙 51 壹：~中北吉/日乙 52 壹：廿九~/日乙 52 壹：~中北吉/日乙 53 壹：卅~/日乙 53 壹：~中北吉/日乙 373：見人~/日乙 25 貳：~中凶/日乙 25

貳：～失（昳）吉/日乙 25 貳：夕～凶/日乙 26 貳：～中凶/日乙 26 貳：～失（昳）可/日乙 26 貳：夕～凶/日乙 27 貳：～中凶/日乙 27 貳：～失（昳）凶/日乙 27 貳：夕～凶/日乙 28 貳：～中凶/日乙 28 貳：～失（昳）凶/日乙 28 貳：夕～凶/日乙 29 貳：～失（昳）凶/日乙 29 貳：夕～吉/日乙 30 貳：～中凶/日乙 30 貳：～失（昳）凶/日乙 30 貳：夕～可/日乙 31 貳：～中凶/日乙 31 貳：～失（昳）吉/日乙 31 貳：夕～凶/日乙 32 貳：～中吉/日乙 32 貳：～失（昳）吉/日乙 32 貳：夕～凶/日乙 33 貳：～中吉/日乙 33 貳：～失（昳）吉/日乙 33 貳：夕～凶/日乙 34 貳：～中吉/日乙 34 貳：～失（昳）吉/日乙 34 貳：夕～凶/日乙 47 貳：庚午～/日乙 48 貳：良～/日乙 23 叁：其築～/日乙 79 壹：～失（昳）行/日乙 80 壹：～中行/日乙 81 壹：己未～/日乙 83 壹：材（裁）衣良～/日乙 86 壹：爲牡～/日乙 87：爲牝～/日乙 89：牡～死/日乙 89：必以牝～葬/日乙 89：牝～死/日乙 89：必以牡～葬/日乙 88：牡月牝～/日乙 88：牝月牡～/日乙 91 上：男～/日乙 91 上：女～/日乙 91 上、93 中：以女～病/日乙 93 中：以女～瘳/日乙 92：必女～復之/日乙 92：以女～死/日乙 92：以女～葬/日乙 92：男～亦如是/日乙 113 壹：岡（剛）～/日乙 113 壹：牡～殹（也）/日乙 113 壹：吉～殹（也）/日乙 114 壹：是=（是是）柔～/日乙 114 壹：陰～/日乙 114 壹：牝～殹（也）/日乙 114 壹：吉～殹（也）/日乙 55 貳：四～/日乙 56 貳：～七/日乙 57 貳：～八/日乙 58 貳：～九/日乙 59 貳：～十/日乙 60 貳：～十一/日乙 61 貳：～十/日乙 62 貳：～九/日乙 63 貳：～八/日乙 64 貳：～七/日乙 56 叁：～六/日乙 57 叁：～五/日乙 58 叁：～六/日乙78貳：～七/日乙79貳：～八/日乙80貳：～九/日乙82貳：～十一/日乙65貳：～十/日乙83貳：～七/日乙84貳：～六/日乙85貳：～五/日乙86貳：～六/日乙94壹：是₌（是是）～衝/日乙99壹：爲室～殹（也）/日乙102壹：殺～/日乙103壹：四灋（廢）～/日乙108上：宮～/日乙109壹：羽～/日乙111壹：角～/日乙112壹：建～/日乙112壹：除～/日乙112壹：開～/日乙112壹：盈～/日乙125壹：不可到室之～/日乙125壹：此六旬龍～/日乙318：是謂離～/日乙312：此～行世里/日乙315：忌～/日乙316：凡大行龍～/日乙317：合～殹（也）/日乙129壹：是₌（是是）人彼（破）～/日乙130壹：牛晨鼻～殹（也）/日乙131壹：是₌（是是）牝～/日乙138：三～/日乙140：木～/日乙140：土～/日乙140：水～/日乙301：凶～/日乙363：七～/日乙306：土良～/日乙135貳：祠門良～/日乙142：～出/日乙142：～中/日乙142：～過中/日乙142：～則（昃）/日乙142：～下則（昃）/日乙142：～未入/日乙142：～入/日乙145壹：吉～/日乙146壹：吉～/日乙147壹：吉～/日乙149壹：吉～/日乙148壹：吉～/日乙150壹：吉～/日乙151壹：吉～/日乙153壹：吉～/日乙158：一～而有雨/日乙158：二～雨/日乙158：三～雨/日乙158：四～雨/日乙158－159：五～雨/日乙159：六～雨/日乙159：七～雨/日乙157：辰₌（辰，辰）～大雨/日乙166：一～/日乙166：二～/日乙166：三～/日乙166：四～/日乙166：五～/日乙166：七～/日乙162壹：一～風₌（風，風）/日乙165：擇～/日乙65壹：壄（壄）困～/日乙190壹：～前/日乙

180 肆：～出/日乙 184 肆：～中/日乙 189 肆：～入/日乙 183 伍：～出/日乙 183 伍：～失（昳）/日乙 184 伍：市～/日乙 186 伍：～中/日乙 198 壹：時～中/日乙 199 壹：時～入/日乙 167 伍：～分/日乙 174 叁：～入/日乙 173 叁：投～/日乙 177 叁：□～/日乙 177 叁：～辰/日乙 359：旦自～中/日乙 359：～中至晦/日乙 349：～爭勝者/日乙 340：～爲客/日乙 340：～數薄/日乙 206：～中/日乙 207：～中/日乙 207：～入/日乙 208：～入/日乙 209：～中/日乙 210：～中/日乙 210：～入/日乙 211：～入/日乙 212：～中/日乙 213：～中/日乙 213：～入/日乙 214 壹：～入/日乙 215：～中/日乙 216：～中/日乙 216：～入/日乙 217：～入/日乙 218：～中/日乙 219：～中/日乙 219：～入/日乙 220：～入/日乙 221：～中/日乙 222：～中/日乙 222：～入/日乙 224：～中/日乙 225：～中/日乙 225：～入/日乙 226：～入/日乙 227：～中/日乙 228：～中/日乙 228：～入/日乙 229：～入/日乙 230：～中/日乙 231：～中/日乙 231：～入/日乙 232：～入/日乙 233 壹：～中/日乙 234 壹：～中/日乙 234 壹：～入/日乙 235 壹：～入/日乙 236 壹：～中/日乙 237 壹：～中/日乙 237 壹：～入/日乙 238：～中/日乙 239：～中/日乙 239：～入/日乙 240：～入/日乙 241：投～/日乙 243：投～/日乙 286：旦至～中/日乙 286：投～中/日乙 254：～中爲期/日乙 297：旦以至～中/日乙 297：～中以至晦/日乙 345：投～/日乙 348：～尚久/日乙 338：病～/日乙 355：直（值）～/日乙 298：前～家有喪殹（也）/日乙 90：并～辰時/日乙 331：昔～/丹記 6：凡～者/日乙 327 下：～＝辰＝（日、辰。日、辰）/日乙 344：～爲夫/日乙 293：

甲53貳：日～吉/日甲16貳：日～/日甲16貳：日過～/日甲17貳、19貳：夜未～/日甲19貳：夜～/日甲19貳：夜過～/日甲22：一于（宇）～食者五口/日甲23：其一人在室～/日甲30壹：盜者～人/日甲30壹：臧（藏）穴～/日甲30壹：糞土～/日甲32壹：臧（藏）山谷～/日甲33：臧（藏）壄（野）林草茅～/日甲34：谿谷、窌穴～/日甲35：盜者～人殹（也）/日甲35：臧（藏）囷屋屍糞土～/日甲37：爯在牢圈～/日甲40：糞蔡～/日甲41：盜者～人殹（也）/日甲72貳：燔園～犬矢（屎）/日乙26壹：日～北吉/日乙26壹：～夜南吉/日乙27壹：日～北吉/日乙27壹：～夜南吉/日乙28壹：日～南〈西〉吉/日乙28壹：～夜東吉/日乙29壹：日～西吉/日乙29壹：～夜東吉/日乙30壹：日～西吉/日乙30壹：～夜東吉/日乙40上：日～西吉/日乙40上：～夜【東吉】/日乙31壹：日～西吉/日乙31壹：～夜東吉/日乙32壹：日～西吉/日乙32壹：～夜南〈東〉吉/日乙33壹：日～西吉/日乙33壹：～夜南〈東〉吉/日乙34壹：日～南吉/日乙34壹：～夜北吉/日乙35壹：日～南吉/日乙35壹：～夜北吉/日乙36壹：日～南吉/日乙36壹：～夜北吉/日乙37壹：日～南吉/日乙37壹：～夜北吉/日乙38壹：日～南吉/日乙38壹：～夜北吉/日乙42上、39壹：日～南吉/日乙39壹：～夜北吉/日乙41壹：日～南吉/日乙41壹：～夜北吉/日乙42壹：～夜西吉/日乙43壹：日～東吉/日乙43壹：～夜西吉/日乙44壹：日～東吉/日乙44壹：～夜西吉/日乙45壹：日～東吉/日乙45壹：～夜西吉/日乙46壹：日～東吉/日乙46壹：～夜西吉/日乙47壹：日～東吉/日乙47壹：～夜西吉/日乙48壹：日～東吉/日乙48壹：

～夜西吉/日乙 49 壹：日～北吉/日乙 49 壹：～夜南吉/日乙 50 壹：日～北吉/日乙 50 壹：～夜南吉/日乙 51 壹：日～北吉/日乙 51 壹：～夜南吉/日乙 52 壹：日～北吉/日乙 52 壹：～夜南吉/日乙 53 壹：日～北吉/日乙 53 壹：～夜南吉/日乙 25 貳：日～凶/日乙 26 貳：日～凶/日乙 27 貳：日～凶/日乙 28 貳：日～凶/日乙 30 貳：日～凶/日乙 31 貳：日～凶/日乙 32 貳：日～吉/日乙 33 貳：日～吉/日乙 34 貳：日～吉/日乙 55 壹：一于（宇）～食者五口/日乙 56 壹：其一人在室～/日乙 66：盜者～人/日乙 66：取之，臧（藏）穴～/日乙 66：糞土～/日乙 68：臧（藏）山谷～/日乙 69：臧（藏）壄（野）林草茅～/日乙 71：盜者～人殹（也）/日乙 71：臧（藏）囷屋屍糞土～/日乙 72：芻稾～/日乙 73 壹：爯在牢圈～/日乙 77 壹：盜者～人殹（也）/日乙 80 壹：日～行/日乙 100 壹：～子/日乙 104 壹：以毄（繫）～外/日乙 104 壹：入其口～/日乙 108 下壹：取～【=】子=（中子，【中】子）死/日乙 110 壹：取～子/日乙 136：～子死/日乙 140：～子死/日乙 131 貳：不可伐大桑～央/日乙 100 貳：四月～不可伐木/日乙 142：日～/日乙 142：日過～/日乙 143：夜未～/日乙 143：夜～/日乙 143：夜過～/日乙 144 壹：歙（飲）必審睢桮（杯）～/日乙 154、158：大作邦～/日乙 155：上～/日乙 156：歲～/日乙 160－161：畢爲～泉/日乙 161：～泉雨/日乙 161：～竜享（熟）/日乙 307：燔園～犬矢（屎）/日乙 183 肆：東～五，【宫】，土/日乙 184 肆：日～五，宫，土/日乙 185 肆：西～九，徵，土/日乙 181 伍：～鳴/日乙 185 伍：過～/日乙 186 伍：日～/日乙 189 陸：毋（無）

壹：投～南吕/日乙 234 壹：日～至日入/日乙 234 壹：投～南吕/日乙 235 壹：投～南吕/日乙 236 壹：旦至日～/日乙 236 壹：投～毋（無）射/日乙 236 壹：善病□～/日乙 237 壹：日～至日入/日乙 237 壹：投～毋（無）射/日乙 238：旦至日～/日乙 238：投～應（應）鐘/日乙 239：日～至日入/日乙 239：投～應（應）鐘/日乙 240：投～夾鐘/日乙 241：～麗首者可以見人/日乙 241：～六律/日乙 241：再～/日乙 243：投时，其～，子殹（也）/日乙 286：旦至日～/日乙 286：投日～/日乙 245：發～宵（消）畏忌/日乙 246：～聞不樂/日乙 246：莫～吾步/日乙 247 壹：～吕/日乙 249：～吕之卦/日乙 254：日～爲期/日乙 257：～吕/日乙 297：旦以至日～以其雄占/日乙 297：日～以至晦以其雌【占】/日乙 338：以其所～之辰閒/日乙 338：～其後爲巳閒/日乙 338：～其前爲未閒/日乙 335：病～/日乙 322：投得其式爲有～閒/日乙 342：盜在～/日乙 287：其所～之鐘賤/日乙 344：欲夫妻之和而～數殹（也）/日乙 293：所～鍾數/日乙 321：～期如參合之數/日乙 365：～數中律/日乙 365：中數～律/日乙 292：不～數不中聿（律）/日乙 292：不中數不～聿（律）/日乙 292：是謂不和～/日乙 364 壹：～數不中律/日乙 364 壹：中數不～律/日乙 358 貳：～律不中數/日乙 358 貳：中律不～數/日乙 330：居～居午/日乙 323、194 壹：益居孟～居子居季/日乙 295：求瓮（碗）者羊脂地投土鬲～/日乙 295：復内～入禾炊其上□復上/丹記 1：丹矢傷人垣離里～/木板地圖 M1・7811A：～田/木板地圖 M1・7811B：～田/木板地圖 M1・21B：～杺

0057 内（3） 日乙 99 壹：不可築大室、～/日乙 103 壹：爲室、屋、

～/日乙 97 叁：～/日乙 109 叁：七月戊～死亡/日乙 117 貳：～未孤/日乙 118 貳：甲～旬/日乙 120 貳：～未虛/日乙 125 壹：庚～/日乙 127：丑朔子～/日乙 127：寅朔子～/日乙 127：～朔寅申/日乙 133 壹：～/日乙 134 壹：～/日乙 135 壹：～/日乙 132 壹：～/日乙 136：～/日乙 129 壹：秋～/日乙 130 壹：夏丙～/日乙 301：六月～戌/日乙 145 壹：丙～/日乙 147 壹：庚～/日乙 148 壹：丙～/日乙 148 壹：庚～/日乙 148 壹：甲～/日乙 151 壹：丙～/日乙 153 壹：壬～/日乙 153 壹：戊～/日乙 146 貳：甲～/日乙 147 貳：丙～/日乙 149 貳：戊～/日乙 148 貳：庚～/日乙 150 貳：壬～/日乙 186 貳：～九火/日乙 198 壹：羽立（位）丙丁～、戌、寅/日乙 202 壹：戊～/日乙 203 壹：丙～/日乙 204 壹：甲～/日乙 205 壹：壬～/日乙 167 伍：～以到亥/日乙 349：～七/日乙 330：居殹（也）大吉～/日乙 330：居中居～

0060 手（1） 日乙 217：善病肩、～

0061 牛（12） 日甲 21：馬～/日甲 31：～殹（也）/日乙 22 壹：馬～/日乙 67：～殹（也）/日乙 101 壹：～馬及羊死之/日乙 130 壹：～晨弁日殹（也）/日乙 166：五日風不利～/日乙 162 壹：～臬𡎹₌（𡎹𡎹）/日乙 353：其畜～/日乙 209：～殹（也）/日乙 210：冢（兕）～殹（也）/日乙 211：旄～殹（也）

0062 壬（56） 日甲 29：～亡/日甲 69 貳：～子/日甲 71 貳：～子/日乙 48 貳：～申/日乙 51 貳：～寅/日乙 23 叁：必以～午築之/日乙 63 壹：～亡/日乙 78 壹：～申/日乙 79 壹：～午/日乙 79 壹：～子/日乙 80 壹：～辰/日乙 80 壹：～戌/日乙 372 壹：～子/日乙 113 壹：～/日乙 78 貳：～臽/日乙 94 壹：六月～癸/日乙 96 壹：四瀌（廢）～癸/日乙 122 壹：～癸/日乙 99 貳：

日甲 69 貳：乙～/日甲 70 貳：丁～/日甲 70 貳：己～/日乙 1 壹：閉～/日乙 2 壹：開～/日乙 3 壹：收～/日乙 4 壹：成～/日乙 5 壹：危～/日乙 6 壹：彼（破）～/日乙 7 壹：摯（執）～/日乙 8 壹：定～/日乙 9：平～/日乙 13 壹：閉～〈酉〉/日乙 10 壹：盈～/日乙 11 壹：除～/日乙 12 壹：建～/日乙 26 貳：～/日乙 36 貳：～/日乙 67：～/日乙 78 壹：乙～/日乙 79 壹：癸～/日乙 80 壹：丁～/日乙 81 壹：己～/日乙 82 壹：辛～/日乙 372 壹：乙～/日乙 83 壹：丁～/日乙 83 壹：己～/日乙 91 上：～/日乙 114 壹：癸、～/日乙 55 貳：乙～/日乙 74 貳：老～/日乙 102 貳：～/日乙 104 貳：～/日乙 117 貳：子～虛/日乙 120 貳：子～孤/日乙 318：辛～/日乙 318：己～/日乙 123 貳：己～/日乙 315：東毋犯～巳/日乙 127：～朔子午/日乙 127：卯朔～未/日乙 127：辰朔～未/日乙 133 壹：～/日乙 134 壹：～/日乙 135 壹：～/日乙 132 壹：～/日乙 136：～/日乙 301：正月～酉/日乙 301：九月酉～/日乙 363：夏～/日乙 132 貳：五～/日乙 134 貳：五～/日乙 145 壹：辛～/日乙 145 壹：丁～/日乙 145 壹：癸～/日乙 146 壹：乙～/日乙 146 壹：辛～/日乙 146 壹：亥〈癸〉～/日乙 149 壹：丁～/日乙 149 壹：乙～/日乙 148 壹：～/日乙 151 壹：己～/日乙 151 壹：～/日乙 151 壹：辛～/日乙 153 壹：乙～/日乙 153 壹：己～/日乙 148 貳：乙～/日乙 150 貳：丁～/日乙 152 貳：辛～/日乙 153 貳：癸～/日乙 164：～黍/日乙 181 貳：～八金/日乙 199 壹：～/日乙 201 壹：辛～/日乙 202 壹：己～/日乙 203 壹：丁～/日乙 204 壹：乙～/日乙 205 壹：癸～/日乙 349：～二

0084 以（154） 日甲 13：可～祝祠/日甲 13：可～畜六生（牲）/日

毋～甲子/日乙 320：毋～壬戌歸/日乙 125 貳：不可～西行/日乙 316：不可～行及歸/日乙 319：不可～=壬=癸=到=家=（以壬癸到家，以壬癸到家）/日乙 317：癸亥～行/日乙 128：～徙官/日乙 128：～受憂者/日乙 128：～亡者/日乙 309：利～出不利以入/日乙 309：利以出不利～入/日乙 309：～受賀喜/日乙 309：十憂～去/日乙 309：～毆治人/日乙 137：～它辰垣/日乙 137：～辰垣它鄉（嚮）/日乙 137：～杓辰鄉（嚮）/日乙 301：不可～/日乙 133 貳：～七星/日乙 305：不可之山谷帝〈辛（薪）〉～材木及伐空桑/日乙 193：黄鐘～至姑先（洗）/日乙 193：從中吕～至瘫（應）鐘/日乙 167 伍：甲～到戊/日乙 167 伍：己～到癸/日乙 167 伍：子～到巳/日乙 167 伍：午～到亥/日乙 174 叁：旦～到東中/日乙 174 叁：西中～到日入/日乙 374：奎～到軫/日乙 173 叁：～爲母/日乙 175 叁：三～三倍之/日乙 175 叁：四～四倍之/日乙 325 貳：六～三倍之/日乙 325 貳、361 叁：七～五倍之/日乙 361 叁：八～八倍之/日乙 361 叁：九～三倍之/日乙 172 伍：～除母/日乙 172 伍：～餘期之/日乙 260：～視陶陽（唐）/日乙 260：～爲音尚/日乙 278：作常～殸/日乙 266：是～爲凶/日乙 265：～政（征）九壄（野）/日乙 270：利～賈市/日乙 272：～政下黔首/日乙 274：～徙行者/日乙 275：不～其言德/日乙 273：～入/日乙 279：禹～成略/日乙 279、311：不可～吉人/日乙 241：可～見人/日乙 242：～多爲病/日乙 242：～少【爲】病/日乙 286：姑洗～其子辰爲式/日乙 244：～寘三/日乙 244：～子爲貞/日乙 245：是=（是是）自天～戒/日乙 251：～作事/日乙 252 上：雖憂～云□☑/日乙

垣=（垣，垣）/日乙 134 壹：不~操土攻（攻）/日乙 135 壹：不~取土/日乙 132 壹：不~興垣/日乙 136：不~垣/日乙 129 壹：不~築室/日乙 130 壹：不~垣其鄉（嚮）/日乙 131 壹：不~起土攻（功）/日乙 138：不~興=土=攻（興土攻（功），興土攻（功））/日乙 138：不~行/日乙 139：不~垣其鄉（嚮）/日乙 140：不~操土攻（功）/日乙 141：不~垣/日乙 301：不~以/日乙 363：不~垣及□/日乙 308 壹：不~起土攻（功）/日乙 129 貳：不~伐大榆/日乙 130 貳：不~伐大棘/日乙 131 貳：不~伐大桑/日乙 100 貳：不~伐木/日乙 305：不~之山谷/日乙 164：不~始穜（種）/日乙 65 壹：凡~塞穴置（窒）鼠壄（壂）囷日/日乙 270：~受田宅/日乙 279、311：不可~吉人/日乙 241：~以見人/日乙 252 下：~論可言/日乙 252 下：可論~言/日乙 246：是=（是是）~亡不復/日乙 246：~求弗得/日乙 248：不~/日乙 254：左右~（何）望/日乙 336：~有□是卦/日乙 256：~殹（也）/日乙 214 貳：☑~□/日乙 357 貳：不~以吉人/日乙 362 壹：不~製衣冠/地圖 M1・12A：去谷口~五里櫄材/地圖 M1・12A：谷口~八里大楠材

0095 丙（55） 日甲 24 壹：~亡/日乙 49 貳：~午/日乙 50 貳：~寅/日乙 57 壹：~亡/日乙 80 壹：~子/日乙 80 壹：~午/日乙 81 壹：~寅/日乙 81 壹：~申/日乙 82 壹：~戌/日乙 82 壹：~辰/日乙 113 壹：~/日乙 362 貳：七月~【臽】/日乙 94 壹：~丁/日乙 98 壹：四灋（廢）~丁/日乙 115 壹：~子/日乙 96 貳：~丁/日乙 124 壹：~申/日乙 125 壹：~申/日乙 318：~寅/日乙 318：~申/日乙 312：七月~/日乙

～得/日乙 102 貳：～吉/日乙 103 貳：～得/日乙 94 貳：～兇（凶）/日乙 95 叁：～兇（凶）/日乙 96 叁：～得/日乙 97 叁：～得/日乙 98 叁：～兇（凶）/日乙 99 叁：～得/日乙 100 叁：～兇（凶）/日乙 101 叁：～見兵/日乙 102 叁：～吉/日乙 115 貳：孤在西～/日乙 117 貳：虛在正～/日乙 118 貳：虛在西～/日乙 304：～首/日乙 126 貳：不可～行/日乙 315：～毋犯戌寅/日乙 154：鬼神～行/日乙 162 壹：一日風=（風，風）道東～/日乙 313：從正～/日乙 165：鄉（嚮）～斗/日乙 200 壹：主～方/日乙 264：～方之啻（帝）/日乙 266：之～之東/日乙 265：其祟～君/日乙 227：長～（背）□□/日乙 240：善病～（背）/日乙 336：宮於～壄（野）/日乙 350：大遏及～公/日乙 342：～四/日乙 326：西～二/日乙 326：一而東～一/丹記 3：因與司命史公孫强～/丹記 3：趙氏之～/地圖 M1・12A：～谷口道冗/地圖 M1・12A：～有灌憂百録

0104 占（26） 日乙 333：凡～黄鐘/日乙 333：～復/日乙 283：～七十六/日乙 283：～卌二/日乙 269：～曰/日乙 310：～=長年不定家/日乙 310：～男子朢（忘）妻/日乙 360 壹：～病/日乙 360 壹：～獄訟/日乙 360 壹：～行/日乙 360 壹：～賈市/日乙 162 貳：～憂/日乙 297：～病/日乙 297：～獄訟/日乙 297：～行/日乙 297：～賈市/日乙 297：以其雄～/日乙 338：～疾/日乙 355：～病者/日乙 350：～病祟除/日乙 322：～盜/日乙 342：～盜/日乙 90：～亡貨/日乙 287：～亡人/日乙 337：凡～勝生/日乙 357 壹：□益出～木凶□

0105 且（5） 日乙 248：□～不可/日乙 356：有命～至/日乙 290：

0129 犯（5） 日乙 315：毋～其鄉（嚮）之忌日/日乙 315：西毋～亥未/日乙 315：東毋～丑巳/日乙 315：北毋～戌寅/日乙 315：南毋～辰申

0130 外（14） 日甲 20 壹：～政（征）/日甲 29：～盜殹（也）/日甲 34：～人殹（也）/日乙 20 壹：～政（征）/日乙 62 壹：～盜殹（也）/日乙 72：～人/日乙 101 壹：築～垣/日乙 126 貳：二百里～必死/日乙 319：千里～顧復歸/日乙 269：其祟～君殹（也）/日乙 272：～壄（野）某殹（也）/日乙 350：一天殹（也），公～/日乙 292：恐受～危/丹記 2：葬之垣離南門～

0131 冬（11） 日乙 98 壹：～三月/日乙 304：～三月/日乙 126 貳：～三月戊戌/日乙 129 壹：～酉/日乙 130 壹：～壬子/日乙 131 壹：～癸亥/日乙 302：～亥/日乙 363：～未/日乙 340：～忌勝/日乙 303 叁：□～而喜之/日乙 329：宜秋～

0132 主（22） 日乙 5 貳：～必富/日乙 6 貳：其～必昌/日乙 8 貳：其～必昌富/日乙 14 貳：其～富/日乙 16 貳：其～富/日乙 21 肆：～必富/日乙 24 貳：其～弗居/日乙 308 貳：直（德）之所在～歲/日乙 144 壹：～□杞/日乙 197 壹：～東方/日乙 197 壹：～人殹（也）/日乙 198 壹：～南方/日乙 199 壹：～西方/日乙 199 壹：～人白色/日乙 200 壹：～北方/日乙 340：辰爲～人/日乙 311：犬～/日乙 356：厚而寬～/日乙 339：司～員/日乙 339：司～丞居/日乙 282：爲客價～人/日乙 329：～人多

0133 市（14） 日乙 22 叁：所利雖（唯）利賈～/日乙 186 肆：昬（昏）～八，商，金/日乙 184 伍：食時、～日，七/日乙 270：～販事殹（也）/日乙 270：利以賈～/日乙 271：卜賈～/日乙 243：賈～/日乙 288：賈～喪

乙 8 貳：婦人～宜疾/日乙 13 貳：～爲嗇夫/日乙 12 貳：～盡/日乙 17 貳：弗更～凶死/日乙 19 貳：～盡/日乙 22 貳：～瘁（癃）/日乙 21 肆：主～富/日乙 91 下：～爲巫/日乙 23 叁：～有喪，過之/日乙 23 叁：～以壬午築之/日乙 63 壹：～有死者/日乙 64 壹：～得/日乙 73 壹：～得/日乙 89：～以牝日葬/日乙 89：～以牡日葬/日乙 89：～復之/日乙 92：～女日復之/日乙 92：～復之/日乙 115 壹：妻～死/日乙 116 壹：～死不久/日乙 120 壹：不死～亡/日乙 124 壹：不死～亡/日乙 126 貳：二百里外～死/日乙 319：～死/日乙 309：入官者～去/日乙 134 壹：不死～亡/日乙 135 壹：不死～亡/日乙 137：～死亡/日乙 130 壹：～死亡/日乙 131 壹：～死亡/日乙 141：～有死□/日乙 308 壹：不死～亡/日乙 144 壹：歙（飲）～審雎栝（杯）中/日乙 93 上：～死/日乙 313：邦君～或死之/日乙 290：～有瘟者/日乙 367：者～薄/丹記 7：祠者～謹騷（掃）除

0139 司（27） 日乙 134 壹：凡是₌（是是）地～空/日乙 197 壹：～木/日乙 198 壹：～火/日乙 199 壹：～金/日乙 200 壹：～水/日乙 245：室有大～/日乙 350：～命/日乙 330：～西方/日乙 330：西方～/日乙 330：～火/日乙 330：～水/日乙 339：～東方/日乙 339：～主員/日乙 339：～大男/日乙 339：～主丞/日乙 339：～東方長/日乙 339：～日方/日乙 339：～火/日乙 339：～成/日乙 339：～陰/日乙 323：令□□～/日乙 323：～空天/日乙 323：～空司/日乙 323：司空～/日乙 323：～宮益/丹記 3：因告～命史公孫强/丹記 3：因與～命史公孫强北

0140 民（2） 日乙 158：～多疾/日乙 279：～申皋（罪）人

0141 弗（13）　日甲71貳：鼠～居/日甲72貳：犬～居/日乙16叁：～更/日乙17貳：～更必凶死/日乙24貳：其主～居/日乙24叁：～更/日乙91下：～更/日乙346：～居軍/日乙307：犬～居/日乙281：恐～能勝/日乙245：～敬戒/日乙246：可求～得/丹記7：鬼～食毆（也）

0142 出（43）　日甲16貳：日～/日甲32壹：有（又）從【之】～/日甲33：復從～/日甲33：～【目】/日甲34：有（又）從【之】～/日甲36：有（又）從之～/日甲37：有（又）從【之】～/日甲37：～目/日甲39：復從西方～/日甲66貳：～邑門/日乙16叁：日～一布/日乙20貳：數～骶（禍）喪/日乙69：復從～/日乙69：～【目】/日乙70：有（又）從之～/日乙72：有（又）從之～/日乙73壹：有（又）從之～/日乙73壹：～目/日乙75壹：復從西方～/日乙102壹：不可～女/日乙102壹：～財/日乙115貳：不～一歲/日乙128：亟～/日乙309：利以～不利以入/日乙138：不～一月死/日乙142：日～/日乙165：～邑門/日乙180肆：日～八/日乙183伍：日～、日失（昳），八/日乙352：徵之音下～/日乙266：皋陶～令/日乙255：寇盜即～/日乙256：難～/日乙287：亡人不～其畔/日乙284：从天～令/日乙284：皋陶所～/日乙285：乃～六正/日乙285：皋陶所～/日乙296：臣妾作〈逃〉逋，～財租/日乙357壹：□益～占木凶□/日乙378：入而幸其～而豨不利/日乙381：波居室～麗/丹記3：屈（掘）～丹

0143 奴（2）　日甲20貳：人人～、妾/日乙24壹：人人～、妾

0144 台（1）　日乙356：～（始）有謈（遷）毆（也）

0145 母（13）　日乙107壹：～死/日乙109壹：～死/日乙109壹：

～後害/日乙 110 壹：～死/日乙 111 壹：～後央（殃）/日乙 112 壹：除日死不利～/日乙 133 壹：成垣父～死/日乙 137：～父死/日乙 129 貳：父～死/日乙 173 叁：時數并而三之以爲～/日乙 172 伍：并其數而以除～/日乙 243：～殹（也）/日乙 336：善～父

0146 邦（12） 日乙 4 貳：可聚～、使客/日乙 11 貳：～而知爲賤人/日乙 16 貳：臨～政/日乙 18 貳：是₌（是是）～君子門/日乙 23 貳：利爲～門/日乙 24 叁：臨～【政】/日乙 105 壹：～有盜/日乙 154：～有土攻（功）/日乙 154：大作～/日乙 158：禾粟，～起/日乙 313：～君必或死之/日乙 341：居～而環（還）

0147 式（3） 日乙 286：姑洗以其子辰爲～/日乙 322：以亡辰爲～/日乙 322：其～

0148 刑（5） 日乙 21 肆：～刑/日乙 20 叁：不耐乃～/日乙 347：～直（德）并在土/日乙 347：～徙/日乙 347：不勝～

0149 吉（329） 日甲 16 壹：作事～/日甲 21：皆～/日甲 43 壹：旦西～/日甲 43 壹：日中北～/日甲 43 壹：昏東～/日甲 43 壹：【中夜】南～/日甲 44 壹：旦西～/日甲 44 壹：日中北～/日甲 44 壹：昏東～/日甲 44 壹：中夜南～/日甲 45 壹：旦西～/日甲 45 壹：日中北～/日甲 45 壹：昏東～/日甲 45 壹：中夜南～/日甲 46 壹：旦西〈南〉～/日甲 46 壹：日中南〈西〉～/日甲 46 壹：昏北～/日甲 46 壹：中夜東～/日甲 47 壹：旦南～/日甲 47 壹：日中西～/日甲 47 壹：昏北～/日甲 47 壹：中夜東～/日甲 48 壹：旦南～/日甲 48 壹：日中西～/日甲 48 壹：昏北～/日甲 48 壹：中夜東～/日甲 49 壹：旦南～/日甲 49 壹：日中西～/日甲

49 壹：昏北～/日甲 49 壹：中夜南〈東〉～/日甲 50 壹：旦南～/日甲 50 壹：日中西～/日甲 50 壹：昏北～/日甲 50 壹：中夜南〈東〉～/日甲 51 壹：旦南～/日甲 51 壹：日中西～/日甲 51 壹：昏北～/日甲 51 壹：中夜南〈東〉～/日甲 52 壹：旦南～/日甲 52 壹：日中西～/日甲 52 壹：昏北～/日甲 52 壹：中夜南〈東〉～/日甲 53 壹：旦東～/日甲 53 壹：日中南～/日甲 53 壹：昏北〈西〉～/日甲 53 壹：中夜北～/日甲 54 壹：旦東～/日甲 54 壹：日中南～/日甲 54 壹：昏西～/日甲 54 壹：中夜北～/日甲 55 壹：旦東～/日甲 55 壹：日中南～/日甲 55 壹：昏西～/日甲 55 壹：中夜北～/日甲 56 壹：旦東～/日甲 56 壹：日中南～/日甲 56 壹：昏西～/日甲 56 壹：中夜北～/日甲 57 壹：旦東～/日甲 57 壹：日中南～/日甲 57 壹：昏西～/日甲 57 壹：中夜北～/日甲 58 壹：旦東～/日甲 58 壹：日中南～/日甲 58 壹：昏西～/日甲 58 壹：中夜北～/日甲 59 壹：旦東～/日甲 59 壹：日中南～/日甲 59 壹：昏西～/日甲 59 壹：中夜北～/日甲 60 壹：旦東～/日甲 60 壹：日中南～/日甲 60 壹：昏西～/日甲 60 壹：中夜北～/日甲 61 壹：旦北～/日甲 61 壹：日中東～/日甲 61 壹：昏南～/日甲 61 壹：中夜西～/日甲 62 壹：旦北～/日甲 62 壹：日中東～/日甲 62 壹：昏南～/日甲 62 壹：中夜西～/日甲 63 壹：旦北～/日甲 63 壹：日中東～/日甲 63 壹：昏南～/日甲 63 壹：中夜西～/日甲 64 壹：旦北～/日甲 64 壹：日中東～/日甲 64 壹：昏南～/日甲 64 壹：中夜西～/日甲 65 壹：旦北～/日甲 65 壹：日中東～/日甲 65 壹：昏南～/日甲 65 壹：中夜西～/日甲 66 壹：旦北～/日甲 66 壹：日中東～/日甲 66 壹：昏南～/日甲 66 壹：中夜西～/日甲 67 壹：

旦北～/日甲67壹：日中東～/日甲67壹：昏南～/日甲67壹：中夜西～/日甲68：旦西～/日甲68：日中北～/日甲68：昏東～/日甲68：中夜南～/日甲69壹：旦西～/日甲69壹：日中北～/日甲69壹：昏東～/日甲69壹：中夜南～/日甲70壹：旦西～/日甲70壹：日中北～/日甲70壹：昏東～/日甲70壹：中夜南～/日甲71壹：旦西～/日甲71壹：日中北～/日甲71壹：昏東～/日甲71壹：中夜南～/日甲72壹：旦西～/日甲72壹：日中北～/日甲72壹：昏東～/日甲72壹：中夜南～/日甲43貳：旦～/日甲43貳：安（宴）食～/日甲43貳：日失（昳）～/日甲44貳：安（宴）食～/日甲45貳：安（宴）食～/日甲46貳：旦～/日甲46貳：安（宴）食～/日甲47貳：安（宴）食～/日甲47貳：夕日～/日甲48貳：安（宴）食～/日甲49貳：日中～/日甲50貳：旦～/日甲50貳：日失（昳）～/日甲51貳：旦～/日甲51貳：日中～/日甲51貳：日失（昳）～/日甲52貳：旦～/日甲52貳：日中～/日甲52貳：日失（昳）～/日甲53貳：日中～/日甲53貳：日失（昳）～/日乙16壹：～殹（也）/日乙1貳：不～/日乙6貳：～/日乙13貳：大～門/日乙21貳：不～/日乙22叁：入財大～/日乙54：【日中北】～/日乙54：昬（昏）東～/日乙54：【中夜】南～/日乙26壹：旦西～/日乙26壹：日中北～/日乙26壹：昬（昏）東～/日乙26壹：中夜南～/日乙27壹：旦西～/日乙27壹：日中北～/日乙27壹：昬（昏）東～/日乙27壹：中夜南～/日乙28壹：旦西〈南〉～/日乙28壹：日中南〈西〉～/日乙28壹：昬（昏）北～/日乙28壹：中夜東～/日乙29壹：旦南～/日乙29壹：日中西～/日乙29壹：昬（昏）北

～/日乙 29 壹：中夜東～/日乙 30 壹：旦南～/日乙 30 壹：日中西～/日乙 30 壹：昏（昏）北～/日乙 30 壹：中夜東～/日乙 40 上：旦南～/日乙 40 上：日中西～/日乙 40 上：昏（昏）北～/日乙 31 壹：旦南～/日乙 31 壹：日中西～/日乙 31 壹：昏（昏）北～/日乙 31 壹：中夜東～/日乙 32 壹：旦南～/日乙 32 壹：日中西～/日乙 32 壹：昏（昏）北～/日乙 32 壹：中夜南〈東〉～/日乙 33 壹：旦南～/日乙 33 壹：日中西～/日乙 33 壹：昏（昏）北～/日乙 33 壹：中夜南〈東〉～/日乙 34 壹：旦東～/日乙 34 壹：日中南～/日乙 34 壹：昏（昏）北〈西〉～/日乙 34 壹：中夜北～/日乙 35 壹：旦東～/日乙 35 壹：日中南～/日乙 35 壹：昏（昏）西～/日乙 35 壹：中夜北～/日乙 36 壹：旦東～/日乙 36 壹：日中南～/日乙 36 壹：昏（昏）西～/日乙 36 壹：中夜北～/日乙 37 壹：旦東～/日乙 37 壹：日中南～/日乙 37 壹：昏（昏）西～/日乙 37 壹：中夜北～/日乙 38 壹：旦東～/日乙 38 壹：日中南～/日乙 38 壹：昏（昏）西～/日乙 38 壹：中夜北～/日乙 42 上：旦東～/日乙 42 上、39 壹：日中南～/日乙 39 壹：昏（昏）西～/日乙 39 壹：中夜北～/日乙 40 下壹：【中】夜北～/日乙 41 壹：旦東～/日乙 41 壹：日中南～/日乙 41 壹：昏（昏）西～/日乙 41 壹：中夜北～/日乙 42 壹：【日中東】～/日乙 42 壹：昏（昏）南～/日乙 42 壹：中夜西～/日乙 43 壹：旦北～/日乙 43 壹：日中東～/日乙 43 壹：昏（昏）南～/日乙 43 壹：中夜西～/日乙 44 壹：旦北～/日乙 44 壹：日中東～/日乙 44 壹：昏（昏）南～/日乙 44 壹：中夜西～/日乙 45 壹：旦北～/日乙 45 壹：日中東～/日乙 45 壹：昏（昏）南～/日乙 45 壹：中夜西～/日乙 46 壹：旦北～/日乙 46 壹：日中東～/日乙 46 壹：昏（昏）南～/日乙 46 壹：中夜西～/日乙 47 壹：旦北～/日乙 47 壹：日中東～/日乙 47 壹：昏（昏）南～/日乙 47 壹：中夜西～/日乙 48 壹：旦北～/日乙 48 壹：日中東～/日乙 48 壹：昏（昏）南～/日乙 48 壹：中夜西～/日乙 49 壹：旦西～/日乙 49 壹：日中北～/日乙 49 壹：昏（昏）東～/日乙 49 壹：中夜南～/日乙 50 壹：旦西～/日乙 50 壹：日中北～/日乙 50 壹：昏（昏）東～/日乙 50 壹：中夜南～/日乙 51 壹：旦西～/日乙 51 壹：日中北～/日乙 51 壹：昏（昏）東～/日乙 51 壹：中夜南～/日乙 52 壹：旦西～/日乙 52 壹：日中北～/日乙 52 壹：昏（昏）東～/日乙 52 壹：中夜南～/日乙 53 壹：旦西～/日乙 53 壹：日中北～/日乙 53 壹：昏（昏）東～/日乙 53 壹：中夜南～/日乙 25 貳：旦～/日乙 25 貳：安（宴）食～/日乙 25 貳：日失（昳）～/日乙 26 貳：安（宴）食～/日乙 27 貳：安（宴）食～/日乙 28 貳：旦～/日乙 28 貳：安（宴）食～/日乙 29 貳：安（宴）食～/日乙 29 貳：夕日～/日乙 30 貳：安（宴）食～/日乙 31 貳：旦～/日乙 31 貳：日失（昳）～/日乙 32 貳：旦～/日乙 32 貳：日中～/日乙 32 貳：日失（昳）～/日乙 33 貳：旦～/日乙 33 貳：日中～/日乙 33 貳：日失（昳）～/日乙 34 貳：日中～/日乙 34 貳：日失（昳）～/日乙 88：取（娶）妻皆～/日乙 113 壹：女子之～日殹（也）/日乙 114 壹：男子之～日殹（也）/日乙 111 壹：有從女，～/日乙 101 貳：東～/日乙 102 貳：北～/日乙 94 貳：西、東～/日乙 95 叁：東～/日乙 96 叁：南～/日乙 98 叁：南～/日乙 99 叁：西～/日乙 100 叁：西～/日乙 102 叁：東、北～/日乙 304：北首，皆～/日乙 145 壹：～日/日

盜～也

0155 再（2） 日乙 260：十月～周/日乙 241：～中

0156 西（108） 日甲 43 壹：旦～吉/日甲 44 壹：旦～吉/日甲 45 壹：旦～吉/日甲 46 壹：旦～〈南〉吉/日甲 47 壹：日中～吉/日甲 48 壹：日中～吉/日甲 49 壹：日中～吉/日甲 50 壹：日中～吉/日甲 51 壹：日中～吉/日甲 52 壹：日中～吉/日甲 54 壹：昏～吉/日甲 55 壹：昏～吉/日甲 56 壹：昏～吉/日甲 57 壹：昏～吉/日甲 58 壹：昏～吉/日甲 59 壹：昏～吉/日甲 60 壹：昏～吉/日甲 61 壹：中夜～吉/日甲 62 壹：中夜～吉/日甲 63 壹：中夜～吉/日甲 64 壹：中夜～吉/日甲 65 壹：中夜～吉/日甲 66 壹：中夜～吉/日甲 67 壹：中夜～吉/日甲 68：旦～吉/日甲 69 壹：旦～吉/日甲 70 壹：旦～吉/日甲 71 壹：旦～吉/日甲 72 壹：旦～吉/日甲 22：盜在～方/日甲 24 壹：盜在～方/日甲 24 壹：從～北入/日甲 27：在～南/日甲 38：盜從～方【入】/日甲 39：盜從～方入/日甲 39：復從～方出/日乙 2 貳：井居～南/日乙 2 貳：囷居～北/日乙 26 壹：旦～吉/日乙 27 壹：旦～吉/日乙 28 壹：旦～〈南〉吉/日乙 29 壹：日中～吉/日乙 30 壹：日中～吉/日乙 40 上：日中～吉/日乙 31 壹：日中～吉/日乙 32 壹：日中～吉/日乙 33 壹：日中～吉/日乙 35 壹：昬（昏）～吉/日乙 36 壹：昬（昏）～吉/日乙 37 壹：昬（昏）～吉/日乙 38 壹：昬（昏）～吉/日乙 39 壹：昬（昏）～吉/日乙 41 壹：昬（昏）～吉/日乙 42 壹：中夜～吉/日乙 43 壹：中夜～吉/日乙 44 壹：中夜～吉/日乙 45 壹：中夜～吉/日乙 46 壹：中夜～吉/日乙 47 壹：中夜～吉/日乙 48 壹：中夜～吉/日乙 49 壹：旦～吉/日乙 50 壹：旦～吉/日乙 51 壹：旦～吉/日乙 52 壹：旦～吉/日乙 53 壹：

壹：~東方/日乙 58 壹：其疵~足/日乙 59 壹：盜~南方/日乙 60 壹：其盜~爲人黄皙/日乙 60 壹：~西南/日乙 61 壹：其室~北方/日乙 73 壹：爯~牢圈中/日乙 74 壹：爯~山谷/日乙 75 壹：爯~囷、屋、東屌、水旁/日乙 77 壹：爯~屏圂方及矢（屎）/日乙 115 貳：其虛~東南/日乙 115 貳：孤~西北/日乙 116 貳：虛~正東/日乙 116 貳：孤~正西/日乙 117 貳：虛~正北/日乙 117 貳：孤~【正】南/日乙 118 貳：虛~西北/日乙 118 貳：孤~東南/日乙 119 貳：虛~正西/日乙 119 貳：孤~正東/日乙 120 貳：虛~【正】東〈南〉/日乙 120 貳：孤~【正】西〈北〉/日乙 347：刑直（德）并~土/日乙 308 貳：直（德）之所~主歲/日乙 260：貞~黄鐘/日乙 262：貞~大吕/日乙 264：貞~大（太）族/日乙 266：貞~夾鐘/日乙 269：□~項頸/日乙 270：貞~中吕/日乙 272：貞~蕤（蕤）賓/日乙 274：貞~林鐘/日乙 275：貞~夷則/日乙 279：【貞】~毋（無）射/日乙 279：~此憂心/日乙 281：貞~癰（應）鐘/日乙 342：盜~中

0159 有（129） 日甲 15：~疾難瘳/日甲 19 壹：毋可以~爲殹（也）/日甲 21：可起眾及作~爲殹（也）/日甲 54 貳：旦~言，喜，聽/日甲 55 貳：旦~言，怒/日甲 57 貳：旦~言，聽/日甲 58 貳：旦~言，不聽/日甲 61 貳：旦~美言/日甲 64 貳：晝得言，夕~惡【言】/日甲 65 貳：旦~求，得後【言】/日甲 65 貳：晝、夕~求/日甲 23：行~遺殹（也）/日甲 28：其室~黑犖擅（牘）/日甲 29：必~死者/日甲 32 壹：~（又）從【之】出/日甲 34：~（又）從【之】出/日甲 36：~（又）從之出/日甲 37：~（又）從【之】出/日甲 39：~黑子/日甲 67 貳：禹~直五横/日乙 19

壹：毋可以～爲毆（也）/日乙 21 壹：可起眾及作～爲毆（也）/日乙 3 貳：絕之必～經焉/日乙 91 下：～宜央（殃）/日乙 35 貳：旦～言，喜，聽/日乙 36 貳：旦～言，怒/日乙 37 貳：旦～言，怒/日乙 38 貳：旦～言，聽/日乙 39 貳：旦～言，不聽/日乙 42 貳：旦～美言/日乙 45 貳：夕～惡【言】/日乙 46 貳：旦～求，得後言/日乙 46 貳：晝、夕～求/日乙 23 叁：必～喪，過之/日乙 56 壹：行～遺毆（也）/日乙 61 壹：其室～黑犖擯（黷）/日乙 63 壹：必～死者/日乙 70：～（又）從之出/日乙 72：～（又）從之出/日乙 73 壹：～（又）從之出/日乙 75 壹：～黑子/日乙 105 壹：邦～盜/日乙 107 壹：～毀/日乙 107 壹：小～（又）死/日乙 108 下壹：～（又）之少者/日乙 110 壹：～毀/日乙 111 壹：～從女/日乙 115 貳：若～死【者】/日乙 116 貳：若～死者/日乙 117 貳：若～死者/日乙 118 貳：若～死者/日乙 119 貳：若～死者/日乙 120 貳：若～死者/日乙 122 貳：□□～邑毆（也）/日乙 121 貳：食□則～□央（殃）/日乙 121 貳：食領則～朋/日乙 319：～所□使/日乙 141：必～死□/日乙 154：邦～木攻（功）/日乙 154：大～年/日乙 154：邦～土攻（功）/日乙 154：～年/日乙 158：一日而～雨/日乙 155：辛雨，～年/日乙 156：庚辛雨，～年/日乙 161：大～黍/日乙 165：禹～直五横/日乙 289 貳：其事～皋（罪）/日乙 283：婁（數）～六十六/日乙 283：婁（數）～卌四/日乙 266：室～病者/日乙 269：～惡人/日乙 268：～人自處/日乙 270：～合某（謀）毆（也）/日乙 270：～水不滕/日乙 270：～言不惡/日乙 271：

聽/日乙 126 貳：～里大兇（凶）/日乙 126 貳：二～里外必死/日乙 312、314：～里遇將/日乙 314：三～里不復歸/日乙 138：～事凶/日乙 140：～事皆然/日乙 194 貳：七千一～卅七/日乙 195 貳：五千【八】～八十八/日乙 196 貳：四～六十四/日乙 197 貳：四～五十六/日乙 198 貳：九～六十八/日乙 200 貳：四～一十六/日乙 202 貳：五～九十二/日乙 203 貳：九～七十六/日乙 204 貳：三～四/日乙 205 貳：三～一十二/日乙 268：水～泖（仞）/日乙 310：～事朢（忘）/日乙 355：四～五/地圖 M1・12A：北有灌夒～録

0161 存（1） 日乙 299：辰爲～

0162 而（59） 日甲 18 壹：不可行=（行，行）遠必摯（執）～于公/日甲 26：亡莫（暮）～得/日乙 18 壹：不可行=（行，行）遠必摯（執）～于公/日乙 11 貳：邦～知爲賤人/日乙 15 貳：三歲～更/日乙 24 叁：八歲～更/日乙 59 壹：亡莫（暮）～得/日乙 117 壹：啻（帝）築丹宫～不成/日乙 118 壹：啻（帝）築室～臣不成/日乙 347：五歲～復并於土/日乙 158：一日～有雨/日乙 166：一日～風不利雞/日乙 333：置一～自十二之/日乙 193：皆下生，三～二/日乙 193：皆上生，三～四/日乙 352：如負□豖～□/日乙 173 叁：并～三之以爲母/日乙 169 伍：下八～生者/日乙 169 伍：三～爲二/日乙 169 伍：上六～生者/日乙 169 伍：三～爲四/日乙 325 貳：至於五～止/日乙 325 貳：至於六～止/日乙 361 叁：至於七～止/日乙 361 叁：至於八～止/日乙 172 伍：～以除母/日乙 172 伍：～以餘期之/日乙 277：夜半～斲責/日乙 217：長喙～脱/日乙 233 壹：圜（圓）目～晢/日乙 234 壹：不信～長/日乙 241：投日、投辰、投時～三

并之/日乙 241：因～三之/日乙 356：厚～寬主/日乙 345：未已～幾已/日乙 355：因～三之/日乙 355：～以所三□除焉/日乙 326：一～東北一/日乙 90：以亡～来問之/日乙 331：三□并～五之/日乙 327 下：～各三合/日乙 327 下：令三～一/日乙 344：欲夫妻之和～中數殹（也）/日乙 293：～欲智（知）其男女/日乙 293：投日、辰、星～参合之/日乙 293：因～参之/日乙 321：三～一/日乙 284：以～五音、十二聲/日乙 291：蛣[illegible]疾兄～櫝/日乙 290：登於上～望於下/日乙 303 叁：冬～喜之/日乙 341：居邦～環（還）/日乙 351：朝作～夕不成/日乙 378：入～幸/日乙 378：～豯不利/丹記 2：丹～復生/丹記 4：雞鳴～人食/丹記 5：於它～富/丹記 5：收服（餟）～聲〈罄〉之

0163 夸（1）　日乙 230：惡，行～=（夸夸）然

0164 死（113）　日甲 14：癉疾～/日甲 2 貳－3 貳：以女日～/日甲 27：其一人已～矣/日甲 29：必有～者/日甲 24 貳：不～必亡/日乙 15 壹：癉疾～/日乙 17 貳：弗更必凶～/日乙 60 壹：其一人已～矣/日乙 63 壹：必有～者/日乙 89：牡日～/日乙 89：牝日～/日乙 92：以女日～/日乙 99 壹：大人～之/日乙 100 壹：～之/日乙 101 壹：孫子～/日乙 101 壹：牛馬及羊～之/日乙 108 上、107 壹：人父及兄以～/日乙 107 壹：母～/日乙 107 壹：小有（又）～/日乙 108 下壹：小者以～/日乙 108 下壹：女〈母〉～/日乙 108 下壹：取長【=】子=（長子；【長】子）～/日乙 108 下壹：取中【=】子=（中子；【中】子）～/日乙 109 壹：人父～/日乙 109 壹：母～/日乙 109 壹：長子～/日乙 110 壹：長者～/日乙 110 壹：母～/日乙 110 壹：父～/

日乙110壹：【中子】～/日乙110壹：男～/日乙111壹：長者～/日乙111壹：少男～/日乙112壹：凡建日～不利父/日乙112壹：除日～不利母/日乙112壹：開日～不利子/日乙112壹：盈日～家不居/日乙115壹：妻必～/日乙116壹：必～不久/日乙120壹：不～必亡/日乙121壹：先行之者～/日乙103叁：正月壬子～亡/日乙105貳：三月甲寅～亡/日乙106貳：四月乙卯～亡/日乙108下叁：六月丁巳～亡/日乙109叁：七月戊午～亡/日乙111貳：九月庚申～亡/日乙112貳：十月辛酉～亡/日乙114貳：十二月癸亥～亡/日乙115貳：若有～【者】/日乙116貳：若有～者/日乙117貳：若有～者/日乙118貳：若有～者/日乙119貳：若有～者/日乙120貳：若有～者/日乙123壹：徙，～/日乙124壹：不～必亡/日乙126貳：二百里外必～/日乙319：必～/日乙317：歸，～/日乙317：不可西行，～/日乙309：人～之/日乙133壹：父母～/日乙134壹：不～必亡/日乙135壹：不～必亡/日乙136：少子～/日乙136：中子～/日乙136：長子～/日乙137：妻～/日乙137：母父～/日乙137：不～大兇（凶）/日乙137：必～亡/日乙130壹：必～亡/日乙131壹：必～亡/日乙138：不出一月～/日乙139：垣高厚，～/日乙139：取谷兵，男子～/日乙139：垣壞，女子～/日乙140：木日，長子～/日乙140：土日，中子～/日乙140：水日，少子～/日乙141：必有～□/日乙308壹：不～必亡/日乙129貳：父母～/日乙130貳：長男～/日乙131貳：長女～之/日乙162壹、93上：衣之必～/日乙313：邦君必或～之/日乙261：卜疾人三禺（遇）黃鐘，～/日乙267：卜疾人，不～/日乙269：乃見～人/日乙280：～不生憂/

0167 至（48） 日乙 193：黃鐘以～姑先（洗）/日乙 193：從中吕以～應（應）鐘/日乙 175 叁：～於四取/日乙 325 貳：～於六而止/日乙 361 叁：～於七而止/日乙 361 叁：～於八而止/日乙 361 叁：～於九/日乙 359：日中～晦從少/日乙 274：遠～于南/日乙 206：平旦～日中/日乙 207 ：日中～日入/日乙 208：日入～晨/日乙 209：旦～日中/日乙 210：日中～日入/日乙 211：日入～晨/日乙 212：旦～日中/日乙 213：日中～日入/日乙 214 壹：日入～晨/日乙 215：旦～日中/日乙 216：日中～日入/日乙 217：日入～晨/日乙 218：旦～日中/日乙 219：日中～日入/日乙 220：日入～晨/日乙 221：旦～日中/日乙 222：日中～日入/日乙 224：旦～日中/日乙 225：日中～日入/日乙 226：日入～晨/日乙 227：旦～日中/日乙 228：日中～日入/日乙 229：日入～晨/日乙 230：旦～日中/日乙 231：日中～日入/日乙 232：日入～晨/日乙 233 壹：旦～日中/日乙 234 壹：日中～日入/日乙 235 壹：日入～晨/日乙 236 壹：旦～日中/日乙 237 壹：日中～日入/日乙 238：旦～日中/日乙 239：日中～日入/日乙 240：日入～晨/日乙 286：旦～日中/日乙 356：有命且～/日乙 297：旦以～日中/日乙 297：日中以～晦/日乙 342：上～七，南七

0168 此（13） 日乙 125 壹：～六旬龍日/日乙 312：～日行廿里/日乙 176 貳：～（觜）觿六/日乙 279：在～憂心/日乙 254：聚～揄羊/日乙 328：直（值）～卦者/日乙 300：直（值）～卦是〈者〉，利以合人/日乙 356 ：直（值）～卦者/日乙 343：～所以智（知）病疵之所毆（也）/日乙 291：毋（無）～有以或兄/日乙 334：如～者閒事/日乙 334：如～者徵事/丹記 5：如～，鬼終身不食毆（也）

0169 尖（1）　日乙 225：～耳

0170 光（2）　日乙 6 貳：則～門/地圖 M1・7811B：～成

0171 虫（3）　日甲 34：辰：～殹（也）/日乙 157：五月辰₌（辰，辰）日大雨，大～（蟲）/日乙 157：小雨，小～（蟲）

0172 呂（41）　日乙 181 陸：大（太）族生南～/日乙 182 陸：南～生姑洗/日乙 185 陸：蒙（蕤）賓生大～/日乙 186 陸：大～生夷則/日乙 189 陸：毋（無）射生中～/日乙 180 柒：大～七十六/日乙 184 柒：中～六十/日乙 188 柒：南～卌八/日乙 193：從中～以至應（應）鐘/日乙 195 貳：大～十六萬五千【八】百八十八/日乙 199 貳：中～十三萬一千七十二/日乙 200 貳：上大～/日乙 203 貳：南～十四萬四千九百七十六/日乙 204 貳：上中～/日乙 262：大～，音殹（也）/日乙 262：貞在大～/日乙 270：中～，利殹（也）/日乙 270：貞在中～/日乙 277：南～/日乙 277：貞才（在）南₌～₌（南呂，南呂）之數/日乙 209：投中大～/日乙 210：投中大～/日乙 211：投中大～/日乙 221：投中₌（中中）～/日乙 222：投中₌（中中）～/日乙 233 壹：投中南～/日乙 234 壹：投中南～/日乙 235 壹：投中南～/日乙 286：大～多二/日乙 247 壹：大～/日乙 247 壹：中～/日乙 247 壹：南～/日乙 248：吾生～□/日乙 249：南～/日乙 249：大～/日乙 249：中～/日乙 257：大～/日乙 257：中～/日乙 258 壹：南～/日乙 284：閒～、六律/日乙 285：閒～、六律

0173 同（1）　日乙 365、292：是謂□～

0174 吊（1）　日乙 215：～目

0175 因（7）　日乙 241：～而三之/日乙 355：～而三之/日乙 293：～而參之/丹記 1：～自刎殹（也）/丹記 3：～告司

命史公孫强/丹記 3：～令白狐穴屈（掘）出丹/丹記 3：～與司命史公孫强北

0176 肎（2） 日乙 104 壹：馬不～（肯）行者/日乙 106 壹：乘馬不～（肯）行

0177 肉（4） 日乙 3 貳：毋絕縣（懸）～/日乙 122 貳：得財及～/日乙 219：中～/日乙 214 貳：其□～非□□兇（凶）□

0178 年（10） 日乙 347：□□～/日乙 154：大有～/日乙 154：有～/日乙 155：有～/日乙 156：有～/日乙 310：占＝長～不定家/丹記 1：八～八月己巳/丹記 1：七～/丹記 2：三～，丹而復生/丹記 4：盈四～

0179 先（14） 日乙 121 壹：～行之者死/日乙 193：黄鐘以至姑～（洗）/日乙 198 貳：姑～（洗）十三萬九千九百六十八/日乙 340：薄～者勝/日乙 261：～□/日乙 268：姑～（洗）/日乙 277：～望/日乙 220：日入至晨投中姑～（洗）/日乙 243：～投日/日乙 244：古（姑）～（洗）/日乙 259：姑～（洗）/日乙 246：古（姑）～（洗）/日乙 255：～是毋（無）事/日乙 257：姑～（洗）

0180 牝（10） 日乙 85 壹：爲～月/日乙 87：爲～日/日乙 89：必以～日葬/日乙 89：～日死/日乙 88：牡月～日/日乙 88：～月牡日/日乙 114 壹：～日殹（也）/日乙 262：～牡相求/日乙 248：其處～□/日乙 327 上：～牡

0181 舌（2） 日乙 281：口～不墬/日乙 296：口～者□

0182 休（7） 地圖 M1・9：楊谷～八里/地圖 M1・9：多～木/地圖 M1・9：大松～/地圖 M1・9：松～十三里/地圖 M1・9：松～十五里/地圖 M1・9：七里松～刊/M1・9：松～

0183 伍（4）　日乙 5 貳：大~門/日乙 322：得其後~（五）爲不=得=（不得，不得）/日乙 322：其前後之~（五）爲復亡/日乙 287：男子反行其~

0184 伐（6）　日乙 129 貳：不可~大榆/日乙 130 貳：不可~大棘/日乙 131 貳：不可~大桑/日乙 100 貳：不可~木/日乙 305：~空桑/日乙 272：斬~冥=（冥冥）

0185 延（5）　日乙 137：~行/日乙 212：其行~=（延（延）延（延））殹（也）/日乙 213：其行~=（延（延）延（延））殹（也）/日乙 218：長要（腰）~=（延延）/日乙 236 壹：長要（腰）~=（延延）殹（也）

0186 任（1）　日乙 239：行~【=】（任【任】）殹（也）

0187 自（10）　日乙 333：置一而~十二之/日乙 359：旦~日中從多/日乙 268：有人~處/日乙 286：蚤（早）莫（暮）~死/日乙 286：夾鐘多一，~死/日乙 286：旦至日中，~死/日乙 245：是=（是是）~天以戒/日乙 356：□~雞鳴/日乙 285：卜某~首春夏到十月/丹記 1：因~刎殹（也）

0188 血（1）　日乙 309：殺畜生（牲）見~

0189 行（78）　日甲 18 壹：不可~=（行，行）/日甲 42 壹：禹須臾~日/日甲 23：~有遺殹（也）/日甲 66 貳：禹須臾~/日甲 67 貳：今利~=（行，行）毋（無）咎/日乙 18 壹：不可~=（行，行）/日乙 11 貳：失~門/日乙 56 壹：~有遺殹（也）/日乙 72：喜疾~/日乙 78 壹：夕~/日乙 79 壹：日失（昳）~/日乙 80 壹：日中~/日乙 82 壹：平旦~/日乙 104 壹：馬不肎（肯）~者/日乙 106 壹：乘馬不肎（肯）~/日乙 106 壹：引之令~/日乙 121 壹：先~之者死/日乙 95 貳：甲乙毋東~/日乙 96 貳：丙丁毋南~/日乙 98 貳：庚辛毋西~/日乙 99 貳：壬癸毋北~/日

/日乙 258 貳：二人西～/日乙 254：乍居乍～/日乙 360 壹：占～，益久/日乙 297：占～，益易/日乙 287：男子反～其伍/日乙 287：女子順～鐘伍/日乙 341：旦欲～

0190 合（9）　日乙 317：～日殹（也）/日乙 283：不～音婁（數）者/日乙 270：有～某（謀）殹（也）/日乙 300：□□雖～，聚登于天/日乙 300：利以～人/日乙 327 下：而各三～/日乙 293：而參～之/日乙 321：殳（投）者參～日辰/日乙 321：中期如參～之數

0191 兆（1）　日乙 248：是₌（是是）～龍之□□

0192 兇（26）　日乙 94 壹：不可興垣、蓋屋、上材、爲祠、大會，～（凶）/日乙 120 壹：不可爲室，～（凶）/日乙 101 貳：西～（凶）/日乙 101 貳：南～（凶）/日乙 102 貳：西～（凶）/日乙 103 貳：西～（凶）/日乙 94 貳：北～（凶）/日乙 95 叁：北～（凶）/日乙 96 叁：西～（凶）/日乙 97 叁：南～（凶）/日乙 98 叁：北～（凶）/日乙 99 叁：南～（凶）/日乙 100 叁：北～（凶）/日乙 101 叁：南～（凶）/日乙 102 叁：南～（凶）/日乙 109 貳：行～（凶）/日乙 116 貳：各四～（凶），不出一月/日乙 117 貳：各一～（凶），不出一歲/日乙 118 貳：各三～（凶），不出一月、旬/日乙 119 貳：各參～（凶），不出五月/日乙 120 貳：各五～（凶），不出一歲/日乙 126 貳：百里大～（凶）/日乙 132 壹：不可興垣、土攻（功），大～（凶）/日乙 137：不死大～（凶）/日乙 129 壹：嫁女，～（凶）/日乙 214 貳：非□□～（凶）□

0193 夙（2）　日甲 16 貳：～食，女/日乙 142：～食，女

0194 危（31）　日甲 1 壹：～酉/日甲 2 壹：～戌/日甲 3 壹：～亥/

日甲 4 壹：~子/日甲 5：~丑/日甲 6：~寅/日甲 7：~卯/日甲 8：~辰/日甲 9：~巳/日甲 10：~午/日甲 11：~未/日甲 12：~申/日甲 20 壹：~日/日乙 1 壹：~酉/日乙 2 壹：~戌/日乙 3 壹：~亥/日乙 4 壹：~子/日乙 5 壹：~丑/日乙 6 壹：~寅/日乙 7 壹：~卯/日乙 8 壹：~辰/日乙 9：~巳/日乙 10 壹：~午/日乙 11 壹：~未/日乙 12 壹：~申/日乙 20 壹：~日/日乙 289 壹：其器~/日乙 177 壹：~九/日乙 256：疾人，~/日乙 292：恐受外~/日乙 285：䆃有~䍜辠（罪）蠱

0195 旬（11） 日甲 40：~月當得/日乙 76 壹：~月當得/日乙 115 貳：甲子~/日乙 116 貳：甲戌~/日乙 117 貳：甲申~/日乙 118 貳：甲午~/日乙 118 貳：不出一月、~/日乙 119 貳：甲辰~/日乙 120 貳：甲寅~/日乙 125 壹：此六~龍日/日乙 207：隋₌（隋隋）不~（徇）人

0196 刎（1） 丹記 1：因自~毆（也）

0197 匈（2） 日乙 233 壹：善病~（胸）脅/日乙 343：七、六者~（胸）、腹、腸毆（也）

0198 各（9） 日乙 115 貳：~六/日乙 116 貳：~四/日乙 117 貳：~一/日乙 118 貳：~三/日乙 119 貳：~參/日乙 120 貳：~五/日乙 359：~殳（投）所卜/日乙 327 下：~有目數/日乙 327 下：而~三合

0199 名（7） 日甲 32 貳：~曰輒/日甲 34：~/日甲 38：~曰環/日甲 39：~曰灌/日乙 66：~曰輒/日乙 74 壹：~曰環/日乙 75 壹：~曰灌

0200 多（29） 日甲 40：~言/日乙 12 貳：~財/日乙 15 貳：甚~/日乙 154：~疾/日乙 158：民~疾/日乙 359：旦自日中從~/日乙 340：數~者吉/日乙 207：~黑艮

（眼）/日乙 227：～白/日乙 231：～□/日乙 236 壹：～黄艮（眼）/日乙 243：上～下少/日乙 288：下數～者爲上立（位）/日乙 242：以～爲病/日乙 286：大吕～二/日乙 286：夾鐘～一/日乙 345：上～下曰病已/日乙 345：下～上一曰未已而幾已/日乙 345：下～上二曰未已/日乙 345、348：下～三曰日尚久/日乙 348：～四、五、六曰久未智（知）已時/日乙 348：～七曰痛不已/日乙 348：～八、九曰死/日乙 335：～餘病/日乙 282：～者勝客/日乙 329：～支/日乙 329：主人～/丹記 4：死者不欲～衣/地圖 M1・9：～休木

0201 色（37）　日甲 29：青～/日乙 56 壹：青～/日乙 63 壹：青～/日乙 196 壹：～黄/日乙 197 壹：～青/日乙 198 壹：～赤/日乙 199 壹：主人白～/日乙 200 壹：～黑/日乙 207：黑～/日乙 208：～黄/日乙 209：土～白、黑/日乙 210：白～/日乙 211：蒼晳～/日乙 212：鐵～/日乙 212：～赤黑/日乙 213：～蒼赤/日乙 223：～雜/日乙 216：土～/日乙 217：黑～/日乙 218：土黄～/日乙 219：～蒼白/日乙 220：～蒼黑/日乙 221：～蒼晳/日乙 222：～蒼黑/日乙 224：～晳/日乙 228：～緑黑/日乙 229：～赤黑/日乙 231：～□/日乙 231：晳～/日乙 233 壹：赤～/日乙 234 壹：～蒼白/日乙 235 壹：赤～/日乙 236 壹：鐵～/日乙 237 壹：～黄黑/日乙 238：～黑/日乙 239：～蒼黑/日乙 240：～蒼，□黑

0202 亦（2）　日甲 3 貳：男日～如是/日乙 92：男日～如是

0203 衣（11）　日甲 69 貳：～新衣良日/日甲 69 貳：衣新～良日/日甲 70 貳：材（裁）～良日/日乙 7 貳：必柁～常（裳）/日乙 83 壹：材（裁）～良日/日乙 145 壹：～

忌/日乙 162 壹：～者丈夫/日乙 162 壹、93 上：～之必死/日乙 222：不善～/日乙 362 壹：不可製～冠/丹記 4：死者不欲多～

0204 亥（96）　日甲 1 壹：收～/日甲 2 壹：成～/日甲 3 壹：危～/日甲 4 壹：彼（破）～/日甲 5：摯（執）～/日甲 6：定～/日甲 7：平～/日甲 8：盈～/日甲 9：除～/日甲 10：建～/日甲 11：閉～/日甲 12：開～/日甲 65 貳：～/日甲 1 叁：～/日甲 41：～/日甲 70 貳：乙～/日甲 70 貳：辛～/日乙 1 壹：收～/日乙 2 壹：成～/日乙 3 壹：危～/日乙 4 壹：彼（破）～/日乙 5 壹：摯（執）～/日乙 6 壹：定～/日乙 7 壹：平～/日乙 8 壹：盈～/日乙 9：除～/日乙 13 壹：收～〈未〉/日乙 10 壹：建～/日乙 11 壹：閉～/日乙 12 壹：開～/日乙 46 貳：～/日乙 21 叁：～不可爲北門/日乙 77 壹：～/日乙 79 壹：己～/日乙 80 壹：癸～/日乙 81 壹：乙～/日乙 82 壹：丁～/日乙 83 壹：乙～/日乙 83 壹：辛～/日乙 87：～爲牝日/日乙 91 上：～/日乙 114 壹：～/日乙 76 貳：木生～/日乙 95 壹：啻（帝）以春三月爲室～/日乙 118 壹：乙～/日乙 102 叁：～/日乙 114 貳：十二月癸～死亡/日乙 115 貳：戊～孤/日乙 118 貳：戊～虚/日乙 123 壹：癸～/日乙 125 壹：丁～/日乙 318：辛～/日乙 318：癸～/日乙 315：酉毋犯～未/日乙 316：～/日乙 317：癸～/日乙 127：子朔巳～/日乙 128：～朔巳亥/日乙 128：亥朔巳～/日乙 133 壹：～/日乙 134 壹：～/日乙 135 壹：～/日乙 132 壹：～/日乙 136：～/日乙 131 壹：春乙～/日乙 131 壹：夏丁～/日乙 131 壹：秋辛～/日乙 131 壹：冬癸～/日乙 301：五月巳～/日乙 301：十二月巳～/日乙 302：冬～/日乙 302：己～/日乙 305：癸～/日乙 145 壹：丁～/日乙 146 壹：～〈癸〉

丑/日乙 147 壹：丁～/日乙 149 壹：～/日乙 149 壹：乙～/日乙 148 壹：～/日乙 148 壹：丁～/日乙 150 壹：癸～/日乙 153 壹：己～/日乙 144 貳：乙～/日乙 145 貳：丁～/日乙 146 貳：己～/日乙 147 貳：辛～/日乙 149 貳：癸～/日乙 164：～稻/日乙 191 貳：～四木/日乙 197 壹：～/日乙 202 壹：乙～/日乙 203 壹：癸～/日乙 204 壹：辛～/日乙 205 壹：己～/日乙 167 伍：午以到～/日乙 349：～六

0205 羊（9） 日甲 37：～【殹（也）】/日乙 73 壹：～【殹（也）】/日乙 101 壹：牛馬及～死之/日乙 150 壹：～忌/日乙 166：四日風不利～/日乙 289 壹：其畜～/日乙 227：～殹（也）/日乙 254：聚此揄～/日乙 295：～脂地

0206 并（10） 日乙 18 肆：～黔首家/日乙 347：刑直（德）～在土/日乙 347：五歲而復～於土/日乙 190 柒：～閒/日乙 173 叁：～而三之以爲母/日乙 172 伍：～其數而以除母/日乙 241：投日、投辰、投時而三～之/日乙 345：投日、辰、時數～之/日乙 90：～日辰時數/日乙 331：～而五之

0207 州（2） 日乙 272：啻（帝）堯乃韋（圍）九～/日乙 163：九曰～央殹（也）

0208 池（3） 日乙 130 壹：是=（是是）咸～/日乙 139：凡是=（是是）咸～會月殹（也）/日乙 268：田宇～澤之事殹（也）

0209 宇（1） 日乙 268：田～池澤之事殹（也）

0210 宅（1） 日乙 270：可受田～

0211 安（48） 日甲 43 貳：～（宴）食吉/日甲 44 貳：～（宴）食吉/日甲 45 貳：～（宴）食吉/日甲 46 貳：～（宴）食吉/日甲 47 貳：～（宴）食吉/日甲 48 貳：～（宴）食吉/日甲 49 貳：～（宴）食可/日甲 50 貳：

～（宴）食可/日甲 51 貳：～（宴）食凶/日甲 52 貳：～（宴）食凶/日甲 53 貳：～（宴）食凶/日甲 54 貳：～（宴）不聽/日甲 55 貳：～（宴）得美言/日甲 57 貳：～（宴）說（悅）/日甲 58 貳：～（宴）許/日甲 59 貳：～（宴）聽/日甲 60 貳：～（宴）百事不聽/日甲 61 貳：～（宴）後見之/日甲 62 貳：～（宴）許/日甲 63 貳：～（宴）遇惡言/日甲 64 貳：～（宴）遇惡言/日甲 65 貳：～（宴）不聽/日乙 25 貳：～（宴）食吉/日乙 26 貳：～（宴）食吉/日乙 27 貳：～（宴）食吉/日乙 28 貳：～（宴）食吉/日乙 29 貳：～（宴）食吉/日乙 30 貳：～（宴）食吉/日乙 31 貳：～（宴）食可/日乙 32 貳：～（宴）食凶/日乙 33 貳：～（宴）食凶/日乙 34 貳：～（宴）食凶/日乙 35 貳：～（宴）不聽/日乙 36 貳：～（宴）得美言/日乙 37 貳：～（宴）說（悅）/日乙 38 貳：～（宴）說（悅）/日乙 39 貳：～（宴）說（悅）/日乙 40 下貳：～（宴）聽/日乙 42 貳：～（宴）後見之/日乙 43 貳：～（宴）許/日乙 44 貳：～（宴）遇惡言/日乙 45 貳：～（宴）遇惡言/日乙 46 貳：～（宴）不聽/日乙 179 伍：～（宴）食、大辰（晨），八/日乙 188 伍：～（宴）食、大晨，八/日乙 353：其處～/日乙 278：～所敗辱/日乙 244：～愳大敬

0212 聿（1） 日乙 292：不中數不中～（律）

0213 艮（2） 日乙 207：多黑～（眼）/日乙 236 壹：多黃～（眼）

0214 收（28） 日甲 1 壹：～亥/日甲 2 壹：～子/日甲 3 壹：～丑/日甲 4 壹：～寅/日甲 5：～卯/日甲 6：～辰/日甲 7：～巳/日甲 8：～午/日甲 9：～未/日甲 10：～申/日甲 11：～酉/日甲 12：～戌/日甲 21：～【日】/日乙 1 壹：～亥/日乙 2 壹：～子/日乙 3 壹：～丑/日乙 4

壹：～寅/日乙 5 壹：～卯/日乙 6 壹：～辰/日乙 7 壹：～巳/日乙 8 壹：～午/日乙 13 壹：～亥〈未〉/日乙 10 壹：～申/日乙 11 壹：～酉/日乙 12 壹：～戌/日乙 22 壹：～【日】/日乙 338、335：得其～/丹記 5：～腏（餟）而蠱〈罄〉之

0215 丞（2）　日乙 339：司主～居/丹記 1：邸～赤敢謁御史

0216 如（15）　日甲 3 貳：男日亦～是/日乙 92：男日亦～是/日乙 353：～【牛】處窨〈窖〉中/日乙 352：～負□豖而□/日乙 354：～壄（野）鳴馬/日乙 277、276：先望，～見兵寇/日乙 294：有疾不死，轉～/日乙 355：～其餘□/日乙 321：中期～參合之數/日乙 296：其黑～烏/日乙 334：～郁聞□殹（也）/日乙 334：～此/日乙 334：～壄（野）鳴貂/日乙 334：～此/丹記 5：～此，鬼終身不食殹（也）

0217 好（2）　日乙 7 貳：～歌舞/日乙 214 壹：～目

0218 羽（7）　日乙 109 壹：～日/日乙 187 肆：莫中七，～，金/日乙 198 壹：～立（位）/日乙 354：～之音/日乙 354：～/日乙 354：～音吉/日乙 203 壹：～

0219 弄（1）　日乙 207：善～

0220 戒（2）　日乙 245：是=（是是）自天以～/日乙 245：弗敬～

0221 走（1）　丹記 5：鬼去敬（驚）～

0222 攻（11）　日甲 24 貳：不可起土～（功）/日乙 17 叁：男子若木～（功）/日乙 97 貳：戊己毋作土～（功）/日乙 134 壹：不可操土～（功）/日乙 132 壹：不可興垣、土～（功）/日乙 131 壹：不可起土～（功）/日乙 138：不可興=土=～=（興土攻（功），興土攻（功））/日乙 140：不可操土～（功）/日乙 308 壹：不可起土～（功）/日乙 154：邦有木～（功）/日

乙 154：邦有土～（功）

0223 赤（13） 日甲 35：長～目/日甲 41：～目/日乙 71：長～目/日乙 77 壹：～目/日乙 122 貳：大～言/日乙 198 壹：色～/日乙 206：～黑/日乙 212：色～黑/日乙 213：色蒼～/日乙 229：色～黑/日乙 233 壹：～色/日乙 235 壹：～烏毆（也）/丹記 1：邸丞～敢謁御史

0224 折（8） 日甲 24 壹：～齒/日甲 41：～鞮/日乙 57 壹：～齒/日乙 77 壹：～鞮/日乙 218：～頸/日乙 238：～鼻/日乙 288：行則～/日乙 242：市旅，～

0225 投（53） 日乙 173 叁：～日/日乙 206：～中黄鐘/日乙 207：～中黄鐘/日乙 208：～中毋〈黄〉射〈鐘〉/日乙 209：～中大吕/日乙 210：～中大吕/日乙 211：～中大吕/日乙 212：～中大（太）族/日乙 213：～中大（太）族/日乙 214 壹：～中大（太）族/日乙 215：～中夾鐘/日乙 216：～中夾鐘/日乙 217：～【中癄（應）】鐘/日乙 218：～中姑洗/日乙 219：～中姑洗/日乙 220：～中姑先（洗）/日乙 221：～中₌（中中）吕/日乙 222：～中₌（中中）吕/日乙 224：～中蕤（蕤）賓/日乙 225：～中蕤（蕤）賓/日乙 226：～中蕤（蕤）賓/日乙 227：～中林鐘/日乙 228：～中林鐘/日乙 229：～中林鐘/日乙 230：～中夷則/日乙 231：～中夷則/日乙 232：～中夷則/日乙 233 壹：～中南吕/日乙 234 壹：～中南吕/日乙 235 壹：～中南吕/日乙 236 壹：～中毋（無）射/日乙 237 壹：～中毋（無）射/日乙 238：～中癄（應）鐘/日乙 239：～中癄（應）鐘/日乙 240：～中夾鐘/日乙 241：～黄鐘/日乙 241：～日/日乙 241：～辰/日乙 241：～時/日乙 243：～黄鐘之首/日乙 243：先～日/日乙 243：～辰/日乙 243：～時/日乙 242：～黄

乘～馬/日乙 377：□□環其家贊喪～

0235 更（16） 日乙 4 貳：八歲～/日乙 4 貳－5 貳：廿歲～/日乙 6 貳：十二月〈歲〉～/日乙 7 貳：十六歲～/日乙 13 貳：三歲～/日乙 15 貳：三歲而～/日乙 16 叁：弗～/日乙 17 貳：八歲～/日乙 17 貳：弗～必凶死/日乙 17 叁、19 叁：十六歲～/日乙 20 叁：十二歲不～/日乙 22 叁：十二月～/日乙 24 叁：八歲而～/日乙 24 叁：弗～/日乙 91 下：五歲～/日乙 91 下：弗～

0236 吾（9） 日乙 224：行～₌（吾吾）殹（也）/日乙 245：壽～康₌（康康）/日乙 246：莫中～步/日乙 248：～生吕□/日乙 336：來到～所/日乙 290：～心且憂/日乙 290：～腸且□/日乙 357 貳：～心且憂/丹記 2：～犀武舍人

0237 酉（83） 日甲 1 壹：危～/日甲 2 壹：彼（破）～/日甲 3 壹：摯（執）～/日甲 4 壹：定～/日甲 5：平～/日甲 6：盈～/日甲 7：除～/日甲 8：建～/日甲 9：閉～/日甲 10：開～/日甲 11：收～/日甲 12：成～/日甲 52 貳：～/日甲 63 貳：～/日甲 1 貳：～/日甲 39：～/日甲 24 貳：乙～/日甲 69 貳：辛～/日甲 70 貳：癸～/日甲 70 貳：乙～/日甲 72 貳：～/日乙 1 壹：危～/日乙 2 壹：彼（破）～/日乙 3 壹：摯（執）～/日乙 4 壹：定～/日乙 5 壹：平～/日乙 6 壹：盈～/日乙 7 壹：除～/日乙 8 壹：建～/日乙 10 壹：開～/日乙 11 壹：收～/日乙 12 壹：成～/日乙 33 貳：～/日乙 44 貳：～/日乙 75 壹：～/日乙 78 壹：癸～/日乙 79 壹：辛～/日乙 80 壹：乙～/日乙 81 壹：丁～/日乙 82 壹：己～/日乙 372 壹：辛～/日乙 83 壹：癸～/日乙 83 壹：乙～/日乙 86 壹：～/日乙 91 上：～/日乙 113 壹：～/日乙 74 貳：壯～，老丑/日乙 97 壹：

杓（剽）～/日乙 120 壹：己～/日乙 100 叁：～/日乙 112 貳：十月辛～/日乙 116 貳：申～孤/日乙 119 貳：申～虛/日乙 317：～/日乙 133 壹：～/日乙 134 壹：～/日乙 135 壹：～/日乙 132 壹：～/日乙 136：～/日乙 129 壹：冬～/日乙 130 壹：秋辛～/日乙 301：正月丑～/日乙 301：九月～丑/日乙 308 壹：乙～/日乙 305：～/日乙 144 壹：言～（酒）甘味/日乙 145 壹：丁～/日乙 146 壹：丁～/日乙 150 壹：丁～/日乙 153 壹：己～/日乙 145 貳：乙～/日乙 146 貳：丁～/日乙 147 貳：己～/日乙 149 貳：【辛】～/日乙 148 貳：癸～/日乙 307：～/日乙 189 貳：～六金/日乙 199 壹：庚辛～/日乙 202 壹：丁～/日乙 203 壹：乙～/日乙 204 壹：癸～/日乙 205 壹：辛～/日乙 349：～四

0238 辰（113）　日甲 1 壹：盈～/日甲 2 壹：除～/日甲 3 壹：建～/日甲 4 壹：閉～/日甲 5：開～/日甲 6：收～/日甲 7：成～/日甲 8：危～/日甲 9：彼（破）～/日甲 10：摯（執）～/日甲 11：定～/日甲 12：平～/日甲 47 貳：～/日甲 58 貳：～/日甲 1 叁：亥、～/日甲 34：～/日乙 1 壹：盈～/日乙 2 壹：除～/日乙 3 壹：建～/日乙 4 壹：閉～/日乙 5 壹：開～/日乙 6 壹：收～/日乙 7 壹：成～/日乙 8 壹：危～/日乙 9：彼（破）～/日乙 10 壹：摯（執）～/日乙 11 壹：定～/日乙 12 壹：平～/日乙 29 貳：～/日乙 39 貳：～/日乙 49 貳：～/日乙 50 貳：甲～/日乙 51 貳：～/日乙 79 壹：戊～/日乙 80 壹：壬～/日乙 81 壹：甲～/日乙 82 壹：丙～/日乙 91 上：～/日乙 114 壹：～/日乙 75 貳：壯子，老～/日乙 95 壹：殺～/日乙 95 叁：～/日乙 107 貳：五月【丙】～/日乙 115 貳：～巳虛/日乙 118 貳：～巳孤/日乙 119 貳：甲～旬/日乙

124壹：戊～/日乙318：甲～/日乙124貳：夏三月戊～/日乙315：南毋犯～申/日乙127：～朔丑未/日乙133壹：～/日乙134壹：～/日乙135壹：～/日乙132壹：～/日乙136：～/日乙137：以它～垣/日乙137：以～垣它鄉（嚮）/日乙137：以杓～鄉（嚮）/日乙301：四月～【巳】/日乙301：十一月～巳/日乙363：秋～/日乙145壹：～/日乙146壹：甲～/日乙147壹：庚～/日乙147壹：丙～/日乙147壹：～/日乙147壹：甲～/日乙149壹：丙～/日乙149壹：壬～/日乙149壹：戊～/日乙148壹：壬～/日乙148壹：丙～/日乙150壹：壬～/日乙150壹：～/日乙151壹：～/日乙153壹：庚～/日乙153壹：壬～/日乙147貳：甲～/日乙149貳：丙～/日乙148貳：戊～/日乙150貳：庚～/日乙157：五月～=（辰，辰）日大雨/日乙164：～麻/日乙191壹：～後/日乙184貳：～五水/日乙179伍：安（宴）食、大～（晨），八/日乙200壹：～/日乙235貳：～分徵/日乙202壹：甲～/日乙203壹：壬～/日乙204壹：庚～/日乙205壹：戊～/日乙167伍：～分/日乙173叁：～/日乙177叁：日～時/日乙349：～八/日乙340：～爲主人/日乙241：投～/日乙243：投～/日乙286：姑洗以其子～爲式/日乙345：以來時投日、～、時數并之/日乙338：投其病日、～、時/日乙338：以其所中之～閒/日乙355：～/日乙322：以亡～爲式/日乙90：并日～時數/日乙299：～爲存/丹記6：～者地殹（也）/日乙327下：日=～=（日、辰。日、辰、）星各有日數/日乙293：投日、～/日乙321：殳（投）者參合日～求星/日乙357貳：有女毋（無）～

0245 里（19）　日乙123壹：千～之行/日乙126貳：百～大兇（凶）/日乙126貳：二百～外/日乙312：此日行卌～/日乙312、314：百～遇將/日乙314：三百～不復歸/日乙319：千～外顧復歸/丹記1：王～/丹記1：丹矢傷人垣離～中/地圖M1·7811A：真～/地圖M1·7811A：楊～/地圖M1·9：卌～相谷/地圖M1·9：楊谷休八～/地圖M1·9：松休十三～/地圖M1·9：松休十五～/地圖M1·9：七～松休刊/地圖M1·9：廿五～/地圖M1·12A：去谷口可五～橚材/地圖M1·12A：谷口可八～大楠材

0246 男（46）　日甲1貳：～日/日甲3貳：～日亦如是/日甲16貳：日出，生～/日甲16貳：莫食，～/日甲16貳：日過中，～/日甲17貳：日下則（昃），～/日甲17貳：日入，～/日甲17貳：夜莫，～/日甲19貳：夜中，～/日甲19貳：雞鳴，～/日甲22：～子殹（也）/日甲24壹：～子殹（也）/日甲26：～子殹（也）/日甲28：～子/日甲29：～子殹（也）/日甲34：～子爲祝/日乙17叁：～子/日乙55壹：～子殹（也）/日乙57壹：～子殹（也）/日乙59壹：～子殹（也）/日乙61壹：～子/日乙63壹：～子/日乙91上：～日/日乙92：～日亦如是/日乙114壹：～子之吉日殹（也）/日乙109壹：取長～/日乙110壹：～死/日乙111壹：少～死/日乙139：～子死/日乙130貳：長～死/日乙142：日出，生～/日乙142：莫食，～/日乙142：日過中，～/日乙142：日下則（昃），～/日乙142：日入，～/日乙142、143：夜莫，～/日乙143：夜中，～/日乙143：雞鳴，～/日乙218：～子嗇夫/日乙310：占～子朢（忘）妻/日乙287：～子反行其伍/日乙293：而欲智（知）其～女/日乙293：奇者～殹（也）/日乙339：司大

～/日乙 334：～子/日乙 334：～子

0247 足（5） 日甲 25 壹：其疵在～/日乙 58 壹：其疵在～/日乙 229：～/日乙 355：令不～除毆（也）/日乙 343：～毆（也）

0248 吻（1） 日乙 224：～倨

0249 邑（3） 日甲 66 貳：出～門/日乙 104 壹：乘馬到～/日乙 165：出～門

0250 别（2） 日乙 272：～離/日乙 255：居室離～

0251 牡（9） 日乙 84 壹：～月/日乙 86 壹：～日/日乙 89：～日死/日乙 89：必以～日葬/日乙 88：～月牝日/日乙 88：牝月～日/日乙 113 壹：～日毆（也）/日乙 262：牝～相求/日乙 327 上：牝～

0252 告（1） 丹記 3：因～司命史公孫强

0253 利（33） 日甲 15：～築宫室/日甲 19 壹：雖（唯）～彼（破）水/日甲 67 貳：今～行₌（行，行）毋（無）咎/日乙 19 壹：雖（唯）～彼（破）水/日乙 14 貳：～爵禄/日乙 22 叁：所～雖（唯）利賈市/日乙 22 叁：所利雖（唯）～賈市/日乙 23 貳：～爲邦門/日乙 94 壹：雖（唯）～壞徹/日乙 112 壹：凡建日死不～父/日乙 112 壹：除日死不～母/日乙 112 壹：開日死不～子/日乙 309：～以出/日乙 309：不～以入/日乙 166：一日而風不～雞/日乙 166：二日風不～犬/日乙 166：三日風不～豕/日乙 166：四日風不～羊/日乙 166：五日風不～牛/日乙 166：六月〈日〉風不～馬/日乙 166：七日風不～人/日乙 165：今～行₌（行，行）毋（無）咎/日乙 270：～毆（也）/日乙 270：～以賈市/日乙 271：擅受其～/日乙 271：有～/日乙 243：唯～貞辠（罪）、蠱、言語/日乙 328：～於芨（祓）事/日乙 300：～以合人/日乙 162 貳：

益～/日乙 292：毋（無）所不～/日乙 93 下：～以作事/日乙 378：不～

0254 秀（2） 日乙 155：己雨，禾～殹（也）/日乙 155：癸雨，禾～殹（也）

0255 兵（4） 日乙 101 叁：西、北見～/日乙 139：取谷～/日乙 313：～/日乙 276：見～寇

0256 倪（1） 日乙 237 壹：大目～＝（倪倪）殹（也）

0257 作（13） 日甲 16 壹：～事吉/日甲 21：可起眾及～有爲殹（也）/日乙 16 壹：～事，吉殹（也）/日乙 21 壹：可起眾及～有爲殹（也）/日乙 97 貳：戊己毋～土攻（功）/日乙 154：大～/日乙 278：～常以嗀/日乙 266：～□□/日乙 268：乃～/日乙 251：～事/日乙 93 下：利以～事/日乙 296：臣妾～〈逃〉逋/日乙 351：朝～而夕不成

0258 身（2） 日乙 279：貞～/丹記 5：鬼終～不食殹（也）

0259 役（4） 日乙 124 壹：凡黔首行、遠～/日乙 125 壹：遠～/日乙 319：～居/日乙 294：君子往～

0260 余（1） 日乙 342：復除九，毋～（餘）

0261 兑（11） 日乙 206：～（鋭）顔/日乙 206：～（鋭）頤/日乙 208：～（鋭）喙/日乙 219：～（鋭）頤/日乙 221：～（鋭）頤/日乙 222：～（鋭）喙/日乙 226：～（鋭）顔/日乙 226：～（鋭）頸/日乙 229：～（鋭）頤/日乙 235 壹：～（鋭）顔/日乙 235 壹：～（鋭）頤

0262 谷（22） 日甲 32 壹：臧（藏）山～中/日甲 34：臧（藏）谿～、窌穴中/日甲 38：再在山～/日乙 68：臧（藏）山～中/日乙 74 壹：再在山～/日乙 115 壹：不可壞垣、[illegible]～/日乙 139：取～兵，男子死/日乙 305：不可之山～/日乙 183 柒：姑洗六十四，湯～/地圖 M1

•7811B：故東～/地圖 M1•9：卌里相～/地圖 M1•9：楊～休八里/地圖 M1•9：燔史～/地圖 M1•9：苦～/地圖 M1•12A：北～/地圖 M1•12A：苦～/地圖 M1•12A：去～口可五里橚材/地圖 M1•12A：虎～/地圖 M1•12A：上楊～/地圖 M1•12A：下楊～/地圖 M1•12A：～口可八里大楠材/地圖 M1•21A：苦～

0263 斈（1） 日乙 218：善～（學）步

0264 肘（1） 日乙 343：～殹（也）

0265 邸（2） 丹記 1：～丞赤敢謁御史/地圖 M1•7811A：～

0266 免（10） 日乙 311：卜毄（繫）囚，不～/日乙 206：～（俛）僂/日乙 211：～（俛）顔/日乙 220：～（俛）頭/日乙 230：～（俛）僂/日乙 231：～（俛）僂/日乙 232：～（俛）顔/日乙 238：爲人～（俛）僂/日乙 257：毄（繫）囚者，～/日乙 371：毄（繫）囚者，不～

0267 犻（1） 丹記 4：乃聞犬～（吠）

0268 角（12） 日乙 111 壹：～日/日乙 182 肆：莫食六，～，火/日乙 188 肆：夕中六，～，水/日乙 195 壹：～【九】之/日乙 200 壹：～立（位）/日乙 303 貳：～，頭殹（也）/日乙 303 貳：～/日乙 233 貳：卓～/日乙 205 壹：～/日乙 167 壹：～十二/日乙 176 叁：～九/日乙 177 叁：～若奎到行曰星及

0269 叴（2） 日乙 277：～（仇）人相求/日乙 281：～（仇）人

0270 言（59） 日甲 14：可以徹～/日甲 18 貳：可以～盜₌（盜，盜）必得/日甲 54 貳：旦有～/日甲 54 貳：晝得美～/日甲 54 貳：夕得美～/日甲 55 貳：旦有～，怒/日甲 55 貳：安（宴）得美～/日甲 55 貳：晝遇惡～/日甲 55 貳：夕惡～/日甲 57 貳：旦有～，聽/日甲 58 貳：

旦有～，不聽/日甲 59 貳：夕得後～/日甲 61 貳：旦有美～/日甲 61 貳：晝得惡～/日甲 62 貳：旦遇惡～/日甲 63 貳：旦得美～/日甲 63 貳：安（宴）遇惡～/日甲 64 貳：安（宴）遇惡～/日甲 64 貳：晝得～/日甲 40：多～/日乙 15 壹：可以徹～/日乙 35 貳：旦有～/日乙 35 貳：晝得美～/日乙 35 貳：夕得美～/日乙 36 貳：旦有～，怒/日乙 36 貳：安（宴）得美～/日乙 36 貳：晝遇惡～/日乙 36 貳：夕惡～/日乙 37 貳：旦有～，怒/日乙 37 貳：晝不得～/日乙 38 貳：旦有～，聽/日乙 39 貳：旦有～，不聽/日乙 40 下貳：夕得後～/日乙 42 貳：旦有美～/日乙 42 貳：晝得惡～/日乙 43 貳：旦遇惡～/日乙 44 貳：旦得美～/日乙 44 貳：安（宴）遇惡～/日乙 45 貳：安（宴）遇惡～/日乙 45 貳：晝得～/日乙 46 貳：旦有求，得後～/日乙 76 壹：多～/日乙 103 貳：東、南逢～/日乙 97 叁：西見～/日乙 100 叁：南逢～/日乙 122 貳：大赤～曰/日乙 312：遇～語/日乙 144 壹：～酉（酒）甘味/日乙 264：凶～/日乙 270：有～不惡/日乙 275：不以其～德/日乙 210：～閒=（閒閒）/日乙 243：～語/日乙 244：□室有～/日乙 252 下：□□可論可～/日乙 285：～語/丹記 4：丹～曰/丹記 5：丹～/丹記 7：丹～

0271 吝（1） 日乙 137：以辰垣它鄉（嚮），～

0272 辛（51） 日甲 29：～亡/日甲 69 貳：～酉/日甲 70 貳：～亥/日甲 73 貳：六月～卯/日乙 53 貳：～/日乙 62 壹：～亡/日乙 79 壹：～卯/日乙 79 壹：～酉/日乙 82 壹：～未/日乙 82 壹：～丑/日乙 372 壹：～酉/日乙 83 壹：～亥/日乙 114 壹：～/日乙 85 貳：十一月～臽/日乙 94 壹：三月庚～/日乙 95 壹：四灋（廢）庚～/日乙 98 貳：庚～毋西行/日乙 112 貳：十月～

0290 青（4）　日甲 29：～色/日乙 56 壹：盜～色/日乙 63 壹：～色/日乙 197 壹：色～

0291 盂（1）　地圖 M1・21B：～谿

0292 長（40）　日甲 34：其爲人～頸/日甲 35：～赤目/日甲 41：其爲人～面/日甲 41：～髮/日乙 70：其爲人～頸/日乙 71：～赤目/日乙 72：爲人～面/日乙 77 壹：其爲人～面/日乙 77 壹：～髮/日乙 108 下壹：～【=】子=（長子；【長】子）/日乙 109 壹：取～男/日乙 109 壹：取～女/日乙 109 壹：～子死/日乙 110 壹：取～子/日乙 111 壹：～者死/日乙 136：～子死/日乙 140：～子死/日乙 130 貳：～男死/日乙 131 貳：～女死之/日乙 352、354：其處整□～/日乙 260：分其短～/日乙 208：～要（腰）/日乙 211：～面/日乙 212：～要（腰）/日乙 213：～目/日乙 213：～要（腰）/日乙 217：～喙而脫/日乙 218：～要（腰）延=（延延）/日乙 225：～面/日乙 225：～頤/日乙 227：～北（背）/日乙 228：不□～/日乙 232：～靖=（靖靖）殹（也）/日乙 234 壹：不信而～/日乙 236 壹：～要（腰）延=（延延）殹（也）/日乙 238：～頔/日乙 239：～目/日乙 239：～要（腰）/日乙 310：占=～年不定家/日乙 339：司東方～

0293 卦（16）　日乙 244：夷則之～曰/日乙 259、245：黃鐘之～曰/日乙 246：古（姑）先（洗）之～曰/日乙 247 壹：南呂之～曰/日乙 249：中呂之～曰/日乙 250：毋（無）射之～曰/日乙 250：～類雜虛/日乙 251：大（太）族之～曰/日乙 252 上：蕤（蕤）賓之～曰/日乙 253：應（應）鐘之～曰/日乙 254：夾鐘之～曰/日乙 255：林鐘之～曰/日乙 328：直（值）此～者/日乙 300：直（值）此～是〈者〉/日乙 356：直（值）此～者/日乙 336：～來到吾所

0294 邽（1） 地圖 M1・7811A：～丘

0295 者（106） 日甲 22：食～五口/日甲 26：食～五口/日甲 29：必有死～/日甲 30 壹：盜～中人/日甲 34：盜～從東方入/日甲 34：取～/日甲 35：盜～中人殹（也）/日甲 37：盜～從南方【入】/日甲 41：盜～中人殹（也）/日乙 55 壹：食～五口/日乙 59 壹：食～五口/日乙 63 壹：必有死～/日乙 66：盜～中人/日乙 70：取～/日乙 71：盜～中人殹（也）/日乙 73 壹：盜～從南方【入】/日乙 77 壹：盜～中人殹（也）/日乙 104 壹：行～/日乙 107 壹：止～/日乙 108 下壹：小～以死/日乙 108 下壹：有（又）之少～/日乙 110 壹：長～死/日乙 111 壹：長～死/日乙 121 壹：先行之～死/日乙 102 叁：西見祠～/日乙 116 貳：若有死～/日乙 117 貳：若有死～/日乙 118 貳：若有死～/日乙 119 貳：若有死～/日乙 120 貳：若有死～/日乙 315：凡爲行～/日乙 128：以受憂～/日乙 128：以亡～/日乙 309：入官～必去/日乙 162 壹：衣～丈夫/日乙 196 壹：所埶～/日乙 197 壹：所埶～規/日乙 198 壹：所埶～/日乙 199 壹：所埶～/日乙 169 伍：下八而生～/日乙 169 伍：上六而生～/日乙 359：婁（數）～/日乙 283：不合音婁（數）～/日乙 349：日爭勝～/日乙 340：數多～/日乙 340：數等～憂/日乙 340：先～/日乙 266：室有病～/日乙 271：其祟田及辠（罪）桑炾～/日乙 274：以徙行～/日乙 274：卜遷（遷）～/日乙 276：其祟原死～/日乙 263：有不治～/日乙 241：中麗首～可以見人/日乙 288：下數多～爲上/日乙 288：立（位）～/日乙 242：毄（繫）～/日乙 242：居家～/日乙 249：是＝（是是）訾～/日乙 356：直（值）此卦～/日乙

～室在北方/日甲 28：～扈〈序〉扁匿/日甲 28：～室有黑犖擯（矉）/日甲 29：～盜可得殹（也）/日甲 25 貳：～盜女子殹（也）/日甲 31：～盜從北方【入】/日甲 32 壹、30 貳：～爲人方面/日甲 34：～爲人長頸/日甲 35：～爲人小面/日甲 37：～爲人小頸/日甲 41：～爲人長面/日乙 6 貳：～主必昌/日乙 8 貳：～主必昌富/日乙 14 貳：～主富/日乙 16 貳：～主富/日乙 24 貳：～主弗居/日乙 23 叁：～築日/日乙 56 壹：～一人在室中/日乙 58 壹：～疵在足/日乙 60 壹：～盜在爲人黄皙/日乙 60 壹：～室三人食/日乙 60 壹：～一人已死矣/日乙 61 壹：～盜丈夫殹（也）/日乙 61 壹：～室在北方/日乙 61 壹：～扈〈序〉扁匿/日乙 61 壹：～室有黑犖擯（矉）/日乙 63 壹：～盜可得殹（也）/日乙 64 壹：～盜女子/日乙 67：～盜從北方【入】/日乙 68：～爲人方面/日乙 70：～爲人長頸/日乙 71：～爲人小面/日乙 73 壹：～爲人小頸/日乙 77 壹：～爲人長面/日乙 104 壹：入～口中/日乙 105 壹：申（陳）～居/日乙 122 壹：～人逃亡/日乙 115 貳：～虚在東南/日乙 122 貳：～室空虚/日乙 315：毋犯～鄉（嚮）之忌日/日乙 135 壹：～鄉（嚮）壞垣/日乙 135 壹：～□/日乙 130 壹：不可垣～鄉（嚮）/日乙 139：不可垣～鄉（嚮）/日乙 353：～畜牛/日乙 353：～器弃之/日乙 353：～穜（種）重（穜）/日乙 353：～土地□/日乙 353：～事貴/日乙 353：～處安/日乙 353、352：～味甘/日乙 352：～病中/日乙 352：～畜虎/日乙 352：～器楬/日乙 352：～穜（種）華/日乙 352：～事嗇夫/日乙 352：～處整□/日乙 354：～味酸/日

閒/日乙 338：得～月之剽/日乙 338、335：得～收/日乙 335：得～吉，善/日乙 335：得～閉，病中/日乙 335：得～建/日乙 335：得～盈/日乙 335：得～吉，善/日乙 335、358 壹：得～臽/日乙 355：以～來問時直（值）日、辰、時/日乙 355：如～餘□/日乙 322：投得～式爲有中閒/日乙 322：得～前五爲得、爲聞/日乙 322：得～後伍（五）/日乙 299：今得=（得；得）～前參爲始/日乙 299：得～後參爲已/日乙 287：投～音數/日乙 287：～所中之鐘賤/日乙 287：亡人不出～畔/日乙 287：～鐘貴/日乙 287：男子反行～伍/丹記 6：～爲事成/日乙 293：而欲智（知）～男女/日乙 358 貳：～後乃成/日乙 284：以求～請/日乙 93 下：～□啓=（啓啓）/日乙 93 下：～定所□陽/日乙 93 下：～氣西東于五/日乙 214 貳：～□肉/日乙 291：樌～晛心/日乙 247 貳：～賤/日乙 247 貳：得～月之鐘數/日乙 295：復内中入禾炊～上□復上/日乙 296：～黑如烏/日乙 296：～□一目/日乙 327 上：～命日爲牝牡/日乙 337：～今節殹（也）/日乙 337：鐘～成貞，實殹（也）/日乙 357 貳：當没～田/日乙 377：□□環～家贅喪車/日乙 378：入而幸～出/丹記 2：犀武論～舍人/丹記 4：～狀/丹記 5：～鬼賤【之】，於它而富

0298 取（26） 日甲 16 壹：可～（娶）妻/日甲 30 壹：～之，臧（藏）穴中/日甲 34：～者/日乙 16 壹：可～（娶）妻/日乙 66：～之，臧（藏）穴中/日乙 70：～者/日乙 88：～（娶）妻皆吉/日乙 102 壹：～（娶）妻/日乙 108 下壹：～長【=】子=（長子；【長】子）/日乙 108 下壹：～中【=】子=（中子；【中】子）/日乙 108 下壹：～少子/日乙 109 壹：～長男/日乙 109 壹：～長

乙 37 壹：旦～吉/日乙 38 壹：旦～吉/日乙 42 上：旦～吉/日乙 41 壹：旦～吉/日乙 43 壹：日中～吉/日乙 44 壹：日中～吉/日乙 45 壹：日中～吉/日乙 46 壹：日中～吉/日乙 47 壹：日中～吉/日乙 48 壹：日中～吉/日乙 49 壹：昏（昏）～吉/日乙 50 壹：昏（昏）～吉/日乙 51 壹：昏（昏）～吉/日乙 52 壹：昏（昏）～吉/日乙 53 壹：昏（昏）～吉/日乙 51 貳：～門/日乙 56 壹：從～方入/日乙 58 壹：在～方/日乙 68：～方/日乙 69：盜從～方入/日乙 75 壹：～唇/日乙 95 貳：甲乙毋～行/日乙 101 貳：～吉/日乙 102 貳：～、北吉/日乙 103 貳：～、南逢言/日乙 94 貳：西、～吉/日乙 95 叁：～吉/日乙 96 叁：～見疾人/日乙 97 叁：～毋行/日乙 98 叁：～得/日乙 99 叁：～、北得/日乙 100 叁：～少可/日乙 101 叁：～得/日乙 102 叁：～、北吉/日乙 115 貳：虛在～南/日乙 116 貳：虛在正～/日乙 118 貳：孤在～南/日乙 119 貳：孤在正～/日乙 120 貳：虛在【正】～〈南〉/日乙 303 壹：～首/日乙 315：～毋犯丑巳/日乙 139：正月～方/日乙 129 貳：～方/日乙 161：～井/日乙 162 壹：～北/日乙 162 壹：從正～/日乙 162 壹：從～南/日乙 183 肆：～中五/日乙 197 壹：主～方/日乙 178 壹：～壁十三/日乙 170 叁：～井/日乙 174 叁：旦以到～中/日乙 374：～壁/日乙 266：之北之～/日乙 342：～六/日乙 342：～南/日乙 326：～北/日乙 339：～方/日乙 339：司～方長/日乙 93 下：貞西～庚未/日乙 93 下：其氣西～/地圖 M1・7811B：故～谷/地圖 M1・21A：～盧

0309 或（7）　日乙 313：邦君必～死之/日乙 252 下：室～/日乙 258 貳：～斬其首/日乙 258 貳：～□其頸毆（也）/日乙 254：～死/日乙 294：～亡/日乙 291：毋（無）此有

以～兄

0310 事（31）　日甲 16 壹：作～吉/日甲 21：可以謀～/日甲 60 貳：百～不聽/日乙 16 壹：作～/日乙 21 壹：可以謀～/日乙 41 貳：百～不聽/日乙 138：百～凶/日乙 140：百～皆然/日乙 353：其～貴/日乙 352：其～嗇夫/日乙 354：其～賤/日乙 289 貳：其～有辠（罪）/日乙 261：卜～君/日乙 264：□～殹（也）/日乙 268：田宇池澤之～殹（也）/日乙 265：卜行道及～君/日乙 270：市販～殹（也）/日乙 272：別離、上～殹（也）/日乙 280：卜行歸及～君/日乙 277：斲～也/日乙 243：～君/日乙 242：～君，吉/日乙 242：～君，不遂/日乙 310：百～朢（忘）/日乙 251：以作～/日乙 255：先是毋（無）～/日乙 328：利於犮（祓）～/丹記 6：其爲～成/日乙 93 下：利以作～/日乙 334：閒～/日乙 334：徵～

0311 兩（1）　日乙 295：騷貂一半、秫～錢

0312 雨（38）　日乙 154：正月甲乙～/日乙 154：丙丁～/日乙 154：戊己～/日乙 154：庚辛～/日乙 158：壬癸～/日乙 158：一日而有～/日乙 158：二日～/日乙 158：三日～/日乙 158：四日～/日乙 158、159：五日～/日乙 159：六日～/日乙 159：七日～/日乙 155：戊～/日乙 155：己～/日乙 155：庚～/日乙 155：辛～/日乙 155：壬～/日乙 155：癸～/日乙 155：甲～/日乙 156：十月甲乙～/日乙 156：丙丁～/日乙 156：戊己～/日乙 156：庚辛～/日乙 157：五月辰＝（辰，辰）日大～/日乙 157：小～/日乙 160：七月～/日乙 160：～二月/日乙 160：～三月/日乙 160：～四月/日乙 160：～五月/日乙 160：～六月/日乙 161：上泉～/日乙 161：中泉～/日乙 161：下泉～/日乙 161：三泉皆～/日乙 161：三旱不～/日乙 346：爲～，不徙/

日乙 350：巫帝、陰、～公

0313 郁（1）　日乙 334：如～聞□殹（也）

0314 奇（1）　日乙 293：～者男殹（也）

0315 來（7）　日乙 274：有人將～₌（來，來）遺錢資財/日乙 294：～歸爲喪，□支唐₌（唐唐）/日乙 336：～到吾所/日乙 345：凡人～問病者/日乙 345：以～時投日、辰、時數并之/日乙 355：以其～問時直（值）日、辰、時/日乙 90：以亡而～問之

0316 妻（15）　日甲 16 壹：可取（娶）～/日乙 16 壹：可取（娶）～/日乙 88：取（娶）～皆吉/日乙 102 壹：取（娶）～/日乙 115 壹：～必死/日乙 137：～死/日乙 129 壹：取（娶）～/日乙 310：占男子朢（忘）～/日乙 294：夫～皆憂/日乙 344：皆～夫殹（也）/日乙 344：晨（辰）爲～/日乙 344：欲夫～之和而中數殹（也）/日乙 344、324：夫～/日乙 357 貳：有土毋（無）～/日乙 379：□□□～凶

0317 到（20）　日乙 104 壹：乘馬～邑/日乙 125 壹：不可～室之日/日乙 319：不可以₌壬₌癸₌～₌家₌（以壬癸到家，以壬癸到家）/日乙 136：穿地井，～郲（膝）/日乙 136：～要（腰）/日乙 136：～夜（腋）/日乙 137：～巠（頸）/日乙 167 伍：甲以～戊/日乙 167 伍：己以～癸/日乙 167 伍：子以～巳/日乙 167 伍：午以～亥/日乙 174 叁：旦以～東中/日乙 174 叁：西中以～日入/日乙 175 叁：～三止/日乙 177 叁：□日～行曰星道/日乙 177 叁：角若奎～行曰星及/日乙 336：來～吾所/日乙 342：除一，～九/日乙 285：卜某自首春夏～十月/地圖 M1・9：冗～口廿五里

0318 非（2）　日乙 214 貳：～□□兇（凶）□/日乙 296：～鳥□₌（□□）

北～/日乙 119 壹：不可垣、室、廡、～/日乙 121 壹：不可爲室及～闔/日乙 133 貳：凡啓～/日乙 133 貳：～忌/日乙 135 貳：祠～良日/日乙 165：出邑～/日乙 303 貳：～殹（也）/日乙 274：其祟～户/日乙 252 下：投其户～/丹記 2：葬之垣離南～外

0326 易（2）　日乙 297：占行，益～/日乙 355：乃□□者曰□～

0327 囷（10）　日甲 35：臧（藏）～屋㞕糞土中、蹇木下/日甲 39：禹在～、屋、東㞕、水旁/日甲 73 貳：凡可塞穴置（窒）鼠壄（堅）～日/日乙 2 貳：～居西北/日乙 24 叁：～居右/日乙 71：臧（藏）～屋㞕糞土中/日乙 75 壹：禹在～、屋、東㞕/日乙 103 壹：爲～倉及蓋/日乙 65 壹：凡可塞穴置（窒）鼠壄（堅）～日/日乙 353：～倉殹（也）

0328 岡（3）　日甲 4 貳：謂～（剛）楺（柔）之日/日乙 92：謂～（剛）【楺（柔）之日】/日乙 113 壹：是胃（謂）～（剛）日

0329 知（1）　日乙 11 貳：邦而～爲賤人

0330 物（1）　日乙 288：諸羣凶之～

0331 和（5）　日乙 344：欲夫妻之～/日乙 324：不～/日乙 324：□不失數□不～/日乙 292：是謂不～中/日乙 332：～瘫（應）神靈

0332 季（5）　日乙 330：～居季權/日乙 330：季居～權/日乙 330：～居季龍/日乙 330：季居～龍/日乙 194 壹：～

0333 秉（1）　日甲 73 壹：田龍田：～不得

0334 使（3）　日乙 4 貳：可聚邦、～客/日乙 5 貳：～僕恙□/日乙 319：有所□～

0335 臾（5）　日甲 42 壹：禹須～行日/日甲 42 貳：禹須～所以見人日/日甲 66 貳：禹須～行/日乙 373：禹須～所以見人日/日乙 165：禹須～行

0336 版（2）　日乙 133 壹：不可垣＝（垣，垣）一～/日乙 133 壹：

三～

0337 卑（1） 日乙 237 壹：～（脾）

0338 往（3） 日乙 246：上下行～/日乙 294：君子～役/日乙 299：得其後参爲已，爲～、爲去

0339 彼（30） 日甲 1 壹：～（破）申/日甲 2 壹：～（破）酉/日甲 3 壹：～（破）戌/日甲 4 壹：～（破）亥/日甲 5：～（破）子/日甲 6：～（破）丑/日甲 7：～（破）寅/日甲 8：～（破）卯/日甲 9：～（破）辰/日甲 10：～（破）巳/日甲 11：～（破）午/日甲 12：～（破）未/日甲 19 壹：～（破）日/日甲 19 壹：雖（唯）利～（破）水/日乙 1 壹：～（破）申/日乙 2 壹：～（破）酉/日乙 3 壹：～（破）戌/日乙 4 壹：～（破）亥/日乙 5 壹：～（破）子/日乙 6 壹：～（破）丑/日乙 7 壹：～（破）寅/日乙 8 壹：～（破）卯/日乙 9：～（破）辰/日乙 10 壹：～（破）巳/日乙 11 壹：～（破）午/日乙 12 壹：～（破）未/日乙 19 壹：～（破）日/日乙 19 壹：雖（唯）利～（破）水/日乙 129 壹：是=（是是）人～（破）日/日乙 238：行～=（彼（跛）彼（跛））殹（也）

0340 所（37） 日甲 42 貳：禹須臾～以見人日/日甲 30 貳：盜它～/日甲 38：遠～殹（也）/日乙 22 叁：～利雖（唯）利賈市/日乙 373：禹須臾～以見人日/日乙 68：盜它～/日乙 74 壹：遠～殹（也）/日乙 319：有～□使/日乙 347：刑徙～勝直=（直（德），直（德））/日乙 347：直=（直（德），直（德））徙～不勝刑/日乙 308 貳：直（德）之～在主歲/日乙 196 壹：～執者【繩殹（也）】/日乙 197 壹：～執者規殹（也）/日乙 198 壹：～執者矩殹（也）/日乙 199 壹：～執者權殹（也）/日乙 200 壹：～執者衡殹

（也）/日乙 359：各殳（投）～卜大婁（數）/日乙 260：復其故～/日乙 278：安～敗辱/日乙 280：心毋（無）～從容/日乙 248：食旦之～/日乙 248：其處牝□，有～/日乙 328：～環耳/日乙 336：來到吾～/日乙 297：下毋（無）～比者/日乙 338：以其～中之辰閒/日乙 343：此～以智（知）/日乙 343：病疵之～殹（也）/日乙 287：其～中之鐘賤/日乙 293：即以～中鐘數爲卜/日乙 292：毋（無）～不利/日乙 284：皋陶～出/日乙 285：皋陶～出/日乙 93 下：其定～□陽，其氣西東/日乙 337：凡～以相生者/丹記 2：丹～以得復生者/丹記 7：毋以淘滻（洒）祠～

0341 舍（2）　丹記 2：吾犀武～人/丹記 2：犀武論其～人尚（掌）命者

0342 金（8）　日乙 74 貳：～生巳/日乙 186 壹：庚八～/日乙 181 貳：丑八～/日乙 185 貳：巳四～/日乙 189 貳：酉六～/日乙 186 肆：昬（昏）市八，商，～/日乙 187 肆：莫 中 七，羽，～/日乙 277：～聲分=（分（紛）分（紛））

0343 侖（1）　地圖 M1・21A：～谿

0344 命（6）　日乙 356：有～且至/日乙 350：司～/日乙 327 上：其～日爲牝牡/丹記 2：犀武論其舍人尚（掌）～者/丹記 3：因告司～史公孫强/丹記 3：因與司～史公孫强

0345 受（5）　日乙 128：以～憂者/日乙 309：以～賀喜/日乙 270：可～田宅/日乙 271：擅～其利/日乙 292：恐～外危

0346 爭（1）　日乙 349：日～勝者

0347 乳（1）　日乙 228：善眀（明）目，病～

0348 朋（1）　日乙 121 貳：食領則有～

0349 股（1）　日乙 343：～、胻殹（也）

0350 周（2） 日乙 16 貳：不～門/日乙 260：十月再～

0351 昏（31） 日甲 43 壹：～東吉/日甲 44 壹：～東吉/日甲 45 壹：～東吉/日甲 46 壹：～北吉/日甲 47 壹：～北吉/日甲 48 壹：～北吉/日甲 49 壹：～北吉/日甲 50 壹：～北吉/日甲 51 壹：～北吉/日甲 52 壹：～北吉/日甲 53 壹：～北〈西〉吉/日甲 54 壹：～西吉/日甲 55 壹：～西吉/日甲 56 壹：～西吉/日甲 57 壹：～西吉/日甲 58 壹：～西吉/日甲 59 壹：～西吉/日甲 60 壹：～西吉/日甲 61 壹：～南吉/日甲 62 壹：～南吉/日甲 63 壹：～南吉/日甲 64 壹：～南吉/日甲 65 壹：～南吉/日甲 66 壹：～南吉/日甲 67 壹：～南吉/日甲 68：～東吉/日甲 69 壹：～東吉/日甲 70 壹：～東吉/日甲 71 壹：～東吉/日甲 72 壹：～東吉/日甲 17 貳：～，女

0352 兔（3） 日甲 33：～殹（也）/日乙 69：～殹（也）/日乙 215：～殹（也）

0353 臽（10） 日乙 78 貳：正月壬～/日乙 79 貳：二月癸～/日乙 80 貳：三月戊～/日乙 82 貳：五月乙～/日乙 65 貳：【六月戊】～/日乙 83 貳：九月己～/日乙 84 貳：十月庚～/日乙 85 貳：十一月辛～/日乙 86 貳：十二月己～/日乙 335、358 壹：得其～

0354 狐（1） 丹記 3：因令白～穴屈（掘）出丹

0355 狢（1） 日乙 334：如墅（野）鳴～

0356 咎（2） 日甲 67 貳：今利行＝（行，行）毋（無）～/日乙 165：今利行＝（行，行）毋（無）～

0357 享（5） 日乙 154：禾不～（熟）/日乙 161：上泉雨，稙～（熟）/日乙 161：中泉雨，稙～（熟）/日乙 161：中竜～（熟）/日乙 161：下泉雨，穉～（熟）

0358 夜（95） 日甲 44 壹：中～南吉/日甲 45 壹：中～南吉/日甲 46 壹：中～東吉/日甲 47 壹：中～東吉/日甲 48 壹：

中～東吉/日甲 49 壹：中～南〈東〉吉/日甲 50 壹：中～南〈東〉吉/日甲 51 壹：中～南〈東〉吉/日甲 52 壹：中～南〈東〉吉/日甲 53 壹：中～北吉/日甲 54 壹：中～北吉/日甲 55 壹：中～北吉/日甲 56 壹：中～北吉/日甲 57 壹：中～北吉/日甲 58 壹：中～北吉/日甲 59 壹：中～北吉/日甲 60 壹：中～北吉/日甲 61 壹：中～西吉/日甲 62 壹：中～西吉/日甲 63 壹：中～西吉/日甲 64 壹：中～西吉/日甲 65 壹：中～西吉/日甲 66 壹：中～西吉/日甲 67 壹：中～西吉/日甲 68：中～南吉/日甲 69 壹：中～南吉/日甲 70 壹：中～南吉/日甲 71 壹：中～南吉/日甲 72 壹：中～南吉/日甲 17 貳：～莫，男/日甲 17 貳、19 貳：～未中，女/日甲 19 貳：～中，男/日甲 19 貳：～過中，女/日乙 26 壹：中～南吉/日乙 27 壹：中～南吉/日乙 28 壹：中～東吉/日乙 29 壹：中～東吉/日乙 30 壹：中～東吉/日乙 40 上：中～【東吉】/日乙 31 壹：中～東吉/日乙 32 壹：中～南〈東〉吉/日乙 33 壹：中～南〈東〉吉/日乙 34 壹：中～北吉/日乙 35 壹：中～北吉/日乙 36 壹：中～北吉/日乙 37 壹：中～北吉/日乙 38 壹：中～北吉/日乙 39 壹：中～北吉/日乙 40 下壹：【中】～北吉/日乙 41 壹：中～北吉/日乙 42 壹：中～西吉/日乙 43 壹：中～西吉/日乙 44 壹：中～西吉/日乙 45 壹：中～西吉/日乙 46 壹：中～西吉/日乙 47 壹：中～西吉/日乙 48 壹：中～西吉/日乙 49 壹：中～南吉/日乙 50 壹：中～南吉/日乙 51 壹：中～南吉/日乙 52 壹：中～南吉/日乙 53 壹：中～南吉/日乙 56 貳：日七～九/日乙 57 貳：日八～八/日乙 58 貳：日九～七/日乙 59 貳：日十～六/日乙 60 貳：日十一～五/日乙 61 貳：日十～六/日乙 62 貳：日九～七/日乙 63 貳：日八～八/日乙 64

貳：日七～九/日乙 56 叁：日六～十/日乙 57 叁：日五～十一/日乙 58 叁：日六～十/日乙 78 貳：日七～九/日乙 79 貳：日八～八/日乙 80 貳：日九～七/日乙 82 貳：日十一～五/日乙 65 貳：日十～六/日乙 83 貳：日七～九/日乙 84 貳：日六～十/日乙 85 貳：日五～十一/日乙 86 貳：日六～十/日乙 136：到～（腋）/日乙 142：～莫/日乙 143：～未中/日乙 143：～中/日乙 143：～過中/日乙 182 伍：～半、後鳴，五/日乙 189 伍：～半、後鳴，五/日乙 200 壹：時～半/日乙 277：～半而斲/日乙 300：一～十/地圖 M1・21B：～比端谿/地圖 M1・21B：～比

0359 府（2） 日甲 17 壹：可以臧（藏）、爲～/日乙 17 壹：可以臧（藏）、爲～

0360 庚（51） 日甲 28：～亡/日甲 69 貳：～午/日甲 72 貳：～申/日乙 47 貳：～午/日乙 61 壹：～亡/日乙 79 壹：～寅/日乙 79 壹：～申/日乙 82 壹：～午/日乙 82 壹：～子/日乙 372 壹：～午 /日乙 113 壹：～/日乙 84 貳：十月～㿝/日乙 94 壹：三月～辛/日乙 95 壹：四灋（廢）～辛/日乙 119 壹：～申/日乙 98 貳：～辛毋西行/日乙 111 貳：九月～申/日乙 125 壹：～午/日乙 312：十月～/日乙 140：～/日乙 141：二月丁～癸/日乙 141：八月甲丁～/日乙 141：九月、十月丙己～/日乙 302：～申/日乙 135 貳：～申/日乙 146 壹：～申/日乙 147 壹：～辰/日乙 147 壹：～午/日乙 149 壹：～寅/日乙 148 壹：～午/日乙 150 壹：～寅/日乙 153 壹：～辰/日乙 147 貳：～戌/日乙 149 貳：～申/日乙 148 貳：～午/日乙 150 貳：～辰/日乙 152 貳：～子/日乙 154：～辛雨/日乙 155：～雨/日乙 156：～辛雨/日乙 346：～辛畾（雷）/日乙 307：～申/日乙 186 壹：～八金/日乙 195 壹：～辛/

日乙 199 壹：～辛酉/日乙 204 壹：～辰/日乙 204 壹：～戌/日乙 205 壹：～寅/日乙 205 壹：～申/日乙 349：～八/日乙 93 下：貞西東～未

0361 妾（5） 日甲 20 貳：入人奴、～/日乙 24 壹：入人奴、～/日乙 128：入臣～/日乙 298：若朔～【=】（妾，【妾】）前日家有喪毆（也）/日乙 296：臣～作〈逃〉逋，出財租

0362 於（13） 日乙 347：五歲而復并～土/日乙 175 叁：至～四取/日乙 325 貳：至～六而止/日乙 361 叁：至～七/日乙 361 叁：至～八/日乙 361 叁：至～九/日乙 277：[出]～大（太）族/日乙 328：利～犮（祓）事/日乙 336：[宮]～北壄（野）/日乙 290：登～上/日乙 290：朢～下/日乙 351：□登～城/丹記 5：其鬼賤【之】，～它而富

0363 炊（1） 日乙 295：入禾～其上□復上

0364 法（1） 日乙 281：室有～（廢）祠

0365 河（1） 日乙 268：～之滔【=】（滔【滔】）

0366 沱（2） 日甲 20 貳：可以決～（池）/日乙 24 壹：可以決～（池）

0367 泥（1） 日乙 1 貳：濡～

0368 波（1） 日乙 381：～居室出麗

0369 治（4） 日甲 14：可以～嗇夫/日乙 15 壹：可以～嗇夫/日乙 309：以毆～人/日乙 263：有不～者

0370 宗（1） 日乙 5 貳—6 貳：～族

0371 定（28） 日甲 1 壹：～午/日甲 2 壹：～未/日甲 3 壹：～申/日甲 4 壹：～酉/日甲 5：～戌/日甲 6：～亥/日甲 7：～子/日甲 8：～丑/日甲 9：～寅/日甲 10：～卯/日甲 11：～辰/日甲 12：～巳/日甲 17 壹：～日/日乙 1 壹：～午/日乙 2 壹：～未/日乙 3 壹：～申/日乙 4

壹：~酉/日乙 5 壹：~戌/日乙 6 壹：~亥/日乙 7 壹：~子/日乙 8 壹：~丑/日乙 9：~寅/日乙 10 壹：~卯/日乙 11 壹：~辰/日乙 12 壹：~巳/日乙 17 壹：~日/日乙 310：占=長年不~家/日乙 93 下：其~所□陽

0372 宜（8） 日乙 5 貳：~車馬/日乙 8 貳：婦人必~疾/日乙 13 貳：~車馬/日乙 14 貳：乃~畜生（牲）/日乙 91 下：~豕/日乙 91 下：有~央（殃）/日乙 329：~春夏/日乙 329：~秋冬

0373 官（5） 日乙 320：吏~毋以壬戌歸/日乙 128：以徙~/日乙 309：入~者必去/日乙 297：益~/日乙 366：初入~忌殹（也）

0374 空（5） 日乙 122 貳：其室~虚/日乙 134 壹：凡是=（是是）地司~/日乙 305：伐~桑/日乙 323：司~天□□/日乙 323：司~司⊡

0375 肩（8） 日乙 209：~婁（僂）/日乙 213：善病~/日乙 217：善病~、手/日乙 220：~僂/日乙 222：翕~/日乙 232：善病~、腸/日乙 239：~僂/日乙 343：~、肘殹（也）

0376 房（1） 日乙 173 壹：~七

0377 建（28） 日甲 1 壹：~寅/日甲 2 壹：~卯/日甲 3 壹：~辰/日甲 4 壹：~巳/日甲 5：~午/日甲 6：~未/日甲 7：~申/日甲 8：~酉/日甲 9：~戌/日甲 10：~亥/日甲 11：~子/日甲 12：~丑/日甲 13：~日/日乙 1 壹：~寅/日乙 2 壹：~卯/日乙 3 壹：~辰/日乙 4 壹：~巳/日乙 5 壹：~午/日乙 6 壹：~未/日乙 7 壹：~申/日乙 8 壹：~酉/日乙 9：~戌/日乙 10 壹：~亥/日乙 11 壹：~子/日乙 12 壹：~丑/日乙 14 壹：~日/日乙 112 壹：凡~日死不利父/日乙 335：

0387 姑（14） 日乙 182 陸：南吕生～洗/日乙 183 陸：～洗生瘫（應）鐘/日乙 183 柒：～洗六十四/日乙 193：黄鐘以至～先（洗）/日乙 198 貳：～先（洗）/日乙 203 貳：上～【先（洗）】/日乙 268：～先（洗）/日乙 218：投中～洗/日乙 219：投中～洗/日乙 220：投中～先（洗）/日乙 286：歸～【=】洗=（姑洗，【姑】洗）/日乙 286：～洗以其子辰爲式/日乙 259：～先（洗）/日乙 257：～先（洗）

0388 始（4） 日乙 17 叁：八歲～富/日乙 164：不可～穜（種）/日乙 272：是謂～新/日乙 299：得=（得；得）其前参爲～

0389 叁（1） 日乙 1 貳：必～寡

0390 春（11） 日乙 95 壹：～三月/日乙 303 壹：～三月/日乙 123 貳：～三月己丑/日乙 129 壹：～子/日乙 130 壹：～乙卯/日乙 131 壹：～乙亥/日乙 302：～三月申/日乙 363：～戌/日乙 129 貳：～三月甲乙/日乙 285：～夏到十月/日乙 329：宜～夏

0391 垣（21） 日乙 94 壹：不可興～/日乙 101 壹：築宫～/日乙 101 壹：築外～/日乙 115 壹：不可壞～/日乙 116 壹：不可初～/日乙 119 壹：不可～、室/日乙 133 壹：不可～=（垣，垣）一版/日乙 133 壹：成～/日乙 135 壹：其鄉（嚮）壞～/日乙 135 壹：興～/日乙 132 壹：不可興～/日乙 136：不可～/日乙 137：以它辰～/日乙 137：以辰～它鄉（嚮）/日乙 130 壹：不可～其鄉（嚮）/日乙 139：不可～其鄉（嚮）/日乙 139：～高厚/日乙 141：不可～/日乙 363：不可～及□/丹記 1：丹矢傷人～離里中/丹記 2：葬之～離南門外

0392 城（1） 日乙 351：□登於～

（嚮）/日乙 4 貳：～門/日乙 54：【中夜】～吉/日乙 26 壹：中夜～吉/日乙 27 壹：中夜～吉/日乙 28 壹：日中～〈西〉吉/日乙 29 壹：旦～吉/日乙 30 壹：旦～吉/日乙 40 上：旦～吉/日乙 31 壹：旦～吉/日乙 32 壹：旦～吉/日乙 32 壹：中夜～〈東〉吉/日乙 33 壹：旦～吉/日乙 33 壹：中夜～〈東〉吉/日乙 34 壹：日中～吉/日乙 35 壹：日中～吉/日乙 36 壹：日中～吉/日乙 37 壹：日中～吉/日乙 38 壹：日中～吉/日乙 42 上、39 壹：日中～吉/日乙 41 壹：日中～吉/日乙 42 壹：昏（昏）～吉/日乙 43 壹：昏（昏）～吉/日乙 44 壹：昏（昏）～吉/日乙 45 壹：昏（昏）～吉/日乙 46 壹：昏（昏）～吉/日乙 47 壹：昏（昏）～吉/日乙 48 壹：昏（昏）～吉/日乙 49 壹：中夜～吉/日乙 50 壹：中夜～吉/日乙 51 壹：中夜～吉/日乙 52 壹：中夜～吉/日乙 53 壹：中夜～吉/日乙 48 貳：築～門良日/日乙 17 叁：午不可爲～門/日乙 58 壹：已～矣 /日乙 59 壹：盜在～方/日乙 60 壹：在西～/日乙 72：盜從～方入/日乙 73 壹：盜者從～方【入】/日乙 96 貳：丙丁毋～行/日乙 101 貳：～兇（凶）/日乙 102 貳：～得/日乙 103 貳：～逢言/日乙 94 貳：～得/日乙 95 叁：～得/日乙 96 叁：～吉/日乙 97 叁：～兇（凶）/日乙 98 叁：～吉/日乙 99 叁：～兇（凶）/日乙 100 叁：～逢言/日乙 101 叁：～兇（凶）/日乙 102 叁：～兇（凶）/日乙 115 貳：其虛在東～/日乙 117 貳：孤在【正】～/日乙 118 貳：孤在東～/日乙 304：～首/日乙 124 貳：不可～行/日乙 315：～毋犯辰申/日乙 139：四月～方/日乙 130 貳：～【方】/日乙 162 壹：從東～/日乙 162 壹：從正～ /日乙 181 陸：大（太）族生～吕/日乙 182 陸：～吕生姑洗/日乙 188 柒：～吕卌八/日乙

198 壹：主～方/日乙 196 貳：下～【吕】/日乙 203 貳：～吕/日乙 266：之～/日乙 274：遠至于～/日乙 277：～吕/日乙 277：貞才（在）～= 吕=（南吕，南吕）/日乙 233 壹：投中～吕/日乙 234 壹：投中～吕/日乙 235 壹：投中～吕/日乙 247 壹：～吕/日乙 249：～吕/日乙 258 壹：～吕/日乙 342：～七/日乙 342：西～五/日乙 342：東～/丹記 2：葬之垣離～門外/地圖 M1・7811A：～田

0399 相（8） 日乙 262：牝牡～求，徐得其音/日乙 262：後～得殹（也）/日乙 277：仇（仇）人～求/日乙 192：～、萛者/日乙 296：皆～食/日乙 337：凡所以～生者/地圖 M1・9：世里～谷/地圖 M1・21B：泰～端谿

0400 柏（3） 丹記 4：～丘/地圖 M1・12A：陽盡～木/地圖 M1・12A：陽盡～木

0401 柁（1） 日乙 7 貳：必～衣常（裳）

0402 要（14） 日乙 136：到～（腰）/日乙 208：長～（腰）/日乙 208：善病腹、腸、～（腰）、脾/日乙 210：行僂=（僂僂）～〈殹（也）〉/日乙 210：善病～（腰）/日乙 212：長～（腰）/日乙 213：長～（腰）/日乙 215：善病～（腰）、腹/日乙 218：長～（腰）延=（延延）/日乙 221：善病～（腰）、脾/日乙 231：善病～（腰）/日乙 236 壹：長～（腰）延=（延延）殹（也）/日乙 237 壹：善病～（腰）、卑（脾）/日乙 239：長～（腰）

0403 咸（4） 日乙 130 壹：是=（是是）～池旱/日乙 139：凡是=（是是）～池會月殹（也）/日乙 289 貳：其味～/日乙 275：分資～=（咸咸）

0404 厚（2） 日乙 139：垣高～/日乙 356：～而寬主

0405 耐（4） 日乙 20 叁：不～乃刑/日乙 133 壹：三版～/日乙 255：其水～=（耐耐）/日乙 255：大備～=（耐耐）

0406 面（21） 日甲30壹：爲人鞞～/日甲32壹、30貳：其爲人方～/日甲33：爲人短～/日甲35：其爲人小～/日甲41：其爲人長～/日乙66：爲人鞞～/日乙68：其爲人方～/日乙69：爲人短～/日乙71：其爲人小～/日乙72：爲人長～/日乙77壹：其爲人長～/日乙354：～殹（也）/日乙207：小～/日乙211：長～/日乙215：圜（圓）～/日乙224：連～/日乙225：長～/日乙228：連～/日乙230：圜（圓）～/日乙234壹：連～/日乙237壹：連～

0407 奎（3） 日乙133貳：～/日乙374：～以到軫/日乙177叁：角若～到行曰星及

0408 皆（22） 日甲21：～吉/日甲73貳：～可以爲鼠/日乙21壹：～【吉】/日乙88：取（娶）妻～吉/日乙304：～吉/日乙140：百事～然/日乙133貳：～【吉】/日乙161：三泉～雨/日乙193：～下生，三而二/日乙193：～上生，三而四/日乙177叁、172伍：日辰時數～并其數/日乙264：眾人～促/日乙241：前後～吉/日乙243：賈市、行販～然/日乙288：諸羣美～吉/日乙250：是=（是是）夫婦～居/日乙294：夫妻～憂/日乙257：～曰/日乙256：～曰/日乙258壹：～曰/日乙344：～妻夫殹（也）/日乙296：～相食

0409 韭（1） 地圖M1·21A：～園

0410 貞（17） 日乙260：～在黃鐘/日乙262：～在大呂/日乙264：～在大（太）族/日乙266：～在夾鐘/日乙270：～在中呂/日乙272：～在蕤（蕤）賓/日乙274：～在林鐘/日乙275：～在夷則/日乙277：～才（在）南=呂=（南呂，南呂）/日乙279：～身右（有）苛（疴）疵/日乙281：～在瘱（應）鐘/日乙243：唯

利～辠（罪）、蠱、言語/日乙 244：以子爲～/日乙 356：有君子之～/日乙 285：以五音、十二聲爲某～/日乙 93 下：～西東庚未/日乙 337：鐘其成～

0411 眪（1）　日甲 32 貳：～然

0412 是（50）　日甲 3 貳：男日亦如～/日乙 2 貳：～＝（是是）富【門】/日乙 4 貳：～＝（是是）將軍門/日乙 8 貳：～＝（是是）鬼夾之/日乙 15 貳：～＝（是是）生甚多/日乙 18 貳：～＝（是是）邦君子門/日乙 71：以～亡/日乙 92：男日亦如～/日乙 113 壹：～胃（謂）岡（剛）日/日乙 114 壹：～＝（是是）柔日/日乙 94 壹：～＝（是是）日衝/日乙 100 壹：～□□日殹（也）/日乙 318：～謂離日/日乙 128：～胃（謂）反只（支）/日乙 133 壹：凡～＝（是是）土禁/日乙 134 壹：凡～＝（是是）地司空/日乙 135 壹：凡～【＝】（是【是】）土□月/日乙 132 壹：凡～＝（是是）土星/日乙 136：凡～＝（是是）地杓/日乙 129 壹：～＝（是是）人彼（破）日/日乙 130 壹：～＝（是是）咸池旱/日乙 131 壹：～＝（是是）牝日/日乙 139：凡～＝（是是）咸池會月殹（也）/日乙 140：凡～＝（是是）十二毀/日乙 141：凡～＝（是是）九忌/日乙 283：～謂天絕紀殹（也）/日乙 266：～以爲凶/日乙 270：～謂中澤/日乙 272：～謂始新/日乙 281：～胃（謂）夅（仇）人/日乙 244：～＝（是是）大□/日乙 252 下：認＝（認認）婦～/日乙 245：～＝（是是）自天以戒/日乙 246：～＝（是是）可亡不復/日乙 247 壹：～＝（是是）龍之投/日乙 248：～＝（是是）兆龍/日乙 249：～＝（是是）訾者/日乙 250：～＝（是是）夫婦皆居/日乙

251：~=（是是）反[⋯]□以作事□/日乙 252 上：~=（是是）水火之貧=（貧貧）/日乙 253：~=（是是）有□大木/日乙 254：~=（是是）乍居乍行/日乙 255：~=（是是）大木有槐/日乙 255：先~毋（無）事/日乙 300：直（值）此卦~〈者〉/日乙 365、292：~謂□同/日乙 292：~謂不和中/日乙 364 壹：~謂□□/日乙 358 貳：~謂前有難後喜/日乙 351：婦~煢=（煢煢）

0413 則（25）　日甲 17 貳：旦〈日〉~（昃）/日甲 17 貳：日下~（昃）/日乙 6 貳：~光門/日乙 121 貳：鼠食寇〈冠〉~□/日乙 121 貳：食□~有□央（殃）/日乙 121 貳：食領~有朋/日乙 142：日~（昃）/日乙 142：日下~（昃）/日乙 186 陸：大吕生夷~/日乙 202 貳：夷~/日乙 268：~水百沏（仞）/日乙 275：夷~/日乙 275：貞在夷~/日乙 275：實之~（側）/日乙 230：投中夷~/日乙 231：投中夷~/日乙 232：投中夷~/日乙 288：行~折/日乙 288：行~有/日乙 244：夷~/日乙 259：夷~/日乙 246：夷~/日乙 258 壹：夷~/日乙 376：有~凶/日乙 376：无（無）有~吉

0414 明（3）　日乙 260：天下清~（明）/日乙 228：善~（明）目/地圖 M1・7811B：~（明）谿

0415 禺（2）　日乙 261：三~（遇）黄鐘/日乙 293：~（偶）者，女殹（也）

0416 星（12）　日乙 132 壹：凡是=（是是）土~/日乙 133 貳：七~/日乙 177 貳：七~/日乙 177 叁：~道/日乙 177 叁：~及/日乙 350：七~/丹記 6：~者游變殹（也）/日乙 327 下：日=辰=（日、辰。日、辰、）~各有目數/日乙 344：~爲子/日乙 293：日、辰、~而參合之/日乙 321：參合日辰求~/日乙 163：七曰

～央

0417 畏（1）　日乙 245：發中宵（消）～忌

0418 胃（6）　日乙 53 貳：宿直（值）～、氐/日乙 113 壹：是～（謂）岡（剛）日/日乙 128：是～（謂）反只（支）/日乙 168 叁：～十四/日乙 281：是～（謂）subjects（仇）人/日乙 290：～（謂）登於上

0419 思（2）　地圖 M1·21A：有蘇木下获（?）～/地圖 M1·21A：有蘇木上获（?）～

0420 秭（1）　日乙 295：～兩錢

0421 秋（8）　日乙 97 壹：～三月/日乙 304：～三月/日乙 125 貳：～三月己未/日乙 129 壹：～午/日乙 130 壹：～辛酉/日乙 131 壹：～辛亥/日乙 302：～巳、冬亥/日乙 363：～辰

0422 重（2）　日乙 353：其穜（種）～（穜）/日乙 210：裹～

0423 竽（1）　日乙 334：鼓～

0424 促（1）　日乙 264：眾人皆～

0425 俗（3）　日乙 184 柒：中吕六十，～山/日乙 186 柒：林鐘五十四，～山/日乙 188 柒：南吕卌八，～山

0426 信（1）　日乙 234 壹：不～而長

0427 泉（7）　日乙 160：上～/日乙 160－161：中～/日乙 161：下～/日乙 161：上～雨/日乙 161：中～雨/日乙 161：下～雨/日乙 161：三～皆雨

0428 鬼（7）　日乙 8 貳：是=（是是）～夾之/日乙 154：～神北行/日乙 350：～大父/丹記 5：其～/丹記 5：～去敬（驚）走/丹記 5：～終身不食殹（也）/丹記 7：～弗食殹（也）

0429 禹（12）　日甲 42 壹：～須臾行日/日甲 42 貳：～須臾所以見人日/日甲 66 貳：～須臾行/日甲 66 貳：～步三/日甲 67 貳：～有直五横/日甲 67 貳：爲～前除道/日乙 373：～須臾所以見人日/日乙 165：～須臾行/日乙

165：～步三/日乙 165：～有直五横/日乙 165：爲～前除道/日乙 279：～以成略

0430 侯（3） 日甲 39：有黑子、～（瘊）/日乙 75 壹：有黑子、～（瘊）/日乙 155：～（候）歲

0431 律（7） 日乙 241：中六～/日乙 350：六～/日乙 365：中數中～/日乙 364 壹：中數不中～/日乙 358 貳：中～不中數/日乙 284：閒吕、六～/日乙 285：閒吕、六～

0432 很（1） 日乙 296：～數嬖

0433 後（27） 日甲 59 貳：夕得～言/日甲 61 貳：安（宴）～見之/日甲 65 貳：得～【言】/日甲 65 貳：～見之/日乙 14 貳：三渫（世）之～/日乙 40 下貳：夕得～言/日乙 42 貳：安（宴）～見之/日乙 46 貳：旦有求，得～言/日乙 46 貳：～見之/日乙 109 壹：毋～害/日乙 111 壹：毋～央（殃）/日乙 346：軍～徙/日乙 191 壹：辰～/日乙 182 伍：夜半、～鳴，五/日乙 189 伍：夜半、～鳴，五/日乙 262：～相得殹（也）/日乙 216：善～顧/日乙 241：有初毋（無）～/日乙 241：毋（無）初有～/日乙 243：有初毋（無）～/日乙 356：～□其□/日乙 338：中其～爲已閒/日乙 322：得其～伍（五）爲不=得=（不得，不得）/日乙 322：不=得=（不得，不得）其前～之伍（五）/日乙 299：得其～參爲已/日乙 358 貳：其～乃成/日乙 358 貳：是謂前有難～喜

0434 弇（4） 日乙 130 壹：牛晨～日殹（也）/日乙 353：宫之音～/日乙 353：其器～之/日乙 234 貳：～宫

0435 逃（4） 日甲 14：～亡不得/日甲 18 貳：～亡不得/日乙 15 壹：～亡不得/日乙 122 壹：其人～亡

0436 禹（11） 日甲 36：～在廄/日甲 37：～在牢圈中/日甲 38：～在山谷/日甲 39：～在囷、屋、東辰/日甲 40：～在

0439 風（12） 日乙 166：一日而～不利雞/日乙 166：二日～不利犬/日乙 166：三日～不利豕/日乙 166：四日～不利羊/日乙 166：五日～不利牛/日乙 166：六月〈日〉～不利馬/日乙 166：七日～不利人/日乙 162 壹：～=（風，風）道東北/日乙 209：善病～痹/日乙 239：善病～痹/日乙 192：八～

0440 毞（1） 日乙 295：求～（碗）者

0441 哀（2） 日乙 328：以訟不～/日乙 300：訟～

0442 音（18） 日乙 353：宫之～/日乙 353：宫～貴/日乙 352：徵之～/日乙 352：徵～善/日乙 354：羽之～/日乙 354：羽～吉/日乙 283：凡殳（投）黄鐘不合～婁（數）者/日乙 260：～殹（也）/日乙 260：以爲～尚/日乙 262：～殹（也）/日乙 262：徐得其～/日乙 266：□～殹（也）/日乙 281：～殹（也）/日乙 350：五～/日乙 287：～數/日乙 321：即以鐘～之數矣/日乙 284：五～、十二聲/日乙 285：五～、十二聲

0443 帝（2） 日乙 305：不可之山谷～〈辛（薪）〉/日乙 350：巫～

0444 差（1） 日乙 275：不～不德（忒）

0445 美（13） 日甲 54 貳：晝得～言/日甲 54 貳：夕得～言/日甲 55 貳：安（宴）得～言/日甲 61 貳：旦有～言/日甲 63 貳：旦得～言/日甲 38：爲人～/日乙 35 貳：晝得～言/日乙 35 貳：夕得～言/日乙 36 貳：安（宴）得～言/日乙 42 貳：旦有～言/日乙 44 貳：旦得～言/日乙 74 壹：爲人～/日乙 288：諸羣～皆吉

0446 前（11） 日甲 67 貳：爲禹～除道/日乙 165：爲禹～除道/日乙 346：軍～徙/日乙 190 壹：日～/日乙 241：～後皆吉/日乙 338：中其～爲未閒/日乙 322：得其～五爲得/日乙 322：不=得=（不得，不得）其～後之伍（五）/日乙 298：～日家有喪/日乙 299：得=（得；得）其～參爲始/日乙 358 貳：是謂～有難後喜

0447 首（19）　日甲 13：不可入黔～/日甲 16 壹：可以入黔～/日甲 34：小～/日乙 14 壹：不可入黔～/日乙 16 壹：可以入黔～/日乙 18 肆：并黔～家/日乙 70：小～/日乙 124 壹：凡黔～行/日乙 303 壹：東～/日乙 304：南～/日乙 304：西～/日乙 304：北～/日乙 262：說（悦）于黔～心/日乙 272：以政下黔～/日乙 241：中麗～者可以見人/日乙 243：投黄鐘之～/日乙 258 貳：或斬～首/日乙 343：～殹（也）/日乙 285：卜某自～春夏到十月

0448 炽（1）　日乙 271：辠（罪）桑～者

0449 洗（6）　日乙 182 陸：南吕生姑～/日乙 183 陸：姑～生瘫（應）鐘/日乙 183 柒：姑～六十四/日乙 218：投中姑～/日乙 286：姑【=】～=（姑洗，【姑】洗）少一/日乙 286：姑～以其子辰爲式

0450 恒（3）　日乙 278：其祟～輅/日乙 209：～（桓）鼻/日乙 227：～（桓）鼻

0451 宦（1）　日乙 125 壹：入～

0452 室（39）　日甲 15：利築宫～/日甲 23：其一人在～中/日甲 27：其～三人食/日甲 28：其～在北方/日甲 28：其～有黑犖擯（黷）/日乙 56 壹：其一人在～中/日乙 60 壹：其～三人食/日乙 61 壹：其～在北方/日乙 61 壹：其～有黑犖擯（黷）/日乙 95 壹：爲～亥/日乙 96 壹：爲～【寅】/日乙 97 壹：爲～巳/日乙 98 壹：爲～申/日乙 99 壹：啻（帝）爲～日殹（也）/日乙 99 壹：不可築大～、内/日乙 100 壹：以築右～/日乙 103 壹：不可以爲～、屋、内/日乙 118 壹：啻（帝）築～而臣不成/日乙 119 壹：不可垣、～/日乙 120 壹：不可爲～/日乙 122 壹：不可爲～/日乙 121 壹：不可爲～及門闗/日乙 122 貳：其～空虚/日乙

125 壹：不可到～之日/日乙 125 壹：入～/日乙 129 壹：不可築～/日乙 266：～有病者/日乙 281：～有法（廢）祠/日乙 281：～中/日乙 244：□～有言/日乙 252 下：□～或□徙/日乙 245：～有大司/日乙 245：～有靈巫/日乙 255：居～離別/日乙 336：若～家飢/日乙 298：凡～有盜/日乙 290：～毋（無）大正/日乙 341：居～/日乙 381：居～

0453 宮（14） 日甲 15：利築～室/日乙 101 壹：築～垣/日乙 108 上：～日/日乙 117 壹：啻（帝）築丹～而不成/日乙 318：不可入～/日乙 184 肆：日中五，～，土/日乙 195 壹：～一/日乙 353：～之音/日乙 353：～，腸殹（也）/日乙 353：～音貴/日乙 234 貳：弇～/日乙 176 叁：～一/日乙 260：比于～聲/日乙 323：司～

0454 穿（1） 日乙 136：～地井

0455 客（8） 日甲 16 壹：賜～/日乙 16 壹：賜～/日乙 4 貳：可聚邦、使～/日乙 198 壹：～殹（也）/日乙 200 壹：～殹（也）/日乙 340：日爲～/日乙 282：爲～/日乙 282：多者勝～

0456 冠（2） 日乙 128：不可～帶/日乙 362 壹：不可製衣～

0457 軍（5） 日乙 4 貳：是₌（是是）將～門/日乙 346：弗居～/日乙 346：～後徙/日乙 346：～敬（警）/日乙 346：～前徙

0458 扁（4） 日甲 28：其扈〈序〉～匜/日甲 32 貳：～（翩）然/日乙 61 壹：其扈〈序〉～匜/日乙 66：～（翩）然

0459 神（2） 日乙 154：鬼～北行/日乙 332：～靈

0460 祝（8） 日甲 13：可以～祠/日甲 16 壹：～祠/日甲 17 壹：可以～祠/日甲 34：男子爲～/日乙 14 壹：可以～祠/日乙 16 壹：～祠/日乙 17 壹：可以～祠/日乙 250：孰爲大～

0461 祠（18）　日甲 13：可以祝～/日甲 16 壹：祝～/日甲 17 壹：可以祝～/日乙 14 壹：可以祝～/日乙 16 壹：祝～/日乙 17 壹：可以祝～/日乙 52 貳：～之/日乙 53 貳：不可開門、竇及～/日乙 94 壹：爲～/日乙 102 壹：～祀/日乙 102 叁：西見～者/日乙 135 貳：～門良日/日乙 278：卜～祀/日乙 281：室有法（廢）～/日乙 263：～有不治者/丹記 5：～墓者/丹記 7：～者/丹記 7：毋以淘湓（洒）～所

0462 屋（6）　日甲 35：臧（藏）囷～屍糞土中/日甲 39：再在囷、～、東屍/日乙 71：臧（藏）囷～屍糞土中/日乙 75 壹：再在囷、～、東屍/日乙 94 壹：蓋～/日乙 103 壹：不可以爲室、～、内

0463 屏（2）　日甲 41：再在～圂方及矢（屎）/日乙 77 壹：再在～圂方及矢（屎）

0464 昬（32）　日乙 54：～（昏）東吉/日乙 26 壹：～（昏）東吉/日乙 27 壹：～（昏）東吉/日乙 28 壹：～（昏）北吉/日乙 29 壹：～（昏）北吉/日乙 30 壹：～（昏）北吉/日乙 40 上：～（昏）北吉/日乙 31 壹：～（昏）北吉/日乙 32 壹：～（昏）北吉/日乙 33 壹：～（昏）北吉/日乙 34 壹：～（昏）北〈西〉吉/日乙 35 壹：～（昏）西吉/日乙 36 壹：～（昏）西吉/日乙 37 壹：～（昏）西吉/日乙 38 壹：～（昏）西吉/日乙 39 壹：～（昏）西吉/日乙 41 壹：～（昏）西吉/日乙 42 壹：～（昏）南吉/日乙 43 壹：～（昏）南吉/日乙 44 壹：～（昏）南吉/日乙 45 壹：～（昏）南吉/日乙 46 壹：～（昏）南吉/日乙 47 壹：～（昏）南吉/日乙 48 壹：～（昏）南吉/日乙 49 壹：～（昏）東吉/日乙 50 壹：～（昏）東吉/日乙 51 壹：～（昏）東吉/日乙 52 壹：～（昏）東吉/日乙 53 壹：～（昏）東吉/日乙 142：～（昏），女/

日乙 191 肆：～（昏）時九/日乙 189 柒：～（昏）陽

0465 堲（1） 日乙 162 壹：牛枲～=（堲堲）

0466 韋（1） 日乙 272：啻（帝）堯乃～（圍）九州

0467 眉（1） 日乙 231：葴～

0468 除（41） 日甲 1 壹：～卯/日甲 2 壹：～辰/日甲 3 壹：～巳/日甲 4 壹：～午/日甲 5：～未/日甲 6：～申/日甲 7：～酉/日甲 8：～戌/日甲 9：～亥/日甲 10：～子/日甲 11：～丑/日甲 12：～寅/日甲 14：～日/日甲 14：～罪/日甲 67 貳：爲禹前～道/日乙 1 壹：～卯/日乙 2 壹：～辰/日乙 3 壹：～巳/日乙 4 壹：～午/日乙 5 壹：～未/日乙 6 壹：～申/日乙 7 壹：～酉/日乙 8 壹：～戌/日乙 9：～亥/日乙 10 壹：～子/日乙 11 壹：～丑/日乙 12 壹：～寅/日乙 15 壹：～日/日乙 15 壹：君子～皋（罪）/日乙 112 壹：～日死不利母/日乙 165：爲禹前～道/日乙 172 伍：并其數而以～母/日乙 335：得～，恐死/日乙 355：三□～焉/日乙 355：～殹（也）/日乙 350：占病祟～/日乙 342：～一/日乙 342：有（又）～一/日乙 342：復～九/日乙 342：～八□八/丹記 7：祠者必謹騷（掃）～

0469 怒（3） 日甲 55 貳：旦有言，～/日乙 36 貳：旦有言，～/日乙 37 貳：旦有言，～

0470 盈（29） 日甲 1 壹：～辰/日甲 2 壹：～巳/日甲 3 壹：～午/日甲 4 壹：～未/日甲 5：～申/日甲 6：～酉/日甲 7：～戌/日甲 8：～亥/日甲 9：～子/日甲 10：～丑/日甲 11：～寅/日甲 12：～卯/日甲 15：～日/日乙 1 壹：～辰/日乙 2 壹：～巳/日乙 3 壹：～午/日乙 4 壹：～未/日乙 5 壹：～申/日乙 6 壹：～酉/日乙 7 壹：～戌/日乙 8 壹：～亥/日乙 9：～子/日乙 10 壹：～丑/日乙 11 壹：～寅/日乙 12 壹：～卯/日乙 112

0476 泰（2）　地圖 M1・21B：～樅/地圖 M1・21B：～相端谿

0477 馬（13）　日甲 21：～牛/日甲 36：～殹（也）/日乙 22 壹：～牛/日乙 5 貳：宜車～/日乙 13 貳：宜車～/日乙 72：～殹（也）/日乙 101 壹：牛～及羊死之/日乙 106 壹：乘～不肎（肯）行/日乙 166：不利～/日乙 354：壄（野）鳴～/日乙 354：其畜～/日乙 224：～殹（也）/日乙 362 壹：乘車～

0478 起（9）　日甲 21：可～眾及作有爲殹（也）/日甲 24 貳：不可～土攻（功）/日乙 21 壹：可～眾及作有爲殹（也）/日乙 17 叁：～門/日乙 131 壹：不可～土攻（功）/日乙 308 壹：不可～土攻（功）/日乙 158：邦～/日乙 331：以昔日之～

0479 都（1）　日乙 185 柒：蒦（蕤）賓五十七，毚～

0480 恐（4）　日乙 281：～弗能勝/日乙 338：得其月之剽，～死/日乙 335：得除，～死/日乙 292：～受外危

0481 盍（1）　日乙 344：甚眾者～

0482 華（1）　日乙 352：其穜（種）～

0483 蒦（14）　日乙 184 陸：瘫（應）鐘生～（蕤）賓/日乙 185 陸：～（蕤）賓生大吕/日乙 185 柒：～（蕤）賓五十七/日乙 200 貳：～（蕤）賓十二萬四千四百一十六/日乙 205 貳：上～（蕤）【賓】/日乙 272：～（蕤）賓/日乙 272：貞在～（蕤）賓/日乙 224：投中～（蕤）賓/日乙 225：投中～（蕤）賓/日乙 226：投中～（蕤）賓/日乙 250：～（蕤）賓/日乙 251：～（蕤）賓/日乙 252 上：～（蕤）賓/日乙 258 壹：～（蕤）賓

0484 莫（12）　日甲 16 貳：～食，男/日甲 17 貳：夜～，男/日甲 26：～（暮）而得/日乙 59 壹：～（暮）而得/日乙 81 壹：～食北〈行〉/日乙 142－143：～食，男/日

三并之/日乙 243：投~，其中，子毆（也）/日乙 345：以來~投日、辰、時數并之/日乙 345：以來時投日、辰、~數并之/日乙 348：已~/日乙 338：投其病日、辰、~/日乙 355：以其來問~直（值）日、辰、時/日乙 355：以其來問時直（值）日、辰、~/日乙 90：并日辰~

0497 畢（2） 日乙 160：~爲中/日乙 169 叁：~十五

0498 財（7） 日乙 12 貳：多~/日乙 22 叁：~門/日乙 22 叁：入~大吉/日乙 102 壹：出~/日乙 122 貳：得~及肉/日乙 274：資~/日乙 296：出~

0499 員（3） 日乙 339：司主~/地圖 M1・12A：九~/地圖 M1・21A：九~

0500 哭（2） 日乙 244：不~/日乙 294：~靈閒【=】（閒【閒】）

0501 圂（2） 日甲 41：爯在屏~方及矢（屎）/日乙 77 壹：爯在屏~方及矢（屎）

0502 冥（1） 日乙 272：斬伐~=（冥冥）

0503 氣（4） 日甲 24 貳：絕天~/日乙 308 壹：絕天~/日乙 262：陰陽溥（薄）~/日乙 93 下：其~西東

0504 牷（2） 日甲 38：不~/日乙 74 壹：不~

0505 乘（2） 日乙 104 壹：~馬/日乙 362 壹：~車馬

0506 秫（1） 日乙 164：戌~

0507 租（1） 日乙 296：出財~

0508 倍（8） 日乙 175 叁：壹~之二=（二；二）/日乙 175 叁：二=（二；二）~之四/日乙 175 叁：三~之/日乙 175 叁：四~之/日乙 325 貳：三~之/日乙 325 貳、361 叁：五~之/日乙 361 叁：八~之/日乙 361 叁：三~之

0509 射（13） 日乙 188 陸：夾鐘生毋（無）~/日乙 189 柒：毋（無）~卌五/日乙 197 貳：下毋（無）~/日乙 204 貳：毋（無）~九萬八千三百四/日乙 279：毋（無）

～/日乙 208：投中毋〈黃〉～〈鐘〉/日乙 229：～（麝）殹（也）/日乙 236 壹：投中毋（無）～/日乙 237 壹：投中毋（無）～/日乙 250：毋（無）～之卦/日乙 251：毋（無）～/日乙 252 上：毋（無）～/日乙 256：毋（無）～

0510 皋（3）　日乙 266：～陶出令/日乙 284：～陶所出/日乙 285：～陶所出

0511 息（3）　日甲 31：熹（喜）大（太）～/日乙 67：憙（喜）大（太）～/日乙 357 貳：大（太）～申【=】（申【申】）

0512 倨（1）　日乙 224：吻～

0513 烏（2）　日乙 235 壹：赤～殹（也）/日乙 296：其黑如～

0514 徒（1）　丹記 1：髡～

0515 徐（1）　日乙 262：～得其音

0516 殺（8）　日乙 95 壹：～辰/日乙 96 壹：～未/日乙 97 壹：～【戌】/日乙 98 壹：～【丑】/日乙 102 壹：～日/日乙 102 壹：勿以～六畜/日乙 309：～畜生（牲）見血/日乙 272：～戮

0517 豺（1）　日乙 214 壹：～殹（也）

0518 豹（1）　日乙 213：～殹（也）

0519 倉（4）　日乙 2 貳：～門/日乙 103 壹：爲囷～及蓋/日乙 353：囷～殹（也）/日乙 336：訊～白□□□善母父

0520 飢（3）　日乙 156：十月甲乙雨，～（饑）/日乙 156：丙丁雨，小～（饑）/日乙 161：三旱不雨，大～（饑）

0521 脂（2）　日乙 221：緰（細）～/日乙 343：股、～殹（也）

0522 脂（1）　日乙 295：羊～地

0523 逢（3）　日乙 103 貳：東、南～言/日乙 100 叁：南～言/日乙 245：～山水

0524 芻（2）　日甲 36：～稾中/日乙 72：～稾中

～死/日乙 8 貳：婦人必宜～/日乙 72：喜～行/日乙 96 叁：東見～人/日乙 107 貳：五月【丙】辰～喪/日乙 110 貳：八月【己】未～喪/日乙 113 貳：十一月【壬】戌～喪/日乙 154：鬼神北行，多～/日乙 158：民多～/日乙 261：卜～人/日乙 267：卜～人/日乙 266：～殹（也）/日乙 294：有～不死/日乙 256：～人，危/日乙 371：～人/日乙 338：占～/日乙 285：言語～病葬死者/日乙 291：蛣蠁～兄/日乙 290：～，胃（謂）登於上

0529 唐（1）　日乙 294：來歸爲喪，□支～=（唐唐）

0530 竜（1）　日乙 161：中～享（熟）

0531 旁（4）　日甲 31：～桑殹（也）/日甲 39：再在囷、屋、東㞋、水～/日乙 67：～桑殹（也）/日乙 75 壹：再在囷、屋、東㞋、水～

0532 旄（1）　日乙 211：～牛殹（也）

0533 旅（2）　日乙 242：市～，得/日乙 242：市～，折

0534 畜（13）　日甲 13：可以～六生（牲）/日甲 21：馬牛、～生（牲）/日乙 14 壹：可以～六生（牲）/日乙 22 壹：馬牛、～生（牲）/日乙 14 貳：乃宜～生（牲）/日乙 102 壹：勿以殺六～/日乙 309：殺～生（牲）見血/日乙 353：其～牛/日乙 352：其～虎/日乙 354：其～馬/日乙 289 貳：其～尺蠖/日乙 289 壹：其～羊/日乙 250：～生（牲）

0535 恙（1）　日乙 5 貳：使僕～□

0536 益（12）　日乙 333：上三～一/日乙 242：以多爲病，～篤/日乙 360 壹：占病，～病/日乙 360 壹：占獄訟，～皋（罪）/日乙 360 壹：占行，～久/日乙 162 貳：～利/日乙 162 貳：～憂/日乙 297：占獄訟，～官/日乙 297：占行，～易/日乙 323：～居孟中/日乙 357 壹：～出占木凶/丹記 4：類（纇）～（嗌）

父親及布/日乙 274：其～門户/日乙 273：～及其主友/日乙 276：其～原死者/日乙 281：其～犮、布、室中/日乙 350：占病～除

0548 陲（1） 日乙 345：上下當曰～（垂）已

0549 陰（7） 日乙 114 壹：～日/日乙 359：～陽鐘/日乙 283：～陽/日乙 262：～陽溥（薄）氣/日乙 215：～捶（垂）/日乙 350：～、雨公/日乙 339：司～

0550 陶（4） 日乙 260：以視～陽（唐）/日乙 266：皋～出令/日乙 284：皋～所出/日乙 285：皋～所出

0551 脅（3） 日乙 218：善病～、鼻/日乙 222：善病～/日乙 233 壹：善病匈（胸）～

0552 能（1） 日乙 281：恐弗～勝

0553 務（1） 日乙 277：其～有立

0554 桑（5） 日甲 31：旁～殹（也）/日乙 67：旁～殹（也）/日乙 131 貳：不可伐大～/日乙 305：伐空～/日乙 271：其祟田及辠（罪）～炈者

0555 責（5） 日甲 20 壹：可以～人/日甲 40：冄在～（積）薪、糞蔡中/日乙 20 壹：可以～人/日乙 277：斲～/日乙 328：以～不得

0556 規（1） 日乙 197 壹：所執者～殹（也）

0557 堵（1） 日乙 141：一～

0558 焉（2） 日乙 3 貳：絕之必有經～/日乙 355：除～

0559 捶（1） 日乙 215：陰～（垂）下

0560 黄（29） 日甲 27：爲人～皙/日乙 60 壹：爲人～皙/日乙 179 陸：～鐘下生林鐘/日乙 179 柒：～鐘八十一/日乙 333：凡占～鐘/日乙 333：～鐘/日乙 193：～鐘以至姑先（洗）/日乙 196 壹：色～/日乙 194 貳：～【鐘】/日乙 199 貳：下〈上〉生～【鐘】/日乙 283：凡殳（投）～鐘不合音婁（數）者/日乙 260：～鐘/

日乙 260：貞在～鐘/日乙 261：三禺（遇）～鐘/日乙 206：～鐘/日乙 206：投中～鐘/日乙 207：投中～鐘/日乙 208：色～/日乙 218：土～色/日乙 232：～晳殹（也）/日乙 236 壹：多～艮（眼）/日乙 237 壹：色～黑/日乙 241：入舞投～鐘/日乙 243：投～鐘之首/日乙 242：投～鐘/日乙 244：～鐘/日乙 259：～鐘/日乙 246：～鐘/日乙 247 貳：投～鐘

0561 堇（2）　日乙 155：～蒿殹（也）/日乙 155：甲雨，～蒿

0562 梗（1）　日乙 341：有二牀～

0563 桯（1）　地圖 M1・9：大～

0564 麥（1）　日乙 164：子～

0565 斬（2）　日乙 272：～伐冥＝（冥冥）/日乙 258 貳：～其首

0566 殹（209）　日甲 13：良日～（也）/日甲 19 壹：毋可以有爲～（也）/日甲 21：可起衆及作有爲～（也）/日甲 22：男子～（也）/日甲 23：行有遺～（也）/日甲 23：女子～（也）/日甲 24 壹：男子～（也）/日甲 25 壹：盜女子～（也）/日甲 26：男子～（也）/日甲 27：女子～（也）/日甲 28：其盜丈夫～（也）/日甲 29：外盜～（也）/日甲 29：女子～（也）/日甲 29：其盜可得～（也）/日甲 29：男子～（也）/日甲 25 貳：其盜女子～（也）/日甲 30 壹：鼠～（也）/日甲 32 貳：賤人～（也）/日甲 31：牛～（也）/日甲 31：旁桑～（也）/日甲 32 壹：虎～（也）/日甲 30 貳：人～（也）/日甲 33：兔～（也）/日甲 34：虫～（也）/日甲 34：外人～（也）/日甲 35：雞〈蟲〉～（也）/日甲 35：盜者中人～（也）/日甲 35：賤人～（也）/日甲 36：馬～（也）/日甲 38：石～（也）/日甲 38：遠所～（也）/日甲 39：雞～（也）/日甲 41：豕～（也）/日甲 41：盜者中人～（也）/日乙 14 壹：良日～

衡～（也）/日乙 353：腸～（也）/日乙 353：困倉～（也）/日乙 352：□～（也）/日乙 354：面～（也）/日乙 354：囚～（也）/日乙 303 貳：頭～（也）/日乙 303 貳：項～（也）/日乙 303 貳：門～（也）/日乙 283：是謂天絕紀～（也）/日乙 260：音～（也）/日乙 262：音～（也）/日乙 262：後相得～（也）/日乙 264：憂～（也）/日乙 264：事～（也）/日乙 266：憂～（也）/日乙 266：□□～（也）/日乙 266：□音～（也）/日乙 266：疾～（也）/日乙 269：其祟外君～（也）/日乙 268：善～（也）/日乙 268：喜～（也）/日乙 268：田宇池澤之事～（也）/日乙 270：利～（也）/日乙 270：材（財）～（也）/日乙 270：市販事～（也）/日乙 270：有合某（謀）～（也）/日乙 272：聽～（也）/日乙 272：上事～（也）/日乙 272：外壄（野）某～（也）/日乙 274：行～（也）/日乙 281：音～（也）/日乙 206：鼠～（也）/日乙 207：濡（獳）～（也）/日乙 208：□～（也）/日乙 209：牛～（也）/日乙 209：行微=（微微）～（也）/日乙 210：冢（兕）牛～（也）/日乙 211：旄牛～（也）/日乙 211：其行丘=（丘丘）～（也）/日乙 212：虎～（也）/日乙 212：其行延=（延（延）延（延））～（也）/日乙 213：豹～（也）/日乙 213：其行延=（延（延）延（延））～（也）/日乙 214 壹：豺～（也）/日乙 223：延=（延（延）延（延））～（也）/日乙 215：兔～（也）/日乙 216：□～（也）/日乙 218：龍～（也）/日乙 219：蛇～（也）/日乙 220：□～（也）/日乙 220：行嫣=（嫣（規）嫣（規））～（也）/日乙 221：雉～（也）/日

乙 222：□～（也）/日乙 222：其行昌=（昌昌）～（也）/日乙 224：馬～（也）/日乙 224：行吾=（吾吾）～（也）/日乙 225：閭～（也）/日乙 225：行□=（□□）～（也）/日乙 226：□～（也）/日乙 227：羊～（也）/日乙 228：貇～（也）/日乙 228：□□～（也）/日乙 229：射（麝）～（也）/日乙 229：兑（鋭）頤，□=（□□）～（也）/日乙 230：玉龜～（也）/日乙 231：鼉龜～（也）/日乙 231：顗=（顗顗）～（也）/日乙 232：鼀龜～（也）/日乙 232：帚～（也）/日乙 232：惡～（也）/日乙 232：長靖=（靖靖）～（也）/日乙 232：黄晳～（也）/日乙 233 壹：雞～（也）/日乙 234 壹：雒～（也）/日乙 234 壹：善步跨=（跨跨）～（也）/日乙 235 壹：赤烏～（也）/日乙 235 壹：啗=（啗啗）～（也）/日乙 236 壹：犬～（也）/日乙 236：長要（腰）延=（延延）～（也）/日乙 237 壹：□～（也）/日乙 237 壹：倪=（倪倪）～（也）/日乙 238：家～（也）/日乙 238：行彼=（彼（跛）彼（跛））～（也）/日乙 239：虎～（也）/日乙 239：行任【=】（任【任】）～（也）/日乙 240：狐□～（也）/日乙 243：父～（也）/日乙 243：母～（也）/日乙 243：子～（也）/日乙 258 貳：其頸～（也）/日乙 356：有罨（遷）～（也）/日乙 256：可～（也）/日乙 355：除～（也）/日乙 343：首～（也）/日乙 343：肩、肘～（也）/日乙 343：匈（胸）、腹、腸～（也）/日乙 343：股、胻～（也）/日乙 343：厀（膝）、足～（也）/日乙 343：此所以智（知）病疵之所～（也）/日乙 350：一天～（也）/日乙 192：大水～（也）/日乙 298：前日家有喪～（也）/丹記 6：凡日者天～（也）/丹記 6：辰者地～（也）/丹記 6：星者游變～（也）/日乙 327 下：若矢～（也）/日乙 344：皆妻夫～（也）/日乙 344：而中數～（也）/日乙 293：奇者男～（也）/日乙 293：女～（也）/日乙 330：居～（也）/日乙 163：九曰州央～（也）/日乙 327 上：犬豕之生～（也）/日乙 334：郁聞□～（也）/日乙 337：其今節～（也）/日乙 337：鐘其成貞，實～（也）/日乙 337：以□出～（也）/日乙 341：見～（也）/日乙 366：初入官忌～（也）/日乙 369：□～（也）書/丹記 1：因自刎～（也）/丹記 5：鬼終身不食～（也）/丹記 7：鬼弗食～（也）

0567 脣（2） 日乙 216：大～、目/日乙 224：～□

0568 帶（2） 日乙 128：不可冠～/日乙 362 壹：不可製衣冠、～劍

0569 處（10） 日甲 21：可以居～/日乙 22 壹：可以居～/日乙 353：如【牛】～窨〈窖〉中/日乙 353：其～安/日乙 352：其～整□/日乙 375：～實/日乙 289 貳：【其】～榣（搖）/日乙 260：久乃～之/日乙 268：有人自～/日乙 248：其～牝□

0570 堂（3） 地圖 M1·7811A：廣～/地圖 M1·7811B：廣～/地圖 M1·21B：廣～史

0571 常（2） 日乙 7 貳：必柁衣～（裳）/日乙 278：作～以㱿

0572 晨（13） 日乙 130 壹：牛～弇日殴（也）/日乙 188 伍：安（宴）食、大～，八/日乙 208：日入至～/日乙 211：日入至～/日乙 214 壹：日入至～/日乙 217：日入至～/日乙 220：日入至～/日乙 226：日入至～/日乙 229：日入至～/日乙 232：日入至～/日乙 235 壹：日入至～/日乙 240：日入至～/日乙 344：～（辰）爲妻

～之/日乙 142：日～中/日乙 143：夜～中/日乙 185 伍：～中、夕時，六

0588 偕（1） 日乙 275：三人～行

0589 貨（1） 日乙 90：占亡～

0590 鳥（1） 日乙 296：非～

0591 徙（11） 日乙 18 肆：～門/日乙 123 壹：～，死/日乙 128：以～官/日乙 128：十～/日乙 347：刑～所勝直=（直（德），直（德））/日乙 347：直=（直（德），直（德））～所不勝刑/日乙 346：軍後～/日乙 346：軍前～/日乙 346：爲雨，不～/日乙 274：以～行者/日乙 252 下：□～

0592 得（107） 日甲 14：逃亡不～/日甲 18 貳：逃亡不～/日甲 18 貳：可以言盜=（盜，盜）必～/日甲 54 貳：晝～美言/日甲 54 貳：夕～美言/日甲 55 貳：安（宴）～美言/日甲 59 貳：夕～後言/日甲 61 貳：晝～惡言/日甲 63 貳：旦～美言/日甲 64 貳：晝～言/日甲 65 貳：旦有求，～後【言】/日甲 22：～。男子殹（也）/日甲 23：不～。女子殹（也）/日甲 24 壹：折齒。～/日甲 24 壹：男子殹（也）。～/日甲 25 壹：不～/日甲 26：蚤（早）不～/日甲 26：莫（暮）而～/日甲 27：女子殹（也）。～/日甲 28：不～/日甲 29：盜不～/日甲 29：其盜可～殹（也）/日甲 29：若～/日甲 25 貳：必～/日甲 32 貳：賤人殹（也）。～/日甲 31：旁桑殹（也）。～/日甲 30 貳：不～/日甲 33：不～/日甲 35：賤人殹（也）。～/日甲 37：必～/日甲 38：遠所殹（也）。不～/日甲 40：旬月當～/日甲 41：～/日甲 66 貳：不～/日甲 73 壹：秉不～/日乙 15 壹：逃亡不～/日乙 35 貳：晝～美言/日乙 35 貳：夕～美言/日乙 36 貳：安（宴）～美言/日乙 37 貳：晝不～言/日乙 40 下貳：夕～後言/日乙 42 貳：晝～

其盜～北方【入】/日甲 32 壹：盜～東方入/日甲 32 壹：有（又）～【之】出/日甲 33：盜～東方入/日甲 33：復～出/日甲 34：盜者～東方入/日甲 34：有（又）～【之】出/日甲 36：盜～南方入/日甲 36：有（又）～之出/日甲 37：盜者～南方【入】/日甲 37：有（又）～【之】出/日甲 38：盜～西方【入】/日甲 39：盜～西方入/日甲 39：復～西方出/日乙 56 壹：～東方入/日乙 57 壹：～西北入/日乙 67：其盜～北方【入】/日乙 68：盜～東方入/日乙 69：盜～東方入/日乙 69：復～出/日乙 70：有（又）～之出/日乙 72：盜～南方入/日乙 72：有（又）～之出/日乙 73 壹：盜者～南方【入】/日乙 73 壹：有（又）～之出/日乙 74 壹：盜～西方【入】/日乙 75 壹：盜～西方入/日乙 75 壹：復～西方出/日乙 106 壹：～二七/日乙 111 壹：有～女/日乙 162 壹：～正東/日乙 162 壹：～東南/日乙 162 壹：～正南/日乙 313：～正北/日乙 193：～中吕以至瘛（應）鐘/日乙 359：旦自日中～多/日乙 359：日中至晦～少/日乙 283：旦～六十八/日乙 283：夕～六十四/日乙 280：毋（無）所～容/日乙 321：～期，三而一/日乙 284：～天出令

0594 欲（4）　日乙 344：～夫妻之和/日乙 293：而～智（知）其男女/日乙 341：～行/丹記 4：死者不～多衣

0595 貧（1）　日乙 252 上：是=（是是）水火之～=（貧貧）

0596 脱（1）　日乙 217：長喙而～

0597 許（11）　日甲 58 貳：安（宴）～/日甲 60 貳：晝～/日甲 60 貳：夕～/日甲 62 貳：安（宴）～/日甲 62 貳：夕～/日甲 63 貳：夕～/日乙 41 貳：晝～/日乙 41 貳：夕～/日乙 43 貳：安（宴）～/日乙 43 貳：夕～/日乙 44 貳：夕～

0598 訟（5）　日乙 263：卜獄～/日乙 328：以～不哀/日乙 300：說～哀/日乙 360 壹：占獄～/日乙 297：占獄～

0599 孰（1）　日乙 250：～爲大祝

0600 麻（1）　日乙 164：辰～

0601 疵（6）　日甲 22：～在上/日甲 25 壹：其～在足/日乙 55 壹：～在上/日乙 58 壹：其～在足/日乙 279：右（有）苛（痾）～/日乙 343：此所以智（知）病～之所殹（也）

0602 瘁（1）　日乙 22 貳：必～（癃）

0603 康（1）　日乙 245：壽吾～=（康康）

0604 商（4）　日乙 186 肆：昏（昏）市八，～，金/日乙 236 貳：啓～/日乙 204 壹：～/日乙 176 叁：～七

0605 族（16）　日乙 5 貳—6 貳：宗～/日乙 180 陸：大（太）～/日乙 181 陸：大（太）～/日乙 181 柒：大（太）～/日乙 201 貳：上大（太）～/日乙 264：大（太）～/日乙 264：貞在大（太）～/日乙 264：乃直大（太）～/日乙 277：出於大（太）～/日乙 212：投中大（太）～/日乙 213：投中大（太）～/日乙 214 壹：投中大（太）～/日乙 250：大（太）～/日乙 251：大（太）～/日乙 252 上：大（太）～/日乙 258 壹：大（太）～

0606 袤（1）　日乙 217：～痽（膺）

0607 清（1）　日乙 260：天下～朙（明）

0608 淘（1）　丹記 7：毋以～

0609 寇（3）　日乙 121 貳：鼠食～〈冠〉則□/日乙 276：見兵～/日乙 255：～盜即出

0610 寅（83）　日甲 1 壹：建～/日甲 2 壹：閉～/日甲 3 壹：開～/日甲 4 壹：收～/日甲 5：成～/日甲 6：危～/日甲 7：彼（破）～/日甲 8：摯（執）～/日甲 9：定～/日甲

（宴）遇～言/日甲 64 貳：安（宴）遇～言/日甲 64 貳：夕有～【言】/日乙 36 貳：晝遇～言/日乙 36 貳：夕～言/日乙 42 貳：晝得～言/日乙 43 貳：旦遇～言/日乙 44 貳：安（宴）遇～言/日乙 45 貳：安（宴）遇～言/日乙 45 貳：夕有～【言】/日乙 144 壹：稚子之～/日乙 269：有～人/日乙 270：有言不～/日乙 281：有～有增（憎）/日乙 209：～，行微₌（微微）殹（也）/日乙 210：～，行僂₌（僂僂）要〈殹（也）〉/日乙 230：～，行夸₌（夸夸）然/日乙 232：～殹（也）/日乙 238：～，行彼₌（彼（跛）彼（跛））殹（也）/日乙 240：～/日乙 288：～大凶

0632 期（4） 日乙 172 伍：以餘～之/日乙 254：日中爲～/日乙 321：求星從～/日乙 321：中～如参合之數

0633 葴（1） 日乙 231：～眉

0634 葬（6） 日甲 3 貳：以女日～/日乙 89：必以牝日～/日乙 89：必以牡日～/日乙 92：以女日～/日乙 285：言語疾病～死者/丹記 2：～之垣離南門外

0635 萬（11） 日乙 194 貳：十七～七千一百卌七/日乙 195 貳：十六～五千【八】百八十八/日乙 197 貳：十四～七千四百五十六/日乙 198 貳：十三～九千九百六十八/日乙 199 貳：十三～一千七十二/日乙 200 貳：十二～四千四百一十六/日乙 201 貳：十一～八千九十八/日乙 202 貳：十一～五百九十二/日乙 203 貳：十四～四千九百七十六/日乙 204 貳：九～八千三百四/日乙 205 貳：九～三千三百一十二

0636 敬（4） 日乙 346：軍～（警）/日乙 244：安恩大～/日乙 245：弗～戒/丹記 5：鬼去～（驚）走

0637 朝（2） 日乙 294：若～霧霜/日乙 351：～作而夕不成

0638 喪（11） 日乙 20 貳：毃（禍）～/日乙 23 叁：必有～/日乙 104 貳：二月【癸】丑【疾】～/日乙 107 貳：五月

利子

0649 閒（14）　日甲 15：可築～（閑）牢/日甲 26：一于（宇）～/日乙 59 壹：一于（宇）～/日乙 210：言～₌（閒閒）/日乙 223：善病耳目～/日乙 294：哭靈～【₌】（閒【閒】）/日乙 338：以其所中之辰～/日乙 338：中其後爲巳～/日乙 338：中其前爲未～/日乙 322：投得其式爲有中～/日乙 284：～吕、六律/日乙 285：～吕、六律/日乙 334：～事/日乙 341：～□□見殹（也）

0650 遇（10）　日甲 55 貳：晝～惡言/日甲 62 貳：旦～惡言/日甲 63 貳：安（宴）～惡言/日甲 64 貳：安（宴）～惡言/日乙 36 貳：晝～惡言/日乙 43 貳：旦～惡言/日乙 44 貳：安（宴）～惡言/日乙 45 貳：安（宴）～惡言/日乙 312：～言語/日乙 312、314：百里～将

0651 貴（5）　日乙 47 貳：王（往）見～人/日乙 353：宫音～/日乙 353：其事～/日乙 287：其鐘～/丹記 6：得天者～

0652 蛣（1）　日乙 291：～蠁疾兄

0653 壄（9）　日甲 33：臧（藏）～（野）林草茅中/日乙 69：臧（藏）～（野）林草茅中/日乙 354：如～（野）鳴馬/日乙 265：以政（征）九～（野）/日乙 272：外～（野）某殹（也）/日乙 336：於北～（野）/日乙 336：登絕～（野）/日乙 291：檟其㬎心～（野）/日乙 334：如～（野）鳴猲

0654 單（1）　日甲 40：黑，～（膞）

0655 喙（6）　日乙 208：兑（鋭）～/日乙 214 壹：短～/日乙 217：長～而脱/日乙 222：兑（鋭）～/日乙 227：恒（桓）鼻、～/日乙 239：大～

0656 黑（20）　日甲 28：其室有～舉擯（贕）/日甲 39：有～子/日

甲 40：～，單（膻）/日乙 61 壹：其室有～舉擯（髕）/日乙 75 壹：有～子/日乙 200 壹：色～/日乙 206：赤～/日乙 207：多～艮（眼）/日乙 207：～色/日乙 209：色白、～/日乙 212：色赤～/日乙 217：～色/日乙 220：色蒼～/日乙 222：色蒼～/日乙 228：色綠～/日乙 237 壹：色黄～/日乙 238：色～/日乙 239：色蒼～/日乙 240：色蒼，□～/日乙 296：其～如烏

0657 旣（2）　日乙 20 貳：食～（禍）門/日乙 20 貳：～（禍）喪

0658 短（5）　日甲 33：爲人～面/日乙 69：爲人～面/日乙 260：分其～長/日乙 214 壹：～喙/日乙 240：～頸

0659 智（3）　日乙 348：未～（知）/日乙 343：～（知）病疵之所殹（也）/日乙 293：而欲～（知）其男女

0660 黍（4）　日乙 161：大有～/日乙 162 壹：禾～將/日乙 164：丑～/日乙 354：其不穜（種）禾～

0661 稅（1）　日乙 381：若毋（無）大穀～不入憂

0662 等（2）　日乙 340：數～者憂/日乙 255：居室離別爲三～

0663 備（1）　日乙 255：大～耐＝（耐耐）

0664 御（2）　日乙 267：～、支原/丹記 1：邸丞赤敢謁～史

0665 復（25）　日甲 2 貳：必女日～之/日甲 3 貳：必～之/日甲 33：～從出/日甲 37：大～（腹）/日甲 39：～從西方出/日乙 69：～從出/日乙 73 壹：大～（腹）/日乙 75 壹：～從西方出/日乙 89：必～之/日乙 92：必女日～之/日乙 92：必～之/日乙 123 壹：亡不～歸/日乙 314：三百里不～歸/日乙 319：千里外顧～歸/日乙 347：五歲而～并於土/日乙 260：～其故所/日乙 268：啻（帝）～右/日乙 246：是＝（是是）可亡不～/日乙 364 貳：乃～病/日乙 322：不＝得＝（不得，不得）其前後之伍（五）爲～亡/日乙 342：～除九

/日乙 295：~内中/日乙 295：入禾炊其上□~上/丹記 2：丹而~生/丹記 2：丹所以得~生者

0666 須（5）　日甲 42 壹：禹~臾行日/日甲 42 貳：禹~臾所以見人日/日甲 66 貳：禹~臾行/日乙 373：禹~臾所以見人日/日乙 165：禹~臾行

0667 翕（1）　日乙 222：~肩

0668 爲（113）　日甲 13：可~嗇夫/日甲 15：利築宫室、~小嗇夫/日甲 17 壹：可以臧（藏）、~府/日甲 19 壹：毋可以有~殹（也）/日甲 21：可起眾及作有~殹（也）/日甲 27：~人黄晳/日甲 25 貳：~人操（躁）不靖/日甲 30 壹：~人鞔面/日甲 32 壹：其~人/日甲 33：~人短面/日甲 34：其~人長頸/日甲 34：女子~巫/日甲 34：男子~祝/日甲 35：其~人小面/日甲 37：其~人小頸/日甲 38：~人美/日甲 41：其~人長面/日甲 67 貳：~禹前除道/日甲 73 貳：皆可以~鼠/日乙 14 壹：可~嗇夫/日乙 17 壹：可以臧（藏）、~府/日乙 19 壹：毋可以有~殹（也）/日乙 21 壹：可起眾及作有~殹（也）/日乙 7 貳：必~巫/日乙 13 貳：必~嗇夫/日乙 11 貳：雖（唯）~嗇夫/日乙 11 貳：邦而知~賤人/日乙 21 肆：不~興□/日乙 20 叁：~左（佐）吏/日乙 23 貳：利~邦門/日乙 24 貳：以~家人之門/日乙 91 下：必~巫/日乙 17 叁：午不可~南門/日乙 18 叁：申不可~西門/日乙 21 叁：亥不可~北門/日乙 60 壹：~人黄晳/日乙 64 壹：~人操（躁）不靖/日乙 66：~人鞔面/日乙 68：其~人方面/日乙 69：~人短面/日乙 70：其~人長頸/日乙 71：其~人小面/日乙 72：~人長面/日乙 73 壹：其~人小頸/日乙 74 壹：~人美/日乙 77 壹：其~人長面/日乙 84 壹：~牡月/日乙 85 壹：~牝月/日乙 86 壹：~牡日/日乙 87：~牝日/日乙 94

壹：～祠/日乙95壹：啻（帝）以春三月～室亥/日乙96壹：夏三月啻（帝）～室【寅】/日乙97壹：秋三月啻（帝）～室巳/日乙98壹：冬三月啻（帝）～室申/日乙99壹：啻（帝）～室日殹（也）/日乙103壹：不可以～室、屋、内/日乙103壹：～囷倉及蓋/日乙120壹：不可～室/日乙122壹：不可～室/日乙121壹：不可～室及門關/日乙315：凡～行者/日乙129壹：～嗇夫/日乙160：～尌（澍）/日乙160：四月婁～上泉/日乙160－161：畢～中泉/日乙161：東井～下泉/日乙165：～禹前除道/日乙346：～雨/日乙173叁：并而三之以～母/日乙169伍：三而～二/日乙169伍：三而～四/日乙340：日～客/日乙340：辰～主人/日乙260：以～音尚/日乙266：是以～凶/日乙268：乃作～□/日乙238：～人免（俛）僂/日乙288：～逐有辠（罪）/日乙288：下數多者～上立（位）/日乙242：以多～病/日乙286：姑洗以其子辰～式/日乙244：以子～貞/日乙250：孰～大祝/日乙254：日中～期/日乙294：來歸～喪/日乙255：居室離别～三等/日乙257：有～，成/日乙256：有～，難成/日乙258壹：有～/日乙338：中其後～已閒/日乙338：中其前～未閒/日乙322：以亡辰～式/日乙322：投得其式～有/日乙322：得其前五～得/日乙322：～聞/日乙322：得其後伍（五）～不=得=（不得，不得）/日乙322：其前後之伍（五）～復亡/日乙299：辰～存/日乙299：得=（得；得）其前參～始/日乙299：得其後參～已/日乙299：～往/日乙299：～去/丹記6：其～事成/日乙327下：盈三者～死/日乙344：日～夫/日乙344：晨（辰）～妻/日乙344：星～子/日乙293：即以所中鐘數～卜/日乙 285：以五音、十二聲～某貞/日乙 282：～客債主人營/日乙 327 上：～牝牡/丹記 5：死人以白茅～富

0669 貂（1） 日乙 295：騷～

0670 脾（3） 日乙 208：善病腹、腸、要（腰）、～/日乙 221：善病要（腰）、～/日乙 224：善病右～

0671 勝（7） 日乙 347：刑徙所～/日乙 347：所不～刑/日乙 349：日爭～者/日乙 340：冬忌～/日乙 281：恐弗能～/日乙 282：多者～客/日乙 337：凡占～生

0672 腏（2） 丹記 5：收～（餟）而罄〈罄〉之/丹記 7：毋以羹沃～（餟）上

0673 猶（1） 日乙 264：凶言～=（猶猶）

0674 然（8） 日甲 32 貳：盰～/日甲 32 貳：扁（翩）～/日乙 66：盰～/日乙 66：扁（翩）～/日乙 89：不～/日乙 140：百事皆～/日乙 230：行夸=（夸夸）～/日乙 243：賈市、行販皆～

0675 詘（1） 日乙 23 貳－24 貳：～以爲家人之門

0676 就（1） 日乙 279：溉（既）～溉（既）成

0677 廁（1） 日乙 277：南吕，～也

0678 痛（1） 日乙 348：～不已

0679 廏（2） 日甲 36：禹在～、廡、芻槀中/日乙 72：禹在～

0680 童（1） 日乙 144 壹：不見～（瞳）子

0681 啻（11） 日乙 95 壹：～（帝）以春三月爲室亥/日乙 96 壹：夏三月～（帝）爲室【寅】/日乙 97 壹：秋三月～（帝）爲室巳/日乙 98 壹：冬三月～（帝）爲室申/日乙 99 壹：～（帝）爲室日毆（也）/日乙 117 壹：～（帝）築丹宫而不成/日乙 118 壹：～（帝）築室而臣不成/日乙 260：～（帝）乃詐（作）之/日乙 264：北方之～（帝）/日乙 268、265：～（帝）復

右之/日乙 272：～（帝）堯乃韋（圍）九州

0682 棄（1） 日乙 296：不～很數嬰

0683 善（45） 日乙 352：徵音～/日乙 268：～殹（也）/日乙 206：～病心、腸/日乙 207：～下視/日乙 207：～弄/日乙 208：～病腹、腸、要（腰）、脾/日乙 209：～病風痹/日乙 210：～病要（腰）/日乙 211：～病頸項/日乙 212：～病中/日乙 213：～病肩/日乙 223：～病耳目間/日乙 215：～病 要（腰）、腹/日乙 216：～孚（學）步/日乙 216：～後顧/日乙 216：～病心、腸/日乙 217：～病肩、手/日乙 218：～孚（學）步/日乙 218：～病脅、鼻/日乙 219：～病四豊（體）/日乙 220：～病顔/日乙 221：～病要（腰）、脾/日乙 222：不～衣/日乙 222：～病脅/日乙 224：～病右脾/日乙 225：～病項/日乙 227：～下視/日乙 228：～僂步/日乙 228：～明（明）目，病乳/日乙 230：～病心/日乙 231：～病要（腰）/日乙 232：～病肩、腸/日乙 233 壹：～病匈（胸）脅/日乙 234 壹：～步跨＝（跨跨）殹（也）/日乙 235 壹：～□步/日乙 235 壹：～病心、腹/日乙 236 壹：～病□中/日乙 237 壹：～病要（腰）、卑（脾）/日乙 238：～病腹、腸/日乙 239：～病風痹/日乙 240：～病北（背）/日乙 360 貳：～病心/日乙 336：訊倉白□□□～母父/日乙 335：得其吉，～/日乙 335：得其吉，～

0684 遏（1） 日乙 350：大～及北公

0685 道（6） 日甲 67 貳：爲禹前除～/日乙 162 壹：風＝（風，風）～東北/日乙 165：爲禹前除～/日乙 177 叁：星～/日乙 265：卜行～及事君/地圖 M1・12A：北谷口～冗

有～

0690 游（3） 丹記 6：星者～變殹（也）/丹記 6：得～變者/丹記 6：三～

0691 溉（2） 日乙 279：～（既）就溉（既）成/日乙 279：溉（既）就～（既）成

0692 富（10） 日乙 2 貳：是₌（是是）～【門】/日乙 5 貳：主必～/丹記 6：得地者～/日乙 8 貳：其主必昌～/日乙 14 貳：其主～/日乙 16 貳：其主～/日乙 17 叁：八歲始～/日乙 21 肆：主必～/丹記 6：得地者～/丹記 5：死人以白茅爲～/丹記 5：於它而～

0693 寔（1） 日乙 359：～（實）婁（數）

0694 窨（1） 日乙 353：如【牛】處～〈窖〉中

0695 禄（1） 日乙 14 貳：利爵～

0696 畫（2） 日甲 66 貳－67 貳：質～地/日乙 165：質～地

0697 犀（2） 丹記 2：吾～武舍人/丹記 2：～武論其舍人尚（掌）命者

0698 强（2） 丹記 3：因告司命史公孫～/丹記 3：因與司命史公孫～

0699 隕（1） 日乙 232：其行～

0700 賀（2） 日乙 309：以受～喜/日乙 341：若賁□～□

0701 登（4） 日乙 300：聚～于天/日乙 336：～絕壄（野）/日乙 290：～於上/日乙 351：～於城

0702 發（1） 日乙 245：～中宵（消）畏忌

0703 彘（1） 日乙 149 壹：～忌

0704 結（1） 日乙 355：即直九～四百五

0705 絪（1） 日乙 221：～（細）胻

0706 絕（6） 日甲 24 貳：～天氣/日乙 3 貳：毋～縣（懸）肉/日乙 3 貳：～之必有經焉/日乙 308 壹：～天氣/日乙 283：是謂天～紀殹（也）/日乙 336：登～壄（野）

0721 晳（11） 日甲 27：爲人黄~/日乙 60 壹：爲人黄~/日乙 211：蒼~色/日乙 221：色蒼~/日乙 224：色~/日乙 225：白~/日乙 230：蒼~/日乙 231：~色/日乙 232：黄~殹（也）/日乙 233 壹：圜（圓）目而~/日乙 236 壹：~【色】

0722 楡（1） 日乙 129 貳：不可伐大~

0723 嗇（11） 日甲 13：可爲~夫/日甲 14：可以治~夫/日甲 15：爲小~夫/日乙 14 壹：可爲~夫/日乙 15 壹：可以治~夫/日乙 13 貳：必爲~夫/日乙 11 貳：雖（唯）爲~夫/日乙 129 壹：爲~夫/日乙 352：其事~夫/日乙 275：不家（稼）不~（穡）/日乙 218：男子~夫

0724 厀（2） 日乙 136：穿地井，到~（膝）/日乙 343：~（膝）、足殹（也）

0725 楺（1） 日甲 4 貳：謂罔（剛）~（柔）之日

0726 輅（1） 日乙 278：其祟恒~

0727 毄（8） 日甲 20 壹：~（繫）人/日乙 128：~（繫）囚/日乙 311：卜~（繫）囚/日乙 263：~（繫）囚/日乙 242：~（繫）者/日乙 257：~（繫）囚者/日乙 256：~（繫）囚/日乙 371：~（繫）囚者

0728 剽（1） 日乙 338：得其月之~

0729 賈（8） 日乙 22 叁：所利雖（唯）利~市/日乙 270：利以~市/日乙 271：卜~市/日乙 243：~市、行販皆然/日乙 288：~市喪/日乙 288：~市/日乙 360 壹：占~市/日乙 297：占~

0730 歲（18） 日乙 4 貳：八~更/日乙 4 貳—5 貳：廿~更/日乙 7 貳：十六~更/日乙 13 貳：三~更/日乙 15 貳：三~而更/日乙 17 貳：八~更/日乙 17 叁：八~始富/日乙 17 叁—19 叁：十六~更/日乙 20 叁：十二~不更/日乙 24 叁：八~而更/日乙 91 下：五~更/日乙 115 貳：不出一~/日乙 117 貳：不出一~/日乙 120

貳：不出一～/日乙 347：五～而復并於土/日乙 308 貳：直（德）之所在主～/日乙 155：侯（候）～/日乙 156：戊己雨，～中

0731 眥（1）　日乙 133 壹：不可垣=（垣，垣）一版～

0732 訾（1）　日乙 249：是=（是是）～者

0733 當（4）　日甲 40：旬月～得/日乙 76 壹：旬月～得/日乙 357 貳：～没其田/丹記 3：未～死

0734 睢（1）　日乙 144 壹：歙（飲）必審～梧（杯）中

0735 跨（1）　日乙 234 壹：善步～=（跨跨）殹（也）

0736 園（3）　日甲 72 貳：燔～中犬矢（屎）/日乙 307：燔～中犬矢（屎）/地圖 M1・21A：韭～

0737 豊（1）　日乙 219：善病四～（體）

0738 置（3）　日甲 73 貳：凡可塞穴～（窒）鼠壂（壁）囷日/日乙 65 壹：凡可塞穴～（窒）鼠壂（壁）囷日/日乙 333：～一而自十二之

0739 罪（1）　日甲 14：除～

0740 雉（1）　日乙 221：～殹（也）

0741 稙（2）　日乙 161：～享（熟）/日乙 161：中泉雨，～享（熟）

0742 稚（1）　日乙 144 壹：～子之惡

0743 節（2）　日乙 293：～（即）有生者/日乙 337：其今～殹（也）

0744 與（8）　日乙 10 貳：～入輒虛□/日乙 15 貳：毋～居/日乙 344：九～八/日乙 344：七～六/日乙 344：五～四/丹記 3：因～司命史公孫强北/地圖 M1・12A：～谿/地圖 M1・21A：～谿

0745 毀（4）　日乙 107 壹：有～/日乙 110 壹：有～/日乙 140：凡是=（是是）十二～/日乙 242：家～

0746 鼠（10）　日甲 30 壹：～殹（也）/日甲 71 貳：～弗居/日甲 73 貳：凡可塞穴置（窒）～壂（壁）囷日/日甲 73

貳：皆可以爲～/日乙 66：～殹（也）/日乙 105 壹：～申（陳）其居行/日乙 122 貳：～食户以□/日乙 121 貳：～食寇〈冠〉則□/日乙 65 壹：凡可塞穴置（窒）～壄（壄）囷日/日乙 206：～殹（也）

0747 僂（9） 日乙 206：免（俛）～/日乙 210：惡，行～=（僂僂）要〈殹（也）〉/日乙 220：肩～/日乙 228：善～步/日乙 229：要（腰）～/日乙 230：免（俛）～/日乙 231：免（俛）～/日乙 238：爲人免（俛）～/日乙 239：肩～

0748 傷（1） 丹記 1：丹矢～人垣離里中

0749 辠（9） 日乙 15 壹：君子除～（罪）/日乙 289 貳：其事有～（罪）/日乙 271：其祟田及～（罪）桑炽者/日乙 279：～（罪）人/日乙 243：唯利貞～（罪）、蠱、言語/日乙 288：逐有～（罪）/日乙 360 壹：益～（罪）/日乙 285：䙴有危紲～（罪）蠱言語疾病葬死者/日乙 290：若□～（罪）□

0750 微（1） 日乙 209：行～=（微微）殹（也）

0751 鉞（1） 日乙 354：其器□～

0752 會（3） 日乙 94 壹：大～/日乙 139：凡是=（是是）咸池～月殹（也）/丹記 6：變～

0753 腸（9） 日乙 353：～殹（也）/日乙 206：善病心、～/日乙 208：善病腹、～、要（腰）、脾/日乙 216：善病心、～/日乙 226：病中、～/日乙 232：病肩、～/日乙 238：善病腹、～/日乙 343：匈（胸）、腹、～殹（也）/日乙 290：吾～且□

0754 腹（5） 日乙 208：善病～、腸、要（腰）、脾/日乙 215：善病要（腰）、～/日乙 235 壹：善病心、～/日乙 238：善病～、腸/日乙 343：匈（胸）、～、腸殹（也）

0755 腠（1） 日乙 270：有水不～

0756 痹（1）　日乙 209：善病風～

0757 瘫（2）　日乙 216：大～（膺）/日乙 217：亥～（膺）

0758 資（2）　日乙 274：～財/日乙 275：分～咸=（咸咸）

0759 靖（3）　日甲 25 貳：爲人操（躁）不～/日乙 64 壹：爲人操（躁）不～/日乙 232：長～=（靖靖）殹（也）

0760 新（2）　日甲 69 貳：衣～衣良日/日乙 272：是謂始～

0761 溥（1）　日乙 262：陰陽～（薄）氣

0762 滔（1）　日乙 268：河之～【=】（滔【滔】）

0763 塞（2）　日甲 73 貳：凡可～穴置（窒）鼠壄（塈）囷日/日乙 65 壹：凡可～穴置（窒）鼠壄（塈）囷日

0764 寬（1）　日乙 356：厚而～主

0765 寘（1）　日乙 244：以～三

0766 福（1）　日乙 264－278：乃亡其～

0767 羣（2）　日乙 288：諸～凶之物/日乙 288：諸～美皆吉

0768 辟（5）　日乙 4 貳：～門/地圖 M1・12A：上～磨/地圖 M1・12A：下～磨/地圖 M1・21A：下～磨/地圖 M1・21A：上～磨

0769 嫁（6）　日乙 128：～女/日乙 129 壹：～女/日乙 267：取（娶）婦、～女/日乙 257：取（娶）婦、～女者/日乙 256：取（娶）婦、～女/日乙 371：取（娶）婦、～女

0770 經（1）　日乙 3 貳：絕之必有～焉

0771 趙（1）　丹記 3：～氏之北

0772 壽（1）　日乙 245：～吾康=（康康）

0773 聚（2）　日乙 4 貳：可～邦、使客/日乙 300：～登于天

0774 蔡（1）　日甲 40：糞～中

0775 榣（2）　日乙 289 貳：音～（搖）/日乙 289 貳：【其】處～（搖）

0776 輒（2）　日甲 32 貳：名曰～/日乙 10 貳：與入～虛

0777 歌（2）　日乙 7 貳：好～舞/日乙 309：生～樂鼓舞

0778 望（5） 日乙 277：先～/日乙 310：占男子～（忘）妻/日乙 310：百事～（忘）/日乙 254：左右可（何）～/日乙 290：而～於下

0779 酸（1） 日乙 354：其味～

0780 嬰（1） 日乙 296：不棄很數～

0781 爾（1） 日乙 341：有女～環（還），旦欲行

0782 奪（1） 日乙 333：下三～一

0783 臧（12） 日甲 17 壹：可以～（藏）、爲府/日甲 30 壹：～（藏）穴中、糞土中/日甲 32 壹：～（藏）山谷中/日甲 33：～（藏）壄（野）林草茅中/日甲 34：～（藏）谿谷、窌穴中/日甲 35：～（藏）囷屋屒糞土中/日乙 17 壹：可以～（藏）、爲府/日乙 66：～（藏）穴中、糞土中/日乙 68：～（藏）山谷中/日乙 69：～（藏）壄（野）林草茅中/日乙 70：取者，～（藏）□□/日乙 71：～（藏）囷屋屒糞土中

0784 雌（1） 日乙 297：以其～

0785 墜（1） 日乙 281：口舌不～

0786 聞（4） 日乙 246：中～不樂/日乙 322：得其前五爲得、爲～/日乙 334：如郁～□殹（也）/丹記 4：乃～犬狮（吠）

0787 閒（2） 日乙 190 柒：并～/日乙 225：～殹（也）

0788 ⿰足夾（1） 日乙 217：其行～=（⿰足夾〈跳〉⿰足夾〈跳〉）

0789 鳴（12） 日甲 19 貳：雞～/日乙 143：雞～/日乙 181 伍：中～/日乙 182 伍：夜半、後～，五/日乙 190 肆：莫食、前～，七/日乙 189 伍：夜半、後～，五/日乙 354：如壄（野）～馬/日乙 303 貳：～犢/日乙 300：若龍～/日乙 356：自雞～/日乙 334：如壄（野）～䂗/丹記 4：雞～而人食

0790 舞（3） 日乙 7 貳：好歌～/日乙 309：生歌樂鼓～/日乙 241：

（埶）戌/日乙5壹：~（埶）亥/日乙6壹：~（埶）子/日乙7壹：~（埶）丑/日乙8壹：~（埶）寅/日乙9：~（埶）卯/日乙10壹：~（埶）辰/日乙11壹：~（埶）巳/日乙12壹：~（埶）午/日乙18壹：~（埶）日/日乙18壹：行=（行，行）遠必~（埶）而于公/日乙20壹：可以責人及~（埶）人

0819 增（1）　日乙281：有惡有~（憎）

0820 穀（1）　日乙381：若毋（無）大~稅不入憂

0821 横（2）　日甲67貳：禹有直五~/日乙165：禹有直五~

0822 歐（1）　日乙309：以~治人

0823 憂（15）　日乙128：以受~者/日乙309：十~以去/日乙340：數等者~/日乙264：大（太）族，~殹（也）/日乙266：夾鐘，~殹（也）/日乙280：死不生~/日乙279：在此~心/日乙279：~心申=（申（忡）申（忡））/日乙252上：雖~以云□/日乙294：夫妻皆~/日乙162貳：占~/日乙162貳：益~/日乙290：吾心且~/日乙357貳：吾心且~/地圖M1·12A：北有灌~百録

0824 殤（1）　日乙350：大父及~

0825 齒（2）　日甲24壹：折~/日乙57壹：折~

0826 慮（1）　日乙296：~，臣妾作〈逃〉逋

0827 賞（1）　日乙164：不可始穜（種）、穫及~（嘗）

0828 賤（10）　日甲32貳：~人殹（也）/日甲35：~人殹（也）/日乙11貳：邦而知爲~人/日乙18貳：~人/日乙66：~人殹（也）/日乙71：~人殹（也）/日乙354：其事~/日乙287：其所中之鐘~/日乙247貳：其~/丹5：其鬼~**【之】**

0829 賜（3）　日甲16壹：~客/日乙16壹：~客/日乙265：布~天下

0830 數（29）　日乙20貳：~出既（禍）喪/日乙18肆：~實數=

（數虛）/日乙 18 肆：數實～＝（數虛）/日乙 173 叁：投日、辰、時～并而三之/日乙 177 叁：日辰時～/日乙 172 伍：并其～而以除母/日乙 340：～多者/日乙 340：～等者憂/日乙 340：日～薄先者勝/日乙 277：南＝呂＝（南呂，南呂）之～/日乙 288：下～多者/日乙 162 貳：少其～者/日乙 345：投日、辰、時～并之/日乙 90：并日辰時～/日乙 287：投其音～/日乙 327 下：之～/日乙 327 下：各有目～/日乙 344：欲夫妻之和而中～殹（也）/日乙 324：不失～/日乙 293：即以所中鐘～爲卜，□/日乙 321：中期如參合之～/日乙 321：遠～有（又）參之/日乙 321：即以鐘音之～矣/日乙 365：中～中律/日乙 292：不中～不中聿（律）/日乙 364 壹：中～不中律/日乙 358 貳：中律不中～/日乙 247 貳：得其月之鐘～/日乙 296：其□一目不棄很～槃猴

0831 遺（3）　日甲 23：行有～殹（也）/日乙 56 壹：行有～/日乙 274：～錢資財

0832 畾（3）　日乙 346：丙丁～（雷），軍後徙/日乙 346：戊己～（雷），軍敬（警）/日乙 346：庚辛～（雷），軍前徙

0833 睘（2）　日甲 30 貳：～（圜）目/日乙 68：～（圜）目

0834 墨（1）　丹記 4：少麋（眉）、～

0835 稷（1）　日乙 164：寅～

0836 稻（1）　日乙 164：亥～

0837 樂（2）　日乙 309：生歌～鼓舞/日乙 246：中聞不～

0838 質（2）　日甲 66 貳－67 貳：～晝地/日乙 165：～晝地

0839 德（3）　日乙 275：其～/日乙 275：不以其言～/日乙 275：不差不～（忒）

0840 徵（9）　日乙 179 肆：平旦九，～，水/日乙 185 肆：西中九，～，土/日乙 191 肆：昏（昏）時九，～，□/日

（躁）不靖/日乙 134 壹：不可～土攻（攻）/日乙 140：不可～土攻（功）

0859 憙（6） 日乙 67：～（喜）大（太）息/日乙 78 壹：九～（喜）/日乙 79 壹：七～（喜）/日乙 80 壹：五～（喜）/日乙 81 壹：三～（喜）/日乙 82 壹：二～（喜）

0860 熹（1） 日甲 31：～（喜）大（太）息

0861 擇（2） 日甲 66 貳：～日/日乙 165：～日

0862 擅（1） 日乙 271：～受其利

0863 靦（2） 日甲 30 壹：爲人～面/日乙 66：爲人～面

0864 薪（1） 日甲 40：再在責（積）～、糞蔡中

0865 薄（3） 日乙 340：日數～先者勝/日乙 240：～顔/日乙 367：者必～

0866 頤（8） 日乙 206：兑（鋭）～/日乙 213：隋（橢）～/日乙 219：兑（鋭）～/日乙 221：兑（鋭）～/日乙 225：長～/日乙 229：兑（鋭）～/日乙 235 壹：兑（鋭）～/日乙 238：長～

0867 槓（1） 日乙 291：兄而～其

0868 整（1） 日乙 352：其處～□

0869 頭（3） 日乙 375：其病～/日乙 303 貳：～殹（也）/日乙 233 壹：小～

0870 頰（2） 日甲 30 貳：廣～/日乙 68：廣～

0871 頸（9） 日甲 34：其爲人長～/日乙 70：其爲人長～/日乙 73 壹：其爲人小～/日乙 269：□在項～/日乙 211：大～/日乙 211：善病～項/日乙 226：兑（鋭）～/日乙 240：短～/日乙 258 貳：或□其～殹（也）

0872 盧（2） 地圖 M1・21A：東～/地圖 M1・21A：西～

0873 縣（1） 日乙 3 貳：毋絕～（懸）肉

0874 器（5） 日乙 353：其～弁之/日乙 352：其～楬/日乙 354：

圖 M1・21A：下辟～/地圖 M1・21A：上辟～

0887 膾（1） 日乙 2 貳：～必南鄉（嚮）

0888 瘳（5） 日甲 15：有疾難～/日甲 2 貳：以女日～/日乙 93 中：以女日～/日乙 242：有～/日乙 297：有～

0889 麋（1） 日乙 334：～女子

0890 親（2） 日乙 280：其祟大父～及布/日乙 254：有～弟兄

0891 龍（8） 日甲 73 壹：田～田/日乙 125 壹：此六旬～日/日乙 316：凡大行～日/日乙 218：～殹（也）/日乙 247 壹：是₌（是是）～之投/日乙 248：是₌（是是）兆～之□/日乙 300：若～鳴/日乙 330：季居季～

0892 燔（6） 日甲 72 貳：～園中犬矢（屎）/日乙 107 壹：子孫～（蕃）昌/日乙 108 下壹：～（蕃）昌/日乙 307：～園中犬矢（屎）/地圖 M1・9：～史谷/地圖 M1・9：～史閉

0893 營（2） 日乙 172 壹：～₌（營室）廿/日乙 282：爲客債主人～□□斲多者勝客

0894 濤（1） 日乙 295：～（號）□

0895 澤（2） 日乙 268：田宇池～之事殹（也）/日乙 270：是謂中～

0896 壁（2） 日乙 178 壹：東～十三/日乙 374：東～

0897 雝（1） 日乙 234 壹：～殹（也）

0898 環（4） 日甲 38：名曰～/日乙 74 壹：名曰～/日乙 328：所～耳/日乙 377：□□～其家贊喪車

0899 黿（1） 日乙 232：～黿殹（也）

0900 聲（7） 日甲 32 貳：曰～/日乙 66：曰～/日乙 260：比于宮～/日乙 277：金～分₌（分（紛）分（紛））/日乙 244：～有/日乙 284：十二～/日乙 285：十二～

0901 橚（1） 地圖 M1・12A：去谷口可五里～材

0902 臨（7） 日乙 16 貳：～邦政/日乙 24 叁：～邦【政】/地圖 M1・9：上～/地圖 M1・12A：上～/地圖 M1・

12A：下～/地圖 M1・21A：下～/地圖 M1・21A：上～

0903 霜（1）　日乙 294：若朝霧～

0904 雖（11）　日甲 19 壹：～（唯）利彼（破）水/日甲 73 貳：～（唯）十二月子/日乙 19 壹：～（唯）利彼（破）水/日乙 11 貳－12 貳：～（唯）爲嗇夫/日乙 11 貳：～多財/日乙 22 叁：所利～（唯）利賈市/日乙 94 壹：～（唯）利壞徹/日乙 65 壹：～（唯）十二月子/日乙 252 上：～憂以云/日乙 300：～合/日乙 335：得其閉，病中；～

0905 穜（6）　日乙 164：五～（種）忌/日乙 164：不可始～（種）/日乙 352：其～（種）華/日乙 354：其～（種）禾黍/日乙 289 貳：其～（種）叔（菽）/日乙 289 壹：其～（種）稷

0906 儥（1）　日乙 282：爲客～主人營

0907 龜（3）　日乙 230：玉～殹（也）/日乙 231：鼉～殹（也）/日乙 232：黿～殹（也）

0908 鐵（2）　日乙 212：～色/日乙 236 壹：～色

0909 爵（1）　日乙 14 貳：利～禄

0910 谿（12）　日甲 34：～谷/日乙 217：～（豯）【殹（也）】/地圖 M1・7811B：明（明）～/地圖 M1・12A：與～/地圖 M1・21A：與～/地圖 M1・21A：虎～/地圖 M1・21A：禮～/地圖 M1・21A：丹～/地圖 M1・21A：侖～/地圖 M1・21B：泰相端～/地圖 M1・21B：夜比端～/地圖 M1・21B：盂～

0911 毚（1）　日乙 185 柒：～都

0912 斷（3）　日乙 277：夜半而～/日乙 258 貳：虎之～/日乙 296：～立死

0913 癉（2）　日甲 14：～疾死/日乙 15 壹：～疾死

0914 麋（1）　丹記 4：少～（眉）

0915 糞（5）　日甲 30 壹：～土中/日甲 35：～土中/日甲 40：～蔡中/日乙 66：～土中/日乙 71：～土中

0916 濡（2）　日乙 1 貳：～泥/日乙 207：□～（獳）殹（也）

0917 蹇（2）　日甲 35：～木下/日乙 71：～木下

0918 翼（3）　日乙 133 貳：以七星、角、～/日乙 178 貳：～十三/日乙 262：～凡三□

0919 ⿱鄉皿（1）　日乙 291：蛣～疾兄

0920 ⿰扌賣（1）　日甲 28：其室有黑犖～（黷）

0921 ⿱殸土（1）　丹記 5：收騣（餟）而～〈罄〉之

0922 鞮（2）　日甲 41：折～/日乙 77 壹：折～

0923 轉（1）　日乙 294：有疾不死，～如

0924 霧（1）　日乙 294：若朝～霜

0925 愳（1）　日乙 244：安～大敬

0926 穫（1）　日乙 164：～及賞（嘗）

0927 歸（9）　日乙 123 壹：亡不復～/日乙 320：毋以壬戌～及遠没〈役〉/日乙 314：三百里不復～/日乙 316：不可以行及～/日乙 319：千里外顧復～/日乙 317：～，死/日乙 280：卜行～及事君/日乙 286：～姑【=】洗=（姑洗，【姑】洗）/日乙 294：來～爲喪

0928 雞（10）　日甲 19 貳：～鳴/日甲 35：～〈蟲〉殹（也）/日甲 39：～殹（也）/日乙 71：～〈蟲〉殹（也）/日乙 143：～鳴/日乙 147 壹：～忌/日乙 166：一日而風不利～/日乙 233 壹：～殹（也）/日乙 356：～鳴/丹記 4：～鳴而人食

0929 謹（1）　丹記 7：祠者必～騷（掃）除

0930 顔（15）　日乙 206：兑（鋭）～/日乙 208：啓～/日乙 209：廣～/日乙 210：廣～/日乙 211：免（俛）～/日乙 216：廣～/日乙 220：善病～/日乙 221：啓～/日乙 222：圜（圓）～/日乙 226：兑（鋭）～/日乙 227：

0945 羹（1） 丹記 7：毋以～沃腏（餟）上

0946 類（2） 日乙 250：卦～雜虛/丹記 4：其狀，～（纇）益（嗌）

0947 漕（1） 地圖 M1・7811A：～

0948 鐘（68） 日乙 179 陸：黃～下生林鐘/日乙 179 陸：黃鐘下生林～/日乙 180 陸：林～生大（太）族/日乙 183 陸：姑洗生應（應）～/日乙 184 陸：應（應）～生蕤（蕤）賓/日乙 188 陸：夾～生毋（無）射/日乙 179 柒：黃～八十一/日乙 182 柒：夾～六十八/日乙 186 柒：林～五十四/日乙 190 柒：應（應）～卌二/日乙 333：凡占黃～/日乙 333：生黃～/日乙 193：黃～以至姑先（洗）/日乙 193：從中呂以至應（應）～/日乙 201 貳：林～/日乙 205 貳：應（應）～/日乙 359：凡陰陽～/日乙 283：凡殳（投）黃～不合音婁（數）者/日乙 260：黃～/日乙 260：貞在黃～/日乙 261：黃～/日乙 266：夾～/日乙 266：貞在夾～/日乙 274：林～/日乙 274：貞在林～/日乙 281：應（應）～/日乙 281：貞在應（應）～/日乙 206：黃～/日乙 206：投中黃～/日乙 207：投中黃～/日乙 215：投中夾～/日乙 216：投中夾～/日乙 217：投【中應（應）】～/日乙 227：投中林～/日乙 228：投中林～/日乙 229：投中林～/日乙 238：投中應（應）～/日乙 239：投中應（應）～/日乙 240：投中夾～/日乙 241：投黃～/日乙 243：投黃～之首/日乙 242：投黃～/日乙 286：夾～多一/日乙 286：林～得其□/日乙 244：黃～/日乙 259：黃～/日乙 246：黃～/日乙 253：夾～/日乙 253：林～/日乙 253：應（應）～/日乙 254：林～/日乙 254：應（應）～/日乙 254：夾～/日乙 255：應（應）～/日乙 255：夾～/日乙 255：林～/日乙 257：林～/日乙 256：夾～/日乙 256：應（應）～/日乙 287：其所中之～賤/日乙

287：其～貴/日乙 287：女子順行～/日乙 293：即以所中～數爲卜/日乙 321：即以～音之數矣/日乙 247 貳：投黄～/日乙 247 貳：得其月之～數/日乙 337：～其成貞/日乙 368：～已

0949 灌（3） 日甲 39：名曰～/日乙 75 壹：名曰～/地圖 M1・12A：北有～憂百録

0950 竇（1） 日乙 53 貳：不可開門、～及祠

0951 權（2） 日乙 199 壹：所執者～殹（也）/日乙 330：季居季～

0952 欂（1） 地圖 M1・21A：～谿

0953 纍（1） 日乙 346：壬癸～〈畾（雷）〉，戰

0954 鷄（1） 日乙 75 壹：～殹（也）

0955 瀍（5） 日乙 95 壹：四～（廢）庚辛/日乙 96 壹：四～（廢）壬癸/日乙 97 壹：四～（廢）甲乙/日乙 98 壹：四～（廢）丙丁/日乙 103 壹：四～（廢）日

0956 顧（3） 日乙 15 貳：～門/日乙 319：千里外～復歸/日乙 216：善後～

0957 聽（32） 日甲 54 貳：旦有言，喜，～/日甲 54 貳：安（宴）不～/日甲 57 貳：旦有言，～/日甲 57 貳：晝～/日甲 57 貳：夕不～/日甲 58 貳：旦有言，不～/日甲 58 貳：晝不～/日甲 58 貳：夕請謁，～/日甲 59 貳：旦不～/日甲 59 貳：安（宴）～/日甲 59 貳：晝不～/日甲 60 貳：旦不～/日甲 60 貳：安（宴）百事不～/日甲 61 貳：夕不～/日甲 64 貳：旦不～/日甲 65 貳：安（宴）不～/日乙 35 貳：旦有言，喜，～/日乙 35 貳：安（宴）不～/日乙 37 貳：夕～/日乙 38 貳：旦有言，～/日乙 38 貳：晝～/日乙 38 貳：夕不～/日乙 39 貳：旦有言，不～/日乙 39 貳：晝不～/日乙 39 貳：夕請謁，～/日乙 40 下貳：旦不～/日乙 40 下貳：安（宴）～/日乙 40 下貳：晝不～/日乙 41

貳：百事不～/日乙 42 貳：夕不～/日乙 45 貳：旦不～/日乙 46 貳：安（宴）不～

0958 蠱（2） 日乙 243：唯利貞辠（罪）、～、言語/日乙 285：□有危□辠（罪）～言語

0959 變（3） 丹記 6：星者游～殹（也）/丹記 6：得游～者/丹記 6：～會

0960 靈（4） 日乙 245：室有～巫/日乙 250：～巫/日乙 294：哭～閒【=】（閒【閒】）/日乙 332：神～

0961 鼉（1） 日乙 231：～龜殹（也）

0962 觿（1） 日乙 176 貳：此（觜）～六

（二）合文①

0963 營₌（1） 日乙 172 壹：～₌（營室）廿

① 以下“營₌”是“營室”的省簡寫法，不能算作嚴格意義上的合文，姑置於此。

三、釋 文

【説明】

1. 本釋文以中華書局 2009 年出版的《天水放馬灘秦簡》一書爲基礎，嚴格查核圖版，認真校核原釋文，並酌情吸收有關釋讀成果而成（其中對甘肅文化出版社 2013 年出版的孫占宇《天水放馬灘秦簡集釋》多有參考，特别是該書的有關圖版）。凡原釋文不確或錯誤之處，儘量改之，並於當頁以腳註説明。由於公佈的圖版很不清楚，我們衹是在酌納時賢有關釋讀成果的基礎上儘可能地訂正了一些錯誤，相信隨着學界研究的深入，釋文會更加完善。

2.《天水放馬灘秦簡》收録竹簡 461 枚，木板地圖 7 幅。按内容分爲四部分：《日書甲種》（73 枚）、《日書乙種》（382 枚）、《丹記》（6 枚）① 和木板地圖。原整理報告《丹記》編號爲 6 的簡應該屬《日書乙種》中《日辰星》的内容，今移正，故釋文中别稱此簡爲“原《丹記》6”；但在索引正文中仍標以“丹記 6”。

3. 由於兩種《日書》多分欄行文，原釋文的簡序多有與文意不

① 《丹記》，原整理報告稱《志怪故事》，《文物》1989 年 2 期《天水放馬灘秦簡綜述》稱《墓主記》。該文獻所記爲一名叫丹的人的志怪類故事，按照文獻命名原則，當命“丹記”爲善，故如是改稱。另，原整理報告謂《日書乙種》爲 381 枚簡，《丹記》爲 7 枚簡，實際上《丹記》整理報告編號爲 6 的簡應該屬《日書乙種》，今移正，故《日書乙種》和《丹記》的簡數相應更正爲 382 枚簡和 6 枚簡。

合者，爲便於與逐字索引配套使用和如實反映原釋文，以下先出示本索引校訂後的釋文，依簡文内容排列，將相近意義的簡文歸在一起，按文意分段，試加章題、標點，並標明文字的釋讀以方便對簡文内容的閱讀理解；然後在整個釋末附原釋文，以方便讀者瞭解原釋文面貌。

爲便於了解本索引重排簡序的情況，下面將《日書甲種》和《日書乙種》的重排簡序列出，並出示各章題：

日書甲種

建除：1壹+2壹+3壹+4壹+5+6+7+8+9+10+11+12+13+14+15+16壹+17壹+18壹+19壹+20壹+21+18貳+20貳

禹須臾行日：42壹+43壹+44壹+45壹+46壹+47壹+48壹+49壹+50壹+51壹+52壹+53壹+54壹+55壹+56壹+57壹+58壹+59壹+60壹+61壹+62壹+63壹+64壹+65壹+66壹+67壹+68+69壹+70壹+71壹+72壹

禹須臾所以見人日：42貳+43貳+44貳+45貳+46貳+47貳+48貳+49貳+50貳+51貳+52貳+53貳

吏：54貳+55貳+56貳+57貳+58貳+59貳+60貳+61貳+62貳+63貳+64貳+65貳

剛柔日：1貳+1叁+2貳+3貳+4貳

生男女：16貳+17貳+19貳

天干占盜：22+23+24壹+25壹+26+27+28+29+25貳

地支占盜：30壹+32貳+31+32壹+30貳+33+34+35+36+37+38+39+40+41

禹須臾行不得擇日：66貳+67貳

田龍田：73壹

絕天氣：24貳

衣良日：69貳+70貳

填穴日：71貳

犬忌：72貳

塞穴窒鼠墮困日：73 貳

日書乙種

建除：1 壹+2 壹+3 壹+4 壹+5 壹+6 壹+7 壹+8 壹+9+13 壹+10 壹+11 壹+12 壹+14 壹+15 壹+16 壹+17 壹+18 壹+19 壹+20 壹+21 壹+22 壹+24 壹

直室門：1 貳+2 貳+3 貳+4 貳+5 貳+6 貳+7 貳+8 貳+13 貳+10 貳+11 貳+12 貳+14 貳+15 貳+16 叁+16 貳+17 貳+19 貳+18 貳+20 貳+21 貳+22 貳+17 叁+19 叁+18 肆+21 肆+20 叁+22 叁+23 貳+24 貳+24 叁+91 下

禹須臾行日：54+26 壹+27 壹+28 壹+29 壹+30 壹+40 上+31 壹+32 壹+33 壹+34 壹+35 壹+36 壹+37 壹+38 壹+42 上+39 壹+40 下壹+41 壹+42 壹+43 壹+44 壹+45 壹+46 壹+47 壹+48 壹+49 壹+50 壹+51 壹+52 壹+53 壹

禹須臾所以見人日：373+25 貳+26 貳+27 貳+28 貳+29 貳+30 貳+31 貳+32 貳+33 貳+34 貳

吏：35 貳+36 貳+37 貳+38 貳+39 貳+40 下貳+41 貳+42 貳+43 貳+44 貳+45 貳+46 貳

往見貴人：47 貳

築門良日：48 貳+49 貳+50 貳+51 貳+52 貳+53 貳

爲門忌日：17 叁+18 叁+21 叁+23 叁

天干占盜：55 壹+56 壹+57 壹+58 壹+59 壹+60 壹+61 壹+62 壹+63 壹+64 壹

地支占盜：66+67+68+69+70+71+72+73 壹+74 壹+75 壹+76 壹+77 壹

禹須臾行喜：78 壹+79 壹+80 壹+81 壹+82 壹

衣良日：372 壹+83 壹

牝牡月日：84 壹+85 壹+86 壹+87+89+88

剛柔日：91 上+93 中+92+113 壹+114 壹

值心：55 貳

晝夜長短：56貳+57貳+58貳+59貳+60貳+61貳+62貳+63貳+64貳+56叁+57叁+58叁

五行：73貳+74貳+75貳+76貳+77貳

旮日及晝夜長短：78貳+79貳+80貳+81貳+82貳+65貳+362貳+372貳+83貳+84貳+85貳+86貳

日衝：94壹

帝：95壹+96壹+97壹+98壹+99壹+100壹+101壹+102壹+103壹

令馬行：104壹+105壹+106壹

五音日占死：108上+107壹+108下壹+109壹+110壹+111壹

建除占死：112壹

干支土忌：115壹+116壹+117壹+118壹+119壹+120壹+122壹+121壹

天干行忌：95貳+96貳+97貳+98貳+99貳

地支行忌：101貳+102貳+103貳+94貳+95叁+96叁+97叁+98叁+99叁+100叁+101叁+102叁

遠行凶：108下貳+109貳+103叁+104貳+105貳+106貳+107貳+108下叁+109叁+110貳+111貳+112貳+113貳+114貳

六甲孤虛：115貳+116貳+117貳+118貳+119貳+120貳

鼠占：122貳+121貳

行忌：123壹+124壹+125壹+318+320+303壹+304+123貳+124貳+125貳+126貳+312+314+315+316+319+317

反支：127+128+309

土忌：133壹+134壹+135壹+132壹+136+137+129壹+130壹+131壹+138+139+140+141+301+302+363+306

絕天氣：308壹

門户：133貳+132貳+134貳+135貳

伐木忌：129貳+130貳+131貳+100貳+305

刑德：347+308貳

生男女：142+143

律數：194貳+195貳+196貳+197貳+198貳+199貳+200貳+201貳+202貳+203貳+204貳+205貳

星分度：167壹+167貳+174壹+168壹+168貳+173壹+169壹+169貳+176壹+175壹+170壹+170貳+361壹+171壹+177壹+172壹+172貳+178壹+167叁+167肆+174貳+168叁+168肆+173貳+169叁+169肆+176貳+175貳+170叁+325壹+361貳+171貳+171叁+177貳+172叁+172肆+178貳+178叁

日辰時星：167伍+174叁+374+173叁+169伍+176叁+175叁+325貳+361叁+171肆+177叁+172伍

陰陽鐘：359+283

日爭勝：349+340

貞在黄鐘：260+261+262+267+264+278+266+269+268+265+270+271+272+280+274+275+273+277+276+279+311+281+263

黄鐘：206+207+208+209+210+211+212+213+214壹+223+215+216+217+218+219+220+221+222+224+225+226+227+228+229+230+231+232+233壹+234壹+235壹+236壹+237壹+238+239+240+360貳

投黄鐘：241+243+288+242

鐘律占死：286

參：244+252下+259+245+246+258貳+247壹+248+249+250+310+251+252上+253+254+294+255+328+300+356+336

十二律吉凶：257+256+258壹+371

數占：360壹+162貳+297

占問疾病：345+348+338+335+358壹+364貳+355+343+350+192

占盜：322+342+326+298

占亡貨：90+331+299

占亡人：287

日辰星：原《丹記》6+327下

夫妻之和：344+324

即有生者：293

鐘音之數：321

中數中律：365+292+364壹+358貳

司：330+339+323+194壹

天降令：284+285

其他：93下+163+214貳+291+247貳+282+290+295+296+303叁+327上+329+332+334+337+341+351+357壹+357貳+362壹+366+367+368+369+376+377+378+379+380+381

（一）日書甲種

建除

正月：建寅、除卯、盈辰、平巳、定午、摯[①]（執）未、彼（破）申、危酉、成戌、收亥、開子、閉丑。1壹

二月：建卯、除辰、盈巳、平午、定未、摯（執）申、彼（破）酉、危戌、成亥、收子、開丑、閉寅。2壹

二月：建辰、除巳、盈午、平未、定申、摯（執）酉、彼（破）戌、危亥、成子、收丑、開寅、閉卯。3壹

四月：建巳、除午、盈未、平申、定酉、摯（執）戌、彼（破）亥、危子、成丑、收寅、開卯、閉辰。4壹

五月：建午、除未、盈申、平酉、定戌、摯（執）亥、彼（破）子、危丑、成寅、收卯、開辰、閉巳。5

六月：建未、除申、盈酉、平戌、定亥、摯（執）子、彼（破）丑、危寅、成卯、收辰、開巳、閉午。6

七月：建申、除酉、盈戌、平亥、定子、摯（執）丑、彼（破）

① 摯，原釋文作“執”，據圖版改。下同。

寅、危卯、成辰、收巳、開午、閉未。7

八月：建酉、除戌、盈亥、平子、定丑、摯（執）寅、彼（破）卯、危辰、成巳、收午、開未、閉申。8

九月：建戌、除亥、盈子、平丑、定寅、摯（執）卯、彼（破）辰、危巳、成午、收未、開申、閉酉。9

十月：建亥、除子、盈丑、平寅、定卯、摯（執）辰、彼（破）巳、危午、成未、收申、開酉、閉戌。10

十一月：建子、除丑、盈寅、平卯、定辰、摯（執）巳、彼（破）午、危未、成申、收酉、開戌、閉亥。11

十二月：建丑、除寅、盈卯、平辰、定巳、摯（執）午、彼（破）未、危申、成酉、收戌、開亥、閉子。12

建日：良日殹（也），可爲嗇夫，可以祝祠，可以畜六生（牲），不可入黔首。13

除日：逃亡不得，瘅疾死，可以治嗇夫，可以徹言，君子除罪。14

盈日：可築閒（閑）牢，可入生（牲），利築宫室、爲小嗇夫，有疾難瘳。15

平日：可取（娶）妻、祝祠、賜客，可以入黔首，作事吉。16壹

定日：可以臧（藏）、爲府，可以祝祠。17壹

摯（執）日：不可行＝（行，行）遠必摯（執）而于公。18壹

彼（破）日：毋可以有爲殹（也），雖（唯）利彼（破）水。19壹

危日：可以責人及摯（執）人、毄（繫）人，外政（征）。20壹

成日：可以謀事，可起眾①及作有爲殹（也），皆吉。

收【日】：可以〈入〉氏②〈民〉、馬牛、畜生（牲），盡可，及入禾粟，可以居處。21

開日：逃亡不得，可以言盜＝（盜，盜）必得。18貳

① 眾，原釋文作“衆”，據圖版改。下同。

② 氏，原釋文作“民”，據圖版改。下同。

閉日：可以決沱（池）①，入人奴、妾。20貳

禹須臾行日

禹須臾行日42壹

入月一日：旦西吉，日中北吉，昏東吉，【中夜】南吉。43壹

入月二日：旦西吉，日中北吉，昏東吉，中夜南吉。44壹

入月三日：旦西吉，日中北吉，昏東吉，中夜南吉。45壹

入月四日：旦西〈南〉吉，日中南〈西〉吉，昏北吉，中夜東吉。46壹

入月五日：旦南吉，日中西吉，昏北吉，中夜東吉。47壹

入月六日：旦南吉，日中西吉，昏北吉，中夜東吉。48壹

入月七日：旦南吉，日中西吉，昏北吉，中夜南〈東〉吉。49壹

入月八日：旦南吉，日中西吉，昏北吉，中夜南〈東〉吉。50壹

入月九日：旦南吉，日中西吉，昏北吉，中夜南〈東〉吉。51壹

入月十日：旦南吉，日中西吉，昏北吉，中夜南〈東〉吉。52壹

入月十一日：旦東吉，日中南吉，昏北〈西〉吉，中夜北吉。53壹

入月十二日：旦東吉，日中南吉，昏西吉，中夜北吉。54壹

入月十三日：旦東吉，日中南吉，昏西吉，中夜北吉。55壹

入月十四日：旦東吉，日中南吉，昏西吉，中夜北吉。56壹

入月十五日：旦東吉，日中南吉，昏西吉，中夜北吉。57壹

入月十六日：旦東吉，日中南吉，昏西吉，中夜北吉。58壹

入月十七日：旦東吉，日中南吉，昏西吉，中夜北吉。59壹

入月十八日：旦東吉，日中南吉，昏西吉，中夜北吉。60壹

入月十九日：旦北吉，日中東吉，昏南吉，中夜西吉。61壹

入月廿日：旦北吉，日中東吉，昏南吉，中夜西吉。62壹

入月廿一日：旦北吉，日中東吉，昏南吉，中夜西吉。63壹

入月廿二日：旦北吉，日中東吉，昏南吉，中夜西吉。64壹

---

① 決沱（池），原釋文作“泧淹”，據圖版及文意改。一説釋“波渴”，讀爲“陂堨”。

入月廿三日：旦北吉，日中東吉，昏南吉，中夜西吉。65壹
入月廿四日：旦北吉，日中東吉，昏南吉，中夜西吉。66壹
入月廿五日：旦北吉，日中東吉，昏南吉，中夜西吉。67壹
入月廿六日：旦西吉，日中北吉，昏東吉，中夜南吉。68
入月廿七日：旦西吉，日中北吉，昏東吉，中夜南吉。69壹
入月廿八日：旦西吉，日中北吉，昏東吉，中夜南吉。70壹
入月廿九日：旦西吉，日中北吉，昏東吉，中夜南吉。71壹
入月丗[①]日：旦西吉，日中北吉，昏東吉，中夜南吉。72壹

禹須臾所以見人日

禹須臾所以見人日42貳
子：旦吉，安（宴）食吉，日中凶，日失（昳）吉，夕日凶。43貳
丑：旦凶，安（宴）食吉，日中凶，日失（昳）可，夕日凶。44貳
寅：旦凶，安（宴）食吉，日中凶，日失（昳）凶，夕日凶。45貳
卯：旦吉，安（宴）食吉，日中凶，日失（昳）凶，夕日凶。46貳
辰：旦凶，安（宴）食吉，【日中凶】，日失（昳）凶，夕日吉。47貳
巳：旦凶，安（宴）食吉，日中凶，日失（昳）凶，夕日可。48貳
午：旦凶，安（宴）食凶，日中吉，【日失（昳）凶】，夕日凶。49貳
未：旦吉，安（宴）食可，日中凶，日失（昳）吉，夕日凶。50貳
申：旦吉，安（宴）食凶，日中吉，日失（昳）吉，夕日凶。51貳
酉：旦吉，安（宴）食凶，日中吉，日失（昳）吉，夕日凶。52貳
戌：旦凶，安（宴）食凶，日中吉，日失（昳）吉，夕日凶。53貳
【亥：旦吉，安（宴）食吉，日中凶，日失（昳）吉，夕日凶。】

吏

子：旦有言，喜，聽；安（宴）不聽；晝得美言；夕得美言。54貳

① 丗，原釋文作“卅”，據圖版改。下同。

丑：旦有言，怒；安（宴）得美言；晝遇惡言；夕①惡言。55貳

【寅：旦有言，怒；安（宴）説（悦）；晝不得言；夕聽。】56貳

卯：旦有言，聽；安（宴）説②（悦）；晝聽；夕不聽。57貳

辰：旦有言，不聽；安（宴）許；晝不聽；夕請謁，聽。58貳

巳：旦不聽，安（宴）聽，晝不聽，夕得後言。59貳

午：旦不聽，安（宴）百事不聽，晝許，夕許。60貳

未：旦有美言，安（宴）後見之，晝得惡言，夕不聽。61貳

申：旦遇惡言，安（宴）許，晝不説（悦），夕許。62貳

酉：旦得美言，安（宴）遇惡言，晝不説（悦），夕許。63貳

戌：旦不聽；安（宴）遇惡言，晝得言，夕有惡【言】。64貳

亥：旦有求，得後【言】;③ 安（宴）不聽；晝、夕有求，後見之。65貳

剛柔日

男日：【子】、卯、寅、巳、酉、戌。1貳女日：午、未、申、丑、亥、辰。1叁

以女日病以女日瘳④，必女⑤日復之。以女日2貳死以女日葬，必復之。男日亦如是。3貳謂岡（剛）楺（柔）⑥ 之日。4貳

生男女

平旦，生女；日出，生男；夙食，女；莫食，男；日中，女；日過中，男；16貳旦〈日〉則（昃）⑦，女；日下則（昃），男；日未入，

---

① “夕”後當脱一字，蓋脱“遇”或“有”或“得”。

② 説，原釋文作“許”，據圖版及文意改。

③ 旦有求得後【言】，原釋文作“旦有美言得言”，據圖版及文意改。

④ 瘳，原釋文作“廖”，據圖版改。

⑤ 女，原釋文作“可”，據圖版改。

⑥ 岡（剛）楺（柔），原釋文作“甿隸”，據圖版及文意改。

⑦ 則（昃），一説釋“則（側）”。下同。

女；日入，男；昏①，女；夜莫，男；夜17貳未中，女；夜中，男；夜過中，女；雞鳴，男。19貳

天干占盜

甲亡：盜在西方。一于（宇）中食者五口，疵在上。得。男子殹（也）。22

乙亡：盜青色。三人，其一人在室中。從東方入，行有遺②殹（也）。不得。女子殹③（也）。23

丙亡：盜在西方。從西北入，折齒。得。男子殹（也）。得④。24壹

丁亡：盜女子殹（也），在東方。其疵⑤在足⑥。已南矣⑦，不得。25壹

戊亡：盜在南方。食者五口一于（宇）閒。男子殹（也）。亡蚤⑧（早）不得，亡莫（暮）而得。26

己亡：其盜在⑨爲人黄晳⑩，在西南。其室三人食，其一人已死矣。女子殹（也）。得。27

庚亡：其盜丈夫殹（也）。其室在北方，其扈〈序〉扁匜⑪，其室有黑犖擯⑫（黷）。男子⑬。不得。28

---

① 昏，原釋文作“昬”，據圖版改。
② 遺，原釋文作“蹟”，據圖版改。
③ 殹，原釋文作“也”，據圖版改。
④ 得，當爲衍文。
⑤ 疵，原釋文作“行”，據圖版改。
⑥ 足，原釋文作“正”，據圖版改。
⑦ 南矣，原釋文作“索夫”，據圖版改。
⑧ 蚤，原釋文作“夙”，據圖版改。
⑨ 在，當爲衍文。
⑩ 晳，原釋文作“皙”，據圖版改。下同。
⑪ 扁匜，一說即“匾匜”，一說釋“扁（偏）匜（迆）”。下同。
⑫ 擯，原釋文作“櫝”，據圖版改。下同。
⑬ 男子，當爲衍文。

辛亡：盜不得，外盜毆（也），女子毆（也）。

·壬亡：其盜可得毆（也）。若得，必有死者。男子毆（也），青色。29

·癸亡：其盜女子毆（也），必得。爲人操（躁）不靖。25貳

地支占盜

子：鼠毆（也）。以亡，盜者中人。取之，臧（藏）穴中、糞土中。爲人鞔①面、小目②，30壹 肝然③、扁（翩）然④。名曰輒、曰耳、曰 芯 ⑤、曰聲。賤人毆（也）。得。32貳

丑：牛毆（也）。以亡，其盜從北方【入】，熹⑥（喜）大（太）息。盜不遠，旁桑毆（也）。得。31

寅：虎毆（也）。以亡，盜從東方入，有（又）從【之】出，臧（藏）山谷中。其⑦爲人方32壹 面⑧、廣頰、睘（圓）目。盜它⑨所人⑩毆（也）。不得。30貳

卯：兔毆（也）。以亡，盜從東方入，復從出，臧（藏）壄⑪（野）林草茅中。爲人短面、出【目】。不得。33

辰：虫⑫毆（也）。以亡，盜者從東方入，有（又）從【之】出。

---

① 鞔，一說讀爲“銳”，一說讀爲“脫”（義爲“消瘦”）。下同。

② “目”字後原有重文號“=”，爲衍文，現刪。

③ 然，原釋文作“默”，據圖版改。

④ 然，原釋文作“默”，據圖版改。

⑤ 芯，原釋文作“志”，據圖版改。

⑥ 熹，原釋文作“遠來”，據圖版改。一說釋“憙”。

⑦ 其，原釋文脫，據圖版補。

⑧ 面，原釋文作“靣”，據圖版改。此字後原有重文號“=”，爲衍文，現刪。

⑨ 它，原釋文作“也”，據圖版改。

⑩ 人，一說釋“卜”，則該上下文標點當爲：“盜它所，卜毆（也），不得。”下同。

⑪ 壄，原釋文作“野”，據圖版改。下同。

⑫ 虫，一說釋“虫（蟲）”。下《日書乙種》70簡同。

取者，臧（藏）谿谷、竇穴①中。外人殹（也）。其爲人長頸、小首、小目。女子爲巫，男子爲祝，名34

巳：雞〈蟲〉殹（也）。以亡，盜者中人殹（也）。臧（藏）囷屋屒②糞土中、蹇木下。其爲人小面③、長赤目。賤人殹（也）。得。35

午：馬殹（也）。盜從南方入，有（又）從之出，爯在④廄⑤、廡、芻稾中⑥□36

未：羊【殹（也）】。盜者從南方【入】，有（又）從【之】出，爯在牢圈中。其爲人小頸、大復（腹）、出目。必得。37

申：石⑦殹（也）。盜從西方【入】，爯在山谷。爲人美，不牷⑧。名曰環。遠所殹（也）。不得。38

酉：雞殹（也）。盜從西方入，復從西方出，爯在囷、屋、東屒⑨、水旁。名曰灌。有黑子、侯⑩（瘊）。39

戌：犬【殹（也）】。爯在責（積）薪、糞蔡中。黑，單（⿰月單）⑪，多言。旬月當得。⑫40

亥：豕殹（也）。盜者中人殹（也）。爯在屏圂方及矢（屎）。其爲人長面、折鞮⑬、赤目、長髮。得。41

---

① 穴，原釋文作"内"，據圖版及文意改。
② 屒，原釋文作"屈"，據圖版改。
③ 面，原釋文作"靣"，據圖版及文意改。
④ 爯在，原釋文作"臧中"，據圖版改。
⑤ 廄，原釋文作"⿸广邑"，據圖版改。
⑥ 芻稾中，原釋文作"多十□"，據圖版改。
⑦ 石，原釋文作"矦"，據圖版改。
⑧ 牷，原釋文作"拴"，據圖版改。下同。
⑨ 屒，原釋文作"屈"，據圖版改。
⑩ 侯，原釋文作"殹"，據圖版改。下同。
⑪ 單（⿰月單），一說釋"單（啖）"。
⑫ 月當得，原釋文作"子宫得"，據圖版改。
⑬ 鞮，一說讀爲"題"；一說釋"鞨"，讀爲"頞"。

禹須臾行不得擇日

禹須臾行不得擇日：出邑門，禹步三，鄉（嚮）北斗，質畫66貳地，視〈祝〉之曰：禹有直五横，今利行=（行，行）毋（無）咎，爲禹前除道①。67貳

田龍田

田②龍田③：秉不得。73壹

絕天氣

凡甲申、乙酉，絕天氣，不可起土攻（功），不死必亡。24貳

衣良日

衣新衣良日④：乙丑、丁卯、庚午、辛酉、己巳、壬子。69貳

材⑤（裁）衣良日：丁丑、丁巳、乙巳、己巳、癸酉、乙亥、乙酉、己丑、己卯、辛亥。70貳

填穴日

正月壬子寘（填）穴，鼠弗居。71貳

犬忌

犬忌：癸未、酉，庚申、戌、己，燔園中犬矢（屎），犬弗居⑥。72貳

---

① 道，原釋文作“得”，據圖版改。
② 田，原釋文作“目”，據圖版改。
③ 田，原釋文作“日”，據圖版改。
④ 日，原釋文作“曰”，據文意改。
⑤ 材，原釋文作“利”，據圖版改。
⑥ 居，一說釋“尼（昵）”。

塞穴窒鼠塈困日

凡可塞穴置（窒）鼠壂[①]（塈）囷日：雖（唯）十二月子、五月六月辛卯，皆可以爲鼠□方[②]。73貳

（二）日書乙種[③]

建除

正月：建寅、除卯、盈辰、平巳、定午、摯（執）未、彼（破）申、危酉、成戌、收亥、開子、閉丑。1壹

二月：建卯、除辰、盈巳、平午、定未、摯（執）申、彼（破）酉、危戌、成亥、收子、開丑、閉寅。2壹

三月：建辰、除巳、盈午、平未、定申、摯（執）酉、彼（破）戌、危亥、成子、收丑、開寅、閉卯。3壹

四月：建巳、除午、盈未、平申、定酉、摯（執）戌、彼（破）亥、危子、成丑、收寅、開卯、閉辰。4壹

五月：建午、除未、盈申、平酉、定戌、摯（執）亥、彼（破）子、危丑、成寅、收卯、開辰、閉巳。5壹

六月：建未、除申、盈酉、平戌、定亥、摯（執）子、彼（破）丑、危寅、成卯、收辰、開巳、閉午。6壹

七月：建申、除酉、盈戌、平亥、定子、摯（執）丑、彼（破）寅、危卯、成辰、收巳、開午、閉未。7壹

---

① 壂，原釋文作“漑”，據圖版改。

② □方，原釋文無，據圖版補。

③ 原書圖版竹簡排列順序有誤，序號編排相應錯誤，原序號“乙二”、“乙三”、“乙四”（即“乙 2”、“乙 3”、“乙 4”），當爲“乙三”、“乙四”、“乙二”，即“乙四”簡當置於“乙一”之後。釋文簡號不誤。

八月：建酉、除戌、盈亥、平子、定丑、摯（執）寅、彼（破）卯、危辰、成巳、收午、開未、閉申。8壹

九月：建戌、除亥、盈子、平丑、定寅、摯（執）卯、彼（破）辰、危巳、成☑9☑戌〈午〉、收亥〈未〉、開子〈申〉、閉丑〈酉〉。13壹

十月：建亥、除子、盈丑、平寅、定卯、摯（執）辰、彼（破）巳、危午、成未、收申、開酉、閉戌。10壹

十一月：建子、除丑、盈寅、平卯、定辰、摯（執）巳、彼（破）午、危未、成申、收酉、開戌、閉亥。11壹

十二月：建丑、除寅、盈卯、平辰、定巳、摯（執）午、彼（破）未、危申、成酉、收戌、開亥、閉子。12壹

建日：良日殹（也），可爲嗇夫，可以祝祠，可以畜六生（牲），不可入黔首。14壹

除日：逃亡不得，癉疾死，可以治嗇夫，可以徹言，君子除辠①（罪）。15壹

平日：可取（娶）妻、祝祠、賜客，可以入黔首，作事，吉殹（也）。16壹

定日：可以臧②（藏）、爲府，可以祝祠。17壹

摯（執）日：不可行=（行，行）遠必摯（執）而于公。18壹

彼（破）日：毋可以有爲殹（也），雖（唯）利彼（破）水。19壹

危日：可以責人及摯（執）人、 毄（繫） 人、外政（征）。20壹

成日：可以謀事，可起衆及作有爲殹（也），皆【吉】。21壹

收【日】：可以〈入〉氏〈民〉、馬牛、畜生（牲），盡可，及入禾粟，可以居處。22壹

【開日：逃亡不得，可以言盜=（盜，盜）必得。】

閉日：可以決沱（池）③，入人奴、妾。24壹

---

① 辠，原釋文作“罪”，據圖版改。

② 臧，原釋文作“藏”，據圖版改。

③ 決沱（池），原釋文作“决淹”，據圖版及文意改。一說釋“波（陂）渴（堨）”。

直室門

寡門：不寡，濡泥，興毋（無）所定處①，不吉②，必叄③寡。1貳

倉門：是=（是是）④富【門】，井居西南，囷居西北，廥⑤必南鄉⑥（嚮）。2貳毋絕縣（懸）肉，絕之必有經⑦焉。3貳

南門：是=（是是）將軍門，可聚邦、使客。八歲更。

辟門：廿4貳歲更，主必富，使僕恙⑧□。

大伍門：宜車馬⑨，宗5貳族、弟兄、婦女，吉。十二月〈歲〉更。

則光門：其主必昌⑩，6貳好⑪歌舞，必柁⑫衣常（裳）。十六歲更，不殹（也），必爲巫。7貳

屈門：其主必昌富，婦人必宜疾，是=（是是）鬼夾之8貳之⑬門。三歲更。

---

① 興毋所定處，原釋文作“聚易所室妻”，據圖版改。一說釋“□=□所定妻”；一說釋“聚亓所室妻”。

② 吉，原釋文作“去”，據圖版改。

③ 叄，原釋文作“爲”，據圖版改。

④ 是=（是是），一說釋“是=（是謂）”。下同。

⑤ 廥，一說釋“瘖（廥）”。

⑥ 鄉，原釋文作“鬻”，據圖版改。

⑦ 一說“經”下脱“死”字。

⑧ 恙，原釋文作“羔”，據圖版改。一說釋“美”。

⑨ 馬，原釋文作“乘”，據圖版改。

⑩ 必昌，一說釋“凶□”。

⑪ 好，原釋文作“奴”，據圖版改。

⑫ 柁，一說釋“柁（袘）”，一說釋“柁（施）”。

⑬ 之，原釋文作“出”，據圖版改。

大吉門：宜車馬①，必爲嗇夫②，13貳與③入④輒虚□⑤□10貳

失行門：雖（唯）爲嗇夫，邦而知爲賤人⑥，雖11貳多財，必盡。12貳

雲門：其主富，三渫（世）之後，乃宜畜生（牲），利爵禄⑦。14貳

顧門：是=（是是）生⑧甚多，毋與居，三歲而更，15貳弗更，日出一布。16叁

不周門：其主富，臨⑨邦政。16貳八歲更，弗更必凶死，大⑩17貳人⑪必盡。19貳

東門：是=（是是）邦君子⑫門，賤人18貳居之凶，不吉。21貳

食氒（禍）門：所利，數出氒（禍）喪，20貳必痒⑬（癃）。22貳

起門：八歲始富，男子若木攻（功）⑭，十17叁六歲更。19叁

徙⑮門：數實數=（數虛），并黔首家。18肆

刑門：主必富，不爲興□。21肆爲左（佐）吏，十二歲不更，不耐乃刑。奪門主死⑯。20叁

---

① 馬，原釋文作"乘"，據圖版改。

② "夫"字後一說有一"凶"字。

③ 與，一說釋"貨"；一說釋"錢"；一說釋"數（速）"。

④ 入，原釋文作"人"，據文意改。

⑤ □，一說釋"主"，一說釋"必"。

⑥ 賤人，一說釋"財入"。

⑦ 爵禄，原釋文作"祝祠"，據圖版改。利爵禄，蓋爲"利毋爵禄者"之脫，即脫"毋"和"者"二字。

⑧ 生，原釋文作"之"，據圖版改。

⑨ 臨，原釋文作"毆"，據圖版及文意改。

⑩ 大，原釋文作"夫"，據圖版及文意改。

⑪ 人，原釋文作"入"，據圖版及文意改。

⑫ 子，一說爲"之"字之誤。

⑬ 痒，原釋文作"瘴"，據圖版改。

⑭ 木攻，原釋文作"土攻"，據圖版及文意改。一說釋"干政"。

⑮ 徙，原釋文作"徵"，據圖版改。

⑯ 門主死，原釋文無，據圖版補。

財門：所利雖（唯）利[①]賈市，入財大吉。十二月更。22叁

北門：利爲邦門，詘23貳以爲家人之門，其主弗居。24貳

【獲門：】臨邦【政】，八歲而更，弗更，井居左，困居右。24叁

高門：宜豕，五歲更，弗更，必爲巫，有宜央（殃）。[②]91下

禹須臾行日

【入月一日：旦西吉，日中北】吉，昏[③]（昏）東吉，【中夜】南吉。54

入月二日：旦西吉，日中北吉，昏（昏）東吉，中夜南吉。26壹

入月三日：旦西吉，日中北吉，昏（昏）東吉，中夜南吉。27壹

入月四日：旦西〈南〉吉，日中南〈西〉吉，昏（昏）北吉，中夜東吉。28壹

入月五日：旦南吉，日中西吉，昏（昏）北吉，中夜東吉。29壹

【入】月六日：旦南吉，日中西吉，昏（昏）北吉，中夜東吉。30壹

入月七[④]日：旦南吉，日中西吉，昏（昏）北吉，中夜【東吉】[⑤]。40上

入月八日：旦南吉，日中西吉，昏（昏）北吉，中夜東吉。31壹

入月九日：旦南吉，日中西吉，昏（昏）北吉，中夜南〈東〉吉。32壹

入月十日：旦南吉，日中西吉，昏（昏）北吉，中夜南〈東〉吉。33壹

入月十一日：旦東吉，日中南吉，昏（昏）北〈西〉吉，中夜北吉。34壹

---

① 利，此字蓋衍文。

② 此行文字原釋文作"☑宜取宜□更弗更□貞巫有宜□"，據圖版改。

③ 昏，原釋文作"昏"，據圖版改。下同。

④ 七，原釋文作"十七"，據圖版改。

⑤ 【東吉】，原釋文作"北吉"，據圖版改。

入月十二日：旦東吉，日中南吉，昏（昏）西吉，中夜北吉。35壹

入月十三日：旦東吉，日中南吉，昏（昏）西吉，中夜北吉。36壹

入月十四日：旦東吉，日中南吉，昏（昏）西吉，中夜北吉。37壹

入月十五日：旦東吉，日中南吉，昏（昏）西吉，中夜北吉。38壹

入月十六①日：旦東吉，日中42上南吉，昏（昏）西吉，中夜北吉。39壹

【入月十七日：旦東吉，日中南吉，昏（昏）西吉，中】夜北吉。40下壹

入月十八日：旦東吉，日中南吉，昏（昏）西吉，中夜北吉。41壹

【入月十九日：旦北吉，日中東】吉，昏（昏）南吉，中夜西吉。42壹

入月廿日：旦北吉，日中東吉，昏（昏）南吉，中夜西吉。43壹

入月廿一日：旦北吉，日中東吉，昏（昏）南吉，中夜西吉。44壹

入月廿二日：旦北吉，日中東吉，昏（昏）南吉，中夜西吉。45壹

入月廿三日：旦北吉，日中東吉，昏（昏）南吉，中夜西吉。46壹

入月廿四日：旦北吉，日中東吉，昏（昏）南吉，中夜西吉。47壹

入月廿五日：旦北吉，日中東吉，昏（昏）南吉，中夜西吉。48壹

入月廿六日：旦西吉，日中北吉，昏（昏）東吉，中夜南吉。49壹

入月廿七日：旦西吉，日中北吉，昏（昏）東吉，中夜南吉。50壹

入月廿八日：旦西吉，日中北吉，昏（昏）東吉，中夜南吉。51壹

入月廿九日：旦西吉，日中北吉，昏（昏）東吉，中夜南吉。52壹

入月卅日：旦西吉，日中北吉，昏（昏）東吉，中夜南吉。53壹

禹須臾所以見人日

禹須臾所以見人日②373

子：旦吉，安（宴）食吉，日中凶，日失（昳）吉，夕日凶。25貳

丑：旦凶，安（宴）食吉，日中凶，日失（昳）可，夕日凶。26貳

① 六，原釋文作“九”，據圖版改。

② 禹須臾所以見人日，原釋文作“□旮身卑所以寅□日”，據圖版改。

寅：旦凶，安（宴）食吉，日中凶，日失（昳）凶，夕日凶。27貳

卯：旦吉，安（宴）食吉，日中凶，日失（昳）凶，夕日凶。28貳

辰：旦凶，安（宴）食吉，【日中凶】，日失（昳）凶，夕日吉。29貳

巳：旦凶，安（宴）食吉，日中凶，日失（昳）凶，夕日可。30貳

【午：旦凶，安（宴）食凶，日中吉，日失（昳）凶，夕日凶。】

未：旦吉，安（宴）食可，日中凶，日失（昳）吉，夕日凶。31貳

申：旦吉，安（宴）食凶，日中吉，日失（昳）吉，夕日凶。32貳

酉：旦吉，安（宴）食凶，日中吉，日失（昳）吉，夕日凶。33貳

戌：旦凶，安（宴）食凶，日中吉，日失（昳）吉，夕日凶。34貳

吏

子：旦有言，喜，聽；安（宴）不聽；晝得美言；夕得美言。35貳

丑：旦有言，怒；安（宴）得美言；晝遇惡言；夕惡言。36貳

寅：旦有言，怒；安（宴）説（悦）；晝不得言；夕聽。37貳

卯：旦有言，聽；安（宴）説（悦）；晝聽；夕不聽。38貳

辰：旦有言，不聽；安（宴）説①（悦）；晝不聽；夕請謁，聽。39貳

巳：旦不聽，安（宴）聽，晝不聽，夕得後言。40下貳

午：旦不聽，安②（宴）百事不聽，晝許，夕許。41貳

未：旦有美言，安（宴）後見之，晝得惡言，夕不聽。42貳

申：旦遇惡言，安（宴）許，晝不説（悦），夕許。43貳

酉：旦得美言，安（宴）遇③惡言，晝不説（悦），夕許。44貳

戌：旦不聽，安（宴）遇惡言，晝得言，夕有惡【言】。45貳

---

① 説，一説釋“許”。

② 不聽安，原釋文作“□□□□”，據圖版改。

③ 遇，原釋文作“得”，據圖版改。

亥：旦有求，得後言；安（宴）不聽；晝、夕有求；後見之①。46貳

往見貴人

甲午、庚午日，王（往）見貴人，□②。47貳

築門良日

築南門良日：壬申、午、甲申。48貳西門：戊午、辰、丙午。49貳北門：戊寅、丙寅、甲辰。50貳東門：戊寅、辰、壬寅。51貳

門已成即壞，祠之。52貳

門忌：乙、辛、戊，宿直（值）胃、氐，不可開門、竇及祠。53貳

爲門忌日

午③不可爲南④門。17叁

申不可爲西門。18叁

亥不可爲北門。21叁

其築日，必有喪，過⑤之，必以壬午築之。23叁

天干占盗

甲亡：盗⑥在西方。一于（宇）中食者五口，疵在上。得。男子殹（也）。55壹

乙亡：盗青色。三人，其一人在室中。從東方入，行有遺

---

① 見之，原釋文作“□”，據圖版改。

② □，原釋文作“行”，據圖版改。一説釋“拜”。

③ 午，原釋文作“出”，據圖版及文意改。

④ 南，原釋文作“轉”，據圖版及文意改。一説釋“東”。

⑤ 過，原釋文作“旣”，據圖版改。

⑥ 盗，原釋文作“盜”，據圖版改。原釋文下文除簡 68 第六字、簡 357 第二字作“盗”外，其餘均作“盜”，均據圖版改。

殹（也）。不得。[1] 女子殹（也）。56壹

丙亡：盜在西方。從西北入，折齒。得。男子殹（也），得[2]。57壹

丁亡：盜女子殹（也），在東方。其疵在足，已[3]南矣，不得。58壹

戊亡：盜在南方。食者五口一于（宇）閒。男子殹（也）。亡蚤（早）不得，亡莫（暮）而得。59壹

己亡：其盜在[4]爲人黄皙，在西南。其室三人食[5]，其一人已死矣。女子殹（也）。得。60壹

庚亡：其盜丈夫殹（也）。其室在北方，其邑〈序〉扁匜，其室有黑犖[6]擯（黷），男子[7]。不得。61壹

辛亡：盜不得，外盜殹（也），女子殹（也）。62壹

壬亡：其盜可得殹（也）。若得，必有死者。男子，青色。63壹

癸亡：其盜女子【殹（也）】，必得。爲人操（躁）不靖。64壹

地支占盜

子：鼠殹（也）。以亡，盜者中人。取之，臧（藏）穴中、糞土中。爲人鞔[8]面、小目、眄然[9]、扁（翩）然[10]。名曰輒[11]、曰

---

① 殹不得，原釋文作“□□□”，據圖版改。

② 得，當爲衍文。

③ 已，原釋文作“巳”，據文意改。

④ 在，當爲衍文。

⑤ 食，原釋文作“息”，據圖版改。

⑥ 犖，原釋文作“䍧”，據圖版改。

⑦ 男子，當爲衍文。

⑧ 鞔，原釋文作“鞍”，據圖版改。

⑨ 眄然，原釋文作“□□”，據圖版改。

⑩ 然，原釋文作“爲”，據圖版改。

⑪ 輒，原釋文作“頭”，據圖版改。

耳①、曰芯②、曰聲③，賤人殹（也）。得④。66

丑：牛殹（也）。以亡，其盗從北方【入】，意（喜）大（太）息。盗不遠，旁桑殹（也）。得。67

寅：虎殹（也）。以亡，盗⑤從東⑥方入⑦，有（又）從【之】出⑧，臧（藏）山谷中。其爲人方面、廣頰⑨、圜⑩（圓）目。盗它所人殹（也）。不得。68

卯：兔殹（也）。以亡⑪，盗⑫從東方入，復從出，臧（藏）壄（野）林草茅中。爲人短面、出【目】。不得。69

【辰：虫殹（也）。以亡，盗者從東】方入，有（又）從之出。取者，臧（藏）□□□□□□□□□□⑬。其爲人長頸、小首、小目。70

巳：雞〈蟲〉殹（也）。以是亡，盗者中人殹（也）。臧⑭（藏）囷屋屎糞土中、蹇木下。其爲人小面、長赤目。賤人殹（也）。得。71

---

① 耳，原釋文作“目”，據圖版改。

② 芯，原釋文作“口”，據圖版改。

③ 聲，原釋文作“鼻”，據圖版改。

④ 得，原釋文脱，據圖版補。且原釋文簡末有斷簡符號“▨”，經查圖版實無斷折，據删。

⑤ 此字下原釋文衍“者”字，據圖版删。

⑥ 東，原釋文作“南”，據圖版改。

⑦ 入，原釋文無，據圖版補。

⑧ 有從【之】出，原釋文作“□□之”，據圖版及文意改。

⑨ 廣頰，原釋文作“黄領”，據圖版改。

⑩ 圜，原釋文作“昬”，據圖版改。

⑪ 亡，原釋文作“□”，據圖版改。

⑫ 盗，原釋文作“□”，據圖版改。

⑬ □□□□□□□□□□，原釋文作“壄□□□七□北一處”，據圖版改。一説釋“谿谷窌穴中外人殹”。

⑭ 臧，原釋文作“藏”，據圖版改。

午：馬殹（也）。盜從南方入，有（又）從之出，臧在①廄、廡②、芻稾中。爲人長面、大目，喜疾行。外人。不遠。72

未：羊【殹（也）】。盜者從南方【入】，有（又）從之出，臧在牢圈中。其爲人小頸、大復（腹）、出目。必得。73壹

申：石③殹（也）。盜從西方【入】，臧在山谷。爲人美，不牷。名曰環。遠所殹（也）。不得。74壹

酉：鷄殹④（也）。盜從西方入，復從西方出，臧在囷、屋、東扆⑤、水旁，名曰灌。有黑子、矦（瘊）。75壹

【戌：犬殹（也）。臧在責（積）薪、糞蔡中。黑，】單（髀），多言⑥。旬月當得⑦。⋯⑧76壹

亥：豖殹（也）。盜者中人殹（也）。臧在屏圂方及矢（屎）。其爲人長面、折鞮、赤目、長髮⑨。得。77壹

禹須臾行喜

甲子、乙丑、壬申、癸酉、【庚辰、辛巳、甲午、乙未、壬寅、癸卯、庚戌、辛亥】，夕行，九憙（喜）。78壹

戊辰、己巳、壬午、癸未、庚寅、辛卯、戊戌、己亥、壬子、癸丑、庚申、辛酉，日失（昳）行，七憙（喜）。79壹

丙子、丁丑、甲申、乙酉、壬辰、癸巳、丙午、丁未、甲寅、乙卯、壬戌、癸亥，日中行，五憙（喜）。80壹

---

① 在，原釋文作“中”，據圖版改。
② 廡，原釋文作“臧”，據圖版改。
③ 石，原釋文作“矦”，據圖版改。
④ 鷄殹，原釋文作“也”，據圖版改。
⑤ 扆，原釋文作“扆”，據圖版改。
⑥ 單多言，原釋文作“□□□□”，據圖版改。
⑦ 得，原釋文作“閉”，據圖版改。
⑧ ⋯，原釋文作“☑”，據圖版改。
⑨ 髮，原釋文作“鼻”，據圖版改。

丙寅、丁卯、甲戌、乙亥、戊子、己丑、丙申、丁酉、甲辰、乙巳、戊午、己未日，莫食北〈行〉，三憙（喜）。81壹

庚午、辛未、戊寅、己卯、丙戌、丁亥、庚子、辛丑、戊申①、己酉②、丙辰、丁巳、平旦行，二憙（喜）。82壹

衣良日

【衣新衣良】日③：乙④丑、丁卯、庚午、辛酉、己⑤巳、壬子⑥。372壹

材⑦（裁）衣良日：丁丑⑧、丁巳⑨、乙⑩巳⑪、己巳、癸酉、乙亥、乙酉、己丑、己卯、辛亥。83壹

牝牡月日

正月、二月、六月、七月、八月、十二月爲牡月。84壹

三月、四月、五月、九月、十月、十一月爲牝月。85壹

卯、巳、酉⑫、戌、子、寅爲牡日。86壹

丑、辰、午⑬、未、申、亥爲牝日。…⑭87

---

① 申，原釋文作“寅”，據圖版改。

② 酉，原釋文作“卯”，據圖版改。

③ 日，原釋文無，據圖版及文意補。

④ 乙，原釋文作“□”，據圖版改。

⑤ 己，原釋文作“乙”，據圖版改。

⑥ 子，原釋文作“□”，據圖版改。

⑦ 材，原釋文作“□”，據圖版改。

⑧ 丁丑，原釋文作“□□”，據圖版改。

⑨ 丁巳，原釋文作“□□”，據圖版改。

⑩ 乙，原釋文作“己”，據文意改。

⑪ 巳，原釋文作“□”，據圖版改。

⑫ 卯巳酉，原釋文作“□□”，據圖版改。

⑬ 丑 辰 午，原釋文作“□□”，據圖版改。

⑭ …，原釋文作“☑”，據圖版改。

牡日死，必以牝日葬；牝日死，必以牡日葬，不然，必復之。89
牡月牝日①、牝月牡日②，取（娶）妻皆吉。88

剛柔日

男日：子、卯、寅、巳、酉、戌。女日：午③、未、申、丑、亥、辰。以女91上日病以女日瘳，93中必女日④復之；以女日死以女日葬，必復之。男日亦如是。謂罔⑤（剛）【楺（柔）之日】。92

凡甲、丙、戊、庚、壬、子、寅、【卯】、巳、酉、【戌】，是胃（謂）罔（剛）日、陽【日】、牡日殹（也），女子之吉日殹（也）。113壹

凡乙、丁、己、辛、癸、丑、辰、午、未、申、亥，是=（是是）柔日、陰日、牝日殹（也），男子之吉日殹（也）。114壹

值心

入八月四日、乙丑旦〈直（值）〉心55貳

晝夜長短

正月，日七夜九。56貳二月，日八夜八。57貳三月，日九夜七。58貳四月，日十夜六。59貳五月，日十一夜五。60貳六月，日十夜六。61貳七月，日九夜七。62貳八月，日八夜八。63貳九月，日七夜九。64貳十月，日六夜十。56叁十一月，日五夜十一。57叁十二月，日六夜十。58叁

五行

火生寅，壯午，老戌。73貳金生巳，壯酉，老丑。74貳水生申，壯子，老辰。75貳木生亥，壯卯，老未。76貳

---

① 牡月牝月，原釋文作“九月牡日”，據圖版改。
② 牝月牡日，原釋文作“牡月牡日”，據圖版改。
③ 女日午，原釋文作“□□□”，據圖版改。
④ 女日，此二字爲衍文。
⑤ 罔，原釋文作“□”，據圖版改。

土[①]〈水〉生木，木生火，火生土。77貳

夤日及晝夜長短

正月壬夤，日七夜九。78貳

二月癸夤，日八夜八。79貳

三月戊夤，日九夜七。80貳

四月【甲夤，日十夜六。】81貳

五月乙[②]夤，日十一夜五。82貳

【六月戊】夤[③]，日十夜六。65貳

七月丙【夤，日九夜七。】362貳

八月丁夤，日八夜八。[④]372貳

九月己夤，日七夜九。83貳

十月庚夤，日六夜十。84貳

十一月辛夤，日五夜十一。85貳

十二月己夤，日六夜十。86貳

日衝

三月庚辛、六月壬癸、九月乙〈甲〉甲〈乙〉[⑤]、十二月丙丁，不可興垣、蓋屋、上材、爲祠、大會，兇（凶）。雖（唯）利壞[⑥]徹，是₌（是是）日衝[⑦]。94壹

---

① 土，原釋文作“水”，據圖版改。

② 乙，原釋文作“己”，據圖版及文意改。

③ 夤，原釋文作“月”，據圖版改。

④ 此行文字原釋文作“……”，據图版改。

⑤ 乙〈甲〉甲〈乙〉，原釋文作“甲乙”，據圖版及文意改。

⑥ 壞，原釋文作“壤”，據圖版改。

⑦ 衝，原釋文作“奎”，據圖版改。

帝

啻（帝）以春三月爲室亥，杓[①]（剽）卯，殺辰，四灋[②]（廢）庚辛。95壹

夏三月啻（帝）爲室【寅】，杓（剽）午，殺未，四灋（廢）壬癸。96壹

秋三月啻（帝）爲室巳，杓（剽）酉，殺【戌】，四灋（廢）甲乙。97壹

冬三月啻（帝）爲室申，杓（剽）子，殺【丑】，四灋（廢）丙丁。98壹

凡四時，啻（帝）爲室日殹（也），不可築大室、内，大人死之。99壹以築右室[③]，是[④]□□日殹（也），□之□□□中子□□□死之。100壹築宫垣，孫子死；築外垣，牛馬及羊死之。101壹

殺日，勿以殺六[⑤]畜，不可出女、取（娶）妻、祠祀、出財。102壹

四灋（廢）日，不可以爲室、屋、内、爲囷倉及蓋[⑥]。103壹

令馬行

乘馬[⑦]到邑，馬[⑧]不肎[⑨]（肯）行者，以毄（繫）中外，入其口中。104壹

---

① 杓，原釋文作“利”，據圖版改。下同。
② 灋，原釋文作“廢”，據圖版改。下同。
③ 室，原釋文作“宫”，據圖版改。一説釋“序”。
④ 是，一説釋“長”。
⑤ 六，一説釋“大”。
⑥ 蓋，一説讀爲“闔”。
⑦ 乘馬，原釋文作“□□”，據圖版改。
⑧ 馬，原釋文作“遠”，據圖版改。
⑨ 肎，原釋文作“肯”，據圖版改。下同。

鼠①申（陳）其居②行，君臣③見，邦有盜。105壹

乘馬不肎（肯）行④，□銜⑤上從二七，即⑥引⑦之令行。106壹

五音日占死

宮日：人父⑧及兄108上以死，子孫燔（蕃）昌⑨；母死，有毀；止⑩者，小有（又）死。107壹

【徵日：⋯】燔⑪（蕃）昌，小者以死，有（又）之少⑫者；女〈母〉死，取⑬長【=】子=（長子；【長】子）死，取中【=】子=（中子；【中】子）死，取少子。108下壹

羽日：人⑭父死，取長男；母死，取長女；長子死，母後害。109壹

【商日：⋯】□□；長⑮者死，□⑯之；母死，有毀⑰；父死，取中子；【中子】死，取長子；男死，取少子。110壹

---

① 鼠，原釋文作“□”，據圖版改。

② 居，原釋文作“□”，據圖版改。

③ 行君臣，一說釋“而有定”。

④ 行，原釋文此字下有重文號，據圖版刪。

⑤ 銜，原釋文作“徵”，據圖版改。

⑥ 七即，原釋文作“十起”，據圖版改。

⑦ 引，原釋文作“乃”，據圖版改。

⑧ 人父，原釋文作“卜子”，據圖版改。

⑨ 燔昌，原釋文作“熠宮”，據圖版改。

⑩ 止，一說釋“尐”。

⑪ 燔，原釋文作“晢”，據圖版改。

⑫ 少，原釋文作“出”，據圖版改，原字形似“尐”，實乃“少”之俗體。一說釋“尐”。

⑬ 取，原釋文作“以”，據圖版改。

⑭ 人，原釋文作“卜”，據圖版及文意改。

⑮ 長，原釋文作“□”，據圖版及文意改。

⑯ □，原釋文作“家”，據圖版改。

⑰ 毀，原釋文作“叚”，據圖版改。

角日：長者死，有從女，吉；少男死，母[1]後央[2]（殃）。111壹

建除占死

凡建日死不利父，除日死不利母，開日死不利子，盈日死家不居。112壹

干支土忌

丙子：不可壞垣、[癶/皇][3]谷，妻必死。115壹

丁巳：不可初[4]垣，必死不久。116壹

丁未：啻（帝）築丹宫而不成。117壹

乙亥：啻（帝）築室而臣[5]不成。118壹

庚申：不可垣、室、廡、門。119壹

己酉：不可爲室，兇（凶），不死必亡。120壹

壬癸：不可爲室，不居，其人逃亡。122壹

己未：不可爲室及門闕，先行之者死。121壹

天干行忌

甲乙毋東行。95貳丙丁毋南行。96貳戊己毋作土攻（功）。97貳庚辛毋西行。98貳壬癸毋北行。99貳

地支行忌

子：西兇（凶），北得，東吉，南兇（凶）。101貳

丑：西兇（凶），東、北吉，南得。102貳

---

① 母，原釋文作“毋”，據圖版改。
② 央，原釋文作“災”，據圖版改。
③ [癶/皇]，一説釋“登”。
④ 初，原釋文作“衣”，據圖版改。
⑤ 臣，一説釋“匝”。

寅：西兇（凶），北得，東、南逢言[①]。103貳
卯：西、東吉，南得，北兇（凶）。94貳
辰：西毋行，北兇（凶），南得，東吉。95叁
巳：西兇（凶），南吉，北得，東見疾人。96叁
午：西見言，南兇（凶），北得，東毋行。97叁
未：西、南吉，東得，北兇（凶）。98叁
申：西吉，東、北得，南兇（凶）。99叁
酉：西吉，北兇（凶），東少可，南逢言。100叁
戌：西、北見兵，東得，南兇（凶）。101叁
亥：西見祠者，東、北吉，南兇（凶）。102叁

遠行凶

遠108下貳行兇（凶）。109貳
正月壬子死亡。103叁
二月【癸】丑【疾】喪。104貳
三月甲寅死亡。105貳
四月乙卯死亡。106貳
五月【丙】辰疾喪。107貳
六月丁巳死亡。108下叁
七月戊午死亡。109叁
八月【己】未疾[②]喪。110貳
九月庚申死亡。111貳
十月辛酉死亡。112貳
十一月【壬】戌疾喪。113貳
十二月癸亥死亡。114貳

六甲孤虛

甲子旬，辰巳虛，戌亥孤，失六。其虛在東南，孤在西北。若有

① 言，原釋文作“喜”，據圖版改。下文簡100叁同。
② 疾，原釋文作“突”，據圖版改。

死【者】，各六【兇（凶）】，不出一歲。115貳

甲戌旬，寅卯虛，申酉孤，失。虛在正東，孤在正西。若有死者，各四兇（凶），不出一月。116貳

甲申旬，子丑虛，午未孤，失。虛在正北，孤在【正】南。若有死者，各一兇（凶），不出一歲。117貳

甲午旬，戌亥虛，辰巳孤，失。虛在西北，孤在東南。若有死者，各三兇（凶），不出一月①、旬。118貳

甲辰旬，申酉虛，寅卯孤，失。虛在正西，孤在正東。若有死者，各參兇（凶），不出五月。119貳

甲寅旬，午未虛，子丑孤，失。虛在【正】東〈南〉，孤在【正】西〈北〉。若有死者，各五兇（凶），不出一歲。120貳

鼠占

大赤言②曰：鼠食户③以□④，其室空虛，取土地以連之，得財及肉，□□有邑殹（也）。122貳

鼠食寇〈冠〉則□⑤，食⑥□則有□央⑦（殃），食領則有朋⑧。121貳

行忌

千里之行，毋以壬戌、癸亥，徙，死；行，亡不復歸⑨。123壹

凡黔首行、遠役，毋以甲子、戊辰、丙申，不死必亡。124壹

---

① 一月，一說釋“百”。

② 赤言，原釋文作“𡧍音”，據圖版改。

③ 食户，原釋文作“德日”，據圖版改。

④ □，原釋文作“衰”，據圖版改。

⑤ □，原釋文作“遠”，據圖版改。

⑥ 食，原釋文作“鼠”，據圖版改。

⑦ □央，原釋文作“・肉”，據圖版改。

⑧ 朋，原釋文作“明”，據圖版改。

⑨ 歸，原釋文作“迹”，據圖版改。

入宦[1]、遠役、不可到室之日：庚午、丙申、丁亥、戊申、戊戌、壬戌，此六旬龍日，忌[2]入室□□□125壹

丙寅、甲戌、戊寅、辛丑、己丑、癸巳、丙申、甲辰、戊申、辛亥、己未、癸亥，是謂離[3]日，不可入宫[4]。318

吏官毋以壬戌歸及遠没[5]〈役〉。320

春三月，東首[6]；夏三303壹月，南首；秋三月，西首；冬三月，北首，皆吉。304

行忌：春三月己丑，不可【東行】。123貳

夏三月戊辰，不可南行。124貳

秋三月己未，不可以[7]西行。125貳

冬三月戊戌，不可北行。百里大兇（凶），二百里外必死。126貳

入月，正月壬、二月癸、三月戊、四月甲、五月乙、六月戊、七月丙、八月丁、九月己、十月庚、十一月辛、十二月己，此日行卌里，遇言語，百里遇312將，三百里不復歸[8]。314

凡爲行者毋犯[9]其鄉（嚮）之忌日：西毋犯亥未，東毋犯丑巳，北毋犯戌寅，南毋犯辰申。315

凡大[10]行龍日：丙、丁、戊、己、壬、戌、亥，不可以行及歸。316

---

① 宦，原釋文作“官”，據圖版改。

② 忌，原釋文作“爲”，據圖版改。

③ 離，一説釋“鷵”。

④ 宫，一説釋“官”。

⑤ 没，原釋文作“役”，據圖版改。

⑥ 首，一説讀爲“道”，一説訓爲“嚮”。本簡下同。

⑦ 以，此字蓋衍文。

⑧ 歸，原釋文作“迹”，據圖版改。

⑨ 犯，原釋文作“起”，據圖版改。本簡下同。

⑩ 大，原釋文作“六”，據圖版及文意改。

役①居□若②有所□③使，千里外顧復歸④。不可以=壬=癸=到=家=（以壬癸到家，以壬癸到家）⑤ 必死。319

丙寅、丁卯、壬戌、癸亥以行，亡；歸⑥，死。七月申、酉，合日殹（也），不可西行，死。317

反　支

子朔巳亥、丑朔子午、寅朔子午、卯朔丑未、辰朔丑未、巳朔寅申⑦、午朔寅申、未朔[卯][酉]、[申][朔]【卯酉、酉朔辰戌、戌朔辰戌】、127亥朔巳亥，是胃（謂）反只⑧（支）。以徙官，十徙；以受⑨憂者，十喜；以亡者，得十；毄（繫）囚，亟出。不可冠帶、見人、取（娶）婦、嫁女、入臣妾；不可⑩128生⑪歌樂鼓舞⑫，殺畜生（牲）見血，人死之。利以出不利以入，得一失十；以受⑬賀喜，十憂以去，入官者必去，以敺⑭治人。309

土　忌

寅、巳、申、亥、卯、午、酉、子、辰、未、戌、丑，凡是=

---

① 役，原釋文作“徙”，據圖版改。

② □若，原釋文作“九落”，據圖版改。

③ □，原釋文作“遠”，據圖版改。

④ 歸，原釋文作“還”，據圖版改。

⑤ 一說“以”後的重文號爲衍文，則此句讀爲“不可以壬癸到家，壬癸到家”。“家”後的重文號原釋文作“∟”（句讀符），據圖版及文意改。

⑥ 歸，原釋文作“亟”，據圖版改。

⑦ 申，原釋文作“甲”，據圖版改。

⑧ 只，原釋文作“支”，據圖版改。

⑨ 受，原釋文作“旻”，據圖版改。

⑩ 不可，原釋文作“及田”，據圖版改。

⑪ 生，原釋文作“主”，據圖版及文意改。

⑫ 舞，原釋文作“瑟”，據圖版改。

⑬ 受，原釋文作“叟”，據圖版改。

⑭ 敺，一說釋“歐”。

(是是）土禁，不可垣=（垣，垣）一版①眥②，三版耐，成垣父母死。133壹

卯、丑、寅、午、辰、巳、酉、未、申、子、戌、亥，凡是=（是是）地司空，不可操土攻（功），不死必亡。134壹

子、巳、酉、寅、午、戌、卯、未、亥、辰、申、丑，凡是【=】（是【是】）土□月，不可取土。其鄉③（嚮）壞垣、興④垣，其□⑤，不死必亡。135壹

亥、酉、未、寅、子、戌、巳、卯、丑、申、午、辰，凡是=（是是）土星，不可興⑥垣、土攻（功），大兇（凶）。132壹

寅、巳、申、亥、卯、午、酉、子、辰⑦、未、戌、丑，凡是=（是是）地杓，不可垣。穿地井，到厀（膝），少⑧子死；到要（腰），中子死；到夜（腋），長子死；136到巠（頸），妻死；没人，母父死。以它辰垣，杓鄉（嚮），不死大兇（凶）。以辰垣它鄉（嚮），吝。延行，以杓辰鄉（嚮），必死亡。137

春子、夏卯、秋午、冬酉，是=（是是）人彼（破）日，不可築室、爲嗇夫、取（娶）妻、嫁女，兇（凶）。129壹

春乙⑨卯、夏丙午、秋辛酉、冬壬子，是=（是是）咸池旱⑩牛晨弃日殹（也），不可垣其鄉（嚮），必死亡。130壹

---

① 版，原釋文作“殷”，據圖版改。下同。

② 眥，原釋文作“首”，據圖版改。

③ 鄉，原釋文作“月”，據圖版改。

④ 興，原釋文作“缺”，據圖版及文意改。

⑤ □，一説釋“鄉”。

⑥ 興，原釋文作“築”，據圖版改。

⑦ 辰，原釋文作“亥”，據圖版改。

⑧ 少，原釋文作“小”，據圖版改，原字形似“尐”，實乃“少”之俗體。一説釋“尐”。

⑨ 乙，原釋文作“己”，據文意改。

⑩ 旱，一説釋“日”。

春乙①亥、夏丁亥、秋辛亥、冬癸亥，是=（是是）牝②日，不可起土攻（功），必③死亡。131壹

⊡④三日不可興⑤=土=攻=（興土攻（功），興土攻（功））不出一月死。不可行，百事凶。138

正月東方、四月南方、七月西方、十月【北方】，凡是=（是是）咸池會月殹（也），不可垣其鄉（嚮）。垣高厚，死；取谷兵，男子死；垣⑥壞，女子死。139

甲、乙、丙、丁、戊、己、庚、辛、壬、癸，凡是=（是是）十二毀，不可操土攻（功）。木日，長子死；土日，中子死；水日，少子死。百事皆然。⑦140

正月、二月丁庚癸，三月、四月丙己壬，五月、六月乙戊辛，七月、八月甲丁庚，九月、十月丙己庚⑧，十一月、十二月甲戊辛⑨。凡是=（是是）九忌，不可垣，一堵，必有死□。141

正月丑酉、二月寅申、三月卯未、四月辰【巳】、五月巳⑩亥、六月午戌、七月卯未、八月申寅、九月酉丑、十月戌【午】、十一月辰巳、十二月巳亥，凶⑪日，不可以301

春三月申，夏寅、秋巳、冬亥，戊子、庚申、癸未、己亥及戊

---

① 乙，原釋文作“己”，據文意改。

② 牝，原釋文作“□”，據圖版及文意改。

③ 必，原釋文作“則”，據圖版改。

④ ⊡，原釋文作“□□□□□□□□□□□□□□□”，此處殘缺字數實際上無法確定，故據圖版改。

⑤ 興，原釋文作“□”，據圖版及文意改。

⑥ 垣，原釋文作“谷”，據圖版改。

⑦ 百事皆然，原釋文無，據圖版補。

⑧ 庚，一說釋“癸”。

⑨ 辛，一說釋“癸”。

⑩ 巳，原釋文作“己”，據圖版及文意改。

⑪ 凶，原釋文作“此”，據圖版改。

己。正月寅、二月癸、三月甲、四月乙、五月戊、六月己、七月丙、八月丁、九月□ 302

凡入月七日及春戌、夏丑、秋辰、冬未，不可垣及□☑363

土良日：癸巳、乙巳、甲戌。306

絕天氣

凡甲申、乙酉，絕天氣，不可起土攻（功），不死必亡。308壹

門户

凡啓門，以七星、角①、翼、亢②、奎皆【吉】。門忌：133貳 乙、辛、戊、五丑。132貳

户③忌：丁及五丑，凶。134貳

祠門良日：甲申、庚申、壬申。135貳

伐木忌

春三月甲乙，不可伐大榆東方，父母死。129貳

夏三月丙丁，不④可伐大棘⑤南【方】，長男死。130貳

戊己，不可伐大桑中央⑥，長女死之。131貳

四月中不可伐木。100貳

---

① 角，原釋文作“作”，據圖版改。

② 亢，原釋文作“六”，據圖版改。

③ 户，原釋文作“日”，據圖版改。

④ 丙丁不，此三字原釋文作“行多”，據圖版改。

⑤ 棘，一說爲“棗”的異體。

⑥ 央，原釋文作“災”，據圖版改。

丁①未，癸亥、酉，甲②寅，五月申③，不可之④山谷帝⑤〈辛（薪）〉以材木及伐空桑。305

刑德

□□⑥年，刑直（德）并⑦在土，刑徙所勝直=（直（德），直（德））徙所不⑧勝刑，五歲而復并於土。347直（德）之所在主歲。308貳

生男女

平旦，生女；日出，生男；夙食，女；莫食，男；日中，女；日過中，男；日則（昃），女；日下則（昃），男；日未入，女；日入，男；昏（昏），女；夜莫，142男；夜未中，女；夜中，男；夜過中，女；雞鳴，男。143

無毒之方

毋（無）毒（毒）之方：歙（飲）必審睢⑨[栖⑩（杯）]中，不見童（瞳）子勿歙（飲）。言酉（酒）甘味，稚子之惡，主□杞⑪毒（毒）殹（也）。144壹

---

① 丁，原釋文作“□”，據圖版改。
② 甲，原釋文作“申”，據圖版改。
③ 申，原釋文作“中”，據圖版改。
④ 之，原釋文作“出”，據圖版改。
⑤ 帝，原釋文作“亲”，據圖版改。一說釋“采”。
⑥ □□，原釋文作“□”，據圖版改。
⑦ 并，原釋文作“北”，據圖版改。
⑧ 不，原釋文作“中”，據圖版改。
⑨ 睢，一說釋“腸”。
⑩ [栖]，一說釋“棓”。
⑪ □杞，一說釋“莒扻”。

雜忌

衣忌：丁酉，丁亥，丙午、辰，戊戌，五①寅。吉日：辛巳、辛丑、丁丑、丁巳、癸丑。145壹

井忌：己巳、庚申、壬戌。吉日：乙丑、乙未、甲辰、辛丑、亥〈癸〉丑、丙申、丁酉、辛巳。146壹

雞忌：辛巳，庚辰、未、卯、寅，丙辰、丁亥。吉日：乙巳，丙戌、辰，庚午，甲辰。147壹

彘忌：丁丑、未、亥，乙亥，丙辰。吉日：庚寅，乙丑，癸未，壬辰、戌，戊辰。149壹

□[忌]：丙午、戌，庚②午，乙卯、巳，丙戌，壬辰，癸卯，五寅。吉日：乙巳、未、亥，甲午，乙未、丑，丙辰，丁亥。148壹

羊忌：壬辰、戌，丁酉，癸亥、未，乙巳，丙申。吉日：辛巳、未、卯，庚寅、辰。150壹

□[忌]③：乙巳、未，己丑④，癸未⑤，乙⑥未、丑，辛丑，戊戌、辰。吉日：甲寅，丙午，甲[辰]⑦、戌⑧、未。151壹

人⑨忌：丁未、戊戌、壬戌、壬午⑩、戊午、壬申。吉日：乙丑，庚辰，壬辰，己亥，己丑、未⑪，己酉。153壹

---

① 五，原釋文作“壬”，據圖版改。

② □[忌]丙午戌庚，原釋文作“□未丙午□□甲”，據圖版改。

③ □[忌]，原釋文無，據圖版及文意補。

④ 丑，原釋文作“壬”，據圖版改。

⑤ 未，原釋文作“丁”，據圖版改。

⑥ 乙，原釋文作“丑”，據圖版改。

⑦ [辰]，原釋文作“寅”，據圖版改。

⑧ 戌，原釋文作“午”，據圖版改。

⑨ 人，原釋文作“卜”，據文意改。

⑩ 戌壬午，原釋文作“午”，據圖版補。

⑪ 未，原釋文作“庚”，據圖版改。

六十｜甲子圖

甲戌｜乙亥。144貳

甲申、乙酉｜丙戌、丁亥。145貳

甲午、乙未、丙申｜丁酉、戊戌、己亥。146貳

甲辰、乙巳、丙午、丁未｜戊申、己酉、庚戌、辛亥 147貳

甲寅、乙卯、丙辰、丁巳、戊午｜己未、庚申、【辛】酉、壬戌、癸亥 149貳

甲子、乙丑、丙寅、丁卯、戊辰｜己巳、庚午、辛未、壬申、癸酉 148貳

丙子、丁丑、戊寅、己卯｜庚辰、辛巳、壬午、癸未 150貳

【戊子、己丑、庚寅｜辛卯、壬辰、癸巳】151貳

庚子、辛丑｜壬寅、癸卯152貳

壬子｜癸丑 153貳

候歲

正月甲乙雨，禾不享①（熟），邦②有木攻（功）；丙丁雨，大旱，鬼神北行，多疾；戊己雨，大有年，邦有土攻（功）；庚辛雨，有年，大作邦154中；壬癸雨，大水，禾③粟，邦起，民多疾。入正月，一日而④有雨，正月旱；二日雨，二月旱；三日雨，三月旱；四日雨，四月旱；五日158雨，⑤ 五月旱；六日雨，六月旱；七日雨，七月旱。159

□□⑥二月□□⑦侯（候）歲：戊雨，堇⑧蒿殹（也）；己雨，禾秀殹（也）；庚雨，上下；辛雨，有年；壬雨，上中；癸雨，禾秀殹

① 享，一說釋“孰”。

② 邦，原釋文作“□”，據圖版及文意改。

③ 禾，一說釋“麥”。

④ 而，原釋文作“天”，據圖版改。

⑤ 五日雨，原釋文無，據圖版補。

⑥ □□，原釋文作“□□者”，據圖版改。

⑦ □□，原釋文作“丁雨”，據圖版改。

⑧ 堇，原釋文作“薰”，據圖版改。下同。

(也)；甲雨，堇蒿。155

十①月甲乙雨，飢（饑）；丙丁雨，小飢（饑）；戊己雨，歲中；庚辛雨，有年。156

五月辰＝（辰，辰）日大雨，大虫（蟲）；小雨，小虫（蟲）。157

七月雨，爲②尌③（澍）。【雨】正月，尌（澍）八月；雨二月，尌（澍）九月；雨三月，尌（澍）十月；雨四月；尌（澍）十一月；雨五月，尌（澍）十二月；雨六月，尌（澍）正月。四月婁爲上泉④，畢爲中160泉⑤，東井爲下泉⑥。上泉雨，稙享（熟）；中泉⑦雨，稙享（熟），中竜享（熟）；下泉雨，稺⑧享（熟）。三⑨泉皆雨，大有黍；三旱不雨，大飢（饑）。161

入正月，一日而風不利雞，二日風不利犬，三日風不利豕，四日風不利羊，五日風不利牛，六月⑩〈日〉風不利馬，七日風不利人。166

入正月，一日風＝（風，風）道東北，禾黍將；從正東，衣者丈夫⑪；從東南，牛⑫梟垔⑬＝（垔垔）；從正南，衣⑭162壹之必⑮死；

① 十，一説釋“七”。
② 爲，原釋文作“蚤”，據圖版改。
③ 尌，原釋文作“澄”，據圖版改。下同。
④ 泉，原釋文作“昴”，據圖版改。
⑤ 泉，原釋文作“旱”，據圖版改。
⑥ 泉，原釋文作“旦”，據圖版改。下一“泉”同。
⑦ 泉，原釋文作“旱”，據圖版改。本簡下同。
⑧ 稺，原釋文作“□”，據圖版及文意改。
⑨ 三，原釋文作“□”，據圖版改。
⑩ 月，原釋文作“日”，據圖版改。
⑪ 衣者丈夫，原釋文作“卒者支先”，據圖版改。
⑫ 牛，原釋文作“之”，據圖版改。一説釋“生”。
⑬ 垔，一説釋“坐”，一説釋“垔”。
⑭ 衣，原釋文作“而”，據圖版改。
⑮ 之必，原釋文作“□”，據圖版改。

⋯93上兵，邦君必[1]或死之；從正北，水漬來[2]。313

五種忌

五穜[3]（種）忌：子麥、丑黍、寅稷、卯叔[4]（菽）、辰麻[5]、戌[6]秫、亥稻，不可始[7]穜（種）、穫[8]及賞（嘗）。164

禹須臾行不得擇日

禹須臾行不得擇日：出邑門，禹步三，鄉（嚮）北斗，質畫地，視〈祝〉之曰：禹有直五横，今利行=（行，行）毋（無）咎，爲禹前除道。165

雷

【甲乙畾（雷）】，弗居軍。丙丁畾（雷），軍後徙。戊己畾（雷），軍敬[9]（警）。庚辛畾（雷），軍前徙；爲雨，不徙。壬癸纍〈畾（雷）〉，戰。346

犬忌

[犬][忌][10]：癸未、酉，庚申、戌、己[11]，燔[12]園中犬矢（屎），犬

---

① 必，蓋爲衍文。
② 來，原釋文作"夜"，據圖版改。
③ 穜，原釋文作"種"，據圖版改。下同。
④ 叔，原釋文作"菽"，據圖版改。此字下原釋文衍"巳□"，據刪。
⑤ 麻，原釋文作"□"，據圖版改。
⑥ 戌，原釋文作"未"，據圖版改。
⑦ 始，原釋文作"種"，據圖版改。
⑧ 穫，原釋文作"獲"，據圖版改。
⑨ 敬，原釋文作"殹"，據圖版改。
⑩ [犬][忌]，原釋文作"□□□"，據圖版及文意改。
⑪ 己，原釋文作"巳"，據文意改。
⑫ 燔，原釋文作"牢"，據圖版改。

弗居[①]。307

塞穴窒鼠塈困日

凡可塞穴[②]置（窒）鼠壄[③]（塈）困日：雖（唯）十二月子。65壹

日數

甲九木，180壹乙八木，181壹丙七火，182壹丁六火，183壹戊五土，184壹己九土，185壹庚八金，186壹【辛七金】，187壹壬五[④]〈六〉水，188壹癸五水。189壹日前[⑤]190壹辰後。191壹

辰數

子九水，180貳丑八金，181貳寅七火，182貳卯六木，183貳辰五水，184貳巳四金，185貳午九火，186貳【未八木】，187貳申七水，188貳酉六金，189貳戌五火，190貳亥四木。191貳

---

① 居，一説釋“尼”，讀爲“昵”。
② 穴，原釋文作“内”，據圖版改。
③ 壄，原釋文作“塱”，據圖版改。
④ 五，原釋文作“六”，據圖版改。
⑤ 日前，原釋文作“□□□”，據圖版改。

線圖[①]

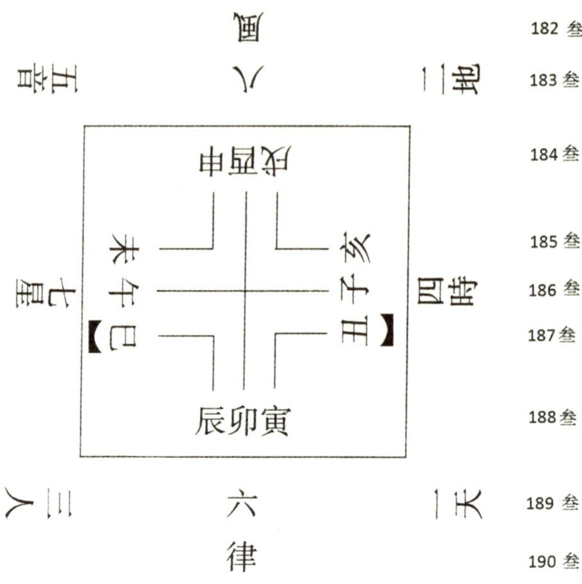

時數

平旦九，徵，水[②]。179肆日出八，□[③]，□[④]。180肆蚤（早）食七，栩（羽），火。181肆莫食六，角，火。182肆東中五，【宮】，土。183肆日中五，宮，土。184肆西中九，徵，土。185肆昏（昏）[⑤]市八，商，金。186肆⧄莫中七，羽，金。187肆夕中[⑥]六，角，水。188肆日入五，□，

---

① 下圖之“五音”，原釋文作“□□”，據圖版及文意改。“七星”，原釋文作“□□□”，據圖版及文意改。“三人”，原釋文作“□□”，據圖版及文意改。“一天”，原釋文作“□□”，據圖版及文意改。

② 水，一說釋“木”。

③ □，原釋文作“宮”，據圖版改。

④ □，原釋文作“水”，據圖版改。

⑤ 昏（昏），一說釋“夙”。

⑥ 中，一說釋“市”。

□①。189肆昬（昏）時②九，徵，□③。191肆

安（宴）食、大辰（晨），八。179伍蚤（早）食、□□，七。180伍人鄭④（定）、中鳴，六。181伍夜半、後鳴，五。182伍日出、日失（昳），八。183伍食時、市日，七。184伍過中、夕時，六。185伍日中、【日】入，五。186伍【□□、□□，□。】187伍安（宴）食、大晨，八⑤。188伍莫食、前⑥鳴，七。190肆夜半、後鳴，五⑦。189伍

生律法

黃鐘下生林鐘⑧，179陸林鐘生大（太）族⑨，180陸大（太）族生南呂，181陸南呂生姑洗，182陸姑洗生𤺌⑩（應）鐘，183陸𤺌（應）鐘生蒃⑪（蕤）賓，184陸蒃（蕤）賓生大呂，185陸大呂生夷則，186陸【夷則生夾鐘】，187陸夾鐘生毋（無）射，188陸毋（無）射生中呂⑫。189陸

黃鐘八十一，□⑬山。179柒大呂七十六，□山。180柒大（太）族七十二，參阿。181柒夾鐘六十八，參阿。182柒姑⑭洗六十四，湯⑮谷。183柒中呂六十，俗山。184柒蒃（蕤）賓五十七，毚都。185柒林鐘五十四，俗

① □□，原釋文作“□”，據圖版改。
② 時，一說釋“閒”。
③ □，一說釋“水”。
④ 人鄭，原釋文作“入寞”，據圖版改。
⑤ 此句當屬沿上文重抄之誤。
⑥ 前，原釋文作“後”，據圖版及文意改。
⑦ 此句當屬沿上文重抄之誤。
⑧ 鐘，原釋文作“鍾”，據圖版改。
⑨ 族，原釋文作“簇”，據圖版改。下同。
⑩ 𤺌，原釋文作“應”，據圖版改。下同。
⑪ 蒃，原釋文作“蕤”，據圖版改。下同。
⑫ 射生中呂，原釋文作“夷則生夾鐘”，據圖版及文意改。
⑬ □，原釋文作“課”，據圖版改。一說釋“蒙”。
⑭ 姑，原釋文作“始”，據圖版改。
⑮ 湯，原釋文作“陽”，據圖版改。一說釋“昜”。

山。186柒【夷則五十一，□□】。187柒南吕丗八，俗山。188柒毋（無）射丗五，昏（昏）陽。189柒瘫（應）鐘丗二①，并閒②。190柒③

凡占④黄鐘，一左一右，壹⑤行壹止⑥，一□□□□□亡□□⑦。生黄鐘，置一而自十二之，上三益一，下三奪一。占復。333

黄鐘以至姑先（洗），皆下生，三而二；從中吕以至瘫（應）鐘，皆上生，三而四。193

五音

宫一之⑧，戊己⑨。徵⑩三之，甲乙。【羽五之，丙丁。商】七之⑪，庚辛。角【九】之，【壬癸】。⑫195壹

【宫立（位）戊、己，主中央。時□□，主】人殹（也），色黄，所執⑬者【繩殹（也），司土】。196壹

---

① 二，原釋文作“三”，據圖版改。
② 閒，原釋文作“閿”，據圖版改。
③ 此段文字一説屬“律數”内容。
④ 占，原釋文作“曰”，據圖版及文意改。
⑤ 壹，原釋文作“復”，據圖版改。
⑥ 壹止，原釋文作“食之”，據圖版改。
⑦ 一□□□□□亡□□，原釋文作“□□□□□□□日□□”，據圖版改。
⑧ 之，原釋文作“上”，據圖版改。一説釋“止”。
⑨ 己，原釋文作“三”，據圖版改。
⑩ 徵，原釋文作“進”，據圖版改。
⑪ 甲乙【羽五之丙丁商】七之，原釋文作“□□□□乙巳”，據圖版及文意改。
⑫ 【九】之【壬癸】，原釋文作“七癸”，據圖版及文意改。
⑬ 執，原釋文作“起”，據圖版及文意改。

徵[1]立（位）甲乙卯、未、亥[2]，主東方。時平旦，色青。主人殹[3]（也），所執[4]者規殹（也），司木。197壹

羽[5]立[6]（位）丙丁午、戌、寅[7]，客殹（也），時日中，色赤，主南方。所執[8]者矩[9]殹（也），司火。198壹

商立（位）[10]庚辛酉、丑、巳，主西方。時日入，主人白色，所執[11]者權[12]殹（也），司金[13]。199壹

角[14]立（位）壬癸子、申、辰，主北方。時夜半[15]，客殹（也），色黑，所執[16]者衡殹[17]（也），司水。200壹

宮之音奔，如【牛】處窖〈窖〉[18]中。宮，腸殹（也）、困倉殹

---

① 徵，原釋文作“角”，據圖版及文意改。

② 亥，原釋文作“辰”，據圖版改。

③ 殹，原釋文作“旬”，據圖版改。

④ 執，原釋文作“乾”，據圖版改。

⑤ 羽，原釋文作“□”，據圖版及文意改。

⑥ 立，原釋文作“金”，據圖版及文意改。

⑦ 寅，原釋文作“庚”，據圖版及文意改。

⑧ 執，原釋文作“訙”，據圖版改。

⑨ 矩，原釋文作“蛇”，據圖版改。

⑩ 商立，原釋文作“□□”，據圖版及文意改。

⑪ 執，原釋文作“□”，據圖版改。

⑫ 權，原釋文作“雞”，據圖版改。

⑬ 金，原釋文作“□”，據圖版改。

⑭ 角，原釋文作“羽”，據圖版改。

⑮ 半，原釋文作“失”，據圖版改。

⑯ 執，原釋文作“訟”，據圖版改。

⑰ 者衡殹，原釋文作“□□□□”，據圖版改。

⑱ 處窖〈窖〉，原釋文作“扁窖”，據圖版及文意改。

(也)。宫音貴，其畜牛，其器①弇之，其穜②（種）重（穜），其土地□③，其事貴，其處④安，其味353甘⑤，其病中。

徵之音下出⑥，如負□豕而□。□□□□毆⑦（也）。徵音善⑧，其畜虎⑨，其器楬⑩，其穜（種）華，其事嗇夫，其處整□352長，其味酸⑪，其病⑫□□。

羽⑬之音如壄（野）鳴馬⑭。羽⑮，面毆⑯（也），囚毆（也）。羽音吉⑰，其畜馬⑱，其器□鉞⑲，其穜⑳（種）禾黍，其事㉑賤，其354處㉒實，其味㉓苦，其病頭。375

---

① 器，原釋文作“喪”，據圖版改。

② 穜，原釋文作“□”，據圖版改。

③ 地□，一説釋“其事貴”，爲衍文。

④ 處，原釋文作“室”，據圖版改。

⑤ 味甘，原釋文作“除日”，據圖版改。

⑥ 出，原釋文作“之”，據圖版改。

⑦ 負□豕而□□□□□毆，原釋文作“貞之家失日□□咸□鹼”，據圖版改。

⑧ 徵音善，原釋文作“從喜□”，據圖版改。

⑨ 畜虎，原釋文作“喜索”，據圖版改。

⑩ 楬，原釋文作“配”，據圖版改。一説釋“□”。

⑪ 味酸，原釋文作“日毆”，據圖版改。

⑫ 病，原釋文無，據圖版補。

⑬ 羽，原釋文作“□”，據圖版改。

⑭ 馬，原釋文作“肩”，據圖版改。

⑮ 羽，原釋文作“手”，據圖版改。

⑯ 毆，原釋文作“宇”，據圖版改。

⑰ 吉，原釋文作“得”，據圖版改。

⑱ 馬，原釋文作“長”，據圖版改。

⑲ □鉞，原釋文作“光□”，據圖版改。

⑳ 種，原釋文作“□”，據圖版改。

㉑ 事，原釋文作“黍”，據圖版改。

㉒ 處，原釋文作“□”，據圖版改。

㉓ 味，原釋文作“啄”，據圖版改。

【角之音，⋯如】墅（野）①鳴犢②。角，頭殹（也）、項殹（也）、門殹③（也），角，303貳音④榣⑤（搖），其畜尺螻⑥，其器棓，其穜（種）叔⑦（菽），其事有辠（罪），【其】處榣⑧（搖），其味咸⑨，289貳其病久。370

【角之音，⋯】□⑩，其畜羊，其器危，其穜（種）稷⑪⋯289壹

卓角，233貳弁⑫宮，234貳辰分徵，235貳啓商，236貳布栩（羽）。237貳

六甲納音

【宮：丙辰、丙戌、丁巳】、丁亥⑬、戊寅、戊申、【己卯、己酉、庚子、庚午】、辛丑、辛未。201壹

徵：甲辰、甲戌、乙巳⑭、乙亥、丙寅、丙申、丁酉、丁卯、戊子、戊午、己丑、己未。202壹

羽：壬辰、壬戌、癸巳、癸亥、甲寅、甲申、乙卯、乙酉、丙子、丙午、丁丑、丁未。203壹

商：庚辰、庚戌、辛巳、辛亥、壬寅、壬申、癸卯、癸酉、甲

---

① 墅，原釋文作“之”，據圖版改。

② 犢，原釋文作“櫝”，據圖版改。犢，蓋讀爲“螻”。

③ 項殹、門殹，原釋文作“獏鋭，珥嶢”，據圖版改。

④ 音，位於簡 303 貳與 289 下斷簡處，原釋文此字無，據圖版補。

⑤ 榣，原釋文作“畜”，據圖版補。

⑥ 尺螻，原釋文作“□□”，據圖版改。

⑦ 穜叔，原釋文作“處利”，據圖版改。

⑧ 處榣，原釋文作“无墜”，據圖版改。

⑨ 咸，原釋文作“□□”，據圖版改。

⑩ □，原釋文作“□□”，據圖版改。

⑪ 稷，原釋文作“類”，據圖版改。一說釋“□”。

⑫ 弁，原釋文作“奐”，據圖版改。

⑬ 丁亥，原釋文無，據圖版補。

⑭ 巳，原釋文作“丑”，據圖版改。

子、甲午、乙丑、乙未。204壹

角：戊辰、戊戌、己巳①，己亥②、庚寅、庚申、辛卯、辛酉、壬子、壬午、癸丑、癸未。205壹

律數

黄【鐘】③ 十七萬七千一百卌七，[下][林][鐘]④。194貳

大吕十六萬五千【八】百八十八，下[夷][則]⑤。195貳

【大（太）族十五萬七千】四百六十四，下南【吕】⑥。196貳

夾【鐘】十四萬七千四百五十六，下毋（無）射。197貳

姑先（洗）十三萬九千九百六十八，下應（應）【鐘】。198貳

中吕十三萬一千七十二，下〈上〉生黄【鐘】。199貳

蕤（蕤）賓十二萬四千四百一十六，上大吕。200貳

林鐘十一萬八千九十八，上大（太）族。201貳

夷則十一萬五百九十二，上夾【鐘】。202貳

南吕十四⑦萬四千九百七十六，上姑【先（洗）】。203貳

毋（無）射九萬八千三百四，上中吕。204貳

應（應）鐘九萬三千三百一十二，上蕤（蕤）【賓】。205貳

星分度

角十二，167壹 [八][月]⑧。167貳

---

① 巳，原釋文作“丑”，據圖版改。

② 亥，原釋文作“未”，據圖版改。

③ 黄【鐘】，一說“黄”爲“黄鐘”之略，不補“鐘”字。下“南”“夾”“應”“姑”“蕤”同，即分别爲“南吕”“夾鐘”“應鐘”“姑洗”“蕤賓”之略。

④ [下][林][鐘]，原釋文作“上□”，據圖版及文意改。

⑤ [夷][則]，原釋文作“□”，據圖版及文意改。

⑥ 南【吕】，原釋文作“□”，據圖版及文意改。

⑦ 四，據文意當是衍文，是抄寫者誤抄所致。

⑧ [八][月]，原釋文作“□□□”，據圖版改。

亢十二,174壹氐十七,168壹九月。168貳

房七①,173壹心十、十二,169壹十月。169貳

尾九,176壹箕十②。175壹斗廿③三、廿④二,170壹十一⑤月。170貳

【牛⊡女⊡,】十二月。⑥361壹

虛十四,171壹危九⑦,177壹營₌（營室）⑧ 廿,172壹正月。172貳

東壁⑨十三。178壹奎⑩十五,167叁二月。167肆

婁十三⑪,174貳胃十四、十三,168叁三月。168肆

昴十⑫五,173貳畢十五,169叁四月。169肆

此（觜）觿六,176貳參九。175貳東井廿九⑬,170叁五月。⑭325壹

與鬼⑮五,361貳柳□□⑯,171貳六月。171叁

七星十三。177貳張□□,172叁七月。172肆

---

① 七，原釋文作“五”，據圖版改。

② 十，原釋文作“十一”，據圖版改。

③ 斗廿，原釋文作“□□”，據圖版改。

④ 廿，原釋文作“十”，據圖版改。

⑤ 十一，原釋文作“五”，據圖版改。

⑥ 十二月，原釋文作“四月＿月”，據圖版改。

⑦ 危九，原釋文無，據圖版補。

⑧ 營₌，原釋文作“昴”，據圖版改。“營₌”是“營室”的省簡寫法，不能算作嚴格意義上的合文。

⑨ 東壁，原釋文作“南張”，據圖版改。

⑩ 奎，原釋文作“□”，據圖版改。

⑪ 三，原釋文作“二”，據圖版及文意改。

⑫ 昴十，原釋文作“□□”，據圖版及文意改。

⑬ 廿九，原釋文無，據圖版補。

⑭ 五月，原釋文作“……”，據圖版改。

⑮ 與鬼，原釋文作“□□”，據圖版改。

⑯ □□，原釋文作“□□”，據圖版改。

翼十三，178貳 軫十五，①178叁

日辰時星

日分：甲以到戊，己以到癸。辰分：子以到巳，午以到亥。167伍

時分②：旦以到東中，西中以到日入。174叁【星分：角以】到③東壁，奎④以到⑤軫。374

投⑥日、辰、時數并而三之以爲母。173叁

下八而生者，三而爲二；上六⑦而生者，三而爲四。⑧169伍

宫一，徵三，栩（羽）五，商七，角九。176叁

壹⑨倍之二=（二；二）倍之四⑩；三以三倍之，到三止；四以四倍之，至於四取⑪175叁……至於⑫五而止⑬；六以⑭三倍之，至於

---

① 此句讀完後，應接上文167簡壹欄“角十二”讀，即“星分度”屬十二個月之循環讀法。

② 時分，原釋文作“□巳”，據圖版改。

③ 到，原釋文作“之”，據圖版及文意改。

④ 壁奎，原釋文作“毆以金”，據圖版改。

⑤ 到，原釋文作“□”，據圖版改。

⑥ 投，原釋文作“彼”，據圖版改。

⑦ 六，原釋文作“北”，據圖版改。

⑧ 一説“169伍”簡文18字應歸入下文“律書”。

⑨ 壹，原釋文作“直”，據圖版改。

⑩ 原釋文“四”後有重文號，細察圖版，“四”下是一點，可能表示句讀，據刪。

⑪ 取，一説釋“而”。

⑫ 至於，原釋文作“……□”，據圖版及文意改。

⑬ 止，原釋文作“之”，據圖版改。

⑭ 六以，原釋文作“九∟”，據圖版改。

六[①]而止[②]；七[③]以五325貳倍[④]之，至於七而止[⑤]；八以[⑥]八倍之，至於八而止；九以三倍之，至於九361叁⋯171肆

□日到行曰[⑦]星道，角若奎到行曰星及。日辰時數皆[⑧]177叁并[⑨]其數而以除母，而以餘期之[⑩]。172伍

陰陽鐘

凡陰陽鐘，各殳[⑪]（投）所卜大婁[⑫]（數）曰[⑬]寔（實）婁（數）者，旦自[⑭]日中從多，日中至晦從少。359

凡殳[⑮]（投）黄鐘不合音婁[⑯]（數）者，是謂天絕紀殹（也）。婁（數）有[⑰]六十六，旦從六十八，夕從六十四；婁（數）七十五，占[⑱]七十六；婁（數）有卌四，占卌二。陰[⑲]陽283

---

① 六，原釋文作“九”，據圖版改。
② 止，原釋文作“之”，據圖版改。
③ 七，原釋文作“十”，據圖版改。
④ 倍，原釋文作“居”，據圖版改。
⑤ 止，原釋文作“於”，據圖版改。
⑥ 八以，原釋文無，據圖版補。
⑦ 曰，原釋文作“日”，據圖版及文意改。下一“曰”同。
⑧ 數皆，原釋文作“望明”，據圖版改。
⑨ 并，原釋文作“□”，據圖版改。
⑩ 之，原釋文無，據文意補。
⑪ 凡陰陽鐘各殳，原釋文作“……鍾”，據圖版改。
⑫ 婁，原釋文作“數”，據圖版改。本簡下同。
⑬ 曰，原釋文作“日”，據圖版及文意改。
⑭ 自，蓋爲“至”之誤字。
⑮ 殳，原釋文作“忌”，據圖版改。
⑯ 婁，原釋文作“鼻”，據圖版改。本簡下同。
⑰ 有，原釋文作“者”，據圖版改。
⑱ 占，原釋文作“玄”，據圖版改。本簡下同。
⑲ 陰，原釋文作“眼”，據圖版改。

日爭勝

日爭勝①者：甲六、乙三、丙四、丁二、戊九、己四、庚八、辛六、壬一、癸十二。子四②、丑二、寅一、卯四、辰八、巳五、午七、未六、申九、酉四、戌七、亥六。349日爲客③，辰爲④主人。數多者[吉]⑤，數等者憂⑥，□□⑦□□冬忌勝，日數薄⑧先者[勝]⑨。340

貞在黄鐘

黄鐘，音殹（也）。貞在黄鐘，天下清明⑩（明），以視陶⑪陽（唐），啻（帝）乃詐⑫（作）之，分其短長，比于宫聲，以爲音尚，久乃處之，十月再周⑬，復其故所。其祟⑭上君⑮、260先□⑯。卜疾人三禺（遇）黄鐘，死；卜⑰事君，吉。261

大吕，音⑱殹（也）。貞在大吕，陰陽溥（薄）氣，翼凡三□⑲，

---

① 勝，原釋文作“時”，據圖版改。
② 四，一説釋“五”。
③ 爲客，原釋文作“無閒”，據圖版改。
④ 爲，原釋文作“無”，據圖版改。
⑤ [吉]，原釋文作“若”，據圖版改。
⑥ 數等者憂，原釋文作“使某春長”，據圖版改。
⑦ □□，原釋文作“日失”，據圖版改。
⑧ 數薄，原釋文作“喜禁”，據圖版改。
⑨ [勝]，原釋文作“陽”，據圖版改。
⑩ 明，原釋文作“明”，據圖版改。下同。
⑪ 陶，原釋文作“陰”，據圖版改。
⑫ 詐，原釋文作“誂”，據圖版改。
⑬ 周，原釋文作“唐”，據圖版改。
⑭ 祟，原釋文作“奈”，據圖版改。下同。
⑮ 君，原釋文作“商”，據圖版改。
⑯ □，一説釋“陽”，一説釋“殤”。
⑰ 卜，原釋文作“人”，據圖版及文意改。
⑱ 音，原釋文作“言”，據圖版改。
⑲ □，原釋文作“者”，據圖版改。

居□①其心，牝牡相求，徐得其音，後相得殹（也），說②（悦）于黔首心。其祟大262御③、支原。卜疾④人，不死；取（娶）婦、嫁女，吉。267

大（太）族，憂殹（也），□⑤事殹（也）。貞在大（太）族，北方之啻（帝），□□□□，□□人□⑥，乃直大（太）族，凶言狗=⑦（狗狗），眾⑧人皆促，天子失正⑨（政），乃亡其⑩264福，作⑪常以殸，不見大喪，安所敗辱⑫。其祟恒輅公、社。卜祠祀，不吉。278

夾鐘，憂⑬殹（也），□□殹（也），□音⑭殹（也），疾殹（也）。貞在夾鐘，之北之東，之西⑮之南，皋陶出令，是以爲凶，室有病者，外⑯□作□□⑰，266□在項頸⑱，不見大患，乃見死人。其祟外君殹（也）。稈及□□□□凶，占曰：有惡人。269

姑先⑲（洗），善殹（也），喜殹（也），田宇池澤之事殹（也）。

---

① □，原釋文作“之”，據圖版改。
② 說，原釋文作“康”，據圖版改。
③ 御，原釋文作“再”，據圖版改。
④ 卜疾，原釋文作“人井”，據圖版改。
⑤ □，原釋文作“應”，據圖版改。一説釋“辱”。
⑥ □□□□□□人□，原釋文作“□□□……□”，據圖版改。
⑦ 狗=，原釋文作“陰”，據圖版改。
⑧ 眾，原釋文作“邦”，據圖版改。
⑨ 正，原釋文作“伍”，據圖版改。
⑩ 其，原釋文作“甚”，據圖版改。
⑪ 作，原釋文作“非”，據圖版改。
⑫ 辱，原釋文作“旁”，據圖版改。
⑬ 夾鐘憂，原釋文無，據圖版補。
⑭ □殹□音，原釋文作“言”，據圖版改。
⑮ 之西，原釋文作“□□”，據圖版改。
⑯ 外，原釋文作“□”，據圖版改。
⑰ 此句蓋衍一字。
⑱ □在項頸，原釋文作“□□□其身”，據圖版改。
⑲ 先，原釋文作“洗”，據圖版改。

曰：[䅣]①王入②正（政），河③之滔【=】④（滔【滔】），則⑤水百涊（仞），有人自處，乃作爲□⑥，比于反栩（羽），啻（帝）復右268之⑦，以政⑧（征）九壄（野），天子大説（悦），布賜天下。其祟北君、大⑨水、銜⑩。卜行道及事君，吉。265

中吕，利殹（也），材（財）殹（也），市販事殹（也），有合某（謀）殹（也）。曰：貞在中吕，是謂中澤，有水不滕，有言不惡，利以賈市，可受田宅，270擅受其利，人莫敢若。其祟田及辠（罪）桑炾⑪者，卜賈市，有利。271

荄（蕤）賓，[聽]殹（也），別離⑫、上事殹（也），外壄（野）某殹（也）。貞在荄（蕤）賓，是謂⑬始新⑭，啻（帝）堯乃韋（圍）九州，以政下黔首，斬伐冥⑮=（冥冥），殺戮申⑯=（申申），272死不生憂，心毋（無）所從容。其祟大父親及布。卜行歸⑰及事君，不吉。280

---

① [䅣]，一説釋“穆”。
② 入，原釋文作“人”，據圖版改。
③ 河，原釋文作“可”，據圖版改。
④ 滔【=】，原釋文作“清”，據圖版及文意改。
⑤ 則，一説釋“則〈縣〉”。
⑥ □，原釋文作“鐘”，據圖版改。
⑦ 之，原釋文作“土”，據圖版改。
⑧ 政，原釋文作“及”，據圖版改。
⑨ 大，原釋文作“九”，據圖版改。
⑩ 銜，原釋文作“徵”，據圖版改。
⑪ 炾，原釋文作“炊”，據圖版改。
⑫ 離，原釋文作“願”，據圖版改。
⑬ 是謂，原釋文作“唐虞”，據圖版改。
⑭ 新，原釋文作“訢”，據圖版改。
⑮ 冥，原釋文作“寔”，據圖版改。
⑯ 申，原釋文作“安”，據圖版改。
⑰ 歸，原釋文作“進”，據圖版改。

林[1]鐘，行殹（也）[2]，貞在林鐘。曰[3]：有人[4]將來[5]＝（來，來）遺[6]錢資財，歙（飲）食□□，□□□未，以徙[7]行者，遠[8]至于南，其祟門户。卜䙴[9]（遷）者，吉。274

夷則，盜吏也，貞在夷則，□□□[10]其德，□實之則（側），不以其言德，三人偕行，不家（稼）不嗇（穡），不差[11]不德（忒），分[12]資咸＝（咸咸），其275⍁祟及其主友，以入一□□□[13]⍁273

南呂，廁也[14]，斲[15]事也。曰[16]：貞才[17]（在）南＝呂＝（南呂，南呂）之數，出[18]於大（太）族，□□□□，夅（仇）人[19]相求，夜半而斲責，金聲分＝（分（紛）分（紛）），其務有立，先[20]望，如277見兵寇。其祟原死者。卜見人，不吉。276

---

① 林，原釋文無，據圖版補。
② 殹，原釋文作"□"，據圖版改。
③ 曰，原釋文作"日"，據圖版改。
④ 人，原釋文作"卜"，據圖版改。
⑤ 來，原釋文作"夜"，據圖版改。
⑥ 遺，原釋文作"潰"，據圖版改。
⑦ 徙，原釋文作"遣"，據圖版改。
⑧ 遠，原釋文作"逢"，據圖版改。
⑨ 䙴，原釋文作"遷"，據圖版改。
⑩ □□□，原釋文作"□事吉"，據圖版改。
⑪ 差，原釋文作"羞"，據圖版改。
⑫ 分，原釋文作"小"，據圖版改。
⑬ □□□，原釋文作"□□□□"，據圖版改。
⑭ 廁也，原釋文作"殹之"，據圖版改。
⑮ 斲，原釋文作"留"，據圖版改。
⑯ 曰，原釋文作"日"，據圖版及文意改。
⑰ 才，原釋文作"在"，據圖版改。
⑱ 出，原釋文作"之"，據圖版改。
⑲ 夅人，原釋文作"北卜"，據圖版改。
⑳ 先，原釋文作"失"，據圖版改。

【毋（無）射，⊡貞】在毋（無）射，禹以成略，溉（既）就[①]溉（既）成，乃吉。民申辠（罪）人，在此憂心，貞身右（有）苛（疴）疵，憂心申[②]₌（申（忡）申（忡）），不可279以吉人。其□□□[③]犬主。卜毄（繫）囚，不免。311

癄（應）鐘，音殹（也）。貞在癄（應）鐘，是胃（謂）夅[④]（仇）人□[⑤]₌（□□），有惡有增（憎），室有法（廢）祠，口舌不墜[⑥]，不死不亡，恐弗能勝，其祟[⑦]犮[⑧]、布[⑨]、室中，281祠有不治者。卜獄訟，毄（繫）囚，不吉。263

黃鐘

黃鐘：平旦至日中投中黃鐘，鼠[⑩]殹（也）。兌（銳）顔，兌（銳）頤，赤黑，免[⑪]（俛）僂，善病心、腸。206

日中至日入投中黃鐘，□[⑫]濡（獳）殹（也）。小面，多黑艮[⑬]（眼），善下視，黑色，善弄，隋₌（隋隋）不旬（徇）人[⑭]。207

日入至晨投中毋〈黃〉射〈鐘〉[⑮]，□[⑯]殹（也）。啓顔，兌（銳）喙，長要（腰），色黃，善病腹、腸、要（腰）、脾。208

---

① 就，原釋文作“戠”，據圖版改。
② 申，原釋文作“中”，據圖版改。
③ 人其□□□，原釋文作“以吉卜其□□”，據圖版改。
④ 夅，原釋文作“炙”，據圖版改。
⑤ □，原釋文作“裴”。一説釋“襄”，一説釋“競”，一説釋“兢”。
⑥ 墜，原釋文作“整”，據圖版改。
⑦ 祟，原釋文作“崇”，據圖版改。
⑧ 犮，原釋文作“放”，據圖版改。
⑨ 布，原釋文作“其”，據圖版改。
⑩ 鼠，原釋文作“馬”，據圖版及文意改。
⑪ 免，原釋文作“負”，據圖版改。
⑫ □，原釋文作“胎”，據圖版改。一説釋“朐”。
⑬ 艮，原釋文作“貝”，據圖版改。
⑭ 人，原釋文作“入”，據圖版改。
⑮ 毋〈黃〉射〈鐘〉，一説釋“毋（無）射”。
⑯ □，原釋文作“大”，據圖版改。

旦至日中投中大吕，牛毆（也）。廣顔，恒（桓）鼻、緣〈喙〉，大目，肩婁[1]（僂），惡，行微=（微微）毆[2]（也）。土色白、黑[3]，善病風痹[4]。209

日中至日入投中大吕，冢（兕）牛毆（也）。廣顔，大鼻，大目，褭重，言閒=（閒閒），惡，行僂=（僂僂）要〈毆（也）〉，白色，善病要（腰）。210

日入至晨投中大吕，旄牛毆（也）。免[5]（俛）顔，大頸[6]，長面[7]，其[8]行丘=（丘丘）毆（也），蒼皙色，善病頸項。211

旦至日中投中大（太）族，虎毆（也）。戠色，大口，長要（腰），其行延=（延（延）延（延））毆（也），色赤黑，虚=（虚虚），善病中。212

日中至日入投中大（太）族，豹[9]毆（也）。隋（橢）頤，長目，長要（腰），其行延=（延（延）延（延））毆（也），色蒼赤，善病肩。213

日入至晨投中大（太）族，豺毆（也）。好目，短[10]喙，其行214壹延[11]=（延（延）延（延））毆（也），色雜，善病耳目閒。223

旦至日中投中夾鐘，兔毆（也）。圜[12]（圓）面，陰捶（垂）下，

---

① 婁，一説釋“僂”。

② 毆，原釋文作“男”，據圖版改。

③ 白黑，此二字蓋衍文。

④ 風痹，原釋文作“□庳”，據圖版改。

⑤ 免，原釋文作“兔”，據圖版改。

⑥ 頸，原釋文作“頤”，據圖版改。

⑦ 面，原釋文作“其”，據圖版改。

⑧ 其，原釋文作“面”，據圖版改。

⑨ 豹，原釋文作“豺”，據圖版改。

⑩ 短，原釋文作“遠”，據圖版改。

⑪ 延，原釋文作“□”，據圖版改。

⑫ 圜，原釋文作“圓”，據圖版及文意改。下同。

吊目，□□□大，蒼晢[①]，善病要（腰）、腹。215

日中至日入投中夾鐘，□[②]殹（也）。廣顔，大脣[③]、目，大雁（膺），善𡥈[④]（學）步，善後顧，土色，善病心、腸。216

日入至晨投【中瘫（應）】[⑤]鐘，谿（貕）【殹（也）】。衺雁[⑥]（膺），長喙而脱，其行䟫[⑦]₌（䟫〈跳〉䟫〈跳〉），黑色，善病肩、手。217

旦至日中投中姑洗，龍殹（也）。土黄色，折頸，長要（腰）延₌（延延）[⑧]，善𡥈（學）步，女子巫，男子嗇夫，善病脅、鼻[⑨]。218

日中至日入投中姑洗，蛇殹（也）。兑（鋭）頤，中肉，中廣，其行□₌[⑩]（□□），色蒼白，善病四[⑪]豊（體）。219

日入至晨投中姑先[⑫]（洗），□殹（也）。免[⑬]（俛）頭[⑭]，□口[⑮]，大耳，肩僂，行嫣[⑯]₌（嫣（規）嫣（規））殹（也），色蒼黑，

---

① 晢，原釋文作"□"，據圖版改。

② □，原釋文作"雞"，據圖版改。

③ 脣，原釋文作"唇"，據圖版改。

④ 𡥈，原釋文作"□"，據圖版及文意改。

⑤ 【中應】，原釋文作"中夾"，據圖版及文意改。

⑥ 衺雁，原釋文作"衷癰"，據圖版改。

⑦ 䟫，原釋文作"跌"，據圖版改。

⑧ "延"前蓋脱"其行"二字，若如是，則此處當釋爲"長要（腰），其行延₌（延（延）延（延））"。下文簡236壹同。

⑨ 脅鼻，原釋文作"□乾"，據圖版改。

⑩ □₌，原釋文作"殹"，據圖版改。

⑪ 四，原釋文作"目"，據圖版改。

⑫ 先，原釋文作"洗"，據圖版改。

⑬ 免，原釋文作"兔"，據圖版改。

⑭ 頭，一説釋"顔"。

⑮ 口，原釋文作"□"，據圖版及文意改。

⑯ 嫣，原釋文作"媞"，據圖版改。

善病顔。220

旦至日中投中=（中中）吕，雉殹（也）。啓顔，兑（鋭）頤，反癋①，絤（細）胻②，色蒼皙，善病要（腰）脾。221

日中至日入投中=（中中）吕，□③殹（也），兑（鋭）喙，圜（圓）顔，翕肩，不善衣，其行昌=（昌昌）殹（也），色蒼黑，善病脅。222

旦至日中，投中蒙（蕤）賓，馬殹（也）。連面，天〈大〉目，褢大，脣□④，吻倨⑤，行吾=（吾吾）殹（也），色皙，善病右脾。224

日中至日入投中蒙（蕤）賓，閭殹（也）。長面，長頤，尖耳，行□=（□□）⑥殹（也），白皙，善病項⑦。225

日入至晨投中蒙（蕤）賓，□殹（也）。兑（鋭）顔，兑（鋭）頸⑧，廣□，其行□=（□□）殹（也），善⑨病中、腸。226

旦至日中投中林鐘，羊殹（也）。啓顔，恒（桓）鼻、喙⑩，瞨多白⑪，善下視⑫，長北⑬（背）□□。善⑭病□、腸、目⑮。227

---

① 癋，一説釋“應〈痽（膺）〉”。

② 胻，原釋文作“盼”，據圖版改。

③ □，原釋文作“豕”，據圖版改。

④ □，原釋文無，據圖版補。

⑤ 倨，原釋文作“猞”，據圖版改。

⑥ 行□=，原釋文作“□行=”，據圖版改。

⑦ 項，原釋文作“要”，據圖版改。

⑧ 頸，一説釋“頤”。

⑨ 其行□=殹善，原釋文作“□□□□□□□”，據圖版及文意改。

⑩ 喙，原釋文作“鳴”，據圖版改。

⑪ 瞨多白，原釋文作“胳目多日”，據圖版及文意改。瞨，一説釋“膰”，一説釋“瞨（皤）腹”。

⑫ 善下視，原釋文作“長下祝”，據圖版改。

⑬ 北，原釋文作“兆”，據圖版改。

⑭ 善，原釋文作“□”，據圖版改。

⑮ 腸目，原釋文作“乾胗回”，據圖版改。

日中至日入投中林鐘，貌①殹（也）。連面，□②，大口、鼻、目，不□③長，善僂步④，□□殹⑤（也），色緑⑥黑，善明（明）目，病乳。228

日入至晨投中林鐘，射⑦（麝）殹（也）。廣顔，兑（鋭）頤，□=⑧（□□）殹（也），要（腰）僂，色赤黑，善病□⑨、足。229

旦至日中投中夷則，玉龜⑩殹（也）。蒼皙，圜（圓）面，免⑪（俛）僂，惡，行夸⑫=（夸夸）然，善病心。230

日中至日入投中夷則，鼉龜殹（也）。顛=（顛顛）殹（也），葴眉，多□⑬，色□，免（俛）僂，皙色，善病要（腰）。231

日入至晨投中夷則，黿龜殹（也），帚殹（也），惡⑭殹（也）。免（俛）顔⑮，□鼻，長靖=（靖靖）殹（也），其行隕，黄皙殹（也），善⑯病肩⑰、腸。232

旦至日中投中南吕，雞殹（也）。赤色，小頭，圜（圓）目而

① 貌，一説釋“䝔”。
② □，原釋文作“般”，據圖版改。
③ □，原釋文作“好”，據圖版改。
④ “步”前原釋文衍“季”，據圖版删。
⑤ □□殹，原釋文作“殹=使”，據圖版改。
⑥ 緑，原釋文作“陽”，據圖版改。
⑦ 射，原釋文作“鼠”，據圖版改。一説釋“䝔”。
⑧ □=，原釋文作“□”，據圖版改。
⑨ 善病□，原釋文作“墨……”，據圖版改。
⑩ 玉龜，原釋文作“王蟲”，據圖版改。一説釋“王龜”。
⑪ 免，原釋文作“負”，據圖版改。下簡231同。
⑫ 夸，原釋文作“誇”，據圖版改。
⑬ □，原釋文作“黑”，據圖版改。
⑭ 殹惡，原釋文作“□□=”，據圖版改。惡，一説釋“辟”。
⑮ 免顔，原釋文作“負□”，據圖版改。
⑯ 善，原釋文脱，據圖版補。
⑰ 肩，原釋文作“胃”，據圖版改。

晢[①]，善病匈[②]（胸）脅。233壹

日中至日入投中南吕，雞殹（也）。連面，不信而長，善步跨=（跨跨）殹（也），病，色蒼白。234壹

日入至晨投中南吕，赤烏[③]殹（也）。兑（鋭）顔[④]，兑（鋭）頤，啗=（啗啗）殹（也），善□步，赤[⑤]色，善病心、腹。235壹

旦至日中投中毋（無）射，犬殹（也）。戠色，大口，多黄艮[⑥]（眼）、長要（腰）延=（延延）殹（也），晢【色】，善病□[⑦]中。236壹

日中至日入投中毋（無）射，□[⑧]殹（也）。連面，大口，大目伬=（伬伬）[⑨] 殹（也），色黄黑，善病要（腰）、卑[⑩]（脾）。237壹

旦至日中投中瘫（應）鐘，豕[⑪]殹（也）。長頤，折鼻，爲人免[⑫]（俛）僂，復面，惡，行彼=（彼（跛）彼（跛））殹[⑬]（也），色[⑭]黑，善病腹、腸。238

日中至日入投中瘫（應）鐘，虎[⑮]殹（也）。長目，大喙，長

① 晢，一説釋“□”。
② 匈，原釋文作“胷”，據圖版改。
③ 烏，原釋文作“象”，據圖版改。一説釋“鳥”。
④ 顔，原釋文作“彖”，據圖版改。
⑤ 赤，原釋文作“□□殹”，據圖版改。
⑥ 艮，原釋文作“髪”，據圖版改。
⑦ □，原釋文作“樊”，據圖版改。一説釋“攀”。
⑧ □，原釋文作“狟”，一説釋“狼”。
⑨ 伬，一説釋“伿”。
⑩ 卑，原釋文作“脾”，據圖版改。
⑪ 豕，原釋文作“□”，據圖版改。
⑫ 免，原釋文作“負”，據圖版及文意改。
⑬ 殹，原釋文作“□”，據圖版改。
⑭ 色，原釋文作“乏”，據圖版改。
⑮ 虎，一説釋“彘”。

要①（腰），肩僂，行任【=】（任【任】）殹（也），色蒼②黑，善病風③痹。239

日入至晨投中夾鐘，狐④□殹（也）。薄顔，短頸，惡，色蒼，□黑，善病北（背）、□⑤、瘇⑥。240

□善⑦病心。360貳

投黄鐘

入舞投黄鐘，投日、投辰、投時而三并之，中麗首者可以見人⑧，有初毋（無）後⑨；因而三之，中六律，□□⑩，毋（無）初有後⑪；再中，前後⑫皆吉。241

投黄鐘之首：先投⑬日，上，父殹（也）；投辰，下，母殹（也）；投時，其中，子殹（也）。上多下少，事君，有初毋（無）後；賈市、行販⑭皆然，唯利貞辠（罪）、蠱、言語。243諸羣凶之物盡□⑮；下甚少爲逐有辠（罪），賈市喪，行則⑯折；下數⑰多者爲上立（位），

① 要，原釋文作“寬”，據圖版改。
② 蒼，原釋文作“黄”，據圖版改。
③ 風，原釋文作“要”，據圖版改。
④ 狐，原釋文作“□”，據圖版改。
⑤ □，原釋文作“癰”，據圖版改。一說釋“瘫（膺）”。
⑥ 瘇，一說釋“瘇（踵）”。
⑦ 善，原釋文作“苦”，據圖版改。
⑧ 人，原釋文作“卜”，據圖版及文意改。
⑨ 毋後，原釋文作“兇復”，據圖版改。
⑩ □□，原釋文無，據圖版補。
⑪ 毋初有後，原釋文作“善者有得”，據圖版改。
⑫ 後，原釋文作“□”，據圖版改。
⑬ 先投，原釋文作“光殹”，據圖版改。
⑭ 販，原釋文作“財”，據圖版改。
⑮ □，原釋文作“□□□”，據圖版改。
⑯ 則，一說釋“販”。本簡下同。
⑰ 下數，原釋文作“二婁”，據圖版改。

賈市、行則有，諸羣美皆吉。□①惡大凶。立（位）者288

投黄鐘：以多爲病，益篤②；市旅，得；事君，吉；毄（繫）者，久。以少【爲】病，有瘳；市旅，折；事君，不遂；居家者，家毀。242

鐘律占死

大③吕多二，蚤（早）莫（暮）自死④。夾鐘多一，自死⑤；少二，旦至日中，自死。投日中，歸姑【=】洗=（姑洗，【姑】洗）少一，死。姑洗以其子辰爲式，林鐘得其□286

參

參：黄鐘、古（姑）先（洗）、夷則之卦曰：是=（是是）大□⑥，以寘三，以子爲貞，不失水火，安慁⑦大敬，不歇（㰦）⑧不哭⑨，□室有言，聲⑩有□。244□□可論可言，□室或⑪□⑫徙⑬，投其户門，認=（認認）婦是⑭。252下

---

① □，原釋文作“變”，據圖版改。

② 篤，原釋文作“蓐”，據圖版改。

③ 大，原釋文作“六”，據圖版及文意改。

④ 蚤莫自死，原釋文作“夷則音亂”，據圖版改

⑤ 死，原釋文作“亂”，據圖版改。本簡下同。

⑥ □，原釋文作“贏”，據圖版改。

⑦ 慁，原釋文作“鄉”，據圖版改。

⑧ 歇，原釋文作“馱”，據圖版改。

⑨ 哭，原釋文作“要”，據圖版改。

⑩ 聲，原釋文作“啓”，據圖版改。

⑪ □室或，原釋文作“裹室可”，據圖版改。

⑫ □，原釋文作“遷”，據圖版改。一說釋“罨（遷）”，一說釋“興”。

⑬ 徙，原釋文作“從”，據圖版改。

⑭ 認=婦是，原釋文作“公認大始禹”，據圖版改。

姑先①（洗）、夷則、黃鐘259之卦曰：是=（是是）自天以戒，室有大司，壽吾康=（康康），發中宵（消）畏忌，室有靈巫，弗敬戒，逢山水。②245

夷則、黃鐘、古（姑）先（洗）之卦曰：是=（是是）可亡不復，可求弗得，中聞不樂，又若虎□③，上下行往，莫中吾步。246▨□二人④西行謂虎之斲⑤，或斬⑥其首，或⑦□其頸殹⑧（也）。258貳

大吕、中吕、南吕之卦曰：是=（是是）龍之⑨投▨247壹

【中吕、南吕、大吕之卦曰：】是=（是是）兆⑩龍之□□，食旦之所□，食□□□，吾⑪生吕□□，□且不可，其處牝□⑫，有所248

南吕、大吕、中吕之卦曰：是=（是是）訾者□▨249

大（太）族、豕（蕤）賓、毋（無）射之卦曰：是=（是是）夫婦皆居，若不居□⑬，離其居家，卦類雜⑭虛，孰爲大祝，靈巫畜⑮生（牲）之?250占=⑯長年不定家，占男子朢（忘）妻，女子去⑰夫，百事朢（忘）。310

---

① 先，原釋文作“洗”，據圖版改。

② “水”後似有一字。“發中”至“山水”一說標點爲：發中宵（消）畏，忌室有靈巫弗敬，戒逢山水。

③ 虎□，原釋文作“席舞”，據圖版改。

④ 人，原釋文作“以”，據圖版改。

⑤ 謂虎之斲，原釋文作“鼓□之男”，據圖版改。

⑥ 或斬，原釋文作“子□”，據圖版改。

⑦ 或，原釋文作“成”，據圖版改。

⑧ 頸殹，原釋文作“頌毀”，據圖版改。

⑨ 之，一說釋“出”。

⑩ 兆，原釋文作“北”，據圖版改。一說釋“赤”。

⑪ 食□□□吾，原釋文作“□□□□”，據圖版改。

⑫ 處牝□，原釋文作“扁波倉”，據圖版改。

⑬ □，原釋文作“□□”，據圖版改。

⑭ 雜，原釋文作“襍”，據圖版改。

⑮ 畜，原釋文作“亟”，據圖版改。

⑯ 此重文號蓋衍文。

⑰ 去，原釋文作“吉”，據圖版改。

蒙（蕤）賓、毋（無）射、大（太）族之卦曰：是＝（是是）反……□[①]以作事□[②]。251

毋（無）射、大（太）族、蒙（蕤）賓之卦曰：是＝（是是）水火之貧＝（貧貧），雖憂[③]以云□☒，252上

夾鐘、林鐘、應（應）鐘之卦曰：是＝（是是）有□[④]大木，有窌（窖）竇[⑤]☒253

林鐘、應（應）鐘、夾鐘之卦曰：是＝（是是）乍居乍[⑥]行，左右可（何）望[⑦]，日中爲期，聚[⑧]此羭[⑨]羊，有親弟兄，或死254或[⑩]亡，君子往役，來歸爲喪，□[⑪]支唐＝（唐唐），哭靈閒[⑫]【＝】（閒【閒】），夫妻皆憂，若朝霧霜，有疾不死，轉如294

應（應）鐘、夾鐘、林鐘之卦曰：是＝（是是）大木有槐，其水耐＝（耐耐），居室離别爲[⑬]三等，寇盜即出[⑭]，大備[⑮]耐＝（耐耐），先[⑯]是毋（無）事，□255

---

① □，原釋文作“淮”，據圖版改。
② □，原釋文作“望”，據圖版改。
③ 憂，原釋文作“變”，據圖版改。
④ □，一說釋“聞”，一說釋“縣”。
⑤ 竇，一說釋“罙（深）”。
⑥ 乍居乍，原釋文作“於居作”，據圖版改。
⑦ 望，原釋文作“望”，據圖版改。
⑧ 聚，一說釋“劇”，一說釋“剝”。
⑨ 羭，原釋文作“輸”，據圖版及文意改。
⑩ 或，原釋文作“吏”，據圖版改。
⑪ □，原釋文作“毆”，據圖版改。
⑫ 閒，原釋文作“間”，據圖版改。
⑬ 爲，原釋文作“□”，據圖版改。
⑭ 寇盜即出，原釋文作“家有且足”，據圖版改。
⑮ 備，原釋文作“□”，據圖版改。
⑯ 先，原釋文作“夫”，據圖版改。

所環耳，以責不得，以訟不哀①，直（值）此卦者②，利於犮③（祓）事。328

説④訟哀⑤，若龍鳴□，□□雖合，聚登于天，一夜十⑥□，直（值）此卦是〈者〉，利以合人。300

不死，厚而寬主，台⑦（始）有砮⑧（遷）殹（也），後□其□⑨，有命且⑩至，□⑪自雞鳴，直（值）此卦者，有君子之貞356

訊⑫倉白⑬□□□善母父，若室家飢□吉⑭語，可有□是⑮卦來到吾所□□□宮⑯於北壄（野），登絕壄（野）336

十二律吉凶

黄鐘⑰、大吕、姑先⑱（洗）、中吕、林鐘皆曰：請謁，得；有爲，成；取（娶）婦、嫁女者，吉；病者，不死；毄（繫）囚

① 哀，原釋文作"克"，據圖版改。
② 此卦者，原釋文作"□目是"，據圖版改。
③ 犮，原釋文作"起"，據圖版改。
④ 説，一說釋"言"。
⑤ 哀，原釋文作"悳"，據圖版改。
⑥ 十，一說釋"七"。
⑦ 台，原釋文作"吕"，據圖版改。
⑧ 砮，原释文作"遷"，據圖版改。一說釋"暮言"。
⑨ □其，一說釋"遷"，原釋文作"皆其請"，據圖版改。
⑩ 命且，原釋文作"令旦"，據圖版改。
⑪ □，原釋文作"晨"，據圖版改。
⑫ 訊，一說釋"□"。
⑬ 白，一說釋"於"。
⑭ □吉，一說釋"□□言"。
⑮ 是，原釋文作"之"，據圖版改。
⑯ 宮，一說釋"臥"。
⑰ 黄鐘，原釋文作"……"，據圖版及文意補。
⑱ 先，原釋文作"洗"，據圖版改。

者，免。257

夾鐘、毋（無）射、癄（應）鐘皆曰：請謁，難得；有爲，難成；取（娶）婦、嫁女，可殹（也）；疾人，危；毄（繫）囚，難出。256

大（太）族①、蕤（蕤）賓、夷則、南吕皆曰②：請謁，不得③；有爲④，258壹不⑤成⑥；取（娶）婦、嫁女，不吉；疾人，死；毄（繫）囚者，不免。371

數占

☐者，占病⑦，益病；占獄⑧訟，益辠（罪）；占行，益久；占賈市，360壹益利；占憂，益憂。少其數⑨者，162貳占病，有瘳⑩；占獄訟⑪，益官⑫；占行，益易；占賈市，少嬴⑬。下毋（無）所比者。旦以至日中以其雄占，日中以至晦以其雌【占】。297

占問疾病

凡人⑭來問病者，以來時投日、辰、時數并⑮之，上多下曰⑯病

---

① 大族，原釋文作"毋射"，據圖版改。
② 曰，原釋文作"囚"，據圖版改。
③ 請謁不得，原釋文作"黄鐘大族"，據圖版改。
④ 爲，原釋文作"□"，據圖版及文意改。
⑤ 不，原釋文作"□"，據圖版及文意改。
⑥ 成，原釋文作"辰"，據圖版改。
⑦ 占病，原釋文作"日無"，據圖版改。
⑧ 占獄，原釋文作"白癥"，據圖版改。
⑨ 憂少其數，原釋文作"憂＝之其憂"，據圖版改。
⑩ 瘳，原釋文作"瘀"，據圖版改。
⑪ 獄訟，原釋文作"言語"，據圖版改。
⑫ 官，原釋文作"輕"，據圖版改。
⑬ 市少嬴，原釋文作"外少喜"，據圖版改。
⑭ 人，原釋文作"卜"，據圖版改。
⑮ 并，原釋文作"和"，據圖版改。
⑯ 曰，原釋文作"白"，據圖版改。一説釋"占〈曰〉"。

已，上下[當]①曰②陲（垂）已，下多上一曰未已而幾已③，下多上二④曰未已⑤，下多三⑥曰$_{345}$日⑦尚久，多四、五、六曰久未智⑧（知）已⑨時，多七曰痛不已⑩，多八、九曰死。$_{348}$

占疾，投其病日、辰、時，以其所中之辰閒，中其後爲已⑪閒，中其前爲未閒。得其月之剽，恐死；得其$_{338}$收，□⑫；得其吉，善；得其閉，病中；雖▨□得其建，多餘病；得除，恐死；得其盈，駕（加）病；得其吉，善；得$_{335}$其臽⑬，病久[不]$_{358\text{壹}}$□，乃復病。$_{364\text{貳}}$

占⑭病者，以其來問時⑮直（值）日、辰、時，因而三之，即直[九]⑯結四百五，而以[所]⑰三□除焉⑱，令不足除殹⑲（也），乃

---

① [當]，原釋文作“龍”，據圖版改。一説釋“等”。

② 曰，原釋文作“日”，據圖版及文意改。本段下同。

③ 原釋文“已”後衍重文號“=”，據圖版删。

④ 上二，原釋文作“三”，據圖版改。

⑤ 未已，原釋文作“已上”，據圖版改。

⑥ 三，原釋文作“二”，據圖版改。

⑦ 日，原釋文作“□日”，據圖版改。

⑧ 智，原釋文作“替”，據圖版改。

⑨ 已，原釋文作“己”，據文意改。

⑩ 已，原釋文作“己”，據文意改。

⑪ 已，原釋文作“巳”，據文意改。

⑫ 收□，原釋文作“攻䦔”，據圖版改。收，一説釋“敫”。

⑬ 臽，原釋文作“名”，據圖版改。

⑭ 占，原釋文作“日”，據圖版改。

⑮ 問時，原釋文作“視事”，據圖版改。

⑯ [九]，一説釋“六”。

⑰ [所]，原釋文作“易”，據圖版改。

⑱ 除焉，原釋文作“陰正月”，據圖版改。

⑲ 除殹，原釋文作“鄉困”，據圖版改。

□□[1]者曰□[2]易。如其餘[3]□，以355九者首殹（也），八者肩、肘殹（也），七、六者匈（胸）、腹、腸殹（也），五者股、胻殹（也），四者厀[4]（膝）、足殹（也），此所以智[5]（知）病疵之所殹（也）。343

占[6]病祟[7]除：一天殹（也），公外；二【地】，社及立（位）；三人[8]，鬼大父[9]及殤；四【時】，大[10]遏[11]及北公；五音，巫帝[12]、陰、雨公；六律，司命、天獸；七星，死者；350八風，相、莨[13]者；九水[14]，大[15]水殹（也）。192

占盜

占盜：以亡辰爲式，投得其式爲有中閒，得其前五爲得、爲聞，得其後伍（五）爲不＝得＝（不得，不得）其前後之伍（五）爲復亡。322

占盜：投□□□[16]，除一，到九有（又）除一，□[17]上。復除九，

---

① 乃□□，原釋文作“不直及”，據圖版改。
② 曰□，原釋文作“日久”，據圖版改。
③ 餘，原釋文作“飲”，據圖版改。
④ 厀，原釋文作“膝”，據圖版改。
⑤ 智，原釋文作“曹”，據圖版改。
⑥ 占，原釋文作“日”，據圖版改。
⑦ 祟，原釋文作“祭”，據圖版改。
⑧ 人，原釋文作“卜”，據圖版及文意改。
⑨ 大父，原釋文作“六又”，據圖版改。
⑩ 大，原釋文作“六”，據圖版改。
⑪ 遏，原釋文作“過”，據圖版及文意改。
⑫ 帝，原釋文作“亲”，據圖版改。
⑬ 莨，原釋文作“養”，據圖版改。
⑭ 水，疑爲“州”之誤寫。
⑮ 大，原釋文作“六”，據圖版改。
⑯ 占盜投□□□，原釋文作“……一日春□□”，據圖版改。
⑰ □，原釋文作“日”，據圖版改。

毋余（餘），盜在中；除八□①八，上至②七，南七；六，東六；五，西南五；四，北四；三，東南342三；二，西北二；一而東北一。326

凡室有盜，若朔妾〖=〗（妾，【妾】）前日家有喪③殹（也）。居家若有不□298

占亡貨

占亡貨④，以⑤亡而來⑥問之，并日辰時數⑦，因 而⊡⑧90⊡三□⑨并而五之⑩，以昔日之起□□⊡□□331辰爲⑪存，今⑫得=（得；得）其前參爲始；得其後參爲巳，爲往、爲去。299

占亡人

占⑬亡人：投⑭其音數⑮，其所中之鐘賤，亡人不出其畔⑯；其鐘貴，亡人遂，男子反行其伍，女子順⑰行鐘伍。287

---

① □，原釋文作“丑”，據圖版改。一説釋“酉”。
② 上至，原釋文作“達”，據圖版改。
③ 喪，原釋文作“喪=”，據圖版改。
④ 貨，原釋文作“者”，據圖版改。
⑤ 以，原釋文作“九”，據圖版改。
⑥ 來，原釋文作“未”，據圖版改。
⑦ 并日辰時數，原釋文作“牡日辰時妻病”，據圖版改。
⑧ 因而⊡，原釋文作“⧄”，據圖版改。
⑨ □，原釋文作“月”，據圖版改。
⑩ 之，原釋文作“九”，據圖版改。
⑪ 辰爲，原釋文作“□□”，據圖版改。
⑫ 今，原釋文作“合”，據圖版改。
⑬ 占，原釋文作“日”，據圖版改。
⑭ 投，原釋文作“殴”，據圖版改。
⑮ 數，原釋文作“嫢”，據圖版改。
⑯ 畔，一説釋“畂”。
⑰ 順，原釋文作“復”，據圖版改。

日辰星

凡日[1]者天[2]殹（也），辰者地殹（也），星者游變殹（也）。得天[3]者貴[4]，得[5]地[6]者富，得游變者其爲事成。三游變會[7]（原《丹記》6）

⧄之數以日=辰=（日、辰。日、辰、）星各有目[8]數，而各三合，令三而一，盈三者爲死若矢[9]殹（也）。327下

夫妻之和

九與八、七與六、五與四，皆妻夫殹（也）。日爲夫，晨（辰）爲妻，星爲子。欲夫妻之和而中數殹（也），甚眾[10]者盍[11]，少者夫[12]344妻之⋯數貴[13]者不和，□不失數□不和[14]。324

---

① 凡日，原釋文作“丹曰”，據圖版及文意改。

② 天，原釋文作“□”，據圖版改。

③ 得天，原釋文作“□□”，據圖版及文意改。

④ 貴，原釋文作“□”，據圖版及文意改。

⑤ 得，原釋文作“受”，據圖版及文意改。

⑥ 地，原釋文作“武”，據文意及圖版改。

⑦ “會”後原釋文有“□”，據圖版删。此簡原屬整理報告《丹記》（即整理報告所謂《志怪故事》）之第6號簡，現據文意移入。

⑧ 目，原釋文作“主”，據圖版改。

⑨ 矢，一説釋“矢〈失〉”。

⑩ 眾，原釋文作“良君”，據圖版改。

⑪ 盍，原釋文作“益”，據圖版改。

⑫ 夫，原釋文作“失”，據圖版改。

⑬ 貴，原釋文作“肆買”，據圖版改。

⑭ 和，原釋文作“□”，據圖版改。

即有生者

節（即）有生[①]者，而欲智（知）其男女，投日、辰、星而參合之，奇[②]者男殹（也），禺（偶）者，女殹（也）。因而參之，即以所中鐘數爲卜，□293

鐘音之數

殳[③]（投）者參合日辰求[④]星從期，三而一，中期如參合之數，遠數有（又）參之，即[⑤]以鐘音之數矣。321

中數中律

中數中律，是謂□365同，毋（無）所不利，大吉。不中數不中聿[⑥]（律），是謂[⑦]不和中，恐受外危。292 中數[⑧]不中律，是謂[⑨]□□[⑩]，364壹其後乃[⑪]成。中律不中數，是謂前有難後喜。358貳

司

居殹（也）大吉午[⑫]季居季權司西方司□□□□□□□居中居午

① 生，原釋文作“壬”，據圖版及意改。

② 奇，原釋文作“音”，據圖版及文意改。奇，與下文“禺”（讀爲“偶”）相對。

③ 殳，原釋文作“及”，據圖版改。

④ 求，原釋文作“罘”，據圖版改。

⑤ 即，原釋文作“配”，據圖版改。

⑥ 聿，原釋文作“章”，據圖版改。

⑦ 謂，原釋文作“□”，據圖版改。

⑧ 中數，原釋文作“□□”，據圖版及文意改。

⑨ 謂，原釋文作“□”，據圖版及文意改。

⑩ □□，原釋文作“□”，據圖版改。

⑪ 乃，原釋文作“及”，據圖版改。

⑫ 午，原釋文作“中”，據圖版改。

季居季龍司①火司水 330

未戌三□□司②東方司主員司大男□□□司主丞居□□□□□司東方長司日方司火司成司陰[司][損]③月 339

令□□司□司空天□□□□□□□司空司…□□司宮④益居孟中居子居 323 季⑤ 194壹

天降令

從天出⑥令，乃下六⑦正。閒吕、六律，皋陶所出。以而五音、十二聲，以求其請⑧。284

者，天降令，乃出六⑨正。閒吕、六律，皋陶所出。以五音、十二聲爲某貞，卜某自首春夏到十月，[𡢃]有危[緈]辠（罪）蠱言語疾病葬死者⑩ 285

其他⑪

☒土，其□⑫啓=（啓啓），貞西東庚未，其定⑬所□陽，其氣西東于五，利以作事。93下

【一曰天央，二曰地央，三曰人央，四曰時央，五曰音央，六曰

---

① 司，原釋文無，據圖版補。

② 未戌三□□司，原釋文作“午□□□□”。

③ [司][損]，一説釋“□負”。

④ 宮，原釋文作“□”，據圖版改。

⑤ 季，原釋文作“孝”，據圖版改。

⑥ 出，原釋文作“之”，據圖版改。

⑦ 六，原釋文作“大”，據圖版及文意改。

⑧ 請，一説釋“請（靖）”；一説釋“請（清）”，指沖和之氣。

⑨ 六，原釋文作“大”，據圖版及文意改。

⑩ 此處“十月”以下的文字無法卒讀。

⑪ 以下簡文多有殘損，難以卒讀，故有些未加標點。

⑫ 土其□，原釋文作“□□其”，據圖版改。

⑬ 定，原釋文作“□”，據圖版改。

律央，】七曰[①]星央，八曰風央，九曰州[②]央毆（也）。163

☐可□，其□[③]肉[④]非□□兇（凶）□214貳

蛣蠁疾兄而[⑤]樻其☐毀☐心壄（野）家毋（無）此有以[⑥]或兄291

☐其賤，凶。投黄鐘，得其月[⑦]之鐘數，辱。247貳

爲客價[⑧]主人營□□斲[⑨]多者勝客 282

疾，胃（謂）登於上而墅[⑩]於下，吾心且憂，吾腸且□，□□□□，若□辠（罪）□，室毋（無）大正，必有☐瘨☐者。290

濾[⑪]（號）□，騷貂[⑫]一半、秫兩錢，求甇（碗）者羊脂地投土鬲中，復内中入禾炊其上□復上295

慮[⑬]，臣妾作〈逃〉逋，出財租，口舌者□，非鳥□[⑭]=（□□），其黑如烏[⑮]，皆相食，斲立死，其□一目不棄很數騣猴[⑯]296

☐□□[⑰]冬而喜之303叁

犬豖之生[⑱]毆（也），其命日爲牝牡☐327上

---

① 曰，原釋文作“日”，據文意改。此簡後兩個“曰”字同。

② 州，原釋文作“艸”，據圖版改。

③ □，一說釋“病”。

④ 肉，原釋文作“皮”，據圖版改。

⑤ 兄而，原釋文作“兄=”，據圖版改。

⑥ 有以，原釋文作“有及以”，據圖版改。

⑦ 月，原釋文作“吕”，據圖版改。

⑧ 價，原釋文作“貿”，據圖版改。

⑨ □□斲，原釋文作“所□□”，據圖版改。

⑩ 墅，原釋文作“望”，據圖版改。

⑪ 濾，原釋文作“□”，據圖版改。

⑫ 貂，原釋文作“招”，據圖版改。

⑬ 慮，原釋文作“處”，據圖版改。

⑭ 鳥□，原釋文作“爲頭”，據圖版改。

⑮ 烏，原釋文作“□”，據圖版改。

⑯ 一目不棄很數騣猴，原釋文作“之目不乘得數□□”，據圖版改。

⑰ □□，原釋文作“□□□”，據圖版改。

⑱ 生，原釋文作“主”，據圖版改。

多支①，宜春夏。主人多，女子吉，宜秋②冬。329

聖，和應（應）神靈332

簫③㨾④，男子☐□麋⑤女子，如郁聞□⑥殹（也），如此者閒事。鼓竽男子□□□□女子，如壄（野）鳴狢，如此者徵⑦事。334

凡占勝生，其今節⑧殹（也）。鐘其成貞，實殹（也）。凡所以相生者，以□出⑨殹（也）。337

有二牀梗⑩環（還）有女爾環（還）⑪，旦⑫欲行□□□□閒⑬□□見殹（也），居邦而環（還）⑭，居室若责□賀□341

熒⑮=（熒熒），婦是熒=（熒熒），□⑯登於城，朝作而夕不成。351

□益出占木凶□⑰357壹

---

① 多支，原釋文作"□反"，據圖版改。

② 秋，原釋文作"亡"，據圖版改。

③ 簫，一說釋"蕭"。

④ 㨾，原釋文作"推"，據圖版改。

⑤ 麋，原釋文作"□"，據圖版改。

⑥ □，原釋文作"聲"，據圖版改。

⑦ 徵，原釋文作"喪"，據圖版改。

⑧ 今節，原釋文作"令欲"，據圖版改。

⑨ 出，原釋文作"世"，據圖版改。

⑩ 有二牀梗，原釋文作"者之臧種"，據圖版改。

⑪ 環，原釋文作"遠"，據圖版改。

⑫ 旦，原釋文作"且"，據圖版及文意改。

⑬ 閒，原釋文作"明月"，據圖版改。

⑭ 環，原釋文作"還"，據圖版改。

⑮ 熒，原釋文作"敕"，據圖版改。

⑯ □，原釋文作"柄"，據圖版改。一說釋"柧"。

⑰ □益出占木凶□，原釋文作"□盜之日不凶"，據圖版改。

有土①毋（無）妻，當没其田，有女毋（無）辰②，大（太）息申【=】（申【申】），吾心且憂，不可以吉人③。357貳

入月十四日、十七日、廿三日，不可製衣冠、帶劍、乘車馬、□□□□④362壹

初入官忌毆（也）366

者⑤必薄 367

鐘已[脊]⑥368

□毆（也）書369

有則凶⑦，无⑧（無）有則吉。376

□□環其家贊喪車377

☑入而幸其出而[秜]⑨不利☑378

☑□□□妻凶379

☑□⑩日 380

波居⑪室出麗若毋（無）大穀稅不入[憂]⑫☑381

---

① 土，原釋文作“士”，據圖版及文意改。

② 辰，一說釋“辰（脣）”，一說釋“辰（娠）”。

③ 可以吉人，原釋文作“憂吉”，據圖版改。

④ 劍乘車馬□□□□，原釋文作“□□□□……□□□”，據圖版改。

⑤ 者，原釋文作“舂”，據圖版改。

⑥ 已[脊]，一說釋“巳□”。

⑦ 凶，原釋文作“兇”，據圖版改。

⑧ 无，原釋文作“光”，據圖版改。一說釋“先”。

⑨ [秜]，一說釋“生”。

⑩ □，原釋文無，據圖版補。

⑪ 居，原釋文作“弓”，據圖版改。

⑫ 入[憂]，原釋文作“□”，據圖版改。

（三）丹記

八年八月己巳，邸①丞赤敢謁御史：大梁②人王里髡徒③曰丹，□□④七⑤年，丹矢⑥傷人垣離⑦里中，因自刎⑧殹（也），□⑨之于市三日，$_{1}$葬之垣離南門外。

三年，丹而復生。丹所以得復生者，吾犀武舍人。犀武論其舍人尚（掌）命者，以丹$_{2}$未當死，因告司命史公孫强。因令白狐⑩穴屈（掘）出丹，立墓上三日。因與司命史公孫强北，之⑪趙氏之北$_{3}$地柏⑫丘之上。盈四年，乃聞犬犻⑬（吠）、雞鳴而人食。其狀：類（纇）益（嗌）、少麋（眉）、墨、四支（肢）不用。

丹言曰：死者不欲多衣。$_{4}$死人以白茅爲富，其鬼賤⑭【之】，於它而富。

丹言：祠墓者毋敢殼=（殼（哭），殼（哭）），鬼去敬（驚）走。已，收腏（餟）而罊〈罄〉之，如此，鬼終身不食殹（也）。$_{5}$

---

① 邸，原釋文作“邽”，據圖版改。

② 梁，一說釋“粱（梁）”。

③ 髡徒，原釋文作“樊墅”，據圖版改。

④ □□，原釋文作“葬爲”，據圖版改。一說釋“□今”，一說釋“興□”。

⑤ 七，原釋文作“十”，據文意改。

⑥ 矢，一說釋“夾（朿（刺））”。

⑦ 離，原釋文作“雍”，據圖版改。下同。

⑧ 刎，原釋文作“刺”，據圖版改。

⑨ □，原釋文作“棄”，據圖版改。

⑩ 狐，原釋文作“狗”，據圖版改。

⑪ 之，原釋文作“出”，據圖版及文意改。

⑫ 柏，原釋文作“相”，據圖版改。

⑬ 犻，原釋文作“吠”，據圖版改。

⑭ 賤，原釋文作“勝”，據圖版改。

丹言：祠者必謹騷（掃）除，毋以淘滷①（洒）祠所，毋以羹沃腏（餟）上，鬼弗食殹（也）。7

（四）木板地圖

邽丘　阿　真里　楊里　灃　邸　略　中田　廣堂　南田 M1·7811A

中田　廣堂　光成　山格　閉　明（明）谿　故西山　故東谷 M1·7811B

卌里相谷　楊谷休②八里　多休木　大松休　松休十三里

松休十五里　七里松休刊　松休　大桯　大松　燔史谷

燔史閉　上臨　苦谷　冗③到口廿五里 M1·9

北谷口道冗　陽有剣木　北有灌憂百録　陽盡柏木　苦谷

去谷口可五里橚材　虎谷　上臨　下臨　上楊谷　九員

下楊谷　陽盡柏木　與谿　谷口可八里大楠材　上辟磨　下辟磨M1·12A

東盧　韭園　與谿　下楊　上楊　下臨　上臨　虎谿　楚谿　丹谿

西盧　有蘇木下获（?）思　有蘇木上获（?）思　下辟磨　上辟磨　九員　苦谷　侖谿M1·21A

泰④樅　泰相端⑤谿　夜比端谿　中杺　小杺　苦史　夜比　盂谿　廣堂史 M1·21B

---

① 滷，原釋文作“海”，據圖版改。

② 休，原釋文作“材”，據圖版改。下同。

③ 冗，原釋文作“最”，據圖版改。下同。

④ 泰，原釋文作“大柴”，據圖版改。下文“泰”同。

⑤ 端，原釋文作“鋪”，據圖版改。下文“端”同。

附《日書》原釋文

A.《日書甲種》原釋文

正月建寅除卯盈辰平巳定午執未彼申危酉成戌收亥開子閉丑　·男日卯寅巳酉戌·女日午未申丑亥辰1

二月建卯除辰盈巳平午定未執申彼酉危戌成亥收子開丑閉寅　·以女日病以女日瘳必可日復之以女日2

三月建辰除巳盈午平未定申執酉彼戌危亥成子收丑開寅閉卯　·死以女日葬必復之男日亦如是3

四月建巳除午盈未平申定酉執戌彼亥危子成丑收寅開卯閉辰　·謂甿棣之日4

五月建午除未盈申平酉定戌執亥彼子危丑成寅收卯開辰閉巳5

六月建未除申盈酉平戌定亥執子彼丑危寅成卯收辰開巳閉午6

七月建申除酉盈戌平亥定子執丑彼寅危卯成辰收巳開午閉未7

八月建酉除戌盈亥平子定丑執寅彼卯危辰成巳收午開未閉申8

九月建戌除亥盈子平丑定寅執卯彼辰危巳成午收未開申閉酉9

十月建亥除子盈丑平寅定卯執辰彼巳危午成未收申開酉閉戌10

十一月建子除丑盈寅平卯定辰執巳彼午危未成申收酉開戌閉亥11

十二月建丑除寅盈卯平辰定巳執午彼未危申成酉收戌開亥閉子12

建日良日毆可爲嗇夫可以祝祠可以畜六生不可入黔首13

除日逃亡不得癉疾死可以治嗇夫可以徹言君子除罪14

盈日可築閒牢可入生利築宮室爲小嗇夫有疾難瘳15

平日可取妻祝祠賜客可以入黔首作事吉　|平旦生女日出生男夙食女莫食男日中女日過中男16

定日可以臧爲府可以祝祠　　旦則女日下則男日未入女日入男昏女夜莫男夜17

執日不可行＝遠必執而于公　|開日逃亡不得可以言

盜=必得18

彼日毋可以有爲殹雖利彼水　未中女夜中男夜過中女雞鳴男19

危日可以責人及執人毄人外政　閉日可以浅淹入人奴妾20

成日可以謀事可起衆及作有爲殹皆吉　收可以民馬牛畜生盡可及入禾粟可以居處21

甲亡盜在西方一于中食者五口疵在上得男子殹22

乙亡盜青色三人其一人在室中從東方入行有蹟殹不得女子也23

丙亡盜在西方從西北入折齒得男子殹得｜凡甲申乙酉絕天氣不可起土攻不死必亡24

丁亡盜女子殹在東方其行在正已索失不得　·癸亡其盜女子殹必得爲人操不靖25

戊亡盜在南方食者五口一于閒男子殹亡夙不得亡莫而得26

己亡其盜在爲人黄皙在西南其室三人食其一人已死矣女子殹得27

庚亡其盜丈夫殹其室在北方其官扁匽其室有黑犖櫝男子不得28

辛亡盜不得外盜殹女子殹　·壬亡其盜可得殹若得必有死者男子殹青色29

子鼠殹以亡盜者中人取之臧穴中糞土中爲人鞔面小目=固=廣頰瞏目盜也所入殹不得30

丑牛殹以亡其盜從北方遠來大息盜不遠旁桑殹得31

寅虎殹以亡盜從東方入有從出臧山谷中爲人方肝默扁默名曰輒曰耳曰志曰聲賤人殹得32

卯兔殹以亡盜從東方入復從出臧野林草茅中爲人短面出不得33

辰虫殹以亡盜者從東方入有從出取者臧谿谷竆内中外人殹其爲人長頸小首小目女子爲巫男子爲祝名34

巳雞殹以亡盜者中人殹臧囷屋屈糞土中蹇木下其爲人小面長赤目賤人殹得35

午馬殹盜從南方入有從之出臧中廄廡多十□□☑36

未羊盜者從南方有從出冄在牢圈中其爲人小頸大復出目必得37

申矦殹盜從西方冄在山谷爲人美不㩒名曰環遠所殹不得38

西雞殹盜從西方入復從西方出　在囷屋東屈水旁名曰灌有黑子殹39

戌犬　在責薪糞蔡中黑單多言旬子宮得40

亥豕殹盜者中人殹　在屏圂方及矢其爲人長面折䫌赤目長髮得41

禹須臾行日　|禹須臾所以見人日42

入月一日旦西吉日中北吉昏東吉南吉　子旦吉安食吉日中凶日失吉夕日凶43

入月二日旦西吉日中北吉昏東吉中夜南吉　丑旦凶安食吉日中凶日失可夕日凶44

入月三日旦西吉日中北吉昏東吉中夜南吉　寅旦凶安食吉日中凶日失凶夕日凶45

入月四日旦西吉日中南吉昏北吉中夜東吉　卯旦吉安食吉日中凶日失凶夕日凶46

入月五日旦南吉日中西吉昏北吉中夜東吉　辰旦凶安食吉日失凶夕日吉47

入月六日旦南吉日中西吉昏北吉中夜東吉　巳旦凶安食吉日中凶日失凶夕日可48

入月七日旦南吉日中西吉昏北吉中夜南吉　午旦凶安食凶日中吉夕日凶49

入月八日旦南吉日中西吉昏北吉中夜南吉　未旦吉安食可日中凶日失吉夕日凶50

入月九日旦南吉日中西吉昏北吉中夜南吉　申旦吉安食凶日中吉日失吉夕日凶51

入月十日旦南吉日中西吉昏北吉中夜南吉　酉旦吉安食凶日中吉日失吉夕日凶52

入月十一日旦東吉日中南吉昏北吉中夜北吉　戌旦凶安食凶日中吉日失吉夕日凶53

入月十二日旦東吉日中南吉昏西吉中夜北吉　子旦有言喜聽安不聽晝得美言夕得美言54

入月十三日旦東吉日中南吉昏西吉中夜北吉　丑旦有言怒安得美

言晝遇惡言夕惡言55

入月十四日旦東吉日中南吉昏西吉中夜北吉□☐56

入月十五日旦東吉日中南吉昏西吉中夜北吉　卯旦有言聽∟安許晝聽夕不聽57

入月十六日旦東吉日中南吉昏西吉中夜北吉　辰旦有言不聽安許晝不聽夕請謁聽58

入月十七日旦東吉日中南吉昏西吉中夜北吉　巳旦不聽安聽晝不聽夕得後言59

入月十八日旦東吉日中南吉昏西吉中夜北吉　午旦不聽安百事不聽晝許夕許60

入月十九日旦北吉日中東吉昏南吉中夜西吉　未旦有美言安後見之晝得惡言夕不聽61

入月廿日旦北吉日中東吉昏南吉中夜西吉　申旦遇惡言安許晝不説夕許62

入月廿一日旦北吉日中東吉昏南吉中夜西吉　酉旦得美言安遇惡言晝不説夕許63

入月廿二日旦北吉日中東吉昏南吉中夜西吉　戌旦不聽安遇惡言晝得言夕有惡64

入月廿三日旦北吉日中東吉昏南吉中夜西吉　亥旦有美言得言安不聽晝夕有求後見之65

入月廿四日旦北吉日中東吉昏南吉中夜西吉　｜禹須臾行不得擇日出邑門禹步三鄉北斗質畫66

入月廿五日旦北吉日中東吉昏南吉中夜西吉　地視之曰禹有直五横今利行＝毋咎爲禹前除得 67

入月廿六日旦西吉日中北吉昏東吉中夜南吉☐ 68

入月廿七日旦西吉日中北吉昏東吉中夜南吉　衣新衣良曰乙丑丁卯庚午辛酉己巳壬子69

入月廿八日旦西吉日中北吉昏東吉中夜南吉　利衣良日丁丑丁巳乙巳己巳癸酉乙亥乙酉己丑己卯辛亥70

入月廿九日旦西吉日中北吉昏東吉中夜南吉　正月壬子寳穴鼠弗

居71

入月卅日旦西吉日中北吉昏東吉中夜南吉　犬忌癸未酉庚申戌己燔園中犬矢犬弗居72

目龍日秉不得　■凡可塞穴置鼠溉囷日雖十二月子五月六月辛卯皆可以爲鼠73

B.《日書乙種》原釋文

・正月建寅除卯盈辰平巳定午執未彼申危酉成戌收亥開子閉丑・寡門不寡濡泥聚易所室妻不去必爲寡1

・二月建卯除辰盈巳平午定未執申彼酉危戌成亥收子開丑閉寅・倉門是=富井居西南囷居西北廥必南辯2

・三月建辰除巳盈午平未定申執酉彼戌危亥成子收丑開寅閉卯・毋絕縣肉絕之必有經焉3

・四月建巳除午盈未平申定酉執戌彼亥危子成丑收寅開卯閉辰・南門是=將軍門可聚邦使客八歲更辟門廿4

・五月建午除未盈申平酉定戌執亥彼子危丑成寅收卯開辰閉巳・歲更主必富使僕羔□大伍門宜車乘宗5

・六月建未除申盈酉平戌定亥執子彼丑危寅成卯收辰開巳閉午・族弟兄婦女吉十二月更則光門其主必昌6

・七月建申除酉盈戌平亥定子執丑彼寅危卯成辰收巳開午閉未・奴歌舞必柁衣常十六歲更不毆必爲巫7

・八月建酉除戌盈亥平子定丑執寅彼卯危辰成巳收午開未閉申・屈門其主必昌富婦人必宜疾是=鬼夾之8

・九月建戌除亥盈子平丑定寅執卯彼辰危巳成☑9

・十月建亥除子盈丑平寅定卯執辰彼巳危午成未收申開酉閉戌・與入輒虛□☑10

・十一月建子除丑盈寅平卯定辰執巳彼午危未成申收酉開戌閉亥・失行門雖爲嗇夫・鄙而知爲賤人雖11

・十二月建丑除寅盈卯平辰定巳執午彼未危申成酉收戌開亥閉子・多財必盡12

☐戌收亥開子閉丑　出門三歲更大吉門宜車乘必爲嗇夫13

・建日良日毆可爲嗇夫可以祝祠可以畜六生不可入黔首

・雲門其主富三渫之後乃宜畜生利祝祠14

・除日逃亡不得瘅疾死可以治嗇夫可以徹言君子除罪

顧門是=之甚多毋與居三歲而更15

・平日可取妻祝祠賜客可以入黔首作事吉毆・不周門其主富毆邦政

・弗更日出一布16

・定日可以藏爲府可以祝祠　　八歲更弗更必凶死夫

・出不可爲轉門起門八歲始富男子若木攻十17

・執日不可行=遠必執而于公　　・東門是=邦君子門賤人

・申不可爲西門徵門數實數=并黔首家18

・彼日毋可以有爲毆雖利彼水入必盡

・六歲更19

・危日可以責人及執人毄人外政　　・食旣門所利數出旣喪

・爲左吏十二歲不更不耐乃刑奪門主死20

・成日可以謀事可起衆及作有爲毆皆　　居之凶不吉

・亥不可爲北門刑門主必富不爲興☐21

・收可以民馬牛畜生盡可及入禾粟可以居處・必瘴

・財門所利雖利賈市入財大吉十二月更22

☐・北門利爲邦門詘其築日必有喪旣之必以壬午築之23

・閉日可以決淹入人奴妾 以爲家人之門其主弗居

・臨邦八歲而更弗更并居左困居右24

☐・子旦吉安食吉日中凶日失吉夕日凶25

入月二日旦西吉日中北吉昏東吉中夜南吉

・丑旦凶安食吉日中凶日失可夕日凶26

入月三日旦西吉日中北吉昏東吉中夜南吉

·寅旦凶安食吉日中凶日失凶夕日凶27

入月四日旦西吉日中南吉昏北吉中夜東吉

·卯旦吉安食吉日中凶日失凶夕日凶28

入月五日旦南吉日中西吉昏北吉中夜東吉

·辰旦凶安食吉日失凶夕日吉29

☑月六日旦南吉日中西吉昏北吉中夜東吉

·巳旦凶安食吉日中凶日失凶夕日可30

入月八日旦南吉日中西吉昏北吉中夜東吉

·未旦吉安食可日中凶日失吉夕日凶31

入月九日旦南吉日中西吉昏北吉中夜南吉

·申旦吉安食凶日中吉日失吉夕日凶32

入月十日旦南吉日中西吉昏北吉中夜南吉

·酉旦吉安食凶日中吉日失吉夕日凶33

入月十一日旦東吉日中南吉昏北吉中夜北吉

·戌旦凶安食凶日中吉日失吉夕日凶34

入月十二日旦東吉日中南吉昏西吉中夜北吉

■子旦有言喜聽安不聽晝得美言夕得美言35

入月十三日旦東吉日中南吉昏西吉中夜北吉

·丑旦有言怒安得美言晝遇惡言夕惡言36

入月丨四日旦東吉日中南吉昏西吉中夜北吉

·寅旦有言怒安説晝不得言夕聽37

入月十五日旦東吉日中南吉昏西吉中夜北吉

·卯旦有言聽安説晝聽夕不聽38

☑吉昏西吉中夜北吉

·辰旦有言不聽安説晝不聽夕請謁聽39

入月十七日旦南吉日中西吉昏北吉中夜北吉

·巳旦 不聽∟安聽∟晝不聽∟夕得後言40

入月十八日旦東吉日中南吉昏西吉中夜北吉

·午旦□□□□百事不聽∟晝許∟夕許41

入月十九日旦東吉日中☑吉昏南吉中夜西吉

·未旦有美言⸤安後見之⸤晝得惡言⸤夕不聽42

入月廿日旦北吉日中東吉昏南吉中夜西吉

·申旦遇惡言⸤安許⸤晝不説⸤夕許43

入月廿一日旦北吉日中東吉昏南吉中夜西吉

·酉旦得美言⸤安得惡言⸤晝不説⸤夕許44

入月廿二日旦北吉日中東吉昏南吉中夜西吉

·戌旦不聽⸤安遇惡言⸤晝得言⸤夕有惡45

入月廿三日旦北吉日中東吉昏南吉中夜西吉

·亥旦有求得後言⸤安不聽⸤晝⸤夕有求後□46

入月廿四日旦北吉日中東吉昏南吉中夜西吉

·甲午庚午日王見貴人行47

入月廿五日旦北吉日中東吉昏南吉中夜西吉

·築南門良日壬申午甲申━ 48

入月廿六日旦西吉日中北吉昏東吉中夜南吉

·西門戊午辰丙午━49

入月廿七日旦西吉日中北吉昏東吉中夜南吉

·北門戊寅丙寅甲辰━50

入月廿八日旦西吉日中北吉昏東吉中夜南吉

·東門戊寅辰壬寅━51

入月廿九日旦西吉日中北吉昏東吉中夜南吉

·門已成即壞祠之━52

入月卅日旦西吉日中北吉昏東吉中夜南吉

門忌乙辛戊宿直胃氐不可開門竇及祠━ 53

▨吉昏東吉南吉▨ 54

·甲亡盜在西方一于中食者五口疵在上得男子毆

·入八月四日乙丑旦心55

·乙亡盜青色三人其一人在室中從東方入行有□□□女子毆

｜正月日七夜九　·十月日六夜十56

·丙亡盜在西方從西北入折齒得男子毆得

·二月日八夜八　·十一月日五夜十一57

·丁亡盜女子殹在東方其疵在足巳南矣不得

·三月日九夜七　·十二月日六夜十58

·戊亡盜在南方食者五口一于閒男子殹亡蚤不得亡莫而得

·四月日十夜六59

·己亡其盜在爲人黄皙在西南其室三人息其一人已死矣女子殹得

·五月日十一夜五60

·庚亡其盜丈夫殹其室在北方其㔶扁匜其室有黑犖擅男子不得

·六月日十夜六61

·辛亡盜不得外盜殹女子殹

·七月日九夜七62

·壬亡其盜可得殹若得必有死者男子青色

·八月日八夜八63

·癸亡其盜女子必得爲人操不靖

·九月日七夜九64

凡可塞内置鼠壂困日雖十二月子……

月日十夜六一 65

·子鼠殹以亡盜者中人取之臧穴中糞土中爲人鞍面小目□□扁爲名曰頭曰目曰口曰鼻賤人殹☑66

·丑牛殹以亡其盜從北方意大息盜不遠旁桑殹得67

·寅虎殹以亡盜者從南方□□之臧山谷中其爲人方面黄領悬目盜它所人殹不得68

·卯兔殹以□□從東方入復從出臧壄林草茅中爲人短面出不得69

☑方入有從之出取者臧壄□□□七□北一處其爲人長頸小首小目70

·巳雞殹以是亡盜者中人殹藏困屋屍糞土中塞木下其爲人小面長赤目賤人殹得71

·午馬殹盜從南方入有從之出禹中廄臧芻稾中爲人長面大目喜疾行外人不遠72

·未羊盜者從南方有從之出禹在牢圈中其爲人小頸大復出目必得

| 火生寅壯午老戌73

·申侯敺盜從西方爯在山谷爲人美不捦名曰環遠所敺不得

·金生巳壯酉老丑74

·酉雞也盜從西方入復從西方出爯在囷屋東䢅水旁名曰灌有黑子侯　·水生申壯子老辰75

☐□□□□旬月當閉☐　·木生亥壯卯老未76

·亥豕敺盜者中人敺爯在屏圂方及矢其爲人長面折鞮赤目長鼻得

·水生木｜木生火｜火生土77

·甲子乙丑壬申癸酉……　夕行九憙　■正月壬臽日七夜九一78

·戊辰己巳壬午癸未庚寅辛卯戊戌己亥壬子癸丑庚申辛酉日失行七憙　·二月癸臽日八夜八一79

·丙子丁丑甲申乙酉壬辰癸巳丙午丁未甲寅乙卯壬戌癸亥日中行五憙　·三月戊臽日九夜七80

·丙寅丁卯甲戌乙亥戊子己丑丙申丁酉甲辰乙巳戊午己亥日莫食北三憙……81

·庚午辛未戊寅己卯丙戌丁亥庚子辛丑戊寅己卯丙辰丁巳平旦行二憙　·五月己臽日十一夜五一82

□衣良日□□□□己□己巳癸酉　乙亥乙酉己丑己卯辛亥一

·九月己臽日七夜九一83

正月二月六月七月八月十二月爲牡月一

·十月庚臽日六夜十一84

三月四月五月九月十月十一月爲牝月一

·十一月辛臽日五夜十一一85

□□戌子寅爲牡日

·十二月己臽日六夜十一86

□□未申亥爲牝日87

九月牡日牡月牡日取妻皆吉88

牡日死必以牝日葬牝日死必以牡日葬不然必復之89

占亡者九亡而未問之牡日辰時妻病☐90

男日子卯寅巳酉戌□□□未申丑亥辰·以女☐宜取宜□更弗更□貞巫有宜□91

☒必女日復之以女日死以女日葬必復之男日亦如是謂□92

☒□死☒日病以女日瘳□□其啓=貞西東庚未其□所□陽其氣西東于五利以作事93

・三月庚辛六月壬癸九月甲乙十二月丙丁不可興垣蓋屋上材爲祠大會兇雖利壞徹是=日㑹

・卯西東吉南得北兇━ 94

・啻以春三月爲室亥利卯殺辰四廢庚辛━ ｜甲乙毋東行━

・辰西毋行北兇南得東吉━95

・夏三月啻爲室利午殺未四廢壬癸━ ・丙丁毋南行━

・巳西兇南吉北得東見疾人━96

・秋三月啻爲室巳利酉殺四廢甲乙━ ・戊己毋作土攻━

・午西見言南兇北得東毋行━97

・冬三月啻爲室申利子殺四廢丙丁━ ・庚辛毋西行━

・未西南吉東得北兇━98

・凡四時啻爲室日毀不可築大室内大人死之━ ・壬癸毋北行━

・申西吉東北得南兇━99

・以築右宫是□□日毀□之□□□中子□□□死之━・四月中不可伐木━

・酉西吉北兇東少可南逢喜100

・築宫垣孫子死築外垣牛馬及羊死之━ ・子西兇北得東吉南兇━

・戌西北見兵東得南兇101

・殺日勿以殺六畜不可出女取妻祠祀出財━ ・丑西兇東北吉南得━

・亥西見祠者東北吉南兇102

・四廢日不可以爲室屋内爲囷倉及蓋━ ・寅西兇北得東南逢喜■正月壬子死亡103

□□到邑遠不肯行者以轂中外入其口中

・二月丑喪104

□申其□行君臣見邦有盜

·三月甲寅死亡105

乘馬不肯行=□徵上從二十起乃之令行

·四月乙卯死亡106

☑以死子孫熠宮母死有毀止者小有死

·五月辰疾喪107

·宮日卜子及兄晢昌小者以死有之出者女死以長子=死取中子=死取少子　·遠

·六月丁巳死亡108

羽日卜父死取長男母死取長女長子死母後害　·行兇

·七月戊午死亡109

☑□□□者死家之母死有叚父死取中子死取長子男死取少子丿

·八月未突喪110

·角日長者死有從女吉少男死毋後災丿

·九月庚申死亡111

凡建日死不利父除日死不利母開日死不利子盈日死家不居━

·十月辛酉死亡112

凡甲丙戊庚壬子寅巳酉是胃岡日陽牡日毆女子之吉日毆

·十一月戌疾喪113

凡乙丁己辛癸丑辰午未申亥是=柔日陰日牝日毆男子之吉日毆

·十二月癸亥死亡114

·丙子不可壞垣蝅谷妻必死

·甲子旬辰巳虛戌亥孤失六其虛在東南孤在西北若有死各六不出一歲115

·丁巳不可衣垣必死不久

·甲戌旬寅卯虛申酉孤失虛在止東孤在正西若有死者各四兇不出一月116

·丁未啻築丹宮而不成

·甲申旬子丑虛午未孤失虛在正北孤在南若有死者各一兇不出一歲117

·乙亥啻築室而臣不成

·甲午旬戌亥虛辰巳孤失虛在西北孤在東南若有死者各三兇不出一

月旬118

　　·庚申不可垣室廡門

·甲辰旬申酉虛寅卯孤失虛在正西孤在正東若有死者各參兇不出五月119

　　·己酉不可爲室兇不死必亡

·甲寅旬午未虛子丑孤失虛在東孤在西若有死者各五兇不出一歲120

　　·己未不可爲室及門闕先行之者死

·鼠食寇則遠鼠□則有·肉食領則有明121

　　·壬癸不可爲室不居其人逃亡

│大寅音曰鼠德日以衰其室空虛取土地以連之得財及肉□□有邑殹122

　　千里之行毋以壬戌癸亥徙死行亡不復迹━

·行忌春三月己丑不可━ 123

　　·凡黔首行遠役毋以甲子戊辰丙申不死必亡━

·夏三月戊辰不可南行━124

　　入官遠役不可到室之日庚午丙申丁亥戊申戊戌壬戌此六旬龍日爲入室□□□·秋三月己未不可以西行━ 125

　　　　☐·冬三月戊戌不可北行百里大兇二百里外必死126

　　子朔巳亥·丑朔子午寅朔子午卯朔丑未辰朔丑未巳朔寅甲午朔寅申·未朔□□□□☐127

　　亥朔巳亥是胃反支以徙官十徙以夏憂者十喜以亡者得十毄囚亟出不可冠帶見人取婦嫁女入臣妾及田128

　　春子夏卯秋午冬酉是=人彼日不可築室爲嗇夫取妻嫁女兇

│春三月甲乙不可伐大榆東方父母死129

　　春己卯夏丙午秋辛酉冬壬子是=咸池旱牛晨㚢日殹不可垣其鄉必死亡夏三月行多可伐大棘南長男死130

　　春己亥夏丁亥秋辛亥冬癸亥是=□日不可起土攻則死亡

·戊己不可伐大桑中災長女死之131

　　·亥酉未寅子戌巳卯丑申午辰凡是=土星不可築垣土攻大兇 乙辛戊五丑━ 132

　　·寅巳申亥卯午酉子辰未戌丑凡是=土禁不可垣=一殷首三殷耐

成垣父母死

｜凡啓門以七星作翼六奎皆門忌一 133

・卯丑寅午辰巳酉未申子戌亥凡是=地司空不可操土攻不死必亡

｜日忌丁及五丑凶一 134

・子巳酉寅午戌卯未亥辰申丑凡是土□月不可取土其月壞垣缺垣其□不死必亡

｜祠門良日甲申庚申壬申一 135

・寅巳申亥卯午酉子亥未戌丑凡是=地利不可垣 穿地井到㓞小子死到要中子死到夜長子死136

到垕妻死没人母父死以它辰垣利鄉不死大兇以辰垣它鄉吝延行以利辰鄉必死亡137

□□□□□□□ □□□□□□□□三日不可□=土=攻=不出一月死不可行百事凶一 138

正月東方四月南方七月西方十月凡是=咸池會月殴不可垣其鄉垣高厚死取谷兵男子死谷壞女子死139

甲乙丙丁戊己庚辛壬癸凡是=十二毀不可操土攻木日長子死土日中子死水日少子死□ 140

・正月二月丁庚癸三月四月丙己壬五月六月戊辛七月八月甲丁庚九月十月丙己庚十一月十二月甲戊辛凡是=九忌不可垣一堵必有死□141

平旦生女日出生男夙食女莫食男日中女日過中男日則女日下則男日未入女日入男昏女夜莫142

□男夜未中女夜□中男夜過中女雞鳴男143

・毋毒之方歙必審睢栖中不見童子勿歙言酉甘味稚子之惡主□杞毒殴・甲戌｜乙亥144

衣忌丁酉丁亥丙午辰戌戌壬寅・吉日辛巳辛丑丁丑丁巳癸丑
甲申乙酉｜丙戌丁亥145

・井忌己巳庚申壬戌・吉日乙丑乙未甲辰辛丑亥丑丙申丁酉辛巳
甲午乙未丙申｜丁酉戊戌己亥146

・雞忌辛巳庚辰未卯寅丙辰丁亥・吉日乙巳丙戌辰庚午甲辰一

甲辰乙巳丙午丁未｜

戊申己酉庚戌辛亥147

·□未丙午　□□甲午乙卯巳丙戌壬辰癸卯五寅·吉日乙巳未亥甲午乙未丑丙辰丁亥·甲子乙丑丙寅丁卯戊辰｜己巳庚午辛未壬申癸酉148

·彘忌丁丑未亥乙亥丙辰·吉日庚寅乙丑癸未壬辰戌戊辰

甲寅乙卯丙辰丁巳戊

午｜己未庚申酉壬戌癸亥 149

·羊忌壬辰戌丁酉癸亥未乙巳丙申·吉日辛巳未卯庚寅辰 丙子丁丑戊寅己卯｜庚辰辛巳壬午癸未150

乙巳未己壬癸丁丑未丑辛丑戊戌辰·吉日甲寅丙午甲寅午未☑151

☑庚子辛丑｜壬寅

癸卯152

·卜忌丁未戊戌壬午戊午壬申·吉日乙丑庚辰壬辰己亥己丑庚己酉一

壬子｜癸丑 153

·正月甲乙雨禾不享□有木攻丙丁雨大旱鬼神北行多疾戊己雨大有年邦有土攻庚辛雨有年大作邦154

□□者二月丁雨侯歲戊雨薰蒿毆己雨禾秀毆庚雨上下辛雨有年壬雨上中癸雨禾秀毆甲雨薰蒿155

·十月甲乙雨飢丙丁雨小飢戊己雨歲中庚辛雨有年156

·五月辰＝日大雨大虫小雨小虫157

·中壬癸雨大水禾粟邦起民多疾入正月一日天有雨正月旱二日雨二月旱三日雨三月旱四日雨四月旱158

五月旱六日雨六月旱七日雨七月旱159

·七月雨蚤澄正月澄八月雨二月澄九月雨三月澄十月雨四月澄十一月雨五月澄十二月雨六月澄正月四月婁爲上昴畢爲中160

旱東井爲下旦上旦雨稙享中旱雨稙享中竜享下旱雨□享□旱皆雨大有黍三旱不雨大飢161

·入正月一日風＝道東北禾黍將從正東卒者支先從東南之臬㘳＝從正南而益利占憂益憂＝之其憂者162

七日星央八日風央九日艸央毆163

五種忌子麥丑黍寅稷卯菽辰□巳□未秫亥稻不可種種獲及賞164

禹須臾行不得擇日出邑門禹步三鄉北斗質畫地視之曰禹有直五横今利行₌毋咎爲禹前除道165

入正月一日而風不利雞二日風不利犬三日風不利豕四日風不利羊五日風不利牛六日風不利馬七日風不利人166

角十二　□□□　□十五　·二月　·日分甲以到戊·己以到癸·辰分子以到巳·午以到亥167

氐十七　·九月　胃十四十三　·三月·▨168

心十十二　·十月　畢十五　·四月　·下八而生者三而爲二上北而生者三而爲四169

□□三十二　·五月　東□□▨170

虚十四　·□□　□□□　·六月▨171

昴廿　·正月　張□□　·七月　□其數而以除母而以餘期172

房五　□□五　·彼日辰時數并而三之以爲母173

亢十二　婁十二　□巳旦以到東中·西中以到日入174

箕十一　參九　直倍之二₌倍之四₌三以三倍之到三止四以四倍之至於四取175

尾九　此觿六　·宫一徵三栩五商七角九176

▨七星十三　·□日到行日星道角若奎到行日星及日辰時朢明177

南張十三　翼十三　軫十五178

▨平旦九徵水‖安食大辰八　黄鐘下生林鍾黄鐘　八十一課山179

甲九木　子九水　日出八宫水‖蚤食□□七　林鐘生大簇　大吕七十六□山180

乙八木　丑八金　蚤食七栩火‖入寞中鳴六　大簇生南吕　大簇七十二參阿181

丙七火　寅七火　莫食六角火‖夜半後鳴五　南吕生姑洗　夾鐘

六十八參阿182壹、貳、肆、伍、陸、柒

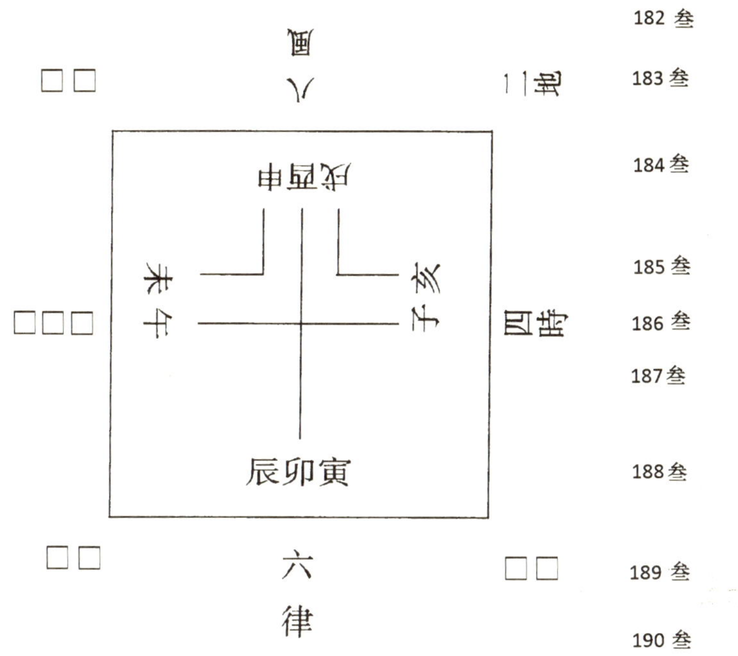

丁六火　卯六木　東中五土　‖日出日失八　姑洗生應鐘　姑洗六十四陽谷183壹、貳、肆、伍、陸、柒

戊五土　辰五水　日中五宮土‖食時市日七　應鐘生蕤賓　中吕六十俗山184壹、貳、肆、伍、陸、柒

己九土　巳四金　西中九徵土‖過中夕時六　蕤賓生大吕　蕤賓五十七毚都185壹、貳、肆、伍、陸、柒

庚八金　午九火　昏市八商金‖日中入五　大吕生夷則　林鐘五十四俗山186壹、貳、肆、伍、陸、柒

☐莫中七羽金　□□□□□☐187肆、伍

壬六水　申七水　夕中六角水‖安食大晨八　夾鐘生毋射　南吕卌八俗山188壹、貳、肆、伍、陸、柒

癸五水　酉六金　日入五□　‖夜半後鳴五　夷則生夾鐘　毋射卌五昏陽189壹、貳、肆、伍、陸、柒

□□□　戌五火　莫食後鳴七　應鐘卌三并閡190壹、貳、肆、柒

辰後　亥四木 昏時九徵□191

八風相養者九水六水殹192
黄鐘以至姑先皆下生三而二・從中吕以至應鐘皆上生三而四193
孝
・黄十七萬七千一百卌七上□194
宫一上戊三進三之□□□□乙巳庚辛角七癸□
・大吕十六萬五千百八十八下□195
〼人殹色黄所起者……
……四百六十四下□196
‖角立甲乙卯未辰主東方時平旦色青主人旬所乾者規殹司木
・夾十四萬七千四百五十六下毋射197
‖□金丙丁午戌庚客殹時日中色赤主南方所訙者蛇殹司火
・姑先十三萬九千九百六十八下應198
‖□□庚辛酉丑巳主西方時日入主人白色所□者雞殹司□
・中吕十三萬一千七十二下生黄199
‖羽立壬癸子申辰主北方時夜失客殹色黑所訟□□□□司水
・蕤賓十二萬四千四百一十六上大吕200
□戊寅戊申……辛丑辛未
・林鐘十一萬八千九十八上大族201
‖□甲辰甲戌乙丑乙亥丙寅丙申丁酉丁卯戊子戊午己丑　己未
・夷則十一萬五百九十二上夾202
‖羽壬辰壬戌癸巳癸亥甲寅甲申乙卯乙酉丙子丙午丁丑丁未
・南吕十四萬四千九百七十六上姑203
‖商庚辰庚戌辛巳辛亥壬寅壬申癸卯癸酉甲子甲午乙丑乙未
・毋射九萬八千三百四上中吕204
‖角戊辰戊戌己丑己未庚寅庚申辛卯辛酉壬子壬午癸丑癸未
・應鐘九萬三千三百一十二上蕤205
・黄鐘平旦至日中投中黄鐘馬殹兑顔兑頤赤黑負僂善病心腸206
・日中至日入投中黄鐘胎濡殹小面多黑貝善下視黑色善弄隋₌不旬入207
・日入至晨投中毋射大殹啓顔兑喙長要色黄善病腹腸要脾208

·旦至日中投中大呂牛殹廣顔恒鼻緣大目肩婁惡行微＝男土色白黑善病□痺209

·日中至日入投中大呂冡牛殹廣顔大鼻大目褢重言閒＝惡行僂＝要白色善病要210

·日入至晨投中大呂旄牛殹兔顔大頤長面其行丘＝殹蒼皙色善病頸項211

·旦至日中投中大族虎殹戠色大口長要其行延＝殹色赤黑虛＝善病中212

·日中至日入投中大族豺殹隋頤長目長要其行延＝殹色蒼赤善病肩213

·日入至晨投中大族豺殹好目遠喙其行▨可□其□皮非□□兇□▨214

·旦至日中投中夾鐘兔殹圜面陰捶下吊目□□□大蒼□善病要腹215

·日中至日入投中夾鐘雞殹廣顔大脣目大痤善□步善後顧土色善病心腸216

·日入至晨投中夾鐘貉叀癃長喙而脫其行趹＝黑色善病肩手217

·旦至日中投中姑洗龍殹土黃色折頸長要延＝善孳步女子巫男子嗇夫善病□乾218

·日中至日入投中姑洗蛇殹兌頤中肉中廣其行殹色蒼白善病目豊219

·日入至晨投中姑洗□殹兔頭□□大耳肩僂行媞＝殹色蒼黑善病顔220

·旦至日中投中＝呂雉殹啟顔兌頤反瘱綳盼色蒼皙善病要脾221

·日中至日入投中＝呂豕殹兌喙圜顔翕肩不善衣其行昌＝殹色蒼黑善病脅222

▨□＝殹色雜善病耳目閒223

·旦至日中投中蕤賓馬殹連面天目褢大脣吻猞行吾＝殹色皙善病右脾224

·日中至日入投中蕤賓閭殹長面長頤尖耳□行＝殹白皙善病要225

·日入至晨投中蕤賓□毆兑顔兑頸廣□□□□□□□病中腸226

·旦至日中投中林鐘羊毆敢顔恒鼻鳴胳目多日長下祝長兆□□□病乾膨回 227

·日中至日入投中林鐘貌毆連面般大口鼻目不好長善僂夅步毆=使色陽黑善明目病乳228

·日入至晨投中林鐘鼠毆廣顔兑頤□毆要僂色赤墨……足229

·旦至日中投中夷則王蟲毆蒼皙圓面負僂惡行夸=然善病心230

·日中至日入投中夷則鼉黿毆顫=毆葴眉多黑色□負僂皙皙色善病要231

·日入至晨投中夷則黿黿毆帚□□=毆負□□鼻長靖=毆其行隕黃皙毆病胃腸232

·旦至日中投中南吕雞毆赤色小頭圓目而皙善病胷脅

·卓角233

·日中至日入投中南吕雒毆連面不信而長善步跨=毆病色蒼白奐宮 234

·日入至晨投中南吕赤豕毆兑豕兑頤咍=毆善□□毆色善病心腹辰分徵235

·旦至日中投中毋射犬毆鐵色大口多黃髮長要延=毆皙善病樊中啓商236

·日中至日入投中毋射狟毆連面大口大目伲=毆色黃黑善病要脾布栩237

·旦至日中投中應鐘□毆長頤折鼻爲人負僂復面惡行彼=□乏黑善病腹腸238

·日中至日入投中應鐘虎毆長目大喙長寬肩僂行任毆色黃黑善病要痺239

·日入至晨投中夾鐘□□毆薄顔短頸惡色蒼□黑善病北癃瘇240

入舞投黃鐘投日投辰投時而三并之中麗首者可以見卜有初兇復因而三之中六律　善者有得再中前□皆吉241

·投黃鐘以多爲病益蒺市旅得事君吉轂者久以少病有瘳市旅折事君不遂居家者家毁242

•投黄鐘之首光殹日上父殹投辰下母殹投時其中子殹上多下少事君有初毋後賈市行財皆然唯利貞皋蠱言語243

•參黄鐘古先夷則之卦曰是=大羸以寘三以子爲貞不失水火安鄉大敬不馱不要□室有言啟有□244

⧄之卦曰是=自天以戒室有大司壽吾康=發中宵畏忌室有靈巫弗敬戒逢山水245

•夷則黄鐘古先之卦曰是=可亡不復可求弗得中聞不樂又若席舞上下行往莫中吾步246

•大吕中吕南吕之卦曰是=龍之投⧄其賤凶投黄鐘得其吕之鐘數辱247

⧄是=北龍之□□食旦之所□□□　□□生吕□□□且不可其扁波倉有所248

•南吕大吕中吕之卦曰是=訾者□⧄249

•大族蕤賓毋射之卦曰是=夫婦皆居若不居□□離其居家卦類襍虚孰爲大祝靈巫亟生之250

•蕤賓毋射大族之卦曰是=反……淮以作事望251

•毋射大族蕤賓之卦曰是=水火之貧=雖變以云□□可論可言褱室可遷從投其户門∟公認大始禺252

•夾鐘林鐘應鐘之卦曰是=有□大木有窌寘⧄253

•林鐘應鐘夾鐘之卦曰是=於居作行左右可望日中爲期聚此輸羊有親弟兄或死254

•應鐘夾鐘林鐘之卦曰是=大木有槐其水耐=居室離别□三等家有且足大□耐=夫是毋事□255

•夾鐘毋射應鐘皆曰請謁難得有爲難成取婦嫁女可殹疾人危毄囚難出256

……大吕∟姑洗∟中吕∟林鐘皆曰請謁得有爲成取婦嫁女者吉病者不死毄囚者免257

毋射蕤賓夷則南吕皆囚黄鐘大族有□⧄□二以西行鼓□之男子□其首成□其頌毀258

姑洗夷則黄鐘⧄259

·黄鐘音殹貞在黄鐘天下清明以視陰陽啻乃誂之分其短長比于宫聲以爲音尚久乃處之十月再唐復其故所其奈上商260

·先□卜疾人三禺黄鐘死人事君吉261

大吕言殹貞在大吕陰陽溥氣翼凡三者居之其心牝牡相求徐得其音後相得殹康于黔首心其柰大262

祠有不治者∟卜獄訟毄囚不吉263

·大族憂殹應事殹貞在大族北方之啻□□□……□乃直大族凶言陰邦人皆促天子失伍乃亡甚264

土以及九壄天子大説布賜天下其奈北君九水徵卜行道及事君吉265

……殹□言殹疾殹貞在夾鐘之北之東□□之南皋陶出令是以爲凶室有病者□□作□□266

再支原人井人不死取婦嫁女吉267

·姑洗善殹喜殹田宇池澤之事殹曰穆王人正可之清則水百洇有人自處乃作爲鐘比于反栩啻復右268

□□□其身不見大患乃見死人其奈外君殹稈及□□□□凶占曰有惡人269

·中吕利殹材殹市販事殹有合某殹曰貞在中吕是謂中澤有水不滕有言不惡利以賈市可受田宅270

擅受其利人莫敢若其柰田及皋桑炊者卜賈市有利271

·蕤賓聽殹别願上事殹外壄某殹貞在蕤賓唐虞始訢啻堯乃韋九州以政下黔首斬伐寔＝殺戮安＝272

⧄奈及其主友以入一□□□□⧄273

鐘行□貞在林鐘日有卜將夜＝潰錢資財歙食□□□□□未以遣行者逢至于南其奈門户卜遷者吉274

·夷則盜吏也貞在夷則□事吉其德□實之則不以其言德三人偕行不家不嗇不羞不德小資咸＝其275

·見兵寇其祟原死者∟卜見人不吉⧄276

·南吕殹之留事也日貞在南＝吕＝之數之於大族□□□□北卜相求夜半而斳責金聲分＝其務有立失望如277

福非常以嗀不見大喪安所敗旁其奈恒輅公社卜祠祀不吉278

☐在毋射禹以成略溉既溉成乃吉民申辠人在此憂心貞身右苛疵憂心中=不可279

死不生憂心毋所從容其柰大父親及布卜行進及事君不吉280

應鐘音殹貞在應鐘是胃炙人鬿=有惡有增室有法祠口舌不墼不死不亡恐弗能勝∟其崇放其室中281

爲客貿主人誉所□□多者勝客282

凡忌黄鐘不合音鼻者是謂天絕紀殹鼻者六十六旦從六十八夕從六十四鼻七十五玄七十六鼻有卌四玄卌二朖陽283

從天之令乃下大正閒吕六律皋陶所出以而五音十二聲以求其請284

者天降令乃出大正閒吕六律皋陶所出以五音十二聲爲某貞卜某自首春夏到十月襄有危犨辠蠱言語疾病葬死者285

六吕多二夷則音亂」夾鐘多一自亂少二旦至日中自亂投日中歸姑洗=少一亂姑洗以其子辰爲式林鐘得其□286

・日亡人殹其音斃其所中之鐘賤亡人不出其畔其鐘貴亡人遂男子反行其伍女子復行鐘伍287

・諸羣凶之物盡□□□下甚少爲逐有辠賈市喪行則折二要多者爲上立賈市行則有諸羣美皆吉變惡大凶立者288

☐□□其畜羊其器危其種類□□□畜其畜□□其器棓其處利其事有辠」无墜其味□□289

疾胃登於上而望於下吾心且憂吾腸且□□□□□若□辠□室毋大正必有瘧者290

蛣蠻疾兄=櫝其熨心野家毋此有及以或兄291

☐同毋所不利大吉不中數不中韋是□不和中恐受外危292

節有壬者而欲智其男女投日∟辰∟星而參合之音者男殹偶者女殹因而參之即以所中鐘數爲卜□293

吏亡君子往役來歸爲喪殹支唐=哭靈閒夫妻皆憂若朝霧霜有疾不死轉如294

□□騷招一半秭兩錢求罠者羊脂地投土鬲中復内中入禾炊其上□復上295

處臣妾作逋出財租口舌者□非爲頭=其黑如□皆相食斵立死其□

之目不乘得數□□296

占病有瘛占□語益輕占行益易占賈外少喜下毋所比者旦以至日中以其雄占日中以至晦以其雌297

凡室有盜若朔妾前日家有喪=毆居家若有不□298

□□存合得=其前參爲始得其後參爲巳爲往爲去299

説訟恚若龍鳴□□□雖合聚登于天一夜十□直此卦是利以合人300

・正月丑酉二月寅申三月卯未四月辰五月巳亥六月午戌七月卯未八月申寅九月酉丑十月戌十一月辰巳十二月巳亥此日不可以301

春三月申夏寅秋巳冬亥戊子庚申癸未己亥及戊己正月寅二月癸三月甲四月乙五月戊六月己七月丙八月丁九月□302

・春三月東首∟夏三之鳴櫝角頭毆獏鋭珥쥺角□□□冬而喜之303

〼月南首∟秋三月西首∟冬三月北首皆吉304

□未癸亥酉申寅五月中不可出山谷亲以材木及伐空桑305

・土良日癸巳乙巳甲戌━306

□□□癸未酉庚申戌巳牢園中犬矢犬弗居307

・凡甲申乙酉絕天氣不可起土攻不死必亡　・直之所在主歲308

主歌樂鼓瑟殺畜生見血人死之利以出不利以入得一失十以叟賀喜十憂以去入官者必去以毆治人309

占=長年不定家占男子㙱妻女子吉夫百事㙱310

以吉卜其□□〼犬主人轂囚不免311

・入月正月壬二月癸三月戊四月甲五月乙六月戊七月丙八月丁九月己十月庚十一月辛十二月己此日行卅里遇言語百里遇312

兵邦君必或死之從正北水濆夜313

將三百里不復迹━ 314

・凡爲行者毋起其鄉之忌日西毋起亥未東毋起丑巳北毋起戌寅南毋起辰申315

・凡六行龍日丙丁戊己壬戌亥不可以行及歸316

・丙寅丁卯壬戌癸亥以行亡亟死　　　　・七月申酉合日毆不可西行死━ 317

・丙寅甲戌戊寅辛丑己丑癸巳丙申甲辰戊申辛亥己未癸亥是謂離

日不可入宫一 318

·徙居九落有所遠使千里外顧復還不可以=壬=癸=到=家ㄥ必死一 319

吏官毋以壬戌歸及遠役一 320

及者參合日辰罘星從期三而一·中期如參合之數遠數有參之配以鐘音之數矣321

占盜以亡辰爲式投得其式爲有中閒得其前五爲得爲聞得其後伍爲不=得=其前後之伍爲復亡322

令□□司□司空天□□ □□□□司空司……□□司□益居孟中居子居323

妻之□□□□肆買者不和□不失數□不□324

☐……□五而之九ㄥ三倍之至於九而之十以五325

三ㄥ二西北二ㄥ一而東北一326

犬豕之主毆其命日爲牝牡之數以日=辰=星各有主數而各三合令三而一盈三者爲死若矢毆327

所環耳以責不得以訟不克直□目是利於起事328

□反宜春夏主人多女子吉宜亡冬329

居毆大吉中季居季權司西方司□□□□□□□ 居中居午季居季龍火司水330

·……三月并而五九以昔日之起□□……□□331

聖和應神靈332

凡曰黄鐘一左一右復行食之□□□□□□□日□□·生黄鐘置一而自十二之上三益一下三奪一·占復333

簫推男子☐□□女子如郁聞聲毆如此者閒事鼓竽男子□□□□女子如野鳴猧如此者喪事334

攻辜得其吉善ㄥ得其閉病中雖□得其建多餘病得除恐死得其盈駕病ㄥ得其吉善得335

訊倉白□□□善母父若室家飢□吉語可有□之卦來到吾所□□□宫於北野登絕野336

凡占勝生其令欲毆鐘其成貞實毆·凡所以相生者以□世毆337

占疾投其病日辰時以其所中之辰閒∟中其後爲巳閒∟中其前爲未閒∟得其月之剽恐死得其338

午□□□□東方司主員司大男□□□司主丞居□□□□□□司東方長司日方司火司成司陰司損月339

日無閒辰無主人數多者若使某春長日失□□冬忌勝日喜禁先者陽340

者之臧種有女爾遠且欲行□□□□明月□□見毆居邦而還居室若賁□賀□341

……一日春□□除一到九有除一日上復除九毋余盜在中除八丑八達七南七∟六東六∟五西南五∟四北四∟三東南342

九者首毆八者肩肘毆七六者匈腹腸毆五者股胻毆四者膝足毆此所以曹病疵之所毆343

九與八∟七與六∟五與四皆妻夫毆∟日爲夫晨爲妻星爲子欲夫妻之和而中數毆良君者益少者失344

凡卜來問病者以來時投日辰時數和之上多下白病已上下龍日陲已下多上一日未已而幾已=下多三日已上下多二日345

弗居軍丙丁畾軍後徙戊己畾軍毆庚辛畾軍前徙爲雨不徙壬癸纍戰346

☑│□年刑直北在土刑徙所勝直=徙所中勝刑五歲而復并於土347

□日尚久多四五六日久未替已時多七日痛不已多八九日死348

日爭時者甲六乙三丙四丁二戊九己四庚八辛六壬一癸十二 子四丑二寅一卯四辰八巳五午七未六申九酉四戌七亥六349

日病祭除一天毆公外二社及立∟三卜鬼六又及殤∟四六過及北公五音巫亲陰雨公六律司命天獸∟七星死者350

敉=婦是焚=柄登於城朝作而夕不成351

日其病中徵之音下之如貞之家失日□□咸□衃從喜□其喜索其器配其穜華其事嗇夫其處整□352

宮之音弇如扁窨中宮腸毆囷倉毆宮音貴其畜牛其喪器弇之∟其□重其土地□其事貴其室安其除353

長其日毆其□□□之音如野鳴肩手面宇囚毆羽音得其畜長其器光

□其□禾黍其賤其354

日病者以其來視事直日辰時因而三之即直九結四百五而以易三□陰正月令不足鄉囷不直及者日久易如其飲□以355

不死厚而寬主呂有還毆後皆其請有令旦至晨自雞鳴直此卦者有君子之貞356

□盜之日不凶☑有士毋妻當没其田有女毋辰大息申吾心且憂不憂吉357

其名病久不其後及成中律不中數是謂前有難後喜358

……鍾所卜大數日寔數者旦自日中從多日中至晦從少359

日無益病白瘢訟益辠占行益久占賈市☑□苦病心360

☑四月二月□□□□□□居之至於七而於八居之至於八而止九以三月□至於九361

入月十四日∟十七日∟二十三日不可製衣冠帶□□□□……□□□·七月丙……362

·凡入月七日及春戌夏丑秋辰冬未不可垣及□☑363

□□不中律是□□乃復病☑364

中數中律是謂□☑365

初入官忌毆丿366

春必薄一367

鐘已肻368

□毆書369

其病久☑370

☑□辰取婦嫁女不吉疾人死轂囚者不免371

☑□丑丁卯庚午辛酉乙巳壬冂·……372

☑□旮身卑所以寅□日373

☑之東毆以金以□軫☑74

□實其啄苦其病頭☑375

有則兇光有則吉☑376

□□環其家贊喪車377

☑入而幸其出而豨不利☑378

☐□□□妻凶379

☐日｜380

☐波弓室出麗若毋大穀稅不□☐381

秦簡逐字索引之三

《周家臺秦簡》逐字索引

目　　録

一、檢字表

本檢字表包括單字檢字、合文檢字兩部分。

（一）單字檢字

五畫

六畫

七畫

十畫

十一畫

十五畫

十六畫

十七畫

十八畫

十九畫

二十畫及以上

（二）合文檢字①

牽=（牽牛）0609　　婺=（婺女）0610　　營=（營室）0611

① 以下“營=”是“營室”的省簡寫法，不能算作嚴格意義上的合文，姑置於此。

二、正　文

【説明】

1.《周家臺秦簡》共有簡 381 枚（另有 2 枚無字竹籤），木牘 1 枚，内容共有三種，即《曆譜》《日書》《病方及其它》。《曆譜》簡號爲 1－130 及木牘（雙面書寫），《日書》簡號爲 131－308，《病方及其它》簡號爲 309－381。可知三種文獻的簡號屬統一編號，故本索引字頭的出處爲簡省起見，衹標注簡號，而略去文獻名。

2. 本逐字索引包括兩部分：正文、單字。

3. 字頭後表示出處的文字，“牘正”“牘背”分别表示木牘的正面與背面，“壹”“貳”“叁”等表示欄數。綫圖是由若干枚簡拼合繪成（如“綫圖（一）156－181”表示綫圖（一）是由 156－181 號簡拼合繪成），爲簡便起見，出現在綫圖中的字不標注具體簡號，而標注出現的綫圖數及該圖簡的起訖號。例如：

0005 十（31）　29：～一月/70：～一月/71：～二月/80 正：～月/82：～二月/牘正：～月/牘正：～一月/牘正：～二月/牘背：～二月/牘背：～二己卯/135 壹：～月/138 壹：～一月/140 壹：～二月/244：～二月/134 叁：～三日/134 叁：～九日/135 叁：～二日/135 叁：～四日/135 叁：～八日/137 貳：～日/137 貳：～一日/137 貳：～五日/

137 貳：～六日/137 貳：～七日/263：～二日/263：～三日/263：～八日/263：～九日/309：～餘叔（菽）/365：～月/369：～五日

“29”“70”“71”“80 正”“82”“牘正”“牘背”“135 壹”“138 壹”“140 壹”“244 欄”“134 叁”“135 叁”“137 貳”“263”“309”“365”“369”，分別表示“十”字及其辭例的出處爲：簡 29、簡 70、簡 71、簡 80 正面、簡 82、木牘正面（出現 3 次）、木牘背面（出現 2 次）、簡 135 壹欄、簡 138 壹欄、簡 140 壹欄、簡 244、簡 134 叁欄（出現 2 次）、簡 135 叁欄（出現 3 次）、簡 137 貳欄（出現 5 次）、簡 263（出現 4 次）、簡 309、簡 365、簡 369。

0572 翼（4）　133 貳：～/綫圖（一）156－181：～/239：～/239：斗乘～

“133 貳”“綫圖（一）156－181”“239”，分別表示“翼”字及其辭例的出處爲：簡 133 貳欄、綫圖（一）156－181、簡 239（出現 2 次）。

（一）單字

卒（淬）～/323：歙（飲）～/324：鬻（煮）～/328：蓋～/328：貍（埋）～/329：～東西垣/330：徹～齲/333：見～/335：人居～/335：□□～孟也/335：人席～/337：踐～二七/338：杯米～池/345：某爲我已～/345：并□待～/347：令女子～市/351：代～/369：并～/369：浴～/372：燔～/372：冶～/373：食～/374：鬻（煮）～/377：和～/378：□～乾/379：產□□～期

0027 己（51）　3：～亥/4：～亥/5：～亥/6：～亥/11：～酉/12：～酉/13：～酉/14：～酉/15：～酉/16：～酉/21：～未/22：～未/23：～未/24：～未/25：～未/26：～未/31：～巳/31：～巳/33：～巳/34：～巳/35：～巳/35：～巳/41：～卯/41：～卯/43：～卯/44：～卯/45：～卯/45：～卯/51：～丑/51：～丑/53：～丑/54：～丑/55：～丑/55：～丑/60：～亥/62：～未/64：～酉/83：～卯/84：～酉/96：～巳/100：～丑/109：～亥/牘正：～亥/牘背：～卯/牘背：～卯/牘背：～丑/牘背：～亥/綫圖（一）156－181：戊、～/259：戊～/364：～丑/371：～巳

0028 已（36）　50：後事～/187：～/196：～發/197：～/198：～發/202：～發/207：～/208：～發/210：～發/213：～/220：未～/225：～/235：～/239：～/240：～發/242：～/242：～發/262－263：～入月/309：～腸辟/309：不～/323：～/325：～廔（瘻）病/326：～齲方/326：某齲～/327：～/329：～齲方/330：某齲～/330：徹之齲～/332：～齲方/332：某齲～/345：某爲我～之/350：即～/370：～/372：～鼠方/373：一月～/376：令某瘧～

0029 巳（47）　1：癸～/7：乙～/8：乙～/9：乙～/10：乙～/11：乙～/12：乙～/19：丁～/20：丁～/21：丁～/22：丁～/

313：～半升/369：多～

0044 日（75）　80 背：卅六年～/牘背：四～/綫圖（一）156－181：～出/綫圖（一）156－181：～出時/綫圖（一）156－181：～未中/綫圖（一）156－181：～中/綫圖（一）156－181：～過中/綫圖（一）156－181：～失（昳）/綫圖（一）156－181：～毚（纔）[入]/綫圖（一）156－181：～入/244：子～/245：～中/245：～失（昳）時/245：～夕時/132 叁：戎磨～/132 叁：朔～/133 叁：一～/134 叁：入月一～/134 叁：七～/134 叁：十三～/134 叁：十九～/134 叁：廿五～/135 叁：二～/135 叁：六～/135 叁：八～/135 叁：十二～/135 叁：十四～/135 叁：十八～/135 叁：廿～/136 叁：四～/136 叁：廿六～/136 叁：卅～/136 叁：三～/136 叁：四～/136 叁：五～136 叁：九～/137 貳：十～/137 貳：十一～/137 貳：十五～/137 貳：十六～/137 貳：十七～/137 貳：廿一～/137 貳：廿二～/138 貳：二～/138 貳：廿七～/138 貳：廿八～/138 貳：廿九～/138 貳：竆（窮）～/139 貳：大徹（徹）之～/141 貳：小徹（徹）之～/143 貳：竆（窮）～/262：朔～/262：周▨▨～/263：朔～/263：六～/263：七～/263：十二～/263：十三～/263：十八～/263：十九～/263：廿四～/263：廿五～/264：卅～/329：～出/347：臘～/353：臘～/363：良～/363：良～/367：～出/367：～中/367：～入/368：今～/369：以～/369：十五～/372：九～

0045 曰（19）　243：求斗朮～/262：～/326：～/330：祝～/331：其一～/332：～/335：～/338：祝～/343：祝～/343：祝投米～/345：鄉（嚮）馬祝～/347：言～/348：祝～/350：～/350：～/351：即言囷下～/376：～/379：～益若子乳/381：▨～□▨

0046 中（19） 119：此～牀/綫圖（一）156－181：日未～/綫圖（一）156－181：日～/綫圖（一）156－181：日過～/193：人～子也/245：日～/133 叁：周～/298 壹：在～/309：黑叔（菽）～/309：置鬻（粥）～/312：入酒若鬻（粥）～/313：置淳（醇）酒～/316：灰～/323：醇酒～/333：匿屋～/346：鼻～/367：日～/372：置晉（煎）斧（釜）～/377：置椆～

0047 水（7） 綫圖（一）156－181：虚～北/302 叁：其下有～/341：鯖（倩）甕（甕）～/342：杯～/344：杯～/363：北行越～/369：用～多少

0048 午（50） 1：甲～/2：甲～/8：丙～/9：丙～/10：丙～/11：丙～/12：丙～/13：丙～/20：戊～/21：戊～/22：戊～/23：戊～/24：戊～/25：戊～/32：庚～/32：庚～/34：庚～/35：庚～/36：庚～/36：庚～/44：壬～/44：壬～/46：壬～/47：壬～/48：壬～/48：壬～/56：甲～/56：甲～/58：甲～/61：甲～/61：丙～/61：戊～/78：壬～/90：丙～/牘正：庚～/牘背：壬～/牘背：甲～/136 貳：丁、～/綫圖（一）156－181：～、未/綫圖（二）266－279：庚～/綫圖（三）281－293：丙～/綫圖（三）281－293：戊～/綫圖（三）281－293：壬～/綫圖（四）296－308：甲～/345：即～/357：～未/358：甲～/360：～未/361：甲～/368：庚～

0049 手（4） 324：牛脂大如～/336：兩～/340：左～/344：左～

0050 牛（11） 309：肥～/317：～肉/324：～脂/327：～子/328：～上/328：所謂“～”者/347：～胙/348：～胙/361：馬～/365：～止/373：肥～

0051 壬（51） 5：～寅/6：～寅/7：～寅/8：～寅/9：～寅/14：～子/16：～子/17：～子/18：～子/19：～子/24：～戌/25：～戌/26：～戌/27：～戌/28：～戌/34：～申/

0087 平（10） 24：嘉～/29：嘉～/57：尋～/牘背：嘉～/綫圖（一）156－181：～旦/243：～旦/243：～旦/244：～旦/244：皆爲～/367：～旦

0088 北（12） 50：邑～/52：宿迣□□□～/綫圖（一）156－181：虛水～/151 貳：～首者/151 貳：北首者～（背）/358：西～/360：～方/361：西～/362：～方/363：～行/366：～斗/376：～鄉（嚮）

0089 占（225） 187：～病者/187：～行者/187：～來者/188：～【市旅】者/188：～物/189：～獄訟/189：～約結/189：～逐盜/190：～病者/190：～行者/190：～來者/190：～市旅/190：～物/190：～戰斲（鬬）/191：～獄訟/191：～約結/191：～逐盜/191：～病者/192：～來者/192：～市旅/192：～物/192：～戰斲（鬬）/193：～獄訟/193：～約結/193：～逐盜/193：～病/194：～市旅/194：～物/194：～戰斲（鬬）/195：～【獄訟】/196：～來者/196：～市旅/196：～物/197：～獄訟/197：～約結/197：～逐盜/197：～病者/197：～行者/198：～來者/198：～市旅/198：～物/198：～戰斲（鬬）/199：～獄訟/199：～約結/199：～逐盜/200：～病者/200：～行者/200：～來者/200：～市旅者/200：～物/200：～戰斲（鬬）/201：～獄訟/201：～約結/201：～逐盜/201－202：～病者/202：～行者/202：～來者/202：～市旅/202：～物/202：～戰斲（鬬）/203：～獄訟/203：～約結/203：～逐盜/204：～病者/204：～行者/204：～來者/204：～市旅者/204：～物/204：～戰斲（鬬）/205：～獄訟/205：～約結/205：～逐盜/205：～病/206：～行者/206：～來者/206：～市旅/206：～物/206：～戰斲（鬬）/207：～獄訟/207：～約結/207：～逐【盜】/207：～病者/207－208：～行者/208：～來者/208：

～衣/372：～礜

0104 令（26） 246：～復見/254：～復之/313：～人/316：～血欲出/316：～汗出/317：～溫/317：～焦/319：～人/319：～欲出血/326：～某齲已/330：～某齲已/332：～某齲已/332－333：～若毋見/333：～人見之/333－334：～毋見₌（見，見）/337：～病心者/339：～某癰䰅（數）去/340：～可/347：～女子/349：～某禾/354：～禾毋閬（稂）/364：～以/374：～☐/376：～₌某₌瘧₌（令某瘧，令某瘧）/ 376：～某瘧已/378：勿～迣

0105 用（2） 309：～之/369：～水

0106 卯（53） 6：癸～/7：癸～/8：癸～/9：癸～/10：癸～/17：乙～/18：乙～/19：乙～/20：乙～/21：乙～/22：乙～/29：丁～/29：丁～/31：丁～/32：丁～/33：丁～/33：丁～/41：己～/41：己～43：己～/44：己～/45：己～/45：己～/53：辛～/53：辛～/55：辛～/56：辛～/57：辛～/57：辛～/64 ：癸～/64 ：乙～/71：乙～/83：己～/94：丁～/102：辛～/113：癸～/牘正：癸～/牘背：己～/牘背：己～/牘背：辛～/148 壹：～（昴）/135 貳：乙、～/綫圖（一）156－181：寅、～/綫圖（一）156－181：～（昴）/221：～（昴）/221：斗乘～（昴）/綫圖（二）266－279：寅、～/綫圖（三）281－293：【丑】、寅、～/綫圖（三）281－293：丑、寅、～/綫圖（四）296－308：寅、～/356：寅～/359：寅～/371：～溉困

0107 主（4） 297 壹：～歲₌（歲，歲）/299 壹：～歲₌（歲，歲）/301 壹：～歲/302 壹：～歲₌（歲，歲）

0108 市（30） 190：～旅/192：～旅/194：～旅/196：～旅/198：～旅/200：～旅/202：～旅/204：～旅/206：～旅/208：～旅/210：～旅/212：～旅/214：～旅/216：～旅/

358：甲午～/359：甲辰～/360：甲寅～/361：甲戌～/361：甲申～/361：甲午～/361：甲辰～/362：甲寅～

0146 各（2） 369：～二七/377：～盡其復（腹）

0147 名（2） 350：～富者/350：富者～

0148 多（5） 193：～昆弟/316：～食葱/316：～取/349：禾～/369：～少

0149 亦（1） 331：～可

0150 次（1） 369：～（恣）毆（也）

0151 衣（1） 297 叁：白～

0152 亥（49） 3：己～/4：己～/5：己～/6：己～/13：辛～/14：辛～/15：辛～/16：辛～/17：辛～/18：辛～/25：癸～/26：癸～/27：癸～/28：癸～/29：癸～/29：癸～/37：乙～/37：乙～/39：乙～/40：乙～/41：乙～/41：乙～/49：丁～/49：丁～/51：丁～/52：丁～/53：丁～/53：丁～/60：己～/60：辛～/80 正：辛～/91：乙～/98：丁～/109：己～/116：癸～/牘正：乙～/牘正：己～/牘背：乙～/牘背：丁～/牘背：己～/135 貳：壬、～/綫圖（一）156 181：戌、～/246：～/綫圖（二）266－279：戌、～/綫圖（三）281－293：【戌】、～/綫圖（三）281－293：戌、～/綫圖（四）296－308：戌、～/355：戌～/358：戌～

0153 羊（1） 324：～矢（屎）

0154 并（7） 58：～左曹/319：～傅/345：～□待之/352：～涂囷廥下/369：～之/374：～參（三）/377：～命和之

0155 米（11） 97：人～/97：魚～/331：以～亦可/331：男子以～/331：女子以～/338：杯～/338：投～/341：盛～/342：杯～/343：投～/343：投～

0156 汗（2） 311：不～/316：令～出

/53：～卯/55：～卯/56：～卯/57：～卯/57：～卯/60：～亥/62：～丑/64：～酉/79：～巳/80 正：～亥/97：～未/102：～卯/111：～丑/牘正：～丑/牘正：～未/牘背：～巳/牘背：～卯/牘背：～丑/135 貳：～、酉/綫圖（一）156－181：庚、～/259：庚～

0193 冶（3）　354：燔～/372：～之/378：～

0194 弟（1）　193：昆～

0195 沐（3）　314：即～/314：殺～/374：～浥歙

0196 沃（1）　348：以酒～

0197 良（2）　363：～日/ 363：～日

0198 君（1）　326：～子

0199 即（24）　243：～斗/314：～沐/317－318：～以/319：～以/320：～以/321：～發/327：～取/330：～以/333：～取/336：～兩手/337：～令/342：～操杯米/344：～以/345：～午/347：～行捧（拜）/349：～□邑/350：～已/350：～名/351：～取/351：～言/352：～斬/377：～取/378：～出/378：～女子

0200 尾（2）　136 壹：～/綫圖（一）156－181：～

0201 青（9）　190：～、赤/192：～、黄/198：～、黄/200：黄、～/214：～、黑/234：～、赤/236：～、黄/238：～、黄/240：～、黄

0202 長（3）　49：道～宿/314：～髮/366：～史

0203 者（133）　187：所言～/187：占病～/187：占行～/187：占來～/188：占【市旅】～/189：所言～/190：占病～/190：占行～/190：占來～/191：所言～/191：占病～/192：占來～/193：所言～/196：行～/196：占來～/197：所言～/197：占病～/197：占行～/198：占來～/199：所言～/200：占病～/200：占行～/200：占來～/200：占市旅～/201：所言～/202：病～/202：

占行～/202：占來～/203：所言～/204：占病～/204：占行～/204：占來～/204：占市旅～/205：所言～/205－206：占病～/206：占行～/206：占來～/207：所言～/207：占病～/208：行～/208：占來～/208：占市旅～/209：所言～/209：占病～/210：占來～/210：占市旅～/211：所言～/212：占行～/212：占來～/213：【所言】～/213：占病～/213：占行～/215：所言～/215：占病～/215－216：占行～/216：占來～/217：所言～/217：占【約】結～/218：占病～/218：占行～/218：占來～/218：占市旅～/219：所言～/220：占病～/220：占行～/220：占來～/220：占市旅～/221：所言～/221：占病～/222：占行～/222：占來～/223：所言～/223：約結～/223－224：占病～/224：占行～/224：占來～/225：所言～/225：占病～/225：占行～/225－226：占來～/227：所言～/227：占病～/228：占來～/229：所言～/230：病～/230：來～/231：所言～/232：病～/232：占行～/232：占來～/233：所言～/234：占行～/234：占來～/235：所言～/235：占病～/236：【占來】～/236：占市旅～/237：所言～/238：占行～/238：占來～/239：所言～/239：占病～/240：占行～/240：占來～/241：所言～/241：行～/241：占病～/242：占行～/242：占來～/244：申～/260：入～/133 叁：直一～/133 叁：直周～/134 叁：晝～/146 貳：首～/147 貳：首～/148 貳：首～/151 貳：首～/311：不汗～/315：弱～/319：乾～/321：炊（吹）～/323：叚（瘕）～/328：“牛”～/329：黑～/335：病心～/336：病～/337：病心～/350：富～/368：暮=（暮（暯）暮（暯））～/368：胡～/368：牝牡～/376：瘧=（瘧，瘧）～

有客/215：～有客/217：～有客/219：～有客/221：～有客/223：～有客/225：～有客/227：～有客/229：～有客/231：～有客/237：～有客/239：～有客/241：～有客

0223 囷（5）　348：～下/351：～下/351：～下/352：～廥下/371：溉～

0224 物（28）　188：占～/190：占～/192：占～/194：占～/196：占～/198：占～/200：占～/202：占～/204：占～/206：占～/208：占～/210：占～/212：占～/214：占～/216：占～/218：占～/220：占～/222：占～/224：占～/226：占～/228：占～/230：占～/232：占～/234：占～/236：占～/238：占～/240：占～/242：占～

0225 和（2）　377：～之/378：～合樂

0226 侍（1）　351：～（持）豚

0227 使（1）　351：～其徒

0228 彼（1）　319：～（被）其上

0229 所（37）　牘背：廷賦～/187：～言者/189：～言者/191：～言者/193：～言者/197：～言者/199：～言者/201：～言者/203：～言者/205：～言者/207：～言者/209：～言者/211：～言者/215：～言者/217：～言者/219：～言者/221：～言者/223：～言者/225：～言者/227：～言者/229：～言者/231：～言者/233：～言者/235：～言者/237：～言者/239：～言者/241：～言者/243：～乘也/260：～道/132 叁：～謂/309：陰～/321：～恒炊（吹）者/328：～操/328：～謂/329：～燭/330：～操瓦/350：出穜（種）～

0230 舍（1）　348－349：除～

0231 金（4）　綫圖（一）156－181：～西/259：庚辛～/297 壹：置居～/363：越～

0232 命（4）　250：請～/251：請～/365：司～/377：～和之

0326 時（12） 綫圖（一）156－181：日出～/綫圖（一）156－181：食～/綫圖（一）156－181：餔～/綫圖（一）156－181：夕～/243：得其～/245：日失（昳）～/245：日夕～/354：穜（種）禾～/367：食～/367：餔～/367：夕市～/369：始出～

0327 畢（4） 149 壹：～/綫圖（一）156－181：～/223：～/223：斗乘～

0328 財（2） 219：貨、～/225：錢～

0329 晏（1） 綫圖（一）156－181：～食

0330 氣（1） 312：下～

0331 郵（1） 12：黄～

0332 造（1） 253：有～

0333 乘（16） 187：斗～角/189：斗～亢/199：斗～箕/201：斗～斗/203：斗～牽=（牽牛）/205：斗～婺=（婺女）/207：～虛/219：斗～胃/221：斗～卯（昴）/223：斗～畢/225：斗～此（觜）巂/227：～參/229：斗～東井/239：斗～翼/241：斗～軫/243：斗所～

0334 脩（2） 53：論～賜/368：～（滫）清

0335 倍（2） 263：～（背）之/264：～（背）之

0336 皋（4） 326：～/335：～/338：～/343：～

0337 烏（1） 324：～頭

0338 徒（1） 351：其～

0339 脂（1） 324：牛～

0340 留（1） 233：毄（繫）～

0341 高（3） 335：～也/345：～山/345：～郭

0342 郭（1） 345：高～

0343 席（3） 319：清～/335：～之/348：一～

0344 病（37） 187：占～者/190：占～者/191：憂～事/191：占～者/193：占～/197：占～者/200：占～者/202：～者/204：占～者/205：憂～事/205：占～/207：占～者/

241：獄～

0394 孰（2） 319：～（熟）以/375：～（熟）□而鬻（煮）

0395 痿（2） 324：～（痿）病/325：～（痿）病

0396 産（2） 145 貳：～子/379：～□□之期

0397 衮（1） 340：～〈牽〉繘

0398 清（2） 319：～席/368：脩（滫）～

0399 淳（3） 311：～（醇）酒/313：～（醇）酒/375：～毋下三斗

0400 寅（48） 5：壬～/6：壬～/7：壬～/8：壬～/9：壬～/17：甲～/18：甲～/19：甲～/20：甲～/21：甲～/28：丙～/30：丙～/31：丙～/32：丙～/32：丙～/40：戊～/40：戊～/42：戊～/43：戊～/44：戊～/44：戊～/52：庚～/52：庚～/54：庚～/55：庚～/56：庚～/56：庚～/63：壬～/63：甲～/73：甲～/85：戊～/101：庚～/112：壬～/牘正：壬～/牘背：戊～/牘背：庚～/牘背：壬～/135 貳：甲、～/綫圖（一）156－181：～、卯/綫圖（二）266－279：丑、～/綫圖（三）281－293：【丑】、～、卯/綫圖（三）281－293：丑、～、卯/綫圖（四）296－308：～、卯/356：～卯/359：～卯/360：甲～/362：甲～/364：庚～

0401 宿（24） 1：～競（竟）陵/2：～井韓鄉/3：～江陵/12：～黄郵/13：～競（竟）陵/14：～都鄉/15：～鐵官/18：～都鄉/19：～競（竟）陵/31：～□上/32：～路陰/33：～江陵/49：道長～/50：～迣贏/51：～迣離/52：～迣□□□北/53：～迣羅/54：～迣離/55：～區邑/56：～競（竟）陵/57：～尋平/243：得其時～/244：～右行/378：數～

0402 視（1） 29：～事

0403 敢（4） 326：～告/335：～告/338：～告/343：～告

0404 張（3） 132 貳：～/綫圖（一）156－181：～/237：【斗乘】～

0405 陽（1） 297 壹：～主歲₌（歲，歲）

～了（子）/318：～子/329：～者

0428 智（3）　335：不～（知）/337：不～（知）/376：我～（知）

0429 稍（1）　320：～去之

0430 黍（1）　354：腏（餟）～

0431 稅（1）　329：～（脫）去

0432 傅（3）　318：～黑子/319：并～/320：～之

0433 焦（1）　317：令～

0434 街（1）　347：過～

0435 御（1）　241：宦～

0436 復（12）　199－200：得而～失/246：～見之/247：～好見之/254：令～之/262：～環之/264：～倍（背）之/310：～益歓（飲）之/320：朔～到/329：～環/334：～發/377：各盡其～（腹）/379：～産

0437 循（1）　260：～求

0438 須（2）　363：～良日/ 363：～良日

0439 般（2）　314：～沐/354：～穜₌（穜（種）穜（種））

0440 爲（23）　243：～平旦/244：～平/141 貳：～好事/143 貳：有～/299 壹：～下/302 壹：～上/316：以～/345：～我/348：～一席/348：～先/351：某～/355：～柧（孤）/355：～虛/356：～柧（孤）/356：～虛/357：～柧（孤）/357：～虛/358：～柧（孤）/358：～虛/359：～柧（孤）/359：～虛/360：～柧（孤）/360：～虛

0441 勝（15）　197：占獄訟，～/198：占戰斳（鬭），～/201：不～/203：不～/204：～之/204：不～/211：占獄訟，～/213：占獄訟，～/217：不～/219：不～/223：～/224：～之/235：～/237：～/238：～

0442 腏（4）　348：三～（餟）/351：取～（餟）/352：與～（餟）/354：～（餟）黍

0443 就（1）　17：～建□陵

0444 善（5） 199：～事/199：不～/213：～事/319：～布清席/373：～食

0445 道（3） 49：～長宿/260：所～入者/355：～東南入

0446 盜（27） 187：逐～/189：逐～/191：逐～/193：逐～/195：逐～/197：逐～/199：逐～/201：逐～/203：逐～/205：逐～/209：逐～/211：逐～/213：逐～/215：逐～/217：逐～/219：逐～/221：逐～/223：逐～/227：逐～/229：逐～/231：逐～/233：逐～/235：逐～/237：逐～/239：逐～/241：逐～/260：求～

0447 渧（1） 50：上～

0448 溉（1） 371：～囷垤穴

0449 寒（1） 318：～輒更之

0450 寂（1） 346：～（撮）其土

0451 富（3） 147 貳：南首者～/350：～者/351：其～

0452 窮（1） 223：～（窮）事

0453 尋（1） 57：～平

0454 晝（3） 132 叁：～當/134 叁：～者/345－346：～地

0455 絜（1） 319：臬～

0456 登（2） 19：丞～/20：丞～

0457 發（30） 187：未～/190：不～/192：不～/196：已～/198：已～/200：不～/202：已～/204：～而難/206：不～/208：已～/210：已～/212：不～/212：未～/213：未～/216：□～/218：～/220：未～/222：～/224：～/225：～/228：未～/230：不～/232：不～234：未～/238：～/240：已～/242：已～/321：即～/334：復～/367：～□

0458 結（28） 187：約～/189：約～/191：約～/193：約～/195：約～/197：約～/199：約～/201：約～/203：約～/205：約～/207：約～/209：約～/211：約～/213：約～/215：約～/217：占【約】～者/219：約～/221：約

～/223：約～/225：約～/227：約～/229：約～/231：約～/233：約～/235：約～/237：約～/239：約～/241：約～

0459 給（1） 374：以～

0460 絕（1） 139 貳：～邊競（境）

0461 捧（1） 347：行～（拜）

0462 搕（2） 336：～某/336：～病者

0463 遠（1） 139 貳：～行

0464 蓋（2） 328：～之/330：～□

0465 楬（1） 211：分～事

0466 椽（1） 49：坐～

0467 毄（5） 28：但～（繫）/233：～（繫）留/244：～（繫）申者/244：～（繫）行/139 貳：攻～（擊）

0468 戢（1） 337：咸～

0469 歲（7） 297 壹：主～=（歲，歲）/299 壹：主～=（歲，歲）/300 壹：[主]～/301 壹：主～/302 壹：主～=（歲，歲）/335：～實/352：～歸其禱

0470 當（4） 200：自～/210：自～/236：自～/132 叁：晝～

0471 路（1） 32：～陰

0472 遣（1） 364：～書

0473 農（9） 347：先～/348：先～/348：先～/349：先～/349：先～/350：～夫/351：～夫/352：～夫/352：～夫

0474 置（12） 297 壹：～居金/299 壹：～居火/301 壹：～居土/302 壹：～居木/309：～鬻（粥）中/313：～淳（醇）酒中/328：～垣瓦下/328：～牛上/342：～杯水/372：～晉（煎）斧（釜）中/377：～桐中/378：～□後數宿

0475 與（3） 333：～人言/350：～皆出穜（種）/352：～腏（餟）

0476 鼠（2） 371：～弗穿/372：已～方

0477 亂（1） 191：相抵～

215：～訟/217：～訟/219：～訟/221：～訟/223：～訟/225：～訟/227：～訟/229：～訟/231：～訟/231：～訟/233：～訟/235：～訟/237：～訟/239：～訟/241：～訟

0501 語（3） 211：言～/221：言～/255：得～

0502 說（6） 249：～（悅）/250：～（悅）/253：～（悅）/254：～（悅）/255：不～（悅）/257：～（悅）

0503 裹（1） 354：～臧（藏）

0504 瘧（2） 376：令=某=～=（令某瘧，令革瘧）者/376：～已

0505 端（2） 牘正：～月/323：有方之～

0506 齊（2） 315：～約/365：戊子～

0507 鄭（1） 綫圖（一）156－181：人～（定）

0508 熅（1） 374：～（溫）鬻（煮）

0509 漬（3） 311：～布/315：～之/320：以羽～

0510 實（2） 312：草～/336：歲～

0511 盡（3） 牘背：不～/314：～鬻（煮）/377：各～其復（腹）

0512 髮（1） 314：長～

0513 擯（1） 339：～房

0514 撟（1） 344：～杯

0515 暮（1） 368：～=（暮（暯）暮（暯））者

0516 豎（1） 19：史～

0517 醇（1） 323：～酒

0518 憂（4） 191：～病事/205：～病事/220：有～/233：～病事

0519 齒（2） 326：齲～/332：～齲

0520 勮（1） 215：占病者，～

0521 賞（1） 195：～賜事

0522 賦（1） 牘背：廷～所

0523 賜（3） 45：～/53：論脩～/195：賞～事

0524 閬（1） 354：毋～（稂）

0525 數（1） 378：～宿

0526 踐（1）　337：～之

0527 蝠（1）　321：扁（蝙）～

0528 歆（1）　374：沐浥～

0529 樂（1）　378：合～

0530 瞖（1）　368：辟（避）～（眅）

0531 銷（1）　364：甲子～

0532 劍（1）　323：燔～

0533 餔（3）　綫圖（一）156－181：～時/綫圖（一）156－181：下～/367：～時

0534 餘（1）　309：十～

0535 歓（10）　309：～（飲）之/310：～（飲）之/311：～（飲）之/312：～（飲）之/313：～（飲）之/322：～（飲）之/322：～（飲）二七/323：～（飲）之/344：～（飲）女子/373：～（飲）以鉌

0536 請（12）　189：～謁事/203：～謁/217：～謁事/229：～謁事/231：～謁事/246：～後見/250：～命/250：～謁/251：～命/251：～謁/255：～謁/326－327：～獻

0537 論（1）　53：～脩賜

0538 稾（2）　315：～（藁）本/ 315：～（藁）本

0539 輂（1）　333：車～（犖）

0540 操（8）　327：～/328：～瓦/329：～兩瓦/330：～瓦/333：～歸/338：～杯米/341：～杯/342：～杯

0541 樹（1）　195：⧄～

0542 橐（2）　313：～（蠹）矢（屎）/321：上～

0543 頭（2）　324：烏～/328：～虫

0544 縣（1）　309：～（懸）陰所

0545 瞀（2）　368：浴～（蠶）/369：浴～（蠶）

0546 戰（29）　188：～鬥（鬬）/190：～鬥（鬬）/192：～鬥（鬬）/194：～鬥（鬬）/196：～鬥（鬬）/198：～鬥（鬬）/200：～鬥（鬬）/202：～鬥（鬬）/204：～鬥

0578 雞（3）　綫圖（一）156－181：～未鳴/綫圖（一）156－181：～後鳴/367：～＝（雞，雞）

0579 磨（1）　132叁：～日

0580 雜（3）　210：～、白/220：～/243：～之

0581 離（2）　51：迣～/54：迣～

0582 竄（1）　312：以三指～（撮）

0583 禱（2）　352：歲歸其～/353：塞～

0584 繘（2）　340：衺〈牽〉～/341：～蠪（甕）

0585 難（1）　204：發而～

0586 顛（1）　374：～首

0587 櫌（1）　316：～桑木

0588 斄（4）　243：～（數）東方/132叁：始～（數）之/263：～（數）朔日/339：～（數）去

0589 羅（1）　53：迣～

0590 臘（2）　347：～日/353：～日

0591 鯖（1）　341：～（倩）蠪（甕）

0592 靡（3）　316：～（摩）之/319：～（摩）之/346：～（摩）其鼻中

0593 獻（1）　327：～驪牛

0594 籍（1）　牘背：一～

0595 競（17）　1：～（竟）陵/13：～（竟）陵/19：～（竟）陵/20：～（竟）陵/21：～（竟）陵/22：～（竟）陵/23：～（竟）陵/24：～（竟）陵/25：～（竟）陵/26：～（竟）陵/27：～（竟）陵/28：～（竟）陵/29：～（竟）陵/30：～（竟）陵/51：～（竟）陵/56：～（竟）陵/139貳：邊～（境）

0596 嬴（1）　50：～邑

0597 露（1）　348：壺～

0598 羈（1）　142貳：～（羈）謀

0599 礜（1）　369：～（曒）、赤叔（菽）

0600 鐵（3）　15：~官/16：~官/17：~官

0601 聽（12）　247：~之/ 247：不~/248：~/249：~/250：~之/250：~/251：不~/251：~之/252：~之/252：不~/253：~之/257：~

0602 鬻（4）　309：置~（粥）中/310：~（粥）/312：~（粥）中/343：敢告~

0603 變（1）　237：~治事

0604 癰（2）　339：某~/339：某~

0605 齲（9）　326：已~方/326：~齒/326：~已/329：已~方/330：某~已/330：~已/332：已~方/332：齒~/332：~已

0606 觿（2）　150 壹：此（觜）~（巂）/綫圖（一）156－181：此（觜）~（巂）

0607 韀（3）　340：免（挽）~（韈）/341：繘~（韈）/341：鯖（倩）~（韈）

0608 驪（1）　327：~牛

（二）合文[①]

0609 牽₌（4）　139 壹：~₌（牽牛）/綫圖（一）156－181：~₌（牽牛）/203：~₌（牽牛）/203：~₌（牽牛）

0610 婺₌（4）　140 壹：~₌（婺女）/綫圖（一）156－181：~₌（婺女）/205：~₌（婺女）/205：~₌（婺女）

0611 營₌（3）　143 壹：~₌（營室）/綫圖（一）156－181：~₌（營室）/211：~₌（營室）

① 以下“營₌”是“營室”的省簡寫法，不能算作嚴格意義上的合文，姑置於此。

三、釋文

【説明】

1. 本釋文以中華書局 2001 年出版的《關沮秦漢墓簡牘》一書中《周家臺三〇號秦墓簡牘》爲基礎，嚴格查核圖版，認真校核原釋文，並酌情吸收有關釋讀成果而成。凡原釋文不確或錯誤之處，儘量改之，並於當頁以腳註説明。

2.《周家臺三〇號秦墓簡牘》收錄竹簡 381 枚（另有 2 枚無字竹籤），木牘 1 枚。按内容分爲三部分:《曆譜》《日書》《病方及其它》。

3. 本釋文原則上按原釋文分條分段行文。原整理者出處標注錯誤的，徑改，不作説明。

（一）曆譜

秦始皇三十四年

【丨十月戊戌】	【丨十二月丁酉】	丨二月丙申宿競（竟）陵	丨四月乙未	丨六月甲午	丨八月癸巳	1
【己亥】	戊戌	丁酉宿井韓鄉	丙申	乙未	甲午	2
【庚子】	己亥	戊戌宿江陵	丁酉	丙申	乙未	3
【辛丑】	【庚子】	【己亥】	【戊戌】	【丁酉】	【丙申】	

【丨十月戊戌】	【丨十二月丁酉】	丨二月丙申宿競（竟）陵	丨四月乙未	丨六月甲午	丨八月癸巳	1
【壬寅】	辛丑	庚子	己亥	戊戌	丁酉	4
【癸卯】	壬寅	辛丑	庚子	己亥	戊戌	5
甲辰	癸卯	壬寅	辛丑	庚子	己亥	6
乙巳	甲辰	癸卯	壬寅	辛丑	庚子	7
丙午	乙巳	甲辰	癸卯	壬寅	辛丑	8
丁未	丙午	乙巳	甲辰	癸卯	壬寅	9
戊申	丁未	丙午	乙巳	甲辰	癸卯	10
己酉	戊申	丁未起江陵	丙午	乙巳	甲辰	11
庚戌	己酉	戊申宿黄郵	丁未	丙午	乙巳	12
辛亥	庚戌	己酉宿競（竟）陵	戊申	丁未去左曹，坐南廥	丙午	13
壬子	辛亥	庚戌宿都鄉	己酉	戊申	丁未	14
癸丑	【壬】子	辛亥宿鐵官	庚戌	己酉	戊申	15
【甲寅】	【癸丑】	壬子治鐵官	辛亥	庚戌	己酉	16
乙卯	甲寅	癸丑治鐵官	壬子	辛亥就建①□陵	庚戌	17
丙辰	乙卯	甲寅宿都鄉	癸丑	壬子	辛亥	18
丁巳	丙辰守丞登、史豎，除。到。	乙卯宿競（竟）陵	甲寅	癸丑	壬子	19
戊午	丁巳守丞登、□史□□之□□。	丙辰治競（竟）陵	乙卯	甲寅	癸丑	20
己未	戊午	丁巳治競（竟）陵	丙辰	乙卯	甲寅	21
庚申	己未	戊午治競（竟）陵	丁巳	丙辰	乙卯	22
辛酉	庚申	己未治競（竟）陵	戊午	丁巳	丙辰	23
壬戌	辛酉嘉平	庚申治競（竟）陵	己未	戊午	丁巳	24

① 建，一説釋“逮”。

【丨十月戊戌】	【丨十二月丁酉】	丨二月丙申宿競（竟）陵	丨四月乙未	丨六月甲午	丨八月癸巳	1
癸亥	壬戌	辛酉治競（竟）陵	庚申	己未	戊午	25
甲子	癸亥	壬戌治競（竟）陵	辛丑〈酉〉	庚申	己未	26
乙丑	甲子	癸亥治競（竟）陵	壬戌	辛丑〈酉〉	庚申	27
丙寅	乙丑史但毄（繫）	甲子治競（竟）陵	癸亥	壬戌	辛丑〈酉〉	28
丨十一月丁卯	丨正月丁卯嘉平視事	丨三月乙丑治競（竟）陵	丨五月甲子	丨七月癸亥	丨九月癸亥	29
戊辰	戊辰	丙寅治競（竟）陵	乙丑	甲子	甲子	30
己巳	己巳	丁卯宿□上	丙寅	乙丑	乙丑	31
庚午	庚午	戊辰宿路陰	丁卯	丙寅	丙寅	32
辛未	辛未	己巳宿江陵	戊辰	丁卯	丁卯	33
壬申	壬申	庚午到江陵	己巳	戊辰	戊辰	34
癸酉	癸酉	辛未治後府	庚午	己巳	己巳	35
甲戌	甲戌	壬申治	辛未	庚午	庚午	36
乙亥	乙亥	癸酉治	壬申	辛未	辛未	37
丙子	丙子	甲戌	癸酉	壬申	壬申	38
丁丑	丁丑	乙亥	甲戌	癸酉	癸酉	39
戊寅	戊寅	丙子	乙亥	甲戌	甲戌	40
己卯	己卯	丁丑	丙子	乙亥	乙亥	41
庚辰	庚辰	戊寅	丁丑	丙子	丙子	42
辛巳	辛巳	己卯	戊寅	丁丑	丁丑	43
壬①午	壬午	庚辰	己卯	戊寅	戊寅	44
癸未	癸未	辛巳賜	庚辰	己卯	己卯	45
甲申	甲申	壬午	辛巳	庚辰	庚辰	46
乙酉	乙酉	癸未奏上	壬午	辛巳	辛巳	47

① 壬，原釋文作“壬”，據圖版改。

【丨十月戊戌】	【丨十二月丁酉】	丨二月丙申宿競（竟）陵	丨四月乙未	丨六月甲午	丨八月癸巳	1
丙戌	丙戌	甲申史𠟭（徹）行	癸未	壬午	壬午	48
丁亥道長宿①	丁亥史除，不坐椽曹從公	乙酉	甲申	癸未	癸未	49
戊子	戊子宿迣贏邑北上渧	丙戌後事已	乙酉	甲申	甲申	50
己丑	己丑宿迣離涌西	丁亥治競（竟）陵	丙戌	乙酉	乙酉	51
庚寅	庚寅宿迣□□□北	戊子	丁亥	丙戌	丙戌	52
辛卯	辛卯宿迣羅涌西	己丑論脩賜	戊子	丁亥	丁亥	53
壬辰	壬辰宿迣離涌東	庚寅	己丑	戊子	戊子	54
癸巳	癸巳宿區邑	辛卯	庚寅	己丑	己丑	55
甲午	甲午宿競（竟）陵	壬辰	辛卯	庚寅	庚寅	56
乙未	乙未宿尋平	癸巳	壬辰	辛卯	辛卯	57
丙申		甲午并左曹	癸巳	壬辰	壬辰	58

■後九月大　●戊戌　●甲辰　●庚戌　●丙辰59

癸巳　己亥　乙巳　辛亥　丁巳60

甲午　庚子　丙午　壬子　戊午61

乙未　辛丑　丁未　癸丑　己未62

丙申　壬寅　戊申　甲寅　庚申63

丁酉　癸卯　己酉　乙卯　辛酉64

【空白簡】65—68

① 原簡“道長宿”三字倒書於下一“丁亥”（第二欄）之上，當與“丁亥”後的小字連讀爲：“史除，不坐椽曹從公，宿長道。”

秦始皇三十六年、三十七年

【十月　丙】辰[1]大$_{69}$

十一月　丙戌小$_{70}$

乙卯　十二月大$_{71}$

【乙酉】正月小[2]$_{72}$

甲寅　二月大$_{73}$

【甲申】　三月小$_{74}$

癸丑　四月大$_{75}$

【癸】未　五月小$_{76}$

【壬子】六月大　八月壬子$_{77}$

壬午　七月大$_{78}$

辛巳　九月小$_{79}$

丗[3]六年日$_{80背}$

十月　辛亥小$_{80正}$

【十一月　庚辰】大[4]$_{81}$

十二月　庚戌小$_{82}$

【正】月　己卯大$_{83}$

二月　己酉小$_{84}$

三月　戊寅大$_{85}$

四月　戊申小$_{86}$

---

① 辰，原釋文作“辰”，據圖版改。

② 整理者於簡72釋文注曰，“正月小”三字右半尚存，並據上下簡之文意釋爲“【乙酉】正月小”，爲是。但是，圖版的72簡爲由上下兩部分組成的斷簡，該簡上半部分無字跡，下半部分存“有惡言”三字，與釋文不合而迥異。經查，該簡圖版有誤，上半部分爲另一無字殘簡誤置於此，下半部分爲257簡的下半部分（殘簡）誤置於此。

③ 丗，原釋文作“卅”，據圖版改，以反映原字面貌。下同。

④ 大，原釋文作“大”，據圖版改。

五月　丁丑大87
六月　丁未小　澤88
七月　丙子大89
八月　丙午小90
九月　乙亥大91
甲子92
乙丑93
丁卯94
戊辰95
己巳96
辛未　食人米四斗，魚米四斗。97
丁亥98
戊子99
己丑100
庚寅101
辛卯102
壬辰103
癸巳104
乙未105
丙申106
丁酉107
戊戌108
己亥109
庚子110
辛丑111
壬寅112
癸卯113
甲辰114
乙巳115

癸①亥116

□□117

□□118

□□　此中牀。119

□□120

□□121

□□122

□□123

□□124

□□125

□□126

□□127

□□128

□□☒□□□129

□□130

秦二世元年（木牘）

十月乙亥小
十一月甲辰大
十二月甲戌小
端月癸卯大
二月癸酉小
三月壬寅大
四月壬申小

正面壹

五月辛丑大
六月辛未小
七月庚子大
八月庚午小　大
九月己亥大

正面貳

以十二月戊戌嘉平，月不盡四日。　己卯　戊子　戊【戌】
十二己卯□到。　甲戌　庚辰　己丑　己亥

① 癸，原釋文作“癸”，據圖版改。

背面壹	背面貳	背面叁	背面肆	背面伍
	乙亥	辛[巳]	庚寅	庚子
	丙子	壬午	辛卯	辛丑
	丁丑	癸未	壬辰	壬寅
	戊寅	甲申	癸巳	癸①
		乙酉	甲午	
		丙戌	乙未	
廷賦所，一籍廛廿。		丁亥	丙申	
丁酉				

（二）日書

八月　角，131壹亢。132壹

九月　抵②（氐），133壹房。134壹

十月　心，135壹尾，136壹箕。137壹

十一月　斗，138壹牽＝（牽牛）。139壹

十二月　婺＝（婺女），140壹虚，141壹危。142壹

正月　營＝（營室）③，143壹東辟（壁）。144壹

二月　奎，145壹婁。146壹

三月　胃，147壹卯（昴）。148壹

四月　畢，149壹此（觜）觿（嶲），150壹參。151壹

五月　東井，152壹輿鬼。153壹

六月柳，154壹七星。131貳

七月　張，132貳翼，133貳軫。134貳

辰、乙、卯、甲、寅、丑、癸、子、壬、亥、戌、辛、酉、庚、

① 癸，衍文。

② 抵，原釋文作“搋”，據圖版改。下同。

③ 營＝，是“營室”的省簡寫法，不能算作嚴格意義上的合文。下同。

申、135貳未、丁、午、丙、巳。136貳

綫圖（一）156－181

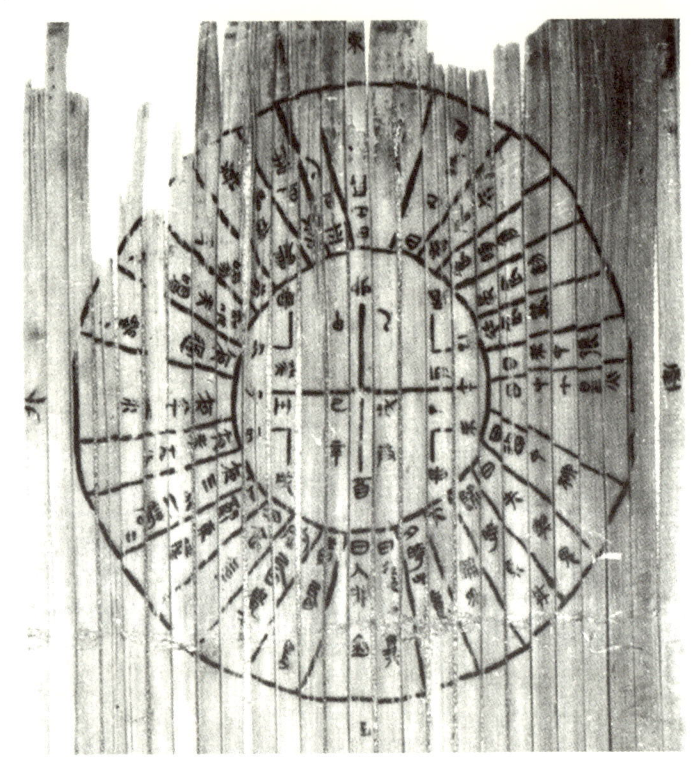

甲、乙、丙、丁、庚、辛、壬、癸、戊、己。

子、丑、寅、卯、辰、巳、午、未、申、酉、戌、亥。

夜半	虛	水	北
夜過【半】[①]	婺₌（婺女）		
雞未鳴	牽₌（牽牛）		
前鳴	斗		
雞後鳴	箕		
毚（纔）旦	尾		
平旦	心		
日出	房	木	東
日出時	抵（氐）		

① 【半】，原釋文作“半”，據圖版改。

蚤（早）食	亢		
食時	角		
晏食	軫		
廷食	翼		
日未中	張		
日中	七星	火	南
日過中	柳		
日失（昳）	輿鬼		
餔時	東井		
下餔	参		
夕時	此（觜）觿（巂）		
日毚（纔）入	畢		
日入	卯（昴）	金	西
黄昏	胃		
定昏	婁		
夕食	奎		
人鄭（定）	東辟（壁）		
夜三分之一	營=（營室）		
夜未半	危		

【空白簡】182—186

角：斗乘角，門有客，所言者急事也。獄訟，不吉；約結，成；逐盜①、追亡人，得；占病者，已；占行者，未發；占來者，187未至；占【市旅】者，不吉；占物，黄、白；戰鬪（鬭），不合。188

【亢：】斗乘亢，門有客，所言者行事也，請謁事也，不成。占獄訟，不吉；占約結，不成；占逐盜、追亡人，189得之；占病者，篤；占行者，不發；占來者，不至；占市旅，不吉；占物，青、赤；占戰鬪（鬭），不合・不得。190

【抵（氐）：斗乘】抵（氐），門有客，所言者憂病事也。占獄訟，

① 盜，原釋文作“盗”，據圖版改。下同。

不解；占約結，相抵亂也；占逐盜、追亡人，得之；占病者，篤；191【占行】者[①]，不發；占來者，亟至；占市旅，不吉；占物，青、黄；占戰斲（鬬），不吉。192

【房：斗乘】房[②]，門有客，所言者家室事，人中子也，多昆弟。占獄訟，解；占約結，成；占逐盜、追亡人，得之；占病，少193【可；占行者，□；占來】者[③]，未至；占市旅，吉；占物，白；占戰斲（鬬），不合。194

【心：斗乘心，門有客，所言者】□樹賞賜事也，占【獄訟】，□；約結，成；逐盜、追亡人，不得；195【占病者，少可；占】行者，已發；占來者，亟至；占市旅，吉；占物，赤、黄；戰斲（鬬），不合。196

【尾：斗乘】[④]尾[⑤]，門有客，所言者吉事也。占獄訟，勝；占約結，成；占逐盜、追亡人，得之；占病者，已；占行者，197已發；占來者，亟至；占市旅，吉；占物，青、黄；占戰斲（鬬），勝，不合。198

箕：斗乘箕，門有客，所言者急，善事成，不善不成。占獄訟，急，後解；占約結，不成；占逐盜、追亡人，得而復199失之；占病者，篤；占行者，不發；占來者，亟至；占市旅者，自當；占物，黄、青；占戰斲（鬬），不合。200

斗：斗乘斗，門有客，所言者末事、急事也。占獄訟，不勝；占約結，不成；占逐盜、追亡人，得；占201病者，篤；占行者，已發；占來者，未至；占市旅，不吉；占物，白；占戰斲（鬬），不合。202

---

① 者，原釋文作“者”，據圖版改。

② 房，原釋文作“房”，據圖版改。

③ 者，原釋文作“者”，據圖版改。

④ 【尾斗乘】，原釋文作“【尾斗】乘”，據圖版改。

⑤ 尾，原釋文作“尾”，據圖版改。

牽=（牽牛）：斗乘牽=（牽牛），門有客，所言者請謁、獄訟事也。占獄訟，不勝；占約結，凶事成，吉事不成；占逐盜、追亡人，203得之；占病者，死；占行者，發而難；占來者，未至；占市旅者，不吉；占物，白、黑半；占戰斲（鬭），勝之·不勝。204

婺=（婺女）：斗乘婺=（婺女），門有客，所言者憂病事也。占獄訟，不吉；占約結，不成；占逐盜、追亡人，不得；占病205者，篤，占行者，不發；占來者，未來；占市旅，不吉；占物，白；占戰斲（鬭），不吉。206

【虛：】斗①乘虛，門有客，所言者虛故事，不害。占獄訟，解；占約結，不成=（成，成）；占逐【盜】②、追亡人，弗得；占病者，已；占207行③者，已發；占來者，未至；占市旅者，不吉；占物，白、黑半；占戰斲（鬭），不合。208

【危：斗乘】危，門有客，所言者危行事也。占獄訟，疑；占約結，不成；占逐盜、追亡人，弗得；占病者，篤；占209【行者】，已發；占來者，亟至；占市旅者，自當；占物，雜、白；占戰斲（鬭），吉。210

【營=（營室）：斗乘】營=（營室），門有客，所言者分楬事也，不成。占獄訟，勝；占約結，有後言語；占逐盜、追亡人，得之；占211【病者】，少④可；占行者，不發；占來者，未發；占市旅，吉；占物，白、黑半；占戰斲（鬭），不合。212

【東辟（壁）：斗乘東辟（壁），門有客，所言】者善事也。占獄訟，勝；占約結，成；占逐盜、追亡人，不得；占病者，已；占行者，未發213，【占來者】，未至；占市旅，吉；占物，青、黑；占戰斲（鬭），不合。214

---

① 【虛：】斗，原釋文作“【虛斗】”，據圖版改。

② 【盜】，原釋文無，據文例補。

③ 行，原釋文作“【行】”，據圖版改。

④ 少，原釋文作“少”，據圖版改。

【奎：斗乘】奎，門有客，所言者惡事也。占獄訟，不吉；占約結，成；占逐盜、追亡人，得之；占病者，劇；占行215者，□發；占來者，亟至；占市旅，不吉；占物，黄、赤；占戰斲（鬭），不合，吉。216

【婁：斗乘】婁，門有客，所言者獄訟事、請謁事也。【占獄訟】不勝；占【約】結者，凶事成，吉事不成；占逐盜、217追亡人，得之；占病者，篤；占行者，發；占來者，至；占市旅者，不吉；占物，白、黑半；占戰斲（鬭），不吉。218

胃：斗乘胃，門有客，所言者凶事也。占得利、貨、財，必後失之；占獄訟，不勝；占約結，不成；占逐盜、219追亡人，得；占病者，未已；占行者，未發；占來者，未至；占市旅者，細利；占物，雜；占戰斲（鬭），有憂。220

卯（昴）：斗乘卯（昴），門有客，所言者惡事也。占獄訟，不成；占約結，成而有言語；占病者，少可；逐盜、221追亡人，不得；占行者，發；占來者，到；占市旅，疑；占物，黄、白；占戰斲（鬭），怒，不合。222

畢：斗乘畢，門有客，所言者，急相窌（窮）事也。占獄訟，勝；以期約結者，成；占逐盜、追亡人，得之；占病223者，篤，不死；占行者，發；占來者，亟至；占市旅，吉；占物，黄、白；占戰斲（鬭），勝之，不合。224

此（觜）巂①：斗乘此（觜）巂，門有客，所言者錢財事也。獄訟，解；約結，不成；占病者，已；占行者，發；占來225者，亟至；占市旅，吉；占物，黄、白；占亡，不得；占戰斲（鬭），不合。226

【參：斗】乘參，門有客，所言者急事也。獄訟，解；占約結，不吉；占逐盜、追亡人，不得；占病者，227□；【占行者】，未發；占來者，未至；市旅，不吉；占物，黄、白；戰斲（鬭），不合。228

【東井】：斗乘東井，門有客，所言者家室、請謁事也。占獄訟，不吉；占約結，不成；占逐盜、追亡人，得；229【占】病者，篤；占

---

① 巂，位於簡226天頭處。“此巂”爲標題。

行【者】，不發；【占】來者，不至；【占】市旅，不吉；占物，黄、白；占戰斲（鬭），不合。230

【輿鬼：斗】乘①輿鬼，門有客，所言者獄訟、請謁事也。占獄訟，不解；占約結，不成；占逐盜、追亡人，231【得；占】病者，死；占行者，不發；占來者，不至；占市旅，不吉；占物，赤、黑；占戰斲（鬭），吉。232

【柳：斗乘柳，門有客】，所言者憂病事也。占獄訟，毄（繫）留，不吉；占約結，不成；占逐盜、追亡人，不得；233【占病者□】②；占行者，未發；占來者，不至；占市旅，不吉；占物，青、赤；占戰斲（鬭），不吉。234

【七星：斗乘七星，門有客】，所言者家室、故事也。問獄訟，勝；占約結，成；占逐盜、追亡人，得；占病者，已；占235【行者，未發；占來】者，不至；占市旅者，自當；占物，青、黄；占戰斲（鬭），不合。236

【張：斗乘】張，門有客，所言者變治事也。占獄訟，勝；占約結，成；占逐盜、追亡人，得之；占病237者③，篤；占行者，發；占來者，亟至；占市旅，吉；占物，青、黄；占戰斲（鬭），勝。238

翼：斗乘翼，門有客，所言者行事也。占獄訟，已；占約結，成；占逐盜、追亡人，得；占病者，有239瘳；占行者，已發；占來者，亟至；占市旅，吉；占物，青、黄；占戰斲（鬭），不合。240

軫：斗乘軫，門有客，所言者宦御若行者也。占獄訟，解；占約結，成；占逐盜、追亡人，不得；占病者，241已；以有求，不得；占行者，已發；占來者，亟至；占市旅，吉；占物，黄、白；占戰斲（鬭），不合。242

求斗朮曰：以廷子爲平旦而左行，斀（數）東方平旦以雜之，得

---

① 乘，原釋文作“乘”，據圖版改。

② 【占病者□】，原釋文作“【占病者】□”，據圖版改。

③ 者，原釋文作“者”，據圖版改。

其時宿，即斗所乘也。243此正月平旦毄（繫）申者，此直引也。今此十二月子日皆爲平，宿右行。·毄（繫）行。244

	朝	莫食	日中	日失(昳)時	日夕時	245
亥	有後言。	不言。	令復見之。	怒言。	請後見。	246
子	告，聽之。	告，不聽。	有美言。	復好見之。	有美言。	247
丑	有怒。	有美言。	遇怒。	有告，聽。	有惡言。	248
【寅】	有得，怒。	說（悅）。	不得言。	不得言。	有告，聽。	249
【卯】	有請命，許。	說（悅）。	告，聽之。	請謁，聽。	有怒。	250
辰	告，不聽。	告，聽之。	請命，許。	有告，遇怒。	請謁，許。	251
【巳】	不說①（悅）。	告，聽之。	告，不聽。	有告，遇怒。	後有言。	252
【午】	許②。	百事不成。	告，聽之。	有造，惡。	說（悅）。	253
【未	有美】言。	令復之。	有惡言。	說（悅）。	不治。	254
【申	□怒】	得語。	不說（悅）。	有後言。	請謁，許。	255
【酉】	▭	▭	▭	▭	遇惡。	256
【戌】	▭	▭	說（悅）。	有言，聽。	有惡言。	257

▭己③、壬、癸。258

【甲乙木、丙】丁火、戊己土、庚辛金、壬癸水④。259

☐以孤虛循求盜所道入者及臧（藏）處。260

｜　目　｜　目　｜　目　｜　目　｜　目　｜131

此所謂戎磨日殹（也）。從朔日始騶（數）之，畫當132叁一日。直一者，大𡚶（徹）；直周者，小𡚶（徹）；直周中三133叁畫者，窮（窮）。·入月一日、七日、十三日、十九日、廿五日大134叁𡚶（徹）。·入月二日、六日、八日、十二日、十四日、十八日、廿日、廿135叁

① 不說，原釋文作“不說”，據圖版改。

② 許，原釋文作“許”，據圖版改。

③ 己，原釋文作“己”，據圖版改。

④ 水，原釋文作“水”，據圖版改。

四日、廿六日、卅日小勶（徹）。·入月三日、四日、五日、九日136叁十日、十一日、十五日、十六日、十七日、廿一日、廿二日、廿一137貳二日、廿七日、廿八日、廿九日竆（窮）日。138貳

·凡大勶（徹）之日，利以遠行、絕邊競（境）、攻毄（擊），亡139貳人不得，利以舉大事。140貳

·凡小勶（徹）之日，利以行作、爲好事。取（娶）婦、嫁141貳女，吉。氏（是）謂小勶（徹），利以羈（羇）謀①。142貳

·凡竆（窮）日，不利有爲殹（也）。亡人得。是謂三143貳閉。144貳

產子占：145貳東首者貴，146貳南首者富，147貳西首者壽，148貳北首者北（背）。151貳

【空白簡】155

|目|　|目|　|目|　|目|　|目261

☒日：鬆②（數）從朔日始，曰：勶（徹）周竆₌（竆（窮），竆（窮））周勶₌（勶（徹），勶（徹））周竆₌（竆（窮），竆（窮））周☒☒日直竆（窮），得；直周，復環之；直勶（徹），不得。·已262入月，鬆（數）朔日以到六日，倍（背）之；七日以到十二日，左之；十三日以到十八日，鄉（嚮）之；十九日以到廿四日，右之；廿五日263以到卅日，復倍（背）之。264以此見人及戰斲（鬬）皆可。265

綫圖（二）266—279

① 羈謀，一說讀爲“奇謀”，一說讀爲“寄媒”。

② 鬆，原釋文作“鬆”，據圖版改。

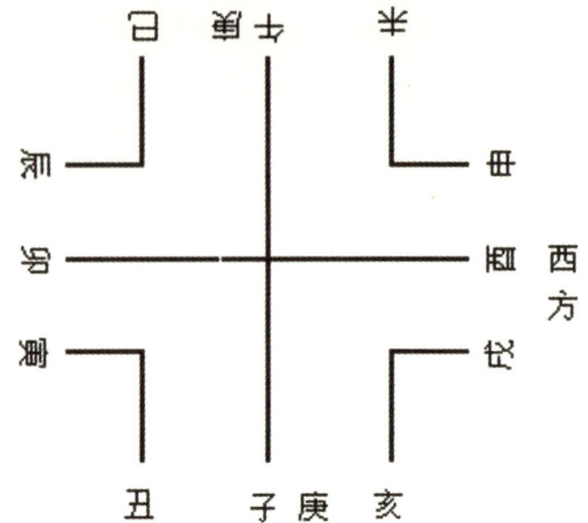

西方

庚子、丑、寅、卯、辰、巳，庚午、未、申、酉、戌、亥。

綫圖（三）281—293

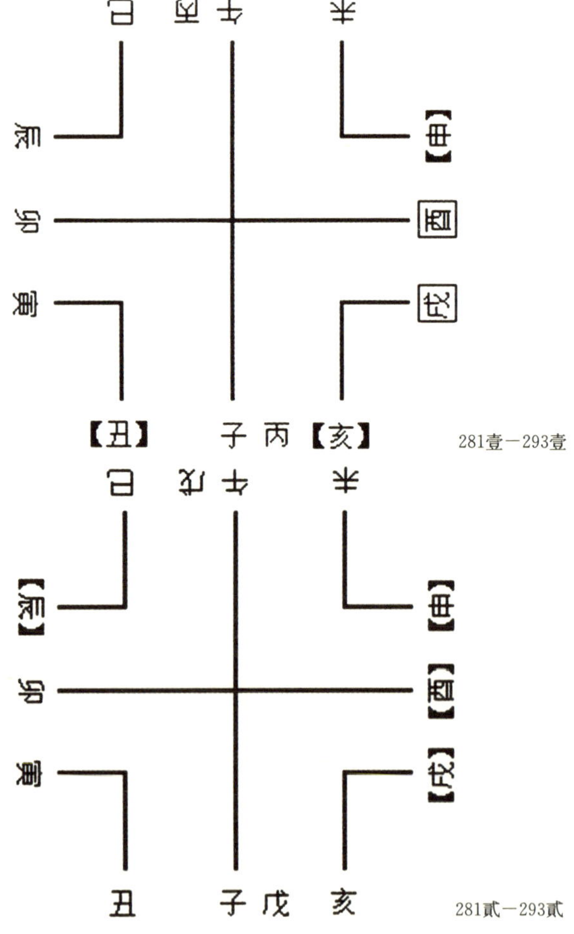

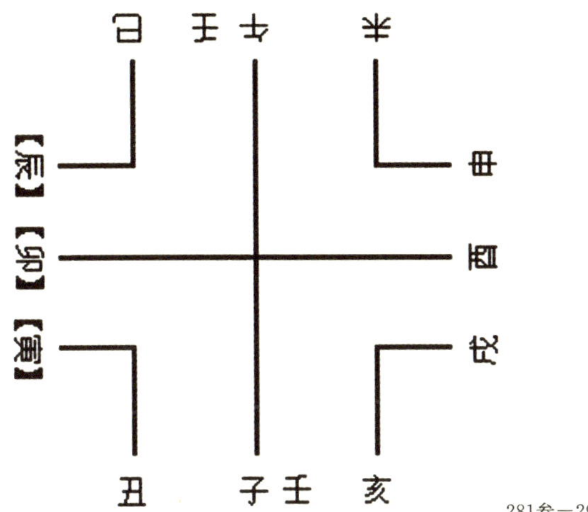

281叁—293叁

丙子、【丑】、寅、卯、辰、巳，丙午、未、【申】、酉、戌、【亥】。281—293壹

戊子、丑、寅、卯、【辰】、巳，戊午、未、【申】、【酉】、【戌】、亥。281—293貳

壬子、丑、【寅】、【卯】、【辰】、巳，壬午、未、申、酉、戌、亥。281—293叁

卌六年，置居金，上公、兵死、陽主歲=（歲，歲）297壹在中。298壹

置居火，築（築）囚、行、炊主歲=（歲，歲）爲下。299壹

【置居水，□】，主①歲。300壹

置居土，田社（社）、木並主歲。301壹

置居木，里社（社）、冢主歲=（歲，歲）爲上。302壹

綫圖（四）296貳—308貳

---

① 主，原釋文作“主”，據圖版改。

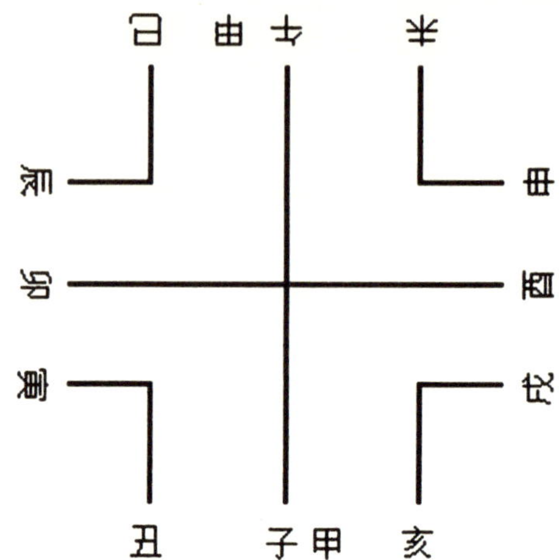

甲子、丑、寅、卯、辰、巳，甲午、未、申、酉、戌、亥。296貳—308貳

甲子，其下有白衣之冣，黔297叁首疢疾。298叁

丙子，其下有旱。299叁

戊子，其下有大敗。300叁

庚子，其下有興。301叁

壬子，其下有水。302叁

（三）病方及其它

●取肥牛膽盛黑叔（菽）中，盛之而係（繫），縣（懸）陰所，乾。用之，取十餘叔（菽）置鬻（粥）中而㱃（飲）之，已腸辟。不已，309復益㱃（飲）之。鬻（粥）足以入之腸。310

●溫①病不汗者，以淳（醇）酒漬布，㱃（飲）之。311

●取車前草實，以三指竄（撮），入酒若鬻（粥）中，㱃（飲）之，下氣。312

●以正月取桃橐（蠹）矢（屎）少半升，置淳（醇）酒中，溫，㱃（飲）之，令人不單（憚）病。313

---

① 溫，原釋文作“温”，據圖版改。下同。

●取新乳狗子，盡鬻（煮）之。即沐，取一匕以殽沐，長髪。314

●去黑子方：取稾（藁）本小弱者，齊[①]約大如小指。取柬（楝）[②]灰一升，漬之。沶[③]（和）稾（藁）本柬（楝）315灰中，以靡（摩）之，令血欲出。因多食葱，令汗出。桓（恒）多取櫌[④]桑木，燔以爲316炭火，而取牛肉剝（劙）之，小大如黑了（子）[⑤]，而炙之炭火，令溫勿令焦，即317以傅黑子，寒輒更之。318

【⋯】乾者，令人孰（熟）以靡（摩）之，令欲出血，即以并傅，彼（被）其上以□枲絮。善布清席，319東首卧，到晦。朔復到，南卧，晦起，即以酒賁（噴），以羽漬，稍去之，以粉傅之。320

人所恒炊（吹）者，上橐莫以丸礜，大如扁（蝙）蝠矢（屎）[⑥]而乾之。即發，以□四分升一321歓（飲）之。男子歓（飲）二七，女子欲〈飲〉七。322

●叚（瘕）者，燔劍若有方之端，卒（淬）之醇酒中。女子二七，男子七，以歓（飲）之，已。323

●治痿（痿）病：以羊矢（屎）三斗，烏頭二七，牛脂大如手，而三溫鬻（煮）之，洗其□，324已痿（痿）病亟甚。325

●已齲方：見東陳垣，禹步三步，曰："皋！敢告東陳垣君子，某病齲齒，笱（苟）令某齲已，請326獻驪牛子母。"前見地瓦，操；見垣有瓦，乃禹步，已，即取垣瓦貍（埋）東陳垣327止（址）下。置垣瓦下，置牛上，乃以所操瓦蓋之，堅貍（埋）之。所謂"牛"者，頭虫也。328

●已齲方：以叔（菽）七，稅（脫）去黑者。操兩瓦，之東西垣

---

① 齊，一說讀爲"劑"，訓"剪削"。

② 柬（楝），原釋文作"東〈柬〉"，讀"柬"爲"欄"，據文意改（"柬"、"東"二字常混，如"己"、"巳"、"已"類）。一說釋"柬（欄）"。下同。

③ 沶，此字左上略有殘損，一說釋"染"，讀本字。

④ 櫌，一說讀爲"擾"，訓"柔"；一說讀爲"杻"，木名。

⑤ 了（子），原釋文作"子"，據圖版及文意改。"了"爲"子"的省俗字。下同。

⑥ 矢（屎），原釋文作"矢"，據文意改。

日出所燭，先貍（埋）一瓦垣止（址）下，復環禹步三329步，祝曰：“嘑（呼）！垣止（址），笱（苟）令某齲已，予若叔（菽）了（子）而徼之齲已。”即以所操瓦而蓋□。330

●其一曰：以米亦可。男子以米七，女子以米二七。331

●已齲方：見車，禹步三步，曰：“輔車=（車車）輔，某病齒齲，笱（苟）能令某齲已，令332若毋見風雨。”即取車𨏥（舝），毋令人見之，及毋與人言。操歸，匿屋中，令333毋見=（見，見）復發。334

●病心者，禹步三，曰：“臯！敢告泰=山=（泰山，泰山）高也，人居之，□□之孟也。人席之，不智（知）335歲①實。赤隗獨指，搕某叚（瘕）心疾。”即兩手搕病者腹；336“而心疾不智（知）而咸𢧵”，即令病心者南首臥，而左足踐之二七。337

●操杯米之池，東鄉（嚮），禹【步三】步，投米，祝曰：“臯！敢告338曲池，某癰某波（破）。”禹步𢷎房楚②。令某癰𪔤（數）去。339

●禹步三，汲井，以左手袤〈牽〉繘，令可下免（挽）③甕（甕），印④340下免（挽）繘甕（甕）。左操杯，鯖（倩）⑤甕（甕）水。以一杯盛米，毋341下一升。前，置杯水女子前，即操杯米，禹步【三步】，342祝曰：“臯！敢告鬻。”□步，投米地，祝投米曰：“某有子三旬，343疾生。”即以左手撟杯水歓（飲）女子，而投杯地，杯□□344

●馬心：禹步三，鄉（嚮）馬祝曰：“高山高郭，某馬心天

① 歲，一說釋“幾”。

② 楚，一說讀爲“楣”；一說爲“糜”之俗寫；一說爲“焚”之誤字，“焚”同“棼”。

③ 免（挽），原釋文作“免”，據文意改。下同。

④ 印，原釋文作“叩”（左半未釋），據圖版及文意改。印，向上，此指向上拉起。

⑤ 鯖（倩），原釋文作“鯖”，疑讀爲“清”，據文意改。

（瘨）①，某爲我已之，并□待之。”即午畫345地，而寂②（撮）其土，以靡（摩）其鼻中。346

●先農：以臘日，令女子之市買牛胙、市酒。過街，即行捧（拜），言曰：“人皆祠泰父，我獨祠347先農。”到困下，爲一席，東鄉（嚮），三腏（餟），以酒沃，祝曰：“某以壺露、牛胙，爲先農除348舍。先農笱（苟）令某禾多一邑，先農梪（恒）先泰父食。”到明（明）③出種（種）④，即□邑最富者⑤，349與皆出種（種）。即已，禹步三，出種（種）所，曰：“臣非異也，農夫事也。”即名富者名，曰：“某不能350腸（傷）其富，農夫使其⑥徒來代之。”即取腏（餟）以歸，到困下，先侍（持）豚，即言困下曰：“某爲351農夫畜，農夫笱（苟）如□□，歲歸其禱。”即斬豚耳，與腏（餟）以并涂困廥下。恒352以臘日塞禱如故。353

●取户旁腏（餟）黍，裹臧（藏）到種（種）禾時，燔冶，以殽種=（種（種）種（種）），令禾毋閬（稂）。354

甲子旬，戌亥爲狐（孤），辰巳爲虛，道東南入。355

甲戌旬，申酉爲狐（孤），寅卯爲虛，從西南入。356

甲申旬，午未爲狐（孤），子丑爲虛，從南方入。357

甲午旬，辰巳爲狐（孤），戌亥爲虛，從西北入。358

甲辰旬，寅卯爲狐（孤），申酉爲虛，從南方【入】。359

甲寅旬，子丑爲狐（孤），午未爲虛，從北方入。360

●甲子亡馬牛，求西北方；甲戌旬，求西方；甲申旬，求南方；甲午旬，求東南方；甲辰旬，求361東方；甲寅旬，求北方。362

---

① 天（瘨），原釋文作“天”，據文意改。

② 寂，原釋文作“最”，據圖版改。寂，即“冣”；冣，文獻中多用作“最”。

③ 明（明），原釋文作“明”，據圖版改。明，即“明”。下同。

④ 種（種），原釋文作“種”，據圖版及文意改。下同。

⑤ 邑最富者，原釋文作“邑最富者”，據圖版改。

⑥ 其，一說釋“某”。

●有行而急，不得須良日，東行越木，南行越火，西行越金，北行越水，毋須良日可也。363

●令以七月己丑夕到宛，其庚寅遣書下，乙未去宛。八月甲子銷。364

狷始。十月戊子齊而牛止司命在庭☐365 明（明）星，北斗長史。366

●平旦晋，日出倏，食時錢，日中弍（一），餔時浚兒，夕市時發□，日入雞=（雞，雞）。367

●“今日庚午利浴瞽（蠶），女毋辟（避）瞥（販）暮=（暮（瞙）暮（瞙））者，目毋辟（避）胡者，腹毋辟（避）男女牝牡者。”以脩（滫）清一368 棔（杯），礬（皦）、赤叔（菽）各二七，并之，用水多少，次（恣）殹（也）。浴瞽（蠶）必以日毚（纔）始出時浴之，十五日乃369 已。370

●以壬辰，己巳、卯溉困垤穴，鼠弗穿。371

●已鼠方：取大白礜，大如母（拇）指，置晉（煎）斧（釜）中，涂而燔之，毋下九日，冶之，以372

●肥牛，善食之，而歓（飲）以鉥①，一月已。373

●以給、顛首、沐浥②歓，并参（三）煴（溫）鬻（煮）之，令☐374

取束（楝）③ 灰一斗，淳毋下三斗，孰（熟）□而鬻④（煮）☐375

●北鄉（嚮），禹步三步，曰：“噂（呼）！我智（知）令=某=瘧=（令某瘧，令某瘧）者某也。若笱（苟）令某瘧已，□=□=□言若376

---

① 鉥，一說釋“鉥（沫）”，一說釋“鉥（秫）”。

② 浥，原釋文作“汩”，據圖版改。

③ 束（楝），原釋文作“束”，據文意改。

④ 鬻，原釋文作“鬻”，據圖版改。

并命和之。即取守室二七，置椆中，而食以丹，各盡其復(腹)，□377

塞，勿令逃①，置□後數宿，□之乾，即出，冶，和合樂□□歙（飲）食②，即女子□□。378

女杯復産□□之期曰益若子乳。379

赤申□指□⧄□□=不□□⧄380

⧄曰□⧄381

---

① 逃，一說釋“迣（泄）”。

② 食，原釋文作“食”，據圖版改。

秦簡逐字索引之四

《龍崗秦簡》逐字索引

目　　錄

一、檢字表

六畫

七畫

八畫

九畫

十畫

十一畫

十二畫

十三畫

十四畫

十五畫

十六畫

十七畫

十八畫

十九畫

二十畫及以上

二、正　文

【説明】

1.《龍崗秦簡》共有簡 293 枚及木牘 1 枚。

2. 本逐字索引正文衹有單字。

3. 字頭後表示出處的文字，“牘正”“牘背”分別表示木牘的正面與背面。例如：

0311 當（9）　3：～行之[道]/3：所～行☑/12：不～入/19：～出（?）/42：故罪～完/101：～償而誶/126：～遺三程者/127：～遺二程者/牘正：論不～爲城旦

“3”“12”“19”“42”“101”“126”“127”“牘正”，分別表示“當”字的出處爲：簡 3（出現 2 次）、簡 12、簡 19、簡 42、簡 101、簡 126、簡 127、木牘正面。

0001 一（31） 33：鹿～/33：彘～/33：麋～/33：麃～/40 百～十錢/41：～錢/41：貲～盾/41：不盈～錢/48：過～里/118：～盾/120：貲～甲/127：～町/128：誰（詐）～程/132：☑貲租者～甲☑/133：田～町/140：不平～尺以上/140：貲～甲/140：不盈～尺/145：購金～兩/149：☑～等/152：令、丞、令史各～甲/188：不盈[十]石到～石/190：☑不盈～石☑/191：～盾/191：不盈十石到～石/205：史□貲各～盾/212：☑[各]貲～盾□☑/217：☑～甲□☑ /219：☑□貲～盾☑ /236：☑貲～甲/288：☑貲～☑

0002 乙（1） 98：廿五年四月～亥

0003 二（19） 33：狐～/40：～百廿錢/41：貲～甲/41：不盈廿～錢到一錢/53：貲各～甲/65：☑□[夫]～甲/73：貲～甲/76：☑捕者貲～甲□☑/106：貲～甲/126：盜田～町/127：當遺～程者/128：若～程□□之□□/130：☑各～程□☑/139：貲～甲/152：部主者各～甲/202：貲～[甲]/208：皆貲～甲/235：☑以上貲～☑/243：☑□□□～日以（?）

0004 十（7） 40：二百廿錢到百一～錢/188：盈廿石到～石/191：不盈～石到一石/191：不盈九斗到～☑/193：不盈廿石到～石/193：不盈～石/193：及過～☑

0005 人（19） 4：誰（詐）僞、假～符傳/4：讓～符傳者/6：禁苑吏、苑～/17：亡～挾弓、弩、矢居禁中者/18：城旦舂其追＝盜＝賊＝亡＝～（追盜賊、亡人，追盜賊、亡人）/21：伍～弗言者/99：馬、牛、羊食～□之□/104：☑～馬、牛者☑/108：☑[殺]～/109：傷～/111：☑馬、牛、羊、犬、彘于～田☑/120：及斬（塹）～

疇企（畦）/124：～冢/129：～及虛租希（稀）程者/146：如它～告⧄/153：取～草□□蒸（蒸）/156：田□□□僕射□大～⧄/213：復以紿（詒）假它～/牘正：免辟死爲庶～

0006 入（31）　2：竇出～/2：毋（無）符傳而闌～門者/3：傳者～門/4：皆與闌～門同罪/5：及以傳書閱～之/5：及諸佩〈佩〉～司馬門久/12：有不當～而闌入/12：有不當入而闌～/12：以它誰（詐）僞～/13：盜～禁苑□⧄/18：出～禁苑/20：以盜～禁/22：智（知）請（情）～之/23：毆（驅）～禁苑中/24：⧄僞假～縣⧄/26：沒～其販假殹（也）/58：有（又）沒～其車/65：或～/67：出～之/68：必亟～/77：黔首犬～禁苑中/83：食其肉而～其皮/86：～其皮□縣/94：⧄□～禁⧄/102：沒～私馬/112：皮及□皆～禁□/119：而輿軌（?）疾毆（驅）～之/147：與灋（法）沒～其匿田之稼/201：言吏～者/209：⧄必言者（?）～□⧄/211：⧄□～縣官⧄

0007 九（2）　191：不盈～斗到十⧄/牘正：～月丙申

0008 乃（1）　279：⧄□□已夬（決）～⧄

0009 三（4）　126：當遺～程者/136：町失～分/192：不盈～□到六□/216：⧄如～分□⧄

0010 于（4）　11：⧄～禁苑中者/26：錢財它物～縣道官/111：毚～人田⧄/136：輕重～程

0011 下（1）　238：⧄～皆□⧄

0012 寸（2）　14：六～符皆傳/257：⧄□～⧄

0013 丈（1）　176：⧄□租者不～⧄

0014 大（1）　156：□～人⧄

0015 弋（2）　30：欲～射耎（獳）獸者/31：諸～射甬道

0016 上（10）　42：故罪當完城旦舂以～者/125：不以敗程租～⧄/

137：分以～/140：不平一尺以～/141：～/187：▨以～/233：～及□/235：▨以～貲二▨/239：▨□□～典/250：鄉邑～

0017 小（2）　207：□～期□/265：□～□□

0018 千（2）　120：侵食道、～（阡）、郃（陌）/154：～（阡）佰（陌）彊（疆）畔之其

0019 及（35）　1：～有到雲夢禁中者/2：～毋（無）符傳而闌入門者/4：～讓人符傳者/5：～以傳書閱入之/5：～諸佩〈佩〉入司馬門/6：～黔首有事禁中/10：其田～□▨作務□/12：～以它詐（詐）僞入/15：～舍禁苑中者/38：楢產葉～皮/39：～見獸出在外/53：關外～縣/54：其騎～以乘車/60：～弩道絕馳=道=（馳道，馳道）/60：同門、橋～限（?）/77：不追獸～捕/80：▨～捕▨/90：～爲作務羣它▨/101：馬、牛殺之～亡之/103：毋敢=穿=穽=～=置=它=機【=】（敢穿穽及置它機，敢穿穽及置它【機】）/112：～□皆入禁□/118：～田不□□坐▨/120：～斬（塹）人疇企（畦）/129：人～虛租希（稀）程者/137：～所受臧（贓）/150：～▨/151：田～爲詐（詐）僞寫田籍/161：▨罪～稼臧（贓）論之/168：▨□租～□▨/193：不盈十石～過十▨/195：▨～棄臧（贓）焉/197：吏～徒去辨▨/199：～有罪者/233：上～□/290：▨□～▨

0020 亡（4）　17：～人挾弓、弩、矢居禁中者/18：追=盜=賊=～=人（追盜賊、亡人，追盜賊、亡人）/101：馬、牛殺之及～之/112：～馬=牛=駒=犢=羕=（馬、牛、駒、犢、羕，馬、牛、駒、犢、羕）

0021 之（38）　3：當行～道/5：及以傳書閱入～/8：必復請～/19：

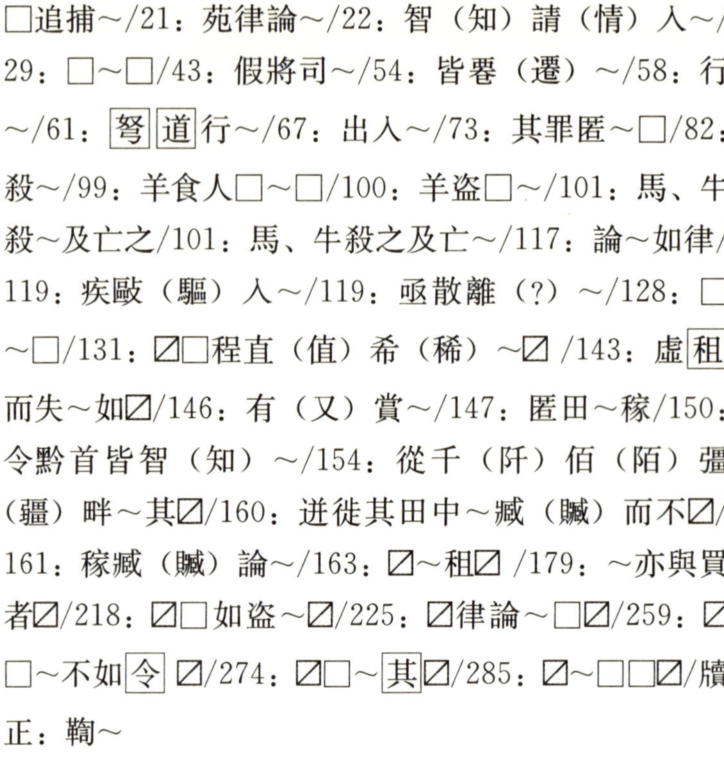
□追捕～/21：苑律論～/22：智（知）請（情）入～/29：□～□/43：假將司～/54：皆䙴（遷）～/58：行～/61：弩道行～/67：出入～/73：其罪匿～□/82：殺～/99：羊食人□～□/100：羊盜□～/101：馬、牛殺～及亡之/101：馬、牛殺之及亡～/117：論～如律/119：疾敺（驅）入～/119：亟散離（?）～/128：□～□/131：⧄□程直（值）希（稀）～⧄/143：虛租而失～如⧄/146：有（又）賞～/147：匿田～稼/150：令黔首皆智（知）～/154：從千（阡）佰（陌）彊（疆）畔～其⧄/160：迸徙其田中～臧（贓）而不⧄/161：稼臧（贓）論～/163：⧄～租⧄/179：～亦與買者⧄/218：⧄□如盜～⧄/225：⧄律論～□⧄/259：⧄□～不如令⧄/274：⧄□～其⧄/285：⧄～□□⧄/牘正：鞫～

0022 已（4） 19：追事～/68：事～/279：□□～夬（決）/牘正：～坐以論

0023 弓（1） 17：亡人挾～、弩、矢居禁中者

0024 子（1） 2：斬其男～左趾

0025 也（1） 牘正一背：令自尚（常）～

0026 女（1） 2：□～子⧄

0027 夫（2） 39：禁苑嗇～、吏數循行/138：貲官（?）嗇（?）～⧄

0028 廿（10） 28：□去耎（壖）～里/40：二百～錢/41：不盈～二錢/98：～五年四月乙亥/116：～四年正月甲寅/186：失～石以⧄/187：失租～石⧄/188：盈～石到十石/193：不盈～石到十石/194：⧄～石□⧄

0029 五（1） 98：廿～年四月乙亥

0030 不（36） 8：～從律者/12：有～當入而闌入/20：⧄□～出者/33：～□□□/41：～盈廿二錢到一錢/41：～盈一錢

0037 牛（14） 55：☒～=（牛、牛）☒/58：～縣=道=【官=】（縣道【官】，縣道【官】）/98：□馬～羊□/99：馬、～、羊食人/100：馬、～、羊盜□之/101：馬、～殺之/102：没入私馬、～、羊/103：～到所/104：☒人馬、～者☒/110：☒馬、～殺☒/111：☒馬、～、羊、犬、彘于人田☒/112：亡馬=～=駒=犢=羔=（馬、牛、駒、犢、羔，馬、牛、駒、犢、羔）/115：☒盜馬、～歸之☒/268：☒～□☒

0038 反（1） 175：～農□□□☒

0039 分（4） 136：町失三～/137：～以上/186：☒～/216：☒如三～□☒

0040 月（3） 98：廿五年四～乙亥/116：廿四年正～甲寅/牘正：九～丙申

0041 勿（10） 23：～敢擅=殺=（擅殺。擅殺）/30：欲弋射耎（壖）獸者～禁/67：～令☒/78：☒者～□☒/88：☒□道官皆～論☒/96：～令巨（歫）罪/153：～論☒/198：～予其言殹（也）/210：☒～禁。☒/254：☒～

0042 六（2） 14：～寸符皆傳/192：不盈三□到～□

0043 火（1） 71：縱～而□☒

0044 斗（2） 191：不盈九～到十☒/192：～，誶

0045 夬（3） 202：□未～（決）而言者/204：☒罪者獄未～（決）☒/279：☒□□已～（決）乃☒

0046 尺（2） 140：不平一～以上/140：不盈一～到☒

0047 以（29） 5：及～傳書閱入之/12：及～它詐（詐）僞入/20：～盜入禁/37：直（值）賈（價）～開（關）□/42：故罪當完城旦舂～上者/54：其騎及～乘車/85：～皮、革、筋給用/98：廿五年四月乙亥～來/116：廿四年正月甲寅～來/123：盜賊～田時殺□☒/125：不～敗

程租上☒/133：程田～爲臧（贓）/137：分～上/140：不平一尺～上/142：皆～匿租者/142：各～其☒/150：租者且出～律/164：☒□田～其半☒/175：～爲盗田/178：諸～錢財它物假田/184：☒□□二甲而～☒/185：☒其程盡～☒/186：失廿石～☒/187：☒～上/189：～□□□□/213：復～紿（詒）假它人/235：☒～上貲二☒/249：☒中～☒/牘正：已坐～論

0048 予（2）　177：☒□寫律～租☒/198：勿～其言毆（也）

0049 毋（10）　2：～（無）符傳而闌入門者/27：禁～敢取耎（壖）中獸/28：～敢＝每＝殺【＝】（敢每（謀）殺，敢每（謀）【殺】）/32：～（無）罪/34：～（無）罪/43：令終身～得見/85：而～敢射＝殺＝⋯（射殺⋯，射殺⋯）/103：～敢＝穿＝穽＝及＝置＝它＝機【＝】（敢穿穽及置它機，敢穿穽及置它【機】）/119：唯～令獸□☒/142：諎（詐）～（無）少多

0050 未（5）　105：☒雖～有/119：其～能衲〈逃〉/196：～葬☒/202：□～夬（決）而言者/204：☒罪者獄～夬（決）☒

0051 正（1）　116：廿四年～月甲寅以來

0052 去（5）　27：～苑（?）卌里/28：□～耎（壖）廿里/31：～甬道、禁苑☒/48：～道過一里濯者/197：吏及徒～辨☒

0053 可（1）　252：☒旁不～☒

0054 丙（2）　牘正：九月～申/牘正：沙羨丞甲、史～

0055 左（1）　2：斬其男子～趾

0056 石（13）　186：失廿～以☒/187：失租廿～☒/188：盈廿～/188：到十～/188：不盈十～/188：到一～/189：不盈□～到□☒/190：☒不盈一～☒/191：不盈十～/191：到一～/193：不盈廿～/193：到十～/193：不盈十～

0065 失（6）　136：町～三分/137：直（值）其所～臧（贓）/143：虛租而～之如/186：～廿石以☒/187：～租廿石☒/牘正：～者

0066 矢（2）　17：挾弓、弩、～/92：☒弩～□□☒

0067 丘（2）　35：沙～苑中風荼者/263：☒～□☒

0068 令（18）　8：～、丞☒/16：將者～徒☒/43：～終身毋得見/53：～、丞弗得/66：～吏徒讀/67：勿～☒/96：勿～巨（歫）罪/117：田不從～者/119：唯毋～獸□☒/138：有犯～者而（?）弗得/150：～黔首皆智（知）之/152：～、丞、令史各一甲/152：令、丞、～史各一甲/183：☒□犯此～□☒/214：不給（怠）時～/244：☒～□/260：☒～☒/牘正一背：～自尚（常）也

0069 用（2）　85：以皮、革、筋給～/214：南郡～節

0070 犯（2）　138：有～令者而（?）弗得/183：□～此令□

0071 外（4）　31：禁苑～卅（?）里（?）毄（繫）/39：及見獸出在～/52：禁苑在關～及☒/53：關～及縣道官爲☒

0072 主（3）　152：部～者各二甲/162：稼償～/234：☒□～弗得

0073 市（1）　17：棄～

0074 半（1）　164：□田以其～

0075 它（9）　12：及以～誰（詐）僞入/26：錢財～物于縣道官/59：騎馬於～馳道/83：☒～禁苑/90：及爲作務羣～☒/103：毋敢=穿=穽=及=置=～=機【=】（敢穿穽及置它機，敢穿穽及置它【機】）/146：如～人告☒/178：以錢財～物假出/213：復以紿（詒）假～人

0076 必（5）　3：～行其所當行之道/8：所致縣道官～復請之/68：～亟入/209：☒～言者（?）入□☒/220：☒謁者～

0077 司（2）　5：及諸偑〈佩〉人～馬門/43：耐者假將～之

0078 弗（8）　21：伍人～言者/45：吏～劾論/53：令、丞～得/64：☒道中而～得/100：～□□☒/138：～得，貲官（?）

嗇（?）夫⧄/172：⧄雖～爲輕租直（值）/234：⧄□主～得

0079 出（10）　2：竇～入/18：～入/20：⧄□不～者/36：風荼穴（突）～/39：垣有壞決獸道～/39：及見獸～在外/67：～入之/68：～⧄/150：租者且～以律/230：⧄甲～⧄

0080 皮（5）　38：產棄及～/83：食其肉而入其～/85：以～、革、筋給用/86：入其～□縣道官/112：～及□皆入禁□

0081 臣（1）　40：耐爲隸～妾

0082 吏（13）　6：禁苑～、苑人/11：～與參辨券⧄/36：或捕詣～/39：～數循行/45：～弗劾論/59：若～徒⧄/66：令～徒讀/68：～具/116：～行田贏律（?）詐（詐）⧄/197：～及徒去辨⧄/201：言～入者/247：⧄□者～貲⧄/牘正：～論

0083 在（2）　39：及見獸出～外/52：禁苑～關外及⧄

0084 有（21）　1：～到雲夢禁中者/6：黔首～事禁中/7：諸～事禁苑中者/12：～不當入而闌入/28：諸禁苑～耎（壖）者/29：之□～□□殹（也）/39：垣～壞決獸道出/44：～（又）駕（加）其罪/47：～逋亡□□宿/58：～（又）没入其車/63：⧄～行馳□⧄/105：⧄雖未～/113：⧄病駒禁～⧄/138：～犯令者而（?）弗得/146：～（又）賞之/181：具徒₌（徒，徒）～⧄/199：宦者其～言/199：～罪者/200：～言縣道官/229：⧄□～⧄/283：⧄～⧄

0085 百（2）　40：二～廿錢/40：到～一十錢

0086 而（19）　2：～闌入門者/12：有不當入～闌入/15：從皇帝～行/64：⧄道中～弗得/71：縱火～□⧄/77：～不追獸及捕/83：食其肉～入其皮/85：～毋敢射₌殺₌⊡（射殺⊡，射殺⊡）/101：當償～誶□/119：～輿軌

(?)疾毆（驅）入之/127：～□□/141：然租不平～刻（核）者/143：虛租～失之如☑/160：迸徙其田中之臧（贓）～不☑/184：☑□□ 二 甲 ～以☑/202：□未央（決）～言者/203：遇（?）～爭＝（爭，爭）/203：～不剋者☑/248：☑□～☑

0087 死（5）　37：盜～獸直（值）賈（價）/75：☑□～□縣道官☑/196：黔首☑☑不幸～/牘正：辟～/牘正：免辟～爲庶人

0088 此（1）　183：☑□犯～令□☑

0089 同（14）　4：皆與闌入門～罪/21：與～灋（法）/22：與～罪/44：盜～灋（法）/45：皆與～罪/60：與弩道～門/114：盜牧者與～罪/124：與盜田～灋（法）/133：與～灋（法）/135：～罪/137：皆與盜～☑/148：亦與盜～灋（法）/173：輕重～罪☑/201：與盜～灋（法）

0090 肉（1）　83：食其～而入其皮

0091 年（2）　98：廿五～四月乙亥以來/116：廿四～正月甲寅以來

0092 伍（1）　21：～人弗言者

0093 自（1）　牘正一背：令～尚（常）也

0094 行（15）　3：必～其所當行之道/3：必行其所當～之道/3：行其所當～/15：從皇帝而～/39：吏數循～/46：衝（衝）道～禁苑中外☑/50：☑～遇□中過□其□☑/54：敢～馳道中者/58：～之/61：弩道～之/63：☑有～馳□☑/66：徼～□☑/87：☑□絕～馳☑/116：吏～田贏律（?）詐（詐）/221：☑～道☑

0095 合（1）　5：關＝（關。關）～符

0096 企（1）　120：及斬（塹）人疇～（畦）

（典、田典，典、田典）
0116 私（1）　102：没入～馬
0117 每（1）　28：毋敢=～=殺【=】（敢每（謀）殺，敢每（謀）【殺】）
0118 作（2）　59：騎～乘輿御/90：及爲～務羣它▨
0119 身（1）　43：令終～毋得見
0120 希（4）　129：人及虚租～（稀）程者/131：▨□程直（值）～（稀）之▨/133：盡□盈□～▨/134：▨～（稀）其程率
0121 坐（5）　118：及田不□□～▨/147：～其所匿稅臧（贓）/151：～臧（贓）/201：～臧（贓）與盜同灋（法）/牘正：已～以論
0122 免（1）　牘正：～辟死爲庶人
0123 言（8）　21：伍人弗～者/159：或即～其田實（?）/198：勿予其～殹（也）/199：宦者其有～/200：有～縣道官/201：～吏人者/202：□未夬（決）而～者/209：▨必～者（?）入□▨
0124 沙（2）　35：～丘苑中風荼者/牘正：～羨丞甲、史丙
0125 没（4）　26：～入其販假殹（也）/58：有（又）～入其車/102：～入私馬/147：～入其匿田之稼
0126 決（1）　39：垣有壞～獸道出
0127 完（3）　33：當（?）～爲城旦舂/42：故罪當～城旦舂以上者/82：皆～入（?）公（?）
0128 即（2）　158：黔首或始穜（種）～故□/159：▨或～言其田實（?）▨
0129 甬（2）　31：諸弋射～道/31：去～道
0130 長（1）　206：道官=～=（官長，官長）問之（?）
0131 者（60）　1：有到雲夢禁中～/2：毋（無）符傳而闌入門～/3：傳～入門/4：讓人符傳～/7：諸有事禁苑中～/8：不從律～/11：▨于禁苑中～/15：禁苑中～/16：將～令徒▨/17：挾弓、弩、矢居禁中～/18：出入禁苑耎

（?）～/20：⍁□不出～/21：伍人弗言～/23：擅₌殺₌（擅殺。擅殺）～/27：取～其罪與盜禁中同/28：諸禁苑有耎（壖）～/30：欲弋射耎（壖）獸～/32：諸取禁中豺狼～/34：取其豺、狼、貆、貀〈貀〉、狐、貍、縠、□、雉、兔～/35：沙丘苑中風荼～/42：故罪當完城旦舂以上～/43：耐～假將司之/48：去道過一里濯～/54：敢行馳道中～/76：⍁捕～貲二甲□⍁/78：⍁～勿□⍁/91：⍁善射～敦（屯）□⍁/104：⍁人馬、牛～⍁/114：盜牧～與同罪/117：田不從令～/125：不遺程、敗程租～/126：當遺三程～/127：當遺二程～/129：人及虛租希（稀）程～/132：⍁貲租～一甲⍁/138：有犯令～而（?）弗得/141：然租不平而刻（核）～/142：皆以匿租～/144：租～/144：監～/148：遺～罪減焉⍁/150：租～且出以律/152：部主～各二甲/155：□□□～/155：或～□⍁/165：⍁□～租匿田⍁/176：⍁□租～不丈⍁/179：之亦與買～⍁/197：～棺葬具/199：宦～/201：言吏人～/202：□未夬（決）而言～/203：不剋～/204：⍁罪～/208：～，皆貲二甲/220：⍁謁～必/223：⍁～皆與⍁/247：⍁□～吏貲⍁/258：⍁□宦～⍁/牘正：失～

0132 幸（1） 196：黔首⍁⍁不～死

0133 其（48） 2：斬～男子左趾/3：必行～所當行之道/3：行～所當行/6：或取～□/9：～傳□⍁/10：～田及□⍁作務/18：城旦舂～追₌盜₌賊₌亡₌人₌（追盜賊、亡人，追盜賊、亡人）/19：～在（?）禁（?）□□/26：沒入～販假毆（也）/27：取者～罪與盜禁中同/29：□～□/30：～欲弋射耎（壖）獸者/34：取～豺/42：駕（加）～□/44：有（又）駕（加）～罪/50：

中過☐～☐/54：～騎及以乘車/58：有（又）没入～車/61：～故與衞（徹）/70：～☒/73：～罪匿之☐☒/79：～追獸☒/83：食～肉/83：入～皮/86：入～皮☐縣/119：～未能兆〈逃〉/134：☒希（稀）～程率/137：直（值）～所失臧（贓）/139：～部☐/142：各以～☒/146：除～罪/147：/坐～所匿稅臧（贓）147：與灋（法）没入～匿田之稼/148：～所受臧（贓）/149：～☐☒/154：從千（阡）佰（陌）彊（疆）畔之～☒/155：黔首錢假～田已（?）/157：黔首田實多～☐☒/159：☒或即言～田實（?）☒/160：迸徙～田中之臧（贓）/164：☒☐田以～半☒/169：☐租～☐/185：～程盡以/198：勿予～言毆（也）/199：宦者～有言署（遷）/256：☒☐～☒/275：☐～☐/277：～☐

0134 取（11）　1：得～灌（?）☐☐☒/6：或～其☐/10：～傳書鄉部稗官/27：禁毋敢～耎（壖）中獸/27：～者其罪與盜禁中同/32：諸～禁中豺狼者/34：～其豺/38：諸～禁苑中柞（柞）/153：～人草☐/213：～☒/215：☐～南郡

0135 若（2）　59：～吏徒☒/128：詐（詐）　程～二程☐

0136 苗（1）　166：☒律賜～☒

0137 苑（23）　6：禁～吏/6：～人/7：諸有事禁～中者/11：☒于禁～中者/13：盜入禁～☐☒/15：舍禁～中者/18：禁～耎（?）者得☐/21：～律論之/23：毆（驅）入禁～中/25：☒禁～田傳☒/27：諸禁～爲耎（壖）/28：諸禁～有耎（壖）者/31：禁～外卅（?）里（?）毄（繫）/31：去甬道、禁～☒/35：沙丘～中風茶者/38：諸取禁～中柞（柞）/39：禁～嗇夫/46：衛（衝）道行禁～中外☒/49：盜禁～者及☒/52：禁～在關外及☒/77：黔首犬入禁～中/83：☒它禁～/84：☒禁

～=長=（官長，官長）/211：⍁□入縣～⍁/227：⍁～⍁/242：⍁□道～⍁/246：⍁道～/271：⍁□～□□/291：⍁～□⍁

0171 居（1） 17：挾弓、弩、矢～禁中者

0172 亟（3） 39：～告縣/68：必～入/119：～散離（?）之

0173 始（1） 158：黔首或～穜（種）即故

0174 弩（6） 17：挾弓、～、矢居禁中者/60：及～道絕馳=道=（馳道，馳道）/60：馳=道=（馳道，馳道）與～道同門/61：徹（徹）～道/62：⍁馬～道□⍁/92：⍁～矢□□⍁

0175 封（2） 121：盜徙～/253：⍁～□⍁

0176 垣（1） 39：～有壞決獸道出

0177 城（9） 18：～旦舂/33：當（?）完爲～旦舂/42：故罪當完～旦舂以上者/51：⍁爲～旦⍁/70：⍁黥爲～旦舂/93：⍁黥爲～旦舂⍁/108：黥爲～/129：～旦舂/牘正：論不當爲～旦

0178 革（1） 85：以皮、～、筋給用

0179 草（1） 153：取人～□

0180 故（8） 42：～罪當完城旦舂以上者/61：其～與徹（徹）/158：始穜（種）即～□/170：⍁租～重⍁/171：⍁～輕故重⍁/171：⍁故輕～重⍁/174：⍁重租與～/245：⍁□□□～

0181 剋（1） 203：不～者⍁

0182 南（2） 214：～郡/215：取～郡

0183 荥（1） 153：取人草□□～（蒸）

0184 相（1） 145：～與⍁

0185 耐（5） 40：～爲隸臣妾/109：贖～/121：贖～/129：～城旦舂/234：皆贖～

0186 耎（7） 27：諸禁苑爲～（壖）/27：禁毋敢取～（壖）中獸/

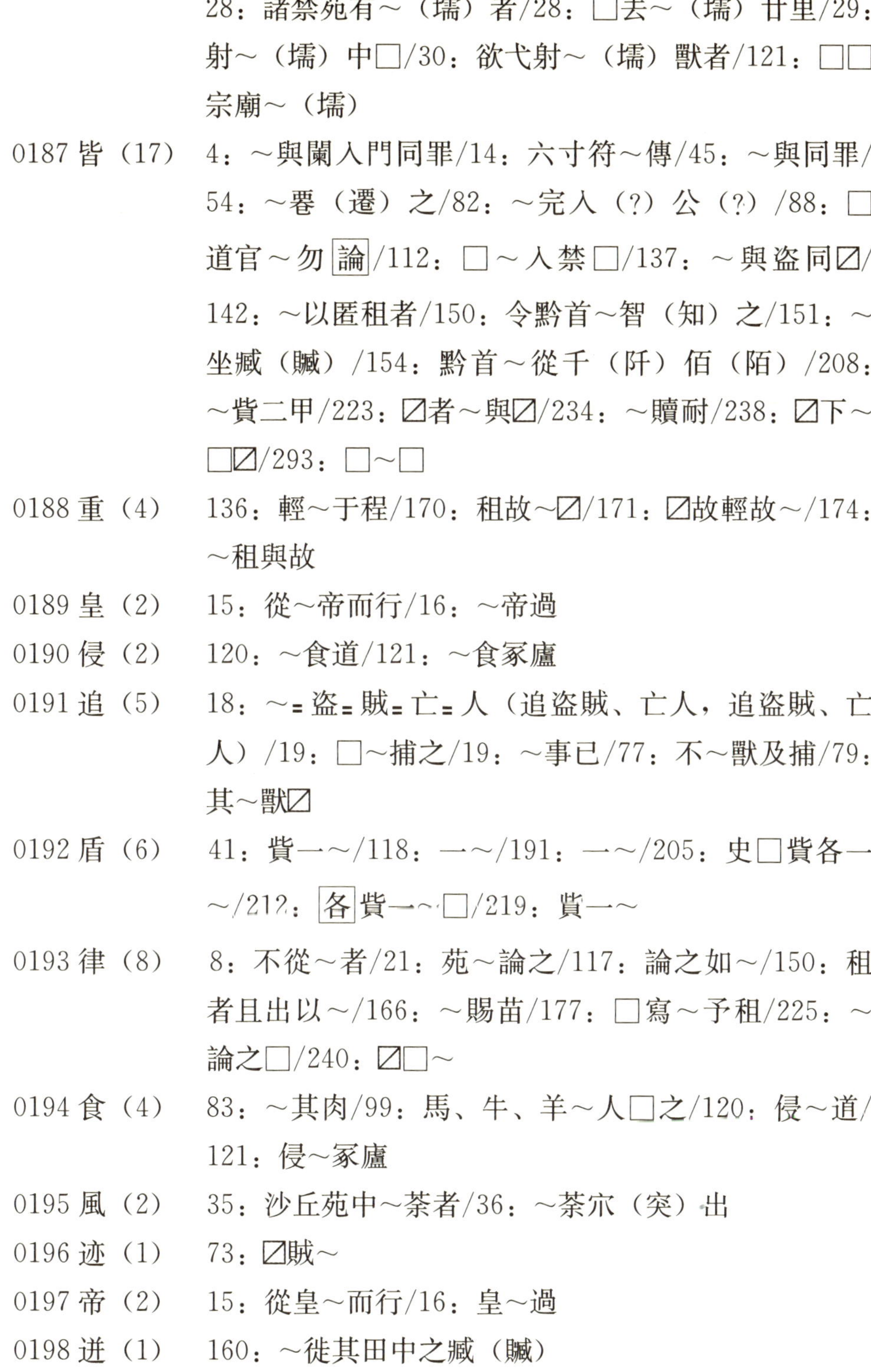

28：諸禁苑有～（壖）者/28：□去～（壖）廿里/29：射～（壖）中□/30：欲弋射～（壖）獸者/121：□□宗廟～（壖）

0187 皆（17）　4：～與闌入門同罪/14：六寸符～傳/45：～與同罪/54：～䙴（遷）之/82：～完入（？）公（？）/88：□道官～勿論/112：□～入禁□/137：～與盗同⧄/142：～以匿租者/150：令黔首～智（知）之/151：～坐臧（贜）/154：黔首～從千（阡）佰（陌）/208：～貲二甲/223：⧄者～與⧄/234：～贖耐/238：⧄下～□⧄/293：□～□

0188 重（4）　136：輕～于程/170：租故～⧄/171：⧄故輕故～/174：～租與故

0189 皇（2）　15：從～帝而行/16：～帝過

0190 侵（2）　120：～食道/121：～食冢廬

0191 追（5）　18：～=盗=賊=亡=人（追盗賊、亡人，追盗賊、亡人）/19：□～捕之/19：～事已/77：不～獸及捕/79：其～獸⧄

0192 盾（6）　41：貲一～/118：一～/191：一～/205：史□貲各一～/212：各貲一～□/219：貲一～

0193 律（8）　8：不從～者/21：苑～論之/117：論之如～/150：租者且出以～/166：～賜苗/177：□寫～予租/225：～論之□/240：⧄□～

0194 食（4）　83：～其肉/99：馬、牛、羊～人□之/120：侵～道/121：侵～冢廬

0195 風（2）　35：沙丘苑中～荼者/36：～荼宂（突）出

0196 迹（1）　73：⧄賊～

0197 帝（2）　15：從皇～而行/16：皇～過

0198 迸（1）　160：～徙其田中之臧（贜）

0199 首（11）　6：黔～/30：黔～/69：⧄～盗/77：黔～犬入禁苑中/

150：令黔～皆智（知）之/154：黔～/155：黔～/157：黔～/158：黔～/196：黔～/269：⧄～

0200 宦（2）　199：～者其有言罨（遷）/258：□～者

0201 穽（1）　103：毋敢=穿=～=及=置=它=機【=】（敢穿穽及置它機，敢穿穽及置它【機】）

0202 穿（1）　103：毋敢=穿=～=及=置=它=機【=】（敢穿穽及置它機，敢穿穽及置它【機】）

0203 郡（2）　214：南～/215：南～

0204 叚（1）　1：諸～（假）兩雲夢池魚（籞）

0205 除（2）　146：～其罪/251：⧄□治～敗

0206 盈（14）　41：不～廿二錢到一錢41：不～一錢□⧄/133：盡□～□希⧄/140：不～一尺/188：～廿石到十石/188：不～[十]石到一石/189：不～□石到□⧄/190：不～一石/191：不～十石到一石/191：不～九斗到十⧄/192：不～三□到六□/193：不～廿石到十石/193：不～十石及過十⧄/232：不～⧄

0207 癸（1）　15：皆（?）～□

0208 匿（6）　72：～盜⧄/73：其罪～之/142：皆以～租者/147：坐其所～稅臧（贓）/147：與灋（法）没入其～田之稼/165：□者租～田

0209 捕（6）　19：□追～之/36：或～詣吏/74：⧄～詷〈詗〉/76：～者貲二甲/77：不追獸及～/80：⧄及～⧄

0210 馬（14）　5：及[諸]佩〈偑〉入司～門/58：有（又）没入其車、～/59：騎～於它馳道/62：～弩道□/98：～牛羊/99：～/100：～/101：～、牛殺之/102：没入私～/103：諸～、牛到所/104：⧄人～、牛者/111：～、牛、羊/112：亡～=牛=駒=犢=[羔]=（馬、牛、駒、犢、[羔]，馬、牛、駒、犢、[羔]）皮/115：盜～、牛歸[之]

0211 挾（1）　17：～弓、弩、矢居禁中者

0212 荼（2）　35：沙丘苑中風～者/36：風～宂（突）出

0213 索（1）　140：租笄～

0214 逋（1）　47：有～亡

0215 致（1）　8：所～縣道官

0216 時（4）　30：～來鳥/118：非田～殹（也）/123：盜賊以田～殺□/214：不紿（怠）～令

0217 財（2）　26：錢～/178：錢～

0218 畔（1）　154：從千（阡）佰（陌）彊（疆）～之其☑

0219 乘（2）　54：～車/59：騎作～輿御

0220 租（23）　125：敗程～者/125：不以敗程～上☑/129：人及虛～希（稀）程者/132：貲～者一甲/136：～不能實/140：～笄索/141：～不平而刻（核）者/142：皆以匿～者/143：所～□直（值）/144：～者/144：詣受匿（?）～所□/150：～者且出以律/163：☑之～☑/165：☑□者～匿田☑/167：☑程～☑/168：☑□～及□☑/169：□～其□/170：☑～故重☑/172：雖弗爲輕～直（值）/174：☑重～與故/176：□～者不丈/177：□寫律予～/187：失～廿石☑

0221 笄（1）　140：租～索

0222 射（6）　29：～耎（壖）中□/30：欲弋～耎（壖）獸者/31：諸弋～甬道/85：而毋敢～＝殺＝⋯（射殺⋯，射殺⋯）/91：善～者敦（屯）/156：僕～□大人

0223 徒（4）　16：將者令～☑/66：令吏～讀/181：具～＝（徒，徒）有☑/197：吏及～去辨☑

0224 殺（11）　23：勿敢擅＝～＝（擅殺。擅殺）/28：毋敢＝每＝～【＝】（敢每（謀）殺，敢每（謀）【殺】）/79：☑～/82：～之/82：河（呵）禁所～犬/97：☑□～獸/101：馬、牛～之/106：～傷殹（也）/106：～傷馬☑/110：馬、牛～☑/123：以田時～□

0225 豺（2） 32：諸取禁中～狼者/34：取其～

0226 狼（2） 32：諸取禁中豺～者/34：～

0227 芻（1） 153：茅、～、稾

0228 病（1） 113：⧄～駒禁有⧄

0229 疾（1） 119：～敺（驅）入之

0230 部（3） 10：取傳書鄉～稗官/139：其～□/152：～主者各二甲

0231 旁（1） 252：⧄～不可⧄

0232 羔（1） 102：～縣

0233 害（1） 103：能～⧄

0234 冢（2） 121：侵食～廬/124：人～

0235 書（3） 5：及以傳～閲入之/7：□傳～縣/10：取傳～鄉部稗官

0236 能（3） 103：～害⧄ /119：其未～祧〈逃〉/136：租不～實

0237 務（2） 10：□⧄作～□/90：及爲作～羣它⧄

0238 舂（8） 18：城旦～/33：當（?）完爲城旦～/42：完城旦～以上者/70：爲城旦～/93：爲城旦～/109：旦～/129：耐城旦～/267：⧄旦～□

0239 焉（2） 148：遺者罪減～/195：棄臧（贓）～

0240 柞（1） 38：諸取禁苑中～（柞）

0241 斬（2） 2：～其男子左趾/120：及～（塹）人疇企（畦）

0242 殹（6） 26：没入其販假～（也）/29：有□□～（也）□/71：～（也）/106：殺傷～（也）/118：非田時～（也）/198：勿予其言～（也）

0243 敗（3） 125：～程租者/125：不以～程租上/251：□治除～⧄

0244 販（2） 26：没入其～假殹（也）/180：⧄敢～假□羸

0245 問（1） 206：官=長=（官長，官長）～之（?）

0246 趾（1） 2：斬其男子左～

0247 唯（1） 119：～毋令獸□⧄

0248 過（4） 16：皇帝～/48：去道～一里濯者/50：□中～□其□/

田/201：與～同灋（法）/218：如～之

0262 産（1） 38：～葉及皮

0263 率（1） 134：⧄希（稀）其程～

0264 寅（1） 116：廿四年正月甲～

0265 宿（1） 47：有逋亡□□～

0266 裑（1） 119：其未能～〈逃〉

0267 敢（7） 23：勿～擅=殺=（擅殺。擅殺）/27：禁毋～取耎（壖）中獸/28：毋～=每=殺【=】（敢每（謀）殺，敢每（謀）【殺】）/54：～行馳道中者/85：而毋～射=殺=⧄（射殺⋯，射殺⋯）/103：～=穿=穽=及=置=它=機【=】（敢穿穽及置它機，敢穿穽及置它【機】）/180：⧄～販假□贏

0268 將（4） 16：～者令徒⧄/43：耐者假～司之/231：⧄～□⧄/241：⧄□尉～⧄

0269 參（1） 11：吏與～辨券

0270 鄉（2） 10：取傳書～部稗官/250：⧄～邑上⧄

0271 終（1） 43：令～身毋得見

0272 紿（2） 213：復以～（詒）假它人/214：用節不～（怠）時令

0273 期（1） 207：□小～□

0274 葉（1） 38：産～及皮

0275 散（1） 119：亟～離（?）之

0276 葬（2） 196：未～⧄/197：者棺～具

0277 棫（1） 38：～

0278 棺（1） 197：者～葬具

0279 軺（1） 54：～車

0280 罨（2） 54：皆～（遷）之/199：有言～（遷）及有罪者

0281 雲（2） 1：叚（假）兩～夢池魚（籞）/1：到～夢禁中者

0282 虛（2） 129：人及～租希（稀）程者/143：～租而失之如

里濯者/53：～官/54：馳～中/58：～=【官=】（道【官】，道【官】）/59：騎馬於它馳～/60：及弩～/60：馳=～=（馳道，馳道）/60：弩～/61：徹（徹）弩～/62：弩～/64：～中/75：～官/86：～官/88：～官/102：～官/120：侵食～/200：～官/206：～官=長=（官長，官長）/221：行～/242：～官/246：～官

0299 減（1）　148：遺者罪～焉

0300 㒼（3）　33：～一/111：～/289：～

0301 給（1）　85：～用

0302 絕（2）　60：～馳=道=（馳道，馳道）/87：～行馳

0303 馳（4）　54：～道中/59：騎馬於它～道/60：絕～=道=（馳道，馳道）/63：有行～□

0304 夢（2）　1：雲～池魚（籞）/1：到雲～禁中者

0305 禁（33）　1：到雲夢～中者/6：～苑吏/6：黔首有事～中/7：諸有事～苑中者/11：☐于～苑中者/13：入～苑/15：～苑中/17：居～中/18：出入～苑/20：以盜入～/23：毆（驅）入～苑中/25：～苑/27：諸～苑爲耎（壖）/27：～毋敢取耎（壖）中獸/27：與盜～中同/28：諸～苑有耎（壖）者/30：勿～/31：～苑外/31：～苑☐/32：取～中豺狼/38：～苑中/39：～苑/46：～苑中/49：盜～苑/52：～苑/77：入～苑中/82：河（呵）～所殺犬/83：～苑/84：～苑/112：入～□/113：病駒～有/198：□～□/210：勿～

0306 嗇（2）　39：～夫/64：貲官～☐

0307 楢（1）　38：～

0308 毄（1）　31：禁苑外卅（?）里（?）～（繫）

0309 賈（1）　37：直（值）～（價）

0310 貲（21）　41：～二甲 41：～一盾/53：～各二甲/64：～官嗇/73：～二甲/76：～二甲/106：～二甲/120：～一甲/

132：～租者一甲/138：～官（?）嗇（?）夫/139：～二甲/140：～一甲/202：～二甲/205：～各一盾/208：皆～二/212：各～一盾/219：～一盾/235：～二⧄/236：～一甲/ 247：～⧄/288：～一⧄

0311 當（9） 3：～行之道/3：所～行⧄/12：不～入/19：～出（?）/42：故罪～完/101：～償而誶/126：～遺三程者/127：～遺二程者/牘正：論不～爲城旦

0312 賊（3） 18：盗=～=/73：～迹/123：盗～

0313 圜（1） 200：～（員）程□

0314 農（1） 175：反～□

0315 置（1） 103：敢=穿=穽=及=～=它=機【=】（敢穿穽及置它機，敢穿穽及置它【機】）

0316 罪（22） 4：同～/22：與同～/27：其～與盗禁中同/32：毋（無）～/34：毋（無）～/42：故～/44：有（又）駕（加）其～/45：皆與同～/73：其～匿之/96：勿令巨（歫）～/114：與同～/122：～如盗□/135：同～/145：～/146：除其～/148：遺者～減焉/161：～及稼臧（贓）論之/173：輕重同～/199：有～者/204：～者/222：⧄～□/280：□～

0317 雉（2） 34：～/95：苑～

0318 稗（1） 10：取傳書鄉部～官

0319 節（1） 214：用～

0320 與（22） 4：～闌入門同灋（法）/11：吏～參辨券/21：～同灋（法）/22：～同罪/27：～盗禁中同/45：皆～同罪/60：～弩道同門/61：故～儋（徹）/107：～爲盗/114：～同罪/124：～盗田同灋（法）/133：～同灋（法）/137：皆～盗同/145：相～⧄/147：～灋

（無）少多/151：～（詐）僞寫田籍

0339 實（2）　136：租不能～□/157：田～多

0340 盡（2）　133：～□/185：其程～以

0341 駒（2）　112：～/113：病～

0342 敺（2）　23：～（驅）入禁苑中/119：疾～（驅）入之

0343 賞（1）　146：有（又）～之

0344 賜（1）　166：律～苗

0345 閱（2）　5：以傳書～入之/181：復（?）～

0346 數（1）　39：～循行

0347 遺（4）　125：不～程/126：當～三程者/127：當～二程者/148：～者罪減焉

0348 稼（4）　134：或～▨/147：匿田之～/161：罪及～臧（贓）論之/162：～償主

0349 質（1）　48：中～

0350 請（2）　8：復～之/22：智（知）～（情）入之

0351 諸（9）　1：～叚（假）兩雲夢池魚（籞）/7：～有事禁苑中者/27：～禁苑爲耎（壖）/28：～禁苑有耎（壖）者/31：～弋射甬道/32：～取禁中豺狼者/38：～取禁苑中柞（柞）/103：～馬、牛到所/178：～以錢財它物假田

0352 論（10）　21：苑律～之/45：吏弗劾～/117：～之如律/153：勿～/161：罪及稼臧（贓）～之/225：～之□/272：以～/牘正：～不當爲城旦/牘正：吏～/牘正：已坐以～

0353 諍（3）　101：當償而～□/192：～/193：～

0354 稾（1）　153：～

0355 廟（1）　121：宗～

0356 麃（1）　33：～一

0357 寫（2）　151：～田籍/177：～律

0358 駕（2）　42：～（加）其□/44：有（又）～（加）其罪

0359 貛（1）　34：～〈貛〉

0360 擅（1）　23：勿敢～=殺=（擅殺。擅殺）

0361 橋（1）　60：同門、～

0362 橎（1）　38：～

0363 機（1）　103：穿=穽=及=置=它=～【=】（敢穿穽及置它機，敢穿穽及置它【機】）

0364 縣（16）　7：～道官/8：～道官/9：～道官/24：入～/26：～道官/39：亟告～/44：如守～□金錢/53：～道官/58：～=道=【官=】（縣道【官】，縣道【官】）/75：～道[官]/86：～道官/100：～官/102：～道官/200：～道官/211：～官/228：▨～▨

0365 黔（9）　6：～首/30：～首/77：～首/150：～首/154：～首/155：～首/157：～首/158：～首/196：～首

0366 徼（1）　66：～行□▨

0367 𧗿（1）　61：～（徼）弩道

0368 錢（10）　26：～財/40：二百廿～/40：百一十～/41：廿二～/41：到一～/41：不盈一～/44：金～/155：～假其田/178：～財/278：▨□～到▨

0369 謁（1）　220：▨～者必

0370 麇（1）　33：～一

0371 辨（2）　11：吏與參～券/197：吏及徒去～

0372 蒲（1）　224：魚～直□

0373 彊（1）　154：千（阡）佰（陌）～（疆）畔

0374 隸（1）　40：耐爲～臣妾

0375 豲（1）　34：～

0376 購（1）　145：～金一兩

0377 闌（3）　2：～入門/4：～入門/12：～入

0378 雖（1）　172：～弗爲輕租直（值）

0379 穜（1）　158：始～（種）即故

0380 輿（2）　59：騎作乘～御/119：而～軌（?）

0381 償（2）　101：當～而誶/162：稼～主

0382 濯（1）　48：過一里～者

0383 縱（1）　71：～火

0384 騎（3）　54：其～及/59：～作乘輿御/59：～馬於它馳道

0385 鞫（1）　牘正：～之

0386 歸（1）　115：盜馬、牛～之

0387 [illegible]（1）　46：～（衝）道

0388 壞（1）　39：垣有～決

0389 櫝（1）　122：盜繫（槥）～

0390 疇（1）　120：及斬（塹）人～企（畦）

0391 關（3）　5：～=（關。關）合符/52：在～外/53：～外

0392 獸（12）　27：取耎（壖）中～/30：射耎（壖）～/37：盜死～/39：～道出/39：見～出在外/77：不追～/79：追～/81：⊠～者/85：中～/89：□～得/97：殺～/119：唯毋令～□

0393 犢（2）　102：～/112：～

0394 廬（1）　121：侵食冢～

0395 繫（1）　122：盜～（槥）櫝

0396 黥（1）　108：～爲城

0397 籍（1）　151：寫田～

0398 贏（2）　116：吏行田～/180：假□～

0399 竇（1）　2：～出入

0400 灋（6）　44：盜同～（法）/124：同～（法）/133：與同～（法）/147：與～（法）/148：同～（法）/266：⊠～（法）□

0401 贖（3）　109：～耐/121：～耐/234：皆～耐

0402 讀（1）　66：令吏徒～

0403 讓（1）　4：～人符傳者

三、釋文

【說明】

1. 本釋文以中華書局2001年出版的《龍崗秦簡》一書爲基礎，嚴格查核圖版，認真校核原釋文，並酌情吸收有關釋讀成果而成。凡原釋文不確或錯誤之處，儘量改之，並於當頁以腳註說明。

2.《龍崗秦簡》收錄竹簡293枚，木牘1枚。釋文相應包括兩部分，一爲竹簡，二爲木牘。

3.《龍崗秦簡》多爲互不連綴的殘簡，爲便於與逐字索引配套使用，竹簡每簡文字獨立成段，段末標注簡號。

（一）竹簡

諸叚（假）兩雲夢池魚（籞）及有到雲夢禁中者，得取灌（?）□□☑1

竇出入及毋（無）符傳而闌入門者，斬其男子左趾，□女子☑2

傳者入門，必行其所當行之道，□□☑☑行①其所當行☑3

① 道□□☑☑行，原釋文作“道□□【不】行”，據圖版改。

詐（詐）僞、假人符傳及讓①人符傳者，皆與闌入門同罪。4

關=（關。關）合符，及以傳書閱入之，及諸佩〈佩〉入司馬門久②☒5

禁苑吏、苑人及黔首有事禁中，或取其□③□□☒6

諸有事禁苑中者，□□傳書縣道官，□鄉（?）☒7

制，所致縣道官必復請之，不從律者，令、丞☒8

縣道官，其傳□☒9

取傳書鄉部稗官。∠其田及□作務□☒10

☒于禁苑中者，吏與參辨券☒11

有不當入而闌入，及以它詐（詐）僞入而④□□□☒12

盜入禁苑□☒13

六寸符皆傳⊡⑤☒14

從皇帝而行及舍禁苑中者皆（?）登⑥□□□□☒15

皇帝過，將者令徒☒16

亡人挾弓、弩、矢居禁中者，棄市。☒17

城旦舂其追=盜=賊=亡=人（追盜賊、亡人，追盜賊、亡人）出入禁苑耎（?）⑦者得□□☒18

□追捕之，追事已，其在（?）禁（?）□□當出（?）者（?）將（?）出（?）之（?）☒19

☒□不出者，以盜入禁20

---

① 讓，一說釋"讓（攘）"。

② 久，原釋文作"久（?）"，據圖版改。

③ □，一說釋"貇"。

④ 而，原釋文作"□"，據圖版改。

⑤ ⊡，原釋文作"□□□□□□□□□□"，據圖版改。

⑥ 登，原釋文作"□"，據圖版改。

⑦ 耎（?），一說釋"中（?）"。

苑律論之；伍人弗言者，與同灋（法）①。⧄21

智（知）請（情）入之，與同罪。⧄22

敺（驅）入禁苑中，勿敢擅＝殺＝（擅殺。擅殺）者⧄23

⧄僞假入縣⧄24

⧄禁苑田傳⧄25

没入其販假殹（也），錢財它物于縣道官，⧄26

諸禁苑爲耎（壖）②，去苑（?）③ 卌里，禁毋敢取耎（壖）中獸，取者其罪與盗禁中同⧄27

諸禁苑有耎（壖）者，□去耎（壖）廿里毋敢＝每＝④ 殺【＝】⑤（敢每（謀）殺，敢每（謀）【殺】）□⋯⧄28

射耎（壖）中□□□之□有□□殹（也）□□□其□⧄29

時來鳥，黔首其欲弋射耎（壖）獸者勿禁。⧄30

諸弋射甬道、禁苑外卅（?）里（?）毄（繫），去甬道、禁苑⧄31

諸取禁中豺狼者，毋（無）罪。32

鹿一、㲋一、麇一、麃一、狐二，當（?）完爲城旦舂，不□□□33

然。∠取其豺、狼、豲、貈〈貈〉、狐、貍、㝅、□、雉、兔者，毋（無）罪。34

沙丘苑中風茶者，□⧄35

風茶穴（突）出，或捕詣吏，⧄36

盗死獸直（值）賈（價）以開（關）□⋯37

諸取禁苑中柞（柞）、棫、橎、楢産葉及皮⧄38

●禁苑嗇夫、吏數循行，垣有壞決獸道出，及見獸出在外，亟告縣。39

---

① 灋（法），原釋文作“灋（法）”，據圖版改。一說釋“罪”。

② 壖，同“堧”。下同。

③ 苑（?），原釋文作“苑”，據圖版改。一說釋“耎（壖）”。

④ 每，一說釋“毒”。

⑤ 【＝】，原釋文無，據文意補。

二百廿錢到百一十錢，耐爲隸臣妾；□⍁40

貲二甲；不盈廿二錢到一錢，貲一盾；不盈一錢□⍁41

故罪當完城旦舂以上者，駕（加）其□；男子①□□□⍁42

耐②者假將司之，令終身毋得見□□□□□□□⍁43

盗同灋（法），有（又）駕（加）其罪，如守縣□金錢⍁44

吏弗劾論，皆與同罪③。⍁45

衝（衝）道行禁苑中外④⍁46

有逋亡⑤□□宿⋯⍁47

中質，去道過一里瀷者□水（?）□⍁48

盗禁苑者及⑥⍁49

⍁行遇⑦□中過□其□⍁50

⍁爲城旦⍁51

禁苑在關外及⑧⍁52

令、丞弗得，貲各二甲。關外及縣道官爲⍁53

敢行馳道中者，皆䙴（遷）之；其騎及以乘車、軺車⍁54

⍁牛₌（牛、牛）⍁55

⍁車⑨⍁56

---

① 子，原釋文作“子”，據圖版改。

② 耐，原釋文作“耐”，據圖版及文意改。一說釋“監”。

③ “罪”字之後原簡有數字位置空白未書（即留白）。下文類似情況不再一一說明。

④ 外，原釋文作“□”，據圖版改。

⑤ 亡，原釋文作“亡”，據圖版改。

⑥ 者及，原釋文作“□□”，據圖版改。

⑦ 遇，原釋文作“□”，據圖版改。

⑧ 及，原釋文作“□”，據圖版改。

⑨ 車，原釋文作“車□”，據圖版改。

⧄輓車57

行之，有（又）没入其車、馬、牛縣=道=【官=】（縣道【官】，縣道【官】）⧄58

騎作乘輿御，騎馬於它馳道，若吏徒⧄59

中，及弩[①]道絕馳=道=（馳道，馳道）與[②]弩道同門、橋及限(?)[③] ⧄60

衞（徹）弩道，其故與衞（徹）□弩道[④]行之，不從（?）□⧄61

⧄馬弩道□⧄62

⧄有行馳□⧄63

⧄道中而弗得，貲官嗇⧄64

⧄□夫二甲，或入65

令吏徒讀，徹行□⧄66

出入之，勿令⧄67

吏具，必亟入；事已，出⧄68

⧄首盜69

⧄黥爲城旦舂，其⧄70

殹（也），縱火而□⧄71

⧄匿盜⧄72

⧄賊迹，貲二甲；其罪匿之□⧄73

⧄捕詷〈詗〉⧄74

⧄□死□[⑤]縣道官⧄75

---

① 弩，原簡作。一説釋“奴（駑）”。下同。

② 與，原釋文無，據圖版補。

③ 限（?），一説釋“阪（?）”。

④ 弩道，原釋文作“□（弩）□（道）”，據圖版改。

⑤ □，一説釋“復”，一説釋“復”。

⍁捕者貲二甲□⍁76

黔首犬入禁苑中而不追獸及捕⍁77

⍁者勿□⍁78

⍁殺；其追獸⍁79

⍁及捕⍁80

⍁獸[者]①⍁81

殺之；河（呵）② 禁所殺犬，皆完入（?）公（?）；其（?）③ ⍁82

⍁它禁苑，食其肉而入其皮。⍁83

⍁禁苑⍁84

中獸，以皮、革、筋給用。而毋敢射=[殺=][⋯]（射[殺][⋯]，射[殺][⋯]）⍁85

入其皮□縣道官。86

⍁□絕行[馳]⍁87

⍁□道官皆勿[論]④⍁88

⍁□獸得⍁89

得殈，及爲作務羣它⍁90

⍁善射者敦（屯）□⍁91

⍁弩矢□□⍁92

⍁[黥]爲城旦舂⍁93

⍁□入[禁]⑤⍁94

⍁[苑]雉⍁95

---

① [者]，原釋文作“者”，據圖版改。

② 河（呵），原釋文作“河”，據文意改。

③ 入（?）公（?）其（?），原釋文作“入公其”，據圖版改。

④ [論]，原釋文作“論”，據圖版改。

⑤ [禁]，原釋文作“禁”，據圖版改。

勿令巨（歫）① 罪。⍁96

⍁□殺獸⍁97

廿五年四月乙亥以來，□□馬牛羊□□□⍁98

馬、牛、羊食人□之□□□□□□□□□②⍁99

牧縣官馬、牛、羊盜□之，弗□□⍁100

馬、牛殺之及亡之，當償而誶□□□□□□□□⍁101

没入私馬、牛、羊③、駒、犢、羔縣道官。⍁102

諸馬、牛到所，毋敢=穿=穽=及=置=它=機【=】（敢穿穽及置它機，敢穿穽及置它【機】）能害⍁103

⍁人馬、牛者⍁104

⍁雖④未有105

殺傷殹（也），貲二甲；殺傷馬⑤⍁106

⍁與爲盜⑥⍁107

⍁殺人，黥爲城108

旦舂；傷人，贖耐。109

⍁馬、牛殺⍁110

⍁馬、牛、羊、犬、彘于人田⍁111

亡馬=牛=駒=犢=羔=（馬、牛、駒、犢、羔，馬、牛、駒、犢、羔）皮及□皆入禁□官□⍁112

⍁病駒禁有⍁113

---

① 巨（歫），原釋文作“巨”，注曰：“巨，通‘歫’。”爲保持全書體例統一，今在釋文中用括號標出本字。下文類似情況準此。

② □，一說釋“千”。

③ 羊，原釋文作“【羊】”，據圖版改。

④ 雖，原釋文作“雖”，據圖版改。

⑤ 傷馬，原釋文作“傷馬”，據圖版改。

⑥ 盜，原釋文作“盜”，據圖版改。

盗牧者與同罪。☐114

☐盗馬、牛歸[之]①☐115

廿四年正月甲寅以來，吏行田贏律（?）詐（詐）☐116

田不從令者，論之如律。☐117

一盾；非田時殹（也），及田不□□坐☐118

而輿軌（?）疾敺（驅）入之，其未能祧〈逃〉，亟散離（?）之，唯毋令獸□②☐119

侵食道、千（阡）、邵（陌），及斬（塹）③人疇企（畦），貲一甲。☐120

盗徙封，侵食冢廬，贖耐；□□宗廟耎（壖）☐121

盗槧（檕）櫝，罪如盗□④□□□□□□□□□□☐122

盗賊以田時殺□☐123

人冢，與盗田同灋（法）。☐124

不遺程、敗程租者，□；不以敗程租上☐125

盗田二町，當遺三程者，□□□□□□□☐126

一町，當遺二程者，而□□□□□□□☐127

詐（詐）一程若二程□□之□□☐128

人及虚租希（稀）程者，耐城旦舂；□□□☐129

☐各二程□☐130

☐□程直（值）希（稀）之☐131

☐貲租者一甲☐132

程田以爲臧（贓），與同灋（法）。田一町，盡□盈□希⑤☐133

☐希（稀）其程率；或稼☐134

同罪。☐135

---

① 歸[之]，原釋文作"歸□（之）"，據圖版改。

② □，一説釋"祧〈逃〉"。

③ 斬（塹），原釋文作"斬"，據文意改。

④ □，此字殘，一説釋"[禁]"。

⑤ 希，一説釋"希（稀）"。

租不能實□=（□，□）輕重于程，町失三分，⧄136

分以上，直（值）其所失臧（贓）及所受臧（贓），皆與盜同⧄137

有犯令者而（?）弗得，貲官（?）嗇（?）夫⧄138

其部□□□□□貲二甲。⧄139

租笄索，不平一尺以上，貲一甲；不盈一尺到⧄140

上，然租不平而刻（核）① 者，□□□□租（?）之（?）□⧄141

皆以匿租者，詐（詐）毋（無）② 少多，各以其⧄142

□□□不到所租□直（值），虛[租]③而失之如⧄143

租者監者詣④受匿（?）租所□□□□⧄⧄□⧄⧄[然]⑤⧄144

罪，購金一兩，相與⧄145

除其罪，有（又）賞之，如它人告⧄146

坐其所匿稅臧（贓），與灋（法）没入其匿田之稼。⧄147

其所受臧（贓），亦與盜同灋（法）；遺者罪減焉⧄148

⧄一等，其□⧄149

租者且出以律，告典=田=典=（典、田典，典、田典）令黔首皆智（知）之，及⧄150

田及爲詐（詐）僞寫田籍皆坐臧（贓），與盜□⧄151

部主者各二甲，令、丞、令史各一甲。□⧄152

取人草□□蒸（蒸）⑥、茅、芻、稾□勿論⧄153

黔首皆從千（阡）佰（陌）彊（疆）畔之其⧄154

黔首錢假其田已（?）□□□者，或者□⧄155

田□□□僕射□大人⧄156

---

① 刻（核），原釋文作“劾”，據圖版及文意改。

② 毋（無），原釋文作“毋”，據文意改。

③ [租]，原釋文作“租”，據圖版改。

④ 詣，一說釋“詐”。

⑤ [然]，原釋文作“然”，據圖版改。

⑥ 蒸（蒸），原釋文作“蒸”。蒸，同“蒸”。

黔首田實多其□☒157

黔首或始穜（種）即故□①☒158

☒或即言其田實（?）☒159

迸徙其田中之臧（贓）而不☒160

☒罪及稼臧（贓）論之。161

稼償主。162

☒之租☒163

☒□田以其半☒164

☒□者租匿田☒165

☒律賜苗☒166

☒程租☒167

☒□②租及□☒168

☒□租其□☒169

☒租故重☒170

☒故輕故重☒171

☒雖弗爲輕租直（值）172

輕[重]同罪☒173

☒重租與故174

以爲盜田。反農□□□③☒175

☒□租者不丈☒176

☒□寫律予租☒177

諸以錢財它物假田□□□□□□□☒178

之亦與買者☒179

☒敢販假□贏☒180

☒□復（?）閲，具徒=（徒，徒）有☒181

☒具與偕☒182

---

① □，一説釋“出”。

② □，原釋文無，據圖版補。

③ □□□，原釋文作“□□□□”，據圖版改。

☒□犯此令□☒183

☒□□[二][甲]而以☒184

☒其程盡以☒185

☒分，失廿石以☒186

☒以上，失租廿石☒187

盈廿石到十石，論（?）□□；不盈[十]石到一石，☒188

以□□□□；不盈□石到□①☒189

☒不盈一石☒190

一盾；不盈十石到一石，誶（?）；不盈九斗到十☒191

斗，誶；不盈三□到六□②，□□□□☒192

不盈廿石到十石，誶；不盈十石及過③十☒193

☒廿[石]□☒194

☒及棄臧（贓）焉☒195

黔首☒☒不幸死，未葬☒196

者棺葬具，吏及徒去辨☒197

勿予其言殹（也），□□□□□禁□□□☒198

宦者其有言䙴（遷）及有罪[者]④☒199

有言縣道官，園（員）程□☒200

言吏入者，坐臧（贓）與盜同[灋（法）]。☒201

□未夬（決）而言者，貲二[甲]。☒202

遇（?）而爭=（爭，爭）而不剋者☒203

☒罪者獄未夬（決）☒204

史□貲各一盾；盜（?）☒☒□□□□□□☒☒□□☒205

道官=長=（官長，官長）問之（?）☒206

---

① 到□，原釋文作“到”，據圖版改。

② 三□到六□，一說釋“三分到六分”。

③ 過，一說釋“近”。

④ [者]，原釋文作“者”，據圖版改。

□小期□⍁207

者，皆貲二甲。208

⍁必言者（?）入□⍁209

⍁勿禁。⍁210

⍁□入縣官⍁211

⍁各①貲一盾□⍁□212

復以紿（詒）假它人，取⍁213

南郡用節不紿（怠）時令⍁214

⍁□取南郡⍁215

⍁如三分□⍁216

⍁一甲□⍁217

⍁□如盜之⍁218

⍁□貲一盾⍁219

⍁謁者必220

⍁行道⍁221

⍁罪□⍁222

⍁者皆與⍁223

魚濡直□□□②⍁224

⍁律論之□⍁225

⍁僉縣（?）⍁226

⍁官⍁227

⍁縣⍁228

⍁□有⍁229

⍁甲出⍁230

⍁將□⍁231

⍁不盈⍁232

---

① 各，原釋文作“各”，據圖版改。

② □□□，原釋文作“□□”，據圖版改。

上及□□□□□車□□□□□□□□□⧄233

⧄□主弗得，皆贖耐。⧄234

⧄以上貲二⧄235

⧄貲一甲。236

⧄□者（?）不□⧄237

⧄下皆□⧄238

⧄□□上典239

⧄□律240

⧄□[尉]①將⧄241

⧄□道官⧄242

⧄□□□二日以（?）243

⧄令□244

⧄□□□故⧄245

⧄道官246

⧄□者吏貲⧄247

⧄□而⧄248

⧄中以⧄249

⧄鄉邑上⧄250

⧄□治除敗⧄251

⧄旁不可⧄252

⧄封□⧄253

⧄勿254

●□②⧄255

⧄□其⧄256

⧄□寸⧄257

⧄□宦者⧄258

---

① [尉]，原釋文作“尉”，據圖版改。

② □，原釋文作“□□”，據圖版改。

⍁□之不如令⍁259

⍁令⍁260

⍁分（?）□□□⍁261

⍁止262

⍁丘□⍁263

⍁不從令⍁264

⍁□小□□⍁265

⍁灋（法）□⍁266

⍁旦春□⍁267

⍁牛□[①]⍁268

⍁首269

⍁各善⍁270

⍁□官□□⍁271

⍁以[②]論⍁272

⍁□苑（?）□⍁273

⍁□之其⍁274

⍁□其□□⍁275

⍁挾（?）□□□⍁276

⍁其□⍁277

⍁□錢[③]到⍁278

⍁□□已夬（決）乃⍁279

⍁□罪⍁280

⍁□射[④]⍁281

⍁□□傳□□⍁282

---

① 牛□，一說釋“牛甘〈廿〉”。

② 以，原釋文作“以”，據圖版改。

③ □錢，原釋文作“錢”，據圖版改。

④ 射，原釋文作“射”，據圖版改。

☐有☐283

☐封（?）□☐284

☐之□□☐285

☐符286

☐或□☐287

☐貲一☐288

☐龣☐289

☐□及☐290

☐官□☐291

☐克☐292

☐□皆□☐293

（二）木牘

●鞫之：辟死，論不當爲城旦。吏論失者，已坐以論。九月丙申，沙羨丞甲、史丙：免辟死爲庶人，令正面自尚（常）① 也。背面

① 尚（常），原釋文作“尚”，據文意改。

秦簡逐字索引之五

散見秦簡逐字索引

目　録

一、檢字表

十畫

十一畫

十二畫

十三畫

十四畫

十五畫

十六畫

二、正　文

【說明】

1. 散見秦簡包括三种：《青川秦牘》《睡虎地秦牘》《岳山秦牘》。

2. 本逐字索引正文衹有單字。

3. 字頭後表示出處的文字，“1”“2”分别表示第1枚木牘和第2枚木牘，“正”“背”分别表示木牘的正面與背面。例如：

0048 勿（3）　睡虎地秦牘1正：遺黑夫用～少/岳山秦牘1背：～圾祠巫/岳山秦牘1背：～以裚（製）衣

“睡虎地秦牘1正”“岳山秦牘1背”“岳山秦牘1背”，分别表示“勿”字及其辭例的出處爲：睡虎地秦牘第1枚正面、岳山秦牘第1枚背面、岳山秦牘第1枚背面。

1背：不隱～民/岳山秦牘1背：田□～丁亥死/岳山秦牘2正：以寧～₌（人，人）必寧之/岳山秦牘2正：以賀～₌（人，人）必賀之□

0008 入（5）　睡虎地秦牘2背：新地～盜/岳山秦牘1正：其～神行歲局（?）祠之/岳山秦牘2正：來歸～室/岳山秦牘2正：丙、丁～之/岳山秦牘2正：以□～之

0009 八（4）　青川秦牘正：衺～則/青川秦牘正：以秋～月/岳山秦牘1背：～月六日/1背：毋以～月九月丙、辛、癸丑、寅、卯材（裁）衣

0010 九（2）　青川秦牘正：～月/岳山秦牘1背：毋以八月～月丙、辛、癸丑、寅、卯材（裁）衣

0011 力（4）　睡虎地秦牘1背：新負勉～視瞻丈人/睡虎地秦牘1背：毋與⿴勉～也/睡虎地秦牘2正：母～毋恙也/睡虎地秦牘2正：新負勉～視瞻兩老▨

0012 三（2）　青川秦牘正：一千（阡）道₌（道，道）廣～步/岳山秦牘1背：～月市日

0013 土（1）　岳山秦牘1正：～良日

0014 下（2）　青川秦牘正：～厚二尺/睡虎地秦牘2正：毋～二丈五尺

0015 丈（3）　睡虎地秦牘1背：聞誤～人得毋恙⿴矣/1背：新負勉力視瞻～人/睡虎地秦牘2正：毋下二～五尺

0016 大（8）　青川秦牘正：～稱其高/青川秦牘正：及登千（阡）百（陌）之～草/青川秦牘正：～除道及阪險/睡虎地秦牘2正：驚敢～心問衷/睡虎地秦牘2背：若～發（廢）毀/睡虎地秦牘2背：驚敢～心問姑秭（姊）/岳山秦牘1背：祠～父良日/岳山秦牘2正：必見～咎

0017 千（2）　青川秦牘正：一～（阡）道₌（道，道）廣三步/青川秦牘正：及登～（阡）百（陌）之大草

0018 及（4）　青川秦牘正：～登千（阡）百（陌）之大草/青川秦牘正：大除道～阪險/岳山秦牘1背：不可□～殺之/

0038 内（3）　青川秦牘正：～史匽/睡虎地秦牘 1 背：故朮長姑外～/睡虎地秦牘 2 正：家室外～

0039 水（1）　岳山秦牘 1 正：～良日

0040 午（14）　岳山秦牘 1 正：甲～/岳山秦牘 1 正：戊～/岳山秦牘 1 正：甲～/岳山秦牘 1 正：壬～/岳山秦牘 1 正：甲～/岳山秦牘 1 正：庚～/岳山秦牘 1 正：戊～/岳山秦牘 1 正：戊～/岳山秦牘 1 正：庚～/岳山秦牘 1 正：丙～/岳山秦牘 1 正：丙～/岳山秦牘 1 背：丙～/岳山秦牘 2 正：壬～/岳山秦牘 2 正：庚～

0041 牛（1）　岳山秦牘 1 正：～良日

0042 壬（15）　青川秦牘背：～一日/岳山秦牘 1 正：～辰/岳山秦牘 1 正：～辰/岳山秦牘 1 正：～辰/岳山秦牘 1 正：～午/岳山秦牘 1 正：～辰/岳山秦牘 1 正：～辰/岳山秦牘 1 正：～辰/岳山秦牘 1 背：～辰/岳山秦牘 1 背：～戌/岳山秦牘 1 背：～/岳山秦牘 1 背：～申/岳山秦牘 1 背：～申屢/岳山秦牘 2 正：～午問病/岳山秦牘 2 正：～戌

0043 反（2）　睡虎地秦牘 1 正：攻～城久/睡虎地秦牘 2 背：以驚居～城中故

0044 父（1）　岳山秦牘 1 背：祠大～良日

0045 今（2）　睡虎地秦牘 1 正：～復會矣/睡虎地秦牘 1 正：～書節（即）到

0046 凶（1）　岳山秦牘 2 正：凡丙申六旬之～日也

0047 月（14）　青川秦牘正：二年十一～/青川秦牘正：以秋八～/青川秦牘正：九～/青川秦牘正：十～/青川秦牘背：四年十二～/睡虎地秦牘 1 正：二～辛巳/岳山秦牘 1 背：八～六日/岳山秦牘 1 背：三～市日刺/岳山秦牘 1 背：四～市日有刺/岳山秦牘 1 背：八～/岳山秦牘 1 背：九～/岳山秦牘 2 正：正～/岳山秦牘 2 正：四～/岳山秦牘 2 正：七～

虎地秦牘 1 背：得～恙也/睡虎地秦牘 1 背：～與☐勉力也/睡虎地秦牘 2 正：母得～恙也/睡虎地秦牘 2 正：母力～恙也/睡虎地秦牘 2 正：皆～恙也/睡虎地秦牘 2 正：～下二丈五尺/睡虎地秦牘 2 正：皆得～恙也/睡虎地秦牘 2 背：令～敢遠就若取新/睡虎地秦牘 2 背：姑秭（姊）子産得～恙/岳山秦牘 1 背：～以八月九月丙，辛，癸丑、寅、卯材（裁）衣/岳山秦牘 2 正：～以庚午到室/岳山秦牘 2 正：～用

0057 玉（1）　岳山秦牘 1 正：～良日

0058 未（20）　睡虎地秦牘 1 正：傷～可智（知）也/睡虎地秦牘 1 正：相家爵來～來/睡虎地秦牘 1 正：告黑夫其～來狀/岳山秦牘 1 正：癸～/岳山秦牘 1 正：丁～/岳山秦牘 1 正：丁～/岳山秦牘 1 正：～/岳山秦牘 1 正：己～/岳山秦牘 1 正：丁～/岳山秦牘 1 正：～/岳山秦牘 1 正：癸～/岳山秦牘 1 正：丁～/岳山秦牘 1 正：～/岳山秦牘 1 正：～/岳山秦牘 1 正：癸～/岳山秦牘 1 正：丁～/岳山秦牘 1 背：丁～/岳山秦牘 1 背：～/岳山秦牘 1 背：辛～/岳山秦牘 1 背：己～

0059 正（2）　青川秦牘正：～彊（疆）畔/岳山秦牘 2 正：～月

0060 朮（1）　睡虎地秦牘 1 背：故～長姑

0061 可（12）　青川秦牘正：不～行/睡虎地秦牘 1 正：～以爲禪帬（裙）襦者/睡虎地秦牘 1 正：傷未～智（知）也/睡虎地秦牘 1 背：問嬰汜季事～（何）如/岳山秦牘 1 背：不～□□/岳山秦牘 1 背：不～□/岳山秦牘 1 背：不～刹羊/岳山秦牘 1 背：不～刹雞/岳山秦牘 1 背：不～刹犬/岳山秦牘 1 背：～以裚（製）衣/岳山秦牘 2 正：不～問病者/岳山秦牘 2 正：不～以之遠□

0062 丙（17）　岳山秦牘 1 正：～寅/岳山秦牘 1 正：～寅/岳山秦牘 1 正：～午/岳山秦牘 1 正：～辰，己巳/岳山秦牘 1 正：～辰，乙巳/岳山秦牘 1 正：～辰，丁未/岳山秦

0108 坄（1） 岳山秦牘1背：勿～祠巫
0109 材（1） 岳山秦牘1背：卯～（裁）衣
0110 巫（2） 岳山秦牘1背：～咸乙巳死/岳山秦牘1背：勿坄祠～
0111 更（1） 青川秦牘正：民臂～脩（修）
0112 酉（13） 青川秦牘正：二年十一月己～/岳山秦牘1正：～/岳山秦牘1正：癸～/岳山秦牘1正：癸～/岳山秦牘1正：丁～/岳山秦牘1正：癸～/岳山秦牘1正：己～/岳山秦牘1背：丁～/岳山秦牘1背：～/岳山秦牘1背：丁～/岳山秦牘1背：～/岳山秦牘1背：～/岳山秦牘1背：乙～
0113 辰（21） 青川秦牘背：～一日/岳山秦牘1正：壬～/岳山秦牘1正：壬～/岳山秦牘1正：庚～/岳山秦牘1正：壬～/岳山秦牘1正：壬～/岳山秦牘1正：庚～/岳山秦牘1正：壬～/岳山秦牘1正：庚～/岳山秦牘1正：丙～/岳山秦牘1正：壬～/岳山秦牘1正：丙～/岳山秦牘1正：丙～/岳山秦牘1背：丙～/岳山秦牘1背：壬～/岳山秦牘1背：～/岳山秦牘1背：甲～/岳山秦牘1背：丙～/岳山秦牘1背：～/岳山秦牘1背：甲～/岳山秦牘2背：桊～
0114 豕（1） 岳山秦牘1正：～良日
0115 步（2） 青川秦牘正：田廣一～/青川秦牘正：道₌（道，道）廣三～
0116 見（1） 岳山秦牘2正：必～大咎
0117 里（1） 睡虎地秦牘1背：twitter～聞誤
0118 邑（1） 岳山秦牘1背：不利田～
0119 別（1） 睡虎地秦牘1正：黑夫與驚～
0120 告（1） 睡虎地秦牘1正：～黑夫其未來狀
0121 利（2） 青川秦牘正：～津鱳（梁）/岳山秦牘1背：不～田邑
0122 佐（1） 睡虎地秦牘1正：黑夫等直（值）～淮陽
0123 言（1） 睡虎地秦牘1正：報必～相家爵來未來

0124 辛（14）　青川秦牘背：～一日/睡虎地秦牘1正：二月～巳/岳山秦牘1正：～卯/岳山秦牘1正：～卯/岳山秦牘1正：～巳/岳山秦牘1正：～巳/岳山秦牘1背：～□/岳山秦牘1背：～丑/岳山秦牘1背：～/岳山秦牘1背：～未/岳山秦牘1背：～巳/岳山秦牘1背：～/岳山秦牘2正：～亥/岳山秦牘2正：～卯

0125 灶（1）　岳山秦牘1背：祠～良日

0126 弟（1）　岳山秦牘2正：生子不～（悌）

0127 良（17）　岳山秦牘1正：水～日/岳山秦牘1正：土～日/岳山秦牘1正：木～日/岳山秦牘1正：火～日/岳山秦牘1正：玉～日/岳山秦牘1正：金【錢】～日/岳山秦牘1正：人～日/岳山秦牘1正：牛～日/岳山秦牘1正：馬～日/岳山秦牘1正：羊～日/岳山秦牘1正：犬～日/岳山秦牘1正：豕～日/岳山秦牘1正：雞～日/岳山秦牘1背：祠大父～日/岳山秦牘1背：祠門～日/岳山秦牘1背：祠灶～日/岳山秦牘1背：衣～日

0128 祀（1）　睡虎地秦牘2背：爲驚視～

0129 即（1）　睡虎地秦牘2正：～死矣

0130 忌（16）　岳山秦牘1正：其～/岳山秦牘1正：其～/岳山秦牘1正：其～/岳山秦牘1正：其～/岳山秦牘1正：其～/岳山秦牘1正：其～/岳山秦牘1正：其～/岳山秦牘1正：其～/岳山秦牘1正：其～/岳山秦牘1正：其～/岳山秦牘1正：其～/岳山秦牘1正：其～/岳山秦牘1正：其～/岳山秦牘1背：～/岳山秦牘1背：凡衣～戊申/岳山秦牘1背：五服～甲申㞜

0131 姊（1）　睡虎地秦牘1背：多問姑～

0132 矣（4）　睡虎地秦牘1正：今復會～/睡虎地秦牘1背：得毋恙⋯～/睡虎地秦牘2正：☐用垣柏錢～/睡虎地秦牘2正：即死～

0133 長（1） 睡虎地秦牘1背：故朮～姑

0134 者（6） 青川秦牘背：不除道～/睡虎地秦牘1正：爲禪帬（裙）襦～/睡虎地秦牘2正：綌布謹善～/睡虎地秦牘2背：城多空不實～/睡虎地秦牘2背：不如令～實/岳山秦牘2正：不可問病～

0135 幸（1） 睡虎地秦牘2正：～遺錢五、六百

0136 其（17） 青川秦牘正：大稱～高/睡虎地秦牘1正：～絲布貴/睡虎地秦牘1正：告黑夫～未來狀/岳山秦牘1正：～忌/岳山秦牘1正：～忌/岳山秦牘1正：～忌/岳山秦牘1正：～忌/岳山秦牘1正：～忌/岳山秦牘1正：～忌/岳山秦牘1正：～忌/岳山秦牘1正：～忌/岳山秦牘1正：～忌/岳山秦牘1正：～忌/岳山秦牘1正：～忌/岳山秦牘1正：～忌/岳山秦牘1正：～忌/岳山秦牘1正：～入神行歲局（?）祠之

0137 取（1） 睡虎地秦牘2背：就若～新

0138 若（2） 睡虎地秦牘2背：就～取新/睡虎地秦牘2背：～大發（廢）毀

0139 苟（2） 睡虎地秦牘1正：聞王得～得/睡虎地秦牘1背：～得毋恙

0140 直（1） 睡虎地秦牘1正：～（值）佐淮陽

0141 苔（1） 岳山秦牘2背：申～

0142 東（1） 睡虎地秦牘1背：～室季須（嬃）

0143 事（1） 睡虎地秦牘1背：嬰汜季～

0144 刺（4） 岳山秦牘1背：七日市日～/岳山秦牘1背：三月市日～/岳山秦牘1背：四月市日有～/岳山秦牘1背：已有～一番

0145 兩（1） 睡虎地秦牘2正：視瞻～老☐

0146 來（7） 睡虎地秦牘1正：毋操夏衣～/睡虎地秦牘1正：令與錢偕～/睡虎地秦牘1正：徒以錢～/睡虎地秦牘1正：報必言相家爵～未來/睡虎地秦牘1正：報必言

～也

0229 從（1）　睡虎地秦牘 2 正：與～軍

0230 康（1）　睡虎地秦牘 1 背：～樂季須（嬃）

0231 産（1）　睡虎地秦牘 2 背：姑秭（姊）子～

0232 袤（1）　青川秦牘正：～八則

0233 淮（1）　睡虎地秦牘 1 正：直（值）佐～陽

0234 寅（15）　岳山秦牘 1 正：庚～/岳山秦牘 1 正：庚～/岳山秦牘 1 正：甲～/岳山秦牘 1 正：戊～/岳山秦牘 1 正：甲～/岳山秦牘 1 正：丙～/岳山秦牘 1 正：甲～/岳山秦牘 1 正：丙～/岳山秦牘 1 正：庚～/岳山秦牘 1 正：庚～/岳山秦牘 1 背：丙～/岳山秦牘 1 背：～/岳山秦牘 1 背：～/岳山秦牘 2 正：～/岳山秦牘 2 背：桼～

0235 寄（1）　睡虎地秦牘 1 正：～益就書曰

0236 視（4）　睡虎地秦牘 1 正：母～安陸絲布賤/睡虎地秦牘 1 背：勉力～瞻丈人/睡虎地秦牘 2 正：勉力～瞻兩老☐/睡虎地秦牘 2 背：爲驚～祀

0237 敢（4）　睡虎地秦牘 1 正：～再拜問中/睡虎地秦牘 2 正：～大心問衷/睡虎地秦牘 2 背：毋～遠就若取新/睡虎地秦牘 2 背：～大心問姑秭（姊）

0238 隄（1）　青川秦牘正：脩（修）波（陂）～

0239 陽（2）　睡虎地秦牘 1 正：直（值）佐淮～/睡虎地秦牘 1 背：夕～吕嬰

0240 桼（1）　岳山秦牘 2 背：～辰

0241 報（1）　睡虎地秦牘 1 正：～=（報，報）必言相家爵來未來

0242 開（1）　岳山秦牘 1 背：～財□□

0243 貴（1）　睡虎地秦牘 1 正：其絲布～

0244 黑（14）　睡虎地秦牘 1 正：～夫、驚敢再拜問中/睡虎地秦牘 1 正：～夫、驚毋恙也/睡虎地秦牘 1 正：～夫與驚别/睡虎地秦牘 1 正：～夫寄益就書曰/睡虎地秦牘 1 正：遺～夫錢/睡虎地秦牘 1 正：～夫自以布此/睡虎地秦

牘1正：～夫等直（值）佐淮陽/睡虎地秦牘1正：遺～夫用勿少/睡虎地秦牘1正：告～夫其未來狀/睡虎地秦牘1背：爲～夫、驚多問姑姊/睡虎地秦牘1背：爲～夫、驚多問東室季須（嬃）/睡虎地秦牘1背：爲～夫、驚多問嬰汜季事可（何）如/睡虎地秦牘1背：爲～夫、驚多問夕陽呂嬰/睡虎地秦牘2正：與～夫居

0245 智（1）　睡虎地秦牘1正：傷未可～（知）也

0246 等（1）　睡虎地秦牘1正：黑夫～直（值）佐淮陽

0247 復（1）　睡虎地秦牘1正：今～會矣

0248 須（2）　睡虎地秦牘1背：康樂季～（嬃）/睡虎地秦牘1背：東室季～（嬃）

0249 番（1）　岳山秦牘1背：已有刺一～

0250 爲（14）　青川秦牘正：～田律/青川秦牘正：～畛/青川秦牘正：百畝～頃/青川秦牘正：～橋/青川秦牘正：輒～之/睡虎地秦牘1正：可以～襌帬（裙）襦者/睡虎地秦牘1正：母必～之/睡虎地秦牘1正：書到皆～報₌（報，報）必言相家爵來未來/睡虎地秦牘1背：～黑夫、驚多問姑姊/睡虎地秦牘1背：～黑夫、驚多問東室季須（嬃）/睡虎地秦牘1背：～黑夫、驚多問嬰汜季事/睡虎地秦牘1背：～黑夫、驚多問夕陽呂嬰/睡虎地秦牘2背：令故民有～/睡虎地秦牘2背：～驚視祀

0251 詔（1）　睡虎地秦牘2背：衷教～嬰

0252 就（2）　睡虎地秦牘1正：黑夫寄益～書曰/睡虎地秦牘2背：遠～若取新

0253 善（1）　睡虎地秦牘2正：縞布謹～者

0254 道（5）　青川秦牘正：一百（陌）～/青川秦牘正：一千（阡）～₌（道，道）/青川秦牘正：大除～及阪險/青川秦牘正：非除～之時/青川秦牘背：不除～者

三、釋　文

【説明】

1. 本釋文收錄散見秦簡三種：《青川秦牘》[①]《睡虎地秦牘》[②]《岳山秦牘》[③]。

2. 原釋文因刊佈於期刊，均爲簡體字，爲保持體例統一，今改爲繁體字。

3. 這些散見秦簡的第一手材料多難以見到，故衹能對原釋文做一些儘可能的校核，不少通假字、異體字等也未注明。

（一）青川秦牘

二年十一月己酉朔＝（朔朔）日，王命丞相戊（茂）、内史匽、民臂[④]更脩（修）《爲田律》：田廣一步，袤八則，爲畛。畝二畛，一

① 見於四川省博物館、青川縣文化館《青川縣出土秦更修田律木牘——四川省青川縣戰國墓發掘簡報》，《文物》1982 年第 1 期。

② 見於湖北孝感地區第二期亦工亦農文物考古訓練班《湖北云梦睡虎地十一座秦墓发掘簡报》，《文物》1976 年第 9 期。

③ 見於湖北省江陵縣文物局等《江陵岳山秦漢墓》，《考古學報》2000 年第 4 期。此發掘報告衹公佈了兩枚木牘正面的圖版。

④ 民臂，原釋文作“□□”，據圖版及文意改。一説釋“氏□”。

百（陌）道。百畝爲頃，一千（阡）道=（道，道）廣三步。封，高四尺，大稱其高。捋（埒），高尺，下厚二尺。以秋八月，脩（修）封捋（埒），正彊（疆）① 畔，及癹千（阡）百（陌）之大草。九月，大除道及阪險②。十月，爲橋，脩（修）波（陂）③ 隄，利津𣃟（梁）④，鮮⑤草。雖⑥非除道之時，而有陷敗不可行，輒爲之。□□

正面

四年十二月不除道者：

□一日	□一日	辛一日
壬一日	亥一日	辰一日
戌一日	□一日	

背面

（二）睡虎地秦牘

二月辛巳，黑夫、驚敢再拜問中，母毋恙也？黑夫、驚毋恙也。前日黑夫與驚別，今復會矣。黑夫寄益就書曰：遺黑夫錢，毋操夏衣來。今書節（即）到，母視安陸絲布賤，可以爲襌帬（裙）襦者，母必爲之，令與錢偕來。其絲布貴，徒[以]錢來，黑夫自以布此。黑夫等直（值）佐淮陽，攻反城久，傷未可智（知）也，願母遺黑夫用勿少。書到皆爲報=（報，報）必言相家爵來未來，告黑夫其未來狀。聞王得苟得1正毋恙也？辭相家爵不也？書衣之南軍毋⊡不也？爲黑夫、驚多問姑姊、康樂季須（嬃）、故尤長姑外内⊡爲黑夫、驚多問

① 彊（疆），原釋文作“疆”，據圖版及文意改。
② 阪險，原釋文作“除陰（澮）”，據圖版及文意改。
③ 波（陂），原釋文作“陂”，據圖版及文意改。
④ 𣃟（梁），原釋文作“□”，據圖版及文意改。
⑤ 鮮，一說讀爲“獮”。
⑥ 雖，原釋文作“雎”，據圖版及文意改。

東室季須（嬃）苟得毋恙也？爲黑夫、驚多問嬰汜①季事②可（何）如？定不定？爲黑夫、驚多問夕陽吕嬰、匽里聞誤丈人得毋恙☐矣。驚多問新負、婴得毋恙也？新負勉力視瞻丈人，毋與☐勉力也。1背 驚敢大心問衷，母得毋恙也？家室外内同☐以衷，母力毋恙也？與從軍，與黑夫居，皆毋恙也。☐錢衣，願母幸遺錢五、六百，絝布謹善者毋下二丈五尺。☐用垣柏錢矣，室弗遺，即死矣。急急急！驚多問新負、婴皆得毋恙也？新負勉力視瞻兩老☐2正 驚遠家故，衷教詔婴，令毋敢遠就若取新，衷令☐聞新地城多空不實者，且令故民有爲不如令者實☐爲驚視祀，若大發（廢）毀，以驚居反城中故。驚敢大心問姑秭（姊），姑秭（姊）子產得毋恙？新地入盜，衷唯母方行新地，急急！2背

（三）岳山秦牘

水良日，癸未、酉，庚申。其忌，癸巳，乙巳，甲戌。

土良日，癸巳，乙巳，甲戌。其忌，癸酉，庚申。

木良日，庚寅，辛卯，壬辰。其忌，丁未，癸酉，癸亥。

火良日，甲巳（子）③，丁酉，癸酉④。其忌，庚寅，辛卯，壬辰。

玉良日，甲午，甲寅。其忌，甲申，乙巳，乙卯。

金【錢】⑤良日，甲申、乙卯。其忌，戊寅，戊午，甲午。

人良日，乙丑，己丑、亥，庚辰，壬辰。其忌，丁未，戊戌，壬午。

牛良日，甲午，庚午，戊午，甲寅，丙寅。其忌，壬辰，戊戌，

---

① 汜，一說釋“氾”。

② 事，一說釋“吏”。

③ 巳（子），一說釋“巳〈子〉”。

④ 酉，原釋文作“亥”，據圖版改。

⑤ 【錢】，原釋文無，據文意補。

癸亥、未，己丑，乙卯。

馬良日，己亥，己[①]酉，庚辰，壬辰，己未，己丑，戊戌，庚申。其忌，戊午，庚午，甲寅，丁未，丙寅。

羊良日，辛巳、未，庚寅，癸未，庚辰。其忌，乙巳，丙午，丁未，□。

犬良日，丁丑、未，丙辰，己巳、亥。其忌，辛巳、未。

豖[②]良日，壬辰、戌，癸未。其忌，丁未、丑，丙辰、申。

雞良日，丙辰，乙巳，丙午。其忌，庚寅。

凡七畜，以五[③]卯祠之必有得也，其[④]入神行歲局（?）[⑤]祠之，吉。

1正

丙辰，丁未，不可□□，不隱人民。

丙寅，開財□□，不可□及殺之。

丙午，不可刹羊，不隱貨。

辛□，不可刹雞，不利田邑。

壬辰，壬戌，不可刹犬，不隱妻子。

八月六日市□七日市日刺□□。

三月市日刺四月市日有刺，已有刺一番。

巫咸乙巳死，勿埘祠巫，龍丙申，丁酉，己丑，己亥，戊戌。

田□人丁亥死，夕以祠之。

祠大父良日，己亥，癸亥，辛丑。

祠門良日，甲申、辰，乙丑、亥、酉，丁酉。忌，丙。

祠灶良日，乙丑、酉、未，己丑、酉，癸丑，甲辰、巳（子），辛，壬。

衣良日，丙辰、寅、辰，辛未，乙酉，甲辰，乙巳，己巳，辛

---

① 己，原釋文作“巳”，據文意改。

② 豖，原釋文作“豬”，據圖版改。

③ 五，原釋文作“壬”，據圖版改。

④ 其，原釋文脱，據圖版補。

⑤ 局（?），原釋文作“局”，據圖版改。

巳，可以裚（製）① 衣，吉。

凡衣忌戊申，己未，壬申、戌，丁亥，勿以裚（製）衣，毋以八月②九月丙，辛，癸丑、寅、卯材（製）③ 衣。

五服忌甲申嫪、丙申开（?）④、戊申帶、庚申裳，壬申屨。

1背

□以辛亥、卯、壬午問病□。以寧⑤人₌⑥（人，人）必寧之；以賀人₌（人，人）必賀之□。

寅、卯不可問病者，問之必病。

辛卯生子不弟（悌）⑦? 凡丙申六旬之凶日也。

□宦毋以庚午到室。壬戌、癸亥不可以之遠□及來歸入室，必見大咎。

□丙、丁入之以□入之，吉。

□毋用正月⑧四月七月用之弗□⑨。

2正

□㮏寅、㮏辰、靡戌、□日、【亥】、椅、申苔、卯□。

2背

---

① 裚（製），原釋文作“裚”，據文意改。下同。

② 月，原釋文作“日”，據圖版及文意改。本簡下同。

③ 材（裁），原釋文作“材”，據文意改。

④ 开（?），原釋文作“开”，疑爲“幵”，讀爲“笄”。

⑤ 寧，原釋文作“宰”，據圖版改。本簡下同。

⑥ ₌，原釋文無，據圖版補。下同。

⑦ 弟（悌），原釋文作“弟”，據文意改。原釋文“弟”後有“一”字，實爲表示強調的着重號“■”，圖版作“●”。

⑧ 月，原釋文作“日”，據圖版及文意改。本簡下同。

⑨ □，釋文作“复”，據圖版改。

秦簡逐字索引

總檢字表

【説明】

1. 本總檢字表供檢索整個秦簡逐字索引字頭之用，即通過本表可檢索到“《睡虎地秦簡》逐字索引”“《放馬灘秦簡》逐字索引”“《周家臺秦簡》逐字索引”“《龍崗秦簡》逐字索引”“散見秦簡逐字索引”這五種逐字索引的全部字頭。

2. 本總檢字表左列爲五種逐字索引的字頭，右五列的四位數字爲該字頭在五種逐字索引的檢字表和正文中的序號。如：

字　頭	睡虎地秦墓竹簡序號	天水放馬灘秦簡序號	周家臺秦簡序號	龍崗秦簡序號	散見秦簡序號
中	0076	0056	0046	0036	0037
内	0077	0057			0038

表示：“中”字在《睡虎地秦簡》《放馬灘秦簡》《周家臺秦簡》《龍崗秦簡》和散見秦簡中均有出現，該字在這五種逐字索引的檢字表和正文中的序號分别是0076、0056、0046、0036、0037；“内”字出現在《睡虎地秦簡》《放馬灘秦簡》及散見秦簡中，該字在這三種逐字索引的檢字表和正文中的序號分别是0077、0057、0038。

3. 字頭字排列順序是，先按筆畫數排列，筆數相同的再按筆順（一、丨、丿、丶、乙）排列。筆畫數相同的字祇標出首字筆畫數。

4. 本總檢字表分單字檢字、合文檢字和一字兩讀檢字三部分。

一、單字檢字

字頭	睡虎地秦墓竹簡序號	天水放馬灘秦簡序號	周家臺秦簡序號	龍崗秦簡序號	散見秦簡序號
一畫 一	0001	0001	0001	0001	0001
乙	0002	0002	0002	0002	0002
二畫 二	0003	0003	0003	0003	0003
丁	0004	0004	0004		0004
十	0005	0005	0005	0004	0005
七	0006	0006	0006		0006
卜	0007	0007			
人	0008	0008	0007	0005	0007
入	0009	0009	0008	0006	0008
八	0010	0010	0009		0009
匕			0010		
九	0011	0011	0011	0007	0010
了			0012		

字頭	睡虎地秦墓竹簡序號	天水放馬灘秦簡序號	周家臺秦簡序號	龍崗秦簡序號	散見秦簡序號
乃	0012	0012	0013	0008	
刀	0013				
力	0014				0011
又	0015	0013			
三畫 三	0016	0014	0014	0009	0012
于	0017	0015		0010	
干	0018				
土	0019	0016	0015		0013
士	0020				
工	0021				
才	0022	0017			
下	0023	0018	0016	0011	0014
寸	0024			0012	
丈	0025	0019		0013	0015
大	0026	0020	0017	0014	0016
弋	0027			0015	
上	0028	0021	0018	0016	
小	0029	0022	0019	0017	
口	0030	0023			
山	0031	0024	0020		
巾	0032				
千	0033	0025		0018	0017
丸			0021		

字頭	睡虎地秦墓竹簡序號	天水放馬灘秦簡序號	周家臺秦簡序號	龍崗秦簡序號	散見秦簡序號
及	0034	0026	0022	0019	0018
久	0035	0027			0019
凡	0036	0028	0023		0020
夕	0037	0029	0024		0021
亡	0038	0030	0025	0020	
之	0039	0031	0026	0021	0022
尸	0040				
己	0041	0032	0027		0023
已	0042	0033	0028	0022	0024
巳	0043	0034	0029		0025
弓	0044			0023	
子	0045	0035	0030	0024	0026
也	0046	0036	0031	0025	0027
女	0047	0037	0032	0026	
刃	0048				
四畫 王	0049	0038			0028
亓	0050				
井	0051	0039	0033		
天	0052	0040	0034		
夫	0053	0041	0035	0027	0029
弍			0036		
元	0054				
无	0055	0042			

字頭	睡虎地秦墓竹簡序號	天水放馬灘秦簡序號	周家臺秦簡序號	龍崗秦簡序號	散見秦簡序號
云	0056	0043			
廿	0057	0044	0037	0028	
木	0058	0045	0038		0030
五	0059	0046	0039	0029	0031
帀	0060				
支	0061	0047			
不	0062	0048	0040	0030	0032
太	0063				
犬	0064	0049		0031	0033
友	0065	0050			
匹	0066				
厄	0067				
巨	0068			0032	
戈	0069				
比	0070	0051			
瓦	0071		0041		
止	0072	0052	0042	0033	
少	0073	0053	0043	0034	0034
日	0074	0054	0044	0035	0035
曰	0075	0055	0045		0036
中	0076	0056	0046	0036	0037
内	0077	0057			0038
水	0078	0058	0047		0039
午	0079	0059	0048		0040

字頭	睡虎地秦墓竹簡序號	天水放馬灘秦簡序號	周家臺秦簡序號	龍崗秦簡序號	散見秦簡序號
手	0080	0060	0049		
牛	0081	0061	0050	0037	0041
气	0082				
毛	0083				
壬	0084	0062	0051		0042
升	0085		0052		
夭	0086				
仁	0087				
什	0088				
斤	0089				
反	0090	0063		0038	0043
介	0091				
父	0092	0064	0053		0044
今	0093	0065	0054		0045
凶	0094	0066	0055		0046
分	0095	0067	0056	0039	
公	0096	0068	0057		
乏	0097				
月	0098	0069	0058	0040	0047
氏	0099	0070	0059		
勿	0100	0071	0060	0041	0048
丹	0101	0072	0061		
殳	0102	0073			
六	0103	0074	0062	0042	0049

字頭	睡虎地秦墓竹簡序號	天水放馬灘秦簡序號	周家臺秦簡序號	龍崗秦簡序號	散見秦簡序號
文	0104				
亢	0105	0075	0063		
方	0106	0076	0064		0050
火	0107	0077	0065	0043	0051
斗	0108	0078	0066	0044	
户	0109	0079	0067		
冗	0110				
心	0111	0080	0068		0052
夬	0112			0045	
尺	0113	0081		0046	0053
引	0114	0082	0069		
丑	0115	0083	0070		0054
孔	0116				
以	0117	0084	0071	0047	0055
予			0072	0048	
毋	0118	0085	0073	0049	0056
五畫 玉	0119	0086			0057
刊	0120	0087			
未	0121	0088	0074	0050	0058
末	0122		0075		
巧	0123				
正	0124	0089	0076	0051	0059
去	0125	0090	0077	0052	

字頭	睡虎地秦墓竹簡序號	天水放馬灘秦簡序號	周家臺秦簡序號	龍崗秦簡序號	散見秦簡序號
甘		0091			
丗	0126	0092	0078		
古	0127	0093			
本	0128		0079		
札	0129				
朮			0080		0060
可	0130	0094	0081	0053	0061
丙	0131	0095	0082	0054	0062
左	0132	0096	0083	0055	
右	0133	0097	0084		
石	0134	0098		0056	
布	0135	0099	0085		0063
戊	0136	0100	0086		0064
平	0137	0101	0087	0057	
匜		0102			
北	0138	0103	0088		
占	0139	0104	0089		
且	0140	0105		0058	0065
旦	0141	0106	0090	0059	
目	0142	0107	0091		
甲	0143	0108	0092	0060	0066
申	0144	0109	0093	0061	0067
田	0145	0110	0094	0062	0068
史	0146	0111	0095	0063	0069

字頭	睡虎地秦墓竹簡序號	天水放馬灘秦簡序號	周家臺秦簡序號	龍崗秦簡序號	散見秦簡序號
央	0147	0112			
犮		0113			
兄	0148	0114			
囚	0149	0115	0096		
四	0150	0116	0097	0064	0070
只		0117			
生	0151	0118	0098		0071
失	0152	0119	0099	0065	
矢	0153	0120	0100	0066	
乍	0154	0121			
禾	0155	0122	0101		
丘	0156	0123		0067	
付	0157				
仗	0158				
代	0159		0102		
白	0160	0124	0103		
瓜	0161				
令	0162	0125	0104	0068	0072
用	0163	0126	0105	0069	0073
印	0164				
氐	0165	0127			
句	0166				
卯	0167	0128	0106		0074
犯	0168	0129		0070	

字頭	睡虎地秦墓竹簡序號	天水放馬灘秦簡序號	周家臺秦簡序號	龍崗秦簡序號	散見秦簡序號
外	0169	0130		0071	0075
冬	0170	0131			
包	0171				
匄	0172				
主	0173	0132	0107	0072	
市	0174	0133	0108	0073	0076
立	0175	0134			
玄	0176				
半	0177	0135	0109	0074	
汜					0077
穴	0178	0136	0110		
它	0179	0137		0075	
必	0180	0138	0111	0076	0078
司	0181	0139	0112	0077	
民	0182	0140			0079
弗	0183	0141	0113	0078	0080
出	0184	0142	0114	0079	
奴	0185	0143			
召	0186				
皮	0187			0080	
台	0188	0144			
矛	0189				
母	0190	0145	0115		0081
幼	0191				

字頭	睡虎地秦墓竹簡序號	天水放馬灘秦簡序號	周家臺秦簡序號	龍崗秦簡序號	散見秦簡序號
六畫 邦	0192	0146			
式	0193	0147			
刑	0194	0148			
邢	0195				
戎	0196		0116		
寺	0197				
吉	0198	0149	0117		0082
考	0199				
老	0200	0150			0083
地	0201	0151	0118		0084
耳	0202	0152	0119		
共	0203				
臣	0204	0153	0120	0081	
吏	0205	0154		0082	
再	0206	0155			0085
西	0207	0156	0121		
戌	0208	0157	0122		0086
在	0209	0158	0123	0083	
有	0210	0159	0124	0084	0087
百	0211	0160	0125	0085	0088
存	0212	0161			
而	0213	0162	0126	0086	0089
匠	0214				

字頭	睡虎地秦墓竹簡序號	天水放馬灘秦簡序號	周家臺秦簡序號	龍崗秦簡序號	散見秦簡序號
夸	0215	0163			
灰	0216		0127		
戍	0217				
歾	0218				
列	0219				
死	0220	0164	0128	0087	0090
成	0221	0165	0129		
夷	0222	0166			
邪	0223				
至	0224	0167	0130		
此	0225	0168	0131	0088	0091
尖		0169			
光	0226	0170			
早	0227				
虫	0228	0171	0132		
曲	0229		0133		
吕	0230	0172			0092
同	0231	0173		0089	0093
吊		0174			
因	0232	0175	0134		
回	0233				
肎	0234	0176			
肉	0235	0177	0135	0090	
囟	0236				

字頭	睡虎地秦墓竹簡序號	天水放馬灘秦簡序號	周家臺秦簡序號	龍崗秦簡序號	散見秦簡序號
年	0237	0178	0136	0091	0094
朱	0238				
先	0239	0179	0137		
牝	0240	0180	0138		
廷	0241		0139		
舌	0242	0181			
竹	0243				
休		0182			
伍	0244	0183		0092	
伏	0245				
臼	0246				
伐	0247	0184			
延	0248	0185			
任	0249	0186			
仮	0250				
自	0251	0187	0140	0093	0095
伊	0252				
血	0253	0188	0141		
行	0254	0189	0142	0094	0096
全	0255				
合	0256	0190	0143	0095	
兆	0257	0191			
企				0096	
兇	0258	0192			

字頭	睡虎地秦墓竹簡序號	天水放馬灘秦簡序號	周家臺秦簡序號	龍崗秦簡序號	散見秦簡序號
刖	0259				
夙	0260	0193			
危	0261	0194	0144		
旨	0262				
旬	0263	0195	0145		0097
刎		0196			
匈		0197			
各	0264	0198	0146	0097	
名	0265	0199	0147		
多	0266	0200	0148	0098	0098
争	0267				
色	0268	0201			
亦	0269	0202	0149	0099	
交	0270				
次	0271		0150		
衣	0272	0203	0151		0099
亥	0273	0204	0152	0100	0100
羊	0274	0205	0153	0101	0101
并	0275	0206	0154		
米	0276		0155		
州	0277	0207			
汗			0156		
污	0278				
江	0279		0157		

字頭	睡虎地秦墓竹簡序號	天水放馬灘秦簡序號	周家臺秦簡序號	龍崗秦簡序號	散見秦簡序號
汲			0158		
池	0280	0208	0159	0102	
宇	0281	0209			
守	0282		0160	0103	
宅	0283	0210			
宂				0104	
字	0284				
安	0285	0211			0102
聿		0212			
艮	0286	0213			
收	0287	0214			
阪	0288				0103
阬	0289				
阦	0290				
丞	0291	0215	0161	0105	0104
奸	0292				
如	0293	0216	0162	0106	0105
好	0294	0217	0163		
羽	0295	0218	0164		
七畫 弄	0296	0219			
匧	0297				0106
戒	0298	0220			
扶	0299				

字頭	睡虎地秦墓竹簡序號	天水放馬灘秦簡序號	周家臺秦簡序號	龍崗秦簡序號	散見秦簡序號
扼	0300				
走	0301	0221			
攻	0302	0222	0165		0107
赤	0303	0223	0166		
折	0304	0224			
孝	0305				
均	0306				
圩	0307				
投	0308	0225	0167		
志	0309				
抉	0310				
把	0311				
圾					0108
毐		0226			
邯	0312				
卌	0313	0227		0107	
芾	0314				
芥	0315				
芯		0228			
克				0108	
杜	0316				
材	0317	0229			0109
杕	0318				
巫	0319	0230			0110

字頭	睡虎地秦墓竹簡序號	天水放馬灘秦簡序號	周家臺秦簡序號	龍崗秦簡序號	散見秦簡序號
杓	0320	0231			
杞		0232			
李	0321				
求	0322	0233	0168		
車	0323	0234	0169	0109	
更	0324	0235	0170		0111
束	0325				
吾	0326	0236			
豆	0327				
酉	0328	0237	0171		0112
辰	0329	0238	0172		0113
夾	0330	0239			
豖	0331	0240			0114
迓	0332				
巠		0241			
步	0333	0242	0173		0115
岦	0334				
肖	0335				
見	0336	0243	0174	0110	0116
旱	0337	0244	0175		
貝	0338				
里	0339	0245	0176	0111	0117
助	0340				
町				0112	

字頭	睡虎地秦墓竹簡序號	天水放馬灘秦簡序號	周家臺秦簡序號	龍崗秦簡序號	散見秦簡序號
男	0341	0246	0177	0113	
足	0342	0247	0178		
困	0343				
吻	0344	0248			
邑	0345	0249	0179	0114	0118
别	0346	0250			0119
岑	0347				
兕	0348				
牡	0349	0251	0180		
告	0350	0252	0181	0115	0120
我	0351		0182		
利	0352	0253	0183		0121
私	0353			0116	
秀	0354	0254			
每				0117	
兵	0355	0255	0184		
佐	0356				0122
但			0185		
伣		0256			
作	0357	0257	0186	0118	
身	0358	0258		0119	
皂	0359				
皃			0187		
近	0360				

字頭	睡虎地秦墓竹簡序號	天水放馬灘秦簡序號	周家臺秦簡序號	龍崗秦簡序號	散見秦簡序號
役		0259			
余	0361	0260			
希	0362			0120	
兌		0261			
坐	0363		0188	0121	
谷	0364	0262			
孚		0263			
豸	0365				
肘	0366	0264			
邸		0265			
甸	0367				
免	0368	0266	0189	0122	
狂	0369				
狆		0267			
犺	0370				
角	0371	0268	0190		
卵	0372				
夅		0269			
言	0373	0270	0191	0123	0123
疕	0374				
吝	0375	0271			
辛	0376	0272	0192		0124
冶			0193		
忘	0377				

字頭	睡虎地秦墓竹簡序號	天水放馬灘秦簡序號	周家臺秦簡序號	龍崗秦簡序號	散見秦簡序號
兑	0378				
灶					0125
咢	0379				
弟	0380	0273	0194		0126
沐	0381		0195		
沙	0382			0124	
沃	0383	0274	0196		
泛	0384				
汧	0385				
没	0386	0275		0125	
決	0387	0276		0126	
完	0388			0127	
宋	0389				
牢	0390	0277			
良	0391	0278	0197		0127
初	0392	0279			
社	0393	0280			
祀	0394	0281			0128
君	0395	0282	0198		
即	0396	0283	0199	0128	0129
屎	0397				
尾	0398	0284	0200		
局	0399				
忌	0400	0285			0130

字頭	睡虎地秦墓竹簡序號	天水放馬灘秦簡序號	周家臺秦簡序號	龍崗秦簡序號	散見秦簡序號
陸	0401				
阿		0286			
壯	0402	0287			
姊					0131
忍	0403				
甬	0404			0129	
矣	0405	0288			0132
八畫 武	0406	0289			
青	0407	0290	0201		
表	0408				
盂		0291			
長	0409	0292	0202	0130	0133
卦		0293			
邽		0294			
拓	0410				
拔	0411				
者	0412	0295	0203	0131	0134
抵	0413		0204		
抱	0414				
幸	0415	0296		0132	0135
其	0416	0297	0205	0133	0136
取	0417	0298	0206	0134	0137
苦		0299			

字頭	睡虎地秦墓竹簡序號	天水放馬灘秦簡序號	周家臺秦簡序號	龍崗秦簡序號	散見秦簡序號
昔	0418	0300			
苛	0419	0301			
若	0420	0302	0207	0135	0138
迣	0421		0208		
苗	0422			0136	
英	0423				
苟					0139
苑	0424			0137	
苞	0425				
直	0426	0303	0209	0138	0140
苔					0141
茅	0427	0304		0139	
杯			0210		
林	0428	0305			
杵	0429				
析	0430				
松		0306			
枋	0431				
杺		0307			
述	0432				
東	0433	0308	0211		0142
或	0434	0309		0140	
臥	0435		0212		
事	0436	0310	0213	0141	0143

字頭	睡虎地秦墓竹簡序號	天水放馬灘秦簡序號	周家臺秦簡序號	龍崗秦簡序號	散見秦簡序號
剌	0437				0144
兩	0438	0311	0214	0142	0145
雨	0439	0312	0215		
郁		0313			
奔	0440				
奇	0441	0314			
奄	0442				
來	0443	0315	0216	0143	0146
邰				0144	
殀				0145	
殄	0444				
妻	0445	0316			0147
杲	0446				
到	0447	0317	0217	0146	0148
迣			0218		
非	0448	0318	0219	0147	0149
叔	0449	0319	0220		
岠	0450				
卓		0320			
虎	0451	0321			
尚	0452	0322		0148	
具	0453			0149	
味	0454	0323			
果	0455				

字頭	睡虎地秦墓竹簡序號	天水放馬灘秦簡序號	周家臺秦簡序號	龍崗秦簡序號	散見秦簡序號
昆	0456		0221		
昌	0457	0324			
門	0458	0325	0222	0150	0150
易	0459	0326			
畀	0460				
畁	0461				
典	0462			0151	
固	0463				
忠	0464				
困	0465	0327	0223		
岡		0328			
罔	0466				
咼	0467				
制				0152	
知	0468	0329			
牧	0469			0153	
物	0470	0330	0224	0154	
和	0471	0331	0225		
季	0472	0332			0151
委	0473				
秉	0474	0333			
侍	0475		0226		
使	0476	0334	0227		
佰	0477			0155	

字頭	睡虎地秦墓竹簡序號	天水放馬灘秦簡序號	周家臺秦簡序號	龍崗秦簡序號	散見秦簡序號
臾	0478	0335			
兒	0479				
版	0480	0336			
佩	0481				
依	0482				
帛	0483				
卑		0337			
往	0484	0338			
彼	0485	0339	0228		
所	0486	0340	0229	0156	
舍	0487	0341	0230	0157	
金	0488	0342	0231	0158	0152
侖		0343			
刹					0153
命	0489	0344	0232		0154
郄	0490				
斧	0491		0233		
采	0492				
受	0493	0345		0159	
爭		0346		0160	
乳	0494	0347	0234		
欥	0495				
忿	0496				
朋	0497	0348			

字頭	睡虎地秦墓竹簡序號	天水放馬灘秦簡序號	周家臺秦簡序號	龍崗秦簡序號	散見秦簡序號
股	0498	0349			
肮	0499				
肥	0500		0235		
服	0501				0155
周	0502	0350	0236		
昏		0351	0237		
兔	0503	0352		0161	
臽	0504	0353			
狐		0354		0162	
狗	0505		0238		
狢		0355			
咎	0506	0356			0156
炙	0507		0239		
嬰					0157
享	0508	0357			
夜	0509	0358	0240		
府	0510	0359	0241		
卒	0511		0242		
庚	0512	0360	0243		0158
音	0513				
妾	0514	0361		0163	
刻	0515				
於	0516	0362		0164	
劾	0517			0165	

字頭	睡虎地秦墓竹簡序號	天水放馬灘秦簡序號	周家臺秦簡序號	龍崗秦簡序號	散見秦簡序號
劵	0518			0166	
卷	0519				
並	0520		0244		
炊	0521	0363	0245		
炎	0522				
法		0364			
河	0523	0365		0167	
沵			0246		
注	0524				
沱		0366			
泥		0367			
波	0525	0368	0247		0159
治	0526	0369	0248	0168	
怪	0527				
宗	0528	0370		0169	
定	0529	0371	0249		0160
宜	0530	0372			
官	0531	0373	0250	0170	
空	0532	0374			0161
宛	0533		0251		
戾	0534				
肩	0535	0375			
房	0536	0376	0252		
袜			0253		

字頭	睡虎地秦墓竹簡序號	天水放馬灘秦簡序號	周家臺秦簡序號	龍崗秦簡序號	散見秦簡序號
建	0537	0377	0254		
帚		0378			
居	0538	0379	0255	0171	0162
屈	0539	0380			
弦	0540				
孟	0541	0381	0256		
牀	0542	0382	0257		
狀	0543	0383			0163
孤	0544	0384	0258		
亟	0545	0385	0259	0172	
降	0546	0386			
姑	0547	0387			0164
姤	0548				
姓	0549				
㚩			0260		
始	0550	0388	0261	0173	
弩	0551			0174	
叁		0389			
叕	0552				
九畫 契	0553				
奏	0554		0262		
春	0555	0390			
毒	0556				

字頭	睡虎地秦墓竹簡序號	天水放馬灘秦簡序號	周家臺秦簡序號	龍崗秦簡序號	散見秦簡序號
匧	0557				
封	0558			0175	0165
垣	0559	0391	0263	0176	0166
城	0560	0392		0177	0167
垤			0264		
政	0561	0393			
指	0562		0265		
挌	0563				
某	0564	0394	0266		
甚	0565	0395	0267		
荆	0566				
革	0567			0178	
茝	0568				
巷	0569				
茦	0570				
草	0571	0396	0268	0179	0168
茾	0572				
荅	0573				
故	0574	0397	0269	0180	0169
胡			0270		
剋				0181	
茘	0575				
南	0576	0398	0271	0182	0170
菸				0183	

字頭	睡虎地秦墓竹簡序號	天水放馬灘秦簡序號	周家臺秦簡序號	龍崗秦簡序號	散見秦簡序號
枯	0577				
柄	0578				
相	0579	0399	0272	0184	0171
枳	0580				
柏	0581	0400			0172
柢	0582				
枸	0583				
柳	0584		0273		
柁	0585	0401			
柀	0586				
柖	0587				
枱	0588				
匽	0589				0173
畐	0590				
要	0591	0402			
剌	0592				
迺	0593				
柬			0274		
咸	0594	0403	0275		0174
威	0595				
厚		0404			0175
斫	0596				
耐	0597	0405		0185	
面	0598	0406			

字頭	睡虎地秦墓竹簡序號	天水放馬灘秦簡序號	周家臺秦簡序號	龍崗秦簡序號	散見秦簡序號
耎	0599			0186	
奎	0600	0407	0276		
皆	0601	0408	0277	0187	0176
韭	0602	0409			
貞	0603	0410			
省	0604				
削	0605				
盰		0411			
是	0606	0412	0278		
郢	0607				
則	0608	0413			0177
明	0609	0414	0279		
冒	0610				
禺	0611	0415			
星	0612	0416	0280		
昭	0613				
畏	0614	0417			
胃	0615	0418	0281		
界	0616				
思	0617				
思	0618	0419			
囿	0619				
炭			0282		
骨	0620				

字頭	睡虎地秦墓竹簡序號	天水放馬灘秦簡序號	周家臺秦簡序號	龍崗秦簡序號	散見秦簡序號
拜	0621				0178
牲	0622				
牴	0623				
秏	0624				
秭		0420			0179
秋	0625	0421			0180
重	0626	0422		0188	
竽		0423			
便	0627				
叟	0628				
保	0629				
促		0424			
俗	0630	0425			
係	0631		0283		
俖	0632				
信	0633	0426			
皇	0634			0189	
侵				0190	
泉	0635	0427			
鬼	0636	0428	0284		
禹	0637	0429	0285		
侯	0638	0430			
帥	0639				
追	0640		0286	0191	

字頭	睡虎地秦墓竹簡序號	天水放馬灘秦簡序號	周家臺秦簡序號	龍崗秦簡序號	散見秦簡序號
俊			0287		
盾	0641			0192	
待			0288		
律	0642	0431		0193	0181
很		0432			
後	0643	0433	0289		
弇		0434			
逃		0435			
俎	0644				
卻	0645				
爰	0646				
爯		0436			
采	0647				
食	0648	0437	0290	0194	
胈	0649				
胅	0650				
胙			0291		
畝	0651				
負	0652	0438			0182
勉	0653				0183
狷			0292		
風	0654	0439	0293	0195	
狡	0655				
胋	0656				

字頭	睡虎地秦墓竹簡序號	天水放馬灘秦簡序號	周家臺秦簡序號	龍崗秦簡序號	散見秦簡序號
备	0657				
罚		0440			
怨	0658				
急	0659		0294		0184
計	0660				
訊	0661				
派	0662				
哀	0663	0441			
亭	0664				
庭			0295		
屏	0665				
庢	0666				
度	0667				
席	0668				
迹	0669			0196	
疫	0670				
疢			0296		
音	0671	0442			
帝	0672	0443		0197	
施	0673				
差		0444			
美	0674	0445	0297		
进				0198	
送	0675				

字頭	睡虎地秦墓竹簡序號	天水放馬灘秦簡序號	周家臺秦簡序號	龍崗秦簡序號	散見秦簡序號
前	0676	0446	0298		0185
首	0677	0447	0299	0199	
逆	0678				
兹	0679				
炾		0448			
洒	0680				
洗		0449	0300		
津	0681				0186
恒	0682	0450	0301		
恢	0683				
恤	0684				
宦	0685	0451	0302	0200	0187
室	0686	0452	0303		0188
宫	0687	0453			
穽	0688			0201	
突	0689				
穿	0690	0454	0304	0202	
衺	0691				
客	0692	0455	0305		
冠		0456			
軍	0693	0457			0189
扁	0694	0458	0306		
祍	0695				
祙	0696				

字頭	睡虎地秦墓竹簡序號	天水放馬灘秦簡序號	周家臺秦簡序號	龍崗秦簡序號	散見秦簡序號
祖	0697				
神	0698	0459			0190
祝	0699	0460	0307		
祠	0700	0461	0308		0191
郡	0701			0203	
既	0702				
叚	0703		0309	0204	
屋	0704	0462	0310		
屏	0705	0463			
昬	0706	0464			
敃	0707				
毘		0465			
韋	0708	0466			
眉		0467			
狌	0709				
陛	0710				
陘	0711				
蚩	0712				
除	0713	0468	0311	0205	0192
院	0714				
姚	0715				
怒	0716	0469	0312		
盈	0717	0470		0206	
枲	0718	0471	0313		

字頭	睡虎地秦墓竹簡序號	天水放馬灘秦簡序號	周家臺秦簡序號	龍崗秦簡序號	散見秦簡序號
癸	0719	0472	0314		0193
癹				0207	0194
蚤	0720	0473	0315		
柔	0721	0474			
紅	0722				
約	0723		0316		
級	0724				
紀	0725	0475			
十畫 泰		0476	0317		
秦	0726				
珥	0727				
珠	0728				
敖	0729				
匿	0730		0318	0208	
隼	0731				
栽	0732				
捕	0733			0209	
馬	0734	0477	0319	0210	0195
挾				0211	
起	0735	0478	0320		
都	0736	0479	0321		
者	0737				
捋					0196

字頭	睡虎地秦墓竹簡序號	天水放馬灘秦簡序號	周家臺秦簡序號	龍崗秦簡序號	散見秦簡序號
恐	0738	0480			
盍	0739	0481			
華	0740	0482			
茝	0741				
莽	0742				
蒙		0483			
莫	0743	0484	0322		
莠	0744				
荼				0212	
莎	0745				
莨		0485			
真	0746	0486			
莊	0747				
桂	0748				
桔	0749				
梂	0750				
桐	0751				
梃	0752				
桃	0753		0323		
格		0487			
校	0754				
根	0755				
栩		0488			
索	0756			0213	

字頭	睡虎地秦墓竹簡序號	天水放馬灘秦簡序號	周家臺秦簡序號	龍崗秦簡序號	散見秦簡序號
連	0757	0489			
逋	0758	0490		0214	
哥	0759				
鬲		0491			
辱	0760	0492			
戚	0761				
夏	0762	0493			0197
原	0763	0494			
逐	0764	0495	0324		
致	0765			0215	
貣	0766				
晉			0325		
時	0767	0496	0326	0216	0198
畢	0768	0497	0327		
財		0498	0328	0217	0199
晏	0769		0329		
眕					0200
畔				0218	0201
員	0770	0499			
哭	0771	0500			
盎	0772				
圂	0773	0501			
豈	0774				
冥		0502			

字頭	睡虎地秦墓竹簡序號	天水放馬灘秦簡序號	周家臺秦簡序號	龍崗秦簡序號	散見秦簡序號
剛	0775				
氣	0776	0503	0330		
郵	0777		0331		
造	0778		0332		
牷	0779	0504			
敉	0780				
乘	0781	0505	0333	0219	
秙	0782				
秫	0783	0506			
租	0784	0507		0220	
秩	0785				
笄				0221	
脩	0786		0334		0202
傷	0787				
候	0788				
倍		0508	0335		
臭	0789				
射	0790	0509		0222	
皋	0791	0510	0336		
息	0792	0511			
倨	0793	0512			
烏		0513	0337		
師	0794				
徒	0795	0514	0338	0223	0203

字頭	睡虎地秦墓竹簡序號	天水放馬灘秦簡序號	周家臺秦簡序號	龍崗秦簡序號	散見秦簡序號
虒	0796				
徐	0797	0515			
殺	0798	0516		0224	0204
缶	0799				
豻	0800				
豺	0801	0517		0225	
豹	0802	0518			
倉	0803	0519			
飤	0804				
飢	0805	0520			
脂	0806	0521			
脂	0807	0522	0339		
狼	0808			0226	
卿	0809				
逢	0810	0523			
桀	0811				
留	0812		0340		
芻	0813	0524		0227	
訏	0814				
訊	0815				
訑	0816				
衰	0817				
畝	0818				0205
衷					0206

字頭	睡虎地秦墓竹簡序號	天水放馬灘秦簡序號	周家臺秦簡序號	龍崗秦簡序號	散見秦簡序號
高	0819	0525	0341		0207
亳	0820				
郭	0821		0342		
席	0822		0343		
庫	0823				
扈		0526			
病	0824	0527	0344	0228	0208
疻	0825				
疾	0826	0528	0345	0229	
痤	0827				
脊	0828				
效	0829				
唐		0529			
竜		0530			
部	0830			0230	
旁	0831	0531	0346	0231	
旇	0832	0532			
旅	0833	0533	0347		
畜	0834	0534	0348		0209
羞	0835				
羔				0232	
恙	0836	0535			0210
拳	0837				
粉			0349		

字頭	睡虎地秦墓竹簡序號	天水放馬灘秦簡序號	周家臺秦簡序號	龍崗秦簡序號	散見秦簡序號
料	0838				
益	0839	0536	0350		0211
兼	0840				
朔	0841	0537	0351		0212
烓	0842				
酒	0843		0352		
涂	0844		0353		
浴	0845		0354		
浮	0846				
流	0847				
涊		0538			
涌			0355		
浚			0356		
悍	0848				
悔	0849				
害	0850	0539	0357	0233	
家	0851	0540	0358		0213
宵	0852	0541			
宩	0853				
容	0854	0542			
窌		0543			
窋	0855				
案	0856				
窓	0857				

字頭	睡虎地秦墓竹簡序號	天水放馬灘秦簡序號	周家臺秦簡序號	龍崗秦簡序號	散見秦簡序號
冣			0359		
扇	0858				
冢	0859		0360	0234	
被	0860				
書	0861	0544	0361	0235	0214
帬	0862				0215
展	0863				
屒		0545			
弱	0864		0362		
陸	0865				0216
陵	0866		0363		
陳	0867		0364		
孫	0868	0546			
祟	0869	0547			
陲		0548			
陰	0870	0549	0365		
陷	0871				0217
陶		0550			
脅		0551			
畚	0872				
通	0873				
能	0874	0552	0366	0236	
務	0875	0553		0237	
桑	0876	0554	0367		

字頭	睡虎地秦墓竹簡序號	天水放馬灘秦簡序號	周家臺秦簡序號	龍崗秦簡序號	散見秦簡序號
紋	0877				
紤	0878				
紙	0879				
紡	0880				
十一畫 舂	0881			0238	
責	0882	0555			
規		0556			
堵	0883	0557			
埱	0884				
掓	0885				
焉	0886	0558		0239	
桼	0887				
赦	0888				
埤	0889				
捶		0559			
逵	0890				
教	0891				0218
掖	0892				
捽	0893				
執	0894				
揁	0895				
桬					0219
掇	0896				

字頭	睡虎地秦墓竹簡序號	天水放馬灘秦簡序號	周家臺秦簡序號	龍崗秦簡序號	散見秦簡序號
堇	0897				
黃	0898	0560	0368		
菽	0899				
董		0561			
乾	0900		0369		
菑	0901				
梗	0902	0562			
梧	0903		0370		
桯		0563			
柞				0240	
梌	0904				
桼	0905				
麥	0906	0564			
椅					0220
救	0907				
斬	0908	0565	0371	0241	
曹	0909		0372		
區			0373		
堅	0910		0374		
票	0911				
殹	0912	0566	0375	0242	
脣	0913	0567			
帶	0914	0568			0221
爽	0915				

字頭	睡虎地秦墓竹簡序號	天水放馬灘秦簡序號	周家臺秦簡序號	龍崗秦簡序號	散見秦簡序號
盛			0376		
頃	0916				0222
處	0917	0569	0377		
堂	0918	0570			
常	0919	0571			
晨	0920	0572			
敗	0921	0573	0378	0243	0223
販		0574		0244	
眯	0922				
閉	0923	0575	0379		
問	0924	0576	0380	0245	0224
婁	0925	0577	0381		
曼	0926				
晦	0927	0578	0382		
異	0928		0383		
趾				0246	
略		0579			
蛇	0929	0580			
患		0581			
唯	0930	0582		0247	0225
啗		0583			
眾	0931	0584			
冢		0585			
圈	0932	0586			

字頭	睡虎地秦墓竹簡序號	天水放馬灘秦簡序號	周家臺秦簡序號	龍崗秦簡序號	散見秦簡序號
過	0933	0587	0384	0248	
㓞	0934				
移	0935				
符	0936			0249	
笱	0937		0385		
偃	0938				
偕	0939	0588		0250	0226
傷	0940				
貨	0941	0589	0386		0227
偑				0251	
鳥	0942	0590		0252	
假				0253	
悤	0943				
術	0944				
徙	0945	0591		0254	
得	0946	0592	0387	0255	0228
從	0947	0593	0388	0256	0229
船	0948				
悉	0949				
欲	0950	0594	0389	0257	
豿	0951				
貧	0952	0595			
脚	0953				
脯	0954				

字頭	睡虎地秦墓竹簡序號	天水放馬灘秦簡序號	周家臺秦簡序號	龍崗秦簡序號	散見秦簡序號
豚	0955		0390		
脱	0956	0596			
魚	0957		0391	0258	
象	0958				
愁	0959				
祭	0960				
詠	0961				
許	0962	0597	0392		
訟		0598	0393		
孰	0963	0599	0394		
庶	0964			0259	
麻	0965	0600			
痿			0395		
痏	0966				
痍	0967				
疵	0968	0601			
痒	0969	0602			
康	0970	0603			0230
庸	0971				
鹿	0972			0260	
盗				0261	
章	0973				
産	0974		0396	0262	0231
商	0975	0604			

字頭	睡虎地秦墓竹簡序號	天水放馬灘秦簡序號	周家臺秦簡序號	龍崗秦簡序號	散見秦簡序號
族	0976	0605			
旋	0977				
衺	0978	0606	0397		0232
牽	0979				
率				0263	
敝	0980				
烰	0981				
清	0982	0607	0398		
渠	0983				
淮					0233
淫	0984				
淳	0985		0399		
深	0986				
淘		0608			
寇	0987	0609			
寅	0988	0610	0400	0264	0234
寄	0989				0235
宿	0990	0611	0401	0265	
窒	0991				
密	0992				
啓	0993	0612			
[illegible]	0994				
祧				0266	
視	0995	0613	0402		0236

字頭	睡虎地秦墓竹簡序號	天水放馬灘秦簡序號	周家臺秦簡序號	龍崗秦簡序號	散見秦簡序號
晝	0996	0614			
逮	0997				
敢	0998	0615	0403	0267	0237
尉	0999				
屚	1000				
屢	1001				
張	1002	0616	0404		
隋	1003	0617			
將	1004	0618		0268	
隄	1005				0238
陽	1006	0619	0405		0239
隅	1007				
隗			0406		
隃	1008				
婦	1009	0620	0407		
習	1010				
翏	1011				
悥	1012				
參	1013	0621	0408	0269	
剝			0409		
鄉	1014	0622	0410	0270	
結	1015				
組	1016				
細	1017		0411		

字頭	睡虎地秦墓竹簡序號	天水放馬灘秦簡序號	周家臺秦簡序號	龍崗秦簡序號	散見秦簡序號
終	1018	0623		0271	
紿				0272	
十二畫 貳	1019				
絜	1020				
勢	1021				
鼓	1022				
堯		0624			
堪	1023				
堙	1024				
項	1025	0625			
越	1026		0412		
趆	1027				
賁	1028		0413		
堤	1029				
提	1030				
尌	1031	0626			
喜	1032	0627			
煑		0628			
揄	1033				
猴		0629			
敹	1034				
援	1035				
桊					0240

字頭	睡虎地秦墓竹簡序號	天水放馬灘秦簡序號	周家臺秦簡序號	龍崗秦簡序號	散見秦簡序號
達	1036				
報	1037				0241
揎	1038				
壹	1039	0630			
壺	1040		0414		
堉	1041				
晋	1042				
惡	1043	0631	0415		
掾	1044				
期	1045	0632	0416	0273	
葉	1046			0274	
散	1047			0275	
葴		0633			
葬	1048	0634		0276	
貫	1049				
萷	1050				
募	1051				
萬	1052	0635			
菌	1053				
葆	1054				
蒐	1055				
敬	1056	0636			
葱	1057		0417		
庱			0418		

字頭	睡虎地秦墓竹簡序號	天水放馬灘秦簡序號	周家臺秦簡序號	龍崗秦簡序號	散見秦簡序號
戟	1058				
朝	1059	0637	0419		
喪	1060	0638			
辜	1061				
葦	1062				
葵	1063				
楮	1064				
焚	1065				
棫				0277	
棲	1066				
椎	1067				
椑	1068				
樅		0639			
棡			0420		
棓		0640			
棱	1069				
棺				0278	
極	1070				
軲	1071				
軫	1072	0641	0421		
軺				0279	
惠	1073				
惑	1074				
腎	1075				

字頭	睡虎地秦墓竹簡序號	天水放馬灘秦簡序號	周家臺秦簡序號	龍崗秦簡序號	散見秦簡序號
罨	1076	0642		0280	
粟	1077	0643			
棘	1078	0644			
棗	1079				
酢	1080				
裂	1081				
雄	1082	0645			
雲	1083	0646		0281	
雅	1084				
悲	1085				
紫	1086				
虛	1087	0647	0422	0282	
㬥	1088				
暑	1089				
最	1090				
量	1091				
閏	1092				
開	1093	0648			0242
閉				0283	
閒	1094	0649			
遇	1095	0650	0423		
貴	1096	0651	0424		0243
蛣		0652			
蚀	1097				

字頭	睡虎地秦墓竹簡序號	天水放馬灘秦簡序號	周家臺秦簡序號	龍崗秦簡序號	散見秦簡序號
堅		0653			
單	1098	0654	0425		
斮	1099				
喙		0655			
幅	1100				
買	1101		0426	0284	
黑	1102	0656	0427		0244
圍	1103				
甈		0657			
無	1104				
鉳	1105				
短	1106	0658			
智	1107	0659	0428	0285	0245
稍	1108		0429		
程	1109			0286	
稀	1110				
黍	1111	0660	0430		
稅		0661	0431	0287	
等	1112	0662		0288	0246
筑	1113				
筋	1114			0289	
筆	1115				
備	1116	0663			
傅	1117		0432		

字頭	睡虎地秦墓竹簡序號	天水放馬灘秦簡序號	周家臺秦簡序號	龍崗秦簡序號	散見秦簡序號
順	1118				
焦	1119		0433		
剸	1120				
夓	1121				
街	1122		0434		
衕	1123				
御	1124	0664	0435	0290	
復	1125	0665	0436	0291	0247
循	1126		0437	0292	
須	1127	0666	0438		0248
欽	1128				
鈞	1129				
翕		0667			
殺	1130		0439		
番					0249
飯	1131				
傘	1132				
爲	1133	0668	0440	0293	0250
貂		0669			
爵	1134				
飭	1135				
飯	1136				
飲	1137				
腊	1138				

字頭	睡虎地秦墓竹簡序號	天水放馬灘秦簡序號	周家臺秦簡序號	龍崗秦簡序號	散見秦簡序號
脕	1139				
脾		0670			
脭	1140				
勝	1141	0671	0441		
腔	1142				
腏	1143	0672	0442		
狗		0673			
猶	1144				
然	1145	0674		0294	
貿	1146				
詛	1147				
詐	1148				
診	1149				
詗	1150				
詘		0675			
詔					0251
詒	1151				
就	1152	0676	0443		0252
敦	1153			0295	
廁	1154	0677			
痛	1155	0678			
勮	1156				
廄	1157	0679			
童	1158	0680			

字頭	睡虎地秦墓竹簡序號	天水放馬灘秦簡序號	周家臺秦簡序號	龍崗秦簡序號	散見秦簡序號
啻	1159	0681			
棄	1160	0682		0296	
善	1161	0683	0444	0297	0253
尊	1162				
遏		0684			
道	1163	0685	0445	0298	0254
遂		0686			
剢	1164				
勞	1165				
湗	1166				
渫	1167	0687			
減	1168			0299	
湯	1169				
渭	1170				
湓		0688			
盜	1171	0689	0446		0255
渡	1172				
渧			0447		
游	1173	0690			
滋	1174				
溉	1175	0691	0448		
割	1176				
寒	1177		0449		
富	1178		0450		

字頭	睡虎地秦墓竹簡序號	天水放馬灘秦簡序號	周家臺秦簡序號	龍崗秦簡序號	散見秦簡序號
富	1179	0692	0451		
寔		0693			
寓	1180				
窻	1181				
窨		0694			
鄅			0452		
補	1182				
禄	1183	0695			
尋			0453		
畫	1184	0696	0454		
閑	1185				
犀	1186	0697			
屡	1187				
强	1188	0698			
費	1189				
疏	1190				
蒚	1191				
隕		0699			
絮	1192		0455		
媚	1193				
賀	1194	0700			0256
登	1195	0701	0456		
發	1196	0702	0457		0257
彘		0703		0300	

字頭	睡虎地秦墓竹簡序號	天水放馬灘秦簡序號	周家臺秦簡序號	龍崗秦簡序號	散見秦簡序號
結	1197	0704	0458		
絅		0705			
給	1198		0459	0301	
絡	1199				
絕	1200	0706	0460	0302	
絲	1201				0258
幾	1202	0707			
十三畫 髡	1203	0708			
捧	1204		0461		
搕			0462		
載	1205				
馳	1206			0303	
鄢	1207				
葉	1208				
遠	1209	0709	0463		0259
鼓	1210	0710			
憙	1211				
鼓	1212				
裘	1213				0260
榖	1214				
榖		0711			
聖	1215	0712			
蓋	1216	0713	0464		

字頭	睡虎地秦墓竹簡序號	天水放馬灘秦簡序號	周家臺秦簡序號	龍崗秦簡序號	散見秦簡序號
靳	1217				
墓		0714			
夢	1218			0304	
蒼		0715			
蒿		0716			
蒲	1219				
楠		0717			
禁	1220	0718		0305	
楚	1221				
楊		0719			
楬			0465		
椯	1222				
槐		0720			
晳		0721			
榆	1223	0722			
嗇	1224	0723		0306	
絜	1225	0724			
楢				0307	
楺		0725			
椽			0466		
裘	1226				
輅		0726			
毄	1227	0727	0467	0308	
剽	1228	0728			

字頭	睡虎地秦墓竹簡序號	天水放馬灘秦簡序號	周家臺秦簡序號	龍崗秦簡序號	散見秦簡序號
賈	1229	0729		0309	
悳	1230				
戠			0468		
狠	1231				
雷	1232				
歲	1233	0730	0469		0261
貲	1234	0731		0310	
訾	1235	0732			
粲	1236				
虞	1237				
當	1238	0733	0470	0311	
睢		0734			
賊	1239			0312	
鄙	1240				
愚	1241				
盟	1242				
號	1243				
畸	1244				
跨		0735			
路	1245		0471		
園	1246	0736		0313	
遣	1247		0472		
豊		0737			
農	1248		0473	0314	

字頭	睡虎地秦墓竹簡序號	天水放馬灘秦簡序號	周家臺秦簡序號	龍崗秦簡序號	散見秦簡序號
槑	1249				
署	1250				
置	1251	0738	0474	0315	
睘	1252				
罪		0739		0316	
遝	1253				
蜀	1254				
嵗					0262
幏	1255				
雉		0740		0317	
稙		0741			
稚		0742			
稗	1256			0318	
稠	1257				
箄	1258				
箙	1259				
節	1260	0743		0319	0263
輿	1261	0744	0475	0320	0264
傳	1262			0321	
毀	1263	0745			0265
鼠	1264	0746	0476		
牒	1265				
牏	1266				
肈	1267				

字頭	睡虎地秦墓竹簡序號	天水放馬灘秦簡序號	周家臺秦簡序號	龍崗秦簡序號	散見秦簡序號
僂	1268	0747			
傰	1269				
賃	1270				
傷	1271	0748		0322	0266
辠	1272	0749			
敫	1273				
桊	1274				
微	1275	0750			
衙	1276				
鈢	1277				
鉞		0751			
鈹	1278				
僉				0323	
會	1279	0752			0267
愛	1280				
貉	1281				
亂	1282		0477		
飫			0478		
腸		0753	0479		
腹	1283	0754	0480		
腞		0755			
郿	1284				
肄	1285				
解	1286		0481		

字頭	睡虎地秦墓竹簡序號	天水放馬灘秦簡序號	周家臺秦簡序號	龍崗秦簡序號	散見秦簡序號
試	1287				
詰	1288				
誠	1289				
誙	1290				
詷	1291			0324	
詣	1292			0325	
詢	1293				
裏	1294				
稾	1295				
瘈		0756			
廉	1296				
痽		0757			
資	1297	0758			
靖		0759			
新	1298	0760	0482		0268
踦	1299				
意	1300				
雍	1301				
義	1302				
羨				0326	
煩	1303				
溝	1304				
溥		0761			
溫			0483		

字頭	睡虎地秦墓竹簡序號	天水放馬灘秦簡序號	周家臺秦簡序號	龍崗秦簡序號	散見秦簡序號
潲	1305				
滔		0762			
粱	1306				
慎	1307				
遣	1308				
塞	1309	0763	0484		
寬		0764			
索	1310				
寘		0765			
窨	1311				
禖	1312				
福	1313	0766			
羣	1314	0767		0327	
殿	1315				
辟	1316	0768	0485	0328	
散	1317				
擊	1318				
嫁	1319	0769	0486		
桼	1320				
經	1321	0770			
綉	1322				
十四畫 耤	1323				
静	1324				

字頭	睡虎地秦墓竹簡序號	天水放馬灘秦簡序號	周家臺秦簡序號	龍崗秦簡序號	散見秦簡序號
䟽	1325				
駃	1326				
趙	1327	0771			
嘉			0487		
埶	1328				
嗀				0329	
壽	1329	0772	0488		
綦	1330				
聚	1331	0773			
鞞	1332				
鞅	1333				
蔡	1334	0774			
榦	1335				
榧			0489		
楘			0490		
尌	1336				
榣	1337	0775			
槍	1338				
㚖	1339				
輒	1340	0776	0491		0269
輔			0492		
輕	1341			0330	
輓				0331	
歌	1342	0777			

字頭	睡虎地秦墓竹簡序號	天水放馬灘秦簡序號	周家臺秦簡序號	龍崗秦簡序號	散見秦簡序號
遬	1343				
監	1344			0332	
朢	1345	0778			
酸		0779			
毉		0780			
爾		0781			
奪	1346	0782			
臧	1347	0783	0493	0333	
㽞	1348				
鳶	1349				
雌		0784			
裳					0270
嘗	1350				
墜		0785			
聞	1351	0786			0271
間		0787			
閡					
暘	1352				
跌		0788	0494		
鳴	1353	0789	0495		
罰	1354				
圖	1355				
舞		0790			
製	1356	0791			

字頭	睡虎地秦墓竹簡序號	天水放馬灘秦簡序號	周家臺秦簡序號	龍崗秦簡序號	散見秦簡序號
稸	1357				
稈		0792			
稱	1358				0272
箕	1359	0793	0496		
箠	1360				
僨	1361				
僕	1362	0794		0334	
僑	1363				
僞	1364			0335	
鼻	1365	0795	0497		
銜		0796			
銅	1366				
貍	1367		0498	0336	
蝕	1368				
領	1369	0797			
疑	1370		0499		
貌		0798			
獄	1371	0799	0500	0337	
誣	1372				
誧	1373				
語	1374	0800	0501		
誤	1375				0273
誘	1376				
詐		0801		0338	

字頭	睡虎地秦墓竹簡序號	天水放馬灘秦簡序號	周家臺秦簡序號	龍崗秦簡序號	散見秦簡序號
説	1377	0802	0502		
褁	1378	0803	0503		
惪	1379				
豪	1380				
廣	1381	0804			0274
瘵	1382				
瘧			0504		
瘇		0805			
褒	1383				
齨	1384				
端	1385	0806	0505		
適	1386				
齊	1387		0506		
旗	1388				
養	1389				
精	1390				
粺	1391				
鄰	1392				
粼	1393				
鄭	1394	0807	0507		
榮	1395				
犖		0808			
熒		0809			
熅			0508		

字頭	睡虎地秦墓竹簡序號	天水放馬灘秦簡序號	周家臺秦簡序號	龍崗秦簡序號	散見秦簡序號
漬	1396	0810	0509		
漁	1397				
寬	1398				
賓		0811			
寡	1399	0812			
痡	1400				
察	1401				
寧	1402				0275
實	1403	0813	0510	0339	0276
褐	1404				
複	1405				
盡	1406	0814	0511	0340	
屢					0277
隨	1407				
隮	1408				
嫗	1409				
鄧	1410				
斲	1411	0815			
綪					0278
緍	1412				
緑		0816			
十五畫 慧	1413				
耦	1414				

字頭	睡虎地秦墓竹簡序號	天水放馬灘秦簡序號	周家臺秦簡序號	龍崗秦簡序號	散見秦簡序號
羍	1415				
髮	1416	0817	0512		
駟	1417				
駒	1418			0341	
趣	1419				
擯			0513		
撟	1420		0514		
熱	1421				
播	1422				
摯	1423	0818			
增	1424	0819			
穀	1425	0820			
横		0821			
暮			0515		
瞢	1426				
蕃	1427				
韓	1428				
樓	1429				
壄	1430				
輪	1431				
敺	1432	0822		0342	
毆	1433				
豎			0516		
賢	1434				

字頭	睡虎地秦墓竹簡序號	天水放馬灘秦簡序號	周家臺秦簡序號	龍崗秦簡序號	散見秦簡序號
醇			0517		
憂	1435	0823	0518		
磔	1436				
豬	1437				
殤	1438	0824			
震	1439				
齒	1440	0825	0519		
勮			0520		
膚	1441				
慮	1442	0826			
賞	1443	0827	0521	0343	
賦			0522		
瞋	1444				
暴	1445				
賦	1446				
賤	1447	0828			0279
賜	1448	0829	0523	0344	
嘖	1449				
閱	1450			0345	
閬	1451		0524		
數	1452	0830	0525	0346	
踐	1453		0526		
遺	1454	0831		0347	0280
畾		0832			

字頭	睡虎地秦墓竹簡序號	天水放馬灘秦簡序號	周家臺秦簡序號	龍崗秦簡序號	散見秦簡序號
蝠			0527		
罯		0833			
罷	1455				
墨	1456	0834			
稽	1457				
稷	1458	0835			
稻	1459	0836			
黎	1460				
稼	1461			0348	
箴	1462				
歆			0528		
牖	1463				
儉	1464				
樂	1465	0837	0529		0281
質	1466	0838		0349	
德		0839			
徵	1467	0840			
衝	1468				
徹	1469	0841			
衛	1470				
磐			0530		
銷	1471		0531		
劍	1472	0842	0532		
餔	1473		0533		

字頭	睡虎地秦墓竹簡序號	天水放馬灘秦簡序號	周家臺秦簡序號	龍崗秦簡序號	散見秦簡序號
餓	1474				
餘	1475	0843	0534		
歓		0844	0535		
膠	1476				
劊		0845			
請	1477	0846	0536	0350	
諸		0847		0351	
課	1478				
諈	1479				
誰	1480				
論	1481	0848	0537	0352	
諒	1482				
誶	1483			0353	
稾	1484	0849	0538	0354	
廞	1485				
廟				0355	
廡	1486	0850			
瘢	1487				
麃	1488			0356	
慶	1489				
瀆	1490				
澍	1491				
潦	1492				
潰	1493				

字頭	睡虎地秦墓竹簡序號	天水放馬灘秦簡序號	周家臺秦簡序號	龍崗秦簡序號	散見秦簡序號
遙	1494				
瀝	1495	0851			
寫	1496			0357	
實		0852			
審	1497	0853			
窮	1498				
劈	1499				
履	1500				
嫣		0854			
輂			0539		
險	1501				0282
駕	1502	0855		0358	
戮		0856			
貐				0359	
紨	1503				
緹	1504				
緰	1505				
緩	1506				
緡	1507				
緣	1508	0857			
十六畫 操	1509	0858	0540		0283
憙		0859			
熹	1510	0860			

字頭	睡虎地秦墓竹簡序號	天水放馬灘秦簡序號	周家臺秦簡序號	龍崗秦簡序號	散見秦簡序號
擇	1511	0861			
擅	1512	0862		0360	
鞼	1513				
鞔		0863			
薛	1514				
薦	1515				
薪	1516	0864			
薄		0865			
頤		0866			
蘽	1517				
樹	1518		0541		
樻		0867			
橋	1519			0361	0284
橎				0362	
機				0363	
輸	1520				
整		0868			
賴	1521				
橐	1522		0542		
頭	1523	0869	0543		
醜	1524				
膂	1525				
匱	1526				
奮	1527				

字頭	睡虎地秦墓竹簡序號	天水放馬灘秦簡序號	周家臺秦簡序號	龍崗秦簡序號	散見秦簡序號
頰	1528	0870			
頸	1529	0871			
疃	1530				
膚	1531				
盧		0872			
遽	1532				
縣	1533	0873	0544	0364	
暴	1534				
踐	1535				
闈	1536				
閻	1537				
閼	1538				
替			0545		
器	1539	0874			
戰	1540	0875	0546		
還	1541				
辥	1542				
幢	1543				
圜		0876			
黔		0877	0547	0365	
攌	1544				
積	1545				
篤	1546		0548		
築	1547	0878			

字頭	睡虎地秦墓竹簡序號	天水放馬灘秦簡序號	周家臺秦簡序號	龍崗秦簡序號	散見秦簡序號
篡	1548				
舉	1549		0549		
興	1550	0879	0550		
學	1551				
劓	1552				
襗	1553				
徼	1554		0551	0366	
衡	1555	0880			
徶				0367	
錯	1556				
錢	1557	0881	0552	0368	0285
錘	1558				
錐	1559				
錦	1560				
録		0882			
獲	1561				
獨	1562		0553		
頽	1563				
斵			0554		
謀	1564	0883	0555		
諜	1565				
謁	1566	0884	0556	0369	
謂	1567	0885	0557		
諰	1568				

字頭	睡虎地秦墓竹簡序號	天水放馬灘秦簡序號	周家臺秦簡序號	龍崗秦簡序號	散見秦簡序號
磨		0886			
廥	1569	0887	0558		
瘳	1570	0888	0559		
廦	1571				
麇		0889		0370	
親	1572	0890			
辨	1573			0371	
龍	1574	0891			0286
糗	1575				
燔	1576	0892	0560		
營	1577	0893			
潚				0372	
澧	1578	0894			
澤		0895	0561		
憲	1579				
窶	1580				
鄽	1581				
壁	1582	0896			
避	1583				
彊				0373	0287
隱	1584				0288
雞		0897			
鞏	1585				
縛	1586				

字頭	睡虎地秦墓竹簡序號	天水放馬灘秦簡序號	周家臺秦簡序號	龍崗秦簡序號	散見秦簡序號
綼	1587				
十七畫 環	1588	0898	0562		
贅	1589				
黿		0899			
戴	1590				
蟄	1591				
轂	1592				
聲	1593	0900			
軀	1594				
鞞	1595				
韓	1596		0563		
隸	1597			0374	
檢	1598				
橚		0901			
輚	1599				
輻	1600				
臨	1601	0902			
鬴	1602				
酟	1603				
壐	1604				
豲				0375	
霜		0903			
戲	1605				

字頭	睡虎地秦墓竹簡序號	天水放馬灘秦簡序號	周家臺秦簡序號	龍崗秦簡序號	散見秦簡序號
購	1606			0376	
嬰	1607				0289
闌	1608			0377	
蹐	1609				
雖	1610	0904		0378	0290
矯	1611				
矰	1612				
穜	1613	0905	0564	0379	
魏	1614				
簐			0565		
輿	1615		0566	0380	
儥		0906			
償				0381	
軀		0907			
斆	1616		0567		
徻	1617				
龠	1618				
斂	1619				
鐵	1620	0908			
爵	1621	0909			0291
谿		0910			
餽	1622				
體	1623				
膾			0568		

字頭	睡虎地秦墓竹簡序號	天水放馬灘秦簡序號	周家臺秦簡序號	龍崗秦簡序號	散見秦簡序號
臏	1624				
毚	1625	0911	0569		
鮮	1626				0292
齗	1627	0912			
譑	1628				
謗	1629				
襄	1630				
廥	1631				
癘	1632				
癉		0913			
瘽	1633				
麋	1634	0914			
糞	1635	0915			
燭			0570		
濡	1636	0916			
濯				0382	
蹇		0917			
竈			0571		
襌	1637				0293
臂	1638				0294
屨	1639				
牆	1640				
翼	1641	0918	0572		
蠻		0919			

字頭	睡虎地秦墓竹簡序號	天水放馬灘秦簡序號	周家臺秦簡序號	龍崗秦簡序號	散見秦簡序號
縵	1642				
總	1643				
縱	1644			0383	
繆	1645				
十八畫 瓊	1646				
鬏	1647				
髫	1648				
擅	1649	0920			
騎				0384	
騅	1650				
鬳			0573		
鬵	1651				
聲		0921			
聶	1652				
職	1653				
鞮		0922			
鞫	1654			0385	
藺	1655				
櫓	1656				
轉	1657	0923			
霧		0924			
覆	1658				
醫	1659				

字頭	睡虎地秦墓竹簡序號	天水放馬灘秦簡序號	周家臺秦簡序號	龍崗秦簡序號	散見秦簡序號
叢	1660				
愳		0925			
瞻					0295
鼂	1661				
闕	1662				
嗇	1663				
蟲	1664				
巂	1665		0574		
魄	1666				
穫	1667	0926			
簡	1668				
礜			0575		
譽	1669				
邊	1670		0576		
歸	1671	0927	0577	0386	0296
衝				0387	
繇	1672				
貙	1673				
雞	1674	0928	0578		0297
臑	1675				
獵	1676				
謹	1677	0929			0298
謼	1678				
磨			0579		

字頭	睡虎地秦墓竹簡序號	天水放馬灘秦簡序號	周家臺秦簡序號	龍崗秦簡序號	散見秦簡序號
顏	1679	0930			
雜	1680	0931	0580		
離	1681	0932	0581		
旞	1682				
糲	1683				
讂	1684				
竈	1685				
竄			0582		
禱	1686		0583		
闔	1687				
醬	1688				
雘	1689				
額	1690				
織	1691				
繕	1692				
繒	1693				
繘			0584		
斷	1694				
邋	1695				
十九畫 騠	1696				
騷	1697	0933			
壞	1698	0934		0388	
難	1699	0935	0585		

字頭	睡虎地秦墓竹簡序號	天水放馬灘秦簡序號	周家臺秦簡序號	龍崗秦簡序號	散見秦簡序號
蘑	1700				
藺	1701				
蘇		0936			
顛			0586		
藹	1702				
櫝	1703			0389	
櫌			0587		
櫟	1704				
醯	1705				
麗	1706	0937			
疇	1707			0390	
願					0299
鬆			0588		
關	1708	0938		0391	
螻		0939			
嚴	1709				
獸	1710			0392	
顗		0940			
羅	1711		0589		
犢		0941		0393	
簫		0942			
贊		0943			
穤	1712				
繫	1713				

字頭	睡虎地秦墓竹簡序號	天水放馬灘秦簡序號	周家臺秦簡序號	龍崗秦簡序號	散見秦簡序號
辭	1714				0300
臘			0590		
鯖			0591		
識	1715				
靡	1716		0592		0301
廬				0394	
癄	1717	0944			
癡	1718				
龏	1719				
羸	1720				
羹	1721	0945			
類	1722	0946			
漕		0947			
懷	1723				
寵	1724				
襦	1725				0302
繹	1726				
二十畫 騶	1727				
遽	1728				
壤	1729				
孽	1730				
蘚	1731				
蘠	1732				

字頭	睡虎地秦墓竹簡序號	天水放馬灘秦簡序號	周家臺秦簡序號	龍崗秦簡序號	散見秦簡序號
繫				0395	
醴	1733				
獻	1734		0593		
黨	1735				
闠	1736				
黥	1737			0396	
籍	1738		0594	0397	
譽	1739				
覺	1740				
鐘	1741	0948			
騰	1742				
譴	1743				
議	1744				
廦	1745				
競			0595		
贏	1746		0596	0398	
灌	1747	0949			
竇	1748	0950		0399	
二十一畫 髤	1749				
觳	1750				
權	1751	0951			
[illegible]		0952			
露			0597		

字頭	睡虎地秦墓竹簡序號	天水放馬灘秦簡序號	周家臺秦簡序號	龍崗秦簡序號	散見秦簡序號
纍		0953			
羉	1752		0598		
贙	1753				
礜			0599		
鐵	1754		0600		
鐸	1755				
顴	1756				
鷄		0954			
玃	1757				
譓	1758				
癨	1759				
辯	1760				
齎	1761				
瀘	1762	0955		0400	
懼	1763				
竈	1764				
顧	1765	0956			
屬	1766				
轓	1767				
續	1768				
纏	1769				
二十二畫 驕	1770				
聽	1771	0957	0601		

字頭	睡虎地秦墓竹簡序號	天水放馬灘秦簡序號	周家臺秦簡序號	龍崗秦簡序號	散見秦簡序號
驚					0303
鷸	1772				
囊	1773				
贖	1774			0401	
鑄	1775				
饍	1776				
讀				0402	
鰲	1777				
聾	1778				
襲	1779				
礱			0602		
二十三畫 顯	1780				
蠱		0958			
黐	1781				
籥	1782				
鼷	1783				
讎	1784				
鑂	1785				
變	1786	0959	0603		
癰	1787		0604		
瀐	1788				
瀆	1789				
襦	1790				

字頭	睡虎地秦墓竹簡序號	天水放馬灘秦簡序號	周家臺秦簡序號	龍崗秦簡序號	散見秦簡序號
二十四畫及以上					
觀	1791				
蠹	1792				
鹽	1793				
靈	1794	0960			
蠶	1795				
齲			0605		
顥					0304
鼉		0961			
雧	1796				
讓	1797			0403	
欙	1798				
顯	1799				
觿		0962	0606		
鬭	1800				
䜌	1801				
甗			0607		
鑿	1802				
驪			0608		
鬱	1803				
爨	1804				
顰	1805				

二、合文檢字

字頭	睡虎地秦墓竹簡序號	天水放馬灘秦簡序號	周家臺秦簡序號	龍崗秦簡序號	散見秦簡序號
女=（須女）	1806				
夫=（大夫）	1807				
志=（之志）	1808				
旅=（旅衣）	1809				
貨=（貨貝）	1810				
牽=（牽牛）	1811		0609		
婺=（婺女）	1812		0610		
裚=（裚衣）	1813				
僞=（僞爲）	1814				
營=（營室）	1815	0963	0611		
𦐛=（此𦐛）	1816				
驀=（驀馬）	1817				

三、一字兩讀檢字

字頭	睡虎地秦墓竹簡序號	天水放馬灘秦簡序號	周家臺秦簡序號	龍崗秦簡序號	散見秦簡序號
[illegible](事吏)	1818				

後　記

本書初版於 2010 年 12 月，由四川大学出版社以“簡帛逐字索引大系之一：秦簡逐字索引”爲名出版。初版的正文衹是出示簡文的簡號，無辭例，目的是爲節省篇幅。然而初版問世後雖在學界産生了較好的反響，但同仁們也提出了不同意見，認爲不附辭例雖然節省了篇幅，但使用起來還是有不方便之處，因爲若要想知道某簡文的上下文，還得到原文中去查找。在認真聽取學界意見的基礎上，我們便推出了增訂本《簡帛逐字索引大系：秦簡逐字索引》。

本次推出的增訂版與初版最大的不同是每一出處都加上了辭例，即每一個簡文都既有出處（簡號），也有辭例，這樣查閱就更方便了。

另外，增訂本對釋文又作了進一步的校勘，以儘量減少錯誤，然而簡帛文字的釋讀往往是無止境的，故我們也不敢說我們的釋文是盡善盡美的，内中肯定還有問題。我們也希望讀者對我們的索引給予諟正，使之爲簡帛學的深入研究發揮應有的積極作用。

參加初版編纂和校對工作的同仁和研究生有：熊昌華、張茂發、楊繼文、李燁、倪婭嵐、房相楠、李學淵、陳榮傑、何琴、蔣艷、毛靜、馬鞦紅、喬鑫、朱靈芝、郭小東、潘娟、孫惠惠、楊錫全、莊利果。

本次增訂版編纂工作主要由張顯成、王明明、李學淵、倪婭嵐、李迎莉、李明曉承擔。參加校對工作的研究生有：高罕鈺、申佳麗、王艷、朱芳、張詩虞、陶浩、葉歡、吳琳、侯建科、楊淋、張文玥、劉媛岑、孔德超、許紅梅、羅汶君。

對以上同仁和研究生的工作，謹表示衷心感謝！

本書與《楚簡帛逐字索引（附原文及校釋）》於 2011 年得到全國高校古籍整理研究工作委員會直接資助（項目編號 1113），又於 2013 年得到西南大學中央高校基本科研業務費專項資金資助（項目編號 WSU1309370），特致謝！

張顯成

2014 年 10 月 28 日於西南大學竭駑齋